房地产开发经营管理实用手册

（第三版）

卜一德　主编

中国建筑工业出版社

图书在版编目(CIP)数据

房地产开发经营管理实用手册/卜一德主编.—3版.—北京:
中国建筑工业出版社,2009
ISBN 978-7-112-11637-9

Ⅰ.房…　Ⅱ.卜…　Ⅲ.①房地产—开发—手册②房地产—
经济管理—手册　Ⅳ.F293.3-62

中国版本图书馆CIP数据核字(2009)第219407号

本书以近两年来国家为房地产业新颁发的一系列的法律、法规和技术
标准为主线,在《房地产开发经营管理实用手册》第二版的基础上修编而
成。全书共分五篇29章。第一篇为概论,第二篇为房地产开发前期运作,
第三篇为房地产开发实务,第四篇为房地产营销,第五篇为物业管理。内
容涵盖了房地产投资开发、建筑规划设计、建筑抗震设计、建筑节能设计
技术、房地产营销、物业管理等方面。

此次修订保持该书第二版的结构不变,增编了近年来国家新出台的法
律、法规,建筑抗震设计,建筑节能设计,施工技术标准以及智能建筑设
计技术规范等新内容,使本书更加富有时效性、新颖性和实用性。

本书不仅可作为从事房地产业人员学习工作必备手册,也可供土建院
校相关专业师生学习参考。

* * *

责任编辑:封　毅
责任校对:陈　波　王雪竹

房地产开发经营管理实用手册
(第三版)
卜一德　主编
*
中国建筑工业出版社出版、发行(北京西郊百万庄)
各地新华书店、建筑书店经销
北京天成排版公司制版
北京中科印刷有限公司印刷
*
开本:787×1092毫米　1/16　印张:72¼　字数:1800千字
2010年1月第三版　2014年5月第十四次印刷
定价:136.00元
ISBN 978-7-112-11637-9
(18894)

第三版前言

《房地产开发经营管理实用手册》（第一、二版），自 2002 年出版发行以来，由于它具有较强的科学性、知识性和实用性的特点，受到了众多同仁的欢迎和肯定，现已出版印刷九次近 16000 册。鉴于国家经济持续、稳定、快速发展，国务院有关部门为房地产业新颁发了一系列法律、法规和技术标准，为确保本手册的时效性、实用性，现予修订。此次修订出版的第三版，将以更新的面貌呈现给众多同仁。以此感谢曾热情关爱的读者和与之通力合作的中国建筑工业出版社。

此次修订保持该书第二版的结构不变，删去了少部分过时的内容，增编了近年来国家新出台的法律、法规，建筑抗震设计，建筑节能工程项目管理，施工技术标准以及智能建筑设计技术规范等新内容。并根据中华人民共和国《物权法》和修订后的《物业管理条例》对原第五篇物业管理进行了改写。如此使本书更加富有时效性、新颖性和实用性。

本书由卜一德（教授级高级工程师、终身享受国务院特殊津贴、国家科技进步奖获得者）主编。参加修编的人员还有：万成梅、郭显亮、红军、卫华、向红、刘培丰、丁玉清、春贵、邵晓静、彩平、廖悦、杨晓霞、显光、刘群芳、显富、卜志强、张卓、卜利华、吴蓉、马蓓蓓、陈艺、张明、德详、海龙、唐云等。

本书修编过程中，参考了许多相关文献资料，在此谨向有关作者致以诚挚的谢意。

2009 年 11 月

第二版前言

　　为便于房地产从业人员充分了解和认识我国房地产业制度，掌握有关房地产投资开发、城市规划、建筑设计、房地产估价、房地产营销、房地产金融法规、物业管理等方面的理论知识，以及相关的现行法律、法规，我们编写了《房地产开发经营管理实用手册》（第一版）。自2002年12月发行以来，由于它具有较强的科学性、知识性和实用性的特点，受到了众多同仁的欢迎，现已印发4次近7000册。时至今日，随着国家经济持续、稳定、快速发展，国务院有关部门为房地产业新颁发了一系列法律、法规和技术标准，为确保本手册的实用性，现予修订。这次修订出版的第二版，将以更富有可操作性、新颖性、适用性呈现给读者，以感谢众多同仁的热情关爱和中国建筑工业出版社的大力支持。

　　《房地产开发经营管理实用手册》第二版修订和增编的内容包括：房地产法律文书范本、城市房屋拆迁估价新法规、住宅设计规范(2003年版)、城市道路和建筑物无障碍设计、安全防范工程技术规范、健康住宅建设技术要点(摘录)、房地产开发项目勘察设计招标与投标、房地产开发项目施工招投标、建筑工程勘察文件编制深度规定、建筑工程设计文件编制深度规定、房地产项目施工质量控制、房地产开发项目安全管理法规、房地产开发项目(商品住宅)装饰装修工程一次到位管理、建筑工程项目消防验收、人防工程施工及验收等28处。这些内容使本手册更加新颖、实用。

　　本书由卜一德(教授级高级工程师、终身享受国务院特殊津贴、国家科技进步奖获得者)主编。参加编写修订的人员还有：万成梅、郭显亮、红军、卫华、向红、刘培丰、丁玉清、春贵、石玉、秋平、廖悦、文姝、济民、显光、刘群芳、显富、卜志强、张卓、卜利华、汤晶、俞岚、锦高、吕炳慧、德祥、海龙、炳贤等。

　　本书编写修订过程中参考了许多相关文献资料，在此谨向有关作者致以衷心感谢。

2005年7月

第一版前言

房地产业是从事房地产开发经营管理的行业。房地产业作为第三产业，在国民经济和社会发展中，占有相当重要的地位。它是国民经济发展的一个基本生产要素，为国民经济发展提供重要的物质条件，改善人们的居住和生活条件，改善投资环境。通过综合开发，避免分散建设，实现城市规划要求。它又能为社会创造财富，并通过征收税费，成为政府财政收入的主要来源，为城市建设开辟重要资金渠道。房地产业与建筑业有着密不可分的联系，因而，它可带动其他行业的发展，如建筑、建材、化工、电器、装修与家具等相关产业，从而可刺激整个社会经济的发展。

现代房地产业在我国的兴起，虽然是近一二十年的事，但其来势迅猛，一波三折，很富有生命力，为世人所瞩目。在国家大力发展第三产业的背景条件下，房地产业已经成为国民经济的一个重要产业，然而，这并不能掩盖房地产业存在的种种问题，其中主要表现：一是违规开发，二是广告虚假，三是"短斤缺两"，四是中介市场鱼龙混杂，五是合同欺诈，六是物业管理不规范等等。究其原因，主要是有的从业人员有法不依，有章不循，业务素质低下。因此，房地产业到了全面提高行业素质、抓质量、抓名牌的时候了，不但要追求单一的工程质量，而且要追求全方位的质量。尤其我国加入WTO进入国际市场之后，必须遵守国际市场规则，房地产业也不例外。为此，国务院及主管部门自20世纪90年代以来为使房地产业更加健康地向前发展，先后颁发了一系列法律、法规，据不完全统计，竟达100余部，2001年以来至今国家整顿经济市场秩序，还把房地产业列为对象之一。这些对规范房地产业发展无疑将起到十分重要的作用。

房地产开发经营管理是一门涉及面广、专业性和综合性较强、内容较为复杂、多学科知识相交叉的管理科学。房地产业的从业人员除必须具备本专业知识外，还应掌握相关学科的知识。

为便于房地产从业人员充分了解和认识我国房地产制度，掌握有关房地产投资开发、城市规划、建筑设计、房地产估价、房地产营销、金融法规、物业管理等方面的理论知识，以及相关的现行法律、法规，从而提高行业水平，我们编写了《房地产开发经营管理实用手册》一书，本书内容丰富、翔实，结构严谨，集房地产开发经营管理理论方法和房地产最新法律法规与实际操作于一体，基本囊括了房地产国际MBA所设置的24门课程的有关内容，是全面系统指导房地产业决策、运作的实用手册。可作为房地产开发经营管理和中介服务、物业管理从业人员工作指南，亦可供土建院校及城市建设院校等相关专业的师生学习参考。

本书内容包括：第一篇，概论(2章)；第二篇，房地产开发前期运作(3章)；第三篇，房地产开发实务(8章)；第四篇，房地产营销(8章)；第五篇，物业管理(7章)等共5篇28章。由卜一德(教授级高级工程师、享受国务院特殊津贴、国家科技进步奖获得者)主编。

本书编写过程中参考了许多文献资料，在此谨向有关作者致以衷心感谢。

由于编写时间仓促，尤其在我国科学技术飞速发展的今天，本书内容遗漏或不尽之处在所难免，敬请读者予以指正，以便修改补充。

作　　者

2002 年 8 月

目 录

第三篇　房地产开发实务

第五篇 物 业 管 理

第一章 物业管理基本知识与实务 …… 937

第一篇 概 论

第一章 房地产开发经营管理概述

第一节 房地产开发经营管理的含义与特点

一、房地产开发经营管理的含义

房地产开发经营管理，是指企业的经营管理者，运用科学的理论与方法，依据社会与市场的需求及企业的主客观条件，对房地产的开发、买卖、租赁、抵押、典当与租售后服务等活动的全过程，予以决策、运筹、组织与调控，以保证动态地最优化地实现企业的总目标。

同一般的企业经营管理一样，房地产企业的经营管理也可分为经营与管理两大内涵。首先是经营的内涵。所谓"经营"就是策划，房地产企业的经营，主要是涉及企业的发展方向、发展目标与发展策略等一系列具有全局性和战略性的活动，其目的在于不断提高企业的生命力与经济效益，从而保证企业得以不断发展与壮大。其次是管理的内涵。所谓"管理"就是实施，房地产企业的管理，是指为实现企业的经营总目标，对企业各种要素及其运行施加的一系列组织与调控活动，其主要目的在于不断提高各种管理活动的效率，从而保证企业经营总目标的顺利实现。

房地产企业的经营与管理是相互联系、相互依赖的。先有经营，而后才有管理可言，经营方向正确，企业的经营效益与管理效率成正比，否则两者则成反比。把经营与管理的关系作一个比喻，经营就相当于企业这部车辆的方向盘，而管理则相当于发动机与车轮。方向正确，驱动力越大效益越好；方向错误，驱动力越大效益越差。由此可见，经营在两者关系中起着决定性的作用。但是，从另外一个角度讲，方向正确，但驱动力小，企业的效益仍然是差的。因此，经营与管理，谁也离不开谁，两者相辅相成，互为依存。

二、房地产企业经营管理的范围及内容

（一）房地产企业经营的范围及内容

1998年国务院颁布的《城市房地产开发经营管理条例》规定：房地产开发经营，是指房地产开发企业在城市规划区内国有土地上进行基础设施建设、房屋建设，并转让房地产开发项目或者销售、出租商品房的行为。

房地产企业经营的核心职能是决策和运筹。因此，其活动的主要范围应是社会和市

场。活动的内容应包括：市场调查、预测、决策、规划、市场开拓、销售对策、技术开发、产品更新、公共关系等方面。具体来讲，房地产经营活动包括：开发方案的优选，如买地皮的方案、项目开发的方案、筹资方案、销售方案、财务成果预测、租赁与自营方案、地皮与楼基的炒买炒卖方案、规划设计与施工发包的方案、发展品种与市场转移的方案、开发规模方案、售（租）后服务方案、多元化经营方案等决策优化活动。房地产企业的经营职能，是商品经济高度发展而引出的职能，它与企业的前途紧密关联，一般难以进行标准化作业，而应根据市场及社会的变化发展，灵活地调整其发展目标，从而最大可能地实现企业的发展总目标，获得更好的企业经济效益以及社会环境效益。

（二）房地产企业管理的范围和内容

房地产企业管理的核心职能是组织和调控，故而活动范围主要是企业内部并包括项目开发的现场管理。管理活动的内容包括：对开发项目的进度、质量以及安全等方向的管理，开发项目的委托规划、设计，以及施工及招投标的管理，各项经济合同的起草、谈判与签订，工程预决算的审查与价款结算，开发项目产权、产籍手续的办理，物业推销广告与物业预售，租赁与物业管理。此外，还应包括房地产企业内部各业务部门之间的协调、部门与项目的协调等工作。管理是人们互相协作、共同劳动而引致的职能，其特点在于经常性和实际操作性，因此可推行标准化作业的方式。

三、房地产开发企业经营管理的特点

与其他行业或企业相比较，房地产企业的经营与管理其本身具有一些特征。这些特征是由房地产本身的特点所决定的，并且两者的结合共同构成房地产企业经营与管理的特点。具体来讲，有以下几方面内容。

（一）商业性

房地产企业的商业性，表现在房地产开发企业是典型的"皮包公司"的形式。即只要具有相当于开发项目总投资 20％以上的启动资金、几间办公室、一块招牌、一个公章、几个经营管理人员，就可以开发一个个完整的工程项目，建成一系列楼宇，而不用自己拥有勘察、规划、设计、施工队伍，以及其他产品的生产体系。例如，房地产企业的生产很少有自己去从事，而较多是委托（发包给）建筑承包商承担。待承包生产企业完成开发项目的建设后，再交付给房地产企业，进行出租或出售。有时房地产发展商连出售或出租的业务也是委托有关的房地产中介或咨询机构。因此，房地产企业的经营管理行为一般都表现出十足的商业性行为。

（二）售租并行

房地产作为商品，其主要经营方式是出售或出租，即售租并行。出售房地产是一次性买卖，其特点在于所有权和使用权同时转移，交换过程与消费过程是分离的。在我国，房地产的买卖，只有房产部分才是所有权和使用权同时转移，而地产部分则只是在一定期限内使用权的转移，而无所有权转移。

房地产出租的实质是使用价值的零星转移，所有权和使用权是分离的，在整个交换过程中，边交换、边消费、边维修。因此，这种方式是交换过程与消费过程的统一。

（三）长期服务性

与其他商品一样，房地产物业也需要进行售后服务。但是物业的售后服务是终身的、长期的且经常性的。故而，其售后服务亦区别于其他商品。一般来说，租后物业的产权是房地产企业的，管理与维修服务是自己分内的事情；而售后物业的产权应为购房的用户所有，房地产企业仍要承担(或业主委托其他物业管理单位承担)物业的终身管理与维护。具体来讲，售后物业的公共设备及设施，以及公共地方的管理，需要借助房地产企业的专业化、服务性功能进行长期的管理与服务，以保证物业的价值及长期使用性。在这一方面，房地产企业与其他企业有着相当显著的区别。

（四）一次性投资大、经营周期长、风险大

与其他行业的投资相比，房地产企业的项目开发投资十分巨大，少则几百万，多则上千万上亿元，故而项目的投资非常宏大。另外，开发一个项目，其周期也需要几年甚至十年以上，若自营租赁则可达百年以上，因此经营周期较长。由于这两个特点，与其他企业投资相比，房地产企业的投资风险也较大。

（五）效益高、回报大

与其他行业相比，房地产企业的效益较高，回报丰厚，其原因主要有以下几方面：

1. 要求长久，物业价格持续上升。由于城市人口的增长和土地供给的有限性，造成城市土地的稀缺，并使得房地产市场总是呈现供不应求的趋势。人们对物业在质和量的有效需求总超过物业的供给。这样势必造成了物业价格长期上涨，但也有因决策失误或政策改变所致价格下落。

2. 投资房地产是避免通货膨胀风险的最好途径之一。从近几十年的发展来看，各国的物业上升率一般都超过通货膨胀率。从长久的发展来看，物业价格也是水涨船高。一般来说，正常的通货膨胀可以刺激包括物业在内的消费，而物业消费又反过来刺激通货膨胀。因此，两者往往处于一种良性循环之中。

3. 房地产是一种投资回报高且回报稳定的方式。对于消费者来说，购买一项房产，数年后可得到升值，风险较小，收益较大；如若出租，也可坐得升值之益。即使购房时，高价买进而又临市道疲软，价格跌落，购房者也可长期出租为益。这样，定期的租金，足以补偿购房贷款的利息，然后等待良机再出售，以获取良好的收益。

（六）受政策法律的制约性强

房地产企业的经营管理，易受国家和政府主管部门以及地区的政策法律的制约。在我国，具体表现在以下几个方面：

1. 土地的批租完全由政府垄断经营，发展商不能按自己的主观愿望自主经营。

2. 项目开发与地皮用途均应按城市规划及产业政策的具体要求实施。规划方案、建设方案以及容积率等内容均应受到制约，发展商亦不能随意变化和更改。

3. 综合开发与配套建设的法规，使得发展商要承担一定的城市建设的任务与费用。

4. 房地产交易的法律契约关系复杂，产权纠纷复杂，需要水平较高的法律专家处理各种问题。由此可见，房地产经营管理，易受到各种类型的政策及法律条约的影响。故而，对于发展商来说，进行房地产经营管理，不仅应看到其丰厚的经济回报，尚应估计到各种可能的、来自政策及法律方面的风险。只有不断提高自身的经营管理水平及决策能力，方能在房地产这样一个充满机遇与风险的市场中处于不败之地。

目前我国就房地产开发经营管理的相关法律、法规有：《城市房地产管理法》、《城市房地产开发经营管理条例》、《城市房地产开发经营管理暂行办法》等等。

第二节　房地产开发企业的形成与发展

一、房地产开发企业的形成

房地产开发企业是指按照城市建设总体规划，对城市土地和房屋进行综合开发，将开发完成的土地、房屋及配套设施出售给其他单位和个人，实行自主经营、自负盈亏的企业。就内容而言，房地产开发企业的业务主要包括土地的开发建设，房屋的开发和经营，城市基础设施、公共配套设施的开发建设，代理工程的开发等。作为企业，房地产开发企业和其他企业一样，都是通过其经营活动来取得利润，实现其资本的增值。与其他企业不同的，它主要是通过房地产的开发经营来取得收入，实现利润。

房地产开发企业按照不同的标准，可以进行不同的分类。

按照所有制性质不同，房地产开发企业可以分为全民所有制房地产开发企业、集体所有制房地产开发企业、外商投资房地产开发企业和外国房地产开发企业、股份制房地产开发企业(包括股份有限公司和有限责任公司)、私营房地产开发企业、合伙房地产开发企业、联营房地产开发企业等。全民所有制房地产开发企业或者说国有房地产开发企业是指生产资料归全民所有(即国有)，实行独立经济核算的房地产开发企业；集体所有制房地产开发企业是指生产资料归集体所有，实行独立经济核算的房地产开发企业；股份制房地产开发企业是指由若干个不同的投资者以资金、物资或其他资产投资入股或认购股票方式建立起来的，实行独立经济核算的房地产开发企业；私营房地产开发企业是指资产归私人所有、雇员在6人以上的实行独立经济核算的房地产开发企业；合伙制房地产开发企业是指由两个或两个以上合伙人订立合伙协议，共同出资、合伙经营、共享收益、共担风险，并对企业债务承担无限连带责任的房地产开发企业；联营房地产开发企业是指两个或两个以上的企业、事业单位以资金、物资、技术或其他财产作为条件，进行联合生产经营活动的房地产开发企业。

按照企业从事的主要业务的不同，房地产开发企业分为主要从事土地开发的企业、主要从事房屋开发经营的企业、主要从事城市基础设施、公共配套设施开发建设的企业以及进行各种房地产开发业务的综合性房地产开发企业。按照企业规模大小不同，房地产开发企业可以分为大型房地产开发企业、中型房地产开发企业、小型房地产开发企业。

房地产，是一种稀缺的资源、重要的生产要素和生活必需品，是人们最重视、最珍惜、最具体的财产形式。随着经济发展、社会进步、人口增加，对其需求日益增长。在市场经济中，房地产还是一种商品，成为人们投资置业的良好对象。由房地产的投资开发、咨询、估价、经纪、物业管理等组成的房地产业，是国民经济中的一个重要产业。

二、房地产开发企业的发展

房地产业在我国是一个既古老又年轻的产业。说其古老，早在三千多年前的青铜器铭文中，就已出现了交换和买卖田地的记载。一百多年前，在上海滩头，近代房地产业又开始得到迅速发展。说其年轻，是所有这些以旧制度为基础的房地产业，随着中华人民共和国的建立而迅速消失了，本应以新制度的新型房地产业取而代之，却由于理论和认识的禁锢，迟迟未能降生。直至20世纪80年代，在改革开放的背景下，随着推行房屋商品化政策，改革住房制度和土地使用制度，现代房地产业在我国才开始兴起。

现代房地产业在我国的兴起，虽然是近一二十年的事，但其来势迅猛，一波三折，富有生命力，为世人所瞩目。特别是 1992 年和 1993 年我国曾一度出现"房地产业热"，1993 年后开始实施"宏观调控"，1998 年提出把住宅建设培育为新的经济增长点，等等。

在现在的中国，房地产业已经由一种在国民经济中具有附属性质的经济服务活动，发展成为一个独立的产业。随着经济的发展，房地产这一新兴产业逐步被纳入国民经济的平衡、统计和运行体系之中，在国民经济中正一天天地占据举足轻重的地位，成为国民经济的主要产业之一。尤其是住宅产业，已作为一个新的经济增长点，被列为国民经济大力发展的对象。

我国已加入 WTO，这对房地产业而言，既是挑战，也是机遇。加入 WTO 对房地产市场和企业有何影响呢？

（一）加入 WTO 对房地产市场的影响

1. 对房地产市场需求的影响。入世可能会带来房地产市场需求的较大增加，主要表现在三个方面：

其一，外商用商品房需求增加。国外厂商看好中国大市场，投资建厂的数量增多，首先推动工业厂房需要增加；其次，随着银行业、保险业、电讯业、法律服务、中介服务等服务贸易市场准入的扩大，外商开设的分支机构、营业场所增多，带动办公用房、营业用房需求增加；再次，国际交往密切，经济活动频繁，外商进驻的人员增多，购租住宅的需求也大大增加。

其二，由于加入 WTO 促进经济的发展和增长，普通居民的就业机会增多，收入增加，有利于居民购房消费能力的提高，而境外人士进行投资性购房，亦将带动国内居民投资性购房，住房有效需求将明显扩大。

其三，房地产市场需求的档次提高，住房需求层次更分明。一方面收入普遍提高，对居住物业的舒适性、享受性要求提高；另一方面国外的人居要求较高，也会带动国内居民集资仿效。同时，城市居民收入差距将进一步拉开，促使住房消费需求层次更加分明，高收入者增多，将使中高档物业的需求量趋于上升。

2. 对房地产市场供给量影响。由于需求增长的拉动作用，刺激商品房供给量相应上升，主要表现在以下三方面：

其一，房地产开发企业较高的利润率，吸引外资投资房地产业增加，投资量和开发量放大，商品房供给量上升。

其二，外商投资引入先进设计、技术、建材和设备，特别是高科技、智能化，促使房地产商品的供给质量提高。

其三，土地有偿使用的范围扩大，土地使用权交易频繁，地产市场将更趋活跃。

3. 对房价的影响。

关税的降低，使进口的建筑材料和设备的价格随之下降，尤其是中高档物业所需的木材、装饰材料、卫生洁具、保温材料以及电梯、电器、建筑机械的价格降低，使建筑成本随之下降；同时由于竞争的加剧，国内建材市场价格也会有不同程度下降。此外房价构成中的一些不合理收费将逐步取消，基础设施费降低，税费日趋规范，走向合理化，这些都有可能使房价降低。但考虑到增长的拉动因素和土地供给短缺所带来的土地使用费的上涨因素，商品房价格又有可能上扬。从长期看，由于居民收入将会有较快增长，房价与收入比将逐步趋向合理，有利于房地产业均衡发展。

4. 对房地产市场秩序的影响。

外商进入增多,抢占市场份额,必然会使房地产投资开发市场、建材市场、各类商品房市场、中介服务市场和房地产金融市场的竞争进一步加剧,尤其是信息咨询、评估、经纪等中介服务市场、住宅金融市场、物业管理市场是外商最想进入的领域,而国内的一些领域比较稚嫩,面临较大竞争压力。

我国目前的房地产市场运行规则的建设虽有所进步,但与经济发达国家的市场相比,仍存在较大差距。突出表现在土地无偿使用与有偿使用并存、商品房与非商品房并存、外销房与内销房并存的"双轨制",商品房市场交易欠规范,房地产商品化、市场化程度都比较低,与WTO规则的要求不相符合的方面还不少。如何借入世之机,深化改革、健全体制、完善规则,积极推进住房商品化、市场化,规范房地产市场有序运行,提高运行质量,是摆在我们面前的紧迫任务。

（二）加入WTO对房地产企业的影响

20世纪90年代以来,在沿海发达地区和一些中型城市,外资投资于房地产已占一定份额,1997年房地产外资投入61.7亿元,占全国利用外资额的9.5%,占全国房地产投资总额的15.7%,外资房地产企业约占企业总数的1/20,在上海约占1/10,其中多数是港台地区的投资企业。来自发达国家投资于房地产业的微乎其微,并未对国内的房地产企业产生冲击。

入世后,国外的大型房地产企业集团进军中国房地产业预计会有较大增加,而这些企业实力强,必将挟资金、技术、营销、物业管理等优势,在竞争中取得主动地位。我国现有房地产企业长期存在着规模小、资金少、服务差、资质低等问题,处于劣势,缺乏竞争实力。同时,大量国有房地产企业还处于转制过程中,企业制度不健全,与市场经济的要求不相适应。有实力的外商进入后,一方面,会给国内众多房地产企业带来较大的冲击;另一方面,为应付这种冲击,也会尽力化消极因素为积极因素,通过加快现代企业制度建设进程、企业资产重组、加强企业管理、增加科技含量等,增强房地产企业的竞争力,促使我国的房地产企业素质提高。

（三）加入WTO房地产业的对策

针对以上影响,房地产业应采取以下对策:

1. 加速土地使用制度改革,全面建立土地有偿使用制度。

WTO推动贸易自由化的职能,决定了各成员要以市场经济为基础开展自由竞争。而市场经济要求土地资源配置以市场机制调节为基础,提高土地资源利用效率。要尽快改变目前有偿使用与无偿使用并存的双轨制,对原先划拨的土地,通过收取租金的办法转为有偿使用。同时,要规范土地使用收费价格,达到公平、公正、公开、科学,增强透明度,提高使用效率。

2. 培育符合国际惯例的房地产市场。

拓展二级房地产市场,完善三级房地产市场。要通过加速土地使用制度改革,全面深化住房制度改革,尽快出台住房货币化分配政策;调整租金,制订合理的出租出售比,实施住宅消费市场化。实施商品房种类归并,实施内外销售房并轨,建立统一的房地产市场。

3. 改革金融体制。

完善房地产财税制度,鼓励房地产消费,政府要加大对房地产业金融支持力度,放松管制,扩大贷款规模,放开消费信贷,实施住房抵押证券化,拓展住房消费信贷品种,实施多种还款方式，简化手续，规范管理。建立健全房地产保险体制，推出新险种。

4. 推广应用新技术，加快发展住宅产业化。

积极引进先进科学技术，转变房地产经营增长方式，促进开发建设从粗放型向集约型转化。大力发展住宅部件部品工厂化、标准化，改变旧生产工艺，使企业由劳动密集型向技术智慧型发展。

第一，转变房地产经济增长方式，促进开发建设从粗放型向集约型转化。在房地产科技方面，我国与发达国家相比存在较大差距，势必影响竞争力。目前我国的房地产开发尚处于粗放型阶段，以增加人力、物力、财力的数量型扩张为主，今后要转变到以科技创新为依托、提高劳动者素质、增加科技含量上来，实现集约型、效益型发展。

第二，积极引进先进技术，发展自有产权的核心技术。要利用入世的机遇，大量使用和引进先进设计、新型建筑材料、新工艺、新设备等先进技术，把房地产开发建设逐步提高到国际水平。利用外资不能停留在单纯利用外国资金搞建设方面，而是要把重点放在引进和消化新技术上，以利于提高房地产业的技术含量和现代化水平。同时，要加大科技投入，在消化吸收国外技术的基础上，发展自有产权的核心技术，在国际房地产科技之林中占有一席之地。

第三，大力发展部品部件工厂化、标准化生产，促进住宅产业化。目前国际上已普遍采用装配性建筑，而我国仍沿用一砖一瓦式的操作。要下决心组织部品部件工厂化、标准化生产，然后进行组装，既可以加快建设速度，又可以提高建筑质量。要以节能、节水、节地、节材为中心，改造落后陈旧技术，尽快使房地产业由劳动密集型产业转化为技术密集型产业。

5. 加速房地产企业经营机制转换，增强自身实力。

第一，加快国有房地产企业建立现代企业制度的进程，彻底实现政企分开、政资分开、政事分开。现有的国有房地产企业多数是由行政部门组建的，加之房地产业的特殊性，企业对行政部门依存度比较高。针对这一特点政府主管部门要划清行政职能与企业经营职能的界限，政府着重宏观调控和必要的行政管理，不干预企业具体经营活动；企业登记注册，照章纳税，面向市场自主决策。要坚决做到政企分开；同时一定要实行政资分开，把国有资产的管理职能交由国有资产管理委员会、国有资产投资公司、国有资产经营公司去经营管理，政府不直接管理国有资产，而是根据市场经济规律由国有资产经营公司具体运作；还要进一步实现政事分开，即把政府主管部门现有的事业性事务分离出来，由事业性单位或中介服务组织承担。实现上述三个分开，才能真正使房地产企业走向市场，自主经营，独立运作。具体的组织形式可以视企业规模有所不同：大型的实力较强的房地产企业组建企业集团和股份有限公司；一般中型房地产企业选择有限责任公司；小型房地产企业采取合伙制等模式。

第二，推进房地产企业资产重组，组建大型企业集团，增加竞争力。即把过于分散、竞争力较弱的众多房地产小企业，通过兼并、重组、入股等方式组成实力较强的大型房地产企业集团。可以有三种选择：一是横向重组，将从事相同业务的房地产企业（如房地产开发、房地产营销、房地产中介服务、物业管理等）组合在一起，成立大型企业集团，减少内部竞争的无谓消耗，扩大企业规模，降低成本，获取规模效益。二是纵向重组，把从事相关业务房地产企业给合起来，形成设计—开发—生产—销售—中介服务—物业管埋一体化的房地产企业集团。三是混合重组，或称跨行业重组，实现多元化经营，即房地产行业向其他行业扩展，混合组成大型企业集团，多向投资，分散风险。通过资产重组增强房地产企业的实力，既可以在竞争中同国外厂商相抗衡，又可以分散风险、降低成本，提高房地产业的整体效益。

第三，提高经营水平，实施品牌战略。入世后国际著名的各类房地产企业进入国内必将增多，竞争压力增大。而我国国内具有知名品牌的房地产企业寥若晨星，经不起竞争。因此，在房地产市场营销决策中树立品牌具有特别重要的意义。只有实施品牌战略，在房地产开发企业、中介服务、物业管理等方面，创出更多的品牌，才能树立优势，在竞争中站住脚，立于不败之地。

第四，鼓励大型房地产企业集团走出国门，打进国际房地产开发市场和服务市场。我国现有的房地产企业进军国际市场是存在不少困难的，但可以探索和研究少数大型房地产企业集团先行试点，政府给予支持和一定的优惠政策，可先进入亚、非、拉发展中国家，在实践中总结经验，逐步发展，最后进入发达国家。从长期看，利用WTO的规则走向国际市场是必然趋势。

6. 大力发展中介服务市场，组建大型房地产中介企业。

第一，房地产中介服务是联结开发生产和消费的桥梁，对于扩大住宅消费具有举足轻重的作用。要改变自产自销、产销合一的小生产经营方式，发展大型房地产销售企业，走国外产销分离的路子，使开发商集中精力搞好开发建设，销售商则利用客户群、网络优势，又快又省地进行营销。同时，还要进一步发展房地产咨询、评估和经纪等中介组织，特别是房屋置换、房屋租赁、价格评估、咨询、信息传递、律师服务等各种中介机构，为房地产市场交易提供全面而周到的服务。

第二，组建"连锁式"中介服务企业，开展网络经营。针对目前中介服务企业小而零散的状况，必须组建像"上房置换公司"那样的"连锁式"大型企业，利用集团优势，网络经营，树立品牌，方便顾客，获取规模效益。

第三，规范中介服务市场，提高服务质量。房地产中介服务行业是外商最想进入的领域。国外的中介企业不仅实力强，而且服务比较规范，相比之下目前国内的中介服务不规范、服务质量差的问题比较突出，差距很大。为此要尽快建立和修订完善相关法规，改革现行的资质、资格管理办法，建立严格规范的房地产市场准入制度。实行企业资质与个人执业资格管理相结合，并逐步过渡为以个人执业资格管理为主的房地产中介服务市场准入制度。科学设置企业的资质分类、分级和专业技术人员的执业资格注册体系；对现行的资质审批改为考核、专家评审与政府核准相结合的办法，建立分级定期培训和考核的制度，严格考核，实行培训与考核相分离的机制。从而提高从业人员的素质和服务质量，增强竞争力。这样，即使外商进入后也能在竞争中求得生存和发展。

总之，我国加入WTO对房地产业而言，挑战和机遇并存，我们深信随着国家大环境为适应入世的转变，加之业内人士的努力，兴利除弊，房地产业将会更加蓬勃地向前发展。

第三节 房地产开发的程序

房地产开发要按《城市房地产开发经营管理暂行办法》等有关法规规定的程序进行。这是因为：其一，房地产产品的形成有其内在的规律性，如从设计、施工到房屋销售服务，从土地开发到房屋开发等，其次序不能颠倒，开发工作必须遵照房地产产品形成的规律有条不紧地进行。其二，由于房地产开发具有投资大、风险大的特点，开发企业不能盲目地、仓促地上开发项目，必须按照一定的科学程序，先作充分的论证，再决定上什么项目，建多大规模的项目，从而减少投资风险，并对项目的实施过程作精心的设计、周密的安排，使开发项目顺利进行。其三，为了使房地产开发符合城市规划，促进城市的社会经济发展，保护广大房屋消费者的利益，政府制定了审批制度，以便对房地产开发进行引导、监督和管理。

一般地讲，房地产开发可分为可行性研究、前期工作、建设实施、房屋营销和服务等四个阶段(如图 1-1-1 所示)。

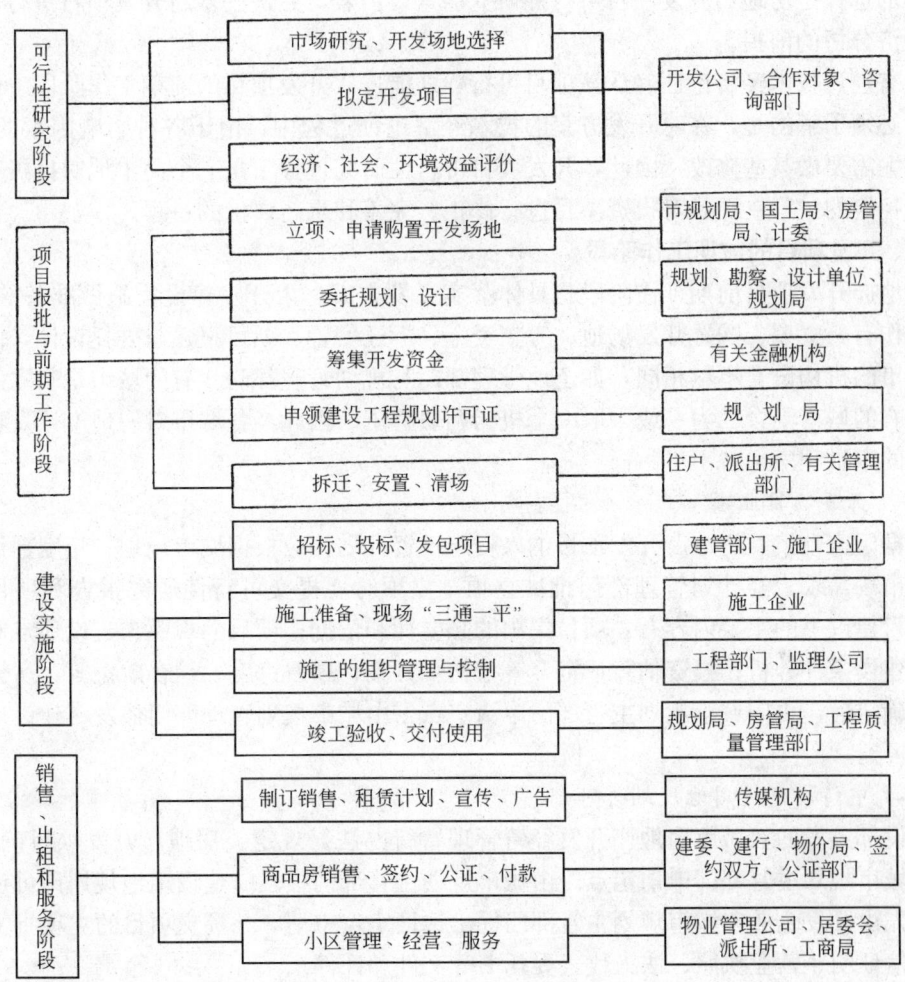

图 1-1-1　房地产开发的程序四个阶段

一、可行性研究阶段

可行性研究阶段是房地产开发的首要工作阶段。在此阶段，要进行市场调查和市场分析，寻求投资机会；要对开发项目进行策划，确定开发什么性质的项目，该项目建在何处、规模多大、投资额多少、投资来源能否落实、市场前景如何；该项目在经济上是否合理、技术上是否可行、财务上是否赢利等等。

市场调查和市场分析的重点在于拟投资开发项目的需求强度和竞争环境的分析。根据市场分析的结果和企业的开发能力以及经营目标，提出开发项目的规划大纲和方案，并在此基础上对开发项目进行技术经济论证，计算开发项目的收益率，并以所得的结果与期望收益率比较来判定该投资项目是否可行。此外，对投资风险也要进行估计，分析面临的风险与收益率是否在投资者所能接受的范围内。

需要说明的是房地产开发项目可行性研究必须与开发场地的选择相结合。由于房地产位置的固定性，特定位置的土地，有着特定的规划设计条件、特定的需求对象、特定的工程地质条件和建设条件。因此，房地产开发可行性研究必须针对具体的开发场地而言。开发场地的选择是房地产开发项目可行性研究的重要内容，是进一步对开发项目进行策划和技术经济分析的前提。

只有经过技术经济论证确认该项目可行，才能进入开发项目的前期工作阶段。但投资决策者必须了解的是，在对开发方案的技术经济论证过程中，由于各种影响因素的限制，开发方案需要做某些修改。因此，开发项目可行性研究过程不是一个简单地对投资项目作接受或拒绝的过程，而是对投资项目进行修正、完善和重新评价的过程。

二、开发项目的前期工作阶段

房地产开发项目前期工作阶段是具体落实开发方案，为开发建设实施做准备的阶段。主要工作有：立项、购置开发场地、筹集资金、拆迁安置、项目报建与委托设计，由于我国各城市的机构设置不尽相同，如土地管理部门与规划管理部门，有的城市是独立的两套机构，有的城市则合二为一或采取一套机构两块牌子。因此，各城市对房地产开发项目前期工作的审批程序也就不尽一样。

（一）开发项目立项

根据国家政策，房地产开发项目纳入资产投资计划，应根据城市规划、年度建设用地计划和市场需求，经计划管理部门批准立项。立项时要提交可行性研究报告和项目建议书。项目建议书的主要内容有：项目提出的必要性和依据；项目的规模、建设地点和初步方案；建设条件分析；投资估算；资金筹措初步方案；项目进度；综合效益等。房地产开发项目确定后，再向城市规划主管部门申请定点，由城市规划管理部门核发《建设用地规划许可证》。

（二）申请《建设用地规划许可证》

建设部颁发的《城市房地产开发经营管理暂行办法》规定：房地产开发项目确定后，必须向城市规划主管部门申请定点，由城市规划主管部门核发《建设用地规划许可证》。

首先由开发企业向城市规划主管部门提出选址定点申请，并提交项目的立项批文、企业的资信证明、营业执照、法人代表委托书等文件和证件。

城市规划主管部门根据城市规划的要求，针对开发企业的申请，考虑房地产开发项目的性质、规模，初步选定项目用地的具体位置和界限。并提出规划设计条件。规划设计条件是开发项目总图规划设计的依据，开发企业应委托规划设计院按规划设计条件编制规划设计总图。然后报城市规划主管部门审核规划设计总图，核定用地面积，确定用地红线范围，发给开发企业用地规划许可证。

接下来，便可办理土地使用权的申请手续。

1. 建设用地规划许可证编制要求

建设用地规划许可证是由建设单位或者个人提出建设用地申请，城市规划行政主管部门审查批准的建设用地位置、面积、界限的法律凭证；《城市规划法》第31条规定："在城市规划区内进行建设需要申请用地的，必须持国家批准的建设项目的有关文件，向城市规划行政主管部门申请定点，由城市规划行政主管部门核定其用地位置和界限，提供规划设计条件，核发建设用地规划许可证。建设单位或者个人在取得建设用地规划许可证后，方可向县级以上地方人民政府土地管理部门申请用地，经县级以上人民政府审查后，由土地管理部门划拨土地。"

（1）申请建设用地规划许可证必备资料。

在城市规划区内进行建设需要申请用地的，必须持国家批准建设项目的有关文件，向城市规划行政主管部门申请，由城市规划行政主管部门核定其用地位置和界限，提供规划设计条件；核发建设用地规划许可证。建设用地规划许可证是建设单位在向土地管理部门申请征用、划拨土地前，经城市规划行政主管部门确认建设项目位置和范围符合城市规划的法定凭证。

申请建设用地规划许可证的必备资料一般有：①计划部门批准征用土地的计划任务书；②征用农村土地时的市政府批文，划拨国有土地时的市房地产管理局对用地和拆迁安置意见；③规划选址意见通知书要求取得的有关协议；④其他。

建设单位或者个人在取得建设用地规划许可证后，方可向县级以上地方人民政府土地管理部门申请用地，经县级以上地方人民政府审查批准后，由土地管理部门根据土地管理的有关规定供应土地。接着，建设单位或者个人应申报规划设计条件，以获取规划设计条件通知书。

城市规划行政主管部门应当根据建设工程的性质、规模、使用要求和外部条件，综合研究其与周围环境的协调，现状条件的制约，地形和工程、水文地质状况，征用土地的具体条件，审核建设用地方案，具体确定建设用地的位置和范围，画出规划红线，并提供有关规划设计条件，作为进行总平面设计的重要依据。

建设单位或者个人在取得规划设计条件通知书后，应组织具体总平面方案设计，申报设计方案，以获得审定设计方案通知书。总平面设计经城市规划行政主管部门审查，确认其符合规划要求，方可核发建设用地规划许可证。

核发建设用地规划许可证的目的在于确保土地利用符合城市规划，维护建设单位按照城市规划使用土地的合法权益，为土地管理部门在城市规划区内行使权属管理职能提供必要的法律依据。土地管理部门办理征用、划拨建设用地的过程中，若确需改变建设用地规划许可证核定的用地位置和界限，必须与城市规划行政主管部门商议，并取得一致意见，保证修改后的用地位置和范围符合城市规划要求。

在城市规划区内，未取得建设用地规划许可证而取得建设用地批准文件、占用土地的，批准文件无效，占用的土地由县级以上人民政府责令退回。

（2）建设用地规划许可证的核发审批。

建设用地规划许可证的审批程序分为以下步骤：

① 现场踏勘。城市规划主管部门受理建设单位用地申请后，应与建设单位会同有关部门到选址地点进行现场调查和踏勘。这是一项直观的感性的审查工作，可以及时发现问题，避免纸上谈兵可能带来的弊端。

② 征求意见。在城市规划区安排建设项目，占用土地会涉及许多单位和部门。城市规划主管部门在审批建设用地前，应征求占用土地单位和部门以及环境保护、消防安全、

文物古迹保护、土地管理等部门的意见。

③ 提供设计条件。城市规划主管部门初审通过后，应向建设单位提供建设用地地址与范围的红线图，在红线图上应当标明现状和规划道路，并提出用地规划设计条件和要求。建设单位可以依据城市规划主管部门下达的红线图委托项目规划方案设计。

④ 审查总平面图及用地面积。建设单位根据城市规划主管部门提供的设计条件完成项目规划设计后，应将总平面图及其相关文件报送城市规划主管部门进行审查批准，并根据城市规划设计用地定额指标和该地块具体情况，核审用地面积。

⑤ 核发建设用地规划许可证。经审查合格后，城市规划行政主管部门即向建设单位或个人核发建设用地规划许可证。

建设用地规划许可证是建设单位在向土地管理主管部门申请征用、划拨前，经城市规划主管部门确认建设项目位置和范围的法律凭证。核发建设用地规划许可证的目的在于确保土地利用符合城市规划，维护建设单位按照规划使用土地的合法权益，同时也为土地管理部门在城市规划内行使权属管理职能提供必要的法律依据。土地管理部门在办理征用、划拨土地过程中，若确需改变建设用地规划许可证核定的位置和界限，必须与城市规划主管部门协商并取得一致意见，以保证修改后的位置和范围符合城市规划的要求。

2. 建设用地规划许可证范本

建设用地规划许可证

中华人民共和国
建设用地规划许可证
编　　号

　　根据《中华人民共和国城市规划法》第三十一条规定，经审核，本用地项目符合城市规划要求，准予办理征用划拨土地手续。

　　特发此证

发证机关

日期

用地单位	
用地项目名称	
用地位置	
用地面积	
附图及附件名称	

遵守事项：

一、本证是城市规划区内，经城市规划行政主管部门审核，许可用地的法律凭证。

二、凡未取得本证，而取得建设用地批准文件、占用土地的，批准文件无效。

三、未经发证机关审核同意，本证的有关规定不得变更。

四、本证所需附图与附件由发证机关依法确定，与本证具有同等法律效力。

建设用地规划许可证附件

用地单位： 市规地

用地位置： 图幅号：

用地单位联系人： 电话： 发件日期：

用地项目名称		用地面积(平方米)	备 注
建设用地			其 中 粮田： 菜地： 其他：
代征用地	城市道路用地		
代征用地	城市绿化用地		
其他用地			
合 计			

抄送单位：市、区(县)规划局、土地局、房管局

说明：

1. 本附件与《建设用地规划许可证》具有同等法律效力。

2. 遵守事项详见《建设用地规划许可证》。

注意事项：

1. 概略范围见附图，准确位置及坐标由××市测绘院钉桩后另行通知。

2. 请与当地区(县)人民政府土地或房管部门按有关规定办理用地手续。

3. 用地时如涉及房屋、绿化、文物古迹、测量标志、市政、交通等地上设施要注意保护，并应事先与有关主管部门联系妥善办理。

4. 建设项目需施工时，应按有关规定，另行办理《建设工程规划许可证》。

5. 当建设任务撤销或部分任务撤销后，本《建设用地规划许可证》及附件相应撤销。用地单位应主动向所在区(县)主管部门交回土地，不得私自转让、荒废或作其他用途。

（三）申请土地开发使用权

城市规划主管部门对土地的管理只是土地的利用方式管理，土地的使用权属管理则由土地主管部门负责，开发企业购置土地应向土地主管部门提出申请。按我国法律，城镇土地归国家所有，因此，开发企业购置场地，是指其使用权，而不是所有权。

为了使土地的出让符合城市规划、与建设项目相结合、具备基础设施配套和拆迁安置条件，避免盲目出让土地而产生的问题，同时规范开发企业的行为和加强对开发项目的管理，《城市房地产开发经营管理暂行办法》规定：房地产开发项目用地的土地使用权出让或划拨前，城市建设行政主管部门或房地产行政主管部门应组织有关部门对项目的规划设计、开发期限、基础设施和配套建筑的建设、拆迁补偿安置等提出要求，并出具《房地产开发项目建设条件意见书》。《房地产开发项目建设条件意见书》的内容应作为土地使用权出让合同的必备条款。

开发企业取得土地使用权的途径，是按照政府有关规定，通过土地市场取得的，即通过出让取得土地使用权。土地使用权出让是指国家以土地所有者的身份将土地使用权在一定年限内让与土地使用者，并由土地使用者向国家支付土地使用权出让金的行为。此外，若以行政划拨方式取得的土地进行商品房开发，必须向政府申请，补交地价，取得土地使用合同书，即把土地从无偿使用转为有偿使用，从无限年限转为有限年限后，方可开发。

土地使用权出让的方式有协议出让、招标出让和拍卖出让等三种方式。不同的出让方式，其出让程序也不一样。

（四）领取《房地产开发项目手册》

开发企业提出的土地出让申请经城市政府及其土地主管部门批准后，双方签订土地使用权出让合同。然后，开发企业于 15 日内到建设主管部门备案，领取《房地产开发项目手册》。

由《城市房地产开发经营管理暂行办法》规定的申领《房地产开发项目手册》制度，是为了加强对房地产开发项目的动态管理而制定的。在房地产开发项目的实施过程中，开发企业就项目的进展情况填入《房地产开发项目手册》，并定期报建设主管部门验核，就可以使建设主管部门及时了解和掌握房地产开发项目的进展情况，实施对开发项目的跟踪管理，开发项目是否按城市规划要求建设；是否按要求完成拆迁安置；工程进度、质量是否符合预售条件等等。

（五）拆迁安置

开发企业取得了开发场地后，要对该场地上现有的建筑物和构筑物进行拆除，对现有的住户进行搬迁安置，以便进行项目的规划、勘察、设计和施工。

房屋迁安置的当事人双方分别为拆迁人和被拆迁人，所谓拆迁人是指取得房屋拆迁许可证的开发企业或单位；被拆迁人是指被拆除房屋及其附属物的所有人（包括代管人、国家授权的国有房屋及其附属物的管理人）和使用人。

拆迁安置是一项政策性很强的工作，其依据有国务院、建设部分别颁发的条例和规定，以及各地方城市政府结合本地的实际情况制定的房屋拆迁管理办法。拆迁人应根据国家和地方政府的法令法规，贯彻执行既保证建设需要，又要对被拆迁人给予合理补偿和安置的原则。被拆迁人必须服从城市建设需要，在限期内完成搬迁。政府的拆迁管理部门按照规定要对房屋拆迁工作实施监督管理，各有关单位应积极协助拆迁管理部门做好房屋拆迁工作。

（六）筹集开发资金

房地产开发需要大量的资金，仅靠开发企业的自有资金是远远不够的，必须通过其他途径筹集资金，如向金融机构申请贷款、发行投资债券、寻找合作投资开发的伙伴、制定合理的预售计划和措施以加快资金的回收等等。房地产开发的资金筹集在可行性研究阶段就要考虑，要认真研究资金的筹措策略，制定资金来源安全性好、成本低的筹资计划。在开发项目的前期工作阶段，则要进一步落实资金的到位计划，与有关单位签订资金到位的合同。资金筹集可与其他前期工作同步进行。

（七）项目规划设计与报建

房地产开发项目必须通过规划设计成果反映出来，合理的规划设计不仅充分体现投资者的意图，而且是对投资决策方案的完善和补充。因此，为了保证规划设计成果的质量，开发企业应做好规划设计的组织与委托工作。

在开发项目的可行性研究和土地使用权购置的申请过程中，已通过设计招投标等方式提出了规划设计方案，该方案只是粗略地反映开发项目概况，不能作为施工的依据。项目报建是在原规划设计方案的基础上，由开发企业委托规划建筑设计单位提出各单体建筑的设计方案，并对其布局进行定位，对开发项目用地范围内的道路和各类工程管线做更深入的设计，使其达到施工的要求。用于报建的建筑设计方案经城市规划管理和消防部门、抗震办、人防部门、环卫部门、供水供电管理部门审查通过后，可进一步编制项目的施工图和技术文件，再报城市规划管理部门及有关专业管理部门审批。其具体步骤为：

1. 开发企业在取得土地使用权后，根据城市规划管理部门提出的设计要求，通过设计、招投标等方式，委托建筑设计院编制设计方案，并将设计方案报城市规划管理部门审批。如果是高层建筑，还要征求消防管理部门的意见。

2. 方案审查通过后，委托设计院进行项目的初步设计（对高层建筑），并将初步设计报城市规划管理部门，由规划管理部门组织抗震办、人防办、环卫、供水、供电等部门对初步设计进行会审。

3. 初步设计审查通过后，委托设计院进行施工图设计，并将施工图报城市规划管理部门，由规划管理部门发建筑核位红线。

4. 到城市规划管理部门领取《建设工程规划许可证》。

一旦开发企业取得了城市规划管理部门颁发的《建设工程规划许证》，便可办理开工手续。至此，房地产开发将进入建设实施阶段。

建设工程规划许可证是由城市规划行政主管部、门核发的，用于确认建设工程是否符合城市规划要求的法律凭证。《城市规划法》第 32 条规定："在城市规划区内新建、扩建和改建建筑物、构筑物、道路、管线和其他工程设施，必须持有关批准文件向城市规划行政主管部门提出申请，由城市规划行政主管部门根据城市规划提出的规划设计要求，核发建设工程规划许可证。建设单位或者个人在取得建设工程规划许可证件和其他有关批准文件后，方可申请办理开工手续。"建设工程规划许可证的作用主要表现在：

（1）确认建设单位或者个人有关建设活动的合法地位。

（2）作为建设活动过程中接受监督检查时的法律依据。

（3）作为城市规划行政主管部门有关城市建设活动的重要历史资料和城市建设档案的重要内容。城市各项建设工程必须严格按照城市规划进行。建设单位或者个人凡在城市规划区内的各项建设活动，无论是永久性的，还是临时性的，都必须向城市规划行政主管部门提出建设申请，由城市规划行政主管部门审查批准。在取得建设工程规划许可证后，方可进行后续工作。

城市规划主管部门受理建设工程规划申请后，便进入建设工程规划许可的审批阶段。按照程序分为以下五个步骤：

1. 建设工程许可证申请。建设单位应当持设计任务书、建设用地规划许可证和土地使用证等有关批准文件向城市规划主管部门提出建设工程许可证核发申请。城市规划主管部门对于申请进行审查，确定建设工程的性质、规模等是否符合城市规划的布局和发展要求；对于建设工程涉及相关主管部门的，则应根据实际情况和需要，征求有关行政主管部门的意见，进行综合协调。

2. 初步审查。城市规划主管部门受理申请后，应对建设工程的性质、规模、建设地点等是否符合城市规划要求进行审查，并应征求环境保护、环境卫生、交通、通信等相关部门的意见，以便使规划更加合理完善。

3. 核发规划设计要点意见书，城市规划主管部门根据对申请的审查结果和工程所在地段详细规划的要求，向建设单位或个人核发规划设计要点意见书，提出建设高度限制、与城市规划红线的边界限制、与四周已有工程的关系限制等规划设计要求。建设单位或个人按照规划设计要点意见书的要求，委托设计部门进行方案设计工作。

4. 方案审查。建设单位或个人根据规划设计要点意见书完成方案设计后，应将设计方案（应不少于 2 个）的有关图纸、模型、文件报送城市规划行政主管部门。城市规划主管部门对各个方案的总平面布置、工程周围环境关系和个体设计体量、层次、造型等进行审查比较后，将核发设计方案通知书，并提出规划修改意见。建设单位或个人据此委托设计单位进行施工图设计。

5. 核发建设工程规划许可证。建设单位或个人按照设计方案通知书的要求完成施工图设计后，将注明勘察设计证号的初步设计文件（总平面图、个体建筑设计的平面图、立面图、剖面图、基础图、地下室平面图、剖面图等施工图及相关设计说明）报城市规划行政主管部门审查；经审查批准后，将核发建设工程规划许可证。

房地产开发项目建设工程规划许可证范本如下：

建设工程规划许可证

中华人民共和国
建设工程规划许可证
编　号
根据《中华人民共和国城市规划法》第三十二条规定，经审核，本建设工程符合城市规划要求，准予建设。

特发此证

发证机关
日期

建设单位	
建设项目名称	
建设位置	
建设面积	
附图及附件名称	

遵守事项：

一、本证是城市规划区内，经城市规划行政主管部门审核，许可建设的法律凭证。

二、凡未取得本证或不按本证规定进行建设，均属违法建设。

三、未经发证机关审核同意，本证的各项规定不得变更。

四、建设工程施工期间，根据城市规划行政主管部门的要求，建设单位有义务随时将本证提交查验。

五、本证所需附图与附件由发证机关依法确定，与本证具有同等法律效力。

建设工程规划许可证附件

建设工程

建设单位：　　　　　　　　　　　　市规建

建设位置：　　　　　　　　　　　　图幅号：

用地单位联系人：　　　　电话：　　　发件日期：

建设项目名称	建设规模（平方米）	层　　数		高度（米）	栋数	结构类型	造价（元）	备　　注
		地　上	地　下					
服务用房								

抄送单位：市、区（县）规划局、承建单位

说明：

1. 本附件与《建设工程规划许可证》具有同等法律效力。

2. 遵守事项见《建设工程规划许可证》。

注意事项：

1. 本工程放线完毕，请通知当地测绘院、区（县）规划局验线无误后方可施工。

2. 有关消防、绿化、交通、环保、市政、文物等未尽事宜，应由建设单位负责与有关主管部门联系，妥善解决。

3. 设计责任由设计单位负责。按规定允许非正式设计单位设计工程，其设计责任由建设单位负责。

4. 本《建设工程规划许可证》及附件发出后，因年度建设计划变更或因故未建满两年者，《建设工程规划许可证》及附件自行失效，需建设时，应向审批机关重新申报，经审核批准方可施工。

5. 凡属按规定应编制竣工图的工程必须按照国家编制竣工图的有关规定编制竣工图，送城市建设档案馆。

三、开发项目建设实施阶段

开发项目在建设实施阶段的投资支出最大，所占的时间最长。因此，加强开发项目建设实施阶段的管理，对于开发企业实现预期的开发效益是非常重要的。在此阶段，开发企业的主要工作有：办理开工审批手续；通过招投标选择施工企业；以投资者、组织者、监督者的身份进行项目工程管理与控制；竣工验收。

（一）办理开工审批手续

开发企业编写年度开发建设计划，报基本建设主管部门审查批准后，持《建设工程规划许可证》、投资许可证、资金审批文件、水电供应及排污审批文件，以及其他有关文件资料，到建委工程管理部门申办开工登记手续。经管理部门审查，签署同意开工意见后，建设工程方可开工。

1. 房地产建设工程开工许可证编制要求

《建筑法》第 7 条规定："建筑工程开工前，建设单位应当按照国家有关规定向工程所在地县级以上人民政府建设行政主管部门申请领取施工许可证；但是，国务院建设行政主管部门确定的限额以下的小型工程除外。"

申请建设工程许可证的条件。《建筑法》第8条，规定申请领取施工许可证应具备下列条件：

(1) 已经办理该建筑工程用地批准手续；

(2) 在城市规划区的建筑工程，已经取得规划许可证；

(3) 需要拆迁的，其拆迁进度符合施工要求；

(4) 已经确定建筑施工企业；

(5) 有满足施工需要的施工图纸及技术资料；

(6) 有保证工程质量和安全的具体措施；

(7) 建设资金已经落实；

(8) 法律、行政法规规定的其他条件。

2. 房地产建设工程开工许可证范本

房地产建设工程开工许可证

建设工程开工许可证 ×建开字〔20××〕第 发证机关(章) 年　月　日		
建设单位		
建设项目名称		
建设地点		
建设面积(m²)		
施工单位		

遵守事项：

一、本证是本市行政区域内各类房屋建设工程开工的合法依据，无本证开工的建设工程均属违法建设。

二、本证内容未经发证机关批准不得擅自更改。

三、建设单位有义务向有关检查部门出示本证。

四、本证自签发之日起一年内未开工的即视为无效。

(二) 选择施工企业

开发项目的建设实施，是由建筑施工企业完成的，施工企业是开发项目建设实施的直接指挥者和生产者。因此，选择承担项目施工的企业是极为重要的工作。为了在预期的投资限额内，保证工程质量和工期，一般采取招标投标方式选择施工企业，即初步选定若干个施工企业，通过投标竞争，从中选择最为合适的施工企业按工程承包合同承建工程项目。

(三) 开发项目工程管理与控制

开发项目施工管理，是由建筑施工企业对开发项目进行施工的生产管理。这里所说的开发项目工程管理与控制，则是开发企业为了保证项目施工顺利进行所从事的有关管理工作，包括配合施工企业做好各项施工准备工作，如按时腾出施工场地，完成场地的"三通一平"，及时提供设计图纸和订购有关设备等；对项目的费用、进度和施工质量控制；合同管理；有效协调各类关系，如设计与施工的关系，土建施工与设备安装的关系，施工与材料、设备供应的关系。

根据《中华人民共和国建筑法》、《建筑工程质量管理条例》等规定，建设工程项目要实行监理制，通过施工监理招投标等方式，委托专业化、社会化的监理公司对项目的建设进行监理。当前，我国建设监理的重点在工程施工阶段，并积累了一些经验。因此，开发企业委托监理公司根据工程承包合同对工程施工进行监理。

（四）项目的竣工验收

当项目完工后，根据《城市房地产开发经营管理条例》等规定，要对项目进行验收。项目验收分预验收和综合验收。预验收是指在综合验收前，开发企业与监理公司对工程质量进行全面检查，包括隐蔽工程验收资料、关键部位施工记录、按图施工情况等。根据检查结果，提出需返工的工程及其修竣期限。综合验收是在预验收的基础上，经开发企业申请，由政府的建筑质量监督部门组织的竣工验收。对于某些规模大的开发项目，其中的单项工程竣工后，可分别进行竣工验收，开具竣工验收书，在综合验收时作为附件。经验收合格后，项目方可交付使用。

四、房屋营销和服务阶段

实际上，房屋的销售工作并非在房屋竣工验收后进行。为了缩短房地产开发的投资周期，在可行性研究阶段就要研究房屋的销售计划，从选择场地开始，开发企业已开始寻找购房者或承租人；在开发项目的施工过程中，应通过各种媒介做好项目的销售广告的宣传工作；当项目施工进行到一定程度时，应按《城市商品房预售管理办法》和《商品房销售管理办法》等规定，及时进行房屋的预售工作；竣工验收后申请办理房地产产权登记。

商品房预售许可证格式如下：

商品房预售许可证范本

商品房预售许可证
（　）房预售证第　号
（存根）

售房单位	
项目名称	
房屋坐落地点	
房屋用途性质	
预售对象	
预售总建筑面积	
外销建筑面积	
建设用地规划许可证号	
土地使用权证号	
建设工程规划许可证号	
已完成总投资 25%以上的证明材料	

经办人：

商品房预售许可证

FORWARD SELL LICENCE FOR COMMODITY HOUSES

预　　　　　　　　　　　　　（　）房预
　　　　　　　　　　　　RO. FT' SZS
　　　　　　　　　　　　　　（　）预
　售房单位：　　　　　　　　RO. YWXZ
　SELLER：
　项目名称：
许　PROJECT NAME：
　预售总建筑面积：　　　　　　　　m²
　TOTAL CONSTRUTION AREA：　SQ
　其中外销建筑面积：　　　　　　　m²
　AREA FOR OVERSEAS SELL LOCTION：　SQ
　房屋坐落地点：
字
　房屋用途性质：
　USAGE：
　商品房公开预售对象：
第
　COMMODITY HOUSES ALLOWED BUTER：
　经审查，批准以上所列
号　AFTER EXAMINATION, THE ABOVE MENTIONED
　　　发证机关
　　　年　月　日

如果房地产开发企业进行房地产开发是为了长期投资，即开发房地产是为了出租，那么在项目竣工验收后便要开始出租。为了逐渐收回投资并获得利润，房地产开发企业必须确定合适的租金，制订好出租经营计划。

房地产销售或出租后，应做好销售或出租后的服务和管理工作。如果开发项目是住宅小区，应成立物业管理机构或通过招投标等方式委托物业管理公司完成。如果是单幢建筑，可组织大楼管委会。无论何种形式均需与当地派出所、居委会、绿化、环卫等部门联系，办理门牌号码、户口迁入、绿化、环卫和治安等事项。

至此，房地产开发企业对于某个项目投资开发的经营活动基本结束。

第四节　房地产开发项目策划

房地产项目应进行系统的项目策划，以形成和优选出较具体的项目开发经营方案。

房地产项目策划主要包括项目区位的分析与选择；开发内容和规模的分析与选择；开发时机的分析与选择；开发合作方式的分析与选择；项目融资方式和资金结构的方式分析与选择；房地产产品经营方式的分析与选择。

现分述如下：

1. 房地产项目区位的分析与选择，包括地域的分析与选择和具体地点的分析与选择。

地域的分析与选择是战略性选择，是对项目宏观区位条件的分析与选择，主要考虑项目所在地区的政治、法律、经济、文化教育、自然条件等因素。

具体地点的分析与选择，是对房地产项目坐落地点和周围环境、基础设施条件的分析与选择，主要考虑项目所在地点的交通、城市规划、土地取得代价、拆迁安置难度、基础设施完备程度以及地质、水文、噪声、空气污染等因素。

2. 房地产项目开发内容和规模的分析与选择，应在符合城市规划的前提下按照最高最佳利用原则（最高最佳利用是法律上允许、技术上可能、财务上可行，经过充分合理的论证，能够带来最高收益的利用），选择最佳的用途和最合适的开发规模，包括建筑总面积、建设和装修档次、平面布置等。此外，还可考虑仅将生地或毛地开发成为可进行房屋建设的熟地后租售的情况。

3. 房地产项目开发时机的分析与选择，应考虑开发完成后的市场前景，再倒推出应获取开发场地和开始建设的时机，并充分估计办理前期手续和征地拆迁的难度等因素对开发进度的影响。大型房地产项目可分期分批开发（滚动开发）。

4. 房地产项目开发合作方式的分析与选择，主要应考虑开发商自身在土地、资金、开发经营专长、经验和社会关系等方面的实力或优势程度，并从分散风险的角度出发，对独资、合资、合作（包括合建）、委托开发等开发合作方式进行选择。

5. 房地产项目融资方式资金结构的分析与选择，主要是结合项目开发合作方式设计资金结构，确定合作各方在项目资本金中所占的份额，并通过分析可能的资金来源和经营方式，对项目所需的短期和长期资金的筹措做出合理的安排。

6. 房地产产品经营方式的分析与选择，主要是考虑近期利益和长远利益的兼顾、资金压力、自身的经营能力以及市场的接受程度等，对出售（包括预售）、出租（包括预租、短租或长租）、自营等经营方式进行选择。

第五节　住宅区的综合效益评价

房地产开发多为住宅区开发，其综合效益，是指住宅区开发所具有经济、社会和环境三种效益的综合。

一、综合效益指标体系

住宅区综合开发的综合效益指标，主要有以下几项：

1. 单位造价（元/m²）；

2. 建设工期（年、日）；

3. 工程质量；

4. 建筑密度（%）；

5. 人口密度（人/hm²）；

6. 市政工程设施；

7. 配套工程设施；

8. 绿化；

9. 室外庭院及活动用地；

10. 交通。

上述1、2、3项反映经济效益；4、5、6、7、10五项反映社会效益；8、9两项反映环境效益。

二、三大效益综合评价

1. 三大效益是相互促进又互相制约的统一体，它们之间既存在统一的一面，又存在矛盾的一面。

住宅造价高一些，可以多配备一些附属及配套工程，居民生活方便，提高社会效益；绿化、公用场地多一些，环境效益也相应提高。但是如果造价低一些，削减了服务项目，减少了绿化庭院设施，社会效益就差一些。因此，综合考虑三大效益，做到"适度"，不能只顾一个方面。在实际工作中，要力争在住宅区开发建设中做到造价低，质量好，建设周期短，居民生活舒适方便，环境优美，生态健全，有利于居民的身心健康。

2. 与城市经济发展相适应。

住宅区建设的标准、规模和速度，是受城市经济发展制约的。城市经济发展快，住宅投资多，住宅区标准可以高一些，三大效益都可以好一些，但是不能盲目追求高标准，否则是欲高不能、欲速不达，在评定三大效益时不能脱离城市经济发展水平。

3. 从各城市的特点出发。

我国有各类不同城市，从规模看有大城市、中等城市、小城市；从城市性质看有政治中心、文化中心、贸易中心、沿海城市等。在评定不同城市住宅区的综合效益时，要注意其特性。如旅游城市要注意其环境效益多一些，大的政治中心要注意其社会效益，小城市要注意其经济效益，不能千篇一律，用一个尺度去衡量不同地区、不同城市的住宅区。

4. 要远近结合。

城市建设是百年大计，影响子孙后代的大事。我国是发展中的国家，社会经济在不断发展，因此在住宅区开发中，既不能标准太高，脱离实际，也不能标准过低，既要看到将来发展的需要，也要考虑当前经济水平，要求有一个长短结合的规划，以指导城市住宅区的建设。

5. 要做好城市规划和可行性研究。

住宅区开发的三大效益，在很大程度上取决于住宅区的规划设计。规划设计一定，三大效益就基本定下来了。做好住宅区的规划设计，一方面要有一个城市总体规划作指导，另一方面要切实做好住宅区可行性研究。在住宅区规划设计中，要进行多方案比较。不但要进行技术、艺术方面的比较，而且还要进行经济技术指标的比较，择优选定或制定住宅规划设计方案，才能保证三大效益的实现。

房地产开发经营管理相关法律、法规，详见附录 1-1-1～1-1-4。

附录 1-1-1 城市房地产开发经营管理条例

(1998 年 7 月 20 日国务院令第 248 号)

第一章 总 则

第一条 为了规范房地产开发经营行为，加强对城市房地产开发经营活动的监督管理，促进和保障房地产业的健康发展，根据《中华人民共和国城市房地产管理法》的有关规定，制定本条例。

第二条 本条例所称房地产开发经营，是指房地产开发企业在城市规划区内国有土地上进行基础设施建设、房屋建设，并转让房地产开发项目或者销售、出租商品房的行为。

第三条 房地产开发经营应当按照经济效益、社会效益、环境效益相统一的原则，实行全面规划、合理布局、综合开发、配套建设。

第四条 国务院建设行政主管部门负责全国房地产开发经营活动的监督管理工作。

县级以上地方人民政府房地产开发主管部门负责本行政区域内房地产开发经营活动的监督管理工作。

县级以上人民政府负责土地管理工作的部门依照有关法律、行政法规的规定，负责与房地产开发经营有关的土地管理工作。

第二章 房地产开发企业

第五条 设立房地产开发企业，除应当符合有关法律、行政法规规定的企业设立条件外，还应当具备下列条件：

(一) 有 100 万元以上的注册资本；

(二) 有 4 名以上持有资格证书的房地产专业、建筑工程专业的专职技术人员，2 名以上持有资格证书的专职会计人员。

省、自治区、直辖市人民政府可以根据本地方的实际情况，对设立房地产开发企业的注册资本和专业技术人员的条件做出高于前款的规定。

第六条 外商投资设立房地产开发企业的，除应当符合本条例第五条的规定外，还应当依照外商投资企业的法律、行政法规的规定，办理有关审批手续。

第七条 设立房地产开发企业，应当向县级以上人民政府工商行政管理部门申请登记。工商行政管理部门对符合本条例第五条规定条件的，应当自收到申请之日起 30 日内予以登记；对不符合条件不予登记的，应当说明理由。

工商行政管理部门在对设立房地产开发企业申请登记进行审查时，应当听取同级房地产开发主管部门的意见。

第八条 房地产开发企业应当自领取营业执照之日起 30 日内，持下列文件到登记机关所在地的房地产开发主管部门备案：

（一）营业执照复印件；

（二）企业章程；

（三）验资证明；

（四）企业法定代表人的身份证明；

（五）专业技术人员的资格证书和聘用合同。

第九条 房地产开发主管部门应当根据房地产开发企业的资产、专业技术人员和开发经营业绩等，对备案的房地产开发企业核定资质等级。房地产开发企业应当按照核定的资质等级，承担相应的房地产开发项目。具体办法由国务院建设行政主管部门制定。

第三章 房地产开发建设

第十条 确定房地产开发项目，应当符合土地利用总体规划、年度建设用地计划和城市规划、房地产开发年度计划的要求；按照国家有关规定需要经计划主管部门批准的，还应当报计划主管部门批准，并纳入年度固定资产投资计划。

第十一条 确定房地产开发项目，应当坚持旧区改建和新区建设相结合的原则，注重开发基础设施薄弱、交通拥挤、环境污染严重以及危旧房屋集中的区域，保护和改善城市生态环境，保护历史文化遗产。

第十二条 房地产开发用地应当以出让方式取得；但是，法律和国务院规定采用划拨方式的除外。

土地使用权出让或者划拨前，县级以上地方人民政府城市规划行政主管部门和房地产开发主管部门应当对下列事项提出书面意见，作为土地使用权出让或者划拨的依据之一：

（一）房地产开发项目的性质、规模和开发期限；

（二）城市规划设计条件；

（三）基础设施和公共设施的建设要求；

（四）基础设施建成后的产权界定；

（五）项目拆迁补偿、安置要求。

第十三条 房地产开发项目应当建立资本金制度，资本金占项目总投资的比例不得低于 20％。

第十四条 房地产开发项目的开发建设应当统筹安排配套基础设施，并根据先地下、后地上的原则实施。

第十五条 房地产开发企业应当按照土地使用权出让合同约定的土地用途、动工开发期限进行项目开发建设。出让合同约定的动工开发期限满 1 年未动工开发的，可以征收相当于土地使用权出让金 20％以下的土地闲置费；满 2 年未动工开发的，可以无偿收回土地使用权。但是，因不可抗力或者政府、政府有关部门的行为或者动工开发必需的前期工作造成动工迟延的除外。

第十六条 房地产开发企业开发建设的房地产项目，应当符合有关法律、法规的规定和建筑工程质量、安全标准、建筑工程勘察、设计、施工的技术规范以及合同的约定。

房地产开发企业应当对其开发建设的房地产开发项目的质量承担责任。

勘察、设计、施工、监理等单位应当依照有关法律、法规的规定或者合同的约定，承担相应的责任。

第十七条 房地产开发项目竣工，经验收合格后，方可交付使用；未经验收或者验收不合格的，不得交付使用。

房地产开发项目竣工后，房地产开发企业应当向项目所在地的县级以上地方人民政府房地产开发主管部门提出竣工验收申请。房地产开发主管部门应当自收到竣工验收申请之日起 30 日内，对涉及公共安全的内容，组织工程质量监督、规划、消防、人防等有关部门或者单位进行验收。

第十八条 住宅小区等群体房地产开发项目竣工，应当依照本条例第十七条的规定和下列要求进行综合验收：

（一）城市规划设计条件的落实情况；

（二）城市规划要求配套的基础设施和公共设施的建设情况；

（三）单项工程的工程质量验收情况；

（四）拆迁安置方案的落实情况；

（五）物业管理的落实情况。

住宅小区等群体房地产开发项目实行分期开发的，可以分期验收。

第十九条 房地产开发企业应当将房地产开发项目建设过程中的主要事项记录在房地产开发项目手册中，并定期送房地产开发主管部门备案。

第四章 房 地 产 经 营

第二十条 转让房地产开发项目，应当符合《中华人民共和国城市房地产管理法》第三十八条、第三十九条规定的条件。

第二十一条 转让房地产开发项目，转让人和受让人应当自土地变更登记手续办理完毕之日起 30 日内，持房地产开发项目转让合同到房地产开发主管部门备案。

第二十二条 房地产开发企业转让房地产开发项目时，尚未完成拆迁补偿安置的，原拆迁补偿安置合同中有关的权利、义务随之转移给受让人。项目转让人应当书面通知被拆迁人。

第二十三条 房地产开发企业预售商品房，应当符合下列条件：

（一）已交付全部土地使用权出让金，取得土地使用权证书；

（二）持有建设工程规划许可证和施工许可证；

（三）按提供的预售商品房计算，投入开发建设的资金达到工程建设总投资的 25％以上，并已确定施工进度和竣工交付日期；

（四）已办理预售登记，取得商品房预售许可证明。

第二十四条 房地产开发企业申请办理商品房预售登记，应当提交下列文件：

（一）本条例第二十三条第（一）项至第（三）项规定的证明材料；

（二）营业执照和资质等级证书；

（三）工程施工合同；

（四）预售商品房分层平面图；

（五）商品房预售方案。

第二十五条 房地产开发主管部门应当自收到商品房预售申请之日起 10 日内，作出同意预售或者不同意预售的答复。同意预售的，应当核发商品房预售许可证明；不同意预售的，应当说明理由。

第二十六条 房地产开发企业不得进行虚假广告宣传，商品房预售广告中应当载明商品房预售许可证明的文号。

第二十七条 房地产开发企业预售商品房时，应当向预购人出示预售许可证明。

房地产开发企业应当自商品房预售合同签订之日起 30 日内，到商品房所在地的县级以上人民政府房地产开发主管部门和负责土地管理工作的部门备案。

第二十八条 商品房销售，当事人双方应当签订书面合同。合同应当载明商品房的建筑面积和使用面积、价格、交付日期、质量要求、物业管理方式以及双方的违约责任。

第二十九条 房地产开发企业委托中介机构代理销售商品房的，应当向中介机构出具委托书。中介机构销售商品房时，应当向商品房购买人出示商品房的有关证明文件和商品房销售委托书。

第三十条　房地产开发项目转让和商品房销售价格，由当事人协商议定；但是，享受国家优惠政策的居民住宅价格，应当实行政府指导价或者政府定价。

第三十一条　房地产开发企业应当在商品房交付使用时，向购买人提供住宅质量保证书和住宅使用说明书。

住宅质量保证书应当列明工程质量监督单位核验的质量等级、保修范围、保修期和保修单位等内容。房地产开发企业应当按照住宅质量保证书的约定，承担商品房保修责任。

保修期内，因房地产开发企业对商品房进行维修，致使房屋使用功能受到影响，给购买人造成损失的，应当依法承担赔偿责任。

第三十二条　商品房交付使用后，购买人认为主体结构质量不合格的，可以向工程质量监督单位申请重新核验，经核验，确属主体结构质量不合格的，购买人有权退房；给购买人造成损失的，房地产开发企业应当依法承担赔偿责任。

第三十三条　预售商品房的购买人应当自商品房交付使用之日起 90 日内，办理土地使用权变更和房屋所有权登记手续；现售商品房的购买人应当自销售合同签订之日起 90 日内，办理土地使用权变更和房屋所有权登记手续。房地产开发企业应当协助商品房购买人办理土地使用权变更和房屋所有权登记手续，并提供必要的证明文件。

第五章　法　律　责　任

第三十四条　违反本条例规定，未取得营业执照的，擅自从事房地产开发经营的，由县级以上人民政府工商行政管理部门责令停止房地产开发经营活动，没收违法所得，可以并处违法所得 5 倍以下的罚款。

第三十五条　违反本条例规定，未取得资质等级证书或者超越资质等级从事房地产开发经营的，由县级以上人民政府房地产开发主管部门责令限期改正，处 5 万元以上 10 万元以下的罚款；逾期不改正的，由工商行政管理部门吊销营业执照。

第三十六条　违反本条例规定，将未经验收的房屋交付使用的，由县级以上人民政府房地产开发主管部门责令限期补办验收手续；逾期不补办手续的，由县级以上人民政府房地产开发主管部门组织有关部门和单位进行验收，并处 10 万元以上 30 万元以下的罚款。经验收不合格的，依照本条例第三十七条规定处理。

第三十七条　违反本条例规定，将验收不合格的房屋交付使用的，由县级以上人民政府房地产开发主管部门责令限期返修，并处交付使用的房屋总造价 2% 以下的罚款；情节严重的，由工商行政管理部门吊销营业执照；给购买人造成损失的，应当依法承担赔偿责任；造成重大伤亡事故或者其他严重后果，构成犯罪的，依法追究刑事责任。

第三十八条　违反本条例规定，擅自转让房地产开发项目的，由县级以上人民政府负责土地管理工作的部门责令停止违法行为，没收违法所得，可以并处违法所得 5 倍以下的罚款。

第三十九条　违反本条例规定，擅自预售商品房的，由县级以上人民政府房地产开发主管部门责令停止违法行为，没收违法所得，可以并处已收取的预付款的 1% 以下的罚款。

第四十条　国家机关工作人员在房地产开发经营监督管理工作中玩忽职守、徇私舞弊、滥用职权，构成犯罪的，依法追究刑事责任；尚不构成犯罪的，依法给予行政处分。

第六章　附　　则

第四十一条　在城市规划区外国有土地上从事房地产开发经营，实施房地产开发经营监督管理，参照本条例执行。

第四十二条　城市规划区内集体所有的土地，经依法征用转为国有土地后，方可用于房地产开发经营。

第四十三条　本条例自发布之日起施行。

附录 1-1-2　城市商品房预售管理办法

（2004 年 7 月 20 日建设部令第 131 号重发）

第一条　为加强商品房预售管理，维护商品房交易双方的合法权益，根据《中华人民共和国城市房地产管理法》、《城市房地产开发经营管理条例》，制定本办法。

第二条　本办法所称商品房预售是指房地产开发企业（以下简称开发企业）将正在建设中的房屋预先出售给承购人，由承购人支付定金或房价款的行为。

第三条　本办法适用于城市商品房预售的管理。

第四条　国务院建设行政主管部门归口管理全国城市商品房预售管理；

省、自治区建设行政主管部门归口管理本行政区域内城市商品房预售管理；

市、县人民政府建设行政主管部门或房地产行政主管部门（以下简称房地产管理部门）负责本行政区域内城市商品房预售管理。

第五条　商品房预售应当符合下列条件：

（一）已交付全部土地使用权出让金，取得土地使用权证书；

（二）持有建设工程规划许可证和施工许可证；

（三）按提供预售的商品房计算，投入开发建设的资金达到工程建设总投资的 25％以上，并已经确定施工进度和竣工交付日期。

第六条　商品房预售实行许可制度。开发企业进行商品房预售，应当向房地产管理部门申请预售许可，取得《商品房预售许可证》。

未取得《商品房预售许可证》的，不得进行商品房预售。

第七条　开发企业申请预售许可，应当提交下列证件（复印件）及资料：

（一）商品房预售许可申请表；

（二）开发企业的《营业执照》和资质证书；

（三）土地使用权证、建设工程规划许可证、施工许可证；

（四）投入开发建设的资金占工程建设总投资的比例符合规定条件的证明；

（五）工程施工合同及关于施工进度的说明；

（六）商品房预售方案。预售方案应当说明预售商品房的位置、面积、竣工交付日期等内容，并应当附预售商品房分层平面图。

第八条　商品房预售许可依下列程序办理：

（一）受理。开发企业按本办法第七条的规定提交有关材料，材料齐全的，房地产管理部门应当当场出具受理通知书；材料不齐的，应当当场或者 5 日内一次性书面告知需要补充的材料。

（二）审核。房地产管理部门对开发企业提供的有关材料是否符合法定条件进行审核。

开发企业对所提交材料实质内容的真实性负责。

（三）许可。经审查，开发企业的申请符合法定条件的，房地产管理部门应当在受理之日起 10 日内，依法作出准予预售的行政许可书面决定，发送开发企业，并自作出决定之日起 10 日内向开发企业颁发、送达《商品房预售许可证》。

经审查，开发企业的申请不符合法定条件的，房地产管理部门应当在受理之日起 10 日内，依法作出不予许可的书面决定。书面决定应当说明理由，告知开发企业享有依法申请行政复议或者提起行政诉讼的权利，并送达开发企业。

商品房预售许可决定书、不予商品房预售许可决定书应当加盖房地产管理部门的行政许可专用印章，《商品房预售许可证》应当加盖房地产管理部门的印章。

（四）公示。房地产管理部门作出的准予商品房预售许可的决定，应当予以公开，公众有权查阅。

第九条　开发企业进行商品房预售，应当向承购人出示《商品房预售许可证》。售楼广告和说明书应当载明《商品房预售许可证》的批准文号。

第十条　商品房预售，开发企业应当与承购人签订商品房预售合同。开发企业应当自签约之日起 30 日内，向房地产管理部门和市、县人民政府土地管理部门办理商品房预售合同登记备案手续。

房地产管理部门应当积极应用网络信息技术，逐步推行商品房预售合同网上登记备案。

商品房预售合同登记备案手续可以委托代理人办理。委托代理人办理的，应当有书面委托书。

第十一条　开发企业预售商品房所得款项应当用于有关的工程建设。

商品房预售款监管的具体办法，由房地产管理部门制定。

第十二条　预售的商品房交付使用之日起 90 日内，承购人应当依法到房地产管理部门和市、县人民政府土地管理部门办理权属登记手续。开发企业应当予以协助，并提供必要的证明文件。

由于开发企业的原因，承购人未能在房屋交付使用之日起 90 日内取得房屋权属证书的，除开发企业和承购人有特殊约定外，开发企业应当承担违约责任。

第十三条　开发企业未取得《商品房预售许可证》预售商品房的，依照《城市房地产开发经营管理条例》第三十九条的规定处罚。

第十四条　开发企业不按规定使用商品房预售款项的，由房地产管理部门责令限期纠正，并可处以违法所得 3 倍以下但不超过 3 万元的罚款。

第十五条　开发企业隐瞒有关情况、提供虚假材料，或者采用欺骗、贿赂等不正当手段取得商品房预售许可的，由房地产管理部门责令停止预售，撤销商品房预售许可，并处 3 万元罚款。

第十六条　省、自治区建设行政主管部门、直辖市建设行政主管部门或房地产行政管理部门可以根据本办法制定实施细则。

第十七条　本办法由国务院建设行政主管部门负责解释。

第十八条　本办法自 1995 年 1 月 1 日起施行。

附录 1-1-3　商品房销售管理办法

（2001 年 4 月 4 日建设部令第 88 号）

第一章　总　则

第一条　为了规范商品房销售行为，保障商品房交易双方当事人的合法权益，根据《中华人民共和国城市房地产管理法》、《城市房地产开发经营管理条例》，制定本办法。

第二条　商品房销售及商品房销售管理应当遵守本办法。

第三条　商品房销售包括商品房现售和商品房预售。

本办法所称商品房现售，是指房地产开发企业将竣工验收合格的商品房出售给买受人，并由买受人支付价款的行为。

本办法所称商品房预售，是指房地产开发企业将正在建设中的商品房预先售给买受人，并由买受人支付定金或者房价款的行为。

第四条　房地产开发企业可以自行销售商品房，也可以委托房地产中介服务机构销售商品房。

第五条　国务院建设行政主管部门负责全国商品房的销售管理工作。

省、自治区人民政府建设行政主管部门负责本行政区域内商品房的销售管理工作。

直辖市、市、县人民政府建设行政主管部门、房地产行政主管部门（以下统称为房地产开发主管部门)按照职责分工，负责本行政区域内商品房的销售管理工作。

第二章　销　售　条　件

第六条　商品房预售实行预售许可证制度。

商品房预售条件及商品房预售许可证的办理程序，按照《城市房地产开发经营管理条例》和《城市商品房预售管理办法》的有关规定执行。

第七条　商品房现售，应当符合以下条件：

（一）现售商品房的房地产开发企业应当具有企业法人营业执照和房地产开发企业资质证书；

（二）取得土地使用权证书或者使用土地的批准文件；

（三）持有建设工程规划许可证和施工许可证；

（四）已通过竣工验收；

（五）拆迁安置已经落实；

（六）供水、供电、供热、燃气、通信等配套基础设施具备交付使用条件，其他配套基础设施和公共设施具备交付使用条件或者已确定施工进度和交付日期；

（七）物业管理方案已经落实。

第八条　房地产开发企业应当在商品房现售前将房地产开发项目手册及符合商品房现售条件的有关证明文件报送房地产开发主管部门备案。

第九条　房地产开发企业销售设有抵押权的商品房，其抵押权的处理按照《中华人民共和国担保法》、《城市房地产抵押管理办法》的有关规定执行。

第十条　房地产开发企业不得在未解除商品房买卖合同前，将作为合同标的物的商品房再行销售给他人。

第十一条　房地产开发企业不得采取返本销售或者变相返本销售的方式销售商品房。

房地产开发企业不得采取售后包租或者变相售后包租的方式销售未竣工商品房。

第十二条　商品住宅按套销售，不得分割拆零销售。

第十三条　商品房销售时，房地产开发企业选聘了物业管理企业的，买受人应当在订立商品房买卖合同时与房地产开发企业选聘的物业管理企业订立有关物业管理的协议。

第三章　广　告　与　合　同

第十四条　房地产开发企业、房地产中介服务机构发布商品房销售宣传广告，应当执行《中华人民共和国广告法》、《房地产广告发布暂行规定》等有关规定，广告内容必须真实、合法、科学、准确。

第十五条　房地产开发企业、房地产中介服务机构发布的商品房销售广告和宣传资料所明示的事项，当事人应当在商品房屋买卖合同中约定。

第十六条　商品房销售时，房地产开发企业和买受人应当订立书面商品房买卖合同。

商品房买卖合同应当明确以下主要内容：

（一）当事人名称或者姓名和住所；

（二）商品房基本状况；

（三）商品房的销售方式；

（四）商品房价款的确定方式及总价款、付款方式、付款时间；

（五）交付使用条件及日期；

（六）装饰、设备标准承诺；

（七）供水、供电、供热、燃气、通信、道路、绿化等配套基础设施和公共设施的交付承诺和有关权益、责任；

（八）公共配套建筑的产权归属；

（九）面积差异的处理方式；

（十）办理产权登记有关事宜；

（十一）解决争议的方法；

（十二）违约责任；

（十三）双方约定的其他事项。

第十七条　商品房销售价格由当事人协商议定，国家另有规定的除外。

第十八条　商品房销售可以按套（单元）计价，也可以按套内建筑面积或者建筑面积计价。

商品房建筑面积由套内建筑面积和分摊的共有建筑面积组成，套内建筑面积部分独立产权，分摊的共有建筑面积部分为共有产权，买受人按照法律、法规的规定对其享有权利，承担责任。

按套（单元）计价或者按套内建筑面积计价的，商品房买卖合同中应当注明建筑面积和分摊的共有建筑面积。

第十九条　按套（单元）计价的现售房屋，当事人对现售房屋实地勘察后可以在合同中直接约定总价款。

按套（单元）计价的预售房屋，房地产开发企业应当在合同中附所售房屋的平面图。平面图应当标明详细尺寸，并约定误差范围。房屋交付时，套型与设计图纸一致，相关尺寸也在约定的误差范围内，维持总价款不变；套型与设计图纸不一致或者相关尺寸超出约定的误差范围，合同中未约定处理方式的，买受人可以退房或者与房地产开发企业重新约定总价款。买受人退房的，由房地产开发企业承担违约责任。

第二十条　按套内建筑面积或者建筑面积计价的，当事人应当在合同中载明合同约定面积与产权登记面积发生误差的处理方式。

合同未作约定的，按以下原则处理：

（一）面积误差比绝对值在3％以内（含3％）的，据实结算房价款；

（二）面积误差比绝对值超出3％时，买受人有权退房。买受人退房的，房地产开发企业应当在买受人提出退房之日起30日内将买受人已付房价款退还给买受人，同时支付已付房价款利息。买受人不退房的，产权登记面积大于合同约定面积时，面积误差比在3％以内（含3％）部分的房价款由买受人补足；超出3％部分的房价款由房地产开发企业承担，产权归买受人。产权登记面积小于合同约定面积时，面积误差比绝对值在3％以内（含3％）部分的房价款由房地产开发企业返还买受人；绝对值超出3％部分的房价款由房地产开发企业双倍返还买受人。

$$面积误差比=\frac{产权登记面积-合同约定面积}{合同约定面积}\times100\%$$

因本办法第二十四条规定的规划设计变更造成面积差异，当事人不解除合同的，应当签署补充协议。

第二十一条　按建筑面积计价的，当事人应当在合同中约定套内建筑面积和分摊的共有建筑面积，并约定建筑面积不变而套内建筑面积发生误差以及建筑面积与套内建筑面积均发生误差时的处理方式。

第二十二条　不符合商品房销售条件的，房地产开发企业不得销售商品房，不得向买受人收取任何预订款性质费用。

符合商品房销售条件的，房地产开发企业在订立商品房买卖合同之前向买受人收取预订款性质费用的，订立商品房买卖合同时，所收费用应当抵作房价款；当事人未能订立商品房买卖合同的，房地产开发企业应当向买受人返还所收费用；当事人之间另有约定的，从其约定。

第二十三条　房地产开发企业应当在订立商品房买卖合同之前向买受人明示《商品房销售管理办法》和《商品房买卖合同示范文本》；预售商品房的，还必须明示《城市商品房预售管理办法》。

第二十四条　房地产开发企业应当按照批准的规划、设计建设商品房。商品房销售后，房地产开发企业不得擅自变更规划、设计。经规划部门批准的规划变更、设计单位同意的设计变更导致商品房的结构型式、户型、空间尺寸、朝向变化，以及出现合同当事人约定的其他影响商品房质量或者使用功能情形的，房地产开发企业应当在变更确立之日起 10 日内，书面通知买受人。

买受人有权在通知到达之日起 15 日内做出是否退房的书面答复。买受人在通知到达之日起 15 日内未作书面答复的，视同接受规划、设计变更以及由此引起的房价款的变更。房地产开发企业未在规定时限内通知买受人的，买受人有权退房；买受人退房的，由房地产开发企业承担违约责任。

第四章 销 售 代 理

第二十五条 房地产开发企业委托中介服务机构销售商品房的，受托机构应当是依法设立并取得工商营业执照的房地产中介服务机构。

房地产开发企业应当与受托房地产中介服务机构订立书面委托合同，委托合同应当载明委托期限、委托权限以及委托人和被委托人的权利、义务。

第二十六条 受托房地产中介服务机构销售商品房时，应当向买受人出示商品房的有关证明文件和商品房销售委托书。

第二十七条 受托房地产中介服务机构销售商品房时，应当如实向买受人介绍所代理销售商品房的有关情况。

受托房地产中介服务机构不得代理销售不符合销售条件的商品房。

第二十八条 受托房地产中介服务机构在代理销售商品房时不得收取佣金以外的其他费用。

第二十九条 商品房销售人员应当经过专业培训，方可从事商品房销售业务。

第五章 交 付

第三十条 房地产开发企业应当按照合同约定，将符合交付使用条件的商品房按期交付给买受人。未能按期交付的，房地产开发企业应当承担违约责任。

因不可抗力或者当事人在合同中约定的其他原因，需延期交付的，房地产开发企业应当及时告知买受人。

第三十一条 房地产开发企业销售商品房时设置样板房的，应当说明实际交付的商品房质量、设备及装修与样板房是否一致。未作说明的，实际交付的商品房应当与样板房一致。

第三十二条 销售商品住宅时，房地产开发企业应当根据《商品住宅实行质量保证书和住宅使用说明书制度的规定》（以下简称《规定》），向买受人提供《住宅质量保证书》、《住宅使用说明书》。

第三十三条 房地产开发企业应当对所售商品房承担质量保修责任。当事人应当在合同中就保修范围、保修期限、保修责任做出约定。保修期从交付之日起计算。

商品住宅的保修期限不得低于建设工程单位向建设单位出具的质量保修书约定保修期的存续期；存续期少于《规定》中确定的最低保修期限的，保修期不得低于《规定》中确定的最低保修期限。

非住宅商品房的保修期限不得低于建设工程承包单位向建设单位出具的质量保修书约定保修期的存续期。

在保修期限内发生的属于保修范围的质量问题，房地产开发企业应当履行保修义务，并对造成的损失承担赔偿责任。因不可抗力或者使用不当造成的损坏，房地产开发企业不承担责任。

第三十四条 房地产开发企业应当在商品房交付使用前按项目委托具有房产测绘资格的单位实施测绘，测绘成果报房地产行政主管部门审核后用于房屋权属登记。

房地产开发企业应当在商品房交付使用之日起 60 日内，将需要由其提供的办理房屋权属登记的资料报送房屋所在地房地产行政主管部门。

房地产开发企业应当协助商品房买受人办理土地使用权变更和房屋所有权登记手续。

第三十五条 商品房交付使用后，买受人认为主体结构质量不合格的，可以依照有关规定委托工程质量检测机构重新核验。经核验，确属主体结构质量不合格的，买受人有权退房；给买受人造成损失的，房地产开发企业应当依法承担赔偿责任。

第六章　法　律　责　任

第三十六条　未取得营业执照，擅自销售商品房的，由县级以上人民政府工商行政主管部门依照《城市房地产开发经营管理条例》的规定处罚。

第三十七条　未取得房地产开发企业资质证书，擅自销售商品房的，责令停止销售活动，处 5 万元以上 10 万元以下的罚款。

第三十八条　违反法律、法规规定，擅自预售商品房的，责令停止违法行为，没收违法所得；收取预付款的，可以并处已收取的预付款的 1% 以下的罚款。

第三十九条　在未解除商品房买卖合同前，将作为合同标的物的商品房再行销售给他人的，处以警告，责令限期改正，并处 2 万元以上 3 万元以下罚款；构成犯罪的，依法追究刑事责任。

第四十条　房地产开发企业将未组织竣工验收、验收不合格或者对不合格按合格验收的商品房擅自交付使用的，按照《建设工程质量管理条例》的规定处罚。

第四十一条　房地产开发企业未按照规定将测绘成果或者需要由其提供的办理房屋权属登记的资料报送房地产行政主管部门的，处以警告，责令限期改正，并可处以 2 万元以上 3 万元以下罚款。

第四十二条　房地产开发企业在销售商品房中有下列行为之一的，处以警告，责令限期改正，并可处以 1 万元以上 3 万元以下的罚款。

（一）未按照规定的现售条件现售商品房的；

（二）未按照规定在商品房现售前将房地产开发项目手册及符合商品房现售条件的有关证明文件报送房地产开发主管部门备案的；

（三）返本销售或者变相返本销售商品房的；

（四）采取售后包租或者变相售后包租方式销售未竣工商品房的；

（五）分割拆零销售商品房住宅的；

（六）不符合商品房销售条件，向买受人收取预订款性质费用的；

（七）未按照规定向买受人明示《商品房销售管理办法》、《商品房买卖合同示范文本》、《城市商品房预售管理办法》的；

（八）委托没有资格的机构代理销售商品房的。

第四十三条　房地产中介服务机构代理销售不符合销售条件的商品房的，处以警告，责令停止销售，并可处以 2 万元以上 3 万元以下罚款。

第四十四条　国家机关工作人员在商品房销售管理工作玩忽职守、滥用职权、徇私舞弊，依法给予行政处分；构成犯罪的，依法追究刑事责任。

第七章　附　　则

第四十五条　本办法所称返本销售，是指房地产开发企业以定期向买受人返还购房款的方式销售商品房的行为。

本办法所称售后包租，是指房地产开发企业以在一定期限内承租或者代为出租买受人所购该企业商品房的方式销售商品房的行为。

本办法所称分割拆零销售，是指房地产开发企业以将成套的商品房住宅分割为数部分分别出售给买受人的方式销售商品住宅的行为。

本办法所称产权登记面积，是指房地产行政主管部门确认登记的房屋面积。

第四十六条　省、自治区、直辖市人民政府建设行政主管部门可以根据本办法制定实施细则。

第四十七条　本办法由国务院建设行政主管部门负责解释。

第四十八条　本办法自 2001 年 6 月 1 日起施行。

附录1-1-4　中华人民共和国城市房地产管理法

（2007年8月30日中华人民共和国主席令第72号）

《全国人民代表大会常务委员会关于修改〈中华人民共和国城市房地产管理法〉的决定》已由中华人民共和国第十届全国人民代表大会常务委员会第二十九次会议于2007年8月30日通过，现予公布，自公布之日起施行。

中华人民共和国主席　胡锦涛

2007年8月30日

中华人民共和国城市房地产管理法

（1994年7月5日第八届全国人民代表大会常务委员会第八次会议通过
根据2007年8月30日第十届全国人民代表大会常务委员会第二十九次会议
《关于修改〈中华人民共和国城市房地产管理法〉的决定》修正）

第一章　总　　则

第一条　为了加强对城市房地产的管理，维护房地产市场秩序，保障房地产权利人的合法权益，促进房地产业的健康发展，制定本法。

第二条　在中华人民共和国城市规划区国有土地（以下简称国有土地）范围内取得房地产开发用地的土地使用权，从事房地产开发、房地产交易，实施房地产管理，应当遵守本法。

本法所称房屋，是指土地上的房屋等建筑物及构筑物。

本法所称房地产开发，是指在依据本法取得国有土地使用权的土地上进行基础设施、房屋建设的行为。

本法所称房地产交易，包括房地产转让、房地产抵押和房屋租赁。

第三条　国家依法实行国有土地有偿、有限期使用制度。但是，国家在本法规定的范围内划拨国有土地使用权的除外。

第四条　国家根据社会、经济发展水平，扶持发展居民住宅建设，逐步改善居民的居住条件。

第五条　房地产权利人应当遵守法律和行政法规，依法纳税。房地产权利人的合法权益受法律保护，任何单位和个人不得侵犯。

第六条　为了公共利益的需要，国家可以征收国有土地上单位和个人的房屋，并依法给予拆迁补偿，维护被征收人的合法权益；征收个人住宅的，还应当保障被征收人的居住条件。具体办法由国务院规定。

第七条　国务院建设行政主管部门、土地管理部门依照国务院规定的职权划分，各司其职，密切配合，管理全国房地产工作。

县级以上地方人民政府房产管理、土地管理部门的机构设置及其职权由省、自治区、直辖市人民政府确定。

第二章　房地产开发用地

第一节　土地使用权出让

第八条　土地使用权出让，是指国家将国有土地使用权（以下简称土地使用权）在一定年限内出让给土地使用者，由土地使用者向国家支付土地使用权出让金的行为。

第九条　城市规划区内的集体所有的土地，经依法征用转为国有土地后，该幅国有土地的使用权方可有偿出让。

第十条　土地使用权出让，必须符合土地利用总体规划、城市规划和年度建设用地计划。

第十一条　县级以上地方人民政府出让土地使用权用于房地产开发的，须根据省级以上人民政府下达的控制指标拟订年度出让土地使用权总面积方案，按照国务院规定，报国务院或者省级人民政府批准。

第十二条　土地使用权出让，由市、县人民政府有计划、有步骤地进行。出让的每幅地块、用途、年限和其他条件，由市、县人民政府土地管理部门会同城市规划、建设、房产管理部门共同拟定方案，按照国务院规定，报经有批准权的人民政府批准后，由市、县人民政府土地管理部门实施。

直辖市的县人民政府及其有关部门行使前款规定的权限，由直辖市人民政府规定。

第十三条　土地使用权出让，可以采取拍卖、招标或者双方协议的方式。

商业、旅游、娱乐和豪华住宅用地，有条件的，必须采取拍卖、招标方式；没有条件，不能采取拍卖、招标方式的，可以采取双方协议的方式。

采取双方协议方式出让土地使用权的出让金不得低于按国家规定所确定的最低价。

第十四条　土地使用权出让最高年限由国务院规定。

第十五条　土地使用权出让，应当签订书面出让合同。

土地使用权出让合同由市、县人民政府土地管理部门与土地使用者签订。

第十六条　土地使用者必须按照出让合同约定，支付土地使用权出让金；未按照出让合同约定支付土地使用权出让金的，土地管理部门有权解除合同，并可以请求违约赔偿。

第十七条　土地使用者按照出让合同约定支付土地使用权出让金的，市、县人民政府土地管理部门必须按照出让合同约定，提供出让的土地；未按照出让合同约定提供出让的土地的，土地使用者有权解除合同，由土地管理部门返还土地使用权出让金，土地使用者并可以请求违约赔偿。

第十八条　土地使用者需要改变土地使用权出让合同约定的土地用途的，必须取得出让方和市、县人民政府城市规划行政主管部门的同意，签订土地使用权出让合同变更协议或者重新签订土地使用权出让合同，相应调整土地使用权出让金。

第十九条　土地使用权出让金应当全部上缴财政，列入预算，用于城市基础设施建设和土地开发。土地使用权出让金上缴和使用的具体办法由国务院规定。

第二十条　国家对土地使用者依法取得的土地使用权，在出让合同约定的使用年限届满前不收回；在特殊情况下，根据社会公共利益的需要，可以依照法律程序提前收回，并根据土地使用者使用土地的实际年限和开发土地的实际情况给予相应的补偿。

第二十一条　土地使用权因土地灭失而终止。

第二十二条　土地使用权出让合同约定的使用年限届满，土地使用者需要继续使用土地的，应当至迟于届满前一年申请续期，除根据社会公共利益需要收回该幅土地的，应当予以批准。经批准准予续期的，应当重新签订土地使用权出让合同，依照规定支付土地使用权出让金。

土地使用权出让合同约定的使用年限届满，土地使用者未申请续期或者虽申请续期但依照前款规定未获批准的，土地使用权由国家无偿收回。

第二节　土地使用权划拨

第二十三条　土地使用权划拨，是指县级以上人民政府依法批准，在土地使用者缴纳补偿、安置等费用后将该幅土地交付其使用，或者将土地使用权无偿交付给土地使用者使用的行为。

依照本法规定以划拨方式取得土地使用权的，除法律、行政法规另有规定外，没有使用期限的限制。

第二十四条　下列建设用地的土地使用权，确属必需的，可以由县级以上人民政府依法批准划拨：

（一）国家机关用地和军事用地；

（二）城市基础设施用地和公益事业用地；

（三）国家重点扶持的能源、交通、水利等项目用地；

（四）法律、行政法规规定的其他用地。

第三章 房地产开发

第二十五条 房地产开发必须严格执行城市规划，按照经济效益、社会效益、环境效益相统一的原则，实行全面规划、合理布局、综合开发、配套建设。

第二十六条 以出让方式取得土地使用权进行房地产开发的，必须按照土地使用权出让合同约定的土地用途、动工开发期限开发土地。超过出让合同约定的动工开发日期满一年未动工开发的，可以征收相当于土地使用权出让金百分之二十以下的土地闲置费；满二年未动工开发的，可以无偿收回土地使用权；但是，因不可抗力或者政府、政府有关部门的行为或者动工开发必需的前期工作造成动工开发迟延的除外。

第二十七条 房地产开发项目的设计、施工，必须符合国家的有关标准和规范。

房地产开发项目竣工，经验收合格后，方可交付使用。

第二十八条 依法取得的土地使用权，可以依照本法和有关法律、行政法规的规定，作价入股，合资、合作开发经营房地产。

第二十九条 国家采取税收等方面的优惠措施鼓励和扶持房地产开发企业开发建设居民住宅。

第三十条 房地产开发企业是以营利为目的，从事房地产开发和经营的企业。设立房地产开发企业，应当具备下列条件：

（一）有自己的名称和组织机构；

（二）有固定的经营场所；

（三）有符合国务院规定的注册资本；

（四）有足够的专业技术人员；

（五）法律、行政法规规定的其他条件。

设立房地产开发企业，应当向工商行政管理部门申请设立登记。工商行政管理部门对符合本法规定条件的，应当予以登记，发给营业执照；对不符合本法规定条件的，不予登记。

设立有限责任公司、股份有限公司，从事房地产开发经营的，还应当执行公司法的有关规定。

房地产开发企业在领取营业执照后的一个月内，应当到登记机关所在地的县级以上地方人民政府规定的部门备案。

第三十一条 房地产开发企业的注册资本与投资总额的比例应当符合国家有关规定。

房地产开发企业分期开发房地产的，分期投资额应当与项目规模相适应，并按照土地使用权出让合同的约定，按期投入资金，用于项目建设。

第四章 房地产交易

第一节 一 般 规 定

第三十二条 房地产转让、抵押时，房屋的所有权和该房屋占用范围内的土地使用权同时转让、抵押。

第三十三条 基准地价、标定地价和各类房屋的重置价格应当定期确定并公布。具体办法由国务院规定。

第三十四条 国家实行房地产价格评估制度。

房地产价格评估，应当遵循公正、公平、公开的原则，按照国家规定的技术标准和评估程序，以基准地价、标定地价和各类房屋的重置价格为基础，参照当地的市场价格进行评估。

第三十五条　国家实行房地产成交价格申报制度。

房地产权利人转让房地产，应当向县级以上地方人民政府规定的部门如实申报成交价，不得瞒报或者作不实的申报。

第三十六条　房地产转让、抵押，当事人应当依照本法第五章的规定办理权属登记。

第二节　房 地 产 转 让

第三十七条　房地产转让，是指房地产权利人通过买卖、赠与或者其他合法方式将其房地产转移给他人的行为。

第三十八条　下列房地产，不得转让：

（一）以出让方式取得土地使用权的，不符合本法第三十九条规定的条件的；

（二）司法机关和行政机关依法裁定、决定查封或者以其他形式限制房地产权利的；

（三）依法收回土地使用权的；

（四）共有房地产，未经其他共有人书面同意的；

（五）权属有争议的；

（六）未依法登记领取权属证书的；

（七）法律、行政法规规定禁止转让的其他情形。

第三十九条　以出让方式取得土地使用权的，转让房地产时，应当符合下列条件：

（一）按照出让合同约定已经支付全部土地使用权出让金，并取得土地使用权证书；

（二）按照出让合同约定进行投资开发，属于房屋建设工程的，完成开发投资总额的百分之二十五以上，属于成片开发土地的，形成工业用地或者其他建设用地条件。

转让房地产时房屋已经建成的，还应当持有房屋所有权证书。

第四十条　以划拨方式取得土地使用权的，转让房地产时，应当按照国务院规定，报有批准权的人民政府审批。有批准权的人民政府准予转让的，应当由受让方办理土地使用权出让手续，并依照国家有关规定缴纳土地使用权出让金。

以划拨方式取得土地使用权的，转让房地产报批时，有批准权的人民政府按照国务院规定决定可以不办理土地使用权出让手续的，转让方应当按照国务院规定将转让房地产所获收益中的土地收益上缴国家或者作其他处理。

第四十一条　房地产转让，应当签订书面转让合同，合同中应当载明土地使用权取得的方式。

第四十二条　房地产转让时，土地使用权出让合同载明的权利、义务随之转移。

第四十三条　以出让方式取得土地使用权的，转让房地产后，其土地使用权的使用年限为原土地使用权出让合同约定的使用年限减去原土地使用者已经使用年限后的剩余年限。

第四十四条　以出让方式取得土地使用权的，转让房地产后，受让人改变原土地使用权出让合同约定的土地用途的，必须取得原出让方和市、县人民政府城市规划行政主管部门的同意，签订土地使用权出让合同变更协议或者重新签订土地使用权出让合同，相应调整土地使用权出让金。

第四十五条　商品房预售，应当符合下列条件：

（一）已交付全部土地使用权出让金，取得土地使用权证书；

（二）持有建设工程规划许可证；

（三）按提供预售的商品房计算，投入开发建设的资金达到工程建设总投资的百分之二十五以上，并已经确定施工进度和竣工交付日期；

（四）向县级以上人民政府房产管理部门办理预售登记，取得商品房预售许可证明。

商品房预售人应当按照国家有关规定将预售合同报县级以上人民政府房产管理部门和土地管理部门登记备案。

商品房预售所得款项，必须用于有关的工程建设。

第四十六条　商品房预售的，商品房预购人将购买的未竣工的预售商品房再行转让的问题，由国务院规定。

第三节　房地产抵押

第四十七条　房地产抵押，是指抵押人以其合法的房地产以不转移占有的方式向抵押权人提供债务履行担保的行为。债务人不履行债务时，抵押权人有权依法以抵押的房地产拍卖所得的价款优先受偿。

第四十八条　依法取得的房屋所有权连同该房屋占用范围内的土地使用权，可以设定抵押权。

以出让方式取得的土地使用权，可以设定抵押权。

第四十九条　房地产抵押，应当凭土地使用权证书、房屋所有权证书办理。

第五十条　房地产抵押，抵押人和抵押权人应当签订书面抵押合同。

第五十一条　设定房地产抵押权的土地使用权是以划拨方式取得的，依法拍卖该房地产后，应当从拍卖所得的价款中缴纳相当于应缴纳的土地使用权出让金的款额后，抵押权人方可优先受偿。

第五十二条　房地产抵押合同签订后，土地上新增的房屋不属于抵押财产。需要拍卖该抵押的房地产时，可以依法将土地上新增的房屋与抵押财产一同拍卖，但对拍卖新增房屋所得，抵押权人无权优先受偿。

第四节　房　屋　租　赁

第五十三条　房屋租赁，是指房屋所有权人作为出租人将其房屋出租给承租人使用，由承租人向出租人支付租金的行为。

第五十四条　房屋租赁，出租人和承租人应当签订书面租赁合同，约定租赁期限、租赁用途、租赁价格、修缮责任等条款，以及双方的其他权利和义务，并向房产管理部门登记备案。

第五十五条　住宅用房的租赁，应当执行国家和房屋所在城市人民政府规定的租赁政策。租用房屋从事生产、经营活动的，由租赁双方协商议定租金和其他租赁条款。

第五十六条　以营利为目的，房屋所有权人将以划拨方式取得使用权的国有土地上建成的房屋出租的，应当将租金中所含土地收益上缴国家。具体办法由国务院规定。

第五节　中 介 服 务 机 构

第五十七条　房地产中介服务机构包括房地产咨询机构、房地产价格评估机构、房地产经纪机构等。

第五十八条　房地产中介服务机构应当具备下列条件：

（一）有自己的名称和组织机构；

（二）有固定的服务场所；

（三）有必要的财产和经费；

（四）有足够数量的专业人员；

（五）法律、行政法规规定的其他条件。

设立房地产中介服务机构，应当向工商行政管理部门申请设立登记，领取营业执照后，方可开业。

第五十九条　国家实行房地产价格评估人员资格认证制度。

第五章　房地产权属登记管理

第六十条　国家实行土地使用权和房屋所有权登记发证制度。

第六十一条　以出让或者划拨方式取得土地使用权，应当向县级以上地方人民政府土地管理部门申请登记，经县级以上地方人民政府土地管理部门核实，由同级人民政府颁发土地使用权证书。

在依法取得的房地产开发用地上建成房屋的，应当凭土地使用权证书向县级以上地方人民政府房产管理部门申请登记，由县级以上地方人民政府房产管理部门核实并颁发房屋所有权证书。

房地产转让或者变更时，应当向县级以上地方人民政府房产管理部门申请房产变更登记，并凭变更后的房屋所有权证书向同级人民政府土地管理部门申请土地使用权变更登记，经同级人民政府土地管理部门核实，由同级人民政府更换或者更改土地使用权证书。

法律另有规定的，依照有关法律的规定办理。

第六十二条　房地产抵押时，应当向县级以上地方人民政府规定的部门办理抵押登记。

因处分抵押房地产而取得土地使用权和房屋所有权的，应当依照本章规定办理过户登记。

第六十三条　经省、自治区、直辖市人民政府确定，县级以上地方人民政府由一个部门统一负责房产管理和土地管理工作的，可以制作、颁发统一的房地产权证书，依照本法第六十一条的规定，将房屋的所有权和该房屋占用范围内的土地使用权的确认和变更，分别载入房地产权证书。

第六章　法　律　责　任

第六十四条　违反本法第十一条、第十二条的规定，擅自批准出让或者擅自出让土地使用权用于房地产开发的，由上级机关或者所在单位给予有关责任人员行政处分。

第六十五条　违反本法第三十条的规定，未取得营业执照擅自从事房地产开发业务的，由县级以上人民政府工商行政管理部门责令停止房地产开发业务活动，没收违法所得，可以并处罚款。

第六十六条　违反本法第三十九条第一款的规定转让土地使用权的，由县级以上人民政府土地管理部门没收违法所得，可以并处罚款。

第六十七条　违反本法第四十条第一款的规定转让房地产的，由县级以上人民政府土地管理部门责令缴纳土地使用权出让金，没收违法所得，可以并处罚款。

第六十八条　违反本法第四十五条第一款的规定预售商品房的，由县级以上人民政府房产管理部门责令停止预售活动，没收违法所得，可以并处罚款。

第六十九条　违反本法第五十八条的规定，未取得营业执照擅自从事房地产中介服务业务的，由县级以上人民政府工商行政管理部门责令停止房地产中介服务业务活动，没收违法所得，可以并处罚款。

第七十条　没有法律、法规的依据，向房地产开发企业收费的，上级机关应当责令退回所收取的钱款；情节严重的，由上级机关或者所在单位给予直接责任人员行政处分。

第七十一条　房产管理部门、土地管理部门工作人员玩忽职守、滥用职权，构成犯罪的，依法追究刑事责任；不构成犯罪的，给予行政处分。

房产管理部门、土地管理部门工作人员利用职务上的便利，索取他人财物，或者非法收受他人财物为他人谋取利益，构成犯罪的，依照惩治贪污罪贿赂罪的补充规定追究刑事责任；不构成犯罪的，给予行政处分。

第七章　附　　则

第七十二条　在城市规划区外的国有土地范围内取得房地产开发用地的土地使用权，从事房地产开发、交易活动以及实施房地产管理，参照本法执行。

第七十三条　本法自 1995 年 1 月 1 日起施行。

第二章 房地产开发企业及其制度

第一节 房地产开发企业类型

企业是以营利为目的，从事生产、流通、服务等活动的，独立核算的经济组织。房地产经营企业则是指从事房地产开发、租售、中介服务以及维护管理等经济活动的经济组织。

一、按所有权性质划分的房地产企业类型

（一）全民所有制企业

全民所有制企业是依法自主经营、自负盈亏、独立核算的社会主义商品生产和经营单位。企业的财产属于全民所有，国家依照所有权和经营权分离的原则授予企业经营管理权。企业对国家授予其经营管理的财产承担民事责任。因为这类企业财产所有权实际上属于国家，所以又称为国有企业。

（二）集体所有制企业

集体所有制企业是指资产属于劳动群众集体所有，实行共同劳动，在分配方式上以按劳分配为主体的社会主义经济组织。

（三）私营企业

私营企业是指企业资产属于私人所有，雇员 6 人以上的营利性经济组织。

（四）中外合营企业

中外合营企业包括中外合资经营企业和中外合作经营企业。

中外合资经营企业是指中国的公司、企业或者其他经济组织与外国的公司、企业、其他经济组织及个人按照中外合资经营企业法的规定，在中国境内共同投资、并按投资比例分享利润、分担风险及亏损的企业。

中外合作经营企业是指中国企业、其他经济组织与企业、其他经济组织或个人根据有关法律在我国境内设立的，依照合同联合经营的企业。

（五）外商独资企业

外商独资企业是指依照我国外资企业法在我国境内设立的，全部资本为外国投资者所投入的企业。不包括在我国境外设立的外国企业和其他经济组织以及它们在我国境内的分支机构。

二、按经营内容和经营方式划分的房地产企业类型

（一）房地产开发企业

房地产开发企业是以营利为目的，从事房地产开发和经营的企业。主要业务范围包括城镇土地开发、房屋营造、基础设施建设，以及房地产营销等经营活动。这类企业又称为房地产开发经营企业。

（二）房地产中介服务企业

房地产中介服务企业是指从事房地产咨询、房地产租售代理、物业供求登记与业务介绍等经营活动的企业。

（三）物业管理企业

物业管理企业是以住宅小区、商业楼宇等大型物业管理为核心的经营服务型企业。这类企业的业务范围包括售后或经租物业的维修保养、住宅小区的清洁绿化、治安保卫、房屋租赁，居室装修、搬家服务、商业服务，以及其他经营服务等。

三、按经营性质划分的房地产企业类型

（一）房地产专营企业

房地产专营企业是指依法注册成立、长期专门从事房地产开发、租售、中介服务，以及物业管理等经营业务的企业。专营企业长期从事房地产经营业务，资金比较充实，技术力量强大，管理水平较高，在房地产市场上竞争能力很强。在房地产市场繁荣时，专营公司可发挥优势，大力拓展业务；但当市场疲软时，专营公司就缺少回旋余地，处境艰难，承受较大风险。

（二）房地产兼营企业

房地产兼营企业是指主营其他行业的业务，在注册过程中经申请批准兼营房地产业的企业。例如一些资金雄厚的建筑业、化学工业、商业等企业，为优化其投资组合，希望将部分资金投向收益水平较高的房地产业，因而纷纷将房地产业务纳入其经营范围，因为这些企业投入房地产业的资金所占比例有限，所以风险也就不大。

（三）房地产项目企业

房地产项目企业是针对某一特定项目而设立的企业。许多合资经营和合作经营的房地产开发公司即属于房地产项目企业。项目企业是在项目可行并确立的基础上设立的。一般随着项目的完成而解散。企业的收益只受当期项目的影响，因而其风险也比专营企业低。

第二节　房地产企业的设立、变更与终止

一、房地产开发企业的设立条件及程序

1. 新设立房地产企业，应当具备以下条件：

（1）有符合公司法人登记的名称和组织机构；

（2）有适应房地产开发经营需要的固定的办公用房；

（3）注册资本 100 万元以上，且流动资金不低于 100 万元；

（4）有 4 名以持有专业证书的房地产、建筑工程专业的专职技术人员，2 名以上持有专业证书的专职会计人员；

（5）法律、法规规定的其他条件。

省、自治区、直辖市人民政府建设行政主管部门可以根据本地区的实际情况，规定不低于上述第（3）、（4）项条件的注册资本、流动资金和专业经济、技术人员条件。

2. 新设立的房地产开发企业应当自领取营业执照之日起 30 日内，持下列文件到房地产开发主管部门备案：

（1）营业执照复印件；

（2）企业章程；

（3）验资证明；

（4）企业法定代表人的身份证明；

（5）企业技术人员的资格证书和劳动合同；

（6）房地产开发主管部门认为需要出示的其他文件。

房地产开发主管部门应当在收到备案申请后 30 日内向符合条件的企业核发《暂定资质证书》。

《暂定资质证书》有效期 1 年。房地产开发主管部门可以视企业经营情况延长《暂定资质证书》有效期，但延长期限不得超过 2 年。

自领取《暂定资质证书》之日起 1 年内无开发项目的，《暂定资质证书》有效期不得延长。

二、有限责任公司的设立条件和程序

有限责任公司是公司的一种，又称有限公司，是依照法定程序设立，以营利为目的的社团法人。有限责任公司是指由两个以上股东共同出资，每个股东以其所认缴的出资额对公司承担有限责任，公司以其全部资产对其债务承担责任的企业法人。在我国，国有独资公司属于有限责任公司的范畴，是有限责任公司的一种特殊形式。

设立有限责任公司，应当具备下列条件：

1. 股东符合法定人数。有限责任公司由 2 个以上 50 个以下股东共同出资设立。国家授权投资的机构或者国家授权的部门可以单独投资设立国有独资的有限责任公司。

2. 股东出资达到法定资本最低限额。有限责任公司的注册资本为在登记机关登记的全体股东实缴的出资额。公司注册资本应当符合最低限额的规定，并同其经营范围相适应。股东全部缴纳出资后，必须经法定的验资机构验资并出具证明。

3. 股东共同制定公司章程。有限责任公司章程应当载明：公司名称和住所，公司经营范围，公司注册资本，股东的姓名或者名称，股东的权利和义务，股东的出资方式和出资额，股东转让出资的条件，公司的机构及其产生办法、职权、议事规则，公司的法定代表人，公司的解散事由与清算办法，股东认为需要规定的其他事项。股东应当在公司章程上签名、盖章。

4. 有公司名称，建立符合有限责任公司要求的组织机构。依照我国公司法设立的有限责任公司，必须在公司名称中标明有限责任公司字样。公司组织机构包括权力机构、经营管理机构、监督机构三个部分，分别为股东会、公司的董事会和经理，以及公司的监事会。公司组织机构设置必须规范化，做到层次清楚、职责分明。

5. 有固定的生产经营场所和必要的生产经营条件。

股东的全部出资经法定的验资机构验资后，由全体股东指定的代表或者共同委托的代理人向公司登记机关申请设立登记，提交公司登记申请书、公司章程、验资证明等文件。法律、行政法规规定需要经有关部门审批的，应当在申请设立登记时提交批准条件。公司登记机关对符合公司法规定条件的，予以登记，发给公司营业执照；不符合公司法规定条件的，不予以登记。公司营业执照签发日期，为有限责任公司成立日期。

三、设立股份有限责任公司的条件和程序

股份有限公司的设立，必须经过国务院授权的部门或者省级人民政府批准。

股份有限公司的设立，可以采取发起设立或者募集设立的方式。发起设立是指由发起人认购公司应发行的全部股份而设立公司。募集设立，是指由发起人认购公司应发行股份的一部分，其余部分向社会公开募集而设立公司。

设立股份有限公司，应当具备下列条件：

1. 发起人符合法定人数。设立股份有限公司，应当有五人以上为发起人，其中须有过半数的发起人在中国境内有住所。国有企业改建为股份有限公司的，发起人可以少于五人，但应当采取募集设立方式。

2. 发起人认缴和社会公开募集的股本达到法定资本最低限额。股份有限公司的注册资本为在公司登记机关登记的实收股本总额。股份有限公司注册资本的最低限额为人民币1000万元。

3. 股份发行、筹办事项符合法律规定。股份有限公司发起人，必须按照公司法的规定认购其应认购的股份，并承担公司筹办事务。经国务院证券管理部门批准，发起人可以向社会公开募集股份。发起人向社会公开募集股份，应当由依法设立的证券经营机构承销，并委托银行代收股款。发行股份的股款缴足后，经过法定验资机构验资并出具证明，公司发起人即应主持召开创立大会。创立大会由认股人组成。

4. 发起人制订公司章程，并经创立大会通过。股份有限公司章程应当载明：公司名称和住所，公司经营范围，公司设立方式，公司股份总数、每股金额和注册资本，发起人的姓名或者名称，认购的股份份数，股东的权利和义务，董事会的组成、职权、任期和议事规则，公司法定代表人，监事会的组成、职权、议事规则，公司利润分配办法，公司的解散事由与清算办法，公司的通知和公告办法，股东大会认为需要规定的其他事项。

5. 有公司名称，建立符合股份有限公司要求的组织机构。依照我国公司法设立的股份有限公司，必须在公司名称中标明股份有限公司字样。公司的权力机构、经营管理机构、监督机构分别为股东大会、公司的董事会和经理以及公司的监事会。组织机构的设置必须层次清楚、职责分明。

6. 有固定的生产经营场所和必要的生产经营条件。

股份有限公司创立大会结束后，公司董事会应向公司登记机关报送有关主管部门的批准文件，创立大会的会议记录，公司章程，筹办公司的财务审计报告，验资证明，董事会、监事会成员姓名及住所，法定代表人的姓名、住所等资料，申请设立登记。公司登记机关对符合公司法规定条件的，予以登记，发给公司营业执照；对不符合公司法规定条件的，不予登记。公司营业执照签发日期，为公司成立日期。公司成立后，应当进行公告。

四、企业的变更和终止

（一）企业的变更

企业法人改变名称、住所、经营场所、法定代表人、经济性质、经营范围、经营方式、注册资金、经营期限以及增设或者撤销分支机构，应当在主管部门或者审批机关批准后，即向登记主管机关提交法定代表人签署的变更登记申请书、原主管部门审查同意的文件，以及其他有关文件和证件，申请办理变更登记。

企业法人分立、合并、迁移，应当在主管部门或者审批机关批准后，向登记主管机关申请办理变更登记、开业登记或者注销登记。

（二）企业的终止

企业法人歇业、被撤销、宣告破产或者因其他原因终止营业，应当向登记主管机关提交法定代表人签署的注销登记申请书、原主管部门审查同意的文件、主管部门或者清算组织出具的负责清理债权债务的文件或者清理债务完结的证明等文件和证件，办理注销登记，经登记主管机关核准后，收缴《企业法人营业执照》、《企业法人营业执照》副本，收缴公章，并将注销登记情况告知其开户银行。

第三节 房地产企业资质等级及管理

改革开放以来，我国房地产业迅速崛起。各地房地产企业如雨后春笋般竞相设立，其间难免鱼目混珠、良莠不分。为了确保房地产业的健康发展，对房地产企业进行资质审查和管理是必要的。

一、房地产开发企业资质等级

为了对开发公司进行必要的整顿和管理，国家建设部和工商行政管理局曾于 1987 年共同发出《关于加强城市建设综合开发公司资质管理工作的通知》，要求各级城市建设主管部门加强对城市建设综合开发事业的归口管理。凡新组建从事城市和县镇土地开发、商品房与基础设施建设的综合开发公司，必须经资质审查合格，并持合格证到当地工商行政管理机关登记注册，领取营业执照后方可营业；原有的开发公司，未经资质审查的，都要补办手续，审查不合格的不得继续营业，并由工商行政管理机关吊销营业执照。

1989 年建设部发出《建设部关于颁布城市综合开发公司资质等级标准的通知》，要求各地加强对开发公司的资质管理，按照当时颁布的城市综合开发公司的资质等级标准，建立四级证书营业制度。对于达不到最低等级标准的开发公司，应限期整顿，整顿不合格的公司将被停止营业。

为了进一步加强对房地产开发企业的资质管理，建设部又于 2000 年颁发了《房地产开发企业资质管理规定》。新的资质管理规定对原有标准作了较大的修改和补充。

(一) 一级资质

1. 注册资本不低于 5000 万元；

2. 从事房地产开发经营 5 年以上；

3. 近 3 年房屋建筑面积累计竣工 30 万平方米以上，或者累计完成与此相当的房地产开发投资额；

4. 连续 5 年建筑工程质量合格率达 100%；

5. 上一年房屋建筑施工面积 15 万平方米以上，或者完成与此相当的房地产开发投资额；

6. 有职称的建筑、结构、财务、房地产及有关经济类的专业管理人员不少于 40 人，其中具有中级以上职称的管理人员不少于 20 人，持有资格证书的专职会计人员不少于 4 人；

7. 工程技术、财务、统计等业务负责人具有相应专业中级以上职称；

8. 具有完善的质量保证体系，商品住宅销售中实行了《住宅质量保证书》和《住宅使用说明书》制度；

9. 未发生过重大工程质量事故。

(二) 二级资质

1. 注册资本不低于 2000 万元；

2. 从事房地产开发经营 3 年以上；

3. 近 3 年房屋建筑面积累计竣工 15 万平方米以上，或者累计完成与此相当的房地产开发投资额；

4. 连续 3 年建筑工程质量合格率达 100%；

5. 上一年房屋建筑施工面积 10 万平方米以上，或者完成与此相当的房地产开发投资额；

6. 有职称的建筑、结构、财务、房地产及有关经济类的专业管理人员不少于 20 人，其中具有中级以上职称的管理人员不少于 10 人，持有资格证书的专职会计人员不少于 3 人；

7. 工程技术、财务、统计等业务负责人具有相应专业中级以上职称；

8. 具有完善的质量保证体系，商品住宅销售中实行了《住宅质量保证书》和《住宅使用说明书》制度；

9. 未发生过重大工程质量事故。

（三）三级资质

1. 注册资本不低于 800 万元；

2. 从事房地产开发经营 2 年以上；

3. 房屋建筑面积累计竣工 5 万平方米以上，或者累计完成与此相当的房地产开发投资额；

4. 连续 2 年建筑工程质量合格率达 100%；

5. 有职称的建筑、结构、财务、房地产及有关经济类的专业管理人员不少于 10 人，其中具有中级以上职称的管理人员不少于 5 人，持有资格证书的专职会计人员不少于 2 人；

6. 工程技术、财务等业务负责人具有相应专业中级以上职称，统计等其他业务负责人具有相应专业初级以上职称；

7. 具有完善的质量保证体系，商品住宅销售中实行了《住宅质量保证书》和《住宅使用说明书》制度；

8. 未发生过重大工程质量事故。

（四）四级资质

1. 注册资本不低于 100 万元；

2. 从事房地产开发经营 1 年以上；

3. 已竣工的建筑工程质量合格率达 100%；

4. 有职称的建筑、结构、财务、房地产及有关经济类的专业管理人员不少于 5 人，其中持有资格证书的专职会计人员不少于 2 人；

5. 工程技术负责人具有相应专业中级以上职称，财务负责人具有相应专业初级以上职称，配有专业统计人员；

6. 商品住宅销售实行了《住宅质量保证书》和《住宅使用说明书》制度；

7. 未发生过重大工程质量事故。

申请暂定资质的条件，不得低于四级资质企业条件。

临时聘用或兼聘的管理、技术人员不得计入企业管理、技术人员总数。

二、房地产企业资质管理

1. 新设立的房地产开发企业应当在《暂定资质证书》有效期满前 1 个月内向房地产开发主管部门申请核定资质等级。房地产开发主管部门应当根据其开发经营业绩核定相应的资质等级。

2. 申请核定资质等级的房地产开发企业，应当提交下列证明文件：

(1) 企业资质等级申报表；

(2) 房地产开发企业资质证书(正、副本)；

(3) 企业资产负债表和验资报告；

(4) 企业法定代表人和经济、技术、财务负责人的职称证件；

(5) 已开发经营项目的有关证明材料；

(6) 房地产开发项目手册及《住宅质量保证书》、《住宅使用说明书》执行情况；

(7) 其他有关文件、证明。

3. 房地产开发企业资质等级实行分级审批。

(1) 一级资质由省、自治区、直辖市人民政府建设行政主管部门初审，报国务院建设行政主管部门审批。

(2) 二级资质及二级资质以下企业的审批办法由省、自治区、直辖市人民政府建设行政主管部门制定。

(3) 经资质审查合格的企业，由资质审批部门发给相应等级的资质证书。

(4) 资质证书由国务院建设行政主管部门统一制作。资质证书分为正本和副本，资质审批部门可以根据需要核发资质证书副本若干份。

(5) 任何单位和个人不得涂改、出租、出借、转让、出卖资质证书。企业遗失资质证书，发布在新闻媒体上声明作废后，方可补领。

(6) 企业破产、歇业或者因其他原因终止业务时，应当在向工商行政管理部门办理注销营业执照后的 15 日内，到原资质审批部门注销资质证书。

4. 房地产开发企业的资质实行年检制度。

(1) 对于不符合原定资质条件或者有不良经营行为的企业，由原资质审批部门予以降级或者注销资质证书。

(2) 一级资质房地产开发企业的资质年检由国务院建设行政主管部门或者其他委托的机构负责。

(3) 二级资及二级资质以下房地产开发企业的资质年检，由省、自治区、直辖市人民政府建设行政主管部门制定办法。

(4) 房地产开发企业无正当理由不参加资质年检的，视为年检不合格，由原资质审批部门注销资质证书。

(5) 房地产开发主管部门应当将房地产开发企业资质年检结果向社会公布。

5. 各级房地产开发企业承担业务范围。

(1) 一级资质的房地产开发企业承担房地产项目的建设规模不受限制，可以在全国范围承揽房地产开发项目。

(2) 二级资质及二级以下的房地产开发企业可以承担建筑面积 25 万平方米以下的开发建设项目，承担的具体范围由省、自治区、直辖市人民政府建设行政主管部门确定。

各资质等级企业应当在规定的业务范围内从事房地产开发经营业务，不得越级承担任务。

6. 企业未取得资质证书从事房地产开发经营的，由县级以上地方人民政府房地产开发主管部门责令限期改正，处 5 万元以上 10 万元以下的罚款；逾期不改正的，由房地产开发主管部门提请工商行政管理部门吊销营业执照。

企业超越资质等级从事房地产开发经营的，由县级以上地方人民政府房地产开发主管部门责令限期改正，处 5 万元以上 10 万元以下的罚款；逾期不改正的，由原资质审批部门吊销资质证书，并提请工商行政管理部门吊销营业执照。

7. 企业有下列行为之一的，由原资质审批部门公告资质证书作废，收回证书，并处以 1 万元以上 3 万元以下的罚款：

(1) 隐瞒真实情况、弄虚作假骗取资质证书的；

(2) 涂改、出租、出借、转让、出卖资质证书的。

8. 企业开发建设的项目工程质量低劣，发生重大工程质量事故的，由原资质审批部门降低资质等级；情节严重的吊销资质证书，并提请工商行政管理部门吊销营业执照。

9. 企业在商品住宅销售中不按照规定发放《住宅质量保证书》和《住宅使用说明书》的，由原资质审批部门予以警告、责令限期改正、降低资质等级，并可处以 1 万元以上 2 万元以下的罚款。

企业不按照规定办理变更手续的，由原资质审批部门予以警告、责令限期改正，并可处以 5000 元以上 1 万元以下的罚款。

10. 各级建设行政主管部门工作人员在资质审批和管理中玩忽职守、滥用职权、徇私舞弊的，由其所在单位或者上级主管部门给予行政处分；构成犯罪的，由司法机关依法追究刑事责任。

11. 对从事房地产其他业务企业或单位的资质管理。

根据国家有关法规的精神，各省、市结合当地的实际情况，对于承接城市房屋拆迁委托业务的企业，从事房地产评估业务的单位，以及大量涌现的房地产中介机构的资质审查也陆续作出了明确的规定。随着房地产业的不断发展，房地产业资质管理制度将会逐步得到健全和完善。

第四节　房地产开发企业的组织机构设置

一、房地产开发公司组织机构设置的原则

房地产开发公司为了完成任务，必须建立相应的职能机构，配备必要的人员，以便开展工作。房地产开发公司组织机构的设置必须遵循一定的原则，既要与国家的经济管理体制相适应，又要充分考虑企业的任务、规程、经营方式和专业化协作程度，使企业组织机构合理优化，以提高企业的经济效益。

一般来说，房地产开发公司组织机构的设置应遵循以下原则：

1. 统一领导，分级管理。

房地产开发公司组织机构的设置，应体现出统一领导、分级管理的原则。建立组织机

构，应处理好管理的层次问题，以实现总经理的统一领导及各个岗位的行政指挥。按照现代企业制度建立的原则，房地产开发公司可以是股份有限公司，也可以是有限责任公司或其他形式的公司。不论采用哪一种公司制形式，总经理是受聘于董事会，执行董事会的战略决策，实现董事会制定的经营目标，对公司的日常事务全权负责。因此，房地产开发公司组织机构的设置，应当有利于加强总经理的统一领导。

2．分工合理，职能明确。

组织机构的设置，还应体现在合理的管理力度上。其中，最为重要的是职能机构的设置。职能机构的设置应本着力求精干、高效节约的原则，防止职能机构重叠、管理人员太多、互相扯皮等现象。机构设置中应注意既要合理分工，又要互相配合，建立良好畅通的信息传递渠道，加强横向联系，注意分工协作，建立职能部门责任制和岗位责任制。

3．以市场为导向开展经营业务。

房地产开发公司的一切业务都应围绕市场开展，通过在市场中的竞争，促进企业素质优化、转换机制、提高效益，闯出一条自强自立的全新发展道路。

二、房地产开发公司组织机构设置的形式

1．房地产开发公司的管理模式。房地产开发公司的组织机构，可根据其经营规模的大小采用两级管理或三级管理模式。两级管理多采用职能式的组织形式（见图1-2-1），三级管理多采用矩阵式的管理形式（见图1-2-2）。采用两级管理模式，一般将开发项目的管理业务交由各个专业职能部门处理，并由公司总经理统一领导、统一指挥，便于发挥各职能部门的专业化作用。然而，当企业经营规模较大，开发项目较多时，这种管理方式就显得过于简单，容易造成责任不清、配合不利，有碍于指挥的统一性。此时，采取矩阵式的管理方式，便可以很好地将开发项目的经营及生产管理有效地组织起来，使职能部门纵向的责任权限与项目小组横向的责任权限有机地结合起来，从而高效地完成各个房地产开发项目的生产与经营目标。

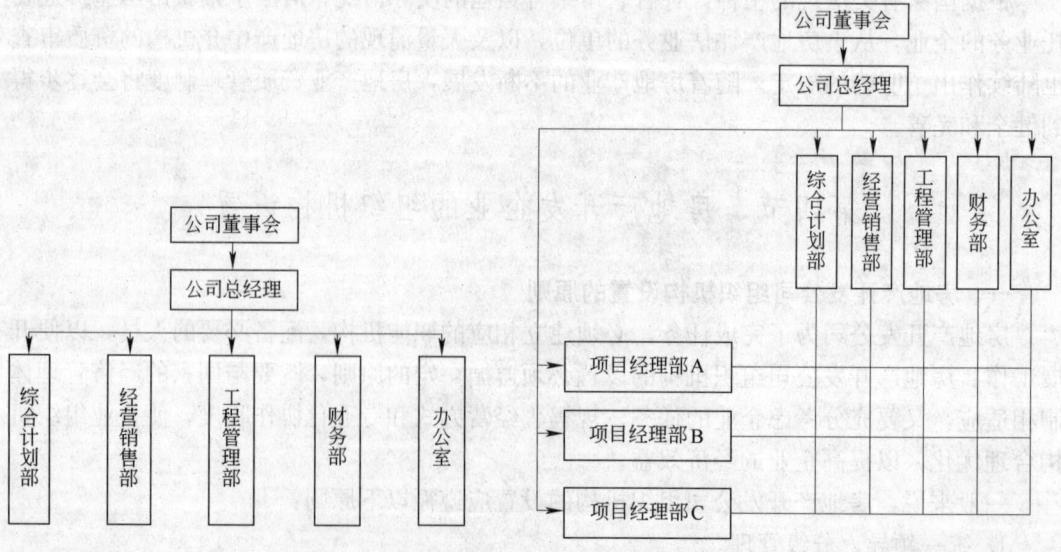

图1-2-1　房地产开发公司两级模式　　　　图1-2-2　房地产开发公司三级管理模式

2. 房地产开发公司的职能部门设置。

房地产开发公司的职能部门一般有：综合计划部、经营销售部、工程管理部、财务部、办公室等职能部门。其具体的业务内容如下：

（1）综合计划部。

负责计划任务的管理，制订开发公司的长远规划，年度综合计划、综合统计，信息的收集、整理、储存和使用，组织解决开发项目前期准备工作，办理项目开发的各项批准手续，如土地、规划、设计、施工、公用事业等。综合计划部门是房地产开发公司的龙头，通过它可以使企业其他部门全面运转起来。

（2）经营销售部。

负责商品房的市场推销业务，业务内容包括：对市场进行调查和预测，制定市场推销方案，联系销售代理商，负责各种形式推销业务（如广告推销、部门推销等业务）的开展。

（3）工程管理部。

负责开发项目的可行性研究，负责项目规划设计委托及审查，办理施工许可证，负责现场施工准备工作，组织项目招标发包工作，管理现场施工，审查工程进度报告及工程款支付申请报告，协调施工过程中的各种关系（如与设计单位、主管部门、相关的供应商及承包商等关系），负责工程竣工验收的管理工作。

（4）财务部。

负责编制并贯彻财务收支计划，进行项目融资，加强对固定资产和流动资金的管理，进行项目开发成本的核算，编制工程概预算及进行工程竣工决算。

（5）办公室。

负责房地产开发公司的日常行政、文书档案以及后勤等工作。

此外，在采取三级管理模式时，项目经理部实际上是上述部门的职能在开发项目上的综合体现。各职能部门通过向项目派驻专业化人员，不仅使得各开发项目能够有效运转，同时也对开发项目实施了专业化的指导，从而对项目起到援助和服务作用。

第五节　房地产企业制度

为保证房地产企业的正常运行，除了建立科学的组织结构外，还要建立与健全合理的管理制度，作为企业全体职工的行为规范和准则，以保证房地产企业高效地开展工作。

根据房地产企业运行的特点，其管理制度的主要内容有以下几个方面：

一、开发经营管理制度

这是房地产开发企业的主要制度，如房地产开发工作管理制度；项目前期工作管理办法；房屋营销工作管理制度；材料管理工作制度；计划工作管理制度；计量工作监督制度；合作开发商品房管理制度；拆迁补偿管理制度等。

二、工程技术管理制度

这是有关工程技术方面的制度，主要内容有：规划、设计和报建工作制度；图纸审核管理制度；工程质量管理制度；设计招标制度；工程监理招标制度；工程施工招标管理制度；工程项目管理制度；配套工作管理制度；安全生产责任制度；图纸、技术资料管理制度等。

三、经济核算管理制度

这是有关财务、资金使用方面的制度，主要内容有：财务工作管理制度；成本工作管理制度；会计核算工作管理制度；经济活动分析工作管理制度；审计工作管理制度；现金管理制度及差旅费报销制度等。

四、行政人事管理制度

这是公司有关行政人事方面的管理制度。主要内容有：秘书工作管理制度；文印、文件工作管理制度；档案管理制度；人事工作管理制度；职工考勤管理制度；办公用品管理制度；机动车辆管理制度；公司用工制度；干部与技术人员考核晋升制度；职工食堂等后勤方面的管理制度等。

五、物业管理制度

这是有关物业管理、售后服务、租赁等方面的管理制度。主要内容有：商品房售后管理制度；住宅小区管理制度；房产管理制度；房产租金管理制度；房屋维修管理制度等。

六、思想政治工作管理制度

这是有关房地产企业根本性的制度。其主要内容有：职工代表大会制度；基层组织工作制度；党组织建设制度等。

房地产开发企业及其制度相关法律、法规，详见附录 1-2-1。

附录 1-2-1　房地产开发企业资质管理规定

（2000 年 3 月 29 日建设部令第 77 号）

第一条　为了加强房地产开发企业资质管理，规范房地产开发企业经营行为，根据《中华人民共和国城市房地产管理法》、《城市房地产开发经营管理条例》，制定本规定。

第二条　本规定所称房地产开发企业是指依法设立、具有企业法人资格的经济实体。

第三条　房地产开发企业应当按照本规定申请核定企业资质等级。

未取得房地产开发资质等级证书(以下简称资质证书)的企业，不得从事房地产开发经营业务。

第四条　国务院建设行政主管部门负责全国房地产开发企业的资质管理工作；县级以上地方人民政府房地产开发主管部门负责本行政区域内房地产开发企业的资质管理工作。

第五条　房地产开发企业按照企业条件分为一、二、三、四四个资质等级。

各资质等级企业的条件如下：

(一) 一级资质：

1. 注册资本不低于 5000 万元；

2. 从事房地产开发经营 5 年以上；

3. 近 3 年房屋建筑面积累计竣工 30 万平方米，或者累计完成与此相当的房地产开发投资额；

4. 连续 5 年建筑工程质量合格率达 100%；

5. 上一年房屋建筑施工面积 15 万平方米，或者完成与此相当的房地产开发投资额；

6. 有职称的建筑、结构、财务、房地产及有关经济类的专业管理人员不少于 40 人，其中具有中级以上职称的管理人员不少于 20 人，持有资格证书的专职会计人员不少于 4 人；

7. 工程技术、财务、统计等业务负责人具有相应专业中级以上职称；

8. 具有完善的质量保证体系，商品住宅销售中实行了《住宅质量保证书》和《住宅使用说明书》制度；

9. 未发生过重大工程质量事故。

（二）二级资质：

1. 注册资本不低于 2000 万元；

2. 从事房地产开发经营 3 年以上；

3. 近 3 年房屋建筑面积累计竣工 15 万平方米以上，或者累计完成与此相当的房地产开发投资额；

4. 连续 3 年建筑工程质量合格率达 100%；

5. 上一年房屋建筑施工面积 10 万平方米以上，或者完成与此相当的房地产开发投资额；

6. 有职称的建筑、结构、财务、房地产及有关经济类的专业管理人员不少于 20 人，其中具有中级以上职称的管理人员不少于 10 人，持有资格证书的专职会计人员不少于 3 人；

7. 工程技术、财务、统计等业务负责人具有相应专业中级以上职称；

8. 具有完善的质量保证体系，商品住宅销售中实行了《住宅质量保证书》和《住宅使用说明书》制度；

9. 未发生过重大质量事故。

（三）三级资质：

1. 注册资本不低于 800 万元；

2. 从事房地产开发经营 2 年以上；

3. 房屋建筑面积累计竣工 5 万平方米以上，或者累计完成与此相当的房地产开发投资额；

4. 连续 2 年建筑工程质量合格率达 100%；

5. 有职称的建筑、结构、财务、房地产及有关经济类的专业管理人员不少于 10 人，其中具有中级以上职称的管理人员不少于 5 人，持有资格证书的专职会计人员不少于 2 人；

6. 工程技术、财务等业务负责人具有相应专业中级以上职称，统计等其他业务负责人具有相应专业初级以上职称；

7. 具有完善的质量保证体系，商品住宅销售中实行了《住宅质量保证书》和《住宅使用说明书》制度；

8. 未发生过重大工程质量事故。

（四）四级资质：

1. 注册资本不低于 100 万元；

2. 从事房地产开发经营 1 年以上；

3. 已竣工的建筑工程质量合格率达 100%；

4. 有职称的建筑、结构、财务、房地产及有关经济类的专业管理人员不少于 5 人，其中持有资格证书的专职会计人员不少于 2 人；

5. 工程技术负责人具有相应专业中级以上职称，财务负责人具有相应专业初级以上职称，配有专业统计人员；

6. 商品住宅销售实行了《住宅质量保证书》和《住宅使用说明书》制度；

7. 未发生过重大工程质量事故。

第六条　新设立的房地产开发企业应当自领取营业执照之日起 30 日内，持下列文件到房地产开发主管部门备案：

（一）营业执照复印件；

（二）企业章程；

（三）验资证明；

（四）企业法定代表人的身份证明；

（五）企业技术人员的资格证书和劳动合同；

（六）房地产开发主管部门认为需要出示的其他文件。

房地产主管部门应当在收到备案申请后 30 日内向符合条件的企业核发《暂定资质证书》。

《暂定资质证书》有效期 1 年。房地产开发主管部门可以视企业经营情况延长《暂定资质证书》有效期，但延长期限不得超过 2 年。

自领取《暂定资质证书》之日起 1 年内无开发项目的，《暂定资质证书》有效期不得延长。

第七条 房地产开发企业应当在《暂定资质证书》有效期满前 1 个月内向房地产开发主管部门申请核定资质等级。房地产开发主管部门应当根据其开发经营业绩核定相应的资质等级。

第八条 申请《暂定资质证书》的条件不得低于四级资质企业的条件。

第九条 临时聘用或者兼职的管理、技术人员不得计入企业管理、技术人员总数。

第十条 申请核定资质等级的房地产开发企业，应当提交下列证明文件：

（一）企业资质等级申报表；

（二）房地产开发企业资质证书（正、副本）；

（三）企业资产负债表和验资报告；

（四）企业法定代表人和经济、技术、财务负责人的职称证件；

（五）已开发经营项目的有关证明材料；

（六）房地产开发项目手册及《住宅质量保证书》、《住宅使用说明书》执行情况报告；

（七）其他有关文件、证明。

第十一条 房地产开发企业资质等级实行分级审批。

一级资质由省、自治区、直辖市人民政府建设行政主管部门初审，报国务院建设行政主管部门审批。

二级资质及二级资质以下企业的审批办法由省、自治区、直辖市人民政府建设行政主管部门制定。

经资质审查合格的企业，由资质审批部门发给相应等级的资质证书。

第十二条 资质证书由国务院建设行政主管部门统一制作。资质证书分为正本和副本，资质审批部门可以根据需要核发资质证书副本若干份。

第十三条 任何单位和个人不得涂改、出租、出借、转让、出卖资质证书。

企业遗失资质证书，必须在新闻媒体上声明作废后，方可补领。

第十四条 企业发生分立、合并的，应当在向工商行政管理部门办理变更手续后的 30 日内，向原资质审批部门申请办理资质证书注销手续，并重新申请资质等级。

第十五条 企业变更名称、法定代表人和主要管理、技术负责人，应当在变更 30 日内，向原资质审批部门办理变更手续。

第十六条 企业破产、歇业或者因其他原因终止业务时，应当在向工商行政管理部门办理注销营业执照后的 15 日内，到原资质审批部门注销资质证书。

第十七条 房地产开发企业的资质实行年检制度。对于不符合原定资质条件或者有不良经营行为的企业，由原资质审批部门予以降级或者注销资质证书。

一级资质房地产开发企业的资质年检由国务院建设行政主管部门或者其委托的机构负责。

二级资及二级资质以下房地产开发企业的资质年检由省、自治区、直辖市人民政府建设行政主管部门制定办法。

房地产开发企业无正当理由不参加资质年检的，视为年检不合格，由原资质审批部门注销资质证书。

房地产开发主管部门应当将房地产开发企业资质年检结果向社会公布。

第十八条 一级资质的房地产开发企业承担房地产项目的建设规模不受限制，可以在全国范围内承揽房地产开发项目。

二级资质及二级以下的房地产开发企业可以承担建筑面积 25 万平方米以下的开发建设项目，承担的具体范围由省、自治区、直辖市人民政府建设行政主管部门确定。

各资质等级企业应当在规定的业务范围内从事房地产开发经营业务，不得越级承担任务。

第十九条　企业未取得资质证书从事房地产开发经营的，由县级以上地方人民政府房地产开发主管部门责令限期改正，处 5 万元以上 10 万元以下的罚款；逾期不改正的，由房地产开发主管部门提请工商行政管理部门吊销营业执照。

第二十条　企业超越资质等级从事房地产开发经营的，由县级以上地方人民政府房地产开发主管部门责令限期改正，处 5 万元以上 10 万元以下的罚款；逾期不改正的，由原资质审批部门吊销资质证书，并提请工商行政管理部门吊销营业执照。

第二十一条　企业有下列行为之一的，由原资质审批部门公告资质证书作废，收回证书，并处以 1 万元以上 3 万元以下的罚款：

（一）隐瞒真实情况、弄虚作假骗取资质证书的；

（二）涂改、出租、出借、转让、出卖资质证书的。

第二十二条　企业开发建设的项目工程质量低劣，发生重大工程质量事故的，由原资质审批部门降低资质等级；情节严重的吊销资质证书，并提请工商行政管理部门吊销营业执照。

第二十三条　企业在商品住宅销售中不按照规定发放《住宅质量保证书》和《住宅使用说明书》的，由原资质审批部门予以警告、责令限期改正、降低资质等级，并可处以 1 万元以上 2 万元以下的罚款。

第二十四条　企业不按照规定办理变更手续的，由原资质审批部门予以警告、责令限期改正，并可处以 5000 元以上 1 万元以下的罚款。

第二十五条　各级建设行政主管部门工作人员在资质审批和管理中玩忽职守、滥用职权、徇私舞弊的，由其所在单位或者上级主管部门给予行政处分；构成犯罪的，由司法机关依法追究刑事责任。

第二十六条　省、自治区、直辖市人民政府建设行政主管部门可以根据本规定制定实施细则。

第二十七条　本规定由国务院建设行政主管部门负责解释。

第二十八条　本规定自发布之日起施行。1993 年 11 月 16 日建设部发布的《房地产开发企业资质管理规定》（建设部令第 28 号）同时废止。

第二篇 房地产开发前期运作

第一章 房地产开发项目可行性研究

可行性研究是指对拟建项目进行调查、预测分析、研究、评价等一系列工作，论证项目的必要性和技术经济合理性，评价投资的技术经济社会效益与影响，从而确定项目可行还是不可行。房地产可行性研究，是房地产开发经营企业在投资决策前，通过对房地产市场有关方面的条件和情况进行调查、研究、分析、了解房地产市场的过去和现状，把握房地产市场的动态，预测房地产市场的未来发展趋势，并依此分析房地产项目建设的必要性，确定房地产项目的用途、规模、档次、开发时机等经营方式。对各种可能的建设方案和技术方案进行比较论证，并对建成后社会经济效益进行预测和评价的一种科学分析方法。它主要是考察房地产各类型产品开发在技术上的先进性和适用性，在经济上的盈利性和合理性，在建设上的可能性和可行性的依据。

通常，房地产可行性研究包括其影响因素、类型和内容、步骤及编制可行性报告等。

第一节 房地产可行性研究的影响因素

无论进行何种类型房地产产品开发，其成功与否不仅受到房地产市场供求关系的影响，而且还受到许多内外部因素的影响。对这些影响因素的深入细致的分析和评估，是房地产可行性研究的极为重要的内容。如果对它们研究不透、考虑不周或评估不准确，那么就会导致投资的盲目性，直接影响经济收益，甚至使投资中途失败，造成损失严重。通常，对房地产可行性研究的影响因素，有政府政策因素、环境因素、经济因素等。

一、政府政策因素

房地产开发经营与城市发展紧密相连，受到来自政府有关部门的各种限定与制约。政府政策因素是房地产项目立项和成功实施的先决条件。在社会主义市场经济下，政府对发展房地产业的政策取向集中在两个方面：一是通过计划管理手段对房地产市场宏观上的总量调控；二是通过市场机制对房地产市场供需关系、价格水平的自动调节，从而调节和约束企业行为，抑制市场的非正常交易。

（一）政府对土地总体规划和年度计划的调控因素

在房地产市场调控中对土地的供应和运作十分重要，尤其对基本建设投资调节更为重要。因为，对房地产项目开发一般总伴随着对土地的直接需求，政府供应土地的质与量直接控制基本建设的规模和结构。从市场运行的角度来说，供求关系是决定市场状况的根本原因，特别是由于我国国有土地由政府垄断出让或划拨，因而土地总体规划和年度计划对房地产市场更具有直接明显的调节功能。在进行房地产可行性研究时必须高度重视房地产市场上土地供应状况。

（二）城市规划的影响

现代城市发展十分重视整体规划，城市规划建设十分重视统一规划、合理布局、综合开发、配套建设的原则。并遵循该原则集中成片改造旧区和开发新区，合理地配套建设基础设施和公用设施，较快地改变城市面貌，增强城市活力和提高城市综合效益。每一块政府批租的土地一般都同时确定了其用途，要改变其用途的性质是很困难的。同时，政府在批租土地时还会附带一些约束条件，例如，开发用地容积率、房屋建筑限高等。可见，在进行房地产可行性研究时必须十分重视城市规划的限制因素。

（三）地价的杠杆作用

虽然房地产价格主要取决于供求关系，但地价对房地产价格也有很大影响。房地产价格是政府调控市场的主要对象，政府可通过城市土地供应的垄断地位，运用地价的杠杆对房地产市场进行调控。因此，在进行房地产可行性研究时应适当重视地价的杠杆作用。

（四）税收的影响

房地产税收政策是政府调控房地产市场的核心政策之一。政府通过税收杠杆理顺分配关系，保证政府的地租收益，通过税赋差别体现政府的税收政策和产业政策，用以抑制投机，规范房地产市场交易行为。由于税收调节方法时效性强、突变的特点明显，因此，在进行房地产可行性研究时应考虑税收政策的因素。

（五）租金因素

房地产租赁市场是房地产市场的重要组成部分，租金作为房地产的租赁价格，是政府调控房地产市场的主要对象之一。政府通过调节租金水平使之与整体经济发展水平相适应，并努力使租金与房地产买卖价格保持合理的比例，保障政府的土地收益。另一方面，政府根据市场需求，在保证房地产市场总供给的前提下，合理调整租售比例。由于租赁收入是房地产开发经营收益的重要组成部分，因此，在进行房地产可行性研究时应重视租金这个影响因素。

（六）金融杠杆作用

房地产业与金融业息息相关。房地产金融市场通过专业银行，用信贷、发行股票、债券及开展住房储蓄业务，帮助房地产企业融通资金。政府通过信贷规模、利率水平、贷款方式等金融措施调节房地产市场。由于金融杠杆的调节作用往往呈周期性变化，因而，在进行房地产可行性研究时，应注意掌握和预测金融调节的变化规律。

（七）住房政策的影响

各国的经验表明，单纯依靠市场不可能解决住房问题，只有市场与非市场相结合，才是解决住房问题的有效途径，政府势必运用适当政策加强对住房市场的调控，例如，确定微利商品房的水平，住宅商品房价格规定等。在进行房地产可行性研究时必须注意住房政策的影响。

二、环境因素

这里指的是广义的环境因素，如项目的自然条件、城市的基础设施条件、周围的环境质量等方面。

（一）项目的自然条件

一个完整的房地产项目可行性研究报告，应当包括对拟开发土地的地形、地物、水文地质条件等校核，同时要明确土地位置、面积等评价结果，这对于大型项目、未经初步开发的土地等显得尤其重要。因为项目的自然条件直接影响到土地平整、开挖土石方、道路铺设、基础施工、地下工程排水等费用，往往直接影响到项目是否可行。例如，需要铺设铁路专用线的工业项目，土地的地势坡度走向的影响很大。

（二）城市的基础设施条件

通常政府部门通过向开发项目征收环境配套费，为项目提供给排水、电力、燃气、供热、交通等基础设施。开发商需要研究项目与城市基础设施网络连接点之间应承担的费用，如是否需要建造水处理系统。因为这些设施越来越复杂，建造费也越来越多，所以必须进行详细分析研究。一般市场分析专家可能不具备这方面工程技术专业知识，必要时可聘请有关专业工程师进行分析。同时，可以向电信、电力、燃气、给排水等部门了解基础设施的开发计划、建造时间和费用等情况。特别是交通条件，要作出详细评价。比如，是否临近主要街道，乘坐公交车是否方便，距离购物、文化娱乐场所等的远近，这些都将影响到项目竞争力。

（三）周围环境质量

随着社会的进步和发展，顾客对物业所处的环境质量要求越来越高。这里所讲的环境质量是指附近人口密度、受教育程度和文化素养，学校、医院、购物、娱乐场所和公园绿地的完善齐备程度，地域内废气、废水、噪声等污染程度等。在进行房地产可行性研究时绝对不可忽视环境质量的评价。计算"三废"的类型、数量、可达到国家排放标准和处理方法；综合分析各种方法的成本费用，提出处于经济与技术最佳结合点的方案；考虑绿化率、容积率，采用达到国家规定绿化率和容积率的方案等。

三、经济因素

影响房地产可行性研究的经济因素是经济增长速度、财政与金融状况、工资水平与物价变动、工商业发展等。

（一）经济增长速度影响

一般来说，经济增长速度对房地产市场的影响很大，房地产价格随着经济周期性发展而呈现规律性波动：经济增长，房地产价格上涨；经济衰退，房地产价格下降。例如，深圳特区由于享有特殊优惠政策，吸引了大量的中外投资者，经济发展迅速，房地产价格与经济增长亦步亦趋，不断暴涨，地价平均年增长率在20％以上。1989年以后的美国情况与深圳恰恰相反，由于其经济连续几年出现负增长，导致美国房地产业十分不景气，房地产价格跌落。最近，由于美国政府采取了一些刺激经济发展的政策，经济逐步复苏，显著的迹象是房地产成交量增加，价格开始回升。

房地产市场的活跃程度、价位变化等与经济增长的密切关系，是通过房地产市场供需变化建立起来的。当经济处于增长时期，大量投资涌入，百业俱兴，对房地产的需求旺盛，房地产供给随之增加；但是，房地产供给增长要迟于需求增长，且供给总量有限，因此，房地产价格必然升值。反过来，当经济增长停止或衰退时，投资减少，百业萧条，对房地产的需求减弱，甚至许多房地产商为了减少损失纷纷抛出所掌握的房地产权，因此，房地产价格加速跌落。因此，在进行房地产可行性研究时，应当把握现时和将来的社会经济发展状况，对房地产价格的波动作出准确的判断。

（二）财政金融状况影响

通常财政金融发展与整个国民经济的发展是同步发展的。如果经济发展迟缓，则资金流通不畅，引起金融紧张。长此以往，不但房地产需求减退，而且房地产供给也减少，并会引起价格的波动。

目前政府采用财政金融手段调节经济的政策越来越多。比如，政府为控制过快的经济增长速度，采取紧缩货币、调整利率的措施，控制投资增长。这些措施必然要影响到房地产的供给与需求，反之亦然。可以说，财政金融状况是观察房地产市场状况的一个窗口。

（三）工资水平及物价变动的影响

物价变动导致货币价值的变动，影响房地产的价格。物价与工资相对水平形成实际购买力，影响房地产的价格：一方面，如果由于物价上涨引起人们的实际购买力下降，收入中更大的比例将用于其他生活消费的支出，减少了对房地产的投入，尤其是减少了对住宅的购买能力；如果物价上涨并未引起购买力下降，或者人们的收入水平增长高于物价上涨。这时，人们有多余资金投向房地产(尤其是住宅)，增加了住宅的需求。另一方面，购买力提高，使地产收益增大，房地产价格上升；相反，购买力减弱，使房地产收益减少，房地产价格下落。

同时，物价上涨建筑材料价格也上涨，必然增加房屋建筑的成本，这对房地产价格也会造成影响。因此，在进行房地产可行性研究时，对工资水平及物价变动的影响应予以重视。

（四）工业商业发展的影响

工业和商业的发展产生城市，并带动城市的发展。工业和商业的发展吸引了许多人流向城市，也提高社会购买力，从而增加了房地产的需求，引起房地产价格上升。

另一方面，工业发展可能带来环境污染，破坏了秀丽、舒适、安静的生态环境，也很可能引起房地产价格下降。

工业和商业的衰退可能引起房地产贬值。例如，在城镇工业发展鼎盛时期，人们大量涌入，促进了商业、房地产业和其他行业的迅速发展。但当工业走向下坡时，人们又开始离开，又使商业和其他行业下滑，房地产价格下降。

第二节　房地产可行性研究的类型和内容

一、房地产可行性研究的类型

房地产可行性研究按研究的范围不同，分为区域市场研究和项目市场研究。

（一）区域市场研究

这是指针对某个地区或城市的各类房地产(如土地开发、住宅和公寓、写字楼、商业设施、工业厂房、旅馆等)市场情况进行综合性分析和评估。例如，对某城市住宅市场的研究，包括分析和预测一定时期内该城市经济发展、人口增长，以确定住宅有效需求的大小。分析和研究各种住宅类型的需求，以确定投资或开发住宅类型的比例。分析其他影响房地产开发商进入该市住宅市场的因素等。

（二）项目市场研究

这是指满足城市中某块土地进行开发的需求，局限于该块土地范围内房地产市场状况的分析和研究。通常如果取得某一地块但尚没有确定其用途，则应进行土地最优利用研究，估计开发哪类房地产产品（住宅、写字楼、商场等）可以获得最大的收益。由于土地用途在开发者获得使用权之前就已被城市规划部门限定了，因而，项目市场研究就是进行市场供需情况、竞争环境，以及建筑设计和施工等情况的经济性分析。

区域市场可行性研究和项目市场可行性研究是交叉进行的，两者相辅相成、密不可分。其类型目标如表 2-1-1 所示。

房地产市场可行性研究类型目标

表 2-1-1

类　　型	目　　标
区域市场可行性研究	确定该区域内各种房地产发展潜力，不特指某一具体项目
项目市场可行性研究	针对某一个项目，确定发展何种房地产才能获得最大收益，并分析各种因素对项目可能影响，以确定项目是否可行

二、房地产可行性研究的原则

房地产可行性研究要遵循客观性、准确性、可靠性、科学性、公正性等原则。

（一）客观性原则

这是指在房地产可行性研究中避免主观臆断，观点的提出要有根据，收集的资料要全面。不能以个人的好恶取舍资料，更不能为证明自己的观点而牵强附会，避重就轻，隐瞒不利的资料等。

（二）准确性原则

这是指收集的资料确实反映客观实际，分析的各项因素确实对可行性研究起主要作用。对资料应去伪存真，去掉片面的、有缺陷的资料，使可行性研究建立在可靠的基础上。

（三）可靠性原则

这是指资料来源可靠。资料整理是为着寻找各项因素在一定时期内的变化规律，作为预测该因素变动趋势的依据。那些只有个别意义，或只在特定时间、特定环境中才有意义的数据，由于缺乏普遍意义，因而不能作为可行性研究的依据。

（四）科学性原则

这是指分析方法要科学。在可行性分析中要使用数量分析方法，建立预测模型。但要注意，数量分析、方法和模型，只是在一定的条件下，一定时间和空间范围内才是可靠的。

（五）公正性原则

这是指必须秉公办事。在可行性研究中，摒弃人情关系、单位关系、上下级关系，以及个人好恶，根据事实，作出科学的分析结论。

三、房地产可行性研究的内容

不同类型的房地产产品，其可行性研究的内容也不相同，这里仅就住宅市场和商业用房市场的可行性研究问题作一详细阐述。

（一）住宅市场的可行性研究

1. 项目发展的制约因素

现代化城市发展重视整体的城市规划，有关住宅建设的政策、法规、条例，以及水电、交通、通信、燃气等基础设施构成了住宅项目的制约条件。可行性研究必须注意这些制约条件和项目的具体情况，分析可能出现的问题，提出相应的措施，为今后取得各种开发许可做充分的准备。

2. 住宅市场需求能力预测。

一般来说，商品住宅对购买者吸引最大的是交通状况，为了确定该住宅项目最有吸引力的区域，可以项目所在地为中心，可以接受的上下班花费时间所确定的距离为半径划出最有吸引力的区域。对该区域的人口、就业情况、收入水平等因素进行分析和预测，得出该区域对该住宅有效需求能力。

3. 住宅市场竞争环境评估。

即使市场上需求强烈，开发商若想取得良好的投资收益，仍主要取决于其所处的竞争环境。它包括两个主要方面的估计：一是项目建成后的市场占有率。例如：某个市场区域内每年需求 1000 个住宅单位，开发商推出 200 个单位，若在一年内售出 100 个单位，其市场占有率为 10％，若全部售出，市场占有率为 20％。市场占有率的预测取决于同类住宅推出的数量、质量、地点等竞争对手方面的情况；二是住宅单位出售（出租）的价格范围，对它的确定同样需要详细研究竞争对手的情况，以确定最具竞争力的价格范围。同时，也需要考虑保证一定经济收益后最低价格的确定，以及针对不同的需求层次而制定的价格范围。市场占有率和市场价格范围确定后，就可初步估计该项目的总收益情况。

4. 住宅单元类型、面积的确定。

畅销住宅类型、面积等建筑设计方面信息必然来自于正确的市场研究报告中。盲目追求目前销路好的住宅模式，极有可能在自己的住宅推出时遇到推销困难。但通过认真分析市场住宅类型、面积等方面的需求情况，预测未来的市场最有前途的类型，可以确定企业对建筑设计的选型。住宅单元的类型、面积等建筑设计因素的研究，对项目的开发成本影响较大。通常开发的住宅面积越大，项目开发费用越高。

5. 娱乐、服务等附属设施的确定。

随着人民居住生活水平的不断提高，开发商要考虑在住宅范围内（多为住宅小区）建设健身房、娱乐场、运动场、中小学校、购物商场等文化服务设施。齐全的配套设施将会大大提高商品住宅的市场竞争能力。这部分的市场研究主要来自于居民居住水平的问卷调查，同时综合考虑竞争对手计划推出的项目情况。

（二）商业用房市场

商业用房包括大型购物中心、商场、临街商店等。其市场研究内容包括：

1. 项目发展的制约因素。

同住宅项目市场研究相同，商业用房市场制约因素同样也包括政策因素、经济因素、环境因素等各个方面。然而，环境因素对商业用房的影响因素更为重要一些。对这方面的研究，可通过对项目所在区域各重要商业区现场调查的分析及预测，测定具体购物人口流动数量以及各主要商场的销售额等情况。

2. 市场研究区域的确定。

确定商业项目的市场范围要比住宅市场复杂。主要考虑因素仍是根据交通适宜时间范围内的区域。根据项目种类不同，交通时间长短确定也不同。一个中小型副食品商场可以吸引步行 10～20 分钟以内区域的消费者，而大型的购物中心则能吸引公共交通 1～2.5

小时内的区域。同时还要考虑更为难以确定的流动人口的购买力。通常做法是调查该区域已存在的商业用房的营业额，结合历史统计数据，预测将来可能出现的购买力，并确定该项目可能的市场占有率，从而得出该项目可能吸引的购买力，最后得出该项目的出租面积。例如，某个区域市场服装市场销售额为800万元/年，某商场建成后，将升至1000万元/年，估计该商场市场占有率将达20%，即200万元/年，又根据统计数据得每平方米营业额为2万元，则该商场服装部营业面积为100m²。

3. 营业面积租金水平预测。

不同商业活动其所需营业面积不同，租金水平可能有很大差别。各种商业活动所交的租金额总和除以整个商场营业面积，可得出每平方米营业面积的租金水平。该项数据有助于分析项目的竞争能力，以获得融资机构足够的资金支持。

4. 预测承租者在承租后的营业额。

房地产开发经营企业的租金收入来源于承租者的商业利润，如果承租者能获得满意的商业利润，那么它会长期租用房屋经营，开发企业就会有稳定的收入。反之，承租者亏损将退租，造成营业用房闲置会给开发企业带来损失。因此，承租者的营业额是开发商经济收益的重要相关因素。有关该方面的数据，与商业活动的构成及规模的大小有关，可参考现有商场的实际资料。

第三节　房地产可行性研究的步骤

由于房地产市场的复杂性和多变性，势必要求房地产可行性研究按照从总体到局部、从重点到一般、从粗略到细致的原则，并遵循一定的客观、科学的步骤来进行，否则，就会浪费大量的人力、物力和财力，事倍功半。通常进行房地产可行性研究的步骤分为四步。如图2-1-1所示。

一、筹划准备

（一）明确房地产可行性研究的工作范围和目标

在项目建议书被批准之后，可委托有经验、有资格的咨询公司进行可行性研究，双方应进行多次协商，明确可行性研究的工作范围和目标意图，也就是确定应该干什么，达到什么目的。

（二）安排工作进度计划

工作进度计划是一项很细致的内容，需全面地、综合地考虑参与可行性研究人员的数量、结构、素质等，以及工作进程的制约因素，如资金、地域等。确定工程量、费用及其支付办法。

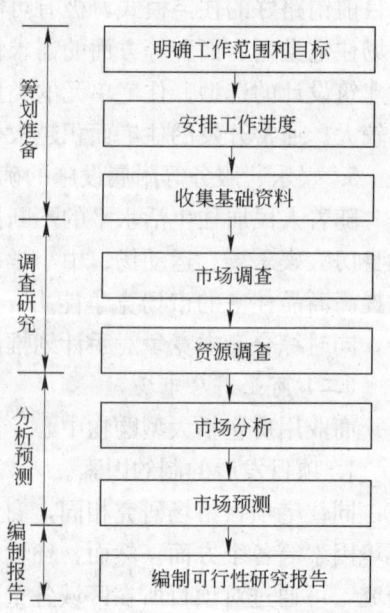

图 2-1-1　房地产可行性研究的步骤

（三）收集基础资料

收集获得项目建议书和有关项目的背景文件，有关的基础资料、基本参数、规范、标准和指标等资料。

二、调查研究

也就是资料收集阶段，主要从市场调查和资源调查两方面进行。

（一）市场调查

房地产市场调查是房地产可行性研究的重要步骤，在调查过程中，应当运用科学的方法，系统地收集、整理市场购买力、购买对象、顾客习惯、竞争形式等信息资料。

1. 确定需求调查。主要包括以下内容：

（1）确定潜在需求量。这是指了解一定时期、地区内房地产购买力的实际水平。例如，某时某地有多少企事业单位和个人，可能拿出多少资金来购买商品房。

（2）了解市场占有率。这是指了解整个行业和同类产品在市场上的销售量，本企业或竞争对手的市场占有率，从而确定本企业在行业的地位，确定开发项目的规模。

（3）了解销售发展趋势。这是指调查顾客的喜好和购买行为，销售量中各类型房屋所占的比重，掌握销售的变化及其趋势，为企业的拓展提供指导作用。

（4）人口调查。这是市场潜在需求量的决定因素，它的发展变化趋势与房地产市场密切相关。进行人口调查应了解人口数量、家庭结构、流动情况和地区分布情况等。

（5）家庭收入。居民的收入水平及其消费结构是影响房地产市场需求的重要因素。收入调查的内容包括总收入、可自由支配的收入、实际收入增加量、增长速度及发展趋势等。

2. 顾客和购买能力的调查。

没有顾客就不存在购买者，但顾客只有主观的购买愿望，没有相应购买能力，仍不能成为现实的购买者。只有掌握足够的资金的个人或者单位才可能成为现实的购买者。因此，谁是顾客？购买者满足程度如何？这些都是主要的调查内容。

3. 竞争调查。

有商品的生产者就必然存在竞争，房地产开发企业欲在竞争中求得生存和发展，就必须进行调查。竞争调查的目的是发挥优势，扬长避短。主要内容应包括产品竞争能力调查，竞争对手调查和市场转换的调查。应当明确哪些方面是自己的优势，应该发挥的，哪些方面是自己的劣势，存在多大的差距，应该弥补的，了解市场竞争对手的情况，不断提高自身的竞争能力。

4. 房地产开发经营条件调查。

包括调查影响房地产开发经营企业开发经营的一切主客观因素。主观因素如组织管理状况、职工队伍素质、技术装备程度、业务经营和管理水平等。客观条件如国民经济的结构及其发展水平、速度，国民经济管理体制及其配套改革情况，房地产经济体制改革的进程，可能产生的变化趋势等。

（二）资源调查

资源调查包括各种可能开发的地点调查、土地条件、本地区劳动力、材料机械、交通运输条件、基础设施、环境保护、水文地质、气象等方面的因素。通过对这些因素的调查结果，从多个有待开发项目意向中优选最佳项目，并为下一步规划方案设计提供准确的资料。如果没有后续项目背景，也为开发经营企业的下一步决策提供参考。

三、分析和预测

（一）市场分析

经过市场调查取得了相当数量的第一手资料和数据后，还需要对其进行科学的综合和分析。所谓市场分析,就是对调查整理所形成系统的、条理化的综合资料,进行推理判断,找出其本质和规律性。这是一个透过现象看本质、由定量—定性的认识过程。在这个过程中,必须了解各方面的评价标准、规范及惯例。比如,经过调查了解本开发企业的市场占有率,那么这个份额是大还是小呢? 这时就需要综合考虑、细致分析,如果本企业的资金力量、技术水平、规模等都明显高于其他同类型企业,但这个市场占有率不能令人满意,说明企业在产品型式、质量、内部经营管理等方面存在不尽如人意的地方,应当加以解决。

(二)市场预测

房地产市场预测是指运用科学的方法与手段,根据房地产调查、分析提供的信息与资料,对房地产市场的未来及其变化趋势作出测算和判断,以满足确定房地产开发经营战略的需要。包括以下内容:

1. 需求预测。

如前所述,影响房地产市场需求的因素很多,需求预测就是对这些因素的变化趋势进行测定,以确定未来的房地产市场的需求量。它主要有标定需求预测和有效需求预测两种方法。

(1)标定需求预测法。也称客观需求预测法。它是由国家有关部门首先确定出社会所能认可、接受的住房标准,然后与实际居住水平比较,计算出缺房量和未来需要量,预测期一般为 5~20 年。

(2)有效需求预测法。也称主观需求预测法。它是根据用户对住宅的支付(购买或租用)能力,测定住宅市场的需求量,它侧重于反映住户的主观要求与支付能力。

2. 产品发展预测。

随着科学技术的发展和现代生活方式的变化,人们对房屋的配套、造型、功能和环境等方面的要求越来越高,因此,房地产开发经营企业要掌握科技发展规律,研究产品寿命周期及其影响因素,从而进行产品发展预测。

四、编制房地产可行性研究报告

经过上述分析、评价和预测,就可编制详细的可行性研究报告,真实、可靠、客观的可行性研究报告为企业决策提供科学的依据。

第四节 房地产可行性研究报告

一、房地产可行性研究报告编制依据和步骤

(一)房地产可行性研究报告编制依据

主要包括以下方面:

1. 国家经济建设的方针、政策和长远规划。

2. 政府主管部门批准的资源报告、国土开发规划、交通路网规划和工业基地规划。

3. 可靠的自然、地理、气象、水文和地质等资料。例如建设地点的自然条件和现状。

(1)自然条件。如年平均温度,冬季最低日平均温度,日照、主导风向和风速,最大冻土深度,土壤类别及地耐力,地下水位,洪水水位及 50 年(或 100 年)一遇水位,抗震设防烈度,地势和地貌等。

（2）建设场地现状。如场地归属，现有可供利用建筑物幢数和建筑面积，现有建筑物需拆除建筑面积，现有的可供利用或需拆除的构筑物，占用菜地、耕地、荒地、坡地的面积数，动迁户数及人口等。

4. 周围的社会环境、基础设施和施工条件等。

（1）社会环境及设施。如到市中心距离，到中学校、小学校、医院的距离，到副食、蔬菜供应点的距离，至高噪声区的距离及影响，周围通信设施的远近，相邻厂矿的污染源及其影响，相邻单位可利用的条件等。

（2）施工条件。如自来水干管管径和接口距离，排污干管管径和距离，热力和燃气的干管管径与距离，电力等来源、距离和可供数量，当地原料可供给数量等。

（3）施工条件。如当地施工力量是否能满足需要，预制构件能否满足需要，钢材、水泥、木材、建筑设备的来源地、价格，砂、石等地材的产地和单价等。

5. 有关的经济法规及工程技术方面法规、标准和规范等。

6. 政府主管部门规定用于项目评价的参数和指标。如定额回收期、基准收益率、折现率、利率、折旧率、调整外汇率等。

7. 有关市场需求调查、分析和预测资料等。

（二）房地产可行性研究报告编制步骤

房地产可行性研究报告的编制步骤。大体分为：开始筹划 → 调查研究 → 优化选择方案 →详细分析和预测 → 编制报告书等。

二、房地产可行性研究报告的内容

由于房地产投资项目的具体内容、目标和环境条件不同，可行性研究的内容应有所差异。但就一般房地产项目而言，应包括以下内容：

（一）总论

1. 项目名称；

2. 该项目提出的背景；

3. 承办单位概况；

4. 可行性报告编制的依据；

5. 项目提出的理由（来由）；

6. 项目拟建地点；

7. 项目预期目标；

8. 项目主要建设条件；

9. 主要技术经济指标；

10. 问题与建议。

（二）项目投资环境与市场研究

1. 投资环境分析。简述国家政治经济形势和有关政策，开发地区的经济社会及管理情况、政策因素。

2. 市场供求分析。分别对需求与供给进行分析。

3. 销售预测。

4. 营销策略。同时要进行自身竞争能力及竞争对手分析；分析相关市场，如建材市场、劳动力市场等。

（三）建设规模与项目开发条件

1. 建设规模设想比选。如结构形式、建筑面积、使用功能。

2. 推荐建设规模方案。

3. 项目现状概况。项目建设地点与地理位置、土地权属类别及占地面积、土地状况。

4. 项目建设条件。了解地形、地貌、水文地质条件；不良地质情况，如滑坡体、断裂构造、洪水、泥石流、岩溶、岩洞、软弱地基等情况。另应分析周边建筑、环境条件、城市规划与区域性规划要求、交通、社会、法律、公共设施、征地拆迁、施工条件等诸多问题。

5. 拟建场地条件比选。

6. 推荐选址方案。

（四）建设方案比选

1. 设计指导思想、创意和设计原则。

2. 项目总体规划方案。

3. 建筑方案。建筑艺术与风格、特征与结构、建筑与城市总体协调情况。建筑主体与辅助工程、建筑效果图及比选。

4. 主要技术经济指标。

（五）节能节水措施

1. 节能措施及能耗指标分析。

2. 节水措施及水耗指标分析。

（六）环境影响评价

1. 项目建设地理环境状态。

2. 项目实施与运作后对环境的影响。

3. 环境保护措施。包括对水的污染，林业、水利、农田、矿产等方面的影响，采取何种保护措施与投资计划。

4. 环境影响评价专项报告。

（七）劳动、安全、卫生与消防

1. 危害因素分析。

2. 有害物质种类及危害程度等分析。

3. 安全设施与措施。

4. 消防设施与措施。

5. 土石方爆破安全。

（八）组织机构与人力资源

1. 组织机构的设立、体系、网络、管理层次。

2. 人力资源及其配置。

（九）项目进度计划

1. 建设工期目标。

2. 项目进度计划（网络图、横道图）。

（十）投资估算与资金筹措计划

1. 投资估算。

2. 建设投资估算。其中涉及土地征用及拆迁费，前期工程费(含规划、设计、可行性研究、勘察、测绘、"三通一平"费)，工程监理费及工程实施过程中的建筑安装、设备、工器具、基础设施、公共设施配套费，基本预备费、涨价预备费等都应计入工程总造价。

3. 编制投资估算表。包括总投资汇总表与分年度计划。

4. 资金筹措方式与来源。

(十一) 财务评价

1. 财务评价基础资料选取。例如：总销售价格和租金、计算期、财务基准收益率设定。

2. 销售出租收入计算。

3. 编制财务评估分类报表。一般包括：财务现金流程表、损益和利润分配表、资金来源与运用表、借款偿还计划表。同时应引进财务评价指标的分析，其中有：财务内部收益率、投资各方收益率、资本金收益率、投资各方收益率、财务净现值、投资回收期、投资利润率、收入和成本估算。

(十二) 社会评价

1. 项目对社会的影响评价。

2. 社会风险分析。

3. 评估结论等。

(十三) 研究结论与建议

1. 结论。

2. 建议。

(十四) 附图、附表、附件等

1. 附图。包括：项目总体规划平面图，各种建筑方案图，平面图、立面图、剖面图及标准楼层图，辅助配套设施、建筑小品等图样。

2. 附表。各类财务分析计算表、计划表。

3. 附件。主要有：项目建议书或立项申请的政府批复文件，设计方案的评审纪要文件，对环境影响评价报告的审批文件，当地政府的环境、林业、土地、计划、安全、规划、交通等各方面的批复文件。另有关于水、电、汽、燃气、通信等供应或协调文件等。

第五节 房地产开发项目可行性研究报告案例

为具体了解住宅开发项目可行性研究的实务，现将《开发建设洞头三盘岛项目可行性研究报告》实例列后，以供参考。

一、项目概述

为了加快洞头三盘岛海上国家公园建设步伐，推进温州半岛工程开发进程，快速发展洞头岛旅游事业，提高居住档次，促进洞头县经济进一步繁荣，我公司拟在洞头县三盘岛开发建设三盘岛别墅区工程，为了做好项目报批立项工作，特编制项目可行性研究报告。

(一) 项目名称、业主及负责人

项目名称：洞头三盘岛别墅区工程

项目业主：××××建设开发有限公司

法人代表：×××

（二）建设单位简介

××××建设开发有限公司，隶属于××区建设局，经批准在温州市工商行政管理局登记注册。注册号：×××；法人代表：×××；注册资本：1008万元；企业类别：有限责任公司；经营范围：房地产开发（凭资质经营）、建筑材料销售，城市综合开发资质为三级。公司现有职工21人，其中专业技术人员18人（高级职称5人，中级职称11人）是一支技术力量较强、职工素质职较好的房地产开发队伍。

公司自创建以来，与××××房地产开发有限公司合作开发温州市凯旋豪庭（总面积27000m²）、与×××房地产开发有限公司合作开发温州市东方广场（总面积50000m²），工程质量优良，取得了较好的开发经验，有能力承担开发三盘岛别墅项目。

（三）项目主要技术经济指标

1. 建设规模及用地技术经济指标

项目总用地面积（三地）	126665m²
项目总建筑面积	50000m²
其中：	
别墅	47000m²
多功能用房	1200m²
公建	1800m²
建筑占地面积约	20000m²
建筑密度	16%
容积率	0.4
绿地率	＞75%

2. 各项财务指标初步预测

项目总投资	8865万元
销售费用	30万元
经营	12585万元
营业税及附加（6.3%）	793万元
开发总成本	9995万元
利润总额	1797万元
所得税	593万元
净利润	1204万元
开发成本利润率（税后）	12.8%
销售利润率（税后）	9.57%
销售利税率	20.58%
资本年均回报率	17.20%
盈亏平衡点	84.76%

（四）编制依据

1. ××市城市规划设计研究院编制的洞头县三盘岛别墅区详细规划（送审搞）。

2. 国有土地使用出让协议书。

二、项目建设背景和必要性

（一）项目建设背景

××市"十五"计划纲要提出：强化海洋国土意识和海洋经济意识，合理开发"渔、港、景、海、涂"优势资源，加快发展海洋产业，建设"海上温州"。坚持科技兴海，积极发展渔业……大力开发海洋旅游资源，发展海洋特色旅游业……进一步加强海岛及半岛地区的基础设施和生态建设，加快××半岛工程……建设洞头海上国家公园。

××市城镇体系规划：洞头是××中心都市圈组成部分。

洞头近年来社会经济实现了快速增长，积极创造条件，加快港业开发力度，已建成了小门岛液化石油气中转站和5万吨级深水码头工程，积极发展效益渔业，基本建成五岛相连工程，为"十五"期内基本实现温州（洞头）半岛工程奠定基础。

（二）项目建设必要性

洞头县是省级重点旅游风景名胜业"石奇、滩佳、礁美、洞幽"。洞头将充分发挥得天独厚的旅游资源优势，继续实施"旅游兴县"的战略，加快海岛重点景区的开发建设，大力开发五岛相连工程沿线旅游资源，努力提升洞头岛旅游在温州"山、江、海"旅游金三角的知名度。

为了加快洞头海上国家公园建设步伐，推进温州（洞头）半岛工程开发进程，充分发挥区域旅游资源优势，快速发展洞头旅游事业，配套建设一批高档别墅区，满足洞头、××及周边县、市中高收人群体的住房需求。促进洞头经济的进一步繁荣，同时提高我公司开发效益。因此，建设本项目是十分必要的。

三、项目选址和建设条件

（一）项目选址

项目位于洞头三盘岛西山头，基地东侧为旧村，南连洞头岛，周边为海中湖，基地中部现有三盘大桥（隧道）通过，可与洞头五岛相连。地块周边道路，市政配套设施已基本齐全，连岛公路已贯通，预计2005年温州（洞头）半岛工程基本建成，陆岛相连，对外陆路交通形成，实现温州洞头半小时交通圈。基地对外交通方便，环境优美，是建设山海别墅的理想位置。

（二）外部配套条件

1. 交通条件：连岛公路穿越基地，距洞头半岛近在咫尺，基地东片建6m宽单线主干道，西片建6m宽环状主干道，小区次干道4m宽，游步道沿环状道路外侧山体设置。西南侧海岸边设游船码头。

各别墅设有停车库，采用底层架空停车库设计，综合服务中心各配备地面停车位。

2. 给水：水源采用自来水，从三盘大桥市政管线引入。

3. 排水：雨、废分流，雨水按地势的高差经雨水管汇集后就近排入海中，污水经过生态化粪池处理后通过小区污水管排入大海。

4. 供电：电源从三盘大桥市政干线引入，基地东西两片各设一个配电房。

5. 电信：电话、有线电视、宽带网络从三盘大桥市政干线引入基地东西片，并沿基地主干道一侧埋地敷设。

四、房地产市场需求分析

（一）宏观分析

国家继续把发展房地业搞活市场作为扩大内需、拉动经济增长的重要手段。在宏观政策上，对其进行有力的调控引导，如国家住房制度改革政策的出台，停止了长期推行的福利分房，推动了个人购房市场的形成，另外各家银行的多次降息，按揭贷款购房期限的延长，城镇户籍制度的改革，大大刺激了房地产市场的需求。

（二）市场背景分析

温州市国民经济持续快速健康发展，2001 年国内生产总值比上年增长 12.3%，财政总收入比上年增长 30.1%，城市居民人均可支配收入达到 13200 元，增长 9.5%。2002 年上半年实现国内生产总值比上年同期增长 12.5%，财政总收入增长 32.5%。社会经济发展保持了良好态势，市民生活水平进一步改善，部分市民生活由小康水平向富裕迈进，多数市民住房消费已由解决"有房住"发展到"住好房"。越来越多市民卖掉小房住大房，卖掉旧房换新房，希望二次购房甚至三次购房的人越来越多。温州有一批企业家和私人经济业主、高级技术管理人员，又有 100 多万人在全国各地经商办厂，这样造就了民间资金富裕、购买力持续旺盛的区域经济特色，购房可改善居住条件，同时可作为投资行为争取升值，因此温州楼市连续五年持续高温，市区房价不断升温，房价居高不下，房地产市场显现一派红火的景象。

（三）潜在与有效需求

温州市"十五"期末，城市化水平要达到 50%，城市人口由现在的 308 万人增长到 2005 年 413 万人，净增人口 105 万人，需新增住房 2520 万 m²，同时还有 300 万 m² 旧房急需改造。1993 年以前购置的住宅约有 40% 需更新换代，还有继续实施旧城改造需要拆迁一大批住宅，预示温州房地产市场有着巨大的消费潜力。

（四）热销预测

洞头是省级重点旅游风景名胜区，"石奇、滩佳、礁美、洞幽"，项目区位置理想，环境优雅，设计新颖，套型丰富，配套设施完善，居住舒适，生活方便。"十五"期末温州（洞头）半岛工程基本实现后，对外交通便利，由于利用山地建设，房价居于温州地区最低水平。

本项目住宅将会受到中高收入家庭购房群体的青睐，购买海岛别墅一可作为休闲度假房，二可作为大中企业专家楼，三可作为商品房投资争取升值。因此，预测销售前景乐观，预售时可能会出现热销局面。

五、建设规模

项目用地面积	126665m²
项目总建设面积	50000m²
其中：	
别墅	47000m²
多功能用房（超市、娱乐、休闲）	1200m²
公建用房	1800m²

注：公建用房包括物业、配电、会馆、消防、邮电、公厕等。

区间上山道路、土方开挖、管线预埋可先行实施。

二次绿化、给排水、供电、消防、有线电视、邮电、智能化网络、停车、垃圾收集、污水处理等配套设施同步建设。

用地技术经济指标：

建筑占地面积	20000m²
平均每户用地	120m²
容积率	0.4
建筑密度	16％
绿地率	＞75％
主次干道路、停车等	12000m²（约占总用地9％）

六、规划设计方案

别墅区主要道路由三盘大桥接入，入口处设综合服务中心，沿地势延伸至西侧环状道路，构成小区的主要交通道路。西侧支路由环状道路引入，到达山体顶部，顶部结合中心公共绿地设置综合服务中心及物业管理。别墅沿小区主干道两侧或单侧布置，山中心绿地向西通过台阶可步行到西南角的观景广场和俱乐部，由观景广场可下行至游船码头。另外，在用地中部设置了一个生活服务点，方便居民生活需要。

按地形特点分为东、西两片别墅区，片区内各设置配套服务设施及公共绿地，西南角为滨海休闲区。

别墅：点式别墅和连体别墅，点式为二层，局部三层；连体式为三层，一层层高为3.5m，二～三层层高为3m，斜形坡屋面。

基地内设置观景台、观景广场、中心公共绿地，在观景广场处设置别墅区标志性雕塑，夜景则通过在各车行道及游步道、观景广场设置灯光加强视觉效果。

七、建设进度安排

2002年7～12月	项目前期准备工作、方案设计
2003年1～4月	扩初及施工图设计
2003年5月～2004年12月	工程施工
2005年1～3月	项目竣工验收

八、投资估算与资金筹措

（一）投资估算

1. 用地费用：暂按有关出让协议山地9.7万元/亩计算。

2. 场地平整：50元/m²。

3. 建筑安装费（含水、电）：参照洞头及温州近期同类工程造价情况估算1050元/m²。

4. 主次干道及广场（含山坡土石方开挖、管线预埋灯饰）：160元/m²。

5. 总图费用：（含码头、露天构筑物、绿化等）90万元。

6. 配套设施：变配电、备用发电机组、消防、宽带网络、给水等276万元。

7. 开发单位管理费：包括监理、招标、管理等按工程费用等4.5％计算。

8. 物业专项资金：按工程费4％计算。

9. 人防工程易地建设费：15元/m²。

10. 电力增容费：220元/kVA。

11. 城市设施配套费：50元/m²。

12. 预备费（基本预备费）按下表中一、二两项合计数的5％计算。

本工程总投资9965万元，见表2-1-2。

建设工程投资估算表 表 2-1-2

序 号	工程项目	单 价	工程量	金 额	备 注
一	工程费用			6441	
1	场地平整	50 元/m²	126665m²	633	
2	建筑安装费	1050 元/m²	50000m²	5250	含水、电、消
3	区间道路广场	160 元/m²	12000m²	192	含水、电、消
4	总图(码头、绿化)			90	
5	配套设施			276	
(1)	变配电		1260kVA	126	
(2)	备用发电机组		300kVA	60	
(3)	消防、宽带及其他			90	
二	其他费用			2935	
1	用地费用	9.7 万元/亩	190m²	1843	
2	开发建设单位管理费用	4.5%		290	6441×0.045
3	勘察设计费	2.52%		162	6441×0.0252
4	物业专项资金	4%		258	6441×0.04
5	质监、白蚁防治费			29	
6	人防工程易地建设费	15 元/m²	50000m²	75	
7	电力增容费			28	
8	城市基础设施配套费	50 元/m²	50000m²	250	
三	预备费	5%	9376m²	469	
四	建设期利息			120	
	建设投资总计	1993 元/m²	5000m²	9965	

（二）资金筹措

项目总投资 9965 万元，开发企业按规定应投入项目资本金 2000 万元，总投资与资本金差额部分由商品房预售收入和商请有关银行贷款解决。

九、财务效益初步分析

（一）销售价格设定

参考温州市各地近期同类住宅交易价格，结合本项目特点和开发成本，设定别墅 2550 元/m²，多功能用房(商用)5000 元/m²。(以上设定价格仅供项目建议书财务测算使用，正式售价按规定另行报批)

（二）效益初步预测

经营收入	12585 万元
减：工程建设投资	9965 万元
销售费用	30 万元
营业税及附加(6.3%)	793 万元
利润总额	1797 万元
减：所得税	593 万元

税后利润　　　　　　　　1204 万元

（三）财务评价指标

开发成本利润率（税后）　　12.08％

开发成本利税率　　　　　　25.99％

销售利润率（税后）　　　　9.57％

销售利润率　　　　　　　　20.58％

资本年均回报率　　　　　　17.20％

（四）敏感性分析

影响房地产开发效益，主要是销售收入和开发成本两个因素，本项目影响投资效益最为敏感的因素是销售收入。经计算两个因素可容忍的极限为：当销售收入降低 15.24％，开发成本不变，或销售收入不变；当开发成本增加 17.98％，项目保本。本项目财务抗风险能力较强。

（五）财务效益小结

综合以上各项指标初步分析，项目在经济上达到"自我消化，自求平衡，略有利润"的要求，项目具有一定经济抗风险能力和清偿能力，本项目开发创税（营业税及附加、所得税）1386 万元，同时项目有较好的社会效益和环境效益。

第二章　房地产开发用地取得的途径

土地是房地产开发的前提。其重要性不仅在于它为建造房屋和创造良好的物业环境提供基础，而且，任何开发用地都具有价值，它是开发费用的极为重要的组成部分；同时，开发用地又是决定开发企业经营效益的至关重要的条件。

第一节　房地产开发用地的类型

一、开发用地的涵义

根据中华人民共和国《土地管理法》和《城市房地产管理法》的规定，在城市规划区内，只有国有土地才能投入房地产开发。城市规划区内的集体所有土地，经依法征用转为国有土地后，才可用于房地产开发。也就是说，房地产开发用地必须是位于规划区内的国有土地。

这里的城市，是指国家按行政建制设立的直辖市、市、镇。城市规划区是指城市市区、近郊区及城市行政区域内因城市建设和发展需要实行规划控制的区域。城市规划区的具体范围，在城市总体规划中确定。按照我国《土地管理法》规定：城市市区的土地属于全民所有即国家所有。农村和城市郊区的土地，除法律规定属于国家所有外，属于集体所有。

我国宪法规定土地所有权不准通过买卖或以其他形式非法转让。但在特定条件下，土地的所有权可以发生变更和转移，主要通过国家建设征用集体所有土地的途径来实现。因此，所谓取得开发用地，仅仅是指取得开发用地的使用权而已。根据我国《房地产管理法》的规定：对开发用地，国家实行有偿有限期使用制度。故而，开发用地的使用权是一个有偿、有限期的使用权。

关于开发用地使用权的最高年限，按照 1990 年国务院颁布的《城镇国有土地使用权出让和转让暂行条例》的规定：居住用地 70 年；工业用地 50 年；教育、科技、文化、卫生、体育用地 50 年；商业、旅游、娱乐用地 40 年；综合或其他用地 50 年。

综上所述，所谓开发用地，通常是指一宗(片)位于城市规划区的，适合开发企业有偿、有限期进行基础设施和房屋建设使用的国有土地。这里国有土地含城市规划区域内国家所有的土地及城市规划区内集体所有而被国家依法征用的土地。

二、房地产开发用地的类型

根据用地不同的属性，从不同的角度，可以把开发用地分为各种不同类型。

（一）按照土地区位划分

区位，原为地理学的一个概念，它是指某块(片)土地所处的地理位置。人们从不同的角度来研究土地的地理位置，形成土地的自然地理区位、经济区位、行政区位、社会区位等区位。

城市土地区位是指城市中不同地段（地点）上的土地，长期受自然、经济、社会、文化等因素的影响而形成特殊地域、地段环境。一般而言，不同的土地区位，房地产开发的用途和作用不同，效益也不同。影响土地区位的因素主要有：城市规划的要求、商业服务繁华程度、交通运输、市政设施、公用设施、土地开发费用、生态环境、人口密度及有关政策法规等。

按照土地区位可将城市土地划分为以下类型：

1. 闹市区（商业集中区）土地。位于市中心地带，交通极为方便，已有的商业和服务业网点集中、市政设施完善。对收益性物业来说，该类土地区位最优，其经济效益也最好。主要用于发展商业、金融、信息服务业等第三产业，不适合作为工业用地和居住用地。

2. 城市副中心区土地。在大城市和特大城市里，每个行政区都有副中心区。在此区域，交通方便，商业和服务业网点比较集中，市政设施较完善，对城市居民购物和从事第三产业吸引力较大。此种土地区位仅次于闹市区，经济效益较高。它适合用于发展商业、各种服务业及占地面积小、经济效益高、无污染的小型工业等。

3. 闹市区边缘地带（亚中心区）土地。该土地由于靠近闹市区，距离中心市场较近，一般交通条件较好，水、电、路等基础设施也较完善，人口密度低于闹市区，土地区位较优。此类土地主要用于发展无污染工业和商业，部分可作为住宅、学校、医院及机关用地等。

4. 城市边缘区土地。位于亚中心区和城区边缘之间，土地面积较大。这里一般距中心市场较远，交通尚通畅，但交通线路较少，人口密度也较小。该类土地主要用于工厂、大专院校、住宅建设以及集贸市场建设等。

5. 城市郊区土地。位于城市建成区的周边地带，土地面积大。区位特点是：距中心市场远，交通条件一般，人口密度小，市政设施不一定完善，是城市中土地区位较差的一部分。这类土地一般现状是用于蔬菜生产和农副产品生产。在交通干线附近，适合作为经济开发区用地和居住区用地。

（二）按照土地利用的性质和功能划分

城市规划部门在制定城市规划时，根据土地利用性质和功能对城市建设用地进行划分，并提出用地标准与指标。此类划分构成开发建设用地的又一种分类。了解和考察此种分类，对开发企业选择开发地段、选择易获得规划许可证的建设项目及确定开发经营方向非常必要。

1. 居住用地。居住用地是城市居民居住小区、居住街坊、居住组团和单位生活区等各种类型的成片或零星的用地。它主要用于普通住宅、公寓、别墅，以及为居住服务公共设施、道路（含停车场）、绿地建设等。居住用地在城市开发建设用地中占有很大的比重，人人都希望有自己的住房，人们的生活水平及支付能力正不断提高，这使得居住物业的开发最具潜力，投资风险也相对较小。

2. 公共设施用地。公共设施用地是城市居住区及居住区级以上的行政、经济、文化、教育、卫生、体育，以及科研、设计等机构和设施的用地。通常它们区位条件较好，交通便利。它主要用于商业物业、特殊物业，可开发建设酒店、写字楼、商场、综合市场；娱乐中心、游乐场、各种体育场馆；医疗保健中心等。这类用地的地价一般都很高，它们的开发者大多以物业出租经营或自主经营来收回投资并赚取投资收益。

3. 工业用地。工业用地是城市工矿企业的生产车间、库房及其附属设施用地。有开发价值和潜力的工业用地，一般都位于城市的各种开发区内。在这些开发区内，市政当局大多先期投入资金进行"七通一平"，开发商则从事房屋建设。从适应性角度出发，开发商主要进行轻工业厂房和高科技产业用房建设。近几年，开发区的性质从单一工业园型向多样化、工业园区、综合区发展，这给工业物业的投资者展示了良好的回报前景。

4. 仓储用地。仓储用地是指用于库房堆场、包装加工用房及其附属设施等的土地。在一些传统的、辐射能力强的货物集散地，以及大型的港口、码头、铁路枢纽，投资仓储物业也将会有利可图。

5. 对外交通用地。对外交通用地是指铁路、港口、机场和高速公路等城市对外交通运输及其附属设施的用地。开发投资这类土地，通常要得到政府的特殊许可，一般来说，这类投资风险很低，但一次投资量大，回收期长，且日常经营管理水平要求高，非一般开发商所能胜任。

6. 道路广场用地。道路广场用地是用于城市道路、广场、停车场等的建设用地。随着社会、经济的不断发展，投资停车场物业尤其是配套提供清洁、保养等服务的机动车停车场物业，不仅风险低，且收益较高。道路、广场物业属公益性物业，投资这些物业，开发企业得不到直接回报，但却有显著的社会效益和环境效益。一般做法是，在政府相关政策支持下，开发商将道路、广场建设连同道路、广场两侧或周边地段（全部或局部）一并发展。

7. 市政公用设施用地。市政公用设施用地是指城市的市政公用设施，包括其建筑物、构筑物及管理维修设施所占用的城市土地。市政公用设施由供应设施（供水、供电、供气、供热）、交通设施、邮电设施、环境卫生设施等构成。这些设施就是通常所说的大配套设施的主要部分。市政公用设施物业亦属特殊物业，对它们的投资一般由城市政府进行。但在一些新城，如海南省洋浦开发区和大型综合开发区，如上海浦东，在前期建设时，开发企业也有机会以参股或独资形式来发展这些物业，尔后，以政府特许的经营权来收回投资并获取收益，或者将这些物业无偿交给政府，再以政府的相关政策、措施配合，转让地价较高的熟地，或转让其他物业来收回投资并获取收益。由于这类物业投资量大且集中，而这些开发区受国际、国内政治、经济形势影响大，起伏变化大，致使这类投资有一定风险。

8. 绿地。绿地主要是指城市的公共绿地。包括各种公园（含水域）及街头绿地。公共绿地不直接产生经济效益，却有显著的社会效益和环境效益，绿地建设属公益性建设。

（三）按照对开发区用地进行人为投入的形式及程度的不同划分

按照对开发用地进行人为投入的形式及程度的不同，开发用地可分为两大类：生地和熟地。

1. 生地。生地有两种形式：一种是未经任何投资建设的自然地，它基本属于农村土地，如种植地包括陆生种植地和水生养殖地、沼泽地、滩地、山地等。这些自然地，大多属集体所有，但往往已规划作为城市建设用地，经征用后，可用于房地产开发。另一种是虽进行过建设投资，但不能满足现时建设需要的城市土地。这种土地一般是指城区中需进行再开发的土地，如城区中使用性质不符合城市规划要求的土地、使用效益低下的土地、环境恶劣地段的土地等。此种土地大多属国有地，也有部分属尚未征用的集体所有土地。

在对生地进行房屋建设以前，有大量的前期工作要做。如拆迁、补偿与安置、地基处理、挖填土石方以及一些构筑物、基础设施建设工作等。

2. 熟地。所谓熟地是指经过了开发方案的选择，规划与设计，场地平整，附属构筑物及基础设施建设阶段的土地。它能满足开发前所确定的土地用途的建设要求。显然，熟地是由生地经开发转变而来。

熟地一般具备如下基本条件：

（1）地平条件：满足建筑物建设的场地平整要求，包括地上、地下障碍物已清除，场地的标高、场地填方的密实度达到要求。

（2）场地正常、安全使用的条件：已改善不良地貌、地质和水文条件，地基稳定，地基承载力达到规定要求，满足建筑物对场地的正常和安全使用要求。

（3）基础设施条件：基础设施满足房屋的建设和使用要求。

在开发实践中，由于满足上述条件要求的程度通常不完全一致，从而形成各种成熟度的熟地。如：完成了"三通一平"（水、电、路通和场地平）的熟地；完成了"七通一平"（上水、下水、电力、燃气、热力、电讯和道路通到工地，场地平）的熟地；不仅完成了"三通"或"七通""一平"，还完成了项目所需配建的各种道路、设施的熟地；进一步完成项目±0.00m以下工程的熟地。

开发企业是选择生地，还是选择熟地作为其开发用地，要由企业的状况、企业的经营策略、方针来决定。一般来说，如果企业对当地开发环境及各种操作都很熟悉，那么可选生地作为开发用地，以减少开发成本，增加收益。当然，在一些有良好开发前景的地区，对一些本来无意进行房屋建设的开发企业来说，也可选择生地作为开发用地，以期转手获利。如果对当地开发环境及各种操作不甚熟悉或想争取时间，缩短开发投资的周期，减小投资风险，可选择熟地来作为开发用地。选择熟地进行开发建设其土地费用要比选择生地的方式要高。

第二节　房地产开发用地选择

房地产最重要的一个特性是其位置的固定性或不可移动性。特定的场地决定了特定需求、开发建设条件、开发成本以及特定的税费政策。开发项目位置的选择在房地产开发中是至关重要的，良好的地段是保证房地产开发成功的首要条件。

一、房地产开发用地的来源

（一）城区中需再开发的土地

这类土地主要是指城区中一些环境恶劣、基础设施缺乏地区的土地，或是一些使用性质不符合规划要求，使用效益低下的土地，这类土地上的现有房屋大量是居住用房，另一部分是一些商业服务用房、厂房以及事业办公用房。取得此类土地开发权的操作方式有以下几种：

1. 直接向政府申请出让。开发企业通过考察当地开发环境，研究当地规划发展，结合自身的状况，在适当的时候，向政府申请协议出让土地。以此种形式获得土地，开发企业活动余地较大，但要注意抓住时机，以免丧失机会或引起不必要的竞争。

2. 收购旧房，取得土地。开发企业若选中某宗土地，为把握机会，争取主动，可先行收购旧房，进而取得土地。由于这些房地产的权属情况比较复杂，开发企业应区别情况加以处理。如对国有土地上企业所有房及用地的现有使用权，可通过收购、兼并企业方式获得，然后再向政府申请协议出让土地。对国有土地上的私有房，由于其用地使用权取得方式上的特殊，在收购私有房地产后，应遵照当时、当地规定处理，取得土地开发权。

3. 以转让方式取得用地。若现有使用者的土地使用权是以出让方式获得的，则开发企业可按有关规定以转让方式获得土地开发权，以投资商的身份实际从事土地开发。

4. 与土地的现有使用者合作取得用地。若现有的土地使用权是以划拨的方式获得的，则开发企业可与其合作成立项目公司，向政府申请协议出让土地，与合作者共同开发。

5. 参加土地使用权竞投。对一些大型或关键性的开发项目用地，以及一些环境好、赢利大、竞争性很强的商业、旅游、娱乐和豪华住宅用地，只要有条件，政府都会依年度出让计划方案不定期以竞投方式即招标或拍卖方式出让土地使用权。开发企业可结合自己的用地要求、市场情况、发展规划等，适时参加竞投，取得土地使用权。开发企业可单独亦可联合其他投资者来参与竞投。一般来说，以竞投方式取得的土地使用权，其价格较协议方式要高。

（二）城市规划区内的建设备用地

此类土地是指规划区内的一些国有的建设备用地以及市区以外尚未征用集体所有的建设用地。一般来说，建设备用地的拆迁、安置量小，对开发企业有吸引力。尤其是一些邻近城市大型工业项目或规划干道的备用地，特别为开发企业关注。对国有的建设备用地，开发企业宜尽量采取协议出让方式获得使用权；对尚未征用的集体所有的建设备用地，开发企业采取与土地所有者合作开发的方式，则将更有利于项目的成功。

（三）各种开发区内的土地

大多数开发区依附于现有城市，也有独立新建的开发区。就目前情况看，除少量科学园区外，大多数开发区以"综合开发区"面貌出现。它们面积较大，以港口或工业（高科技产业、大型工业）为主，多种产业并举，开发后具有较大的人口规模，成为现有城市的新市区，或者成为现有城市外围的新城镇，或者成为一个新城市，从而为开发企业提供了宽广的可开发用地。开发企业可根据自身的状况及开发环境和要求，单独或者联合其他投资者，向政府受让开发区的生地或熟地。当然开发企业也可接受先期投资者的转让，取得开发用地。一般来说，投资开发区土地较投资市区土地风险高，投资大城市外围的开发区较投资其他开发区风险低。

二、房地产开发用地的选择

开发用地的选择，是在上述可供开发的用地中选择一宗适当的场地作为开发用地的行为。包括两个层次的工作：一是投资区域的确定；二是在投资区域内选择、确定开发地段。这里的区域，通常是指城市，而地段是指所在城市的城市规划区内某个地块。

（一）投资区域选择的因素分析

投资者在选择投资区域时，应统筹考虑以下因素：

1. 政治环境。稳定的社会与政治环境，是房地产开发投资活动顺利进行和发展的最基本条件。和平、安定的环境，人们才会安居乐业，进而才有房地产开发机会。

2. 经济增长状况。经济高速增长地区，会吸引大量人口、公司的"涌入"，商业活动会剧增，这将导致对物业(包括基础设施)强烈的扩张性需求。因此，相对经济发达或经济高速增长的地区，更具有房地产开发投资机会。

3. 投资环境。房地产开发投资一方面能为地区社会、经济发展提供载体，同时也要求地区社会、经济环境的适应和配合。在硬环境方面，主要考虑基础设施状况和生活条件。基础设施条件好，对投资非基础设施项目的开发企业来说，十分必要；在软环境方面，对开发投资有利的因素是：政策信息渠道畅通、政策稳定；相关法律、制度完善、稳定；当地金融机构支持；当地中介服务机构成熟；当地社会素质良好等。优越的投资环境，有利于开发项目的顺利进行。

4. 特大型建设投资。如果地区有(或规划有)特大型建设项目或大规模系列建设项目，那么由于聚集效应和配套要求，通常会迅猛带动当地经济和社会的全面发展，从而导致大量的房地产需求，只要这种需求，能形成房地产价格稳定上升趋势，该地区的房地产开发就会有利可图。

在具体实践中，除上述方面外，以下几点投资者也要仔细考虑：

(1) 相关的其他经济特征。如当地发展的背景政策、当地产业结构的变化方向等。它们会直接导致当地开发市场的变化。

(2) 地区的分散性和差异性。为降低投资风险，投资者应注意尽可能在不同的地区分散投资。

(3) 当地的合作者。鉴于房地产开发的地区性特点，当地如果有非常强的合作者，对投资者来说将十分有利，尤其对初次进入该地区的投资者来说，更是如此。

(4) 自然条件。开发投资者应尽量避免一些易受自然灾害(如地震、洪水等)的地区，减少建设风险和成本。

(二) 开发地段的选择因素分析

开发企业在确定了开发地段后，应进一步做详尽的市场调查，识别市场需求，然后结合自身情况，制定投资系列计划，再有针对性选择恰当的开发地段。

开发企业在确定开发地段时，应统筹考虑下述因素：

1. 城市规划。城市规划是对城市土地使用后各项建设所作的综合布置。城市规划区内的土地利用和各项建设必须符合城市规划，服从规划管理。开发企业要找到适合自己的地段以及确保以后项目规划顺利获得许可，须详细研究当地城市规划和相关法规。开发企业在做这项工作时，应与当地规划主管部门及有关专业人士保持联系，获得指导和咨询意见，明确以下几点：

(1) 城市用地布局，主干交通体系；

(2) 允许开发的地块，使用类型及兼容性程度；

(3) 政策的开发计划及政策；

(4) 尚未出让的开发地块及出让条件；

(5) 已出让地块目前的状况等。

另外，投资者也要了解土地主管部门的年度土地使用权出让计划和出让方案(包括地段、总面积、用途、使用条件、出让方式等)。它们不仅对当地房地产需求产生影响，也影响投资者当前选址的方向和有效性。

开发企业从城市规划方面确定备选地块时，必须有一些超前的眼光，要注意发现潜在的机会。对一些有较大增值可能或受到较少约束的地块,以及使用性质兼容性较强的地块,应予特别关注。如城市规划中的中心地块,地理环境有可能改善的地块,使用性质有一定余地的地块等。一些已完成城市设计的地块,一般都有较大的发展潜力,但受约束较多,开发企业应视具体情况予以把握。

2. 自然环境和工程地质因素。自然环境和工程地质因素包括自然景观、地势、地貌、气象、生态以及地质状况、防灾等若干方面。在现代技术条件下,可以在任何一般环境、地质条件下建设房屋和设施。但是,在不同环境、地质条件下建设房屋和设施的投入成本、建设工期以及未来的适用性等有很大不同。地块的环境、地质条件,直接或间接影响着开发物业未来的市场反应。在环境方面,首先是自然景观,自然景观好,可增强物业的吸引力,但除必须外(如别墅、高尔夫球场等),一般物业不必苛求;在地势上,应尽量选择平缓、排水良好的地段;要避免地下水位过高、有污染水源的地段。另外,也要注意考察气象、生态条件对某些开发项目的特别影响,如航空港开发。在工程地质方面,要考察土质情况、地耐力、地质稳定性等,注意地下构筑物、文物遗址等存在的可能性。做好这方面的工作,开发企业要详细查阅现有档案,必要时,进行选址勘察。

3. 现有的建设条件。对现有的建设条件的考察,主要是以下几点:

(1)地块利用状况,包括土地的所有者,使用人及合作意愿、利用现状等,它影响地段取得的可行性程度,取得的途径、方式,未来建设成本,建设时间及风险程度等。

(2)基础设施状况,主要指地段给水、排水、供电、路等设施以及教育、商业服务设施等完善的程度及容量。它们对非基础设施开发企业而言,至关重要。

(3)现有建筑环境,主要指地段周围现有(或将有)的建筑物所形成的氛围,即现有建筑物的类型、规模、体量、造型、邻近程度等。它们对拟开发物业的建筑规划处理的难易及限制,以及未来市场反应、使用效率等产生重大影响。一方面,拟开发物业可与建筑环境产生良性聚集效应或互补效应;另一方面建筑环境也可对拟开发物业产生排斥(现实的或是心理上的),如居住物业、休闲保健物业与消防中心等为邻就十分不当。

4. 地段面积与形状。地段面积如果与投资者的能力(包括管理、融资等能力)不适应,显得过大,这样的地段是不恰当的。如果有可能,一般来说,大规模集中开发(如整街坊开发)在规划、建设管理、成本等方面对投资者是有利的。而若能在多个地段,从事不同项目的开发,则将有益于投资者降低风险,提高利润水平。

地段狭长、不规则,不利于布置建筑和有效利用,开发企业应注意避免选择此类场地。

5. 投资经营计划。投资经营计划在这里主要指:开发企业拟开发投资的项目类型、规模、投资安排等。开发企业如拟开发居住物业,则可选择新区地段,通常新区地段有发展余地,能满足居住物业开发要求;开发工业物业,则大多数宜在开发区内选择地段。若开发企业首期投资有限,但如有意继续发展,则选择一些既能进行整体规划,又能独立分期开发的地段较为适宜。而对房地产开发企业而言,大多数选择可成片开发地段。

除上述方面外,以下几点投资者也须考察:

(1)地价,指土地的出让或转让价;

(2)管理距离,尽管目前有高效通信手段,但从有效管理的角度出发,选择的地段最好不要距离公司地址太远;

（3）地段用途变动的可能性，地段用途可能的良性变动，将带来地段的增值。

（三）房地产开发项目选址原则

1．区域优先。开发在定址时，应遵循先确定投资区域，再选定地段的次序。毫无疑问，如果区域社会、经济发展滞后，即使地段最优，项目也难以成功，这在开发实践中已有证明。

2．注重潜力。开发企业无论在确定投资区域，还是确定地段时，都应以注重潜力为原则。有潜力，就意味着房地产日后有发展和增值空间。值得指出的是，在很多情况下，富有市场潜力的地区，其当前投资环境或商业环境并不一定很完善，甚至表现为很淡。在具体确定地段时，要有眼光，不要完全拘泥于地段当前的因素和条件，要深入判断其发展和变化趋势。

3．适应投资特征。不同的房地产投资形式、投资规模、投资项目的类型等，应综合考虑的选址因素不尽相同，因素考虑的重点及利弊点也不同。因此，房地产项目选址，应针对投资计划，适应不同投资的特性来进行。

4．综合评价。无论是不同的投资区域的比较选择，还是不同地段的比较选择，都不能用单一因素或指标来分析、决策。开发用地的比较选择，应该采用综合评价方法。然后，考虑到开发用地选择因素的复杂性及选址阶段工作深度要求，难以期望很快或很容易地解决开发项目的选址问题。

一般来说，开发企业可以自行操作选址工作，也可以雇请咨询顾问来协助完成选址工作。具体选址工作可分为三个阶段：

（1）准备阶段，事先拟定选址条件；

（2）现场踏勘，对照资料深入现场调查；

（3）确定场地，综合论证，确定投资开发区域和开发地段。

第三节　房地产开发用地取得的途径

房地产开发用地，仅仅是指取得开发用地的使用权。按照《城市房地产管理法》的规定：提供给开发投资者进行经营的开发用地，获取土地使用权的基本方式有两个：一是出让，二是转让。

一、土地使用权出让

1998 年国务院颁发的《城市房地产开发经营管理条例》规定：房地产开发用地应当以出让方式取得。所谓土地使用权出让，是指国家或其代表（省、市、县土地主管部门）以土地所有者身份作为出让人，将国有土地使用权在一定年限内出让给土地使用者，由土地使用者向国家支付土地使用权出让金的行为。开发企业可以此方式，受让取得开发用地。

《城市房地产管理法》规定：土地使用权出让，可以采用拍卖、招标或者双方协议的方式。

（一）协议方式

协议出让方式，是指国有土地的所有者或其代表，作为出让人与要求使用国有土地者，即开发企业作为受让人，就出让土地使用权所涉及的有关事项，如出让土地的面积、年限、用途、出让金等反复协商，达成一致意见后，由出让方向受让方出让国有土地使用权的一种出让方式。具体程序是：

1. 开发企业向土地主管部门提出用地申请，土地主管部门提供用地要点资料（规划建设方面的要点资料与规划部门提出的规划设计要点是一致的）及有关规定。这些要点资料（土地主管部门会同城市规划建设、房地产管理部门拟定）包括：土地的坐落（应有坐标和标高）、四至范围、地形图等。

开发项目建设条件：

（1）项目性质、规模和开发期限。

（2）规划控制指标及规划设计要求。

（3）基础设施和公共服务配套建筑的建设要求。

（4）基础设施和公益设施建成后的产权界定。

（5）项目拆迁补偿安置要求。

（6）项目经营方式等。出让年限、出让金评估值及付款方式；出让合同文本；其他特殊要求及有关规定。

上述资料、文件必须上报有出让批准权的上级人民政府批准。

按规定，通常由当地建设行政主管部门（或房地产行政主管部门）主持制定地块的开发建设条件（相关职能部门参加），并形成《房地产开发项目建设条件意见书》。该意见书应提交土地出让管理部门，其内容应当作为土地使用权出让合同（协议或招标、拍卖）的必备条款。

2. 开发企业在得到上述资料后，经研究，应在规定时间内向土地管理部门提交有关建设方案、确认使用该地块方式的资料等。

3. 土地管理部门在接到开发企业的资料和文件后，即在规定时间内答复开发企业。如双方有洽谈基础，即可就有关事宜进行协商。

4. 土地管理部门和开发企业，经协商达成一致意见后，双方签订土地出让合同。开发企业缴付出让价款和各项费用后，即可办理有关手续，领取《国有土地使用证》。

协议出让方式，属非竞投方式，它完全由出让人和受让人双方协商出让事宜，这是一般开发企业乐于接受的方式，尽管有时会耗费较多时间。但对政府来说，由于受让人的单一性，使其缺乏竞争机制，缺少公开性，在实践中存在一定的弊端，主要是受人为因素干预比较大，易导致随意减收或者免收土地使用权出让金，给政府造成经济损失。为此，《城市房地产管理法》作出专门规定，"采用协议方式出让土地使用权的出让金不得低于按国家规定所确定的最低价"。这里所指的"按国家规定所确定的最低价"，是指按国家统一规定的地价评估方法、评估程序，由法定的评估机构评估，并经政府或其土地管理部门确认的土地使用权出让的基准地价。另外，《城市房地产管理法》也规定：土地使用权出让，有条件的应尽量避免采用协议方式，对商业、旅游、娱乐和豪华住宅用地，则必须采用拍卖、招标方式。

（二）招标方式

招标出让方式，是指政府或其代表作为出让人（招标方）向要求用地者即房地产开发企业（受让人，也是投标方）发出招标邀请，在指定的期限内，有意愿并且符合条件的房地产开发企业以书面形式竞投某片土地使用权，出让方（招标方）根据一定的要求择优确定受让方（投标方）的土地使用权出让方式。具体程序是：

1. 招标。

在经过有权批准出让土地使用权的政府同意后，由招标方（土地管理部门）向社会发出招标出让公告，由要求使用土地的开发企业向其提出投标申请，然后由招标人根据招标公告确定的投标人资格进行审查，最后对合格者发送招标文件。

招标出让分为公开招标和定向招标(邀请招标，或有限招标、选择性招标)两种形式。招标公告也相应有招标广告和招标通知两种类型。招标公告的内容要使有意投标者了解出让地块基本情况，主要包括：地块基本要点资料；投标者应具有的资格；投标地点、截止日期及其他要求等。招标文件则主要包括：投标须知；土地使用和规划条件；土地使用权出让合同文本；投标书、中标证明书等。

2. 投标。

投标者(开发企业)按照规定的截止日期、地点将密封标书投入指定标箱，并按指定方式缴纳保证金(一般为所报出让金总额的 5%)。标书内容主要是出让金额及付款方式，对招标文件中一些条款的确认，以及土地开发利用方案及可行性分析报告等。

(1) 国有土地使用权投标书编制要求

投标书是投标者对招标文件进行投标的书面文件，投标者应注意：按投标书上的币种填写投标总金额，写清保证金票据所属的银行、编号及保证金金额，列明投交投标文件所包括的内容，书写投标者名称、法定通信地址、联系电话、传真等。

按照《招标投标法》第 27 条第一款的规定，编制投标文件应当符合两项基本要求：

① 按照招标文件的要求编制投标文件。招标文件是由招标人编制的希望投标人向自己发出要约的意思表示，从合同法的角度出发，招标文件属于要约邀请。招标文件通常应包括以下内容：编制投标书的说明；投标人的资格条件；投标人需要提交的资料；招标项目的技术要求；投标的价格；投标人提交投标文件的方式、地点、截标的具体日期；对投标担保的要求；评标标准；与投标人联系的具体地址和人员等。投标人只有按照招标文件载明的要求编制自己的投标文件，方有中标的可能。

② 投标文件应当对招标文件提出的实质性要求和条件作出响应。对招标文件提出的实质性要求和条件作出响应，是指投标文件的内容应当对与招标文件规定的实质要求和条件(包括招标项目的技术要求、投标报价要求和评标标准等)作出相应的回答，不能存有遗漏或重大偏离，否则将被视为废标，失去中标的可能。

(2) 国有土地使用权投标书范本

投 标 书

_____国土资源管理局：

在切实遵守《中华人民共和国城市房地产管理法》、《中华人民共和国城镇国有土地使用权出让和转让暂行条例》及招标文件规定的前提下，我/我们愿意：

1. 以_____(人民币、美元)的土地使用权出让金获得_____地块的土地使用权。

2. 我/我们保证在投标书里所作出的各项承诺有效。

如果中标，则本投标书和市国土资源管理局签发的《中标证明通知书》即成为我/我们和市国土资源管理局之间的有约束性的协议文件。

3. 我/我们已按《招标通知书》第 8 条的规定，随本投标书投交了投标保证金。

该保证金本票(支票)由_____银行开出；

编号为 No:_____；

保证金的金额为(大写)_____人民币。

4. 我/我们接受_____市国土资源管理局所作出的评标决定。

5. 如果中标，我/我们同意按《招标通知书》和《出让和使用条件》的规定，国土资源管理局签订《土地使用权出让合同》，并按期支付定金和出让金余款。

6. 我/我们按《招标通知书》第7条的规定投交了各项投标文件，包括：

(1)

(2)

(3)

(4)

(5)

7. 投标者(正楷或大写)：_____

投标者法定通信地址(正楷或大写)：_____

电　　话：_____

电　　传：_____

图文传真：_____

8. 我/我们声明：投标者是其他企业、经济组织或个人的代理人，并已获得委托人的有效委托文件。如果中标，我/我们将出示该有效委托文件并由委托人作为受让人来签订《出让合同》。

投标者(或法定人代表)签名：_____

日期：_____年_____月_____日

(注：当投标者是合伙人共同投标时，应分别填写合伙人的姓名、地址、营业注册、登记号、国籍等，并分别签名。本栏不够时，允许另纸填写。)

3. 开标、评标和决标。

土地管理部门聘请有关专家组成委员会，主持开标、评标和决标工作，同时公证机关进行公证。委员会对有效标书进行评审，决定中标的开发企业并签发中标证明书。

4. 签约、领取《国有土地使用证》。

中标的开发企业持中标证明通知书在规定的时间内与土地管理部门签订土地使用权出让合同。开发企业按合同规定付清出让金后，即可办理有关手续，在取得《用地规划许可证》后，办理领取《国有土地使用证》。

中标者的投标保证金可以充抵出让金。中标后超过一定期限不与土地管理部门签订合同者，保证金将被没收。未中标者，保证金如数退还。中标者签订合同后，即可向规划部门报送项目的规划设计方案。

招标出让方式，由于有众多开发企业的竞投，体现了市场公平、公开、竞争的原则。这种方式有利于体现城市土地的市场真正价值，有利于确保政府的应得收入。此种方式尽管有出让金价位上的竞争，但不完全是价高者中标，政府要综合考虑各方面因素，如开发企业资信情况、发展计划等，来选择最恰当的开发企业，以使土地可以得到最充分、有效的利用。

(三)拍卖方式

拍卖出让方式，是指政府或其代表，作为拍卖人在特定时间、特定公开场合，组织符合条件、有意受让土地的开发企业来竞投一定年限的土地使用权。由政府拍卖主持人公布地块开发计划的细节及条件，竞投者用举手或举牌、口头报价的形式竞相报价，最后以"价高者得"的原则确定土地使用权受让人的一种土地出让方式。在有权审批土地使用权出让的政府审核同意之后，实施出让土地拍卖的具体程序是：

1. 发布拍卖公告。

进行土地使用权拍卖时，土地管理部门首先发布拍卖公告。其内容一般包括：拍卖地块的基本要点资料；拍卖的地点和日期；拍卖规则（竞投须知）等。有意竞投者应在规定时间内到土地管理部门（拍卖主持人）领取有关资料（主要是《土地使用和规划条件》、《出让合同》文本等），并办理相关手续。

2. 拍卖。

首先由主持人向竞投者介绍拍卖地块的基本情况和拍卖规则。竞投的开发企业按规定方式进行应价竞争，在此过程中应价人应受其叫价约束，在产生新的叫价之前不得撤回其应价。最后，由主持人拍定，最高的承价者竞投成功。

3. 签约、领取《国有土地使用证》。竞投成功的开发企业，在缴付定金后，与土地管理部门签订出让合同，开发企业按规定缴足出让金，在取得用地规划许可证后，办理领取《国有土地使用证》。

拍卖方式较之招标方式竞争程度更高，它对拍卖者和竞投者都提出了很高要求。拍卖方式以"价高者得"为原则，除可使政府获得最高收入外，还避免一些土地出让过程中的不良行为，保证地块落入最需要且善于经营的投资者手中。

协议、招标、拍卖是法律规定的土地使用权出让的三种方式。相对来说，协议方式是开发企业最乐意的方式；对政府来说，只要有条件即有多个主体参与地块的受让，能形成竞争机制，就应当采取拍卖、招标方式。

二、土地使用权转让

土地使用权转让，在这里是指：拥有国有土地使用权的用地者，通过合法方式将其使用权转移给他人的行为。在房地产开发活动中，合法转让方式主要是：买卖；合资、合作建房；交换；作价入股等。按照《城市房地产管理法》的规定：以出让方式和划拨方式取得的土地使用权，都可以向开发投资者转让。开发企业可以此途径，取得土地使用权。

（一）以出让方式取得的土地使用权的转让

以出让方式取得土地使用权的地块，在其使用人缴付全部出让金取得土地使用权证并对其进行了一定程度的开发之后，可向有意投资的开发企业转让。

所谓"一定程度的开发"，按照《城市房地产管理法》的规定，是指"属于房屋建设工程的，完成开发投资总额的25%以上；属于成片开发土地的，形成工业用地或者其他建设用地条件"。

开发投资者可从广告传媒、交易会、招商会等渠道，获悉拟转让地块及转让方式的资料，开发投资者可结合自己的经营计划，对这些资料进行分析、评估。在找到目标地块后，即可与地块的使用权人进行接洽和协商谈判，双方意见达到基本一致后，一般由原使用人向土地所有者（土地管理部门）提出申请；申请批准后，双方签订土地使用权转让合同；尔后，持合同到土地管理部门办理过户变更登记。开发企业也可通过竞投方式，取得合同签署权。在具体工作中，要注意以下几点：

1. 土地使用权转让时，原土地使用权出让合同载明的权利、义务随之转移。权利人不得扩大其权利内容。

2. 土地使用权转让，只是对原权利剩余期限的转让。即转让后的土地使用权的使用年限为原出让合同约定的年限减去原使用者已经使用年限后的剩余年限。

3. 改变原出让合同约定的土地用途的转让，必须取得原出让方和相应的规划行政主管部门的同意，签订土地使用权出让合同变更协议，并调整出让金。用途变更大的，应重新签订出让合同，重新确定出让金数额。

4. 转让时，房屋已经建成的，原使用人应持房屋所有权证书，并先行办理房屋所有权变更登记，而后再凭变更后的房屋所有权证书，申请土地使用权变更登记。

（二）以划拨方式取得的土地使用权的转让

一般情况下，我国法律不允许原来依行政划拨方式取得的土地使用权以任何形式转让。但考虑到《城市房地产管理法》实行前大约99％的土地均为划拨取得，为鼓励使用者节约用地、合理用地，防止土地的闲置和浪费，《城市房地产管理法》规定：以划拨方式取得土地使用权的，转让房地产时，应当按照国务院规定，报有批准权的人民政府审批。有批准权的人民政府批准予以转让的，应当由受让方办理土地使用权出让手续，并依照国家有关规定缴纳土地使用权出让金。这实质上是由划拨方式转化为有偿出让方式而使该幅地块土地使用权进入市场，有意对该幅地块投资的开发企业，可以此途径取得土地使用权。

开发企业在找到目标地块后，可与土地使用者接洽，应核实其是否领有国有土地使用证，是否具有地上建筑物、其他附着物合法的产权证明。经核实确认后，开发企业即可进一步与之协商、谈判，双方意见基本达成一致后，一般先草签转让合同（待政府同意后，再签正式合同），此后由土地使用者向政府土地管理部门提出转让申请，经批准后，由房地产开发企业与土地管理部门签订土地使用权出让合同，房地产开发企业在缴纳全部出让金后，到土地管理部门办理出让登记手续（由于地块已进行初始登记，此时办理变更登记）。这样房地产开发企业就获得了目标地块的土地使用权。在这里要注意，转让的审批权限应当与划拨土地使用权批准权限一致。

按照《城市房地产管理法》的规定，以划拨方式取得的土地使用权，转让房地产报批时，有批准权限的人民政府可以不办理土地使用权出让手续的，转让方应当按照规定将转让房地产所获得收益中的土地收益上缴政府或者作其他处理。转让双方应签订转让合同，并办理相应的产权变更登记手续。在这里，所谓可以不办理出让手续的地块，是政府认为不具备出让条件，而近期又不禁止转让的地块，一般是指政府暂时无法或不需要转为出让方式供应的地块，或者是根据城市规划不宜出让的地块。这些地块的使用人在得到政府准许转让但又不办理出让手续的情况下，使用人应将转让中所含的土地收益上缴政府或者采取将收益作为政府投资入股等方式，以保障政府收回土地收益。这一条款，给开发企业提供了另一种投资空间。

三、关于土地使用权出让和转让的几个问题

1. 除了成片土地受让人，外商必须为在中国注册的法人外，我国法律未对土地受让人作出其他规定和限制。一般来说，各种开发公司、其他经济组织和个人均可按有关程序取得土地使用权。但我国法律规定，只有依法成立的各种房地产开发企业才能从事房地产开发经营业务。在开发实践中，以协议方式出让开发用地时，政府通常要求受让人为开发企业；以竞投方式出让时，政府则不作限制，非开发企业的受让人在取得开发用地后，再向有关部门申请设立开发企业，从事开发经营业务。另外，依法取得的土地使用权可以作价入股、合资、合作开发经营房地产，此时，按规定，合资、合作双方应当在项目确定后，依法设立房地产开发企业(有限责任公司或股份有限公司)。

2. 在国有土地使用权出让实践中，出让合同一般都采用书面标准合同的形式，即合同的主要条款、格式等均由出让方提出，受让方只能按照出让方提供的合同文本(招标、拍卖文件均会提供)的相应项目提出自己的意见，必要时，可以作补充。国家有关主管部门规定现行的土地使用权出让合同示范文本，双方当事人在签订合同时必须执行。

3. 关于房地产开发的期限，根据《城市房地产管理法》：以出让方式取得土地使用权的用地，必须按照出让合同约定的动工开发期限开发。超过约定的动工日期满一年未动工开发的，政府可以征收相当于出让金20%以下的土地闲置费；满二年未动工开发的，政府可以无偿收回土地使用权；但因不可抗力或者政府、政府有关部门的行为或者动工开发必需的前期工作造成的延误除外。

4. 土地使用权转让中的受让人，按目前规定应当在办理土地使用权变更登记手续后的15日内持转让合同到房地产开发的主管部门备案，并办理项目开发人变更等有关手续。

5. 转让合同必须书面订立，合同要载明合同标的、合同期限、价款、土地使用权取得方式等内容。转让合同的成立和有效，以到房产和土地管理部门办理转让过户手续为准。不办理变更手续，按目前的规定，转让合同不发生效力，即受让方得不到物权的法律保护。

四、房地产开发可接受的地价的测算

房地产开发企业在受让土地前都必须对地块作出地价测算，尤其在参加土地招标或是土地拍卖前，特别要做好这项工作。地价测算是一项既有规则可循，又因条件而异，颇费心计的工作。房地产投资动辄上千万元，地价往往要占投资的相当比例，高水平的地价测算，是房地产投资成功的第一步。

政府出让土地使用权，事前都会公布土地的概况及使用要求，如土地位置、面积、形状、用途、建筑覆盖率、建筑层数、容积率、设施配套要求等指标，这些指标都与地价有密切的关系。投资者要凭自己的学识和胆略，既遵守土地使用限制的规则，又充分利用没被限制的一切因素，构思出一个最佳的土地经营方案，以最佳的经营状况去评估地价。

(一)影响地价的两大因素

在同一区域内，地价主要受两大因素的影响：一是土地的用途，不同用途的土地所建起来的楼宇会带来不同的收益，从而导致高低不同的地价。一般来说，土地作商业用途时地价最高。二是土地的容积率。容积率不同的土地有不同的可建面积，也就有不同的土地价格，如相邻的甲、乙两块土地，土地面积等同，容积率相差10倍，土地甲的可建筑面积10倍于土地乙，那么这两块面积相同的土地的价格绝不会相同。

(二)用对比法推算基础数据

在地价测算中，较准确地评估土地所建的楼宇预期楼价和楼宇建造成本等基础数据，是关键性的环节。

按照规定，商品房是可以预售的，但必须在投入开发建设的资金已达到投资总额25%后才能进行。从买地到预售，高层楼宇一般需相隔一年以上，多层楼宇也需半年多；相隔相时间越长，楼市变化越大，预期楼价评估也越难准确。另外，确定合理的楼宇建造成本也是件不易的事。这是因为建造楼宇需要相当一段时间，而在此段时间内，物价上涨、利率变化及其他一些社会、政治、经济因素都将影响楼宇建造成本，导致楼宇建造成本的评估不易准确。然而，正因为如此，才使得对预期楼价及建造成本的评估最富挑战性。竞投土地时不同投资者的不同出价，很大程度上反映了这些投资者用不同的眼光去评估预期的楼价和建造成本。出价高的往往对未来楼价预估得比别人高，对建造成本预测相对比别人低。

在一般情况下，进行地价测算都采用对比法来推算一些基础数据，如预期的楼价和建筑成本，可以通过与一些条件相似的楼宇实际成交价格和工程决算结果进行比较来估算。运用对比法的关键点是：一要找到相当数量的条件相似的楼宇，综合取得其基础数据作为测算的参数。二要综合分析各相关因素，如现时楼宇市场的状态与趋势、楼宇位置及环境状况、地块规划要求、社会物价水准走势等，对参数加以合理推算，以获得地价测算的基础数据。可以从以下渠道取得推算数据：公司的档案资料；专业机构的报告，如估价事务所报告；政府的统计分析报告；专业定额标准及其有关规定等。

有了地价测算的基础数据，就可依下述公式进行投标或竞标地价的计算。

（三）地价测算公式

根据"价格＝成本费用＋税金＋利润"，可建立下列方程式：

楼价＝土地成本与利息费用＋工程成本与利息费用＋各种税金＋目标利润

现以单位建筑面积为计算基础，上述方程用符号表示为：

$$M=(X/A+X/A \cdot N_1 \cdot i)+(C+K \cdot C \cdot N_2 \cdot i)+(T_1 \cdot M+T_1 \cdot M \cdot T_2)+MARR$$

$$(2-2-1)$$

式中　　M——楼宇售价（元/m²）；

　　　　X——土地成本，包含地价 P 和市政配套费 G 两项在内（元/m²）；

　　　　A——容积率；

　　　　N_1——地价和配套费贷款使用时间（月）；

　　　　i——贷款月利率（‰）；

　　　　C——工程成本，包括方式前期费用、建安工程费用、建设用地红线内配套工程（或管理部门特别规定开发企业应承担的小区内配套工程）费用、地盘管理费和销售费用等；假定建安费及管理费的投入集中在各年的年中（元/m²）；

　　　　N_2——工程贷款使用时间（月），计算时按不同费别分别取值；

　　　　K——工程贷款借入比例，取值为 25%～100%；

　　　　T_1——营业税税率（%）；

　　　　T_2——城市维护建设税税率及教育费附加费（%）；

　　$MARR$——开发企业自行制定的目标利润指标（元/m²），也称最低希望利值。

书面投标和拍卖竞投的地价测算，为的是求出地价（P），欲知地价，必须先求包含地价和市政配套费在内的土地成本 X，将公式（3-1）变为以土地成本 X 为变量的数学表达如下式：

$$X=A \cdot \frac{(1-T_1-T_2 \cdot T_2) \cdot M-(1+K \cdot N_2 \cdot i)C-MARR}{1+N_1 \cdot i} \qquad (2-2-2)$$

当招标（或竞投）的土地面积为 S_0，标书（或拍卖公告）规定开发企业应承担的市政配套费为 G 时，在确定的目标利润条件下，写进标书的投标地价 P 应为：

$$P = X \cdot S_0 - G \tag{2-2-3}$$

而在公开竞标时，开发企业从低到高进行竞投应价，随着竞争越来越激烈，应价越高，可获取的利润越少，当应价到 P 值时，开发企业的目标利润是 $MARR$。超出 P 值出价竞投，将达不到目标利润，直至可能达到一个极限的竞投价，此时 $MARR = 0$，这是给公开竞投的开发企业亮起的红灯，也是最大允许竞投地价，越过此界线，就必亏无疑了。

上述测算是以静态方式进行的。开发企业也可设定土地出让的时间为基准时间，以动态方式测算。静态测算的结果和动态测算的结果，两者会有较大差距，一般认为动态方式更为精确。

第四节 开发建设中的农地征用

根据《中华人民共和国城市房地产管理法》规定：在城市规划区内，只有国有土地才能投入房地产开发。如果房地产开发需要使用城市规划区内的集体所有的建设用地时，须通过征用将其转为国有土地，尔后才能用于开发经营。这就是本节所要讨论的开发建设中的农地征用，即为了开发建设的需要，对城市规划区集体所有的规划建设用地的征用。

一、农地征用的一般涵义

从建设实践看，我国的农地征用是指为了满足公共公益事业发展的需要和城市规划建设需要，政府依靠国家权力强制转移农村集体土地所有权利并对原权利人给予合理经济补偿的一种行政行为。

以上表述可清楚地看到：在我国，农地征用存在两种类型，一类是为公共目的而进行的征用，如为国防、国家机关等公共公益事业发展所需用地进行的农地征用；另一类是为非公共目的，即为满足城市土地市场一般需求而进行的农地征用，如房地产开发需求而进行的农地征用。

二、开发建设中的农地征用特点

房地产开发，一般来说，在城市两类地域内进行，一类是城市的建成区，即进行"旧城改造"，通常只是改变土地的使用性质或使用状况；另一类是在城市的边缘区，即进行"新区开发"，通常都需要改变土地的所有权，也就是需要征用农地。这就是开发建设中农地征用的一个特点，即征用经常发生在新区开发中。农地征用的其他特点是：

（一）有一定的强制性

农地征用权是国家权力作用的一种，国家权力作用形成的行为具有一定的强制性。拟征用的土地一旦被划定，农地所有者就应服从城市建设的需要，不得以任何理由作借口进行阻挠。

（二）必须妥善安置被征用单位及人员的生产和生活

按法律规定，征地者（表现为开发投资者）应向被征地单位支付补偿费。从商品经济的观点看，农地征用是一种特殊商品交换，被征用土地的补偿费就是一种特殊的价格，这种价格有一定的市场性。

（三）土地所有权性质发生转移

国家对集体土地实行征用后，原属集体所有的土地转为国家所有，国家再将国有土地的使用权出让给开发建设机构。其过程可表达为：

$$\text{集体土地所有者} \underset{\text{补偿}}{\overset{\text{征用地所有权}}{\rightleftharpoons}} \text{政府} \underset{\text{支付补偿}}{\overset{\text{转移土地使用权}}{\rightleftharpoons}} \text{开发企业}$$

三、农地征用出让程序

农地征用出让程序，在这里是指国家作为征用主体以及国有土地的出让人，开发企业作为土地使用者，从申请使用农地开始，到获得用地使用权的过程。

农地征用出让程序，一般有以下步骤：

（一）开发企业申请用地

开发企业持经政府主管部门批准或核发的立项文件，《用地规划许可证》以及其他有关资料、图纸等，向土地管理部门提出申请。

（二）土地管理部门审核申请文件

土地管理部门审核文件的可靠性及可行性，审查用地的规划设计指标条件，核定土地的用途及红线范围。

（三）拟定征地方案

土地管理部门在符合各方面要求的初步协议的基础上，主持签订征地协议，确定开发企业对被征地者的土地补偿、补助、拆迁安置的方案。

（四）征地出让申请报批

土地管理部门根据年度出让方案计划，将出让地块的征地协议、土地的使用条件、规划设计、地价评估报告、出让合同文本等文件资料，报有批准权的人民政府审核。

（五）签订合同，核发《土地使用证》

土地管理部门上报的征地出让意见一旦获得有批准权的政府批准，即意味着国家取得了被征用土地的所有权；同时，还意味着开发企业的用地申请获得了批准。尔后，土地管理部门与开发企业签订出让合同，依法办理土地使用权登记手续。被征用土地者要按照协议，按时移交被征用的土地，开发企业则要按合同和协议的规定，及时缴纳出让金和各种费用。

四、开发建设中的农地征用补偿

农地是集体经济组织的重要资产，是集体经济组织的基本生产资料，是从事生产活动的必要条件。当农地被征用时，集体经济组织必然要求其经济利益和生产条件补偿。因此，在征用农地时，必须向占有土地的集体组织支付一定的土地征用补偿费。

农地征用中的补偿范围和补偿、补助标准的确定，是一项难度较大的重要工作，直接涉及各方面利益。目前，农地征用中的补偿原则和标准确定依据，是《中华人民共和国土地管理法实施条例》。从开发实践看，由于被征地者越来越强烈地意识到土地征用后将产生更高的效益，因此，他们要求通过征地费分享预期收益，其结果是征地费的确定大多离开了法定标准，而变成价格和利益的协调。这反映出农地征用过程已具有市场机制作用。

本着市场经济条件下的实际情况，在原有法律制度的基础上，对开发建设中农地征用的法律地位、征用补偿原则和标准等，进一步完善和补充，已成为客观现实要求。

按照当前有关规定，土地征用补偿费由用地单位即开发企业直接支付，在具体实践中，补偿费和补助费补偿的方式可以是现金即时交付，也可以是入股分红、分房的形式。土地征用补偿费包括：土地补偿费、土地投资补偿费（土地上附着物补偿费、青苗补偿费）、安置补助费、临时建设用地补偿费、税、费（耕地占有税 、新菜地开发建设基金、征地管理费）等。分别如下：

（一）土地补偿费

土地补偿费，是指国家征用集体所有的土地时直接对土地支付的补偿费用，其实质是对土地收益的补偿。土地收益是集体经济组织通过占有、经营土地而获得的经济利益。征用集体所有的土地时，首先必须对集体经济组织失去土地后所损失的土地收益给予补偿。

（二）地上附着物补偿费

地上附着物，这里是指经集体组织或农民个人投入形成的地上建筑物、构筑物或其他设施如房屋、树木、水井等。征用集体所有土地时，会造成地上附着物投资的损失，应该对集体经济组织或农民个人的这部分投资损失予以补偿。

（三）青苗补偿费

青苗是指从播种以后到收获之前这个阶段生长在耕地中的农作物。它与地上附着物一样属农民对土地的投资。征用土地上的青苗，在不影响建设工程正常进行情况下，应等待农民收获。如由于急需用地必须铲除时，开发企业应按不同农作物的实际产量、不同生产期，给予相应补偿。这种补偿费即为"青苗补偿费"。

（四）安置补助费

农地征用企业除支付土地补偿费外，还应当支付安置补助费。安置补助费是指国家征用农地时，为了妥善安排被征地单位的生产和群众生活所支付的费用，包括劳动力安置费和生活补助费。在具体工作中，开发企业除应支付安置补助费外，还要参与妥善安置剩余劳动力的工作。

（五）临时建设用地补偿费

如开发项目因施工需要临时使用被征用土地范围外的集体所有的土地，开发企业也应向集体经济组织支付补偿费，即支付临时建设用地补偿费。在临时使用的土地上，开发企业不得修建永久性建筑物。使用期满，开发企业应当恢复土地的原状，及时归还。

（六）税、费

1. 耕地占用税。根据规定，开发企业使用耕地时，应向国家缴纳耕地占用税。种植农作物的土地，以及鱼塘、园地、菜地及其他农业用地都属耕地占用税的征税对象。耕地占用税，一般可由当地财政机关委托当地土地管理部门在办理征地手续过程中负责代收或督促缴纳。

2. 新菜地开发建设基金。征用城市郊区的菜地，开发企业应当按照国家有关规定缴纳新菜地开发建设基金。城市郊区菜地在这里是指城市郊区（不含县城、建制镇和工矿区的郊区，但为直辖市居民供菜的郊县除外）为供应城市居民吃菜，常年种菜的商品菜地或养殖鱼、虾等精养鱼塘。

3. 征地管理费。此费是开发企业支付给承担征地包干事务的有关土地管理业务部门的费用。"征地包干"是政府为保障各方利益顺利实施征地工作而采取的一项措施。开发企业在提出用地申请后，应着手办理有关征地包干手续，与土地管理部门签订征地费用包干协议，明确双方的权利和义务。土地管理部门从征地总费用中提取征地管理费的比率，按不同地区的具体情况分别确定，一般为 $1\% \sim 2\%$。

房地产开发用地相关法律、法规有：《中华人民共和国土地管理法》、《中华人民共和国土地管理法实施细则》、《城镇国有土地使用权出让和转让条例》、《土地利用年度计划管理办法》、《建设用地审查报批管理办法》等等。

房地产开发用地相关法律、法规，详见附录 2-2-1～2-2-2。

附录 2-2-1 招标拍卖挂牌出让国有建设用地使用权规定

（2007 年 9 月 21 日中华人民共和国国土资源部令第 39 号）

《招标拍卖挂牌出让国有建设用地使用权规定》，已经 2007 年 9 月 21 日国土资源部第 3 次部务会议审议通过。现将《招标拍卖挂牌出让国有建设用地使用权规定》公布，自 2007 年 11 月 1 日起施行。

部长 徐绍史

二〇〇七年九月二十八日

招标拍卖挂牌出让国有建设用地使用权规定

（2002 年 4 月 3 日国土资源部第 4 次部务会议通过 2007 年 9 月 21 日
国土资源部第 3 次部务会议修订）

第一条 为规范国有建设用地使用权出让行为，优化土地资源配置，建立公开、公平、公正的土地使用制度，根据《中华人民共和国物权法》、《中华人民共和国土地管理法》、《中华人民共和国城市房地产管理法》和《中华人民共和国土地管理法实施条例》，制定本规定。

第二条 在中华人民共和国境内以招标、拍卖或者挂牌出让方式在土地的地表、地上或者地下设立国有建设用地使用权的，适用本规定。

本规定所称招标出让国有建设用地使用权，是指市、县人民政府国土资源行政主管部门（以下简称出让人）发布招标公告，邀请特定或者不特定的自然人、法人和其他组织参加国有建设用地使用权投标，根据投标结果确定国有建设用地使用权人的行为。

本规定所称拍卖出让国有建设用地使用权，是指出让人发布拍卖公告，由竞买人在指定时间、地点进行公开竞价，根据出价结果确定国有建设用地使用权人的行为。

本规定所称挂牌出让国有建设用地使用权，是指出让人发布挂牌公告，按公告规定的期限将拟出让宗地的交易条件在指定的土地交易场所挂牌公布，接受竞买人的报价申请并更新挂牌价格，根据挂牌期限截止时的出价结果或者现场竞价结果确定国有建设用地使用权人的行为。

第三条 招标、拍卖或者挂牌出让国有建设用地使用权，应当遵循公开、公平、公正和诚信的原则。

第四条 工业、商业、旅游、娱乐和商品住宅等经营性用地以及同一宗地有两个以上意向用地者的，应当以招标、拍卖或者挂牌方式出让。

前款规定的工业用地包括仓储用地，但不包括采矿用地。

第五条 国有建设用地使用权招标、拍卖或者挂牌出让活动，应当有计划地进行。

市、县人民政府国土资源行政主管部门根据经济社会发展计划、产业政策、土地利用总体规划、土地利用年度计划、城市规划和土地市场状况，编制国有建设用地使用权出让年度计划，报经同级人民政府批准后，及时向社会公开发布。

第六条 市、县人民政府国土资源行政主管部门应当按照出让年度计划，会同城市规划等有关部门共同拟订拟招标拍卖挂牌出让地块的出让方案，报经市、县人民政府批准后，由市、县人民政府国土资源行政主管部门组织实施。

前款规定的出让方案应当包括出让地块的空间范围、用途、年限、出让方式、时间和其他条件等。

第七条 出让人应当根据招标拍卖挂牌出让地块的情况，编制招标拍卖挂牌出让文件。

招标拍卖挂牌出让文件应当包括出让公告、投标或者竞买须知、土地使用条件、标书或者竞买申请书、报价单、中标通知书或者成交确认书、国有建设用地使用权出让合同文本。

第八条 出让人应当至少在投标、拍卖或者挂牌开始日前 20 日，在土地有形市场或者指定的场所、媒介发布招标、拍卖或者挂牌公告，公布招标拍卖挂牌出让宗地的基本情况和招标拍卖挂牌的时间、地点。

第九条 招标拍卖挂牌公告应当包括下列内容：

（一）出让人的名称和地址；

（二）出让宗地的面积、界址、空间范围、现状、使用年期、用途、规划指标要求；

（三）投标人、竞买人的资格要求以及申请取得投标、竞买资格的办法；

（四）索取招标拍卖挂牌出让文件的时间、地点和方式；

（五）招标拍卖挂牌时间、地点、投标挂牌期限、投标和竞价方式等；

（六）确定中标人、竞得人的标准和方法；

（七）投标、竞买保证金；

（八）其他需要公告的事项。

第十条 市、县人民政府国土资源行政主管部门应当根据土地估价结果和政府产业政策综合确定标底或者底价。

标底或者底价不得低于国家规定的最低价标准。

确定招标标底，拍卖和挂牌的起叫价、起始价、底价，投标、竞买保证金，应当实行集体决策。

招标标底和拍卖挂牌的底价，在招标开标前和拍卖挂牌出让活动结束之前应当保密。

第十一条 中华人民共和国境内外的自然人、法人和其他组织，除法律、法规另有规定外，均可申请参加国有建设用地使用权招标拍卖挂牌出让活动。

出让人在招标拍卖挂牌出让公告中不得设定影响公平、公正竞争的限制条件。挂牌出让的，出让公告中规定的申请截止时间，应当为挂牌出让结束日前 2 天。对符合招标拍卖挂牌公告规定条件的申请人，出让人应当通知其参加招标拍卖挂牌活动。

第十二条 市、县人民政府国土资源行政主管部门应当为投标人、竞买人查询拟出让土地的有关情况提供便利。

第十三条 投标、开标依照下列程序进行：

（一）投标人在投标截止时间前将标书投入标箱。招标公告允许邮寄标书的，投标人可以邮寄，但出让人在投标截止时间前收到的方为有效。

标书投入标箱后，不可撤回。投标人应当对标书和有关书面承诺承担责任。

（二）出让人按照招标公告规定的时间、地点开标，邀请所有投标人参加。由投标人或者其推选的代表检查标箱的密封情况，当众开启标箱，点算标书。投标人少于三人的，出让人应当终止招标活动。投标人不少于三人的，应当逐一宣布投标人名称、投标价格和投标文件的主要内容。

（三）评标小组进行评标。评标小组由出让人代表、有关专家组成，成员人数为五人以上的单数。

评标小组可以要求投标人对投标文件作出必要的澄清或者说明，但是澄清或者说明不得超出投标文件的范围或者改变投标文件的实质性内容。

评标小组应当按照招标文件确定的评标标准和方法，对投标文件进行评审。

（四）招标人根据评标结果，确定中标人。

按照价高者得的原则确定中标人的，可以不成立评标小组，由招标主持人根据开标结果，确定中标人。

第十四条　对能够最大限度地满足招标文件中规定的各项综合评价标准，或者能够满足招标文件的实质性要求且价格最高的投标人，应当确定为中标人。

第十五条　拍卖会依照下列程序进行：

（一）主持人点算竞买人；

（二）主持人介绍拍卖宗地的面积、界址、空间范围、现状、用途、使用年期、规划指标要求、开工和竣工时间以及其他有关事项；

（三）主持人宣布起叫价和增价规则及增价幅度。没有底价的，应当明确提示；

（四）主持人报出起叫价；

（五）竞买人举牌应价或者报价；

（六）主持人确认该应价或者报价后继续竞价；

（七）主持人连续三次宣布同一应价或者报价而没有再应价或者报价的，主持人落槌表示拍卖成交；

（八）主持人宣布最高应价或者报价者为竞得人。

第十六条　竞买人的最高应价或者报价未达到底价时，主持人应当终止拍卖。

拍卖主持人在拍卖中可以根据竞买人竞价情况调整拍卖增价幅度。

第十七条　挂牌依照以下程序进行：

（一）在挂牌公告规定的挂牌起始日，出让人将挂牌宗地的面积、界址、空间范围、现状、用途、使用年期、规划指标要求、开工时间和竣工时间、起始价、增价规则及增价幅度等，在挂牌公告规定的土地交易场所挂牌公布；

（二）符合条件的竞买人填写报价单报价；

（三）挂牌主持人确认该报价后，更新显示挂牌价格；

（四）挂牌主持人在挂牌公告规定的挂牌截止时间确定竞得人。

第十八条　挂牌时间不得少于 10 日。挂牌期间可根据竞买人竞价情况调整增价幅度。

第十九条　挂牌截止应当由挂牌主持人主持确定。挂牌期限届满，挂牌主持人现场宣布最高报价及其报价者，并询问竞买人是否愿意继续竞价。有竞买人表示愿意继续竞价的，挂牌出让转入现场竞价，通过现场竞价确定竞得人。挂牌主持人连续三次报出最高挂牌价格，没有竞买人表示愿意继续竞价的，按照下列规定确定是否成交：

（一）在挂牌期限内只有一个竞买人报价，且报价不低于底价，并符合其他条件的，挂牌成交；

（二）在挂牌期限内有两个或者两个以上的竞买人报价的，出价最高者为竞得人；报价相同的，先提交报价单者为竞得人，但报价低于底价者除外；

（三）在挂牌期限内无应价者或者竞买人的报价均低于底价或者均不符合其他条件的，挂牌不成交。

第二十条　以招标、拍卖或者挂牌方式确定中标人、竞得人后，中标人、竞得人支付的投标、竞买保证金，转作受让地块的定金。出让人应当向中标人发出中标通知书或者与竞得人签订成交确认书。

中标通知书或者成交确认书应当包括出让人和中标人或者竞得人的名称，出让标的，成交时间、地点、价款以及签订国有建设用地使用权出让合同的时间、地点等内容。

中标通知书或者成交确认书对出让人和中标人或者竞得人具有法律效力。出让人改变竞得结果，或者中标人、竞得人放弃中标宗地、竞得宗地的，应当依法承担责任。

第二十一条　中标人、竞得人应当按照中标通知书或者成交确认书约定的时间，与出让人签订国有建设用地使用权出让合同。中标人、竞得人支付的投标、竞买保证金抵作土地出让价款；其他投标人、竞买人支付的投标、竞买保证金，出让人必须在招标拍卖挂牌活动结束后 5 个工作日内予以退还，不计利息。

第二十二条　招标拍卖挂牌活动结束后，出让人应在 10 个工作日内将招标拍卖挂牌出让结果在土地有形市场或者指定的场所、媒介公布。

出让人公布出让结果，不得向受让人收取费用。

第二十三条 受让人依照国有建设用地使用权出让合同的约定付清全部土地出让价款后，方可申请办理土地登记，领取国有建设用地使用权证书。

未按出让合同约定缴清全部土地出让价款的，不得发放国有建设用地使用权证书，也不得按出让价款缴纳比例分割发放国有建设用地使用权证书。

第二十四条 应当以招标拍卖挂牌方式出让国有建设用地使用权而擅自采用协议方式出让的，对直接负责的主管人员和其他直接责任人员依法给予处分；构成犯罪的，依法追究刑事责任。

第二十五条 中标人、竞得人有下列行为之一的，中标、竞得结果无效；造成损失的，应当依法承担赔偿责任：

（一）提供虚假文件隐瞒事实的；

（二）采取行贿、恶意串通等非法手段中标或者竞得的。

第二十六条 国土资源行政主管部门的工作人员在招标拍卖挂牌出让活动中玩忽职守、滥用职权、徇私舞弊的，依法给予处分；构成犯罪的，依法追究刑事责任。

第二十七条 以招标拍卖挂牌方式租赁国有建设用地使用权的，参照本规定执行。

第二十八条 本规定自 2007 年 11 月 1 日起施行。

附录 2-2-2 关于严格实行经营性土地 使用权招标拍卖挂牌出让的通知

（国土资源部、监察部 2002 年 8 月 26 日国土资发 ［2002］ 265 号）

各省、自治区、直辖市国土资源厅（国土环境资源厅、国土资源和房屋管理局、房屋土地资源管理局、规划和国土资源局）、监察厅、计划单列市国土资源行政主管部门、监察局，解放军土地管理局，新疆生产建设兵团国土资源局：

《国务院关于加强国有土地资产管理的通知》（国发［2001］15 号）下发以来，全国国有土地使用权招标拍卖挂牌出让工作取得了明显成效。但是，各地工作进展不平衡，本应用市场机制配置土地的，一些领导仍然行政干预土地供应方式，没有实行经营性土地使用权招标拍卖挂牌出让，致使国有土地使用权招标拍卖挂牌出让制度不落实，为全面贯彻落实中央纪委第七次全会和国务院第四次廉政工作会议精神，严格实行商业、旅游、娱乐和商品住宅等各类经营性土地（以下简称经营性土地）使用权以招标、拍卖或者挂牌的方式出让，加强廉政建设，现就有关问题通知如下：

一、通过招标拍卖挂牌方式出让国有土使用权是从源头防治土地供应环节产生腐败的有效措施

由于土地资产数额巨大，并且具有价值增值性和供给稀缺性等缺点，土地供应环节成为腐败分子非法牟取暴利的重点领域。分析土地批租领域发生的腐败现象，实质就是在土资源配置上。特别是在经营性土地配置上，个别腐败分子违背市场规律，利用行政职权，搞权钱交易和暗箱操作，攫取巨额的地价差额。国有土地使用权招标拍卖挂牌出让制度充分体现了公开、公平、公正的市场经济原则，抑制权力进入市场，减少了人为因素对土地配置的干预和影响，从制度和源头上保证了土地批租领域的廉政建设。

党中央、国务院对此高度重视。今年，中央纪委部署从源头防治腐败任务时明确提出，要实行经营性土地使用权出让招标拍卖制度；国务院第四次廉政工作会议明确要求：今年各地区、各部门都要实行经营性土地出让招标拍卖制度。为此，各级人民政府土地行政主管部门一定要统一思想，充分认识招标拍卖挂牌出让国有土地使用权的重要意义。对经营性土地使用权全部实行招标、拍卖或者挂牌出让，并将其作为国土资源管理的重要制度和行政纪律，切实抓好落实。

二、规范领导干部从政行为，严禁干预土地资源配置

要适应社会主义市场经济发展的要求，进一步转变政府职能，必须充分发挥市场配置土地资源的基础作用，经营性土地使用权出让必须通过市场机制来运作。各级领导干部不得干预经营性土地使用权的招标拍卖挂牌出让。严禁用行政手段，以打招呼、批条于等各种形式指定供地对象、供地位置、供地面积、供地用途、供地方式和供地价格等。经营性土地使用权出让必须进入市场，全都实行招标、拍卖或者挂牌出让。如果领导干部继续搞个人审批，无论有没有权钱交易的行为，部属于违反纪律。

三、强化政府土地的集中统一管理，保证土地使用权招标拍卖挂牌出让制度的落实

坚持土地的集中统一管理，严格控制土地供应总量，实行土地集中统一供应是保证土地使用权招标拍卖挂牌出让制度落实，避免多头供地、恶性竞争的基本前提。各类工业园、科技园、开发区用地和各单位使用的原划拨土地改变为商业、旅游、娱乐、商品住宅项目用地的，必须由当地人民政府土地行政主管部门统一管理、统一供应。出让的每幅地块位置、面积、用途、年限和其他条件，由市、县人民政府土地行政主背部门会同城市规划、建设、房产管理部门拟定方案，报经有批准权的人民政府批准后，由市、县人民政府土地行政主管部门集中统一组织实施。

四、加大土地供应的信息披露力度，创造市场竞争的环境

土地供应信息在更广泛的领域公开，不仅是政府提供服务的重要职责，也是创造有效需求，形成市场竞争环境的重要保证。市、县人民政府土地行政主管部门要根据当地社会经济发展计划、土地利用总体规划、土地利用年度计划、城市规划和土地市场状况制定土地使用权出让计划及土地供应信息要在有关媒体向社会广泛公布，防止"暗箱操作"。

五、严格依法规范土地使用权招标拍卖挂牌出让，确保土地交易的公开、公平、公正

国有土地使用权招标拍卖挂牌出让必须严格按照《招标拍卖挂牌出让国有土地使用权规定》（国土资源部令第 11 号)的规范要求执行。市、县人民政府土地行政主管部门要定期及时向社会公开发布国有土地使用权出让计划。经营性土地使用权必须以招标、拍卖或者挂牌方式出让，其他土地的供应计划公布后，同一宗地有两个以上意向用地者的，也应当采取招标、拍卖或者挂牌方式出让。招标拍卖挂牌底价必须根据土地估价结果和政府产业政策集体决策，并严格保密。要统一土地使用权招标拍卖挂牌出让文件，严格规范土地使用权招标拍卖挂牌出让程序。各地要积极采取有效措施，全面落实《招标拍卖挂牌出让国有土地使用权规定》，确保土地使用权招标拍卖挂牌出让的规范、有序进行，促进土地市场的健康发展。

六、加强监督检查，防治土地批租领域的腐败

各地土地行政主管部门和监察机关要加强对经营性土地使用权招标拍卖挂牌出让的监督检查。对经营性土地使用权规避招标拍卖挂牌，仍采取协议出让和划拨的；对单位和个人擅自先行立项、先行拍卖挂牌出让中弄虚作假、徇私舞弊的；对领导干部干预和插手土地使用权招标拍卖挂牌出让等违纪违法行为，都要严厉追究主管部门及有关人员的责任。应当给予党纪处分的，移送党的纪律检查机关处理；涉嫌犯罪的，移送司法机关处理。

今年年底前，国土资源部和监察部要对各地的经营性土地使用权招标拍卖挂牌出让工作进行联合检查。重点检查土地使用权招标拍卖挂牌出让制度的落实和协议出让土地使用权的情况。

第三章　城市房屋拆迁

城市房屋拆迁制度是一项新生的法律制度，其核心是国务院 1991 年实施的《城市房屋拆迁条例》（以下简称《条例》）。对于该制度，社会上有很多争论，主要是针对其中有关非公共利益开发的拆迁规定。尤其是 2007《物权法》实施后，《条例》与《物权法》的有关规定不一致，使《条例》的修改进一步提上日程。可以预见的是，现行《城市房屋拆迁条例》即将被新的房屋征收行政法规所取代。但是，从 1991 年起的近 20 年内，拆迁活动在实务上已经形成了一套较为成熟的做法。即使新的房屋征收法规出台，这些做法和经验也能为征收工作所借鉴。本章主要介绍《条例》及城市房屋拆迁活动。

第一节　城市房屋拆迁工作程序

一、拆迁准备工作

（一）拆迁调查摸底

1. 拆迁工作启动前，开发企业应做好调查摸底，初步摸清开发范围内的拆迁户数、房屋产权情况、房屋使用性质等，为开发评估提供资料。这项工作由开发企业在项目评估阶段进行。

2. 开发项目经评估若能满足期望，开发企业则可向政府申请用地（或参加竞投）。同时，继续深入调查拆迁对象情况。

开发企业可继续自行从事全部拆迁工作，也可委托取得《房屋拆迁资格证书》的拆迁机构进行，包括拆迁动员、组织签订和实施补偿、安置协议、组织拆迁房屋及其附属物等工作。根据有关规定，自行拆迁的开发企业实施房屋拆迁前，应当到当地拆迁主管部门办理核准手续（工作人员要取得岗位证书），以保证他们能掌握拆迁政策与法规，具备必须的拆迁技术；接受拆迁委托的房屋拆迁机构，则应与开发企业签订委托合同，并报拆迁主管部门签证。

在 1991 年的《条例》中规定，城市房屋拆迁工作，可由政府拆迁管理部门统一组织、统一拆迁。政府可根据实际情况，作出统一拆迁的决定。而 2001 年修改《条例》取消了统一拆迁的规定，实际工作中这一做法一直存在，只是换了称呼而已。

（二）制定拆迁计划和拆迁方案

为制定拆迁计划和拆迁方案，须详细了解开发区内的常住人口、有关单位以及全部房产情况，做这些工作时，应制定内容完善的调查表格（见表 2-3-1），组织力量，实地核查、丈量，并注意取得当地公安派出所及房管部门的支持和配合，以确保工作实效。

在取得详细、真实的调查资料后，应既依据政策，又把握从实际出发、实事求是的原则，结合开发的经营计划，制定拆迁计划和拆迁方案。其内容包括：拆迁范围、拆迁对象、拆迁的实施步骤及时间安排；对被拆迁人（指被拆除房屋及其附属物的所有人和使用人，包括代管人和授权的管理人）的补偿，安置设想和计划方案（如还建房屋的地点、设计图纸或购买安置房的购房协议，临时安置房的准备情况），各种补偿费、补助费的预算情况等。

基本情况调查表

表 2-3-1

户 主 姓 名		性　　别		登 记 日 期	
住 户 地 址			工 作 单 位		
产 权 单 位			常 住 人 口		户 籍 人 口
建 筑 面 积		使 用 面 积			卧 室 床 位
保 底 人 数			保 底 面 积		
家庭成员姓名	与户主关系		户口迁入日期		工作单位
住 房 简 图					
补偿与 安置要求	1. 要求一次搬迁，作永久安置　□　2. 要求迁回：解决临迁　□ 　　　　　　　　　　　　　　　　　　　　　投亲靠友　□ 3. 要求放弃产权，租回使用面积　□　4. 要求安置铺面　□ 5. 其他：				
备　　注					

二、申请核发房屋拆迁许可证

开发企业在取得用地使用权后，应按《条例》规定，持建设项目批准文件、建设用地规划许可证、国有建设用地批准文件以及拆迁计划与方案，并附上金融机构出具的拆迁补偿安置资金证明，向当地拆迁主管部门提出书面拆迁申请。拆迁主管部门对拆迁申请进行审查，批准申请的，房屋拆迁主管部门发给《房屋拆迁许可证》。此证是房屋拆迁的法律凭证，获得此证后，拆迁申请人就成为合法的拆迁人，其拆迁行为受法律保护。开发企业在办理拆迁许可证时，应按规定缴纳管理费。拆迁人拆迁房屋不得超越拆迁许可证载明范围和期限。

三、组织实施拆迁

（一）组织拆迁动员，发布拆迁公告

拆迁主管部门在发放拆迁许可证的同时，应将拆迁人、拆迁房屋及其范围、法律依据、拆迁期限以书面公告形式向被拆迁人公布。公告可以召开拆迁动员大会的形式来散发，也可将公告张贴于拆迁或登载于当地报纸。总之，无论以哪种形式公布，拆迁人拆迁行为的成立，都必须使被拆迁人在正常情况下有可能了解自己已成为拆迁当事人，了解被拆迁人的权利和义务。另外，拆迁主管部门还应书面通知有关部门，停办有关事项。

按《条例》规定，被拆迁人自拆迁公告发布之日起，不得在拆迁范围内进行新建、改建、扩建、装修地上地下建筑物、构筑物和改变房屋使用性质。房产、公安、工商等行政部门应自接到拆迁主管部门发出的拆迁通知之日起，停止办理拆迁范围内房屋调换、租赁、买卖、抵押和户口迁入、分户(是否户口迁移，各地规定不一)以及发放营业执照等手续。

（二）拆迁人与被拆迁人签订拆迁协议

拆迁人与被拆迁人必须在规定的拆迁期限内，对于补偿、安置以及被拆迁人在规定的期限内完成搬迁等有关问题进行协商，达成一致，签订书面协议，明确各自的责任和权利。协议的主要内容包括：协议双方当事人名称、住址，单位的法定代表人；被拆除房屋和附属物坐落、面积、楼层及结构、成新；房屋使用人情况；对被拆除房屋及其附属物的补偿形式；安置的形式，地点(坐落、门号、楼层)，房屋结构，间数，面积；搬迁过渡方式和期限；违约责任以及双方认为需要签订的其他内容。在开发实践中，通常首先由经办人（拆迁人）提供协议文本，与被拆迁人协商一致后，由拆迁人的法定代表与被拆迁人正式签署。协议可以公证，也可不经公证，但协议必须由拆迁人送拆迁主管部门备案，同时到房地产管理部门依法办理被拆迁房屋产权证注销手续。

拆迁人与被拆迁人在规定时限内若达不成协议，则通过另外途径处理（见本章第三节）。

拆迁补偿安置协议格式如下：

拆迁补偿安置协议范本

（一）拆迁补偿安置协议编制要求

根据《城市房屋拆迁管理条例》第13条规定，拆迁人与被拆迁人应当依照本条例的规定，就补偿方式和补偿金额、安置用房面积和安置地点、搬迁期限、搬迁过渡方式和过渡期限等事项，订立拆迁补偿安置协议。拆迁租赁房屋的，拆迁人应当与被拆迁人、房屋承租人订立拆迁补偿安置协议。

拆迁协议有时分成补偿协议和安置协议，当产权人和使用人是同一人时，补偿协议和安置协议合二为一，当产权人和使用人分离时，可以分别签订补偿协议和安置协议。被拆迁人在签订拆迁协议时，应明确自己的身份和享有的权利，签订合适的协议。

拆迁的补偿和安置是一种民事法律关系，如果是公共利益的征收，其补偿安置协议则应是行政合同。在签订协议过程中，双方当事人地位平等，协议应当在自愿、有偿的基础上协商而成。一方对另一方不能因其地位、条件、关系等因素，把自己的意志强加给另一方。通过威逼、利诱、欺骗等手段达成的协议无效，并不受法律的保护。同时，拆迁协议虽由双方协议而成，但其内容不能违反法律的禁止性规定。

因此，一份拆迁补偿、安置协议，形式必须是书面协议，内容必须符合拆迁法规，主要的条款必须具备，并在规定的拆迁期限内完成，才是一份有效的拆迁协议。

拆迁协议不仅形式要合法，其内容也必须符合拆迁法规。一般说来，拆迁协议应具备以下条款：

(1) 双方当事人的姓名或名称、住址。

(2) 拆迁补偿形式：是货币补偿，还是产权调换或者二者结合，应当明确。

(3) 拆迁补偿金额：数额、支付方式、支付期限。

(4) 产权调换或安置用房面积：一般是指建筑面积。如双方约定要写明是套内建筑面积或者居住面积的从其约定，并写明产权调换或安置面积的正负误差。

(5) 安置地点：应写明具体地点、房屋的四至位置。

(6) 搬迁过渡方式：被拆迁人自行过渡或拆迁人提供周转房过渡。

(7) 过渡期限及费用承担。

(8) 违约责任：即一方不履行协议时，应当承担法律责任，包括违约金、赔偿金、支付期限、支付方式。

(9) 当事人认为需要订立的其他条款：包括房屋拆迁协议的公证、搬家费用的数额及支付、拆迁协议的生效时间等。

（二）拆迁补偿安置协议范本

某市住宅房屋拆迁货币补偿协议

拆迁人（甲方）：

被拆迁人（乙方）：

为保护甲、乙双方权益，保障城市建设顺利进行，根据《城市房屋拆迁管理条例》和有关文件规定，甲、乙双方经协商，同意实行货币补偿，并达成如下协议：

一、拆迁依据

根据《房屋拆迁许可证》_____房_____拆许字（　　）第_____号，甲方因_____项目建设，需要拆迁乙方在拆迁范围内_____居住的房屋。

二、被拆除房屋

乙方在拆迁范围内居住非成套/（成套）正式住宅房屋_____间，建筑面积_____m²；非正式房屋_____间，建筑面积_____m²。

乙方现有在册人口_____人，实际居住人口_____人，分别是_____。

三、补偿金额

甲方应支付乙方补偿款_____元，其中包括：

1. 所有权补偿

经评估机构评估，被拆除房屋重置价格为_____元/m²，被拆除房屋建筑面积为_____m²，甲方应当给予所有权补偿款_____元。乙方附属物作价_____元。合计_____元。

2. 使用权补偿

经有关部门批准，被拆除房屋所在地拆迁补偿价格为_____元/m²，应补偿建筑面积为_____，甲方应支付乙方房屋拆迁补偿款_____元。

四、补助费

甲方支付乙方拆迁补助费共计_____元，其中包括：

1. 搬家补助费：_____元；

2. 提前搬家奖励费：_____元；

3. 其他补助费：_____元。

五、付款方式、期限

1. 甲方应当在本协议签订之日起_____日内，将被拆除房屋所有权补偿款、搬家补助费，共计_____元，一次性付给乙方。

2. 甲方应在乙方完成搬迁后_____日内，将被拆除房屋使用权补偿款、提前搬家奖励费以及其他补助费，共计_____元，一次性付给乙方。

甲方延期支付上述补偿款、补助费的，应对滞交的部分按同期银行利率支付本金和利息。

六、乙方搬迁期限

乙方应在_____年_____月_____日前完成搬迁，并将原住房交甲方拆除。

乙方未按上款规定期限完成搬迁的，应按延期天数支付违约金每天_____元。

七、注销登记

乙方应将原住房产权证明或使用证明交甲方，统一办理注销登记手续。办理注销登记手续的有关费用由甲方承担。

八、本协议一式三份，双方各持一份，报区县房屋拆迁主管部门一份备案

九、本协议自签订之日起生效

甲方(盖章)：　　　　　　　　　乙方(签字或盖章)：

法定代表人：_____　　　　　委托代理人：_____

委托代理人：_____

_____年_____月_____日　　　_____年_____月_____日

需要特别重视的是，文本无定式，关键是按照《合同法》的规定明确双方的权利义务，减少因约定不明产生的纠纷。

(三) 拆除房屋，平整场地

拆迁协议签订后，经办人员应及时通告拆房工程管理人员，准备拆房。为了推动拆迁工作，在保证安全的原则下，可以搬迁一间，拆除一间，拆迁人还可对积极搬迁的被拆迁人给予奖励，并在同等条件下，对先搬迁者安置房屋给予层次、朝向等方面的优先。

通常可采取两种方法拆除房屋：一是委托有经验并有执照的拆房机构进行人工拆房；二是委托专业爆破或机械施工单位进行爆破或机械拆房。采取第一种方式，一般耗费时间较多，但费用低，有时甚至能获得一定收益；采取第二种方式，能节约时间，但费用较高。

拆迁委托协议书格式如下：

拆迁委托协议书范本

(一) 拆迁委托协议书编制要求

拆迁人委托拆迁的，应当委托取得房屋拆迁资格证书的单位进行，并应当与房屋拆迁单位之间订立拆迁委托协议书。

拆迁委托协议书应当载明：拆迁人的基本状况，拆迁单位的基本状况，拆迁人委托拆迁单位的事项(代理权限)，委托拆迁费用及其支付方式，完成拆迁工作的期限及违约责任等，双方约定的其他事项。

(二) 拆迁委托协议书范本

拆迁委托协议书

委托人(拆迁人)：

受委托人(拆迁单位)：

委托人(下称甲方)就其××号拆迁许可证范围内的房屋及其附属物拆迁事宜，与受委托人(下称乙方)经充分协商达成如下协议：

一、甲方将其经有关主管部门批准的拆迁许可范围内的房屋及其附属物的拆迁工作委托乙方办理。

乙方接受甲方的委托后，应当按照经房屋拆迁主管部门批准的拆迁方案和拆迁计划完成拆迁工作。

二、乙方应当协助甲方完成拆迁调查工作，查明建设用地范围内的被拆迁人的基本情况。

乙方还应当协助甲方制定拆迁计划和拆迁方案，并为甲方制定的拆迁计划和拆迁方案提供咨询意见。

三、该拆迁范围内的房屋及其附属物的拆迁许可证由甲方申领。乙方在甲方取得拆迁许可证后即派工作人员在甲方指定的办公场所开始拆迁工作。

乙方的工作范围包括：

1. 向被拆迁人送达有关拆迁工作的通知等事宜，将拆迁事宜告知被拆迁人；

2. 与被拆迁人洽商有关安置和补偿事宜；

3. 向被拆迁人宣传解释拆迁法律规定和政策，并执行这些法律规定和政策；

4. 经与被拆迁人协商达成拆迁协议的，与被拆迁人签定拆迁协议书，包括拆迁安置和补偿协议书，并安排被拆迁人在经房屋拆迁主管部门批准的周转房内过渡；

5. 向被拆迁人发放拆迁补偿款及拆迁补助费等；

6. 被拆迁人要求产权调换的，应当负责要求被拆迁人缴纳产权调换差价款及其他费用；

7. 拆除拆迁范围内的房屋及其附属物；

8. 安排有关工程人员清除拆迁范围内的渣土及其他废物；

9. 其他由甲方委托的工作。

四、甲方应当向乙方支付拆迁服务费共计人民币××××元，在双方订立本协议书之日起三日内付××××元，余款在拆迁范围内的废物及其附属物拆除完毕后，经双方验收后四日内一次性付清。

五、甲方应当为乙方的工作提供便利条件。

在拆迁期间，甲方不负责乙方工作人员的午餐及其他费用。

六、本合同经双方签字盖章之日起即对双方发生约束力。

本合同由甲方报请房管局签证。

七、任何一方违反本合同规定给他方造成损失的，应当赔偿该损失。

甲方：某房地产开发公司 乙方：某建设拆迁事务所

×××年××月××日

地盘内房屋拆除完毕后，开发企业的下步工作就是现场的"三通一平"，为工程施工准备条件。这些工作(有部分工作是与房屋拆除工作同步进行的)包括：

1. 清理地上、地下障碍物。这些障碍物是指地下、地上已经废弃的建筑物；与拟建工程发生矛盾的人防工程；必须拆除或改造的原有电力、电讯、自来水、雨水、污水、煤气等管线和设施；因工程建设必须砍伐或移栽的树木和必须废弃的绿地等。

2. 平整场地。清理、外运建筑垃圾，处理原房屋的建筑材料等。

3. 接通工程施工用电、用水。此项工作须有专人向所在地的供水、供电部门联系申报，通常是将工程项目未来使用水、电计划一并办理。

4. 修通进出地盘的道路，为施工单位进入现场施工准备条件。

第二节 城市房屋拆迁补偿与安置

房屋拆迁补偿与安置，关系到拆迁人与被拆迁人的经济利益，补偿与安置的形式和标准是房屋拆迁协议的主要内容，在《条例》中对房屋拆迁补偿与安置作了明确规定，各地也根据实际情况制定了《条例》的实施细则或补充规定。它们是当前进行房屋拆迁补偿与安置的基本依据。

一、房屋拆迁补偿

房屋拆迁补偿是指拆迁人在其用地范围内拆除房屋及其附属物，造成了被拆迁人的财产损失，拆迁人按规定应向被拆迁人给予的各种经济补偿。

（一）房屋拆迁补偿的对象

《条例》规定：拆迁人应当对被拆除房屋及其附属物的所有人（包括代管人、国家授权的国有房屋及其附属物的管理人）进行补偿。所有权人既包括自然人（公民），也包括法人或其他社会机构。操作中，有观点认为只有拆除具备合法手续的房屋及其附属物时，才对其所有人进行补偿，所以当拆除违章建筑时不予补偿，这是错误的观点，应当理解为：依法应无偿拆除的违法建筑不予补偿。当拆除临时建筑时，由于它是由政府有关部门批准建造的，应根据实际情况加以处理。拆除未超过批准期限的临时建筑，拆迁人应给予适当补偿。超过批准期限的临时建筑已属违章建筑，拆除时不予补偿；另外，考虑到附属物属房屋组成不可缺少一部分，以下提到房屋时，均包括附属物在内，而房屋与附属物分列时除外。

（二）房屋拆迁补偿的形式

拆迁补偿可采取三种形式：一是产权调换；二是货币补偿；三是产权调换与货币补偿相结合。

产权调换形式，是指拆迁人以异地或原地建设的房屋，用作对被拆除房屋的补偿，被拆除房屋的所有人继续保持拥有对房屋所有权。这是一种实物补偿形式。

货币补偿形式，是指拆迁人对被拆除的房屋按其价值，以货币的结算方式补偿给被拆除房屋的所有人。

产权调换与货币补偿相结合形式，是指拆迁人对被拆除房屋，部分采取产权调换补偿，部分采取货币补偿。这是一种比较灵活的补偿形式。

（三）房屋拆迁补偿的计算

1. 产权调换形式补偿计算。

房屋拆迁以产权调换形式补偿时，按照拆除房屋的建筑面积计算补偿面积。由于偿还房与被拆房在结构与质量上通常会有所不同，其价格也不相同。因而，补偿的房屋要与被拆迁房结算差价（当地政府有特别规定的除外）。所谓差价的结算，就是计算被拆除房屋的重置价格（扣除成新因素）与补偿房屋的标准建造价格之间的差额，并以货币形式支付。这里的标准建造价格相当于同期、同类（与补偿房屋相比）房屋的重置价格。一般来说，地方政府拆迁主管部门会制定当地某一时期的房屋重置价格（包括考虑成新后的价格）标准，也会对拆迁文件中所涉及的价格（或成本）的含义作出必要说明。从目前开发实践看，拆迁中涉及到的"房屋重置价格"，其实质是房屋的重置造价，即房屋建安工程（土建、装修、设备）重置造价。

2. 货币补偿的计算方法。

房屋拆迁以货币补偿形式补偿时，按《条例》规定，补偿的金额按被拆除房屋建筑面积、区位、用途等因素计算并首选市场比较法来估价。特殊情况下，无法以市场比较法来估价而要以房屋的重置价格计算时，要充分说明理由后考虑被拆除房屋的实际成新予以作价。房屋的成新程度，应由专业评估人员依当地房屋新旧程度评定标准予以确定。

（四）各类房屋的拆迁补偿

1. 对公益事业房屋及其附属物的拆迁补偿。公益事业房屋是指文教、卫生及社会公共福利方面的非经营性事业用房。按《条例》规定，对这类房屋的拆迁，有三种补偿形式：

第一，拆迁人按照被拆除房屋及其附属物的原有使用性质和规模予以重建，并不考虑结构、质量差价。这是实物形式补偿。

第二，拆迁人按照被拆除房屋及其附属物的重置价格进行补偿，不考虑被拆除房屋的成新因素。这是货币形式补偿。

第三，拆迁人遵循当地政府按照城市规划所作的统筹安排去进行补偿。此时，拆迁人所应补偿（或支付）的经济价值，不会超过前面两种方式。

2. 对非公益事业房屋及其附属物的拆迁补偿。拆除非公益事业房屋时，一般可由拆迁人与被拆迁人双方协商补偿形式，可采取产权调换，作价补偿或产权调换和作价补偿相结合的形式。拆除非公益事业房屋的附属物时，按照规定不作产权调换，而由拆迁人给予适当作价补偿。

（1）非住宅房屋的拆迁补偿。拆除非住宅房屋时，一般可采取以下补偿方式：①拆迁人按原房建筑面积付给被拆迁人资金、材料，由被拆迁人自拆自建；②原房作价补偿，由拆迁人在原地或异地建房安置原使用人，安置房产权归拆迁人；③拆迁人以与被拆除房屋建筑面积、结构、成新相当的房屋，以房换房，补偿被拆迁人（这实质上也是一种产权调换）；④拆迁人以产权调换形式偿还被拆除房。偿还面积与原面积相等的部分，应结算差价。偿还面积超过原面积的部分，按照商品房价格结算（或经协商采取实际成本价）。偿还面积不足原面积的部分，按照原房重置价格结合成新结算，由拆迁人以货币形式向被拆迁人予以偿还。

（2）住宅房屋的拆迁补偿。住宅房屋分出租住宅和非出租（自住）住宅。对自有自住的住房拆迁时，可采取产权调换、作价补偿、产权调换和作价补偿相结合形式中任意一种。拆除出租住宅房屋时，按《条例》规定，应当实行产权调换，原租赁关系继续保持，因拆迁而引起变动原租赁合同条款的，则应作相应修改。

由于住宅拆迁补偿的复杂性、特殊性，以产权调换形式偿还被拆除住宅时，偿还住宅房屋与被拆除住宅房屋之间的差价结算，以及超过或者不足所拆住宅房屋的原建筑面积的价格结算方法，按《条例》规定，由省、自治区、直辖市人民政府结合各地区的实际情况制定具体办法。

从目前各地实际情况看，对住宅房屋的拆迁补偿一般都实行城区中心地与边缘地、原地与异地补偿有区别的政策。

（五）城市房屋拆迁估价新法规

为了规范城市房屋拆迁估价行为，维护拆迁当事人的合法权益，建设部根据《中华人民共和国城市房地产管理法》、《城市房屋拆迁管理条例》的有关规定和国家标准《房地产估价规范》，于2003年12月1日颁发了《城市房屋拆迁估价指导意见》，其内容详见附录2-3-2。

二、房屋拆迁安置

房屋的拆迁安置是指由于在用地范围拆除房屋，使被拆迁人（使用人）丧失生活、生产、经营空间时，拆迁人按规定向房屋使用人提供的正常生活、生产、经营用房或安置。包括临时过渡性的安置以及最终永久性的安置。这既包括被拆迁人的产权调换补偿方式，还包括对房屋使用人的用房安排。

（一）房屋拆迁安置的对象

拆迁安置的对象是被拆除房屋的使用人和所有人，其可以是自然人(公民)，也可以是法人或其他机构。

（二）房屋拆迁安置的形式

拆迁人对被拆迁人和房屋使用人的安置，可以根据实际情况采取两种形式：一次性安置和临时过渡安置。

1. 一次性安置。是指对被拆迁人和房屋使用人直接迁入拆迁人准备的安置房(新建房或旧房)，即时交付，没有周转过渡期，拆迁安置问题一次处理完毕。

2. 临时过渡安置。是指由拆迁人先对须安置的被拆迁人和房屋使用人进行临时安置，过渡一段时间后，再由拆迁人对其进行最终安置。

临时过渡可以由拆迁人提供周转房，也可以由原使用人自行寻找过渡房。对自行过渡者，拆迁人应该付给临时安置补助费。另外，原使用人因拆迁而搬家，拆迁人应付给搬家补助费。拆除非住宅房屋造成停产、停业引起的经济损失，拆迁人也应适当付给补助费。这些费用的标准由各地具体规定。

拆迁安置形式，拆迁双方应当在拆迁补偿安置协议中予以明确，对临时过渡安置的，亦应明确规定过渡期限及违约处理。

为减少纠纷，保障开发建设顺利进行，维护社会稳定，尤其在进行异地安置时，各地政府一般都要求尽量采取一次性安置。

（三）房屋拆迁安置的地点

确定房屋拆迁安置的地点，应根据城市规划的要求、拟建工程的性质以及拆迁双方当事人的意愿。房屋拆迁安置的地点有二类：一种是原地，即安置地点在原拆除房屋用地范围内。安置地点和拆除地点在城市同一区位等级内的安置属同类安置，或称就近安置，同类安置可视为原地安置；另一种是异地安置，即安置点在被拆除房屋所在地以外，一般认为是安置地区位与被拆除房屋所在地区位不在同等级别内，且安置地区位劣于原拆除地区位。各地拆迁主管部门对原地(或就近)安置及异地安置都会有明确界定和说明，一般也规定被拆迁人有义务接受异地安置。

应鼓励被拆迁人从城市人口密集的中心区向正在发展的、人口较稀疏的区域迁移，对于从区位较好的地段迁入区位较差的地段的被拆除房屋使用人，可以适当增加安置面积。为维护城市自然历史传统和更新、完善城市功能，拆迁老城区的商业用房应按原房屋建筑面积尽量在项目用地范围内根据批准的规划方案还建；拆迁区内的工业企业用房，则最好由拆迁人按原房屋使用性质、规模和建筑面积异地还建。

（四）房屋拆迁安置的标准

1. 拆除非住宅房屋的安置。拆除工商用房、办公用房等非住宅房屋，应按原建筑面积进行安置。拆迁人在拆除这类房屋时有保障被拆迁人原有使用利益的义务，但并不承担改善被拆迁人原有使用条件的义务。被拆迁人确因生产或经营、工作需要，希望结合拆迁增加房屋面积的，应按等价交换原则，由当事人协商解决。

2. 拆除住宅房屋的安置。拆除住宅房屋时，拆迁人依照法律规定应承担保障被拆迁人居住条件的义务，但一般的安置原则是：按原面积（建筑面积或使用面积）进行安置。

考虑到住宅套型设计上不可分割的特点，以及当前居民住房较为拥挤的现实因素，对不能按原面积实施安置的，可以（或应）适当增加安置面积。安置计算标准及结算处理方法、方式、依各地实际情况应有所不同，原则上是不低于当地的保房保障面积。

第三节 城市房屋拆迁工作中应注意的问题

由于拆迁工作比较复杂，政策性强，社会影响大，同时还关系到人民政府和开发企业的声誉及收益，因此所有工作都必须按照当地政府的拆迁管理法律和规章来进行。

一、在拆迁工作中应注意的几个问题

1. 开发企业若自行进行拆迁安置，应在工作展开前，对初次接触此项工作的人员进行培训，熟识有关政策，掌握拆迁技术和原则，取得上岗资格。同时，对从事过拆迁工作的人员，也要指导其总结经验，学习新的政策。

2. 拆迁工作人员必须持严谨、认真和礼貌的态度来对待每一个被拆迁人。整个拆迁工作应以解释政策为主，说明拆迁工作是为了改善区域环境条件、提高生活质量，以说服被拆迁人服从大局、照顾大多数人的利益，积极配合拆迁。

3. 对被拆迁人要求过高的，拆迁人员应弄清原因，有的放矢地进行政策宣讲，确属无理要求又拒不退让的，应立即提请裁决和司法途径裁判，以免延误工作进展。若被拆迁人的要求并非无理，但又超出原计划（或政策）确定的拆迁补偿和安置要求的，拆迁人员应及时研究，在条件允许的情况下，予以变通处理。

4. 当确需拆迁一些特殊的建筑物，如涉外房屋、宗教事务房屋、名胜古迹建筑、重点文物建筑等时，由于涉及到对外政策、宗教政策、文物保护政策，不能根据一般房屋的拆迁规定加以处理，应采取慎重态度，经相关部门严格审批后进行。

5. 当拆除有产权纠纷的房屋时，应督促当事人在拆迁规定期限内将房屋产权关系明确，如果不能解决，则可由开发企业提出补偿安置方案，并征得房屋控制人的同意后报县级以上人民政府拆迁主管部门批准后实施拆迁。拆迁前请房屋拆迁主管部门组织拆迁人员对被拆除房屋作勘察记录，并向公证机关办理公证和证据保全。所谓证据保全，就是对日后有可能灭失或难以取得的、能够证明一定法律行为或事件的证据依法进行收集、保管，以保持其真实性和证明力的一种措施。在实际操作中，拆迁主管部门人员、公证机关人员应到现场监察，被拆迁相关各方也应到场验证勘察记录，以保障现场勘察记录的证据效力。

6. 拆除设有抵押权的房屋时，可以采取产权调换方式，也可采取作价补偿方式对其所有人进行拆迁补偿。采取产权调换形式补偿的，抵押权人和抵押人应当重新签订抵押协议，因为补偿的房屋与原抵押房屋的状况肯定不同，这会使原抵押协议的一些条款前提发生变化。按《条例》规定，如果抵押权的和抵押人在房屋拆迁主管部门公布的规定期限内达不成抵押协议，则由拆迁人提出补偿安置方案，报拆迁主管部门批准，并对房屋作好勘察记录，向公证机关办理证据保全，尔后，拆迁人可实施拆迁。当以作价补偿方式对房屋所有人进行补偿时，在补偿实施之前，抵押人和抵押权人要就债务问题重新达成协议，重

新设立抵押权，或由抵押人首先清偿债务。这是因为，如果不这样做，那么由于对被拆除房屋作价补偿后，原作为抵押物的房屋已不存在，则将影响房屋抵押债权债务关系。

7. 当拆迁双方就拆迁补偿安置协议条款达不成一致意见产生争议时，拆迁双方应在自愿、互谅的基础上，遵循有关规定，直接进行磋商，自行解决纠纷。当双方争议按自行协商难以达成协议时，当事人任何一方都可向房屋拆迁主管部门提出裁决申请。房屋拆迁主管部门受理申请后，一般采取先行调解和再作裁决两种递进方式来作调处。如果当事人不接受调解，也对裁决不服，可以在接到裁决书之日起 60 日内向上级行政机关申请复议或 3 个月内向人民法院提起诉讼。只要不会由于先行实施拆迁而造成无法弥补的损失（如双方只是对补偿、安置条款有异议，不涉及诸如一些对文物保护建筑的界定等），并且拆迁人已给被拆迁人作了安置或提供了周转房，拆迁裁决就可以在复议和诉讼期间不停止执行。

在拆迁公告规定或者裁决作出的拆迁期限内，被拆迁人无正当理由拒绝拆迁的，拆迁主管部门应申请人民政府作出责令限期拆迁的决定。无论是否提起诉讼，政府均可作出责令限期拆迁决定。被拆迁人在此种情况下，逾期仍不拆迁，可由县级以上人民政府责成有关部门（拆迁主管部门、公安、规划部门）实行行政强制拆迁，或由拆迁主管部门申请人民法院实行司法强制拆迁。强制拆迁一经作出就具有法律执行效力，只要法院不裁定停止执行或不变更行政强制拆迁决定，就不停止强制拆迁的执行。

在实施强制拆迁时，如果有可能产生人身伤亡事故的，应当停止执行。强制执行要注意：

（1）应发布公告，并再次指定期限，给被拆迁人一次自动履行义务的机会。

（2）如果被拆迁人逾期仍不搬迁，则由执行人员强制搬迁，被执行人所在单位（或上级）和当地基层组织应到场协助。

（3）强制执行过程和搬迁的财物，执行机关应当做好记录，并由相关人员鉴证。

（4）执行人员应把运至指定处的搬迁财物责令被执行人接受，拒绝接受造成损失的，由被执行人承担责任。

8. 拆迁人应配备专职人员建立、管理拆迁档案和拆迁工作日志。拆迁档案一般按每个被拆迁人分存。做好这项工作，将保障拆迁的顺利进行，它可为一些纠纷的处理制定和实施补偿安置方式提供依据。

二、拆迁补偿与安置工作中的各种费用

在拆迁补偿与安置过程中，除去对被拆迁人的补偿安置费用外还会发生很多费用。这些费用主要有以下几种：

（一）拆迁前期准备费用

拆迁前期准备费用包括：拆迁人向拆迁管理部门交纳的管理费；拆迁人动员搬迁工作费；动迁人员培训学习费；拆迁人支付的拆迁委托费（当委托拆迁代办机构进行拆迁时）等。

（二）临时安置补助费和搬家补助费

按《条例》规定，由于拆迁人的责任使拆除房屋使用人延长过渡期限（指协议确定的过渡期限）的，对自行安排住处的使用人，从逾期之日起应适当增加临时安置补助费；对由拆迁人提供周转房的使用人，从逾期之日起应适当付给临时安置补助费。搬家补助费是拆迁人付给被拆迁人(使用人)搬迁房屋时所发生的人力资费和交通费,一般按户(单位)计算,对一次到位的安置与过渡性安置,在数额上应有所区别。

（三）过渡房屋建设费或过渡房租费

这是由拆迁人安排周转房给被拆除房屋使用人发生的费用,此时不发生临时安置补助费。

（四）被拆迁企事业单位停产、停业的损失费

是指拆迁人补偿这些单位因拆迁停产、停业的损失费,对此原则上依照当地政府的规定处理。

（五）场地工程费

是指拆迁人支付的拆房费;清理地下、地上障碍物费;外运垃圾费;申请接通施工用水、施工用电的费用;进出地盘道路的修建费;地盘宣传费(围墙、广告牌)等。

（六）其他费用

其他费用包括拆迁人采用作价补偿形式时付给被拆迁人的重置价款;采用产权调换形式补偿时,拆迁双方当之间的结构差价款和价格结算款;拆迁工作中事务性开支等等。另外,拆迁人可从被拆迁房屋及其附属物的旧料(大多归拆迁人所有)处理中获得一定收益。

（七）拆迁工程的不可预见费

开发企业在拆迁工作实施前,应做好预算计划,安排好所需资金(包括一定量的现金),以确保拆迁工作的有效进行。

城市房屋拆迁相关的法律、法规有:《城市房屋拆迁管理条例》、《建设部关于印发〈房屋拆迁许可证〉的通知》、《司法部房屋拆迁证据保全细则》等。

城市房屋拆迁相关法律、法规,详见附录 2-3-1～2-3-3。

附录 2-3-1　城市房屋拆迁管理条例

（2001 年 6 月 13 日国务院令第 305 号）

第一章　总　　则

第一条　为了加强对城市房屋拆迁的管理,维护拆迁当事人的合法权益,保障建设项目顺利进行,制定本条例。

第二条　在城市规划区内国有土地上实施房屋拆迁,并需要对被拆迁人补偿、安置的,适用本条例。

第三条　城市房屋拆迁必须符合城市规划,有利于城市旧区改造和生态环境改善,保护文物古迹。

第四条　拆迁人应当依照本条例的规定,对被拆迁人给予补偿、安置;被拆迁人应当在搬迁期限内完成搬迁。

本条例所称拆迁人,是指取得房屋拆迁许可证的单位。

本条例所称被拆迁人,是指被拆迁房屋的所有人。

第五条　国务院建设行政主管部门对全国城市房屋拆迁工作实施监督管理。

县级以上地方人民政府负责管理房屋拆迁工作的部门(以下简称房屋拆迁管理部门)对本行政区域内的城市房屋拆迁工作实施监督管理。县级以上地方人民政府有关部门应当依照本条例的规定,互相配

合，保证房屋拆迁管理工作的顺利进行。

县级以上人民政府土地行政主管部门依照有关法律、行政法规的规定，负责与城市房屋拆迁有关的土地管理工作。

第二章　拆　迁　管　理

第六条　拆迁房屋的单位取得房屋拆迁许可证后，方可实施拆迁。

第七条　申请领取房屋拆迁许可证的，应当向房屋所在地的市、县人民政府房屋拆迁管理部门提交下列资料：

（一）建设项目批准文件；

（二）建设用地规划许可证；

（三）国有土地使用权批准文件；

（四）拆迁计划和拆迁方案；

（五）办理存款业务的金融机构出具的拆迁补偿安置资金证明。

市、县人民政府房屋拆迁管理部门应当自收到申请之日起 30 日内，对申请事项进行审查；经审查，对符合条件的，颁发房屋拆迁许可证。

第八条　房屋拆迁管理部门在发放房屋拆迁许可证的同时，应当将房屋拆迁许可证中载明的拆迁人、拆迁范围、拆迁期限等事项，以房屋拆迁公告的形式予以公布。

房屋拆迁管理部门和拆迁人应当及时向被拆迁人做好宣传、解释工作。

第九条　拆迁人应当在房屋拆迁许可证确定的拆迁范围和拆迁期限内，实施房屋拆迁。

需要延长拆迁期限的，拆迁人应当在拆迁期限届满 15 日前，向房屋拆迁管理部门提出延期拆迁申请；房屋拆迁管理部门应当自收到延期拆迁申请之日起 10 日内给予答复。

第十条　拆迁人可以自行拆迁，也可以委托具有拆迁资格的单位实施拆迁。

房屋拆迁管理部门不得作为拆迁人，不得接受拆迁委托。

第十一条　拆迁人委托拆迁的，应当向被委托的拆迁单位出具委托书，并订立拆迁委托合同。拆迁人应当自拆迁委托合同订立之日起 15 日内，将拆迁委托合同报房屋拆迁管理部门备案。

被委托的拆迁单位不得转让拆迁业务。

第十二条　拆迁范围确定后，拆迁范围内的单位和个人，不得进行下列活动：

（一）新建、扩建、改建房屋；

（二）改变房屋和土地用途；

（三）租赁房屋。

房屋拆迁管理部门应当就前款所列事项，书面通知有关部门暂停办理相关手续。暂停办理的书面通知应当载明暂停期限。暂停期限最长不得超过 1 年；拆迁人需要延长暂停期限的，必须经房屋拆迁管理部门批准，延长暂停期限不得超过 1 年。

第十三条　拆迁人与被拆迁人应依照本条例的规定，就补偿方式和补偿金额、安置用房面积和安置地点、搬迁期限、搬迁过渡方式和过渡期限等事项，订立拆迁补偿安置协议。

拆迁租赁房屋的，拆迁人应当与被拆迁人、房屋承租人订立拆迁补偿安置协议。

第十四条　房屋拆迁管理部门代管的房屋需要拆迁的，拆迁补偿安置协议必须经公证机关公证，并办理证据保全。

第十五条　拆迁补偿安置协议订立后，被拆迁人或者房屋承租人在搬迁期限内拒绝搬迁的，拆迁人可以依法向仲裁委员会申请仲裁，也可以依法向人民法院起诉。诉讼期间，拆迁人可以依法申请人民法院先予执行。

第十六条　拆迁人与被拆迁人或者拆迁人、被拆迁人与房屋承租人达不成拆迁补偿安置协议的，经当事人申请，由房屋拆迁管理部门裁决。房屋拆迁管理部门是被拆迁人的，由同级人民政府裁决。裁决应当自收到申请之日起 30 日内作出。

当事人对裁决不服的，可以自裁决书送达之日起 3 个月内向人民法院起诉。拆迁人依照本条例规定已对被拆迁人给予货币补偿或者提供拆迁安置用房、周转用房的，诉讼期间不停止拆迁的执行。

第十七条 被拆迁人或者房屋承租人在裁决规定的搬迁期限内未搬迁的，由房屋所在地的市、县人民政府责成有关部门强制拆迁，或者由房屋拆迁管理部门依法申请人民法院强制拆迁。

实施强制拆迁前，拆迁人应当就被拆除房屋的有关事项，向公证机关办理证据保全。

第十八条 拆迁中涉及军事设施、教堂、寺庙、文物古迹以及外国驻华使（领）房屋的，依照有关法律、法规的规定办理。

第十九条 尚未完成拆迁补偿安置的建设项目转让的，应当经房屋拆迁管理部门同意，原拆迁补偿安置协议中有关权利、义务随之转移给受让人。项目转让人和受让人应当书面通知被拆迁人，并自转让合同签订之日起 30 日内予以公告。

第二十条 拆迁人实施房屋拆迁的补偿安置资金应当全部用于房屋拆迁的补偿安置，不得挪作他用。

县级以上地方人民政府房屋拆迁管理部门应当加强对拆迁补偿安置资金使用的监督。

第二十一条 房屋拆迁管理部门应当建立、健全拆迁档案管理制度，加强对拆迁档案资料的管理。

第三章 拆迁补偿与安置

第二十二条 拆迁人应当依照本条例规定，对被拆迁人给予以补偿。

拆除违章建筑和超过批准期限的临时建筑，不予以补偿；拆除未超过批准期限的临时建筑，应当给予适当补偿。

第二十三条 拆迁补偿的方式可以实行货币补偿，也可以实行房屋产权调换。

除本条例第二十五条第二款、第二十七条第二款规定外，被拆迁人可以选择拆迁补偿方式。

第二十四条 货币补偿的金额，根据被拆迁房屋的区位、用途、建筑面积等因素，以房地产市场评估价格确定。具体办法由省、自治区、直辖市人民政府制定。

第二十五条 实行房屋产权调换的，拆迁人与被拆迁人应当依照本条例第二十四条的规定，计算被拆迁房屋的补偿金额和所调换的房屋的价格，结清产权调换的差价。

拆迁非公益事业房屋的附属物，不作产权调换，由拆迁人给予货币补偿。

第二十六条 拆迁公益事业用房的，拆迁人应当依照有关法律、法规的规定和城市规划的要求予以重建，或者给予货币补偿。

第二十七条 拆迁租赁房屋，被拆迁人与房屋承租人解除租赁关系的，或者被拆迁人对房屋承租人进行安置的，拆迁人对被拆迁人给予补偿。

被拆迁人与房屋承租人对解除租赁关系达不成协议的，拆迁人应当对被拆迁人实行房屋产权调换。产权调换的房屋由原房屋承租人承租，被拆迁人应当与原房屋承租人重新订立房屋租赁合同。

第二十八条 拆迁人应当提供符合国家质量安全标准的房屋，用于拆迁安置。

第二十九条 拆迁产权不明确的房，拆迁人应当提出补偿安置方案，报房屋拆迁管理部门审核同意后实施拆迁。拆迁前，拆迁人应当就被拆迁房屋的有关事项向公证机关办理证据保全。

第三十条 拆迁设有抵押权的房屋，依照国家有关担保法律执行。

第三十一条 拆迁人应当对被拆迁人或者房屋承租人支付搬迁补助费。

在过渡期限内，被拆迁人或者房屋承租人自行安排住处的，拆迁人应当支付临时安置补助费；被拆迁人或者房屋承租人使用拆迁人提供周转房的，拆迁人不支付临时安置补助费。

搬迁补助费和临时安置补助费的标准，由省、自治区、直辖市人民政府规定。

第三十二条 拆迁人不得擅自延长过渡期限，周转房的使用人应当按时腾退周转房。

因拆迁人的责任延长过渡期限的，对自行安排住处的被拆迁人或者房屋承租人，应当自逾期之月起增加临时安置补助费；对周转房的使用人，应当自逾期之月起给临时安置补助费。

第三十三条 因拆迁非住宅房屋造成停产、停业的，拆迁人应当给予适当补偿。

第四章 罚 则

第三十四条 违反本条例规定，未取得房屋拆迁许可证，擅自实施拆迁的，由房屋拆迁管理部门责令停止拆迁，给予警告，并处已经拆迁房屋建筑面积每平方米 20 元以上 50 元以下的罚款。

第三十五条 拆迁人违反本条例的规定，以欺骗手段取得房屋拆迁许可证的，由房屋拆迁管理部门吊销房屋拆迁许可证，并处拆迁补偿安置资金 1％以上 3％以下的罚款。

第三十六条 拆迁人违反本条例的规定，有下列行为之一的，由房屋拆迁管理部门责令停止拆迁，给予警告，可以并处拆迁补偿安置资金 3％以下的罚款；情节严重的，吊销房屋拆迁许可证：

（一）未按房屋拆迁许可证确定的拆迁范围实施房屋拆迁的；

（二）委托不具有拆迁资格的单位实施拆迁的；

（三）擅自延长拆迁期限的。

第三十七条 接受委托的拆迁单位违反本条例的规定，转让拆迁业务的，由房屋拆迁管理部门责令改正，没收违法所得，并处合同约定的拆迁服务费 25％以上 50％以下的罚款。

第三十八条 县级以上地方人民政府房屋拆迁管理部门违反本条例规定核发房屋拆迁许可证以及其他批准文件的，核发房屋许可证以及其他批准文件后不履行监督管理职责的，或者对违法行为不予查处的，对直接负责的主管人员和其他直接责任人员依法给予行政处分；情节严重的，致使公共财产、国家和人民利益遭受重大损失，构成犯罪的，依法追究刑事责任。

第五章 附 则

第三十九条 在城市规划区外国有土地上实施房屋拆迁，并需要对被拆迁人补偿、安置的，参照本条例执行。

第四十条 本条例自 2001 年 11 月 1 日起施行。1991 年 3 月 22 日国务院公布的《城市房屋拆迁管理条例》同时废止。

附录 2-3-2　城市房屋拆迁估价指导意见

（2003 年 12 月 1 日建住房〔2003〕234 号）

第一条 为规范城市房屋拆迁估价行为，维护拆迁当事人的合法权益，根据《中华人民共和国城市房地产管理法》、《城市房屋拆迁管理条例》的有关规定和国家标准《房地产估价规范》，制定本意见。

第二条 城市规划区内国有土地上房屋拆迁涉及的房地产估价活动，适用本意见。

第三条 本意见所称城市房屋拆迁估价（以下简称拆迁估价），是指为确定被拆迁房屋货币补偿金额，根据被拆迁房屋的区位、用途、建筑面积等因素，对其房地产市场价格进行的评估。

房屋拆迁评估价格为被拆迁房屋的房地产市场价格，不包含搬迁补助费、临时安置补助费和拆迁非住宅房屋造成停产、停业的补偿费，以及被拆迁房屋室内自行装修装饰的补偿金额。搬迁补助费、临时安置补助费和拆迁非住宅房屋造成停产、停业的补偿费，按照省、自治区、直辖市人民政府规定的标准执行。被拆迁房屋室内自行装修装饰的补偿金额，由拆迁人和被拆迁人协商确定；协商不成的，可以通过委托评估确定。

第四条 拆迁估价由具有房地产价格评估资格的估价机构（以下简称估价机构）承担，估价报告必须由专职注册房地产估价师签字。

第五条　拆迁估价应当坚持独立、客观、公正、合法的原则。任何组织或者个人不得非法干预拆迁估价活动和估价结果。

第六条　市、县房地产管理部门应当向社会公示一批资质等级高、综合实力强、社会信誉好的估价机构，供拆迁当事人选择。

拆迁估价机构的确定应当公开、透明，采取被拆迁人投票或拆迁当事人抽签等方式。

房屋拆迁许可证确定的同一拆迁范围内的被拆迁房屋，原则上由一家估价机构评估。需要由两家或者两家以上估价机构评估的，估价机构之间应当就拆迁估价的依据、原则、程序、方法、参数选取等进行协调并执行共同的标准。

第七条　拆迁估价机构确定后，一般由拆迁人委托。委托人应当与估价机构签订书面拆迁估价委托合同。

第八条　受托估价机构不得转让、变相转让受托的估价业务。

估价机构和估价人员与拆迁当事人有利害关系或者是拆迁当事人的，应当回避。

第九条　拆迁当事人有义务向估价机构如实提供拆迁估价所必需的资料，协助估价机构进行实地查勘。

第十条　受托估价机构和估价人员需要查阅被拆迁房屋的房地产权属档案和相关房地产交易信息的，房地产管理部门应当允许查阅。

第十一条　拆迁估价目的统一表述为"为确定被拆迁房屋货币补偿金额而评估其房地产市场价格。"

拆迁估价时点一般为房屋拆迁许可证颁发之日。拆迁规模大、分期分段实施的，以当期（段）房屋拆迁实施之日为估价时点。

拆迁估价的价值标准为公开市场价值，不考虑房屋租赁、抵押、查封等因素的影响。

第十二条　委托拆迁估价的，拆迁当事人应当明确被拆迁房屋的性质（包括用途，下同）和面积。

被拆迁房的性质和面积一般以房屋权属证书及权属档案的记载为准；各地对被拆迁房屋的性质和面积认定有特别规定的，从其规定；拆迁人与被拆迁人对被拆迁房屋的性质或者面积协商一致的，可以按照协商结果进行评估。

对被拆迁房屋的性质不能协商一致的，应当向城市规划行政主管部门申请确认。对被拆迁房屋的面积不能协商一致的，可以向依照《房产测绘管理办法》设立的房屋面积鉴定机构申请鉴定；没有设立房屋面积鉴定机构的，可以委托具有房产测绘资格的房产测绘单位测算。

对拆迁中涉及的被拆迁房屋的性质和面积认定的具体问题，由市、县规划行政主管部门和房地产管理部门制定办法予以解决。

第十三条　市、县人民政府或者其授权的部门应当根据当地房地产市场交易价格，至少每年定期公布一次不同区域、不同用途、不同建筑结构的各类房屋的房地产市场价格。

第十四条　拆迁估价应当参照类似房地产的市场交易价格和市、县人民政府或者其授权部门定期公布的房地产市场价格，结合被拆迁房屋的房地产状况进行。

第十五条　拆迁估价人员应当对被拆迁房屋进行实地查勘，做好实地查勘记录，拍摄反映被拆迁房屋外观和内部状况的影像资料。

实地查勘记录由实地查勘的估价人员、拆迁人、被拆迁人签字认可。

因被拆迁人的原因不能对被拆迁房屋进行实地查勘、拍摄影像资料或者被拆迁人不同意在实地查勘记录上签字的，应当由除拆迁人和估价机构以外的无利害关系的第三人见证，并在估价报告中作出相应说明。

第十六条　拆迁估价一般应当采用市场比较法。不具备采用市场比较法条件的，可以采用其他估价方法，并在估价报告中充分说明原因。

第十七条　拆迁评估价格应当以人民币为计价的货币单位，精确到元。

第十八条　估价机构应当将分户的初步估价结果向被拆迁人公示7日，并进行现场说明，听取有关意见。

公示期满后，估价机构应当向委托人提供委托范围内被拆迁房屋的整体估价报告和分户估价报告。委托人应当向被拆迁人转交分户估价报告。

第十九条 拆迁人或被拆迁人对估价报告有疑问的，可以向估价机构咨询。估价机构应当向其解释拆迁估价的依据、原则、程序、方法、参数选取和估价结果产生的过程。

第二十条 拆迁当事人对估价结果有异议的，自收到估价报告之日起 5 日内，可以向原估价机构书面申请复核估价，也可以另行委托估价机构评估。

第二十一条 拆迁当事人向原估价机构申请复核估价的，该估价机构应当自收到书面复核估价申请之日起 5 日内给予答复。估价结果改变的，应当重新出具估价报告；估价结果没有改变的，出具书面通知。

拆迁当事人另行委托估价机构评估的，受托估价机构应当在 10 日内出具估价报告。

第二十二条 拆迁当事人对原估价机构的复核结果有异议或者另行委托估价的结果与原估价结果有差异且协商达不成一致意见的，自收到复核结果或者另行委托估价机构出具的估价报告之日起 5 日内，可以向被拆迁房屋所在地的房地产价格评估专家委员会（以下简称估价专家委员会）申请技术鉴定。

第二十三条 估价专家委员会应当自收到申请之日起 10 日内，对申请鉴定的估价报告的估价依据、估价技术路线、估价方法选用、参数选取、估价结果确定方式等估价技术问题出具书面鉴定意见。

估价报告不存在技术问题的，应维持估价报告；估价报告存在技术问题的，估价机构应当改正错误，重新出具估价报告。

第二十四条 省、自治区建设行政主管部门和设区城市的市房地产管理部门或者其授权的房地产估价行业自律性组织，应当成立由资深专职注册房地产估价师及房地产、城市规划、法律等方面专家组成的估价专家委员会，对拆迁估价进行技术指导，受理拆迁估价技术鉴定。

第二十五条 受理拆迁估价技术鉴定后，估价专家委员会应当指派 3 人以上（含 3 人）单数成员组成鉴定组，处理拆迁估价技术鉴定事宜。

鉴定组成员与原估价机构、拆迁当事人有利害关系或者是拆迁当事人的，应当回避。

原估价机构应当配合估价专家委员会做好鉴定工作。

第二十六条 估价专家委员会成员、估价机构、估价人员应当回避而未回避的，其鉴定意见或者估价结果无效。

拆迁当事人不如实提供有关资料或者不协助估价机构实地查勘而造成估价失实或者其他后果的，应当承担相应责任。

第二十七条 对有下列行为之一的估价机构和估价人员，依据《城市房地产中介服务管理规定》、《房地产估价师注册管理办法》等规定进行处罚，或记入其信用档案：

（一）出具不实估价报告的；

（二）与拆迁当事人一方串通，损害对方合法权益的；

（三）以回扣等不正当竞争手段获取拆迁估价业务的；

（四）允许他人借用自己名义从事拆迁估价活动或者转让、变相转让受托的拆迁估价业务的；

（五）多次被申请鉴定，经查证，确实存在问题的；

（六）违反国家标准《房地产估价规范》和本意见其他规定的；

（七）法律、法规规定的其他情形。

第二十八条 以产权调换作为房屋拆迁补偿、安置方式的，对所调换房屋的房地产市场价格进行的评估，参照本意见执行。

城市规划区外国有土地上房屋拆迁涉及的房地产估价活动，参照本意见执行。

第二十九条 本意见自 2004 年 1 月 1 日起施行。此前已颁发房屋拆迁许可证的拆迁项目，其拆迁估价不适用本意见。

附录 2-3-3　城市房屋拆迁行政裁决工作规程

(2003 年 12 月 30 日建住房 [2003] 252 号)

第一条　为了规范城市房屋拆迁行政裁决行为，维护拆迁当事人的合法权益，根据《城市房屋拆迁管理条例》，制定本工作规程。

第二条　按照《城市房屋拆迁管理条例》的规定，因拆迁人与被拆迁人就搬迁期限、补偿方式、补偿标准以及搬迁过渡方式、过渡期限等原因达不成协议，当事人申请裁决的，适用本规程。

第三条　市、县人民政府城市房屋拆迁管理部门负责本行政区域内城市房屋拆迁行政裁决工作。房屋拆迁管理部门及其工作人员应当按照有关法律、法规规定，依法履行行政裁决职责。

第四条　行政裁决应当以事实为依据、以法律为准绳，坚持公平、公正、及时的原则。

第五条　拆迁人申请行政裁决，应当提交下列资料：

(一) 裁决申请书；

(二) 法定代表人的身份证明；

(三) 被拆迁房屋权属证明材料；

(四) 被拆迁房屋的估价报告；

(五) 对被申请人的补偿安置方案；

(六) 申请人与被申请人的协商记录；

(七) 未达成协议的被拆迁人比例及原因；

(八) 其他与裁决有关的资料。

第六条　被拆迁人申请行政裁决，应当提交下列资料：

(一) 裁决申请书；

(二) 申请人的身份证明；

(三) 被拆迁房屋的权属证明；

(四) 申请裁决的理由及相关证明材料；

(五) 房屋拆迁管理部门认为应当提供的与行政裁决有关的其他材料。

第七条　未达成拆迁补偿安置协议户数较多或比例较高的，房屋拆迁管理部门在受理裁决申请前，应当进行听证。具体标准、程序由省、自治区、直辖市人民政府房屋拆迁管理部门规定。

第八条　有下列情形之一的，房屋拆迁管理部门不予受理行政裁决申请：

(一) 对拆迁许可证合法性提出行政裁决的；

(二) 申请人或者被申请人不是拆迁当事人的；

(三) 拆迁当事人达成补偿安置协议后发生合同纠纷，或者行政裁决做出后，当事人就同一事由再次申请裁决的；

(四) 房屋已经灭失的；

(五) 房屋拆迁管理部门认为依法不予受理的其他情形。

对裁决申请不予受理的，房屋拆迁管理部门应当自收到申请之日起 5 个工作日内书面通知申请人。

第九条　房屋拆迁管理部门受理房屋拆迁裁决申请后，经审核，资料齐全、符合受理条件的，应当在收到申请之日起 5 个工作日内向申请人发出裁决受理通知书；申请裁决资料不齐全、需要补充资料的，应当在 5 个工作日内一次性书面告知申请人，可以当场补正的，应当当场补正。受理时间从申请人补齐资料的次日起计算。

第十条　房屋拆迁管理部门受理房屋拆迁裁决申请后，应当按照下列程序进行：

（一）向被申请人送达房屋拆迁裁决申请书副本及答辩通知书，并告知被申请人的权利；

（二）审核相关资料、程序的合法性；

（三）组织当事人调解。房屋拆迁管理部门必须充分听取当事人的意见，对当事人提出的事实、理由和证据进行复核；对当事人提出的合理要求应当采纳。房屋拆迁管理部门不得因当事人申辩而做出损害申辩人合法权益的裁决。

拆迁当事人拒绝调解的，房屋拆迁管理部门应依法作出裁决。

（四）核实补偿安置标准。当事人对评估结果有异议，且未经房屋所在地房地产专家评估委员会鉴定的，房屋拆迁管理部门应当委托专家评估委员会进行鉴定，并以鉴定后的估价结果作为裁决依据。鉴定时间不计入裁决时限。

（五）经调解，达成一致意见的，出具裁决终结书；达不成一致意见的，房屋拆迁管理部门应当作出书面裁决。部分事项达成一致意见的，裁决时应当予以确认。书面裁决必须经房屋拆迁管理部门领导班子集体讨论决定。

第十一条 行政裁决工作人员与当事人有利害关系或者有其他关系可能影响公正裁决的，应当回避。

第十二条 有下列情形之一的，中止裁决并书面告知当事人：

（一）发现新的需要查证的事实；

（二）裁决需要以相关裁决或法院判决结果为依据的，而相关案件未结案的；

（三）作为自然人的申请人死亡，需等待其近亲属表明是否参加裁决的；

（四）因不可抗力或者其他特殊情况需要中止的情况。

中止裁决的因素消除后，恢复裁决。中止时间不计入裁决时限。

第十三条 有下列情形之一的，终结裁决并书面告知当事人：

（一）受理裁决申请后，当事人自行达成协议的；

（二）发现申请人或者被申请人不是裁决当事人的；

（三）作为自然人的申请人死亡，15 天之内没有近亲属或者近亲属未表示参加裁决或放弃参加裁决的；

（四）申请人撤回裁决申请的。

第十四条 行政裁决应当自收到申请之日起 30 日内做出。房屋拆迁管理部门做出裁决，应当出具裁决书。

裁决书应当包括下列内容：

（一）申请人与被申请人的基本情况；

（二）争议的主要事实和理由；

（三）裁决的依据、理由；

（四）根据行政裁决申请需要裁决的补偿方式、补偿金额、安置用房面积和安置地点、搬迁期限、搬迁过渡方式和过渡期限等；

（五）告知当事人行政复议、行政诉讼的权利及申请复议期限、起诉期限；

（六）房屋拆迁管理部门的名称、裁决日期并加盖公章。

行政裁决规定的搬迁期限不得少于 15 天。

第十五条 裁决书应当通过直接送达、留置送达、委托送达或邮寄送达等方式送达。

第十六条 当事人对行政裁决不服的，可以依法申请行政复议或者向人民法院起诉。

第十七条 被拆迁人或者房屋承租人在裁决规定的搬迁期限内未搬迁的，由市、县人民政府责成有关部门行政强制拆迁，或者由房屋拆迁管理部门依法申请人民法院强制拆迁。

第十八条 房屋拆迁管理部门申请行政强制拆迁前，应当邀请有关管理部门、拆迁当事人代表以及具有社会公信力的代表等，对行政强制拆迁的依据、程序、补偿安置标准的测算依据等内容，进行听证。

　　房屋拆迁管理部门申请行政强制拆迁，必须经领导班子集体讨论决定后，方可向政府提出行政强制拆迁申请。未经行政裁决，不得实施行政强制拆迁。

　　第十九条　拆迁人未按裁决意见向被拆迁人提供拆迁补偿资金或者符合国家质量安全标准的安置用房、周转用房的，不得实施强制拆迁。

　　第二十条　房屋拆迁管理部门申请行政强制拆迁，应当提交下列资料：

　　（一）行政强制拆迁申请书；

　　（二）裁决调解记录和裁决书；

　　（三）被拆迁人不同意拆迁的理由；

　　（四）被拆迁房屋的证据保全公证书；

　　（五）被拆迁人提供的安置用房、周转用房权属证明或者补偿资金证明；

　　（六）被拆迁人拒绝接收补偿资金的，应当提交补偿资金的提存证明；

　　（七）市、县人民政府房屋拆迁管理部门规定的其他材料。

　　第二十一条　依据强制拆迁决定实施行政强制拆迁，房屋拆迁管理部门应当提前15日通知被拆迁人，并认真做好宣传解释工作，动员被拆迁人自行搬迁。

　　第二十二条　行政强制拆迁应当严格依法进行。强制拆迁时，应当组织街道办事处（居委会）、被拆迁人单位代表到现场作为强制拆迁证明人，并由公证部门对被拆迁房屋及其房屋内物品进行证据保全。

　　第二十三条　房屋拆迁管理部门工作人员或者行政强制拆迁执行人员违反本规程的，由所在单位给予警告；造成错案的，按照有关规定追究错案责任；触犯刑律的，依法追究刑事责任。

　　第二十四条　拆迁人、接受委托的拆迁单位在实施拆迁中采用恐吓、胁迫以及停水、停电、停止供气、供热等手段，强迫被拆迁人搬迁或者擅自组织强制拆迁的，由所在市、县房屋拆迁管理部门责令停止拆迁，并依法予以处罚；触犯刑律的，依法追究刑事责任。

　　第二十五条　房屋拆迁管理部门是被拆迁人的，由同级人民政府裁决。

　　第二十六条　在城市规划区外国有土地上实施房屋拆迁申请行政裁决的，可参照本规程执行。

　　第二十七条　本规程自2004年3月1日起施行。

第三篇 房地产开发实务

第一章 房地产开发资金筹措管理

第一节 房地产开发资金筹措的渠道

一、汇集自有资金

一项开发项目，只要利润率高于银行存款利率，开发商就可以投入自有资金。自有资金包括现金和其他速动资产，以及在近期内可以收回的各种应收款等。速动资产包括各种应收的银行票据、股票和债券（可以抵押、贴现而获得现金的证券），以及其他可立即售出的建成楼宇等。至于各种应收款，可包括已定合同的应收售楼款、近期可出售的各类物业的付款等。

二、申请贷款

任何房地产开发商要想求得发展，都离不开银行和其他金融机构的支持，而且由于"杠杆效应"的存在，开发商不可能也不愿意完全靠自有资金而不利用银行或其他金融机构的信贷资金。利用信贷资金经营，实际就是"借鸡生蛋"、"借钱赚钱"。

（一）取得银行等金融机构支持的条件

金融机构是不会轻易向开发商敞开大门的。要得到金融机构的大力支持，甚至提供各种优惠和方便，取决于以下一些因素：

1. 开发商的实有资本。金融机构要考察和检查开发商的资产负债表和近期的损益表。除固定资产外，金融机构十分关心开发商的速动资产、流动负债等，以便算出开发商的速动运营资本净值。

2. 开发商的信誉。包括开发商过去完成的开发项目情况，特别是工程质量和是否按期完成开发工程和是否按期租售完以及用户的反映如何等。因为开发商是靠开发项目完成后的租售收入偿还贷款的，一旦开发商不能如期将楼宇租售出去，金融机构将无法收回其贷出的款项。

3. 拟开发建设项目的情况。金融机构在确定是否贷款给开发商之前，还需要了解拟开发建设项目的财务评价结果，即项目本身的还贷能力。一般情况下，开发商应向金融机构提供其所委托的房地产咨询机构站在第三方的公正立场上，对开发项目经济可行性所作的评估报告。该报告应就房地产市场情况、预期的租金和售价水平及总开发成本、项目本身的收益能力和还贷能力、财务评价的有关技术经济指标、不确定性分析的结果等提供专业性意见，以供金融机构参考。

4. 房地产市场情况。办理房地产抵押贷款的金融机构，还要通过自己的房地产市场研究人员，或委托另外的咨询机构，就房地产市场发展的现状与前景作出判断，以决定是否提供抵押贷款及数额的大小。当房地产市场前景不明朗时，金融机构通常持慎重态度或严格贷款条件。

5. 开发商在建工程情况。特别要了解开发商有多少在建工程，其工程进展状况和租售状况。如果开发商在建工程过多、规模过大，负担严重地超过了其开发能力，则金融机构也会对贷款持慎重态度。

6. 开发商的诚实可靠性。有的开发商为了获取贷款而有意隐瞒一些情况，例如，在列出的应收款项中，实际上由于存在争议而可能无法收回；隐瞒在建工程的潜在亏损；甚至串通咨询机构提供虚假评估执行报告等。这种不诚实的行为是金融机构最忌讳的。

（二）对金融机构的选择

随着我国金融体制的改革，金融业务打破了过去几家银行垄断的局面，地方性银行和开办信贷业务的非银行金融机构、外资银行、中外合资银行纷纷涌现，这为开发商选择金融合作伙伴提供了较大的选择空间。在选择金融合作伙伴时，要考虑以下一些因素：

1. 最好选择国际交往信誉好，政府和公众都很信任的较大金融机构合作；

2. 有良好的服务质量和办事效率；

3. 收费合理，无论是存贷利息、佣金或手续费用等，均能给予优惠待遇；

4. 便于资金调动和转移。

开发工程量大、营业额高而又有较好资信的开发商，也是众多金融机构争夺的主顾，开发商可利用金融机构之间的竞争来选择合作伙伴，根据金融机构特点和性质建立相应的业务往来。

（三）金融机构贷款的方式

1. 房地产开发企业流动资金贷款。

房地产开发企业流动资金贷款是房地产金融机构对开发企业发放的生产性流动资金贷款，其贷款对象是在规定贷款范围内的、具有法人地位、实行独立经济核算的从事房地产开发活动的企业。一般来说申请该项贷款的房地产企业应具备以下贷款条件：

（1）具备开发企业资格。即具有开发企业资格证书和工商营业执照。

（2）在贷款金融机构开立账户，持有贷款证。

（3）拥有一定量的自有资金。

（4）具有开发计划。即有关部门下达的年度投资计划和开发项目的有关批准文件。

（5）具有健全的管理机构和财务管理制度。

（6）具有还本付息的能力等。

另外，贷款金融机构对企业的实有资本、信誉、拟开发项目的成本和效益情况、开发商在建工程情况（是否超能力开发）等也将进行审核。

房地产开发企业流动资金贷款一般要经过贷款申请、贷款评估与贷款审核、贷款额度与期限核定、贷款合同和担保合同签订等过程，并办妥有关手续，最后由金融机构按贷款合同规定发放贷款。

2. 房地产开发项目贷款。

房地产开发项目贷款是指房地产金融机构对具体的房地产开发项目发放的生产性流动资金贷款。这种贷款的特点是贷款只能用于规定的开发项目，贷款对象是一些投资大、建设周期长的开发项目，如大型住宅小区等。承担项目开发的房地产开发企业是开发项目贷款的债务承担者。

开发项目贷款，除必须符合房地产开发企业流动资金贷款条件外，还必须具备以下条件：

其一，贷款项目必须列入当年的开发计划；

其二，必须具备批准的设计文件，并通过金融机构进行的项目评估；

其三，前期工作准备必须就绪，落实了施工单位，具备了开工条件。

与房地产开发企业流动资金贷款不同，申请开发项目贷款时，金融机构参与项目的选择，参与项目可行性研究工作，并进行项目评估。未经评估的项目金融机构一般不承诺贷款。金融机构参与项目的扩初设计及概算的审查，并根据项目有关情况参与销售价格的制定。金融机构参与项目的年度计划的安排，并根据计划执行情况，编制年度贷款计划，核定贷款额度。

房地产开发项目贷款程序与流动资金贷款程序基本相同。

3. 房地产抵押贷款。

房地产抵押贷款是指借款人以借款人或第三人合法拥有的房地产以不转移占有的方式向银行提供按期履行债务的保证而取得的贷款。当借款人不履行债务时，银行有权依法处理作为抵押物的房地产，并优先受偿。当处理抵押房地产后的资金不足以清偿债务时，银行有权继续向借款人追偿不足部分。

可以设定抵押权的房地产有：依法取得的土地使用权；依法取得的房屋所有权及相应的土地使用权；依法取得的房屋期权；依法可抵押的其他房产等。

以划拨方式取得的土地使用权设定抵押权的，依法处理该房地产后，应当先用处理所得的价款缴纳相当于应缴纳的土地出让金的款额，金融机构贷款方可优先受偿。

房地产抵押贷款对象可以是符合条件、具有可抵押的房地产的法人，也可以是具有可抵押的房地产、并具有完全民事行为能力的自然人。

房地产抵押贷款的条件除一般贷款的基本条件外，最主要的就是拥有可抵押的房地产。房地产抵押是建立贷款关系的前提，也是取得贷款的条件。

房地产抵押贷款的程序与房地产开发企业流动资金贷款程序基本相同，不同之处在于：

其一，房地产抵押贷款的额度由贷款的金融机构根据借款人的资信程度、经营收益、申请借款金额和借款时间长短确定，但最高不超过抵押物现行作价的70%，并且抵押物的现行作价一般由具备专业资格条件的房地产评估机构评估确定。

其二，抵押合同由借款人或抵押人与贷款金融机构双方共同签订，抵押合同是房地产抵押贷款合同的不可分割的文件。

其三，房地产抵押贷款合同、房地产抵押合同签订后，必须办理抵押登记手续，若按规定需公证的，贷款合同和抵押合同必须经公证机关公证。

三、发行债券筹资

发行公司债券筹集的资金与银行贷款一样，同属企业外来资金，但可使用时间较长。由于公司债券较政府债券风险大，因此其利率要高于政府债券利率。1987年国务院发布的

《企业债券管理暂行条例》规定："企业发行债券必须经过中国人民银行批准，并且授权中国人民银行对发行债券的企业和购买企业债券的企业、事业单位的资金使用情况进行监督、检查；企业债券的票面应当载明企业的名称、住所、债券的票面额、债券的票面利率、还本期限和方式、利息的支付方式、债券发行日期和编号、发行企业的印记和企业法定代表人的签章、审批机关批准发行的文号、日期等；企业发行债券的总额不应大于该企业的自有资产净值；企业为固定资产发行债券，其投资项目必须经有关部门审查批准，纳入国家控制的固定资产投资规模；债券的票面利率不得高于银行同期居民定期存款利率的40％；企业债券的发售可以由企业自己办理，各专业银行和其他金融机构可以经办企业债券的转让业务。"

（一）发行企业债券的一般条件

1. 企业规模达到国家规定的要求；

2. 企业财务会计制度符合国家规定；

3. 具有偿债能力；

4. 企业经济效益好，发行债券前连续三年赢利；

5. 所筹集资金的用途符合国家产业政策；

6. 债券利率不得高于国务院限定的水平；

7. 国务院规定的其他条件。

对房地产企业而言，在此一般条件上，还有一系列的限制性规定。

（二）企业债券的发行程序

1. 由公司权力机构作出决定。

有限责任公司或股份有限公司发行债券由董事会制订方案，股东大会或股东会作出决议；国有独资公司由国家授权投资的机构或国家授权的部门作出决定。

2. 报请国务院证券管理部门批准。

申请时应提交下列文件：

（1）公司登记证明；

（2）公司章程；

（3）公司债券募集办法；

（4）资产评估报告和验资报告。

3. 公告债券募集办法。

在该办法中应公告企业的名称、发行债券的用途、债券的票面额、利率、还本期限与方式、利息支付方式、债券的流通性等情况。在债券募集办法中一般还包括该公司债券经证券主管机关指定的评估机构评定的债券等级。

4. 承销机构承销债券。

四、发行股票筹资

对股份公司而言，发行股票是主要的筹资渠道。

（一）股票发行条件

1. 投资项目符合国家产业政策；

2. 发行的普通股限于一种，同股同权；

3. 发起人认购的股本数不低于总股本的规定比例；

4. 向社会公众发行的部分不低于股本总额的规定比例；

5. 中国证监会规定的其他条件。

若是原有企业改组申请公开发行股票的，还应具备以下两个条件：

1. 发行前一年年末净资产在总资产中的比例不低于规定要求，无形资产在净资产中的比例不高于规定要求；

2. 最近三年连续赢利。

增资扩股发行股票，除上述条件外，还应当具备以下条件：

1. 前一次发行的股份已募足，并间隔一年以上；

2. 最近三年连续赢利，并可向股东支付股利；

3. 公司预期利润率可达同期银行利率水平；

4. 中国证监会规定的其他条件。

五、其他筹资渠道

除利用上述主要资金筹集渠道外，房地产开发企业还可利用以下几种渠道筹集资金：

（一）利用各类信托基金融资

各类信托基金除将部分资金用于购买可以确保其利息收入的风险较小、收益水平相对较低的政府债券投资外，仍有愿望将基金的一部分用于虽有一定风险性，但收益相对较高的房地产投资，作为其投资组合的一部分，开发商可以约定的利率向各类基金组织融资，也可以吸收其投资入股。尽管使用基金的利率水平相对高于银行贷款，但对资金需求量很大的房地产开发企业而言仍不失为一条有效的筹资渠道。

（二）预收购房定金或购房款

在房地产开发进行到一定程度（投入开发建设的资金达到工程建设总投资的25%以上，并已经确定施工进度和竣工交付日期），政府允许房地产企业预售房屋。预售房屋对于购房者来说，只需支付少量定金或部分房款，即可能享受未来一段时间的房地产增值收益。而对开发商来说，预售部分房屋既可以筹集到必要的建设资金又可降低市场风险。尽管可能损失部分未来收益，但对于习惯于"借鸡生蛋"的开发商来说，适时、适价地预售部分房屋又是必要的。尤其对自有资金实力不强的开发商来说，能否成功地组织预售是房地产开发成败的关键。

（三）利用各类企事业单位的自有资金

在当前投资渠道尚不很健全的情况下，许多企事业单位拥有的自有资金处于闲置状态，他们希望投资于收益较高的房地产业以将死钱变活，由于不易拿到开发经营权或无专门力量经营此类业务，常常拿着钱去寻找合作伙伴。开发商可以适时抓住机会，以分享固定利润或支付利息的方式与这些企事业单位合作。

（四）借助于有经济实力的公司合作开发

开发商如果确实筹款困难，那么寻找一家或几家有经济实力的国际或国内公司联合开发，是一种分散和转移资金压力的较好办法。开发商可以组织合作成员发挥各自的优势，并由各成员分别承担和筹集各自需要的资金。

（五）由承包商带资承包建设工程

在建筑市场竞争激烈的情况下，许多有一定经济实力的承包商，有可能愿意带资承包建设工程，以争取到建设任务。这样，开发商就将一部分融资的困难和风险分摊给了承包商。当然，对延期支付的工程款项，开发商也要支付利息，但通常这个利息率较银行贷款利率低，而且更低于整个开发项目的投资收益率。如果开发商决定要承包商带资承包，一定要对承包商的经济实力进行严格的审查，对其筹资方案认真分析。必要时，在承包商筹资过程中，开发商也要给予支持与合作，如为承包商开具银行付款保函等。

应该指出的是，房地产开发商在进行某项目的开发建设时，通常要综合运用上述各种筹资手段。例如，将汇集到的自有资金用于支付地价款和前期开办费用，在获取土地使用权后，可将其向银行或其他金融机构抵押以获取抵押贷款，用于地上物建设；当楼宇建设进行到一定阶段后可预售楼宇，用楼宇预售款，再加上用其他方式筹集的资金，将楼宇开发完毕。在开发建设过程中，还可能辅之以短期银行透支贷款等。

第二节　房地产开发资金筹集步骤和方法

一、编制资金筹集方案

编制一个好的资金筹集方案是资金筹集成功的第一步。筹集资金很重要的就是借款，但借款是有风险的。由于财务杠杆作用的存在，它可能会使投资者由于借款而增加盈利，也可能使投资者由于借款而蒙受更大的损失。另外，当借款到期而市场不旺时，企业可能不得不低价出售房地产或者由于筹资过多而利息负担过重等。因此，把握好资金筹集的时间、数量、成本等各个方面，编制一个切实可行的资金筹集方案非常重要。

（一）资金筹集方案的主要内容

一般来说，所筹集的资金必须在币种、数量、期限、成本四个方面满足房地产开发项目的需要。币种是指房地产项目开发所需资金的货币种类；数量是指房地产开发项目所需资金的总额和分期使用额；期限是指房地产开发项目所需资金从使用到偿还的时间；成本是指房地产开发项目所需承受的资金成本。

资金筹集方案主要有以下内容：

1. 资金筹集的币种和数额。

2. 资金筹集的流量。即与房地产项目资金投入和资金偿还的需求相适应的不同时间内筹集资金和偿还资金的数量。

3. 资金来源、结构。即各个资金来源渠道筹集的资金所占的比重。

4. 资金筹集的风险评价。即资金筹集的风险预测，降低风险的措施安排等。

5. 资金成本。即对合理有效地筹集到所需要的资金而将付出的各种费用的估算。

6. 资金筹集方式。即对企业自行直接筹资还是委托有关金融机构筹集资金的选择。

7. 资金筹集部署。即对筹资工作各阶段具体目标、任务、时间、地点和负责人等的详细安排。

（二）资金筹集方案的编制过程

资金筹集方案的编制一般要经历以下几个阶段：

1. 根据设计文件、进度计划等有关资料编制资金流动计划（包括资金投入计划和资金回收计划），确定不同时期资金需求数量和可能的占用时间，并根据可行性研究报告等资料计算开发项目所能承受的最高资金筹集成本；

2. 分析不同资金流量对项目开发进度、效益的影响，确定资金筹集目标，进行资金筹集方案的总体设计；

3. 调查资金筹集的渠道，确定适合本项目要求的资金筹集范围，以及各种资金渠道筹集资金的数量、条件、期限、成本和风险；

4. 设定所筹集资金的币种、数量、期限，计算资金筹集费用；

5. 研究、分析资金筹集的风险，提出降低风险的措施；

6. 计算资金成本，包括资金筹集的全部费用；

7. 确定资金筹集方式，如果是委托筹集资金，则应提出委托的代理机构；

8. 提出资金筹集分阶段工作计划；

9. 准备资金筹集方案文件，包括所需要的各种法律条文和政策文件；

10. 形成正式的资金筹集方案。

不论企业是采用何种资金筹集方式，都可以委托有资格的银行、证券公司或其他金融机构代为制定资金筹集方案。

二、编制资金流动计划

为筹集一个开发项目所需要的资金，首先要知道究竟需要多少资金和什么时候投入这些资金。编制资金流动计划表，是解决这个问题的较好方法。一般的资金流动计划可以用表格形式或图线形式表达，对于大型项目可以用季度为单位计算资金流动量，中小型项目则可用月度为单位计算。

（一）资金投入计划

编制资金投入计划，主要是根据开发项目的建设进度计划和开发商与承包商签订的工程承包合同中的工程成本预算、施工组织设计中关于设备、材料和劳动力的投入时间要求，以及付款方式来分项计算资金需求额。投入资金的分类可粗可细，大致可划分为以下方面：

1. 土地费用。包括土地出让金、拆迁补偿与安置费用和城市建设配套费。

2. 前期工程费。包括临时水、电、路及场地平整费，勘察设计费和规划费用，可行性研究费等。

3. 建安工程费。包括土建工程费，水、暖、电、空调、煤气费和其他设备费。

4. 室外工程费。指红线内水、电、电信、煤气、道路、绿化、环卫、照明等各种消费支出和设施建设费用。

5. 公共配套费。包括锅炉房和变电所建设分摊的成本、用电权费、电贴费等。

6. 管理费。

7. 其他费用。如两税一费、所得税、贷款利息及不可预见费等。

将以上各种费用列表，并根据工程进度计划计算出每月或每季度的总费用支出，即为资金投入计划表(见表3-1-1)。

资金投入计划表　　　　　　　　　　　　　　表 3-1-1

时　间(月) 费用(万元)	1	2	3	4	5	6	7	8	9	10	11	12	小　计
土地费用													
前期费用													
建安工程费用													

续表

时 间(月) 费用(万元)	1	2	3	4	5	6	7	8	9	10	11	12	小 计
室外配套工程费用													
管 理 费													
利 息													
不可预见费													
合 计													

（二）资金回收计划

编制资金回收计划，主要是根据房屋租售计划，结合市场分析中预计的最可能租金、售价水平进行投资回收情况测算。测算时使用的时间单位应与资金投入计划表中涉及的相一致。

资金回收的项目主要包括定金、出售房屋收入和租金收入。将各项收入列表，即为资金回收计划表（见表 3-1-2）。

资金回收入计划 表 3-1-2

时 间(月) 内容(万元)	1	2	3	4	5	6	7	8	9	10	11	12	小 计
预收定金													
销售收入													
租金收入													
合 计													

由于租、售行为常常延长到项目投入完成、交付使用之后，故在建设期结束后可能继续有收入，可以将此表的时间延长到项目租、售结束，并在资金流动计划表中作相应调整。

（三）资金流动计划

将上述两表综合，得到资金流动计划表（表 3-1-3）。

资金流动计划表 表 3-1-3

时 间(月) 内容(万元)	1	2	3	4	5	6	7	8	9	10	11	12	小 计
资金投入													
资金收入													
差 额													
累计资金投入													
累计资金收入													
累计差额													

表 3-1-3 中，资金投入与资金收入的差额与累计差额分别表示当期和累计的扣除租、售收入后的实际投入的自有资金或借入资金的数量，这是判断必须筹集的资金数量、时间、期限等的主要依据。

三、按规定程序办理各类贷款手续

所有金融机构，包括国内和国外的金融机构，对于各类贷款均需要按一定的程序和手续办理。一般来说，开发商在决定进行某个开发项目之前，就应该考虑到开发建设资金的筹集渠道。除安排自有资金外，总是要先同几家银行或非银行金融机构接触，向他们探询获得支持的可能性和贷款条件。一旦成功获取了某个项目的开发权，应立即找许诺贷款并有优惠条件的金融机构商讨具体安排。

办理贷款手续前双方要明确以下一些重要问题：

1. 借款人：借款人应是法人，应有法人注册文件，有董事会关于贷款的决议和对经办人的授权证书，有法人联系地址、电话、传真等。

2. 贷款人：指贷款的银行或有权发放贷款的非银行金融机构。

3. 贷款的性质和用途：指项目抵押贷款、透支贷款还是自由贷款等，贷款用于什么项目或开发项目的哪一方面。

4. 贷款金额：包括贷款货币种类及其金额。

5. 贷款期限：指从贷款支取直至还清贷款的总期限，其中应有用款期、宽限期（还息不还本）和偿还期等。

6. 安全保障：包括保函、抵押品、存款或债券抵押等方面的安排。

7. 利率：主要是确定采用固定还是浮动利率，采用浮动利率时浮动的方法，例如按伦敦银行同业拆息附加（国际银行贷款），或按其他优惠利率附加，以及浮动时间的确定等（例如每月或每季度浮动一次）。

8. 付息方式：确定按月或按季付息甚至半年付息一次，每次付息后下期的利率的计算方法等。

9. 还本方式：确定按年、半年或三个月平均还本并支付各期利息。如用固定利率，可规定连同本息用等分方法归还等；也可规定为分次按不同本金的百分比偿还。同时要约定未按期还本付息的惩罚方式，例如提高未还本部分的利率，强制还款等。

10. 各种手续费用：确定各种收费标准，包括贷款安排费、法律文件手续费（如贷款合同文件准备费用、律师费等）、承诺费（对未按期提款部分应给银行资金筹集费用以适当补偿）以及其他额外费用等。要明确各项费用的取费方法和支付方法（例如安排费、律师费等在第一次支付贷款中首先扣除，承诺费在贷款总额中扣除等）。

11. 提前还款的处理：明确是否允许提前还款，是否有处罚金等。

12. 提款方式：了解关于提款凭证的规定，明确提款签字人的签名字模等。

13. 金融机构的监督权利：这是金融机构单方面的权利规定，例如规定金融机构有权对贷款项目的进展随时检查，有权要求借款人向金融机构报送财务报表，及有权在某种条件下终止贷款等。

14. 其他重要问题：例如贷款合同的生效问题。

第三节　国家开发银行贷款管理程序

一、国家开发银行贷款对象、使用范围和条件

1. 贷款对象：必须是经工商行政管理部门登记注册，实行独立核算，具有法人资格，

能够还贷付息，对项目建设的全过程以及资产的保值、增值负责的经济实体。

2. 使用范围：基础设施、基础产业和支柱产业等政策性大中型基本建设项目及其配套工程。

（1）制约国民经济发展的能源、交通和重要原材料等基础设施、基础产业项目。

（2）直接关系到增强综合国力的支柱产业中的重大项目。

（3）重大高新技术在经济领域应用的项目。

（4）跨地区的重大政策性项目。

（5）其他政策性项目。

3. 贷款具备条件：

（1）贷款项目必须具备批准的项目建议书、可行性研究报告和经国家开发银行确认的初步设计等文件。

（2）贷款项目列入国家固定资产投资计划和信贷计划。

（3）贷款项目总投资中，各项建设资金来源必须落实，自筹资金一般不少于总投资的30%，大型项目不少于10%。

（4）贷款项目总投资中，必须按有关规定列入所需要的生产流动资金。

（5）贷款项目经过评估，经济效益和财务效益较好，具有偿还贷款本息的能力。

（6）付款单位有健全稳定的管理机构和技术人员，经营管理制度健全，经营状况良好。

（7）借款单位有承担贷款风险的可靠措施，能够提供有处分权的财产抵押或落实具有法人资格、实行独立核算、有偿还能力的第三方保证人。

二、贷款申请的审批程序

1. 借款单位在报批项目可行性研究报告的同时，将报批的可行性研究报告副本、已批准的项目建议书和要求国家开发银行安排贷款的文件一齐送交国家开发银行，国家开发银行根据此情况进行贷款前调查。

2. 国家开发银行参与对贷款项目的评估，并独立进行贷款条件审查和财务评估论证，在此基础上提出项目选择意见和资金配置方案。

3. 国家开发银行根据贷款项目的初步设计，将贷款项目纳入信贷计划后，借款单位向国家开发银行提交《基本建设贷款借款申请书》及有关文件，贷款项目建设准备情况和其他资金落实情况的报告。

4. 工程建设进度计划和贷款资金安排计划等。

5. 借款申请经国家开发银行审查同意后，国家开发银行与借款单位签订借款合同。

借款申请表见 3-1-4。

借 款 申 请 表   表 3-1-4

单位：万元

建设项目名称			
借款单位			
组织方式		注册资本	
法定代表人		邮政编码	
住　　所			

续表

经营范围							
项目负责人			电　话				
财务负责人			电　话				
借款金额			借款期限				
借款用途							
借款依据							
项目总投资	其中	资金来源					
		数　额					
还款计划							
经办行			邮政编码				
地　址			电　话				
开户银行名称及账号							

向国家开发银行提交的贷款申请书内容如下：

国家开发银行_____贷款申请书

国家开发银行：

我单位根据_____号文（可行性研究报告批准文件或参股文件），批准建设（参股）_____项目，因资金不足，谨向你行申请贷人民币（大写）_____万元。

我单位无条件遵守你行关于_____贷款的管理办法，保证按借款合同的有关规定偿还贷款本息，并聘请_____作为我单位偿还贷款本息的担保单位（或以我单位的有处分权的财产抵押，抵押清单附后）。我单位基本情况和借款申请如表（附后）。请予审批。

附件：1. 借款单位法人营业执照复印件（略）；

2. 担保单位法人营业执照复印件（略）；

3. 担保单位基本情况和担保意向（略）；

4. 抵押财产清单和抵押财产办理保险的有关材料（略）；

5. 批准的项目建议书（略）；

6. 批准可行性研究报告副本（略）；

7. 批准的初步设计、概算等文件（略）；

8. 批准工程建设开工的文件（略）；

9. 上年期末和最近月末资产负债表和损益表（略）；

10. 落实自筹资金的证明文件（略）；

11. 参股的有关文件和参股项目的有关文件（略）；

12. 其他文件（略）。

借款单位（签章）：

法定代表人（签字）：

_____年____月____日

三、签订借款合同程序和贷款期限及利率

（一）签订合同程序

1. 贷款项目不论贷款额大小、建设周期长短，都应签订借款合同。

2. 总合同项目下可分年度分项签订，各年度借款总额之和不得超过总借款合同的借款总额。

3. 特殊原因，不具备签订总借款合同条件的贷款项目，经国家开发银行批准也可以先分年或分项签订合同，待条件具备后再签订总借款合同。

4. 借款合同应有的条款：借款依据、借款用途、借款金额、贷款期限、贷款利率、用款计划、还款计划、还款方式、违约责任、担保条款和双方商定的其他条款。

5. 签订借款合同前，借款单位必须办理担保手续，必须办理公证。若实行抵押担保，经国家开发银行审查同意，签订《抵押协议》作为借款合同附件。

（二）贷款期限和利率

1. 贷款期限是指借款合同生效之日起至借款单位全部还清贷款本息的时间，是按照批准的项目可行性研究报告预测经济效益和借款单位还款能力而确定的。一般不超过 10 年，最长不超过 15 年。

2. 贷款利率按中国人民银行的规定执行，贷款利息按年计收。

四、贷款管理

1. 借款单位使用国家开发银行基建贷款，必须按借款合同规定的贷款用途专款专用。若挪用贷款，国家开发银行有权停止发放贷款，收回已发的部分或全部贷款，并对挪用贷款数额按照中国人民银行规定加收利息。

2. 借款单位使用国家开发银行基建贷款，必须按照国家及国家开发银行有关规定对贷款项目的主体工程设计、施工、监理和设备采购实行招标，招标文件及合同必须经国家开发银行审核确定。

3. 合同执行期间，国家开发银行有权了解、检查、监督借款单位的贷款使用，工程建设和竣工验收，生产经营管理及有关计划执行、财务活动、物资库存等情况。

4. 借款单位应定期向国家开发银行提供贷款使用、工程建设、生产经营管理情况的报告及有关统计、财务会计报表等资料。

5. 国家开发银行发现超计划、超标准、挪用贷款和其他危及贷款安全重大问题，有权采取限制用款等措施。

6. 国家开发银行参与建设项目的竣工验收，借款单位应在竣工验收前将有关文件送交开发银行。

7. 国家开发银行对贷款项目进行后评价。工程全部竣工验收 12 个月内，贷款单位向国家开发银行提交贷款项目执行报告。

8. 借款合同履行期间，未经国家开发银行审核同意，借款单位不得将贷款建造、购置的资产转让、出售、作价入股及为他人设定担保。

9. 履行合同期间，借款单位发生合并、分立等变更产权，改变经营方式，必须报国家开发银行审查，同意后方可实施。

五、贷款回收措施

1. 收贷挂钩：为了确保国家开发银行贷款回收计划的实施，国家开发银行采用收贷

挂钩的方式。

（1）以行业部门或集团性企业为单位。

（2）以地区为单位。

（3）对既有老债务又有在建项目的单位实行"收贷挂钩"。对还款较好的单位积极支持。对不能按时回收的，根据情况从其当年贷款金额中扣收。

2．依法收款：对不按借款合同期限还款的单位，可运用法律手段清收贷款。

3．协调收款：

（1）政策协调。对由于税收、价格等政策性因素影响某些基础产业还款能力的情况，向有关部门反映，提出要求和建议，帮助创造还款条件。

（2）部门协调。通过主管部门、地方政府、财税部门、其他银行协调，收回贷款。

4．实行担保制度：担保单位应具有偿还本息的能力，被担保单位无力偿还债务时，国家开发银行有权依法向担保单位追索、扣款、拍卖、转让抵押品。

5．利用转制和兼并收购时机及时收贷。

6．以贷促收。

7．贷改股。配合现代企业制度改革，以此方式转变为股份。

8．贷款回收率计算法：

$$合同贷款回收率 = \frac{报告期实际收回贷款}{报告期合同应收回贷款} \times 100\%$$

国家开发银行催收贷款本息通知单见表3-1-5。

国家开发银行催收贷款本息通知单　　　　表 3-1-5

借 款 单 位		贷 款 总 额	
经 办 银 行		项目主管单位	
贷 款 余 额		挂账贷款利息	
应归还到期本金		应归还到期利息	
_____： 　你单位应于　月　日归还贷款本金　万元，应于月　日归还贷款利息　万元，请将上述款项按时归还我行。 　　　　　　国家开发银行(盖章) 　　　　　　　年　月　日		备注：	

注：1．我行直接办的贷款，信贷局填一式两份，寄借款单位一份，留存一份。
　　2．委托代理行办理的贷款，信贷局填一式三份(有关利息栏数字不填)，寄借款单位、项目经办行各一份，留存一份。

第四节　建设银行贷款管理程序

一、建设银行贷款种类

建设银行贷款种类见下表3-1-6。

建设银行贷款种类 表 3-1-6

序号	贷款种类	类型简要说明
1	(1) 自营贷款 (2) 委托贷款 (3) 特定贷款	(1) 指贷款人以合法方式筹集资金自主发放贷款 (2) 指政府部门、企事业单位及个人委托提供资金，确认贷款对象、用途、金额、期限等，代放、监督使用，并收回贷款 (3) 指经国务院批准，对贷款可能造成损失采取补救措施，责成有关银行发放贷款
2	(1) 短期贷款 (2) 中期贷款 (3) 长期贷款	(1) 指贷款期限 1 年以内 (2) 指贷款期限 1～5 年 (3) 指贷款期限 5 年以上
3	(1) 信用贷款 (2) 担保贷款 (3) 票据贴现	(1) 指借款人的信誉发放的贷款 (2) 指保证贷款、抵押款、质押贷款 (3) 指贷款人以购买借款人未到期商业票据方式发放贷款

二、建设银行贷款程序

建设银行贷款程序见下表 3-1-7。

建设银行贷款程序 表 3-1-7

序号	贷款程序	贷 款 要 求
1	贷款申请	(1) 借款人及保证人基本情况 (2) 财政部门或会计基本情况 (3) 原存不合理占用的贷款的纠正情况 (4) 抵押物、质押物清单和有处分权人的同意抵押、质押证明及保证人同意保证的文件 (5) 项目建议书和可行性报告，总投资概算计划资金来源 (6) 贷款人认为需要的其他资料
2	借款人的信用等级评估	(1) 借款人的领导者素质 (2) 经济实力、资金结构、履约情况、经营效益和发展前景等 (3) 评定借款人的信用等级 (4) 评级可由贷款人独立进行，也可以由有权部门批准的评估机构进行
3	贷款调查	(1) 贷款人受理借款人申请后，应对借款人的信用等级、合法性、安全性、盈利性等情况进行了解 (2) 核实抵押物、质押物、保证人情况，测定贷款的风险度
4	贷款审批	(1) 贷款人应建立审贷分离、分级审批的贷款制度 (2) 审查员应对调查员提供的资料进行核实、评定、复测贷款风险度等 (3) 按规定权限报批
5	签订借款合同	1. 借款合同：由贷款人与借款人签订借款合同 (1) 借款用途、金额、利率、借款期限、还款方式 (2) 借贷双方权利、义务、违约责任和其他事项 2. 保证贷款合同：由保证人与贷款人签订保证合同；盖保证人的法人公章，并签署姓名 3. 抵押贷款合同：由抵押人与贷款人签合同，应依法办理登记
6	贷款发放	(1) 按借款合同规定按期发放 (2) 贷款人不按合同约定按期发放贷款的，应付违约金 (3) 借款人不按合同约定用款的，应付违约金
7	贷款后检查	(1) 贷款人对借款人执行借款合同情况 (2) 对借款人的经营情况进行追踪调查、检查

续表

序　号	贷　款　程　序	贷　款　要　求
8	贷款归还	（1）借款人按照合同规定按时足额归还贷款本息 （2）短期贷款7天，中长期贷款30天之前向借款人发送还本付息通知单 （3）借款人接到通知单后，筹备资金，按期还本付息 （4）贷款人做好逾期贷款本息的催收工作 （5）贷款人对不能按借款合同归还贷款的，按规定加罚利息；对不能归还的，应督促归还或者依法起诉

三、贷款银行与借款单位职责

1. 贷款银行要求借款单位必须具有法人资格，经济上独立核算，能承担经济责任；

2. 借款合同履行期间，贷款银行有权了解、检查、监督借款单位计划执行情况、财务活动情况；

3. 借款单位按时向贷款银行报送统计、会计报表等有关资料；

4. 借款单位在合同规定期限内还本付息，从签订合同之日起，到全部还清本息止，小型项目不超过5年，大中型项目一般不超过10年；

5. 借款单位支付或偿还贷款本息，按国家规定，应交纳所得税以前的新增利润、新增固定资产折旧基金、基本建设收入、基建投资包干节余分成和减免的税收及其他资金归还等；

6. 借款单位在合同规定期限内未还清贷款以及不能按计划归还的部分，均作为逾期贷款处理，逾期部分按原定利率加收利息20%，并对违反合同规定挪用的部分罚收50%的利息；

7. 建设期间，根据项目大小不同，大中型项目由建设银行总行会同国家计委审批，小型项目由建设银行总行审批，并报国家计委备案。

四、建设银行贷款合同

（一）建设银行贷款合同分类

1. 建设银行资金借款合同；

2. 建设银行保证合同；

3. 建设银行抵押合同；

4. 建设银行质押合同。

（二）建设银行的贷款合同的要求

根据中国建设银行总行的要求，适用于建设银行与借款单位之间签订的信用贷金发放的各类人民币贷款，经甲、乙双方协商确定，凡办理公证借款合同的单位，根据法规规定，甲方有不履行本合同的义务行为时，愿接受强制执行。另外，合同当事人认为应在合同中约定的其他事项，必须经双方协商一致后才能执行。

有关各类合同和还款协议书及催款通知书等，均按中国建设银行印制的格式办理。

（三）办理借款合同格式

1. 资金借款合同：借款合同必须由甲、乙双方的法定代表人或其授权代理人签字，并加盖单位公章后才能生效，其他任何人签字、盖章均无效。

中国建设银行人民币资金借款合同见附件3-1。

2. 建设银行保证合同：此合同适用于借款合同法人代表以外的第三人为借款人履行合同债务提供保证担保的一种形式。如果资金借款合同中有两个保证人提出担保时，应与保证人分别订立保证合同。合同编号统一用借款人合同编号。

保证合同中未涉及事项，合同当事人认为在合同中约定的其他事项，经双方协商一致后填入。

保证合同中必须由甲、乙双方法定代表人或授权代理人签字并加盖单位公章后才能生效，其他任何人的签字和除单位公章外的任何章都无效。

中国建设银行(贷款)保证合同见附件 3-2。

3. 建设银行抵押合同：该合同适用于借款人同第三人为担保借款合同债务的履行，以财物为抵押的担保方式。当事人应将借款合同编号提供给抵押担保人，同时填抵押清单。另外，合同中未涉及到的事项，当事人如认为应填写在合同中，必须经甲、乙双方协商一致后，才能填入生效。

对合同签字人和生效日期的约定：合同必须由甲、乙双方的法定代表人或其授权代理人签字，并加盖单位公章后才能生效，其他任何人的签字和除单位公章之外的任何章都无效。

抵押物清单见表 3-1-8。

抵 押 物 清 单   表 3-1-8

抵押物名称	规格型号	单 位	数 量	产权证书及编号	处 所	抵押物评估价值(万元)	已经为其他债权设定抵押额度(万元)	备 注

抵押人(公章)：　　　　抵押权人：建设银行　　　行(公章)
法定代表人(签字)：　　法定代表人(签字)：
(或授权代理人)　　　　(或授权代理人)

中国建设银行贷款抵押合同见附件 3-3。

4. 建设银行质押合同：质押合同适用借款人同第三人为担保借款合同债务的履行，以动产或权利为抵押提供担保，并有质押财产清单。要将借款人的全称和合同编号填写清楚，并且将实际质押担保的借款金额填入。如有违约按法规办理。

另外，合同中没有的事项，当事人认为应该填写的，经双方协商意见一致后，才能生效。

对合同签字人和生效日期的约定：合同必须由甲、乙双方法定代表人或其授权代理人签字，并加盖单位公章后才能生效，其他任何人的签字和除单位公章之外的任何章都无效。

质押财产清单见表 3-1-9。

质 押 财 产 清 单   表 3-1-9

质押物名称	规格型号	单 位	数 量	质押财产状况	产权证书或权利凭证编号	质押财产评估价值(万元)	备 注

出质人(公章)：　　　　质权人：建设银行　　　行(公章)
法定代表人(签字)：　　法定代表人(签字)：
(或授权代理人)　　　　(或授权代理人)

中国建设银行(贷款)质押合同见附件3-4。

五、建设银行贷款回收程序

(一)贷款回收

贷款方应在借款合同规定的贷款偿还期限到期前,提前通知借款人,按时偿付贷款本息,借款人按时足额偿还款后,借款合同及保证合同或抵押合同即告终止。

如借款人不能按时偿还贷款,应提前向贷款方申请贷款展期,并说明原因和展期的时间。贷款方接到借款人展期申请和保证人或抵押人同意的书面说明,经过审查后确定可否展期。

贷款方同意贷款展期,必须与借款人和保证人或抵押人签订书面协议。

贷款方不同意贷款展期,借款人无能力偿还,应依法对抵押物进行处分。

(二)贷款展期还款协议书

贷款展期还款协议书适用于借款人不能按借款合同法定的还款期归还借款本金和利息,经贷款方同意展期时,双方(贷款方、担保方)签订展期还款协议。

此协议是对协议签字人和生效日期的约定。协议必须经甲、乙、丙三方法定代表人或其授权代理人签字并加盖公章后才能生效,其他任何人的签字和除单位公章之外的任何章都无效。

展还期协议书内容如下:

展期还款协议书

借款人(以下称甲方):＿＿＿＿＿＿＿＿

贷款人(以下称乙方):＿＿＿＿＿＿＿＿

担保人(以下称丙方):＿＿＿＿＿＿＿＿

甲方因＿＿＿＿＿＿＿原因,不能近期按期偿还＿＿＿＿号借款合同的贷款,需向乙方申请延长借款期限。乙方经审查,同意甲方展期还款,丙方同意为甲方提供担保。甲、乙、丙三方经协商一致,达成如下协议:

一、甲方根据＿＿＿＿号合同向乙方借用的＿＿＿＿＿＿＿贷款＿＿＿＿万元,应于＿＿年＿＿月＿＿日到期,现经乙方审查,同意此笔贷款展期＿＿月,贷款期限修订为＿＿年＿＿月＿＿日。

二、贷款利率按人民银行规定调整为＿＿＿＿＿＿＿＿。

三、贷款展期后,甲方调整还款计划为:

＿＿年＿＿月＿＿日＿＿万元;

＿＿年＿＿月＿＿日＿＿万元;

＿＿年＿＿月＿＿日＿＿万元。

四、展期后,甲、乙、丙三方的有关权利义务仍按＿＿＿＿号借款合同和＿＿＿＿＿＿＿I担保合同约定的条款执行。

五、当事人商定的其他事项。

六、本协议自甲、乙、丙各方法定代表人或其授权代理人签字并加盖单位公章之日起生效,至本协议项下全部贷款本息、费用清偿完毕后终止。

七、本协议一式三份,甲、乙、丙各执一份。

甲方(公章):   乙方(公章):   丙方(公章):
法定代表人(签字):   法定代表人(签字):   法定代表人(签字):
(或其授权代理人)   (或其授权代理人)   (或其授权代理人)
    年   月   日   年   月   日   年   月   日

(三)到期贷款通知书

到期贷款通知书内容如下:

到期贷款通知书

编号(____年)第_____号

_____:

你单位_____年____月____日与我行签订的(____年)____字第____号借款合同,尚有贷款余额_____万元,账号_____,归还日期为_____年____月____,合同即将到期,请你单位接此通知后,抓紧落实还款资金来源,恪守信誉,按合同期限归还贷款。

中国建设银行_____行
年   月   日

注:第一联留存,第二联送借款单位,第三联送担保单位。

(四)逾期贷款的处理

贷款发生逾期,经办的建设银行要及时向借款单位和担保单位发出《逾期贷款催收通知书》和《催款通知》,督促其迅速偿还贷款,并按规定加收罚息。

逾期贷款催收通知书及催款通知书内容如下:

逾期贷款催收通知书

_____年第_____号

借款单位:

根据你单位与我行于____年____月____日签订的_____字_____号借款合同(贷款总额_____万元),按借款合同中的还款计划规定,应于_____年____月____日前归还贷款_____万元,发文日止只归还了_____万元,仍有_____万元未归还、且欠息累计_____元。请严格按照借款合同的规定,对逾期的贷款本息积极做好回收工作。

中国建设银行_____行
年   月   日

注:此通知一式三份,由经办行送借款单位两份,担保单位一份,借款单位签字盖章后返回经办行一份。

催款通知书

_____年第_____号

保证人名称:

根据_____与我行于_____年____月____日签订的借款合同(合同编号_____年

____字第____号)，按借款合同中的还款计划规定，应于_____年____月____日前归还贷款(大写)____万元，至_____年____月____日止只归还了_____万元，仍有_____万元未归还，且累计欠息_____元。按照贵方与我行于____年____月____日签订的保证合同(合同编号_____年____字第____号)第二条的要求，现特请贵方在接到通知后____个营业日内清偿上述款项及实际归还日前新发生利息，并将具体归还日期书面通知我行。

中国建设银行_____行

年　　月　　日

注：此通知一式二份，由经办行送担保单位，担保单位留存一份，签字盖章后返回经办行一份。

第五节　商业银行、交通银行、工商银行贷款管理程序

我国商业银行、交通银行、工商银行从贷款基本规划的角度对贷款发放进行规定，明确要求贷款原则、贷款程序、贷款管理及贷款人与借款人的条件、权利、义务等，对抵押贷款和其他种类贷款进行了统一规范和系统界定。

现将商业银行、交通银行、工商银行贷款执行抵押贷款办法，以及抵押贷款进行的程序具体规定如下：

贷款申请→贷款调查→贷款审批→合同签订→贷款发放→贷款检查→贷款回收。每项具体内容见表 3-1-10。

抵 押 贷 款 程 序　　　　　　　　　　　　　　　　表 3-1-10

编号	贷款程序	主　要　内　容
1	抵押贷款	(1) 提交书面贷款报告，借款用途，资金额，期限，偿还措施与方式 (2) 贷款人情况，企业性质，法人代表，注册资本，地址，账户类型 (3) 财政部门核准近年财务报表 (4) 提供抵押物清单，财产人同意证明文件 (5) 经批准项目建议书或项目可行性研究报告，投资、进度计划 (6) 提供第三方保证人基本情况，财务报表，有关文件
2	抵押贷款调查	(1) 借款人信用的调查和评估 (2) 贷款项目的调查和评估 (3) 抵押物的审查和估价
3	抵押贷款审批	(1) 贷款经办与审查，贷款受理后审查信用等级；审委会确认后交贷款审查部门评估，逐级行文审批；批准贷款，方可办理其他合同 (2) 贷款审批委员会及其主要职责 (3) 资产风险管理委员会及其他主要职责(略)
4	抵押贷款审查	(1) 审查抵押物合法性和可能性 (2) 借款人能否遵守合同约定偿还贷款本息 (3) 确定抵押率，若产生问题，贷款能足额偿还
5	抵押贷款合同	(1) 贷款合同：陈述与保证；先决条件；约定事项；违约事件；担保条款；贷款条件 (2) 抵押合同：抵押人情况；抵押书目的和说明；抵押物清单；抵押物所有权和使用权 (3) 抵押贷款的金额、用途、期限、利率及还本息的方法 (4) 将合同进行公证条款

续表

编号	贷款程序	主 要 内 容
6	抵押贷款检查	(1) 检查贷款使用情况(经营计划与财务状况) (2) 检查抵押物情况(确认数量是否完整;性能是否完好及其他情况)
7	抵押贷款回收	(1) 合同规定偿还到期前通知借款人归还本息,归还完时抵押贷款回收终止 (2) 借款人不能按期偿还,应提前申请贷款展期,说明原因和展期期限 (3) 贷款人同意展期,必须有书面展期协议,均有时间限制 (4) 贷款人不同意展期,借款人无贷款偿还能力,按照抵押物处分的具体内容办

第六节 建设项目利用外资的原则和管理办法

我国是一个发展中大国,要发展经济,就得抓住有利的时机,在国家外交政策的指导下,按照平等互利的原则,尊重国际惯例,为我国经济发展服务的目标,针对国民经济和社会发展的需要利用外资,以缓解我国建设资金不足或进行资金调节,引进国外先进技术、先进设备,利用外资进行国内建设项目,发展我国经济。

一、利用外资的原则

1. 社会主义的独立自主原则。遵守中华人民共和国的法律,不得损害国家利益和社会公共利益。

2. 平等互利、协商一致的原则。

3. 参照国际惯例的原则。遇到经济争议纠纷时,参照国际习惯做法来处理问题。

4. 签订合同资格和履行合同能力的原则。不论是单位或个人,也不论是中方还是外方,一定要有合法经营手段和条件,能承担经济责任。

5. 慎重办事的原则。摸清对方真实情况,审查对方有关证件和各种手续是否明确真实,当事人要慎重办理。

6. 要明确经营目的、双方的经济责任,审批程序完善。

二、利用外资的对象和条件

1. 对象:主要是支持国家重点项目,如能源、交通、原材料以及社会公共福利。

2. 条件:

(1) 利用外资建设项目是经国家批准的,纳入国家利用外资计划;凡未列入国家计划,未经中国人民银行批准,任何单位不得自行用各种形式贷款。

(2) 利用外资单位按计划程序报批,由国家计委、对外经济贸易部、财政部、中国人民银行等单位统一办理对外借款手续。

(3) 利用外资贷款引进国外设备项目,必须落实国内配套。

(4) 利用外资贷款项目,必须经济效益大、见效快、创汇高、偿还有保证。

三、利用外资种类和性质

(一) 利用外资种类

利用外资的范围种类广泛,形式较多,主要有以下几种形式:

1. 借用国外资金。包括:

(1) 国外政府贷款;

(2) 国际金融组织贷款；

(3) 国外商业银行贷款；

(4) 在国外金融市场上发行债券；

(5) 吸收国外存款；

(6) 利用出口信贷。

2. 吸收国外直接投资的形式。包括：

(1) 中外合资经营；

(2) 中外合作经营；

(3) 中外合作开发；

(4) 外资独立经营。

3. 利用国外商品信贷。包括：

(1) 补偿贸易方式；

(2) 对外引进设备加工装配；

(3) 国际租赁。

(二) 利用外资贷款性质

1. 外国政府贷款。外国政府贷款是国与国之间贷款，具有发展双边关系和经济援助的性质，属一种优惠贷款，期限长、利率低。外国政府通过财政部预算每年拨出一定款额，由借款国双方政府签订协议，借款国政府指定银行担保。

我国大型工程使用外资项目主要为指令性计划，项目程序为向上级报建议书、可行性研究报告、预算、评估，批准后谈判签合同，贷款分统借自还和统借统还两种方式。

2. 国际金融组织贷款。国际金融组织贷款是指世界银行、亚洲开发银行、欧洲投资银行等组织提供贷款。其宗旨是为发展中国家和经济不发达地区提供资金和技术援助。

世界银行贷款项目管理比较复杂，各种大中型项目，均由我国财政部负责谈判并签订协议。从开始到完成，要对项目进行选定，并从技术、组织机构、经济和财务等方面进行审查，认为可行，才能进行谈判，签订贷款协议。

3. 国际商业银行贷款。国际商业银行贷款在大多数国家的金融体系中起支配作用，优点是方便、灵活、手续比较简单，但其利率高；并且是浮动利率，借款人对利率难予预测，风险较大，我国利用较少。

四、利用外资的程序

引用外资种类较多，程序比较复杂，管理要求也不同，不论使用哪一种外资，都必须按相应的程序办理。

1. 凡使用外资贷款项目应向国家提出申请，申请时应送可行性报告、概算、设计，贷款使用计划和归还计划，项目的基建部分已纳入国家基建计划的证明文件，落实国内资金和物资等情况。

2. 国家计委对各部门、各省(市)、自治区的项目都进行预审筛选后，报国务院批准，然后纳入贷款规划，向外国提出贷款申请。

3. 外国政府派人来华对项目进行审查，并要求中方提出项目所有资料，进行评估，然后提出贷款额度和条件。

4. 中外双方进行谈判、签字，确认贷款额度、贷款年度计划、贷款期限、贷款利率等，经过双方有关上级审批，批准后双方正式签署贷款协议，贷款生效。

5. 贷款使用，根据双方贷款协议，在经贸部门接到外方支付通知书后，送有关部门和财政部实施。

6. 项目竣工投产后，编写项目完成报告，检查贷款效益，总结经验。

亚洲开发银行转贷款借款合同审批表见表 3-1-11。

五、利用外资的管理办法

根据国民经济的需要，我们要有效地利用外资，为我国现代化建设服务，努力创造改善投资环境。这是一项政策性强、范围广、内容复杂的工作，应该加强管理，树立自力更生的原则，在措施上贯彻平等互利、讲求经济效益等原则，具体办法如下：

1. 加强国内经济建设发展，增强自力更生的能力。利用外资，引进国外先进技术和设备，一定从我国的实际情况出发，加强对引进技术的消化和吸收。

2. 合理地利用外资。利用外资规模不能超过偿债能力的原则，并且落实好国内资金配套能力问题。

3. 要搞好利用外资项目的投资决策。建设项目要进行技术、财务、经济的论证评估。

亚洲开发银行转贷款借款合同审批表　　　　　　　　　　　表 3-1-11
年　　月　　日

发放行名称：　　　　　　　　　　　　　　　　　　　　　　　　　　　金额单位：（万美元）

借款企业名称		合同借款金额	
项目预算总额		当年借款金额	
计划投产时间		计划还款期限	

信贷员调查结果及意见（此格不够可另附材料）	信贷员		年　　月　　日
信贷科长审查意见	信贷科章	负责人	年　　月　　日
主任（行长）审批意见	区办（支行）章	负责人	年　　月　　日
分行批示	分行章	负责人	年　　月　　日
备注			

注：须报分行批准的限额以上借款合同，待分行批准后，经办地在借款合同加盖公章，法人代表人签名盖章。

4. 利用外资经国家计划部门批准后，组织谈判，确认贷款数额、贷款期限、年度计划、贷款利率、贷款偿还、双方违约的处理办法和措施，并交各种税收等。

5. 设备采购是利用外资的重要环节。引进国外技术和设备要技术先进、质量可靠、价格合理。同时，做好前期准备，如发出招标公告，对投标单位资格的审查，发送招标文件，开标、评标及签订合同等。

6. 利用外资要讲求经济效益，要抓好借债、用款、增效、还债。将贷款用到国家主要工程上，提高技术和管理水平。

第二章 房地产开发的主要内容和产品种类

第一节 土 地 开 发

开发是对原始的自然资源通过人类的实践活动加以利用的过程。土地开发是政府部门或开发商依据有关开发证件，依法对未用土地、已用土地进行利用和改造活动过程。土地开发的不同目标，决定了土地开发的不同种类和不同用途。根据土地开发用途的不同可分如下几类：

1. 农用地开发。是指将荒芜的土地开发利用于农业生产，如将滩涂开发成稻田、鱼塘等；将荒山开发改造成果园。

2. 工业用地开发。是指将原农用地或荒地开发利用于建造工厂、道路，如乡镇工业企业用地、城市工业用地等。

3. 城市用地开发。是指将城市周边区域的农用地和非农用地开发建造成城市建筑物、道路、广场等。

4. 城市房地产开发。是指根据城市发展规划以及对各类建筑物的需要，在规划开发的土地面积上进行房地产开发。要考虑房地产市场的供求状况来研究开发建设何种房地产产品，如住宅、办公楼、工厂，还是学校、商场或酒店等。

土地开发与城市基础设施建设有着密切的联系。由于土地开发的目的是要在土地上进行工程建设，建设中要求有城市基础设施与之配套。基础设施的建设要达到"七通一平"的标准。"七通"是指通下水、通上水、通电、通路、通煤气、通暖气、通电话；"一平"是指工地平整。通下水是指城市的地下排水管道要通到工地，当工程竣工时就可实现排水通畅。通上水是指城市自来水管道要通到工地，为施工和工程竣工后的生产和生活供水。通电是指城市的供电网通到工地，工地可利用专供电路带动机械设备进行施工，并为工程验收使用后正式接电打好基础。通路是指城市道路要通到工程附近，以便运进施工材料，并为竣工后通车通邮奠定基础。通煤气是指城市地下煤气管道要通到工地，为竣工后居民生活用煤气提供方便。通暖气，是指城市供暖管道要通到工地，以便施工时与建筑物中的取暖管道相衔接，达到竣工后能满足供暖要求。通电话是指电话线路要通到工地，以便将电话线与每个居室相连。随着电视的普及，有线电视线路也成为住宅和办公楼必须的线路。因此，有线电视线路也应通到工地，建筑物还要留出有线电视线路的接口。"一平"就是要对施工工地进行平整，达到易于施工、易于运料的标准。

第二节 房地产开发的主要内容和产品种类

房地产开发最终形成的产品种类是各类房屋。房屋作为一种造价高、使用年限长的特殊商品，人们在购买房屋时，大都十分谨慎，要进行多方面的考察和论证，才能下决心购买。特别是随着房地产市场逐步由过去的卖方市场发展成买方市场，消费者对房屋的要求也越来越高，不仅要求房屋环境好、质量好、功能齐备、宽敞明亮，而且要求价格合理，购买方便。随着人们收入差别的逐渐拉大，对房屋的需求也形成了高、中、低三个档次。因而，房地产开发的主要内容和产品种类随之也在发生变化。以下着重介绍几种具有较大市场需求的房屋。就住宅而言，现行国家标准《住宅设计规范》（GB 50096—1999）规定：住宅按层数划分为低层（1～3层）、多层（4～6层）、中高层（7～9层）和高层住宅（10层以上）。

一、普通住宅

普通住宅是指住宅中最大量、最普及、最易被广大城镇居民所接受的中低档住宅。普通住宅是房地产开发的主要品种，其特点是社会需求量大，往往有政策支持，造价较低，投资回收相对较快。进入20世纪80年代以来，我国加快了住房制度的改革，逐步取消了住房实物分配制度，积极推进住房商品化、社会化，逐步建立起适应社会主义市场经济体制和我国国情的城镇住房新制度。其主要表现是房地产开发打破了过去单纯由国有房产部门开发建设的格局，国家从政策和法规上制定了有关鼓励企业和个人投资房地产开发的相关政策和配套措施。如，进入20世纪90年代，我国房地产开发得到空前发展，普通住宅竣工面积逐年递增，1998年全年商品房竣工面积达15393万 m^2。随着普通住宅市场供应量的逐渐加大，加之城镇居民收入水平的提高，购买住宅成为人们消费的热点，人们不仅有了购买住宅的经济实力，而且对住宅标准的要求也逐步有所提高。从低标准的人均居住面积 $8m^2$，逐步向人均居住面积 $10m^2$ 以上发展。从国家控制住房标准到鼓励增加住房标准，这说明我国住房制度改革取得了成功。

（一）普通住宅标准

住宅标准是根据房屋市场的供求状况、考虑大多数人的购房能力以及人们对房屋需求的发展趋势，而确定的住宅面积指标、结构指标和质量指标体系。

1. 面积指标。住宅面积指标主要包括建筑面积、使用面积、居住面积三类指标。

建筑面积指标是指每户使用面积加上应分摊的共用建筑面积（如楼梯、过道等）。现行的房地产市场销售房屋时大都以建筑面积计价。如每平方米建筑面积为2000元人民币，建筑面积为 $100m^2$，其房价总金额为20万元人民币（另加各项附加税费）。

使用面积是指整套住宅外轮廓墙中线以内的全部面积。包括外轮廓墙 1/2 的面积和居室内的内墙及居室和功能厅、阳台、壁橱等面积。使用面积一般只占建筑面积的70%～80%左右。如果建筑设计合理则可提高其使用面积系数。

居住面积是指住宅使用面积减去住宅辅助面积后的净面积。辅助面积主要包括入户门内的过道、走廊、阳台、卫生间、储藏室等所占面积之和，居住面积是衡量居住水平的重要指标。

2. 结构指标。结构指标是指在一套住宅中，各种功能的面积占使用总面积的比重。日常生活中简单的划分是一室一厅、二室一厅、三室二厅、三室一厅等等。"室"是指的是卧室；"厅"指的是客厅或餐厅，一般卫生间、厨房、阳台是必有的。住宅结构的变化受住宅使用面积的制约，随着面积的增大，住宅内的室和厅就会随着增人增多，建筑投资也将随之加大。

3. 质量指标。质量指标主要由设计质量、建材质量和建筑施工质量构成。设计质量主要体现在设计图纸和设计文件中住宅结构、用材标准和建筑标准等方面。高质量的设计是提高住宅质量的前提。建材质量主要指建筑中各种材料的选用标准和质量，如水泥的强度等级、钢筋的尺寸、各种装饰材料的质量等。建筑施工质量是保证建成优质住宅的关键，建筑施工质量的高低取决于对施工中每个建筑环节的把关程度。每项施工都必须严格地按着施工标准进行才能确保住宅的建筑质量。

从发展的角度看，住宅标准将不断提高，人们的需求越来越向宽敞、明亮、方便、灵活、具有智能化功能、结构合理、质量可靠的方向发展。房地产开发必须适应市场需求的新要求，不断提高房产的质量。国家建设部提出："保证住宅工程质量 100％合格的五项控制制度。"这五项制度是：住宅质量责任制度；强化规划设计审批制度；材料认证及淘汰、限制制度；市场准入制度；完善质量监督制度。

（二）普通住宅类型

1. 普通住宅建筑形式分类。普通住宅的主要特点是占地少、楼层高、户数多、面积较小、造价较低，比较适合普通居民购买。普通住宅按其设计、选地及房价又可分为高、中、低三个档次。

（1）高档普通住宅。较高档的住宅是指以工薪阶层中的较高收入人员为主要消费对象而建造的房产。这类住宅一般具有如下特点：①位置好，环境优，多处于城市中心地带或环境优美地带，购物、子女就学都十分方便；②朝向好，房屋正南北朝向，楼群间距达到标准要求；③楼层之间相对较低，最高层为 4～5 层；④单元少，梯户少，一幢楼 2～3 单元，每层每梯 1～2 户；⑤内部结构合理，有阳、阴两面卧室，有大客厅、小餐厅，有南北阳台，通风良好，各室均自然采光；⑥面积较大，一般每套居室在 100m² 以上，且配套设施齐全，结构合理；⑦内部装饰材料优良，等等。

（2）中档普通住宅。中档普通住宅与高档普通住宅相比在位置、朝向、楼层数、住户、结构、面积、材料等方面都要略差一些，中档普通住宅适合中等收入水平的家庭购买。

（3）低档普通住宅。低档普通住宅一般特点是位置比较偏，楼层比较高，多数在 8 层左右，每套房屋面积较小，结构不太合理，单元和户数多，一梯 3 户以上。有的是外走廊式，一梯多户，房屋内部基本无装修。筒子楼，家属楼，经济实用住宅，安居楼等多属这类房产。低档住宅对于收入水平较低的工薪阶层最为合适，一般整套面积多在 30～80m²之间。

2. 普通住宅的建筑结构类型。目前，我国普通住宅的建筑以砖混结构和框架结构为主，8 层以下多为砖混结构，8 层以上多为框架结构。

（1）砖混结构。一般适用于 8 层以下的建筑，其特点是地下室联结一层为框架结构，用混凝土现浇的办法建设成与地基相连的地下室和一楼的钢筋混凝土框架，二楼以上则采用砖混结构，使之形成一体。这种结构有一定的防震功能，造价又相对较低，是中、低层建筑普遍采用的建筑结构。

（2）全框架结构。突出特点是从地基到楼顶全部采取钢筋混凝土现浇成整体框架，框架中间是电梯井，安全楼梯多在外部，一般建筑层数在 10 层以上。这种结构抗震性能好，能适应 8 度设防的要求。全框结构造价较高，房价也相对较高。一般高出砖混结构造价的10％～15％。

二、高层住宅

由于土地资源的稀缺性和不可再生性，为了节约土地资源，在大城市发展高层住宅是十分必要的。香港、澳门、北京、上海等地，由于地少人多，所建住宅基本上是高层住宅，而且住宅成功地解决了居住、环境、设施等各项问题。国内其他城市近几年高层住宅也有了一定的发展。

（一）高层住宅的发展及特点

高层住宅是指住宅中由于受到大城市土地有限性的制约，大城市的繁华地段建造的超过 10 层以上的带有电梯、多层户型布局的高层住宅楼。从 1999 年起高层住宅已在我国人口密度较大的大中城市的住宅市场上占据了重要地位。

高层住宅既有优点也有缺点，其优点：占地面积小，容纳住房户多，服务功能较全，便于开展物业管理。其缺点：一是设计复杂，工程造价高，建设周期长，资金回收较慢；二是高层住宅售价高，如 1996～1998 年，广州市高层住宅平均售价在 7000 元/m²，北京市平均售价在 5000 元/m²，大连市平均售价在 4500 元/m²，购买高层住宅的购房者多为高工薪阶层；三是高层住宅物业管理费用较高，由于存在电梯维修保养费，电费，二次供水、电费，设备维修费等，高层住宅物业管理费比普通住宅较高，高层住宅物业管理费一般在 2 元/m² 左右，高的达 5 元/m²，而多层住宅物业管理费一般在 0.4～0.6 元/m²；四是高层住宅的实用率低，由于分摊的公共面积较多，高层住宅的实用率比多层住宅低 5% 左右。

（二）高层住宅开发应注意的问题

从发展的趋势看小高层住宅在大中城市具有较大的市场前景。高层住宅开发必须注意的问题：首先，打破高层一定价高，高层一定豪华的模式，开发建设小康型高层住宅，以适应市场需求。要控制好总成本、总售价，这就需要从设计入手，控制好建设标准，使面积适中、结构合理，设备、装修能很好地满足工薪阶层的需要。其次，必须注重高层住宅的物业管理，确保住房户在电梯使用、消防安全等方面达到满意程度。最后，高层住宅的开发建设必须与市场需求相结合。一方面开发建设总量与销售相适应；另一方面要与当地居民的生活习惯相适应。

三、花园公寓的标准

花园公寓亦称高级住宅或别墅，属高档次住宅，其特点是地处环境优美的地段，设计讲究，美观实用，使用面积大，占地面积大，选材考究，装修精美，造价高，销售价格一般是普通住宅的 2～3 倍。花园公寓的购买或承租者大多是到我国投资的外商、外资企业中的高级管理人员和一部分国内处于高收入阶层的人群。近几年，在我国的经济特区和经济技术开发区，房地产开发商已投资兴建了很多花园公寓、别墅小区，但因国内收入水平的限制，购买花园公寓的人数的增加速度与花园公寓的建设速度不相适应，很多地区出现了供过于求的现象。由于花园公寓大量闲置，部分房地产商由于资金不能及时回收而陷入困境。因此，今后投资开发花园公寓要充分考虑到市场的需求。

（一）花园公寓的标准

花园公寓的建设标准相差很大，建筑面积从较低档次的每户 100m² 到较高档次的每户 500～600m² 不等。它的建设标准要视居住者的喜好、房地产的市场行情而定。目前在我国经济特区和经济开发区兴建的花园公寓，一般每户建筑面积为 200～300m²，层数为

1～3 层，其中以 2 层为主。

在较低标准的花园公寓中，居住部分一般包括卧室或起居室兼作卧室的居室，辅助部分则包括厨房、厕所(或室外厕所)、走廊等。

较高标准的花园公寓，居住部分一般包括起居室(或起居室兼餐室、起居室兼会客室)、卧室(包括成人卧室、儿童卧室)、餐室、客厅、工作室(包括书房、写作室、绘画室、琴房、小型实验及练功房等)。在有特定使用对象的住宅里还设有警卫员卧室、保姆室等。辅助部分包括厨房(或厨房兼餐室)、卫生间(包括厕所、洗脸间、浴室)。一般每套公寓要设 2～3 个卫生间，主人卧室要有专用卫生间。

花园公寓最大的特点是每户都有独用的院子，一般每户院子面积是花园公寓占地面积的 2/3。例如，一般一户花园公寓占地面积为 300～400m²，其中建筑基底面积为 100 多平方米，院子面积为 200 多平方米。

花园公寓的庭院的布置不局限于一般的绿化、铺面及户外建筑小品，还要根据院落的不同方位、使用功能、形状，充分利用树木、草坪、绿篱、棚架、水池、铺面、踏步、花墙等划分和组织空间的手段，创造出丰富的庭院的空间。

在花园公寓里，每户布置 1～2 小汽车停车位，或设小汽车库。在较高标准的花园公寓里，每户还设有一个游泳池(户内或户外)。

(二) 花园公寓的类型

花园公寓在建筑形式上一般分为独立式花园公寓、毗连式花园公寓和联排式花园公寓三种类型。

1. 独立式花园公寓。独立花园公寓一般是指独户居住的单幢住宅，房屋四周临空，有围墙圈出固定范围的庭院或明确归本户使用的周围用地。这种独立式花园公寓成片建造时，院墙或毗连或各自围圈，彼此分开，也可不造院墙，各户住宅之间围以绿地、绿篱，或用道路所分隔，或利用住宅平面本身的错落形成小院。

由于独立式花园公寓每户占一幢房屋，四周临空，三度空间均可自由展开，建筑平面有很大的灵活性。因此，住宅内部各个房间容易取得良好的朝向、采光和通风。各户间有一定的间隔，环境安静。同时，在平面和剖面设计中受方位、地形等条件影响较小。

2. 毗连式花园公寓。两个独户住宅合为一幢建筑，每户的出入口各自独立，这种组合形式的花园式公寓称为毗连式公寓。毗连式花园公寓与独立式花园公寓相比，建筑用地省，节约了一面外墙(共用一道分户墙)，节省了管道。毗连式花园公寓在具有独立式花园公寓许多优点的同时，可以降低建筑造价。

3. 联排式花园公寓。将许多独户住宅成排(或成组)拼接，每户有单独的出入口或独立的院落形成联排式花园公寓。这种花园公寓的明显特点是在建筑用地、外墙长度及公共设备等方面的费用较毗连式花园公寓住宅低，而建筑上仍然保留着独院式住宅使用上的许多特点。它属于档次最低的一种花园式公寓。

联排式花园公寓每户至少有一个(单向院)或两个(双向院)临空面。单从用地条件看，联排式花园公寓是花园公寓中最经济的一种类型。由于它在组合上的灵活性，可适应不同的地段和地形。组合的形式是多样的，可成排组合、成团组合、错接成排组合或呈席纹形组合。由于组合的形式不同则会产生不同的院落。

（三）花园公寓小区的规划与管理

花园公寓小区（别墅区）一般包括公寓建筑、小区道路（汽车路直接入户车库）、小区花园、小区娱乐中心（包括网球场、游泳池等）、小区购物中心、快餐饮食店、门岗、防盗监控系统、小区管理中心等。花园公寓小区大都实行全封闭式管理，昼夜有值勤站岗人员值班。花园公寓较多的是对外出租，按居住天数和每天每平方米租价合计收费。出租的花园公寓生活设施齐备，不仅有高级宾馆标准房间内的一般设施，而且配有全套的厨房设施和家用电器，有电冰箱、电磁炉、微波炉、排油烟机、洗衣机等。租用这样的花园公寓如同在家一样方便，且有服务人员为之打扫房间。花园公寓的销售价也比较昂贵。

四、高层公寓

（一）高层公寓的特点

1. 高层公寓具有节约城市用地的特点。

这也是高层公寓生命力所在。研究表明，在高层住宅小区中，随着高层公寓层数的增加，小区建筑容积率成正比提高，它为解决城市用地紧张的问题提供了一种有效的途径。

2. 高层公寓可以组成城市有特点的建筑群体空间。

高层公寓节约用地的优点不仅表现为住宅建筑容积率的提高，而且由于住宅占地与总用地之比的下降，可以获得较多的空地用以布置公共活动场地及环境绿化，从而为组织丰富的外部空间和优美的居住环境创造有利条件。同时，高层公寓可以点缀城市的空间景观，丰富城市景观的天际线。

3. 高层公寓的每户建筑面积相对要高。

在高层公寓中以电梯作为组织垂直交通的手段，由于电梯作为设施在住宅造价中所占的比例高达5%～10%，为了提高电梯运行效率，我国的高层公寓往往从减少电梯的数量，增加容量着手进行设计。从我国近年来积累的经验分析，与相同居住水平的一般职工住宅相比较，高层公寓平均每户建筑面积要比多层公寓多 $5\sim8m^2$。

4. 高层公寓的住宅单体造价相对要高。

高层公寓由于层数的增加，在结构选型、施工方法、材料选用、供热、供水、供电、消防疏散等方面均要采用不同于多层住宅的技术措施。因而，其单位造价要高于多层住宅。从我国近年来积累的资料分析，高层公寓的单体造价要高于多层公寓的50%～100%。

高层公寓的单体造价虽然高于多层住宅，但高层公寓有利于节约城市用地。另外，由于提高了建筑的层数，相应降低了每平方米住宅负担的室外管网投资。由于居住密度的提高，相应地可紧凑地安排城市服务设施并缩短了公共交通。因此，高层公寓的经济性分析，应该建立在城市建设综合经济效益的基础上全面评价。

（二）高层公寓的类型

1. 高层公寓的建筑类型：

（1）塔式公寓。是指两个方向的平面尺寸比较接近，而建筑高度又远远超过平面尺寸的高层公寓。塔式公寓的平面尺寸较小，能适应不同尺寸、坡度的用地；本身形成阴影区小且阴影随时间变换移动，对邻近建筑的日照影响时间也短。由于它的平面尺寸小，在群体中对周围建筑通风、视野的遮挡也少。这些特点加上其挺拔的体形往往成为住宅群体中富于个性的建筑类型而常被采用。

（2）板式公寓。是指在体形上进深尺寸远远小于长度及高度尺寸的公寓。塔式公寓由于标准层规模所限，往往使电梯的运载潜力利用不充分，或者为充分利用电梯的运载能力而层数很高。而板式公寓由于便于充分发挥电梯的运载潜力，便于组织公共交通系统，层数不一定建得很高，其投资经济性也要优于塔式公寓，因而是高层公寓中比较普遍的类型。与塔式公寓相比，板式公寓由于体形大而对周围建筑日照、通风、视野的遮挡影响较大。

（3）墙式公寓。是指长度远远超过一般板式公寓正常长度范围的板式公寓，有的甚至长达 200 多米以上。由于公寓群体空间布置的需要，国外常将长达数百米的板式公寓设计成波浪形、折线形、曲线形等特殊体形，形成两个面甚至三个面围成的独立空间，以提供安静的休息环境和特殊的小气候条件。这种体形的高层公寓一般称为墙式公寓。

商住楼作为高层公寓的一种类型，在高层公寓的设计、建设中普遍采用。它一般是底下数层为商业等公共建筑用房，上面为居民住房。这种商住结合的公寓建筑，既节约了城市用地，方便了群众生活，又点缀了城市街道面貌，是城市现代化的象征之一。同时，商业建筑与住房建筑的结合，可以提高房地产开发的经济效益，是高层公寓开发的有效途径。

2. 高层公寓的结构类型：

（1）剪力墙承重体系。在这种结构体系下，一系列剪力墙纵横相交，既作为承重结构又作为分间隔断墙。剪力墙的材料有砖砌、钢筋混凝土。既可以预制成墙板，也可以采用大模板现场浇制钢筋混凝土墙板。由于墙体纵横交错比框架结构的刚度大得多，这是抵抗高层建筑的风荷载及地震力水平荷载较好的技术措施。

由于剪力墙组成许多小开间，结构的整体性较强，但平面布局受到了严格的约束。预制墙板或现浇大模板分隔空间的灵活性较小，如能使用大跨度楼板，则可使用轻质墙灵活隔断，比较自由地组织内部空间。

（2）框架轻质墙结构和框架剪力墙混合结构体系。这种体系能使高层住宅大幅度降低自重，又能使内部空间分隔有更大的灵活性。国内外采用这种体系的建筑实例很多。框架体系刚度不大，建筑越高，则弱点越明显。抗风荷载和抗地震的能力也较低。因而往往在框架结构体系中的适当部位增加剪力墙，以弥补框架结构之不足。在底层设商店等大空间的公共建筑，框架体系能够提供开阔的大空间。框架结构柱子间距可以扩大到 9m 左右。

（3）筒体结构体系。超过 30 层以上的高层建筑受到较大的侧力，为一般结构体系所不能承担。筒体结构的刚度较大，中央设有井筒，外围设有间距为 1m 的柱子，形成外围的筒状柱网。中央井筒与周围框架共同工作，形成抗侧力极强的结构体系。中央井筒作为电梯间、楼梯间、设备管道间使用。井筒四壁可用预制钢筋混凝土拼装而成，也可以现浇，与四周钢筋混凝土柱网之间有横梁或板联系。内隔墙全部为轻质墙，外墙则为保温的围护墙，内外筒之间布置各种居室、辅助设施，可以自由分隔，十分灵活。筒中筒结构体系适用于 20 层以上的建筑。

五、普通公寓（公寓式住宅）

随着我国流动人口不断增加，各大中城市都聚集了一大批外来暂住人口，特别是沿海地区和经济开发区。这些人中有打工的，有求学的，还有老人到儿女所在地颐养天年的。这些人一般收入水平不太高，大部分不想或无力在暂住地购买固定住宅，但为了工作、学习和生活，他们首先考虑的就是选择临时性的住宅。普通公寓是这部分人最理想的住宅。

近年来已引起一些房地产商对这一市场需求的重视，开始建设普通公寓。

普通公寓具有公寓的一般特点，如配套设施齐备，租用时间可长可短，入住方便，暂住性强等特点。普通公寓也具有普通住宅的一些特点，如面积不大，价格适中，设施简单，居住费用不高，适合中低收入者居住。普通公寓的类型按照其功能不同可分为如下几种：

（一）学生公寓

随着我国高校不断扩大招生规模和后勤管理制度的改革，高校学生公寓应运而生。一些大城市的高校开始与房地产公司联合开发学生公寓，受到高校学生的欢迎，同时解决了高校建设资金不足的困难。学生公寓设计比较简单，楼层多为 6～7 层或 10 层左右的小高层，每套寝室可住 2～4 人，内有卫生间、衣橱、插卡电话、有线电视。每层楼都有 40m^2 左右的活动室，底层有洗衣间、理发室、小卖店等服务设施。投资开发学生公寓具有风险小、投资回收可靠、收益率较高的特点，是较理想的开发项目。

（二）青年教师公寓

青年教师由于工资水平较低，工作时间短，在工作初期无力购买商品住宅，有的租用学校的"筒子楼"，有的租用一般住宅。为了改善青年教师的住房待遇，一些高校开始与房地产公司联合建设青年教师公寓。青年教师公寓的设计一般比较简单，造价不高，适应青年教师租用或购买。青年教师公寓一般面积不大，在 40～60m^2 左右，房屋结构多为一室一厅、两室一厅或两室。已婚青年教师可单独居住一套，未婚青年教师两人合住一套。投资开发青年教师公寓同样具有风险小、投资回收可靠、收益率较高的特点，是较理想开发项目。

（三）打工者公寓

租用打工者公寓是近年来新兴的城市热点之一。近年来，农村到城市、内地到沿海打工的人数猛增，由此带来了打工者对住宅的需求，我国一些城市的房地产商开始投资建造打工者公寓。打工者公寓设计比较简单，造价低，每套居住面积在 30～40m^2 左右，适宜打工者租用。打工者公寓一般设有卧室、卫生间、小厨房、小阳台，客厅与卧室一般混为一体。这类住宅的开发一般获利不大，但社会效益比较突出，易于受到政策方面的支持。特别是改造"半截子工程"为打工者公寓更容易得到政策上的支持。

（四）老年公寓

我国正在逐步迈向老龄化社会，而传统的养老方式和四世同堂的生活方式受到严重的冲击，特别是现代"四二一"（即四个老人、一对夫妇、一个孩子）家庭结构的形成，大家庭迅速减少，三人家庭日益增加，对老人的照顾逐渐由家庭转向社会，建设老年公寓便成为社会的一种特殊需要。老年公寓的主要功能是集老年休养室、老年娱乐室、老年文化站、老年医院等为一体，为老年人提供较为理想的居住场所。例如 1998 年由医院改建而成的济南市第一老年公寓受到社会的广泛重视和支持，经济效益和社会效益都十分明显，开发商也收到了很好的经济效益。

公寓式住宅虽然没有家庭式住宅那么独立、宽敞、舒适，但它具有集多种功能于一体和费用比较低的特点。特别是随着人们的健身意识、住房环境意识、物业管理意识、文化娱乐等新居住观的形成，公寓式住宅会有相当广阔的发展前景。

六、写字楼

写字楼是一种供机关、企业等为办理行政事务和从事商务活动而租用的楼房建筑。

（一）写字楼的功能

写字楼一般由办公用房、公共用房、服务用房三部分组成。

办公用房包括普通办公室和专用办公室。专用办公室包括设计绘图室与研究工作室等。普通办公室每人使用面积不应小于 $3m^2$，单间办公室面积不宜小于 $10m^2$。

公共用房一般包括会议室、接待室、陈列室、厕所、开水间等。会议室一般可分为大、中、小会议室。小会议室使用面积一般宜为 $30m^2$ 左右，中会议室使用面积一般宜为 $60m^2$ 左右；中、小会议室每人使用面积：有会议桌的不应小于 $1.8m^2$，无会议桌的不应小于 $0.8m^2$。

服务用房包括一般性服务用房和技术性服务用房。一般性服务用房包括：打字室、档案室、资料室、图书阅览室、贮藏间、汽车停车库、自行车停车库、卫生管理设施间等；技术性服务用房包括：电话总机房、计算机房、电传室、复印室、设备机房、中央空调用房等。

（二）写字楼类型

1. 按平面形式分类：

写字楼按平面形式分，有单间式办公室、大空间式办公室、单元式办公室、公寓式办公室等。

单间式办公室是以一个开间（亦可以二开间）和进深为尺度而隔成单间的办公室，一般以双面布房或单面布房形式。

大空间式办公室是指空间大而敞开（结构上布置亦是大空间），不加分隔或以不同高低隔断（或家具）分隔的办公室。

单元式办公室是指根据使用需要确定一种或数种平面尺寸组成，带专用卫生间的办公室（一个单元可只设一间也可设几间办公室）。

公寓式办公室指在单元式办公室的基础上设置卧室、会客室及厨房等房间的办公室。

2. 按建筑层数分类：

写字楼按建筑层数分，有低层、多层、高层和超高层等类型。建筑高度在 24m 以下的为低层或多层写字楼；建筑高度超过 24m 而未超过 100m 为高层写字楼；建筑高度超过 100m 的为超高层写字楼。

3. 按建筑规模分类：

写字楼按建筑层数分，有小型、中型、大型和特大型等类型。小型是指楼层较低，在 6～8 层之间，单楼梯道，可不设电梯。中型是指楼层较高，在 8～12 层之间，单楼梯道，但设有电梯。大型和特大型是指楼层高，在 14～20 层之间，多楼梯道，设有电梯，功能齐全。

4. 按平面交通组织形式分类：

写字楼按平面交通组织形式分，有内走廊式、外走廊式、双走廊式和无走廊式等类型。

5. 按建筑结构形式分类：

写字楼按建筑结构形式分，有砖混结构、钢筋混凝土框架结构或钢结构、剪力墙结构、筒体结构等。

（三）写字楼设计的一般规定

1. 写字楼的基地应选在交通和通信都方便的地段。位于城市的写字楼应选在市政设施比较完善的地段；工业企业的写字楼，可在企业基地内选择联系方便、污染影响最小的地段，并根据使用功能不同，做到分区明确、布局合理、互不干扰。

2. 6 层及 6 层以上的写字楼应设电梯。建筑高度超过 75m 的写字楼电梯应分区或分层使用。

3. 办公室的室内净高不得低于 2.6m，设空调的可不低于 2.4m；过道净高不得低于 2.1m，贮藏间净高不得低于 2m。

开发建设写字楼要准确预测市场需求，最好是通过招标在确定了固定需求用户前提下进行，切不可盲目投资建设。我国现存的大量的"半截子"工程多为写字楼，这些半截子工程时时在提醒房地产开发商要注意写字楼的市场供求状况。

七、商业建筑

商业建筑和种类很多，一般可按专业商店、商场、百货商店、门市部、批发商店、商品交易会、超级市场、购物中心、地下商业街等商业网点分类进行划分。

（一）专业商店用建筑

专业商店用建筑种类繁多，形式多样，规模不一。如纺织品商店多为开架陈列，要求营业厅宜宽敞明亮，人工照明应尽量接近日光色，以利顾客挑选商品。钟表、首饰商店因商品贵重，体积小巧，多用柜台陈列。这样营业厅就不必过大，但要装修考究。

（二）商场用建筑

商场是若干专业商店组成的建筑群，其经营范围比百货商店更广，商场中各商店有一定的独立性。这就要求能合理安排商店的位置，设计好顾客的流动路线和货物进出路线。可以结合绿化布置建筑小品，组成一个购物兼休息的多功能场所，例如北京西单商场、大连商场、珠海九州商业城等建筑或建筑群。

（三）百货商店用建筑

大型百货商店经营成千上万种商品，规模大、顾客多，故所用建筑一般都设计为框架结构，层高在 3m 以上，有多层营业大厅，四面采光，宽敞明亮，建筑面积可达上万平方米，有运货电梯和顾客电梯。中型百货商店，主要经营日用百货和热门商品，故所用建筑规模为几百平方米。这类商店用建筑除营业大厅外，还须配备仓库、管理、加工等用房。

（四）门市部用房

门市部专门销售某生产部门产品，经营商品比较单一，规模也不大。门市用房既有同生产单位设在一起的，也有单独设置的。有时它还设有修理部，为顾客修理本厂（公司）产品。

（五）批发商店用房

批发商店一般顾客不多，但营业额较大。其用房一般有营业厅、洽谈用房和仓库。营业厅面积通常不大，但设有柜台和商品陈列柜。批发商店用房不宜建成高层，一般 1～2 层为好，且需留有运货通道。

（六）商品交易会用房

商品交易会主要是从事看样、洽谈定货业务的场所，有的附设零售部。商品交易会一般设置大面积的商品陈列大厅，各部门分设若干洽谈用房。出于商业保密的要求，各洽谈用房有良好的隔声设施，还有参加交易会厂商的业务办公用房和主办单位的办公服务设施。大规模的商品交易会还有接待国外客商和外地客商的旅馆、餐厅、俱乐部等配套建筑，形成一组设施完善的商业建筑群，例如中国广州出口商品交易会展览馆。

（七）超级市场

超级市场是国际上近年发展起来的一种商业建筑，主要经营日用百货、食品、农副产品等生活资料。商品大多采用规格包装和开架无人售货方式，由顾客自由选购，在出口处结账付款。超级市场的营业厅宽敞明亮，路线便捷，多采用在空间的底层建筑形式。一般超级市场设置有停车场地、办公用房、仓库用房和电子监控中心控制室等辅助建筑。

（八）商品会展中心用建筑

商品会展中心主要是商家展示产品、洽谈定货业务的场所，有的附设零售部。商品会展中心用建筑一般设置大面积的商品陈列大厅，按部门分设洽谈用房。出于商业保密的要求，各洽谈用房有良好的隔音装置。大规模的会展中心有接待国外客商和外地客商的旅馆、餐厅、俱乐部等配套设施，形成一级设施完善的商业建筑群，例如中国广州出口商品交易会展览馆和大连星海会展中心等。

（九）地下商业建筑

由于城市用地紧张、昂贵，一些国家结合地下铁道和交通枢纽的建设，兴建地下商业建筑，形成地下商业街。这种商业街在日本发展最快，仅东京就已建成 10 多条，面积达 20 多万平方米。有的深入到地下五六层，和地面的大型建筑、车站、广场、港口、机场等联成一个整体，并形成一个商业、交通中心。我国的北京、上海、沈阳、哈尔滨等大城市也都兴建了地下商业街。地下商业街一般采用自动扶梯和环形车道与地面联系。地下商业街道强调环境的美化，常进行人工绿化，利用艺术化的人工照明和商品陈列，创造富有魅力的气氛，招揽顾客，消除人们进入地下商业街时的压抑感。

八、工矿企业建筑

工矿企业建筑根据企业的生产类型、生产规模、生产设备的特点进行特殊设计和施工，如大型钢铁企业的厂房、仓库均要求大跨度、高空间的大型厂房，而精密产品及零件产品的生产厂家则要求有密封良好、清净规整的厂房作车间。由于不同生产流程与工业产品对环境的影响程度不同，工业建筑也要求具有某些特殊功能。

工业建筑一般具有如下特点：

首先，工业建筑一般不宜层数过高，为了运输方便，一般多为 1～2 层，轻工业厂房可建 3～4 层，但需要安装电梯。

其次，工业建筑中的大型厂房多采用现浇钢筋混凝土框架结构和轻质保温墙板，这样抗震效果好。

再次，工业厂房建筑因结构简单，一般造价较低。

最后，工业建筑必须符合各项技术要求。工业建筑总平面布置按生产工艺需要有很多要求。根据生产性质不同，工业建筑总平面布置中有关防火、卫生和运输等方面的技术要求，厂区内各建筑物之间必须保持有足够的间隔距离。如从防火角度考虑，各生产车间的间距要求达到 10～20m，按卫生规范要求，各生产车间的间距为两厂房高度之和的一半，厂区内主要生产区的通道宽度根据工厂规模在 20～40m 间按规定选用。

九、旅游业建筑

旅馆、酒店、度假村是房地产投资的另一热点。随着旅游业的发展，这类建筑与设施不断地显示出它的投资效益，也越来越为投资商所热衷、青睐。旅馆、酒店是为旅客提供住宿、饮食服务以及娱乐活动的公共建筑。中国古代的旅馆有馆、邸、驿站等名称。从19世纪起，有些国家旅馆、酒店的设备已相当完善。第二次世界大战后，由于交通日益发达，国际间交往日渐频繁，旅游事业的迅速发展，世界各地兴建的旅馆、酒店越来越多。一些跨国集团拥有的大型旅馆、酒店网络，已遍布世界各大城市和旅游胜地。改革开放以来，我国的各大城市都兴建了许多具有较高水平的旅馆、酒店，以适应社会发展的需要。

旅馆、酒店类型可分为旅游旅馆、酒店，假日旅馆、酒店，会议旅馆、酒店，汽车旅馆和招待所等。具体类型如下：

（一）旅游旅馆、酒店

在许多国家一般建在城市中或旅游景点的旅游旅馆、酒店须经鉴定，符合规定标准才准营业。旅游旅馆、酒店最简单的只有客房，而设施齐全的则有各类餐厅、游泳池、健身房、舞厅、酒吧、蒸汽浴室、保龄球房，以及出租汽车站、邮电所、银行、商店、洗衣房、医务所、车库等。

（二）假日旅馆、酒店

假日旅馆、酒店，大多建在海滨、风景区，主要为度节假日或周末的旅客服务。这类旅馆、酒店设备较简单，服务项目较少，有较强的季节性。

（三）会议旅馆、酒店

它是专门作为开会用的，设有大、小会议室，有的还备有国际会议所需要的设施，如展览、新闻报道、录音录像、复制等设施。

（四）汽车旅馆

汽车旅馆多建在公路干线附近，供自己驾驶汽车的旅客住宿之用，主要设施为客房和餐厅。客房都带有停放汽车的地方，位置大都紧靠客房，房内客人可看到自己的汽车。餐厅对入住客人提供膳食，也对不住宿的客人服务。这类旅馆在公路交通发达的国家较多，近年有从公路干线附近向城市发展趋势。

（五）招待所

招待所一般为非营利性质，不对外开放，多为某一机构作接待用。由于国家征税较一般旅馆少，且不以营利为首要目的，故收费比较廉价，标准一般。

第三节　产品定位

一、产品定位原则

（一）先外后内原则

常言道"人靠衣裳，马靠鞍"，建筑物的整体外观，对物业价值起着至关重要的作用。一个好的物业应该做到"表里如一"。优良的物业其内外品质一致，若"表里不一"必将影响其价值的实现。我们都有这样的体会，走在城市的大街小巷，举目尽是高低不一、新旧杂陈的建筑物。虽然我国的土地管理和城市规划，不像欧美等国家有明确的土地用途分区管制，如住宅区、商业区、工业区等，但一般人仍很容易从城市建筑的外观上，判断它是属于商业、办公、住宅,还是住办(商)混合的用途。除了建筑物坐落区位及环境的基本价值之外,我们还可以从建筑物的造型、建材及整体规划推断该建筑物的可能价值。

以上现象说明了建筑物的用途及外部整体规划是决定其价值的主要因素,也是开发商在进行产品定位时需要考虑的重点。虽然,建筑物的内部平面及细部规划也会影响建筑物的价值,但相对于外部整体规划而言,这些内部及细部规划较具可塑性及调整弹性,所以,在产品定位的实务上,必须把握"先外后内"(即先决定外部整体规划,再考虑内部具体单位)的原则。具体包括:

1. 先决定空间用途,再考虑单元面积计划;
2. 先确定整体容积率分配,再考虑栋别或楼别配置;
3. 先规划整体出入动线,再考虑各楼层或各单元空间的联系方式;
4. 先作完整地块规划,再作畸零地块利用。

在进行产品定位时,必须有"寸土寸金"的空间价值意识,除了先就基地作完整地块规划之外,对于畸零面积如院落空地、楼梯间、地下室零星空间等,可再考虑作贮藏、机车停车位等附加功能的利用,以创造空间价值。

(二)先弱后强原则

房地产开发商在进行产品定位时,必须具备这种创造"附加价值"及增加"边际利润"的意识与技巧,才能使一块原本不起眼的土地由"麻雀变成凤凰"。那么,开发商应如何设计,才能掌握所谓的"附加价值"呢?我们不妨从以下三个角度来探讨这个问题:

第一,要创造"边际利润"的机会。要先将主要的努力付诸于最具边际利润潜力的产品上,才能创造"高纯度"的附加价值。一般人认为,基地条件好的房地产,才是高利润的产品,但是仔细想想,例如繁华的地段的黄金店面,它的价值已是"天价",即使花费许多心血去精雕细琢,能锦上添花再创造利润的机会也已有限。相对而言,原本不太值钱的地下室,如果能在动线、采光、空间功能等方面发挥创意,并与市场需求结合,就有可能令你得到意想不到的超额利润!

第二,要具备"整体价值"的意识。通常,一栋现代建筑,可以区分为数种性质不同的空间,例如,一楼及二楼是直接临接道路及外部环境的空间,有作为"门面"及商业用途的机会;三楼(含)以上至顶楼的中层部分,通常是一栋大楼的主要用途空间;地下室则常用来规划为停车场、超级市场,或各类公共设施等。这些性质不同的空间,有各不相同的价值及市场特性。例如,中间层可能具有低风险、畅销的特性,虽利润不高但有助于资金周转;一楼则可能具有越陈越香和长期利润价值。所以,在进行产品定位时,必须掌握个别空间的价值,以使产品的整体价值最大。

第三,要善于用"搭配组合"技巧。前面已说过"边际利润"及"整体价值"的观念,在实务上,则要善用空间"搭配组合"的技巧,才能把边际价值发挥到极致。例如,在黄金地段规划小面积一楼店面搭配大面积二楼或地下室,一方面充分利用一楼门面及出入的价值,另一方面则因把主要营业行为延伸至二楼或地下室,可创造这些楼层的售价及利润空间。另外,如上海市有些公寓大楼,将楼上套房搭配地下经济实用的公共洗衣间、储藏室及自行车棚组合产品出售,不仅使原本用途尴尬的地下室得以顺利消化并且创造了可观利润,同时,楼上套房也因为组合产品及共用设施的设计,使空间功能更为丰富完善。

基于土地坐落环境及基地本身条件的限制，开发商在考虑如何利用土地时，难免会面临弱势空间(如大面积的地下室，商业气息不浓的一楼空间等)的问题。根据以上分析，在实务操作上，开发商不妨先集中精力突破产品的弱点(因其可创造的边际利润最大)，再搭配强势空间，以确保产品的整体价值。

(三)先实后虚原则

什么才是最合理的"实得面积"及"公用面积"规划，一直是购房者、开发商或销售代理公司之间颇有争议的问题。一般俗称的"实得面积"，是指建筑物的室内私有面积；而所谓的"公用面积"，即包括各楼层住户共同使用的楼梯间、走道等"小"公用面积，以及由全栋住户所分摊的公共设施，如配电室、门厅、机械房、水箱等"大"公用面积。事实上，只要是多层或高层组合式建筑物，就必然会有公共设施的存在，问题在于这些设施规划的必要性、合理性，及其所提供的功能、私有面积明确，不至引起购房者疑惑。

在面对这个问题时，产品定位者首先必须找准谁将是目标购买者或使用者。一般而言，不同生活形态的购房者对于空间功能的需求不同，例如，有子女的家庭，可能需求宽敞的客厅、厨房，及充足的房间数；而单身或无子女的工薪夫妇可能只需要基本的会客空间，但却追求舒适的卧房或工作室。辨别目标客户群，有助于根据不同的生活方式弄清购房者对空间(包含私有及公共)功能的需求类别。

其次，产品定位决策者必须有"相对"经济效益的观念。在没有空间限制的情况下，购房者对于多元的空间功能，诸如会客、厨房、卫浴、餐饮、卧房、娱乐、储藏、工作或阅读等都可能有绝对或优先顺序不明显的需求，但是一旦面临空间或购买力的限制，购房者即会衡量各种空间功能的相对必要性及所需支付的代价，从而显现对空间优先顺序的偏好。例如，对于普通公寓住宅的购买者而言，可能仅需要基本生活空间，除了居住功能的需求之外，可能希望买到共用的设施(这些设施常是购房者无法独立购买的)，如游泳池、健身房、警卫室等；至于小居室，由于室内私有空间更为有限，购买者通常倾向于将最具隐秘性的功能如起居、卫浴等保留在私有空间，而愿意将部分功能如会客、阅读、健身等配置于公共设施空间，通过这样的规划，购买者可能仅需分摊 $1m^2$ 的公共设施，即可获得 $10m^2$ 的空间效益。

最后，产品定位者还要依据基地规模、产品类型、规划户数等条件掌握既能为市场接受，又符合开发商投资报酬的效益的公共设施比例范围，以将目标客户对私有功能及共用功能的可能偏好作合理的规划。

由于土地资源日益昂贵，购房者的实际购买力相对降低，但居民收入水平又在不断提升，使一般人倾向于追求多元化的空间功能。因此，从事产品定位时，应从这些多元空间需求中，掌握最具私有价值的空间，再规划可供"共有"的设施，才能达到"公私兼顾"、"实虚皆宜"的效果。

(四)先分后合原则

房地产不同于其他商品，不仅市场景气的变化快速、明显，而且由于它具有自用、投资及保值等性质，因此产品本身也常随市场景气状况及购买力强弱而变化。

"究竟在何时应规划何种用途及面积的产品，才能稳操胜券?"这一直是开发商竭尽心力却又难有肯定答案的问题。为适应变化无常的市场情况，下面几个"先分后合"的定位原则，有助于开发商能更经济地保持产品规划或调整的弹性。

第一，区别楼层市场的"先分后合"原则，也就是先就大楼各楼层市场（例如顶楼、中间层市场、一楼市场、地下室市场等），个别评估其供需状况及规划条件，再考虑楼层之间的关联性或合并的可能性。例如，顶楼是否适合与其下一楼层合并为楼中楼，一楼店面是否能与二楼或地下室结合以增加商业空间面积及价值等。

第二，调整平面单元面积大小的"先分后合"原则，也就是先确定最小可能销售单元的平面功能，再合并数个小单元成为较大面积的单元，以使开发商调整平面的弹性最大。

第三，控制造价合理的"先分后合"原则，也就是在维持建筑物结构安全的前提下，预先做好最小单元（最多户数）的建筑规划及成本预算，再合并大面积规划。

进行产品定位时，若能把握上述三个原则，即使在市场不景气情况下，开发商也能在配合客户"买得起"的总价需求下，提供"空间好用"、"结构安全"、"造价合理"的产品。

（五）先专后普原则

开发商经常会遇到这样的问题："每得到一块地，对到底是盖与周围不同的建筑物，还是参考周围建筑，以随俗从众？到底该针对需求同质的客户盖单纯的产品，还是为市场提供多样化的选择，以满足各种不同需求的购房者？"例如一个营销案例：有一家鲁菜馆，原本仅供应地道的鲁菜，生意不错，后来老板为了能招徕更多的客源，增加了川菜口味的菜肴，结果真正偏好鲁菜或川菜口味的食客，都觉得它不够专业、地道，生意反而大不如昔了。

不论是上述开发商的感叹，还是鲁菜馆遭遇的市场冷淡反应，都牵涉定位时产品"特殊化"和"专门化"程序的问题。所谓"特殊化"，是指产品有异于市场的程度，例如，周围都是 10 层以下的二室一厅住宅，若能在当地推出高楼层三室一厅、二室二厅的，显然是特殊化的产品。所谓"专门化"，这是指产品单纯或同质的程度，又如，上面的例子，在住宅区推出一栋纯办公大楼和一栋套房及办公室混合大楼，两者虽都有异于当地市场（即都是特殊化产品），但前者专门化的程度显然高于后者。

一般而言，产品"专门化"的程度越高，越容易给人精纯与信赖的感觉，也间接地发挥了"特殊化"的效果。例如，在一块大面积的土地上，若规划清一色的三室一厅住宅，即使周围也有零星小规模的类似产品，但由于相关设施、规划等的规模经济及整体效果，无形中即区别了两种产品的差异性。

专门化的产品，通常附加价值较大，也较容易创造较高价值。例如，一栋专为老人规划的银发族住宅，或提供专业设施的医疗大楼，必然比普通的住宅或办公大楼具有更高的价值及价格。但相对而言，这些产品的目标客户群较为单一且量也较小，市场销售风险也可能较大，因此在从事产品定位时，应注意以下几个问题：

1. 产品特殊化的程度必须考虑基地所在地的市场特性、供需状况，及各种目标客户群的相对规模与购买力。

2. 不论特殊化或专门化，都必须把握重点，注意市场"门槛效果"，进行产品定位时切忌盲目地为特殊而特殊。例如，产品若具备三项特色，即已被市场评定为特殊产品（达到门槛效应），则不必再画蛇添足，徒增败味而降低产品的经济效益。

3. 先尝试并评估各种专门化的可能性及市场接受程度，以创造产品的附加价值及利润空间。除非市场机会有限，或基地条件受限制，才考虑开发风险低的一般性产品。

二、获得竞争优势的市场定位

一块土地原则上仅能有一种规划方式，但在制定预选方案时，可以有很多种。预选方案各有特色，其各自的优势也互异其趣，要从中筛选出一个优先可行的预选方案，自然常有无从下手之感。

市场定位是涵盖产品定位、品牌定位、公司定位的经营活动，这一经营活动表面上是围绕着产品、品牌、公司做文章，实质上是围绕着消费者心智下功夫。下面介绍产品的差别化、个性化和动态调整问题。

差别化。随着科技的发展，新媒体不断涌现，广告空前泛滥，消费者每天接触到信息，往往会产生一种抵触排斥心理，即使接收也很快被其他信息所取代。要使自己产品的差异性与消费者的需求相吻合，与竞争对手的产品产生差别，应从主要以下几个方面分析：

1. 质量。产品质量是否比别人更为上乘，更经久耐用。
2. 美观。设计能否满足消费者追求时尚的要求。
3. 价格。是否更为优惠，和产品本身一样具有吸引力。
4. 服务。能否为客户提供更加完善周到的物业管理服务。
5. 环境。是否能提供舒适、优美、适合居住的环境。

当然，定位中的差别因素远远不止这些，还包括很多有形或无形的因素。

个性化。产品和产品之间的某种差别，是可以通过变换经营策略和不断努力来缩小或同化的，因为差别意味着距离，而距离是可以拉近的。但产品的个性是无法拉近的，因为它是无形因素，是无法追随的。因此，市场定位还应遵循个性化原则，即赋予产品或品牌独有的个性，以迎合相应顾客的个性。

定位，实质是在卖概念，这个概念就是它的个性，它除了物理特性和功能利益外，还包括精神上的东西。个性化的产品能够使消费者在享受物质本身的特性时，还会有心理上的感受。有个性的产品定位是赢得消费者芳心的有利武器。

动态调整。这就是要求企业在当今不断变化的环境中，抛弃过去传统的以静制动、以不变应万变的定位思想，对周围环境时刻保持高度的敏感，及时调整定位策略，到底是开发新特性来满足消费者的新需求，还是对原有的定位点偏移或扩大，以做到驾驭未来，而非经营过去。

（一）创新概念的合理性

传统经济是以标准化、规模化、效率和层次为特征的，而新经济追求的是差异化、个性化、网络化和速度化；生产方式及消费行为的变化与技术差异逐渐缩小，产品日趋同质化的冲突，不仅加速了全社会范围内的产品更新换代，也促使企业在市场营销方面进行更多的创新。

要让自己的产品更有新意，首先就得让人们抛弃老的概念和认识，逐步树立新观念。房地产产品也有代际划分：第一代产品建立在集团购买基础上，没有个性；第二代是小区开发，抄袭境外的建筑设计、环境设计甚至物业管理等等；第三代是个性鲜明的产品，针对细分市场，突出理念开发。

在一个相对成型的买方市场，创新非常重要。这个市场不创新则不能构成吸引力。进入新世纪，人们的消费开始倾向一种更多强调心理的、精神的、感受类的东西，开始追求新的方式。从某种意义上来说，房子就是生活，这里内涵可以很大，开发商应该更多地作这方面的文章。

（二）规划设计的合理性

无论是基于投资目的还是自住目的购房置产，是否适合居住成为一项越来越重要的考虑因素，诸如方位、格局、配置、面积、户数等，都是购房者再三斟酌的问题。因此，开发商在进行替选方案评估时，该方案的居住水准是否适宜必须列入考虑的范围。

如同管理上一个常被强调的"品管"（品质管理）观念——"品质是规划、制造出来的，而非检验出来的"，也就是说，在设计之初，就已决定该产品的品质了。就建筑物本身而言，也是同样的情形，在着手进行产品定位时，其平面配置、动线规划、户数多少、单元面积大小配比及楼层用途，都会影响房屋落成后的居住水准，必须特别重视。

一个好的替选方案，其所规划的产品应有较适宜的居住水准，而所谓适宜的居住水准，应具备下列条件：

1. 单元面积的一致性要高。一般而言，若单元面积大小集中，住户水准较一致且较易沟通，其居住水准较高；如果住户阶层分布较广泛，彼此不易取得共识，其居住水准较不易维护。

2. 住房单元分配以三房以上为主力。因为三房以上产品的购房者，日后迁进自住的可能性大。一栋大楼如果居住者都是所有权人的话，他们对于该大楼的关心程度自然较高，其居住水准自然不低。住房单元分配切忌以小套房为主，因为小套房的购买者多是持投资、投机心态，如果日后未能顺利转售的话，于竣工交房后，也多半出租以租金收入弥补部分利息负担。由于居住者大多为承租者，以过客的心态居住，对于其所居住的大楼自然不太关心，其居住品质也就是可想而知了。

3. 楼层用途单一性要强。住宅里面若夹杂办公室或有门面式的商业、服务业，由于出入人员较复杂，且流动频繁，势必造成管理困难，所以，一般标榜住商或住办混合的大楼，其居住水准无法像纯住宅大楼一样理想。

4. 楼上住户与楼下营业场所的出入动线要独立分开。因为动线分开之后，纯住户与商业设施不会相互干扰。楼上住户可享有舒适的居住环境、较佳的居住空间。如果彼此出入口不分，则在出入管理时会相当困难，居住者与消费者会互相影响，造成整栋大楼居住混乱、不协调。

5. 户数要适当。一栋大楼要管理、维护得宜，要有必要的成本费用支出，如果户数少，要分摊的管理费用就会较高，一旦超过住户愿意负担的程度，住户很可能会少缴或拒缴，使整栋大楼的管理、维护工作难以为继，居住品质也就每况愈下。

一栋居住水准理想的大楼，其价值与价格自然会高于市场行情，使居住在此的住户以之为乐。而好的开始就是成功的一半，所以在规划时，对有助于维持大楼居住水准的因素，应尽量融合在平立面的功能配置上，以便规划出一流精品。

（三）产品的合理性

一个安宁舒适的居住环境，一旦迁入特种行业或家庭式机械工厂、汽车维修厂等，整个居住环境的品质随即一落千丈，即使要脱手求售，也会面临无人问津的困境。而要维护居住环境的品质，首先要做的事就是确定各楼层间的用途不会互相冲突，以避免某一楼层引来损害整栋楼居住品质的住户。一般而言，办公大楼较少类似情况发生，因为办公大楼坐落地点、坐位及住房单元规划，决定了不会轻易招致"嫌恶产业"侵入；至于住宅大楼，其地点位于住宅区，或街道边、巷弄旁，由于人口稠密等原因，较易被"嫌恶产业"侵入，因此，如何维护住宅大楼的品质，是一件比较头痛而又必须认真对待的事情。

要确定各楼层之间用途是否会发生冲突，在进行产品定位必须注意以下问题：

1. 单元面积大小要尽量一致。不同面积大小的产品尽量不要放在一起，因为大单元面积与小单元面积产品的购买者，其生活水准、购买动机大都不一致，所以，如果单元面积大小相差很大，又混合在一起，会造成彼此生活上的不适，从而降低生活品质。

2. 各楼层用途应一致为宜。如果有住办或住商混合的用途，其楼层也尽量分成两种不同的区域，不要使住宅人员与办公人员或逛街购物人潮混在一起，互相干扰。用途混合的楼层，会因出入人员复杂而不利于管理。

3. 不同用途的楼层，其出入口要独立。各楼层如果有不同用途，为避免彼此互相干扰，应该设有独立的出入口；如住商混合的话，住宅的出入口可设在后面或左右两侧，商场或店面的出入口则安排在临道路口，以利进出。否则出入口混在一起，会造成管理上的诸多不便。

4. 复合形态的用途搭配，要注意产品种类是否合适。这里以小单元面积住宅或套房搭配市场、店面比较适合，因为它们彼此相辅相成。至于住办混合则较不适宜，因为它会降低办公楼的办公质量。

5. 商业楼层用途的配置要视其人潮而分配在适合的楼层。如有游乐设施或有聚集大量人潮的商场，其楼层配置应以低层为主，以避免造成高峰时间通道拥塞或电梯等待时间过长，影响其他用途或其他楼层住户的出入。

如果各楼层用途一致，不会互相干扰的话，该大楼的居住品质即可以维持一定水准，其售价也可水涨船高。然而如果用途不一致或者互相干扰的话，则其居住品质自然大受影响，连带其住户也会因脱售不易降价求售，价值及价格因而更加低落。对这些干扰或不一的情况，在产品定位之初不可不慎，应通过合理规划而加以避免。

第三章　房地产开发项目规划设计与建筑节能

第一节　住宅规划设计

一、城乡规划与房地产开发的关系

（一）城市规划对房地产开发起到必要的管制作用

《中华人民共和国城乡规划法》（2008 年 1 月 1 日起施行）第三十八条规定"在城市、镇规划区内以出让方式提供国有土地使用权的，在国有土地的使用权出让前，城市、县人民政府城乡规划主管部门应当依据控制性详细规划，提出出让地块的位置、使用性质、开发强度等规划条件，作为国有土地使用权出让合同的组成部分。未确定规划条件的地块，不得出让国有土地使用权"。具体来说，就是城市建设用地的性质、位置、面积、建设工程的外观、高度、建筑密度、容积率等都必须接受规划管理。由于房地产开发以追求最大利润为目的，受市场经济规律影响，若没有规划干预容易产生过度开发、随意开发和忽视公众利益等问题，通过规划手段对其进行管制是十分必要的。

（二）城市规划指导和促进房地产开发

建立在详细调查和科学论证基础上的城市规划，为开发商提供了大量信息和开发依据，房地产开发的地段选择，开发方案选取，价格评估等都能从城市规划中获得指导。合理的城市规划也能增强投资者的信心，促进房地产开发和形成开发"热点"。

（三）城市规划设计也是房地产成片开发的必经阶段和必要手段

房地产成片开发必须经过总体的规划设计才能进行工程建设，合理的规划设计能够节省投资、降低成本，在较高层次规划许可的范围内，获得数量更多、用途更广的物业，从而使开发者达到最高的经济效益，也有利于多快好省地满足人们生活生产的需要。

房地产开发在接受城市规划的统一管理的同时也能从城市规划中得到指导和促进，且规划设计也是房地产开发谋求合理经济效益的必要手段。这些都要求房地产开发经营者增强城市规划意识，了解物业开发所在城市的规划情况，掌握一定的规划知识和技术，做到在城市规划的指导下更有效地从事开发工作。

二、《城市居住区规划设计规范》GB 50180—93（2002 年版）

城市规划设计，除有《中华人民共和国城市规划法》、《城市规划编制办法实施细则》等法规外，还有我国自建国以来第一部城市居住区规划设计技术规范，即《城市居住区规划设计规范》GB 50180—93。

此规范是在总结建国以来已建居住区规划与建设经济的基础上，吸取国外经验，在居住区规划范围的有限空间里，确保居住基本的居住条件和生活环境，经济、合理、有效地使用土地和空间；统一规划内容、统一词解涵义与计算口径等，以提示居住区规划设计的科学性、适用性、先进性和可比性，实现社会、经济和环境三个方面的综合效益。因此，本规范适用于城市的居住区规划设计工作，而且主要适用于新建区的规划设计。

此规范共有：总则，术语、代号，用地与建筑，规划布局与空间环境，住宅，公共服务设施，绿地，道路，竖向，管线综合，综合技术经济指标等等。

此外，用于城市规划的规范还有中华人民共和国行业标准《城市用地竖向规划规范》CJJ 83—99。

本规范内容有：总则、术语、一般规定、规范地面形式、竖向与平面布局、竖向与城市景观、竖向与道路广场、竖向与排水、土石方与防护工程等九个部分。

该规范以《中华人民共和国城市规划法》为依据，适用范围为国家行政建制设立的城市、镇，并覆盖《城市规划编制办法》及《城市规划编制办法实施细则》所规定的规划区的总体规划(含分区规划)和详细规划(含详细规划和修建性详细规划)两个阶段、四个层次的城市用地竖向规划。

本规范的制定，为城市用地竖向规划提供了技术准则和管理依据。

三、《住宅设计规范》GB 50096—1999(2003 年版)

《住宅设计规范》GB 50096—1999 共有：总则、术语、套内空间、共用部分、室内环境、建筑设备等六个部分。

本规范系在原国家计委于 1986 年颁发的《住宅建筑设计规范》GBJ 96—86 基础上制定的。修改了原规范不适用的条款，补充了不少新内容，形成了新的城市住宅建设标准。

同时，为加强立法，使本规范具有强制性法规性质，增加了监督、执行规范的保证措施，扩充了各专业的内容，使之成为综合性的设计法规，规定了设计中基本的低限要求，并具有一定的技术管理内容。可以预料，实施后必将进一步保证住宅设计质量，促进城市住宅建设健康发展。

《住宅设计规范》GB 50096—1999(2003 年版)系在《住宅设计规范》1999 版基础上局部修订而成，并于 2003 年 9 月 1 日起施行。其主要内容有：

(一)套内空间

1. 套型

(1)住宅应按套型设计，每套住宅应设卧室、起居室(厅)、厨房和卫生间等基本空间。

(2)普通住宅套型分为一至四类，其居住空间个数和使用面积不宜小于表 3-3-1 的规定。

套 型 分 类 表 3-3-1

套　　型	居住空间数(个)	使用面积(m²)
一　　类	2	34
二　　类	3	45
三　　类	3	56
四　　类	4	68

注：表内使用面积均未包括阳台面积。

2. 卧室，起居室(厅)

(1)卧室之间不应穿越，卧室应有直接采光、自然通风，其使用面积不应小于下列规定：

1）双人卧室为 $10m^2$；

2）单人卧室为 $6m^2$；

3）兼起居的卧室为 $12m^2$。

（2）起居室（厅）应有直接采光、自然通风，其使用面积不应小于 $12m^2$。

（3）起居室（厅）内的门洞布置应综合考虑使用功能要求，减少直接开向起居室（厅）的门的数量。起居室（厅）内布置家具的墙面直线长度应大于 3m。

（4）无直接采光的餐厅、过厅等，其使用面积不宜大于 $10m^2$。

3. 厨房

（1）厨房的使用面积不应小于下列规定：

1）一类和二类住宅为 $4m^2$；

2）三类和四类住宅为 $5m^2$。

（2）厨房应有直接采光、自然通风，并宜布置在套内近入口处。

（3）厨房应设置洗涤池、案台、炉灶及排油烟机等设施或预留位置，按炊事操作流程排列，操作面净长不应小于 2.10m。

（4）单排布置设备的厨房净宽不应小于 1.50m；双排布置设备的厨房其两排设备的净距不应小于 0.90m。

4. 卫生间

（1）每套住宅应设卫生间，第四类住宅宜设二个或二个以上卫生间。每套住宅至少应配置三件卫生洁具，不同洁具组合的卫生间使用面积不应小于下列规定：

1）设便器、洗浴器（浴缸或喷淋）、洗面器三件卫生洁具的为 $3m^2$；

2）设便器、洗浴器二件卫生洁具的为 $2.50m^2$；

3）设便器、洗面器二件卫生洁具的为 $2m^2$；

4）单设便器的为 $1.10m^2$。

（2）无前室的卫生间的门不应直接开向起居室（厅）或厨房。

（3）卫生间不应直接布置在下层住户的卧室、起居室（厅）和厨房的上层，可布置在本套内的卧室、起居室（厅）和厨房上层；**并均应有防水、隔声和便于检修的措施。**

（4）套内应设置洗衣机的位置。

5. 技术经济指标计算

（1）住宅设计应计算下列技术经济指标：

——各功能空间使用面积（m^2）；

——套内使用面积（m^2/套）；

——住宅标准层总使用面积（m^2）；

——住宅标准层总建筑面积（m^2）；

——住宅标准层使用面积系数（%）；

——套型建筑面积（m^2/套）；

——套型阳台面积（m^2/套）。

（2）住宅设计技术经济指标计算，应符合下列规定：

1）各功能空间使用面积等于各功能使用空间墙体内表面所围合的水平投影面积之和；

2）套内使用面积等于套内各功能空间使用面积之和；

3）住宅标准层总使用面积等于本层各套型内使用面积之和；

4）住宅标准层建筑面积，按外墙结构外表面及柱外沿或相邻界墙轴线所围合的水平投影面积计算，当外墙设外保温层时，按保温层外表面计算。

5）标准层使用面积系数等于标准层使用面积除以标准层建筑面积；

6）套型建筑面积等于套内使用面积除以标准层的使用面积系数；

7）套型阳台面积等于套内各阳台结构底板投影净面积之和。

（3）套内使用面积计算，应符合下列规定：

1）套内使用面积包括卧室、起居室(厅)、厨房、卫生间、餐厅、过厅、过道、前室、贮藏室、壁柜等的使用面积的总和；

2）跃层住宅中的套内楼梯按自然层数的使用面积总和计入使用面积；

3）烟囱、通风道、管井等均不计入使用面积；

4）室内使用面积按结构墙体表面尺寸计算，有复合保温层的，按复合保温层表面尺寸计算；

5）利用坡屋顶内空间时，顶板下表面与楼面的净高低于 1.20m 的空间不计算使用面积；净高在 1.20～2.10m 的空间按 1/2 计算使用面积；净高超过 2.10m 的空间全部计入使用面积；

6）坡屋顶内的使用面积应单独计算，不得列入标准层使用面积和标准层建筑面积中，需计算建筑总面积时，利用标准层使用面积系数反求；

7）阳台面积应按结构底板投影净面积单独计算，不计入每套使用面积或建筑面积内。

6. 层高和室内净高

（1）普通住宅层高宜为 2.8m。

（2）卧室、起居室(厅)的室内净高不应低于 2.40m，局部净高不应低于 2.10m，且其面积不应大于室内使用面积的 1/3。

（3）利用坡屋顶内空间作卧室、起居室（厅）时，其 1/2 面积的室内净高不应低于 2.10m。

（4）厨房、卫生间的室内净高不应低于 2.20m。

（5）厨房、卫生间内排水横管下表面与楼面、地面净距不得低于 1.90m，且不得影响门、窗扇开启。

7. 阳台

（1）每套住宅应设阳台或平台。

（2）阳台栏杆设计应防止儿童攀登，栏杆的垂直杆件间净距不应大于 0.11m；放置花盆处必须采取防坠落措施。

（3）低层、多层住宅的阳台栏杆净高不应低于 1.05m，中高层、高层住宅的阳台栏杆净高不应低于 1.10m。封闭阳台栏杆也应满足阳台栏杆净高要求。中高层、高层住宅及寒冷、严寒地区住宅的阳台宜采用实心栏板。

（4）阳台应设置晾、晒衣物的设施；顶层阳台应设雨罩。各套住宅之间毗连的阳台应设分户隔板。

（5）阳台、雨罩均应做有组织排水；雨罩应做防水，阳台宜做防水。

8. 过道、贮藏空间和套内楼梯

(1) 套内入口过道净宽不宜小于 1.20m；通往卧室、起居室(厅)的过道净宽不应小于 1m；通往厨房、卫生间、贮藏室的过道净宽不应小于 0.90m，过道拐弯处的尺寸应便于搬运家具。

(2) 套内吊柜净高不应小于 0.40m；壁柜净深不宜小于 0.50m；设于底层或靠外墙、靠卫生间的壁柜内部应采取防潮措施；壁柜内应平整、光洁。

(3) 套内楼梯的梯段净宽，当一边临空时，不应小于 0.75m；当两侧有墙时，不应小于 0.90m。

(4) 套内楼梯的踏步宽度不应小于 0.22m；高度不应大于 0.20m，扇形踏步转角距扶手边 0.25m 处，宽度不应小于 0.22m。

9. 门窗

(1) 外窗窗台距楼面，地面的净高低于 0.90m 时，应有防护设施，窗外有阳台或平台时可不受此限制。窗台的净高或防护栏杆的高度均应从可踏面起算，保证净高 0.90m。

(2) 底层外窗和阳台门、下沿低于 2m 且紧邻走廊或公用上人屋面上的窗和门，应采取防卫措施。

(3) 面临走廊或凹口的窗，应避免视线干扰，向走廊开启的窗扇不应妨碍交通。

(4) 住宅户门应采用安全防卫门。向外开启的户门不应妨碍交通。

(5) 各部位门洞的最小尺寸应符合表 3-3-2 的规定。

门 洞 最 小 尺 寸   表 3-3-2

类　　别	洞口宽度(m)	洞口高度(m)
公用外门	1.20	2.00
户(套)门	0.90	2.00
起居室(厅)门	0.90	2.00
卧室门	0.90	2.00
厨房门	0.80	2.00
卫生间门	0.70	2.00
阳台门(单扇)	0.70	2.00

注：1. 表中门洞口高度不包括门上亮子高度。
    2. 洞口两侧地面有高低差时，以高地面为起算高度。

(二) 共用部分

1. 楼梯和电梯

(1) 楼梯间设计应符合现行国家标准《建筑设计防火规范》(CBJ 16)和《高层民用建筑设计防火规范》(GB 50045)的有关规定。

(2) 楼梯梯段净宽不应小于 1.10m。六层及六层以下住宅，一边设有栏杆的梯段净宽不应小于 1m。

注：楼梯梯段净宽系指墙面至扶手中心之间的水平距离。

(3) 楼梯踏步宽度不应小于 0.26m，踏步高度不应大于 0.175m。扶手高度不应小于 0.90m。楼梯水平段栏杆长度大于 0.50m 时，其扶手高度不应小于 1.05m。楼梯栏杆垂直杆件间净空不应大于 0.11m。

（4）楼梯平台净宽不应小于楼梯梯段净宽，且不得小于 1.20m。楼梯平台的结构下缘至人行通道的垂直高度不应低于 2m。入口处地坪与室外地面应有高差，并不应小于 0.10m。

（5）楼梯井净宽大于 0.11m 时，必须采取防止儿童攀滑的措施。

（6）七层及以上住宅或住户入口层楼面距室外设计地面的高度超过 16m 以上的住宅必须设置电梯。

注：1. 底层作为商店或其他用房的多层住宅，其住户入口层楼面距该建筑物的室外设计地面高度超过 16m 时必须设置电梯。

2. 底层做架空层或贮存空间的多层住宅，其住户入口层楼面距该建筑物的室外设计地面高度超过 16m 时必须设置电梯。

3. 顶层为两层一套的跃层住宅时，跃层部分不计层数。其顶层住户入口层楼面距该建筑物室外设计地面的高度不超过 16m 时，可不设电梯。

4. 住宅中间层有直通室外地面的出入口并具有消防通道时，其层数可由中间层起计算。

（7）十二层及以上的高层住宅，每栋楼设置电梯不应少于两台，其中宜配置一台可容纳担架的电梯。

（8）高层住宅电梯宜每层设站。当住宅电梯非每层设站时，不设站的层数不应超过两层。塔式和通廊式高层住宅电梯宜成组集中布置。单元式高层住宅每单元只设一部电梯时应采用联系廊联通。

（9）候梯厅深度不应小于多台电梯中最大轿箱的深度，且不得小于 1.50m。

2. 走廊和出入口

（1）外廊、内天井及上人屋面等临空处栏杆净高，低层、多层住宅不应低于 1.05m，中高层、高层住宅不应低于 1.10m，栏杆设计应防止儿童攀登，垂直杆件间净空不应大于 0.11m。

（2）高层住宅中作主要通道的外廊宜作封闭外廊，并设可开启的窗扇。走廊通道的净宽不应小于 1.20m。

（3）住宅的公共出入口位于阳台、外廊及开敞楼梯平台的下部时，应采取设置雨罩等防止物体坠落伤人的安全措施。

（4）住宅的公共出入口处应有识别标志；可按户设置信报箱。高层住宅的公共出入口应设门厅、管理室及信报间。

（5）设置电梯的住宅公共出入口，当有高差时，应设轮椅坡道和扶手。

3. 垃圾收集设施

（1）住宅不宜设置垃圾管道。多层住宅不设垃圾管道时，应根据垃圾收集方式设置相应设施。中高层及高层住宅不设置垃圾管道时，每层应设置封闭的垃圾收集空间。

（2）住宅当设垃圾管道时，应符合下列要求：

1）垃圾管道不得紧邻卧室、起居室（厅）布置；

2）垃圾管道的有效断面不得小于下列规定：

① 多层住宅为 0.40m×0.40m；

② 中高层住宅为 0.50m×0.50m；

③ 高层住宅为 0.60m×0.60m。

3）垃圾斗和垃圾斗门应耐腐蚀，关闭严密；

4）垃圾管道顶部应通出屋面，底部应设封闭的垃圾间。

4. 地下室和半地下室

(1) 住宅不应布置在地下室内。当布置在半地下室时，必须对采光、通风、日照、防潮、排水及安全防护采取措施。

(2) 地下室、半地下室作贮藏间、自行车库和设备用房使用时，其净高不得低于 2m；当作汽车库时，应符合现行行业标准《汽车库建筑设计规范》(JGJ 100) 的有关规定。

(3) 地下室、半地下室应采取防水、防潮及通风措施；采光井应采取排水措施。

5. 附建公共用房

(1) 住宅建筑内严禁布置存放和使用火灾危险性为甲、乙类物品的商店、车间和仓库，并不应布置产生噪声、振动和污染环境卫生的商店、车间和娱乐设施。

(2) 住宅建筑内不宜布置餐饮店，当受条件限制需要布置时，其厨房的烟囱及排气道应高出住宅屋面，其空调、冷藏设备及加工机械应作减振、消声处理，并应达到环境保护规定的有关要求。

(3) 住宅建筑中不宜布置锅炉房、变压器室及其他有噪声振动源等设备用房。如受条件限制需要布置时，应符合现行的建筑防火、建筑隔声及有关专业规范的规定。

(4) 住宅与附建公共用房的出入口应分开布置。

(三) 室内环境

1. 日照、天然采光、自然通风

(1) 每套住宅至少应有一个居住空间能获得日照宅中居住空间总数超过四个时，其中宜有二个获得日照。

(2) 获得日照要求的居住空间，其日照标准应符合现行国家标准《城市居住区规划设计规范》(GB 50180) 中关于住宅建筑日照标准的规定。

(3) 住宅采光标准应符合表 3-3-3 采光系数最低值的规定，其窗地面积比可按表 3-3-3 的规定取值。

住宅室内采光标准 表 3-3-3

房间名称	侧 面 采 光	
	采光系数最低值(%)	窗地面积比值(A_c/A_d)
卧室、起居室(厅)、厨房	1	1/7
楼 梯 间	0.5	1/2

注：1. 窗地面积比值为直接天然采光房间的侧窗洞口面积 A_c 与该房间地面面积 A_d 之比。

2. 本表系按Ⅲ类光气候区单层普通玻璃钢窗计算，当用于其他光气候区时或采用其他类型窗时，应按现行国家标准《建筑采光设计标准》的有关规定进行调整。

3. 离地面高度低于 0.50m 的窗洞口面积不计入采光面积内，窗洞口上沿距地面高度不宜低于 2m。

(4) 卧室、起居室(厅)应有与室外空气直接流通的自然通风。单朝向住宅应采取通风措施。

(5) 采用自然通风的房间，其通风开口面积应符合下列规定：

1）卧室、起居室(厅)、明卫生间的通风开口面积不应小于该房间地板面积的 1/20。

2）厨房的通风开口面积不应小于该房间地板面积的 1/10，并不得小于 0.60m²。

（6）严寒地区住宅的卧室、起居室（厅）应设通风换气设施，厨房、卫生间应设自然通风道。

2. 保温、隔热

（1）住宅应保证室内基本的热环境质量，采取冬季保温和夏季隔热、防热以及节约采暖和空调能耗的措施。

（2）严寒、寒冷地区住宅的节能设计应符合现行行业标准《民用建筑节能设计标准（采暖居住建筑部分）》（JCJ 26）的有关规定，其中建筑体型系数宜控制在 0.30 及以下。

（3）寒冷、夏热冬冷和夏热冬暖地区，住宅建筑的西向居住空间朝西外窗均应采取遮阳措施；屋顶和西向外墙应采取隔热措设有空调的住宅，其围护结构应采取保温隔热措施。

3. 隔声

（1）住宅的卧室、起居室（厅）内的允许噪声级（A 声级）昼间应小于或等于 50dB，夜间应小于或等于 40dB，分户墙与楼板的空气声的计权隔声量应大于或等于 40dB，楼板的计权标准化撞击声压级宜小于或等于 75dB。

（2）住宅的卧室、起居室（厅）宜布置在背向噪声源的一侧。

（3）电梯不应与卧室、起居室（厅）紧邻布置。凡受条件限制需要紧邻布置时，必须采取隔声、减振措施。

（四）建筑设备

1. 给水排水

（1）住宅应设室内给水排水系统。

（2）套内分户水表前的给水静水压力不应小于 50kPa，当不能达到时，应设置系统增压给水设备。

（3）住宅室内给水系统最低配水点的静水压力，宜为 300～350kPa，大于 400kPa 时，应采取竖向分区或减压措施。

（4）住宅应预留安装热水供应设施的条件，或设置热水供应设施。

（5）给水和集中热水供应系统，应分户分别设置冷水和热水表。卫生器具和配件应采用节水性能良好的产品。管道、阀门和配件应采用不易锈蚀的材质。

（6）住宅的污水排水横管宜设于本层套内。当必须敷设于下一层的套内空间时，其清扫口应设于本层，并应进行夏季管道外壁结露验算，采取相应的防止结露的措施。

（7）布置洗浴器和布置洗衣机的部位应设置地漏，其水封深度不应小于 50mm。布置洗衣机的部位宜采用能防止溢流和干涸的专用地漏。

（8）高层住宅的垃圾间宜设给水龙头和排水口。其给水管道应单独设置水表，并应采取冬季防冻措施。

（9）地下室、半地下室中低于室外地面的卫生器具和地漏的排水管，不应与上部排水管连接，应设置集水坑用污水泵排出。

2. 采暖

（1）严寒地区和寒冷地区的高层、中高层和多层住宅，宜设集中采暖系统。采暖热媒应采用热水。

（2）设置集中采暖系统的普通住宅的室内采暖计算温度，不应低于表 3-3-4 的规定。

室内采暖计算温度

表 3-3-4

用 房	温 度(℃)
卧室、起居室(厅)和卫生间	18
厨 房	15
设采暖的楼梯间和走廊	14

注：有洗浴器并有集中热水供应系统的卫生间，宜按 25℃ 设计。

(3) 集中采暖系统的设计，宜能实施分室温度调节，并宜为实施分户热量计量预留条件。散热器的调节阀门，应确保频繁调节的密封性能，并采用不易锈蚀的材质。

(4) 集中采暖系统中，用子总体调节和检修的设施，不应设置于套内。

(5) 住宅的散热器，应采用体型紧凑、便于清扫、使用寿命不低于钢管的型式，其位置应确保室内温度的均匀分布，并应与室内设施和家具协调布置。

(6) 以煤、薪柴、燃油和燃气等为燃料，设置分散式采暖的住宅应设烟囱；上下层或毗连房间合用一个烟囱时，必须采取防止串烟的措施。

3. 燃气

(1) 使用燃气的住宅，每套的燃气用量，应至少按一个双眼灶和一个燃气热水器计算。

(2) 每套应设置燃气表。安装在厨房内的燃气表其位置应有利于厨房设备的合理布置。

(3) 套内燃气热水器的设置，应符合下列规定：

1) 除密闭式燃气热水器外，其他燃气热水器不应设置于卫生间和其他无自然通风的部位，宜设置在有机械排气装置的厨房内；

2) 安装热水器的厨房或卫生间，应预留安装位置和给排气的孔洞；

3) 燃气热水器的排烟管不得与排油烟机的排气管合并接入同一管道；单独接出室外时，其给排气技术条件应符合现行国家标准《燃气燃烧器具安全技术通则》(GB 16914) 的有关规定。

(4) 住宅内燃气管道和其他用气设备的设置，应符合现行国家标准《城镇燃气设计规范》(GB 50028)的有关规定。

4. 通风和空调

(1) 厨房排油烟机的排气管通过外墙直接排至室外时，应在室外排气口设置避风和防止污染环境的构件。当排油烟机的排气管排至竖向通风道时，竖向通风道的断面应根据所担负的排气量计算确定，应采取支管无回流、竖井无泄漏的措施。

(2) 严寒地区、寒冷地区和夏热冬冷地区的厨房，除设置排气机械外，还应设置供房间全面排气的自然通风设施。

(3) 无外窗的卫生间，应设置有防回流构造的排气通风道，并预留安装排气机械的位置和条件。

(4) 厨房和卫生间的门，应在下部设有效截面积不小于 $0.02m^2$ 的固定百叶，或距地面留出不小于 30mm 的缝隙。

(5) 最热月平均室外气温高于和等于 25℃ 的地区，每套住宅内应预留安装空调设备的

位置和条件。

（6）以煤、薪柴为燃料的厨房应设烟囱；上下层或相邻厨房共用一个烟囱时，必须采取防止串烟的措施。

5. 电气

（1）每套住宅应设电度表。每套住宅的用电负荷标准及电度表规格，不应小于表 3-3-5 的规定。

用电负荷标准及电度表规格 表 3-3-5

套　型	用电负荷标准（kW）	电度表规格（A）
一　类	2.5	5（20）
二　类	2.5	5（20）
三　类	4.0	10（40）
四　类	4.0	10（40）

（2）住宅供电系统的设计，应符合下列基本安全要求：

1）应采用 TT、TN-C-S 或 TN-S 接地方式，并进行总等电位联结；

2）电气线路应采用符合安全和防火要求的敷设方式配线，导线应采用铜线，每套住宅进户线截面不应小于 $10mm^2$，分支回路截面不应小于 $2.5mm^2$；

3）每套住宅的空调电源插座、电源插座与照明，应分路设计；厨房电源插座和卫生间电源插座宜设置独立回路；

4）除空调电源插座外，其他电源插座电路应设置漏电保护装置；

5）每套住宅应设置电源总断路器，并应采用可同时断开相线和中性线的开关电器；

6）设洗浴设备的卫生间应作等电位联结；

7）每幢住宅的总电源进线断路器，应具有漏电保护功能。

（3）住宅的公共部位应设人工照明，除高层住宅的电梯厅和应急照明外，均应采用节能自熄开关。

（4）电源插座的数量，不应少于表 3-3-6 的规定。

电源插座的设置数量 表 3-3-6

部　位	设　置　数　量
卧室、厨房	一个单相三线和一个单相二线的插座两组
起居室（厅）	一个单相三线和一个单相二线的插座三组
卫生间	防溅水型一个单相三线和一个单相二线的组合插座一组
布置洗衣机、冰箱、排气机械和空调器等处	专用单相三线插座各一个

（5）有线电视系统的线路应预埋到住宅套内，并应满足有线电视网的要求，一类住宅每套设一个终端插座，其他类住宅每套设两个。

（6）电话通信线路应预埋管线到住宅套内。一类和二类住宅每套设一个电话终端出线口，三类和四类住宅每套设两个。

（7）每套住宅宜预留门铃管路。高层和中高层住宅宜设楼宇对讲系统。

6. 综合设计

（1）住宅的建筑设计，应满足建筑设备各系统的功能有效、运行安全、维修方便等基本要求。

（2）建筑设备管线的设计，应相对集中，布置紧凑，合理占用空间，宜为住户进行装修留有灵活性。每套住宅宜集中设置布线箱。对有线电视、通信、网络、安全监控等线路集中布线。

（3）厨房、卫生间和其他建筑设备及管线较多的部位，应进行详细的综合设计。采暖散热器、电源插座、有线电视终端插座和电话终端出线口等，应与室内设施和家具综合布置。

（4）公共功能的管道，包括采暖供回水总立管、给水总立管、雨水立管、消防立管和电气立管等，不宜布置在住宅套内。公共功能管道的阀门和需经常操作的部件，应设在公用部位。

（5）应合理确定各种计量仪表的设置位置，以满足能源计量和物业管理的需要。

四、住宅建筑节能设计规范规定

建设部、质量监督检验检疫总局于 2005 年 1 月 30 日联合发布了《住宅建筑规范》（GB 50368），对住宅建筑节能设计做了规定。

（一）一般规定

1. 住宅应通过合理选择建筑的体形、朝向和窗墙面积比，增强围护结构的保温、隔热性能，使用能效比高的采暖和空气调节设备和系统，采取室温调控和热量计量措施来降低采暖、空气调节能耗。

2. 节能设计应采用规定性指标，或采用直接计算采暖、空气调节能耗的性能化方法。

3. 住宅围护结构的构造应防止围护结构内部保温材料受潮。

4. 住宅公共部位的照明应采用高效光源、高效灯具和节能控制措施。

5. 住宅内使用的电梯、水泵、风机等设备应采取节电措施。

6. 住宅的设计与建造应与地区气候相适应，充分利用自然通风和太阳能等可再生能源。

（二）规定性指标

1. 住宅节能设计的规定性指标主要包括：

建筑物体形系数、窗墙面积比、各部分围护结构的传热系数、外窗遮阳系数等。各建筑热工设计分区的具体规定性指标应根据节能目标分别确定。

2. 当采用冷水机组和单元式空气调节机作为集中式空气调节系统的冷源设备时，其性能系数、能效比不应低于表 3-3-7 和表 3-3-8 的规定值。

冷水（热泵）机组制冷性能系数 表 3-3-7

类 型		额定制冷量(kW)	性能系数(W/W)
水 冷	活塞式/涡旋式	＜528	3.80
		528～1163	4.00
		＞1163	4.20
	螺杆式	＜528	4.10
		528～1163	4.30
		＞1163	4.60

续表

类　　型		额定制冷量(kW)	性能系数(W/W)
水　　冷	离心式	<528 528~1163 >1163	4.40 4.70 5.10
	活塞式/ 涡旋式	≤50 >50	2.40 2.60
	螺杆式	≤50 >50	2.60 2.80

单元式空气调节机能效比　　　　　　　表 3-3-8

类　　型		能效比(W/W)
风冷式	不接风管	2.60
	接 风 管	2.30
水冷式	不接风管	3.00
	接 风 管	2.70

(三）性能化设计

1. 性能化设计应以采暖、空调能耗指标作为节能控制目标。

2. 各建筑热工设计分区的控制目标限值应根据节能目标分别确定。

3. 性能化设计的控制目标和计算方法应符合下列规定：

(1) 严寒、寒冷地区的住宅应以建筑物耗热量指标为控制目标。

建筑物耗热量指标的计算应包含围护结构的传热耗热量、空气渗透耗热量和建筑物内部得热量三个部分，计算所得的建筑物耗热量指标不应超过表 3-3-9 的规定。

建筑物耗热量指标(W/m²)　　　　　　表 3-3-9

地名	耗热量指标	地名	耗热量指标	地名	耗热量指标	地名	耗热量指标	地名	耗热量指标
北京市	14.6	大同	21.1	博克图	22.2	鞍山	21.1	齐齐哈尔	21.9
天津市	14.5	长治	20.8	二连浩特	21.9	葫芦岛	21.0	富锦	22.0
河北省		阳泉	20.5	多伦	21.8	吉林省		牡丹江	21.8
石家庄	20.3	临汾	20.4	白云鄂博	21.6	长春	21.7	呼玛	22.7
张家口	21.1	晋城	20.4	辽宁省		吉林	21.8	佳木斯	21.9
秦皇岛	20.8	运城	20.3	沈阳	21.2	延吉	21.5	安达	22.0
保定	20.5	内蒙古		丹东	20.9	通化	21.6	伊春	22.4
邯郸	20.3	呼和浩特	21.3	大连	20.6	双辽	21.6	克山	22.3
唐山	20.8	锡林浩特	22.0	阜新	21.3	四平	21.5	江苏省	
承德	21.0	海拉尔	22.6	抚顺	21.4	白城	21.8	徐州	20.0
丰宁	21.2	通辽	21.6	朝阳	21.1	黑龙江		连云港	20.0
山西省		赤峰	21.3	本溪	21.2	哈尔滨	21.9	宿迁	20.0
太原	20.8	满洲里	22.4	锦州	21.0	嫩江	22.5	淮阴	20.0

续表

地名	耗热量指标	地名	耗热量指标	地名	耗热量指标	地名	耗热量指标	地名	耗热量指标
盐城	20.0	新乡	20.1	西安	20.2	西宁	20.9	塔城	21.4
山东省		洛阳	20.0	榆林	21.0	玛多	21.5	哈密	21.3
济南	20.2	商丘	20.1	延安	20.7	大柴旦	21.4	伊宁	21.1
青岛	20.2	开封	20.1	宝鸡	20.1	共和	21.1	喀什	20.7
烟台	20.2	四州省		甘肃省		格尔木	21.1	富蕴	22.4
德州	20.5	阿坝	20.8	兰州	20.8	玉树	20.8	克拉玛依	21.8
淄博	20.4	甘孜	20.5	酒泉	21.0	宁夏		吐鲁番	21.1
兖州	20.4	康定	20.3	敦煌	21.0	银川	21.0	库车	20.9
潍坊	20.4	西藏		张掖	21.0	中宁	20.8	和田	20.7
河南省		拉萨	20.2	山丹	21.1	固原	20.9		
郑州	20.0	噶尔	21.2	平凉	20.6	石嘴山	21.0		
安阳	20.3	日喀则	20.4	天水	20.3	新疆			
濮阳	20.3	陕西省		青海省		乌鲁木齐	21.8		

（2）夏热冬冷地区的住宅应以建筑物采暖和空气调节年耗电量之和为控制目标。

建筑物采暖和空气调节年耗电量应采用动态逐时模拟方法在确定的条件下计算。计算条件应包括：

1）居室室内冬、夏季的计算温度；

2）典型气象年室外气象参数；

3）采暖和空气调节的换气次数；

4）采暖、空气调节设备的能效比；

5）室内得热强度。

计算所得的采暖和空气调节年耗电量之和，不应超过表 3-3-10 按采暖度日数 HDD18 列出的采暖年耗电量和按空气调节度日数 CDD26 列出的空气调节年耗电量的限值之和。

建筑物采暖年耗电量和空气调节年耗电量的限值　　　　　表 3-3-10

HDD18（℃·d）	采暖年耗电量 E_h（kWh/m²）	CDD26（℃·d）	空气调节年耗电量 E_c（kWh/m²）
800	10.1	25	13.7
900	13.4	50	15.6
1000	15.6	75	17.4
1100	17.8	100	19.3
1200	20.1	125	21.2
1300	22.3	150	23.0
1400	24.5	175	24.9
1500	26.7	200	26.8
1600	29.0	225	28.6

续表

HDD18(℃·d)	采暖年耗电量 E_h(kWh/m²)	CDD26(℃·d)	空气调节年耗电量 E_c(kWh/m²)
1700	31.2	250	30.5
1800	33.4	275	32.4
1900	35.7	300	34.2
2000	37.9		
2100	40.1		
2200	42.4		
2300	44.6		
2400	46.8		
2500	49.0		

（3）夏热冬暖地区的住宅应以参照建筑的空气调节和采暖年耗电量为控制目标。

参照建筑和所设计住宅的空气调节和采暖年耗电量应采用动态逐时模拟方法在确定的条件下计算。计算条件应包括：

1）居室室内冬、夏季的计算温度；

2）典型气象年室外气象参数；

3）采暖和空气调节的换气次数；

4）采暖、空气调节设备的能效比。

参照建筑应按下列原则确定：

① 参照建筑的建筑形状、大小和朝向均应与所设计住宅完全相同；

② 参照建筑的开窗面积应与所设计住宅相同，但当所设计住宅的窗面积超过规定性指标时，参照建筑的窗面积应减小到符合规定性指标；

③ 参照建筑的外墙、屋顶和窗户的各项热工性能参数应符合规定性指标。

五、国家康居示范工程节能省地型住宅技术要点

（一）节地

1. 一般规定

（1）示范工程节地主要包括小区规划节地和建筑设计节地两个方面，通过优化设计达到土地使用效率的提高。

（2）示范工程的规划与设计要突出强调均好性、多样性和协调性。应充分体现所在地域的自然环境和历史文化渊源，要因地制宜进行设计创作，力求创造出具有时代特点与地域特征的居住空间，营造自然、舒适、安全的居住环境。

2. 小区规划

（1）示范工程选址应避开有害环境因素的影响，与城市周围环境相协调，尽量利用废地（荒地、坡地），减少耕地占用。

（2）小区规划功能结构和空间层次清晰，合理规划用地结构和有效组织功能空间（如建筑朝向、方位控制）。

（3）住宅群体组合布置满足住区环境日照、通风等要求，灵活布置住宅的形体和高度。合理控制住宅的层高和层数，合理设置底层公建位置。

（4）小区道路构架清晰，交通便利，系统顺畅。停车率应不小于60%。要充分利用地下空间做车库（或用做设备用房）。

（5）小区公共服务设施需配套齐全，公共建筑应避免过于分散布置，适当集中，方便居民使用。

（6）小区规划要结合地形地貌设计，尽可能保留基地形态和原有植被。地处山坡的住宅，要合理布局住宅栋间距。

（7）小区绿化景观应做到集中与分散结合，观赏与实用结合，绿地率不低于30%。

3. 建筑设计

（1）住宅设计要选择合理的单元面宽和进深。北方地区板式住宅进深一般控制在13～15m为宜，南方地区板式住宅进深一般控制在11～13m为宜。

（2）住宅户型平面布局合理，套内功能分区符合公私分离、动静分离、洁污分离的要求。功能空间关系紧凑，并能得到充分利用。

（3）提高住宅单元标准层使用面积系数，力求在有限的面积中获取更多的有效使用空间。多层住宅标准层使用面积系数应不低于78%，高层住宅应不低于72%。

（4）住宅单体的平面设计力求规整。电梯井道、设备管井、楼梯间等要选择合理尺寸，紧凑布置，不宜突出住宅主体外墙过大。

（5）要充分利用坡屋面及退台屋面，住宅栋间距布局紧凑。

（6）住宅建筑应具有地方特色和个性、识别性，造型简洁，尺度适宜，色彩明快。

（二）节能

1. 一般规定

（1）示范工程要根据《建筑气候区划标准》，严格执行严寒、寒冷、夏热冬冷、夏热冬暖地区的居住建筑节能设计标准。节能不低于50%。大中城市的示范工程项目应率先达到节能65%的要求。

（2）住宅节能要通过能源合理利用、住宅构造、建筑设备优化和科学运行管理等方面，降低能耗，提高节能效率。

2. 能源合理利用

（1）居住小区可利用的能源种类，应视所在地区的能源资源条件以及能源的输送条件等综合考虑选择。

1）利用热电厂供热（供暖、供电），宜采用集中式供热系统，并积极采用热、电、冷联产联供技术，提高能源综合利用能力。

2）以城市区域锅炉房和工业余热为热源（冷源），应实行区域集中式供热/制冷，发挥设备配置和资源配置效率。

（2）积极发展可再生能源。

1）推广采用地源热泵、水源热泵技术。

2）沿海、山区和季风带区开发推广采用风力发电技术。

3）沿海地区推广采用海水空调供暖/制冷技术。

4）农村地区应积极采用秸秆气化技术、沼气生态工程技术。

5）大力推广应用太阳能利用技术。

① 应用太阳能与其他辅助能源(电、其他燃料等)组成的分体热水系统,实现太阳能供生活热水。夏热冬冷地区的示范工程应积极采用太阳能冬季供暖技术,提高室内温度。

② 采用太阳能光电转化技术,向住宅设备和家用电器提供电源(如照明用电)。

③ 农村住宅除采用太阳能供热水外,还可利用太阳能灶解决炊事问题。

3. 住宅构造

(1) 构造节能应从屋面、外墙、门窗等方面采取保温隔热有效措施,形成完善的节能构造体系。

(2) 保温隔热材料采用轻质、高强,具有保温、隔热、隔声、防水性能的新型墙体材料,增强外围护结构抗气候变化的综合物理性能。

(3) 墙体保温隔热。

1) 外墙外保温体系,其平均传热系数 K 不应大于当地节能设计标准。

2) 外墙内保温体系,其平均传热系数 K 不应大于当地节能设计标准。

3) 保温隔热的方式可选择多层复合(有空气层)墙体保温隔热体系(轻钢龙骨,砌块墙体),夹芯墙保温、隔热体系(现浇或砌筑墙体),保温隔热涂料(Low-E 涂料)等多种形式。

4) 采取多种有效的技术措施(如外悬挑构件、外装饰构件、窗框周边、地下室顶板等),阻断住宅结构建筑体系中出现的热桥/冷桥,以避免传热损失。

(4) 屋面保温隔热。

1) 采用重量轻、导热系数小、不易老化的材料,贴铺于屋面,提高屋面保温隔热效果(如挤塑板倒置屋面体系)。

2) 设置屋面架空通风层,利用空气对流降低温度。

3) 推广屋面绿色生态种植技术,在美化屋面的同时,利用植物遮蔽减少阳光对屋面的直晒。

4) 在屋顶表面涂刷反射涂料,降低表面温度。

(5) 门窗保温隔热。

1) 选择中空玻璃、隔热玻璃、反热玻璃和低发射率的 Low-E 玻璃等高效节能玻璃,或增加窗户的层数,提高门窗的保温性能。

2) 选择优质的塑钢门窗、铝合金门窗及其他材料的门窗,达到传热系数小于 2W/$(m^2 \cdot K)$。尽可能选用断桥式铝合金门窗。

3) 选择抗老化、高性能的门窗配套密封材料,提高门窗的水密性和气密性。

4) 采用室内外遮阳技术。

(6) 合理控制住宅建筑的体型系数和窗墙面积比,严寒、寒冷地区的住宅设计应尽量减少外墙的凹凸。

(7) 采用独户燃气锅炉、电热锅炉和电热膜采暖系统的住宅必须具有良好的建筑保温(隔热)性能,对房间的六面体都要采取有效的保温(隔热)措施,降低热量的散失。

4. 建筑设备

(1) 在集中供热系统中,积极应用自力式调节阀、智能采暖系统控制仪等设备和水力平衡技术。

（2）住宅室外供暖管网应采用平衡阀，确保管网静态水平衡。室内管网系统中应采用散热器恒温阀和双管供暖系统。

（3）提倡使用轻型优质高效散热器。采用钢制散热器，取代铸铁散热器。

（4）推广应用电热式和循环水式低温辐射供暖/制冷系统（如电热膜采暖、地板敷管采暖等），改善住宅供暖/制冷的舒适度。

（5）推广应用变频空调机、变频电梯和变频水泵等设备，节省用电消耗。

（6）采用节能高效的新型灯具，公共区域必须采用延时或声控开关。

（7）采用导热系数小、自重轻、吸水率低、抗腐蚀力强、维修少的直埋供热管道，减少热损失。

（8）利用供电峰谷分时节电，推广应用冰蓄冷和提水蓄能技术。

5. 运行管理

（1）利用计算机对供暖系统进行水力平衡调试，实现供热管网流量的合理分配。

（2）采暖散热器安设恒温阀，便于用户自行调节室温。

（3）推广应用热量分户计量技术。

（4）采用智能化方式控制小区供气、供水、供电、供热等设备。

（5）集中空调和户式中央空调系统宜采用热量回收技术。

（三）节水

1. 一般规定

（1）示范工程的建设要把水作为一种重要的资源加以保护与合理的利用。在保证小区用水的供量和质量的同时，采取措施节约用水。

（2）住宅节水措施主要包括：设备（器具）与使用节水，再生水利用两部分。

2. 节水设备与器具

（1）选择带变频调速装置的水泵加压设备，保证用户水压稳定。

（2）设置能防污染、自动清洁、消毒的水箱装置，防止生活用水二次污染。

（3）有条件的地区或水质不良的地区，宜采用分质供水技术，保证饮用水质量。

（4）采用节水型龙头（如陶瓷芯片龙头），杜绝跑冒滴漏现象。采用冲水量为 6L/次以下的便器，节约冲水量。

（5）推广使用 IC 卡水表，实现计量付费一体化。

（6）推广微喷灌技术。智能化控制对种植物进行定时定量微量喷灌，减少水的挥发。

3. 再生水利用

（1）中水回用技术。采用物理法和生物法处理生活污水形成中水，可作为冲厕用水、洗车用水、绿地用水、清扫用水、景观用水、消防用水和空调冷却用水。

（2）雨水收集利用技术。收集屋顶或地表雨水经处理后，用于景观补水和绿色用水。

（3）江河水处理循环利用技术。将不能直接用于小区景观的江河水进行处理达标，作为景观水、种植水和泳池水。

（四）节材

1. 一般规定

（1）示范工程应率先全面采用国家推广和推荐的新技术、新材料和新产品。建设部1998 年第 10 号公告、1999 年第 18 号公告和 2004 年第 218 号公告所发布的各项住宅建设新技术、新产品，以及建设部住宅产业化促进中心认定推荐的"国家康居示范工程优选住宅部品"和权威机构认证的技术和产品，作为重点推广应用，其应用率不应低于50％。

（2）建筑节材可通过结构体系、建筑材料、建筑装修、建筑施工和废弃材料再生利用等5个方面来实现。

2. 建筑结构体系

（1）住宅结构体系的选择必须符合区域地理气候特征，符合地方经济发展水平和材料供应状况。选用结构形式应有利于减轻建筑物自重，构成大空间，便于灵活分隔布置。

1）高层住宅广泛推广钢筋混凝土框架结构、框架剪力墙结构、剪力墙结构（包括短肢剪力墙结构）。

2）多层住宅推广承重砌块结构体系，包括混凝土小型空心砌块，KP_1型多孔砖砌块，页岩多孔砖砌块及其他可承重的轻骨料混凝土砌块。新型砌块也适用于内浇外砌结构体系。

3）在混凝土现浇和预制板中应用预应力技术，降低板梁截面尺寸，增大跨度。

（2）住宅建筑结构体系宜采用标准化、系列化、配套化、预制化、装配化的部品和技术，推广应用整体预应力装配式板柱体系、内浇外挂预制复合板结构体系、钢结构体系（包括钢—混凝土组合结构、型钢框架结构体系等，适用于高层及多层建筑）、轻钢结构体系（包括轻型钢和轻钢龙骨结构体系，适用于低层和多层住宅）等。

3. 建筑材料

（1）结构材料。

1）高强混凝土适用于大跨度工程结构和高层住宅建筑。

2）高性能混凝土（HPC），使用高效减水剂和超细矿物质掺合料，提高混凝土的密实度，增加了耐久性和受力强度，适用于高层建筑和承受恶劣环境条件的住宅。

（2）围护材料。

1）砌块材料。应采用新型砌体取代传统黏土烧结砖。外围护砌块还应有良好的防水、防冲刷性能，并能与外饰面材料有可靠的粘结性。应扩大加气混凝土砌块、陶粒混凝土砌块等产品的应用比例。

2）墙板材料。新型墙板要满足保温、隔热、隔声要求，同时还要具备自重轻、占空间少、可灵活布置、施工方便、抗震性能好等特点，适用于各种类型住宅。推广应用SRC复合墙板、GRC墙板、轻钢龙骨纸面石膏墙板和定型组装式复合墙板等。

（3）保温绝热材料。绝热材料其导热系数不大于$0.23W/(m \cdot K)$。具有抗冻性、耐水性、防火性、耐热性、耐低温性、耐腐蚀性，并有一定的强度。要在住宅屋面、外墙、地面、管道等需保温隔热的部位，全面使用优良绝热材料，推广应用膨胀珍珠岩、泡沫玻璃、聚苯乙烯泡沫塑料、聚氨酯泡沫塑料及挤塑泡沫板。

4. 建筑装修

（1）装修设计应遵循"土建装修一体化"设计原则。从规划设计、建筑设计、施工图设计等环节统筹考虑装修步骤和程度，坚持专业化设计和施工。并由开发建设单位统一组织管理，进行有序的一条龙服务。

（2）住宅装修档次和标准应和住宅本身的定位一致，在标准化、通用化的前提下，力求多样。

（3）推广工业化集成式装修方式，做到装修部品工厂批量生产，成套供应，现场组装。减少现场手工作业，避免施工过程中的拆改，达到省时省工省材，保证质量的目的。采用工业化部品的比率应达到80%左右。

（4）示范工程要认真执行建设部《商品住宅装修一次到位实施导则》中的各项要求，加大推行装修一次到位的力度。逐步提高全装修住宅在项目中的比例，最终使全装修住宅成为示范工程的主流产品。申报的工程项目全装修比例不应小于30%。

5. 建筑施工

（1）示范工程在建筑施工中，必须采用建设部颁布的《建筑业10项新技术》中的3~4项技术。主要施工技术有：高效钢筋应用技术、预应力混凝土技术、粗直径钢筋连接技术及新型模板和脚手架应用技术等。

（2）新型混凝土施工技术。推广免拆模现浇混凝土技术和泵送混凝土技术。

（3）废弃材料再生利用。要充分利用地方资源优势，挖掘废弃物再生利用的潜力。

1）推广利用工业废渣、粉煤灰、煤矸石生产的建筑砌块和各种水泥制品。

2）推广利用稻草、麦秸生产的轻质墙板。

3）推广回收废弃塑料制品生产的保温材料建筑构件。

4）推广利用废木屑压合生产的成品板材。

（五）环境保护

1. 一般规定

（1）居住区的环境保护应遵循：人与自然、人与环境、人与社会的和谐原则。

（2）小区环境保护主要体现在室外和室内两个部分，应推广应用先进的环保技术。

2. 室内环境保护

（1）通过优化建筑设计，确定良好的住宅形式和格局。住宅空间具有良好的通风、日照和采光。尽量采用自然通风方式，保持室内适宜的湿度和温度，满足居住的舒适和卫生条件。

（2）加强住宅通风措施，解决节能建筑气密性好，换气次数不足的矛盾。采用室内送新风系统，通过通风管道或进/排风系统设置，达到室内空气清新，满足室内每小时换气次数要求。

（3）通过控制室内污染和有效降低室内有害物浓度两个途径，改善室内空气质量。室内污染物控制达到国家规定标准。

（4）推广应用中央吸尘技术，快捷方便地排除室内灰尘，保持室内卫生环境。

（5）为排除室内外噪声污染，应加强墙体、门窗和楼板隔声性能。对户中央空调主机安装必须进行隔声降噪处理。室内排水塑料管线必须采取隔声措施，降低水噪声。

3. 室外环境保护

（1）绿化种植系统。

1）小区环境绿化与景观配置要突出居住条件的均好性和共享性，为居民提供户外休闲、观赏和生态良好的绿色空间。

2）选择适应当地气候条件的树木花草进行生态化种植。采用先进的种植技术和防病虫害技术，提高植物的成活率。

3）选择适于屋顶平台栽培的花草、灌木，植于分层营养种植土上，增大绿化覆盖率，起到清洁空气、调节小气候的作用。

4）尽量减少地面硬铺装，采用具有透气、透水性铺装材料，减弱水的地表径流，增加地下水的涵养，形成自然地下水循环。

（2）生活垃圾收运处理系统。

1）垃圾袋装分类收集。防止污染，利于清洁和环保。

2）建设占地面积小、场地易灵活布置、处理效率高的小型压缩式垃圾收集转运站，保持垃圾封闭和转运过程的清洁。

3）提倡垃圾就地减量化处理。推广应用有机垃圾生化处理技术。

（3）防止污染技术。

1）在工程设计和建设中，对交通、设备、施工噪声，商业、娱乐、生活噪声，必须采取防噪、降噪、消声等成套技术，有效地进行综合治理，防止影响居民正常生活。

2）室内外所用建筑材料和装修材料，要符合环境保护要求，应大量采用绿色建材，防止放射性物质对人体的不良影响。

3）住宅及居住小区配套公共建筑，不宜使用大面积玻璃幕墙，小区夜间照明不宜过亮，防止产生影响居民心理的光污染。

（4）景观水体保护技术。

1）居住区水景的水质应确保其景观性（如水的透明度、色度和浊度）和功能性（如养鱼、戏水等）。应起到调节小区环境湿度、温度的作用。

2）采用物理法和化学法对水体进行处理，防止水体变质和富营养化发生。

3）以生态学原理为指导，利用水生动植物净化水体，达到动植物的互生互养，保持水的生态平衡。

（5）原生林木保护技术。

1）保留建设场地的原有林木，并通过景观再造扩大林木面积，形成更优越的环境景观。

2）移植保留林木，在小区内异地栽培。对名贵树种和高大乔木，应进行全冠移植，确保移植成活。严禁砍伐和移植古树及其他名贵树种，并重点加以保护。

（六）智能化

1. 一般规定

（1）示范工程应建立现代智能化管理系统，为居民构筑安全、舒适和便利的信息化居住环境。

（2）智能化要加强对小区公用耗电耗能设备的管理，实现对设备运行的智能化控制。要通过家庭智能化控制系统实现对家用电器、照明设备的调控。要通过互联网络实现小区多媒体信息通信和对大型设备的远程监控。

（3）小区现代智能化管理设备的配置，应根据工程投资情况和居住功能要求，确定合理的档次。可依据《居住小区智能化系统建设要点与技术导则》，选择 1 星级、2 星级、3 星级配置。

（4）示范工程小区智能化配置不低于 1 星级的水平。

2. 智能化功能配置

（1）1 星级智能化功能配置。

1) 安全防范子系统。住宅报警装置、访客对讲装置、周边防越报警装置、闭路电视监控装置、电子巡更装置。

2) 管理与设备监控子系统。自动抄表装置、车辆出入与停车管理装置、紧急广播与背影音乐、物业管理计算机系统、设备监控装置。

3) 信息网络子系统。为实现上述功能,科学合理布线,每户不少于2对电话线、2个电视插座和1个高速数据插座。

(2) 2星级智能化功能配置。除具备1星级的全部功能外,要求在安全防范子系统、管理与设备监控子系统和信息网络子系统的建设方面,其功能及技术水平应有较大提升。

(3) 3星级智能化功能配置。除具备2星级的全部功能外,要求具有可扩充性及可维护性。特别要重视智能系统中的管网、设备间(箱)、设备与电子产品安装以及防雷、接地等设计与施工。

(4) 智能化系统有关防火及燃气泄漏等涉及消防安全的问题,应遵守国家有关法规、标准、规范的规定。示范工程智能化系统的建立,应与地方通信、广播等主管部门密切配合。

(七) 住宅性能

1. 示范工程认定制度

为了科学、公正、公平地评价住宅的综合品质,维护和保障住宅消费者的利益,示范工程应率先实施商品住宅性能认定制度,满足《住宅性能评定技术标准》(GB/T 50362)中关于适用性能、环境性能、经济性能、安全性能和耐久性能的要求。

2. 示范工程等级规定

住宅开发建设单位在申报示范工程的同时,还要申报拟建住宅达到的性能等级(1A、2A、3A)。示范工程项目,其住宅性能等级不得低于1A级。

3. 示范工程申报、译审和认定程序

示范工程必须按《商品住宅性能认定管理办法》(试行)和《住宅性能评定技术标准》(GB/T 50362)中所规定的程序申报、评审和认定。

六、绿色建筑设计策划

(一) 绿色建筑与可持续发展

1. 21世纪人类共同的主题

21世纪人类共同的主题是可持续发展,建筑业正由传统高消耗、高污染型发展模式转向高效生态型发展模式,而绿色建筑正是实施这一转变的必由之路,正是当今世界建筑发展的必然趋势。

可持续发展的概念表达出一种共识,即人类的发展既要满足当代人的需要,又不对后代人满足其需要的能力构成危害。可持续发展的定义包含两个基本要素:"需求"和对需要的"限制"。发展是人类生存的基本需求,建筑是人类改变和适应周围环境的一种开发行为,建筑行为包含了以不同形式大量消耗、改变和转化自然资源的过程,显然这些行为在各方面对环境造成了影响,也将影响到人类的可持续发展。

全球的资源短缺和环境问题已引起了人们的广泛关注,也吸引着建筑领域的专业人士开始研究和评估建筑对环境的影响。建筑设计师们已经意识到通过合理的建筑设计手段是可以减轻这种负面影响的。从研究表明,在概念设计阶段就关注建筑节能,把建筑作为整体系设计，并注重与各个子系统的相互关系，可以比一般建筑节省 50%~70% 的能耗。

2. 绿色建筑与可持续发展

目前在建筑设计领域，流行着一些有关可持续发展的设计概念，如："绿色建筑"、"生态建筑"、"健康建筑"等等，这些概念中多少均蕴涵了一些可持续发展的理念。这些概念正逐渐被建筑师、特别是业主所接受。与以往的传统建筑相比，可持续发展的建筑设计更注重于事先考虑建筑对环境的尊重与适应，如考虑如何减少不可再生资源的使用，更高效地使用可再生资源，同时营造出更舒适的居住和工作空间。这就要求设计师要基于高效使用资源和保护自然生态环境的原则进行设计，而不仅仅是满足功能和美观的要求。

3. 发展绿色建筑的意义

我国资源总量和人均资源占有量都严重不足，同时我国的消费增长速度惊人，资源利用效率上也远低于发达国家。中国现有建筑总面积 400 多亿 m^2，预计到 2020 年还将新增建筑面积约 300 亿 m^2。如果仍维持现在的发展模式，资源和环境的瓶颈作用将使得建筑业的发展难以为继，因此在我国发展绿色建筑，是一项意义重大而又十分迫切的任务。

（二）绿色建筑目标的确定

随着绿色建筑的发展，世界上不少国家都相继推出了适合本国国情的绿色建筑的相关标准和规范，特别是一系列评估标准的出台，对规范绿色建筑的发展具有重要意义，如最早的英国的 BREEM 评估体系、美国的 LEED、日本的 CASBEE 等等。这些标准一方面对绿色建筑提出了一系列要求，同时也对绿色建筑进行了等级划分，使用者可以根据标准的要求，根据自身项目的具体情况，确定绿色建筑的目标。

确定绿色建筑的目标时应采用本国的标准。绿色建筑是强调人、自然与环境之间的和谐关系，各国在绿色建筑发展方面都有其特点，不同国家之间存在气候、资源、文化、风俗等方面的差异，各国绿色建筑所面临的问题和解决问题的方法存在差异，绿色建筑要从本国的具体国情出发来考虑实施方案。相对而言我国就面临着资源短缺、发展速度快、粗放型发展的特点。

1. 绿色建筑的评价指标体系

为推动和规范绿色建筑的发展，我国在 2006 年 3 月颁布了《绿色建筑评价标准》（GB/T 50378）（以下简称"标准"），这是我国批准发布的第一部有关绿色建筑的国家标准。"标准"根据我国的国情借鉴国外的经验，提出了绿色建筑的评价指标体系：

（1）节地与室外环境；

（2）节能与能源利用；

（3）节水与水资源利用；

（4）节材与材料资源利用；

（5）室内环境质量；

（6）运营管理。

"标准"的条文按上述六大指标展开，其中住宅建筑的分项指标共 76 项，公共建筑的分项指标共 83 项。

2. 绿色建筑的评定

按照"标准"可以通过评定将绿色建筑划分成 3 个等级，一星、二星、三星绿色建筑。

"标准"中每类指标下的具体分项指标又分为控制项、一般项和优选项三类。控制项为绿色建筑的必备条件；一般项和优选项为划分绿色建筑等级的可选项，优选项是指实现难度较大、绿色度较高的可选项。绿色建筑的必备条件为全部满足"标准"第 4 章住宅建筑或第 5 章公共建筑中控制项要求。按满足一般项和优选项的程度，可将绿色建筑划分为一星级、二星级、三星级。

3. 绿色建筑的目标

确定绿色建筑的目标，是开发商和设计师们面临的首要环节，是实现绿色建筑的第一步。绿色建筑并没有一个绝对一致的标准要求。绿色建筑相对普通建筑而言，体现"可持续发展"的理念，更加关注资源的节约与环境友好。不同绿色建筑之间可以存在差异，并不苛求绿色建筑都达到一致的标准，根据绿色建筑的"绿色度"，可以使用"标准"对绿色建筑进行评价和分级。因此不同的绿色建筑可以根据自身的特点和要求，确定绿色建筑目标。

由于我国幅员辽阔，各地区在气候、地理环境、自然资源、经济社会发展水平与民俗文化等方面都存在较大差异，建设绿色建筑时，应注重地域性特点，因地制宜、实事求是，充分考虑建筑所在地域的气候、资源、自然环境、经济、文化等情况。

我们可以对照"标准"中各条款的要求，确定绿色建筑目标。当"标准"中某些条文的要求不适应建筑所在地区、气候与建筑类型等条件时，这些要求可以不列入目标。

(1) 基础目标

"标准"中的控制项是绿色建筑的必备条件，是必须满足的目标，因此首先我们可以将控制项作为绿色建筑的基础目标。

(2) 定级目标

"标准"根据对一般项和优选项的满足程度，对绿色建筑进行等级划分，如表 3-3-11 所示。

划分绿色建筑等级的项数要求(住宅建筑)　　　　　　　　　表 3-3-11

等级	一般项数(共 40 项)						优选项数(共 9 项)
	节地与室外环境(共 8 项)	节能与能源利用(共 6 项)	节水与水资源利用(共 6 项)	节材与材料资源利用(共 7 项)	室内环境质量(共 6 项)	运营管理(共 7 项)	
★	4	2	3	3	2	4	
★★	5	3	4	4	3	5	3
★★★	6	4	5	5	4	6	5

开发商项目的定位对绿色建筑目标的选择至关重要，设计师应根据项目的具体情况，选择有可能满足的一般项和优选项，作为定级目标。

(3) 目标的筛选

初选目标(包括基础目标和定级目标)形成后，设计师应与开发商一道，充分研讨各个目标的内涵，了解目标对项目的影响，综合分析项目的情况，进行目标的筛选。

筛选时应注意以下问题：

1) 应尽量在项目的可行性研究阶段，开展确定项目绿色建筑目标的工作，以避免对项目投资定位的影响及造成后续工作的返工。

2) 确定的实施目标应留有一定的余地，保证在实施过程中避免不可预见因素的影响。

3) 基础目标是必须满足的，因此应确保基础目标的实现；定级目标可以随着工作的开展，进行比选，确定性价比最好的目标组合。

(4) 目标的技术路线

研究绿色建筑的技术路线，就是从技术的角度，来确定项目目标是否可行的过程。可按以下步骤来确立绿色建筑目标的技术路线：

1) 提出目标；

2) 针对目标提出设计思路(应提出 1 个以上的设计思路)；

3) 区分设计思路的优先次序；

4) 确定目标实施的技术路线。

我们可以举例说明如何运用上述步骤来确定目标，例如：

第一阶段，目标之一是"非传统水源利用率不低于 10%"；

第二阶段，针对这一目标，设计思路有：

(a) 采用市政再生水水厂集中供应的再生水；

(b) 采用建筑自身的优质杂排水，处理回用作住宅冲厕；

(c) 采用建筑自身的优质杂排水，处理回用作绿化和景观用水；

(d) 采用雨水收集，处理回用作绿化和景观用水；

(e) 采用雨水收集，处理回用作住宅冲厕。

第三阶段，区分设计思路的优先次序：

$$a—b—c—d—e$$

最后阶段，根据项目的实际情况，按次序进行排比：如建筑处于市政再生水管网的覆盖范围内，选择 a；优先采用市政再生水，从技术上而言，再生水的水质和水量都更有保障，如果建筑所处城市无市政再生水管网，则选择 b；"采用建筑自身的优质杂排水，处理回用作住宅冲厕"，该技术路线用水量和中水量的平衡全年都有保障，但水质的保障需要通过加强管理来实现。若选择 c；仅绿化和景观用水采用中水，可节省一套中水供水管网，但不利于水量的平衡；若项目所在地区雨水量少且不均匀，选择 d 和 e 不合理。

结论是"非传统水源利用率不低于 10%"的目标，可以通过"采用市政再生水"这一技术路线来实现。

(5) 目标的经济技术分析

如果在项目的前期引入绿色建筑的理念，建造绿色建筑并不一定意味着成本的增加，当然确实有些目标的实现需要增加投资，但还存在有些目标的实现可能还会降低成本，而有些目标的实现并不会带来成本的变化。

如"建筑造型要素简约，无大量装饰性构件"的要求，需要设计师和开发商在注重美观的同时，关注"资源节约"的理念，并不需要增加投资，处理得当时还有可能降低成本。

在关注绿色建筑的成本时，不能只看一次投资，还应从建筑全寿命周期的角度，考虑建筑在运营管理过程中的运营成本。某些目标的实现可能会增加一次投资，但会大大降低运营成本。如节能的目标，虽然造成建造费用的增加，但运营成本会大大减少。

当然对于开发商来说，一次投资的控制是项目可行性研究的重要环节，因此初投资增量成本的计算，是最终确定绿色建筑目标的关键环节。

目标的经济技术分析可按下列步骤进行：

1）对目标的技术路线进行方案设计；

2）对方案进行经济技术分析，估算项目的增量成本；

3）根据增量成本估算的结果和项目投资定位情况，确定项目的实施目标。

（三）绿色建筑策划的工作模式

1. 绿色建筑整体设计特点

绿色建筑的设计不是简单的某种技术的运用或某几种技术的叠加，绿色建筑需要各专业之间综合考虑、整体协调才能得以实现，是建筑节能的综合设计解决方案，它涉及场地、景观、建筑、结构、机电等诸多专业的内容。从中我们可以发现，某一个绿色建筑目标的实现需要相关专业的协同努力。

2. 团队的建立

绿色建筑的策划需要采取团队合作的工作模式，通过组建"绿色团队"确立项目目标，是实现绿色建筑最基础的步骤之一。

"绿色团队"的组成可包括业主、建筑师、工程师、咨询顾问、承包商等，传统的设计流程，是由每个成员完成他们的职责然后传递给下一家。而在绿色建筑设计中，焦点应从分阶段、划区块工作模式，转换到多学科融合的工作模式，"绿色团队"成员要在充分理解绿色建筑目标的基础上协调一致，确保项目目标的完整实现。

3. 团队的工作要点

（1）尽可能地将利益相关者结合进入设计过程中；

（2）利用现有的大量文献和参考资料，培训参与者了解综合团队设计的工作特点和益处；

（3）通过团队协作的方法，仔细研究每个项目的潜在特性；

（4）如果利益相关者或团队成员没有时间或相关的专业知识，也可以借助当地非赢利社团、大学、其他设计单位或专业设计机构的技术力量；

（5）从环境效益到经济效益各个方面对项目进行评估；

（6）从项目的全过程和建筑的全寿命周期，来考虑建筑方案对外界的影响；

（7）确定所有与项目利益相关的人或组织，了解真实的开发成本，包括开发对社会和项目全寿命周期方面的影响；

（8）如果可能的话，运用计算机模拟和全生命周期成本分析工具。

（四）绿色建筑的设计

建筑的绿色设计，是绿色建筑实体形成的起点，是营造绿色建筑的龙头。如果设计偏离了绿色轨道，那么不论是工程施工、材料采购，还是最终的建筑物成果，都将与绿色无缘。下面在介绍一般设计的过程中，着重分析绿色设计的实施和要求。

1. 绿色设计的要求

建筑的绿色设计必须贯彻执行"节能、节水、节地、治污"的八字方针，根据国家可持续发展战略，遵循国家的统一标准和规范，特别是绿色建筑、健康建筑的有关标准和规范，参照世界各国在生态环境建设上所采用的技术和标准，以居住与健康的新价值观为目标，推进绿色建筑事业的发展。具体要求如下：

（1）符合国家关于环境生态建设的总体方针，贯彻有关绿色建筑的政策，符合地方总体规划与建设要求。

（2）生态建设、质量建设要全面落实《绿色生态住宅小区建设要点与技术导则》、《健康住宅建设技术要点》等文件中所明确的九个系统要求，即能源系统、水环境系统、气环境系统、声环境系统、光环境系统、热环境系统、绿化系统、废弃物管理与处置系统、绿色建材系统。

（3）绿色设计应充分体现节能原则，根据当地的自然条件，采用适宜的建筑节能措施，使建筑节能达到国家规定的标准。

（4）绿色设计应尽可能多地使用新能源和绿色能源，如太阳能、风能、地热能、废热资源等，使用现有常规能源如电、天然气、煤气等，必须进行能源系统优化。

（5）绿色设计要充分体现节约资源的原则，尤其要注重节水技术与水资源循环利用技术的应用，要尽量使用可重复利用材料、可循环利用材料和再生材料，充分节约各种不可再生资源和国家短缺资源。

（6）绿色设计应推广、使用适度超前的优化集成的成套技术体系和设备体系，尤其是先进的新能源应用、节能、环保技术和设备体系。

（7）绿色设计要自始至终贯彻环境保护原则，充分考虑在建筑使用中的环保问题，为建筑的全生命周期环境保持创造条件，促进城市环境的生态建设。

（8）绿色设计要树立"质量第一"的思想，实行严格的设计质量控制，达到国家规定的设计标准，努力提高工程的优良率，创优质工程。

2. 绿色建筑设计的一般过程和程序

任何一项工作的实施都有一定的步骤和要求，这种按先后步骤排列的逻辑关系，人们常称之为工作程序。绿色建筑设计的一般程序有：需求的建立、需求论证、设计院提出建筑的总体方案、方案评审试问有多少绿、初步设计及设计评审是否符合健康标准、技术设计、施工图设计等。设计的一般过程和程序，如图 3-3-1 所示。

设计各主要阶段的要求如下：

（1）需求论证

需求论证是用证据来证明需求的必要性、可能性、实用性和经济性。通过论证提出绿色建筑项目建设的根据，要对同类建筑、同类系统进行认真、细致、深入地调查，对其建设效果有一个本质的了解，并且把同类建筑、同类系统、同类问题所呈现的不同结果，进行全面的分析对比，在考虑影响因素制约条件的情况下，从中找出有规律性的东西，以指导设计工作。同时，通过需求论证要给出建筑项目的可行性论证报告。

（2）初步设计

初步设计又叫总体设计，是根据已批准的可行性报告进行的。总体设计在相互配合、组织、联系等方面进行统一规划、部署和安排，使整个工程项目在布置上紧凑，流程上顺畅，技术上可靠，施工上方便，经济上合理。初步设计要确定做什么项目，达到什么功能、技术档次与水平，以及总体上的布局等。在审查设计方案和初步设计文件中，要着重审查方案中有多少绿，设计是否符合生态、健康标准。

（3）技术设计

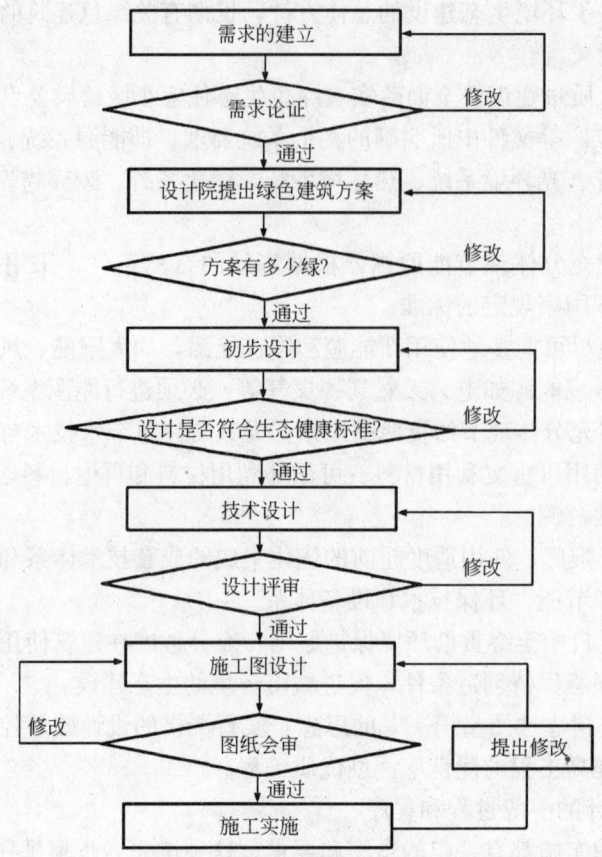

图 3-3-1 绿色建筑设计的一般过程和程序

对于那些特大型或特别复杂而又无设计经验的绿色项目，要进行技术设计。技术设计是为了解决某些技术问题或选择技术方案而进行的设计，它是工程投资和施工图设计的依据。在技术设计中，要根据已批准的初步设计文件及其依据的资料进行编制。衡量技术设计的成果：一是拟解决的问题得到了解决；二是待定的方案得到了确定；三是已经具备施工图设计的条件。

（4）施工图设计

施工图是直接用于施工操作的指导文件，是绿色建筑设计工作的最终体现。它包括绿色建筑项目的设计说明、有关图例、系统图、平面图、大样图等，完整的设计还应附有器材设备明细表。施工图设计应根据批准的初步设计文件或技术设计文件和各功能系统设备订货情况进行编制。施工图纸设计完成后要进行校对、审核、会签，未经会签、未盖出图章的图纸，不得交付施工。在施工图交付施工前，设计单位应向建设单位、监理单位、施工单位进行技术交底，并进行图纸会审。在施工中，如发现图纸有误、有遗漏、有交待不清之处或与现场情况不符，需要修改的，应由施工单位提出，经原设计单位签发设计变更通知单或技术核定单，并作为设计文件的补充和组成部分。任何单位和个人未经原设计单位同意，不得擅自修改。

3. 设计方案体现的绿色特性

在绿色建筑建设方案的审核中，要着重审查方案所体现的绿色特性，就是要检验方案中体现的绿色特点和亮点，要回答方案中究竟有多少绿。具体来说，就是要检查绿色能源应用、节能节水、保温隔热、通风换气、防水防腐，以及适用性、经济性、耐久性、安全性、舒适性、亲和性、环保性等。检查各项绿色指标的体现，其中如：新能源、绿色能源利用率；管道直饮水覆盖率；中水、雨水回用率；节水器具、节能灯具使用率；污水处理达标排放率；室内空气环境自然通风效率；自然采光房间的比率；绿色建材的使用率；垂直绿化比率等。

4. 设计方案应符合生态、健康标准

在绿色建筑设计方案的审核中，还要审查方案是否符合生态、健康标准。是否满足居住者生理、心理和社会等多层次的健康需求，是否符合进一步改善和提高人们居住生活质量，保障人们健康，实现人文、社会和环境效益统一的要求。初步设计和技术设计要体现的生态、健康要求是：

（1）有充足的阳光、自然风、水源和植被；

（2）选用对人体不构成危害的健康材料；

（3）围护结构应在提高保温隔热的同时，有效地保证室内环境舒适度；

（4）具备防晒、防尘、降温、调节空气、提高负氧离子浓度、减少二氧化碳含量、保障室内温度、湿度等生态功能；

（5）采光、日照符合健康标准；

（6）水网用材符合卫生、安全要求，给水系统设有安全报警系统；

（7）具有安全防范，其中包括防火、防盗、防燃气泄漏和紧急求救设施；

（8）具有防污染及环境监测设施，有污染超标报警机制。

七、住宅户型新政策及其影响

（一）我国单套住宅面积认识的误区

1. 我国单套住宅面积比国外大

国际上除独栋住宅外，一般住宅建筑面积并不是像想像中那么大，据 2002 年的住房平均建筑面积统计：日本为 85m²，瑞典为 90m²，德国为 99m²，新加坡小于 100m² 建筑面积的户型占 70％以上。

新加坡在第一次进行住房调控的时候，将 75m² 作为一个限制，所有开发商建造的房子面积不能超过 75m²。随着新加坡 GDP 的增长，其成为亚洲四小龙之后，新加坡才把住宅建设面积的限制上调至 90m²。

而我国 2005 年对住宅的统计结果为：32 个重点城市中，有 16 个城市 120m² 以上住房超过总量的 50％，而小于 80m² 的住房不足 10％。

2. 认为面积越大档次越高

在许多人眼里，似乎住宅面积越大，其舒适性越高，档次也越高。

豪华住宅的标准（各地表现为政府征双倍契税），北京是建筑面积为 140m² 以上，广州是建筑面积为 144m² 以上。

事实上，豪宅的标准与房价和当地购房者的消费能力有密切联系。当房价越高时，豪宅的建筑面积越小。比如香港，所谓千尺豪宅，也就是约 90m² 的住宅。另外，当地购房者的消费能力越强，豪宅的面积也相应越大。

因此将来"豪宅"的观念将不再仅仅是无限扩大建筑面积，而是将越来越回归到精致、舒适、安逸的家庭生活本身。

3. 认为面积越大舒适度越高

从居住舒适度的角度来看，当住宅的面积无限扩大，而居住人口却很少、许多面积经常不使用时，居住者反而会感到空洞寂寥，减少了居住的舒适度。我国传统民俗早已将"屋大人少"列入不适宜居住的空间之一了。

其实居住是否舒适，不仅取决于居住的面积，而主要还在于环境对人的影响和人对环境的体验后产生的感觉。像星级宾馆的标准间，虽然面积不大，但当入住者对于房间的装修、装饰、灯光、空调、气味、低噪声和器物的方便使用等因素的综合体验后，常会感到轻松舒适。因此，并非面积越大的住房给人带来的舒适度就越高。

4. 认为大中户型的市场接受度高

从人对居住面积的购买欲望来说，大面积的住房一定比小面积的住房的购买欲望要强。但当购买欲望与购买能力发生矛盾时，大部分人往往以购买能力来考虑所要购买的面积，只有少部分人会采用借款或低首期高月供额的方式来满足其购买欲望。

对此在项目前期市场调研中会表现得比较明显。当人们被调查问及所期望的面积时，人们往往会给出需要大面积多功能户型的答案，而当被问及能接受的价格时，人们往往告知偏低的价位。结果，当市面上出现的绝大部分是大户型和单价可能比大户型还贵时的小户型时，人们往往无奈地选择高供房压力的大中户型。于是造成市场反馈的信息是大中户型好卖。

再加上大中户型的成本比小户型要低，因此，长期以来开发商更愿意建大中户型。而中小户型的购买群体时常处于观望、失望、无奈之中，加上近年房价的狂涨，最后使得这部分人不得不咬牙购买大中户型而成为"房奴"。

（二）建设部 165 号文件

2006 年 7 月中旬，建设部为贯彻《国务院办公厅转发建设部等部门关于调整住房供应结构稳定住房价格意见的通知》（国办发［2006］37 号）（见附录 4-5-7）（简称户型新政策），切实调整住房供应结构，就落实新建住房结构比例要求发布 165 号文件。文件指出：

各地要根据总量与项目相结合的原则，充分考虑城镇中低收入居民家庭生活对交通等设施条件的需求，合理安排普通商品住房的区位布局，统筹落实新建住房结构比例要求。自 2006 年 6 月 1 日起，各城市（包括县城，下同）年度（从 2006 年 6 月 1 日起计算，下同）新审批、新开工的商品住房总面积中，套型建筑面积 90m² 以下住房（含经济适用住房）面积所占比重，必须达到 70％以上。各地应根据当地住房调查的实际状况以及土地、能源、水资源和环境等综合承载能力，分析住房需求，制定住房建设规划，合理确定当地新建商品住房总面积的套型结构比例。城市规划主管部门要会同建设、房地产主管部门将住房建设规划纳入当地国民经济和社会发展中长期规划和近期建设规划，按资源节约型和环境友好型城镇建设的总体要求，合理安排套型建筑面积 90m² 以下住房为主的普通商品住房和经济适用住房布局，方便居民工作和生活，并将住房套型结构比例分解到具体区域。

城市规划主管部门要依法组织完善控制性详细规划编制工作，首先应当对拟新建或改造住房建设项目的居住用地明确提出住宅建筑套密度（每公顷住宅用地上拥有的住宅套数）、住宅面积净密度（每公顷住宅用地上拥有的住宅建筑面积）两项强制性指标，指标的确定必须符合住房建设规划关于住房套型结构比例的规定；依据控制性详细规划，出具套型结构比例和容积率、建筑高度、绿地率等规划设计条件，并作为土地出让前置条件，落实到新开工商品住房项目。

套型建筑面积是指单套住房的建筑面积，由套内建筑面积和分摊的共有建筑面积组成。经济适用住房建设要严格执行《经济适用住房管理办法》，有计划有步骤地解决低收入家庭的住房困难。

住房建设规划、近期建设规划和控制性详细规划，以及套型结构比例等，按法定程序审定、备案，并按照国务院要求的时限及时向社会公布。

年度土地供应计划中已明确用于中低价位、中小套型普通商品住房用地和依法收回土地使用权的居住用地，应当主要用于安排 90m² 以下的住房建设。

"各地要严格按照上述要求，落实新建商品住房项目的规划设计条件，确定套型结构比例要求，且不得擅自突破。对擅自突破的，城市规划主管部门不得核发建设工程规划许可证；对不符合规划许可内容的，施工图设计文件审查机构不得出具审查合格书，建设主管部门不得核发施工许可证，房地产主管部门不得核发预售许可证。直辖市、计划单列市、省会城市在已完成住房状况调查的基础上，经深入分析当地居民合理住房需求和供应能力，确需调整新建住房结构比例的，必须报建设部批准，并附住房状况分析和市场预测报告。"

（三）户型新政策对住宅开发业的影响

此次户型新政策进行住宅结构比例的干预应该说是一种理性及时的措施。对许多开发商来说，实际上是在公平的基础上降低了投资风险。对广大购房者来说，在高房价的情况下有更多中小户型的选择当然是一种福音。而对富裕的购房者来说，其实影响不大，一来市场仍然会有 30% 的大中户型可以选择，二来如果愿意还可以购买一套以上住宅打通使用。

所以，中小户型的开发建设满足了更多人的实际购买需求，特别是中低收入者的购买需求。

1. 产品同质化将造成住宅开发竞争激烈

90m² 能做成几室几厅的户型，这跟我国南北的气候和人们的消费需求有很大的关系。由于南方保温墙薄、无采暖管、上下水管走外墙等原因，南方的住宅得房率要比北方大一些。另外，北方地区对居室面积的要求要高于南方地区，所以北方地区 90m² 很少做成三室的，最多也就是二室二厅。

虽然我国各地对户型大小的需求不同，但可以肯定的是，未来在同一城镇中接近 90m² 的户型将大量出现，这使得购房者在同一城镇中甚至是同一区域中会有较充分的挑选对象。同类产品多了，竞争也将更加激烈，那些品质差的项目和开发商将被淘汰。楼盘之间中小户型的同质化竞争在一定时期内可能会局部表现为比谁的户型面积是否控制得更合理、更小，设计和装修在空间利用率上是否更高，实际使用的方便性和舒适性是否更好，以及是否符合特定购房者的生活起居要求等等精细层面上的竞争。

2. 开发成本将增加

随着私家车的普及，车位配备又与户数相关联。深圳就要求每一户配一个停车位。于是，要么车位占用更多的土地面积，要么增加地下室的停车位，这两种做法均使土地成本或者施工成本大幅提升。

另外，管线成本也将增加，如给水管、排水管、电线、燃气管等管道也将随着套数的增加而相应增加。

（四）户型新政对住宅设计业的影响

由于住宅产品的同质化程度加大及面积受限，住宅设计必将步入精细化时代。

以前，由于我国住宅户型面积无明确的控制措施，加之购房者和开发商均热衷较大户型，使得国内绝大部分的住宅设计尚未形成精细化设计。

精细化设计具体来讲体现在以下几个方面：

一是得房率的精细化设计，即增加可使用面积，减少应计算的套内建筑面积、公共分摊面积和套内的不能充分利用的"垃圾"面积。

二是设计要具体针对住宅的使用人群。比如说针对有老人的无障碍设计，针对有小孩的安全设计，针对家庭往来暂住人口的弹性多功能使用空间设计等。

三是设计要提高面积和空间的利用率，让每一平方米和每一立方米均有其实际的使用价值。

四是设计不仅是整合建筑、结构、设备等专业技术人员来整体优化设计，而且还要有装修、装饰、营销人员的参与，甚至还应邀请环境易学专家进行测评，使得住宅的使用更方便、舒适度更高、空间更充裕。

所以，想有所作为的设计单位，应该以户型新政为契机，不仅要按照建设单位的意图设计，而且还应面向购房者，想建设单位所未想，进行全方位精细化设计，以期能有更强的市场竞争力。

（五）户型新政对家装业的影响

1. 要求精装修的住宅增多

中小户型的购买者一般平时工作占用了绝大部分时间。繁杂而又马虎不得的装修工程往往让人疲于应对。即使有兴趣为之一试身手的客户，也很少有时间光顾施工现场，去应付一到二个月工期安排。另外，由于目前装修市场的不规范，由此产生的矛盾纠纷不断。

由开发商牵头组织为购房客户提供装修服务，会使开发商和客户达到双赢效果。而且对购房者来说，在付过首付款后，装修也可以计入总价享受按揭，省去一次装修的总付款资金压力。

2. 菜单式装修服务将增多

虽然购买中小户型的客户大多能接受开发商提供装修服务，但客户对于装修风格还是有一定差异的，更何况同一单元的购买者的使用情况会有不少差异（有些人还会将两套单元打通使用），因此开发商提供菜单式服务势在必行。

这种菜单式装修服务应注意以下两个问题：

（1）每套单元最好提供两种风格档次（两种价格）的装修方案，最好同一单元建两套样板房。

（2）允许购买两套相邻单元的客户自己装修或委托开发商选择的装修公司进行装修。愿意自己装修的客户应在房价中减免相应装修费，但开发商最好联合物业管理公司限定其交房后的装修时间（比如限定在半年内），否则超过规定装修时间的业主要向其他住户交纳噪声扰民费。

3. 装修可采用联保方案

由开发商进行装修材料的集中采购，并要求供应商负责为客户保修，开发商为客户作担保。这样做能使开发商的保修风险和客户的使用风险都降低。

4. 厨房卫生间进行整体设计

厨房和卫生间中线路管道复杂，越来越多的家用电器和设备将被放置于其中。比如在厨房中设洗碗机和洗衣机，起码就应多设两个插座、两组进水和排水管道。而通常厨房的燃气管道、排气管道、热水管道，甚至是直饮水管道及自动喷淋安全系统等管道已经够多了，厨房面积又不能做太大，因此厨房进行整体精细化设计，并为住户预留多一些位置和线路是十分必要的。

另外，厨房和卫生间的电器由开发商进行采购安装，对 $90m^2$ 以下户型的购买者来说也是省心省钱的。开发商绝对可以将电器采购价与大型家电卖场的价格列一张表让客户进行对比。

5. 家装业的费用将增加

家装业接单的金额一般是按照设计面积计算的，以前 100 套大中户型房子的设计，现在中小户型则可能要做 120 套设计，人力物力损耗就要多一些。

6. 卫浴器具尺寸将变小

由于别墅开发受限以及住宅建筑面积的限制，在使用功能的要求下，马桶、浴缸等卫浴起居的尺寸显然将会接近其最小使用尺寸。

7. 家私的尺寸将变小变高

由于平面面积的限制，许多占地面积较大的家具(如较宽的沙发)将不适合小开间的客厅。而像书柜、衣柜和储藏架等也将变得更高以充分提高空间的利用率。

8. 超薄电视将热卖

由于面积限制，房屋开间将缩小，这样在客厅和卧室里超薄电视将更适用小开间的房间尺寸。

对购房者来说，与每平方米几千上万元的房价相比，把减少面积而节省出的房价支出来购买较昂贵的等离子电视也许是合算的。

第二节 智能建筑设计

智能建筑设计应遵照《智能建筑设计标准》GB/T 50314 执行，其设计要素如下：

一、一般规定

(一)智能建筑的智能化系统工程设计宜由智能化集成系统、信息设施系统、信息化应用系统、建筑设备管理系统、公共安全系统、机房工程和建筑环境等设计要素构成。

(二)智能化系统工程设计，应根据建筑物的规模和功能需求等实际情况，选择配置相关的系统。

二、智能化集成系统

(一)智能化集成系统的功能应符合下列要求：

1. 应以满足建筑物的使用功能为目标，确保对各类系统监控信息资源的共享和优化管理。

2. 应以建筑物的建设规模、业务性质和物业管理模式等为依据，建立实用、可靠和高效的信息化应用系统，以实施综合管理功能。

（二）智能化集成系统构成宜包括智能化系统信息共享平台建设和信息化应用功能实施。

（三）智能化集成系统配置应符合下列要求：

1. 应具有对各智能化系统进行数据通信、信息采集和综合处理的能力。

2. 集成的通信协议和接口应符合相关的技术标准。

3. 应实现对各智能化系统进行综合管理。

4. 应支撑工作业务系统及物业管理系统。

5. 应具有可靠性、容错性、易维护性和可扩展性。

三、信息设施系统

（一）信息设施系统的功能应符合下列要求：

1. 应为建筑物的使用者及管理者创造良好的信息应用环境。

2. 应根据需要对建筑物内外的各类信息，予以接收、交换、传输、存储、检索和显示等综合处理，并提供符合信息化应用功能所需的各种信息设备系统组合的设施条件。

（二）信息设施系统宜包括通信接入系统、电话交换系统、信息网络系统、综合布线系统、室内移动通信覆盖系统、卫星通信系统、有线电视及卫星电视接收系统、广播系统、会议系统、信息导引及发布系统、时钟系统和其他相关的信息通信系统。

（三）通信接入系统应符合下列要求：

1. 应根据用户信息通信业务的需求，将建筑物外部的公用通信网或专用通信网的接入系统引入建筑物内。

2. 公用通信网的有线、无线接入系统应支持建筑物内用户所需的各类信息通信业务。

（四）电话交换系统应符合下列要求：

1. 宜采用本地电信业务经营者所提供的虚拟交换方式、配置远端模块或设置独立的综合业务数字程控用户交换机系统等方式，提供建筑物内电话等通信使用。

2. 综合业务数字程控用户交换机系统设备的出入中继线数量，应根据实际话务量等因素确定，并预留裕量。

3. 建筑物内所需的电话端口应按实际需求配置，并预留裕量。

4. 建筑物公共部位宜配置公用的直线电话、内线电话和无障碍专用的公用直线电话和内线电话。

（五）信息网络系统应符合下列要求：

1. 应以满足各类网络业务信息传输与交换的高速、稳定、实用和安全为规划与设计的原则。

2. 宜采用以太网等交换技术和相应的网络结构方式，按业务需求规划二层或三层的网络结构。

3. 系统桌面用户接入宜根据需要选择配置 10/100/1000Mbit/s 信息端口。

4. 建筑物内流动人员较多的公共区域或布线配置信息点不方便的大空间等区域，宜根据需要配置无线局域网络系统。

5. 应根据网络运行的业务信息流量、服务质量要求和网络结构等配置网络的交换设备。

6. 应根据工作业务的需求配置服务器和信息端口。

7. 应根据系统的通信接入方式和网络子网划分等配置路由器。

8. 应配置相应的信息安全保障设备。

9. 应配置相应的网络管理系统。

（六）综合布线系统应符合下列要求：

1. 应成为建筑物信息通信网络的基础传输通道，能支持语音、数据、图像和多媒体等各种业务信息的传输。

2. 应根据建筑物的业务性质、使用功能、环境安全条件和其他使用的需求，进行合理的系统布局和管线设计。

3. 应根据缆线敷设方式和其所传输信息符合相关涉密信息保密管理规定的要求，选择相应类型的缆线。

4. 应根据缆线敷设方式和其所传输信息满足对防火的要求，选择相应防护方式的缆线。

5. 应具有灵活性、可扩展性、实用性和可管理性。

6. 应符合现行国家标准《建筑与建筑群综合布线系统工程设计规范》）GB/T 50311 的有关规定。

（七）室内移动通信覆盖系统应符合下列要求：

1. 应克服建筑物的屏蔽效应阻碍与外界通信。

2. 应确保建筑的各类移动通信用户对移动通信使用需求，为适应未来移动通信的综合性发展预留扩展空间。

3. 对室内需屏蔽移动通信信号的局部区域，宜配置室内屏蔽系统。

4. 应符合现行国家标准《国家环境电磁卫生标准》GB 9175 等有关的规定。

（八）卫星通信系统应符合下列要求：

1. 应满足各类建筑的使用业务对语音、数据、图像和多媒体等信息通信的需求。

2. 应在建筑物相关对应的部位，配置或预留卫星通信系统天线、室外单元设备安装的空间和天线基座基础、室外馈线引入的管道及通信机房的位置等。

（九）有线电视及卫星电视接收系统应符合下列要求：

1. 宜向用户提供多种电视节目源。

2. 应采用电缆电视传输和分配的方式，对需提供上网和点播功能的有线电视系统宜采用双向传输系统。传输系统的规划应符合当地有线电视网络的要求。

3. 根据建筑物的功能需要，应按照国家相关部门的管理规定，配置卫星广播电视接收和传输系统。

4. 应根据各类建筑内部的功能需要配置电视终端。

5. 应符合现行国家标准《有线电视系统工程技术规范》GB 50200 有关的规定。

（十）广播系统应符合下列要求：

1. 根据使用的需要宜分为公共广播、背景音乐和应急广播等。

2. 应配置多音源播放设备，以根据需要对不同分区播放不同音源信号。

3. 宜根据需要配置传声器和呼叫站，具有分区呼叫控制功能。

4. 系统播放设备宜具有连续、循环播放和预置定时播放的功能。

5. 当对系统有精确的时间控制要求时，应配置标准时间系统，必要时可配置卫星全球标准时间信号系统。

6. 宜根据需要配置各类钟声信号。

7. 应急广播系统的扬声器宜采用与公共广播系统的扬声器兼用的方式。应急广播系统应优先于公共广播系统。

8. 应合理选择最大声压级、传输频率性、传声增益、声场不均匀度、噪声级和混响时间等声学指标，以符合使用的要求。

（十一）会议系统应符合下列要求：

1. 应对会议场所进行分类，宜按大会议（报告）厅、多功能大会议室和小会议室等配置会议系统设备。

2. 应根据需求及有关标准，配置组合相应的会议系统功能，系统宜包括与多种通信协议相适应的视频会议电视系统；会议设备总控系统；会议发言、表决系统；多语种的会议同声传译系统；会议扩声系统；会议签到系统、会议照明控制系统和多媒体信息显示系统等。

3. 对于会议室数量较多的会议中心，宜配置会议设备集中管理系统，通过内部局域网集中监控各会议室的设备使用和运行状况。

（十二）信息导引及发布系统应符合下列要求：

1. 应能向建筑物内的公众或来访者提供告知、信息发布和演示以及查询等功能。

2. 系统宜由信息采集、信息编辑、信息播控、信息显示和信息导览系统组成，宜根据实际需要进行系统配置及组合。

3. 信息显示屏应根据所需提供观看的范围、距离及具体安装的空间位置及方式等条件合理选用显示屏的类型及尺寸。各类显示屏应具有多种输入接口方式。

4. 宜设专用的服务器和控制器，宜配置信号采集和制作设备及选用相关的软件，能支持多通道显示、多画面显示、多列表播放和支持所有格式的图像、视频、文件显示及支持同时控制多台显示屏显示相同或不同的内容。

5. 系统的信号传输宜纳入建筑物内的信息网络系统并配置专用的网络适配器或专用局域网或无线局域网的传输系统。

6. 系统播放内容应顺畅清晰，不应出现画面中断或跳播现象，显示屏的视角、高度、分辨率、刷新率、响应时间和画面切换显示间隔等应满足播放质量的要求。

7. 信息导览系统宜用触摸屏查询、视频点播和手持多媒体导览器的方式浏览信息。

（十三）时钟系统应符合下列要求：

1. 应具有校时功能。

2. 宜采用母钟、子钟组网方式。

3. 母钟应向其他有时基要求的系统提供同步校时信号。

四、信息化应用系统

（一）信息化应用系统的功能应符合下列要求：

1. 应提供快捷、有效的业务信息运行的功能。

2. 应具有完善的业务支持辅助的功能。

（二）信息化应用系统宜包括工作业务应用系统、物业运营管理系统、公共服务管理系统、公众信息服务系统、智能卡应用系统和信息网络安全管理系统等其他业务功能所需要的应用系统。

（三）工作业务应用系统应满足该建筑物所承担的具体工作职能及工作性质的基本功能。

（四）物业运营管理系统应对建筑物内各类设施的资料、数据、运行和维护进行管理。

（五）公共服务管理系统应具有进行各类公共服务的计费管理、电子账务和人员管理等功能。

（六）公众信息服务系统应具有集合各类共用及业务信息的接入、采集、分类和汇总的功能，并建立数据资源库，向建筑物内公众提供信息检索、查询、发布和导引等功能。

（七）智能卡应用系统宜具有作为识别身份、门钥、重要信息系统密钥，并具有各类其他服务、消费等计费和票务管理、资料借阅、物品寄存、会议签到和访客管理等管理功能。

（八）信息网络安全管理系统应确保信息网络的运行保障和信息安全。

五、建筑设备管理系统

（一）建筑设备管理系统的功能应符合下列要求：

1. 应具有对建筑机电设备测量、监视和控制功能，确保各类设备系统运行稳定、安全和可靠并达到节能和环保的管理要求。

2. 宜采用集散式控制系统。

3. 应具有对建筑物环境参数的监测功能。

4. 应满足对建筑物的物业管理需要，实现数据共享，以生成节能及优化管理所需的各种相关信息分析和统计报表。

5. 应具有良好的人机交互界面及采用中文界面。

6. 应共享所需的公共安全等相关系统的数据信息等资源。

（二）建筑设备管理系统宜根据建筑设备的情况选择配置下列相关的各项管理功能：

1. 压缩式制冷机系统和吸收式制冷系统的运行状态监测、监视、故障报警、启停程序配置、机组台数或群控控制、机组运行均衡控制及能耗累计。

2. 蓄冰制冷系统的启停控制、运行状态显示、故障报警、制冰与溶冰控制、冰库蓄冰量监测及能耗累计。

3. 热力系统的运行状态监视、台数控制、燃气锅炉房可燃气体浓度监测与报警、热交换器温度控制、热交换器与热循环泵连锁控制及能耗累计。

4. 冷冻水供、回水温度、压力与回水流量、压力监测、冷冻泵启停控制（由制冷机组自备控制器控制时除外）和状态显示、冷冻泵过载报警、冷冻水进出口温度、压力监测、冷却水进出口温度监测、冷却水最低回水温度控制、冷却水泵启停控制（由制冷机组自带控制器时除外）和状态显示、冷却水泵故障报警、冷却塔风机启停控制（由制冷机组自带控制器时除外）和状态显示、冷却塔风机故障报警。

5. 空调机组启停控制及运行状态显示；过载报警监测；送、回风温度监测；室内外温、湿度监测；过滤器状态显示及报警；风机故障报警；冷（热）水流量调节；风门调节；风机、风阀、调节阀连锁控制；室内 CO_2 浓度或空气品质监测；（寒冷地区）防冻控制；

送回风机组与消防系统联动控制。

6. 变风量(VAV)系统的总风量调节；送风压力监测；风机变频控制；最小风量控制；最小新风量控制；加热控制；变风量末端(VAVBOX)自带控制器时应与建筑设备监控系统联网，以确保控制效果。

7. 送排风系统的风机启停控制和运行状态显示；风机故障报警；风机与消防系统联动控制。

8. 风机盘管机组的室内温度测量与控制；冷(热)水阀开关控制；风机启停及调速控制。能耗分段累计。

9. 给水系统的水泵自动启停控制及运行状态显示；水泵故障报警；水箱液位监测、超高与超低水位报警。污水处理系统的水泵启停控制及运行状态显示；水泵故障报警；污水集水井、中水处理池监视、超高与超低液位报警；漏水报警监视。

10. 供配电系统的中压开关与主要低压开关的状态监视及故障报警；中压与低压主母排的电压、电流及功率因数测量；电能计量；变压器温度监测及超温报警；备用及应急电源的手动/自动状态、电压、电流及频率监测；主回路及重要回路的谐波监测与记录。

11. 大空间、门厅、楼梯间及走道等公共场所的照明按时间程序控制(值班照明除外)；航空障碍灯、庭院照明、道路照明按时间程序或按亮度控制和故障报警；泛光照明的场景、亮度按时间程序控制和故障报警；广场及停车场照明按时间程序控制。

12. 电梯及自动扶梯的运行状态显示及故障报警。

13. 热电联供系统的监视包括初级能源的监测；发电系统的运行状态监测；蒸汽发生系统的运行状态监视能耗累计。

14. 当热力系统、制冷系统、空调系统、给排水系统、电力系统、照明控制系统和电梯管理系统等采用分别自成体系的专业监控系统时，应通过通信接口纳入建筑设备管理系统。

15. 建筑设备管理系统应满足相关管理需求，对相关的公共安全系统进行监视及联动控制。

六、公共安全系统

(一)公共安全系统的功能应符合下列要求：

1. 具有应对火灾、非法侵入、自然灾害、重大安全事故和公共卫生事故等危害人们生命财产安全的各种突发事件，建立起应急及长效的技术防范保障体系。

2. 应以人为本、平战结合、应急联动和安全可靠。

(二)公共安全系统宜包括火灾自动报警系统、安全技术防范系统和应急联动系统等。

(三)火灾自动报警系统应符合下列要求：

1. 建筑物内的主要场所宜选择智能型火灾探测器；在单一型火灾探测器不能有效探测火灾的场所，可采用复合型火灾探测器；在一些特殊部位及高大空间场所宜选用具有预警功能的线型光纤感温探测器或空气采样烟雾探测器等。

2. 对于重要的建筑物，火灾自动报警系统的主机宜设有热备份，当系统的主用主机出现故障时，备份主机能及时投入运行，以提高系统的安全性、可靠性。

3. 应配置带有汉化操作的界面，操作软件的配置应简单易操作。

4. 应预留与建筑设备管理系统的数据通信接口，接口界面的各项技术指标均应符合相关要求。

5. 宜与安全技术防范系统实现互联，可实现安全技术防范系统作为火灾自动报警系统有效的辅助手段。

6. 消防监控中心机房宜单独设置，当与建筑设备管理系统和安全技术防范系统等合用控制室时，应符合本标准第 3.7.3 条的规定。

7. 应符合现行国家标准《火灾自动报警系统设计规范》GB 50116、《高层民用建筑设计防火规范》GB 50045 和《建筑设计防火规范》GB 50016 等的有关规定。

（四）安全技术防范系统应符合下列要求：

1. 应以建筑物被防护对象的防护等级、建设投资及安全防范管理工作的要求为依据，综合运用安全防范技术、电子信息技术和信息网络技术等，构成先进、可靠、经济、适用和配套的安全技术防范体系。

2. 系统宜包括安全防范综合管理系统、入侵报警系统、视频安防监控系统、出入口控制系统、电子巡查管理系统、访客对讲系统、停车库(场)管理系统及各类建筑物业务功能所需的其他相关安全技术防范系统。

3. 系统应以结构化、模块化和集成化的方式实现组合。

4. 应采用先进、成熟的技术和可靠、适用的设备，应适应技术发展的需要。

5. 应符合现行国家标准《安全防范工程技术规范》GB 50348 等有关的规定。

（五）应急联动系统应符合下列要求：

大型建筑物或其群体，应以火灾自动报警系统、安全技术防范系统为基础，构建应急联动系统。

1. 应急联动系统应具有下列功能：

（1）对火灾、非法入侵等事件进行准确探测和本地实时报警。

（2）采取多种通信手段，对自然灾害、重大安全事故、公共卫生事件和社会安全事件实现本地报警和异地报警。

（3）指挥调度。

（4）紧急疏散与逃生导引。

（5）事故现场紧急处置。

2. 应急联动系统宜具有下列功能：

（1）接受上级的各类指令信息。

（2）采集事故现场信息。

（3）收集各子系统上传的各类信息，接收上级指令和应急系统指令下达至各相关子系统。

（4）多媒体信息的大屏幕显示。

（5）建立各类安全事故的应急处理预案。

3. 应急联动系统应配置下列系统：

（1）有线/无线通信、指挥、调度系统。

（2）多路报警系统(110、119、122、120、水、电等城市基础设施抢险部门)。

（3）消防—建筑设备联动系统。

（4）消防—安防联动系统。

（5）应急广播—信息发布—疏散导引联动系统。

4. 应急联动系统宜配置下列系统：

（1）大屏幕显示系统。

（2）基于地理信息系统的分析决策支持系统。

（3）视频会议系统。

（4）信息发布系统。

5. 应急联动系统宜配置总控室、决策会议室、操作室、维护室和设备间等工作用房。

6. 应急联动系统建设应纳入地区应急联动体系并符合相关的管理规定。

七、机房工程

（一）机房工程范围宜包括信息中心设备机房、数字程控交换机系统设备机房、通信系统总配线设备机房、消防监控中心机房、安防监控中心机房、智能化系统设备总控室、通信接入系统设备机房、有线电视前端设备机房、弱电间（电信间）和应急指挥中心机房及其他智能化系统的设备机房。

（二）机房工程内容宜包括机房配电及照明系统、机房空调、机房电源、防静电地板、防雷接地系统、机房环境监控系统和机房气体灭火系统等。

（三）机房工程建筑设计应符合下列要求：

1. 通信接入交接设备机房应设在建筑物内底层或在地下一层（当建筑物有地下多层时）。

2. 公共安全系统、建筑设备管理系统、广播系统可集中配置在智能化系统设备总控室内，各系统设备应占有独立的工作区，且相互间不会产生干扰。火灾自动报警系统的主机及与消防联动控制系统设备均应设在其中相对独立的空间内。

3. 通信系统总配线设备机房宜设于建筑（单体或群体建筑）的中心位置，并应与信息中心设备机房及数字程控用户交换机设备机房规划时综合考虑。弱电间（电信间）应独立设置，并在符合布线传输距离要求情况下，宜设置于建筑平面中心的位置，楼层弱电间（电信间）上下位置宜垂直对齐。

4. 对电磁骚扰敏感的信息中心设备机房、数字程控用户交换机设备机房、通信系统总配线设备机房和智能化系统设备总控室等重要机房不应与变配电室及电梯机房贴邻布置。

5. 各设备机房不应设在水泵房、厕所和浴室等潮湿场所的正下方或贴邻布置。当受土建条件限制无法满足要求时，应采取有效措施。

6. 重要设备机房不宜贴邻建筑物外墙（消防控制室除外）。

7. 与智能化系统无关的管线不得从机房穿越。

8. 机房面积应根据各系统设备机柜（机架）的数量及布局要求确定，并宜预留发展空间。

9. 机房宜采用防静电架空地板，架空地板的内净高度及承重能力应符合有关规范的规定和所安装设备的荷载要求。

（四）机房工程电源应符合下列要求：

1. 应按机房设备用电负荷的要求配电，并应留有裕量。

2. 电源质量应符合有关规范或所配置设备的技术要求。

3. 电源输入端应设电涌保护装置。

4. 机房内设备应设不间断或应急电源装置。

（五）机房照明应符合下列要求：

1. 消防控制室的照明灯具宜采用无眩光荧光灯具或节能灯具，应由应急电源供电。

2. 机房照明应符合现行国家标准《建筑照明设计标准》GB 50034 有关的规定。

（六）机房设备接地应符合下列要求：

1. 当采用建筑物共用接地时，其接地电阻应不大于 112。

2. 当采用独立接地极时，其电阻值应符合有关规范或所配置设备的要求。

3. 接地引下线应采用截面 $25mm^2$ 或以上的铜导体。

4. 应设局部等电位联结。

5. 不间断或应急电源系统输出端的中性线（N 极），应采用重复接地。

（七）机房的背景电磁场强度应符合现行国家标准《环境电磁波卫生标准》GB 9175 有关的规定。

（八）机房应设专用空调系统，机房的环境温、湿度应符合所配置设备规定的使用环境条件及相应的技术标准。

（九）根据机房的规模和管理的需要，宜设置机房环境综合监控系统。

（十）机房工程应符合现行国家标准《电子计算机房设计规范》GB 50174 和《建筑物电子信息系统防雷技术规范》GB 50343 有关的规定。

八、建筑环境

（一）建筑物的整体环境应符合下列要求：

1. 应提供高效、便利的工作和生活环境。

2. 应适应人们对舒适度的要求。

3. 应满足人们对建筑的环保、节能和健康的需求。

4. 应符合现行国家标准《公共建筑节能设计标准》GB 50189 有关的规定。

（二）建筑物的物理环境应符合下列要求：

1. 建筑物内的空间应具有适应性、灵活性及空间的开敞性，各工作区的净高应不低于 2.5m。

2. 在信息系统线路较密集的楼层及区域宜采用铺设架空地板、网络地板或地面线槽等方式。

3. 弱电间（电信间）应留有发展的空间。

4. 应对室内装饰色彩进行合理组合。

5. 应采取必要措施降低噪声和防止噪声扩散。

6. 室内空调应符合环境舒适性要求，宜采取自动调节和控制。

（三）建筑物的光环境应符合下列要求：

1. 应充分利用自然光源。

2. 照明设计应符合现行国家标准《建筑照明设计标准》GB 50034 有关的规定。

（四）建筑物的电磁环境应符合现行国家标准《环境电磁波卫生标准》GB 9175 有关的规定。

5. 建筑物内空气质量宜符合表 3-3-12 的要求。

空气质量指标 表 3-3-12

CO 含量率($\times 10^{-6}$)	<10	湿度(%)	冬天 30~60，夏天 40~65
CO_2 含量率($\times 10^{-6}$)	<1000	气流(m/s)	冬天<0.2，夏天<0.3
温度(℃)	冬天 18~24，夏天 22~28		

第三节 房地产开发项目的规划设计

规划设计是房地产开发建设的依据，它在很大程度上决定着开发区域内建设能否做到布局合理、景观协调、结构先进、设备完善、造价低廉、省地节能，并取得较好的经济效益、社会效益和环境效益，详细规划尤为重要。房地产开发公司必须十分重视开发区的规划设计，通过招标投标、多种方案比较、专家论证，从而选择优秀的规划设计方案。

一、申请办理"一书两证"

规划设计工作的基本依据是《中华人民共和国城市规划法》（以下简称《城市规划法》），及有关主管部门和地方政府根据《城市规划法》制定的有关管理办法和条例、规定等。《城市规划法》第四章"城市规划的实施"对建设项目的审批程序作出了明确的规定：

一是，选址意见书；

二是，建设用地规划许可证；

三是，建设工程规划许可证（建设工程执照）。

即"一书两证"。房地产开发的前期规划设计主要是围绕申请办理这样的"一书两证"开展工作。

（一）申请办理选址意见书

《城市规划法》第 30 条规定："城市规划区内的建设工程的选址和布局必须符合城市规划。设计任务书报请批准时，必须附有城市规划行政主管部门的选址意见书。"选址意见书的内容是：

1. 建设项目的基本情况；

2. 建设项目规划选址的主要依据；

3. 建设项目选址、用地范围和其具体规划等要求。

建设单位在编制建设项目设计任务书时，城市规划行政主管部门应当参加建设项目的选址工作，并从城市规划方面提出选址意见。因此，选址意见书是建设单位上报设计任务书和主管部门审批设计任务书时必备的法律凭证。

建设单位提出建设用地选址书面申请，应附送下列图纸、文件和资料：

（1）建设项目计划任务书及其批准文件，或列入年度计划的证明文件（大中型项目及中外合资项目送批准的项目建议书）。

（2）原址扩建项目附送测绘院晒印的地形图，新选址项目在选址方案确定后补送上述地形图。

（3）工业项目和其他有特殊要求以及对周围地区有一定影响的项目应加送下列资料：

① 有关生产工艺的基本情况，对水陆运输、能源和市政公用设施配套条件（包括给排

水、道路、煤气和通信)的基本要求；

② 有关环境保护、卫生防疫、消防安全的资料；

③ 项目建成后可能对周围地区带来的影响以及对周围地区建设有制约的控制要求；

④ 其他特殊要求。

规划行政主管部门在建设单位送呈上述资料后，对选址进行批复提出规划设计要求。

（二）申请办理建设用地规划许可证

《城市规划法》第 31 条规定："在城市规划区内进行建设需要申请用地的，必须持国家批准建设项目的有关文件，向城市规划行政主管部门申请定点，由城市规划行政主管部门核定其用地位置和界限，提供规划设计条件，核发建设用地规划许可证后，方可向县级以上地方人民土地管理部门申请用地，经县级以上人民政府审查批准后，由土地管理部门划拨土地。"核发建设用地规划许可证的一般程序为：

1. 开发项目需要申请建设用地者，必须持国家批准的有关文件，向城市规划行政主管部门申请定点；

2. 城市规划行政主管部门根据建设项目的性质、规模，按照城市规划的要求，初步选定建设项目用地的具体位置和界限；

3. 根据需要，征求有关行政主管部门对用地位置和界限的具体意见，如环境保护部门、公安交通管理部门及土地所在区县规划土地管理部门等；

4. 城市规划行政主管部门根据城市规划的要求，向用地单位提供规划设计条件；

5. 审核用地单位提供的规划设计总图；

6. 核发建设用地规划许可证。

建设用地规划许可证应当包括标有建设用地具体界限的附图和明确具体规划要求的附件。附图和附件是建设用地规划许可证的必备配套证件，具有同等的法律效力。附图和附件由发证单位根据法律、法规的规定和实际情况制定。

（三）申请办理建设工程规划许可证

房地产开发企业在取得建设用地规划许可证通知后，除了应注意严格执行所提出的规划管理要求外，应及时凭建设用地规划许可证通知向土地管理部门申请办理用地手续。经土地管理部门批准后方可用地，并按有关规定申请建设工程规划许可证。

送审设计方案时，房地产企业应报送下列图纸、文件、资料：

1. 填报建设工程设计方案送审单。

2. 总平面设计图二张(比例 1∶500 或 1∶1000)。总平面设计图应标明建设基地界限(界外现有单位名称、已有建筑位置)，建筑物的外轮廓尺寸、层数、新建筑物与基地界限、城市道路规划红线、河道规划蓝线、相邻建筑物、高压线的间距尺寸，注明有关设计指标。

3. 单体建筑物的平面图、剖面图、立面图两套。图纸应标明建筑尺寸，平面图应写明房间使用性质。

4. 选址批复及规划设计要求送审的其他文件、图纸。

5. 如属设计招标工程，应加送设计单位中标通知书复印件。

重点工程和中外合资项目等要求较急的，可先报送工程设计总平面图及确定用地范围所需的有关资料，但建设设计方案连同建设工程设计方案送审单，必须在编制扩初设计前报送。

《城市规划法》第 32 条规定："在城市规划区内新建、扩建和改建建筑物、构筑物、道路、管线和其他工程设施，必须持有关批准文件向城市规划行政主管部门提出申请，由城市规划行政管理部门根据城市规划提出的规划设计要求，核发建设工程规划许可证。建设单位或者个人在取得建设工程规划许可证和其他有关批准文件后，方可申请工程开工手续。"

核发建设工程规划许可证的一般程序为：

（1）开发企业凡在城市规划区内新建、扩建和改建建筑物、构筑物、道路、管线和其他工程设施，必须持有关批准文件向城市规划行政主管部门提出申请；

（2）城市规划行政管理部门根据城市规划提出建设工程规划设计要求；

（3）城市规划行政主管部门征求并综合有关行政主管部门对建设工程设计方案的意见，审定建设工程初步设计方案；

（4）城市规划行政主管部门审查工程施工图后，核发建设工程规划许可证。

建设工程规划许可证包括的附图和附件，按照建筑物、构筑物、道路、管线等不同要求，由发证单位根据法律、法规规定和实际情况制定。附图和附件是建设工程规划许可证的配套证件，具有同等法律效力。

房地产开发企业申请建设工程规划许可证时应报送下列图纸、文件：

（1）填报建筑工程执照申请单；

（2）总平面设计图两张；

（3）房地产企业基地地形图三张（由测绘院晒印，比例 1∶500 或 1∶1000，地形图上需按总平面设计图要求标示新建筑物及有关尺寸）；

（4）建筑施工图两套；

（5）结构施工图一套；

（6）建筑工程计划批准文件；

（7）按建筑工程方案审核意见书要求需报送的环保、卫生、消防、人防等部门意见书。

对于批租地块，批租文件附有批租地块的边界、面积和规划涉及的文件，开发企业可直接按此文件委托设计单位做方案设计，报规划行政主管部门进行审批。方案批准后，进行扩初设计及扩初审批，然后进行施工图设计。

取得建设工程规划许可证后，可以办理工程开工手续，同时申请订立道路红线界桩，办理"订界通知单"。建筑定位放线经申请复验无误，办理验收签证手续后，方可正式动工。

（四）申请办理"一书两证"的基本操作流程

申办办理"一书两证"的基本操作流程如图 3-3-2 所示。

规划设计涉及的专业和内容很多，从建设前期开发到竣工验收，乃至今后的社区管理、物业管理等，都应有规划设计需要考虑的问题。

二、规划设计

《城市规划法》等国家和地方制定的法规，是搞好规划设计的依据。

鉴于房地产开发项目多为居住区的建设项目，因此，下面主要介绍详细规划中居住区的规划设计。

（一）居住区的组成和规模

居住区是具有一定的人口、用地规模，并为城市干道或自然界线所包围的相对独立的居住用地。

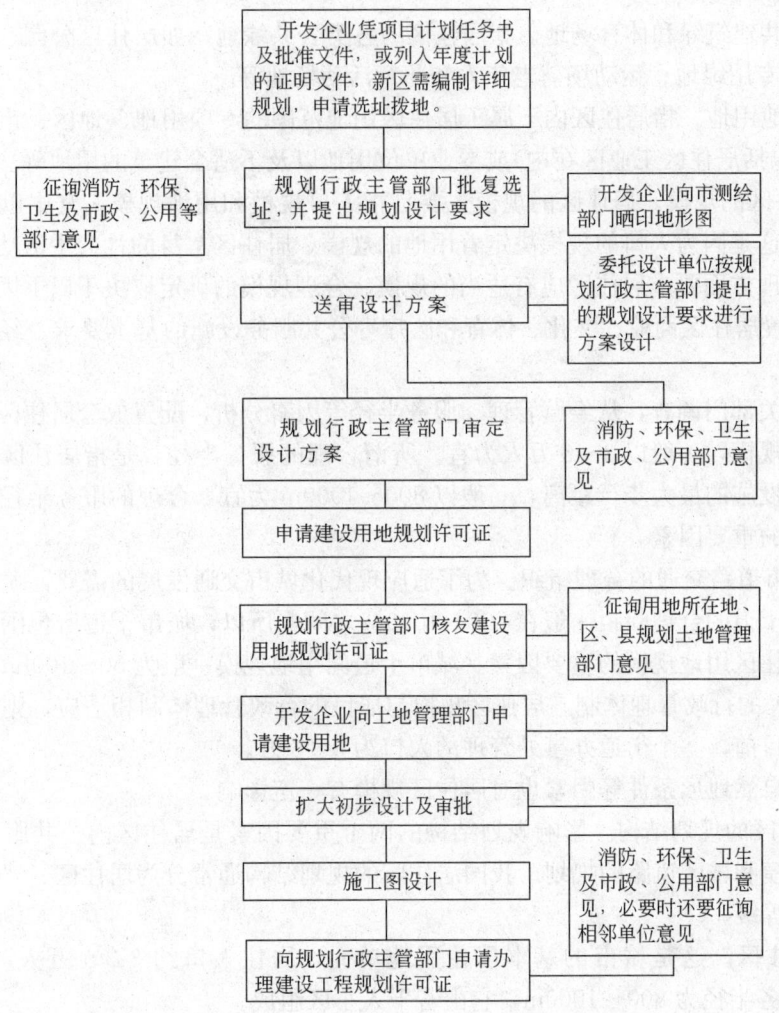

图 3-3-2　申请办理"一书两证"的基本操作流程图

1. 居住区的用地和工程构成：

（1）建筑工程。主要包括住宅建筑、公共建筑、生产性建筑、市政公用设施建筑等。

（2）市政基础设施，包括地上、地下设施两部分。如：道路工程、给水、污水、排水、煤气、供电、供热、通信等市政管线工程等。

（3）环境工程。这里指住宅外环境工程项目，如绿化、园林小品建筑、小游园、儿童游戏场等。

如果按居住区内用地性质划分，可把居住区用地分为五类：

（1）居住建筑用地。指包括住宅基地在内的住宅前后左右的用地，这包括住宅前后左右的分户小路、院落、绿地等用地。

（2）公共建筑用地。是指居住区为小区居民服务的各类公共建筑和公共设施建筑物基地占有的用地及其周围的专用地，包括专用地中的道路、场地和绿地等。

（3）道路广场用地。指道路红线范围内的用地以及回车、停车场、居民活动广场和人行道。

（4）公共建筑绿和体育场地。指居住区的各类公共绿地，如居住区公园、小游园、林荫道、公共专用绿地、运动场、老年人和儿童活动场地等。

（5）其他用地。指居住区内不属于居住区用地范围的专项用地、地区、市级的公共建筑、工业（包括居住区工业区在内）或专业单位用地以及不适合建筑的用地等。

2. 居住区的规模。居住区的规模主要是指人口规模和用地规模，其中以人口规模为主要指标，这是因为人口的规模决定着用地的规模。居住区本身的社会生活功能和工程技术经济及管理方面要求居住区应有适当的规模。合理规模的确定取决于以下因素：

（1）配置居住区商业、文化、体育和医疗等公共服务设施的基本要求、经济性及合理的服务半径。

根据有关部门调查，从经营管理、服务半径等因素分析，配置成套居住区级公共服务设施的合理规模，一般以 3～6 万人为宜。所谓合理的服务半径，是指居住区居民到达居住公共服务设施的最大步行距离，一般以 800～1000m 为宜，合理的服务半径是影响居住区用地规模的重要因素。

（2）城市道路交通的合理组织。为了适应现代化城市交通发展的需要，城市干道发展需要，城市干道的合理间距一般在 800～1000m 之间，所以，城市干道所包围的用地往往成为决定居住区用地规模的重要因素。城市干道间用地规模一般为 50～100hm^2。

（3）居民的行政管理体制。居住区规模与居民的行政管理体制相适应，则有利于组织居民生活。目前，一个街道办事处管理的人口为 3～6 万。

此外，自然地形条件等因素也对居住区规模有一定影响。

3. 居住区的规划结构。影响规划结构的两个重要因素是居住区内公共服务设施的布置方式、规模和城区道路的规划。我国居住区的规划结构通常分为居住区、居住小区、住宅组团三个等级。

（1）居住区。这是城市的基本居住用地单元，居住人口约 3～5 万人，占地 50～100hm^2，服务半径为 800～1000m，它由若干人小区组成。

（2）居住小区。居住人口 0.7～1.5 万人，用地 12～35ha，服务半径 40～800m。它由若干个住宅组团加上基本商业服务、幼托、小学等公共建筑组成。

（3）住宅组团。这是相对独立的居住群落，它相当于一个居民委员会的规模，其居住人口约为 0.1～0.3 万人。

（二）居住区规划设计的原则和内容

1. 居住区的规划设计应遵循下列基本原则：

（1）符合城市总体规划的要求；

（2）符合统一规划、合理布局、因地制宜、综合开发、配套建设的原则；

（3）综合考虑所在城市的性质、气候、民族、习俗和传统风貌等地方特点和规划用地周围的环境条件，充分利用规划用地内有保留价值的河湖水域、植被、道路、建筑物与构筑物等，并将其纳入规划；

（4）适应居民的活动规律，综合考虑日照、采光、通风、防灾、配套建设设施及管理要求，创造方便、舒适、安全、优美的居住生活环境；

（5）为老年人、残疾人的生活和社会活动提供条件；

（6）为工业化生产、机械化施工和建筑群体、空间环境多样化创造条件；

（7）为商品化经营、社会化管理及分期实施创造条件；

（8）充分考虑社会、经济和环境三方面的综合效益。

居住区规划设计除执行《城市居住区规划设计》外，尚应符合国家有关技术标准与规范的规定。

2. 规划设计的内容。居住区规划分为控制性详细规划和修建性详细规划，控制性详细规划着重解决各类用地界限、建筑密度、建筑高度、容积率、道路红线位置、断面、控制点坐标和标高、工程管线走向、管径和用地范围等控制指标；修建性详细规划是根据建筑、绿化和空间要求布置平面图，进行道路、建筑、工程管线的规划设计，进行竖向设计和土石方工程设计、编制工程概算。修建性详细规划主要包括：居住建筑规划、公共建筑规划、道路规划和绿地规划等。

（1）居住建筑规划与设计

居住建筑是规划设计的主体，应遵循日照充分、通风良好、安静整洁、庭院空间美满丰富的原则，合理确定居住建筑类型和居住建筑群体布置。居住建筑设计要执行国家规定的设计标准，既要考虑目前国家的经济水平，也要考虑今后城市发展、住宅商品化和人民生活提高的前景；根据城市的性质、特点、规模和发展前景来决定。在居住建筑造型中应合理地确定户型、户室比、住宅层数、住宅进深和开间、住宅长度的体型、住宅层高等基本因素。

1）住宅建筑群体的平面布置形式基本有四种：

① 行列式。按一定的房屋朝向和间距成排布置。大部分是南北向重复排列，其优点是每户都有好的朝向，而且施工方便，但形成的空间较为单调。

② 周边式。沿街坊或院落周围布置。其优点是内部环境比较安静，土地利用率高，但其中间部分住宅的通风和朝向均较差。

③ 混合式。采取行列式和周边式相结合的方法进行布置。可取两种形式之长，形成半敞开式的住宅院落。

④ 自由式。结合地形、地貌、周围条件，不拘泥于某种固定形式，灵活布置以取得良好的日照通风效果。

2）住宅的选型。在住宅的选型中，应研究确定以下一些内容：

① 住宅层数。要综合考虑土地价格、住宅造价、建设工程、人口密度、施工周期等因素，确定住宅层数比例，一般来说，低层造价较低、居住舒适，但占地面积大；多层造价也较低，施工方便，用地较低层节约；高层可以节约土地，但结构复杂、含钢量高、施工机械化要求高、单方造价也较高，就目前管理水平而言，居住高层还不太方便。较大的居住区应采取高低层结合、错落有致的方法来确定各类建筑的层数比例。

② 进深和面宽。一般来说，如每户建筑面积不变，住宅进深大，则面宽小、外墙小，可以节约用地、节约投资，并减少经常性采暖费用；如住宅进深小则面宽大、采光好，但外墙多、用地大，造价高。因此，进深和面宽应有适度的比例。

③ 长度与体型。一幢住宅的长度大，可以减少山墙数量，并可以减少墙端头的部距，可以节约土地和投资。但长度过长就需要增加伸缩缝和防火墙，且对抗震也不利。因此住宅楼的长度要适当，而且住宅体型要条式和塔式相结合，才能取得较好的效果。

④ 层高。降低住宅层高可以降低造价，也可以缩小阴影区范围，节约用地。目前住

宅净层高多取用 2.7～2.8m，比较经济。

⑤ 户室比。为了满足不同人口组成的家庭对户型的需要，要合理确定不同户室比。

（三）居住区用地与建筑

1. 居住区规划总用地，应包括居住区用地和其他用地两类。

2. 居住区用地构成中，各项用地面积和所占比例应符合下列规定：

（1）居住区用地平衡应符合表 3-3-13 的要求。参与居住区用地平衡的用地应为构成居住区用地的四项用地，其他用地不参与平衡。

居住区用地平衡表 表 3-3-13

	用 地	面 积(ha)	所占比例(%)	人均面积(m²/人)
	一、居住区用地(R)	▲	100	▲
1	住宅用地(R01)	▲	▲	▲
2	公建用地(R02)	▲	▲	▲
3	道路用地(R03)	▲	▲	▲
4	公共绿地(R04)	▲	▲	▲
	二、其他用地(E)	△	—	—
	居住区规划总用地	△	—	—

注："▲"为参与居住区用地平衡的项目。

（2）居住区内各项用地所占比例的平衡控制指标，应符合表 3-3-14 规定。

居住区用地平衡控制指标(%) 表 3-3-14

用 地 构 成	居 住 区	小 区	组 团
1. 住宅用地(R01)	50～60	55～65	70～80
2. 公建用地(R02)	15～25	12～22	6～12
3. 道路用地(R03)	10～18	9～17	7～15
4. 公共绿地(R04)	7.5～18	5～15	3～6
居住区用地(R)	100	100	100

（3）人均居住区用地控制指标，应符合表 3-3-15 规定。

人均居住区用地控制指标(m²/人) 表 3-3-15

居住规模	层 数	建筑气候区划		
		Ⅰ、Ⅱ、Ⅵ、Ⅶ	Ⅲ、Ⅴ	Ⅳ
居 住 区	低 层	33～47	30～43	28～40
	多 层	20～28	19～27	18～25
	多层、高层	17～26	17～26	17～26
小 区	低 层	30～43	28～40	26～37
	多 层	20～28	19～26	18～25
	中高层	17～24	15～22	14～20
	高 层	10～15	10～15	10～15
组 团	低 层	25～35	23～32	21～30
	多 层	16～23	15～22	14～20

居住规模	层 数	建筑气候区划		
		Ⅰ、Ⅱ、Ⅳ、Ⅶ	Ⅲ、Ⅴ	Ⅳ
组 团	中 高 层	14～20	13～18	12～16
	高 层	8～11	8～11	8～11

注：本表各项指标按每户 3.2 人计算。

(4) 居住区内建筑应包括住宅建筑和公共服务设施建筑(也称公建)两部分；在居住区规划用地内的其他建筑的设置，应符合无污染、不扰民的要求。

3. 居住区规划布局与空间环境规划：

(1) 居住区的规划布局，应综合考虑路网结构、公建与住宅布局，群体组合、绿地系统及空间环境等的内在联系，构成一个完善的、相对独立的有机整体，并应遵循下列原则：

① 方便居民生活，有利组织管理；

② 组织与居住人口规模相对应的公共活动中心，方便经营、使用和社会化服务；

③ 合理组织人流、车流，有利安全防卫；

④ 构思新颖，体现地方特色。

(2) 居住区的空间与环境设计，应遵循下列原则：

① 建筑应体现地方风格、突出个性，群体建筑与空间层次应在协调中求变化；

② 合理设置公共服务设施，避免烟、气(味)、尘及噪声对居民的污染和干扰；

③ 精心设置建筑小品，丰富与美化环境；

④ 注重景观和空间的完整性，市政公用站点、停车库等小建筑宜与住宅或公建结合安排；供电、电讯、路灯等管线宜地下埋设；

⑤ 公共活动空间的环境设计，应处理好建筑、道路、广场、院落、绿地和建筑小品之间及其与人的活动之间的相互关系。

4. 住宅规划：

(1) 住宅建筑的规划设计，应综合考虑用地条件、选型、朝向、间距、绿地、层数与密度、布置方式、群体组合和空间环境等因素确定。

(2) 住宅间距，应以满足日照要求为基础，综合考虑采光、通风、消防、防震、管线埋设、避免视线干扰等要求确定。

1) 住宅日照标准应符合表 3-3-16 规定；旧区改造可酌情降低，但不应低于大寒日日照 1 小时的标准。

住宅建筑日照标准　　　　　　　　　　　表 3-3-16

建筑气候区划	Ⅰ、Ⅱ、Ⅲ、Ⅶ气候区		Ⅳ气候区		Ⅴ、Ⅵ气候区
	大城市	中小城市	大城市	中小城市	
日照标准日	大 寒 日			冬 至 日	
日照时数(h)	≥2		≥3		≥1
有效日照时间带(h)	8～16			9～15	
计算起点	底 层 窗 台 面				

注：1. 建筑气候区划分应符合《城市居住区规划设计规范》(GB 50180—93)附录 A 第 A.0.1 条的规定。

2. 底层窗台面是指距室内地坪 0.9m 高的外墙位置。

2) 住宅正面间距，应按日照标准确定的不同方位的日照间距系数控制，也可采用表 3-3-17 不同方位间距折减系数换算。

不同方位间距折减换算表　　　　　　　　　　　　　　　　　　表 3-3-17

方　　位	0°~15°(含)	15°~30°(含)	30°~45°(含)	45°~60°(含)	>60°
折减值	1.00L	0.90L	0.80L	0.90L	0.95L

注：1. 表中方位为正南向(0°)偏东、偏西的方位角。
　　2. L 为当地正南向住宅的标准日照间距(m)。
　　3. 本表指标仅适用于无其他日照遮挡的平行布置条式住宅之间。

在住宅群体组合中，为保证每户都能获得规定的日照时间和日照质量而要求住宅长轴外墙之间保持一定的距离，即为日照间距。日照间距可用图解法或计算法求得。表 3-3-18 为我国部分地区按冬至日太阳高度角计算的和实际采用的日照间距。

全国主要城市不同日照标准的间距系数　　　　　　　　　　　　表 3-3-18

序　号	城市名称	纬度(北纬)	冬　至　日		大　寒　日				现行采用标准
			正午影长率	日照 1h	正午影长率	日照 1h	日照 2h	日照 3h	
1	漠　河	53°00′	4.14	3.88	3.33	3.11	3.21	3.33	—
2	齐齐哈尔	47°20′	2.86	2.68	2.43	2.27	2.32	2.43	1.8~2.0
3	哈尔滨	45°45′	2.63	2.46	2.25	2.10	2.15	2.24	1.5~1.8
4	长　春	43°54′	2.39	2.24	2.07	1.93	1.97	2.06	1.7~1.8
5	乌鲁木齐	43°47′	2.38	2.22	2.06	1.92	1.96	2.04	—
6	多　伦	42°12′	2.21	2.06	1.92	1.79	1.83	1.91	
7	沈　阳	41°46′	2.16	2.02	1.88	1.76	1.80	1.87	1.7
8	呼和浩特	40°49′	2.07	1.93	1.81	1.69	1.73	1.80	
9	大　同	40°00′	2.00	1.87	1.75	1.63	1.67	1.74	—
10	北　京	39°57′	1.99	1.86	1.75	1.63	1.67	1.74	1.6~1.7
11	喀　什	39°32′	1.96	1.83	1.72	1.60	1.64	1.71	—
12	天　津	39°06′	1.92	1.80	1.69	1.58	1.61	1.68	1.2~1.5
13	保　定	38°53′	1.91	1.78	1.67	1.56	1.60	1.66	—
14	银　川	38°29′	1.87	1.75	1.65	1.54	1.58	1.64	1.7~1.8
15	石家庄	38°04′	1.84	1.72	1.62	1.51	1.55	1.61	1.5
16	太　原	37°55′	1.83	1.71	1.61	1.50	1.54	1.60	1.5~1.7
17	济　南	36°41′	1.74	1.62	1.54	1.44	1.47	1.53	1.3~1.5
18	西　宁	36°35′	1.73	1.62	1.53	1.43	1.47	1.52	—
19	青　岛	36°04′	1.70	1.58	1.50	1.40	1.44	1.50	
20	兰　州	36°03′	1.70	1.58	1.50	1.40	1.44	1.49	1.1~1.2；1.4
21	郑　州	34°40′	1.61	1.50	1.43	1.33	1.36	1.42	—
22	徐　州	34°19′	1.58	1.48	1.41	1.31	1.35	1.40	

续表

序　号	城市名称	纬度(北纬)	冬　至　日		大　寒　日				现行采用标准
			正午影长率	日照 1h	正午影长率	日照 1h	日照 2h	日照 3h	
23	西　安	34°18′	1.58	1.048	1.41	1.31	1.35	1.40	1.0～1.2
24	蚌　埠	32°57′	1.50	1.40	1.34	1.25	1.28	1.34	—
25	南　京	32°04′	1.45	1.36	1.30	1.21	1.24	1.30	1.0; 1.1～1.8
26	合　肥	31°51′	1.44	1.35	1.29	1.20	1.20	1.29	1.2
27	上　海	31°12′	1.41	1.32	1.26	1.17	1.17	1.26	0.9～1.1
28	成　都	30°40′	1.38	1.29	1.23	1.15	1.15	1.24	1.1
29	武　汉	30°38′	1.38	1.29	1.23	1.15	1.15	1.24	0.7～0.9 1.0～1.1
30	杭　州	30°19′	1.36	1.27	1.22	1.14	1.14	1.22	0.9～1.0 1.1～1.2
31	拉　萨	29°42′	1.33	1.25	1.19	1.11	1.11	1.20	—
32	重　庆	29°34′	1.33	1.24	1.19	1.11	1.11	1.19	0.8～1.1
33	南　昌	28°40′	1.28	1.20	1.15	1.07	1.07	1.16	—
34	长　沙	28°12′	1.26	1.18	1.13	1.06	1.06	1.14	1.0～1.1
35	贵　阳	26°35′	1.19	1.11	1.07	1.00	1.00	1.08	
36	福　州	26°05′	1.17	1.10	1.05	0.98	0.98	1.07	
37	桂　林	25°18′	1.14	1.07	1.02	0.96	0.99	1.04	0.7～0.8; 1.0
38	昆　明	25°12′	1.13	1.06	1.01	0.95	0.98	1.03	0.9～1.0
39	厦　门	24°27′	1.11	1.03	0.99	0.93	0.96	1.01	—
40	广　州	23°08′	1.06	0.99	0.95	0.89	0.92	0.97	0.5～0.7
41	南　宁	22°49′	1.04	0.98	0.94	0.88	0.91	0.96	1.0
42	湛　江	21°02′	0.98	0.92	0.88	0.83	0.86	0.91	
43	海　口	20°00′	0.95	0.89	0.85	0.80	0.83	0.88	—

　　注：1. 本表按沿纬向平行布置的六层条式住宅(楼高 18.18m，首层窗台距室外地面 1.35m)计算。

　　　　2. "现行采用标准"为20世纪90年代初调查数据。

　　3) 住宅侧面间距，应符合下列规定：

　　① 条式住宅，多层之间不宜小于 6m；高层与各种层数住宅之间不宜小于 13m。

　　② 高层塔式住宅、多层和中高层点式住宅与侧面有窗的各种层数住宅之间应考虑视线卫生因素，适当加大间距。

　　(3) 住宅布置，应符合下列规定：

　　① 选用环境条件优越的地段布置住宅，其布置应合理紧凑；

　　② 面街布置的住宅，其出入口应避免直接开向城市道路和居住区及道路；

　　③ 在Ⅰ、Ⅱ、Ⅵ、Ⅶ气候区建筑气候区，主要应利于住宅冬季的日照、防寒、保温与防风沙的侵袭；在Ⅲ、Ⅳ建筑气候区，主要应考虑住宅夏季防热和组织自然通风、导风

入室的要求；

④ 在丘陵和山区，除考虑住宅布置与主导风向的关系外，尚应重视因地形变化而产生的地方风对住宅建筑防寒、保温或自然通风的影响；

⑤ 老年人居住建筑宜靠近相关服务设施和公共绿地。

（4）住宅的设计标准，应符合现行国家标准《住宅设计规范》GB 50096—99 的规定，宜采用多种户型和多种面积标准。

（5）住宅层，应符合下列规定：

① 根据城市规划要求和综合经济效益，确定经济的住宅层数与合理的层数结构；

② 无电梯住宅不应超过六层。在地形起伏较大的地区，当住宅分层入口时，可按进入住宅后的单程上或下的层数计算。

（6）住宅净密度，应符合下列规定：

① 住宅建筑净密度的最大值，不得超过表 3-3-19 规定。

住宅建筑净密度最大值控制指标（%） 表 3-3-19

住宅层数	建筑气候区划		
	Ⅰ、Ⅱ、Ⅵ、Ⅶ	Ⅲ、Ⅴ	Ⅳ
低 层	35	40	43
多 层	28	30	32
中 高 层	25	28	30
高 层	20	20	22

注：混合层取两者的指标值作为控制指标的上、下限值。

② 住宅建筑面积净密度的最大值，不宜超过表 3-3-20 规定。

住宅建筑面积净密度控制指标（万 m^2/hm^2） 表 3-3-20

住宅层数	建筑气候区划		
	Ⅰ、Ⅱ、Ⅵ、Ⅶ	Ⅲ、Ⅴ	Ⅳ
低 层	1.10	1.20	1.30
多 层	1.70	1.80	1.90
中 高 层	2.00	2.20	2.40
高 层	3.50	3.50	3.50

注：1. 混合层取两者的指标值作为控制指标的上、下限值。
   2. 本表不计入地下层面积。

5. 居住区公共服务设施规划：

（1）居住区公共服务设计（也称配套公建），应包括：教育、医疗、卫生、文化体育、商业服务、金融邮电、市政公用、行政管理和其他八类设施。

（2）居住区配套公建的配建水平，必须与居住人口规模相对应。并应与住宅同步规划、同步建设和同时投入使用。

（3）居住区配套公建的项目，应符合表 3-3-21 规定。配建指标，应以表 3-3-22 规定的千人总指标和分类指标控制，并应遵循下列原则：

公共服务设施项目分级配建表　　　　　　　　　表 3-3-21

类　别	项　　目	居住区	小　区	组　团
教育	托 儿 所	—	▲	△
	幼 儿 园	—	▲	—
	小　学	—	▲	—
	普通中学	△	▲	—
医疗卫生	门 诊 所	▲	△	—
	卫 生 站	—	—	▲
	医院(200~300 床)	△	—	—
文化体育	文化活动中心(含青少年活动中心、老年活动中心)	▲	—	—
	文化活动站(含青少年、老年活动站)	—	▲	△
	居民运动场	△	—	—
商业服务	粮 油 店	—	▲	△
	煤 (气) 站	—	▲	—
	菜　站	—	▲	△
	菜 市 场	▲	—	—
	食 品 店	▲	—	—
	综合副食店	—	▲	△
	早点、小吃部	—	▲	▲
	小饭铺(含早点、小吃)	—	▲	—
	饭　馆	▲	—	—
	冷饮乳制品店	△	△	—
	小百货店	—	▲	—
	综合百货商场	▲	—	—
	照 相 馆	△	—	—
	服 装 加 工 部	▲	—	—
	服 装 店	△	—	—
	日杂商品	▲	—	—
	中西药店	▲	—	—
	理 发 店	▲	▲	—
	浴　室	△	—	—
商业服务	洗染门市部	▲	—	—
	书　店	▲	△	—
	弹棉花门市部	△	—	—
	自行车修理部	▲	△	—
	综合修理部	▲	—	—
	旅　店	▲	—	—
	物资回收站	▲	△	—

续表

类 别	项 目	居 住 区	小 区	组 团
商业 服务	综合基层店	—	—	▲
	早晚服务点	—	△	▲
	集贸市场	▲	△	—
金 融 邮 电	银 行	△	—	—
	储 蓄 所	—	▲	—
	邮 电 局	△	—	—
	邮 政 所	—	▲	—
市 政 公 用	锅 炉 房	△	△	△
	变 电 室	—	▲	△
	开 闭 所	▲	—	—
	路灯配电室	—	▲	▲
	煤气调压站	△	△	—
	高压水泵房	—	—	△
	公 共 厕 所	▲	▲	△
	垃圾转运站	△	—	—
	垃 圾 站	—	—	▲
	居民存车处	—	—	▲
	居民小汽车停车场	—	△	△
	公共停车场(库)	▲	▲	—
	公交始末站	△	△	—
	汽车出租站	△	—	—
	电话总机房	△	—	—
	消 防 站	△	—	—
行 政 管 理	街道办事处	▲	—	—
	派 出 所	▲	—	—
	居(里)委会	—	—	▲
	粮食办公室	▲	—	—
	房 管 所	▲	—	—
	房 管 段	—	▲	—
行 政 管 理	市政管理机构(所)	▲	—	—
	绿化、环卫管理点	▲	△	—
	市场管理用房	▲	△	—
	工商管理及税务(所)	▲	△	—
	居住区综合管理处	△	△	—
其 他	防空地下室	△①	△①	△①
	街道第三产业	△	△	—

注：① 在国家确定的一、二类人防重点城市，应按有关规定配建防空地下室。

　　▲为配建的项目；△为宜设置的项目。

公共服务设施控制指标（m²/千人）　　　　　　表 3-3-22

类　别	居住规模	居　住　区		小　区		组　团	
		建筑面积	用地面积	建筑面积	用地面积	建筑面积	用地面积
总　指　标		1668～3293 (2228～4213)	2172～5559 (2762～6329)	968～2397 (1338～2977)	1091～3835 (1491～4585)	362～856 (703～1356)	488～1058 (868～1578)
其中	教　育	600～1200	1000～2400	330～1200	700～2400	160～400	300～500
	医疗卫生 (含医院)	78～198 (178～398)	138～378 (298～548)	38～98	78～228	6～20	12～40
	文　体	125～245	225～645	45～75	65～105	18～24	40～60
	商业服务	700～910	600～940	450～570	100～600	150～370	100～400
	社区服务	59～464	76～668	59～292	76～328	19～32	16～28
	金融邮电 (含银行、邮电局)	20～30 (60～80)	25～50	16～22	22～34	—	—
	市政公用 (含居民存车处)	40～150 (460～820)	70～360 (500～960)	30～140 (400～720)	50～140 (450～760)	9～10 (350～510)	20～30 (400～550)
	行政管理及其他	46～96	37～72	—	—	—	—

注：1. 居住区级指标含小区和组团级指标，小区级含组团级指标。
　　2. 公共服务设施总用地的控制指标应符合表 3-3-30 规定。
　　3. 总指标未含其他类，使用时应根据规划设计要求确定本类面积指标。
　　4. 小区医疗卫生类未含门诊所。
　　5. 市政公用类未含锅炉房，在采暖地区应自选确定。

① 各地按表 3-3-21 中规定所确定的表 3-3-22 有关项目及其具体指标控制；

② 表 3-3-21 和表 3-3-22 在使用时可根据选用的规划组织结构类型和规划用地四周的设施条件，对配建项目进行合理的归并、调整，但不应少于与其居住人口规模相对应的配建项目与千人总指标；

③ 当规划用地内的居住人口规模界于组团和小区之间或小区和居住区之间时，除配建下一级应配建的项目外，还应根据所增人数及规划用地周围的设施条件，增配高一级的有关项目及增加有关指标；

④ 地处流动人口较多的居住区，应根据不同性质的流动人口数量，增设有关项目及增加相应面积；

⑤ 在Ⅰ、Ⅶ建筑气候区和处于山地的居住区，其商业服务设施的配建项目和面积可酌情增加，但应符合当地城市规划管理部门的有关规定；

⑥ 旧区改造和城市边缘的居住区，其配建项目与千人总指标可酌情增减，但应符合当地城市规划管理部门的有关规定；

⑦ 凡国家确定的一、二类人防重点城市均应按国家人防部门的有关规定配建防空地下室，并应遵循平战结合的原则，与城市地下空间规划相结合，统筹安排。将居住区使用部分的面积，按其使用性质纳入配套公建；

⑧ 居住区配套公建各项目的设置要求，应符合表 3-3-23 的规定。对其中的服务内容可酌情选用。

公共服务设施各项目的设置规定   表 3-3-23

类别	项目名称	服务内容	设 置 规 定	每处一般规模	
				建筑面积(m²)	用地面积(m²)
教育	1. 托儿所	保教小于3周岁儿童	(1) 设于阳光充足,接近公共绿地,便于家长接送的地段 (2) 托儿所每班按25座计;幼儿园每班按30座计 (3) 服务半径不宜大于300m;层数不宜高于3层 (4) 三班和三班以下的托、幼园所,可混合设置,也可附设于其他建筑,但应有独立院落和出入口,四班和四班以上的托、幼园所,其用地均应独立设置	—	4班≥1200 6班≥1400 8班≥1600
	2. 幼儿园	保教学龄前儿童	(5) 八班和八班以上的托、幼园所,其用地应分别按每座不小于7m² 或9m² 计 (6) 托、幼建筑宜布置于可挡寒风的建筑物的背风面,但其生活用房应满足底层满窗冬至日不小于3h的日照标准。 (7) 活动场地应有不少于1/2的活动面积在标准的建筑日照阴影线之外	—	4班≥1500 6班≥2000 8班≥2400
	3. 小学	6~12周岁儿童入学	(1) 学生上下学穿越城市道路时,应有相应的安全措施 (2) 服务半径不宜大于500m (3) 教学楼应满足冬至日不小于2h的日照标准	—	12班≥6000 18班≥7000 24班≥8000
	4. 中学	12~18周岁青少年入学	(1) 在拥有3所或3所以上中学的居住区内,应有一所设置400m环行跑道的运动场 (2) 服务半径不宜大于1000m (3) 教学楼应满足冬至日不小于2h的日照标准	—	18班≥11000 24班≥12000 30班≥14000
医疗卫生	5. 医院	含社区卫生服务中心	(1) 宜设于交通方便,环境较安静地段 (2) 10万人左右则应设一所300~400床医院 (3) 病房楼应满足冬至日不小于2h的日照标准	12000~18000	15000~25000
	6. 门诊所	含社区卫生服务中心	(1) 一般3~5万人设一处,设医院的居住区不再设独立门诊 (2) 设于交通便捷、服务距离适中的地段	2000~3000	3000~5000
	7. 卫生站	社区卫生服务站	1~1.5万人设一处	300	500
	8. 护理院	健康状况较差或恢复期老年人日常护理	(1) 最佳规模为100~150床位 (2) 每床位建筑面积≥30m² (3) 可与社区卫生服务中心合设	3000~4500	—

续表

类别	项目名称	服务内容	设 置 规 定	每处一般规模	
				建筑面积(m²)	用地面积(m²)
文化体育	9. 文化活动中心	小型图书馆、科普知识宣传与教育；影视厅、舞厅、游艺厅、球类、棋类活动室；科技活动、各类艺术训练班及青少年和老年人学习活动场地、用房等	宜结合或靠近同级中心绿地安排	4000～6000	8000～12000
	10. 文化活动站	书报阅览、书面、文娱、健身、音乐欣赏、茶座等主要供青少年和老年人活动	(1) 宜结合或靠近同级中心绿地安排 (2) 独立性组团也应设置本站	400～600	400～600
	11. 居民运动场、馆	健身场地	宜设置60～100m直跑道和200m环形跑道及简单的运动设施	—	10000～15000
	12. 居民健身设施	篮、排球及小型球类场地，儿童及老年人活动场地和其他简单运动设施等	宜结合绿地安排	—	—
商业服务	13. 综合食品店	粮油、副食、糕点、干鲜果品等		居住区：1500～2500 小区：800～1500	
	14. 综合百货店	日用百货、鞋帽、服装、布匹、五金及家用电器等	(1) 服务半径：居住区不宜大于500m；居住小区不宜大于300m (2) 地处山坡地的居住区，其商业服务设施的布点，除满足服务半径的要求外，还应考虑上坡空手，下坡负重的原则	居住区：2000～3000 小区：400～600	—
	15. 餐饮	主食、早点、快餐、正餐等		—	—
	16. 中西药店	汤药、中成药及西药等		200～500	—
	17. 书店	书刊及音像制品		300～1000	—
	18. 市场	以销售农副产品和小商品为主	设置方式应根据气候特点与当地传统的集市要求而定	居住区：1000～1200 小区：500～1000	居住区：1500～2000 小区：800～1500

续表

类别	项目名称	服务内容	设置规定	每处一般规模	
				建筑面积(m²)	用地面积(m²)
商业服务	19. 便民店	小百货、小日杂	宜设于组团的出入口附近	—	—
	20. 其他第三产业设施	零售、洗染、美容美发、照相、影视文化、休闲娱乐、洗浴、旅店、综合修理以及辅助就业设施等	具体项目、规模不限	—	—
金融邮电	21. 银行	分理处	宜与商业服务中心结合或邻近设置	800～1000	400～500
	22. 储蓄所	储蓄为主		100～150	—
	23. 电信支局	电话及相关业务等	根据专业规划需要设置	1000～2500	600～1500
	24. 邮电所	邮电综合业务包括电报、电话、信函、包裹、兑汇和报刊零售等	宜与商业服务中心结合或邻近设置	100～150	—
社区服务	25. 社区服务中心	家政服务、就业指导、中介、咨询服务、代客定票、部分老年人服务设施等	每小区设置一处，居住区也可合并设置	200～300	300～500
	26. 养老院	老年人全托式护理服务	(1) 一般规模为150～200床位 (2) 每床位建筑面积≥40m²	—	—
	27. 托老所	老年人日托（餐饮、文娱、健身、医疗保健等）	(1) 一般规模为30～50床位 (2) 每床位建筑面积20m² (3) 宜靠近集中绿地安排，可与老年活动中心合并设置	—	—
	28. 残疾人托养所	残疾人全托式护理	—	—	—
	29. 治安联防站	—	可与居(里)委会合设	18～30	12～20
	30. 居(里)委会(社区用房)	—	300～1000户设一处	30～50	—
	31. 物业管理	建筑与设备维修、保安、绿化、环卫管理等	—	300～500	300

续表

类别	项目名称	服务内容	设　置　规　定	每处一般规模	
				建筑面积(m²)	用地面积(m²)
市政公用	32. 供热站或热交换站	—		根据采暖方式确定	
	33. 变电室	—	每个变电室负荷半径不应大于 250m；尽可能设于其他建筑内	30～50	—
	34. 开闭所	—	1.2～2.0 万户设一所；独立设置	200～300	≥500
	35. 路灯配电室	—	可与变电室合设于其他建筑内	20～40	—
	36. 燃气调压站	—	按每个中低调压站负荷半径 500m 设置；无管道燃气地区不设	50	100～120
	37. 高压水泵房	—	一般为低水压区住宅加压供水附属工程	40～60	—
	38. 公共厕所	—	每 1000～1500 户设一处；宜设于人流集中处	30～60	60～100
	39. 垃圾转运站	—	应采用封闭式设施，力求垃圾存放和转运不外露，当用地规模为 0.7～1km² 设一处，每处面积不应小于 100m²，与周围建筑物的间隔不应小于 5m	—	—
	40. 垃圾收集点	—	服务半径不应大于 70m，宜采用分类收集	—	—
	41. 居民存车处	存放自行车、摩托车	宜设于组团内或靠近组团设置，可与居(里)委会合设于组团的入口处	1～2 辆/户；地上 0.8～1.2m²/辆；地下 1.5～1.8 m²/辆	—
	42. 居民停车场、库	存放机动车	服务半径不宜大于 150m	—	—
	43. 公交始末站	—	可根据具体情况设置	—	—
	44. 消防站	—	可根据具体情况设置	—	—
	45. 燃料供应站	煤或罐装燃气	可根据具体情况设置	—	—
行政管理及其他	46. 街道办事处	—	3～5 万人设一处	700～1200	300～500
	47. 市政管理机构(所)	供电、供水、雨污水、绿化、环卫等管理与维修	宜合并设置	—	—
	48. 派出所	户籍治安管理	3～5 万人设一处；应有独立院落	700～1000	600

续表

类别	项目名称	服务内容	设 置 规 定	每处一般规模	
				建筑面积(m²)	用地面积(m²)
行政管理及其他	49. 其他管理用房	市场、工商税务、粮食管理等	3~5万人设一处；可结合市场或街道办事处设置	100	—
	50. 防空地下室	掩蔽体、救护站、指挥所等	在国家确定的一、二类人防重点城市中，凡高层建筑下设满堂人防，另以地面建筑面积2%配建。出入口宜设于交通方便的地段，考虑平战结合	—	—

(4) 居住区配套公建各项目的规划布局，应符合下列规定：

① 根据不同项目的使用性质和居住区的规划组织结构类型，应采用相对集中与适当分散相结合的方式合理布局。并应利于发挥设施效益，方便经营管理、使用和减少干扰；

② 商业服务与金融邮电、文体等有关项目宜集中布置，形成居住区各级公共活动中心，在使用方便、综合经营、互不干扰的前提下，可采用综合楼或组合体；

③ 基层服务设施的设置应方便居民，满足服务半径的要求。

(5) 居住区内公共活动中心、集贸市场和人流较多的公共建筑，必须相应配建公共停车场(库)，并应符合下列规定：

① 配建公共停车场(库)的停车位控制指标，应符合表 3-3-24 的规定；

② 配建停车场(库)应就近设置，并宜采用地下或多层车库。

配建公共停车场(库)停车位控制指标　　　　　　表 3-3-24

名　　称	单　　位	自 行 车	机 动 车
公共中心	车位/100m² 建筑面积	7.5	0.3
商业中心	车位/100m² 营业面积	7.5	0.3
集贸市场	车位/100m² 营业场地	7.5	—
饮食店	车位/100m² 营业面积	3.6	1.7
医院、门诊所	车位/100m² 建筑面积	1.5	0.2

注：1. 本表机动车停车位以小型汽车为标准当量表示。
　　2. 其他各型车辆停车位的换算办法，应符合《城市居住区规划设计规范》(GB 50180—93)第 11 章中有关规定。

6. 绿地：

(1) 居住区内绿地，应包括公共绿地、宅旁绿地、配套公建所属绿地和道路绿地等。

(2) 居住区内绿地应符合下列规定：

① 一切可绿化的用地均应绿化，并宜发展垂直绿化；

② 宅间绿地应精心规划与设计，宅间绿地面积的计算办法应符合《城市居住区规划设计规范》(GB 50180—93)第 11 章中有关规定；

③ 绿地率：新区建设不应低于 30%；旧区改造不宜低于 25%。

(3) 居住区内的绿地规划，应根据居住区的规划组织结构类型、不同的布局方式、环境特点及用地的具体条件，采用集中与分散相结合，点、线、面相结合的绿地系统。并宜保留和利用规划或改造范围内的已有树木和绿地。

（4）居住区内的公共绿地，应根据居住区不同的规划组织结构类型，设置相应的中心公共绿地，包括居住区公园（居住区级）、小游园（小区级）和组团绿地（组团级），以及儿童游戏场和其他的块状、带状公共绿地等，并应符合下列规定：

1）中心公共绿地的设置应符合下列规定：

① 符合表 3-3-25 规定，表内"设置内容"可视具体条件选用。

各级中心公共绿地设置规定　表 3-3-25

中心绿地名称	设置内容	要求	最小规模(ha)
居住区公园	花木草坪、花坛水面、凉亭雕塑、小卖茶座、老幼设施、停车场地和铺装地面等	园内布局应有明确的功能划分	1.0
小游园	花木草坪、花坛水面、雕塑、儿童设施和铺装地面等	园内布局应有一定的功能划分	0.4
组团绿地	花木草坪、桌椅、简易儿童设施等	灵活布局	0.04

② 至少应有一个边与相应级别的道路相邻。

③ 绿化面积（含水面）不宜小于 70%。

④ 便于居民休憩、散步和交往之用，宜采用开敞式，以绿篱或其他通透式院墙栏杆作分隔。

⑤ 组团绿地的设置应满足有不少于 1/3 的绿地面积在标准的建筑日照阴影线范围之外的要求，并便于设置儿童游戏设施和适于成人游憩活动。其中院落式组团绿地的设置还应同时满足表 3-3-26 中各项要求，其面积计算起止界应符合《城市居住区规划设计规范》（GB 50180—93）第 11 章中有关规定。

院落式组团绿地设置规定　表 3-3-26

封闭型绿地		开敞式绿地	
南侧多层楼	南侧高层楼	南侧多层楼	南侧高层楼
$L \geqslant 1.5L_2$ $L \geqslant 30m$	$L \geqslant 1.5L_2$ $L \geqslant 50m$	$L \geqslant 1.5L_2$ $L \geqslant 30m$	$L \geqslant 1.5L_2$ $L \geqslant 50m$
$S_1 \geqslant 800m^2$	$S_1 \geqslant 1800m^2$	$S_1 \geqslant 500m^2$	$S_1 \geqslant 1200m^2$
$S_2 \geqslant 1000m^2$	$S_2 \geqslant 2000m^2$	$S_2 \geqslant 600m^2$	$S_2 \geqslant 1400m^2$

注：1. L—南北两楼正面间距(m)；
　　　L_2—当地住宅的标准日照间距(m)；
　　　S_1—北侧为多层楼的组团绿地面积(m²)；
　　　S_2—北侧为高层楼的组团绿地面积(m²)。
　　2. 开敞型院落式组团绿地应符合《城市居住区规划设计规范》（GB 50180—93）附录 A 第 A.0.4 条规定。

2）其他块状带状公共绿地应同时满足宽度不小于 8m、面积不小于 400m² 和以上（4）之 1）中的②、③、④项及第⑤项中的日照环境要求；

3）公共绿地的位置和规模，应根据规划用地周围的城市级公共绿地布局综合确定。

（5）居住区内公共绿地的总指标，应根据居住人口规模分别达到：组团不少于 0.5m²/人，小区（含组团）不少于 1m²/人，居住区（含小区与组团）不少于 1.5m²/人，并应根据居住区规划组织结构类型统一安排、灵活使用。

旧区改造可酌情降低，但不得低于相应指标的 50%。

7. 居住区道路

（1）居住区的道路规划，应遵循下列原则：

① 根据地形、气候、用地规模和用地四周的环境条件，以及居民的出行方式，应该选择经济、便捷的道路系统和道路断面形式；

② 使居住区内外联系通而不畅、安全，避免往返迂回，并适于消防车、救护车、商店货车和垃圾车等的通行；

③ 有利于居住区内各类用地的划分和有机联系，以及建筑物布置的多样化；

④ 小区内应避免过境车辆的穿行，当公共交通线路引入居住区级道路时，应减少交通噪声对居民的干扰；

⑤ 在地震烈度不低于六度的地区，应考虑防灾救灾要求；

⑥ 满足居住区的日照通风和地下工程管线的埋设要求；

⑦ 城市旧城区改造，其道路系统应充分考虑原有道路特点，保留和利用有历史文化价值的街道；

⑧ 考虑居民小汽车的通行；

⑨ 便于寻访、识别和街道命名。

（2）居住区内道路可分为：居住区道路、小区路、组团路和宅间小路四级。

其道路宽度，应符合下列规定：

① 居住区道路：红线宽度不宜小于 20m；

② 小区路：路面宽 5～8m，建筑控制线之间的宽度，采暖区不宜小于 14m，非采暖区不宜小于 10m；

③ 组团路：路面宽 3～5m，建筑控制线之间的宽度，采暖区不宜小于 10m，非采暖区不宜小于 8m；

④ 宅间小路：路面宽不宜小于 2.5m；

⑤ 在多雪地区，应考虑堆积清扫道路积雪的面积，道路宽度可酌情放宽，但应符合当地城市规划行政主管部门的有关规定。

（3）居住区内道路纵坡规定，应符合表 3-3-27 规定。

居住区内道路纵坡控制指标（%）　　　　　　　　表 3-3-27

道路类别	最小纵坡	最大纵坡	多雪严寒地区最大纵坡
机动车道	≥0.2	≤8.0 L≤200m	≤5.0 L≤600m
非机动车道	≥0.2	≤3.0 L≤50m	≤2.0 L≤100m
步行道	≥0.2	≤8.0	≤4.0

注：L 为坡长（m）。

机动车与非机动车混行的道路，其纵坡宜按非机动车道要求，或分段按非机动车道要求控制。

（4）山区和丘陵地区的道路系统规划设计，应遵循下列原则：

① 车行与人行宜分开设置自成系统；

② 路网格式应因地制宜；

③ 主要道路宜平缓；

④ 路面可酌情缩窄，但应安排必要的排水边沟和会车位，并应符合当地城市规划行政主管部门的有关规定。

（5）居住区内道路设置，应符合下列规定：

① 小区内主要道路至少应有两个出入口，居住区内主要道路至少应有两个方向与外围道路相连；机动车道对外出入口间距不应小于150m。沿街建筑物长度超过150m时，应设不小于4m×4m的消防车通道。人行出口间距不宜超过80m，当建筑物长度超过80m时，应在底层加设人行通道。

② 居住区内道路与城市道路相接时，其交角不宜小于75°；当居住区内道路坡度较大时，应设缓冲段与城市道路相接。

③ 进入组团的道路，既应方便居民出行和利于消防车、救护车的通行，又应维护院落的完整性和利于治安保卫。

④ 在居住区内公共活动中心，应设置为残疾人通行的无障碍物通道。通行轮椅车的坡道宽度不应小于2.5m，纵坡不应大于2.5%。

⑤ 居住区内尽端式道路的长度不宜大于120m，并应设置不小于12m×12m的回车场地。

⑥ 当居住区内用地坡度大于8%时，应辅以梯步解决竖向交通，并宜在梯步旁附设推行自行车的坡道。

⑦ 在多雪严寒的山坡地区，居住区内道路路面应考虑防滑措施；在地震设防地区，居住区内的主要道路，宜采用柔性路面。

⑧ 居住区内道路边缘至建筑物、构筑物的最小距离，应符合表3-3-28规定。

⑨ 居住区内宜考虑居民小汽车和单位通勤车的停放。

道路边缘至建、构筑物最小距离(m)　　　　　　　　　　　表3-3-28

道路级别 与建、构筑物关系		居住区道路	小区路	组团路及宅间小路
建筑物面向 道路	无出入口	高层5 多层3	3 3	2 2
	有出入口	—	5	2.5
建筑物山墙面向道路		高层4 多层2	2 2	1.5 1.5
围墙面向道路		1.5	1.5	1.5

注：居住区道路的边缘指红线；小区路、组团路及宅间小路边缘指路面边线。
　　当小区路设有人行便道时，其道路边缘指便道边线。

8. 居住区竖向规划

（1）居住区的竖向规划，应包括地形地貌的利用、确定道路控制高程和地面排水规划等内容。

（2）居住区竖向规划设计，应遵循下列原则：

① 合理选用地形地貌，减少土方工程量。

② 各种场地的适用坡度，应符合表 3-3-29 规定。

各种场地的适用坡度（％）

表 3-3-29

场 地 名 称	适用坡度	场 地 名 称	适用坡度
密实性地面和广场	0.3～3.0	2. 运动场	0.2～0.5
广场兼停车场	0.2～0.5	3. 杂用场地	0.3～2.9
室外场地：		绿地	0.5～1.0
1. 儿童游戏场	0.3～2.5	湿陷性黄土地面	0.5～7.0

③ 满足排水管线的埋设要求。

④ 避免土壤受冲刷。

⑤ 有利于建筑布置与空间环境的设计。

⑥ 对外联系道路的高程与城市道路标高相衔接。

（3）当自然地形坡度大于 8％，居住区地面连接形式宜选用台地式，台地之间应用挡土墙或护坡连接。

（4）居住区内地面水的排水系统，应根据地形特点设计。在山区和丘陵地区还须考虑排洪要求。地面排水方式的选择，应符合以下规定：

① 居住区内应采用暗沟（管）排除地面水；

② 在埋设地下暗沟（管）极不经济的陡坎、岩石地段，或在山坡冲刷严重、管沟易堵塞的地段，可采用明沟排水。

9. 居住区管线综合规划

（1）居住区内应设置给水、污水、雨水和电力管线，在用集中供热居住区内还应增设供热管线。同时，还应考虑燃气、通信、电视公用天线、闭路电视、智能化等管线的设置或预留埋设位置。

（2）居住区内各类管线的设置，应编制管线综合规划确定，并应符合下列规定：

1）必须与城市管线衔接。

2）应根据各类管线的不同特性和设置要求综合布置。各类管线相互间的水平与垂直净距，宜符合表 3-3-30 和表 3-3-31。

各种地下管线之间最小水平净距（m）

表 3-3-30

管线名称		给水管	排水管	燃 气 管			热力管	电力电缆	电信电缆	电信管道
				低压	中压	高压				
排 水 管		1.5	1.5	—	—	—	—	—	—	—
燃气管	低压	0.5	1.0	—	—	—	—	—	—	—
	中压	1.0	1.5	—	—	—	—	—	—	—
	高压	1.5	2.0	—	—	—	—	—	—	—
热 力 管		1.5	1.5	1.0	1.5	2.0	—	—	—	—

续表

管线名称	给水管	排水管	燃气管			热力管	电力电缆	电信电缆	电信管道
			低压	中压	高压				
电力电缆	0.5	0.5	0.5	1.0	1.5	2.0	—		
电信电缆	1.0	1.0	0.5	1.0	1.5	1.0	0.5	—	
电信管道	1.0	1.0	1.0	1.0	2.0	1.0	1.2	0.2	—

注：1. 表中给水管与排水管之间的净距适用于管径小于或等于200mm，当管径大于200mm时应大于或等于3.0m。
　　2. 大于或等于10kV的电力电缆与其他任何电力电缆之间应大于或等于0.25m，如加套管，净距可减至0.1m；小于10kV电力电缆之间应大于或等于0.1m。
　　3. 低压燃气管的压力为小于或等于0.005MPa，中压为0.005～0.3MPa，高压为0.3～0.8MPa。

各种地下管线之间最小垂直净距（m）　　　　表 3-3-31

管线名称	给水管	排水管	燃气管	热力管	电力电缆	电信电缆	电信管道
给 水 管	0.15	—					
排 水 管	0.40	0.15	—				
燃 气 管	0.15	0.15	0.15	—			
热 力 管	0.15	0.15	0.15	0.15			
电力电缆	0.15	0.50	0.50	0.50	0.50		
电信电缆	0.20	0.50	0.50	0.15	0.50	0.25	0.25
电信管道	0.10	0.15	0.15	0.15	0.50	0.25	0.25
明沟沟底	0.50	0.50	0.50	0.50	0.50	0.50	0.50
涵洞基底	0.15	0.15	0.15	0.15	0.50	0.20	0.25
铁路轨底	1.00	1.20	1.00	1.20	1.00	1.00	1.00

3）宜采用地下敷设的方式。地下管线的走向，宜沿道路或与主体建筑平行布置，并力求线型顺直、短捷和适当集中，尽量减少转弯，并应使管线之间及管线与道路之间尽量减少交叉。

4）应考虑不影响建筑物安全和防止管线受腐蚀、沉陷、震动及重压。各种管线与建筑物和构筑物之间的最小水平间距，应符合表 3-3-32 规定。

各种管线与建、构筑物之间的最小水平间距（m）　　　　表 3-3-32

管线名称		建筑物基础	地上杆柱（中心）			铁路（中心）	城市道路侧石边缘	公路边缘
			通信、照明及<10kV	≤35kV	>35kV			
给 水 管		3.00	0.50	3.00		5.00	1.50	1.00
排 水 管		2.50	0.50	1.50		5.00	1.50	1.00
燃气管	低　压	1.50	1.00	1.00	5.00	3.75	1.50	1.00
	中　压	2.00				3.75	1.50	1.00
	高　压	4.00				5.00	2.50	1.00

续表

| 管线名称 | 建筑物基础 | 地上杆柱(中心) | | | 铁 路(中心) | 城市道路侧石边缘 | 公路边缘 |
		通信、照明及<10kV	≤35kV	>35kV			
热 力 管	直埋2.5	1.00	2.00	3.00	3.75	1.50	1.00
	地沟0.5						
电力电缆	0.60	0.60	0.60	0.60	3.75	1.50	1.00
电信电缆	0.60	0.50	0.60	0.60	3.75	1.50	1.00
电信管道	1.50	1.00	1.00	1.00	3.75	1.50	1.00

注：1. 表中给水管与城市道路侧石边缘的水平间距1.00m适用于管径小于或等于200mm，当管径大于200mm时应大于或等于1.50m。

2. 表中给水管与围墙或篱笆的水平间距1.50m是适用于管径小于或等于200mm，当管径大于200mm时应大于或等于2.50m。

3. 排水管与建筑物基础的水平间距，当埋深浅于建筑物基础时应大于或等于2.50m。

4. 表中热力管与建筑物基础的最小水平间距对于管沟敷设的热力管道为0.50m，对于直埋闭式热力管道管径小于或等于250mm时为2.50m，管径大于或等于300mm时为3.00m，对于直埋开式热力管道为5.00m。

5) 各种管线的埋设顺序应符合下列规定：

① 离建筑物的水平排序，由近及远宜为：电力管线或电信管线、燃气管、热力管、给水管、雨水管、污水管；

② 各类管线的垂直排序，由浅入深宜为：电信管线、热力管、小于10kV电力电缆、大于10kV电力电缆、燃气管、给水管、雨水管、污水管。

6) 电力电缆与电信管缆宜远离，并按照电力电缆在道路东侧或南侧、电信管缆在道路西侧或北侧的原则布置。

7) 管线之间遇到矛盾时，应按下列原则处理：

① 临时管线避让永久管线；

② 小管线避让大管线；

③ 压力管线避让重力自流管线；

④ 可弯曲管线避让不可弯曲管线。

8) 地下管线不宜横穿公共绿地和庭院绿地。与绿化树种间的最小水平净距，宜符合表3-3-33的规定。

管线、其他设施与绿化树种间的最小水平净距(m)   表 3-3-33

| 管 线 名 称 | 最 小 水 平 净 距 | |
	至乔木中心	至灌木中心
给水管、闸井	1.5	1.5
污水管、雨水管、探井	1.5	1.5
燃气管、探井	1.2	1.2
电力电缆、电信电缆	1.0	1.0
电信管道	1.5	1.0

管 线 名 称	最 小 水 平 净 距	
	至乔木中心	至灌木中心
热 力 管	1.5	1.5
地上杆柱(中心)	2.0	2.0
消 防 龙 头	1.5	1.2
道路侧石边缘	0.5	0.5

10. 居住区综合技术经济指标规划

(1) 居住区综合技术经济指标的项目应包括必要指标和可选用指标两类，其项目及计量单位应符合表 3-3-34 规定。

综合技术经济指标系列一览表　　　表 3-3-34

项　　目	计量单位	数　量	所占重(%)	人均面积(m²/人)
居住区规划总用地：	hm²	▲	—	—
1. 居住区用(R)	hm²	▲	100	▲
① 住宅用地(R01)	hm²	▲	▲	▲
② 公建用(R02)	hm²	▲	▲	▲
③ 道路用地(R03)	hm²	▲	▲	▲
④ 公共绿地(R04)	hm²	▲	▲	▲
2. 其他用地(E)	hm²	▲	—	—
居住户(套)	户(套)	▲	—	—
居住人数	人	▲	—	—
户均人口	人/户	△	—	—
总建筑面积：	万/m²	▲	—	—
1. 居住区用地内建筑总面积	万/m²	▲	100	▲
① 住宅建筑面积	万/m²	▲	▲	▲
② 公建面积	万/m²	▲	▲	▲
2. 其他建筑面积	万/m²	△	—	—
住宅平均层数	层	▲	—	—
高层住宅比例	%	▲	—	—
中高层住宅比例	%	▲	—	—
人口毛密度	人/hm²	▲	—	—
人口净密度	人/hm²	△	—	—
住宅建筑套密度(毛)	套/hm²	△	—	—
住宅建筑套密度(净)	套/hm²	△	—	—
住宅面积毛密度	万 m²/hm²	▲	—	—
住宅面积净密度	万 m²/hm²	▲	—	—
(住宅容积率)	—	▲	—	—

续表

项　目	计量单位	数　量	所占重(%)	人均面积(m²/人)
居住区建筑面积(毛)密度	万 m²/hm²	△	—	—
(容积率)	—	△	—	—
住宅建筑净密度	%	▲	—	—
总建筑密度	%	△	—	—
绿地率	%	▲	—	—
拆建比	—	△	—	—
土地开发费	万元/hm²	△	—	—
住宅单方综合造价	元/m²	△	—	—

注：▲为必要指标；△为选用指标。

(2) 各项指标的计算，应符合下列规定：

1) 规划总用地范围应按下列规定确定：

① 当规划总用地周界为城市道路、居住区(级)道路、小区路或自然分界线时，用地范围划至道路中心线或自然分界线；

② 当规划总用地与其他用地相邻，用地范围划至双方用地的交界处。

2) 底层公建住宅或住宅公建综合楼用地面积应按下列规定确定：

① 按住宅和公建各占该幢建筑总面积的比例分摊用地，并分别计入住宅用地和公建用地；

② 底层公建突出于上部住宅或占有专用场院或因公建需要后退红线的用地，均应计入公建用地。

3) 底层架空建筑用地面积的确定，应按底层及上部建筑的使用性质及其各占该幢建筑总面积的比例分摊用地面积，并分别计入有关用地内。

4) 绿地面积应按下列规定确定：

① 宅旁(宅间)绿地面积计算的起止界线应符合《城市居住区规划设计规范》GB 50180—93附录 A 第 A.0.2 条的规定：绿地边界对宅间路、组团路和小区路算到路边，当小区路设有人行便道时算到便道边，沿居住区路、城市道路则算到红线，距房屋墙脚 1.5m，对其他围墙、院墙算到墙脚。

② 道路绿地面积计算，以道路红线内规划的绿地面积为准进行计算。

③ 院落式组团绿地面积计算起止界应符合《城市居住区规划设计规范》GB 50180—93附录 A 第 A.0.3 条的规定：绿地边界距宅间路、组团路和小区路路边 1m；当小区路有人行便道时，算到人行便道边；临城市道路、居住区级道路时算到道路红线；距房屋墙脚 1.5m。

④ 开敞型院落组团绿地，应符合表 3-3-19 的要求；至少有一个面面向小区路，或向建筑控制线宽度不小于 10m 的组团级主路敞开，并向其开设绿地的主要出入口和满足《城市居住区规划设计规范》GB 50180—93 附录 A 第 A.0.4 条的规定。

⑤ 其他块状、带状公共绿地面积计算的起止界同院落式组团绿地。沿居住区(级)道路、城市道路的公共绿地算到红线。

5) 居住区用地内道路用地面积应按下列规定确定：

① 按与居住区人口规模相对应的同级道路及其以下各级道路计算用地面积，外围道路不计入。

② 居住区（级）道路，按红线宽度计算。

③ 小区路、组团路，按路面宽度计算。当小区路设有人行便道时，人行便道计入道路用地面积。

④ 非公建配建的居民小汽车和单位通勤车停放场地，按实际占地面积计算。

⑤ 宅间小路不计入道路用地面积。

6）其他用地面积应按下列规定确定：

① 规划用地外围的道路算至外围道路的中心线；

② 规划用地范围内的其他用地，按实际占用面积计算。

7）停车场车位数的确定：表 3-3-24 中机动车停车车位控制指标，是以小型汽车为标准当量表示，其他各型车辆的停车位，应按表 3-3-35 中相应的换算系数折算。

各型车辆停车位换算系数　　　　　　　　　　　　　　表 3-3-35

车　　　型	换 算 系 数
微型客、货汽车机动三轮车	0.7
卧车、两吨以下货运汽车	1.0
中型客车、面包车、2t~4t 货运汽车	2.0
铰　接　车	3.5

第四节　居住区规划设计方案评价

一、居住小区开发规划设计方案评价的指标体系

小区开发规划设计方案评价的指标体系可分为小区用地面积指标、小区的主要技术经济指标和小区综合评价指标。

（一）小区用地面积指标

居住小区用地面积指标是指小区中居住建筑、公共建筑、道路和绿化等所占的用地面积。通过小区用地平衡表，分析各类用地所占的比重，从而评价土地利用的合理性和经济性。某居住小区用地平衡表如表 3-3-36 所示。

某居住小区用地平衡表　　　　　　　　　　　　　　表 3-3-36

项　　目	面积（ha）	人均面积（m²/人）	百分比（%）	国家指标（1980 年）（m²/人）
总 用 地	17.10	16.18	100	16~23
居住用地	10.34	9.78	60.45	9~11
公建用地	1.57	3.38	20.00	5~7
道路用地	1.24	1.17	8.14	1~3
绿化用地	1.95	1.85	11.41	1~2

（二）居住小区的主要技术经济指标

1. 住宅平均层数。指各种住宅层数的平均值，按各种层数住宅的建筑面积与占地面

积之比计算，即：

$$平均层数=\frac{总建筑面积}{总用地面积}$$

2. 居住建筑密度。指居住建筑基底面积与居住建筑用地面积之比，即：

$$居住建筑密度=\frac{居住建筑基底面积}{居住建筑用地面积}(\%)$$

3. 居住建筑面积密度。指每公顷居住用地上建造居住建筑面积，即：

$$居住建筑面积密度=\frac{居住建筑面积}{居住用地面积}(m^2/hm^2)$$

4. 人口净密度。指每公顷居住用地上所容纳的居住人数，即：

$$人口净密度=\frac{居住人数}{居住建筑用地面积}(人/hm^2)$$

人口净密度与平均每人居住建筑面积有关，在相同居住建筑面积密度条件下，平均每人居住建筑面积超高，则人口密度相对降低。

5. 平均每人、每户居住用地面积。

$$平均每人（或每户）居住用地面积=\frac{居住建筑用地面积}{居住总人口（或总户数）}(m^2/人或户)$$

6. 建筑密度。

7. 建筑面积密度。指每公顷开发小区用地上建造的建筑面积。即：

$$建筑面积密度=\frac{开发小区内总建筑面积}{小区总用地面积}(m^2/hm^2)$$

当上述面积采用相同的计量单位时，由上式所求得的结果为容积率。

8. 住宅层数比例。

9. 绿化覆盖率。

10. 人均公共绿地面积。

11. 公共建筑面积及其与居住建筑面积之比。

12. 工程造价。包括工程总造价以及每户、每平方米建筑面积的综合造价。

此外，对旧城区开发项目，还应计算由拆（拆除旧的住宅）、建（新建的住宅）、安（安置原有居民用房）所决定的增房量、余房量及其相应的造价。

$$增房量=新建住宅数量-拆除旧住宅的数量\times折旧率(\%)(m^2)$$

$$余房量=新建住宅数量-安置原有居民用房量(m^2)$$

$$增房量综合单方造价=\frac{住宅建设总费用}{住宅建筑总面积-拆除旧房总面积\times折旧率}(元/m^2)$$

$$余房量综合单方造价=\frac{住宅建设总费用}{住宅总面积-拆迁安置用房总面积}(元/m^2)$$

（三）居住小区综合评价指标

居住小区规划设计综合评价指标体系，是以追求居住小区开发的综合效益为目标，从社会、经济和环境等方面考查规划设计的效果而设置的，评价指标除定量指标外，还有定性指标。小区规划设计的综合评价考虑的因素较多，且视具体的评价对象不同，其评价的侧重点也有差异。因此，很难建立一套统一的和固定的评价指标体系。在实际问题中，往往根据具体情况确定评价指标。

二、开发项目规划设计方案评价方法

对开发项目规划设计方案的评价，首先要明确评价；其次将目标分解为相应的准则以及可以明确表述的评价内容或指标，从而构成结构明确、层次清楚的目标体系；再次，选定合适的评价方法，对方案进行分析和评价；最后，通过比较分析，判断和选择方案。

在规划设计方案评价的过程中，所涉及的评价标准有两类：相对标准和绝对标准。前者是在不同方案之间进行相互比较；后者是以国家规定的定额指标和规划管理部门提出的规划设计要点作为评价依据。

开发项目规划设计方案评价是一种综合评价，即追求多目标综合效果的评价。这与在可行性研究阶段对开发项目进行评价是有区别的，虽然在可行性研究阶段对开发项目也考虑多目标因素，但其评价的重点是开发项目在经济上是否可行，财务上是否赢利，并通过一系列指标(如开发项目的性质、总建筑面积、房屋种类的构成比例等)确定开发方案，从而作为开发项目规划设计的依据。因此，在规划设计阶段对开发项目的评价，一方面，根据可行性研究的结果，审查开发项目规划设计的技术经济指标；另一方面，对开发项目的社会和环境效益也要进行评价，而后者往往是定性判别。为便于对方案进行综合评价，下面介绍的几种方法对定性指标都作了量化处理。

(一)综合评分法

对规划设计方案的各评价指标进行评分，其中定性指标采取专家打分，定量指标则转化为相应的评分，最后将各项指标的得分累加，求出该方案的综合评分值。

(二)用层次分析法评价开发项目的规划设计方案

用层次分析法评价开发项目的规划设计方案的基本思路：按照评价问题中各类因素之间的隶属关系把它们排成从高至低的若干层次，建立不同层次元素之间的相互关系。根据对同一层次元素相对重要性比较的结果，决定层次各元素重要性的先后次序，以此来作为决策的依据。

(三)用模糊评价法评价开发项目的规划设计方案

规划设计方案的评价具有一定程度的模糊性，如对住宅适用性很难形成一致的准确看法，前述两种方法的做法是将各个评价者的评价值进行加权平均或筛选成一个评分值。显然，这种综合评价者意见的方式具有强制性，掩盖了专家的独特看法。

用模糊评价法评价开发项目规划设计方案的思路是：从规划设计方案具有模糊性这一实际情况出发，应用模糊数学的理论，多方位地描述评价其模糊属性。它的最大特点是不强行综合评价者意见，保持评价过程中的客观性。

第五节　城市道路和建筑无障碍设计

为建设城市的无障碍环境，提高人民社会生活质量，确保行动不便者能方便、安全使用城市道路和建筑物，用以进行道路和建筑设计必须遵守的共同原则，建设部、民政部和残疾人联合会于 2001 年 6 月 21 日颁发了《城市道路和建筑无障碍设计规范》(JGJ 50—2001)，以下简称《规范》，并于 2001 年 8 月 1 日起施行。残疾人是社会的弱势群体，关爱弱势群体是我们健康人群体应尽之责。国家对此十分重视，建设部曾多次组织检查《规范》实施情况，房地产开发项目应该切实贯彻实施《规范》有关规定。为此，现将《规范》摘录如下：

一、《规范》内容

1. 总则；

2. 术语；

3. 城市道路无障碍实施范围；

4. 城市道路无障碍设计；

5. 建筑物无障碍实施范围；

6. 居住区无障碍实施范围；

7. 建筑物无障碍设计；

8. 建筑物无障碍标志与盲道。

二、城市道路无障碍实施范围

（一）道路与桥梁

城市道路与桥梁无障碍设计的范围应符合表 3-3-37 的规定。

城市道路与桥梁无障碍设计的范围　　　　　　　　　　表 3-3-37

道 路 类 别		设 计 部 位
城市道路	• 城市市区道路 • 城市广场 • 卫星城道路、广场 • 经济开发区道路 • 旅游景点道路等	1. 人行道 2. 人行横道 3. 人行天桥、人行地道 4. 公交车站 5. 桥梁、隧道 6. 立体交叉

（二）人行道路

人行道路的无障碍设施与设计要求应符合表 3-3-38 的规定。

人行道路无障碍设施与设计要求　　　　　　　　　　表 3-3-38

序　号	设施类别	设 计 要 求
1	缘石坡道	人行道在交叉路口、街坊路口、单位出口、广场入口、人行横道及桥梁、隧道、立体交叉等路口应设缘石坡道
2	坡道与梯道	城市主要道路、建筑物和居住区的人行天桥和人行地道，应设轮椅坡道和安全梯道；在坡道和梯道两侧应设扶手。城市中心地轮椅坡道和安全梯道；在坡道和梯道两侧应设扶手。城市中心地区可设垂直升降梯取代轮椅坡道
3	盲道	1. 城市中心区道路、广场、步行街、商业街、桥梁、隧道、立体交叉及主要建筑物地段的人行道应设盲道 2. 人行天桥、人行地道、人行横道及主要公交车站应设提示盲道
4	人行横道	1. 人行横道的安全岛应能使轮椅通行 2. 城市主要道路的人行横道宜设过街音响信号
5	标志	1. 在城市广场、步行街、商业街、人行天桥、人行地道等无障碍设施的位置，应设国际通用无障碍标志牌 2. 城市主要地段的道路和建筑物宜设盲文位置图

三、城市道路无障碍设计

城市道路无障碍设计包括：

1. 缘石坡道；

2. 盲道；

3. 公交车站；

4. 人行天桥、人行地道；

5. 桥梁、隧道、立体交叉。

四、建筑物无障碍设计实施范围

（一）公共建筑

1. 办公、科研建筑进行无障碍设计的范围应符合表 3-3-39 的规定。

无障碍设计的范围

表 3-3-39

建 筑 类 别		设 计 部 位
办公、科研建筑	• 各级政府办公建筑 • 各级司法部门建筑 • 企、事业办公建筑 • 各类科研建筑 • 其他招商、办公、社区服务建筑	1. 建筑基地（人行通路、停车车位） 2. 建筑入口、入口平台及门 3. 水平与垂直交通 4. 接待用房（一般接待室、贵宾接待室） 5. 公共用房（会议室、报告厅、审判厅等） 6. 公共厕所 7. 服务台、公共电话、饮水器等相应设施

注：县级及县级以上的政府机关与司法部门，必须设无障碍专用厕所。

2. 商业、服务建筑进行无障碍设计的范围应符合表 3-3-40 的规定。

无障碍设计的范围

表 3-3-40

建 筑 类 别		设 计 部 位
商业建筑	• 百货商店、综合商场建筑 • 自选超市、菜市场类建筑 • 餐馆饮食店、食品类建筑	1. 建筑入口及门 2. 水平与垂直交通 3. 普通营业区、自选营业区 4. 饮食厅、游乐用房
服务建筑	• 金融、邮电建筑 • 招待所、培训中心建筑 • 宾馆、饭店、旅馆 • 洗浴、美容美发建筑 • 殡仪馆建筑等	5. 顾客休息与服务用房 6. 公共厕所、公共浴室 7. 宾馆、饭店、招待所的公共部分与客房部分 8. 总服务台、业务台、取款机、查询台、结算通道、公用电话、饮水器、停车车位等相应设施

注：1. 商业与服务建筑的入口宜设无障碍入口；

    2. 设有公共厕所的大型商业与服务建筑，必须设无障碍专用厕所；

    3. 有楼层的大型商业与服务建筑应设无障碍电梯。

3. 文化、纪念建筑进行无障碍设计的范围应符合表 3-3-41 的规定。

无障碍设计的范围

表 3-3-41

建 筑 类 别		设 计 部 位
文化建筑	• 文化馆建筑 • 图书馆建筑 • 科技馆建筑 • 博物馆、展览馆建筑 • 档案馆建筑等	1. 建筑基地（庭院、人行通路、停车车位） 2. 建筑入口、入口平台及门 3. 水平与垂直交通 4. 接待室、休息室、信息及查询服务 5. 出纳、目录厅、阅览室、阅读室
纪念性建筑	• 纪念馆 • 纪念塔 • 纪念碑 • 纪念物等	6. 展览厅、报告厅、陈列室、视听室等 7. 公共厕所 8. 售票处、总服务台、公共电话、饮水器等相应设施

注：1. 设有公共厕所的大型文化与纪念建筑，必须设无障碍专用厕所。

    2. 有楼层的大型文化与纪念建筑应设无障碍电梯。

4. 观演、体育建筑进行无障碍设计的范围应符合表 3-3-42 的规定。

无障碍设计的范围　　　　　　　　　　　　表 3-3-42

	建 筑 类 别	设 计 部 位
观演建筑	• 剧场、剧院建筑 • 电影院建筑 • 音乐厅建筑 • 礼堂、会议中心建筑	1. 建筑基地(人行通路、停车车位) 2. 建筑入口、入口平台及门 3. 水平与垂直交通 4. 前厅、休息厅、观众席 5. 主席台、贵宾休息室
体育建筑	• 体育场、体育馆建筑 • 游泳馆建筑 • 溜冰馆、溜冰场建筑 • 健身房(风雨操场)	6. 舞台、后台、排练房、化妆室 7. 训练场地、比赛场地 8. 观众厕所 9. 演员、运动员厕所与浴室 10. 售票处、公共电话、饮水器等相应设施

注：1. 观演与体育建筑的观众席、听众席和主席台，必须设轮椅席位。

　　2. 大型观演与体育建筑的观众厕所和贵宾室，必须设无障碍专用厕所。

5. 交通、医疗建筑进行无障碍设计的范围应符合表 3-3-43 的规定。

无障碍设计的范围　　　　　　　　　　　　表 3-3-43

	建 筑 类 别	设 计 部 位
交通建筑	• 空港航站楼建筑 • 铁路旅客客运站建筑 • 汽车客运站建筑 • 地铁客运站建筑 • 港口客运站建筑	1. 站前广场、人行通路、庭院、停车车位 2. 建筑入口及门 3. 水平与垂直交通 4. 售票、联检通道、旅客候机、车、船厅及中转区 5. 行李托运、提取、寄存及商业服务区
医疗建筑	• 综合医院、专科医院建筑 • 疗养院建筑 • 康复中心建筑 • 急救中心建筑 • 其他医疗、休养建筑	6. 登机桥、天桥、地道、站台、引桥及旅客到达区 7. 门诊用房、急诊用房、住院病房、疗养用房 8. 放射、检验及功能检查用房、理疗用房等 9. 公共厕所 10. 服务台、挂号、取药、公共电话、饮水器及查询台等

注：1. 交通与医疗建筑的入口应设无障碍入口。

　　2. 交通与医疗建筑必须设无障碍专用厕所。

　　3. 有楼层的交通与医疗建筑应设无障碍电梯。

6. 学校、园林建筑进行无障碍设计的范围应符合表 3-3-44 的规定。

无障碍设计的范围　　　　　　　　　　　　表 3-3-44

	建 筑 类 别	设 计 部 位
学校建筑	• 高等院校 • 专业学校 • 职业高中与中、小学及托幼建筑 • 陪智学校 • 聋哑学校 • 盲人学校	1. 建筑基地(人行通路、停车车位) 2. 建筑入口、入口平台及门 3. 水平与垂直交通 4. 普通教室、合班教室、电教室 5. 实验室、图书阅览室
园林建筑	• 城市广场 • 城市公园 • 街心花园 • 动物园、植物园 • 海洋馆 • 游乐园与旅游景点	6. 自然、史地、美术、书法、音乐教室 7. 风雨操场、游泳馆 8. 观展区、表演区、儿童活动区 9. 室内外公共厕所 10. 售票处、服务台、公用电话、饮水器等相应设施

注：大型园林建筑及主要旅游地段必须设无障碍专用厕所。

（二）居住建筑

1. 高层、中高层住宅及公寓建筑进行无障碍设计的范围应符合表 3-3-45 的规定。

无障碍设计的范围　　　　　　　　　　　　　　　表 3-3-45

建　筑　类　别	设　计　部　位
• 高层住宅 • 中高层住宅 • 高层公寓 • 中高层公寓	1. 建筑入口 2. 入口平台 3. 候梯厅 4. 电梯轿厢 5. 公共走道 6. 无障碍住房

注：高层、中高层住宅及公寓建筑，每 50 套住房宜设两套符合乘轮椅者居住的无障碍住房套型。

2. 设有残疾人住房的多层、低层住宅及公寓建筑进行无障碍设计的范围应符合表 3-3-46的规定。

无障碍设计的范围　　　　　　　　　　　　　　　表 3-3-46

建　筑　类　别	设　计　部　位
• 多层住宅 • 低层住宅 • 多层公寓 • 低层公寓	1. 建筑入口 2. 入口平台 3. 公共走道 4. 楼梯 5. 无障碍住房

注：多层、低层住宅及公寓建筑，每 100 套住房宜设 2～4 套符合乘轮椅者居住的无障碍住房套型。

3. 设有残疾人住房的职工和学生宿舍建筑进行无障碍设计的范围应符合表 3-3-47 的规定。

无障碍设计的范围　　　　　　　　　　　　　　　表 3-3-47

建　筑　类　别	设　计　部　位
• 职工宿舍 • 学生宿舍	1. 建筑入口 2. 入口平台 3. 公共走道 4. 公共厕所、浴室和盥洗室 5. 无障碍住房

注：宿舍建筑应在首层设男、女残疾人住房各一间。

五、居住区无障碍实施范围

（一）居住区道路进行无障碍设计的范围

1. 居住区路的人行道（居住区级）；

2. 小区路的人行道（小区级）；

3. 组团路的人行道（组团级）；

4. 宅间小路的人行道。

（二）居住区公共绿地进行无障碍设计的范围

1. 居住区公园（居住区级）；

2. 小游园（小区级）；

3. 组团绿地（组团级）；

4. 儿童活动场。

（三）公共服务设施

1. 居住区公共服务设施的无障碍实施范围，应符合本上述"四、建筑物无障设计实施范围"的有关规定。

2. 居住区公共服务设施的无障碍设计内容，应符合本"规范"建筑物无障碍设计的有关规定。

六、建筑物无障碍设计

（一）建筑入口

1. 建筑入口为无障碍入口时，入口室外的地面坡度不应大于 1：50。

2. 公共建筑与高层、中高层居住建筑入口设台阶时，必须设轮椅坡道和扶手。

3. 建筑入口轮椅通行平台最小宽度应符合表 3-3-48 的规定。

入口平台宽度　　　　　　　　　　　　　　　　表 3-3-48

建 筑 类 别	入口平台最小宽度(m)
1. 大、中型公共建筑	≥2.00
2. 小型公共建筑	≥1.50
3. 中、高层建筑、公寓建筑	≥2.00
4. 多、低层无障碍住宅、公寓建筑	≥1.50
5. 无障碍宿舍建筑	≥1.50

4. 入口门厅、过厅设两道门时，门扇同时开启最小间距应符合表 3-3-49 的规定。

门扇同时开启最小间距　　　　　　　　　　　　表 3-3-49

建 筑 类 别	入口平台最小宽度(m)
1. 大、中型公共建筑	≥1.50
2. 小型公共建筑	≥1.20
3. 中、高层建筑、公寓建筑	≥1.50
4. 多、低层无障碍住宅建筑	≥1.20

（二）坡道

1. 供轮椅通行的坡道应设计成直线形、直角形或折返形，不宜设计成弧形。

2. 坡道两侧应设扶手，坡道与休息平台的扶手应保持连贯。

3. 坡道侧面凌空时，在扶手栏杆下端宜设高不小于 50mm 的坡道安全挡台。

4. 不同位置的坡道，其坡度和宽度应符合表 3-3-50 的规定。

不同位置的坡道和宽度　　　　　　　　　　　　表 3-3-50

坡 道 位 置	最 大 坡 度	最小宽度(m)
1. 有台阶的建筑入口	1：12	≥1.20
2. 只设坡道的建筑入口	1：20	≥1.50
3. 室内走道	1：12	≥1.00
4. 室外通路	1：20	≥1.50
5. 困难地段	1：10～1：8	≥1.20

5. 坡道在不同坡度的情况下，坡道高度和水平长度应符合表 3-3-51 的规定。

不同坡度高度和水平长度 表 3-3-51

坡　度	1：20	1：16	1：12	1：10	1：8
最大高度(m)	1.50	1.00	0.75	0.60	0.35
水平长度(m)	30.00	16.00	9.00	6.00	2.80

6. 1：10～1：8 坡度的坡道应只限用于受场地限制改建的建筑物和室外通路。

7. 坡道的坡面应平整，不应光滑。

8. 坡道起点、终点和中间休息平台的水平长度不应小于 1.50m。

（三）通道、走道和地面

1. 乘轮椅者通行的走道和通路最小宽度应符合表 3-3-52 的规定。

轮椅通行最小宽度 表 3-3-52

建　筑　类　别	最小宽度(m)
1. 大型公共建筑走道	≥1.80
2. 中小型公共建筑走道	≥1.50
3. 检票口、结算口轮椅通道	≥0.90
4. 居住建筑走廊	≥1.20
5. 建筑基地人行通路	≥1.50

2. 门扇向走道内开启时应设凹室，凹室面积不应小于 1.30m×0.90m。

3. 主要供残疾人使用的走道与地面应符合下列规定：

（1）走道宽度不应小于 1.80m；

（2）走道两侧应设扶手；

（3）走道两侧墙面应设高 0.35m 护墙板；

（4）走道及室内地面应平整，并应选用遇水不滑的地面材料；

（5）走道转弯处的阳角应为弧墙面或切角墙面；

（6）走道内不得设置障碍物，光照度不应小于 120lx。

4. 在走道一侧或尽端与其他地坪有高差时，应设置栏杆或栏板等安全设施。

（四）门

供残疾人使用的门应符合下列规定：

1. 应采用自动门，也可采用推拉门、折叠门或平开门，不应采用力度大的弹簧门；

2. 在旋转门一侧应另设残疾人使用的门；

3. 轮椅通行门的净宽应符合表 3-3-53 的规定。

轮椅通行门的净宽要求 表 3-3-53

类　别	净　宽(m)
1. 自动门	≥1.00
2. 推拉门、折叠门	≥0.80
3. 平开门	≥0.80
4. 弹簧门(小力度)	≥0.80

4. 乘轮椅者开启的推拉门和平开门，在门把手一侧的墙面，应留有不小于 0.5m 的墙面宽度；

5. 乘轮椅者开启的门扇，应安装视线观察玻璃、横执把手和关门拉手，在门扇的下方应安装高 0.35m 的护门板；

6. 门扇在一只手操纵下应易于开启，门槛高度及门内外地面高差不应大于 15mm，并应以斜面过渡。

（五）楼梯与台阶

1. 残疾人使用的楼梯与台阶设计要求应符合表 3-3-54 的规定。

楼梯与台阶设计要求 表 3-3-54

类　别	设　计　要　求
楼梯与台阶形式	1. 应采用有休息平台的直线形梯段和台阶 2. 不应采用无休息平台的楼梯和弧形楼梯 3. 不应采用无踢面和突缘为直角形踏步
宽　度	1. 公共建筑梯段宽度不应小于 1.50m 2. 居住建筑梯段宽度不应小于 1.20m
扶　手	1. 楼梯两侧应设扶手 2. 从三级台阶起应设扶手
踏　面	1. 应平整而不应光滑 2. 明步踏面应设高不小于 50mm 安全挡台
盲　道	距踏步起点与终点 25～30cm 应设提示盲道
颜　色	踏面和踢面的颜色应有区分和对比

2. 残疾人使用的楼梯、台阶踏步的宽度和高度应符合表 3-3-55 的规定。

楼梯、台阶踏步的宽度和高度 表 3-3-55

建　筑　类　别	最小宽度（m）	最大高度（m）
公共建筑楼梯	0.28	0.15
住宅、公寓建筑公用楼梯	0.26	0.16
幼儿园、小学校楼梯	0.26	0.14
室外台阶	0.30	0.14

（六）扶手

1. 供残疾人使用的扶手应符合下列规定：

（1）坡道、台阶及楼梯两侧应设高 0.85m 的扶手；设两层扶手时，下层扶手高应为 0.65m；

（2）扶手起点与终点处延伸应大于或等于 0.30m；

（3）扶手末端应向内拐到墙面，或向下延伸 0.10m。栏杆式扶手应向下成弧形或延伸到地面上固定；

（4）扶手内侧与墙面的距离应为 40～50mm；

（5）扶手应安装坚固，形状易于抓握。扶手截面尺寸应符合表 3-3-56 的规定。

扶 手 截 面 尺 寸　　　　　　　　　　　　表 3-3-56

类　　别	截面尺寸(min)
圆形扶手	35～45(直径)
矩形扶手	35～45(宽度)

2. 安装在墙面的扶手托件应为 L 形，扶手和托件的总高度宜为 70～80mm。

3. 交通建筑、医疗建筑和政府接待部门等公共建筑，在扶手的起点与终点处应设盲文说明牌。

（七）电梯与升降平台

1. 在公共建筑中配备电梯时，必须设无障碍电梯。

2. 候梯厅的无障碍设施与设计要求应符合表 3-3-57 的规定。

候梯厅的无障碍设施与设计要求　　　　　　　　表 3-3-57

设 施 类 别	设 计 要 求
深　　度	候梯厅深度大于或等于 1.80m
按　　钮	高度 0.90～1.10m
电梯门洞	净宽度大于或等于 0.90m
显示与音响	清晰显示轿厢上、下运行方向和层数位置及电梯抵达音响
标　　志	1. 每层电梯口应安装楼层标志 2. 电梯口应设提示盲道

3. 残疾人使用的电梯轿厢无障碍设施与设计要求应符合表 3-3-58 的规定。

电梯轿厢无障碍设施与设计要求　　　　　　　　表 3-3-58

设 施 类 别	设 计 要 求
电 梯 门	开启净宽度大于或等于 0.80m
面　　积	1. 轿厢深度大于或等于 1.40m 2. 轿厢宽度大于或等于 1.10m
扶　　手	轿厢正面和侧面应设高 0.80～0.85m 的扶手
选层按钮	轿厢侧面应设高 0.90～1.10m 带盲文的选层按钮
镜　　子	轿厢正面高 0.90m 处至顶部应安装镜子
显示与音响	轿厢上、下运行及到达应有清晰显示和报层音响

4. 只设有人、货两用电梯时，应为残疾人、老年人提供服务。

5. 供乘轮椅者使用的升降平台应符合下列规定：

（1）建筑入口、大厅、通道等地面高差处，进行无障碍建设或改造有困难时，应选用升降平台取代轮椅坡道；

（2）升降平台的面积不应小于 1.20m×0.90m，平台应设扶手或挡板及启动按钮。

（八）公共厕所、专用厕所和公共浴室

1. 公共厕所无障碍设施与设计要求应符合表 3-3-59 的规定。

公共厕所无障碍设施与设计要求 表 3-3-59

设施类别	设计要求
入 口	应符合本规范第 7 章第 1 节的有关规定
门 扇	应符合本规范第 7 章第 4 节的有关规定
通 道	地面应防滑和不积水，宽度不应小于 1.50m
洗 手 盆	1. 距洗手盆两侧和前缘 50mm 应设安全抓杆 2. 洗手盆前应有 1.10～0.80m 乘轮椅者使用面积
男 厕 所	1. 小便器两侧和上方，应设宽 0.60～0.70m、高 1.20m 的安全抓杆 2. 小便器下口距地面不应大于 0.50m
无障碍厕位	1. 男、女公共厕所应各设一个无障碍隔间厕位 2. 新建无障碍厕位面积不应小于 1.80m～1.40m 3. 改建无障碍厕位面积不应小于 2.00m～1.00m 4. 厕位门扇向外开启后，入口净宽不应小于 0.80m，门扇内侧应设关门拉手 5. 坐便器高 0.45m，两侧应设高 0.70m 水平抓杆，在墙面一侧应设高 1.40m 的垂直抓杆
安全抓杆	1. 安全抓杆直径应为 30～40mm 2. 安全抓杆内侧应距墙面 40mm 3. 抓杆应安装坚固

2. 专用厕所无障碍设施与设计要求应符合表 3-3-60 的有关规定。

专用厕所无障碍设施与设计要求 表 3-3-60

设施类别	设计要求
设置位置	政府机关和大型公共建筑及城市的主要地段，应设无障碍专用厕所
入 口	应符合本规范第 7 章第 1 节的有关规定
门 扇	1. 应符合本规范第 7 章第 4 节的有关规定 2. 应采用门外可紧急开启的门插销
面 积	≥2.00m×2.00m
坐 便 器	坐便器高应为 0.45m，两侧应设高 0.70m 水平抓杆，在墙面一侧应加设高 1.40m 的垂直抓杆
洗 手 盆	两侧和前缘 50mm 处应设置安全抓杆
放 物 台	长、宽、高为 0.80m×0.50m×0.60m，台面宜采用木制品或革制品
挂 衣 钩	可设高 1.20m 的挂衣钩
呼 叫 按 钮	距地面高 0.40～0.50m 处应设求助呼叫按钮
安全抓杆	符合本规范第 3-3-52 条的有关规定

3. 公共浴室无障碍设施与设计要求应符合表 3-3-61 的规定。

公共浴室无障碍设施与设计要求 表 3-3-61

设施类别	设计要求
入 口	应符合本规范第 7 章第 1 节的有关规定
通 道	地面应防滑和不积水，宽度不应小于 1.50m
门 扇	1. 应符合第 7 章第 4 节的有关规定； 2. 无障碍浴间应采用门外可紧急开启的门插销

续表

设施类别	设　计　要　求
无障碍淋浴间	1. 淋浴间不应小于 3.50m²（门扇向外开启）； 2. 淋浴间应设高 0.45m 的洗浴坐椅； 3. 浴间短边净宽度不应小于 1.50m²； 4. 淋浴间应设高 0.70m 的水平抓杆和高 1.40m 的垂直抓杆
无障碍盆浴间	1. 盆浴间不应小于 4.50m²（门扇向外开启）； 2. 浴盆一端设深度不应小于 0.40m 的洗浴坐台，浴盆一侧应设洗面盆； 3. 在浴盆内侧应设高 0.60m 和 0.90m 的水平抓杆，水平抓杆长度应大于或等于 0.80m； 4. 浴间短边净宽度不应小于 2.00m²
呼叫按钮	无障碍浴间距地面高 0.40～0.50m 处应设求助呼叫按钮
安全抓杆	应符合本规范第 3-3-52 条的有关规定

（九）轮椅席位

1. 设有观众席和听众席的公共建筑，应设轮椅席位。

2. 轮椅席位设计应符合下列规定：

（1）轮椅席位应设在便于到达和疏散及通道的附近；

（2）不得将轮椅席设在公共通道范围内；

（3）每个轮椅位占地面积不应小于 1.10m×0.80m；

（4）轮椅席位的地面应平坦，在边缘处应安装栏杆或栏板；

（5）在轮椅席上观看演出和比赛的视线不应受到遮挡，但也不应遮挡他人视线。

3. 公共建筑中的观众席和听众席的轮椅席位数，宜按表 3-3-62 的规模设置。

轮　椅　席　位　　　　　　　　　　表 3-3-62

建　筑　类　别	观众席座位数	轮椅席座位数
影剧院、音乐厅、礼堂、文化馆等	500～1500	≥2～4
体育馆、游泳馆（场）	2000～6000	≥4～6
体育场	20000～60000	≥6～10
小型场所、阅览室等	500 以下	≥1～2

4. 轮椅席位可集中设置，也可分地段设置，但应设无障碍标志，平时可用作安放活动座椅等使用。

（十）无障碍客房

设有客房的公共建筑应设无障碍客房，其设施与设计要求应符合表 3-3-63 的规定。

无障碍设施与设计要求　　　　　　　　　表 3-3-63

类　　　别	设　计　要　求
客房位置	1. 应便于到达、疏散和进出方便； 2. 餐厅、购物和康乐等设施的公共通道应方便轮椅到达
客房数量（标准间）	1. 100 间以下，应设 1～2 间无障碍客房； 2. 100～400 间，应设 2～4 间无障碍客房； 3. 400 间以上，应设 3 间以上无障碍客房
客房内过道	1. 出口及床前过道的宽度不应小于 1.50m； 2. 床间距离不应小于 1.20m

续表

类 别	设 计 要 求
客 房 门	应符合本规范第 7 章第 4 节有关规定
卫 生 间	1. 门扇向外开启，净宽不应小于 0.80m； 2. 轮椅回转直径不应小于 1.50m； 3. 浴盆、坐便器、洗面盆及安全抓杆等应符合本规范第 7 章第 8 节的有关规定
电器与家具	1. 位置和高度应方便乘轮椅者靠近和使用； 2. 床、坐便器、浴盆高度应为 0.45m； 3. 客房及卫生间应设求助呼叫按钮

（十一）停车车位

1. 距建筑入口及车库最近的停车位置，应划为残疾人专用停车车位。

2. 残疾人停车车位的地面应平整、坚固和不积水，地面坡度小应大于 1：50。

3. 停车车位的一侧，应设宽度不小于 1.20m 的轮椅通道，应使乘轮椅者从轮椅通道直接进入人行通道到达建筑入口。

4. 停车车位一侧的轮椅通道与人行通道地面有高差时，应设宽 1.00m 的轮椅坡道。

5. 停车车位的地面，应涂有停车线、轮椅通道线和无障碍标志，在停车车位的尽端宜设无障碍标志牌。

（十二）无障碍住房

1. 无障碍住房应适用于乘轮椅残疾人和老年人居住。

2. 无障碍住房应按套型设计，每套住房应设起居室(厅)、卧室、厨房和卫生间等基本空间，卫生间宜靠近卧室。

3. 无障碍居室与设计要求应符合表 3-3-64 的规定。

无障碍居室与设计要求　　　　　　　　　　　　　表 3-3-64

名 称	设 计 要 求
卧 室	1. 单人卧室，应大于或等于 10.50m²； 2. 双人卧室，应大于或等于 7.00m²； 3. 兼起居室的卧室，应大于或等于 16m²； 4. 橱柜挂衣杆高度，应小于或等于 1.40m 其深度应小于或等于 0.60m； 5. 应有直接采光和自然通风
起居室(厅)	1. 起居室应大于或等于 14.00m²； 2. 墙面、门洞及家具位置，应符合轮椅通行、停留及回转的使用要求； 3. 橱柜高度，应小于或等于 1.20m；深度应小于或等于 0.40m； 4. 应有良好的朝向和视野

4. 厨房无障碍设施与设计要求应符合表 3-3-65 的规定。

厨房无障碍设施与设计要求　　　　　　　　　　　表 3-3-65

部 位	设计要求（使用面积）
位 置	厨房应布置在门口附近，以方便轮椅进出，要有直接采光和自然通风
面 积	1. 一类和二类住宅厨房应大于或等于 6.00m²； 2. 三类和四类住宅厨房应大于或等于 7.00m²； 3. 应设冰箱位置和二人就餐位置

续表

部　位	设计要求(使用面积)
宽　度	1. 厨房净宽应大于或等于 2.00m; 2. 双排布置设备的厨房通道净宽应大于或等于 1.50m
操作台	1. 高度宜为 0.75~0.80m; 2. 深度宜为 0.50~0.55m; 3. 台面下方净宽度应大于或等于 0.60m;高度应大于或等于 0.60m;深度应大于或等于 0.25m; 4. 吊柜柜底高度,应小于或等于 1.20m;深度应小于或等于 0.25m
其　他	1. 燃气门及热水器方便轮椅靠近,阀门及观察孔的高度,应小于或等于 1.10m; 2. 应设排烟及拉线式机械排油烟装置; 3. 炉灶应设安全防火、自动灭火及燃气泄漏报警装置

5. 卫生间无障碍设施与设计要求应符合表 3-3-66 的规定。

卫生间无障碍设施与设计要求　　　　　　　　　　表 3-3-66

部　位	设　计　要　求
位　置	卫生间应方便轮椅进出
面　积 (按洁具组合)	1. 坐便器、浴盆、洗面盆(三件洁具),应大于或等于 4.50m²; 2. 坐便器、浴盆、洗面盆(三件洁具),应大于或等于 4.00m²; 3. 坐便器、浴盆(二件洁具),应大于或等于 3.50m²; 4. 坐便器、浴盆、(二件洁具),应大于或等于 3.00m²; 5. 坐便器、洗面器(二件洁具),应大于或等于 2.50m²; 6. 单设坐便器,应大于或等于 2.00m²
坐便器 浴　盆 淋　浴 安全抓杆	应符合本规范第 7 章第 8 节的有关规定
水龙头	冷热水龙头应选用混合式调节的杠杆或掀压式恒温水龙头

6. 门、窗和墙面无障碍设计应符合下列规定:

(1) 门扇应首先采用推拉门,其次是折叠门或平开门;

(2) 门扇开启后最小净宽度及门把手一侧墙面的最小宽度应符合表 3-3-67 的规定;

门扇无障碍设计要求　　　　　　　　　　表 3-3-67

类　别	门扇开启净宽度(m)	门把手一侧墙面宽度(m)	平　开　门
公用外门	1.00~1.10	≥0.50	—
户门	0.80	≥0.45	设关门拉手
起居室(厅)门	0.80	≥0.45	—
卧室门	0.80	≥0.40	设关门拉手
厨房门	0.80	≥0.40	—
卫生间门	0.80	≥0.40	1. 设观察窗; 2. 设关门拉手
阳台门	0.80	≥0.40	设关门拉手

(3) 门扇应采用横执把手;

（4）外窗窗台距地面的净高不应大于 0.80m，同时应设防护设施；

（5）窗扇开启把手的高度不应大于 1.20m，开启窗口应设纱窗。

7. 过道与阳台无障碍设计应符合下列规定：

（1）户内门厅轮椅通行宽度不应小于 1.50m；

（2）通往卧室、起居室（厅）、厨房、卫生间、贮藏室的过道宽度不应小于 1.20m，墙体阳角部位宜做成圆角或切角；

（3）在过道一侧或两侧应设高 0.80～0.85m 的扶手；

（4）阳台深度不应小于 1.50m，向外开启的平开门应设关门拉手；

（5）阳台与居室地面高差不应大于 151mm，并以斜面过渡；

（6）阳台应设可升降的晒晾衣物设施。

8. 电气设计应符合下列规定：

（1）户内门厅、通道、卧室应设双控照明开关；

（2）电器照明开关应选用搬把式，高度应为 0.90～1.10m；

（3）起居室、卧室插座高度应为 0.40m，厨房、卫生间插座高度宜为 0.70～0.80m；

（4）电器、天线和电话插座高度应为 0.40～0.50m；

（5）居室和卫生间应设呼叫按钮，阳台应设灯光照明；

（6）对讲机按钮与通话器高度应为 1m；

（7）无障碍住房用电负荷标准及电表规格，不应小于表 3-3-68 的规定；

用电负荷及电表规格　　　　　　　　表 3-3-68

套　　型	用电负荷（kW）	电度表规格（A）
一　类	3.0	5(20)
二　类	3.0	5(20)
三　类	4.0	10(40)
四　类	4.0	10(40)

（8）卡式电表安装的高度不应大于 1.20m；

（9）每套住房电源插座数量，应符合表 3-3-69 的规定。

电　源　插　座　数　量　　　　　　　表 3-3-69

部　　位	设　置　数　量
卧室、起居室（厅）	两个单相三线和一个单相二线的插座两组
厨房、卫生间	防溅水型两个单相三线和一个单相二线的组合插座一组
布置洗衣机、冰箱、排气机械和空调器等处	专用单相三线插座各一个

七、建筑物无障碍标志与盲道

（一）标志

政府机关与主要公共建筑的无障碍通路、停车车位、建筑入口、服务台、电梯、公共厕所或专用厕所、轮椅席、客房等无障碍设施的位置及走向，应设国际通用的无障碍标志牌。

（二）盲道

政府机关与主要公共建筑的人行通路应设盲道；在建筑入口、服务台、楼梯、电梯、公共厕所或专用厕所、火车与地铁站台等无障碍设施的位置应设提示盲道。

第六节　安全防范工程设计

一、安全防范工程的建设要求

1. 安全防范工程的建设，应纳入单位或部门工程建设的总体规划，根据其使用功能、管理要求和建设投资等因素，进行综合设计、同步施工和独立验收。

2. 安全防范工程的建设，必须符合国家有关法律、法规的规定，系统的防护级别应与被防护对象的风险等级相适应。

3. 各类安全防范工程均应具有安全性、可靠性、开放性、可扩充性和使用灵活性，做到技术先进，经济合理，实用可靠。

二、安全防范工程技术规范

为了规范安全防范工程的设计、施工、检验和验收，提高安全防范工程的质量，保护公民人身安全和国家、集体、个人财产安全，建设部和国家质量监督检验检疫总局于2004年12月1日联合颁布了《安全防范工程技术规范》（GB 50348—2004）（以下简称《安全规范》），并于2004年12月1日实施。

（一）《安全防范》适用范围

规范适用于新建、改建、扩建的安全防范工程。通用型公共建（构）筑物（及其群体）和有特殊使用功能的高风险建（构）筑物（及其群体）的安全防范工程的建设，均应执行本规范。

（二）"安全防范"内容简介

1. 安全防范工程是维护社会公共安全，保障公民人身安全和国家、集体、个人财产安全的系统工程。随着我国社会主义市场经济的迅速发展，社会、公民安全需求的迅速增长，迫切需要有一套规范和指导我国安全防范工程建设的技术标准，"安全规范"便是我国第一部相关的专业技术标准，它是指导安全防范工程建设和工程设计、施工、验收及管理维护的基本依据。

此规范是安全防范工程建设的通用规范，与之配套并同步制定的四项专项规范是《入侵报警系统工程设计规范》、《视频安防监控系统工程设计规范》、《出入口控制系统工程设计规范》、《防爆安全检查系统工程设计规范》，在进行安全防范工程建设时，应一并执行通用规范和专项规范。

2. 由于安全防范系统使用场所、防范对象、实际需求、投资规模等的不同，对安全防范系统的设计很难做出统一的规定。规范在总结我国安全防范行业20多年技术实践和管理实践的基础上，将设计要求粗分为两个层次：一是一般社会公众所了解的通用型建筑（公共建筑和居民建筑）的设计要求；二是直接涉及国家利益、安全（金融、文博、重要物资等）的高风险类建筑的设计要求。这样做既体现了公安工作的社会性，又体现了公安保卫工作的特殊要求，便于规范的实施和监督。

3. 安全防范工作，是公安业务的一个重要组成部分，安全防范行业有着与其他行业不同的某些特殊性，必须遵循国家的相关法律、法规和规章，以防范风险，确保社会和公民的安全。因此，安全防范工程的设计、施工应与相关工程同步实施，而工程验收应独立进行。

4. 安全防范工程除实体防护工程外，主要是电子系统工程。由于现代通信技术、信息技术、计算机网络技术发展很快，日新月异，而安防系统建成后需要有相对稳定的使用期。因此，系统的设计必须具有开放性、可扩充性和使用灵活性，以便系统的改造和更新。

5. 规范内容包括：总则、术语、安全防范工程设计、高风险对象的安全防范设计、普通风险对象的安全防范工程设计、安全防范工程施工、安全防范工程检验、安全防范工程验收等 8 章。其中共有 66 条强制性要求。这些内容充分体现了安全防范技术是一门多学科、多门类的综合性应用科学技术。本规范旨在为工程建设单位和工程设计、施工、监理单位提供安全防范工程设计、施工、检验、验收的基本依据。工程建设中相关的国家标准、行业标准是本规范实施的基础。因此，安全防范工程的建设不仅要执行本规范，还要执行其他相关的国家标准和行业标准。

房地产开发项目设计及其评价相关法律、法规，详见附录 3-3-1～3-3-2。

附录 3-3-1　城市地下空间开发利用管理规定

（2001 年 11 月 20 日建设部令第 108 号重发）

第一章　总　　则

第一条　为了加强对城市地下空间开发利用的管理，合理开发城市地下空间资源，适应城市现代化和城市可持续发展建设的需要，依据《中华人民共和国城市规划法》及有关法规，制定本规定。

第二条　编制城市地下空间规划，对城市规划区范围内的地下空间进行开发利用，必须遵守本规定。本规定所称的城市地下空间，指城市规划区内地表以下的空间。

第三条　城市地下空间的开发利用应贯彻统一规划、综合开发、合理利用、依法管理的原则，坚持社会效益、经济效益和环境效益相结合，考虑防灾和人民防空等需要。

第四条　国务院建设行政主管部门负责全国的城市地下空间开发利用的管理工作。

省、自治区人民政府建设行政主管部门负责本行政区域内城市地下空间开发利用的管理工作。

直辖市、市、县人民政府建设行政主管部门和城市规划行政主管部门按照职责分工，负责本行政区域内城市地下空间的开发利用管理工作。

第二章　城市地下空间的规划

第五条　城市地下空间规划是城市规划的重要组成部分。各级人民政府在组织编制城市总体规划时，应根据城市发展的需要，编制城市地下空间开发利用规划。

各级人民政府在编制城市详细规划时，应当依据城市地下空间开发利用规划对城市地下空间开发利用作出具体规定。

第六条　城市地下空间开发利用规划的主要内容包括：地下空间现状及发展预测，地下空间开发战略，开发层次、内容、期限、规模及布局，以及地下空间开发实施步骤等。

第七条　城市地下空间的规划编制应注意保护和改善城市的生态环境，科学预测城市发展的需要，坚持因地制宜，远近兼顾，全面规划，分步实施，使城市地下空间的开发利用同国家和地方的经济技术发展水平相适应。城市地下空间规划应实行竖向分层立体综合开发，横向相关空间相互连通，地面建筑与地下工程协调配合。

第八条　编制城市地下空间规划必备的城市勘察、测量、水文、地质等资料，应当符合国家有关规定。承担编制任务的单位，应当符合国家规定的资质要求。

第九条　城市地下空间规划作为城市规划的组成部分，依据《城市规划法》的规定进行审批和调整。

城市地下空间建设规划由城市人民政府城市规划行政主管部门负责审查后，报城市人民政府批准。

城市地下空间规划需要变更的，须经原批准机关审批。

第三章　城市地下空间的工程建设

第十条　城市地下空间的工程建设必须符合城市地下空间规划，服从规划管理。

第十一条　附着地面建筑进行地下工程建设，应随地面建筑一并向城市规划行政主管部门申请办理选址意见书、建设用地规划许可证、建设工程规划许可证。

第十二条　独立开发的地下交通、商业、仓储、能源、通信、管线、人防工程等设施，应持有关批准文件、技术资料，依据《城市规划法》的有关规定，向城市规划行政主管部门申请办理选址意见书、建设用地规划许可证、建设工程规划许可证。

第十三条　建设单位或者个人在取得建设工程规划许可证和其他有关批准文件后，方可向建设行政主管部门申请办理建设工程施工许可证。

第十四条　地下工程建设应符合国家有关规定、标准和规范。

第十五条　地下工程的勘察设计，应由具备相应资质的勘察设计单位承担。

第十六条　地下工程设计应满足地下空间对环境、安全和设施运行、维护等方面的使用要求，使用功能与出入口设计应与地面相协调。

第十七条　地下工程的设计文件应当按照国家有关规定进行设计审查。

第十八条　地下工程的施工应由具备相应资质的施工单位承担，确保工程质量。

第十九条　地下工程按照设计图纸进行施工。施工单位认为有必要改变设计方案的，应由原设计单位进行修改，建设单位应重新办理审批手续。

第二十条　地下工程的施工，应尽量避免因施工干扰城市正常的交通和生活秩序，不得破坏现有建筑物，对临时损坏的地表地貌及时恢复。

第二十一条　地下工程施工应推行工程监理制度。

第二十二条　地下工程的专用设备、器材的定型、生产要执行国家统一标准。

第二十三条　地下工程竣工后，建设单位应当组织设计、施工、工程监理等有关单位进行竣工验收，经验收合格的方可交付使用。

建设单位应当自竣工验收合格之日起 15 日内，将建设工程竣工验收报告和规划、公安消防、环保等部门出具的认可文件或者准许使用文件报建设行政主管部门或者其他有关部门备案，并及时向建设行政主管部门或者其他有关部门移交建设项目档案。

第四章　城市地下空间的工程管理

第二十四条　城市地下工程由开发利用的建设单位或使用单位进行管理，并接受建设行政主管部门的监督检查。

第二十五条　地下工程本着"谁投资、谁所有、谁受益、谁维护"的原则，允许建设单位对其投资开发建设的地下工程自营或依法进行转让、租赁。

第二十六条　建设单位或使用单位应加强地下空间开发利用工程的使用管理，做好工程的维护管理和设施维修、更新。要建立健全维护管理制度和工程维修档案，确保工程、设备处于良好状态。

第二十七条　建设单位或者使用单位应当建立健全地下工程的使用安全责任制度，采取可行的措施，防范发生火灾、水灾、爆炸及危害人身健康的各种污染。

第二十八条　建设单位或者使用单位在使用或者装饰装修中不得擅自改变地下工程的结构设计，需改变原结构设计的，应当由具备相应资质的设计单位设计，并按规定重新办理审批手续。

第二十九条　平战结合的地下工程，平时由建设或者使用单位进行管理，并应保证战时能迅速提供有关部门和单位使用。

第五章 罚 则

第三十条 进行城市地下空间的开发建设，违反城市地下空间的规划及法定实施管理程序规定的，由县级以上人民政府城市规划行政主管部门依法进行处罚。

第三十一条 有下列行为之一的，县级以上人民政府建设行政主管部门根据有关法律、法规处罚：

（一）未领取建设工程施工许可证擅自开工，进行地下工程建设的；

（二）设计文件未按照规定进行设计审查，擅自施工的；

（三）不按照工程设计图纸进行施工的；

（四）在使用或者装饰装修中擅自改变地下工程结构设计的；

（五）地下工程的专用设备、器材的定型、生产未执行国家统一标准的。

第三十二条 在城市地下空间的开发利用管理工作中，建设行政主管部门和城市规划行政主管部门的工作人员玩忽职守、滥用职权、徇私舞弊，依法给予行政处分；构成犯罪，依法追究刑事责任。

第六章 附 则

第三十三条 省、自治区人民政府建设行政主管部门、直辖市人民政府建设行政主管部门和城市规划行政主管部门可根据本规定制定实施办法。

第三十四条 本规定由国务院建设行政主管部门负责解释。

第三十五条 本规定自 1997 年 12 月 1 日起施行。

附录 3-3-2 建筑工程消防监督审核管理规定

（1996 年 10 月 16 日公安部令第 30 号）

第一章 总 则

第一条 为了加强建筑工程的消防监督审核管理，提高建筑工程防火抗灾能力，保障人民生命和公私财产安全，保障国家消防法律、行政法规和技术标准的贯彻实施，依据《中华人民共和国消防条例》及其实施细则制定本规定。

第二条 本规定所称建筑工程消防监督审核，是指公安消防监督机构对新建、改建、扩建、建筑内部装修和用途变更的建筑工程项目，从设计、施工到竣工验收所实施的消防设计审核、施工安装监督检查和消防验收。

具体监督审核范围，由省、自治区、直辖市公安机关根据本地区实际情况作出规定。

第三条 凡从事建筑工程建设、消防设计、施工安装和建筑消防设施检测、维修保养的单位和个人、建筑物所有者以及各级公安消防监督机构均应当遵守本规定。

第二章 建设、设计、施工安装单位的责任

第四条 建设单位应当将新建、改建、扩建、建筑内部装修以及用途变更工程项目的消防设计图纸和资料送公安消防监督机构审核，并填写相应的《建筑消防设计防火审核申请报表》、《自动消防设施设计防火审核申请报表》或者《建筑内部装修设计防火审核申报表》，经审核批准后，方可开工兴建。

第五条 设计单位在进行工程项目设计时，必须执行国家消防技术标准和其他工程建设标准有关消防设计的规定。

由外国或者港澳台地区有关单位设计的建筑工程项目，必须符合我国消防技术标准的规定。

国家、省级重点工程和其他设置建筑自动消防设施的建筑工程设计应当编制消防设计专篇，该专篇

包括设计依据、工程概况说明和工程项目中涉及本规定第十五条所列内容的图纸资料。

设计单位应当按照《建筑工程消防设计审核意见书》修改消防设计图纸。

第六条　设计单位应当建立消防设计责任制。法定代表人负责组织本单位的消防设计管理工作，检查消防设计质量；技术负责人应当把消防设计纳入工程设计审查范围，凡不符合消防技术标准的工程设计不应当签发；设计单位应当组织工程设计人员学习、掌握国家消防技术标准，定期进行考核。

第七条　施工安装单位必须按照批准的消防设计图纸施工安装，不得擅自改动。

第八条　凡含有本规定第十五条第五项至第九项建筑自动消防设施的建筑工程，在工程竣工后，施工安装单位必须委托具备资格的建筑消防设施检测单位进行技术测试，取得建筑消防设施技术测试报告。

第九条　建设单位应当向公安监督机构提出工程消防验收申请，送达建筑消防设施技术测试报告，填写《建设工程消防验收申报表》，并组织消防验收。

消防验收不合格的，施工单位不得交工，建筑物的所有者不得接收使用。

第十条　建筑工程消防验收后，建筑物的所有者或者管理者应当落实建筑消防设施的管理和值班人员，与具备建筑消防设施维修保养资格的企业签订建筑消防设施定期维修保养合同，保证消防设计的正常运行。

第十一条　建筑消防设施的设计、安装调试、检测和维修保养必须选用已经取得省级以上公安消防监督机构审查许可的单位。

第十二条　建筑工程消防设计和建筑设施应当积极采用先进的消防技术。

建筑消防设施、防火材料等必须选用经国家产品质量认证、国家核发许可证或者国家消防产品质量检测中心检测合格的产品。

第三章　消防监督机构的责任

第十三条　公安机关对建筑工程的消防监督审核实行直辖市、副省级市、地级市及其所辖区(市、县)两级和地区(州、盟)及其所辖县(市、旗)两级公安消防监督机构分工审核制度。具体分工，由省、自治区、直辖市公安消防监督机构根据实际情况作出规定。

省、自治区公安消防监督机构负责制定本地区有关建筑工程消防监督审核管理的规章制度，管理、检查本辖区建筑工程消防监督审核工作，参加、指导对国家和省级重点工程项目的消防监督审核。

跨省、地区的建筑工程消防监督审核工作，由公安部或者省、自治区、直辖市公安消防监督机构负责组织。

第十四条　公安消防监督机构对送审的建筑工程项目应当按照建筑防火设计、建筑消防设施设计分专业实行分工审核和技术总复核制度。

城市公安消防监督机构内部应当将消防设计审核管理权和消防验收管理权相分离。在实施消防验收时，应当组织防火监督检查、消防产品质量监督、灭火战训和建筑工程消防监督审核等部门的专业技术人员参加。

第十五条　消防设计审核的主要内容：

(一)总平面布局和平面布置中涉及消防安全的防火间距、消防车道、消防水源等；

(二)建筑的火灾危险性类别和耐火等级；

(三)建筑防火防烟分区和建筑构造；

(四)安全疏散和消防电梯；

(五)消防给水和自动灭火系统；

(六)防烟、排烟和通风、空调系统的防火设计；

(七)消防电源及其配电；

(八)火灾应急照明、应急广播和疏散指示标志；

(九)火灾自动报警系统和消防控制室；

(十)建筑内部装修的防火设计；

（十一）建筑灭火器配置；

（十二）有爆炸危险的甲、乙类厂房的防爆设计；

（十三）国家工程建设标准中有关消防设计的其他内容。

第十六条 下列建筑工程项目应当列为消防设计审核的重点：

（一）甲、乙、丙类火灾危险性的厂房、库房(含堆场)、储罐区，洁净厂房，高层工业建筑；

（二）高层民用建筑；

（三）发电厂(站)，广播、电视中心，邮政、通信枢纽等重要工程；

（四）宾馆、商(市)场、体育馆、影剧院、礼堂、歌舞厅、医院、铁路旅客站、汽车客运站、码头、机场候机楼等公共建筑；

（五）地下工程；

（六）科研基地、学校、幼儿园、图书馆、档案馆、展览馆、博物馆等；

（七）其他重要工程。

第十七条 消防设计审核应当遵循消防法律、行政法规和技术标准。

对由外国或者港澳台地区有关单位设计的建筑工程项目，应当依据我国消防技术标准进行审核。

对于我国消防技术标准尚未规定的消防设计内容和新材料、新技术带来的有关消防安全的新问题，应当由省一级公安消防监督机构或者公安消防局会同同级建设主管部门组织设计、施工、科研等部门的专家论证，提出意见，作为消防设计审核的依据。

第十八条 公安消防监督机构对送审的建筑工程消防设计应当及时审核，从登记收图之日起，一般工程应当在十日之内，国家、省级重点建筑工程以及设置建筑自动消防设施的建筑工程应当在二十日内签发《建筑工程消防设计审核意见书》。需要组织专家论证消防设计的工程，可以延长至三十日，在规定的期限内不予答复的，即为同意。

第十九条 公安消防监督机构在建筑施工中应当根据本规定第七条和第十二条要求，对消防设计的实施进行抽样性检查。

第二十条 公安消防监督机构在接到建设单位消防验收申请时，应当查验建筑消防设施技术测试报告等消防验收申报材料，材料齐全后，应当在十日内按照国家消防技术标准进行消防验收，并在消防验收后七日内签发《建筑工程消防验收意见书》。

第二十一条 省级以上公安消防监督机构对承担建筑消防设施设计、安装调试、检测和维修保养等服务企业、机构实行消防专业资格定期审查，每两年进行一次，合格后核发许可证；不合格的，不发或者撤销许可证，并定期向社会公告。

第二十二条 建筑工程消防监督审核应当建立档案，并按年限、工程的性质和重要性分类保管。

第二十三条 承担消防设计审核的消防监督人员应当具备相应的工程技术专业知识，按照公安部有关消防监督人员资格管理规定，取得岗位资格，方可上岗。

第二十四条 承担消防监督机构和人员严禁以任何名义和形式指定某个企业承担建筑消防设施设计、安装调试和维修保养，或者指定使用某个企业的消防产品，选择建筑消防设施设计、安装调试和维修保养企业或者选用消防产品，一律由建设单位根据有关公告确定。

第二十五条 公安消防监督机构和人员必须无偿履行消防监督职责，严禁开办建筑消防设施设计、安装调度、检测和维修保养等服务企业、机构；严禁在上述企业、机构兼职；严禁向企业收取各种名目的咨询费、管理费等；严禁向企业强行摊派各种费用或者无偿占有企业的钱物。

第四章 奖   惩

第二十六条 对执行消防技术标准和本规定成绩显著的单位和个人，由公安机关、上级主管部门或者本单位给予表彰奖励。

第二十七条 消防设计不合格的建筑工程设计，不得评为优秀设计。建筑消防设施安装质量不合格的不得评为优秀工程。

第二十八条　建设单位和个人违反下列行为之一的，由公安机关责令改正，并可以对直接责任人员和主管人员处以一千元以下罚款，对拒不改正或者限期不改的，责令停止施工，已经完工的，责令停止使用：

（一）未按规定向公安消防监督机构送审建筑工程消防设计图纸，即开工兴建的；

（二）施工中擅自改动消防设计，违反国家消防技术标准规定的；

（三）建筑消防设施未经验收合格，擅自接收使用的。

第二十九条　设计、施工、安装调试、检测、维修保养单位和个人违反本规定有下列行为之一的，由公安机关责令停工，可以对单位和直接责任人员、主管人员处三万元以下罚款；对拒不改正或者限期不改的，责令停工，已完工的不得验收交付使用；已经取得设计、安装调试、检测和维修保养许可证的单位，由省级以上公安消防监督机构撤销其许可证：

（一）工程设计违反国家消防技术标准和其他工程建设标准有关消防设计规定，造成后果的；

（二）建筑装修施工中擅自移动消防设备，影响消防设施使用功能的；

（三）未取得许可证和年度复验，或者超越许可范围承担建筑消防设施设计、安装调试的；

（四）建筑消防设施设计、安装调试、检测、维修保养弄虚作假，质量低劣的；

（五）选用未经国家法定检测机构检测合格的消防产品，经纠正不改的。

第三十条　违反本规定情节、后果严重，构成犯罪的，依法追究刑事责任。

第三十一条　对公安消防监督机构及人员违反本规定的行为，任何单位和个人都有权举报。

第三十二条　公安消防监督机构及人员违反本规定，有下列行为之一，尚不够刑事处罚的，应当依照有关规定，给予责任者行政处分并调离消防监督岗位：

（一）故意不履行消防监督审核管理职责的不作为行为；

（二）对应办理审批、验收，故意拖延不办，超过审批、验收期限的；

（三）向建设单位指定建筑消防设施设计、安装调试和维修保养企业的；

（四）向建设或者施工安装单位指定使用某个企业的消防产品的；

（五）擅自收取各种名目的咨询费、管理费等的；

（六）强行摊派各种费用，无偿占有被监督单位或者个人财物的；

（七）索要、接受被监督单位或者个人财物的；

（八）参与建筑消防设计、安装调试、检测、维修保养或者开办从事上述业务的企业、机构的。

第五章　附　　则

第三十三条　以前有关建筑工程消防监督审核管理的规定与本规定有抵触的，按照本规定执行。

第三十四条　本规定由公安部负责解释。

第三十五条　本规定自一九九七年三月一日起施行。

本《规定》附件：

1. 建筑消防设计防火审核申报表

2. 建筑内部装修设计防火审核申报表

3. 自动消防设施设计防火审核申报表

4. 建筑工程消防验收申报表

5. 建筑工程消防设计审核意见书

6. 建筑工程消防验收意见书

7. 责令停工停止使用整改通知书

8. 复查意见书

（编者注：附件从略。）

第四章 建筑抗震设计

第一节 建筑抗震基本知识

一、地震震级和烈度

(一)地震震级

地震震级是表示地震本身大小的一种度量。其数值是根据地震仪记录到的地震波图确定的。根据我国现用仪器，近震(震中距小于100km)震级 M，按下式计算：

$$M = \log A + R(\triangle) \tag{3-4-1}$$

式中 A——地震记录图上量得的以 tzm 为单位的最大水平位移；

$R(\triangle)$——依震中距△而变化的起算函数。

震级 M 与震源释放能量 E(单位为 erg)之间的关系为：

$$\log E = 1.5M + 11.8 \tag{3-4-2}$$

上式表示的震级通常又称为里氏震级，$1_{erg} = 10^{-7}J$。

以上关系表明，震级每增加一级，地震所释放出的能量约增加30倍。大于2.5级的浅震，在震中附近地区的人就有感觉，叫做有感地震；5级以上的地震会造成明显的破坏，叫做破坏性地震。世界上已记录到的最大地震级为8.9级。

(二)地震烈度

地震烈度是指某一区域的地表和各类建筑物遭受某一次地震影响的平均强弱程度。一次地震，表示地震大小的震级只有一个。然而，由于同一次地震对不同地点的影响不一样，随着距离震中的远近会出现多种不同的烈度。一般来说，距离震中近，烈度就高；距离震中越远，烈度也越低。为评定地震烈度而建立起来的标准叫地震烈度表。不同国家所规定的地震烈度表往往是不同的，我国规定的地震烈度表分为1~12级，具体详见下表3-4-1。

震级和震中烈度大致对应关系   表 3-4-1

震级 M(级)	2	3	4	5	6	7	8	8以上
震中烈度 I(度)	1~2	3	4~5	6~7	7~8	9~10	11	12

二、抗震设计原则

(一)抗震设计原则

1. 抗震设防的目的和要求

工程抗震设防的基本目的是在一定条件下，最大限度地限制和减轻建筑物的地震破坏，保障人民生命财产的安全。为了实现这一目的，近年来，许多国家的抗震设计规范都趋向于以"小震不坏、中震可修、大震不倒"作为建筑物设计的基本准则。

对应于以上设计准则，我国《建筑抗震设计规范》GB 50011 明确提出了三个水准的抗震设防要求：

第一水准：当遭受低于本地区设防烈度的多遇地震影响时，建筑物一般不受损坏或不需修理仍可继续使用；

第二水准：当遭受相当于本地区设防烈度的地震影响时，建筑物可能损坏，但经一般修理即可恢复正常使用；

第三水准：当遭受高于本地区设防烈度的罕遇地震影响时，建筑物不致倒塌或发生危及生命安全的严重破坏。

2. 抗震设计方法

在进行建筑物抗震设计时，原则上应满足上述三水准的抗震设防要求。在具体做法上，我国建筑物抗震设计规范采用了简单化的两阶段设计方法。

第一阶段设计：按多遇地震烈度对应的地震作用效应和其他荷载效应的组合验算结构构件的承载能力和结构的弹性变形。

第二阶段设计：按罕遇地震烈度对应的地震作用效应验算结构的弹塑性变形。

第一阶段的设计，保证了第一水准的承载力要求和变形要求。第二阶段的设计，则旨在保证结构满足第三水准的抗震设防要求。如何保证第二水准的抗震设计要求，尚在研究之中。目前一般认为，良好的抗震构造措施有助于第二水准要求的实现。

（二）建筑抗震设防的分类与设防标准

1. 建筑抗震设防的分类

对于不同使用性质的建筑物，地震破坏所造成后果的严重性是不一样的。因此，对于不同用途建筑物的抗震设防，不宜采用同一标准，而应根据其破坏后果加以区别对待。为此，我国建筑抗震设计规范将建筑物按其用途的重要性分为四类：

甲类建筑：指重大建筑工程和地震时可能发生严重次生灾害的建筑。这类建筑的破坏会导致严重的后果，其确定须经国家规定的批准权限批准；

乙类建筑：指地震时使用功能不能中断或需尽快恢复的建筑。例如抗震城市中生命线工程的核心建筑。城市生命线工程一般包括供水、供电、交通、消防、通讯、救护、供气、供热等系统。

丙类建筑：指一般建筑，包括除甲、乙、丁类建筑以外的一般工业与民用建筑。

丁类建筑：指次要建筑，包括一般的仓库、人员较少的辅助建筑物等。

2. 建筑抗震设计的标准

对各类建筑抗震设防标准的具体规定为：甲类建筑在 6～8 度设防区应按设防烈度提高一度计算地震作用和采取抗震构造措施，当为 9 度区时，应作专门研究。乙类建筑按设防烈度进行抗震计算，但在抗震构造措施上提高一度考虑。丁类建筑的抗震计算与构造措施均按设防烈度考虑。丁类建筑按设防烈度进行抗震计算，但其抗震构造措施可适当降低要求（设防烈度为 6 度时不再降低）。

3. 抗震设计的总体要求

建筑抗震设计包括三个层次的内容与要求：概念设计、抗震计算与构造措施。概念设计在总体上把握抗震设计的基本原则；抗震计算为建筑抗震设计提供定量手段；构造措施则可以在保证结构整体性、加强局部薄弱环节等意义上保证抗震计算结果的有效性。

建筑抗震设计在总体上要求把握的基本原则可以概括为：注意场地选择，把握建筑体型，利用结构延性，设置多道防线，重视非结构因素。

三、抗震构造措施

（一）多层砌体结构的构造措施

1. 加强结构的连接；

2. 设置钢筋混凝土构造柱；

3. 合理布置圈梁；

4. 加强楼梯间和突出屋面结构部分的整体构造设计；

5. 墙体设置必要的拉结钢筋。

（二）框架结构的构造措施

1. 框架梁

框架梁是框架和框架结构在地震作用下的主要耗能构件，因此，梁特别是梁的塑性铰还应保证有足够的延性。为此适当加宽梁的截面以降低梁面的剪压比并采取有效配筋。

2. 框架柱

框架柱是框架结构的主要抗侧力构件。因此，柱应有较高的承载能力和变形耗能能力。

3. 框架梁与柱节点

节点起着连接框架梁柱的重要作用，在梁、柱端出现塑性铰前不应发生破坏。为了使框架的梁柱纵向钢筋有可靠的锚固条件，框架梁柱节点核芯区的混凝土应具有良好的约束。

（三）设置防震缝

对于设防烈度为 7～9 度的地区，应按一般规定设置防震缝，即将房屋划分为成若干形体简单，质量和刚度均匀的独立单元，以防震害。

第二节　建筑抗震设计总则

一、按《建筑抗震设计规范》GB 50011 进行抗震设计的建筑，其抗震设防目标是：当遭受低于本地区抗震设防烈度的多遇地震影响时，一般不受损坏或不需修理可继续使用；当遭受相当于本地区抗震设防烈度的地震影响时，可能损坏，经一般修理或不需修理仍可继续使用；当遭受高于本地区抗震设防烈度预估的罕遇地震影响时，不致倒塌或发生危及生命的严重破坏。

二、抗震设防烈度为 6 度及以上地区的建筑，必须进行抗震设计。

三、《建筑抗震设计规范》GB 50011 适用于抗震设防烈度为 6、7、8 和 9 度地区建筑工程的抗震设计及隔震、消能减震设计。抗震设防烈度大于 9 度地区的建筑和行业有特殊要求的工业建筑，其抗震设计应按有关专门规定执行。

注：《建筑抗震设计规范》GB 50011 一般略去"抗震设防烈度"字样，如"抗震设防烈度为 6 度、7 度、8 度、9 度"，简称为"6 度、7 度、8 度、9 度"。

四、抗震设防烈度必须按国家规定的权限审批、颁发的文件（图件）确定。

五、一般情况下，抗震设防烈度可采用中国地震动参数区划图的地震基本烈度（或与《建筑抗震设计规范》GB 50011 设计基本地震加速度值对应的烈度值）。对已编制抗震设防区划的城市，可按批准的抗震设防烈度或设计地震动参数进行建筑抗震鉴定和抗震加固设计。

六、建筑的抗震设计，除应符合《建筑抗震设计规范》GB 50011 要求外，尚应符合国家现行的有关强制性标准的规定。

第三节　建筑抗震设计的基本要求

一、建筑抗震设防分类和设防标准

（一）建筑应根据其使用功能的重要性分为甲类、乙类、丙类、丁类四个抗震设防类别。甲类建筑应属于重大建筑工程和地震时可能发生严重次生灾害的建筑，乙类建筑应属于地震时使用功能不能中断或需尽快恢复的建筑，丙类建筑应属于除甲、乙、丁类以外的一般建筑，丁类建筑应属于抗震次要建筑。

（二）建筑抗震设防类别的划分，应符合国家标准《建筑抗震设防分类标准》GB 50223 的规定。

（三）各抗震设防类别建筑的抗震设防标准。应符合下列要求：

1. 甲类建筑，地震作用应高于本地区抗震设防烈度的要求，其值应按批准的地震安全性评价结果确定；抗震措施。当抗震设防烈度为 6～8 度时，应符合本地区抗震设防烈度提高一度的要求，当为 9 度时，应符合比 9 度抗震设防更高的要求。

2. 乙类建筑，地震作用应符合本地区抗震设防烈度的要求；抗震措施，一般情况下，当抗震设防烈度为 6～8 度时，应符合本地区抗震设防烈度提高一度的要求；当为 9 度时，应符合比 9 度抗震设防更高的要求；地基基础的抗震措施，应符合有关规定。

对较小的乙类建筑，当其结构改用抗震性能较好的结构类型时，应允许仍按本地区抗震设防烈度的要求采取抗震措施。

3. 丙类建筑。地震作用和抗震措施均应符合本地区抗震设防烈度的要求。

4. 丁类建筑，一般情况下，地震作用仍应符合本地区抗震设防烈度的要求；抗震措施应允许比本地区抗震设防烈度的要求适当降低。但抗震设防烈度为 6 度时不应降低。

（四）抗震设防烈度为 6 度时，除《建筑抗震设计规范》GB 50011 有具体规定外，对乙、丙、丁类建中不进行地震作用计算。

二、地震影响

（一）建筑所在地区遭受的地震影响，应采用相应于抗震设防烈度的设计基本地震加速度和设计特征周期或《建筑抗震设计规范》GB 50011 第 1.0.5 条规定的设计地震动对数来表征。

（二）抗震设防烈度和设计基本地震加速度取值的对应关系，应符合表 3-4-2 的规定。设计基本地震加速度为 $0.15g$ 和 $0.30g$ 地区内的建筑，除《建筑抗震设计规范》GB 50011 另有规定外，应分别按抗震设防烈度 7 度和 8 度的要求进行抗震设计。

抗震设防烈度和设计基本地震加速度值的对应关系　　　　　　　　表 3-4-2

抗震设防烈度	6	7	8	9
设计基本地震加速度值	$0.05g$	$0.10(0.15)g$	$0.20(0.30)g$	0.409

注：g 为重力加速度。

建筑的设计特征周期应根据其所在地的设计地震分组和场地类别确定。《建筑抗震设计规范》GB 50011 的设计地震共分为三组。对 II 类场地，第一组、第二组和第三组的设计特征周期，应分别按 $0.35s$、$0.40s$ 和 $0.45s$ 采用。

注:《建筑抗震设计规范》GB 50011 一般把"设计特征周期"简称为"特征周期"。

我国主要城镇(县级及县级以上城镇)中心地区的抗震设防烈度、设计基本地震加速度值和所属的设计地震分组,可按《建筑抗震设计规范》GB 50011 附录 A 采用。

三、场地和地基

(一)选择建筑场地时,应根据工程需要,掌握地震活动情况、工程地质和地震地质的有关资料,对抗震有利、不利和危险地段作出综合评价。对不利地段,应提出避开要求;当无法避开时应采取有效措施;不应在危险地段建造甲、乙、丙类建筑。

(二)建筑场地为Ⅰ类时,甲、乙类建筑应允许仍按本地区抗震设防烈度的要求采取抗震构造措施;丙类建筑应允许按本地区抗震设防烈度降低一度的要求采取抗震构造措施,但抗震设防烈度为 6 度时仍应按本地区抗震设防烈度的要求采取抗震构造措施。

(三)建筑场地为Ⅲ、Ⅳ类时,对设计基本地震加速度为 0.15g 和 0.30g 的地区除《建筑抗震设计规范》GB 50011 另有规定外,宜分别按抗震设防烈度 8 度(0.20g)和 9 度(0.40g)时各类建筑的要求采取抗震构造措施。

(四)地基和基础设计应符合下列要求:

1. 同一结构单元的基础不宜设置在性质截然不同的地基上;

2. 同一结构单元不宜部分采用天然地基部分采用桩基;

3. 地基为软弱黏性土、液化土、新近填土或严重不均匀土时,应估计地震时地基不均匀沉降或其他不利影响,并采取相应的措施。

四、建筑设计和建筑结构的规则性

(一)建筑设计应符合抗震概念设计的要求,不应采用严重不规则的设计方案。

(二)建筑及其抗侧力结构的平面布置宜规则、对称,并应具有良好的整体性;建筑的立面和竖向剖面宜规则,结构的侧向刚度宜均匀变化,竖向抗侧力构件的截面尺寸和材料强度宜自下而上逐渐减小,避免抗侧力结构的侧向刚度和承载力突变。

当存在表 3-4-3 所列举的平面不规则类型或表 3-4-4 所列举的竖向不规则类型时,应符合《建筑抗震设计规范》第 3.4.3 条的有关规定。

平面不规则的类型   表 3-4-3

不规则类型	定　义
扭转不规则	楼层的最大弹性水平位移(或层间位移),大于该楼层两端弹性水平位移(或层间位移)平均值的 1.2 倍
凹凸不规则	结构平面凹进的一侧尺寸,大于相应投影方向总尺寸的 30%
楼板局部不连续	楼板的尺寸和平面刚度急剧变化,例如,有效楼板宽度小于该层楼板典型宽度的 50%,或开洞面积大于该层楼面面积的 30%,或较大的楼层错层

竖向不规则的类型   表 3-4-4

不规则类型	定　义
侧向刚度不规则	该层的侧向刚度小于相邻上一层的 70%,或小于其上相邻三个楼层侧向刚度平均值的 80%;除顶层外,局部收进的水平向尺寸大于相邻下一层的 25%
竖向抗侧力构件不连续	竖向抗侧力构件(柱、抗震墙、抗震支撑)的内力由水平转换构件(梁、桁架等)向下传递
楼层承载力突变	抗侧力结构的层间受剪承载力小于相邻上一楼层的 80%

　　（三）不规则的建筑结构，应按下列要求进行水平地震作用计算和内力调整，并应对薄弱部位采取有效的抗震构造措施：

　　1. 平面不规则而竖向规则的建筑结构，应采用空间结构计算模型，并应符合下列要求：

　　（1）扭转不规则时，应计及扭转影响，且楼层竖向构件最大的弹性水平位移和层间位移分别不宜大于楼层两端弹性水平位移和层间位移平均值的 1.5 倍；

　　（2）凹凸不规则或楼板局部不连续时，应采用符合楼板平面内实际刚度变化的计算模型，当平面不对称时尚应计及扭转影响。

　　2. 平面规则而竖向不规则的建筑结构，应采用空间结构计算模型，其薄弱层的地震剪力应乘以 1.15 的增大系数，应按《建筑抗震设计规范》GB 50011 有关规定进行弹塑性变形分析，并应符合下列要求：

　　（1）竖向抗侧力构件不连续时，该构件传递给水平转换构件的地震内力应乘以 $1.25\sim 1.5$ 的增大系数；

　　（2）楼层承载力突变时，薄弱层抗侧力结构的受剪承载力不应小于相邻上一楼层的 65%。

　　3. 平面不规则且竖向不规则的建筑结构，应同时符合本条 1、2 款的要求。

　　（四）砌体结构和单层工业厂房的平面不规则性和竖向不规则性，应分别符合《建筑抗震设计规范》GB 50011 有关章节的规定。

　　（五）体型复杂、平立面特别不规则的建筑结构，可按实际需要在适当部位设置防震缝，形成多个较规则的抗侧力结构单元。

　　（六）防震缝应根据抗震设防烈度、结构材料种类、结构类型、结构单元的高度和高差情况，留有足够的宽度，其两侧的上部结构应完全分开。

　　当设置伸缩缝和沉降缝时，其宽度应符合防震缝的要求。

　　五、结构体系

　　（一）结构体系应根据建筑的抗震设防类别、抗震设防烈度、建筑高度、场地条件、地基、结构材料和施工等因素，经技术、经济和使用条件综合比较确定。

　　（二）结构体系应符合下列各项要求：

　　1. 应具有明确的计算简图和合理的地震作用传递途径。

　　2. 应避免因部分结构或构件破坏而导致整个结构丧失抗震能力或对重力荷载的承载能力。

　　3. 应具备必要的抗震承载力。良好的变形能力和消耗地震能量的能力。

　　4. 对可能出现的薄弱部位，应采取措施提高抗震能力。

　　（三）结构体系尚宜符合下列各项要求：

　　1. 宜有多道抗震防线。

　　2. 宜具有合理的刚度和承载力分布，避免因局部削弱或突变形成薄弱部位，产生过大的应力集中或塑性变形集中。

　　3. 结构在两个主轴方向的动力特性宜相近。

　　（四）结构构件应符合下列要求：

　　1. 砌体结构应按规定设置钢筋混凝土圈梁和构造柱、芯柱，或采用配筋砌体等。

2. 混凝土结构构件应合理地选择尺寸、配置纵向受力钢筋和箍筋，避免剪切破坏先于弯曲破坏、混凝土的压溃先于钢筋的屈服、钢筋的锚固粘结破坏先于构件破坏。

3. 预应力混凝土的抗侧力构件，应配有足够的非预应力钢筋。

4. 钢结构构件应合理控制尺寸，避免局部失稳或整个构件失稳。

（五）结构各构件之间的连接，应符合下列要求：

1. 构件节点的破坏，不应先于其连接的构件。

2. 预埋件的锚固破坏，不应先于连接件。

3. 装配式结构构件的连接，应能保证结构的整体性。

4. 预应力混凝土构件的预应力钢筋，宜在节点核心区以外锚固。

（六）装配式单层厂房的各种抗震支撑系统，应保证地震时结构的稳定性。

六、结构分析

（一）除《建筑抗震设计规范》GB 50011 特别规定者外，建筑结构应进行多遇地震作用下的内力和变形分析，此时，可假定结构与构件处于弹性工作状态，内力和变形分析可采用线性静力方法或线性动力方法。

（二）不规则且具有明显薄弱部位可能导致地震时严重破坏的建筑结构，应按《建筑抗震设计规范》GB 50011 有关规定进行罕遇地震作用下的弹塑性变形分析。此时，可根据结构特点采用静力弹塑性分析或弹塑性时程分析方法。

当《建筑抗震设计规范》GB 50011 有具体规定时，尚可采用简化方法计算结构的弹塑性变形。

（三）当结构在地震作用下的重力附加弯矩大于初始弯矩的 10% 时，应计入重力二阶效应的影响。

注：重力附加弯矩指任一楼层以上全部重力荷载与该楼层地震层间位移的乘积；初始弯矩指该楼层地震剪力与楼层层高的乘积。

（四）结构抗震分析时，应按照楼、屋盖在平面内变形情况确定为刚性、半刚性和柔性的横隔板，再按抗侧力系统的布置确定抗侧力构件间的共同工作并进行各构件间的地震内力分析。

（五）质量和侧向刚度分布接近对称且楼、屋盖可视为刚性横隔板的结构，以及《建筑抗震设计规范》GB 50011 有关章节有具体规定的结构，可采用平面结构模型进行抗震分析。其他情况，应采用空间结构模型进行抗震分析。

（六）利用计算机进行结构抗震分析，应符合下列要求：

1. 计算模型的建立，必要的简化计算与处理，应符合结构的实际工作状况。

2. 计算软件的技术条件应符合《建筑抗震设计规范》GB 50011 及有关标准的规定，并应阐明其特殊处理的内容和依据。

3. 复杂结构进行多遇地震作用下的内力和变形分析时，应采用不少于两个不同的力学模型，并对其计算结果进行分析比较。

4. 所有计算机计算结果，应经分析判断确认其合理、有效后方可用于工程设计。

七、非结构构件

（一）非结构构件，包括建筑非结构构件和建筑附属机电设备，自身及其与结构主体的连接，应进行抗震设计。

（二）非结构构件的抗震设计，应由相关专业人员分别负责进行。

（三）附着于楼、屋面结构上的非结构构件，应与主体结构有可靠的连接或锚固，避免地震时倒塌伤人或砸坏重要设备。

（四）围护墙和隔墙应考虑对结构抗震的不利影响，避免不合理设置而导致主体结构的破坏。

（五）幕墙、装饰贴面与主体结构应有可靠连接，避免地震时脱落伤人。

（六）安装在建筑上的附属机械、电气设备系统的支座和连接，应符合地震时使用功能的要求，且不应导致相关部件的损坏。

八、隔震和消能减震设计

（一）隔震和消能减震设计。应主要应用于使用功能有特殊要求的建筑及抗震设防烈度为 8、9 度的建筑。

（二）采用隔震或消能减震设计的建筑，当遭遇到本地区的多遇地震影响、抗震设防烈度地震影响和罕遇地震影响时，其抗震设防目标应高于《建筑抗震设计规范》GB 50011 第 1.0.1 条的规定。

九、结构材料与施工

（一）抗震结构对材料和施工质量的特别要求，应在设计文件上注明。

（二）结构材料性能指标，应符合下列最低要求：

1. 砌体结构材料应符合下列规定：

（1）烧结普通黏土砖和烧结多孔黏土砖的强度等级不应低于 MU10，其砌筑砂浆强度等级不应低于 M5；

（2）混凝土小型空心砌块的强度等级不应低于 MU7.5，其砌筑砂浆强度等级不应低于 M7.5。

2. 混凝土结构材料应符合下列规定：

（1）混凝土的强度等级，框支梁、框支柱及抗震等级为一级的框架梁、柱、节点核芯区，不应低于 C30；构造柱、芯柱、圈梁及其他各类构件不应低于 C20；

（2）抗震等级为一、二级的框架结构，其纵向受力钢筋采用普通钢筋时，钢筋的抗拉强度实测值与屈服强度实测值的比值不应小于 1.25；且钢筋的屈服强度实测值与强度标准值的比值不应大于 1.3。

3. 钢结构的钢材应符合下列规定：

（1）钢材的抗拉强度实测值与屈服强度实测值的比值不应小于 1.2；

（2）钢材应有明显的屈服台阶，且伸长率应大于 20%；

（3）钢材应有良好的可焊性和合格的冲击韧性。

（三）结构材料性能指标，尚宜符合下列要求：

1. 普通钢筋宜优先采用延性、韧性和可焊性较好的钢筋；普通钢筋的强度等级，纵向受力钢筋宜选用 HRB400 级和 HRB335 级热轧钢筋，箍筋宜选用 HRB335、HRB400 和 HPB235 级热轧钢筋（注：钢筋的检验方法应符合现行国家标准《混凝土结构工程施工及验收规范》GB 50204 的规定）。

2. 混凝土结构的混凝土强度等级，9 度时不宜超过 C60，8 度时不宜超过 C70。

3. 钢结构的钢材宜采用 Q235 等级 B、C、D 的碳素结构钢及 Q345 等级 B、C、D、E

的低合金高强度结构钢；当有可靠依据时，尚可采用其他钢种和钢号。

（四）在施工中，当需要以强度等级较高的钢筋替代原设计中的纵向受力钢筋时，应按照钢筋受拉承载力设计值相等的原则换算，并应满足正常使用极限状态和抗震构造措施的要求。

（五）采用焊接连接的钢结构，当钢板厚不小于 40mm 且承受沿板厚方向的拉力时，受拉试件板厚方向截面收缩率，不应小于国家标准《厚度方向性能钢板》GB 50313 关于 Z15 级规定的容许值。

（六）钢筋混凝土构造柱、芯柱和底部框架—抗震墙砖房中砖抗震墙的施工，应先砌墙后浇构造柱、芯柱和框架梁柱。

十、建筑的地震反应观测系统

抗震设防烈度为 7、8、9 度时，高度分别超过 160m，120m，80m 的高层建筑，应设置建筑结构的地震反应观测系统，建筑设计应留有观测仪器和线路的位置。

建筑抗震设计除应遵照《建筑抗震设计规范》GB 50011 执行外，尚应符合附录 3-4-1～3-4-9 等法律、法规规定。

附录 3-4-1 中华人民共和国防震减灾法

（2008 年 12 月 27 日中华人民共和国主席令第 7 号）
（1997 年 12 月 29 日第八届全国人民代表大会常务委员会第二十九次会议通过
2008 年 12 月 27 日第十一届全国人民代表大会常务委员会第六次会议修订）

第一章 总   则

第一条 为了防御和减轻地震灾害，保护人民生命和财产安全，促进经济社会的可持续发展，制定本法。

第二条 在中华人民共和国领域和中华人民共和国管辖的其他海域从事地震监测预报、地震灾害预防、地震应急救援、地震灾后过渡性安置和恢复重建等防震减灾活动，适用本法。

第三条 防震减灾工作，实行预防为主、防御与救助相结合的方针。

第四条 县级以上人民政府应当加强对防震减灾工作的领导，将防震减灾工作纳入本级国民经济和社会发展规划，所需经费列入财政预算。

第五条 在国务院的领导下，国务院地震工作主管部门和国务院经济综合宏观调控、建设、民政、卫生、公安以及其他有关部门，按照职责分工，各负其责，密切配合，共同做好防震减灾工作。

县级以上地方人民政府负责管理地震工作的部门或者机构和其他有关部门在本级人民政府领导下，按照职责分工，各负其责，密切配合，共同做好本行政区域的防震减灾工作。

第六条 国务院抗震救灾指挥机构负责统一领导、指挥和协调全国抗震救灾工作。县级以上地方人民政府抗震救灾指挥机构负责统一领导、指挥和协调本行政区域的抗震救灾工作。

国务院地震工作主管部门和县级以上地方人民政府负责管理地震工作的部门或者机构，承担本级人民政府抗震救灾指挥机构的日常工作。

第七条 各级人民政府应当组织开展防震减灾知识的宣传教育，增强公民的防震减灾意识，提高全社会的防震减灾能力。

第八条 任何单位和个人都有依法参加防震减灾活动的义务。

国家鼓励、引导社会组织和个人开展地震群测群防活动，对地震进行监测和预防。

国家鼓励、引导志愿者参加防震减灾活动。

第九条 中国人民解放军、中国人民武装警察部队和民兵组织，依照本法以及其他有关法律、行政法规、军事法规的规定和国务院、中央军事委员会的命令，执行抗震救灾任务，保护人民生命和财产安全。

第十条 从事防震减灾活动，应当遵守国家有关防震减灾标准。

第十一条 国家鼓励、支持防震减灾的科学技术研究，逐步提高防震减灾科学技术研究经费投入，推广先进的科学研究成果，加强国际合作与交流，提高防震减灾工作水平。

对在防震减灾工作中做出突出贡献的单位和个人，按照国家有关规定给予表彰和奖励。

第二章 防震减灾规划

第十二条 国务院地震工作主管部门会同国务院有关部门组织编制国家防震减灾规划，报国务院批准后组织实施。

县级以上地方人民政府负责管理地震工作的部门或者机构会同同级有关部门，根据上一级防震减灾规划和本行政区域的实际情况，组织编制本行政区域的防震减灾规划，报本级人民政府批准后组织实施，并报上一级人民政府负责管理地震工作的部门或者机构备案。

第十三条 编制防震减灾规划，应当遵循统筹安排、突出重点、合理布局、全面预防的原则，以震情和震害预测结果为依据，并充分考虑人民生命和财产安全及经济社会发展、资源环境保护等需要。

县级以上地方人民政府有关部门应当根据编制防震减灾规划的需要，及时提供有关资料。

第十四条 防震减灾规划的内容应当包括：震情形势和防震减灾总体目标，地震监测台网建设布局，地震灾害预防措施，地震应急救援措施，以及防震减灾技术、信息、资金、物资等保障措施。

编制防震减灾规划，应当对地震重点监视防御区的地震监测台网建设、震情跟踪、地震灾害预防措施、地震应急准备、防震减灾知识宣传教育等作出具体安排。

第十五条 防震减灾规划报送审批前，组织编制机关应当征求有关部门、单位、专家和公众的意见。

防震减灾规划报送审批文件中应当附具意见采纳情况及理由。

第十六条 防震减灾规划一经批准公布，应当严格执行；因震情形势变化和经济社会发展的需要确需修改的，应当按照原审批程序报送审批。

第三章 地震监测预报

第十七条 国家加强地震监测预报工作，建立多学科地震监测系统，逐步提高地震监测预报水平。

第十八条 国家对地震监测台网实行统一规划，分级、分类管理。

国务院地震工作主管部门和县级以上地方人民政府负责管理地震工作的部门或者机构，按照国务院有关规定，制定地震监测台网规划。

全国地震监测台网由国家级地震监测台网、省级地震监测台网和市、县级地震监测台网组成，其建设资金和运行经费列入财政预算。

第十九条 水库、油田、核电站等重大建设工程的建设单位，应当按照国务院有关规定，建设专用地震监测台网或者强震动监测设施，其建设资金和运行经费由建设单位承担。

第二十条 地震监测台网的建设，应当遵守法律、法规和国家有关标准，保证建设质量。

第二十一条 地震监测台网不得擅自中止或者终止运行。

检测、传递、分析、处理、存贮、报送地震监测信息的单位，应当保证地震监测信息的质量和安全。

县级以上地方人民政府应当组织相关单位为地震监测台网的运行提供通信、交通、电力等保障条件。

第二十二条　沿海县级以上地方人民政府负责管理地震工作的部门或者机构，应当加强海域地震活动监测预测工作。海域地震发生后，县级以上地方人民政府负责管理地震工作的部门或者机构，应当及时向海洋主管部门和当地海事管理机构等通报情况。

火山所在地的县级以上地方人民政府负责管理地震工作的部门或者机构，应当利用地震监测设施和技术手段，加强火山活动监测预测工作。

第二十三条　国家依法保护地震监测设施和地震观测环境。

任何单位和个人不得侵占、毁损、拆除或者擅自移动地震监测设施。地震监测设施遭到破坏的，县级以上地方人民政府负责管理地震工作的部门或者机构应当采取紧急措施组织修复，确保地震监测设施正常运行。

任何单位和个人不得危害地震观测环境。国务院地震工作主管部门和县级以上地方人民政府负责管理地震工作的部门或者机构会同同级有关部门，按照国务院有关规定划定地震观测环境保护范围，并纳入土地利用总体规划和城乡规划。

第二十四条　新建、扩建、改建建设工程，应当避免对地震监测设施和地震观测环境造成危害。建设国家重点工程，确实无法避免对地震监测设施和地震观测环境造成危害的，建设单位应当按照县级以上地方人民政府负责管理地震工作的部门或者机构的要求，增建抗干扰设施；不能增建抗干扰设施的，应当新建地震监测设施。

对地震观测环境保护范围内的建设工程项目，城乡规划主管部门在依法核发选址意见书时，应当征求负责管理地震工作的部门或者机构的意见；不需要核发选址意见书的，城乡规划主管部门在依法核发建设用地规划许可证或者乡村建设规划许可证时，应当征求负责管理地震工作的部门或者机构的意见。

第二十五条　国务院地震工作主管部门建立健全地震监测信息共享平台，为社会提供服务。

县级以上地方人民政府负责管理地震工作的部门或者机构，应当将地震监测信息及时报送上一级人民政府负责管理地震工作的部门或者机构。

专用地震监测台网和强震动监测设施的管理单位，应当将地震监测信息及时报送所在地省、自治区、直辖市人民政府负责管理地震工作的部门或者机构。

第二十六条　国务院地震工作主管部门和县级以上地方人民政府负责管理地震工作的部门或者机构，根据地震监测信息研究结果，对可能发生地震的地点、时间和震级作出预测。

其他单位和个人通过研究提出的地震预测意见，应当向所在地或者所预测地的县级以上地方人民政府负责管理地震工作的部门或者机构书面报告，或者直接向国务院地震工作主管部门书面报告。收到书面报告的部门或者机构应当进行登记并出具接收凭证。

第二十七条　观测到可能与地震有关的异常现象的单位和个人，可以向所在地县级以上地方人民政府负责管理地震工作的部门或者机构报告，也可以直接向国务院地震工作主管部门报告。

国务院地震工作主管部门和县级以上地方人民政府负责管理地震工作的部门或者机构接到报告后，应当进行登记并及时组织调查核实。

第二十八条　国务院地震工作主管部门和省、自治区、直辖市人民政府负责管理地震工作的部门或者机构，应当组织召开震情会商会，必要时邀请有关部门、专家和其他有关人员参加，对地震预测意见和可能与地震有关的异常现象进行综合分析研究，形成震情会商意见，报本级人民政府；经震情会商形成地震预报意见的，在报本级人民政府前，应当进行评审，作出评审结果，并提出对策建议。

第二十九条　国家对地震预报意见实行统一发布制度。

全国范围内的地震长期和中期预报意见，由国务院发布。省、自治区、直辖市行政区域内的地震预报意见，由省、自治区、直辖市人民政府按照国务院规定的程序发布。

除发表本人或者本单位对长期、中期地震活动趋势的研究成果及进行相关学术交流外，任何单位和个人不得向社会散布地震预测意见。任何单位和个人不得向社会散布地震预报意见及其评审结果。

第三十条　国务院地震工作主管部门根据地震活动趋势和震害预测结果，提出确定地震重点监视防御区的意见，报国务院批准。

国务院地震工作主管部门应当加强地震重点监视防御区的震情跟踪，对地震活动趋势进行分析评估，提出年度防震减灾工作意见，报国务院批准后实施。

地震重点监视防御区的县级以上地方人民政府应当根据年度防震减灾工作意见和当地的地震活动趋势，组织有关部门加强防震减灾工作。

地震重点监视防御区的县级以上地方人民政府负责管理地震工作的部门或者机构，应当增加地震监测台网密度，组织做好震情跟踪、流动观测和可能与地震有关的异常现象观测以及群测群防工作，并及时将有关情况报上一级人民政府负责管理地震工作的部门或者机构。

第三十一条　国家支持全国地震烈度速报系统的建设。

地震灾害发生后，国务院地震工作主管部门应当通过全国地震烈度速报系统快速判断致灾程度，为指挥抗震救灾工作提供依据。

第三十二条　国务院地震工作主管部门和县级以上地方人民政府负责管理地震工作的部门或者机构，应当对发生地震灾害的区域加强地震监测，在地震现场设立流动观测点，根据震情的发展变化，及时对地震活动趋势作出分析、判定，为余震防范工作提供依据。

国务院地震工作主管部门和县级以上地方人民政府负责管理地震工作的部门或者机构、地震监测台网的管理单位，应当及时收集、保存有关地震的资料和信息，并建立完整的档案。

第三十三条　外国的组织或者个人在中华人民共和国领域和中华人民共和国管辖的其他海域从事地震监测活动，必须经国务院地震工作主管部门会同有关部门批准，并采取与中华人民共和国有关部门或者单位合作的形式进行。

第四章　地震灾害预防

第三十四条　国务院地震工作主管部门负责制定全国地震烈度区划图或者地震动参数区划图。

国务院地震工作主管部门和省、自治区、直辖市人民政府负责管理地震工作的部门或者机构，负责审定建设工程的地震安全性评价报告，确定抗震设防要求。

第三十五条　新建、扩建、改建建设工程，应当达到抗震设防要求。

重大建设工程和可能发生严重次生灾害的建设工程，应当按照国务院有关规定进行地震安全性评价，并按照经审定的地震安全性评价报告所确定的抗震设防要求进行抗震设防。建设工程的地震安全性评价单位应当按照国家有关标准进行地震安全性评价，并对地震安全性评价报告的质量负责。

前款规定以外的建设工程，应当按照地震烈度区划图或者地震动参数区划图所确定的抗震设防要求进行抗震设防；对学校、医院等人员密集场所的建设工程，应当按照高于当地房屋建筑的抗震设防要求进行设计和施工，采取有效措施，增强抗震设防能力。

第三十六条　有关建设工程的强制性标准，应当与抗震设防要求相衔接。

第三十七条　国家鼓励城市人民政府组织制定地震小区划图。地震小区划图由国务院地震工作主管部门负责审定。

第三十八条　建设单位对建设工程的抗震设计、施工的全过程负责。

设计单位应当按照抗震设防要求和工程建设强制性标准进行抗震设计，并对抗震设计的质量以及出具的施工图设计文件的准确性负责。

施工单位应当按照施工图设计文件和工程建设强制性标准进行施工，并对施工质量负责。

建设单位、施工单位应当选用符合施工图设计文件和国家有关标准规定的材料、构配件和设备。

工程监理单位应当按照施工图设计文件和工程建设强制性标准实施监理，并对施工质量承担监理责任。

第三十九条　已经建成的下列建设工程，未采取抗震设防措施或者抗震设防措施未达到抗震设防要

求的,应当按照国家有关规定进行抗震性能鉴定,并采取必要的抗震加固措施:

(一)重大建设工程;

(二)可能发生严重次生灾害的建设工程;

(三)具有重大历史、科学、艺术价值或者重要纪念意义的建设工程;

(四)学校、医院等人员密集场所的建设工程;

(五)地震重点监视防御区内的建设工程。

第四十条　县级以上地方人民政府应当加强对农村村民住宅和乡村公共设施抗震设防的管理,组织开展农村实用抗震技术的研究和开发,推广达到抗震设防要求、经济适用、具有当地特色的建筑设计和施工技术,培训相关技术人员,建设示范工程,逐步提高农村村民住宅和乡村公共设施的抗震设防水平。

国家对需要抗震设防的农村村民住宅和乡村公共设施给予必要支持。

第四十一条　城乡规划应当根据地震应急避难的需要,合理确定应急疏散通道和应急避难场所,统筹安排地震应急避难所必需的交通、供水、供电、排污等基础设施建设。

第四十二条　地震重点监视防御区的县级以上地方人民政府应当根据实际需要,在本级财政预算和物资储备中安排抗震救灾资金、物资。

第四十三条　国家鼓励、支持研究开发和推广使用符合抗震设防要求、经济实用的新技术、新工艺、新材料。

第四十四条　县级人民政府及其有关部门和乡、镇人民政府、城市街道办事处等基层组织,应当组织开展地震应急知识的宣传普及活动和必要的地震应急救援演练,提高公民在地震灾害中自救互救的能力。

机关、团体、企业、事业等单位,应当按照所在地人民政府的要求,结合各自实际情况,加强对本单位人员的地震应急知识宣传教育,开展地震应急救援演练。

学校应当进行地震应急知识教育,组织开展必要的地震应急救援演练,培养学生的安全意识和自救互救能力。

新闻媒体应当开展地震灾害预防和应急、自救互救知识的公益宣传。

国务院地震工作主管部门和县级以上地方人民政府负责管理地震工作的部门或者机构,应当指导、协助、督促有关单位做好防震减灾知识的宣传教育和地震应急救援演练等工作。

第四十五条　国家发展有财政支持的地震灾害保险事业,鼓励单位和个人参加地震灾害保险。

第五章　地震应急救援

第四十六条　国务院地震工作主管部门会同国务院有关部门制定国家地震应急预案,报国务院批准。国务院有关部门根据国家地震应急预案,制定本部门的地震应急预案,报国务院地震工作主管部门备案。

县级以上地方人民政府及其有关部门和乡、镇人民政府,应当根据有关法律、法规、规章、上级人民政府及其有关部门的地震应急预案和本行政区域的实际情况,制定本行政区域的地震应急预案和本部门的地震应急预案。省、自治区、直辖市和较大的市的地震应急预案,应当报国务院地震工作主管部门备案。

交通、铁路、水利、电力、通信等基础设施和学校、医院等人员密集场所的经营管理单位,以及可能发生次生灾害的核电、矿山、危险物品等生产经营单位,应当制定地震应急预案,并报所在地的县级人民政府负责管理地震工作的部门或者机构备案。

第四十七条　地震应急预案的内容应当包括:组织指挥体系及其职责,预防和预警机制,处置程序,应急响应和应急保障措施等。

地震应急预案应当根据实际情况适时修订。

第四十八条 地震预报意见发布后，有关省、自治区、直辖市人民政府根据预报的震情可以宣布有关区域进入临震应急期；有关地方人民政府应当按照地震应急预案，组织有关部门做好应急防范和抗震救灾准备工作。

第四十九条 按照社会危害程度、影响范围等因素，地震灾害分为一般、较大、重大和特别重大四级。具体分级标准按照国务院规定执行。

一般或者较大地震灾害发生后，地震发生地的市、县人民政府负责组织有关部门启动地震应急预案；重大地震灾害发生后，地震发生地的省、自治区、直辖市人民政府负责组织有关部门启动地震应急预案；特别重大地震灾害发生后，国务院负责组织有关部门启动地震应急预案。

第五十条 地震灾害发生后，抗震救灾指挥机构应当立即组织有关部门和单位迅速查清受灾情况，提出地震应急救援力量的配置方案，并采取以下紧急措施：

（一）迅速组织抢救被压埋人员，并组织有关单位和人员开展自救互救；

（二）迅速组织实施紧急医疗救护，协调伤员转移和接收与救治；

（三）迅速组织抢修毁损的交通、铁路、水利、电力、通信等基础设施；

（四）启用应急避难场所或者设置临时避难场所，设置救济物资供应点，提供救济物品、简易住所和临时住所，及时转移和安置受灾群众，确保饮用水消毒和水质安全，积极开展卫生防疫，妥善安排受灾群众生活；

（五）迅速控制危险源，封锁危险场所，做好次生灾害的排查与监测预警工作，防范地震可能引发的火灾、水灾、爆炸、山体滑坡和崩塌、泥石流、地面塌陷，或者剧毒、强腐蚀性、放射性物质大量泄漏等次生灾害以及传染病疫情的发生；

（六）依法采取维持社会秩序、维护社会治安的必要措施。

第五十一条 特别重大地震灾害发生后，国务院抗震救灾指挥机构在地震灾区成立现场指挥机构，并根据需要设立相应的工作组，统一组织领导、指挥和协调抗震救灾工作。

各级人民政府及有关部门和单位、中国人民解放军、中国人民武装警察部队和民兵组织，应当按照统一部署，分工负责，密切配合，共同做好地震应急救援工作。

第五十二条 地震灾区的县级以上地方人民政府应当及时将地震震情和灾情等信息向上一级人民政府报告，必要时可以越级上报，不得迟报、谎报、瞒报。

地震震情、灾情和抗震救灾等信息按照国务院有关规定实行归口管理，统一、准确、及时发布。

第五十三条 国家鼓励、扶持地震应急救援新技术和装备的研究开发，调运和储备必要的应急救援设施、装备，提高应急救援水平。

第五十四条 国务院建立国家地震灾害紧急救援队伍。

省、自治区、直辖市人民政府和地震重点监视防御区的市、县人民政府可以根据实际需要，充分利用消防等现有队伍，按照一队多用、专职与兼职相结合的原则，建立地震灾害紧急救援队伍。

地震灾害紧急救援队伍应当配备相应的装备、器材，开展培训和演练，提高地震灾害紧急救援能力。

地震灾害紧急救援队伍在实施救援时，应当首先对倒塌建筑物、构筑物压埋人员进行紧急救援。

第五十五条 县级以上人民政府有关部门应当按照职责分工，协调配合，采取有效措施，保障地震灾害紧急救援队伍和医疗救治队伍快速、高效地开展地震灾害紧急救援活动。

第五十六条 县级以上地方人民政府及其有关部门可以建立地震灾害救援志愿者队伍，并组织开展地震应急救援知识培训和演练，使志愿者掌握必要的地震应急救援技能，增强地震灾害应急救援能力。

第五十七条 国务院地震工作主管部门会同有关部门和单位，组织协调外国救援队和医疗队在中华人民共和国开展地震灾害紧急救援活动。

国务院抗震救灾指挥机构负责外国救援队和医疗队的统筹调度，并根据其专业特长，科学、合理地安排紧急救援任务。

地震灾区的地方各级人民政府，应当对外国救援队和医疗队开展紧急救援活动予以支持和配合。

第六章 地震灾后过渡性安置和恢复重建

第五十八条 国务院或者地震灾区的省、自治区、直辖市人民政府应当及时组织对地震灾害损失进行调查评估，为地震应急救援、灾后过渡性安置和恢复重建提供依据。

地震灾害损失调查评估的具体工作，由国务院地震工作主管部门或者地震灾区的省、自治区、直辖市人民政府负责管理地震工作的部门或者机构和财政、建设、民政等有关部门按照国务院的规定承担。

第五十九条 地震灾区受灾群众需要过渡性安置的，应当根据地震灾区的实际情况，在确保安全的前提下，采取灵活多样的方式进行安置。

第六十条 过渡性安置点应当设置在交通条件便利、方便受灾群众恢复生产和生活的区域，并避开地震活动断层和可能发生严重次生灾害的区域。

过渡性安置点的规模应当适度，并采取相应的防灾、防疫措施，配套建设必要的基础设施和公共服务设施，确保受灾群众的安全和基本生活需要。

第六十一条 实施过渡性安置应当尽量保护农用地，并避免对自然保护区、饮用水水源保护区以及生态脆弱区域造成破坏。

过渡性安置用地按照临时用地安排，可以先行使用，事后依法办理有关用地手续；到期未转为永久性用地的，应当复垦后交还原土地使用者。

第六十二条 过渡性安置点所在地的县级人民政府，应当组织有关部门加强对次生灾害、饮用水水质、食品卫生、疫情等的监测，开展流行病学调查，整治环境卫生，避免对土壤、水环境等造成污染。

过渡性安置点所在地的公安机关，应当加强治安管理，依法打击各种违法犯罪行为，维护正常的社会秩序。

第六十三条 地震灾区的县级以上地方人民政府及其有关部门和乡、镇人民政府，应当及时组织修复毁损的农业生产设施，提供农业生产技术指导，尽快恢复农业生产；优先恢复供电、供水、供气等企业的生产，并对大型骨干企业恢复生产提供支持，为全面恢复农业、工业、服务业生产经营提供条件。

第六十四条 各级人民政府应当加强对地震灾后恢复重建工作的领导、组织和协调。

县级以上人民政府有关部门应当在本级人民政府领导下，按照职责分工，密切配合，采取有效措施，共同做好地震灾后恢复重建工作。

第六十五条 国务院有关部门应当组织有关专家开展地震活动对相关建设工程破坏机理的调查评估，为修订完善有关建设工程的强制性标准、采取抗震设防措施提供科学依据。

第六十六条 特别重大地震灾害发生后，国务院经济综合宏观调控部门会同国务院有关部门与地震灾区的省、自治区、直辖市人民政府共同组织编制地震灾后恢复重建规划，报国务院批准后组织实施；重大、较大、一般地震灾害发生后，由地震灾区的省、自治区、直辖市人民政府根据实际需要组织编制地震灾后恢复重建规划。

地震灾害损失调查评估获得的地质、勘察、测绘、土地、气象、水文、环境等基础资料和经国务院地震工作主管部门复核的地震动参数区划图，应当作为编制地震灾后恢复重建规划的依据。

编制地震灾后恢复重建规划，应当征求有关部门、单位、专家和公众特别是地震灾区受灾群众的意见；重大事项应当组织有关专家进行专题论证。

第六十七条 地震灾后恢复重建规划应当根据地质条件和地震活动断层分布以及资源环境承载能力，重点对城镇和乡村的布局、基础设施和公共服务设施的建设、防灾减灾和生态环境以及自然资源和历史文化遗产保护等作出安排。

地震灾区内需要异地新建的城镇和乡村的选址以及地震灾后重建工程的选址，应当符合地震灾后恢复重建规划和抗震设防、防灾减灾要求，避开地震活动断层或者生态脆弱和可能发生洪水、山体滑坡和崩塌、泥石流、地面塌陷等灾害的区域以及传染病自然疫源地。

第六十八条 地震灾区的地方各级人民政府应当根据地震灾后恢复重建规划和当地经济社会发展水平，有计划、分步骤地组织实施地震灾后恢复重建。

第六十九条 地震灾区的县级以上地方人民政府应当组织有关部门和专家，根据地震灾害损失调查评估结果，制定清理保护方案，明确典型地震遗址、遗迹和文物保护单位以及具有历史价值与民族特色的建筑物、构筑物的保护范围和措施。

对地震灾害现场的清理，按照清理保护方案分区、分类进行，并依照法律、行政法规和国家有关规定，妥善清理、转运和处置有关放射性物质、危险废物和有毒化学品，开展防疫工作，防止传染病和重大动物疫情的发生。

第七十条 地震灾后恢复重建，应当统筹安排交通、铁路、水利、电力、通信、供水、供电等基础设施和市政公用设施，学校、医院、文化、商贸服务、防灾减灾、环境保护等公共服务设施，以及住房和无障碍设施的建设，合理确定建设规模和时序。

乡村的地震灾后恢复重建，应当尊重村民意愿，发挥村民自治组织的作用，以群众自建为主，政府补助、社会帮扶、对口支援，因地制宜，节约和集约利用土地，保护耕地。

少数民族聚居的地方的地震灾后恢复重建，应当尊重当地群众的意愿。

第七十一条 地震灾区的县级以上地方人民政府应当组织有关部门和单位，抢救、保护与收集整理有关档案、资料，对因地震灾害遗失、毁损的档案、资料，及时补充和恢复。

第七十二条 地震灾后恢复重建应当坚持政府主导、社会参与和市场运作相结合的原则。

地震灾区的地方各级人民政府应当组织受灾群众和企业开展生产自救，自力更生、艰苦奋斗、勤俭节约，尽快恢复生产。

国家对地震灾后恢复重建给予财政支持、税收优惠和金融扶持，并提供物资、技术和人力等支持。

第七十三条 地震灾区的地方各级人民政府应当组织做好救助、救治、康复、补偿、抚慰、抚恤、安置、心理援助、法律服务、公共文化服务等工作。

各级人民政府及有关部门应当做好受灾群众的就业工作，鼓励企业、事业单位优先吸纳符合条件的受灾群众就业。

第七十四条 对地震灾后恢复重建中需要办理行政审批手续的事项，有审批权的人民政府及有关部门应当按照方便群众、简化手续、提高效率的原则，依法及时予以办理。

第七章 监 督 管 理

第七十五条 县级以上人民政府依法加强对防震减灾规划和地震应急预案的编制与实施、地震应急避难场所的设置与管理、地震灾害紧急救援队伍的培训、防震减灾知识宣传教育和地震应急救援演练等工作的监督检查。

县级以上人民政府有关部门应当加强对地震应急救援、地震灾后过渡性安置和恢复重建的物资的质量安全的监督检查。

第七十六条 县级以上人民政府建设、交通、铁路、水利、电力、地震等有关部门应当按照职责分工，加强对工程建设强制性标准、抗震设防要求执行情况和地震安全性评价工作的监督检查。

第七十七条 禁止侵占、截留、挪用地震应急救援、地震灾后过渡性安置和恢复重建的资金、物资。

县级以上人民政府有关部门对地震应急救援、地震灾后过渡性安置和恢复重建的资金、物资以及社会捐赠款物的使用情况，依法加强管理和监督，予以公布，并对资金、物资的筹集、分配、拨付、使用情况登记造册，建立健全档案。

第七十八条 地震灾区的地方人民政府应当定期公布地震应急救援、地震火后过渡性安置和恢复重建的资金、物资以及社会捐赠款物的来源、数量、发放和使用情况，接受社会监督。

第七十九条 审计机关应当加强对地震应急救援、地震灾后过渡性安置和恢复重建的资金、物资的筹集、分配、拨付、使用的审计，并及时公布审计结果。

第八十条 监察机关应当加强对参与防震减灾工作的国家行政机关和法律、法规授权的具有管理公共事务职能的组织及其工作人员的监察。

第八十一条 任何单位和个人对防震减灾活动中的违法行为，有权进行举报。

接到举报的人民政府或者有关部门应当进行调查，依法处理，并为举报人保密。

第八章 法 律 责 任

第八十二条 国务院地震工作主管部门、县级以上地方人民政府负责管理地震工作的部门或者机构，以及其他依照本法规定行使监督管理权的部门，不依法作出行政许可或者办理批准文件的，发现违法行为或者接到对违法行为的举报后不予查处的，或者有其他未依照本法规定履行职责的行为的，对直接负责的主管人员和其他直接责任人员，依法给予处分。

第八十三条 未按照法律、法规和国家有关标准进行地震监测台网建设的，由国务院地震工作主管部门或者县级以上地方人民政府负责管理地震工作的部门或者机构责令改正，采取相应的补救措施；对直接负责的主管人员和其他直接责任人员，依法给予处分。

第八十四条 违反本法规定，有下列行为之一的，由国务院地震工作主管部门或者县级以上地方人民政府负责管理地震工作的部门或者机构责令停止违法行为，恢复原状或者采取其他补救措施；造成损失的，依法承担赔偿责任：

（一）侵占、毁损、拆除或者擅自移动地震监测设施的；

（二）危害地震观测环境的；

（三）破坏典型地震遗址、遗迹的。

单位有前款所列违法行为，情节严重的，处二万元以上二十万元以下的罚款；个人有前款所列违法行为，情节严重的，处二千元以下的罚款。构成违反治安管理行为的，由公安机关依法给予处罚。

第八十五条 违反本法规定，未按照要求增建抗干扰设施或者新建地震监测设施的，由国务院地震工作主管部门或者县级以上地方人民政府负责管理地震工作的部门或者机构责令限期改正；逾期不改正的，处二万元以上二十万元以下的罚款；造成损失的，依法承担赔偿责任。

第八十六条 违反本法规定，外国的组织或者个人未经批准，在中华人民共和国领域和中华人民共和国管辖的其他海域从事地震监测活动的，由国务院地震工作主管部门责令停止违法行为，没收监测成果和监测设施，并处一万元以上十万元以下的罚款；情节严重的，并处十万元以上五十万元以下的罚款。

外国人有前款规定行为的，除依照前款规定处罚外，还应当依照外国人入境出境管理法律的规定缩短其在中华人民共和国停留的期限或者取消其在中华人民共和国居留的资格；情节严重的，限期出境或者驱逐出境。

第八十七条 未依法进行地震安全性评价，或者未按照地震安全性评价报告所确定的抗震设防要求进行抗震设防的，由国务院地震工作主管部门或者县级以上地方人民政府负责管理地震工作的部门或者机构责令限期改正；逾期不改正的，处三万元以上三十万元以下的罚款。

第八十八条 违反本法规定，向社会散布地震预测意见、地震预报意见及其评审结果，或者在地震灾后过渡性安置、地震灾后恢复重建中扰乱社会秩序，构成违反治安管理行为的，由公安机关依法给予处罚。

第八十九条 地震灾区的县级以上地方人民政府迟报、谎报、瞒报地震震情、灾情等信息的，由上级人民政府责令改正；对直接负责的主管人员和其他直接责任人员，依法给予处分。

第九十条 侵占、截留、挪用地震应急救援、地震灾后过渡性安置或者地震灾后恢复重建的资金、物资的，由财政部门、审计机关在各自职责范围内，责令改正，追回被侵占、截留、挪用的资金、物资；有违法所得的，没收违法所得；对单位给予警告或者通报批评；对直接负责的主管人员和其他直接责任人员,依法给予处分。

第九十一条 违反本法规定,构成犯罪的,依法追究刑事责任。

第九章 附 则

第九十二条 本法下列用语的含义:

(一)地震监测设施,是指用于地震信息检测、传输和处理的设备、仪器和装置以及配套的监测场地。

(二)地震观测环境,是指按照国家有关标准划定的保障地震监测设施不受干扰、能够正常发挥工作效能的空间范围。

(三)重大建设工程,是指对社会有重大价值或者有重大影响的工程。

(四)可能发生严重次生灾害的建设工程,是指受地震破坏后可能引发水灾、火灾、爆炸,或者剧毒、强腐蚀性、放射性物质大量泄漏,以及其他严重次生灾害的建设工程,包括水库大坝和贮油、贮气设施,贮存易燃易爆或者剧毒、强腐蚀性、放射性物质的设施,以及其他可能发生严重次生灾害的建设工程。

(五)地震烈度区划图,是指以地震烈度(以等级表示的地震影响强弱程度)为指标,将全国划分为不同抗震设防要求区域的图件。

(六)地震动参数区划图,是指以地震动参数(以加速度表示地震作用强弱程度)为指标,将全国划分为不同抗震设防要求区域的图件。

(七)地震小区划图,是指根据某一区域的具体场地条件,对该区域的抗震设防要求进行详细划分的图件。

第九十三条 本法自 2009 年 5 月 1 日起施行。

附录 3-4-2 超限高层建筑工程抗震设防管理规定

(2002 年 7 月 25 日建设部令第 111 号)

《超限高层建筑工程抗震设防管理规定》已经 2002 年 7 月 11 日建设部第 61 次常务会议审议通过,现予发布,自 2002 年 9 月 1 日起施行。

部长 汪光焘

二〇〇二年七月二十五日

超限高层建筑工程抗震设防管理规定

第一条 为了加强超限高层建筑工程的抗震设防管理,提高超限高层建筑工程抗震设计的可靠性和安全性,保证超限高层建筑工程抗震设防的质量,根据《中华人民共和国建筑法》、《中华人民共和国防震减灾法》、《建设工程质量管理条例》、《建设工程勘察设计管理条例》等法律、法规,制定本规定。

第二条 本规定适用于抗震设防区内超限高层建筑工程的抗震设防管理。

本规定所称超限高层建筑工程,是指超出国家现行规范、规程所规定的适用高度和适用结构类型的高层建筑工程,体型特别不规则的高层建筑工程,以及有关规范、规程规定应当进行抗震专项审查的高层建筑工程。

第三条 国务院建设行政主管部门负责全国超限高层建筑工程抗震设防的管理工作。

省、自治区、直辖市人民政府建设行政主管部门负责本行政区内超限高层建筑工程抗震设防的管理工作。

第四条 超限高层建筑工程的抗震设防应当采取有效的抗震措施,确保超限高层建筑工程达到规范规定的抗震设防目标。

第五条 在抗震设防区内进行超限高层建筑工程的建设时，建设单位应当在初步设计阶段向工程所在地的省、自治区、直辖市人民政府建设行政主管部门提出专项报告。

第六条 超限高层建筑工程所在地的省、自治区、直辖市人民政府建设行政主管部门，负责组织省、自治区、直辖市超限高层建筑工程抗震设防专家委员会对超限高层建筑工程进行抗震设防专项审查。

审查难度大或审查意见难以统一的，工程所在地的省、自治区、直辖市人民政府建设行政主管部门可请全国超限高层建筑工程抗震设防专家委员会提出专项审查意见，并报国务院建设行政主管部门备案。

第七条 全国和省、自治区、直辖市的超限高层建筑工程抗震设防审查专家委员会委员分别由国务院建设行政主管部门和省、自治区、直辖市人民政府建设行政主管部门聘任。

超限高层建筑工程抗震设防专家委员会应当由长期从事并精通高层建筑工程抗震的勘察、设计、科研、教学和管理专家组成，并对抗震设防专项审查意见承担相应的审查责任。

第八条 超限高层建筑工程的抗震设防专项审查内容包括：建筑的抗震设防分类、抗震设防烈度（或者设计地震动参数）、场地抗震性能评价、抗震概念设计、主要结构布置、建筑与结构的协调、使用的计算程序、结构计算结果、地基基础和上部结构抗震性能评估等。

第九条 建设单位申报超限高层建筑工程的抗震设防专项审查时，应当提供以下材料：

（一）超限高层建筑工程抗震设防专项审查表；

（二）设计的主要内容、技术依据、可行性论证及主要抗震措施；

（三）工程勘察报告；

（四）结构设计计算的主要结果；

（五）结构抗震薄弱部位的分析和相应措施；

（六）初步设计文件；

（七）设计时参照使用的国外有关抗震设计标准、工程和震害资料及计算机程序；

（八）对要求进行模型抗震性能试验研究的，应当提供抗震试验研究报告。

第十条 建设行政主管部门应当自接到抗震设防专项审查全部申报材料之日起 25 日内，组织专家委员会提出书面审查意见，并将审查结果通知建设单位。

第十一条 超限高层建筑工程抗震设防专项审查费用由建设单位承担。

第十二条 超限高层建筑工程的勘察、设计、施工、监理，应当由具备甲级（一级及以上）资质的勘察、设计、施工和工程监理单位承担，其中建筑设计和结构设计应当分别由具有高层建筑设计经验的一级注册建筑师和一级注册结构工程师承担。

第十三条 建设单位、勘察单位、设计单位应当严格按照抗震设防专项审查意见进行超限高层建筑工程的勘察、设计。

第十四条 未经超限高层建筑工程抗震设防专项审查，建设行政主管部门和其他有关部门不得对超限高层建筑工程施工图设计文件进行审查。

超限高层建筑工程的施工图设计文件审查应当由经国务院建设行政主管部门认定的具有超限高层建筑工程审查资格的施工图设计文件审查机构承担。

施工图设计文件审查时应当检查设计图纸是否执行了抗震设防专项审查意见；未执行专项审查意见的，施工图设计文件审查不能通过。

第十五条 建设单位、施工单位、工程监理单位应当严格按照经抗震设防专项审查和施工图设计文件审查的勘察设计文件进行超限高层建筑工程的抗震设防和采取抗震措施。

第十六条 对国家现行规范要求设置建筑结构地震反应观测系统的超限高层建筑工程，建设单位应当按照规范要求设置地震反应观测系统。

第十七条 建设单位违反本规定，施工图设计文件未经审查或者审查不合格，擅自施工的，责令改正,处以 20 万元以上 50 万元以下的罚款。

第十八条 勘察、设计单位违反本规定,未按照抗震设防专项审查意见进行超限高层建筑工程勘察、设计的,责令改正,处以 1 万元以上 3 万元以下的罚款;造成损失的,依法承担赔偿责任。

第十九条 国家机关工作人员在超限高层建筑工程抗震设防管理工作中玩忽职守,滥用职权,徇私舞弊,构成犯罪的,依法追究刑事责任;尚不构成犯罪的,依法给予行政处分。

第二十条 省、自治区、直辖市人民政府建设行政主管部门,可结合本地区的具体情况制定实施细则,并报国务院建设行政主管部门备案。

第二十一条 本规定自 2002 年 9 月 1 日起施行。1997 年 12 月 23 日建设部颁布的《超限高层建筑工程抗震设防管理暂行规定》(建设部令第 59 号)同时废止。

附录 3-4-3 抗震设防区划编制工作暂行规定(试行)

(1995 年 12 月 27 日建抗 [1995] 22 号)

一、总则

第一条 为合理地确定位于地震烈度 6 度以上(含 6 度)的城市、企业和各类远离城市的开发区(含经济技术开发区、高新技术开发区、旅游度假开发区等)范围内可能遭受的地震作用强度的分布,为城市、企业和各类开发区抗震设防和工程抗震设计提供科学依据,制定本规定。

第二条 城市抗震设防区划由城市抗震主管部门组织编制;企业抗震设防区划由企业主管部门组织编制;各类开发区的抗震设防区划由开发区所在地抗震主管部门会同有关部门组织编制。

第三条 抗震设防区划的编制范围不应小于城市、独立工矿区和开发区总体规划中规定的范围。

第四条 编制抗震设防区划时应根据城市、企业和开发区的总体布局以及地震地质、工程地质、水文地质、地形地貌、土质和土层分布状况、工程建设现状与发展趋势及历史地震影响对编制范围以内的设计地震动和场地地震效应进行综合评价和分区。

第五条 编制抗震设防区划时应充分收集现有资料,必要时可适当补充现场测试资料,以保证抗震设防区划质量。

第六条 本规定根据城市规模、远离城市规划区的企业和开发区的规模及重要性分为甲、乙、丙三种模式。

第七条 本规定规定了甲、乙、丙三种模式抗震设防区划编制的基本要求、主要内容、编制途径和成果表述等。

第八条 本规定只涉及与抗震设防区划编制有关的内容,抗震设防的其他内容可参照其他有关的标准和规定执行。

二、编制原则与要求

第九条 抗震设防区划的编制模式按以下原则确定:

省会城市、百万人口以上的城市以及远离城市规划区的国家级开发区应按甲类模式编制。

50 万以上百万以下人口的城市、国家重点抗震城市、远离城市规划区的省级及省级以下开发和大型独立工矿区按乙类模式编制。

其他城市和独立工矿区按丙类模式编制。

第十条 抗震设防区划宜根据编制模式、资料完整性与相互匹配的程度等方面综合确定编制途径。

第十一条 设计地震动分区编制途径的选择原则:

甲类模式宜选择具有个同概率水准的基岩地震动进行土层动力反应分析。

乙类模式宜采用土层动力反应分析或多途径综合评定方法进行场地定量的分析。

丙类模式可以国家标准和有关规范标准中场地抗震性能评价方法为基础进行综合分析。

第十二条　场地破坏效应分区编制途径的选择原则：

甲类模式宜采用确定性分析方法与概率分析方法相结合的途径进行综合评价，并应用若干不同的方法相互比较和校核。

乙类模式宜采用至少一种以上的定量方法进行综合评价。

丙类模式宜采用与评价资料相适应的合理方法进行评价。

第十三条　抗震设防区划的控制钻孔应满足以下要求：

甲类模式一般要求每平方公里至少应有两个工程或水文地质钻孔，同时不同地貌单元或地质单元不应小于三个达到基岩或剪切波速达到大于500m/s的坚硬土层的剪切波速控制钻孔，当地质条件较为复杂时，应适当增加控制钻孔的数量；

乙类模式每平方公里至少应有一个工程或水文地质钻孔，同时不同地貌单元或地质单元不应小于两个达到基岩或剪切波速达到大于500m/s的坚硬土层的剪切波速控制钻孔；

丙类模式要求每个地貌单元或地质单元至少有一个剪切波速钻孔作为控制钻孔；

第十四条　甲类模式使用的典型土剪切模量比和阻尼比与剪应变的关系曲线应采用试验数据；其他模式宜采用试验数据，当条件不允许时，也可选择适宜的经验数据。

第十五条　设计地震动采用土层动力反应分析法确定时，基岩输入反应谱的确定宜遵循以下原则：

甲类模式应考虑区域地震环境的综合影响，采用概率水准的基岩反应谱作为输入。

其他模式基岩反应谱可根据城市、企业和开发区的设防烈度和地震环境综合确定，也可采用有关标准和规范中规定的基岩反应谱。

三、编制内容

第十六条　抗震设防区划应包括设计地震动和场地破坏效应分区以及土地利用等三方面的定量和定性综合评价结果。

第十七条　设计地震动分区及设计地震动选择应符合下列要求：

甲类模式应包括不同设防水准的设计地震动分区以及设计反应谱和设计地震波。

乙类模式应包括基本设防水准的设计地震动分区以及设计反应谱。

丙类模式应包括场地类别分区以及相应的设计地震动参数或设防烈度。

第十八条　场地破坏效应分区及评价应符合下列要求：

甲类模式应包括不同设防水准的场地破坏效应（液化、破裂、稳定性等）的分布和破坏效应程度评价结果。

乙类模式应包括基本设防水准及罕遇地震影响下的场地破坏效应分布和破坏效应程度的评价。

丙类模式应包括基本设防水准下场地破坏效应。

第十九条　土地利用规划应包括以下内容：

甲类模式应包括土地利用分区以及各类建筑在不同分区中与设计地震动相配套的设计原则、一般规定和构造要求。

乙类模式应包括土地利用分区以及各类建筑在分区中与现行抗震设计规范相对应的基本要求和构造措施。

丙类模式应包括场地抗震有利、不利或危险地段的划分及土地利用建议。

四、成果表述

第二十条　成果应以文字和图表相结合的方式来表述。成果一般包括区划正文、区划正文说明及附件等。

正文是抗震设防区划的依据，按不同模式的内容要求，用文字和必要的图表表述。正文说明是对区划正文中的主要成果、结论及主要依据的必要说明。附件主要包括基础资料、背景材料和专项报告等。

第二十一条　图表部分可分为基础图表和成果图表两部分：

成果图表应能够反映评价和分区的主要成果，表达方式应简单明了，便于技术人员使用，一般纳入区划正文。

基础图表可主要反映抗震设防区划编制过程中的各种中间结果，一般纳入附件。

成果图件一般不小于1∶25000的比例尺，基础图件的比例尺应能满足正确反映表述内容和精度的需要。

第二十二条 设计地震动的地区变化规律可根据具体情况采用适当的方式表述。

甲类模式一般宜采用地面加速度及特征周期两个参数来表述。当控制点较密时，可采用等值线形式。

乙类模式一般宜采用地面加速度或最大地震影响系数及特征周期的分区图来表述。

丙类模式一般可采用综合分区的方式来表述。

第二十三条 各类模式的设计地震动分区相对应的设计反应谱的标定宜考虑实际应用的可操作性。

第二十四条 抗震设防区划中场地破坏效应分区一般宜采用各种破坏效应单独表述的方式。

第二十五条 土地利用分区或场地选择分区宜采用多种场地效应综合分区的形式加以体现。

第二十六条 为方便应用，宜建立抗震设防区划计算机查询管理系统。

五、审批及管理

第二十七条 抗震设防区划编制完成后，应报请相应的上级抗震防灾主管部门组织有关专家评审，评审通过后按规定报相应的主管部门审批。

第二十八条 抗震设防区划审批应符合以下分级管理的要求。

甲类模式的抗震设防区划由省、自治区、直辖市建委(建设厅)预审同意后，报建设部审批。

乙、丙类模式的城市抗震设防区划由省、自治区、直辖市建委(建设厅)审批，其中乙类模式的城市抗震设防区划尚应报建设部备案。

企业抗震设防区划由有关行业主管部门审批，并报建设部备案。

第二十九条 抗震设防区划的成果和基础资料应建档长期保存。

第三十条 抗震设防区划应根据建设的发展和技术进步定期修改完善。

第三十一条 本规定由建设部负责解释。

第三十二条 本规定自颁布之日起执行。

一九九五年十二月二十七日

(建抗〔1995〕22号文通知)

附录3-4-4 中华人民共和国国家标准

中国地震动参数区划图 GB 18306

1 范 围

本标准给出了中国地震动参数区划图及其技术要素和使用规定。

本标准适用于新建、改建、扩建一般建设工程抗震设防，以及编制社会经济发展和国土利用规划。

2 定 义

本标准采用下列定义。

2.1 地震动参数区划 seismic ground motion parameter zonanon.

以地震动峰值加速度和地震动反应谱特征周期为指标，将国土划分为不同抗震设防要求的区域。

2.2 地震动峰值加速度 seismic peak ground acceleration

与地震动加速度反应谱最大值相应的水平加速度。

2.3 地震动反应谱特征周期 characteristic period of the seismic response spectrum

地震动加速度反应谱开始下降点的周期。

2.4　超越概率 probability of exceedance

某场地可能遭遇大于或等于给定的地震动参数值的概率。

2.5　抗震设防要求 requirements for seismic resistance；requirement for fortificationagainst earthquake

建设工程抗御地震破坏的准则和在一定风险水准下抗震设计采用的地震烈度或者地震动参数。

3　技　术　要　素

3.1　《中国地震动峰值加速度区划图》和《中国地震动反应谱特征周期区划图》的比例尺为1∶400万。

3.2　《中国地震动峰值加速度区划图》和《中国地震动反应谱特征周期区划图》的设防水准为50年超越概率10%。

3.3　《中国地震动峰值加速度区划图》和《中国地震动反应谱特征周期区划图》的场地条件为平坦稳定的一般(中硬)场地。

3.4　《地震动反应谱特征周期调整表》采用四类场地划分。

4　使　用　规　定

4.1　新建、扩建、改建一般建设工程的抗震设计和已建一般建设工程的抗震鉴定与加固必须按本标准规定的抗震设防要求进行。

4.2　本标准的附录A、附录B的比例尺为1∶400万，不应放大使用。

4.3　下列工程或地区的抗震设防要求不应直接采用本标准，需做专门研究：

a) 抗震设防要求高于本地震动参数区划图抗震设防要求的重大工程、可能发生严重次生灾害的工程、核电站和其他有特殊要求的核设施建设工程；

b) 位于地震动参数区划分界线附近的新建、扩建、改建建设工程；

c) 某些地震研究程度和资料详细程度较差的边远地区；

d) 位于复杂工程地质条件区域的大城市、大型厂矿企业、长距离生命线工程以及新建开发区等。

附录A
(标准的附录)
中国地震动峰值加速度区划图(见图A1)
附录B
(标准的附录)
中国地震动反应谱特征周期区划图(见图B1)
附录C
(标准的附录)
地震动反应谱特征周期调整表(见表C1)

中国地震动反应谱特征周期调整表　　　　　　　　　　表C1

特征周期分区	场地类型划分			
	坚　硬	中　硬	中　软	软　弱
1区	0.25	0.35	0.45	0.65
2区	0.30	0.40	0.55	0.75
3区	0.35	0.45	0.65	0.90

附录 D
（提示的附录）
关于地震基本烈度向地震动参数过渡的说明

本标准直接采用地震动参数（地震动峰值加速度和地震动反应谱特征周期），不再采用地震基本烈度。现行有关技术标准中涉及地震基本烈度概念的，应逐步修正。在技术标准等尚未修订（包括局部修订）之前，可以参照下述方法确定：

a) 抗震设计验算直接采用本标准提供的地震动参数；

b) 当涉及地基处理、构造措施或其他防震减灾措施时，地震基本烈度数值可由本标准查取地震动峰值加速度并按表 D1 确定，也可根据需要做更细致的划分。

地震动峰值加速度分区与地震基本烈度对照表   **表 D1**

地震动峰值加速度分区(g)	<0.05	0.05	0.1	0.15	0.2	0.3	≥0.4
地震基本烈度值	<Ⅵ	Ⅵ	Ⅶ	Ⅶ	Ⅷ	Ⅷ	≥Ⅸ

附录 3-4-5　地震基本烈度 10 度区建筑抗震设防暂行规定

（1989 年 9 月 12 日 ［89］建抗字第 426 号）

我国地震基本烈度 10 度及以上地震区（以下简称 10 度区），虽然只占全国国土面积的百分之一点五左右，但这些地区仍有可能进行建设，而现行《建筑抗震设计规范》GBJ 11（以下简称"抗震规范"）未做具体规定。为满足 10 度区抗震设计的需要，特做如下规定：

一、10 度区一般是七级以上强震的震中地区，新建工程也应严加控制。必须建设时，应由省、部抗震主管部门审查、批准。

二、10 度区工程建设的设防标准是：按本规定设计的建筑物，当遭遇到 10 度地震影响时，不致造成严重破坏以至倒塌，避免造成人员死亡。

三、10 度区的重要建筑抗震设计需经抗震主管部门组织专家审查。

四、10 度区建筑应符合以下基本要求：

1. 应特别注意选择对抗震有利的场地，避免因高烈度地区地质、地形、地貌变化而加重建筑物震害。

2. 应采取整体性和刚性好的基础，对软弱黏性土、液化土、新近填土或不均匀土层，必须处理或采取相应的措施。

3. 应严格遵守平面、立面简单，重量、刚度均匀对称等建筑布置原则。限制建筑物高度，严禁修建高层建筑。

4. 应选择合理的抗震结构体系，采用多道设防的结构，加强整体性，提高变形和耗能能力。

5. 严禁修建女儿墙、门脸等易倒塌的装饰物，应加强其他非结构构件与主体结构的锚固和联结，防止倒塌和坠落。

五、10 度区建筑结构设计应符合下列要求：

1. 多层砖房总高度不应超过 9m（3 层），并须设置钢筋混凝土构造柱和现浇或装配整体式楼（屋）盖。

2. 钢筋混凝土的房屋应设置剪力墙，不应采用框支结构，应采用现浇或装配整体式楼（屋）盖。

六、10 度区建筑物的地震作用和截面抗震验算均按"抗震规范"的有关规定执行，但水平和竖向地震影响系数最大值分别取 9 度时的 1.5 倍和 1.8 倍。反应谱曲线按近震时取用。

七、10 度区建筑的抗震构造措施，应根据"抗震规范"的建筑物类别区别对待。可暂按 9 度区的构造措施采用或加强。

建设部

1989 年 9 月 12 日

附录 3-4-6 建筑地震破坏等级划分标准

第一章 总 则

第 1.1 条 为判别建筑的地震破坏程度、估算直接经济损失、提供抢修排险和恢复重建的技术经济依据，特制定本标准。

第 1.2 条 凡破坏性地震发生后，各地区、各部门必须按本标准规定，统计建筑震害和估算直接经济损失，并按本标准附表汇总。

第 1.3 条 本标准适用于多层砖房、钢筋混凝土框架房屋、底层框架和多层内框架砖房、单层工业厂房、单层空旷房屋、民房、烟囱、水塔等建筑的地震破坏等级划分。对装修占建筑造价总费用较高的房屋，应做专门的研究。

第 1.4 条 建筑地震破坏等级的划分，应符合下列基本原则：

一、对各种类型的建筑，应按不同的结构特点划分地震破坏等级。

二、确定建筑地震破坏程度时，应以承重构件的破坏程度为主。

三、建筑地震破坏程度的判别，应引入相应的数量概念。

四、建筑地震破坏等级的划分，应考虑修复的难易程度、是否可使用及直接经济损失的大小。

五、建筑地震破坏等级的划分，应以建筑直接遭受的地震破坏为依据。震前已有其他原因造成的损坏，在评定地震破坏等级时不应考虑在内。

第 1.5 条 建筑的地震破坏可划分为基本完好(含完好)、轻微损坏、中等破坏、严重破坏、倒塌五个等级。其划分标准如下：

一、基本完好：承重构件完好；个别非承重构件轻微损坏；附属构件有不同程度破坏。一般不需修理即可继续使用。

二、轻微损坏：个别承重构件轻微裂缝，个别非承重构件明显破坏；附属构件有不同程度的破坏；不需修理或需稍加修理，仍可继续使用。

三、中等破坏：多数承重构件轻微裂缝，部分明显裂缝；个别非承重构件严重破坏。需一般修理，采取安全措施后可适当使用。

四、严重破坏：多数承重构件严重或部分倒塌，应采取排险措施；需大修、局部拆除。

五、倒塌：多数承重构件倒塌，需拆除。

注：本标准以下各章，均略去关于使用和修理的规定。

第二章 多 层 砖 房

第 2.1 条 本章适用于二层以上普通黏土砖砌体承重房屋。

第 2.2 条 评定多层砖房的地震破坏时，应着重检查承重墙体和屋盖，并检查非承重墙体和附属构件。

第 2.3 条 多层砖房的地震破坏等级应按下列标准划分：

一、基本完好：承重墙体完好，个别轻微裂缝；屋盖完好；附属构件有不同程度的破坏。

二、轻微损坏：部分承重墙体轻微裂缝；屋盖完好或轻微损坏；出屋面小建筑、楼梯间墙体明显裂缝；个别非承重构件明显破坏；附属构件开裂或倒塌。

三、中等破坏：个别承重墙体严重裂缝或倒塌，部分墙体明显裂缝；个别屋盖构件塌落；个别非承重构件严重裂缝或局部酥碎。

四、严重破坏：多数承重墙体明显裂缝，部分墙体严重裂缝，局部酥碎或倒塌；部分楼、屋盖塌落；非承重墙体成片倒塌。

五、倒塌：房屋残留部分不足 50%。

第三章　钢筋混凝土框架房屋

第 3.1 条　本章适用于钢筋混凝土框架（包括填充墙框架）房屋。

第 3.2 条　评定钢筋混凝土框架房屋地震破坏时，应着重检查框架柱，并检查框架梁和墙体（填充墙）。

第 3.3 条　多层钢筋混凝土框架房屋的地震破坏等级应按下列标准划分：

一、基本完好：框架柱、梁完好、个别墙体与柱连接处开裂。

二、轻微损坏：个别框架柱、梁轻微裂缝；部分墙体明显裂缝；出屋面小建筑明显破坏。

三、中等破坏：部分框架柱轻微裂缝或个别柱明显裂缝；个别墙体严重裂缝或局部酥碎。

四、严重破坏：部分框架柱，主筋压屈、混凝土酥碎、崩落；部分楼层倒塌。

五、倒塌：房屋框架残留部分不足 50%。

第四章　底层框架和多层内框架砖房

第 4.1 条　本章适用于底层框架和多层内框架砖房。

第 4.2 条　评定底层框架砖房地震破坏时，应着重检查承重墙体和底层框架柱，并检查框架梁和非承重墙体。

第 4.3 条　底层框架砖房的地震破坏等级应按下列标准划分：

一、基本完好：承重墙体完好，底层框架柱、梁完好；非承重墙体轻微裂缝。

二、轻微损坏：个别承重墙轻微裂缝，底层个别框架柱、梁轻微裂缝；出屋面小建筑、楼梯间墙体明显裂缝；部分非承重墙体明显裂缝。

三、中等破坏：部分承重墙体明显破坏；底层部分框架柱轻微裂缝或个别明显裂缝，个别非承重墙体严重裂缝。

四、严重破坏：多数承重墙体明显裂缝，部分严重裂缝、局部酥碎或倒塌；底层部分柱主筋压屈、混凝土酥碎、崩落；部分楼、屋盖塌落。

五、倒塌：底层倒塌或房屋残留部分不足 50%。

第 4.4 条　评定多层内框架砖房的地震破坏时，应着重检查承重墙体，并检查内框架柱、梁和非承重墙体。

第 4.5 条　多层内框架砖房的地震破坏等级应按下列规定划分：

一、基本完好：承重墙体完好；内框架柱、梁完好；个别非承重墙体轻微裂缝。

二、轻微损坏：部分承重墙体轻微裂缝或个别明显裂缝；内框架柱、梁完好；出屋面小建筑明显破坏；非承重墙体明显裂缝或个别严重裂缝或局部酥碎。

三、中等破坏：部分承重墙体明显裂缝；内框架柱轻微裂缝；非承重墙体严重裂缝或局部酥碎。

四、严重破坏：多数承重墙体严重裂缝或局部倒塌；部分内框架柱主筋压屈、混凝土酥碎崩落；部分楼、屋盖塌落。

五、倒塌：多数墙体倒塌，部分内框架梁和板塌落。

第五章　单层工业厂房

第5.1条　本章适用于单层钢筋混凝土柱厂房和单层砖柱(墙垛)仓库、厂房等。

第5.2条　评定单层钢筋混凝土柱厂房的地震破坏时,应着重检查屋盖、柱及其连接,并检查天窗架,柱间支撑和墙体(围护墙)。

第5.3条　单层钢筋混凝土柱厂房的地震破坏等级应按下列标准划分:

一、基本完好:屋盖构件、柱完好;支撑完好;个别墙体轻微裂缝。

二、轻微损坏:部分屋面构件连接松动;柱完好;个别天窗架明显破坏;支撑完好;部分墙体明显裂缝或掉砖。

三、中等破坏:屋面板错位,个别塌落;部分柱轻微裂缝;部分天窗架竖向支撑压屈;部分柱间支撑明显破坏;部分墙体倒塌。

四、严重破坏:部分屋架塌落;部分柱明显破坏;部分支撑压屈或节点破坏。

五、倒塌:多数屋盖塌落;多数柱折断。

第5.4条　评定单层砖柱厂房地震破坏时,应着重检查砖柱(墙垛,下同)、墙体,并检查屋盖及其与柱的连接。

第5.5条　单层砖柱厂房的地震破坏等级应按下列标准划分:

一、基本完好:柱完好;山墙、围护墙轻微裂缝;屋面与柱连接松动,溜瓦。

二、轻微损坏:个别柱、墙轻微裂缝;个别屋面与柱连接处位移。

三、中等破坏:部分柱、墙明显裂缝;山尖墙局部塌落;个别屋面构件塌落。

四、严重破坏:多数砖柱、墙严重裂缝或局部酥碎;部分屋盖塌落。

五、倒塌:多数柱、墙倒塌。

第六章　单层空旷房屋

第6.1条　本章适用于影剧院、俱乐部等。

第6.2条　评定单层空旷房屋地震破坏时,应着重检查大厅与前、后厅连接处和大厅与前、后厅的承重墙体,并检查舞台口悬墙、屋盖。

第6.3条　单层空旷房屋的地震破坏等级应按下列标准划分:

一、基本完好:大厅与前、后厅个别连接处墙轻微裂缝;承重墙、柱完好。

二、轻微损坏:大厅与前、后厅部分连接处墙轻微裂缝;个别承重墙、柱轻微裂缝。

三、中等破坏:大厅与前、后厅连接处墙明显裂缝;部分承重墙、柱明显裂缝、山尖墙局部塌落;舞台口承重悬墙严重裂缝。

四、严重破坏:多数承重墙、柱严重裂缝;部分屋盖塌落。

五、倒塌:房屋残留部分不足50%。

第七章　民　　房

第7.1条　本章适用于未经正规设计的木柱、砖柱、土坯墙、空斗墙和砖墙承重的房屋,包括老旧的木楼板砖房等二层以下民用居住建筑。

第7.2条　评定民房的地震破坏时,应着重检查木柱、砖柱、承重的墙体和屋盖,并检查非承重墙体和附属构件。

第7.3条　民房的地震破坏等级应按下列标准划分:

一、基本完好:木柱、砖柱、承重的墙体完好;屋面溜瓦;非承重墙体轻微裂缝;附属构件有不同程度破坏。

二、轻微损坏:木柱、砖柱及承重的墙体完好或部分轻微裂缝;非承重墙体多数轻微裂缝,个别明显裂缝；山墙轻微外闪或掉砖；附属构件严重裂缝或塌落。

三、中等破坏：木柱、砖柱及承重墙体多数轻微破坏或部分明显破坏；个别屋面构件塌落；非承重墙体明显破坏。

四、严重破坏：木柱倾斜，砖柱及承重墙体多数明显破坏或部分严重裂缝；承重屋架或檩条断落引起部分屋面塌落；非承重墙体多数严重裂缝或倒塌。

五、倒塌：木柱多数折断或倾倒，砖柱及承重墙体多数塌落。

第八章　烟囱和水塔

第8.1条　本章适用于普通类型的独立黏土砖烟囱和砖筒、砖柱支承水塔。

第8.2条　评定独立砖烟囱的地震破坏时，应着重检查烟囱的上部各部位。

第8.3条　砖烟囱的地震破坏等级应按下列标准划分：

一、基本完好：完好或上部轻微裂缝。

二、轻微损坏：上部轻微裂缝。

三、中等破坏：明显裂缝或轻微错位，顶部有局部剥落。

四、严重破坏：筒身断裂、严重错位或掉头。

五、倒塌：筒身折断，残留部分严重错位或酥裂。

第8.4条　评定砖支承水塔的地震破坏时，应着重检查砖筒、砖柱。

第8.5条　砖支承水塔的地震破坏等级应按下列标准划分：

一、基本完好：砖筒或柱完好。

二、轻微损坏：砖筒个别部位或个别砖柱轻微裂缝。

三、中等破坏：砖筒或部分柱明显裂缝。

四、严重破坏：筒壁严重裂缝并错位，多数砖柱严重裂缝或酥碎；zk柜移位。

五、倒塌：水柜塌落。

第九章　建筑直接经济损失估算

第9.1条　建筑地震破坏的直接经济损失，应按建筑现造价并考虑其老旧程度适当折减进行计算。

第9.2条　单个建筑各破坏等级的直接经济损失，可按建筑现造价的下列百分比采用：

1. 基本完好：0%～2%，平均取1%；其中完好者取0%。

2. 轻微损坏：2%～10%，平均取6%。

3. 中等破坏：10%～30%，平均取20%。

4. 严重破坏：30%～70%，平均取50%。

5. 倒塌：70%～100%，平均取85%。

第9.3条　建筑损失的老旧程度折减系数，应按下列规定采用：

一、单个建筑的老旧程度折减系数，可取下列数值：

1. 建成10年以内者，取0.9～1.0；

2. 建成10～25年者，取0.7～0.9；

3. 建成25～50年者，取0.5～0.7；

4. 建成50年以上者，取0.2～0.5；破旧危房宜取下限。

二、每类建筑的平均老旧程度折减系数，可按下列方法计算：

1. 求出不同建成年限建筑在该类建筑所占的比例；一般房屋以面积计算，烟囱、水塔以个数计算；

2. 将上述比例分别乘以相应的老旧程度折减系数，求和后得到平均的老旧程度折减系数。

第9.4条　每类建筑地震破坏的直接经济损失，可按下列方法计算：

一、将不同破坏等级的实际面积（或个数）分别乘以本章第9.2条规定的平均损失百分比，得到相应的损失面积（或个数），求和后得到总损失面积；

二、将总损失面积乘以平均单位现造价，再乘以本章第 9.3 条规定的平均老旧程度折减系数，得到该类建筑地震破坏的直接经济损失。

第 9.5 条　一个地区（城镇、小区、乡、村），建筑地震破坏总的直接经济损失，是该地区各类建筑地震破坏直接经济损失的总和。

第十章　附　　则

第 10.1 条　本标准下列用语的含义是：

一、承重构件：承受竖向荷载的构件；

二、非承重构件：隔墙、填充墙、围护墙等；

三、附属构件：出屋面小烟囱、女儿墙及其他装饰构件。

第 10.2 条　本标准涉及破坏数量的用词：

个别：是指 5% 以下；

部分：是指 30% 以下；

多数：是指超过 50%。

第 10.3 条　各省、自治区、直辖市和国务院有关部、委、局的抗震防灾主管部门，可结合本部门的具体情况，制定实施细则，并报建设部备案。

第 10.4 条　本标准自颁布之日起执行。

附录 3-4-7　中华人民共和国突发事件应对法

（2007 年 8 月 30 日中华人民共和国主席令第 69 号）

第一章　总　　则

第一条　为了预防和减少突发事件的发生，控制、减轻和消除突发事件引起的严重社会危害，规范突发事件应对活动，保护人民生命财产安全，维护国家安全、公共安全、环境安全和社会秩序，制定本法。

第二条　突发事件的预防与应急准备、监测与预警、应急处置与救援、事后恢复与重建等应对活动，适用本法。

第三条　本法所称突发事件，是指突然发生，造成或者可能造成严重社会危害，需要采取应急处置措施予以应对的自然灾害、事故灾难、公共卫生事件和社会安全事件。

按照社会危害程度、影响范围等因素，自然灾害、事故灾难、公共卫生事件分为特别重大、重大、较大和一般四级。法律、行政法规或者国务院另有规定的，从其规定。

突发事件的分级标准由国务院或者国务院确定的部门制定。

第四条　国家建立统一领导、综合协调、分类管理、分机级负责、属地管理为主的应急管理体制。

第五条　突发事件应对工作实行预防为主、预防与应急相结合的原则。国家建立重大突发事件风险评估体系，对可能发生的突发事件进行综合性评估，减少重大突发事件的发生，最大限度地减轻重大突发事件的影响。

第六条　国家建立有效的社会动员机制，增强全民的公共安全和防范风险的意识，提高全社会的避险救助能力。

第七条　县级人民政府对本行政区域内突发事件的应对工作负责；涉及两个以上行政区域的，由有关行政区域共同的上一级人民政府负责，或者由各有关行政区域的上一级人民政府共同负责。

突发事件发生后，发生地县级人民政府应当立即采取措施控制事态发展，组织开展应急救援和处置工作，并立即向上一级人民政府报告，必要时可以越级上报。

突发事件发生地县级人民政府不能消除或者不能有效控制突发事件引起的严重社会危害的，应当及时向上级人民政府报告。上级人民政府应当及时采取措施，统一领导应急处置工作。

法律、行政法规规定由国务院有关部门对突发事件的应对工作负责的，从其规定；地方人民政府应当积极配合并提供必要的支持。

第八条　国务院在总理领导下研究、决定和部署特别重大突发事件的应对工作；根据实际需要，设立国家突发事件应急指挥机构，负责突发事件应对工作；必要时，国务院可以派出工作组指导有关工作。

县级以上地方各级人民政府设立由本级人民政府主要负责人、相关部门负责人、驻当地中国人民解放军和中国人民武装警察部队有关负责人组成的突发事件应急指挥机构，统一领导、协调本级人民政府各有关部门和下级人民政府开展突发事件应对工作；根据实际需要，设立相关类别突发事件应急指挥机构，组织、协调、指挥突发事件应对工作。

上级人民政府主管部门应当在各自职责范围内，指导、协助下级人民政府及其相应部门做好有关突发事件的应对工作。

第九条　国务院和县级以上地方各级人民政府是突发事件应对工作的行政领导机关，其办事机构及具体职责由国务院规定。

第十条　有关人民政府及其部门作出的应对突发事件的决定、命令，应当及时公布。

第十一条　有关人民政府及其部门采取的应对突发事件的措施，应当与突发事件可能造成的社会危害的性质、程度和范围相适应；有多种措施可供选择的，应当选择有利于最大程度地保护公民、法人和其他组织权益的措施。

公民、法人和其他组织有义务参与突发事件应对工作。

第十二条　有关人民政府及其部门为应对突发事件，可以征用单位和个人的财产。被征用的财产在使用完毕或者突发事件应急处置工作结束后，应当及时返还。财产被征用或者征用后毁损、灭失的，应当给予补偿。

第十三条　因采取突发事件应对措施，诉讼、行政复议、仲裁活动不能正常进行的，适用有关时效中止和程序中止的规定，但法律另有规定的除外。

第十四条　中国人民解放军、中国人民武装警察部队和民兵组织依照本法和其他有关法律、行政法规、军事法规的规定以及国务院、中央军事委员会的命令，参加突发事件的应急救援和处置工作。

第十五条　中华人民共和国政府在突发事件的预防、监测与预警、应急处置与救援、事后恢复与重建等方面，同外国政府和有关国际组织开展合作与交流

第十六条　县级以上人民政府作出应对突发事件的决定、命令，应当报本级人民代表大会常务委员会备案；突发事件应急处置工作结束后，应当向本级人民代表大会常务委员会作出专项工作报告。

第二章　预防与应急准备

第十七条　国家建立健全突发事件应急预案体系。

国务院制定国家突发事件总体应急预案，组织制定国家突发事件专项应急预案；国务院有关部门根据各自的职责和国务院相关应急预案，制定国家突发事件部门应急预案。

地方各级人民政府和县级以上地方各级人民政府有关部门根据有关法律、法规、规章、上级人民政府及其有关部门的应急预案以及本地区的实际情况，制定相应的突发事件应急预案。

应急预案制定机关应当根据实际需要和情势变化，适时修订应急预案。应急预案的制定、修订程序由国务院规定。

第十八条　应急预案应当根据本法和其他有关法律、法规的规定，针对突发事件的性质、特点和可

能造成的社会危害，具体规定突发事件应急管理工作的组织指挥体系与职责和突发事件的预防与预警机制、处置程序、应急保障措施以及事后恢复与重建措施等内容。

第十九条　城乡规划应当符合预防、处置突发事件的需要，统筹安排应对突发事件所必需的设备和基础设施建设，合理确定应急避难场所。

第二十条　县级人民政府应当对本行政区域内容易引发自然灾害、事故灾难和公共卫生事件的危险源、危险区域进行调查、登记、风险评估，定期进行检查、监控，并责令有关单位采取安全防范措施。

省级和设区的市级人民政府应当对本行政区域内容易引发特别重大、重大突发事件的危险源、危险区域进行调查、登记、风险评估，组织进行检查、监控，并责

令有关单位采取安全防范措施。

县级以上地方各级人民政府按照本法规定登记的危险源、危险区域，应当按照国家规定及时向社会公布。

第二十一条　县级人民政府及其有关部门、乡级人民政府、街道办事处、居民委员会、村民委员会应当及时调解处理可能引发社会安全事件的矛盾纠纷。

第二十二条　所有单位应当建立健全安全管理制度，定期检查本单位各项安全防范措施的落实情况，及时消除事故隐患；掌握并及时处理本单位存在的可能引发社会安全事件的问题，防止矛盾激化和事态扩大；对本单位可能发生的突发事件和采取安全防范措施的情况，应当按照规定及时向所在地人民政府或者人民政府有关部门报告。

第二十三条　矿山、建筑施工单位和易燃易爆物品、危险化学品、放射性物品等危险物品的生产、经营、储运、使用单位，应当制定具体应急预案，并对生产经营场所、有危险物品的建筑物、构筑物及周边环境开展隐患排查，及时采取措施消除隐患，防止发生突发事件。

第二十四条　公共交通工具、公共场所和其他人员密集场所的经营单位或者管理单位应当制定具体应急预案，为交通工具和有关场所配备报警装置和必要的应急救援设备、设施，注明其使用方法，并显著标明安全撤离的通道、路线，保证安全通道、出口的畅通。

有关单位应当定期检测、维护其报警装置和应急救援设备、设施，使其处于良好状态，确保正常使用。

第二十五条　县级以上人民政府应当建立健全突发事件应急管理培训制度，对人民政府及其有关部门负有处置突发事件职责的工作人员定期进行培训。

第二十六条　县级以上人民政府应当整合应急资源，建立或者确定综合性应急救援队伍。人民政府有关部门可以根据实际需要设立专业应急救援队伍。

县级以上人民政府及其有关部门可以建立由成年志愿者组成的应急救援队伍。单位应当建立由本单位职工组成的专职或者兼职应急救援队伍。

县级以上人民政府应当加强专业应急救援队伍与非专业应急救援队伍的合作，联合培训、联合演练，提高合成应急、协同应急的能力。

第二十七条　国务院有关部门、县级以上地方各级人民政府及其有关部门、有关单位应当为专业应急救援人员购买人身意外伤害保险，配备必要的防护装备和器材，减少应急救援人员的人身风险。

第二十八条　中国人民解放军、中国人民武装警察部队和民兵组织应当有计划地组织开展应急救援的专门训练。

第二十九条　县级人民政府及其有关部门、乡级人民政府、街道办事处应当组织开展应急知识的宣传普及活动和必要的应急演练。

居民委员会、村民委员会、企业事业单位应当根据所在地人民政府的要求，结合各自的实际情况，开展有关突发事件应急知识的宣传普及活动和必要的应急演练。

新闻媒体应当无偿开展突发事件预防与应急、自救与互救知识的公益宣传。

第三十条　各级各类学校应当把应急知识教育纳入教学内容，对学生进行应急知识教育，培养教育

主管部门应当对学校开展应急知识教育进行指导和监督。

第三十一条 国务院和县级以上地方各级人民政府应当采取财政措施，保障突发事件应对工作所需经费。

第三十二条 国家建立健全应急物资储备保障制度，完善重要应急物资的监管、生产、储备、调拨和紧急配送体系。

设区的市级以上人民政府和突发事件易发、多发地区的县级人民政府应当建立应急救援物资、生活必需品和应急处置装备的储备制度。

县级以上地方各级人民政府应当根据本地区的实际情况，与有关企业签订协议，保障应急救援物资、生活必需品和应急处置装备的生产、供给。

第三十三条 国家建立健全应急通信保障体系，完善公用通信网，建立有线与无线相结合、基础电信网络与机动通信系统相配套的应急通信系统，确保突发事件应对工作的通信畅通。

第三十四条 国家鼓励公民、法人和其他组织为人民政府应对突发事件工作提供物资、资金、技术支持和捐赠。

第三十五条 国家发展保险事业，建立国家财政支持的巨灾风险保险体系，并鼓励单位和公民参加保险。

第三十六条 国家鼓励、扶持具备相应条件的教学科研机构培养应急管理专门人才，鼓励、扶持教学科研机构和有关企业研究开发用于突发事件预防、监测、预警、应急处置与救援的新技术、新设备和新工具。

第三章 监测与预警

第三十七条 国务院建立全国统一的突发事件信息系统。

县级以上地方各级人民政府应当建立或者确定本地区统一的突发事件信息系统，汇集、储存、分析、传输有关突发事件的信息，并与上级人民政府及其有关部门、下级人民政府及其有关部门、专业机构和监测网点的突发事件信息系统实现互联互通，加强跨部门、跨地区的信息交流与情报合作。

第三十八条 县级以上人民政府及其有关部门、专业机构应当通过多种途径收集突发事件信息。

县级人民政府应当在居民委员会、村民委员会和有关单位建立专职或者兼职信息报告员制度。

获悉突发事件信息的公民、法人或者其他组织，应当立即向所在地人民政府、有关主管部门或者指定的专业机构报告。

第三十九条 地方各级人民政府应当按照国家有关规定向上级人民政府报送突发事件信息。县级以上人民政府有关主管部门应当向本级人民政府相关部门通报突发事件信息。专业机构、监测网点和信息报告员应当及时向所在地人民政府及其有关主管部门报告突发事件信息

有关单位和人员报送、报告突发事件信息，应当做到及时、客观、真实，不得迟报、谎报、瞒报、漏报。

第四十条 县级以上地方各级人民政府应当及时汇总分析突发事件隐患和预警信息，必要时组织相关部门、专业技术人员、专家学者进行会商，对发生突发事件的可能性及其可能造成的影响进行评估；认为可能发生重大或者特别重大突发事件的，应当立即向上级人民政府报告，并向上级人民政府有关部门、当地驻军和可能受到危害的毗邻或者相关地区的人民政府通报。

第四十一条 国家建立健全突发事件监测制度。

县级以上人民政府及其有关部门应当根据自然灾害、事故灾难和公共卫生事件的种类和特点，建立健全基础信息数据库，完善监测网络，划分监测区域，确定监测点，明确监测项目，提供必要的设备、设施，配备专职或者兼职人员，对可能发生的突发事件进行监测。

第四十二条 国家建立健全突发事件预警制度。

可以预警的自然灾害、事故灾难和公共卫生事件的预警级别，按照突发事件发生的紧急程度、发展

势态和可能造成的危害程度分为一级、二级、三级和四级，分别用红色、橙色、黄色和蓝色标示，一级为最高级别。

预警级别的划分标准由国务院或者国务院确定的部门制定。

第四十三条 可以预警的自然灾害、事故灾难或者公共卫生事件即将发生或者发生的可能性增大时，县级以上地方各级人民政府应当根据有关法律、行政法规和国务院规定的权限和程序，发布相应级别的警报，决定并宣布有关地区进入预警期，同时向上一级人民政府报告，必要时可以越级上报，并向当地驻军和可能受到危害的毗邻或者相关地区的人民政府通报。

第四十四条 发布三级、四级警报，宣布进入预警期后，县级以上地方各级人民政府应当根据即将发生的突发事件的特点和可能造成的危害，采取下列措施：

（一）启动应急预案；

（二）责令有关部门、专业机构、监测网点和负有特定职责的人员及时收集、报告有关信息，向社会公布反映突发事件信息的渠道，加强对突发事件发生、发展情况的监测、预报和预警工作；

（三）组织有关部门和机构、专业技术人员、有关专家学者，随时对突发事件信息进行分析评估，预测发生突发事件可能性的大小、影响范围和强度以及可能发生的突发事件的级别；

（四）定时向社会发布与公众有关的突发事件预测信息和分析评估结果，并对相关信息的报道工作进行管理；

（五）及时按照有关规定向社会发布可能受到突发事件危害的警告，宣传避免、减轻危害的常识，公布咨询电话。

第四十五条 发布一级、二级警报，宣布进入预警期后，县级以上地方各级人民政府除采取本法第四十四条规定的措施外，还应当针对即将发生的突发事件的特点和可能造成的危害，采取下列一项或者多项措施：

（一）责令应急救援队伍、负有特定职责的人员进入待命状态，并动员后备人员做好参加应急救援和处置工作的准备；

（二）调集应急救援所需物资、设备、工具，准备应急设施和避难场所，并确保其处于良好状态、随时可以投入正常使用；

（三）加强对重点单位、重要部位和重要基础设施的安全保卫，维护社会治安秩序；

（四）采取必要措施，确保交通、通信、供水、排水、供电、供气、供热等公共设施的安全和正常运行；

（五）及时向社会发布有关采取特定措施避免或者减轻危害的建议、劝告；

（六）转移、疏散或者撤离易受突发事件危害的人员并予以妥善安置，转移重要财产；

（七）关闭或者限制使用易受突发事件危害的场所，控制或者限制容易导致危害扩大的公共场所的活动；

（八）法律、法规、规章规定的其他必要的防范性、保护性措施。

第四十六条 对即将发生或者已经发生的社会安全事件，县级以上地方各级人民政府及其有关主管部门应当按照规定向上一级人民政府及其有关主管部门报告，必要时可以越级上报。

第四十七条 发布突发事件警报的人民政府应当根据事态的发展，按照有关规定适时调整预警级别并重新发布。

有事实证明不可能发生突发事件或者危险已经解除的，发布警报的人民政府应当立即宣布解除警报，终止预警期，并解除已经采取的有关措施。

第四章 应急处置与救援

第四十八条 突发事件发生后，履行统一领导职责或者组织处置突发事件的人民政府应当针对其性质、特点和危害程度，立即组织有关部门，调动应急救援队伍和社会力量，依照本章的规定和有关法律、法规、规章的规定采取应急处置措施。

第四十九条 自然灾害、事故灾难或者公共卫生事件发生后，履行统一领导职责的人民政府可以采取下列一项或者多项应急处置措施：

（一）组织营救和救治受害人员，疏散、撤离并妥善安置受到威胁的人员以及采取其他救助措施；

（二）迅速控制危险源，标明危险区域，封锁危险场所，划定警戒区，实行交通管制以及其他控制措施；

（三）立即抢修被损坏的交通、通信、供水、排水、供电、供气、供热等公共设施，向受到危害的人员提供避难场所和生活必需品，实施医疗救护和卫生防疫以及其他保障措施；

（四）禁止或者限制使用有关设备、设施，关闭或者限制使用有关场所，中止人员密集的活动或者可能导致危害扩大的生产经营活动以及采取其他保护措施；

（五）启用本级人民政府设置的财政预备费和储备的应急救援物资，必要时调用其他急需物资、设备、设施、工具；

（六）组织公民参加应急救援和处置工作，要求具有特定专长的人员提供服务；

（七）保障食品、饮用水、燃料等基本生活必需品的供应；

（八）依法从严惩处囤积居奇、哄抬物价、制假售假等扰乱市场秩序的行为，稳定市场价格，维护市场秩序；

（九）依法从严惩处哄抢财物、干扰破坏应急处置工作等扰乱社会秩序的行为，维护社会治安；

（十）采取防止发生次生、衍生事件的必要措施。

第五十条 社会安全事件发生后，组织处置工作的人民政府应当立即组织有关部门并由公安机关针对事件的性质和特点，依照有关法律、行政法规和国家其他有关规定，采取下列一项或者多项应急处置措施：

（一）强制隔离使用器械相互对抗或者以暴力行为参与冲突的当事人，妥善解决现场纠纷和争端，控制事态发展；

（二）对特定区域内的建筑物、交通工具、设备、设施以及燃料、燃气、电力、水的供应进行控制；

（三）封锁有关场所、道路，查验现场人员的身份证件，限制有关公共场所内的活动；

（四）加强对易受冲击的核心机关和单位的警卫，在国家机关、军事机关、国家通讯社、广播电台、电视台、外国驻华使领馆等单位附近设置临时警戒线；

（五）法律、行政法规和国务院规定的其他必要措施。

严重危害社会治安秩序的事件发生时，公安机关应当立即依法出动警力，根据现场情况依法采取相应的强制性措施，尽快使社会秩序恢复正常。

第五十一条 发生突发事件，严重影响国民经济正常运行时，国务院或者国务院授权的有关主管部门可以采取保障、控制等必要的应急措施，保障人民群众的基本生活需要，最大限度地减轻突发事件的影响。

第五十二条 履行统一领导职责或者组织处置突发事件的人民政府，必要时可以向单位和个人征用应急救援所需设备、设施、场地、交通工具和其他物资，请求其他地方人民政府提供人力、物力、财力或者技术支援，要求生产、供应生活必需品和应急救援物资的企业组织生产、保证供给，要求提供医疗、交通等公共服务的组织提供相应的服务。

履行统一领导职责或者组织处置突发事件的人民政府，应当组织协调运输经营单位，优先运送处置突发事件所需物资、设备、工具、应急救援人员和受到突发事件危害的人员。

第五十三条 履行统一领导职责或者组织处置突发事件的人民政府，应当按照有关规定统一、准确、及时发布有关突发事件事态发展和应急处置工作的信息。

第五十四条 任何单位和个人不得编造、传播有关突发事件事态发展或者应急处置工作的虚假信息。

第五十五条　突发事件发生地的居民委员会、村民委员会和其他组织应当按照当地人民政府的决定、命令，进行宣传动员，组织群众开展自救和互救，协助维护社会秩序。

第五十六条　受到自然灾害危害或者发生事故灾难、公共卫生事件的单位，应当立即组织本单位应急救援队伍和工作人员营救受害人员，疏散、撤离、安置受到威胁的人员，控制危险源，标明危险区域，封锁危险场所，并采取其他防止危害扩大的必要措施，同时向所在地县级人民政府报告；对因本单位的问题引发的或者主体是本单位人员的社会安全事件，有关单位应当按照规定上报情况，并迅速派出负责人赶赴现场开展劝解、疏导工作。

突发事件发生地的其他单位应当服从人民政府发布的决定、命令，配合人民政府采取的应急处置措施，做好本单位的应急救援工作，并积极组织人员参加所在地的应急救援和处置工作。

第五十七条　突发事件发生地的公民应当服从人民政府、居民委员会、村民委员会或者所属单位的指挥和安排，配合人民政府采取的应急处置措施，积极参加应急救援工作，协助维护社会秩序。

第五章　事后恢复与重建

第五十八条　突发事件的威胁和危害得到控制或者消除后，履行统一领导职责或者组织处置突发事件的人民政府应当停止执行依照本法规定采取的应急处置措施，同时采取或者继续实施必要措施，防止发生自然灾害、事故灾难、公共卫生事件的次生、衍生事件或者重新引发社会安全事件。

第五十九条　突发事件应急处置工作结束后，履行统一领导职责的人民政府应当立即组织对突发事件造成的损失进行评估，组织受影响地区尽快恢复生产、生活、工作和社会秩序，制定恢复重建计划，并向上一级人民政府报告。

受突发事件影响地区的人民政府应当及时组织和协调公安、交通、铁路、民航、邮电、建设等有关部门恢复社会治安秩序，尽快修复被损坏的交通、通信、供水、排水、供电、供气、供热等公共设施。

第六十条　受突发事件影响地区的人民政府开展恢复重建工作需要上一级人民政府支持的，可以向上一级人民政府提出请求。上一级人民政府应当根据受影响地区遭受的损失和实际情况，提供资金、物资支持和技术指导，组织其他地区提供资金、物资和人力支援。

第六十一条　国务院根据受突发事件影响地区遭受损失的情况，制定扶持该地区有关行业发展的优惠政策。

受突发事件影响地区的人民政府应当根据本地区遭受损失的情况，制定救助、补偿、抚慰、抚恤、安置等善后工作计划并组织实施，妥善解决因处置突发事件引发的矛盾和纠纷。

公民参加应急救援工作或者协助维护社会秩序期间，其在本单位的工资待遇和福利不变；表现突出、成绩显著的，由县级以上人民政府给予表彰或者奖励。

县级以上人民政府对在应急救援工作中伤亡的人员依法给予抚恤。

第六十二条　履行统一领导职责的人民政府应当及时查明突发事件的发生经过和原因，总结突发事件应急处置工作的经验教训，制定改进措施，并向上一级人民政府提出报告。

第六章　法　律　责　任

第六十三条　地方各级人民政府和县级以上各级人民政府有关部门违反本法规定，不履行法定职责的，由其上级行政机关或者监察机关责令改正；有下列情形之一的，根据情节对直接负责的主管人员和其他直接责任人员依法给予处分：

（一）未按规定采取预防措施，导致发生突发事件，或者未采取必要的防范措施，导致发生次生、衍生事件的；

（二）迟报、谎报、瞒报、漏报有关突发事件的信息，或者通报、报送、公布虚假信息，造成后果的；

（三）未按规定及时发布突发事件警报、采取预警期的措施，导致损害发生的；

（四）未按规定及时采取措施处置突发事件或者处置不当，造成后果的；

（五）不服从上级人民政府对突发事件应急处置工作的统一领导、指挥和协调的；

（六）未及时组织开展生产自救、恢复重建等善后工作的；

（七）截留、挪用、私分或者变相私分应急救援资金、物资的；

（八）不及时归还征用的单位和个人的财产，或者对被征用财产的单位和个人不按规定给予补偿的。

第六十四条 有关单位有下列情形之一的，由所在地履行统一领导职责的人民政府责令停产停业，暂扣或者吊销许可证或者营业执照，并处五万元以上二十万元以下的罚款；构成违反治安管理行为的，由公安机关依法给予处罚：

（一）未按规定采取预防措施，导致发生严重突发事件的；

（二）未及时消除已发现的可能引发突发事件的隐患，导致发生严重突发事件的；

（三）未做好应急设备、设施日常维护、检测工作，导致发生严重突发事件或者突发事件危害扩大的；

（四）突发事件发生后，不及时组织开展应急救援工作，造成严重后果的。

前款规定的行为，其他法律、行政法规规定由人民政府有关部门依法决定处罚的，从其规定。

第六十五条 违反本法规定，编造并传播有关突发事件事态发展或者应急处置工作的虚假信息，或者明知是有关突发事件事态发展或者应急处置工作的虚假信息而进行传播的，责令改正，给予警告；造成严重后果的，依法暂停其业务活动或者吊销其执业许可证；负有直接责任的人员是国家工作人员的，还应当对其依法给予处分；构成违反治安管理行为的，由公安机关依法给予处罚。

第六十六条 单位或者个人违反本法规定，不服从所在地人民政府及其有关部门发布的决定、命令或者不配合其依法采取的措施，构成违反治安管理行为的，由公安机关依法给予处罚。

第六十七条 单位或者个人违反本法规定，导致突发事件发生或者危害扩大，给他人人身、财产造成损害的，应当依法承担民事责任。

第六十八条 违反本法规定，构成犯罪的，依法追究刑事责任。

第七章 附 则

第六十九条 发生特别重大突发事件，对人民生命财产安全、国家安全、公共安全、环境安全或者社会秩序构成重大威胁，采取本法和其他有关法律、法规、规章规定的应急处置措施不能消除或者有效控制、减轻其严重社会危害，需要进入紧急状态的，由全国人民代表大会常务委员会或者国务院依照宪法和其他有关法律规定的权限和程序决定。

紧急状态期间采取的非常措施，依照有关法律规定执行或者由全国人民代表大会常务委员会另行规定。

第七十条 本法自 2007 年 11 月 1 日起施行。

附录 3-4-8 地震灾区过渡安置房建设技术导则

（2008 年 5 月 21 日建科［2008］94 号）

各省、自治区建设厅，直辖市建委，计划单列市建委（建设局），新疆生产建设兵团建设局，各有关单位：

为指导四川汶川地震灾区过渡安置房建设等工作，住房和城乡建设部组织中国建筑设计研究院、中国建筑标准设计研究院编制完成了《地震灾区过渡安置房建设技术导则》（试行），现印发给你们（可在

http：//www.mohurd.gov.cn下载），请遵照执行。执行中的有关情况请及时告我部科学技术司。

中华人民共和国住房和城乡建设部
二〇〇八年五月二十一日

前 言

2008年5月12日，我国四川省汶川发生里氏8.0级强烈地震，造成了巨大的人员伤亡和财产损失。

根据党中央、国务院抗震救灾工作的部署和要求，为规范地震灾区过渡安置房的建设，妥善安排受灾群众临时住所，保障基本生活，按照"统一规划，合理选址，集中建设，鼓励投亲靠友"的原则，综合考虑灾区地理、地质、气候、文化传统和生活习俗等情况，紧急研究制定本《导则(试行)》。

本《导则(试行)》的主要内容是：1.总则；2.建设规划；3.房屋建筑。

本《导则(试行)》由住房和城乡建设部负责管理，由主编单位负责具体技术内容解释。

本《导则(试行)》编制单位：中国建筑设计研究院(北京市车公庄大街19号，邮政编码：100044)、中国建筑标准设计研究院(北京市首体南路9号主语国际2号楼，邮政编码：100044)。

1 总 则

1.0.1 为满足救灾应急和过渡安置的需求，结合地震灾区的现状，以及房屋生产企业的生产运输和安装条件制定本《导则(试行)》。

1.0.2 本《导则(试行)》主要适用于地震灾区过渡安置房的规划和单层钢结构装配式房屋的建设。

1.0.3 过渡安置房的规划建设，除遵守本《导则(试行)》外，尚应符合国家现行其他标准规范的有关规定。

2 建 设 规 划

2.1 规划选址

2.1.1 选址应考虑灾后重建规划要求，不占用近期建设用地，并能够避险防灾、及时疏散，并满足以下基本要求：

1 应避开地震断裂带、滑坡、崩塌、泥石流、河洪、山洪等自然灾害及次生灾害影响的地段；并应避开水源保护区、水库泄洪区、濒险水库下游地段；

2 应尽量避开风口，选择向阳、通风良好的开阔地带，优先选用现有的广场、操场、空地和公园等；

3 应避开现状危房影响范围；

4 应避免改变原有场地自然排水体系；

5 应优先选择靠近原有居住区和经鉴定后可利用公共设施较多的地段；

6 不应占压地下管线；

7 不应影响文物和历史文化遗产的修复和保护。

2.1.2 竖向规划和设计，应遵守以下技术规定：

1 场地可依据不同自然地形坡度，采用平坡、台阶或混合式；

2 当坡度小于5%时，宜采用平坡式；

3 当坡度大于8%时，宜采用台阶式；台阶高度宜为1.5～3.0m，台阶之间应设挡土墙或护坡；

4 场地雨水应做有组织排除；

5 应根据场地建设条件，设置不少于两个方向的安全疏散通道，并设置明显标识。

2.2 布局原则

2.2.1 安置住房宜集中建设，每处规模不宜少于50套，成组团布置。

2.2.2 安置住房宜采用行列式布置，拼接长度根据场地条件以4～10个开间为宜。

2.2.3 安置住房行间距以4～5m为宜。

2.2.4　消防通道宽度应大于 4m。

2.2.5　公用卫生间与安置住房应留有必要的卫生距离，宜设置在下风位。

2.2.6　小学、中学、诊疗所、粮食与商品零售点等设施的位置应就近设置。

2.2.7　安置住房每 50 套作为一个防火单元，配备消防设施；公共服务设施作为单独防火单元，配备消防设施。

2.3　配套设施

2.3.1　每 50 套安置住房配建以下设施：

1　集中供水点 1 个，供水点应设置遮雨棚，满足生活用水需要；

2　公用卫生间 1 个，分设淋浴设施和厕所，考虑无障碍设施；粪便应实现无害化处理；

3　垃圾收集点 1 个。

2.3.2　每套安置住房配置 1 个灶位，每 5～10 套安置住房配建一处公用厨房，建筑面积 20～30m^2，靠近供水点，燃气罐应有统一管理措施。

2.3.3　雨水和生活废水采用排水沟合流排放。

2.3.4　应保证供电入户，供电及通信线路采用架空敷设。

2.4　公共服务设施

2.4.1　每 1000 套安置住房配建以下设施：

1　小学 1 所，建筑面积 300～400m^2；

2　诊疗所 1 个，建筑面积 40～50m^2；

3　粮食与商品零售点 1 个，建筑面积 50～60m^2。

2.4.2　每 2000 套安置住房配建中学 1 所，建筑面积 1000～1200m^2。

2.4.3　其他公共服务设施用房可根据实际需要配置。

2.5　道路

2.5.1　道路按两级设置：

1　主路宽度不应小于 4m，应有照明设施，并与对外路网连通；

2　屋前路宽度不小于 2.5m。

2.5.2　路面标高应低于安置房地面标高，防止倒灌。

2.5.3　道路铺设应尽量就地取材，保证雨雪天气条件下通行。

3　房　屋　建　筑

3.1　建筑设计要点

3.1.1　基本要求

1　安置住房

每套建筑面积控制在 15～22m^2；开间 3.3～3.7m，进深 5.0～5.8m；室内最低点净高 2.4m；自然采光面积≥3m^2，自然通风面积≥1m^2；宜南向开门，门上宜设雨篷。

2　公用卫生间

1) 内设男女厕所与淋浴间；

2) 男厕设 6 个蹲便器，不小于 3m 长小便槽，1 个洗手盆；女厕设 8 个蹲便器，1 个洗手盆；蹲便器间距 900mm；

3) 男女淋浴间分设 6 个淋浴器，淋浴器间距 1100mm。

3　公用厨房

每个公用厨房宜布置 5～0 个灶位，考虑自然排烟，满足防火要求。

4　集中供水点

每个集中供水点设洗涤槽，配 10 个水嘴，水嘴间距不小于 700mm。

5　中、小学

1）每间教室 45~60m²，室内最低点净高 2.6m，玻地比 1∶6；

2）宜南北向开窗；疏散门不少于 2 个，每个宽度不小于 1m，外开，直通室外；

3）卫生间单独设置；中学男生每 50 人、女生每 25 人设 1 个蹲便器，男生每 50 人设 1m 长小便槽；小学男生每 40 人、女生每 20 人设 1 个蹲便器，男生每 40 人设 1m 长小便槽。

6　诊疗所

建筑面积 40~50m²，分为 2 间，隔墙设门连通，每间设 1 个洗手盆；其中一间设消毒池。

7　粮食与商品零售点

建筑面积 50~60m²，应注意通风与防虫、鼠害。

3.1.2　保温隔热

1　寒冷地区屋顶传热系数≤0.70w/(m·K)，外墙≤0.62W/(m·K)，外窗双玻；

2　严寒地区屋顶传热系数≤0.60W/(m·K)，外墙≤0.60W/(m·K)，外窗双玻；

3　夏热冬冷地区屋顶传热系数≤0.80w/(m·K)，外墙≤1.00W/(m·K)。

3.1.3　根据实际情况设置无障碍厕位、浴位和坡道。

3.2　建筑技术要点

3.2.1　防火要求

1　防火间距：安置房每组团建筑面积不大于 1200m²，组团内建筑之间间距不应小于 4m，组团之间建筑间距不应小于 9m。

2　公用厨房的围护墙和隔墙的耐火极限：不应小于 0.75h。

3.2.2　材料性能要求

1　夹芯板

1）燃烧性能

聚苯乙烯夹芯板：阻燃型(ZR)，氧指数≥30%；

硬质聚氨酯夹芯板：B1 级建筑材料；

岩棉夹芯板：厚度≥80mm，耐火极限≥60min；

厚度<80mm，耐火极限≥30min。

2）导热系数

聚苯乙烯夹芯板 40.041W/(m·K)；

硬质聚氨酯夹芯板：40.033W/(m·K)；

岩棉夹芯板：40.038W/(m·K)。

3）夹芯板挠度与跨度比宜符合以下限值

聚苯乙烯夹芯板：1/250；

硬质聚氨酯夹芯板：1/200；

岩棉夹芯板：1/250。

4）技术要求

硬质聚氨酯夹芯板：芯材应符合《建筑物隔热用硬质聚氨酯泡沫塑料》(QB/T 3806)的规定，体积密度≥30kg/m³，粘结强度应≥0.09MPa；

岩棉夹芯板：芯材应符合《绝热用岩棉、矿渣棉及其制品》(GB/T 11835)的规定，体积密度≥100kg/m³，粘结强度应≥0.06MPa。

2　ASA 系列板材

ASA 系列板材(以下简称 ASA 板)是采用粉煤灰为填充料、以水泥为胶凝料、以耐碱玻纤网格布或钢筋为增强材料制成的一种建筑板材，可用做屋面板、楼板和非承重外墙板、隔墙板等。

1）面密度为 36kg/m² 的 60mm 厚实心 ASA 墙板，耐火极限为 2h；

2) 120mm 厚 ASA 墙板传热系数为 $0.67 \leqslant 0.041 \mathrm{W}/(\mathrm{m}^2 \cdot \mathrm{K})$。

3.2.3 构造要求

1 屋面构造

1) 屋面坡度不小于 5％；其中，有骨架的轻型钢结构房屋的屋面坡度不小于 10％，屋面檐口挑出的长度应为 200～300mm；

2) 有骨架的轻型钢结构房屋适用于教室等较大跨度的房间，无骨架的小型房屋适用于居室等跨度较小的房间；

3) 有骨架的轻型钢结构房屋采用紧固件或连接件将夹芯板固定在檩条或墙梁上；无骨架的小型房屋可通过连接件将夹芯板组合成型，成为板自承重的盒子式组合房屋；

4) 夹芯板屋面的纵向搭接应位于檩条处，两块板均应伸至支承构件上，每块板支座长度≥50mm，为此搭接处应改用双檩或檩条一侧加焊通长角钢；

5) 夹芯板屋面纵向搭接长度(面层彩色钢板)：屋面坡度≥10％时为 200mm，屋面坡度＜10％时为 250mm；搭接部位均应设密封胶带；夹芯板墙面的横向连接方式通常为插接式，应尽量避免纵向连接；

6) 夹芯板屋面横向连接为搭接，尺寸按具体板型确定；夹芯板墙面一般为插接，连接方向宜与主导风向一致。

2 墙体和门窗

1) 公用卫生间和厨房墙体，应有防腐、防水措施；

2) 屋面、外墙、外窗应能防止雨水和冰雪融化水浸入室内；外门窗开启部位宜设纱扇；门窗上的单块玻璃面积不应大于 $1.5 \mathrm{m}^2$。

3 地面、台阶、坡道

1) 建筑地面应考虑防水、防潮、防虫等功能，建筑地面标高根据场地高程和排水情况确定，且高出室外地面不小于 150mm；地面宜选用当地材料，也可采用架空地面；

2) 室内外台阶踏步宽度不宜小于 0.30m，踏步高度不宜大于 0.15m，且不宜小于 0.10m，踏步应防滑；台阶高度超过 0.70m 并侧面临空时，应有防护设施；

3) 室外坡道坡度不宜大于 1:10，无障碍坡道坡度不应大于 1:12。

注：相关材料的技术要求和构造做法，详见国家建筑标准设计图集 01J 925—1《压型钢板、夹芯板屋面及墙体建筑构造》和 08CJ 13《钢结构镶嵌 ASA 板节能建筑构造》。

3.3 结构技术要点

3.3.1 结构选型

1 结构体系应按照安全可靠、经济合理和施工方便的原则，结合建筑功能、模数及围护结构的要求合理选用；

2 应根据建筑功能的使用要求，选用相应的结构体系；公共服务和配套设施宜采用门式刚架轻型钢结构无机类板材装配房屋；安置住房宜采用彩钢夹芯板轻体装配式房屋、门式刚架轻型钢结构无机类板材装配房屋或其他符合结构选型要求的轻钢结构房屋；其中彩钢夹芯板轻体装配式房屋根据彩钢夹芯板的承重受力状况分为框架式和自承重式两种；

3 基础采用混凝土条形基础。

3.3.2 材料要求

1 承重构件应选用符合国家标准《碳素结构钢》(GB/T 700)的 Q235 碳素结构钢或国家标准《低合金高强度结构钢》(GB/T 1591)的 Q345 高强度低合金结构钢，并应选用 B 级钢；

2 压型钢板根据板型选用具有 PE 涂层的结构用或一般用彩钢板，也可采用镀锌板；用于承重的彩钢板厚度不应小于 0.4mm，非承重的彩钢板厚度不应小于 0.3mm；双面镀锌量应不小于 $809/\mathrm{m}^2$；

3 用于承重夹芯板的聚苯板密度，应不小于 $15 \mathrm{kg}/\mathrm{m}^3$；用于非承重夹芯板的聚苯板密度，应不小于 $12 \mathrm{kg}/\mathrm{m}^3$；粘结强度不应小于 0.1MPa；

4 用于基础的混凝土强度等级应不小于 C20；

5 构件截面形式应与所选用的结构体系相适应。

3.3.3 设计参数

1 结构设计使用年限为 5 年；

2 建筑结构的安全等级为三级；

3 建筑抗震设防类别：公共服务和配套设施为丙类，安置住房为丁类；

4 基本风压 $w = 0.35\text{kN/m}^2$，地面粗糙度类别为 b 类；

5 基本雪压 $s = 025\text{kN/m}^2$；

6 抗震设防烈度为 7 度，设计基本地震加速度为 0.19，设计地震分组为第三组。建筑场地类别为 Ⅲ 类；

7 屋面活荷载，公共服务和配套设施为 0.5kN/m^2，安置住房为 0.3kN/m^2。

3.3.4 其他

1 安置住房的设计、制造生产、验收应由具有钢结构单项设计相应资质的厂家按照本导则及相关国家、行业等标准执行；

2 彩钢夹芯板轻体装配式房屋产品还应包括：上部结构的设计图纸和计算书、所需配套条形基础的设计图纸和计算书、配套材料清单和材料表、快速安装手册及必要的辅助安装工具；

3 混凝土条形基础下的地基应适当处理，保证密实；

4 各类结构体系应满足抗震、抗风的设计要求，并设置必要的水平支撑、垂直支撑、斜向支撑等抗侧力构件；

5 构件应统一编号并设置明显标识；

6 钢构件表面应手工除锈。

3.4 设备技术要点

3.4.1 给排水

1 盥洗设施采用洗涤槽，配节水型水嘴；地面排水可设置地漏或排水沟；室内排水管排入室外排水沟；

2 最高日用水量标准 70～120L/人·日，小时变化系数 3.0～2.5；

3 有条件时蹲式大便器可采用脚踏式冲洗阀；

4 淋浴间设淋浴器，热源可为储热式电锅炉、太阳能集热器、燃煤锅炉等；淋浴设计水温为 40℃，热水用量标准 40 升/人·次（60℃）；每日设计洗浴人数、淋浴时间可根据实际情况确定；热水储水箱及热水管道等需作保温；

5 中、小学卫生间内设给水、排水系统，设电开水器供应饮用水；

6 设手提式灭火器，每处不应少于 2 具，最大保护距离 25m；

7 供水水质应符合现行的国家标准《生活饮用水卫生标准》（GB 5749—85）；供水水压应满足卫生器具最低工作压力和最高压力的要求；

8 生活废水排入室外排水沟，生活污水排入化粪池，化粪池位置应尽量远离生活区；

9 生活储水箱、水池应考虑二次消毒措施。

3.4.2 电气部分

1 安置住房

1）每套用电负荷标准 1kW；

2）宜采用 T8 直管荧光灯；设置 1 个单相三线和 1 个单相二线的插座 2～3 组；

3）每套设置电视终端插座 1 个。

2 公用卫生间

1）照明开关距地 0.9～1.1m 安装；设置排气扇专用单相三线插座 1 个和备用单相三线插座 1 个；

2）设置储热式电锅炉的卫生间应考虑供电电源。

3 中、小学

1）宜采用 T8 直管荧光灯；设置 1 个单相三线和 1 个单相二线插座 4～6 组；黑板处墙面宜设置一组插座；

2）每所中学配置电开水器 4 台，每所小学配置电开水器 2 台，每台电开水器容量按 380V、6kW 预留；

3）每所中、小学宜设置电话终端插座 1 个。

4 诊疗所、粮食与商品零售点

1）宜采用 T8 直管荧光灯；设置 1 个单相三线和 1 个单相二线的插座 4～6 组；

2）每个诊疗所、零售点宜设置电话终端插座 1 个。

5 线路敷设

室内线路采用直敷布线方式。

附录 3-4-9 汶川地震灾后恢复重建条例

（2008 年 6 月 8 日国务院令第 526 号）

《汶川地震灾后恢复重建条例》已经 2008 年 6 月 4 日国务院第 11 次常务会议通过，现予公布，自公布之日起施行。

总理：温家宝

二〇〇八年六月八日

第一章 总 则

第一条 为了保障汶川地震灾后恢复重建工作有力、有序、有效地开展，积极、稳妥恢复灾区群众正常的生活、生产、学习、工作条件，促进灾区经济社会的恢复和发展，根据《中华人民共和国突发事件应对法》和《中华人民共和国防震减灾法》，制定本条例。

第二条 地震灾后恢复重建应当坚持以人为本、科学规划、统筹兼顾、分步实施、自力更生、国家支持、社会帮扶的方针。

第三条 地震灾后恢复重建应当遵循以下原则：

（一）受灾地区自力更生、生产自救与国家支持、对口支援相结合；

（二）政府主导与社会参与相结合；

（三）就地恢复重建与异地新建相结合；

（四）确保质量与注重效率相结合；

（五）立足当前与兼顾长远相结合；

（六）经济社会发展与生态环境资源保护相结合。

第四条 各级人民政府应当加强对地震灾后恢复重建工作的领导、组织和协调，必要时成立地震灾后恢复重建协调机构，组织协调地震灾后恢复重建工作。

县级以上人民政府有关部门应当在本级人民政府的统一领导下，按照职责分工，密切配合，采取有效措施，共同做好地震灾后恢复重建工作。

第五条 地震灾区的各级人民政府应当自力更生、艰苦奋斗、勤俭节约，多种渠道筹集资金、物资，开展地震灾后恢复重建。

国家对地震灾后恢复重建给予财政支持、税收优惠和金融扶持，并积极提供物资、技术和人力等方面的支持。

国家鼓励公民、法人和其他组织积极参与地震灾后恢复重建工作，支持在地震灾后恢复重建中采用先进的技术、设备和材料。

国家接受外国政府和国际组织提供的符合地震灾后恢复重建需要的援助。

第六条　对在地震灾后恢复重建工作中做出突出贡献的单位和个人，按照国家有关规定给予表彰和奖励。

第二章　过渡性安置

第七条　对地震灾区的受灾群众进行过渡性安置应当根据地震灾区的实际情况，采取就地安置与异地安置，集中安置与分散安置，政府安置与投亲靠友自行安置相结合的方式。

政府对投亲靠友和采取其他方式自行安置的受灾群众给予适当补助。具体办法由省级人民政府制定。

第八条　过渡性安置地点应当选在交通条件便利、方便受灾群众恢复生产和生活的区域，并避开地震活动断层和可能发生洪灾、山体滑坡和崩塌、泥石流、地面塌陷、雷击等灾害的区域以及生产、储存易燃易爆危险品的工厂、仓库。

实施过渡性安置应当占用废弃地、空旷地，尽量不占用或者少占用农田，并避免对自然保护区、饮用水水源保护区以及生态脆弱区域造成破坏。

第九条　地震灾区的各级人民政府根据实际条件，因地制宜，为灾区群众安排临时住所。临时住所可以采用帐篷、篷布房，有条件的也可以采用简易住房、活动板房。安排临时住所确实存在困难的，可以将学校操场和经安全鉴定的体育场馆等作为临时避难场所。

国家鼓励地震灾区农村居民自行筹建符合安全要求的临时住所，并予以补助。具体办法由省级人民政府制定。

第十条　用于过渡性安置的物资应当保证质量安全。生产单位应当确保帐篷、篷布房的产品质量。建设单位、生产单位应当采用质量合格的建筑材料，确保简易住房、活动板房的安全质量和抗震性能。

第十一条　过渡性安置地点应当配套建设水、电、道路等基础设施，并按比例配备学校、医疗点、集中供水点、公共卫生间、垃圾收集点、日常用品供应点、少数民族特需品供应点以及必要的文化宣传设施等配套公共服务设施，确保受灾群众的基本生活需要。

过渡性安置地点的规模应当适度，并安装必要的防雷设施和预留必要的消防应急通道，配备相应的消防设施，防范火灾和雷击灾害发生。

第十二条　临时住所应当具备防火、防风、防雨等功能。

第十三条　活动板房应当优先用于重灾区和需要异地安置的受灾群众，倒塌房屋在短期内难以恢复重建的重灾户特别是遇难者家庭、孕妇、婴幼儿、孤儿、孤老、残疾人员以及学校、医疗点等公共服务设施。

第十四条　临时住所、过渡性安置资金和物资的分配和使用，应当公开透明，定期公布，接受有关部门和社会监督。具体办法由省级人民政府制定。

第十五条　过渡性安置用地按临时用地安排，可以先行使用，事后再依法办理有关用地手续；到期未转为永久性用地的，应当复垦后交还原土地使用者。

第十六条　过渡性安置地点所在地的县级人民政府，应当组织有关部门加强次生灾害、饮用水水质、食品卫生、疫情的监测和流行病学调查以及环境卫生整治。使用的消毒剂、清洗剂应当符合环境保护要求，避免对土壤、水资源、环境等造成污染。

过渡性安置地点所在地的公安机关，应当加强治安管理，及时惩处违法行为，维护正常的社会秩序。

受灾群众应当在过渡性安置地点所在地的县、乡（镇）人民政府组织下，建立治安、消防联队，开展治安、消防巡查等自防自救工作。

第十七条 地震灾区的各级人民政府，应当组织受灾群众和企业开展生产自救，积极恢复生产，并做好受灾群众的心理援助工作。

第十八条 地震灾区的各级人民政府及政府农业行政主管部门应当及时组织修复毁损的农业生产设施，开展抢种抢收，提供农业生产技术指导，保障农业投入品和农业机械设备的供应。

第十九条 地震灾区的各级人民政府及政府有关部门应当优先组织供电、供水、供气等企业恢复生产，并对大型骨干企业恢复生产提供支持，为全面恢复工业、服务业生产经营提供条件。

第三章 调 查 评 估

第二十条 国务院有关部门应当组织开展地震灾害调查评估工作，为编制地震灾后恢复重建规划提供依据。

第二十一条 地震灾害调查评估应当包括下列事项：

（一）城镇和乡村受损程度和数量；

（二）人员伤亡情况，房屋破坏程度和数量，基础设施、公共服务设施、工农业生产设施与商贸流通设施受损程度和数量，农用地毁损程度和数量等；

（三）需要安置人口的数量，需要救助的伤残人员数量，需要帮助的孤寡老人及未成年人的数量，需要提供的房屋数量，需要恢复重建的基础设施和公共服务设施，需要恢复重建的生产设施，需要整理和复垦的农用地等；

（四）环境污染、生态损害以及自然和历史文化遗产毁损等情况；

（五）资源环境承载能力以及地质灾害、地震次生灾害和隐患等情况；

（六）水文地质、工程地质、环境地质、地形地貌以及河势和水文情势、重大水利水电工程的受影响情况；

（七）突发公共卫生事件及其隐患；

（八）编制地震灾后恢复重建规划需要调查评估的其他事项。

第二十二条 县级以上人民政府应当依据各自职责分工组织有关部门和专家，对毁损严重的水利、道路、电力等基础设施，学校等公共服务设施以及其他建设工程进行工程质量和抗震性能鉴定，保存有关资料和样本，并开展地震活动对相关建设工程破坏机理的调查评估，为改进建设工程抗震设计规范和工程建设标准，采取抗震设防措施提供科学依据。

第二十三条 地震灾害调查评估应当采用全面调查评估、实地调查评估、综合评估的方法，确保数据资料的真实性、准确性、及时性和评估结论的可靠性。

地震部门、地震监测台网应当收集、保存地震前、地震中、地震后的所有资料和信息，并建立完整的档案。

开展地震灾害调查评估工作，应当遵守国家法律、法规以及有关技术标准和要求。

第二十四条 地震灾害调查评估报告应当及时上报国务院。

第四章 恢 复 重 建 规 划

第二十五条 国务院发展改革部门会同国务院有关部门与地震灾区的省级人民政府共同组织编制地震灾后恢复重建规划，报国务院批准后组织实施。

地震灾后恢复重建规划应当包括地震灾后恢复重建总体规划和城镇体系规划、农村建设规划、城乡住房建设规划、基础设施建设规划、公共服务设施建设规划、生产力布局和产业调整规划、市场服务体系规划、防灾减灾和生态修复规划、土地利用规划等专项规划。

第二十六条 地震灾区的市、县人民政府应当在省级人民政府的指导下，组织编制备行政区域的地震。灾后恢复重建实施规划。

第二十七条 编制地震灾后恢复重建规划，应当全面贯彻落实科学发展观，坚持以人为本，优先恢复重建受灾群众基本生活和公共服务设施；尊重科学、尊重自然，充分考虑资源环境承载能力；统筹兼顾，与推进工业化、城镇化、新农村建设、主体功能区建设、产业结构优化升级相结合，并坚持统一部署、分工负责，区分缓急、突出重点，相互衔接、上下协调，规范有序、依法推进的原则。

编制地震灾后恢复重建规划，应当遵守法律、法规和国家有关标准。

第二十八条 地震灾后调查评估获得的地质、勘察、测绘、水文、环境等基础资料，应当作为编制地震灾后恢复重建规划的依据。

地震工作主管部门应当根据地震地质、地震活动特性的研究成果和地震烈度分布情况，对地震动参数区划图进行复核，为编制地震灾后恢复重建规划和进行建设工程抗震设防提供依据。

第二十九条 地震灾后恢复重建规划应当包括地震灾害状况和区域分析，恢复重建原则和目标，恢复重建区域范围，恢复重建空间布局，恢复重建任务和政策措施，有科学价值的地震遗址、遗迹保护，受损文物和具有历史价值与少数民族特色的建筑物、构筑物的修复，实施步骤和阶段等主要内容。

地震灾后恢复重建规划应当重点对城镇和乡村的布局、住房建设、基础设施建设、公共服务设施建设、农业生产设施建设、工业生产设施建设、防灾减灾和生态环境以及自然资源和历史文化遗产保护、土地整理和复垦等做出安排。

第三十条 地震灾区的中央所属企业生产、生活等设施的恢复重建，纳入地震灾后恢复重建规划统筹安排。

第三十一条 编制地震灾后恢复重建规划，应当吸收有关部门、专家参加，并充分听取地震灾区受灾群众的意见；重大事项应当组织有关方面专家进行专题论证。

第三十二条 地震灾区内的城镇和乡村完全毁损，存在重大安全隐患或者人口规模超出环境承载能力，需要异地新建的，重新选址时，应当避开地震活动断层或者生态脆弱和可能发生洪灾、山体滑坡、崩塌、泥石流、地面塌陷等灾害的区域以及传染病自然疫源地。

地震灾区的县级以上地方人民政府应当组织有关部门、专家对新址进行论证，听取公众意见，并报上一级人民政府批准。

第三十三条 国务院批准的地震灾后恢复重建规划，是地震灾后恢复重建的基本依据，应当及时公布。任何单位和个人都应当遵守经依法批准公布的地震灾后恢复重建规划，服从规划管理。

地震灾后恢复重建规划所依据的基础资料修改、其他客观条件发生变化需要修改的，或者因恢复重建工作需要修改的，由规划组织编制机关提出修改意见；报国务院批准。

第五章 恢复重建的实施

第三十四条 地震灾区的省级人民政府，应当根据地震灾后恢复重建规划和当地经济社会发展水平，有计划、分步骤地组织实施地震灾后恢复重建。

国务院有关部门应当支持、协助、指导地震灾区的恢复重建工作。

城镇恢复重建应当充分考虑原有城市、镇总体规划，注重体现原有少数民族建筑风格，合理确定城镇的建设规模和标准，并达到抗震设防要求。

第三十五条 发展改革部门具体负责灾后恢复重建的统筹规划、政策建议、投资计划、组织协调和重大建设项目的安排。

财政部门会同有关部门负责提出资金安排和政策建议，并具体负责灾后恢复重建财政资金的拨付和管理。

交通运输、水利、铁路、电力、通信、广播影视等部门按照职责分工，具体组织实施有关基础设施的灾后恢复重建。

建设部门具体组织实施房屋和市政公用设施的灾后恢复重建。

民政部门具体组织实施受灾群众的临时基本生活保障、生活困难救助、农村毁损房屋恢复重建补助、社会福利设施恢复重建以及对孤儿、孤老、残疾人员的安置、补助、心理援助和伤残康复。

教育、科技、文化、卫生、广播影视、体育、人力资源社会保障、商务、工商等部门按照职责分工，具体组织实施公共服务设施的灾后恢复重建、卫生防疫和医疗救治、就业服务和社会保障、重要生活必需品供应以及维护市场秩序。高等学校、科学技术研究开发机构应当加强对有关问题的专题研究，为地震灾后恢复重建提供科学技术支撑。

农业、林业、水利、国土资源、商务、工业等部门按照职责分工，具体组织实施动物疫情监测、农业生产设施恢复重建和农业生产条件恢复，地震灾后恢复重建用地安排、土地整理和复垦、地质灾害防治，商贸流通、工业生产设施等恢复重建。

环保、林业、民政、水利、科技、安全生产、地震、气象、测绘等部门按照职责分工，具体负责生态环境保护和防灾减灾、安全生产的技术保障及公共服务设施恢复重建。

中国人民银行和银行、证券、保险监督管理机构按照职责分工，具体负责地震灾后恢复重建金融支持和服务政策的制定与落实。

公安部门具体负责维护和稳定地震灾区社会秩序。

海关、出入境检验检疫部门按照职责分工，依法组织实施进口恢复重建物资、境外捐赠物资的验放、检验检疫。

外交部会同有关部门按照职责分工，协调开展地震灾后恢复重建的涉外工作。

第三十六条 国务院地震工作主管部门应当会同文物等有关部门组织专家对地震废墟进行现场调查，对具有典型性、代表性、科学价值和纪念意义的地震遗址、遗迹划定范围，建立地震遗址博物馆。

第三十七条 地震灾区的省级人民政府应当组织民族事务、建设、环保、地震、文物等部门和专家，根据地震灾害调查评估结果，制定清理保护方案，明确地震遗址、遗迹和文物保护单位以及具有历史价值与少数民族特色的建筑物、构筑物等保护对象及其区域范围，报国务院批准后实施。

第三十八条 地震灾害现场的清理保护，应当在确定无人类生命迹象和无重大疫情的情况下，按照统一组织、科学规划、统筹兼顾、注重保护的原则实施。发现地震灾害现场有人类生命迹象的，应当立即实施救援。

第三十九条 对清理保护方案确定的地震遗址、遗迹应当在保护范围内采取有效措施进行保护，抢救、收集具有科学研究价值的技术资料和实物资料，并在不影响整体风貌的情况下，对有倒塌危险的建筑物、构筑物进行必要的加固，对废墟中有毒、有害的废弃物、残留物进行必要的清理。

对文物保护单位应当实施原址保护。对尚可保留的不可移动文物和具有历史价值与少数民族特色的建筑物、构筑物以及历史建筑，应当采取加固等保护措施；对无法保留但将来可能恢复重建的，应当收集整理影像资料。

对馆藏文物、民间收藏文物等可移动文物和非物质文化遗产的物质载体，应当及时抢救、整理、登记，并将清理出的可移动文物和非物质文化遗产的物质载体，运送到安全地点妥善保管。

第四十条 对地震灾害现场的清理，应当按照清理保护方案分区、分类进行。清理出的遇难者遗体处理，应当尊重当地少数民族传统习惯；清理出的财物，应当对其种类、特征、数量、清理时间、地点等情况详细登记造册，妥善保存。有条件的，可以通知遇难者家属和所有权人到场。

对清理出的废弃危险化学品和其他废弃物、残留物，应当实行分类处理，并遵守国家有关规定。

第四十一条 地震灾区的各级人民政府应当做好地震灾区的动物疫情防控工作。对清理出的动物尸体，应当采取消毒、销毁等无害化处理措施，防止重大动物疫情的发生。

第四十二条 对现场清理过程中拆除或者拆解的废旧建筑材料以及过渡安置期结束后不再使用的活动板房等，能回收利用的，应当回收利用。

第四十三条 地震灾后恢复重建，应当统筹安排交通、铁路、通信、供水、供电、住房、学校、医院、社会福利、文化、广播电视、金融等基础设施和公共服务设施建设。

城镇的地震灾后恢复重建，应当统筹安排市政公用设施、公共服务设施和其他设施，合理确定建设规模和时序。

乡村的地震灾后恢复重建，应当尊重农民意愿，发挥村民自治组织的作用，以群众自建为主，政府补助、社会帮扶、对口支援，因地制宜，节约和集约利用土地，保护耕地。

地震灾区的县级人民政府应当组织有关部门对村民住宅建设的选址予以指导，并提供能够符合当地实际的多种村民住宅设计图，供村民选择。村民住宅应当达到抗震设防要求，体现原有地方特色、民族特色和传统风貌。

第四十四条 经批准的地震灾后恢复重建项目可以根据土地利用总体规划，先行安排使用土地，实行边建设边报批，并按照有关规定办理用地手续。对因地震灾害毁损的耕地、农田道路、抢险救灾应急用地、过渡性安置用地、废弃的城镇、村庄和工矿旧址，应当依法进行土地整理和复垦，并治理地质灾害。

第四十五条 国务院有关部门应当组织对地震灾区地震动参数、抗震设防要求、工程建设标准进行复审；确有必要修订的，应当及时组织修订。

地震灾区的抗震设防要求和有关工程建设标准应当根据修订后的地震灾区地震动参数，进行相应修订。

第四十六条 对地震灾区尚可使用的建筑物、构筑物和设施，应当按照地震灾区的抗震设防要求进行抗震性能鉴定，并根据鉴定结果采取加固、改造等措施。

第四十七条 地震灾后重建工程的选址，应当符合地震灾后恢复重建规划和抗震设防、防灾减灾要求，避开地震活动断层、生态脆弱地区、可能发生重大灾害的区域和传染病自然疫源地。

第四十八条 设计单位应当严格按照抗震设防要求和工程建设强制性标准进行抗震设计，并对抗震设计的质量以及出具的施工图的准确性负责。

施工单位应当按照施工图设计文件和工程建设强制性标准进行施工，并对施工质量负责。

建设单位、施工单位应当选用施工图设计文件和国家有关标准规定的材料、构配件和设备。

工程监理单位应当依照施工图设计文件和工程建设强制性标准实施监理，并对施工质量承担监理责任。

第四十九条 按照国家有关规定对地震灾后恢复重建工程进行竣工验收时，应当重点对工程是否符合抗震设防要求进行查验；对不符合抗震设防要求的，不得出具竣工验收报告。

第五十条 对学校、医院、体育场馆、博物馆、文化馆、图书馆、影剧院、商场、交通枢纽等人员密集的公共服务设施，应当按照高于当地房屋建筑的抗震设防要求进行设计，增强抗震设防能力。

第五十一条 地震灾后恢复重建中涉及文物保护、自然保护区、野生动植物保护和地震遗址、遗迹保护的，依照国家有关法律、法规的规定执行。

第五十二条 地震灾后恢复重建中，货物、工程和服务的政府采购活动，应当严格依照《中华人民共和国政府采购法》的有关规定执行。

第六章   资金筹集与政策扶持

第五十三条 县级以上人民政府应当通过政府投入、对口支援、社会募集、市场运作等方式筹集地震灾后恢复重建资金。

第五十四条 国家根据地震的强度和损失的实际情况等因素建立地震灾后恢复重建基金，专项用于地震灾后恢复重建。

地震灾后恢复重建基金由预算资金以及其他财政资金构成。

地震灾后恢复重建基金筹集使用管理办法，由国务院财政部门制定。

第五十五条 国家鼓励公民、法人和其他组织为地震灾后恢复重建捐赠款物。捐赠款物的使用应当尊重捐赠人的意愿，并纳入地震灾后恢复重建规划。

县级以上人民政府及其部门作为受赠人的，应当将捐赠款物用于地震灾后恢复重建。公益性社会团体、公益性非营利的事业单位作为受赠人的，应当公开接受捐赠的情况和受赠财产的使用、管理情况，接受政府有关部门、捐赠人和社会的监督。

县级以上人民政府及其部门、公益性社会团体、公益性非营利的事业单位接受捐赠的，应当向捐赠人出具由省级以上财政部门统一印制的捐赠票据。

外国政府和国际组织提供的地震灾后恢复重建资金、物资和人员服务以及安排实施的多双边地震灾后恢复重建项目等，依照国家有关规定执行。

第五十六条 国家鼓励公民、法人和其他组织依法投资地震灾区基础设施和公共服务设施的恢复重建。

第五十七条 国家对地震灾后恢复重建依法实行税收优惠。具体办法由国务院财政部门、国务院税务部门制定。

地震灾区灾后恢复重建期间，县级以上地方人民政府依法实施地方税收优惠措施。

第五十八条 地震灾区的各项行政事业性收费可以适当减免。具体办法由有关主管部门制定。

第五十九条 国家向地震灾区的房屋贷款和公共服务设施恢复重建贷款、工业和服务业恢复生产经营贷款、农业恢复生产贷款等提供财政贴息。具体办法由国务院财政部门会同其他有关部门制定。

第六十条 国家在安排建设资金时，应当优先考虑地震灾区的交通、铁路、能源、农业、水利、通信、金融、市政公用、教育、卫生、文化、广播电视、防灾减灾、环境保护等基础设施和公共服务设施以及关系国家安全的重点工程设施建设。

测绘、气象、地震、水文等设施因地震遭受破坏的，地震灾区的人民政府应当采取紧急措施，组织力量修复，确保正常运行。

第六十一条 各级人民政府及政府有关部门应当加强对受灾群众的职业技能培训、就业服务和就业援助，鼓励企业、事业单位优先吸纳符合条件的受灾群众就业；可以采取以工代赈的方式组织受灾群众参加地震灾后恢复重建。

第六十二条 地震灾区接受义务教育的学生，其监护人因地震灾害死亡或者丧失劳动能力或者因地震灾害导致家庭经济困难的，由国家给予生活费补贴；地震灾区的其他学生，其父母因地震灾害死亡或者丧失劳动能力或者因地震灾害导致家庭经济困难的，在同等情况下其所在的学校可以优先将其纳入国家资助政策体系予以资助。

第六十三条 非地震灾区的县级以上地方人民政府及其有关部门应当按照国家和当地人民政府的安排，采取对口支援等多种形式支持地震灾区恢复重建。

国家鼓励非地震灾区的企业、事业单位通过援建等多种形式支持地震灾区恢复重建。

第六十四条 对地震灾后恢复重建中需要办理行政审批手续的事项，有审批权的人民政府及有关部门应当按照方便群众、简化手续、提高效率的原则，依法及时予以办理。

第七章 监 督 管 理

第六十五条 各县级以上人民政府应当加强对下级人民政府地震灾后恢复重建工作的监督检查。

县级以上人民政府有关部门应当加强对地震灾后恢复重建建设工程质量和安全以及产品质量的监督。

第六十六条 地震灾区的各级人民政府在确定地震灾后恢复重建资金和物资分配方案、房屋分配方案前，应当先行调查，经民主评议后予以公布。

第六十七条 地震灾区的各级人民政府应当定期公布地震灾后恢复重建资金和物资的来源、数量、发放和使用情况，接受社会监督。

第六十八条 财政部门应当加强对地震灾后恢复重建资金的拨付和使用的监督管理。

发展改革、建设、交通运输、水利、电力、铁路、工业和信息化等部门按照职责分工，组织开展对地震灾后恢复重建项目的监督检查。国务院发展改革部门组织开展对地震灾后恢复重建的重大建设项目的稽察。

第六十九条 审计机关应当加强对地震灾后恢复重建资金和物资的筹集、分配、拨付、使用和效果的全过程跟踪审计,定期公布地震灾后恢复重建资金和物资使用情况,并在审计结束后公布最终的审计结果。

第七十条　地震灾区的各级人民政府及有关部门和单位,应当对建设项目以及地震灾后恢复重建资金和物资的筹集、分配、拨付、使用情况登记造册,建立、健全档案,并在建设工程竣工验收和地震灾后恢复重建结束后,及时向建设主管部门或者其他有关部门移交档案。

第七十一条　监察机关应当加强对参与地震灾后恢复重建工作的国家机关和法律、法规授权的具有管理公共事务职能的组织及其工作人员的监察。

第七十二条　任何单位和个人对地震灾后恢复重建中的违法违纪行为,都有权进行举报。

接到举报的人民政府或者有关部门应当立即调查,依法处理,并为举报人保密。实名举报的,应当将处理结果反馈举报人。社会影响较大的违法违纪行为,处理结果应当向社会公布。

第八章　法　律　责　任

第七十三条　有关地方人民政府及政府部门侵占、截留、挪用地震灾后恢复重建资金或者物资的,由财政部门、审计机关在各自职责范围内,责令改正,追回被侵占、截留、挪用的地震灾后恢复重建资金或者物资,没收违法所得,对单位给予警告或者通报批评;对直接负责的主管人员和其他直接责任人员,由任免机关或者监察机关按照人事管理权限依法给予降级、撤职直至开除的处分;构成犯罪的,依法追究刑事责任。

第七十四条　在地震灾后恢复重建中,有关地方人民政府及政府有关部门拖欠施工单位工程款,或者明示、暗示设计单位、施工单位违反抗震设防要求和工程建设强制性标准,降低建设工程质量,造成重大安全事故,构成犯罪的,依法追究刑事责任;尚不构成犯罪的,对直接负责的主管人员和其他直接责任人员,由任免机关或者监察机关按照人事管理权限依法给予降级、撤职直至开除的处分。

第七十五条　在地震灾后恢复重建中,建设单位、勘察单位、设计单位、施工单位或者工程监理单位,降低建设工程质量,造成重大安全事故,构成犯罪的,依法追究刑事责任;尚不构成犯罪的,由县级以上地方人民政府建设主管部门或者其他有关部门依照《建设工程质量管理条例》的有关规定给予处罚。

第七十六条　对毁损严重的基础设施、公共服务设施和其他建设工程,在调查评估中经鉴定确认工程质量存在重大问题,构成犯罪的,对负有责任的建设单位、设计单位、施工单位、工程监理单位的直接责任人员,依法追究刑事责任;尚不构成犯罪的,由县级以上地方人民政府建设主管部门或者其他有关部门依照《建设工程质量管理条例》的有关规定给予处罚。涉嫌行贿、受贿的,依法追究刑事责任。

第七十七条　在地震灾后恢复重建中,扰乱社会公共秩序,构成违反治安管理行为的,由公安机关依法给予处罚。

第七十八条　国家工作人员在地震灾后恢复重建工作中滥用职权、玩忽职守、徇私舞弊的,依法给予处分;构成犯罪的,依法追究刑事责任。

第九章　附　　则

第七十九条　地震灾后恢复重建中的其他有关法律的适用和有关政策,由国务院依法另行制定,或者由国务院有关部门、省级人民政府在各自职权范围内做出规定。

第八十条　本条例自公布之日起施行。

第五章 建筑节能设计技术

第一节 基本要求

一、建筑热工设计气候分区及建筑节能设计要点

1. 居住建筑节能设计气候分区。

居住建筑节能设计气候分区为:严寒地区(分 A、B、C 三个区)、寒冷地区(分 A、B 两个区)、夏热冬冷地区、夏热冬暖地区(分南、北两个区)、温和地区(分 A、B 两个区)。居住建筑主要城市所处气候分区见表 3-5-1。

居住建筑主要城市所处城市气候分区　　　　　　　　　　　表 3-5-1

气候分区		代表性城市
严寒地区 (Ⅰ区)	严寒 A 区	博克图、满洲里、海拉尔、呼玛、海伦、伊春、富锦、大柴旦
	严寒 B 区	哈尔滨、安达、佳木斯、齐齐哈尔、牡丹江
	严寒 C 区	大同、呼和浩特、通辽、沈阳、本溪、阜新、长春、延吉、通化、四平、酒泉、西宁、乌鲁木齐、克拉玛依、哈密、抚顺、张家口、丹东、银川、伊宁、吐鲁番、鞍山
寒冷地区 (Ⅱ区)	寒冷 A 区	唐山、太原、大连、青岛、安阳、拉萨、兰州、平凉、天水、喀什
	寒冷 B 区	北京、天津、石家庄、徐州、济南、西安、宝鸡、郑州、洛阳、德州
夏热冬冷地区 (Ⅲ区)	—	南京、蚌埠、盐城、南通、合肥、安庆、九江、武汉、黄石、岳阳、汉中、安康、上海、杭州、宁波、宜昌、长沙、南昌、株洲、永州、赣州、韶关、桂林、重庆、达县、万州、涪陵、南充、宜宾、成都、遵义、凯里、绵阳
夏热冬暖地区 (Ⅳ区)	北区	福州、莆田、龙岩、梅州、兴宁、龙川、新丰、英德、贺州、柳州、河池
	南区	泉州、厦门、漳州、汕头、广州、深圳、香港、澳门、梧州、茂名、湛江、海口、南宁、北海、百色、凭祥
温和地区 (Ⅴ区)	温和地区 A 区	西昌、贵阳、安顺、遵义、昆明、大理、腾冲
	温和地区 B 区	攀枝花、临沧、蒙自、景洪、澜沧

2. 公共建筑节能设计气候分区。

公共建筑节能设计气候分区为:严寒地区 A 区、严寒地区 B 区、寒冷地区、夏热冬冷地区、夏热冬暖地区。公共建筑主要城市所处的气候分区见表 3-5-2。

公共建筑主要城市所处气候分区　　　　　　　　　　　表 3-5-2

气候分区	代表性城市
严寒地区 A 区	海伦、博克图、伊春、呼玛、海拉尔、满洲里、齐齐哈尔、富锦、哈尔滨、牡丹江、克拉玛依、佳木斯、安达

续表

气候分区	代表性城市
严寒地区B区	长春、乌鲁木齐、延吉、通辽、通化、四平、呼和浩特、抚顺、大柴旦、沈阳、大同、本溪、阜新、哈密、鞍山、张家口、酒泉、伊宁、吐鲁番、西宁、银川、丹东
寒冷地区	兰州、太原、唐山、阿坝、喀什、北京、天津、大连、阳泉、平凉、石家庄、德州、晋城、天水、西安、拉萨、康定、济南、青岛、安阳、郑州、洛阳、宝鸡、徐州
夏热冬冷地区	南京、蚌埠、盐城、南通、合肥、安庆、九江、武汉、黄石、岳阳、汉中、安康、上海、杭州、宁波、宜昌、长沙、南昌、株洲、永州、赣州、韶关、桂林、重庆、达县、万州、涪陵、南充、宜宾、成都、贵阳、遵义、凯里、绵阳
夏热冬暖地区	福州、莆田、龙岩、梅州、兴宁、英德、河池、柳州、贺州、泉州、厦门、广州、深圳、湛江、汕头、海口、南宁、北海、梧州

注：本表摘自《公共建筑节能设计标准》GB 50189—2005。

3. 建筑热工设计应与地区气候相适应。

(1) 严寒地区：必须充分满足冬季保温要求，一般可不考虑夏季防热。

(2) 寒冷地区：应满足冬季保温要求，部分地区兼顾夏季防热。

(3) 夏热冬冷地区：必须满足夏季防热要求，适当兼顾冬季保温。

(4) 夏热冬暖地区（北区）：必须充分满足夏季防热要求，同时兼顾冬季保温；
　　　　　　　　　　　（南区）：必须充分满足夏季防热要求，可不考虑冬季保温。

(5) 温和地区：部分地区应考虑冬季保温，一般可不考虑夏季防热。

二、建筑总体布局

1. 总体布局原则。

建筑总平面的布置和设计，宜充分利用冬季日照并避开冬季主导风向，利用夏季凉爽时段的自然通风。建筑的主要朝向宜选择本地区最佳朝向，一般宜采用南北向或接近南北向，主要房间避免夏季受东、西向日晒。

2. 选址。

建筑的选址要综合考虑整体的生态环境因素，充分利用现有城市资源，符合可持续发展的原则。

3. 外部环境设计。

在建筑设计中，应对建筑自身所处的具体的环境加以充分利用和改善，以创造能充分满足人们舒适条件的室内外环境。如在建筑周围种植树木、植被，可有效阻挡风沙，净化空气，同时起到遮阳、降噪的效果。有条件的地区，可在建筑附近设置水面，利用水面平衡环境温度、湿度、防风沙及收集雨水。也可通过垂直绿化、屋面绿化、渗水地面等，改善环境温湿度，提高建筑物的室内热舒适度。

4. 规划和体形设计。

在建筑设计中，应对建筑的体形以及建筑群体组合进行合理地设计，以适应不同的气候环境。如在沿海湿热地区，为有效改善自然通风，规划布局上可利用建筑的向阳面和背阴面形成风压差，使建筑单体得到一定的穿堂风。建筑高度、宽度的差异可产生不同的风影效应，所以应合理确定建筑单体体量，防止出现不良风环境。

5. 日照环境设计。

（1）建筑物的朝向、间距会对建筑物内部采光、得热产生很大的影响，所以应合理确定建筑物的日照间距及朝向。建筑的日照标准应满足相应规范的要求。

（2）居住建筑应充分利用外部环境提供的日照条件，其间距应以满足冬季日照标准为基础，综合考虑采光、通风、消防、视觉等要求。

住宅日照标准应符合表 3-5-3 的规定。旧区改造项目内新建住宅的日照标准可酌情降低，但不应低于大寒日日照 1h 的标准。

住宅建筑日照标准   表 3-5-3

建筑气候分区	Ⅰ、Ⅱ、Ⅲ、Ⅶ气候区		Ⅳ气候区		Ⅴ、Ⅵ气候区
	大城市	中小城市	大城市	中小城市	
日照标准	大寒日				冬至日
日照时数（h）	≥2	≥3			≥1
有效日照时间带（h）（当地真太阳时）	8～16				9～15
日照时间计算点	底层窗台面（距室内地坪 0.9m 高的外墙位置）				

注：1. 本表中的气候分区与全国建筑热工设计分区的关系见《民用建筑设计通则》GB 50352—2005 表 3.3.1。
      2. 本表摘自《城市居住区规划设计规范》GB 50180—93(2002 年版)。

（3）根据《民用建筑设计通则》GB 50352 规定：

1）每套住宅至少应有一个居室空间能获得冬季日照；

2）宿舍半数以上的居室，应获得同住宅居住空间相等的日照标准；

3）托儿所、幼儿园的主要生活用房，应能获得冬至日不小于 3h 的日照标准；

4）老年人住宅、残疾人住宅的卧室、起居室，医院、疗养院半数以上的病房和疗养室，中小学半数以上的教室应能获得冬至日不小于 2h 的日照标准。

三、建筑单体节能设计要点

1. 建筑单体体形设计要求。

（1）建筑单体的体形设计应适应不同地区的气候条件。严寒、寒冷气候区的建筑宜采用紧凑的体形，缩小体形系数，从而减少热损失。干热地区建筑的体形宜采用紧凑或有院落、天井的平面，易于封闭、减少通风，减少极端温度时热空气进入。湿热地区建筑的体形宜主面长、进深小，以利于通风与自然采光。

（2）严寒、寒冷地区公共建筑的体形系数应小于或等于 0.40。当不能满足规定时，必须按相应的标准进行围护结构热工性能的权衡判断。

（3）严寒地区居住建筑的体形系数，3 层或 3 层以下的建筑，应不大于 0.55；4～6 层的建筑，应不大于 0.30；7～9 层的建筑，应不大于 0.26；10 层以上的建筑，应不大于 0.24。

（4）寒冷地区居住建筑的体形系数，3 层或 3 层以下的建筑，应不大于 0.55；4～6 层的建筑，应不大于 0.35；7～9 层的建筑，应不大于 0.30；10 层以上的建筑，应不大于 0.26。

（5）夏热冬冷地区：条式建筑的体形系数应不大于 0.35，点式建筑的体形系数应不大于 0.40。

(6)夏热冬暖地区北区：单元式、通廊式住宅的体形系数不宜大于0.35，塔式住宅的体形系数不宜大于0.40。

(7)居住建筑的体形系数不满足要求时，则应进行围护结构的综合判断。严寒、寒冷地区应调整外墙和屋顶等围护结构的传热系数，使建筑物的耗热量指标达到规定的要求；夏热冬冷地区，建筑的采暖年耗电量和空调年耗电量之和不应超过标准规定的限值；夏热冬暖地区，建筑的空调采暖年耗电指数(或耗电量)不应超过参照建筑的空调采暖年耗电指数(或耗电量)。

2. 建筑单体空间设计要求。

建筑单体空间设计，在充分满足建筑功能要求的前提下，应对建筑空间进行合理分隔(包括平面分隔与竖向分隔)，以改善室内通风、采光、热环境等。如在北方寒冷地区的住宅设计中，可将厨房、餐厅等辅助房间布置在北侧，形成北侧寒冷空气的缓冲区，以保证主要居室的舒适温度。

3. 外门窗(包括透明幕墙)、遮阳的基本要求。

(1)建筑设计中应对外门窗(包括透明幕墙，下同)、遮阳进行合理设计，以调节建筑室内的通风、采光等，改善建筑室内环境的舒适度。设计中应采用气密性良好的外门窗，气密性等级要求见本专篇第6章。

(2)公共建筑外门窗、遮阳设计：

1)建筑每个朝向的窗墙面积比均不应大于0.70。当窗墙面积比小于0.40时，玻璃(或其他透明材料)的可见光透射比不应小于0.4。当不能满足此规定时，必须按相应的标准进行权衡判断；

2)外窗的可开启面积不应小于窗面积的30%；透明幕墙应具有开启部分或设有通风换气装置；

3)屋顶透明部分的面积不应大于屋顶总面积的20%，当不能满足此规定时，必须按《公共建筑节能设计标准》GB 50189进行权衡判断；

4)建筑中庭夏季应利用通风降温，必要时设置机械排风装置。如在中庭上部的侧面设置排风机加强通风，改善中庭热环境；

5)夏热冬暖地区、夏热冬冷区的建筑以及寒冷地区制冷负荷大的建筑，外窗宜设置外部遮阳，外部遮阳的遮阳系数见本专篇第7章；

6)严寒地区建筑的外门应设门斗，寒冷地区建筑的外门宜设门斗或应采取其他减少冷风渗透的措施。其他地区建筑的外门也应采取保温隔热节能措施。

(3)居住建筑外门窗(包括阳台门上部透明部分)、遮阳设计：

1)建筑外窗(包括阳台门上部透明部分，下同)与天窗面积不宜过大。不同地区不同朝向的窗墙比不应超过：

① 严寒、寒冷地区：外窗北向0.30、东西向0.30、南向0.50；

② 夏热冬冷地区：外窗北向0.45、东西向(无外遮阳措施)0.30、东西向(有外遮阳且太阳辐射透过率小于或等于20%)0.50、南向0.50；

③ 夏热冬暖地区：外窗北向0.45、东西向0.30、南向0.50。天窗面积不应大于屋顶总面积的4%，传热系数不应大于$4.0W/(m^2 \cdot K)$，本身的遮阳系数不应大于0.5；

④ 如窗墙面积比、天窗面积不满足要求时，则应进行围护结构的综合判断。

2）不同气候区、建筑外窗不同的窗墙面积比，对建筑外窗（包括阳台门上部透明部分）、天窗的传热系数与遮阳系数有着不同的要求，具体见本专篇第六节有关内容。

3）夏热冬暖地区、夏热冬冷地区以及寒冷地区空调负荷大的建筑的外窗宜设置外部遮阳，遮阳的设置能够有效地遮挡太阳辐射外，还应避免对窗口通风产生不利影响。外部遮的遮阳系数见本篇第 7 节。

4）生活、工作的房间的通风开口有效面积不应小于该房间地板面积的 1/20。

5）住宅卧室、起居室（厅）、厨房的外窗窗地比不应小于 1/7。离地面高度 0.50m 的窗洞口面积不计入采光面积内。窗洞口上沿距地面高度不宜低于 2m。

6）住宅应能自然通风。单朝向住宅应采取通风措施：

① 卧室、起居室（厅）、明卫生间的通风开口有效面积不应小于该房间地面面积的 1/20；

② 厨房的通风开口有效面积不应小于该房间地面面积的 1/10，并不小于 $0.60m^2$；

③ 严寒地区居住建筑的厨房、卫生间应设自然通风道或通风换气设施。自然通风道的位置应设于窗户或进风口相对的一面。

7）夏热冬暖地区居住建筑外窗的可开启面积不应小于外窗所在房间地面面积的 8% 或外窗面积的 45%。

第二节　墙体节能技术

一、一般规定

1. 墙体的热工性能指标。

（1）居住建筑墙体的传热系数和热惰性指标，应根据建筑所处城市的气候分区区属，符合表 3-5-4 的规定。如不满足表中规定，必须按居住建筑节能设计标准的规定进行围护结构热工性能的综合判断。

居住建筑不同气候区墙体的传热系数和热惰性指标限值　　　　表 3-5-4

气候分区	墙体部位		传热系数 K $[W/(m^2 \cdot K)]$	
			≥4 层建筑	≤3 层建筑
严寒地区 A 区	外　墙		≤0.40	≤0.33
	分隔采暖与非采暖空间的隔墙		≤0.70	
严寒地区 B 区	外　墙		≤0.45	≤0.40
	分隔采暖与非采暖空间的隔墙		≤0.80	
严寒地区 C 区	外　墙		≤0.50	≤0.40
	分隔采暖与非采暖空间的隔墙		≤1.00	
寒冷地区 A 区	外　墙		≤0.50	≤0.45
	分隔采暖与非采暖空间的隔墙		≤1.20	
寒冷地区 B 区	外　墙	重质结构	≤0.60	≤0.50
		轻质结构	≤0.50	≤0.45
	分隔采暖与非采暖空间的隔墙		≤1.00	

续表

气候分区	墙体部位		传热系数 K [W/(m²·K)]	
			≥4 层建筑	≤3 层建筑
夏热冬冷地区	外墙	$D \geq 3.0$	≤1.50	
		$3.0 > D \geq 2.5$	≤1.00	
	分户墙		≤2.00	
夏热冬暖地区北区	外墙	$D \geq 3.0$	≤2.00	
			≤1.50	
		$D \geq 2.5$	≤1.00	
		$D < 2.5$	≤0.70	
夏热冬暖地区南区	外墙 ($\rho \leq 0.8$)	$D \geq 3.0$	≤2.00	
			≤1.50	
		$D \geq 2.5$	≤1.00	
		$D < 2.5$	≤0.70	
温和地区 A 区	外墙	重质结构	≤1.00	≤0.80
		轻质结构	≤0.50	≤0.40
	分户墙		≤2.00	
温和地区 B 区	外墙			

注：1. 表中外墙传热系数为包括结构性热桥在内的平均传热系数 Km。
　　2. 轻质结构外墙系指轻钢、木结构、轻质墙板等构成的外墙。
　　3. 应根据不同平均窗墙面积比及外窗的传热系数值和综合遮阳系数值，确定外墙的传热系数限值，详见《夏热冬暖地区居住建筑节能设计标准》JGJ 75 表 4.0.7-1 和表 4.0.7-2。
　　4. D 是外墙热惰性指标；ρ 是外墙外表面的太阳辐射吸收系数。

（2）公共建筑墙体的传热系数，应根据建筑所处城市的气候分区区属，符合表 3-5-5 的规定。如果墙体的传热系数不满足表中规定，必须按公共建筑节能设计标准的规定进行围护结构热工性能的权衡判断。

公共建筑不同气候区墙体的传热系数限值　　　　　　　　　表 3-5-5

气候分区	墙体部位	传热系数 K [W/(m²·K)]		
		体形系数≤0.30	0.30<体形系数≤0.40	体形系数>0.40
严寒地区 A 区	外墙	≤0.45	≤0.40	≤0.35
	分隔采暖与非采暖空间的隔墙	≤0.60		
严寒地区 B 区	外墙	≤0.50	≤0.45	≤0.40
	分隔采暖与非采暖空间的隔墙	≤0.80		
寒冷地区	外墙	≤0.60	≤0.50	≤0.45
	分隔采暖、空调与非采暖、空调空间的隔墙	≤1.50		

续表

气候分区	墙体部位	传热系数 K [W/(m² · K)]		
		体形系数≤0.30	0.30<体形系数 ≤0.40	体形系数 >0.40
夏热冬冷地区	外墙	≤1.00		
夏热冬暖地区	外墙	≤1.50		

注：1. 表中外墙传热系数为包括结构性热桥在内的平均传热系数 Km。

　　2. 外墙含非透明幕墙。

2. 严寒和寒冷地区外墙的热工设计措施。

（1）需保温的外墙应首选外保温构造。

（2）采用外墙外保温构造时，应尽量减少混凝土出挑构件及附墙部件。

（3）当外墙有出挑构件及附墙部件时（如：阳台、雨篷、靠外墙阳台栏板、空调室外机搁板、附壁柱、凸窗的非透明构件、装饰线和靠外墙阳台分户隔墙等）应采取隔断热桥或保温措施。

（4）外墙外保温的墙体，窗口外侧四周墙面应进行保温处理。外窗尽可能外移或与外墙面平，以减少窗框四周的"热桥"面积，但应设计好窗上口滴水。

（5）外墙保温不得已采用内保温构造时，应充分考虑结构性热桥影响并符合以下要求：

1）计算外墙的平均传热系数应不大于表 3-5-4 及表 3-5-5 的限值；

2）热桥部位应采取可靠保温或"断桥"措施；

3）按照《民用建筑热工设计规范》GB 50176 的规定，进行内部冷凝受潮验算和采取可靠的防潮措施。

3. 寒冷地区、夏热冬冷地区及夏热冬暖地区的建筑，当墙体采用轻质结构时，应按《民用建筑热工设计规范》GB 50176 的规定，进行隔热验算，如不满足规定要求，则宜采用浅色饰面和设置通风间层等措施。

二、墙体节能技术

1. 外墙外保温技术。

（1）外墙外保温系统构造特点、主要技术指标及适用范围见表 3-5-6 和表 3-5-7。

外墙外保温系统构造特点、主要技术指标及适用范围　　　　　　表 3-5-6

名称	构造简图	主要技术指标	适用范围
EPS 板（模塑聚苯板）外墙外保温系统（EPS 板薄抹灰系统）	 1—基层； 2—胶粘剂 3—EPS 板； 4—玻纤网； 5—薄抹面层； 6—饰面层； 7—锚栓 用胶粘剂将 EPS 板粘结在外墙上，EPS 板表面做玻纤网增强薄抹面层和饰面层	EPS 板密度 18～22kg/m³，导热系数≤0.041w/(m · K)；胶粘剂、抹面胶浆与 EPS 板粘结强度 ≥ 0.10MPa；玻纤网耐碱强力保留率≥50%，耐碱断裂强力 ≥ 750N/50mm	1. 混凝土和砌体结构外墙； 2. 各类气候区； 3. 涂料饰面，采取可靠措施后可贴面砖

续表

名称	构造简图	主要技术指标	适用范围
胶粉 EPS 颗粒保温浆料外墙外保温系统（保温浆料系统）	1—基层； 2—胶粘剂 3—EPS 板； 4—玻纤网； 5—薄抹面层； 6—饰面层； 7—锚栓 胶粉 EPS 颗粒保温浆料经现场拌和后抹在外墙上，表面做玻纤网增强抗裂砂浆薄抹面层和饰面层	保温浆料密度180～250ks/m³，导热系数≤0.060W/(m·K)，软化系数≥0.5；玻纤网耐碱强力保留率≥50%，耐碱断裂强力≥750N/50mm；系统抗拉强度≥0.1MPa	1. 混凝土和砌体结构外墙 2. 夏热冬冷和夏热冬暖地区； 3. 涂料饰面，采取可靠措施后可贴面砖
EPS 板现浇混凝土外墙外保温系统（无网现浇系统）	1—现浇混凝土外墙； 2—EPS 板； 3—锚栓； 4—玻纤网； 5—抗裂砂浆薄抹面层； 6—饰面层； EPS 板与现浇混凝土接触的表面开有矩形齿槽，板两面预喷界面砂浆，置于外模板内侧并安装锚栓作为辅助固定件。拆模后 EPS 板表面用胶粉 EPS 颗粒保温浆料做局部修补和找平，之后做玻纤网增强抗裂砂浆薄抹面层和饰面层	EPS 板密度 18～22kg/m³，导热系数≤0.041W/(m·K)；玻纤网耐碱强力保留率≥50%，耐碱断裂强力≥750N/50mm；现场检验系统抗拉强度≥0.1MPa	1. 现浇混凝土外墙； 2. 寒冷和严寒地区； 3. 涂料饰面
EPS 钢丝网架板现浇混凝土外墙外保温系统（有网现浇系统）	1—现浇混凝土外墙； 2—EPS 单面钢丝网架板； 3—掺外加剂的水泥砂浆厚抹面层； 4—钢丝网架； 5—饰面层； 6—φ6 钢筋 EPS 单面钢丝网架板置于外墙外模板内侧，并安装 φ6 钢筋作为辅助固定件。浇筑混凝土后，外抹水泥砂浆厚抹面层	EPS 板密度 18～22kg/m³	1. 现浇混凝土外墙； 2. 寒冷地区； 3. 面砖饰面

名称	构造简图	主要技术指标	适用范围
机械固定 EPS 钢丝网架板外墙外保温系统(机械固定系统)	1—基层； 2—EPS 钢丝网架板； 3—掺外加剂的水泥砂浆厚抹面层； 4—机械固定装置； 5—饰面层 用锚栓或预埋钢筋等将腹丝非穿透型 EPS 钢丝网架板固定在外墙上，外抹水泥砂浆厚抹面层	EPS 板密度 18～22kg/m³；金属网和所有金属部件应做防锈处理。金属固定件数量及承托构造设置由计算确定	1. 混凝土和砌体结构外墙，不适用于加气混凝土和轻集料混凝土外墙； 2. 寒冷和严寒地区； 3. 面砖饰面

注：本表摘自《外墙外保温工程技术规程》JGJ 144。

其他外墙外保温系统构造特点、主要技术指标及适用范围　　　　表 3-5-7

名称	构造特点	主要技术指标	适用范围
XPS 板(挤塑聚苯板)外墙外保温系统	用胶粘剂将 XPS 板粘结在外墙上，XPS 板表面做玻纤网增强薄抹面层和饰面层。粘结 XPS 板及做抹面层前，先在 XPS 板表面涂界面剂	XPS 板密度 25～32kg/m³，导热系数≤0.030W/(m·K)，压缩强度 150～250kPa；胶粘剂、抹面胶浆与 XPS 板粘结强度≥0.25MPa；玻纤网耐碱强力保留率≥50%，耐碱断裂强力≥750N/50mm	1. 混凝土和砌体结构外墙； 2. 各类气候区； 3. 涂料饰面
硬泡聚氨酯板外墙外保温系统	用胶粘剂将聚氨酯板粘结在外墙上，聚氨酯板表面做玻纤网增强薄抹面层和饰面层	硬泡聚氨酯板密度 30～50kg/m³，导热系数≤0.025W/(m·K)；胶粘剂、抹面胶浆与聚氨酯板粘结强度≥0.10MPa；玻纤网耐碱强力保留率≥50%，耐碱断裂强力≥750N/50mm	1. 混凝土和砌体结构外墙； 2. 各类气候区； 3. 涂料饰面
岩棉板外墙外保温系统	用机械固定件将岩棉板固定在外墙上，外挂热镀锌钢丝网并喷涂喷砂界面剂。外抹 20mm 厚胶粉 EPS 颗粒保温浆料找平层，并做玻纤网增强抗裂砂浆薄抹面层和饰面层	岩棉板密度和压缩性能符合设计要求；所有金属部件应做防锈处理。系统抗风压值 Rd 不小于设计要求的风荷载值 Wd	1. 混凝土和砌体结构外墙； 2. 气候湿热地区慎用； 3. 涂料饰面； 4. 防火要求高的建筑
现场喷涂硬泡聚氨酯外墙外保温系统	在墙面上现场涂刷聚氨酯防潮底漆和喷涂聚氨酯硬泡保温层，涂刷聚氨酯界面砂浆，并抹胶粉 EPS 颗粒保温浆料找平层；表面做玻纤网增强抗裂砂浆薄抹面层和饰面层	硬泡聚氨酯密度 30～50kg/ms，导热系数≤0.025W/(m·K)；玻纤网耐碱强力保留率≥50%，耐碱断裂强力≥750N/50mm；系统抗拉强度≥0.10MPa	1. 混凝土和砌体结构外墙； 2. 各类气候区； 3. 涂料饰面

续表

称	构造特点	主要技术指标	适用范围
装配式保温装饰一体化外墙外保温系统	工业化生产保温装饰复合板，芯材为聚氨酯泡沫塑料等，外表为涂仿瓷、仿天然石材的 0.5mm 铝板，内贴 0.06ram 铝箔防潮层，侧边设有防水榫槽。安装时将龙骨固定在外墙上，用不锈钢钉将复合板固定在龙骨上	聚氨酯导热系数 ≤ 0.025W/(m·K)；系统抗风压值 Rd 不小于设计要求的风荷载值 Wd	1. 混凝土和砌体结构外墙；2. 各类气候区
保温装饰板外墙外保温系统	保温装饰板以挤塑聚苯板等为保温层，表面复合铝板氟碳涂料、石材、面砖等面层。挤塑板内侧复合界面砂浆层，可直接粘贴于基墙表面，也可干挂。板缝用密封胶密封	XPS 板密度 25～32kg/m³，导热系数 ≤ 0.030W/(m·K)，压缩强度 150～250kPa	1. 混凝土和砌体结构外墙；2. 各类气候区

（2）外墙外保温系统基本要求：

1）应能适应基层的正常变形而不产生裂缝或空鼓；

2）应能长期承受自重而不产生有害的变形；

3）应能承受风荷载的作用而不产生破坏；

4）应能耐受室外气候的长期反复作用而不产生破坏；

5）在罕遇地震发生时不应从基层上脱落；

6）用于高层建筑时，应采取防火构造措施；

7）应具有防水渗透性能；

8）外保温复合墙体的保温、隔热和防潮性能应符合《民用建筑热工设计规范》GB 50176 和相关节能设计标准规定；

9）各组成部分应具有物理—化学稳定性。所有组成材料应彼此相容并应具有防腐性，同时应具有防生物侵害性能；

10）在正确使用和正常维护的条件下，使用年限应不少于 25 年。

注：正常维护包括局部修补和饰面层维修两部分。对局部破坏应及时修补。对于不可触及的墙面，饰面层正常维修周期应不少于 5 年。

（3）外墙外保温系统及主要组成材料性能要求：

1）外墙外保温系统性能要求见表 3-5-8。

外墙外保温系统性能要求　　　　　　　　　　　　　　　　表 3-5-8

项 目	技 术 要 求
耐候性	经耐候性试验后，不得出现饰面层起泡或剥落、保护层空鼓或脱落等破坏，不得产生渗水裂缝。具有薄抹面层的外保温系统，抹面层与保温层的拉伸粘结强度不得小于 0.10MPa，并且破坏部位应位于保温层内
抗风荷载性能	系统抗风压值 Rd 不小于风荷载设计值。EPS 板薄抹灰外墙外保温系统、胶粉 EPS 颗粒保温浆料外墙外保温系统、EPS 板现浇混凝土外墙外保温系统和 EPS 钢丝网架板现浇混凝土外墙外保温系统安全系数应不小于 1.5，机械固定 EPS 钢丝网架板外墙外保温系统安全系数应不小于 2

续表

项　目	技术要求
抗拉强度	胶粉 EPS 颗粒保温浆料外墙外保温系统和 EPS 板现浇混凝土外墙外保温系统抗拉强度不得小于 0.1MPa，并且破坏部位不得位于各层界面
抗冲击性	建筑物首层墙面以及门窗口等易受碰撞部位：10J 级； 建筑物二层以上墙面等不易受碰撞部位：3J 级
吸水量	水中浸泡 lh，只带有抹面层和带有全部保护层的系统，吸水量均不得大于或等于 1.0kg/m²
耐冻融性能	30 次冻融循环后，保护层无空鼓、脱落，无渗水裂缝；保护层与保温层的拉伸粘结强度不小于 0.1MPa，破坏部位应位于保温层内
抹面层不透水性	2h 不透水
热阻、保护层水蒸气渗透阻	符合设计要求

注：1. 水中浸泡 24h，只带有抹面层和带有全部保护层的系统的吸水量均小于 0.5kg/m² 时，不检验耐冻融性能。
　　2. 本表摘自《外墙外保温工程技术规程》JGJ 144。

2）外墙外保温系统组成材料及部件性能应符合表 3-5-9 规定。

外墙外保温系统组成材料及部件性能要求 表 3-5-9

检　验　项　目			性　能　要　求	
胶粘剂	拉伸粘结强度（MPa）	与水泥砂浆 干燥状态	≥0.60	
		与水泥砂浆 浸水 48h，取出后 2h	≥0.40	
抹面胶浆抗裂砂浆界面砂浆		与 EPS 板	干燥状态和浸水 48h 后≥0.10，破坏部位应位于 EPS 板内	
		与 EPS 板与胶粉 EPS 颗粒保温浆料	干燥状态和浸水 48h 后≥0.10，破坏部位应位于 EPS 板或胶粉 EPS 颗粒保温浆料内	
玻纤网	经向和纬向耐碱拉伸断裂强力（N/50mm）		≥750	
	经向和纬向耐碱拉伸断裂强力保留率（%）		≥50	
保温材料	—		EPS 板	胶粉 EPS 颗粒保温浆料
	密度（kg/m³）		18～22	—
	干密度（kg/m³）		—	180～250
	导热系数［w/(m·K)］		≤0.041	≤0.060
	水蒸气渗透系数［ng/(Pa·m·s)］		符合设计要求	符合设计要求
	压缩性能(MPa)(形变 10%)		≥0.10	≥0.25(养护 28d)
	抗拉强度（MPa）	干燥状态	≥0.10	≥0.10
		浸水 48h，取出后干燥 7d	—	
保温材料	线性收缩率（%）		—	≤0.3
	尺寸稳定性（%）		≤0.3	—
	软化系数		—	≥0.5(养护 28d)
	燃烧性能		阻燃型	—
	燃烧性能级别		—	B₁

续表

检 验 项 目		性 能 要 求
EPS钢丝网架板(腹丝非穿透型)	热阻(m²·K/w)	≥1.0(50mm厚EPS板)
		≥1.6(80mm厚EPS板)
	腹丝镀锌层	符合 QB/T 3897—1999 规定
饰面材料	必须与其他系统组成材料相容,应符合设计要求和相关标准规定	
锚栓	符合设计要求和相关标准规定	

注:本表摘自《外墙外保温工程技术规程》JGJ 144。

(4)外墙外保温系统选用要点:

1)选用外保温系统时,不得随意更改系统构造和组成材料,所有组成材料应由系统供应商成套供应(包括保温板、腻子、涂料、面砖等)。例如,不能只把 EPS 板换成 XPS 板,而简单地套用原来用于 EPS 板的配套材料。宜选用浅色饰面材料以降低太阳辐射对面层的影响。

2)进行建筑热工设计时,外保温系统应包覆门窗框外侧洞口、封闭阳台以及女儿墙、挑檐等出挑部位,以减小热桥影响和避免墙体温度裂缝。

3)应做好外保温工程的密封和防水构造设计,确保水不会渗入保温层及基层,重要部位应有详图。水平或倾斜的出挑部分以及延伸至地面以下的部位应做防水层。在外墙外保温系统上安装的设备或管道应固定于基层上,并应做密封和防水设计。

4)高层建筑可有多种防火构造措施,图 3-5-1 为窗口上沿防火构造。这是欧洲采用的一种做法,在国内使用需经抗裂试验验证,确保系统面层不会开裂。

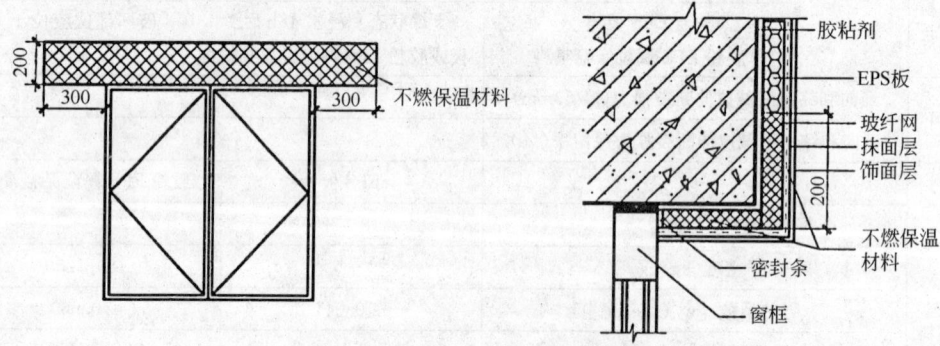

图 3-5-1 窗口上沿防火构造示意图

5)EPS 板易受昆虫(如白蚁)、隐花植物和啮齿动物(如老鼠)侵害,设计时需加注意并采取可靠措施。例如,在所有端头、孔洞部位做好密闭处理等。

6)外保温系统至少应在 25 年内保持完好,这就要求系统能够经受住周期性热湿和热冷气候条件的长期作用,选用时应要求供应商提交耐候性检验报告。

7)应要求外保温系统供应商提供书面施工方案,并严格按施工方案和相关标准规定施工。

8)外保温系统宜优先选用涂料饰面。如贴面砖,需采取慎重态度,建筑物高度需有一定限制,并应制定详细的施工方案和施工质量验收指标,经各方认可后方可施工。

9）EPS 板薄抹灰外墙外保温系统贴面砖施工要点：

① 保温板粘贴面积至少 60％，抹面层厚度 5～10mm；

② 按照面砖粘结性能选配粘结砂浆；

③ 应选用不透水的面砖和勾缝材料；

④ 贴面砖前基面应干透；

⑤ 应采用双涂法施工（墙面刮涂和瓷砖背涂），面砖粘结层厚度 3～5mm，勾缝胶用量 5.0～6.5kg/m²；

⑥ 面砖接缝的宽度不应小于 5mm，缝深不宜大于 3mm。外墙粘贴面砖还应设置伸缩缝。阳角处面砖不宜采用 45°对接；

⑦ 做好外保温系统边角部位防水。

10）EPS 板薄抹灰外墙外保温系统贴面砖质量控制要点：

① 应采用以粘结为主、粘钉结合方式固定 EPS 板，锚栓应钉在玻纤网外。EPS 板与基层和抹面层的粘接应牢固可靠；

② 经耐候性试验后，面砖与抹面层的粘结强度应不小于 0.4MPa，面砖与 EPS 板保温层的粘结强度应不小于 0.2MPa，并且应为 EPS 板破坏；

③ EPS 板的密度应不低于 22kg/m³，厚度 40～200mm；

④ 面砖胶粘剂耐冻融性能应符合《外墙外保温工程技术规程》JGJ 144 的规定；

⑤ 玻纤网性能应符合《胶粉聚苯颗粒外墙外保温系统》JG 158 的规定；

⑥ 饰面砖性能应符合表 3-5-10 的规定。

饰面砖性能指标　　　　　　　　　　　　　　表 3-5-10

项　　目		单　位	指　标
尺寸	6m 以下墙面	表面面积 Cm²	≤410
		厚　度 Cm	≤1.0
	6m 及以上墙面	表面面积 Cm²	≤190
		厚　度 Cm	≤0.75
单位面积质量		Kg/m²	≤20
吸水率	Ⅰ、Ⅵ、Ⅶ气候区	％	≤3
	Ⅱ、Ⅲ、Ⅳ、Ⅴ气候区		≤6
抗冻性	Ⅰ、Ⅵ、Ⅶ气候区	—	50 次冻融循环无破坏
	Ⅱ气候区		40 次冻融循环无破坏
	Ⅲ、Ⅳ、Ⅴ气候区		10 次冻融循环无破坏

注：1. 气候区划分级按 GB 50178 中一级区划的Ⅰ～Ⅶ区执行。
　　2. 本表摘自《胶粉聚苯颗粒外墙外保温系统》JG 158。

2. 外墙内保温技术和外墙夹心保温技术。

（1）外墙内保温技术。

1）在外墙内侧粘贴或砌筑块状保温板（如膨胀珍珠岩板、EPS 板和 XPS 板等），并在表面做保护层（如粉刷石膏或聚合物水泥砂浆等）；

2）在外墙内侧拼装 GRC 聚苯复合板或石膏聚苯复合板，表面刮腻子；

3）在外墙内侧安装岩棉轻钢龙骨纸面石膏板（或其他板材）；

4）在外墙内侧抹保温砂浆；

5）公共建筑外墙、地下车库顶板采用现场喷涂超细玻璃棉绝热吸声系统。该系统保温层属于 A 级不燃材料。系统做法是：将经特殊加工的超细玻璃棉与水基特种胶粘剂通过专用纤维喷涂设备喷涂于建筑物基体表面，经自然干燥后形成整体绝热吸声层。在喷涂层干燥前，可用专用工具进行表面处理，使表面具有装饰效果。需要时，可另做干挂饰面或吊顶。

（2）外墙夹芯保温技术。

1）夹芯保温一般以 240mm 厚砖墙做外页墙，以 120mm 厚砖墙为内页墙。也有内外页墙相反的做法。两页墙之间留出空腔，随砌墙随填充保温材料。保温材料可为岩棉、EPS 板或 XPS 板、散装或袋装膨胀珍珠岩等。两页墙之间可采用砖拉接或钢筋拉接，并设钢筋混凝土构造柱和圈梁连接内外页墙；

2）小型混凝土空心砌块 EPS 板夹芯墙构造做法：内页墙为 190mm 厚混凝土空心砌块，外页墙为 90mm 厚混凝土空心砌块，两页墙之间的空腔中填充 EPS 板，EPS 板与外页墙之间有 20mm 厚空气层。在圈梁部位按一定间距用混凝土挑梁连接内外页墙。

假定北京、沈阳、长春、哈尔滨采用聚苯板厚度分别为 80、100、130 和 150mm，经计算机模拟计算，夹芯墙体平均传热系数分别为 0.59、0.52、0.44 和 $0.41W/(m^2 \cdot K)$。经计算机模拟计算和试验室实测，挑梁部位夹墙体室内侧表面温度高于露点温度，不会结露。

（3）外墙内保温和夹芯保温选用要点：

1）夹芯保温做法可用于寒冷地区和严寒地区。夏热冬冷地区和夏热冬暖地区可适当选用内保温做法；

2）应充分估计热桥影响，设计热阻值应考虑热桥影响，取复合墙体的平均热阻；

3）应做好热桥部位节点构造保温设计，避免内表面结露；

4）内保温和夹芯保温易造成外墙或外页墙温度裂缝，设计时需采取加强措施和防止雨水渗透措施。

3. 其他复合墙体保温技术。

（1）保温砌模网格剪力墙结构体系。

该体系保温砌模由 EPS 颗粒保温浆料制成，用专用砌筑材料砌成墙体，砌模孔中浇筑自流混凝土，形成网格剪力墙结构。可按不同气候区保温要求确定保温砌模壁厚。这种体系要求灰缝厚度 3～5mm。砌缝过厚会导致热桥影响过大，而且会在砌缝处形成灰尘聚积，使墙体内表面出现砌缝痕迹。因此，要求砌模本身尺寸偏差小。

（2）保温模板现浇混凝土构造系统。

该系统以工厂预制的 EPS 板模板代替传统的墙体模板和楼板模板。内、外两层 EPS 板厚度均为 65mm，高度为 300mm。两层 EPS 板顶部装有高密度聚乙烯 H 型材，通过钢筋连接件将内、外层 EPS 板连接起来，中间浇筑混凝土形成复合保温墙体、楼板和屋顶。两侧 EPS 板表面抹玻纤网增强薄抹面层，内表面做内墙涂料饰面，外表面做涂料饰面或面砖饰面。

4. 蒸压加气混凝土保温技术。

用蒸压加气混凝土砌块砌筑的墙体可用于横墙承重和框架填充墙的房屋。不同厚度的墙体，可满足不同气候区建筑节能标准要求。

（1）加气混凝土砌块作为围护结构时，应根据建筑物性质、地区气候条件、围护结构的构造形式，合理地进行热工设计。当按保温（或隔热）和节能要求分别计算出不同厚度时，应选取其中最大厚度。

（2）加气混凝土的隔热性能应满足《民用建筑热工设计规范》GB 50176 的有关规定。单一加气混凝土围护结构隔热低限厚度不宜低于 200mm。

（3）加气混凝土砌块导热系数和蓄热系数计算值见表 3-5-11。

加气混凝土砌块导热系数和蓄热系数计算值　　　　表 3-5-11

项　　目		体积密度等级			
		B04	B05	B06	B07
	干密度 ρ_0（kg/m³）	400	500	600	700
设计计算值	导热系数 A［W/(m·K)］	0.16	0.20	0.24	0.28
	蓄热系数 S_{24}［W/(m²·K)］	2.58	3.26	3.76	4.36

注：本表摘自《蒸压加气混凝土应用技术规程》JGJ 17。

（4）不同厚度加气混凝土外墙的传热系数 K 值和热惰性指标 D 值可按表 3-5-12～表 3-5-14 采用。

不同厚度加气混凝土外墙热工性能指标（B05）　　　　表 3-5-12

外墙厚度 δ（mm）	传热系数 K［W/(m²·K)］	热惰性指标 D	外墙厚度 δ（mm）	传热系数 K［W/(m²·K)］	热惰性指标 D
200	0.83	3.63	325	0.55	5.67
225	0.75	4.04	350	0.51	6.08
250	0.69	4.45	375	0.48	6.48
275	0.63	4.85	400	0.45	6.89
300	0.59	5.26			

注：1. 表中的热工指标考虑砌筑砂浆缝的影响，$A=0.20$W/(m·K)，蓄热系数 $S_{24}=3.26$W/(m²·K)。

2. 表内数据不包括钢筋混凝土圈梁、过梁、构造柱等热桥部位的影响。

不同厚度加气混凝土外墙热工性能指标（B06）　　　　表 3-5-13

外墙厚度 δ（mm）	传热系数 K［W/(m²·K)］	热惰性指标 D	外墙厚度 δ（mm）	传热系数 K［W/(m²·K)］	热惰性指标 D
200	0.98(0.81)	3.55(3.59)	325	0.65(0.53)	5.51(5.57)
225	0.88(0.73)	3.95(3.98)	350	0.61(0.49)	5.90(5.96)
250	0.81(0.66)	4.34(4.38)	375	0.57(0.46)	6.30(6.36)
275	0.75(0.61)	4.73(4.78)	400	0.54(0.43)	6.69(6.76)
300	0.69(0.56)	5.12(5.18)			

注：1. 表中的热工性能指标考虑灰缝影响。$A=0.24$W/(m·K)，蓄热系数 $S_{24}=3.76$W/(m²·K)。

2. 括号内数据为加气混凝土砌块之间采用粘结剂粘结。

3. 表内数据不包括钢筋混凝土圈梁、过梁、构造柱等热桥部位的影响。

4. 本表摘自《蒸压加气混凝土建筑应用技术规程》JGJ 17。

不同厚度加气混凝土外墙热工性能指标（B07）　　　　表 3-5-14

外墙厚度 δ(mm)	传热系数 K [W/(m²·K)]	热惰性指标 D	外墙厚度 δ(mm)	传热系数 K [W/(m²·K)]	热惰性指标 D
200	1.09	3.49	325	0.73	5.43
225	0.99	3.88	350	0.69	5.82
250	0.91	4.26	375	0.65	6.21
275	0.84	4.65	400	0.61	6.60
300	0.79	5.04			

注：1. 表中的热工指标考虑砌筑砂浆缝的影响，$\delta=0.28W/(m·K)$，蓄热系数 $S_{24}=4.36W/(m^2·K)$。

2. 表内数据不包括钢筋混凝土圈梁、过梁、构造柱等热桥部位的影响。

（5）严寒、寒冷和夏热冬冷地区，加气混凝土外墙中的钢筋混凝土梁、柱等热桥部位外侧应做保温处理，经处理后该部位的热阻值大于或等于外墙主体部位的热阻值时，则可取外墙主体部位的传热系数作为外墙的平均传热系数。

（6）严寒地区，外墙砌块应采用具有保温性能的专用砌筑砂浆砌筑，或采用密缝精确砌块（灰缝小于或等于 3mm）。

5. 轻质墙体保温技术。

（1）轻质墙体保温技术主要适用钢结构住宅和木结构住宅。

（2）低层轻型钢结构装配式住宅。

1）外墙的外侧墙板可采用厚度不小于 11mm 的定向刨花板或 12mm 厚的胶合板，内侧墙板可采用厚度不小于 12mm 的石膏板；外墙两侧墙也可采用厚度为 12mm 的水泥木屑板。墙板中间采用 C 形或 U 形截面冷弯镀锌薄壁型钢龙骨作为骨架，龙骨间填以柔性、高效绝热材料。墙体绝热材料厚度根据当地建筑节能设计标准确定。

2）墙体材料采用的绝热材料、防水材料、饰面材料等应符合国家、行业或企业标准规定的耐久性、适用性以及防火、隔声、气密、水密性能要求。

3）为避免外墙骨架处"热桥"现象，采暖地区的住宅外墙骨架外侧应铺设适当厚度的刚性保温层，保温层厚度经热工计算确定，并对墙体露点温度进行验算。骨架内侧应设置隔汽层。对于有隔热要求的住宅，墙体可通过设置通风间层和增加向外反射的反射膜等措施解决。

（3）4～12 层钢结构住宅，采用 H 形或工字形截面型钢作为钢柱、钢梁，围护结构可选用高强、轻质且具有良好保温、隔热性能的板材、复合墙板或块材，如蒸压加气混凝土板、钢丝网架聚苯夹芯板、玻璃纤维增强石膏空心板、聚氨酯复合墙板、金属面压花复合墙板等。围护结构的厚度和热工性能应满足当地建筑节能设计标准的要求。

（4）轻钢结构体系，外墙外侧为砌体，内侧为轻钢复合板，中间填充保温（隔热）材料。

墙体的热工性能应经热工计算并满足当地建筑节能要求。轻钢结构体系，外墙也可为轻质保温板或装饰保温复合板，保温板的热工性能满足节能设计标准的要求。

第三节　楼地面节能技术

一、一般规定

1. 楼地面的热工性能指标。

（1）居住建筑楼地面的传热系数应根据建筑所处城市的气候分区区属，符合表 3-5-15 的规定。

居住建筑不同气候分区楼地面的传热系数限值　　　表 3-5-15

气候分区	楼地面部位	传热系数 K [W/(m² · K)]
严寒地区 A 区	底面接触室外空气的架空或外挑楼板	≤0.48
	周边地面及非周边地面	≤0.28
严寒地区 B 区	底面接触室外空气的架空或外挑楼板	≤0.45
	周边地面及非周边地面	≤0.35
严寒地区 C 区	底面接触室外空气的架空或外挑楼板	≤0.50
	周边地面及非周边地面	≤0.35
寒冷地区 A 区	底面接触室外空气的架空或外挑楼板	≤0.50
	周边地面及非周边地面	≤0.50
寒冷地区 B 区	底面接触室外空气的架空或外挑楼板	≤0.60
	周边地面及非周边地面	—
夏热冬冷地区	底部自然通风的架空楼板	≤1.50
	上下为居室的层间楼板	≤2.00

注：周边地面系指距外墙内表面 2m 以内的地面。

（2）公共建筑楼地面的传热系数和地下室外墙的热阻，应根据建筑所处城市的气候分区区属，符合表 3-5-16 的规定。

公共建筑不同气候分区楼地面及地下室外墙的传热系数及热阻　　　表 3-5-16

气候分区	楼地面部位	传热系数 K [W/(m² · K)]		热阻 R (m² · K/W)
		体形系数≤0.3	体形系数>0.3	
严寒地区 A 区	底面接触室外空气的架空或外挑楼板	≤0.45	≤0.40	—
	采暖房间与非采暖房间的楼板	≤0.60		—
	周边地面	—	—	≥2.00
	非周边地面	—	—	≥1.80
	采暖地下室外墙（与土壤接触的墙）	—	—	≥2.00
严寒地区 B 区	底面接触室外空气的架空或外挑楼板	≤0.50	≤0.45	—
	采暖房间与非采暖房间的楼板	≤0.80		—
严寒地区 C 区	周边地面	—	—	≥2.00
	非周边地面	—	—	≥1.80
	采暖地下室外墙（与土壤接触的墙）	—	—	≥1.80
寒冷地区	底面接触室外空气的架空或外挑楼板	≤0.60	≤0.50	—
	采暖房间与非采暖房间的楼板	≤1.50		—
	周边及非周边地面	—	—	≥1.50
	采暖、空调地下室外墙（与土壤接触的墙）	—	—	≥1.50
夏热冬冷地区	底面接触室外空气的架空或外挑楼板	≤1.00		—
	地面及地下室外墙（与土壤接触的墙）	—	—	≥1.20

续表

气候分区	楼地面部位	传热系数 K［W/(m²·K)］		热阻 R (m²·K/W)
		体形系数≤0.3	体形系数>0.3	
夏热冬暖地区	底面接触室外空气的架空或外挑楼板	≤1.50		—
	地面及地下室外墙(与土壤接触的墙)	—		≥1.00

注：1. 周边地面系指距外墙内表面 2m 以内的地面。
　　2. 地面热阻系指建筑基础持力层以上各层材料的热阻之和。
　　3. 地下室外墙热阻系指土壤以内各层材料热阻之和。

2. 楼地面的热工设计措施。

(1) 采暖建筑楼地面面层的热工设计，宜从人们的健康、舒适及采暖方式综合考虑采取不同的表面材料。对于不是采用地板辐射采暖方式的采暖建筑的楼地面，宜采用材料密度小、导热系数也小的地面材料。

(2) 从提高底层地面的保温和防潮性能考虑，宜在地面的垫层中采用不小于 20mm 厚度的挤塑聚苯板等，以提高地面的热阻；用板、块状保温材料做垫层，使地面的热阻接近于居住建筑的地面热阻。

(3) 夏热冬冷和夏热冬暖地区的建筑底层地面，在每年的梅雨季节都会由于湿热空气的差迟而产生地面结露，底层地板的热工设计宜采取下列措施：

1) 地面构造层的热阻应不少于外墙热阻的 1/2，以减少向基层的传热，提高地表面温度，避免结露；

2) 面层材料的导热系数要小，使地表面温度易于紧随室内空气温度变化；

3) 面层材料有较强的吸湿性，具有对表面水分的"吞吐"作用，不宜使用硬质的地面砖或石材等做面层；

4) 采用空气层防潮技术，勒脚处的通风口应设置活动遮挡板；

5) 当采用空铺实木地板或胶结强化木地板做面层时，下面的垫层应有防潮层。

二、楼地面节能技术

1. 楼地面的节能技术，可根据底面是不接触室外空气的层间楼板、底面接触室外空气的架空或外挑楼板以及底层地面，采用不同的节能技术。保温系统组成材料的防火及卫生指标应符合现行相关标准的规定。

2. 层间楼板可采取保温层直接设置在楼板上表面或楼板底面，也可采取铺设木龙骨(空铺)或无木龙骨的实铺地板。

(1) 在楼板上面的保温层，宜采用硬质挤塑聚苯板、泡沫玻璃保温板等板材或强度符合地面要求的保温砂浆等材料，其厚度应满足建筑节能设计标准的要求。

(2) 在楼板底面的保温层，宜采用强度较高的保温砂浆抹灰，其厚度应满足建筑节能设计标准的要求。

(3) 铺设木龙骨的空铺木地板，宜在木龙骨间嵌填板状保温材料，使楼板层的保温和隔声性能更好。

3. 底面接触室外空气的架空或外挑楼板宜采用外保温系统。

4. 严寒及寒冷地区采暖建筑的底层地面应以保温为主，在持力层以上土壤层的热阻已符合地面热阻规定值的条件下，宜在地面面层下铺设适当厚度的板状保温材料，进一步提高地面的保温性能。

5. 地板辐射采暖技术。

(1) 地板辐射采暖技术的设计、材料、施工及其检验、调试及验收,应符合《地面辐射供暖技术规程》JGJ 142 的规定。

(2) 为提高地板辐射采暖技术的热效率,不宜将热管铺设在有木龙骨的空气间层中,地板面层也不宜采用有木龙骨的木地板。合理而有效的构造做法是将热管埋设在导热系数较大的密实材料中;面层材料宜直接铺设在埋有热管的基层上,且宜采用导温系数较大的材料做面层。

(3) 采用低温(水媒)地板辐射采暖系统技术的建筑,在夏季不可将冷水通入系统的加热管中进行冷水降温。

(4) 地板辐射采暖构造由楼板或与土壤相邻的地面、绝热层、加热管、填充层、找平层和面层组成,并应符合下列规定:

1) 当工程允许地面双向散热设计时,各楼层间的楼板上部可不设绝热层;

2) 对卫生间、浴室等潮湿房间,在填充层上部应设置隔离层;

3) 楼地面面层宜采用热阻小于 $0.05\text{m}^2 \cdot \text{K/W}$ 的材料;

4) 绝热层采用聚苯乙烯泡沫塑料时,楼板上厚度不应小于 20mm,与土壤相邻的地面厚度不应小于 30mm;

5) 填充层的材料宜采用 C15 豆石混凝土,豆石粒径宜为 5～12mm。加热管填充层厚度不宜小于 50mm。

第四节　屋面节能技术

一、一般规定

1. 屋面的热工性能指标。

(1) 居住建筑屋面的传热系数和热惰性指标,应根据建筑所处城市的气候分区区属,符合表 3-5-17 的规定。

居住建筑不同气候区屋面的传热系数和热惰性指标限值　　　　表 3-5-17

气候分区		传热系数 $K \; [\text{W}/(\text{m}^2 \cdot \text{K})]$	
		≥4 层建筑	≤3 层建筑
严寒地区 A 区		0.40	0.33
严寒地区 B 区		0.40	0.36
严寒地区 C 区		0.45	0.36
寒冷地区 A 区		0.50	0.45
寒冷地区 B 区	轻钢、木结构、轻质墙板等围护结构	0.50	0.45
	重质围护结构	0.60	0.50
夏热冬冷地区	$D \geqslant 3.0$	≤1.0	
	$3.0 > D \geqslant 2.5$	≤0.8	
夏热冬暖地区	$D \geqslant 2.5$	≤1.0	
	—	≤0.5	

续表

气候分区		传热系数 K [W/(m²·K)]	
		≥4 层建筑	≤3 层建筑
温和地区 A 区	轻钢、木结构、轻质墙板等围护结构	≤0.4	
	重质围护结构	≤0.8	≤0.6

注：夏热冬冷地区居住建筑屋面若传热系数 K 满足而热惰性指标 D 不满足时，应按照《民用建筑热工设计规范》
　　GB 50176 第 5.1.1 条进行隔热设计验算。

（2）公共建筑屋面的传热系数，应根据建筑所处城市的气候分区区属，符合表 3-5-18 的规定。如不满足表中规定，必须按公共建筑节能设计标准的规定进行围护结构热工性能的权衡判断。

公共建筑不同气候区屋面的传热系数限值　　　　　　　　表 3-5-18

气候分区	传热系数 K [W/(m²·K)]			
	体形系数≤0.3	0.3<体形系数≤0.4	体形系数>0.4	屋顶透明部分
严寒地区 A 区	≤0.35	≤0.30		≤2.50
严寒地区 B 区	≤0.45	≤0.35	≤0.30	≤2.60
寒冷地区	≤0.55	≤0.45	≤0.40	≤2.70
夏热冬冷地区	≤0.70			≤3.00
夏热冬暖地区	≤0.90			≤3.50

2. 屋面的节能设计措施。

（1）保温隔热屋面适用于具有保温隔热要求的屋面工程。当屋面防水等级为 I 级、II 级时，不宜采用蓄水屋面。

屋面保温可采用板材、块材或整体现喷聚氨酯保温层，屋面隔热可采用架空、蓄水、种植等隔热层。

（2）保温屋面的天沟、檐沟，应铺设保温层；天沟、檐沟、檐口与屋面交接处，有挑檐的保温屋面保温层的铺设至少应延伸到墙内，其伸入的长度不应小于墙厚的 1/2。

（3）封闭式保温层的含水率，应相当于该材料在当地自然风干状态下的平衡含水率。

（4）架空屋面宜在通风较好的建筑物上采用，不宜在寒冷地区采用。

（5）蓄水屋面不宜在寒冷地区、地震地区和振动较大的建筑物上采用。

（6）种植屋面应根据地域、气候、建筑环境、建筑功能等条件，选择相适应的屋面构造形式。

（7）屋面构造层可设置封闭空气间层或带有铝箔的空气间层。当为单面铝箔空气间层时，铝箔宜设在温度较高的一侧。

（8）设置通风屋顶时，通风屋顶的风道长度不宜大于 10m，间层高度以 200mm 左右为宜，基层上面应有 60mm 左右的隔热层。

（9）保温层的构造应符合下列规定：

1）保温层设置在防水层上部时，保温层的上面应做保护层；

2）保温层设置在防水层下部时，保温层的上面应做找平层；

3）屋面坡度较大时，保温层应采取防滑措施；

4）吸湿性保温材料不宜用于封闭式保温层。

二、屋面节能技术

1. 屋面保温隔热系统构造、设计技术要点及适用范围见表 3-5-19。

屋面保温隔热系统构造、设计技术要点及适用范围　　　　　　表 3-5-19

名称	构造简图	设计技术要点	适用范围
普通屋面	保护层 防水层 找平层 保温层 结构层	1. 由于防水层直接与大气环境接触，其表面易产生较大的温度应力，使防水层在短期内破坏。应在防水层上加做一层保护层； 2. 保温层宜选用吸水率低、密度和导热系数小并有一定强度的材料，如：EPS 板、XPS 板、泡沫玻璃等	1. 适合各类气候区； 2. 不适合室内湿度大的建筑
倒置式屋面	保护层 保温层 防水层 找平层 结构层	1. 应采用吸水率低（≤4%），且长期浸水不腐烂的保温材料； 2. 保温层的上面采用卵石保护层时，保护层和保温层之间应铺设隔离层； 3. 倒置式屋面的檐沟、水落口等部位，应采用现浇混凝土或砖砌堵头，并做好排水处理； 4. 选用保温材料应具有一定的压缩强度，多采用 XPS 板、泡沫玻璃等	1. 夏热冬暖、夏热冬冷、寒冷地区； 2. 既有建筑节能改造； 3. 室内空间湿度大的建筑； 4. 不适用金属屋面
聚氨酯喷涂屋面	保护层 保温层 找平层 结构层	1. 使用聚氨酯为喷涂材料时，其外表面应设置保护层（两者应具相容性），可使用细石混凝土（40mm 厚，双层双向配筋）或防辐射涂层保护层，防止聚氨酯老化； 2. 聚氨酯或其他保温材料的喷涂厚度除按保温要求确定外，也应当考虑建筑屋面防水等级要求，综合考虑确定其最终喷涂的厚度	1. 各类气候区； 2. 屋面平面较为规整，坡度较为平缓的工程
架空隔热屋面	架空层 防水层 找平层 保温层 结构层	1. 架空屋面的坡度不宜大于 5%； 2. 架空隔热层的高度根据屋面宽度或坡度确定，一般高度为 100～300mm； 3. 当屋面宽度＞10m 时，应设置通风屋脊，以保证气流畅通； 4. 进风口应设置在当地炎热季节风向的正压区，出风口应设置在负压区； 5. 架空板与女儿墙的距离约 250mm	1. 应与不同保温屋面系统联合使用； 2. 严寒、寒冷地区不宜采用

续表

名称	构造简图	设计技术要点	适用范围
种植屋面	1—种植层(人工合成土或覆土)，厚度依据绿化要求； 2—土工布过滤层； 3—蓄排水层(塑料排水板、陶粒、卵石或其他合成土工材料)； 4—C25细石防水混凝土； 5—10mm厚隔离层＋根系阻挡层(如需)； 6—高分子卷材或涂料防水层； 7—水泥砂浆找平层； 8—找坡层； 9—钢筋混凝土结构层	1. 根据植被种类，在隔离层的下部需单独设置专用阻断植物根系生长的阻挡层，以防止植物根系对防水保温层的破坏。不宜在建筑屋顶上种植高大乔木； 2. 优先考虑一次生命周期较长的植被。此外，还应充分重视植被的地域性，应与当地农林部门充分沟通，选择合适、经济、美观的屋面植被； 3. 种植屋面常用的配套产品及材料，如塑料防排水板、人工合成土、各类合成蓄排水材料及专用防水材料等； 4. 根据节能设计要求，在结构层与找坡层之间设置保温层； 5. 种植屋面应当专项设计，充分考虑适用性、系统性和协调性； 6. 倒置式屋面不得做种植屋面； 7. 种植土厚度不得小于100mm； 8. 种植屋面的屋面板必须是现浇混凝土屋面板； 9. 种植屋面工程应做二道防水设防	1. 夏热冬冷、夏热冬暖地区； 2. 严寒地区不宜采用； 3. 服务性建筑如宾馆类或地下建筑顶板等宜采用各类培植方法和类型的植被； 4. 坡屋面、高层及超高层建筑的平屋面宜采用草皮及地被植物
金属屋面	屋面板 保温层 檩条	1. 屋面各类节点构造中必须充分考虑保温施，以避免热桥； 2. 填充材料或芯材主要采用岩棉、超细玻璃棉、聚氨酯、聚苯板等绝热材料； 3. 聚氨酯及聚苯板等绝热材料防火性能较差，使用时应满足防火要求	1. 各类气候区； 2. 大跨度、轻型结构的公共建筑

2. 建筑屋面常用保温材料主要技术性能见表 3-5-20。

常用屋面保温材料主要技术性能　　　　　　　　　表 3-5-20

项目	聚苯乙烯泡沫塑料		硬质聚氨酯泡沫塑料	泡沫玻璃	加气混凝土	膨胀珍珠岩
	挤塑(XPS)	模塑(EPS)				
表观密度(kg/m³)	—	15～30	≥30	≥150	400～600	200～350
压缩强度(kPa)	≥250	60～150	≥150	—	—	—
抗压强度(MPa)				≥0.40	≥2.0	≥0.3
导热系数〔W/(m·K)〕	≤0.030	≤0.041	≤0.027	≤0.062	≤0.220	≤0.087
70℃，48h后尺寸变化率(%)	<2.0	≤4.0	≤5.0			
吸水率(%)	≤1.5	≤6.0	≤3.0	≤0.5	—	—

注：本表摘自《屋面工程技术规范》GB 50345。

第五节　门窗、幕墙

一、一般规定

1. 建筑门窗、幕墙的热工性能指标。

（1）居住建筑门窗（包括透明幕墙，下同）的传热系数、遮阳系数应根据所处城市的气候分区区属，分别符合表 3-5-21～表 3-5-25 的规定。幕墙的非透明部分应符合墙体的传热系数要求。如果建筑门窗、透明幕墙的节能性能指标不满足上述规定，必须按照相应的居住建筑节能设计标准的规定进行围护结构的热工性能综合判断。

严寒地区外门窗传热系数限值　　　　　　　　　表 3-5-21

项 目		传热系数 K [W/(m²·K)]		
		严寒地区 A 区	严寒地区 B 区	严寒地区 C 区
外 门	户 门	1.5	1.5	1.5
	阳台门下部门芯板	1.0	1.0	1.0
外窗 （含阳台门透明部分）	窗墙面积比≤0.2	2.5	2.8	2.8
	0.2＜窗墙面积比≤0.3	2.2	2.5	2.5
	0.3＜窗墙面积比≤0.4	2.0	2.1	2.3
	0.4＜窗墙面积比≤0.5	1.7	1.8	2.1

寒冷地区外门窗传热系数和遮阳系数限值　　　　　　　　　表 3-5-22

项 目		寒冷地区 A 区	寒冷地区 B 区	
		传热系数 K [W/(m²·K)]		遮阳系数 SC（东、西向/南北向）
外 门	户 门	2.0	2.0	—
	阳台门下部门芯板	1.7	1.7	—
外窗 （含阳台门透明部分）	窗墙面积比≤0.2	2.8	3.2	
	0.2＜窗墙面积比≤0.3	2.8	3.2	
	0.3＜窗墙面积比≤0.4	2.5	2.8	0.7/—
	0.4＜窗墙面积比≤0.5	2.0	2.5	0.6/—

夏热冬冷地区不同朝向、不同窗墙面积比的外门窗传热系数限值　　　　　　　　　表 3-5-23

朝 向	室外环境条件	传热系数 K [W/(m²·K)]				
		窗墙面积比≤0.25	窗墙面积比＞0.25 且≤0.3	窗墙面积比＞0.30 且≤0.35	窗墙面积比＞0.35 且≤0.45	窗墙面积比＞0.45 且≤0.5
北（偏东 60°到偏西 60°范围）	冬季最冷月室外平均气温＞5℃	≤4.7	≤4.7	≤3.2	≤2.5	—
	冬季最冷月室外平均气温≤5℃	≤4.7	≤3.2	≤3.2	≤2.5	—
东、西（东或西偏北 30°到偏南 60°范围）	无外遮阳措施	≤4.7	≤3.2			
	有外遮阳（其太阳辐射透过率≤20%）	≤4.7	≤3.2	≤3.2	≤2.5	≤2.5
南（偏东 300 到偏西 300 范围）	—	≤4.7	≤4.7	≤3.2	≤2.5	≤2.5
户 门		≤3.0				

注：本表摘自《夏热冬冷地区居住建筑节能设计标准》JGJ 134。

夏热冬暖地区北区外窗传热系数和综合遮阳系数限值　　　　表 3-5-24

外墙	外窗的综合遮阳系数 SW	传热系数 K [W/(m²·K)]				
		平均窗墙面积比 $CM \leqslant 0.25$	平均窗墙面积比 $0.25 < CM \leqslant 0.3$	平均窗墙面积比 $0.3 < CM \leqslant 0.35$	平均窗墙面积比 $0.35 < CM \leqslant 0.4$	平均窗墙面积比 $0.4 < CM \leqslant 0.45$
$K \leqslant 2.0$ $D \geqslant 3.0$	0.9	≤2.0	—	—	—	—
	0.8	≤2.5	—	—	—	—
	0.7	≤3.0	≤2.0	≤2.0	—	—
	0.6	≤3.0	≤2.5	≤2.5	≤2.0	—
	0.5	≤3.5	≤2.5	≤2.5	≤2.0	≤2.0
	0.4	≤3.5	≤3.0	≤3.0	≤2.5	≤2.5
	0.3	≤4.0	≤3.0	≤3.0	≤2.5	≤2.5
	0.2	≤4.0	≤3.5	≤3.0	≤3.0	≤3.0
$K \leqslant 1.5$ $D \geqslant 3.0$	0.9	≤5.0	≤3.5	≤2.5	—	—
	0.8	≤5.5	≤4.0	≤3.0	≤2.0	—
	0.7	≤6.0	≤4.5	≤3.5	≤2.5	≤2.0
	0.6	≤6.5	≤5.0	≤4.0	≤3.0	≤3.0
	0.5	≤6.5	≤5.0	≤4.5	≤3.5	≤3.5
	0.4	≤6.5	≤5.5	≤4.5	≤4.0	≤3.5
	0.3	≤6.5	≤5.5	≤5.0	≤4.0	≤4.0
	0.2	≤6.5	≤6.0	≤5.0	≤4.0	≤4.0
$K \leqslant 1.0$ $D \geqslant 2.5$ 或 $K \leqslant 0.7$	0.9	≤6.5	≤6.5	≤4.0	≤2.5	—
	0.8	≤6.5	≤6.5	≤5.0	≤3.5	≤2.5
	0.7	≤6.5	≤6.5	≤5.5	≤4.5	≤3.5
	0.6	≤6.5	≤6.5	≤6.0	≤5.0	≤4.0
	0.5	≤6.5	≤6.5	≤6.5	≤5.0	≤4.5
	0.4	≤6.5	≤6.5	≤6.5	≤5.5	≤5.0
	0.3	≤6.5	≤6.5	≤6.5	≤5.5	≤5.0
	0.2	≤6.5	≤6.5	≤6.5	≤6.0	≤5.5

注：本表摘自《夏热冬暖地区居住建筑节能设计标准》JGJ 75。

夏热冬暖地区南区外窗综合遮阳系数限值　　　　表 3-5-25

外墙 ($\rho \leqslant 0.8$)	综合遮阳系数 SW				
	平均窗墙面积比 $CM \leqslant 0.25$	平均窗墙面积比 $0.25 < CM \leqslant 0.3$	平均窗墙面积比 $0.3 < CM \leqslant 0.35$	平均窗墙面积比 $0.35 < CM \leqslant 0.4$	平均窗墙面积比 $0.4 < CM \leqslant 0.45$
$K \leqslant 2.0$，$D \geqslant 3.0$	≤0.6	≤0.5	≤0.4	≤0.4	≤0.3
$K \leqslant 1.5$，$D \geqslant 3.0$	≤0.8	≤0.7	≤0.6	≤0.5	≤0.4
$K \leqslant 1.0$，$D \geqslant 2.5$ 或 $K \leqslant 0.7$	≤0.9	≤0.8	≤0.7	≤0.6	≤0.5

注：1. 外窗包括阳台门的透明部分。

　　2. 南区居住建筑的节能设计对外窗的传热系数不作规定。

　　3. ρ 为外墙外表面的太阳辐射吸收系数。

　　4. 本表摘自《夏热冬暖地区居住建筑节能设计标准》JGJ 75。

（2）居住建筑外窗应具有良好的密闭性能。严寒、寒冷地区及夏热冬冷地区 1~6 层居住建筑的外窗及阳台门的气密性等级不应低于现行国家标准《建筑外窗气密性能分级及检测方法》GB/T 7107 中规定的 4 级，夏热冬冷地区 7 层及 7 层以上居住建筑的外窗及阳台门的气密性等级不应低于现行国家标准《建筑外窗气密性能分级及检测方法》GB/T 7107 中规定的 3 级；夏热冬暖地区 1~9 层居住建筑外窗（包括阳台门）的气密性能，在 10Pa 压差下，每小时每米缝隙的空气渗透量不应大于 2.5m³，且每小时每平方米面积空气渗透量不应大于 7.5m³；10 层及 10 层以上居住建筑外窗的气密性能，在 10Pa 压差下，每小时每米缝隙的空气渗透量不应大于 1.5m³，且每小时每平方米面积空气渗透量不应大于 4.5m³。

（3）公共建筑门窗的传热系数、遮阳系数应根据所处城市的建筑气候分区区属，分别符合表 3-5-26~表 3-5-28 的规定。幕墙的非透明部分应符合墙体的传热系数要求。如果建筑门窗、透明幕墙的热工性能指标不满足上述规定，必须按《公共建筑节能设计标准》GB 50189 的规定进行围护结构热工性能的权衡判断。

严寒地区外门窗传热系数限值　　　　　　　　　　　表 3-5-26

单一朝向外窗（包括透明幕墙）		传热系数 K [W/(m²·K)]	
		体形系数≤0.3	0.3<体形系数≤0.4
严寒地区 A 区	窗墙面积比≤0.2	≤3.0	≤2.7
	0.2<窗墙面积比≤0.3	≤2.8	≤2.5
	0.3<窗墙面积比≤0.4	≤2.5	≤2.2
	0.4<窗墙面积比≤0.5	≤2.0	≤1.7
	0.5<窗墙面积比≤0.7	≤1.7	≤1.5
	屋顶透明部分	≤2.5	
严寒地区 B 区	窗墙面积比≤0.2	≤3.2	≤2.8
	0.2<窗墙面积比≤0.3	≤2.9	≤2.5
	0.3<窗墙面积比≤0.4	≤2.6	≤2.2
	0.4<窗墙面积比≤0.5	≤2.1	≤1.8
	0.5<窗墙面积比≤0.7	≤1.8	≤1.6
	屋顶透明部分	≤2.6	

注：本表摘自《公共建筑节能设计标准》GB 50189。

寒冷地区外门窗传热系数和遮阳系数限值　　　　　表 3-5-27

单一朝向外窗（包括透明幕墙）		体形系数≤0.3		0.3<体形系数≤0.4	
		传热系数 K [W/(m²·K)]	遮阳系数 SC(东、南、西向/北向)	传热系数 K [W/(m²·K)]	遮阳系数 SC(东、南、西向/北向)
寒冷地区	窗墙面积比≤0.2	≤3.5	—	≤3.0	—
	0.2<窗墙面积比≤0.3	≤3.0	—	≤2.5	—
	0.3<窗墙面积比≤0.4	≤2.7	≤0.70/—	≤2.3	≤0.70/—
	0.4<窗墙面积比≤0.5	≤2.3	≤0.60/—	≤2.0	≤0.60/—
	0.5<窗墙面积比≤0.7	≤2.0	≤0.50/—	≤1.8	≤0.50/—
	屋顶透明部分	≤2.7	≤0.50	≤2.7	≤0.50

注：1. 有外遮阳时，遮阳系数＝玻璃的遮阳系数×外遮阳的遮阳系数；无外遮阳时，遮阳系数＝玻璃的遮阳系数。

　　2. 本表摘自《公共建筑节能设计标准》GB 50189。

夏热冬冷、夏热冬暖地区外门窗传热系数和遮阳系数限值　　表 3-5-28

单一朝向外窗(包括透明幕墙)		传热系数 K [W/(m² · K)]	遮阳系数 SC(东、南、西向/北向)
夏热冬冷地区	窗墙面积比≤0.2	≤4.7	—
	0.2<窗墙面积比≤0.3	≤3.5	≤0.55/—
	0.3<窗墙面积比≤0.4	≤3.0	≤0.50/0.60
	0.4<窗墙面积比≤0.5	≤2.8	≤0.45/0.55
	0.5<窗墙面积比≤0.7	≤2.5	≤0.40/0.50
	屋顶透明部分	≤3.0	≤0.40
夏热冬暖地区	窗墙面积比≤0.2	≤6.5	—
	0.2<窗墙面积比≤0.3	≤4.7	≤0.50/0.6
	0.3<窗墙面积比≤0.4	≤3.0	≤0.45/0.55
	0.4<窗墙面积比≤0.5	≤3.0	≤0.40/0.50
	0.5<窗墙面积比≤0.7	≤3.0	≤0.35/0.45
	屋顶透明部分	≤3.5	≤0.35

注：1. 有外遮阳时，遮阳系数＝玻璃的遮阳系数×外遮阳的遮阳系数；无外遮阳时，遮阳系数＝玻璃的遮阳系数。

2. 本表摘自《公共建筑节能设计标准》GB 50189—2005。

（4）公共建筑外窗的气密性不应低于《建筑外窗气密性能分级及检测方法》GB/T 7107 规定的 4 级。透明幕墙整体的气密性不应低于《建筑幕墙物理性能分级》GB/T 15225 规定的 3 级。

2. 建筑的外窗、玻璃幕墙面积不宜过大。空调建筑或空调房间应尽量避免在东、西朝向大面积采用外窗、玻璃幕墙。采暖建筑应尽量避免在北朝向大面积采用外窗、玻璃幕墙。

3. 空调建筑的向阳面，特别是东、西朝向的外窗、玻璃幕墙，应采取各种固定或活动式遮阳装置等有效的遮阳措施。

4. 夏热冬暖地区、夏热冬冷地区的建筑及寒冷地区制冷负荷大的建筑，外窗宜设置外部遮阳，外部遮阳的遮阳系数应按《公共建筑节能设计标准》GB 50189 的规定执行。

5. 严寒地区居住建筑不应设置凸窗。寒冷地区和夏热冬冷地区北向卧室、起居室不应设置凸窗。其他地区或其他朝向居住建筑不宜设置凸窗。如需设置时，凸窗从内墙面至凸窗内侧不应大于 600mm。凸窗的传热系数比相应的平窗降低 10%，其不透明的顶部、底部和侧面的传热系数不大于外墙的传热系数。

二、门窗、幕墙节能技术

1. 建筑外窗、幕墙气密性能分级应符合表 3-5-29～表 3-5-31 的规定。

外窗气密性能分级　　表 3-5-29

分 级	2	3	4	5
单位缝长指标值 q_1 [m³/(m · h)]	4.0≥q_1>2.5	2.5≥q_1>1.5	1.5≥q_1>0.5	Q_1≤0.5
单位面积指标值 q_2 [m³/(m² · h)]	12≥q_2>7.5	7.5≥q_2>4.5	4.5≥q_2>1.5	q_2≤1.5

注：本表摘自《建筑外窗气密性能分级及检测方法》GB/T 7107。

建筑幕墙开启部分气密性能分级　　　　　表 3-5-30

分　级	1	2	3	4
指标值 q_L $[m^3/(m \cdot h)]$	$4.0 \geqslant q_L > 2.5$	$2.5 \geqslant q_L > 1.5$	$1.5 \geqslant q_L > 0.5$	$q_L \leqslant 0.5$

注：本表摘自《建筑幕墙物理性能分级》GB/T 15225。

建筑幕墙整体气密性能分级　　　　　表 3-5-31

分 级 代 号	1	2	3	4
分级指标值 q_A $[m^3/(m^2 \cdot h)]$	$4.0 \geqslant q_A > 2.0$	$2.0 \geqslant q_A > 1.2$	$1.2 \geqslant q_A > 0.5$	$q_A \leqslant 0.5$

注：本表摘自《建筑幕墙物理性能分级》GB/T 15225。

（1）为提高门窗、幕墙的气密性能，门窗、幕墙的面板缝隙应采取良好的密封措施。玻璃或非透明面板四周应采用弹性好、耐久的密封条密封或注密封胶密封。

（2）开启扇应采用双道或多道密封，并采用弹性好、耐久的密封条。推拉窗开启扇四周应采用中间带胶片毛条或橡胶密封条密封。

（3）单元式幕墙的单元板块间应采用双道或多道密封，并应采取措施对纵横交错缝进行密封，采用的密封条应弹性好、耐久，单元板安装就位后密封条应保持压缩状态。

2. 建筑外窗、幕墙热工性能分级见表 3-5-32～表 3-5-34。

外窗保温性能分级　　　　　表 3-5-32

分　级	3	4	5	6	7	8	9	10
指标值 K $[W/(m^2 \cdot K)]$	$5.0 > K \geqslant 4.5$	$4.5 > K \geqslant 4.0$	$4.0 > K \geqslant 3.5$	$3.5 > K \geqslant 3.0$	$3.0 > K \geqslant 2.5$	$2.5 > K \geqslant 2.0$	$2.0 > K \geqslant 1.5$	$1.5 > K \geqslant 1.0$

注：本表摘自《建筑外窗保温性能分级及检测方法》GB/T 8484。

建筑幕墙传热系数分级　　　　　表 3-5-33

分　级	1	2	3	4	5	6	7	8
指标值 K $[W/(m^2 \cdot K)]$	$K \geqslant 5.0$	$5.0 > K \geqslant 4.0$	$4.0 > K \geqslant 3.0$	$3.0 > K \geqslant 2.5$	$2.5 > K \geqslant 2.0$	$2.0 > K \geqslant 1.5$	$1.5 > K \geqslant 1.0$	$K < 1.0$

注：本表摘自《建筑幕墙物理性能分级》GB/T 15225。

建筑幕墙遮阳系数分级　　　　　表 3-5-34

分　级	1	2	3	4	5	6	7	8
指标值 SC	$0.9 \geqslant SC > 0.8$	$0.8 \geqslant SC > 0.7$	$0.7 \geqslant SC > 0.6$	$0.6 \geqslant SC > 0.5$	$0.5 \geqslant SC > 0.4$	$0.4 \geqslant SC > 0.3$	$0.3 \geqslant SC > 0.2$	$SC \leqslant 0.2$

注：本表摘自《建筑幕墙物理性能分级》GB/T 15225—94。

（1）为提高建筑门窗、玻璃幕墙的保温性能，宜采用中空玻璃。当需进一步提高保温性能时，可采用 Low-E 中空玻璃、充惰性气体的 Low-E 中空玻璃、两层或多层中空玻璃等。严寒地区可采用双层外窗、双层玻璃幕墙进一步提高保温性能。

（2）采用中空玻璃时，窗用中空玻璃气体间层的厚度不宜小于 9mm，幕墙用中空玻璃气体间层的厚度不应小于 9mm，宜采用 12mm 或以上的气体间层，但不宜超过 20mm。Low-E 中空玻璃中部的传热系数与气体间层厚度的关系见图 3-5-2。

（3）为提高门窗的保温性能，门窗型材可采用木—金属复合型材、塑料型材、隔热铝合金型材、隔热钢型材、玻璃钢型材等。

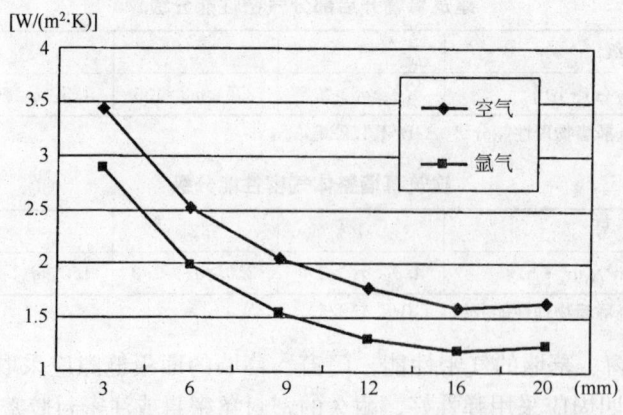

图 3-5-2 Low-E 中空玻璃传热系数与气体间层厚度关系

（4）为提高玻璃幕墙的保温性能，可通过采用隔热型材、隔热连接紧固件、隐框结构等措施，避免形成热桥。

（5）为提高建筑门窗、玻璃幕墙的隔热性能，降低遮阳系数，可采用吸热玻璃、镀膜玻璃（包括热反射镀膜、Low-E 镀膜等）。进一步降低遮阳系数可采用吸热中空玻璃、镀膜（包括热反射镀膜、Low-E 镀膜等）中空玻璃等。

3. 建筑门窗、幕墙所用玻璃的光学、热工性能主要包括玻璃中部的传热系数、遮阳系数、可见光透射比。

建筑门窗、幕墙的性能指标应与所采用玻璃的性能指标相对应。采用不同的玻璃时应重新计算或测试门窗、幕墙的热工性能指标。

4. 建筑幕墙的非透明部分和窗坎墙部分，应充分利用幕墙面板背后的空间，采用高效、耐久的保温层进行保温，以满足墙体的保温隔热要求。保温层可采用岩棉、超细玻璃棉或其他不燃、难燃保温材料制作的保温板。保温材料应有可靠的固定措施。

严寒、寒冷地区，幕墙非透明部分面板的背后保温材料所在空间应充分隔气密封，防止结露。隔气密封空间的上、下密封应严密，空间靠近室内的一侧可采用防水材料或金属板作为隔气层，隔气层可附着在实体墙的外侧。

幕墙与主体结构间（除结构连接部位外）不应形成热桥。

5. 严寒、寒冷、夏热冬冷地区，门窗、玻璃幕墙周边与墙体或其他围护结构连接处应为弹性构造，采用防潮型保温材料填塞，缝隙应采用密封剂或密封胶密封。

6. 严寒、寒冷、夏热冬冷地区建筑的外窗、玻璃幕墙宜进行结露验算，在设计计算条件下，其内表面温度不宜低于室内的露点温度。外窗、玻璃幕墙的结露验算应符合《建筑门窗玻璃幕墙热工计算规程》的规定。

7. 建筑外窗、玻璃幕墙的遮阳应综合考虑建筑效果、建筑功能和经济性，合理采用建筑外遮阳并和特殊的玻璃系统相配合。

（1）建筑设计宜结合外廊、阳台、挑檐等处理方法进行建筑遮阳。

（2）门窗遮阳产品可采用花格、外挡板、外百叶、外卷帘、玻璃内百叶等。建筑宜采用遮阳一体化的门窗遮阳系统。

（3）玻璃幕墙遮阳可采用花格、挡板、百叶、卷帘等。挡板、百叶、卷帘可采用智能化的控制装置进行调节，以到达遮阳、采光的协调。

8. 当建筑采用双层玻璃幕墙时，严寒、寒冷地区宜采用空气内循环的双层形式；夏热冬暖地区宜采用空气外循环的双层形式；夏热冬冷地区和温和地区应综合考虑建筑外观、建筑功能和经济性，采用不同的形式。

空调建筑的双层幕墙，其夹层内应设置可以调节的活动遮阳装置。

9. 空调建筑大面积采用玻璃窗、玻璃幕墙时，根据建筑功能、建筑节能的需要，可采用智能化控制的遮阳系统、通风换气系统等。智能化的控制系统应能够感知天气的变化、能结合室内的建筑需求，对遮阳装置、通风换气装置等进行实时监控，达到最佳的室内舒适效果，降低空调能耗。

第六节 建筑遮阳技术

一、一般规定

1. 遮阳设施应根据地区气候特征、经济技术条件、房间使用性质等综合因素，满足夏季遮阳、冬季阳光入射、自然通风、采光等要求。

2. 夏热冬暖地区、夏热冬冷地区的建筑以及寒冷地区中制冷负荷大的建筑，外窗（包括透明幕墙）宜设置外部遮阳。

3. 遮阳设施力求构造简单、经济适用、耐久美观。

二、建筑遮阳技术

1. 夏季，太阳辐射照度随朝向不同有较大差别。一般以水平面最高，东、西向次之，南向较低，北向最低。建筑遮阳设计依次考虑屋顶天窗，西向、东向、西南向、东南向、南向窗。

2. 外门窗遮阳的基本形式及选择。

（1）遮阳分为外遮阳、内遮阳和中间遮阳三种形式，主要特点见表 3-5-35。

外遮阳、内遮阳和中间遮阳的特点

表 3-5-35

类型	简图	优点	缺点
外遮阳		将太阳辐射直接阻挡在室外，节能效果较好	直接暴露在室外，对材料及构造的耐久性要求较高，价格相对较高，操作、维护不方便
内遮阳		将入射室内的直射光漫反射，降低了室内阳光直射区内的太阳辐射，对改善室内温度不平衡状况及避免眩光具有积极作用。 不直接暴露在室外，对材料及构造的耐久性要求较低，价格相对便宜，操作、维护方便	遮阳构件位于建筑室内，遮挡效果不直接

续表

类　型	简　图	优　点	缺　点
中间遮阳		位于玻璃系统的内部或两层门窗、幕墙之间，易于调节，不易被污染	造价高，维护成本较高

（2）外遮阳按构件活动方式，分为固定式和活动式两种，主要特点见表 3-5-36。

固定式、活动式外遮阳的特点 表 3-5-36

类　型	特　征	优　点	缺　点
固定式	作为建筑构件固定在窗的上眉、两侧或前面一定位置	结构简单，造价相对较低，维护方便	灵活性较差，不易兼顾冬季阳光入射、采光及房间自然通风
活动式	构件采用轻质材料制作，以比较灵活的方式固定或连接，并能根据需要进行调节	适应性强，使用灵活，可兼顾冬季阳光入射、采光及房间自然通风	结构复杂，造价较高，维护成本高

（3）外遮阳按遮阳构件安装位置，可分为水平式、垂直式、综合式、挡板式四种基本形式，主要技术要点及适用范围见表 3-5-37，举例见图 3-5-3 和 3-5-4。

外遮阳技术要点及适用范围 表 3-5-37

类　型	简　图	技术要点	适用范围
水平式		太阳高度角较大时，能有效遮挡从窗口上前方投射下来的直射阳光。 水平式遮阳有实心板和百叶板等多种形式。设计时应考虑遮阳板挑出长度、位置。百叶板应考虑其角度、间距等，既保证遮挡夏季直射阳光，同时减少对寒冷季节直射阳光的遮挡，见图 2-1-65	宜布置在北回归线以北地区南向及接近南向的窗口和北回归线以南地区的南向及北向窗口
垂直式		太阳高度角较小时，能有效遮挡从窗侧面斜射过来的直射阳光。 当垂直式遮阳布置于东、西向窗口时，板面应向南适当倾斜	宜布置在北向、东北向、西北向的窗口

续表

类型	简　图	技术要点	适用范围
综合式		能有效遮挡从窗前侧向斜射下来的直射阳光，遮阳效果比较均匀	宜布置在从东南向到西南向范围内的窗口
挡板式		能有效遮挡从窗口正前方射来的直射阳光。挡板式遮阳使用时应减少对视线、通风的干扰。常见的形式有花格式、百叶式、收放遮阳帘式、吸热玻璃式等	宜布置在东、西向及其附近方向的窗口

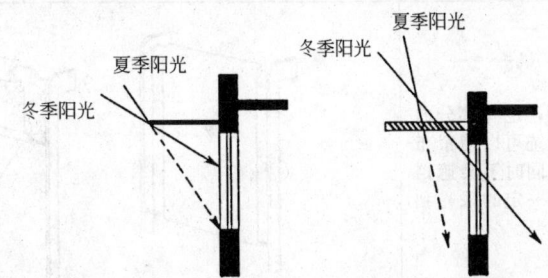

图 3-5-3　水平式外遮阳对不同季节的阳光遮挡示意图

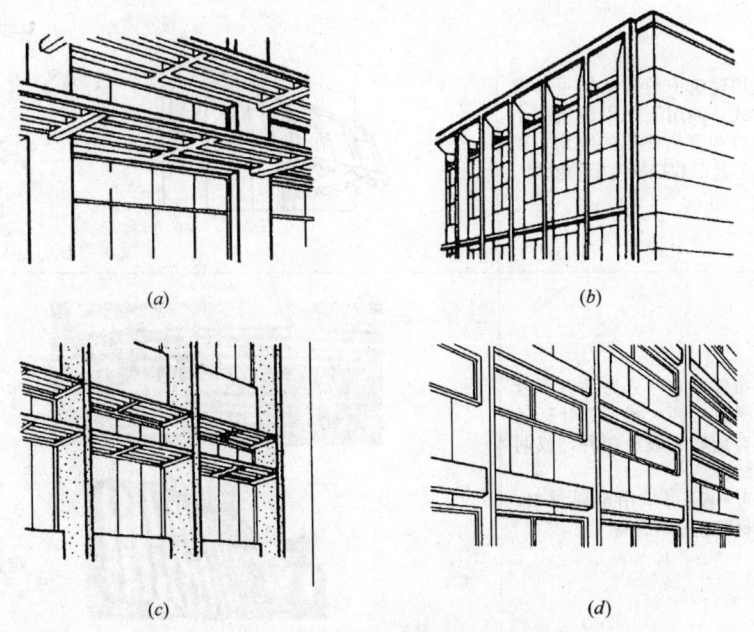

图 3-5-4　建筑外遮阳示意图

(a)水平式遮阳；(b)垂直式遮阳；(c)综合式遮阳；(d)挡板式遮阳（吸热玻璃式）

（4）内遮阳可降低空调负荷，改善室内环境。内遮阳的主要形式有百叶帘、卷帘、窗帘等。

（5）中间遮阳可降低门窗、玻璃幕墙系统的遮阳系数。

1）中空玻璃百叶遮阳，由 2 片或 3 片玻璃与空气层组合成中空玻璃，同时在空气间层中设置可调节的百叶。具有良好的隔热、降噪和采光调节效果，遮阳百叶不必清洗。

2）设置于双层窗、双层玻璃幕墙中的遮阳，可通过智能调节，满足遮阳、采光、通风的要求。

（6）玻璃遮阳是通过镀膜、着色、印花或贴膜的方式降低玻璃的遮阳系数，从而降低进入室内的太阳辐射量。

3. 建筑遮阳举例。

（1）活动式外遮阳。可分为遮阳帘、遮阳篷、遮阳百叶（板）等，见表 3-5-38。

活动式外遮阳举例 表 3-5-38

类型	特 点	举 例
遮阳帘	以垂直式为主，也有部分曲臂式。曲臂式系统可以使帘布翻翘，在遮阳的同时不会遮挡视线，并可满足一定的采光和自然通风	 垂臂式帘布　　曲臂式帘布
遮阳篷	民用建筑中很常见的一种遮阳形式，多用于民用建筑的小型窗口和商店建筑的橱窗，兼有水平遮阳和挡板遮阳的效果	
遮阳百叶（板）	按布置方向可分为垂直百叶和水平百叶两大类；百叶运动方式有旋转和收放两种，或两种相结合。 百叶（板）可采用金属材料、玻璃材料、有机材料	 水平式 垂直式

（2）活动式天窗遮阳。常见天窗遮阳形式有遮阳百叶和遮阳帘，见表 3-5-39。

活动式天窗遮阳帘举例　　　　　　　　　　　表 3-5-39

类型	工作原理示意及实例	技术要点	适用范围
双电机系统		通过两支管状电机的对拉，可保持布料的平整和收放自如，也可以让布料呈现某种特殊状态，并能根据需要停留在任何位置。 面料需具备较大抗拉强度，一般选用玻璃纤维＋PVC阳光面料或其他高强度纤维编织面料。每幅面料宽度在 $0.8\sim2.5\mathrm{m}$ 之间，长度在 12m 以下适宜，单幅最大面积可达 $50\mathrm{m}^2$。具有完整的电子自动控制器系统，并可集成到智能遮阳系统中	公共建筑的采光天棚
单电机弹簧系统		电机驱动卷管上的卷绳器，使面料随着卷绳器牵引绳收放。另一卷管由弹簧驱动，通过面料的传递使弹簧产生张力而绷紧面料。电机反转时，牵引绳放松，面料可在弹簧的作用下回到卷管中。 面料应具有一定的抗拉强度。每幅面料幅宽在 $0.7\sim2.5\mathrm{m}$ 之间，长度在 5m 以下适宜，单幅最大面积有 $12\mathrm{m}^2$。 系统可选择手控、红外线遥控、无线电遥控及智能化控制	中小型玻璃采光顶
单电机轨道系统		单电机通过驱动钢丝循环运动带动面料收放。 可选用普通卷帘面料。一般每幅面料宽在 $0.7\sim3.5\mathrm{m}$ 之间，长度在 10m 以上适宜，单幅最大面积为 $35\mathrm{m}^2$。 可选择手控、红外线遥控、无线电遥控及智能化控制	中小型玻璃采光顶

（3）墙面遮阳。主要包括格栅遮阳和绿化遮阳。采用绿化遮阳时，宜采用落叶植物，并注意防止植物带来的虫害及根系对墙体的破坏。

三、建筑外遮阳系数计算及典型城市夏季太阳辐射照度

1. 水平遮阳板的外遮阳系数和垂直遮阳板的外遮阳系数应按下列公式计算确定：

水平遮阳板：　　　　　　　$$SD_\mathrm{H}=\sigma_\mathrm{h}PF^2+b_\mathrm{h}PF+1 \tag{3-5-1}$$

垂直遮阳板：　　　　　　　$$SD_\mathrm{V}=\sigma_\mathrm{v}PF^2+b_\mathrm{v}PF+1 \tag{3-5-2}$$

遮阳板外挑系数：　　　　　　　$$PF=A/B \tag{3-5-3}$$

式中　　SD_H——水平遮阳板夏季外遮阳系数；

　　　　SD_V——垂直遮阳板夏季外遮阳系数；

σ_h、b_h、σ_v、b_v——计算系数，按表 3-5-40 取定；

　　　　PF——遮阳板外挑系数，当计算出的 $PF>1$ 时，取 $PF=1$；

A——遮阳板外挑长度(m)，（见图 3-5-4）；

B——遮阳板根部到窗对边距离(m)，（见图 3-5-5）。

水平和垂直外遮阳计算系数　　　　　　表 3-5-40

气候分区	遮阳装置	计算系数	东	东南	南	西南	西	西北	北	东北
寒冷地区	水平遮阳板	a_h	0.35	0.53	0.63	0.37	0.35	0.35	0.29	0.52
		b_h	−0.76	−0.95	−0.99	−0.68	−0.78	−0.66	−0.54	−0.92
	垂直遮阳板	a_v	0.32	0.39	0.43	0.44	0.31	0.42	0.47	0.41
		b_v	−0.63	−0.75	−0.78	−0.85	−0.61	−0.83	−0.89	−0.79
夏热冬冷地区	水平遮阳板	a_h	0.35	0.48	0.47	0.36	0.36	0.36	0.30	0.48
		b_h	−0.75	−0.83	−0.79	−0.68	−0.76	−0.68	−0.58	−0.83
	垂直遮阳板	a_v	0.32	0.42	0.42	0.42	0.33	0.41	0.44	0.43
		b_v	−0.65	−0.80	−0.80	−0.82	−0.66	−0.82	−0.84	−0.83
夏热冬暖地区	水平遮阳板	a_h	0.35	0.42	0.41	0.36	0.36	0.36	0.32	0.43
		b_h	−0.73	−0.75	−0.72	−0.67	−0.72	−0.69	−0.61	−0.78
	垂直遮阳板	a_v	0.34	0.42	0.41	0.41	0.36	0.40	0.32	0.43
		b_v	−0.68	−0.81	−0.72	−0.82	−0.72	−0.81	−0.61	−0.83

注：其他朝向的计算系数按上表中最接近的朝向选取。

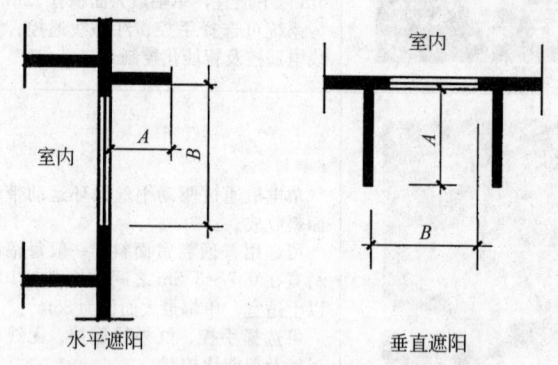

图 3-5-5　遮阳板外挑系数(PF)计算示意图

2. 水平遮阳板和垂直遮阳板组合成的综合遮阳，其外遮阳系数值应取水平遮阳板和垂直遮阳板的外遮阳系数的乘积。

3. 窗口前方所设置的与窗面平行的挡板（或花格等）遮阳的外遮阳系数应按下式计算确定：

$$SD = 1-(1-\eta)(1-\eta*) \qquad (3\text{-}5\text{-}4)$$

式中　η——挡板轮廓透光比。即窗洞口面积减去挡板轮廓由太阳光线投影在窗洞口上所产生的阴影面积后的剩余面积与窗洞口面积的比值。挡板各朝向的轮廓透光比按该朝向上的 4 组典型太阳光线入射角，采用平行光投射方法分别计算或实验测定，其轮廓透光比取 4 个透光比的平均值。典型太阳入射角按表 3-5-41 选取。

$\eta*$——挡板构造透射比。

混凝土、金属类挡板取 $\eta* = 0.1$；

厚帆布、玻璃钢类挡板取 $\eta* = 0.4$；

深色玻璃、有机玻璃类挡板取 $\eta* = 0.6$；

浅色玻璃、有机玻璃类挡板取 $\eta* = 0.8$；

金属或其他非透明材料制作的花格、百叶类构造取 $\eta* = 0.15$。

典型的太阳光线入射角(°) 表 3-5-41

窗口朝向	南				东、西				北			
	1组	2组	3组	4组	1组	2组	3组	4组	1组	2组	3组	4组
太阳高度角	0	0	60	60	0	0	45	45	0	30	30	30
太阳方位角	0	45	0	45	75	90	75	90	180	180	135	—135

4. 幕墙的水平遮阳可转换成水平遮阳加挡板遮阳，垂直遮阳可转化成垂直遮阳加挡板遮阳，如图 3-5-6 所示。图中标注的尺寸 A 和 B 用于计算水平遮阳和垂直遮阳遮阳板的外挑系数 PF，C 为挡板的高度或宽度。挡板遮阳的轮廓透光比 η 可以近似取为 1。

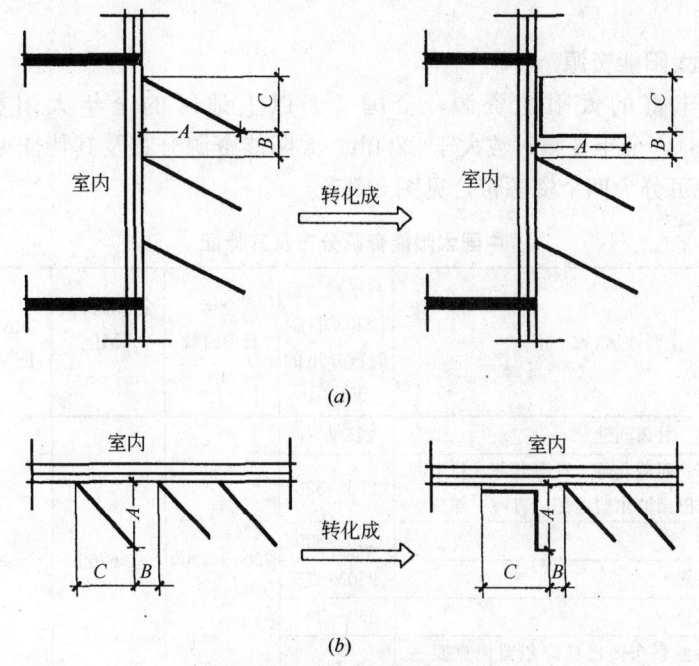

图 3-5-6 幕墙遮阳计算示意图
(a)幕墙水平遮阳；(b)幕墙垂直遮阳

5. 典型城市夏季太阳辐射照度见《采暖通风与空气调节设计规范》GB 50019 中附录 A。

第七节 太阳能利用

一、一般规定

1. 太阳能在建筑上的应用有太阳能热水系统和太阳能光伏发电系统。

太阳能热水系统可提供生活热水、供暖和制冷。生活热水可用于炊事、洗浴、温水养殖、游泳池加热等；太阳能光伏发电系统可发电，用于照明、家用电器等。

2. 太阳能热水系统和太阳能光伏发电系统的设计应纳入建筑工程设计，统一规划、同步设计、同步施工、与建筑工程同时投入使用。

3. 太阳能热水系统和光伏发电系统的选择，应根据建筑物类型、使用要求、热水供应方式、安装条件等因素综合确定。

4. 太阳能热水系统宜配置辅助能源加热设备。

5. 安装太阳能热水系统和太阳能光伏发电系统的建筑单体和建筑群体，主要朝向宜为南向。

6. 建筑的体形和空间组合，应避免安装太阳能集热器和太阳能光电板受建筑自身及周围设施和绿化树木的遮挡，并能满足有不少于 4h 日照时数的要求。太阳能光电板还应避免局部被遮挡。

7. 根据建筑所在地的气候特征、经济水平、生活习惯等因素确定太阳能供热、采暖、制冷综合利用方式。夏热冬暖地区宜为供热水和制冷系统；严寒、寒冷和夏热冬冷地区宜为供热水、采暖和制冷系统；经济欠发达地区宜建被动式太阳房，并宜与生物质能等可再生能源综合利用。

二、我国的太阳能资源

1. 我国有丰富的太阳能资源，全国 2/3 以上地区的全年太阳能辐照量大于 5700MJ/($m^2 \cdot a$)，全年日照时数大于 2200h。太阳能资源分布及其特征见表 3-5-42。我国的太阳能资源可分为四个资源带，见图 3-5-7。

中国太阳能资源分布及其特征　　　　　　　　　　　　　表 3-5-42

太阳能资源带	主要地区(省、市)	月平均气温≥10℃日照时数≥6h的天数(d)	全年日照时数(h)	全年辐照量[MJ/($m^2 \cdot a$)]	太阳能保证率(%)	集热面积参考(m^2)
资源丰富带	新疆南部、甘肃西北	275 左右	3200~3300	≥6700	≥60	1.2
	新疆南部、西藏北部、青海西部、甘肃西部、内蒙古巴彦淖尔盟西部、青海一部分	275~325				
	青海南部	250~300				
	青海西南部	250~275				
	西藏大部分	250~300				
	内蒙古乌兰察布盟巴彦淖尔盟伊克盟一部分	>300				
资源较富带	新疆北部	275 左右	3000~3200	5400~6700	50~60	1.4
	内蒙古呼伦贝尔盟、陕北及甘肃东部一部分	225~275				
	内蒙古锡林郭勒盟、乌兰察布盟、河北北部一隅	>275				
	山西北部、河北北部、辽宁部分、北京、天津、山东西北部	250~275				
	内蒙古伊克昭盟大部分	275~300				
	青海东部、甘肃南部、四川西部	200~300				
	四川南部、云南北部一部分	200~250				
	西藏东部、四川西部和云南北部一部分	<250				
	福建、广东沿海一带	175~200				
	海南省	225 左右				

续表

太阳能资源带	主要地区(省、市)	月平均气温≥10℃日照时数≥6h的天数(d)	全年日照时数(h)	全年辐照量〔MJ/(m²·a)〕	太阳能保证率(%)	集热面积参考(m²)
资源一般带	山西南部、河南大部分及安徽、山东、江苏部分	200~250	2200~3000	4200~5400	40~50	1.6
	黑龙江、吉林大部分	225~275				
	吉林、辽宁、长白山地区	<225				
	湖南、安徽、江苏南部、浙江、江西、福建、广东北部及东南部、广西大部	150~200	1400~2200	4200~5400	40~50	1.8
	湖南西部、广西北部一部分	250~300				
	陕西南部、四川西部	125~175				
	湖北、河南西部	150~175				
	云南东南一部分	175 左右				
	云南西部一部分	175~200				
	贵州西部、云南东南一隅、广西西部	150~175				
资源贫乏带	四川、贵州大部分	<125	1000~1400	≤4200	≤40	2.0
	成都平原、重庆、成都、自贡、攀枝花、贵阳	<100				

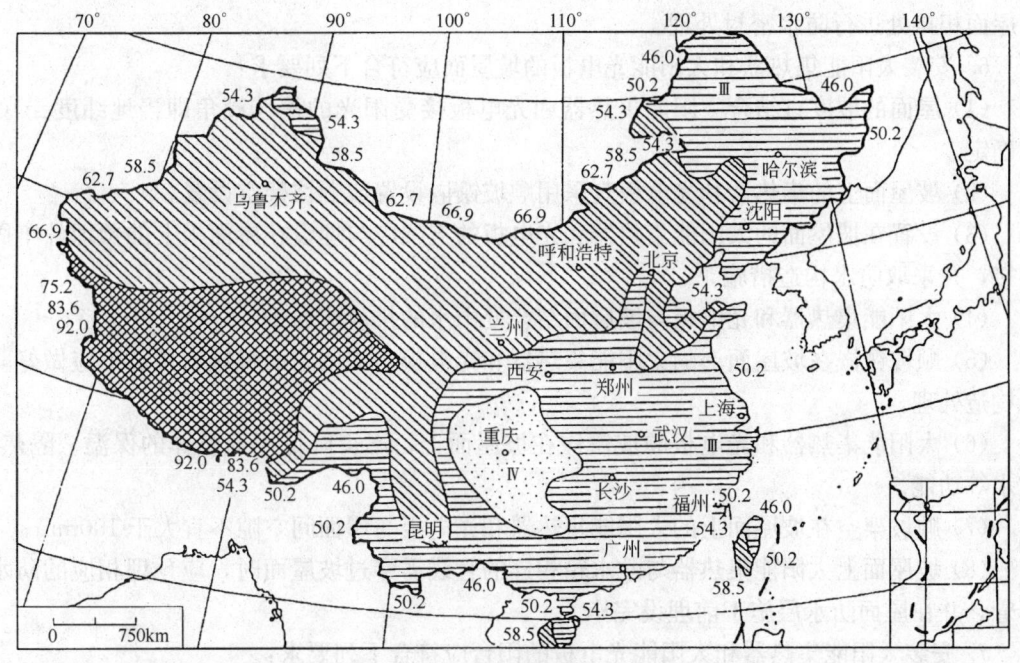

图 3-5-7　中国太阳能资源分布

注：本表摘自国家建筑标准设计图集《太阳能热水器选用与安装》06J908—6。

2. 我国主要城市的最热 3 个月和最冷 3 个月的太阳能辐照量见《全国通用建筑工程设计技术措施—建筑》附录 K。

三、太阳能利用系统与建筑一体化

1. 太阳能集热器和太阳能光电板应规则有序、排列整齐。太阳能热水系统宜选择分体承压、二次循环的系统。

2. 太阳能热水系统配备的输水管和电器、电缆应与建筑物其他管线统筹安排、同步设计、同步施工，安全、隐蔽、集中布置，便于安装维护。

3. 太阳能集热器和太阳能光电板安装在建筑屋面、阳台、墙面或建筑其他部位时，不得影响该部位的建筑功能，并应与建筑协调一致，保持建筑统一和谐的外观。

4. 太阳能光伏发电系统的选择与布置。

(1) 宜选用能与建筑屋面、墙面、玻璃幕墙等部位相结合的光电池板。

(2) 太阳能光电池板宜镶嵌或架空安装在建筑的屋面、采光顶、墙面、玻璃幕墙上，也可作为建筑围护结构、遮阳系统的一部分。

5. 安装太阳能集热器和太阳能光电板的平屋面应符合下列要求：

(1) 太阳能集热器和太阳能光电板支架应与屋面预埋件固定牢固，并在地脚螺栓周围做密封处理。

(2) 在屋面防水层上放置集热器和光电板时，屋面防水层应包到基座上部，并在基座下部加设附加防水层。

(3) 集热器和光电板周围屋面、检修通道、屋面出人口和集热器之间的人行通道上部应铺设保护层。

(4) 太阳能集热器与贮水箱相连的管线需穿屋面时，应在屋面预埋防水套管，并对其与屋面相接处进行防水密封处理。

6. 安装太阳能集热器和太阳能光电板的坡屋面应符合下列要求：

(1) 屋面的坡度宜结合太阳能集热器和光电板接受阳光的最佳倾角即当地纬度±10°来确定。

(2) 坡屋面上的集热器和光电板宜采用顺坡镶嵌设置或顺坡架空设置。

(3) 设置在坡屋面的太阳能集热器和光电板的支架应与埋设在屋面板上的预埋件牢固连接，并采取防水构造措施。

(4) 太阳能集热器和光电板与坡屋面结合处雨水的排放应通畅。

(5) 顺坡镶嵌在坡屋面上的太阳能集热器和光电板与周围屋面材料连接部位应做好防水构造处理。

(6) 太阳能集热器和光电板顺坡镶嵌在坡屋面上，不得降低屋面整体的保温、隔热、防水等功能。

(7) 顺坡架空在坡屋面上的太阳能集热器和光电板与屋面间空隙不宜大于100mm。

(8) 坡屋面上太阳能集热器与贮水箱相连的管线需穿过坡屋面时，应预埋相应的防水套管，并在屋面防水层施工前埋设完毕。

7. 安装太阳能集热器和太阳能光电板的阳台应符合下列要求：

(1) 设置在阳台栏板上的太阳能集热器和光电板支架应与阳台栏板上的预埋件牢固连接。

(2) 由太阳能集热器和光电板构成的阳台栏板，应满足其刚度、强度及防护功能要求。

8. 设置太阳能集热器的墙面应符合下列要求：

（1）低纬度地区设置在墙面上的太阳能集热器和光电板宜有适当的倾角。

（2）设置太阳能集热器和光电板的外墙除应满足集热器荷载外，还对安装部位可能造成的墙体变形、裂缝等不利因素采取必要的技术措施。

（3）设置在墙面的集热器和光电板支架应与墙面上的预埋件连接牢固，必要时在预埋件处增设混凝土构造柱，并应满足防腐要求。

（4）设置在墙面的集热器与贮水箱相连的管线需穿过墙面时，应在墙面预埋防水套管。穿墙管线不宜设在结构柱处。

（5）太阳能集热器和光电板镶嵌在墙面时，墙面装饰材料的色彩、分格宜与集热器协调一致。

9. 当采用太阳能集热器和光电板直接作为屋面板或采用太阳能集热器作为阳台栏板时，应满足所在部位的刚度、强度、建筑热工、锚固、防护功能等方面的要求。

10. 利用太阳能热水系统进行采暖时，宜采用地面辐射采暖。具体措施见本专篇 4.2 节。

11. 太阳能热水系统贮水箱的设置应符合下列要求：

（1）贮水箱宜布置在室内，如储藏室、设备间、车库、厨卫间、阁楼等。

（2）贮水箱布置在室外应有保温、防冻措施。

（3）设置贮水箱的建筑部位应采取相应的防水、排水措施。

（4）贮水箱上方及周围应留有安装、检修空间。

第八节　既有建筑节能改造

一、一般规定

1. 既有建筑节能改造的判定要点。

（1）改造内容。

既有建筑节能改造分为外墙（包括非透明幕墙、不采暖楼梯间墙）、屋面、外门窗（包括透明幕墙、户门和不封闭阳台门）、直接接触室外空气的楼地面，以及采暖空间与非采暖空间隔墙与楼板等。

（2）勘查与初步验算。

1）进行节能改造之前，应先进行结构鉴定，以确保建筑物的结构安全和使用功能。当涉及主体和承重结构改动或增加荷载时，必须由原设计单位或具备相应资质的设计单位对既有建筑结构的安全性进行核验、确认；

2）进行节能改造之前，应结合现场查勘，对可改造性、热工性能进行综合判定，判定依据为：

① 建筑地形图及竣工图纸；

② 建筑装修改造以及历年修缮资料；

③ 城市建设规划和市容要求；

④ 热工验算；

⑤ 采暖供热系统查勘资料；

⑥ 室内热环境状况的实地考察记录。

（3）节能评价标准及内容。

节能评价标准按现行国家、行业节能设计标准，当地节能设计、验收等相关标准或规范执行。

主要评价内容有：墙体砌筑材料及厚度、楼板材料及厚度、屋面材料及厚度、保温材料及厚度、外门窗等；不同朝向的窗墙面积比、体形系数等。评价指标见表 3-5-43。

既有建筑节能评价指标（按规定性指标） 表 3-5-43

序号	评价内容			标准规定指标		既有建筑指标	备 注
1	屋 顶	传热系数 K [W/(m²·K)]					
		热惰性指标 D					
2	外 墙	传热系数 K [W/(\·K)]	东				
			西				
			南				
			北				
		热惰性指标 D	东				
			西				
			南				
			北				
3	分户墙	传热系数 K [W/(m²·K)]					
4	楼 板	传热系数 K [W/(m²·K)]					
	底部架空楼板	传热系数 K [W/(m²·K)]					
5	户 门	传热系数 K [W/(m²·K)]					
6	体形系数						夏热冬暖地区不适用
7	窗墙面积比	各朝向窗墙面积比	北向				
			东向				
			西向				
			南向				
		平均窗墙面积比					
8	天 窗	天窗面积/屋顶面积					
		传热系数 K [W/(m²·K)]					
		遮阳系数 SC					严寒地区不适用
9	外窗（含阳台门透明部分）	综合遮阳系数 SW	平均窗墙比 CM	外墙($p \leqslant 0.8$)			严寒地区不适用
				$K \leqslant 1.5$, $D > 13.0$	$K \leqslant 1.0$ $D \geqslant 2.5$ 或 $K \leqslant 0.7$		
			$CM \leqslant 0.25$				
			$0.25 < CM \leqslant 0.30$				
			$0.30 < CM \leqslant 0.35$				
			$0.35 < CM \leqslant 0.40$				
			$0.40 < CM \leqslant 0.45$				

续表

序号	评价内容			标准规定指标	既有建筑指标	备　注
9	外窗(含阳台门透明部分)	传热系数 K [W/(m²·K)]				
		可开启面积				
		气密性	1~6 层			夏热冬暖地区 1~9 层
			≥7 层			夏热冬暖地区 ≥10 层

（4）围护结构热工性能检测。

对于建筑围护结构的热工性能不清楚，需要进行检测时，按表 3-5-44 要求的内容和标准进行检测。

既有建筑围护结构热工性能检测内容和标准　　　　表 3-5-44

检测内容	检测标准
墙体、屋顶传热系数	《采暖居住建筑节能检验标准》JGJ 132
窗传热系数	《建筑外窗保温性能分级及检测方法》GB/T 8484
门窗的气密性	《建筑外窗气密性能分级及检测方法》GB/T 7107 《建筑幕墙物理性能分级》GB 15225
窗户玻璃透过率	《建筑外窗采光性能分级及检测方法》GB/T 1976
绝热材料导热系数	《绝热材料稳态热阻及有关特性的测定》GB 10294 和 GB 10295

（5）节能评价方法。

规定性指标评价，按表 3-5-43 要求的评价内容，对照所在地区节能标准，逐项评价。

在规定性指标不满足的情况下，可采用"对比评定法"进行综合评价。严寒和寒冷地区以建筑耗热量指标为判据，夏热冬冷地区和温和地区以采暖耗电量和空调耗电量之和为判据，在夏热冬暖地区以空调耗电量为判据，确定建筑的实际节能率。具体评价详见表 3-5-45 和表 3-5-46。

既有建筑节能评价内容(按耗电量指标)　　　　表 3-5-45

序号	审查内容		参照建筑指标	既有建筑指标	备　注
1	屋 顶	传热系数 K [W/(m²·K)]			
		外表面太阳辐射吸收系数 P			
2	外 墙	传热系数 K [W/(m²·K)]			
		外表面太阳辐射吸收系数 P			
3	体形系数				
4	天 窗	天窗面积/屋顶面积			
		传热系数 K [W/(m²·K)]			
		遮阳系数 SC			

续表

序号	审查内容			参照建筑指标		既有建筑指标	备注
5	外窗(含阳台门透明部分)	综合遮阳系数 SW	平均窗墙比 CM	外墙	外墙		
			$CM \leqslant 0.25$				
			$0.25 < CM \leqslant 0.30$				
			$0.30 < CM \leqslant 0.35$				
			$0.35 < CM \leqslant 0.40$				
			$0.40 < CM \leqslant 0.45$				
		传热系数 $K\ [W/(m^2 \cdot K)]$					
		可开启面积		不小于外窗所在房间地面面积的 10%			
		气密性	$1 \sim 6$ 层	$\leqslant 2.5 m^3/(m \cdot h)$ 且 $\leqslant 7.5 m^3/(m^2 \cdot h)$			夏热冬暖地区 $1 \sim 9$ 层
			$\geqslant 7$ 层	$\leqslant 1.5 m^3/(m \cdot h)$ 且 $\leqslant 4.5 m^3/(m^2 \cdot h)$			夏热冬暖地区 $\geqslant 10$ 层
6	计算条件	空调室内计算温度		26℃			
		采暖室内计算温度		18℃			
		室内换气次数		1.5 次/h			
		空调额定能效比		2.7			
		室内得热量(W)		0		0	
7	建筑节能设计综合评价	(1)空调年耗电指数					
		或(2)空调年耗电量 $(kW \cdot h/m^2)$					
		或(3)最热月平均耗冷量指标 (W/m^2)					

既有建筑节能评价内容(按耗热量指标) 表 3-5-46

工程号		工程名称		层数		设计建筑窗墙比			
						东	西	南	北

围护结构传热量计算数据

计算项目		ε_i	改造建筑		参照建筑		设计建筑		传热系数限值 $[W/(m^2 \cdot K)]$
			$K\ [W/(m^2 \cdot K)]$	$F_i\ (m^2)$	$K\ [W/(m^2 \cdot K)]$	$\varepsilon_i K_x F_i$	$K\ [W/(m^2 \cdot K)]$	$\varepsilon_i K_i F_i$	
屋顶									
外墙	南								
	东								
	西								
	北								

续表

工程号		工程名称		层数	设计建筑窗墙比		
外窗	有阳台	南					
		东					
		西					
		北					
	无阳台	南					
		东					
		西					
		北					
阳台门下部门芯板	南						
	东、西						
	北						
不采暖楼梯间	隔墙						
	户门						
地板	接触室外空气地板						
	不采暖地下室上部地板						
地面	周边地面						
	非周边地面						
$\Sigma \varepsilon_i K_i F_i$							

注：1. 本表中改造建筑指要节能改造的既有建筑，参照建筑指按传热系数限值计算耗热量指标的建筑，设计建筑指经节能改造的建筑。

2. K_y—既有建筑围护结构传热系数，K_x—传热系数限值，K_i—设计计算的传热系数。

3. 由于参照建筑与设计建筑的空气渗透耗热量和室内得热量相同，因此本表进行了简化，只需调整设计建筑的 K_i，使其 $\Sigma \varepsilon_i K_i F_i$ 小于等于参照建筑的 $\Sigma \varepsilon_i K_i F_i$ 即可。

2. 既有建筑节能改造设计要点：

(1) 保证建筑结构安全；

(2) 不宜改变建筑体形系数；

(3) 满足现行节能设计标准要求，改善室内热环境和居住舒适度；

(4) 结合城市规划和市容要求，对建筑外观、屋顶的改造时，进行建筑节能改造；

(5) 结合平屋面改坡屋面、安装太阳能热水器时，进行建筑节能改造；

(6) 改造措施和内容见表 3-5-47。

建筑围护结构节能改造措施和内容   表 3-5-47

措　　　施	内　　　容	涉及参数	备注
窗　户	更换或增加窗户	传热系数、遮阳系数、气密性、可见光透过率、可开启面积	
	更换玻璃	传热系数、遮阳系数、可见光透过率	
	窗玻璃外贴遮阳膜	遮阳系数、可见光透过率	
	窗玻璃外刷遮阳涂层	遮阳系数、可见光透过率	
	增加外遮阳装置	遮阳系数	
墙体外保温	EPS 板	外墙传热系数、热惰性墙面的热反射率	
	XPS 板		
	胶粉聚苯颗粒保温浆料		
	硬质泡沫聚氨酯板		
	岩棉板		
	现场喷涂或模塑硬质泡沫聚氨酯		
	装配式保温装饰复合板		
	仿幕墙式等外保温系统		
墙体内保温	胶粉聚苯颗粒保温浆料		
	保温砂浆		
	增强粉刷石膏聚苯板		
屋面改造	倒置式屋面	传热系数、热惰性指标	
	架空屋面	表面的热反射率	
	平改坡屋面	传热系数、热惰性指标	避免闷顶
窗墙面积比	增加或者减小窗墙面积比		

二、既有建筑节能改造技术

1. 墙体改造技术和要求。

(1) 严寒地区、寒冷地区、夏热冬冷地区优先采用外保温技术，并与建筑改、扩建结合。外保温设计施工按照《外墙外保温工程技术规程》JGJ 144 或本地区建筑节能设计标准推荐的技术。

(2) 寒冷地区、夏热冬冷地区在外保温确实无法施工或需要保持既有建筑原貌时，可以采用内保温技术。

(3) 夏热冬暖地区、温和地区墙体经过计算评价，隔热性能不满足要求时，可以采用浅色处理、加设保温隔热层等措施。

(4) 外保温设计应与防水、装饰相结合，做好保温层密封和防水设计。

(5) 外保温系统施工前，应进行基层墙体处理，满足保温系统的施工要求。

(6) 外保温系统可采用保温装饰复合板，减少或避免湿作业。

2. 门窗改造技术及要求。

(1) 窗户的节能改造设计应满足安全、保温、隔声、通风和采光等性能。

（2）严寒、寒冷地区的单元门应采用保温门，必要时单元门应加设门斗；位于非采暖走道内的户门应采用保温门。单元门宜安装闭门器。

（3）严寒、寒冷地区可在原单玻窗外（或内）加装一层窗，间距在 100mm 左右，并能满足热工性能指标；原窗如位于室内侧时，应采取措施，改善其密封性能。

（4）更换新窗时，窗框与墙之间应有合理的保温密封构造，以减少该部位的开裂、结露和空气渗透。

（5）夏热冬冷、寒冷地区东西向可采用活动外遮阳。

（6）夏热冬暖地区应以改善窗户遮阳为主，可以更换玻璃、安装外遮阳设施、贴隔热膜等。

（7）遮阳膜、热反射玻璃的可见光透过率应大于 0.3，以免影响窗户的采光性能。

（8）外遮阳系统要保证安全并方便清洁。

3. 屋面改造技术及要求。

（1）屋面节能改造应根据屋面的形式，采用相适应的改造措施。如原防水可靠，则可直接做倒置式屋面。

（2）如防水层有渗漏，应铲除原防水层，重新做保温层和防水层。

（3）平屋面改坡屋面，宜在原有建筑平屋顶上铺设耐久性、防火性好的保温层。

（4）坡屋面改造时，宜在原吊顶上铺设轻质保温材料。无吊顶时可在坡屋面上增加或加厚保温层或增设吊顶，并在吊顶上铺设保温材料。吊顶应耐久、防火、安全。夏热冬冷、夏热冬暖地区应采取通风措施，避免闷顶。

（5）平屋面、乎屋面改坡屋面和坡屋面改造时，宜结合安装太阳能热水器和太阳能光电板同时考虑。在既有建筑屋面上增设太阳能热水系统应符合国家标准《民用建筑太阳能热水系统应用技术规范》GB 50364 的规定。

（6）有条件时，可采用种植屋面。

4. 其他部分改造。

（1）建筑底层下部为非采暖空间，则应对其楼板加设保温层。将保温层置于楼板底部，可采用粘结、粘钉结合或吊顶方式。如下层空间有防火要求，则保温材料和构造做法应满足防火等级要求。

（2）既有建筑幕墙改造措施：

1）应充分利用层间部位，采取高效保温措施；减少实际窗墙面积比；

2）夏热冬暖地区可更换遮阳系数小的玻璃，加装内遮阳设施；

3）严寒、寒冷及夏热冬冷地区可在室内增设一层窗户；

4）非透明幕墙，可在室内一侧增加保温层。

第六章 房地产开发工程招标与投标

第一节 建设工程监理招标与投标

工程建设监理招标与投标，除应遵照《招标投标法》规定的原则、方式和程序外，还应结合工程的特点，依照《建设工程监理规范》(GB 50319—2000)进行。现分述如下：

一、招标文件

为了指导投标人正确编制投标文件，招标人编制的招标文件应包括以下内容和资料：

（一）投标须知

1. 工程概况。包括工程建设地点、名称、内容、规模、总投资、结构类型、现场条件等。

2. 委托的监理工作范围和内容。

3. 投标文件的格式、废标的规定、投标截止日期、投标地址等。

4. 开标、评标、定标的时间和地点，评标的原则和方法。

5. 对监理单位的资质要求。包括现场监理人员、检测手段等。

（二）合同条件

1. 标准条件。标准条件应采用国家工商行政管理局和建设部联合颁布的《建设工程委托监理合同(示范文本)》(GF—2000—0202)中的第二部分——标准条件全文。

2. 合同协议条款。合同协议条款采用《建设工程委托监理合同(示范文本)》(以下简称《监理合同范本》)中的第三部分——专用条件，并结合委托监理工程的具体内容和特点，对标准条件进行补充、修改和具体化。如果在"专用条件"中未对"标准条件"的某条款进行修改、补充的，则按"标准条件"的条款执行。《监理合同范本》中的"专用条件"涉及招标人的条款，在招标文件中提出，涉及投标人的条款在投标文件中响应。《监理合同范本》中的"专用条件"如下：

第三部分 专用条件

第二条 本合同适用的法律及监理依据：

第四条 监理范围和监理工作内容：

第九条 外部条件包括：

第十条 委托人应提供的工程资料及提供时间：

第十一条 委托人应在____天内对监理人书面提交并要求作出决定的事宜作出书面答复。

第十二条 委托人的常驻代表为_____。

第十五条 委托人免费向监理机构提供如下设施：

监理人自备的、委托人给予补偿的设施如下：

补偿金额＝

第十六条 在监理期间，委托人免费向监理机构提供＿＿＿＿＿＿名工作人员，由总监理工程师安排其工作，凡涉及服务时，此类职员只应从总监理工程师处接受指示。并免费提供＿＿＿＿＿＿名服务人员。监理机构应与此类服务的提供者合作，但不对此类人员及其行为负责。

第二十六条 监理人在责任期内如果失职，同意按以下办法承担责任，赔偿损失［累计赔偿额不超过监理报酬总数（扣税）］：

$$赔偿金＝直接经济损失×报酬比率（扣除税金）$$

第三十九条 委托人同意按以下的计算方法、支付时间与金额，支付监理人的报酬：

委托人同意按以下的计算方法、支付时间与金额，支付附加工作报酬：（报酬＝附加工作日数×合同报酬/监理服务日）

委托人同意按以下的计算方法、支付时间与金额，支付额外工作报酬：

第四十一条 双方同意用＿＿＿＿＿＿支付报酬，按＿＿＿＿＿＿汇率计付。

第四十五条 奖励办法：

$$奖励金额＝工程费用节省额×报酬比率$$

第四十九条 本合同在履行过程中发生争议时，当事人双方应及时协商解决。协商不成时，双方同意由仲裁委员会仲裁（当事人双方不在本合同中约定仲裁机构，事后又未达成书面协议的，可向人民法院起诉）。

附加协议条款：

（三）有关技术规范及其他事项

二、投标书的编制

投标书既是招标人评选的主要书面依据，也是与中标人谈判监理合同的基础。投标人应按招标文件中的要求编制投标书（也称建议书），并按规定封装、递送。为了不使投标的价格因素对选择产生较大影响，通常招标文件都要求按投标书分成技术建议书和任务建议书两部分分别封装，并在封套上标明。招标文件中的工作任务大纲是编制投标书的依据，但不是绝对的约束条件，允许投标人提出更有创造性的合理建议，不同于施工投标必须严格地按招标文件规定的条件编制投标书。

（一）技术建议书的内容

1. 监理单位简介及组织机构概况，特别应说明从事同类工程监理服务的经验和能力；

2. 对委托任务的目的和工作范围的理解，以及打算如何执行监理任务的计划或方案；

3. 派驻现场承担各阶段和各方面监理工作的人员组成；

4. 派驻现场总监理工程师人选及简历；

5. 派驻现场从事监理工作的工程师以上职称人员的履历表，包括姓名、年龄、职业、是否取得监理工程师资格，以往参与过哪些工程项目的监理工作及所担任的职务；

6. 每阶段或工作部位拟派驻监理人员的月人数估算，包括提供详细的以图表显示的安排计划表。

（二）财务建议书的主要内容

1. 人员酬金报价表；

2. 提供自备计算机、仪器、设备等，按费率和估计使用时间计算的报价表；

3. 包括管理费、税金、保险费等项费用在内的总报价表；

4. 要求招标单位提供为开展正常监理工作所必需的设备和设施清单。

三、评标

评标由评标委员会按照招标文件中规定的原则、标准和方法进行评定。

（一）评标方法

监理单位执行监理任务的好坏对项目建设的成败起着举足轻重的作用，因此评标过程中应侧重于能力的评定，辅以报价的审查。为了保证技术能力的评审能够客观独立地进行，而不受报价高低的影响，评标应分为技术建议书评审和财务建议书评审两个阶段进行。只有经过技术评审后认定为合格的技术建议书，才启封该投标单位的财务建议书进行第二阶段评审。

为了能够对各标书进行客观、公正、全面的比较，评标委员会一般采用打分法评标。用量化指标考察每个投标单位的各项素质，以累计得分评价其综合能力。虽然评标分为两个阶段进行，但二者又是不可分割的整体。如何在能力与价格之间权衡，通过评标选择信誉可靠、技术和管理能力强且报价合理的监理单位，主要体现在依据工程项目特点合理划分各评价要素的权重。一般情况下，技术建议书评审的权重占 70%～90%，财务建议书评审的权重占 10%～30%。技术建议书的评审又主要分为监理公司的资质和经验、完成监理任务的计划方案及人员配备方案三部分。这三部分在技术建议评审总分中所占的权重分别为：监理经验占 10%～20%；工作计划方案占 25%～40%；人员配备方案占 40%～60%。权重确定后，还应细致地划分出各主要部分的评价要素和打分标准。各评价要素的计分通常采用百分制由评标委员会各专家分别给出，取平均值作为该项得分。通过累计得分的高低，排出标书的优劣次序。

技术建议书的评审，除了依据投标书报送的有关资料外，还应通过以下方式收集有关的信息进行综合评定：考察已监理过的工程项目和向已监理过工程的项目法人咨询。

（二）技术建议书的评审内容

技术建议书的评审，一般包括以下几个方面：

1. 监理单位的资质条件。

（1）监理单位资质证书的等级；

（2）批准的监理业务范围；

（3）监理单位的隶属关系；

（4）监理单位的信誉。

2. 监理经验。

（1）执行监理工作的一般经验；

（2）本项工程特殊要求的监理工作经验。

3. 实施监理的方案计划（监理规划）。

（1）工程项目概况；

（2）监理工作范围；

（3）监理工作内容；

（4）监理工作目标；

（5）监理工作依据；

（6）项目监理机构的组织形式；

（7）项目监理机构的人员配备计划；

（8）项目监理机构岗位职责；

（9）监理工作程序；

（10）监理工作方法及措施；

（11）监理工作制度；

（12）监理设施。

4. 人员配备。

（1）总监理工程师的素质；

（2）拟派驻监理人员的专业满足程度；

（3）人员数量的满足程度；

（4）专业人员不足时的措施计划；

（5）派驻人员计划表。

（三）财务建议书的评审内容

技术建议书审定后，进行财务建议书评审时，应侧重以下几方面内容：

1. 报价单中取费项目的合理性；

2. 人员费率的合理性；

3. 监理业务日平均酬金计算的正确性，主要用于监理合同履行过程中发生"附加监理工作"或"额外监理工作"时的补偿费计算；

4. 监理单位提供自有设备取费的合理性；

5. 要求招标单位提供设施和服务的合理性。

财务建议书的评审不对以上各项打分，只考察是否合理。当认为财务建议书基本合格以其报价金额参与计分。由于监理招标不编制标底，通常的做法是以技术建议书评审合格标书中的最低报价为基数，将各合格标书的实际报价与其相对值换算成报价折算分，即：

$$标书报价折算分 = \frac{合格标书的最低报价}{合格标书的各家报价} \times 100\%$$

技术建议书和财务建议书分别评审后，再将两部分的评分分别乘以预定权数，累计出各投标人的最后得分，按得分高低排序，由评标委员会向招标人写出评标报告和中标候选人名单，评标即告结束。

四、定标

招标人根据《招标投标法》和招标文件中规定的中标条件，根据评标委员会提交的评标报告和推荐的中标候选人名单中确定中标人。招标人也可授权评标委员会直接定标。

第二节　开发工程项目勘察设计招标与投标

2003 年 6 月 12 日，国家发展和改革委员会、建设部、铁道部、交通部、信息产业部、水利部、中国民航总局、国家广播电视总局（第 29 号令）共同颁布了《工程建设项目勘察设计招标投标办法》，并自 2003 年 8 月 1 日起施行。

一、一般规定

1. 工程建设项目符合《工程建设项目招标范围和规模标准规定》（国家计委令第 3

号)规定的范围和标准的,必须依法进行招标;任何单位和个人不得将依法必须进行招标的项目化整为零或者以其他任何方式规避招标。

2. 按照国家规定需要政府审批的项目,有下列情形之一的,经批准,项目的勘察设计可以不进行招标:

(1) 涉及国家安全、国家秘密的;

(2) 抢险救灾的;

(3) 主要工艺、技术采用特定专利或者专有技术的;

(4) 技术复杂或专业性强,能够满足条件的勘察设计单位少于三家,不能形成有效竞争的;

(5) 已建成项目需要改、扩建或者技术改造,由其他单位进行设计影响项目功能配套性的。

3. 勘察设计招标工作由招标人负责。任何单位和个人不得以任何方式非法干涉招标投标活动。

4. 各级发展计划、经贸、建设、铁道、交通、信息产业(通信、电子)、水利、民航、广电等部门依照《国务院办公厅印发国务院有关部门实施招标投标活动行政监督的职责分工意见的通知》(国办发〔2000〕34 号)和各地规定的职责分工,对工程建设项目勘察设计招标投标活动实施监督,依法查处招标投标活动中的违法行为。

二、招标

招标人可以依据工程建设项目的不同特点,实行勘察设计一次性总体招标;也可以在保证项目完整性、连续性的前提下,按照技术要求实行分段或分项招标。但招标人不得将依法必须进行招标的项目化整为零,或者以其他任何方式规避招标。招标人可以对项目的勘察、设计、施工以及与工程建设有关的重要设备、材料的采购,实行总承包招标。

(一) 招标条件

依法必须进行勘察设计招标的工程建设项目,在招标时应当具备下列条件:

1. 按照国家有关规定需要履行项目审批手续的,已履行审批手续,取得批准;

2. 勘察设计所需资金已经落实;

3. 所必需的勘察设计基础资料已经收集完成;

4. 法律法规规定的其他条件。

(二) 公开招标

全部使用国有资金投资或者国有资金投资占控股或者主导地位的工程建设项目,以及国务院发展和改革部门确定的国家重点项目和省、自治区、直辖市人民政府确定的地方重点项目,除符合邀请招标规定条件并依法获得批准外,应当公开招标。

(三) 邀请招标

1. 项目的技术性、专业性较强,或者环境资源条件特殊,符合条件的潜在投标人数量有限的;

2. 如采用公开招标,所需费用占工程建设项目总投资的比例过大的;

3. 建设条件受自然因素限制,如采用公开招标,将影响项目实施时机的。

招标人采用邀请招标方式的,应保证有三个以上具备承担招标项目勘察设计的能力,并具有相应资质的特定法人或者其他组织参加投标。

（四）招标程序

1. 招标人应当按招标公告或者投标邀请书规定的时间、地点出售招标文件或者资格预审文件。自招标文件或者资格预审文件出售之日起至停止出售之日止，最短不得少于五个工作日。

2. 进行资格预审的，招标人只向资格预审合格的潜在投标人发售招标文件，并同时向资格预审不合格的潜在投标人告知资格预审结果。凡是资格预审合格的潜在投标人都应被允许参加投标。招标人不得以抽签、摇号等不合理条件限制或者排斥资格预审合格的潜在投标人参加投标。

3. 招标人应当根据招标项目的特点和需要编制招标文件。勘察设计招标文件包括下列内容：

（1）投标须知；

（2）投标文件格式及主要合同条款；

（3）项目说明书，包括资金来源情况；

（4）勘察设计范围，对勘察设计进度、阶段和深度要求；

（5）勘察设计基础资料；

（6）勘察设计费用支付方式，对未中标人是否给予补偿及补偿标准；

（7）投标报价要求；

（8）对投标人资格审查的标准；

（9）评标标准和方法；

（10）投标有效期。

投标有效期是招标文件中规定的投标文件有效期，从提交投标文件截止日起计算。

对招标文件的收费应仅限于补偿编制及印刷方面的成本支出，招标人不得通过出售招标文件谋取利益。

4. 招标人负责提供与招标项目有关的基础资料，并保证所提供资料的真实性、完整性。涉及国家秘密的除外。

5. 对于潜在投标人在阅读招标文件和现场踏勘中提出的疑问，招标人可以书面形式或召开投标预备会的方式解答，但需同时将解答以书面方式通知所有招标文件收受人。该解答的内容为招标文件的组成部分。

6. 招标人可以要求投标人在提交符合招标文件规定要求的投标文件外，提交备选投标文件，但应当在招标文件中做出说明，并提出相应的评审和比较办法。

7. 招标人应当确定潜在投标人编制投标文件所需要的合理时间。依法必须进行勘察设计招标的项目，自招标文件开始发出之日起至投标人提交投标文件截止之日止，最短不得少于20日。

8. 除不可抗力原因外，招标人在发布招标公告或者发出投标邀请书后不得终止招标，也不得在出售招标文件后终止招标。

三、投标

（一）投标人

投标人是响应招标、参加投标竞争的法人或者其他组织。在其本国注册登记，从事建筑、工程服务的国外设计企业参加投标的，必须符合我国缔结或者参加的国际条约、协定中所作的市场准入承诺以及有关勘察设计市场准入的管理规定。投标人应当符合国家规定的资质条件。

（二）投标文件

投标人应当按照招标文件的要求编制投标文件。投标文件中的勘察设计收费报价，应当符合国务院价格主管部门制定的工程勘察设计收费标准。

投标人在投标文件有关技术方案和要求中不得指定与工程建设项目有关的重要设备、材料的生产供应者，或者含有倾向或者排斥特定生产供应者的内容。

（三）投标保证金

招标文件要求投标人提交投标保证金的，保证金数额一般不超过勘察设计费投标报价的 2%，最多不超过 10 万元人民币。

在提交投标文件截止时间后到招标文件规定的投标有效期终止之前，投标人不得补充、修改或者撤回其投标文件，否则其投标保证金将被没收。评标委员会要求对投标文件作必要澄清或者说明的除外。

投标人在投标截止时间前提交的投标文件，补充、修改或撤回投标文件的通知，备选投标文件等，都必须加盖所在单位公章，并且由其法定代表人或授权代表签字。招标人在接收上述材料时，应检查其密封或签章是否完好，并向投标人出具标明签收人和签收时间的回执。

（四）联合体投标

以联合体形式投标的，联合体各方应签订共同投标协议，连同投标文件一并提交招标人。联合体各方不得再单独以自己名义，或者参加另外的联合体投同一个标。

联合体中标的，应指定牵头人或代表，授权其代表所有联合体成员与招标人签订合同，负责整个合同实施阶段的协调工作。但是，需要向招标人提交由所有联合体成员法定代表人签署的授权委托书。

（五）投标禁止性规定

投标人不得以他人名义投标，也不得利用伪造、转让、无效或者租借的资质证书参加投标，或者以任何方式请其他单位在自己编制的投标文件代为签字盖章，损害国家利益、社会公共利益和招标人的合法权益。

投标人不得通过故意压低投资额、降低施工技术要求、减少占地面积，或者缩短工期等手段弄虚作假，骗取中标。

四、开标、评标和中标

（一）开标

开标应当在招标文件确定的提交投标文件截止时间同一时间公开进行；除不可抗力原因外，招标人不得以任何理由拖延开标或者拒绝开标。

（二）评标

评标工作由评标委员会负责。评标委员会的组成方式及要求，按《招标投标法》及《评标委员会和评标方法暂行规定》（国家计委等七部委联合令第 12 号）的有关规定执行。勘察设计评标一般采取综合评估法进行。评标委员会应当按照招标文件确定的评标标准和方法，结合经批准的项目建议书、可行性研究报告或者上阶段设计批复文件，对投标人的业绩、信誉和勘察设计人员的能力以及勘察设计方案的优劣进行综合评定。招标文件中没有规定的标准和方法，不得作为评标的依据。

评标委员会可以要求投标人对其技术文件进行必要的说明或介绍，但不得提出带有暗示性或诱导性的问题，也不得明确指出其投标文件中的遗漏和错误。

根据招标文件的规定，允许投标人投备选标的，评标委员会可以对中标人所提交的备选标进行评审，以决定是否采纳备选标。不符合中标条件的投标人的备选标不予考虑。

1. 投标文件有下列情况之一的，应作废标处理或被否决：

(1) 未按要求密封；

(2) 未加盖投标人公章，也未经法定代表人或者其授权代表签字；

(3) 投标报价不符合国家颁布的勘察设计取费标准，或者低于成本恶性竞争的；

(4) 未响应招标文件的实质性要求和条件的；

(5) 以联合体形式投标，未向招标人提交共同投标协议的。

2. 投标人有下列情况之一的，其投标应作废标处理或被否决：

(1) 未按招标文件要求提供投标保证金；

(2) 与其他投标人相互串通报价，或者与招标人串通投标的；

(3) 以他人名义投标，或者以其他方式弄虚作假；

(4) 以向招标人或者评标委员会成员行贿的手段谋取中标的；

(5) 联合体通过资格预审后在组成上发生变化，含有未经过资格预审或者资格预审不合格的法人或者其他组织；

(6) 投标文件中标明的投标人与资格预审的申请人在名称和组织结构上存在实质性差别的。

(三) 中标

1. 评标委员会完成评标后，应当向招标人提出书面评标报告，推荐合格的中标候选人。评标报告的内容应当符合《评标委员会和评标方法暂行规定》第42条的规定。但是，评标委员会决定否决所有投标的，应在评标报告中详细说明理由。

2. 评标委员会推荐的中标候选人应当限定在1~3人，并标明排列顺序。能够最大限度地满足招标文件中规定的各项综合评价标准的投标人，应当推荐为中标候选人。

3. 使用国有资金投资或国家融资的工程建设项目，招标人一般应当确定排名第一的中标候选人为中标人。排名第一的中标候选人放弃中标、因不可抗力提出不能履行合同，或者招标文件规定应当提交履约保证金而在规定的期限内未能提交的，招标人可以确定排名第二的中标候选人为中标人。排名第二的中标候选人因同样原因不能签订合同的，招标人可以确定排名第三的中标候选人为中标人。

4. 招标人应在接到评标委员会的书面评标报告后15日内，根据评标委员会的推荐结果确定中标人，或者授权评标委员会直接确定中标人。

5. 招标人和中标人应当自中标通知书发出之日起30日内，按照招标文件和中标人的投标文件订立书面合同。中标人履行合同应当遵守《合同法》以及《建设工程勘察设计管理条例》中勘察设计文件编制实施的有关规定。

6. 招标人不得以压低勘察设计费、增加工作量、缩短勘察设计周期等作为发出中标通知书的条件，也不得与中标人再行订立背离合同实质性内容的其他协议。

7. 招标人与中标人签订合同后5个工作日内，应当向中标人和未中标人一次性退还投标保证金。招标文件中规定给予未中标人经济补偿的，也应在此期限内一并给付。招标文件要求中标人提交履约保证金的，中标人应当提交；经中标人同意，可将其投标保证金抵作履约保证金。

8. 招标人应当在将中标结果通知所有未中标人后 7 个工作日内，逐一返还未中标人的投标文件。招标人或者中标人采用其他未中标人投标文件中技术方案的，应当征得未中标人的书面同意，并支付合理的使用费。

9. 评标定标工作应当在投标有效期结束日 30 个工作日前完成，不能如期完成的，招标人应当通知所有投标人延长投标有效期。同意延长投标有效期的投标人应当相应延长其投标担保的有效期，但不得修改投标文件的实质性内容。拒绝延长投标有效期的投标人有权收回投标保证金。招标文件中规定给予未中标人补偿的，拒绝延长的投标人有权获得补偿。

10. 依法必须进行勘察设计招标的项目，招标人应当在确定中标人之日起 15 日内，向有关行政监督部门提交招标投标情况的书面报告。书面报告一般应包括以下内容：

(1) 招标项目基本情况；

(2) 投标人情况；

(3) 评标委员会成员名单；

(4) 开标情况；

(5) 评标标准和方法；

(6) 废标情况；

(7) 评标委员会推荐的经排序的中标候选人名单；

(8) 中标结果；

(9) 未确定排名第一的中标候选人为中标人的原因；

(10) 其他需说明的问题。

(四) 重新招标

在下列情况下，招标人应当重新招标：

1. 资格预审合格的潜在投标人不足 3 个的；

2. 在投标截止时间前提交投标文件的投标人少于 3 个的；

3. 所有投标均被作废标处理或被否决的；

4. 评标委员会否决不合格投标或者界定为废标后，因有效投标不足 3 个使得投标明显缺乏竞争，评标委员会决定否决全部投标的；

5. 根据上述(三)中标中第 9 条规定，同意延长投标有效期的投标人少于 3 个的。

招标人重新招标后，发生上述(五)中情形之一的，属于按照国家规定需要政府审批的项目，报经原项目审批部门批准后可以不再进行招标；其他工程建设项目，招标人可自行决定不再进行招标。

五、处罚规定

1. 依法必须进行勘察设计招标的项目，招标人有下列情况之一的，责令改正，可以并处 1 万元以上 3 万元以下罚款；情节严重的，招标无效：

(1) 不具备招标条件而进行招标的；

(2) 应当公开招标而不公开招标的；

(3) 应当发布招标公告而不发布的;

(4) 不在指定媒介发布依法必须招标项目的招标公告的;

(5) 未经批准采用邀请招标方式的;

(6) 自招标文件或者资格预审文件出售之日起至停止出售之日止,时间少于 5 个工作日的;

(7) 自招标文件开始发出之日起至提交投标文件截止之日止,时间少于 20 日的;

(8) 非因不可抗力原因,在发布招标公告、发出投标邀请书或者发售资格预审文件或招标文件后终止招标的。

2. 以联合体形式投标的,联合体成员又以自己名义单独投标,或者参加其他联合体投同一个标的,责令改正,可以并处 1 万元以上 3 万元以下罚款。

3. 依法必须进行招标的项目的投标人以他人名义投标,利用伪造、转让、租借、无效的资质证书参加投标,或者请其他单位在自己编制的投标文件上代为签字盖章,弄虚作假,骗取中标的,中标无效。尚未构成犯罪的,处中标项目金额 5‰ 以上 10‰ 以下的罚款,对单位直接负责的主管人员和其他直接责任人员处单位罚款数额 5% 以上 10% 以下的罚款;有违法所得的,并处没收违法所得;情节严重的,取消其 1~3 内参加依法必须进行招标的项目的投标资格并予以公告,直至由工商行政管理机关吊销营业执照。

4. 招标人以抽签、摇号等不合理的条件限制或者排斥资格预审合格的潜在投标人参加投标,对潜在投标人实行歧视待遇的,强制要求投标人组成联合体共同投标的,或者限制投标人之间竞争的,责令改正,可以处 1 万元以上 5 万元以下的罚款。

5. 评标过程有下列情况之一的,评标无效,应当依法重新进行评标或者重新进行招标,可以并处 3 万元以下的罚款:

(1) 使用招标文件没有确定的评标标准和方法的;

(2) 评标标准和方法含有倾向或者排斥投标人的内容,妨碍或者限制投标人之间竞争,且影响评标结果的;

(3) 应当回避担任评标委员会成员的人参与评标的;

(4) 评标委员会的组建及人员组成不符合法定要求的;

(5) 评标委员会及其成员在评标过程中有违法行为,且影响评标结果的。

6. 下列情况属于招标人与中标人不按照招标文件和中标人的投标文件订立合同,责令改正,可以处中标项目金额 5‰ 以上 10‰ 以下的罚款:

(1) 招标人以压低勘察设计费、增加工作量、缩短勘察设计周期等作为发出中标通知书的条件;

(2) 招标人无正当理由不与中标人订立合同的;

(3) 招标人向中标人提出超出招标文件中主要合同条款的附加条件,以此作为签订合同的前提条件;

(4) 中标人无正当理由不与招标人签订合同的;

(5) 中标人向招标人提出超出其投标文件中主要条款的附加条件,以此作为签订合同的前提条件;

(6) 中标人拒不按照要求提交履约保证金的。

因不可抗力造成上述情况的,不适用此规定。

7. 对违法行为及其处罚措施未做规定的，依据《中华人民共和国招标投标法》和有关法律、行政法规的规定执行。

第三节 开发工程设计招标与投标

一、工程设计招标

建筑工程设计的招投标应遵守《建设工程质量管理条例》（中华人民共和国国务院令第 279 号）、《建设工程勘察设计管理条例》（中华人民共和国国务院令第 293 号）、《建筑工程设计招投标管理办法》（中华人民共和国建设部 82 号令）等有关规定。

（一）工程设计招标的条件

依法强制必须实行设计招标的建设项目，必须具备以下条件：

1. 具有经过审批机关审批的可行性研究报告；

2. 具有开展设计必需的、可靠的基础资料；

3. 已成立专门的招标小组或委托招标代理机构代理招标事宜。

（二）设计招标发包的工作范围

一般工程项目设计分为扩大初步设计和施工图设计两个阶段进行，对技术复杂而又缺乏经验的项目，在必要时可增加技术设计阶段。招标人可依据工程项目的具体特点决定发包的工作范围，可采用设计全过程总招标，也可选择分阶段、分单项、分专业的招标发包。

（三）设计招标的特点和方式

设计招标有其独有的特点，不同于工程项目实施阶段的其他工作委托任务的招标方式，如施工招标、材料供应招标、设备订购招标等。设计招标的承包任务是承包者通过自己的智力劳动，将项目法人对建设项目的设想转变为可实施的蓝图；而后者则是承包者按设计的明确要求，去完成规定的物质生产劳动。因此，设计招标文件对投标人所提出的要求就不那么明确具体，只是简单介绍工程项目的实施条件、应达到的技术经济指标、投资限额、进度要求等。投标人按规定分别报出工程项目的构思方案、实施计划和报价。招标单位通过开标、评标程序对各种方案进行比较选择后确定中标单位，然后由其按照自己所提出的预定方案去实施。鉴于设计任务本身的特点，设计招标一般采用设计方案竞选的方式选择承包单位。设计招标与其他招标的主要区别表现为如下几个方面：

1. 招标文件内容不同。设计招标文件中仅提出设计依据、工程项目应达到的技术指标、项目限定的工作范围、项目所在地的基本资料、要求完成的时间等内容，而无具体的工作量要求。

2. 投标书的编制要求不同。投标人的投标报价不是按规定的工程量清单填报单价后算出总价，而是首先提出设计初步方案，论述该方案的优点和实现计划，在此基础上根据设计工作量大小再进一步提出报价。

3. 开标形式不同。开标时不是由招标单位按公布各投标单位的报价高低排定标价次序，而是分别简单公布各初步设计方案的基本构思和意图，而且不排定标价次序。

4. 评标原则不同。评标时不过分追求完成设计任务的报价额高低，更多关注于所提供方案的技术先进性、可行性，所达到的技术指标、方案的合理性，以及对工程项目投资效益的影响。

法定招标工程设计招标可以采用公开招标或邀请招标。

（四）工程设计招标投标程序

1. 招标单位编制招标文件；

2. 招标人发布招标广告或发出邀请招标通知书；

3. 投标人报送投标申请书；

4. 招标人对投标人进行资格审查，也可委托招标代理机构进行审查；

5. 资格审查合格的投标人购买或领取招标文件；

6. 招标人组织投标人踏勘工程现场，解答招标文件中的疑问；

7. 投标人编制投标书；

8. 投标人按规定时间密封报送投标书，并缴投标保证金；

9. 招标人当众开标，组织评标，确定中标单位，发出中标或未中标通知书；

10. 招标人与中标人签订合同，退还未中标单位投标保证金。

（五）设计招标文件

方案竞选的设计招标文件，是指导设计单位正确投标的依据文件，既要全面介绍拟建工程项目的特点和设计要求，还应详细提出应当遵守的投标规定。

1. 招标文件的主要内容。招标文件通常由招标人或者委托招标代理机构编制，其内容应包括以下几个方面：

（1）工程名称、地址、占地面积、建筑面积等；

（2）已批准的项目建议书或者可行性研究报告；

（3）工程经济技术要求；

（4）城市规划管理部门确定的规划控制条件和用地红线图；

（5）可供参考的工程地质、水文地质、工程测量等建设场地勘察成果报告；

（6）供水、供电、供气、供热、环保、市政道路等方面的基础资料；

（7）招标文件答疑、踏勘现场的时间和地点；

（8）投标文件编制要求及评标原则；

（9）投标文件送达的截止时间；

（10）拟签订合同的主要条款，可参照《建设工程设计合同范本》（GF—2000—0209）；

（11）未中标方案的补偿办法。

2. 设计要求文件的编制。招标文件中，对项目设计提出明确要求的"设计要求"文件或"设计大纲"，是设计招标文件最重要的组成部分。"设计要求"文件内容大致包括以下几个方面：

（1）设计文件编制的依据；

（2）国家有关行政主管部门对规划方面的要求；

（3）技术经济指标要求；

（4）平面布局要求；

（5）结构形式方面的要求；

（6）结构设计方面的要求；

（7）设备设计方面的要求；

（8）特殊工程方面的要求；

（9）其他有关方面的要求，如环保、防火等。

由招标代理机构编制的设计要求文件须经过招标人的批准，如果不满足要求，应重新核查设计原则、修改设计要求文件。设计要求文件的编制，应兼顾三个方面：严格性，即文字表达应清楚不被误解；完整性，即任务要求全面不遗漏；灵活性，即要为设计单位发挥设计创造性留有充分的自由度。

（六）设计评标

由于设计招标采用方案竞选方式，每份投标书内都包含有投标单位对该工程项目设计的创造性方案设想。为了保护投标单位的知识产权，开标以后对有效的工程设计投标书，应在招投标监督机构的监督下进行保密处理后移交给评标委员会。

虽然投标书设计方案各异，需要评审的内容很多，但大致可以归纳为如下几个方面：

1. 设计方案的优劣。设计方案的评审内容主要包括：

（1）设计的指导思想是否正确；

（2）设计产品方案的先进性，是否反映了国内外同类工程项目较先进的水平；

（3）总体布置的合理性，场地利用系数是否合理；

（4）主要建筑物、构筑物的结构是否合理，造型是否美观大方，并与周围环境协调；

（5）设备选型的适用性；

（6）其他有关问题。

2. 设计进度快慢。评价投标书内的设计进度计划，看其能否满足招标人制定的项目建设总进度计划要求。尤其是某些大型复杂的工程项目，招标人为了缩短工程项目的建设周期，往往初步设计完成后就进行施工招标，在施工阶段陆续提供施工详图。此时应重点审查设计进度是否能满足施工进度要求，不应妨碍或延误施工的顺利进行。

3. 设计资历和社会信誉。没有设置资格预审程序的邀请招标，在评标时还要进行资格后审，作为对各申请投标单位的比较内容之一。

4. 报价的合理性。不仅评定总价，还要审查各分项取费的合理性。

5. 运用价值工程进行设计方案评选。

（1）运用价值工程进行设计方案评选。

同一建设项目，同一单项、单位工程，可以有不同的设计方案，从而有不同的造价，因此，可用价值工程进行方案的选择。价值工程认为，对上位功能进行分析和改善比对下位功能进行分析和改善效果好，对功能领域进行分析和改善比对单个功能进行分析和改善效果好。因此，价值工程既可用于工程项目设计方案的分析选择，也可用于单位工程设计方案的分析选择。下面以住宅为价值分析对象，说明价值工程在设计中的应用。

1）对住宅进行功能定义和评价。

现将住宅作为一种独立完整的"产品"进行定义和评价，包括：①平面布局；②采光通风（包括保温、隔热、隔声等）；③层高与层数；④牢固耐久；⑤"三防"（防火、防震和防空）设施；⑥建筑造型；⑦室内装饰（指色彩、光影、质感等）；⑧室内装修和室内设备；⑨环境设计（指日照、绿化、噪声、景观及卫生间距等方面）；⑩技术参数（包括平面系数、每户平均用地等指标）；⑪便于施工；⑫便于设计。这种定义基本上表达了住宅功能。这12种功能在住宅功能中占有不同的地位，因而需要确定相对重要系数。确定相对重要系数可用多种方法，这里采用用户、设计、施工单位三家加权评分法，把用户的意见放在首位，结合设计、施工单位的意见综合评分。三者的"权数"可分别定为 60%、30% 和 10%，如表 3-6-1 所示。

功能重要系数评分　　　　　　　　　　表 3-6-1

功能		用户评分		设计人员评分		施工人员评分		重要系数 $\varphi=\dfrac{0.6F_{\mathrm{I}}+0.3F_{\mathrm{II}}+0.1F_{\mathrm{III}}}{100}$
		得分 F_{I}	$F_{\mathrm{I}}\times0.6$	得分 F_{II}	$F_{\mathrm{II}}\times0.3$	得分 F_{III}	$F_{\mathrm{III}}\times0.1$	
适用	平面布置 F_1	40.25	24.15	31.63	9.489	35.25	3.525	0.3718
	采光通风 F_2	17.375	10.43	14.38	43.4	15.5	1.55	0.1629
	层高层数 F_3	2.875	1.725	4.25	1.275	3.875	0.388	0.0339
安全	牢固耐用 F_4	21.25	12.75	14.25	4.275	20.63	2.063	0.1909
	"三防设施" F_5	5.347	2.625	5.25	1.575	2.875	0.288	0.0449
美观	建筑造型 F_6	2.25	1.35	5.875	1.763	1.55	0.155	0.0327
	室内装修 F_7	1.75	1.05	4.5	1.35	0.975	0.098	0.025
	室内装饰 F_8	6.25	3.75	6.625	1.988	5.875	0.588	0.0633
其他	环境设计 F_9	1.15	0.69	8	2.4	5.5	0.55	0.0364
	技术参数 F_{10}	1.05	0.63	2	0.6	1.875	0.188	0.0142
	便于施工 F_{11}	0.875	0.525	1.813	1.544	4.75	0.475	0.0154
	便于设计 F_{12}	0.55	0.33	1.437	0.431	1.35	0.135	0.009
合　计		100	60	100	30	100	10	1

2) 方案优选。

根据地质条件，对一个住宅设计提供了 10 多种方案，拟选表 3-6-2 所列 5 个方案作为评价对象。

按照功能要求，采用十分制加权评分法，将 5 个方案对 12 项功能的满足程度分别评定分数。通过以上评分，得出了功能评价系数（见表 3-6-3）。然后根据价值公式，用功能评价系数去除表 3-6-2 中的成本系数，得出价值系数（见表 3-6-4），选择价值系数最大的方案为最优方案。

5 个方案的特征和造价　　　　　　　　　　表 3-6-2

方案名称	主　要　特　征	单方造价(元)	成本系数
A	7 层混合结构，层高 3m，240mm 内外砖墙，预制桩基础，半地下室储存间，外装修一般，内装饰好，室内设备较好	196	0.2342
B	7 层混合结构，层高 2.9m，240mm 外砖墙，120mm 非承重内砖墙，条形基础(地基经过真空预压处理)，外装修一般，内装修较好	149	0.1780
C	7 层混合结构，层高 3m，240mm 内外砖墙，沉管灌注桩基础，外装修一般，内装修和设备较好，半地下室储存间	185	0.2210
D	5 层混合结构，层高 3m，空心砖内外墙，满堂基础，装修及设备一般	151	0.1804
E	层高 3m，其他特征同 B	156	0.1864

说明：成本系数＝单方造价×0.001195(0.001195 是为了计算简便而确定的系数)。

5 个方案的功能满足程度评分　　　　　　　　　　　　　　　　　表 3-6-3

评价因素		方案名称	A	B	C	D	E
功能因素	重要系数 φ						
F_1	0.3716	方案满足分数 S	10	10	9	9	10
F_2	0.1629		10	9	10	10	9
F_3	0.0339		9	8	9	10	9
F_4	0.1909		10	10	10	8	10
F_5	0.0449		8	7	8	7	7
F_6	0.0327		10	8	9	7	8
F_7	0.025	方案满足分数 S	6	6	6	6	6
F_8	0.063		10	6	8	6	6
F_9	0.0364		9	8	8	8	8
F_{10}	0.0142		8	10	8	6	4
F_{11}	0.0154		8	8	7	6	4
F_{12}	0.009		6	10	6	8	10
方案总分		$\Sigma\phi_S$	9.646	9.114	9.095	8.455	9.145
功能评价系数		$0.022 \cdot \Sigma\phi_S$	0.2122	0.2005	0.2001	0.1860	0.2072

方案价值系数的计算　　　　　　　　　　　　　　　　　表 3-6-4

方案名称	功能评价系数(1)	成本系数(2)	价值系数(3)=(1)÷(2)	最　优
A	0.2122	0.2342	0.9061	
B	0.2005	0.1780	1.1264	√
C	0.2001	0.2210	0.9054	
D	0.1860	0.1804	1.031	
E	0.2012	0.1864	1.0794	

3）方案评价。

从表 3-6-4 中可以看出，价值系数最高的 B 方案为最优方案。

根据平时经验，建设条件与本工程大致相同的住宅，每平方米建筑面积造价一般为 180 元（未考虑征地费），B 方案只有 149 元，节约 31 元，可降低造价 17.2%。

在设计阶段运用价值工程控制工程造价，并不是片面地认为工程造价越低越好，而是要把工程的功能和造价两个方面综合起来进行分析。如在前例中，当得出 B 方案的单位成本 149 元为最低时，还不能断然决定它为最优方案，还应看它对 12 种功能的满足程度，即价值系数如何。如果价值系数不是最大，也不能列为最优方案。满足必要功能的费用，消除不必要功能的费用，是价值工程的要求，实际上也是工程造价控制成本的要求。

（七）设计定标

评标委员会通过评审标书和投标人的评标答辩后，在评标报告中推选出备选中标方案。招标人在定标前，还要与备选中标人进行决标前谈判。谈判的主要内容可能涉及探讨改正或补充原投标方案的可行性，以及将其他投标人的某些设计特点融于该设计方案之中可行性等有关事项。但为了保护非中标单位的权益，如果使用非中标单位的技术成果时，需首先征得他的同意后实行有偿转让。

招标人依据投标书所表明的设计方案合理，具有鲜明特色，工艺、技术水平先进，综合效益好，设计进度能够满足工程需要的原则，最终选定中标单位，并与之签订合同。对未中标单位也应依据标书设计工作量的大小，给予一定的经济补偿。

二、工程设计投标

设计单位应按照招标文件的要求参加投标。

（一）按照招标文件的要求报送投标申请书

设计单位应按招标通知规定时间报送投标申请书，同时应提供资格预审有关文件，内容包括：

1. 单位的名称、地址、负责人姓名、设计证书号码和开户银行账号；

2. 单位性质和隶属关系；

3. 单位简况，包括成立时间、近期设计的主要工程情况、技术人员的数量。

（二）按照招标文件规定的时间报送投标文件

投标文件应包括以下内容：

1. 方案设计综合说明书；

2. 方案设计内容及图纸（总体布置图、单体工程平面图、立面图、剖面图、透视渲染图）；

3. 建设工期，项目建设预期的工期；

4. 主要的施工技术要求和施工组织方案设想；

5. 工程投资估算和经济分析；

6. 设计进度和设计费报价。

投标文件应加盖设计单位及其负责人的印鉴，密封后寄送招标人。

第四节　房地产开发项目施工招投标

我国自 2003 年 1 月 1 日开始施行《房屋建筑和市政基础设施工程施工招标文件范本》（以下简称《施工招标文件范本》），其目的是为了规范房屋建筑和市政基础设施工程施工招标投标活动，保障招标人和投标人的合法权益，制订依据是《招标投标法》、《建筑法》、《合同法》以及《房屋建筑和市政基础设施工程施工招标投标管理办法》（建设部令第 89 号）等有关规定，1996 年批准发布的《建设工程施工招标文件范本》（建监［1996］577 号文）同时废止。

为了方便使用《施工招标文件范本》，中国土木工程学会建筑市场与招标投标分会还编写了《房屋建筑和市政基础设施工程施工招标文件范本应用指南》。现综述如下：

一、施工招标的范围和规模

对于建设工程施工中哪些必须进行招标，哪些可以直接发包，有关的法律、法规和部门规章中都有明确的规定。

（一）《招标投标法》的有关规定

《招标投标法》第三条规定："在中华人民共和国境内进行下列工程建设项目包括项目的勘察、设计、施工、监理以及与工程建设有关的重要设备、材料等的采购，必须进行招标：

1. 大型基础设施、公用事业等关系社会公共利益、公众安全的项目；

2. 全部或者部分使用国有资金投资或者国家融资的项目；

3. 使用国际组织或者外国政府贷款、援助资金的项目。

前款所列项目的具体范围和规模标准，由国务院发展计划部门会同国务院有关部门制订，报国务院批准。

法律或者国务院对必须进行招标的其他项目的范围有规定的，依照其规定。"

大型基础设施、公用事业等关系社会公共利益、公众安全的项目，是针对项目性质做出的规定。通常来说，所谓基础设施，是指为国民经济生产过程提供的基本条件，可分为生产性基础设施和社会性基础设施。前者指直接为国民经济生产过程提供的设施，后者指间接为国民经济生产过程提供的设施。基础设施通常包括能源、交通运输、邮电通信、水利、城市设施、环境与资源保护设施等。所谓公用事业，是指为适应生产和生活需要而提供的具有公共用途的服务，如供水、供电、供热、供气、科技、教育、文化、体育、卫生、社会福利等。

全部或部分使用国有资金投资或者国家融资的项目，是针对资金来源做出的规定。国有资金，是指国家财政性资金（包括预算内资金和预算外资金），国家机关、国有企事业单位和社会团体的自有资金及借贷资金。

使用国际基金组织或者外国政府贷款、援助资金的项目必须招标，是世界银行等国际金融组织和外国政府所普遍要求的。我国在与这些国际组织或外国政府签订的双边协议中，也对这一要求予以了认可。另外，这些贷款大多属于国家的主权债务，由政府统借统还，在性质上应视同国有资产投资。

《招标投标法》第四条规定："任何单位和个人不得将依法必须进行招标的项目化整为零或者以其他任何方式规避招标。"

所谓化整为零，即把达到法定强制招标限额的项目切割为几个小项目，每个小项目的金额均在法定招标限额以下，以此来达到逃避招标的目的。

《招标投标法》第六条规定："依法必须进行招标的项目，其招标投标活动不受地区或者部门的限制。任何单位和个人不得违法限制或者排斥本地区、本系统以外的法人或者其他组织参加投标，不得以任何方式非法干涉招标投标活动。"

（二）《工程建设项目招标范围和规模标准规定》的有关规定

国务院批准的《工程建设项目招标范围和规模标准规定》，对《招标投标法》第三条规定的1、2、3项包括的范围做了具体规定：

1. 关系社会公共利益、公众安全的基础设施项目的范围包括：

（1）煤炭、石油、天然气、电力、新能源等能源项目；

（2）铁路、公路、管道、水运、航空以及其他交通运输业等交通运输项目；

（3）邮政、电信枢纽、通信、信息网络等邮电通信项目；

（4）防洪、灌溉、排涝、引（供）水、滩涂治理、水土保持、水利枢纽等水利项目；

（5）道路、桥梁、地铁和轻轨交通、污水排放及处理、垃圾处理、地下管道、公共停车场等城市设施项目；

（6）生态环境保护项目；

（7）其他基础设施项目。

2. 关系社会公共利益、公众安全的公用事业项目的范围包括：

（1）供水、供电、供气、供热等市政工程项目；

（2）科技、教育、文化等项目；

（3）体育、旅游等项目；

（4）卫生、社会福利等项目；

（5）商品住宅，包括经济适用住房；

（6）其他公用事业项目。

3. 使用国有资金投资项目的范围包括：

（1）使用各级财政预算资金的项目；

（2）使用纳入财政管理的各种政府性专项建设基金的项目；

（3）使用国有企业、事业单位自有资金，并且国有资产投资者实际拥有控制权的项目。

4. 国家融资项目的范围包括：

（1）使用国家发行债券所筹资金的项目；

（2）使用国家对外借款或者担保所筹资金的项目；

（3）使用国家政策性贷款的项目；

（4）国家授权投资主体融资的项目；

（5）国家特许的融资项目。

5. 使用国际组织或者外国政府资金的项目的范围包括：

（1）使用世界银行、亚洲开发银行等国际组织贷款资金的项目；

（2）使用外国政府及其机构贷款资金的项目；

（3）使用国际组织或者外国政府援助资金的项目。

6. 上述 1～5 项规定范围内的各类工程建设项目，包括项目的勘察、设计、施工、监理以及与工程建设有关的重要设备、材料等的采购，达到下列标准之一的，必须进行招标：

（1）施工单项合同估算价在 200 万元人民币以上的；

（2）重要设备、材料等货物的采购，单项合同估算价在 100 万元人民币以上的；

（3）勘察、设计、监理等服务，单项合同估算价在 50 万元人民币以上的；

（4）单项合同估算价低于第 1、2、3 项规定的标准，但项目总投资额在 3000 万元人民币以上的。

7. 省、自治区、直辖市人民政府根据实际情况，可以规定本地区必须进行招标的具体范围和规模标准，但不得缩小本规定确定的必须进行招标的范围。

8. 国家发展计划委员会可以根据实际需要，会同国务院有关部门对本规定确定的必须进行招标的具体范围和规模标准进行部分调整。

（三）《工程建设项目施工招标投标办法》的有关规定

1. 国务院发展计划部门确定的国家重点建设项目和各省、自治区、直辖市人民政府确定的地方重点建设项目，以及全部使用国有资金投资或者国有资金投资占控股或者主导地位的工程建设项目，应当公开招标；有下列情形之一的，经批准可以进行邀请招标：

（1）项目技术复杂或有特殊要求，只有少量几家潜在投标人可供选择的；

（2）受自然地域环境限制的；

（3）涉及国家安全、国家秘密或者抢险救灾，适宜招标但不宜公开招标的；

（4）拟公开招标的费用与项目的价值相比，不值得的；

（5）法律、法规规定不宜公开招标的。

国家重点建设项目的邀请招标，应当经国务院发展计划部门批准；地方重点建设项目的邀请招标，应当经各省、自治区、直辖市人民政府批准。

全部使用国有资金投资或者国有资金投资占控股或者主导地位的并需要审批的工程建设项目的邀请招标，应当经项目审批部门批准，但项目审批部门只审批立项的，由有关行政监督部门批准。

2. 需要审批的工程建设项目，有下列情形之一的，由本《办法》第十一条规定的审批部门批准，可以不进行施工招标：

（1）涉及国家安全、国家秘密或者抢险救灾而不适宜招标的；

（2）属于利用扶贫资金实行以工代赈需要使用农民工的；

（3）施工主要技术采用特定的专利或者专有技术的；

（4）施工企业自建自用的工程，且该施工企业资质等级符合工程要求的；

（5）在建工程追加的附属小型工程或者主体加层工程，原中标人仍具备承包能力的；

（6）法律、行政法规规定的其他情形。

不需要审批但依法必须招标的工程建设项目，有前款规定情形之一的，可以不进行施工招标。

二、工程施工招标应当具备的条件

（一）《招标投标法》的有关规定

《招标投标法》第九条规定："招标项目按照国家有关规定需要履行项目审批手续的，应当先履行审批手续，取得批准。招标人应当有进行招标项目的相应资金或者资金来源已经落实，并应当在招标文件中如实载明。"

在招标开始前应完成的准备工作和应满足的有关条件主要有两项：一是履行审批手续，二是落实资金来源。

第一，按照国家规定履行审批手续的招标项目，应当先履行审批手续。从本法第三条规定看，强制招标的范围包括大型基础设施、公用事业项目，全部或部分使用国有资金投资、或者国家融资的项目，使用国际组织或外国政府贷款、援助资金的项目，以及法律、国务院规定必须招标的其他项目。根据现行的投融资管理体制，这些项目大多需要经过国务院、国务院有关部门或者省市有关部门的审批。只有经国务院、国务院有关部门批准后，而且建设资金或资金来源已经落实，才能进行招标。对开工条件有要求的，还必须履行开工手续。此外，对于那些不属于强制招标项目的范围，但需要政府平衡建设和生产条件的项目，或者国家限制发展的项目，或者台港澳和外商投资的项目，也要按有关规定进行审批。这些项目也需经履行审批手续并获批准后，才能进行招标。

第二，招标人应当有进行招标项目的相应资金或者资金来源已经落实，并在招标文件中如实载明。由于一些项目的建设周期比较长，中标合同的履行期限也比较长。在实际中经常发生合同正在执行过程中，由于种种原因资金无法到位，项目单位无法给施工企业或供货企业支付价款，甚至要求企业先行垫款，致使合同无法顺利履行等现象。做此规定是便于投标企业了解和掌握，作为是否投标的决策依据，所谓"具有进行招标项目的相应资金或者资金来源已经落实"，是指进行某一单项建设项目、货物或服务采购所需的资金已经到位，或者尽管资金没有到位，但来源已经落实。

（二）《工程建设项目施工招标投标办法》规定

依法必须招标的工程建设项目，应当具备下列条件才能进行施工招标：

（1）招标人已经依法成立；

（2）初步设计及概算应当履行审批手续的，已经批准；

（3）招标范围、招标方式和招标组织形式等应当履行核准手续的，已经核准；

（4）有相应资金或资金来源已经落实；

（5）有招标所需的设计图纸及技术资料。

三、施工招标投标程序

（一）工程施工招标投标程序

工程施工招标投标程序是对《中华人民共和国招标投标法》、《工程建设项目施工招标投标办法》及《房屋建筑和市政基础设施工程施工招标投标管理办法》所规定的建设工程项目以及房屋建筑和市政基础设施工程施工招标程序进行的具体细化。招标投标程序编写的原则是，凡《招标投标法》和"施工招标投标管理办法"中有规定的，均按照规定编写，其中一些具体操作细节，也是依据《招标投标法》和"施工招标投标管理办法"的原则和一些相关规定编写的。

工程施工招标投标活动主要包括下列程序：

1. 招标资格与备案；

2. 确定招标方式；

3. 发布（送）招标公告或投标邀请书；

4. 编制、发放资格预审文件和递交资格预审申请书；

5. 资格预审，确定合格的投标申请人；

6. 编制招标文件；

7. 编制工程标底（如有时）；

8. 发出招标文件；

9. 踏勘现场；

10. 答疑；

11. 编制、送达与签收投标文件；

12. 开标；

13. 组建评标委员会；

14. 评标；

15. 招标投标情况书面报告及备案；

16. 发出中标通知书；

17. 签署合同。

（二）工程施工招标投标程序流程图

工程施工招标投标流程图是工程施工招标投标程序的摘要，可以使招标人及其代理人、投标人、管理者和监督者对工程招标投标过程一目了然。

工程施工招标投标程序流程图是按招标投标程序纵向排列的，由招标人或其委托的招标代理机构按项目排列的顺序进行招标投标活动。流程图横向栏目的设置，是按招标人、投标人和监督管理部门在各程序项目中的工作及分别从事的工作内容确定的。

四、招标资格与招标备案

（一）招标资格

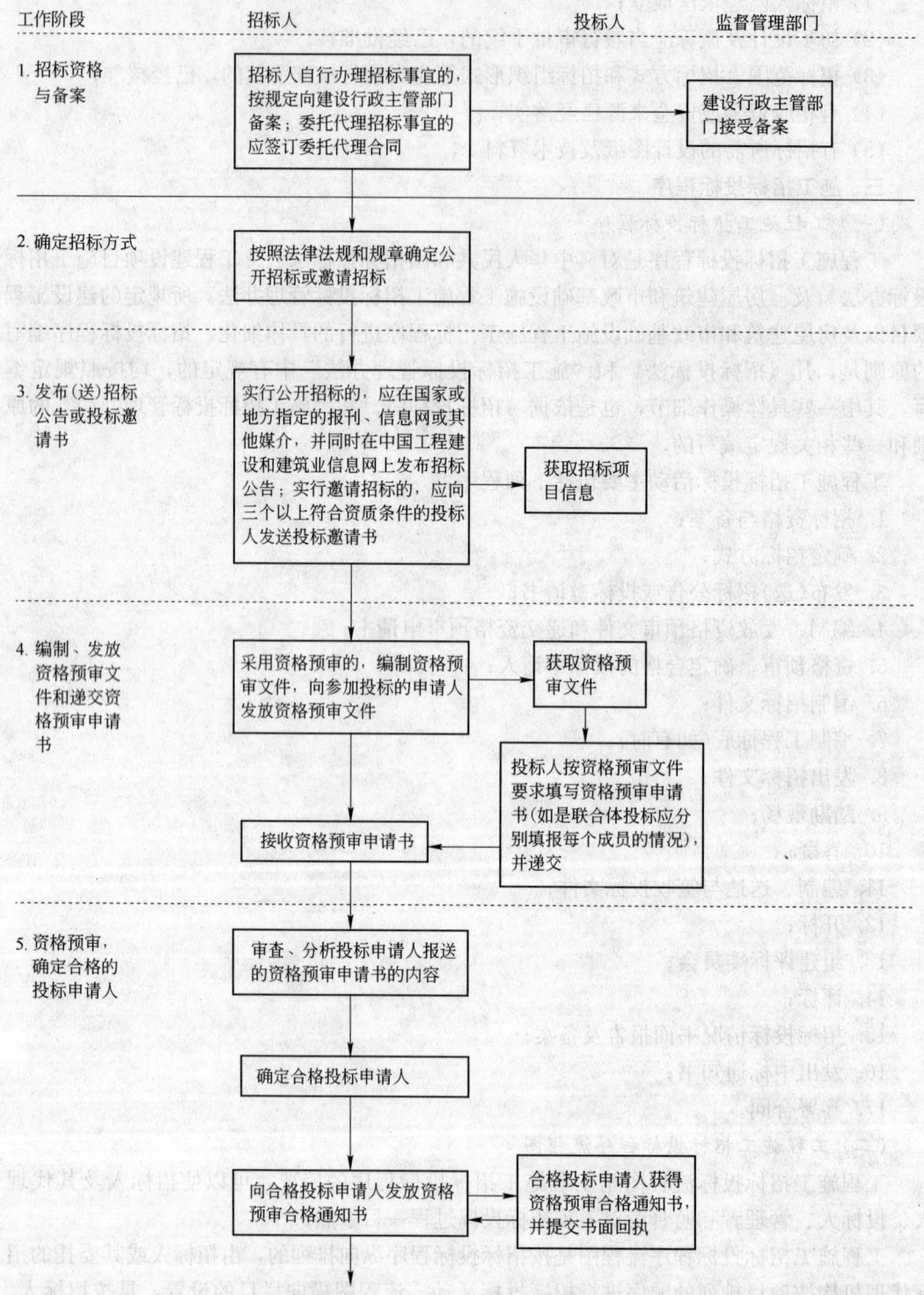

工作阶段	招标人	投标人	监督管理部门
1. 招标资格与备案	招标人自行办理招标事宜的，按规定向建设行政主管部门备案；委托代理招标事宜的应签订委托代理合同		建设行政主管部门接受备案
2. 确定招标方式	按照法律法规和规章确定公开招标或邀请招标		
3. 发布(送)招标公告或投标邀请书	实行公开招标的，应在国家或地方指定的报刊、信息网或其他媒介，并同时在中国工程建设和建筑业信息网上发布招标公告；实行邀请招标的，应向三个以上符合资质条件的投标人发送投标邀请书	获取招标项目信息	
4. 编制、发放资格预审文件和递交资格预审申请书	采用资格预审的，编制资格预审文件，向参加投标的申请人发放资格预审文件 / 接收资格预审申请书	获取资格预审文件 / 投标人按资格预审文件要求填写资格预审申请书(如是联合体投标应分别填报每个成员的情况)，并递交	
5. 资格预审，确定合格的投标申请人	审查、分析投标申请人报送的资格预审申请书的内容 / 确定合格投标申请人 / 向合格投标申请人发放资格预审合格通知书	合格投标申请人获得资格预审合格通知书，并提交书面回执	

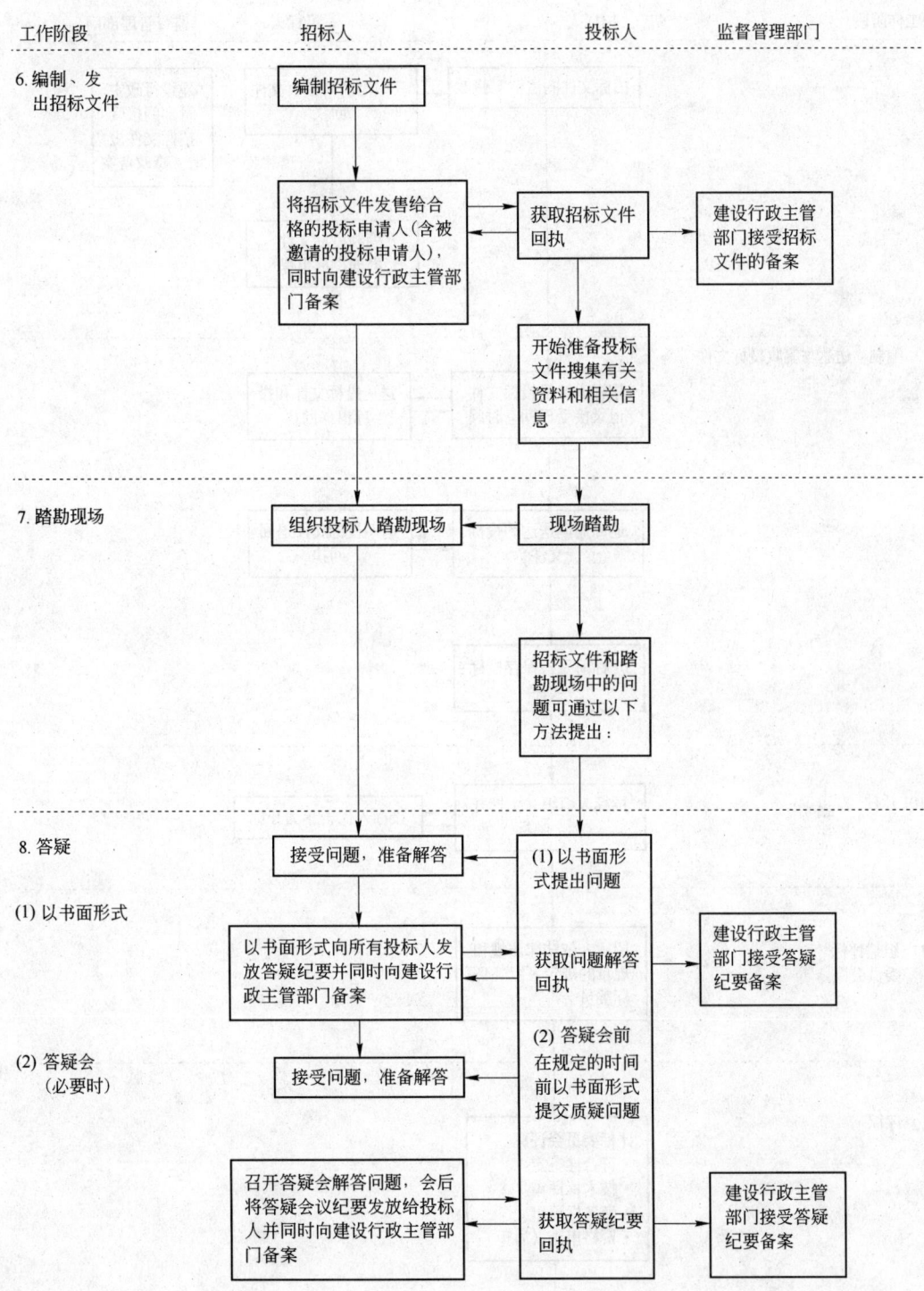

工作阶段   招标人   投标人   监督管理部门

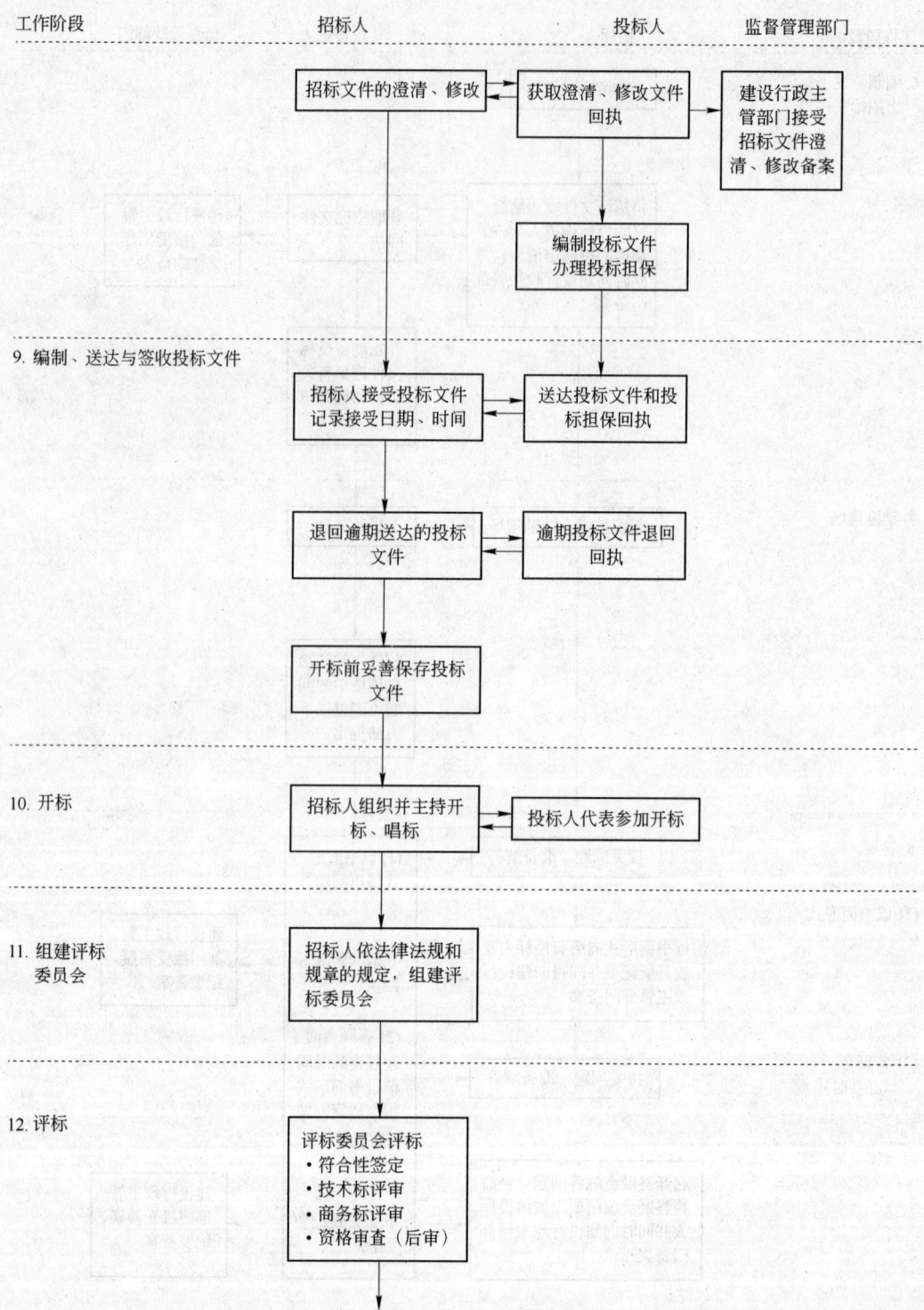

9. 编制、送达与签收投标文件

10. 开标

11. 组建评标
    委员会

12. 评标

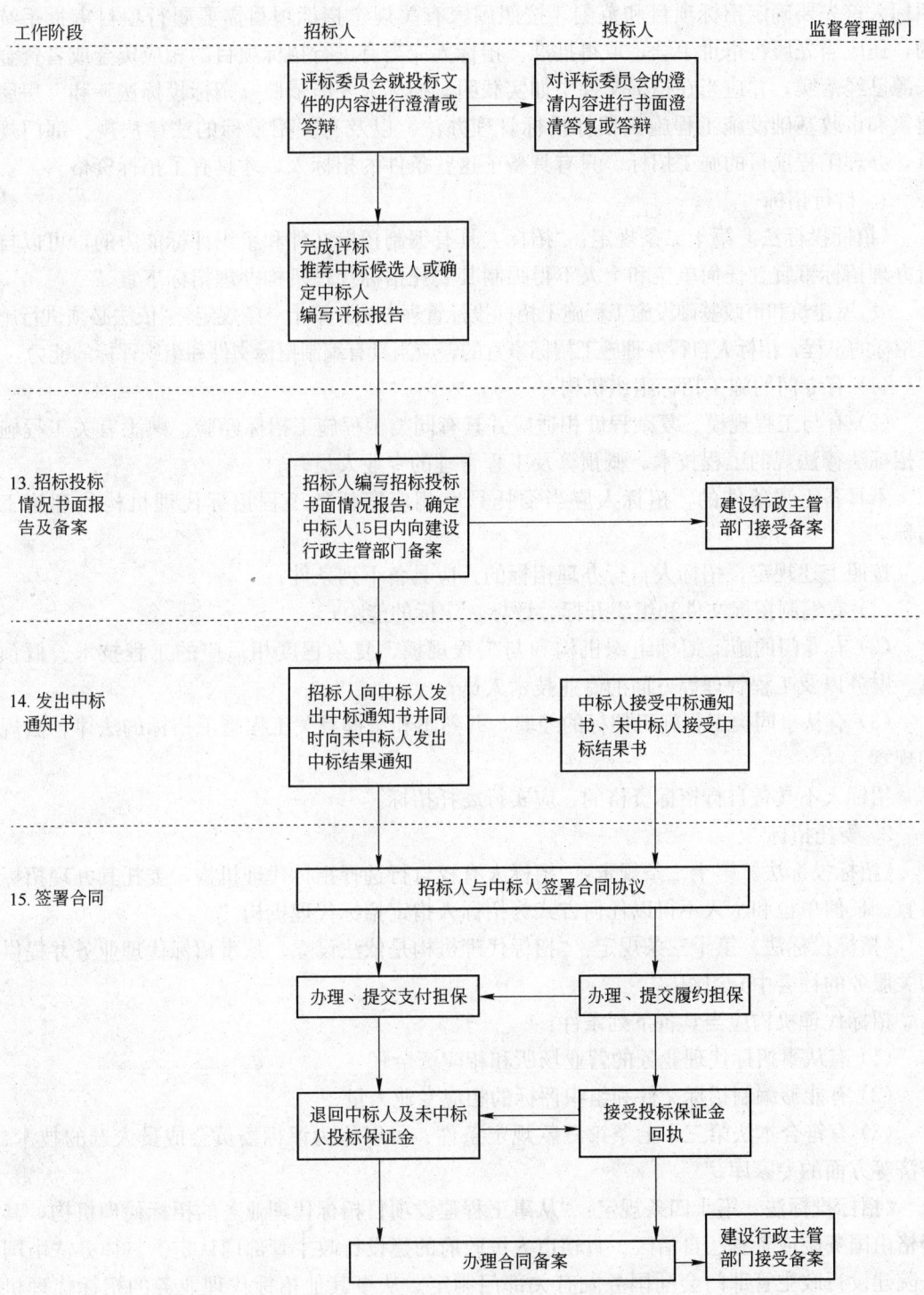

图 3-6-1 施工招标投标程序流程图

招标人应是依照《招标投标法》规定提出招标项目、进行招标的法人或者其他组织。招标人首先要确定招标项目和范围,按照国家有关规定招标项目需要履行项目审批手续的,还应当先履行审批手续,取得批准。招标人应当有进行招标项目的相应资金或者资金来源已经落实,并应当在招标文件中如实载明。招标人才能依照《招标投标法》和《房屋建筑和市政基础设施工程施工招标投标管理办法》以及有关招投标的法律法规、部门规章,办理工程项目的施工招标。只有具备了这些条件的招标人,才具有了招标资格。

1. 自行招标

《招标投标法》第十二条规定:"招标人具有编制招标文件和组织评标能力的,可以自行办理招标事宜。任何单位和个人不得强制其委托招标代理机构办理招标事宜。"

《房屋建筑和市政基础设施工程施工招标投标管理办法》第十一条规定:"依法必须进行施工招标的工程,招标人自行办理施工招标事宜的,应当具有编制招标文件和组织评标的能力:

(1) 有专门的施工招标组织机构;

(2) 有与工程规模、复杂程度相适应并具有同类工程施工招标经验、熟悉有关工程施工招标法律法规的工程技术、概预算及工程管理的专业人员。

不具备上述条件的,招标人应当委托具有相应资格的工程招标代理机构代理施工招标。"

按照上述规定,招标人自行办理招标的,应具备下列条件:

(1) 有编制招标文件和组织开标、评标、定标的能力;

(2) 有专门的施工招标组织机构和与工程规模、复杂程度相适应的工程技术、概预算、财务以及工程管理等方面的专业技术人员;

(3) 有从事同类工程施工招标的经验,并熟悉和掌握有关工程施工招标的法律、法规和规章。

招标人不具备自行招标资格的,应实行委托招标。

2. 委托招标

《招标投标法》第十二条规定:"招标人有权自行选择招标代理机构,委托其办理招标事宜。任何单位和个人不得以任何方式为招标人指定招标代理机构。"

《招标投标法》第十三条规定:"招标代理机构是依法设立、从事招标代理业务并提供相关服务的社会中介组织。

招标代理机构应当具备下列条件:

(1) 有从事招标代理业务的营业场所和相应资金;

(2) 有能够编制招标文件和组织评标的相应专业力量;

(3) 有符合本法第三十七条第三款规定条件、可以作为评标委员会成员人选的技术、经济等方面的专家库。"

《招标投标法》第十四条规定:"从事工程建设项目招标代理业务的招标代理机构,其资格由国务院或者省、自治区、直辖市人民政府的建设行政主管部门认定。具体办法由国务院建设行政主管部门会同国务院有关部门制定。从事其他招标代理业务的招标代理机构,其资格认定的主管部门由国务院规定。招标代理机构与行政机关和其他国家机关不得存在隶属关系或者其他利益关系。"

根据上述规定,招标人不具备自行招标条件的,应委托经建设行政主管部门批准的具有相应资质的工程招标代理机构办理招标事宜。具备自行招标条件的，也可以委托工程招标代理机构招标。

招标人委托工程招标代理机构招标的，招标人与工程招标代理机构需签订"工程招标代理委托合同"。

招标代理机构应当在招标人委托的范围内办理招标事宜，并遵守《招标投标法》关于招标人的规定。

（二）招标备案

1. 招标备案的有关规定

《招标投标法》第十二条规定："依法必须进行招标的项目，招标人自行办理招标事宜的，应当向有关行政监督部门备案。"

《房屋建筑和市政基础设施工程施工招标投标管理办法》第十二条规定："招标人自行办理施工招标事宜的，应当在发布招标公告或者发出投标邀请书的 5 日前，向工程所在地县级以上地方人民政府建设行政主管部门备案，并报送下列材料：

（1）按照国家有关规定办理审批手续的各项批准文件；

（2）本办法第十一条所列条件的证明材料，包括专业技术人员的名单、职称证书或者执业资格证书及其工作经历的证明材料；

（3）法律、法规、规章规定的其他材料。

招标人不具备自行办理施工招标事宜条件的，建设行政主管部门应当自收到备案材料之日起 5 日内责令招标人停止自行办理施工招标事宜。"

2. 招标备案的材料

根据上述规定，招标人自行办理招标事宜的，应当在发布招标公告或发出投标邀请书 5 日前，向工程所在地县级以上地方人民政府建设行政主管部门备案，并报送下列材料：

（1）国家有关规定办理审批手续的各项批准文件；

（2）专门的施工招标组织机构和与工程规模、复杂程度相适应并具有同类工程施工招标经验、熟悉有关工程施工招标法律法规的工程技术、概预算及工程管理的专业人员的证明材料，包括专业技术人员的名单、职称证书或者执业资格证书及其工作经历的证明材料；

（3）法律、法规、规章规定的其他材料。

如某省建设行政主管部门规定，在招标备案时应报送下列资料：

（1）建设工程项目的年度投资计划和工程项目报建备案登记表；

（2）建设工程施工招标备案登记表；

（3）项目法人单位的法人资格证书和授权委托书；

（4）招标公告或投标邀请书；

（5）招标单位有关工程技术、概预算、财务以及工程管理等方面专业技术人员名单、职称证书或执业资格证书及其主要工作经历的证明材料；

（6）如委托工程招标代理机构招标，委托方和代理方签订的"工程招标代理委托合同"。建设行政主管部门自收到备案材料之日起 5 个工作日内没有提出异议，招标人可发布招标公告或发出邀请书。如招标人不具备自行办理施工招标事宜条件的，建设行政主管部门应当自收到备案材料之日 5 日内，责令招标人停止自行办理招标事宜。

3. 招标备案登记表格式（仅供参考）

房屋建筑和市政基础设施工程施工招标备案登记表

施招备登字第（   ）第（   ）号

工 程 名 称：_____

招标人名称：_____（盖章）

××××× 印制

房屋建筑和市政基础设施工程施工招标备案登记表

工程报建编码		工程名称	
建设地点		招标规模	
结构类型及层数 市政工程规模		资金来源	
总投资额	万元	当年投资额	万元
招标方式		要求投标申请人资质等级	
设计招标备案号		监理招标备案号	
计划开工日期	年　月　日	计划竣工日期	年　月　日
招标范围			

招标前期准备情况	施工现场情况	水		电		路	
		场地情况					
	招标人供应的 主要材料或设备						

招标单位 主要技术 经济专业人员	姓　名	职　务	职　称	从事专业年限	负责招标具 体工作内容	联系电话

续表

	附：专业技术人员的职称证书、职业资格证书和有关工作经历的证明材料
工程招标代理 机构(如果有)	(公章)　　负责人：(签字、盖章) 　　　　　年　　月　　日
招　标　人	(公章)　　法定代表人：(签字、盖章) 　　　　　年　　月　　日
招标人上 级主管部门	(公章)　　负责人：(签字、盖章) 　　　　　年　　月　　日
建设行政 主管部门	(备案章)　　经办人：(签字、盖章) 　　　　　年　　月　　日
备　　注	

五、工程施工招标实务

（一）招标公告

招　标　公　告

（采用资格预审方式）

招标工程项目编号：＿＿＿＿＿＿＿＿

1.（招标人名称）的（招标工程项目名称），已由（项目批准机关名称）批准建设。现决定对该项目的工程施工进行公开招标，选定承包人。

2. 本次招标工程项目的概况如下：

2.1 （说明招标工程项目的性质、规模、结构类型、招标范围、标段及资金来源和落实情况等）；

2.2 工程建设地点为＿＿＿＿＿＿＿＿＿＿；

2.3 计划开工日期为＿＿＿＿年＿＿＿＿月＿＿＿＿日，计划竣工日期为＿＿＿＿年＿＿＿＿月＿＿＿＿日，工期＿＿＿＿日历天；

2.4 工程质量要求符合（《工程施工质量验收规范》）标准。

3. 凡具备承担招标工程项目的能力并具备规定的资格条件的施工企业，均可对上述（一个或多个）招标工程项目（标段）向招标人提出资格预审申请，只有资格预审合格的投标申请人才能参加投标。

4. 投标申请人须是具备建设行政主管部门核发的（建筑业企业资质类别、资质等级）级及以上资质的法人或其他组织。自愿组成联合体的各方均应具备承担招标工程项目的相应资质条件；相同专业的施工企业组成的联合体，按照资质等级低的施工企业的业务许可范围承揽工程。

5. 投标申请人可从（地点和单位名称）处获取资格预审文件，时间为＿＿＿＿＿年

_____月_____日至_____年_____月_____日,每天上午_____时_____分至_____时_____分,下午_____时_____分至_____时_____分(公休日、节假日除外)。

6. 资格预审文件每套售价为(币种,金额,单位),售后不退。如需邮购,可以书面形式通知招标人,并另加邮费每套(币种,金额,单位)。招标人在收到邮购款后_____日内,以快递方式向投标申请人寄送资格预审文件。

7. 资格预审申请书封面上应清楚地注明"(招标工程项目名称和标段名称)投标申请人资格预审申请书"字样。

8. 资格预审申请书须密封后,于_____年_____月_____日_____时_____分以前送至_____处,逾期送达的或不符合规定的资格预审申请书将被拒绝。

9. 资格预审结果将及时告知投标申请人,并预计于_____年_____月_____日发出资格预审合格通知书。

10. 凡资格预审合格的投标申请人,请按照资格预审合格通知书中确定的时间、地点和方式获取招标文件及有关资料。

招 标 人:_____

办公地址:_____

邮政编码:_____联系电话:_____

传　　真:_____联 系 人:_____

招标代理机构:_____

办公地址:_____

邮政编码:_____联系电话:_____

传　　真:_____联 系 人:_____

日期_____年_____月_____日

招 标 公 告
(采用资格后审方式)

招标工程项目编号:_____

1. (招标人名称)的(招标工程项目名称),已由(项目批准机关名称)批准建设。现决定对该项目的工程施工进行公开招标,选定承包人。

2. 本次招标工程项目的概况如下:

(1)(说明招标工程项目的性质、规模、结构类型、招标范围、标段及资金来源和落实情况等);

(2)工程建设地点为_____;

(3)计划开工日期为_____年_____月_____日,计划竣工日期为_____年_____月_____日,工期_____日历天;

(4)工程质量要求符合(《工程施工质量验收规范》)标准。

3. 凡具备承担招标工程项目的能力并具备规定的资格条件的施工企业,均可参加上述(一个或多个)招标工程项目(标段)的投标。

4. 投标申请人须是具备建设行政主管部门核发的(建筑业企业资质类别、资质等级)

级及以上资质的法人或其他组织。自愿组成联合体的各方均应具备承担招标工程项目的相应资质条件；相同专业的施工企业组成的联合体，按照资质等级低的施工企业的业务许可范围承揽工程。

5. 本工程对投标申请人的资格审查采用资格后审方式，主要资格审查标准和内容详见招标文件中的资格审查文件，只有资格审查合格的投标申请人才有可能被授予合同。

6. 投标申请人可从(地点和单位名称)处获取招标文件、资格审查文件和相关资料，时间为_____年_____月_____日至_____年_____月_____日，每天上午_____时_____分至_____时_____分，下午_____时_____分至_____时_____分(公休日、节假日除外)。

7. 招标文件每套售价为(币种，金额，单位)，售后不退。投标人需交纳图纸押金人民币(币种，金额，单位)，当投标人退还全部图纸时，该押金将同时退还给投标人(不计利息)。本公告第6条所述的资料如需邮寄，可以书面形式通知招标人，并另加邮费每套(币种，金额，单位)。招标人在收到邮购款后_____日内，以快递方式向投标申请人寄送上述资料。

8. 投标申请人在提交投标文件时，应按照有关规定提供不少于投标总价的_____%或(币种，金额，单位)的投标保证金。

9. 投标文件提交的截止时间为_____年_____月_____日_____时_____分，提交到(地点和单位名称)。逾期送达的投标文件将被拒绝。

10. 招标工程项目的开标将于上述投标截止的同一时间在(开标地点)公开进行，投标人的法定代表人或其委托代理人应准时参加。

招标人：_____

办公地址：_____

邮政编码：_____联系电话：_____

传　真：_____联系人：_____

招标代理机构：_____

办公地址：_____

邮政编码：_____联系电话：_____

传　真：_____联系人：_____

日期_____年_____月_____日

(二) 投标邀请书

投 标 邀 请 书

(采用资格预审方式)

招标工程项目编号：_____

致：(投标人名称)

1. (招标人名称)的(招标工程项目名称)，已由(项目批准机关名称)批准建设。现决定对该项目的工程施工进行邀请招标，选定承包人。

2. 本次招标工程项目的概况如下：

(1)(说明招标工程项目的性质、规模、结构类型、招标范围、标段及资金来源和落实情况等)；

(2) 工程建设地点为＿＿＿＿＿＿＿＿＿＿；

(3) 计划开工日期为＿＿＿＿年＿＿＿＿月＿＿＿＿日，计划竣工日期为＿＿＿＿年＿＿＿＿月＿＿＿＿日，工期＿＿＿＿日历天；

(4) 工程质量要求符合(《工程施工质量验收规范》)标准。

3. 如你方对本工程上述(一个或多个)招标工程项目(标段)感兴趣，可向招标人提出资格预审申请，只有资格预审合格的投标申请人才有可能被邀请参加投标。

4. 请你方从(地点和单位名称)处获取资格预审文件，时间为＿＿＿＿年＿＿＿＿月＿＿＿＿日至＿＿＿＿年＿＿＿＿月＿＿＿＿日，每天上午＿＿＿＿时＿＿＿＿分至＿＿＿＿时＿＿＿＿分，下午＿＿＿＿时＿＿＿＿分至＿＿＿＿时＿＿＿＿分(公休日、节假日除外)。

5. 资格预审文件每套售价为(币种，金额，单位)，售后不退。如需邮购，可以书面形式通知招标人，并另加邮费每套(币种，金额，单位)。招标人在收到邮购款后＿＿＿＿日内，以快递方式向投标申请人寄送资格预审文件。

6. 资格预审申请书封面上应清楚地注明"(招标工程项目名称和标段名称)投标申请人资格预审申请书"字样。

7. 资格预审申请书须密封后，于＿＿＿＿年＿＿＿＿月＿＿＿＿日＿＿＿＿时分以前送至(地点和单位名称)，逾期送达的或不符合规定的资格预审申请书将被拒绝。

8. 资格预审结果将及时告知投标申请人，并预计于＿＿＿＿年＿＿＿＿月＿＿＿＿日发出资格预审合格通知书。

9. 凡资格预审合格并被邀请参加投标的投标申请人，请按照资格预审合格通知书中确定的时间、地点和方式获取招标文件及有关资料。

招 标 人：＿＿＿＿＿＿＿＿＿＿＿＿＿

办公地址：＿＿＿＿＿＿＿＿＿＿＿＿＿

邮政编码：＿＿＿＿＿＿联系电话：＿＿＿＿＿＿

传　　真：＿＿＿＿＿＿联 系 人：＿＿＿＿＿＿

招标代理机构：＿＿＿＿＿＿＿＿＿＿＿

办公地址：＿＿＿＿＿＿＿＿＿＿＿＿＿

邮政编码：＿＿＿＿＿＿联系电话：＿＿＿＿＿＿

传　　真：＿＿＿＿＿＿联 系 人：＿＿＿＿＿＿

日期＿＿＿＿年＿＿＿＿月＿＿＿＿日

投 标 邀 请 书

(采用资格后审方式)

招标工程项目编号：

致：(投标邀请人名称)

1. (招标人名称)的(招标工程项目名称)，已由(项目批准机关名称)批准建设。现决定对该项目的工程施工进行邀请招标，选定承包人。

2. 本次招标工程项目的概况如下：

2.1 (说明招标工程项目的性质、规模、结构类型、招标范围、标段及资金来源和落实情况等）；

2.2 工程建设地点为_____；

2.3 计划开工日期为_____年_____月_____日，计划竣工日期为_____年_____月_____日，工期_____日历天；

2.4 工程质量要求符合（《工程施工质量验收规范》）标准。

3. 本工程对投标申请人的资格审查采用资格后审方式，主要资格审查标准和内容详见招标文件中的资格审查文件，只有资格审查合格的投标申请人才有可能被授予合同。

4. 如你方对本工程上述(一个或多个)招标工程项目(标段)感兴趣，请从(地点和单位名称)一处购买招标文件、资格审查文件和相关资料。时间为_____年_____月_____日至_____年_____月_____日，每天上午_____时_____分至_____时_____分，下午_____时_____分至_____时_____分(公休日、节假日除外)。

5. 招标文件每套售价为(币种，金额，单位)，售后不退。投标人还需交纳图纸押金(币种，金额，单位)，当投标人退还图纸时，该押金将同时退还给投标人(不计利息)。第4条所述的资料如需邮购，可以书面形式通知招标人，并另加邮费每套(币种，金额，单位)。招标人在收到邮购款后_____日内，以快递方式向投标申请人寄送上述资料。

6. 投标申请人在提交投标文件时，应按照有关规定提交不少于投标总价的_____%或(币种，金额，单位)元的投标保证金。

7. 投标文件提交的截止时间为_____年_____月_____日_____时_____分，提交到(地点和单位名称)。逾期送达的或不符合规定的投标文件将被拒绝。

8. 本招标工程项目的开标会将于上述投标截止时间的同一时间在(开标地点)公开进行，投标人的法定代表人或其委托代理人应准时参加开标会议。

招标人：_____

办公地址：_____

邮政编码：_____联系电话：_____

传　真：_____联系人：_____

招标代理机构：_____

办公地址：_____

邮政编码：_____联系电话：_____

传　真：_____联系人：_____

日期_____年_____月_____日

（三）投标申请人资格预审文件

_____工程施工招标

投标申请人资格预审须知

项目编号：_____

项目名称：_____

招 标 人：_____（盖章）

法定代表人或其委托代理人：（签字或盖章）

招标代理机构：_____（盖章）

法定代表人或其委托代理人：（签字或盖章）

日期：_____年_____月_____日

1. 总则

(1) 鉴于(招标人名称)作为拟建(工程项目名称)的招标人,已按照有关法律、法规、规章等规定完成了工程施工招标前的所有批准、登记、备案等手续,已具备工程施工招标的条件,且已有用于该招标项目的相应资金或资金来源已经落实。

(2) 招标人将对本工程投标申请人进行资格预审。投标申请人可对本次招标的工程项目中的(一个或多个)标段提出资格预审申请。

(3) 关于本工程项目的基本情况以及招标人提供的设施和服务等将在附件3中说明。

(4) 投标申请人如需分包,应详细提供分包理由和分包内容以及分包商的相关资料,如分包理由不充分或分包内容不适当,将可能导致其不能通过资格预审。

2. 资格预审申请

(5) 资格预审将面向具备建设行政主管部门核发的(建筑业企业资质类别)(资质等级)级及以上资质和具备承担招标工程项目能力的施工企业或联合体。

(6) 投标申请人应向招标人提供充分和有效的证明材料,证明其具备第(5)条规定的资质条件。所有证明材料须如实填写、提供。

(7) 投标申请人须回答资格预审申请书及附表中提出的全部问题,任何缺项将可能导致其申请被拒绝。

(8) 投标申请人须提交与资格预审有关的资料,并及时提供对所提交资料的澄清或补充材料,否则将可能导致其不能通过资格预审。

(9) 按资格预审要求所提供的所有资料均应使用(语言文字)。

(10) 如果投标申请人申请一个以上的标段,投标申请人应在资格预审申请书中指明申请的标段,并单独为申请的每个标段分别提供关键人员和主要设备的相关资料(按附表9和附表10的要求)。

(11) 申请书应由投标申请人的法定代表人或其授权委托代理人签字。没有签字的申请书将可能被拒绝。由委托代理人签字的,资格预审申请书中应附有法定代表人的授权书。

3. 资格预审评审标准

(12) 对投标申请人资格的预审,将依据投标申请人提交的资格预审申请书和附表,以及本须知附件1约定的必要合格条件标准和附件2约定的附加合格条件标准。

(13) 招标人将依据投标申请人的合同工程营业额(收人、净资产)和在建工程的未完部分合同金额,对投标申请人作出财务能力评价,以保证投标申请人有足够的财务能力完成该投标项目的施工任务。

(14) 招标人将确定每个投标申请人参与本招标工程项目投标的合格性,只有在各方面均达到本须知中要求申请人须满足的全部必要合格条件标准(附件1)和至少_____%的附加合格条件标准(附件2)时,才能通过资格预审。

4. 联合体

(15) 由两个或两个以上的施工企业组成的联合体,按下列要求提交投标申请人资格预审申请书:

1) 联合体的每一成员均须提交符合要求的全套资格预审文件;

2) 资格预审申请书中应保证资格预审合格后,投标申请人将按招标文件的要求提交投标文件,投标文件和中标后与招标人签订的合同,须有联合体各方的法定代表人或其授权委托代理人签字和加盖法人印章；除非在资格预审申请书中已附有相应的文件，在提交投标文件时应附联合体共同投标协议，该协议应约定联合体的共同责任和联合体各方各自的责任；

3）资格预审申请书中均须包括联合体各方计划承担的份额和责任的说明。联合体各方须具备足够的经验和能力来承担各自的工程；

4）资格预审申请书中应约定一方作为联合体的主办人，投标申请人与招标人之间的往来信函将通过主办人传递。

（16）联合体各方均应具备承担本招标工程项目的相应资质条件。相同专业的施工企业组成的联合体，按照资质等级低的施工企业的业务许可范围承揽工程。

（17）如果达不到本须知对联合体的要求，其提交的资格预审申请书将被拒绝。

（18）联合体各方可以单独参加资格预审，也可以联合体的名义统一参加资格预审，但不允许任何一个联合体成员就本工程独立投标，任何违反这一规定的投标文件将被拒绝。

（19）如果施工企业能够独立通过资格预审，鼓励施工企业独立参加资格预审；由两个或两个以上的资格预审合格的企业组成的联合体，将被视为资格预审当然合格的投标申请人。

（20）资格预审合格后，联合体在组成等方面的任何变化，须在投标截止时间前征得招标人的书面同意。如果招标人认为联合体的任何变化将出现下列情况之一的，其变化将不被允许：

1）严重影响联合体的整体竞争实力的；

2）有未通过或未参加资格预审的新成员的；

3）联合体的资格条件已达不到资格预审的合格标准的；

4）招标人认为将影响招标工程项目利益的其他情况。

（21）以联合体名义通过资格预审的成员，不得另行加入其他联合体就本工程进行投标；在资格预审申请书提交截止时间前重新组成的联合体，如提出资格预审申请，招标人应视具体情况决定其是否被接受。

（22）以合格的分包人身份分包本工程某一具体项目为基础参加资格预审并获通过的施工企业，在改变其所列明的分包人身份或分包工程范围前，须获得招标人的书面批准，否则，其资格预审结果将自动失效。

（23）投标申请人须以书面形式对上述招标人的要求作出相应的保证和理解。

5. 利益冲突

（24）近三年内直至目前，投标申请人应：

1）未曾与本项目的招标代理机构有任何的隶属关系；

2）未曾参与过本项目的技术规范、资格预审或招标文件的编制工作；

3）与将承担本招标工程项目监理业务的单位没有任何隶属关系。

6. 申请书的提交

（25）投标申请人的资格预审申请书及有关资料须经密封后于_____年_____月_____日_____时_____分前送达(地点和单位名称)处，迟到的申请书将被拒绝。

（26）投标申请人应提交资格预审申请书正本一份，副本_____份。

（27）资格预审申请书封面上应清楚地注明投标申请人的名称及通信地址。

(28) 投标申请人在提交资格预审申请书的同时，应交验下列证书、资料的原件或经公证的复印件_____份：

1) 投标申请人的法人营业执照；

2) 投标申请人的_____资质证书。

(29) 资格预审申请书不予退还(证书原件除外)。招标人对投标申请人所提交的资格预审申请书给予保密。

7. 资格预审申请书材料的更新

(30) 在提交投标文件时，投标申请人须对资格预审申请书中的主要内容进行更新，以证明其仍满足资格预审评审标准，如果已经不能达到资格标准，其投标将被拒绝。

8. 通知与确认

(31) 只有资格预审合格的投标申请人才能参加本招标工程项目的投标。每个合格的投标申请人只能参与一个或多个标段的一次性投标。如果该投标申请人同时以独立投标申请人身份和联合体成员的身份参与同一项目的投标，则包括该投标申请人的所有投标均将被拒绝。本规定不适用于多个投标申请人共同选定同一专业分包人的情况。

(32) 招标人保留下列权利：

1) 修改招标工程项目的规模及总金额。前述情况发生时，投标申请人只有达到修改后的资格预审条件要求且资格预审合格，才能参与该工程的投标；

2) 接受符合资格预审合格条件的申请；

3) 拒绝不符合资格预审合格条件的申请。

(33) 在资格预审文件提交截止时间后_____天内，招标人将以书面形式通知投标申请人其资格预审结果，并向资格预审合格的投标申请人发出资格预审合格通知书。

(34) 投标申请人接到资格预审合格通知书后即获得参加本招标工程项目投标的资格。如果资格预审合格的投标申请人数量过多时，招标人将按有关规定从中选出_____个投标申请人参与投标。

(35) 投标申请人应在收到资格预审合格通知书后以书面形式予以确认。

9. 附件

(36)《资格预审必要合格条件标准》。由招标人确定具体的标准，随投标申请人资格预审须知同时发布，以便每个投标申请人都能了解资格预审的必要合格条件标准。

(37)《资格预审附加合格条件标准》。由招标人根据工程的实际情况确定具体附加合格条件的项目和合格条件的内容，随投标申请人资格预审须知同时发布，以便每个投标申请人都能了解资格预审附加合格条件标准。招标人可就下列方面设立附加合格条件：

1) 对本招标工程项目所需的特别措施或工艺的专长；

2) 专业工程施工资质；

3) 环境保护要求；

4) 同类工程施工经历；

5) 项目经理资格要求；

6) 安全文明施工要求等。

(38)《招标工程项目概况》。由招标人进行逐项详细描述，随投标申请人资格预审须知同时发布。

附件 1

资格预审必要合格条件标准

序　号	项目内容	合　格　条　件	投标申请人具备的条件或说明
1	有效营业执照		
2	资质等级证书	＿＿＿＿工程施工＿＿＿＿承包 ＿＿＿＿级以上或同等资质等级	
3	财务状况	开户银行资信证明和符合要求的财务报表，＿＿＿＿级资信评估证书	
4	流动资金	有合同总价＿＿＿＿％以上的流动资金可投入本工程	
5	固定资产	不少于(币种，金额，单位)	
6	净资产总值	不小于在建工程未完合同额与本工程合同总价之和的＿＿＿＿％	
7	履约情况	有无因投标申请人违约或不恰当履约引起的合同中止、纠纷、争议、仲裁和诉讼记录	
8	分包情况	符合《中华人民共和国建筑法》和《中华人民共和国招标投标法》的规定	
9			
10			
11			
12			

附件 2

资格预审附加合格条件标准

序　号	附加合格条件项目	附加合格条件内容	投标申请人具备的条件或说明

附件 3

<h1 style="text-align:center">招标工程项目概况</h1>

一、项目概况

1. 项目位置
2. 地质与地貌
3. 气候与水文
4. 交通、电力供应与其他服务

二、工程描述

1. 综述
2. 土建工程
3. 安装工程
4. 标段划分
5. 建设工期
6. 设计标准、规范简介（附主要技术指标表）
7. 各标段主要工程数量（列出初步工程量清单）

_____工程施工招标

投标申请人资格预审申请书

项目编号：_____

项目名称：_____

招 标 人：_____（盖章）

法定代表人或其委托代理人：(签字或盖章)

招标代理机构：_____（盖章）

法定代表人或其委托代理人：(签字或盖章)

日期：_____年_____月_____日

1. 资格预审申请书

致：＿＿＿＿（招标人名称）＿＿＿＿

（1）经授权作为代表，并以〔投标申请人名称〕（以下简称"投标申请人"）的名义，在充分理解《投标申请人资格预审须知》的基础上，本申请书签字人在此以（招标工程项目名称）下列标段投标申请人的身份，向你方提出资格预审申请：

项　目　名　称	标　段　号

（2）本申请书附有下列内容的正本文件的复印件：

1）投标申请人的法人营业执照；

2）投标申请人的（施工资质等级）证书。

（3）按资格预审文件的要求，你方授权代表可调查、审核我方提交的与本申请书相关的声明、文件和资料，并通过我方的开户银行和客户，澄清本申请书中有关财务和技术方面的问题。本申请书还将授权给有关的任何个人或机构及其授权代表，按你方的要求，提供必要的相关资料，以核实本申请书中提交的或与本申请人的资金来源、经验和能力有关的声明和资料。

（4）你方授权代表可通过下列人员得到进一步的资料：

一般质询和管理方面的质询	
联系人1：	电话：
联系人2：	电话：

有关人员方面的质询	
联系人1：	电话：
联系人2：	电话：

有关技术方面的质询	
联系人1：	电话：
联系人2：	电话：

有关财务方面的质询	
联系人1：	电话：
联系人2：	电话：

（5）本申请充分理解下列情况：

1）资格预审合格的申请人的投标，须以投标时提供的资格预审申请书主要内容的更新为准；

2）你方保留更改本招标项目的规模和金额的权利。前述情况发生时，投标仅面向资格预审合格且能满足变更后要求的投标申请人。

(6) 如为联合体投标,随本申请,我们提供联合体各方的详细情况,包括资金投入(及其他资源投入)和盈利(亏损)协议。我们还将说明各方在每个合同价中以百分比形式表示的财务方面以及合同履行方面的责任。

(7) 我们确认如果我方投标,则我方的投标文件和与之相应的合同将:

1) 得到签署,从而使联合体各方共同地和分别地受到法律约束;

2) 随同提交一份联合体协议,该协议将规定,如果我方被授予合同,联合体各方共同的和分别的责任。

(8) 下述签字人在此声明,本申请书中所提交的声明和资料在各方面都是完整、真实和准确的:

签名:	签名:
姓名:	姓名:
兹代表(申请人或联合体主办人)	兹代表(联合体成员 1)
申请人或联合体主办人盖章	联合体成员 1 盖章
签字日期:	签字日期:

签名:	签名:
姓名:	姓名:
兹代表(联合体成员 2)	兹代表(联合体成员 3)
联合体成员 2 盖章	联合体成员 3 盖章
签字日期:	签字日期:

　　注:1. 联合体的资格预审申请,联合体各方应分别提交本申请书第 2 条要求的文件。

　　2. 联合体各方应按本申请书第 4 条的规定分别单独具表提供相关资料。

　　3. 非联合体的申请人无须填写本申请书第 6、7 条以及第 8 条有关部分。

　　4. 联合体的主办人必须明确,联合体各方均应在资格预审申请书上签字并加盖公章。

2. 资格预审申请书附表

附表 1

投标申请人一般情况

1	企业名称	
2	总部地址	
3	当地代表地址	
4	电话	联系人
5	传真	电子邮箱
6	注册地	注册年份(请附营业执照复印件)

7	公司资质等级证书号(请附有证书的复印件)	
8	公司(是否通过，何种)质量保证体系认证(如通过请附相关证书复印件，并提供认证机构年审监督报告)	
9	主营范围 1. _____ 2. _____ 3. _____ 4. _____ … …	
10	作为总承包人经历年数	
11	作为分包商经历年数	
12	其他需要说明的情况	

注：1. 独立投标申请人或联合体各方均须填写此表。

　　2. 申请人拟分包部分工程，专业分包人或劳务分包人也须填写此表。

　　附表2

近三年工程营业额数据表

投标申请人或联合体成员名称：_____

近三年工程营业额		
财务年度	营业额(单位)	备　注
第一年(应明确公元纪年)		
第二年(应明确公元纪年)		
第三年(应明确公元纪年)		

注：1. 内容将通过投标申请人提供的财务报表进行审核。

　　2. 所填的年营业额为投标申请人(或联合体各方)每年从各招标人那里得到的已完工程施工收入总额。

　　3. 所有独立投标申请人或联合体各成员均须填写此表。

　　附表3

近三年已完工程及目前在建工程一览表

投标申请人或联合体成员名称：_____

序　号	工程名称	监理(咨询)单位	合同金额(万元)	竣工质量标准	竣工日期
1					
2					
3					
4					
5					
…					

续表

序　号	工程名称	监理(咨询)单位	合同金额(万元)	竣工质量标准	竣工日期

注：1. 对于已完工的工程，投标申请人或每个联合体成员都应提供受到的中标通知书或双方签订的承包合同或已签发的最终竣工证书。

　　2. 申请人应列出近三年所有已完工程情况(包括总承包工程和分包工程)，如有隐瞒，一经查实将导致其投标申请被拒绝。

　　3. 在建工程投标申请人必须附上工程的合同协议书复印件，不填"竣工质量标准"和"竣工日期"两栏。

附表 4

财 务 状 况 表

一、开户银行情况

开户银行	名称：		
	地址：		
	电话：	联系人及职务：	
	传真：	电传：	

二、近三年每年的资产负债情况

财务状况(单位)	近三年(应分别明确公元纪年)		
	第一年	第二年	第三年
1. 总资产			
2. 流动资产			
3. 总负责			
4. 流动负责			
5. 税前利润			
6. 税后利润			

注：投标申请人请附最近三年经过审计的财务报表，包括资产负债表、损益表和现金流量表。

三、为达到本项目现金流量需要提出的信贷计划(投标申请人在其他合同上投入的资金不在此范围内)

信 贷 来 源	信贷金额(单位)
1	
2	
3	
4	

注：投标申请人或每个联合体成员都应提供财务资料，以证明其已达到资格预审的要求。每个投标申请人或联合体成员都要填写此表。

附表 5

联 合 体 情 况

成员身份	
1. 主办人	
2. 成员	
3. 成员	
4. 成员	
5. 成员	
6. 成员	
...	

注：附表 5 后须附联合体共同投标协议，如果投标申请人认为该协议不能接受，则该投标申请人不能通过资格
　　预审。

附表 6

类 似 工 程 经 验

投标申请人或联合体成员名称：＿＿＿＿＿＿＿＿＿＿＿

1	合同号	
	合同名称	
	工程地址	
2	发包人名称	
3	发包人地址（请详细说明发包人联系电话及联系人）	
4	与投标申请人所申请的合同相类似的工程性质和特点： （请详细说明所承担的工程合同内容，如长度、宽度、桩基工程、基层/底基层工程、土方、石方、地下挖方、混凝土浇筑的年完成量等）	
5	合同身份（注明其中之一） □独立承包人　　□分包人　　□联合体成员	
6	合同总价	
7	合同授予时间	
8	完工时间	
9	合同工期	
10	其他要求（如施工经验、技术措施、安全措施）	

注：1. 类似现场条件下的施工经验要求申请人填写已完或在建类似工程施工经验。

　　2. 每个类似工程合同须单独具表，并附中标通知书或合同协议书或工程竣工验收证明，无相关证明的工程在
　　　　评审时将不予确认。

附表7

公司人员及拟派往本招标工程项目的人员情况

投标申请人或联合体成员名称：_____

1. 公司人员

数　　量 ＼ 人员类别	管理人员	工　　人		其　　他
		总　　数	其中技术工人	
总数				
拟为本工程提供的人员总数				

2. 拟派往本招标工程项目的管理人员和技术人员

数量 ＼ 经历 人员类别	从事本专业工作时间		
	10 年以上	5 年至 10 年	5 年以下
管理人员（如下所列）			
项目经理			
……			
技术人员（如下所列）			
质检人员			
道路人员			
桥涵人员			
试验人员			
机械人员			
……			

注：表内列举的管理人员、技术人员可随项目的类型的不同而变化。

附表8

拟派往本招标工程项目负责人与主要技术人员

投标申请人或联合体成员名称：_____

	职位名称	
1	主要候选人姓名	
	替补候选人姓名	
	职位名称	
2	主要候选人姓名	
	替补候选人姓名	

续表

3	职位名称	
	主要候选人姓名	
	替补候选人姓名	
4	职位名称	
	主要候选人姓名	
	替补候选人姓名	

注：1. 拟派往本工程的主要技术人员应包括项目技术负责人，相关专业工程师，预算、合同管理人员，质量、安全管理人员，计划统计人员等。

　　2. 对拟派往本工程的项目负责人与主要技术人员，投标申请人应提供至少_____个能满足规定要求的候选人。

附表 9

拟派往本招标工程项目负责人与项目技术负责人简历

投标申请人或联合体成员名称：_____

职位			候选人 □主要　　□替补	
候选人资料	候选人姓名		出生年月 年　　月	
	执业或职业资格			
	学历		职称	
	职务		工作年限	
自		至	公司/项目/职务/有关技术及管理经验	
年　　月		年　　月		
年　　月		年　　月		
年　　月		年　　月		
年　　月		年　　月		
年　　月		年　　月		

注：1. 提供主要候选人的专业经验，特别须注明其在技术及管理方面与本工程相类似的特殊经验。

　　2. 投标申请人须提供拟派往本招标工程的项目负责人与项目技术负责的候选人的技术职称或等级证书复印件。

附表 10

拟派往本招标工程项目的主要施工设备情况

投标申请人或联合体成员名称：_____

设备名称		
设备资料	1. 制造商名称	2. 型号及额定功率
	3. 生产能力	4. 制造年代
目前状况	5. 目前位置	
	6. 目前及未来工程拟参与情况详述	

续表

来 源	7. 注明设备来源 □自有 □购买 □租赁 □专门生产	
所 有 者	8. 所有者名称	
	9. 所有者地址	
	电话	联系人及职务
	传真	电传
协 议	特为本项目所签的购买/租赁/制造协议详述	

注：1. 投标申请人应就其提供的每一项设备分别单独具表，且应就关键设备出具所有权证明或租赁协议或购买协议，没有上述证明材料的设备在评审时将不予考虑。

2. 若设备为投标申请人或联合体成员自有，则无需填写所有者、协议二栏。

附表 11

现场组织机构情况

A. 现场组织机构框图

B. 现场组织机构框图文字详述

C. 总部与现场管理部门之间的关系详述

（注：明确赋予现场管理部门以何种权限与职责）

附表 12

拟分包企业情况

(工程项目名称)工程

名 称	
地 址	
拟分包工程	
分包理由	

近三年已完成的类似工程

工程名称	地 点	总包单位	分包范围	履约情况

注：每个拟分包企业应分别填写本表。

附表 13

其 他 资 料

1. 近三年的已完和目前在建工程合同履行过程中，投标申请人所介入的诉讼或仲裁情况。请分别说明事件年限、发包人名称、诉讼原因、纠纷事件、纠纷所涉及金额，以及最终裁判是否有利于投标申请人。

2. 近三年中所有发包人对投标申请人所施工的类似工程的评价意见。

3. 与资格预审申请书评审有关的其他资料。

投标申请人不应在其资格预审申请书中附有宣传性材料，这些材料在资格评审时将不予考虑。

注：

1. 如有必要，以上各表可另加附页，如果表的内容超出了一页的范围，在每个表的每一页的右上角要清楚注明：表1，第1页；表1，第2页等等。

2. 附表的附件应清楚注明：表1，附件1；表1，附件2等等。

3. 投标申请人应使用不褪色的蓝、黑墨水填写或按同样的要求打印表格，并按表格要求内容提供资料。

4. 凡表格中涉及金额处，均以_____为单位。

投标申请人资格预审合格通知书

致：(预审合格的投标申请人名称)

鉴于你方参加了我方组织的招标工程项目编号为_____的(招标工程项目名称)工程施工投标资格预审，经我方审定，资格预审合格。现通知你方作为资格预审合格的投标人就上述工程施工进行密封投标，并将其他有关事宜告知如下：

1. 凭本通知书于_____年_____月_____日至_____年_____月_____日，每天上午_____时_____分至_____时_____分，下午_____时_____分至_____时_____分(公休日、节假日除外)到(地址和单位名称)购买招标文件，招标文件每套售价为(币种，金额，单位)，无论是否中标，该费用不予退还。另需交纳图纸押金(币种，金额，单位)，当投标人退回图纸时，该押金将同时退还给投标人(不计利息)。上述资料如需邮寄，可以书面形式通知招标人，并另加邮费每套(币种，金额，单位)。招标人在收到邮购款_____日内，以快递方式向投标人寄送上述资料。

2. 收到本通知书后_____日内，请以书面形式予以确认。如果你方不准备参加本次投标，请于_____年_____月_____日前通知我方。

招 标 人：_____

办公地址：_____

邮政编码：_____联系电话：_____

传　　真：_____联系人：_____

招标代理机构：_____

办公地址：_____

邮政编码：_____联系电话：_____

传　　真：_____联系人：_____

日期_____年_____月_____日

(四)招标文件

1. 投标须知前附表

项　号	条款号	内　容	说 明 与 要 求
1	1.1	工程名称	
2	1.1	建设地点	

续表

项　号	条款号	内　容	说明与要求
3	1.1	建设规模	
4	1.1	承包方式	
5	1.1	质量标准	
6	2.1	招标范围	
7	2.2	工期要求	_____年_____月_____日计划开工，_____年_____月_____日计划竣工，施工总日期：_____日历天
8	3.1	资金来源	
9	4.1	投标人资质等级要求	
10	4.2	资格审查方式	
11	13.1	工程报价方式	
12	15.1	投标有效期	为：_____日历天（从投标截止之日算起）
13	16.1	投标担保金额	不少于投标总价的_____%或(币种，金额，单位)
14	5.1	踏勘现场	集合时间：_____年_____月_____日_____时_____分 集合地点：_____
15	17.1	投标人的替代方案	
16	18.1	投标文件份数	一份正本，_____份副本
17	21.1	投标文件提交地点及截至时间	收件人：_____地点：_____ 时间：_____年_____月_____日_____时_____分
18	25.1	开标	开标时间：_____年_____月_____日_____时_____分 地点：_____
19	33.4	评标方法及标准	
20	38.4	履约担保金额	投标人提供的履约担保金额为（合同价款的_____%或(币种，金额，单位)） 招标人提供的支付担保金额为（合同价款的_____%或(币种，金额，单位)）

注：招标人根据需要填写"说明与要求"的具体内容，对相应的栏竖向可根据需要扩展。

2. 投标须知

总　　则

（1）工程说明

1）本招标工程项目说明详见本须知前附表第 1 项～第 5 项；

2) 本招标工程项目按照《中华人民共和国招标投标法》等有关法律、行政法规和部门规章，通过招标方式选定承包人。

（2）招标范围及工期

1) 本招标工程项目的范围详见本须知前附表第 6 项。

2) 本招标工程项目的工期要求详见本须知前附表第 7 项。

（3）资金来源

本招标工程项目资金来源详见投标须知前附表第 8 项，其中部分资金用于本工程项目施工合同项下的合格支付。

（4）合格的投标人

1) 投标人资质等级要求详见本须知前附表第 9 项。

2) 投标人合格条件详见本招标工程施工招标公告或投标邀请书。

3) 本招标工程项目采用本须知前附表第 10 项所述的资格审查方式确定合格投标人。

4) 当采用资格后审方式时，投标人在提交的投标文件中须包括资格后审资料。

5) 由两个以上的施工企业组成一个联合体以一个投标人身份共同投标时，除符合第 4.1.4.2 款的要求外，还应符合下列要求：

① 投标人的投标文件及中标后签署的合同协议书对联合体各方均具法律约束力；

② 联合体各方应签订共同投标协议，明确约定各方拟承担的工作和责任，并将该共同投标协议随投标文件一并提交招标人；

③ 联合体各方不得再以自己的名义单独投标，也不得同时参加两个或两个以上的联合体投标，出现上述情况者，其投标和与此有关的联合体的投标将被拒绝；

④ 联合体中标后，联合体各方应当共同与招标人签订合同，为履行合同向招标人承担连带责任；

⑤ 联合体的各方应共同推荐一名联合体主办人，由联合体各方提交一份授权书，证明其主办人资格，该授权书作为投标文件的组成部分一并提交招标人；

⑥ 联合体的主办人应被授权作为联合体各方的代表，承担责任和接受指令，并负责整个合同的全面履行和接受本工程款的支付；

⑦ 除非另有规定或说明，本须知中"投标人"一词亦指联合体各方。

（5）踏勘现场

1) 招标人将按本须知前附表第 14 项所述时间，组织投标人对工程现场及周围环境进行踏勘，以便投标人获取有关编制投标文件和签署合同所涉及现场的资料。投标人承担踏勘现场所发生的自身费用。

2) 招标人向投标人提供的有关现场的数据和资料，是招标人现有的能被投标人利用的资料，招标人对投标人做出的任何推论、理解和结论均不负责任。

3) 经招标人允许，投标人可为踏勘目的进入招标人的项目现场，但投标人不得因此使招标人承担有关的责任和蒙受损失。投标人应承担踏勘现场的责任和风险。

（6）投标费用

投标人应承担其参加本招标活动自身所发生的费用。

3. 招标文件

(1) 招标文件的组成

1) 招标文件包括下列内容:

第一章　投标须知及投标须知前附表

第二章　合同条款

第三章　合同文件格式

第四章　工程建设标准

第五章　图纸

第六章　工程量清单(如有时)

第七章　投标文件投标函部分格式

第八章　投标文件商务部分格式

第九章　投标文件技术部分格式

第十章　资格审查申请书格式(用于资格后审)

2) 除1)内容外,招标人在提交投标文件截止时间_____日前,以书面形式发出的对招标文件的澄清或修改内容,均为招标文件的组成部分,对招标人和投标人起约束作用。

3) 投标人获取招标文件后,应仔细检查招标文件的所有内容,如有残缺等问题应在获得招标文件3日内向招标人提出,否则,由此引起的损失由投标人自己承担。投标人同时应认真审阅招标文件中所有的事项、格式、条款和规范要求等,若投标人的投标文件没有按招标文件要求提交全部资料,或投标文件没有对招标文件做出实质性响应,其风险由投标人自行承担,并根据有关条款规定,该投标有可能被拒绝。

4) 当投标人退回图纸时,图纸押金将同时退还给投标人(不计利息)。

(2) 招标文件的澄清

投标人若对招标文件有任何疑问,应于投标截止日期前_____日以书面形式向招标人提出澄清要求,送至(地点和单位名称)。无论是招标人根据需要主动对招标文件进行必要的澄清,或是根据投标人的要求对招标文件做出澄清,招标人都将于投标截止时间_____日前以书面形式予以澄清,同时将书面澄清文件向所有投标人发送。投标人在收到该澄清文件后应于_____日内,以书面形式给予确认,该答复作为招标文件的组成部分,具有约束作用。

(3) 招标文件的修改

1) 招标文件发出后,在提交投标文件截止时间_____日前,招标人可对招标文件进行必要的澄清或修改。

2) 招标文件的修改将以书面形式发送给所有投标人,投标人应于收到该修改文件后_____日内以书面形式给予确认。招标文件的修改内容作为招标文件的组成部分,具有约束作用。

3) 招标文件的澄清、修改、补充等内容均以书面形式明确的内容为准。当招标文件、招标文件的澄清、修改、补充等在同一内容的表述上不一致时,以最后发出的书面文件为准。

4. **投标文件的编制**

(1) 投标文件的语言及度量衡单位

1) 投标文件和与投标有关的所有文件均应使用(语言文字)。

2) 除工程规范另有规定外,投标文件使用的度量衡单位,均采用中华人民共和国法定计量单位。

(2) 投标文件的组成

1) 投标文件由投标函部分、商务部分和技术部分三部分组成，采用资格后审的还应包括资格审查文件。

2) 投标函部分主要包括下列内容：

① 法定代表人身份证明书；

② 投标文件签署授权委托书；

③ 投标函；

④ 投标函附录；

⑤ 投标担保银行保函；

⑥ 投标担保书；

⑦ 招标文件要求投标人提交的其他投标资料。

3) 商务部分主要包括下列内容：

① 采用综合单价形式的：

• 投标报价说明；

• 投标报价汇总表；

• 主要材料清单报价表；

• 设备清单报价表；

• 工程量清单报价表；

• 措施项目报价表；

• 其他项目报价表；

• 工程量清单项目价格计算表；

• 投标报价需要的其他资料。

② 采用工料单价形式的：

• 投标报价的要求；

• 投标报价汇总表；

• 主要材料清单报价表；

• 设备清单报价表；

• 分部工程工料价格计算表；

• 分部工程费用计算表；

• 投标报价需要的其他资料。

4) 技术部分主要包括下列内容：

① 施工组织设计或施工方案

• 各分部分项工程的主要施工方法；

• 工程投入的主要施工机械设备情况、主要施工机械进场计划；

• 劳动力安排计划；

• 确保工程质量的技术组织措施；

• 确保安全生产的技术组织措施；

• 确保文明施工的技术组织措施；

- 确保工期的技术组织措施；
- 施工总平面图；
- 有必要说明的其他内容。

② 项目管理机构配备

- 项目管理机构配备情况表；
- 项目经理简历表；
- 项目技术负责人简历表；
- 其他辅助说明资料；
- 拟分包项目名称和分包人情况。

5）资格预审更新资料或资格审查申请书（如系资格后审）

资格审查申请书包括：

- 投标人一般情况；
- 年营业额数据表；
- 近二三年竣工的工程一览表；
- 目前在建工程一览表；
- 近三年财务状况表；
- 联合体状况表；
- 类似工程经验；
- 现场条件类似的施工经验；
- 招标人要求提交的其他资料。

（3）投标文件格式

投标文件包括本须知第（11）条中规定的内容，投标人提交的投标文件应当使用招标文件所提供的投标文件全部格式（表格可以按同样格式扩展）。

（4）投标报价

1）本工程的投标报价采用本须知投标须知前附表第 11 项所规定的方式。

2）投标报价为投标人在投标文件中提出的各项支付金额的总和。

3）投标人的投标报价，应是完成本须知第（2）条和合同条款上所列招标工程范围及工期的全部，不得以任何理由予以重复，作为投标人计算单价或总价的依据。

4）采用综合单价报价的，除非招标人对招标文件予以修改，投标人应按招标人提供的工程量清单中列出的工程项目和工程量填报单价和合价。每一项目只允许有一个报价。任何有选择的报价将不予以接受。投标人未填单价或合价的工程项目，在实施后，招标人将不予以支付，并视为该项费用已包括在其他有价款的单价或合价内。

5）采用工料单价报价的，应按招标文件的要求，依据相应的工程量计算规则和定额等计价依据计算报价。

6）本招标工程的施工地点为本须知前附表第 2 项所述，除非合同中另有规定，投标人在报价中所报的单价和合价，以及投标报价汇总表中的价格均包括完成该工程项目的成本、利润、税金、开办费、技术措施费、大型机械进出场费、风险费、政策性文件规定费用等所有费用。

7）投标人可先到工地踏勘以充分了解工地位置、情况、道路、储存空间、装卸限制及任何其他足以影响承包价的情况，任何因忽视或误解工地情况而导致的索赔或工期延长申请将不被批准。

（5）投标货币

本工程投标报价采用的币种为_____。

（6）投标有效期

1）投标有效期见本须知前附表第12项所规定的期限，在此期限内，凡符合本招标文件要求的投标文件均保持有效。

2）在特殊情况下，招标人在原定投标有效期内，可以根据需要以书面形式向投标人提出延长投标有效期的要求，对此要求投标人须以书面形式予以答复。投标人可以拒绝招标人这种要求，而不被没收投标保证金。同意延长投标有效期的投标人既不能要求也不允许修改其投标文件，但需要相应的延长投标担保的有效期，在延长的投标有效期内，本须知第16条关于投标担保的退还与没收的规定仍然适用。

（7）投标担保

1）投标人应在提交投标文件的同时，按有关规定提交本须知前附表第13项所规定数额的投标担保，并作为其投标文件的一部分。

2）投标人应按要求提交投标担保，并采用下列任何一种形式：

① 投标保函应为在中国境内注册并经招标人认可的银行出具的银行保函，或具有担保资格和能力的担保机构出具的担保书。银行保函的格式，应按照担保银行提供的格式提供；担保书的格式，应按照招标文件中所附格式提供；银行保函或担保书的有效期应在投标有效期满后28天内继续有效。

② 投标保证金

- 银行汇票；
- 支票；
- 现金。

3）对于未能按要求提交投标担保的投标人，招标人将视为不响应招标文件而予以拒绝。

4）未中标的投标人的投标担保将按照本须知第(15)条招标人规定的投标有效期或经投标人同意延长的投标有效期期满后_____日内予以退还（不计利息）。

5）中标人的投标担保，在中标人按本须知第(36)条规定签订合同并按本须知第(37)条规定提交履约担保后3日内予以退还（不计利息）。

6）如投标人发生下列情况之一时，投标担保将被没收：

① 投标人拒绝按本须知第(32)条规定修正标价；

② 中标人未能在规定期限内提交履约担保或签订合同协议。

（8）投标人的替代方案

1）投标人所提交的投标文件应满足招标文件的要求，除非本须知前附表第15项中允许投标人提交替代方案，否则替代方案将不予考虑。如果允许投标人提交替代方案，则执行本须知第(17)条第2)款的规定。

2）如果本投标须知前附表第15项中允许投标人提交替代方案，则投标人除提交正式投标文件外，还应按照招标文件要求提交替代方案。替代方案应包括设计计算书、技术规范、单价分析表、替代方案报价书、所建议的施工方案等满足评审需要的全部资料。

(9) 投标文件的份数和签署

1) 投标人应按本须知前附表第16项规定的份数提交投标文件。

2) 投标文件的正本和副本均需打印或使用不褪色的蓝、黑墨水笔书写，字迹应清晰易于辨认，并应在投标文件封面的右上角清楚地注明"正本"或"副本"。正本和副本如有不一致之处，以正本为准。

3) 投标文件封面、投标函均应加盖投标人印章并经法定代表人或其委托代理人签字或盖章。由委托代理人签字或盖章的投标文件中须同时提交投标文件签署授权委托书。投标文件签署授权委托书格式、签字、盖章及内容均应符合要求，否则投标文件签署授权委托书无效。

4) 除投标人对错误处须修改外，全套投标文件应无涂改或行间插字和增删。如有修改，修改处应由投标人加盖投标人的印章或由投标文件签字人签字或盖章。

5. **投标文件的提交**

(1) 投标文件的装订、密封和标记

1) 投标文件的装订要求_____。

2) 投标人应将所有投标文件的正本和所有副本分别密封，并在密封袋上清楚地标明"正本"或"副本"。

3) 在内层和外层投标文件密封袋上均应有以下内容：

① 写明招标人名称和地址；

② 注明下列识别标志：

• 招标工程项目编号；

• 工程名称；

• _____年_____月_____日_____时_____分开标，此时间以前不得开封。

4) 除了按本须知第(19)条2)款和第(19)条3)款所要求的识别字样外，在内层投标文件密封袋上还应写明投标人的名称与地址、邮政编码，以便本须知第(22)条规定情况发生时，招标人可按内层密封袋上标明的投标人地址将投标文件原封退回。

5) 如果投标文件没有按本投标须知第(19)条1)款、第(19)条2)款和第(19)条3)款规定装订和加写标记及密封，招标人将不承担投标文件提前开封的责任。对由此造成的提前开封的投标文件将予以拒绝，并退还给投标人。

6) 所有投标文件的内层密封袋的封口处应加盖投标人印章，所有投标文件的外层密封袋的封口处应加盖密封章。

(2) 投标文件的提交

投标人应按本须知前附表第17项所规定的地点，于截止时间前提交投标文件。

(3) 投标文件提交的截止时间

1) 投标文件的截止时间见本须知前附表第17项规定。

2) 招标人可按本须知第(9)条规定以修改补充通知的方式，酌情延长提交投标文件的截止时间。在此情况下，投标人的所有权利和义务以及投标人受制约的截止时间，均以延长后新的投标截止时间为准。

3) 到投标截止时间止，招标人收到的投标文件少于3个的，招标人将依法重新组织招标。

（4）迟交的投标文件

招标人在本须知第(21)条规定的投标截止时间以后收到的投标文件，将被拒绝并退回给投标人。

（5）投标文件的补充、修改与撤回

1）投标人在提交投标文件以后，在规定的投标截止时间之前，可以以书面形式补充、修改或撤回已提交的投标文件，并以书面形式通知招标人。补充、修改的内容为投标文件的组成部分。

2）投标人对投标文件的补充、修改，应按本须知第19条有关规定密封、标记和提交，并在内外层投标文件密封袋上清楚标明"补充、修改"或"撤回"字样。

3）在投标截止时间之后，投标人不得补充、修改投标文件。

（6）资格预审申请书材料的更新

投标人在提交投标文件时，如资格预审申请书中的内容发生重大变化，投标人须对其更新，以证明其仍能满足资格预审评审标准，并且所提供的材料是经过确认的。如果在评标时投标人已经不能达到资格评审标准，其投标将被拒绝。

6. 开标

（1）开标

1）招标人按本须知前附表第18项所规定的时间和地点公开开标，并邀请所有投标人参加。

2）规定提交合格的撤回通知的投标文件不予开封，并退回给投标人；按本须知第(26)条规定确定为无效的投标文件，不予送交评审。

3）开标程序：

① 开标由招标人主持；

② 由投标人或其推选的代表检查投标文件的密封情况，也可以由招标人委托的公证机构检查并公证；

③ 经确认无误后，由有关工作人员当众拆封，宣读投标人名称、投标价格和投标文件的其他主要内容。

4）招标人在招标文件要求提交投标文件的截止时间前收到的投标文件，开标时都应当众予以拆封、宣读。

5）招标人对开标过程进行记录，并存档备查。

（2）投标文件的有效性

1）开标时，投标文件出现下列情形之一的，应当作为无效投标文件，不得进入评标：

① 投标文件未按照本须知第(19)条的要求装订、密封和标记的；

② 本须知第(11)条规定的投标文件有关内容未按本须知第(18)条3)款规定加盖投标人印章或未经法定代表人或其委托代理人签字或盖章的，由委托代理人签字或盖章的，但未随投标文件一起提交有效的"授权委托书"原件的；

③ 投标文件的关键内容字迹模糊、无法辨认的；

④ 投标人未按照招标文件的要求提供投标保证金或者投标保函的；

⑤ 组成联合体投标的，投标文件未附联合体各方共同投标协议的。

2) 招标人将有效投标文件,送评标委员会进行评审、比较。

7. 评标

(1) 评标委员会与评标

1) 评标委员会由招标人依法组建,负责评标活动。

2) 开标结束后,开始评标,评标采用保密方式进行。

(2) 评标过程的保密

1) 开标后,直至授予中标人合同为止,凡属于对投标文件的审查、澄清、评价和比较有关的资料以及中标候选人的推荐情况,与评标有关的其他任何情况均严格保密。

2) 在投标文件的评审和比较、中标候选人推荐以及授予合同的过程中,投标人向招标人和评标委员会施加影响的任何行为,都将会导致其投标被拒绝。

3) 中标人确定后,招标人不对未中标人就评标过程以及未能中标原因作出任何解释。未中标人不得向评标委员会组成人员或其他有关人员索问评标过程的情况和材料。

(3) 资格后审(如采用时)

据招标公告或投标邀请书的要求采取资格后审的,在评标前对投标人进行资格审查,审查其是否有能力和条件有效地履行合同义务。如投标人未达到招标文件规定的能力和条件,其投标将被拒绝,不进行评审。

(4) 投标文件的澄清

为有助于投标文件的审查、评价和比较,评标委员会可以以书面形式要求投标人对投标文件含义不明确的内容作必要的澄清或说明,投标人应采用书面形式进行澄清或说明,但不得超出投标文件的范围或改变投标文件的实质性内容。根据本须知第(32)条规定,凡属于评标委员会在评标中发现的计算错误并进行核实的修改不在此列。

(5) 投标文件的初步评审

1) 开标后,经招标人审查符合本须知第(26)条有关规定的投标文件,才能提交评标委员会进行评审。

2) 评标时,评标委员会将首先评定每份投标文件是否在实质上响应了招标文件的要求。所谓实质上响应,是指投标文件应与招标文件的所有实质性条款、条件和要求相符,无显著差异或保留,或者对合同中约定的招标人的权利和投标人的义务方面造成重大的限制,纠正这些显著差异或保留将会对其他实质上响应招标文件要求的投标文件的投标人的竞争地位产生不公正的影响。

3) 如果投标文件实质上不响应招标文件的各项要求,评标委员会将予以拒绝,并且不允许投标人通过修改或撤销其不符合要求的差异或保留,使之成为具有响应性的投标。

(6) 投标文件计算错误的修正

1) 评标委员会将对确定为实质上响应招标文件要求的投标文件进行校核,看其是否有计算或表选上的错误,修正错误的原则如下:

① 如果数字表示的金额和用文字表示的金额不一致时,应以文字表示的金额为准;

② 当单价与数量的乘积与合价不一致时,以单价为准,除非评标委员会认为单价有明显的小数点错误,此时应以标出的合价为准,并修改单价。

2) 按上述修正错误的原则及方法调整或修正投标文件的投标报价,投标人同意后,调整后的投标报价对投标人起约束作用。如果投标人不接受修正后的报价,则其投标将被拒绝并且其投标担保也将被没收，并不影响评标工作。

(7) 投标文件的评审、比较和否决

1) 评标委员会将按照本须知第(31)条规定，仅对在实质上响应招标文件要求的投标文件进行评审和比较。

2) 在评审过程中，评标委员会可以以书面形式要求投标人就投标文件中含义不明确的内容进行书面说明并提供相关材料。

3) 评标委员会依据本须知前附表第19项规定的评标标准和方法，对投标文件进行评审和比较。向招标人提出书面评标报告，并推荐合格的中标候选人。招标人根据评标委员会提出的书面评标报告和推荐的中标候选人确定中标人，也可以授权评标委员会直接确定中标人。

4) 评标方法和标准

① 综合评估法：即最大限度地满足招标文件中规定的各项综合评价标准，将报价、施工组织设计、质量保证、工期保证、业绩与信誉等赋予不同的权重，用打分或折算货币的方法，评出中标人；

② 经评审的最低投标价法：即能满足招标文件的实质性要求，选择经评审的最低投标价格(投标价格低于成本的除外)的投标人为中标人；

③ 其他方法。

5) 评标委员会经评审，认为所有投标都不符合招标文件要求的，可以否决所有投标。所有投标被否决后，招标人应当依法重新招标。

8. 合同的授予

(1) 合同授予标准

本招标工程的施工合同将授予按本须知第(33)条(3)款所确定的中标人。

(2) 招标人拒绝投标的权力

招标人不承诺将合同授予报价最低的投标人。招标人在发出中标通知书前，有权依据评标委员会的评标报告拒绝不合格的投标。

(3) 中标通知书

1) 中标人确定后，招标人将于15日内向工程所在地的县级以上地方人民政府建设行政主管部门提交施工招标情况的书面报告。

2) 建设行政主管部门自收到书面报告之日起5日内，未通知招标人在招标投标活动中有违法行为的，招标人将向中标人发出中标通知书。

3) 招标人将在发出中标通知书的同时，将中标结果以书面形式通知所有未中标的投标人。

(4) 合同协议书的签订

1) 招标人与中标人将于中标通知书发出之日起30日内，按照招标文件和中标人的投标文件订立书面工程施工合同，招标人和中标人不得再行订立背离合同实质性内容的其他协议。

2) 招标人如不按本投标须知第(37)条1)款的规定与中标人订立合同，或者招标人、中标人订立背离合同实质性内容的协议，应改正并处以合同金额的_____的罚款。

3) 中标人如不按本投标须知第(37)条1)款的规定与招标人订立合同，则招标人将废除授标，投标担保不予退还，给招标人造成的损失超过投标担保数额的，还应当对超过部分予以赔偿，同时依法承担相应法律责任。

4) 中标人应当按照合同约定履行义务，完成中标项目施工，不得将中标项目施工转让(转包)给他人。

（5）履约担保

1) 合同协议书签署后_____天内，中标人应按本须知前附表第20项规定的金额向招标人提交履约担保，履约担保可使用本招标文件第三章中提供的格式。

2) 若中标人不能按本须知第(38)条1)款的规定执行，招标人将有充分的理由解除合同，并没收其投标保证金，给招标人造成的损失超过投标担保数额的，还应当对超过部分予以赔偿。

3) 招标人要求中标人提交履约担保时，招标人也将在中标人提交履约担保的同时，按本须知前附表第20项规定的金额向中标人提供同等数额的工程款支付担保。支付担保须使用本招标文件第三章中提供的格式。

（五）工程标底

1. 标底简介

（1）标底的概述

《招标投标法》第二十二条第二款规定："招标人设有标底的，标底必须保密。"第四十条规定："设有标底的，应当参考标底。"《施工招标投标管理办法》第二十一条规定："招标人设有标底的，应当依据国家规定的工程量计算规则及招标文件规定的计价方法和要求编制标底，并在开标前保密。一个招标工程只能编制一个标底。"《评标委员会和评标方法暂行规定》第十六条第二款规定："招标人设有标底的，标底应当保密。并在评标时作为参考。"

标底是指招标人根据招标项目的具体情况，编制的完成招标项目所需的全部费用，是依据国家规定的计价依据和计价办法计算出来的工程造价，是招标人对建设工程的期望价格。标底由成本、利润、税金等组成，一般应控制在批准的总概算及投资包干限额内。

在国外，标底一般被称为"估算成本"（如世行、亚行等）、"合同估价"（如世贸组织《政府采购协议》）；我国台湾省则将其称为"底价"。

（2）标底的作用

《招标投标法》没有明确规定招标工程是否必须设置标底，招标人可根据工程的实际情况自己决定是否需要编制标底。目前，我国建设工程招标活动中，许多都设有标底。设立标底的做法是针对我国目前建筑市场发育状况和国情而采取的措施，是具有中国特色的招标投标制度的一个具体体现。

标底主要有以下两个作用：

1) 标底是招标人发包工程的期望值，是确定工程合同价格的参考依据。

2) 标底是评标委员会评标的参考值，是衡量、评审投标人投标报价是否合理的尺度和依据。

一般情况下，招标人在招标时都设立标底，是因为需要对招标工程的造价做出估计，以便心中有一基本的价格底数，由此也可对投标报价做出理性的判断。标底并不是决定投标能否中标的标准价，只是对投标报价进行评审和比较时的一个参考价。

从竞争角度考虑，价格的竞争是投标竞争的最重要的因素之一，在其他各项条件均满足招标文件要求的前提下，当然应以价格最低的中标。将低于标底的投标排除在中标范围之外，是不符合国际上通行做法的，也不符合招标投标活动公平竞争的要求。从我国目前情况看，一些地方和部门为防止某些投标人以不正当的手段以过低的投标报价抢标，规定对低于标底一定幅度的投标为废标，不予考虑，这种作法需要通过完善招标投标制度，包括严格投标人资格审查制度和合同履行责任制度等逐步加以改变。《招标投标法》既考虑到招标投标应遵循的公平竞争要求，又考虑到我国的现实情况，对标底的作用没有一概予以否定，而是采取了淡化的处理办法，规定作为评标的参考。当然，按照《招标投标法》第41条的规定，对低于投标人完成投标项目成本的投标报标，不应予以考虑。

2. 标底的编制

(1) 标底的编制原则

标底是招标人控制投资、确定招标工程造价的重要手段，工程标底在计算时要力求科学合理、计算准确。标底应当参考国务院和省、自治区、直辖市人民政府建设行政主管部门制订的工程造价计价办法和计价依据以及其他有关规定，根据市场价格信息，由招标单位或委托有相应资质的招标代理机构和工程造价咨询单位以及监理单位等中介组织进行编制。工程标底编制人员应严格按照国家的有关政策、规定，科学、公正地编制工程标底。

标底必须以严肃认真的态度和科学的方法进行编制，应当实事求是，综合考虑和体现招标人和投标人的利益。没有合理的标底可能会导致工程招标的失误，择优选用工程承包队伍的目的。编制切实可行的标底，真正发挥标底的作用，严格衡量和审定投标人的投标报价，是工程招标工作能否达到预期目标的关键所在。

编制标底应遵循下列原则：

1) 根据国家公布的统一工程项目划分、统一计量单位、统一计算规则以及施工图纸、招标文件。并参照国家、行业或地方批准发布的定额，和国家、行业、地方规定的技术标准规范以及要素市场价格确定工程量和编制标底。

2) 标底作为招标人的期望价格，应力求与市场的实际变化相吻合，要有利于竞争和保证工程质量。

3) 标底应由工程成本、利润、税金等组成，一般应控制在批准的建设项目投资估算或总概算(修正概算)价格以内。

4) 标底应考虑人工、材料、设备、机械台班等价格变化因素，还应包括管理费、其他费用、利润，税金以及不可预见费(特殊情况)、预算包干费、措施费(赶工措施费、施工技术措施费)、现场因素费用、保险等。采用固定价格的还应考虑工程的风险金等。

5) 一个工程只能编制一个标底。

6) 标底编制完成后应及时封存，在开标前应严格保密，所有接触过工程标底的人员都有保密责任，不得泄露。

强调标底必须保密，是因为当投标人不了解招标人的标底时，所有投标人都处于平等的竞争地位，各自只能根据自己的情况提出自己的投标报价。而某些投标人一旦掌握了标底，就可以根据情况将报价订得高出标底一个合理的幅度，并仍然能保证很高的中标概率，从而增加投标企业的未来效益。这对其他投标人来说，显然是不公平的。因此，必须强调对标底的保密。招标人履行保密义务应当从标底的编制开始，编制人员应在保密的环境中编制标底，完成之后需送审的，应将其密封送审。标底经审定后应及时封存，直至开标。在整个招标活动过程中所有接触过标底的人员都有对其保密的义务。

（2）标底的编制依据

《建筑工程施工发包与承包计价管理办法》（中华人民共和国建设部令第107号）第6条规定："招标标底编制的依据为：（一）国务院和省、自治区、直辖市人民政府建设行政主管部门制定的工程造价计价办法以及其他有关规定；（二）市场价格信息。"

根据上述规定，目前，我国工程标底的编制主要依据以下基本资料和文件：

1）国家的有关法律、法规以及国务院和省、自治区、直辖市人民政府建设行政主管部门制定的有关工程造价的文件、规定。

2）工程招标文件中确定的计价依据和计价办法，招标文件的商务条款，包括施工合同中规定由工程承包方应承担义务而可能发生的费用，以及招标文件的澄清、答疑等补充文件和资料。在标底计算时，计算口径和取费内容必须与招标文件中有关取费等的要求一致。

3）工程设计文件、图纸、技术说明及招标时的设计交底，施工现场地质、水文、勘探及现场环境等有关资料以及按设计图纸确定的或招标人提供的工程量清单等相关基础资料。

4）国家、行业、地方的工程建设标准，包括建设工程施工必须执行的建设技术标准、规范和规程。

5）采用的施工组织设计、施工方案、施工技术措施等。

6）工程施工现场地质、水文勘探资料，现场环境和条件及反映相应情况的有关资料。

7）招标时的人工、材料、设备及施工机械台班等的要素市场价格信息，以及国家或地方有关政策性调价文件的规定。

（3）标底的编制方法

标底的编制，需要根据招标工程的具体情况，如设计文件和图纸的深度、工程的规模和复杂程度、招标人的特殊要求、招标文件对投标报价的规定等，选择合适的类型和编制方法。

《建筑工程施工发包与承包计价管理办法》（建设部令第107号）第5条规定："施工图预算、招标标底和投标报价由成本（直接费、间接费）、利润和税金构成。其编制可以采用以下计价方法：

1）工料单价法。分部分项工程量的单价为直接费。直接费以人工、材料、机械的消耗量及其相应价格确定。间接费、利润、税金按照有关规定另行计算。

2）综合单价法。分部分项工程量的单价为全费用单价。全费用单价综合计算完成分部分项工程所发生的直接费、间接费、利润、税金。"

根据上述规定，同时考虑与国际惯例靠拢，在我国现阶段的招标工程标底的编制中，采用综合单价法和工料单价法两种方法。招标工程标底和工程量清单由具有编制招标文件能力的招标人自行编制，也可委托具有相应资质和能力的工程造价咨询机构、招标代理机构进行编制。标底的编制要正确处理招标人与投标人的利益关系，坚持公平、公正、公开、客观统一的基本原则。

标底的具体编制与投标报价的编制基本相同。标底由编制人单位按严格的程序进行审核、盖章和确认。标底审定后必须及时妥善封存，直至开标时所有接触过标底的人员均负有保密责任，任何人不得泄漏标底。

（4）标底文件的组成

根据编制标底采用的方法不同，标底文件的组成也有所不同。下面，推荐一套标底文件格式，该标底文件是分别按采用综合单价法和工料单价法编制标底而设置的。

1）采用综合单价法编制标底的文件组成

① 标底编制说明

② 标底价格汇总表

③ 主要材料清单价格表

④ 设备清单价格表

⑤ 工程量清单价格表

⑥ 措施项目价格表

⑦ 其他项目价格表

⑧ 工程量清单项目价格计算表

2）采用工料单价法编制标底的文件组成

① 标底编制说明

② 标底价格汇总表

③ 主要材料清单价格表

④ 设备清单价格表

⑤ 分部工程工料价格计算表

⑥ 分部工程费用计算表

以上标底文件的组成，与投标文件商务部分使用的格式基本相同，具体如下：

_____工程施工招标

标 底 文 件

项目编号：_____

项目名称：_____
招 标 人：_____（盖章）
编制单位：_____（盖章）
编 制 人：_____（签字）
日　　期：_____年_____月_____日

目　录
（采用综合单价法）

标底编制说明

1. 本标底依据本工程投标须知和合同文件的有关条款进行编制。

2. 工程量清单价格表中所填入的综合单价和合价，均包括人工费、材料费、机械费、管理费、利润、税金以及采用固定价格的工程所测算的风险金等全部费用。

3. 措施项目价格表中所填入的措施项目价格，包括采用的各种措施的费用。

4. 本标底其他项目价格表中所填入的其他项目价格，包括工程量清单价格表和措施项目价格表以外的，为完成本工程项目的施工所必须发生的其他费用。

5. 工程量清单价格表中的每一单项均应填写单价和合价，对没有填写单价和合价的项目费用，视为已包括在工程量清单的其他单价或合价之中。

6. 本标底编制采用的币种为_____。

标底价格汇总表

(工程项目名称)工程

序 号	表 号	工 程 项 目 名 称	合计(单位)	备 注
一		土建工程分部工程量清单项目		
1				
2				
3				
4				
二		安装工程分部工程量清单项目		
1				
2				
3				
4				
三		措施项目		
四		其他项目		
五		设备费用		
六		总计		

标底价格:(币种、金额、单位)

招标人: (盖章)

编制人: (签字或盖章)

日期: 年 月 日

主要材料清单价格表

(工程项目名称)工程　　　　　　　　　　　　　　　　　　共 页 第 页

序　号	材料名称及规格	计量单位	数　量	价格(单位)		备　注
				单　价	合　计	
1	2	3	4	5	6	7

招标人：　　　　　　(盖章)

编制人：　　　　　　(签字或盖章)

日期：　年　月　日

设备清单价格表

(工程项目名称)工程　　　　　　　　　　　　　　　　　　　　　共　页　第　页

序号	设备名称	规格型号	单位	数量	单价(单位)				合价(单位)				备注
					出厂价	运杂费	税　金	单　价	出厂价	运杂费	税　金	合　计	
1	2	3	4	5	6	7	8	9	10	11	12	13	14

小计：_____(币种、金额、单位)(其中设备出厂价_____单位；运载费_____单位；税金_____单位)

设备价格(含运杂费、税金)合计_____单位

招标人：　　　　　　(盖章)

编制人：　　　　　　(签字或盖章)

　　　　　　　　　　　　　　　　　　　　　　　日期：　年　月　日

工程量清单价格表

(分部)工程 共 页 第 页

序 号	编 号	项目名称	计量单位	工作量	综合单价 (单位)	合价 (单位)	备 注
1	2	3	4	5	6	7	8

合计：_____单位

招标人： （盖章）

编制人： （签字或盖章）

日期： 年 月 日

措施项目价格表

_____工程   共 页 第 页

序　号	工 程 项 目	金　额
1		
2		
3		
4		
...		

合计：_____单位

招标人：　　　　　（盖章）

编制人：　　　　　　（签字或盖章）

日期：　年　月　日

其他项目价格表

_____工程　　　　　　　　　　　　　　　　　　　　共　页　第　页

序　号	工　程　项　目	金　额
1		
2		
3		
4		
…		

合计：_____单位

招标人：　　　　（盖章）

编制人：　　　　（签字或盖章）

日期：　年　月　日

工程量清单项目价格计算表

序号	编号	项目名称	计量单位	工程量	工料单价					工料合价						费用			合价	单价	备注
					单价	其中			合价		其中			管理费	利润	税金			
						人工费	材料费	机械费		人工费	材料费	机械费						
1	2	3	4	5	6	7	8	9	10	11	12	13	14	15	16	17	18	19
1	(清单项目编号)																	
2	(清单项目编号)																	

投标人: (盖章)
编制人: (签字或盖章)

日期: 年 月 日

目　录
（采用工料单价法）

标底编制说明

1. 本标底参考了本工程投标须知和合同文件的有关条款进行编制。

2. 分部工程工料价格计算表中所填入的工料单价和合价，为分部工程所涉及的全部项目的价格按照有关定额的人工、材料、机械消耗标准及市场价格计算、确定直接费。其他直接费、间接费、利润、税金和有关文件规定的调价、材料差价、设备价格、现场因素费用、施工技术措施费以及采用固定价格的工程所测算的风险金等按现行的计算方法计取，计入分部工程费用计算表中。

3. 本标底中没有填写的项目的费用，视为已包括在其他项目之中。

4. 本标底编制采用的币种为＿＿＿＿＿＿＿＿＿＿。

标底价格汇总表

(工程项目名称)工程

序号	表号	工程项目名称	合计(单位)	备　注
一		土建工程分部工程量		
1				
2				
3				
4				
二		安装工程分部工程		
1				
2				
3				
4				
三		设备费用		
四		其他		
五		总计		

标底价格:(币种、金额、单位)

招标人:　　　　　(盖章)

编制人:　　　　　(签字或盖章)

日期:　　年　　月　　日

主要材料清单价格表

(工程项目名称)工程   共 页 第 页

序 号	材料名称及规格	计量单位	数 量	价格(单位)		备 注
				单 价	合 计	
1	2	3	4	5	6	7

招标人：   (盖章)

编制人：   (签字或盖章)

日期： 年 月 日

设备清单价格表

(工程项目名称)工程　　　　　　　　　　　　　　　　　　　共 页 第 页

序号	设备名称	规格型号	单　位	数　量	单价(单位)				合价(单位)				备注
					出厂价	运杂费	税　金	单　价	出厂价	运杂费	税　金	合　计	
1	2	3	4	5	6	7	8	9	10	11	12	13	14

小计：＿＿＿＿＿(币种、金额、单位)(其中设备出厂价＿＿＿＿单位；运载费＿＿＿＿单位；税金＿＿＿＿单位)

设备价格(含运杂费、税金)合计＿＿＿＿＿单位

招标人：　　　　　　(盖章)

编制人：　　　　　　(签字或盖章)

　　　　　　　　　　　　　　　　　日期：　年　月　日

分部工程工料价格计算表

（分部)工程　　　　　　　　　　　　　　　　　　　　　　　共 页 第 页

序号	编号	项目名称	计量单位	工程量	单价（单位）				合价（单位）				备注
					单价	其　中			合价	其　中			
						人工费	材料费	机械费		人工费	材料费	机械费	
1	2	3	4	5	6	7	8	9	10	11	12	13	14

工料合价合计：_____单位，人工费合计：_____单位_____

招标人：　　　　　　（盖章)

编制人：　　　　　　（签字或盖章)

　　　　　　　　　　　　　　　　　　　　　　　日期：　年　月　日

分部工程费用计算表

(分部)工程 共 页 第 页

代 码	序 号	费 用 名 称	单 位	费率标准	金 额	计 算 公 式
A	一	直接工程费				
A1	1	直接费				
A2						
A1.1						
A2	2	其他直接费合计				
A2.1						
A3	3	现场费				
A3.1						
B	二	间接费				
B1						
B2						
C	三	利润				
D	四	其他				
D1						
D2						
E	五	税金				
F	六	总计				$A+B+C+\cdots+E$
合计：	单位					

招标人： (盖章)

编制人： (签字或盖章) 日期： 年 日

注：表内代码根据费用内容增删。

(5) 标底文件编制指南

标底文件的具体编制，与投标文件商务部分的编制方法类似，这里不一一赘述，具体可参见《施工投标文件》相关内容。

3. 标底的审查

对于设有标底进行招标的工程，必须重视标底的审查工作，必须认真对待标底，加强对标底的审查，保证标底的准确、严谨、严肃和科学性，否则在招标过程中，标底将起不到应有的作用。

(1) 审查标底的目的

审查标底的目的是检查标底的编制是否认真、准确，标底如有漏洞，应予调整和修正。如总价超过概算，应按有关规定进行处理，不得以压低标底作为压低投资的手段。

（2）标底审查的内容

1）审查标底的计价范围

审查标底的计价范围，包括审查标底的编制是否包括全部的工程范围，是否采用了招标文件规定的计价方法以及招标文件规定的其他有关条款的要求是否都考虑在标底价格中。

2）审查标底的计价内容

审查标底的计价内容，包括复核工程量清单项目的工程量，审查标底编制过程中，工程量清单项目的单价、直接费、其他直接费、现场经费、间接费、有关文件规定的取费、税金，以及主要材料、设备需用数量等的计算是否准确。

3）审查标底的相关费用

审查标底的相关费用，包括审查标底编制中，人工、材料、机械台班的要素市场价格、措施费（赶工措施费、施工技术措施费）、现场因素费用、不可预见费（特殊情况）、所测算的在施工周期内人工、材料、设备、机械台班价格的波动风险系数等计取的是否合理。

（3）标底的审查方法

标底审查的方法同预算的审查方法相同，主要包括：全面审查法、标准预算审查法、分组计算审查法、对比审查法、筛选审查法、重点审查法、分解对比审查法等。

1）全面审查法

全面审查法又称逐项审查法，就是按预算定额顺序或施工顺序，对标底中的项目逐一的全部进行审查的方法。其具体的计算方法和审查过程与编制施工图预算基本相同。此方法的优点是全面、细致，经过审查工程预算差错较少，审查质量较高。缺点是工作量大。因此，对于一些工程量比较小、工艺比较简单的工程，或编制标底的技术力量比较薄弱的工程，可以用全面审查法。

2）标准预算审查法

对于利用标准图或通用图纸施工的工程，先集中力量，编制标准预算，并以此为标准审查标底的方法。按标准设计图纸和通用图纸施工的工程一般上部结构和做法相同，可集中、细致地审查一份标底，作为这种标准图纸的标准标底，或用这种标准图纸工程量为标准，对照审查，只是对于由于现场施工条件和地质情况不同而做的局部修改进行单独审查即可。这种方法的优点是时间短、效果好、好定案；缺点是只能对按标准图纸施工的工程适用，范围较小。

3）分组计算审查法

分组计算审查法是一种加快审查工程量速度的方法。该方法把标底中的工程项目划分为若干组，并把相邻的在工程量计算尚有一定内在联系的项目编为一组，审查和计算同一组中某个分项工程的实物数量，利用它们工程量之间具有相同或相似计算基础的关系，判断同组中其他几个分项工程量计算的准确性。

4）对比审查法

对比审查法就是用已建成工程的标底和未建成但已建成审查修止的工程标底对比审查拟建的同类标底的一种方法。采用对比审查法要求对这两个工程的条件尽量相同。

5）筛选审查法

筛选审查法也是一种对比方法。建筑工程虽然有面积和高度的不同，但是它们的各个分部分项工程的工程量、造价、用工量在每个单位面积上的数值变化不大，把这些数据加以汇集、优选，找出这些分部分项工程在每单位建筑面积上的工程量、价格、用工的基本数值，归纳为工程量、造价(价值)、用工三个单方基本值表，并注明其使用的建筑标准。筛选法的优点是简单易懂，便于掌握，审查速度快，发现问题快。但在解决差错问题还需进一步审查。因此，此法适用于住宅工程和不具备全面审查条件的工程。

6) 重点审查法

重点审查法就是抓住工程标底中对工程价格影响大的项目进行重点审查的方法，审查的重点一般是指：工程量大或单价高的各种分部分项工程、补充单位估价表、计取的各项费用(计费基础、取费标准等)。此法的优点是重点突出，审查时间短，效果好。

7) 分解对比审查法

分解对比审查法就是积累历年来各类工程实际造价资料和有关部门的技术经济指标，与要审核的工程标底的有关费用进行比较。这种方法适用于有可比性的同类型工程，一般是采用标准施工图或复用施工图的民用、工业建筑。经分解对比，如二者出入不大，则可以粗审；如出入较大，则要详细审查。

(六) 投标文件

1. 投标文件的编制

(1) 投标文件的有关规定

1)《招标投标法》的有关规定

《招标投标法》第 27 条规定："投标人应当按照招标文件的要求编制投标文件。投标文件应当对招标文件提出的实质性要求和条件作出响应。

招标项目属于建设施工的，投标文件的内容应当包括拟派出的项目负责人与主要技术人员的简历、业绩和拟用于完成招标项目的机械设备等。"

2)《施工招标投标管理办法》的有关规定

《施工招标投标管理办法》第 26 条规定："投标文件应当包括下列内容：

- 投标函；
- 施工组织设计或者施工方案；
- 投标报价；
- 招标文件要求提供的其他材料。"

《施工招标投标管理办法》第 27 条规定："招标人可以在招标文件中要求投标人提交投标担保。投标担保可以采用投标保函或者投标保证金的方式。投标保证金可以使用支票、银行汇票等，一般不得超过投标总价的 2%，最高不得超过 50 万元。

投标人应当按照招标文件要求的方式和金额，将投标保函或者投标保证金随投标文件提交招标人。"

(2) 投标文件格式的内容

在招标文件中，招标人应提供投标文件的格式和要求，以便与投标人在统一的要求下编制投标文件，评标更能体现公平的原则。根据有关规定，投标文件应包括以下三个部分：

1) 投标函部分

2) 商务部分

3）技术部分

为便于投标人在统一的要求下编制投标文件，以上三部分的格式内容已经包括在第五章《施工招标文件》中了，本章仅给出三部分各项格式的编写指南，供投标人在编制投标文件时参考使用。

2．投标文件投标函部分的编制

投标函部分格式是招标文件第七章的内容。投标函部分是招标人提出要求，由投标人表示参与该招标工程投标的意思表示的文件，由投标人按照招标人提出的格式，无条件地填写。

（1）投标函格式

1）法定代表人（或负责人）身份证明书；

2）投标文件签署授权委托书；

3）投标函；

4）投标函附录；

5）投标保证金银行保函格式（具体格式由担保银行提供）；

6）招标文件要求投标人提交的其他投标资料（本项无格式需要时由招标人用文字提出）。

（2）法定代表人身份证明书

法定代表人身份证明书是招标人要求投标人提供其证明法定代表人身份的文件。

在法定代表人身份证明书中的单位名称、性质、成立时间、经营期限等内容应按照在工商行政管理部门领取的法人营业执照中的相关内容填写。投标申请人在工商行政管理部门领取的法人营业执照和在建设行政主管部门领取的资质等级证书上登记的法定代表人的姓名必须一致。若是联合体投标，则联合体各方都要提供其法定代表人的身份证明书。

投标人必须严格按照招标人提供的法定代表人的身份证明书填写，不得有任何疏忽或错误。更不能对法定代表人的身份证明书进行任何修改。

法定代表人身份证明书编写完成后，必须加盖公章，并填写出具日期。

（3）投标文件签署授权委托书

投标文件签署授权委托书是投标人的法定代表人授权委托他人代表自己签署投标文件的委托证明。根据有关规定，投标申请人的法定代表人可以委托代理人签署投标文件。由委托代理人签字或盖章的投标文件，在投标申请人向招标人提交投标文件时，必须同时提交投标文件签署授权委托书。投标文件签署授权委托书格式，由招标人在招标文件中提供。投标人在填写投标文件签署授权委托书时，必须严格按规定的格式内容填写，签字、盖章必须符合要求，否则投标文件签署授权委托书无效。其内容仅需如实填写清楚投标人的法定代表人姓名和拟授权委托的代表的姓名，承认该委托人全权代表自己所签署的本工程的投标文件的内容，并申明该委托人无转委托权内容，最后投标人的法定代表人和授权委托人分别签字、盖章即可。

法定代表人的姓名、性别、年龄应与法定代表人身份证明书中填写的内容一致。

（4）投标函

投标函是招标文件的重要组成部分，是投标人向招标人发出投标的意思表示，即投标人对招标人招标文件的响应。投标人在研究招标文件的投标须知（含前附表）、合同条款、技术规范、图纸、工程量清单及其他有关文件，并踏勘现场后，向招标人提出的愿意承担招标工程的意思表示的文件。投标函的主要内容包括：投标报价、质量保证、工期保证、履约担保保证、投标担保等。

投标函格式由招标人在招标文件中提供，由投标申请人填写。在提交投标文件时一并提交，投标函是投标文件的核心文件。

第1条是投标人对招标工程提出投标，承诺按招标文件的图纸、合同条款、工程建设标准和工程量清单的条件要求承包招标工程的施工、竣工，并承担任何质量缺陷保修责任，并提出投标报价的条款。需要注意的是在填写投标报价时，应按照招标文件规定的币种，将报价金额的大、小写填写清楚。

第2条是投标人承认已经对全部招标文件进行了审核的条款。

第3条是投标人承认投标函附录是投标函组成部分的条款。

第4条是投标人对施工工期的承诺。

第5条是投标人对提供履约担保的承诺。履约担保分银行保函和担保机构担保书两种形式，具体工程只选择一种。该条需要注意的是担保金额需填写清楚。

第6条是投标人对其投标文件在招标文件规定的投标有效期内有效的承诺。

第7条是投标人承认中标通知书和投标文件是合同文件组成部分的条款。

第8条是投标人对提供投标担保的承诺。该条需要注意的是担保金额需按照招标文件规定的币种填写清楚。

在投标函的最后，需将投标人的名称、单位地址、法定代表人或委托代理人姓名、投标人开户银行、账号等内容如实填写，并加盖公章。

在投标函里填写的拟招标工程的名称、编号等应与招标公告或投标邀请书中的内容一致，投标报价金额的大写与小写应一致，施工工期应与合同协议书工期一致，履约担保和投标担保的金额应明确。

（5）投标函附录

投标函附录是投标人以表格的形式对投标函中的有关内容和合同条款的实质性内容作出的承诺具体化的意思表示。该表共分6栏，第1栏是序号；第2栏是项目内容，共13项，包括履约保证金、银行保函金额、履约担保书金额、施工准备时间、施工总工期、质量标准、预付款金额、保修期等内容；第3栏是合同条款号；第4栏是约定内容，应按具体要求分别填写；第5栏是备注。

履约保证金：是投标人根据投标函中有关担保的内容和合同条款内的"担保条款"，向招标人提出的担保方式。要明确究竟是采用银行保函方式，还是采用履约担保书方式，以及保证金金额占合同价款的比例。

施工准备时间：是投标人向招标人提出签订合同协议书后，需要施工准备的天数。

误期违约金额：是投标人根据投标函中有关"工期保证"的内容和合同条款内"工程竣工"的条款，以及"违约"条款中向招标人提出的由于投标人在中标后，履行合同过程中，属于中标人（合同承包人）自身原因，不能按照合同协议书约定的竣工日期或招标人（合同发包人）同意顺延的工期竣工，应当承担违约责任的具体违约金额。其计算方法可按每延误一天支付违约金多少元计算。

误期赔偿费限额：是投标人向招标人提出超误工期赔偿金最高支付的限额。计算方法可以按合同价款的一定比率计算。

提前工期奖：是投标人对招标人提出，如果投标人中标后在履行施工合同过程中，经过采取措施，在保证工程质量的前提下，比合同约定的竣工日期提前竣工，向招标人提出的奖励要求。计算方法可以参照误期违约金的方法。

施工总工期：是投标人对招标文件中的投标须知前附表内招标人提出的施工总工期的承诺。施工总工期是属于施工合同的实质性条款，投标人必须慎重对待。

质量标准：是投标人对招标文件中的投标须知前附表内招标人提出的质量标准的承诺。质量标准也就是质量等级，也是属于施工合同的实质性条款，投标人必须作出郑重的承诺。

工程质量违约金最高限额：是指招标人在招标文件内要求工程质量达到的标准，投标人也按此标准报价，中标后在履行合同过程中，投标人（承包人）不能按合同的约定达到规定的质量标准，投标人（承包人）应向招标人（发包人）支付违金的最高限额。计算方法可以按绝对值或按合同价款的一定比例计算。

预付款金额：本栏按合同条款内，招标人向投标人提出的预付款占合同价款的百分比填写。

预付款保函金额：招标人依据合同规定向投标人支付预付款时，投标人应向招标人提交同等数额的预付款保函。本栏金额应按招标人在合同条款内提出的预付款占合同价款的百分比填写。

工程进度款付款时间：本栏投标人可填写按合同条款约定的时间付款。

竣工结算款付款时间：本栏投标人可填写按合同条款约定的时间付款。

保修期：本栏投标人可填写按工程质量保修书约定的保修期履行。

（6）投标担保银行保函

1）投标担保银行保函格式

投标担保银行保函是投标人向招标人提供在投标有效期内投标文件有效的保证。投标担保银行保函格式应由担保银行提供。

下面提供一投标担保银行保函格式供参考。

投标担保银行保函

致：（招标人名称）

鉴于（投标人名称）（下列称"投标人"）于＿＿＿＿年＿＿＿＿月＿＿＿＿日参加（招标人名称）招标工程项目编号为（招标文件编号）的（工程项目名称）工程的投标；

本银行受投标人委托，承担向你方支付总金额为（币种、金额、单位）（小写）的责任。

本责任的条件是：如果投标人在投标有效期内收到你方的中标通知书后

1. 不能或拒绝按投标须知的要求签署合同协议书；

2. 不能或拒绝按投标须知的规定提交履约保证金。

只要你方指明产生上述任何一种情况的条件时，则本银行在接到你方以书面形式的要求后，即向你方支付上述全部款额，无需你方提出充分证据证明其要求。

本保函在投标有效期后或招标人在这段时间内延长的投标有效期后28天内保持有效，若延长投标有效期无须通知本银行，但任何索款要求应在上述投标有效期内送达本银行。

本银行不承担支付下述金额的责任：

1. 大于本保函规定的金额；

2. 大于投标人投标价与招标人中标价之间的差额的金额。

本银行在此确认，本保函责任在投标有效期或延长的投标有效期满后 28 天内有效，若延长投标有效期无须通知本担保人，但任何索款要求应在上述投标有效期内送达本银行。

银行名称：＿＿＿＿＿＿＿＿＿＿＿＿（盖章）

银行法定代表或负责人：＿＿＿＿＿（签字或盖章）

地　　址：＿＿＿＿＿＿＿＿＿＿＿＿

邮政编码：＿＿＿＿＿＿＿＿＿＿＿＿

日　　期：＿＿＿＿年＿＿＿＿月＿＿＿＿日

2) 投标担保银行保函编写指南

投标担保银行保函由提供担保的银行编写，并加盖公章，由投标人连同投标文件一并送交招标人。保函中的招标人、投标人以及担保银行的名称填写必须与营业执照的名称一致，招标工程项目名称和编号必须与招标公告或投标邀请书上的一致，担保金额的币种、金额、单位要明确，担保银行的法定代表人或负责人的名称、地址、邮政编码以及签署保函的日期等均应一一填写清楚。

投标人在提交投标担保银行保函后，在整个投标有效期内要特别注意保函内的责任条件和投标须知 16.6 款没收投标担保的条件。

（7）投标担保书

投标担保书与投标担保银行保函一样，是投标申请人向招标人提供在投标有效期内投标文件有效的保证。所不同的是投标担保银行保函格式应由担保银行提供，投标担保书是由有资格的担保机构出具，由投标申请人连同投标文件一并送交招标人。

与银行保函相同，担保书中的招标人、投标人以及担保机构的名称填写必须和营业执照的名称一致，招标工程名称和编号必须与招标公告或投标邀请书上的一致，担保金额的币种、金额、单位要明确，担保机构的法定代表人或负责人的名称、地址、邮政编码以及签署担保书的日期等均应一一填写清楚。

（8）招标文件要求投标人提交的其他投标资料

根据具体招标工程情况的不同，招标人会在招标文件中要求投标人提供一些其他资料。本项无格式要求，需要时由招标人用文字形式提出，投标人根据要求提供即可。

3. 投标文件商务部分编制

投标文件商务部分格式是招标文件第八章的内容。是招标人提出用于投标申请人投标报价的格式。

（1）投标报价方法

《建筑工程施工发包与承包计价管理办法》（建设部令第 107 号）第 5 条的规定："施工图预算、招标标底和投标报价由成本（直接费、间接费）、利润和税金构成。其编制可以采用以下计价方法：

1) 工料单价法。分部分项工程量的单价为直接费。直接费以人工、材料、机械的消耗量及其相应价格确定。间接费、利润、税金按照有关规定另行计算。

2) 综合单价法。分部分项工程量的单价为全费用单价。全费用单价综合计算完成分部分项工程所发生的直接费、间接费、利润、税金。"

根据以上规定，我们在《施工招标文件示范文本》中，编制了采用综合单价形式和采用工料单价形式的两种不同的投标报价形式。采用综合单价形式的，就是按照工程量清单进行报价的方式；采用工料单价形式的，就是按现行预算方式进行报价的方式。招标人在编制招标文件时，可只选择一种计价方法，编进招标文件中，投标人根据招标人提出的报价方式进行投标报价。

(2) 投标报价依据

1) 采用综合单价法时投标申请人在编制投标报价时的依据如下：

① 招标文件内有关投标报价的规定及投标报价的说明。

② 企业报价定额。

③ 市场价格信息(包括劳动力价格、材料设备价格)。

④ 工程量清单内的工程量。

⑤ 投标策略及技巧。

2) 采用工料单价法时投标申请人在编制投标报价时的依据如下：

① 招标文件内有关投标报价的规定及投标报价的说明。

② 国务院和省、自治区、直辖市人民政府建设行政主管部门制定的工程造价计价办法和计价依据。

③ 企业报价定额。

④ 市场价格信息。

⑤ 投标策略及技巧。

(3) 投标报价编制步骤

招标工程投标报价的编制，如果是在工程招标时施工图设计已经完成，投标报价应按施工图纸进行编制；如果招标时只是完成了初步设计，投标报价只能按照初步设计图纸进行编制；如果招标时只有设计方案，投标报价可用平方米造价指标或单位指标等进行投标报价的编制，除按设计图纸进行费用的计算外，还需考虑图纸以外的费用，包括由合同条件、现场条件、主要施工方案、施工措施等所产生费用的取定，如依据招标文件或合同条件规定的不同要求，选择不同的计价方式；依据不同的工程发承包模式，考虑相应的风险费用；依据招标人对招标工程确立的质量要求和标准、合理确定相应的质量费用；依据招标人对招标工程确定的施工工期要求、施工现场的具体情况，考虑必需的施工措施费用和技术措施费用等。

当施工图设计完成以后，投标报价的编制步骤如下：

① 准备工作

首先，要熟悉施工图设计及说明。如发现图纸中有问题或有不明确之处，可要求设计单位进行交底、补充，作好记录；其次，要勘察现场，实地了解现场情况及周围环境，以作为确定施工方案，包干系数和技术措施费等有关费用的依据；再次，要了解招标文件中规定的招标范围，材料、半成品和设备的加工订货情况，工程质量和工期要求，物资供应方式等；最后，要进行市场调查，掌握材料、设备的市场价格。

② 收集编制资料

编制报价需收集的资料和依据，包括招标文件相关条款、设计文件、工程定额、施工方案、现场坏境和条件、市场价格信息等。总之，凡在工程建设实施过程中可能影响工程费用的各种因素，在编制报价前都必须予以考虑，收集所有必需的资料和依据，达到报价编制具备的条件。

③ 计算报价

报价应根据所必需的资料，依据招标文件、设计图纸、施工组织设计、要素的市场价格、相关定额以及计价办法等仔细准确地进行计算。

④ 审核报价

计算得到报价以后，应再依据工程设计图纸、特殊施工方法、工程定额、要素市场价格等对报价编制表格进行复查与审核。

总之，编制一个比较理想的工程报价，要把建设工程的施工组织和规划做得比较深入、透彻，有一个比较先进、切合实际的施工规划方案。要认真分析拟采用的工程定额，认真分析行业总体的施工水平和可能前来投标的其他企业的实际水平，比较合理地运用工程定额编制报价。此外，还要分析市场的动态，研究投标策略和技巧，争取编制的投标报价具有竞争性。

（4）采用综合单价形式的商务部分编制

1）采用综合单价形式的商务部分格式的内容

采用综合单价形式的商务部分报价，就是采用招标人在招标文件中提供的工程量清单进行的投标报价。其内容包括下列内容：

① 投标报价说明。

② 投标报价汇总表。包括：主要材料清单报价表；设备清单报价表；工程量清单报价表；措施项目报价表；其他项目报价表；工程量清单项目价格计算表；投标报价需要的其他资料。

2）投标报价说明的编写

投标报价说明

① 本报价依据本工程投标须知和合同文件的有关条款进行编制。

② 本工程量清单报价表中所填入的综合单价和合价，均包括人工费、材料费、机械费、管理费、利润、税金以及采用固定价格的工程所测算的风险金等全部费用。

③ 本措施项目报价表中所填入的措施项目报价，包括采用的各种措施的费用。

④ 本其他项目报价表中所填入的其他项目报价，包括工程量清单报价表和措施项目报价表以外的，为完成本工程项目的施工所必须发生的其他费用。

⑤ 本工程量清单报价表中的每一单项均应填写单价和合价，对没有填写单价和合价的项目费用，视为已包括在工程量清单的其他单价或合价之中。

⑥ 本报价的币种为_____。

⑦ 投标人应将投标报价需要说明的事项，用文字书写与投标报价表一并报送。

投标报价说明是投标人对投标文件商务部分的解释和说明，主要是告知投标报价的编制依据、费用构成、报价所采用的货币以及其他需要说明的问题等。

第1条是投标人说明提交的报价的编制依据的条款。

第2条是投标人说明提交的报价中的综合单价和合价已包括了施工所发生的全部费用的条款。

第3条是说明措施项目的报价，已经包括了施工所可能采取的各种措施所发生的费用的条款。

第4条与第3条相类似，是说明其他项目报价中，包括了施工所可能采取的工程量清单项目报价和措施项目报价以外的其他各种项目所发生的费用的条款。

　　第 5 条是招标人要求投标人说明在提交的报价中，对没有填写价格的项目的费用，视为已经包括在工程量清单的其他项目内，不能另计。

　　第 6 条是招标人要求投标人说明此次提交报价的币种，如以人民币报价就填写人民币，如以其他币种报价就填写其他相应的币种。

　　第 7 条是招标人要求投标人应将投标报价需要说明的其他事项，用文字形式书写并与投标报价表一并报送，做为投标报价的组成部分。

　　3) 投标报价表格的编制

　　采用综合单价法招标的工程，招标人在招标文件内应提供工程量清单、主要材料清单和设备清单，投标申请人根据招标人提出的工程量清单计算报价，具体计价方法如下：

　　① 将招标人提供的工程量清单的有关内容填入工程量清单项目价格计算表。将清单项目编号填入第 2 栏，将清单项目名称填入第 3 栏，将清单项目计量单位填入第 4 栏，将清单项目工程量填入第 5 栏；

　　② 根据投标人自己的企业定额以及投标人掌握的人工材料和机械台班单价等计价依据(没有企业定额的，可参考国家定额、行业或地方定额)计算各项目的人工(第 7 栏)、材料(第 8 栏)和机械费用 (第 9 栏)，然后将人工、材料、机械费用相加(7＋8＋9)得出工料单价(第 6 栏)，并用工程量乘以工料单价(5×6)，计算出清单项目的工料合价(第 10 栏)，并分别将人工、材料、机械合价填入第 11(5×7)、12(5×8)、13(5×9)栏；

　　③ 根据企业内部的有关规定，计算清单项目的管理费(第 14 栏)，计算清单项目的利润(第 15 栏)和税金(第 16 栏)。管理费、利润和税金的计算、均以工料合价(第 10 栏)或者人工费(第 7 栏)为基础；

　　④ 将清单项目的工料合价、管理费、利润和税金相加(10＋14＋15＋16)，得出清单项目的合价，填入第 17 栏；

　　⑤ 用清单项目的合价除以清单项目的工程量(17/5)，得出清单项目的综合单价，填入第 18 栏；

　　⑥ 将工程量清单项目的价格计算表中的分部工程各项目的单价和合价结转至工程量清单报价表，并将所有清单项目合价相加，得出分部工程的工程量清单项目报价合计；

　　⑦ 将各分部工程的工程量清单报价合计结转至投标报价汇总表；

　　⑧ 将完成分部工程施工拟采用的每项措施的报价分别填入措施项目报价合计表，合计得出分部工程的措施项目报价；

　　⑨ 将措施项目报价合计表结转至投标报价汇总表的相应栏目内；

　　⑩ 将完成分部工程施工拟采用的其他项目的报价分别填入其他项目报价合计表，合计得出分部工程的其他项目报价合计；

　　⑪ 将其他项目报价合计结转至投标报价汇总表的相应栏目内；

　　⑫ 设备清单报价表是招标人要求投标人采购供应本招标工程涉及的设备。本表的序号、设备名称、规格型号、单位和数量各栏由招标人填写。单价和合价由投标申请人报价。计算出设备报价合计，结转至投标报价汇总表的相应栏目内；

　　⑬ 将投标报价汇总表的一、二、三、四、五相加，即得出投标总报价。

除上述工程量清单及报价表格之外，招标人在招标文件内，还应提供主要材料清单报价表，该表是投标申请人计算工程报价时，计算材料费采用的主要材料价格。该表由投标人填写。

至此，一个完整的采用综合单价形式的投标文件商务部分就编制完成了。编制招标文件时，招标人如果认为有必要，还可以增加涉及工程报价的任何辅助表格，投标人只需按照招标文件提供的格式要求进行编制即可。

（5）采用工料单价形式的商务部分编制

1）采用工料单价形式的商务部分的内容

采用工料单价形式的商务部分报价，就是采用现行预算的方式进行投标报价，其内容包括下列内容：

① 投标报价说明；

② 投标报价汇总表；

③ 主要材料清单报价表；

④ 设备清单报价表；

⑤ 分部工程工料价格计算表；

⑥ 分部工程费用计算表；

⑦ 投标报价需要的其他资料。

2）投标报价说明的编写

投 标 报 价 说 明

1. 本报价参考了本工程投标须知和合同文件的有关条款进行编制。

2. 分部工程工料价格计算表中所填入的工料单价和合价，为分部工程所涉及的全部项目的价格，是按照有关定额的人工、材料、机械消耗标准及市场价格计算、确定直接费。其他直接费、间接费、利润、税金和有关文件规定的调价、材料差价、设备价格、现场因素费用、施工技术措施费以及采用固定价格的工程所测算的风险金等按现行的计算方法计取，计入分部工程费用计算表中。

3. 本报价中没有填写的项目的费用，视为已包括在其他项目之中。

4. 本报价的币种为_____。

5. 投标人应将投标价需要说明的事项，用文字书写与投标报价表一并报送。

第1条是招标人要求投标人说明提交的报价的编制依据的条款。

第2条是招标人要求投标人说明提交的报价中的工料单价和合价已包括了施工所发生的全部费用。

第3条是招标人要求投标申请人说明在提交的报价中，对没有填写价格的项目的费用，视为已经包括在工程量清单项目报价表的其他项目内，不能另计。

第4条是招标人要求投标申请人说明此次提交报价的币种，如以人民币报价就填写人民币，如以其他币种报价就填写其他相应的币种。

第5条是招标人要求投标申请人应将投标报价需要说明的其他事项，用文字形式书写并与投标报价表一并报送，做为投标报价的组成部分。

3）投标报价表格的编制

采用工料单价法编制投标报价，目前这在全国是通行的做法。这里简要介绍一下做法：

① 根据招标人提供的工程概况、项目图纸等资料，由投标人计算得出分部工程的分项工程量等有关内容，填入分部工程工料价格计算表。在编号栏(2)填入所采用的定额项目号，将项目名称填入第 3 栏，将项目计量单位填入第 4 栏，将经过计算得出子目工程量填入第 5 栏。

② 根据有关计价依据(国家定额、行业或地方定额、企业定额)计算分部分项工程的工料合价。将相关定额子目的直接费填入第 6 栏，将其中人工、材料和机械费分别填入第 7、8、9 栏，然后用工程量乘以工料单价(5×6)，计算出分部分项工程的工料合价(第 10 栏)，并分别将人工、材料、机械合价填入第 11(5×7)、12(5×8)、13(5×9)栏，然后将各分项工程的合价相加，计算得出分部工程工料合价合计和人工费合计。

③ 将分部工程的工料合价填入分部工程费用计算表中的直接费，根据有关工程计价的规定计算其他直接费、现场经费、间接费等各项费用，合计得出分部工程的报价总额。其他直接费和现场经费是以直接费或人工费为取费基础，按照相应的费率进行计算得出的。以人工费为取费基础的要按人工费计取费用，以直接费为取费基础的则按工料合价计取费用。间接费包括企业管理费、财务费用和其他费用，也都是以直接费或人工费为取费基础，按照相应的费率进行计算得出的。利润和税金的计算也是以直接费或人工费为基础。将直接费、间接费、利润和税金相加，就得出分部工程报价合计金额。

④ 将分部工程的报价总额结转至投标报价汇总表。

⑤ 设备清单报价表是招标人要求投标申请人采购供应工程涉及的设备。本表的序号、设备名称、规格型号、单位和数量各栏由招标人填写。单价和合价由投标申请人报价。计算出设备报价总额，填入投标报价汇总表"三、设备费用"内。

⑥ 将分部工程费用计算表里未包括的政策性文件规定费用、技术措施费、大型机械进出场费、风险费等其他费用填入投标报价汇总表"四、其他栏"内。

⑦ 将投标报价汇总表的一、二、三、四相加，即得出投标总报价。

除上述工程量清单及报价表格之外，招标人在招标文件内，还应提供主要材料清单报价表，该表是投标申请人计算工程报价时，计算材料费采用的主要材料价格。该表由投标人填写。

至此，一个完整的采用工料单价形式的投标文件商务部分就编制完成了。编制招标文件时，招标人如果认为有必要，还可以增加涉及工程报价的任何辅助表格，投标人只需按照招标文件提供的格式要求进行编制即可。

4. 投标文件技术部分编制

投标文件技术部分格式是招标文件第八章的内容。投标竞争不仅表现在价格上，技术管理包括投标申请人组织管理能力、质量保证、安全施工措施等方面也是投标竞争的重要内容。招标人在招标文件内提出投标文件技术部分格式，就是要求投标申请人通过填写这些文件，反映出投标申请人在技术管理上的能力，作为评审其能否中标的重要依据。

(1) 投标文件技术部分格式的内容

1) 施工组织设计；

2) 项目管理机构配备情况；

3) 拟分包项目情况。

(2) 施工组织设计

　　施工组织设计是指导招标工程施工全过程中各项活动的技术、经济和组织管理的综合性文件。招标人在投标须知中提出了施工组织设计应包括的内容，并在投标文件技术部分内提出施工组织设计编制的主要内容，投标人应按招标人要求用详细的文字和相应的图表，认真编好施工组织设计，以达到招标人的满意。

　　施工组织设计应按照招标文件和施工技术规范的要求，并结合施工现场和工程情况进行编制，所编制的施工组织设计或施工方案内容应全面、详细，清楚地阐述各分部分项专业工程的施工方法，使施工组织设计科学合理，并切实可行。

　　1) 施工组织设计的编制要求

　　① 编制时应采用文字并结合图表形式说明各分部分项工程的施工方法；

　　② 拟投入的主要施工机械设备情况、劳动力计划等；

　　③ 结合招标工程特点提出切实可行的工程质量、安全生产、文明施工、工程进度、技术组织措施，同时应对关键工序、复杂环节重点提出相应技术措施，如冬、雨期施工技术措施、减少扰民噪声、降低环境污染技术措施、地下管线及其他地上地下设施的保护加固措施等。

　　2) 施工组织设计的内容

　　施工组织设计应包括以下主要内容：

　　① 综合说明或概述；

　　② 施工现场的平面布置和临时设施布置；

　　③ 各分部分项工程的完整的、详细的施工方法；

　　④ 各分部分项专业工程的施工进度计划；计划开、竣工日期，工程总进度控制；

　　⑤ 施工机械设备的使用计划；

　　⑥ 建筑材料的进场计划；

　　⑦ 临时占道或施工现场道路布置；

　　⑧ 冬、雨期施工措施和防护措施；

　　⑨ 地下管线及其他地上、地下周围设施或建筑物的防护措施；

　　⑩ 各分项工程质量保证措施、安全施工的组织措施；

　　⑪ 保证安全施工和文明施工，环境保护减少扰民、降低环境污染和噪声的防护措施；

　　⑫ 施工现场维护措施。

　　3) 施工组织设计附表(图)

　　施工组织设计除文字表述外，应附下列图表说明：

　　① 拟投入的主要施工机械设备表；

　　② 劳动力计划表；

　　③ 计划开、竣工日期和施工进度网络图；

　　④ 施工总平面图；

　　⑤ 临时用地表。

　　4) 主要施工方法

　　要求投标申请人提出在主要工程项目上拟采用的施工方法。投标申请人在确定施工方法时要兼顾技术工艺的先进性和经济上的合理性。包括冬、雨期施工措施和拟投入的主要工具性材料，如脚手架、模板等。

　　5) 确保工程质量的技术组织措施

工程质量是投标竞争的一个非常重要的内容。投标申请人必须按照招标人的要求，从投入的人力、物资和机械设备方面，从施工工艺过程方面，以及竣工工程方面提出强有力的质量保证措施。质量保证措施应包括施工全过程质量保证措施，质量因素的全面质量保证措施和施工过程形成的质量保证措施等。

6）确保安全生产的技术组织措施

建筑工程施工现场是多工种立体作业，工人密集，机械设备和材料集中，存在着多种不安全和危险因素。因此，招标人在招标文件中要求投标申请人必须提出严密的、细致的安全生产技术组织措施。安全生产技术组织措施应包括：施工安全责任制度的建立，安全规程的贯彻措施，安全检查措施，安全保护措施，劳动防护措施以及安全生产教育措施等。

7）确保文明施工的技术组织措施

建筑工程多数是在露天作业，对周围环境影响很大，特别是在城市内进行施工，容易影响市容、市貌或造成环境污染。因此，招标人在招标文件中要求投标申请人必须提出文明施工的技术措施，其中包括保持施工现场场容、场貌的整洁，现场周围设立围护设施，建立现场防火管理制度，以及控制施工现场的各种粉尘、废气、废水、固体废弃物对环境的污染，采取有效措施控制建筑施工噪声，避免或减轻扰民等。

8）确保工期的技术组织措施

为了确保招标工程按招标人提出的工程工期，招标人在招标文件中要求投标申请人按计划开、竣工日期和施工进度网络图，绘制关键线路网络图（或横道图），以保证施工按进度图实施，确保竣工工期。

9）拟投入的主要施工机械设备表的编写

投标申请人除按招标文件提供的拟投入的主要施工机械设备表，认真填写投入拟招标工程所需的主要施工机械设备外，还要把施工机械设备根据施工进度、进场时间用文字或表格加以说明。投标申请人在选择施工机械设备时，应使主导机械性能既能满足工程施工的需要，又能发挥其效能；对于辅助机械，其性能应与主导机械设备相适应，以充分发挥施工机械设备的工作效率。

拟投入的主要施工机械设备表中应填列机械或设备名称、型号规格、数量、国别产地、制造年份、额定功率（kW）、生产能力、用于施工部位以及其他需要备注的情况等内容。

10）劳动力计划表的编写

投标申请人应按照招标文件提供的劳动力计划表，提出按施工阶段投入的分工种的劳动力计划。劳动力计划表中应区分不同工种，按工程施工阶段投入劳动力情况分别填列劳动力计划。投标申请人应以每班八小时工作制为基础，按表中所列格式提交包括分包人在内的估计劳动力计划。

11）计划开、竣工日期和施工进度网络图的编写

投标人应提交的施工进度网络图或施工进度表，说明按招标文件要求的工期进行施工的各个关键日。中标的投标人还应按合同条件有关条款的要求提交详细的施工进度计划。

施工进度表可采用网络图（或横道图）表示，说明计划开工日期和各分项工程各阶段的完工日期和分合同签订的日期。施工进度计划应与施工组织设计相适应。

12）施工总平面图的编写

施工总平面图是把招标工程组织施工的主要活动和设施描绘在一张总图上，作为现场

平面管理的依据。投标申请人应按照招标文件要求绘制施工总平面图，绘出现场临时设施布置图表并附文字说明，说明临时设施、加工车间、现场办公、设备及仓储、供电、供水、卫生、生活等设施的情况和布置。工期较长的工程还要根据不同施工阶段对总平面布置图进行调整，这些都需要用文字加以说明。

13）临时用地表的编写

在狭小的施工现场施工时，往往需要占用总平面图以外的地点堆放材料、设备或搭建临时设施。招标要求投标申请人按临时用地表的要求，提出临时用地规划，编制临时用地面积和用地时间，以便招标人向有关主管部门办理申请用地手续。

临时用地表中包括用途、面积、位置、需用时间等内容，投标申请人应逐项填写，填出全部临时用地面积以及详细用途。若表不够用，可加附页。

投标人应按招标人要求用详细的文字和相应的图表，认真编好施工组织设计，以达到招标人的满意。

（3）项目管理机构配备情况

房屋建筑和市政基础设施工程施工由于它本身的特点，较易受到内外各种因素的影响，管理工作十分复杂，涉及到工程技术、工期、质量、安全、成本、材料、设备、合同等诸多方面的管理，以及内外协调工作，因此，招标人要求投标申请人必须配备一个项目管理机构，有条不紊地管理工程各项工作。

1）项目管理机构配备情况内容

① 项目管理机构配备情况表；

② 项目经理简历表；

③ 项目技术负责人简历表；

④ 项目管理机构配备情况辅助说明资料；

2）项目管理机构配备情况编写指南

① 项目管理机构配备情况表

招标人在招标文件内提供项目管理机构配备情况表，投标申请人应将招标工程施工现场重要或关键管理岗位的人员按要求如实填写，使招标人确信投标申请人有强有力的组织，保证合同的履行，完成工程任务。

项目管理机构配备情况表包括构成管理机构的人员的职务、姓名、职称、执业或职业资格证书情况以及已承担的在建工程的情况。投标申请人应如实填写该表，并保证一旦中标，将实行项目经理负责制，保证并配备上述项目管理机构。上述填报内容真实，若不真实，愿按有关规定接受处理。项目管理班子机构设置、职责分工等情况应另附资料说明。

② 项目经理简历表

招标人在招标文件内提供项目经理简历表，项目经理是受投标申请人法定代表人的委托，对工程项目施工全过程全面负责的项目管理者，是能否按合同履行全面义务的关键人物。投标申请人应按招标人要求选派掌握建筑施工技术知识，经营管理知识和法律知识，具有较强的决策能力、组织能力、指挥能力和应变能力，并有丰富的管理工程项目经验的人员，填入本表。

项目经理简历表包括拟任项目经理的姓名、性别、年龄、职称、担任项目经理的年限、项目经理资格证书编号等基本情况，还包括作为项目经理承担的在建或已完工程项目情况，如在建或已完工程项目的建设单位、项目名称、建设规模、开、竣工日期、工程质量等情况的具体描述。拟任项目经理的施工经历将会是招标人确定中标人的重要依据之一，所以投标申请人须认真对待。

③ 项目技术负责人简历表

招标人在招标文件内提供项目技术负责人简历表，项目技术负责人，一般是指项目总工程师，是项目技术管理，特别是在保证工程质量方面的关键人物。投标申请人应按招标工程的性质，选派专业对口，有丰富施工经验的人员，填入本表。

项目技术负责人简历表与项目经理简历表的内容基本相同，投标申请人也应认真对待。

④ 项目管理机构配备情况辅助说明资料

招标人要求投标申请人提供项目管理机构配备情况辅助说明资料的目的是想进一步了解投标申请人的项目管理机构的具体情况，如项目管理机构如何设置，是矩阵式还是直线职能制，项目管理机构各职能部门如何分工，责任制如何建立，以及投标申请人认为有必要提供涉及这方面的资料等。由于工程规模不同，项目管理机构设置也会不同。因此该表内容不作统一规定，由投标申请人根据具体工程情况，使用图表或用文字向招标人提供这方面的情况。

（4）项目拟分包情况

根据法律规定：投标申请人根据招标文件载明的项目实际情况，拟在中标后将中标项目的部分非主体、非关键性工作进行分包的，应当在投标文件中载明。按照这一规定，招标人在招标文件内提供项目拟分包情况表，由投标申请人将拟分包的工程项目填入本表。分包工程的每一分包人均应填写此表。

项目拟分包情况表中包括分包人名称、地址、法定代表人、营业执照号码、资质等级证书号码、拟分包的工程项目的情况、已完成的类似工程情况等内容，投标申请人同样应如实填写。

（5）替代方案和报价

招标人在投标须知内允许投标申请人提交投标文件替代方案时，投标申请人应按投标须知第17条的要求编制替代方案，并就替代方案进行报价。替代方案应采用原方案的格式进行编制和进行报价。

5. 资格审查申请书的编制

对于一些工期要求比较紧，工程技术、结构不复杂的项目，为了争取早日开工，可不进行资格预审，而进行资格后审。资格后审即在招标文件中加入资格审查的内容，投标者在报送投标文件的同时还应报送资格审查资料。评标委员会在正式评标前先对投标人进行资格审查。对资格审查合格的投标人的投标文件进行评审，淘汰资格不合格的投标者，并对其投标文件不予评审。

当拟招标工程采用资格后审形式时，投标人在提供投标文件的同时，应提供资格审查申请书，供招标人在评标时对投标人的资格进行审查。资格后审的内容与资格预审的内容大致相同。主要包括以下内容：投标者的组织机构；财务报表；人员情况；设备情况；施工经验以及其他情况。

（1）资格审查申请书内容

资格审查申请书一般适用于采用资格后审方式招标的工程。投标人要根据招标文件的规定编制资格审查申请书，将其作为投标文件的一个组成部分，供评标委员会在评标前审查投标人的投标文件是否有资格参加评审。

资格审查申请书包括下列内容：

1）资格审查申请书

2）资格审查申请书附表

① 投标申请人一般情况；

② 年营业额数据表；

③ 近三年已完工程一览表；

④ 目前在建工程一览表；

⑤ 财务状况表；

⑥ 联合体情况；

⑦ 类似工程经验；

⑧ 现场条件类似的工程的施工经验；

⑨ 其他资料。

（2）资格审查申请书的编制

投标申请人在编制资格审查申请书及附表时可参阅投标申请人资格预审申请书及附表的编制方法。招标人可参考投标申请人资格预审的评审办法进行评审。

（七）开标、评标、中标

1. 开标

（1）开标时间

所谓开标，就是投标人提交投标文件截止时间后，招标人依据招标文件规定的时间和地点，开启投标人提交的投标文件，公开宣布投标人的名称、投标价格及投标文件中的其他主要内容。开标应当在招标文件确定的提交投标文件截止时间的同一时间公开进行，即提交投标文件截止之时（如某年某月某日几时几分），也就是开标之时。

（2）开标地点

开标地点应与招标文件中规定的地点相一致，是为了防止投标人因不知投标和开标地点而不能按要求准时提交投标文件和参加开标。这也是为维护投标人的利益而做出的规定。

（3）主持人

开标由招标人主持，也可由招标人委托的招标代理机构主持。主持人按照规定的程序负责开标的全过程。其他开标工作人员办理开标作业及制作记录等事项。

（4）参加人

开标既然是公开进行的，就应当邀请所有投标人参加，这时才能做到公开性，让投标人的投标为各投标人及有关方面所共知。

邀请所有的投标申请人或其代表出席开标，可以使投标申请人得以了解开标是否依法进行，也可以使投标申请人了解其他投标申请人的情况，这对招标人的中标决定也将起到一定的监督作用。此外，为了保证开标的公正性，一般还可以邀请相关单位的代表参加，如招标项目的主管部门的人员、监察部门代表等。有些招标项目，招标人还可以委托公证部门的公证人员对整个开标过程依法进行公证。

（5）开标程序

开标时，首先应当众宣读有关无效标和弃权标的规定。然后核查投标申请人提交的各种证件，并宣布核查结果，由投标申请人或者其推选的代表检查投标文件的密封情况，并予以确认。招标人委托公证机构的，可由公证机构检查投标文件的密封情况并进行公证。一般情况下，投标文件是以书面形式、签字并密封提交的。所以，无论是邮寄还是直接送到开标地点，只有密封的投标，才被认为是形式上合格的投标，才能被当众拆封，并公布报价等有关的内容。投标文件如果没有密封，或发现曾被打开过的痕迹，应被认定为无效的投标，应不予宣读。

所有投标文件(指在招标文件要求提交投标文件的截止时间前收到的投标文件)的密封情况被确定无误后，应将投标文件中投标申请人的名称、投标报价、工期、质量、主要材料用量，以及招标人认为有必要宣读的内容当场公开宣布。还需将开标的整个过程记录在案，并存档备查。开标记录一般应记载下列事项，由主持人和所有参加开标的投标人以及其他工作人员签字确认：

1) 有案号的，记录其案号；

2) 招标项目的名称及数量摘要；

3) 投标人的名称；

4) 投标报价；

5) 开标日期；

6) 其他必要的事项。

启封投标文件后，应按报送投标文件时间先后的逆顺序进行唱标。唱标即当众宣读有效投标的投标申请人的名称，但提交合格的"撤回通知"逾期送达的投标文件不予启封。

招标人应对唱标内容做好记录，并请投标申请人的法定代表人或授权代理人签字确认。在开标时，投标文件出现下列情形之一的，应当作为无效投标文件，不得进入评标：

1) 投标文件未按照招标文件的要求予以密封的；

2) 投标文件中的投标函未加盖投标人的企业及企业法定代表人印章的，或者企业法定代表人委托代理人没有合法、有效的委托书(原件)及委托代理人印章的；

3) 投标文件的关键内容字迹模糊、无法辨认的；

4) 投标人未按照招标文件的要求提供投标保函或者投标保证金的；

5) 组成联合体投标的，投标文件未附联合体各方共同投标协议的。

2. 评标

(1) 评标组织

所谓评标，是依据招标文件的规定和要求，对投标文件所进行的审查、评审和比较。评标是审查确定中标人的必经程序，是保证招标成功的重要环节。因此，为了确保评标的公正性，评标不能由招标人或其代理机构独自承担，应依法组成一个评标组织。这个依法成立的评标组织就是评标委员会。评标委员会是由招标人依法组建的负责评标的临时组织，负责依据招标文件规定的评标标准和方法，对所有投标文件进行评审，向招标人推荐中标候选人或者直接确定中标人。评标委员会由招标人负责组织。

评标委员会由招标人或其委托的招标代理机构熟悉相关业务的代表，以及有关技术、经济等方面的专家组成，成员人数为5人以上单数，其中技术、经济等方面的专家不得少于成员总数的三分之二。在专家成员中，技术专家主要负责对投标中的技术部分进行评审；经济专家主要负责对投标中的商务部分进行评审。考虑到上述几方面的专家和招标人及其代理机构的代表，因此评标委员会人数一般应为 5 人以上。之所以规定 5 人以上单数，主要是为了避免评委在投票决定中标候选人或中标人时，出现相反意见票数相等的情况。

评标工作的重要性，决定了必须对参加评标委员会的专家的资格进行一定的限制，并非所有的技术人员都可进入评标委员会。为了防止招标人在选定评标专家时的主观随意性，招标人应从国务院或省级人民政府建设行政主管部门提供的专家名册或者招标代理机构的专家库中，采取随机抽取的方式确定评标专家。技术特点复杂，专业性要求特别高或者国家有特殊要求的招标项目，采取随机抽取方式确定的专家难以胜任的，可以由招标人直接确定。专家名册或专家库，也称人才库，是根据不同的专业分别设置的该专业领域的专家名单或数据库。进人该名单或数据库中的专家，应该是在该领域具备上述条件的所有专家，而非少数或个别专家。

评标专家应符合下列条件：

1）从事相关领域工作满 8 年并具有高级职称或者同等专业水平；

2）熟悉有关招标投标的法律法规，并具有与招标项目相关的实践经验；

3）能够认真、公正、诚实、廉洁地履行职责。

有下列情况之一的，不得担任相关招标工程的评标委员会成员：

1）投标人或者投标人主要负责人的近亲属；

2）项目主管部门或者行政监督部门的人员；

3）与投标人有经济利益关系，可能影响对投标公正评审的；

4）曾因在招标、评标以及其他与招标投标有关活动中从事违法行为而受过行政处罚或刑事处罚的。

评标委员会应该有回避更换制度。所谓回避更换制度，即指与投标人有利害关系的人应当回避，不得进入评标委员会；已经进入的，应予以更换。如评标委员会成员有前款规定情形之一的，应当主动提出回避。

评标委员会成员的名单应于开标前确定。评标委员会成员的名单，在中标结果确定前属于保密的内容，不得泄露。

（2）评标原则和纪律

1）评标原则

① 竞争择优；

② 公平、公正、科学合理；

③ 质量好，履约率高，价格、工期合理，施工方法先进；

④ 反对不正当竞争。

2）评标纪律

① 评标活动由评标委员会依法进行，任何单位和个人不得非法干预或者影响评标过程和结果。

② 评标委员会成员应当客观、公正地履行职责，遵守职业道德，对所提出的评审意见承担个人责任。

③ 评标委员会成员不得与任何投标人或者招标结果有利害关系的人进行私下接触，不得收受投标人、中介人以及其他利害关系人的财物或者其他好处。

④ 评标委员会成员和参与评标活动的所有工作人员不得透露对投标文件的评审和比较、中标候选人的推荐情况以及与评标有关的其他情况。

⑤ 招标人应当采取有效措施，保证评标活动在严格保密的情况下进行。

（3）评标标准

简单地讲，评标是对投标文件的评审和比较。根据什么样的标准和方法进行评审，是一个关键问题，也是评标的原则问题。在招标文件中，招标人列明了评标的标准和方法，目的就是让各潜在投标人知道这些标准和方法，以便考虑如何进行投标，最终获得成功。那么，这些事先列明的标准和方法在评标时能否真正得到采用；是衡量评标是否公正、公平的标尺。为了保证评标的这种公正和公平性，评标必须按照招标文件规定的评标标准和方法，不得采用招标文件未列明的任何标准和方法，也不得改变招标文件确定的评标标准和方法。这一点，也是国际的通常做法。

评标的标准，一般包括价格标准和价格标准以外的其他有关标准（又称"非价格标准"），以及如何运用这些标准来确定中选的投标。非价格标准应尽可能客观和定量化，并按货币额表示，或规定相对的权重（即"系数"或"得分"）。通常来说，在货币评标时，非价格标准主要有运费和保险费、付款计划、交货期、运营成本、货物的有效性和配套性、零配件和服务的供给能力、相关的培训、安全性和环境效益等。在服务评标时，非价格标准主要有投标人及参与提供服务的人员的资格、经验、信誉、可靠性、专业和管理能力等。在工程评标时，非价格标准主要有施工组织设计或施工方法、工期、质量、施工人员和管理人员的素质、以往的经验等。

（4）评标方法

评标的方法，是运用评标标准评审、比较投标的具体方法。一般包括经评审的最低投标价法、综合评估法或者法律、行政法规允许的其他评标方法。

1）经评审的最低投标价法

经评审的最低投标价法，一般适用于具有通用技术、性能标准或者招标人对其技术、性能没有特殊要求的招标项目。根据经评审的最低投标价法，能够满足招标文件的实质性要求，并且经评审的最低投标价的投标，应当推荐为中标候选人。采用这一方法，评标委员会应当根据招标文件规定的评标价格调整方法，对所有投标人的投标报价以及投标文件的商务部分作必要的价格调整，中标人的投标应当符合招标文件规定的技术要求和标准，但评标委员会无需对投标文件的技术部分进行价格折算。

采用经评审的最低投标价法，必须对报价进行严格评审，特别是对报价明显较低的或者在设有标底时明显低于标底的，必须经过质疑、答辩的程序，或要求投标人提出相关说明资料，以证明具有实现低标价的有力措施，其保证方案合理可行，而不低于投标人的个别成本。

根据经评审的最低投标价法完成详细评审后，评标委员会应当拟定一份"标价比较表"，连同书面评标报告提交招标人。"标价比较表"应当载明各投标人的投标报价，对偏差的价格调整和说明以及经评审的最终投标价。

2）综合评估法

综合评估法，是最大限度地满足招标文件中规定的各项综合评价标准的投标，应当推荐为中标候选人的评标方法。这种方法一般在不宜采用经评审的最低投标价法评标时，采用的方法。不宜采用经评审的最低投标价法的招标项目，一般应当采取综合评估法进行评审。根据综合评估法，最大限度地满足招标文件中规定的各项综合评价标准的投标，应当推荐为中标候选人。

衡量投标文件是否最大限度地满足招标文件中规定的各项评价标准，需要将报价、施工组织设计、质量保证、工期保证、业绩与信誉等赋予不同的权重，用打分的方法或折算货币的方法，评出中标人。需量化的因素及其权重应当在招标文件中明确规定。评标委员会对各个评审因素进行量化时，应当将量化指标建立在同一基础或者同一标准上，使各投标文件具有可比性。对技术部分和商务部分进行量化后，评标委员会应当对这两部分的量化结果进行加权，计算出每一投标的综合评估价或者综合评估分。

采取综合评估法完成评标后，评标委员会应当拟定一份"综合评估比较表"，连同书面评标报告交招标人。"综合评估比较表"应当载明投标人的投标报价，所作的任何修正，对商务偏差和技术偏差的调整，对各项评审因素的评估以及对每一投标的最终评审结果。

3）综合评估法的量化案例

① $N = A_1 \times J + A_2 \times S + A_3 \times X$

式中　　　N——评标总得分；

　　　　　J——施工组织设计（技术部分）评审得分；

　　　　　S——投标报价（商务部分）评审得分，以最低报价（但低于成本的除外）得满分，其余报价按比例折减计算得分；

　　　　　X——投标人的质量、综合实力、信誉、业绩（信誉标）得分；

A_1、A_2、A_3——分别为各项指标所占得权重。

得分最高的为中标候选人。

② $N' = A_1 \times J' + A_2 \times S' + A_3 \times X'$

式中　　　N'——评标总得分；

　　　　　J'——施工组织设计（技术标）评审得分排序，从高至低排序，$J = 1, 2, 3\cdots$；

　　　　　S'——投标报价（商务标）评审得分排序，按报价从低至高排序（报价低于成本的除外），$S' = 1, 2, 3\cdots\cdots$；

　　　　　X'——投标人的质量、综合实力、信誉、业绩（信誉标）得分排序，按得分从高至低排序，$X' = 1, 2, 3\cdots\cdots$；

A_1、A_2、A_3——分别为各项指标所占的权重。

得分最低的人为中标候选人。

建议：一般 A_1 取 $30\% \sim 70\%$，A_2 取 $70\% \sim 30\%$，A_3 取 $0 \sim 20\%$，且 $A_1 + A_2 + A_3 = 100\%$。

采取上述量化评标法时，对评审因素（即各项指标）还可以细化，细化同时对各项指标所占权重作相应调整（细化）。

（5）评标程序

1）评标的准备

首先，评标委员会成员应当编制供评标使用的相应表格，认真研究招标文件，至少应了解和熟悉以下内容：

① 招标的目标；

② 招标项目的范围和性质；

③ 招标文件中规定的主要技术要求、标准和商务条款；

④ 招标文件规定的评标标准、评标方法和在评标过程中考虑的相关因素。

同时，招标人或者其委托的招标代理机构应当向评标委员会提供评标所需的重要信息和数据。

招标人设有标底的，标底应当保密，并在评标时作为参考。

2）初步评审

评标委员会应当根据招标文件规定的评标标准和方法，对投标文件进行系统地评审和比较。招标文件中没有规定的标准和方法不得作为评标的依据。

首先评标委员会应对投标文件进行符合性鉴定，核查投标文件是否按照招标文件的规定和要求编制、签署；投标文件是否实质上响应招标文件的要求。所谓实质上响应招标文件的要求，就是投标文件应该与招标文件的所有条款、条件和规定相符，无显著差异或保留。显著差异或保留是指对工程的发包范围、质量标准、工期、计价标准、合同条件及权利义务产生实质性影响；如果投标文件实质上不响应或不符合招标文件的要求，该投标应做废标处理。

评标委员会应当按照投标报价的高低或者招标文件规定的其他方法对投标文件排序。以多种货币报价的，应当按照中国银行在开标日公布的汇率中间价换算成人民币。招标文件应当对汇率标准和汇率风险做出规定。未作规定的，汇率风险由投标人承担。投标文件中的大写金额和小写金额不一致的，以大写金额为准；总价金额与单价金额不一致的，以单价金额为准，但单价金额小数点有明显错误的除外；对不同文字文本投标文件的解释发生异议的，以中文文本为准。

评标委员会可以书面方式要求投标人对投标文件中含义不明确、对同类问题表述不一致或者有明显文字和计算错误的内容作必要的澄清、说明或者补正。澄清、说明或者补正应以书面方式进行并不得超出投标文件的范围或者改变投标文件的实质性内容。

在评标过程中，评标委员会发现投标人以他人的名义投标、串通投标、以行贿手段谋取中标或者以其他弄虚作假方式投标的，该投标人的投标应作废标处理。评标委员会发现投标人的报价明显低于其他投标报价或者在设有标底时明显低于标底，使得其投标报价可能低于其个别成本的，应当要求该投标人做出书面说明并提供相关证明材料。投标人不能合理说明或者不能提供相关证明材料的，由评标委员会认定该投标人以低于成本报价竞标，其投标应作废标处理。

投标人资格条件不符合国家有关规定和招标文件要求的，或者拒不按照要求对投标文件进行澄清、说明或者补正的，评标委员会可以否决其投标。评标委员会应当审查每一投标文件是否对招标文件提出的所有实质性要求和条件做出响应。未能在实质上响应的投标，应作废标处理。

评标委员会应当根据招标文件，审查并逐项列出投标文件的全部投标偏差。投标偏差分为重大偏差和细微偏差。

下列情况属于重大偏差，投标文件有下列情形之一的，或未能对招标文件做出实质性响应，应作废标处理。招标文件对重大偏差另有规定的，从其规定。

① 没有按照招标文件要求提供投标担保或者所提供的投标担保有瑕疵；

② 投标文件没有投标人授权代表签字和加盖公章；

③ 投标文件载明的招标项目完成期限超过招标文件规定的期限；

④ 明显不符合技术规格、技术标准的要求；

⑤ 投标文件载明的货物包装方式、检验标准和方法等不符合招标文件的要求；

⑥ 投标文件附有招标人不能接受的条件；

⑦ 不符合招标文件中规定的其他实质性要求。

细微偏差是指投标文件在实质上响应招标文件要求，但在个别地方存在漏项或者提供了不完整的技术信息和数据等情况，并且补正这些遗漏或者不完整不会对其他投标人造成不公平的结果。细微偏差不影响投标文件的有效性。评标委员会应当书面要求存在细微偏差的投标人在评标结束前予以补正。拒不补正的，在详细评审时可以对细微偏差作不利于该投标人的量化，量化标准应当在招标文件中规定。

评标委员会否决不合格投标或者界定为废标后，因有效投标不足三个使得投标明显缺乏竞争的，评标委员会可以否决全部投标。投标人少于三个或者所有投标被否决的，招标人应当依法重新招标。

3) 详细评审

经初步评审合格的投标文件，评标委员会应当根据招标文件确定的评标标准和方法，对其技术部分和商务部分作进一步评审、比较。

① 商务部分评审

评标委员会可以采取经评审的最低投标价法，综合评估法或者法律、行政法规允许的其他评标方法，对确定为实质上响应招标文件要求的投标进行投标报价的评审，审查其投标报价是否按招标文件要求的计价依据进行报价；其报价是否合理，是否低于工程成本；并对具有投标报价的工程量清单表中的单价和合价进行校核，看其是否有计算或累计上的算术错误。如有计算或累计上的算术错误，按修正错误的方法调整其投标报价，经投标申请人代表确认同意后，调整后的投标报价对投标申请人起约束作用。如果投标申请人不接受修正后的投标报价则其投标将被否决。

投标文件商务部分主要评审和比较如下内容：

A. 投标报价的校核；

B. 审查全部报价数据计算的正确性；

C. 分析报价构成的合理性和可行性；

D. 设有标底的参考标底价格进行对比。

② 技术部分评审

对投标人的技术评估应包括以下内容：施工方案或施工组织设计、施工进度计划是否合理；施工技术管理人员和施工机械设备的配备，劳动力、材料计划、材料来源、临时用地、临时设施布置是否合理可行；投标人的综合施工技术能力、以往履约、业绩和分包情况等。

投标文件技术部分主要评审和比较如下内容：

A. 施工组织设计(施工方法)应包括施工方法是否先进、合理；进度计划及措施是否科学、合理、可靠；质量、安全保证措施是否合理、可靠；现场平面布置及文明施工措施是否合理、可靠；主要施工机械和劳动力配备和供应是否与施工进度相适应；项目经理、主要管理人员和工程技术人员的配备数量和资历是否能满足工程管理的需要；施工组织设计是否完整等。

B. 工程质量，指工程质量应达到国家施工验收规范标准，能满足招标文件的要求，质量保证措施全面、可行。

C. 工期，指工程施工期，即由工程正式开工之日起至施工单位提交竣工报告之日止这个期间。工期必须满足招标文件的要求；

D. 企业综合实力，包括企业的财务状况，机械设备情况，人员素质情况，以及拟派项目经理及项目管理班子情况等；

E. 企业信誉，指合同履约情况，经营作风和企业得到业主的满意程度，以及企业得到的奖励和受到的处罚情况等；

F. 业绩，指是否承担过类似工程，完成情况如何，以及在建工程施工情况等。

4）投标文件的澄清与质询

提交投标截止时间以后，投标文件即不得被补充、修改，这是一条基本原则。但评标时，若发现投标文件的内容有含义不明确、不一致或明显打字（书写）错误或纯属计算上的错误的情形，评标委员会则应通知投标人做出澄清或说明，以确保其正确的内容。对于明显打字（书写）错误或纯属计算上的错误，评标委员会应允许投标人补正。澄清的要求和投标的答复均应采取书面的形式，投标人的答复必须经法定代表人或授权代理人签字，作为投标文件的组成部分。

然而，投标人的澄清或说明，仅仅是对上述情形的解释和补正，不得有下列行为：

① 超出投标文件的范围。如，投标文件没有规定的内容，澄清的时候加以补充；标文件规定的是某一特定条件作为某一承诺的前提，但解释为另一条件，等等。

② 改变或谋求、提议改变投标文件中的实质性内容。所谓改变实质性内容，是指改变投标文件中的报价、技术规格（参数）、主要合同条款等内容。这种实质性内容的改变，目的就是为了使不符合要求的投标成为符合要求的投标。或者使竞争力较差的投标变成竞争力较强的投标。例如，改变工期，改变施工技术措施等。

如果需要澄清的投标文件较多，则可以召开澄清会，在澄清会上由评标委员会分别单独对投标人进行质询，先以口头形式询问并解答，随后在规定的时间内投标人以书面形式予以确认，做出正式书面答复。为有助于对投标文件的审查、评价和比较，必要时，评标委员会将要求投标申请人对投标文件中含义不明确的内容作必要的澄清、说明或答辩。投标文件的答辩一般以召开会议的形式，分别请投标申请人进行答辩、说明，先以口头形式询问并解答，随后在规定的时间内，投标申请人以书面形式予以确认，澄清或答辩问题的答复作为投标文件的组成部分。但澄清的问题不应寻求、提出或允许更改投标价格或投标文件的实质性内容。

根据招标文件的规定，允许投标人投备选标的，评标委员会可以对投标人所投的备选标进行评审，以决定是否采纳备选标。不符合中标条件的投标人的备选标不予考虑。

对于划分有多个单项合同的招标项目，招标文件允许投标人为获得整个项目合同而提出优惠的，评标委员会可以对投标人提出的优惠进行审查，以决定是否将招标项目作为一个整体合同授予投标人。将招标项目作为一个整体合同授予的，整体合同中标人的投标应当最有利于招标人。

评标和定标应当在投标有效期结束日30个工作日前完成。不能在投标有效期结束日30个工作日前完成评标和定标的，招标人应当通知所有投标人延长投标有效期。拒绝延长投标有效期的投标人有权收回投标保证金。同意延长投标有效期的投标人应当相应延长其投标担保的有效期，但不得修改投标文件的实质性内容。因延长投标有效期造成投标人损失的，招标人应当给予补偿，但因不可抗力需延长投标有效期的除外。

招标文件应当载明投标有效期。投标有效期从提交投标文件截止日起计算。

5）资格后审

① 未进行资格预审的招标项目，在确定中标候选人前，评标委员会须对投标人的资格进行审查；投标人只有符合招标文件要求的评审标准的，方可被确定为中标候选人或中标人。

② 进行资格预审的招标项目，评标委员会应就投标人资格预审所报的有关内容是否改变进行审查。如有改变是否按照招标文件的规定将所改变的内容随同投标文件一并递交；内容发生变化后是否仍符合招标文件要求的评审标准，评审标准符合招标文件要求的，方可被确定为中标候选人或中标人；否则，其投标将被否决。

（6）评标报告

评标报告是评标委员会评标结束后提交给招标人的一份重要文件。评标委员会按照招标文件中规定的。评标方法完成评标后，应向招标人提出书面评审报告。

书面评审报告应阐明评标委员会对各投标文件的评审和比较意见，向招标人推荐中标候选人或确定中标人。

评标报告作为招标人定标的重要依据，评标报告应包括以下内容：

1）基本情况和数据表；

2）评标委员会成员名单；

3）开标记录；

4）对投标申请人的资格审查情况（采用资格后审方式时）；

5）投标文件的符合性鉴定情况；

6）符合要求的投标一览表；

7）废标情况说明；

8）评标标准、评标方法或者评标因素一览表；

9）对投标文件的商务部分评审、分析、论证及评估；

10）对投标文件的技术部分评审，技术、经济风险分析；

11）经评审的价格或者评分比较一览表；

12）经评审的投标人排序；

13）推荐的中标候选人名单与签订合同前要处理的事宜；

14）投标文件的澄清、说明、补正事项纪要。

评标报告由评标委员会全体成员签字。对评标结论持有异议的评标委员会成员可以书面方式阐述其不同意见和理由。评标委员会成员拒绝在评标报告上签字且不陈述其不同意见和理由的，视为同意评标结论。评标委员会应当对此做出书面说明并记录在案。

3. 中标

（1）确定中标候选人

评标委员会根据招标文件中规定的评标方法，经过对投标申请人的投标文件进行全面、认真、系统地评审和比较后，确定出能够最大限度地满足招标文件的实质性要求，不超过 3 名有排序的合格的中标候选人，并标明排列顺序。

确定为中标候选人的投标报价不得低于成本价格。经评标委员会论证，认定投标人的投标报价低于成本的，不能推荐为中标候选人或中标人。根据招标人的授权评标委员会可以直接确定中标人。

评标委员会推荐的中标候选人或直接确定的中标人应当符合下列条件之一：

① 能够最大限度满足招标文件中规定的各项综合评价标准。

② 能够满足招标文件的实质性要求，并且经评审的投标价格最低；但是投标价格低于成本的除外。

一般情况下，尤其是使用国有资金投资或者国家融资的项目，招标人在中标候选人中选择中标人时应当确定排名第一的中标候选人为中标人。排名第一的中标候选人放弃中标，因不可抗力提出不能履行合同，或者招标文件规定应当提交履约保证金而在规定的期限内未能提交的，招标人可以确定排名第二的中标候选人为中标人。排名第二的中标候选人因前款规定的同样原因不能签订合同的，招标人可以确定排名第三的中标候选人为中标人。

招标人可以授权评标委员会直接确定中标人。国务院对中标人的确定另有规定的，从其规定。

（2）发出中标通知书及订立合同

中标人确定后，招标人应当向中标人发出中标通知书，同时通知未中标人，并与中标人在 30 个工作日之内签订合同。中标通知书对招标人和中标人具有法律约束力。中标通知书发出后，招标人改变中标结果或者中标人放弃中标的，应当承担法律责任。

招标人应当与中标人按照招标文件和中标人的投标文件订立书面合同。招标人与中标人不得再行订立背离合同实质性内容的其他协议。招标人与中标人签订合同后 5 个工作日内，应当向中标人和未中标的投标人退还投标保证金。

（八）建设工程施工招标书面报告

1. 建设工程施工招标书面报告

（1）建设工程施工招标书面报告的有关规定

《招标投标法》第 47 条规定："依法必须进行招标的项目，招标人应当自确定中标人之日起 15 日内，向有关行政监督部门提交招标投标情况的书面报告。"

《施工招标投标管理办法》第 45 条规定："依法必须进行施工招标的工程，招标人应当自确定中标人之日起 15 日内，向工程所在地的县级以上地方人民政府建设行政主管部门提交施工招标投标情况的书面报告。书面报告应当包括下列内容：

1）施工招标投标的基本情况，包括施工招标范围、施工招标方式、资格审查、开评标过程和确定中标人的方式及理由等。

2）相关的文件资料，包括招标公告或者投标邀请书、投标报名表、资格预审文件、招标文件、评标委员会的评标报告（设有标底的，应当附标底）、中标人的投标文件。委托工程招标代理的，还应当附工程施工招标代理委托合同。

前款第二项中已按照本办法的规定办理了备案的文件资料，不再重复提交。"

《施工招标投标管理办法》第 46 条规定："建设行政主管部门自收到书面报告之日起 5 日内未通知招标人在招标投标活动中有违法行为的，招标人可以向中标人发出中标通知书，并将中标结果通知所有未中标的投标人。"

《施工招标投标管理办法》第 54 条规定："招标人未向建设行政主管部门提交施工招标投标情况书面报告的，县级以上地方人民政府建设行政主管部门应当责令改正；在未提交施工招标投标情况书面报告前，建设行政主管部门不予颁发施工许可证。"

根据以上规定，依法必须进行招标的项目，招标工作结束后，招标人应当将招标、开标、评标过程的有关情况、记录、资料汇总成书面报告，向招标投标监督管理部门备案。

（2）建设工程施工招标书面报告的内容

建设工程施工招标书面报告应当包括以下内容：

1）招标投标的基本情况，包括招标范围、招标方式、资格审查、开评标过程和确定中标人的方式和理由等。

2）相关的文件资料，包括招标公告或投标邀请书、投标报名表、资格预审文件、招标文件、招标文件的修改、澄清答疑纪要、开标会议记录、评标委员会的评标报告、工程标底（如有时）、中标人的投标文件；委托工程代理机构的应附委托工程代理协议书。

招标人在办理招标时已向招标投标监督管理部门备案的文件资料，可以不再重复提交；招标投标监督管理部门自收到书面报告之日起 5 个工作日未提出异议的，招标人可以向中标人发放中标通知书，并将中标结果通知未中标的投标人。

2. 建设工程施工招标书面报告的编制

招标人应将建设工程招标、开标、评标情况，根据评标委员会编写的评标报告，依据《施工招标投标管理办法》的规定，编制招标投标书面报告并应当自确定中标人之日起 15日内向招标投标监督管理部门备案。

建设工程施工招标书面报告应从招标情况、开标情况、评标情况、确定中标人等几个方面进行编制。

（1）招标情况

1）工程概况

工程概况应包括工程的简要介绍，以及工程的建设地点、建设规模、结构、如是房屋建筑工程其层数、招标（发包）范围、招标方式、资金来源等；

2）招标过程

① 招标代理机构的资质和业绩情况；

如委托工程招标代理，应将工程招标代理机构的简历，并附招标代理机构的资质证书、营业执照的复印件，以及业绩情况，和负责招标事务从业人员的职称证书、执业证书和工作相关材料。

② 招标公告刊登的地点和时间或投标邀请书发放时间；投标人投标报名情况；

③ 资格预审文件和招标文件报招标投标监督管理部门的备案情况和时间；

④ 发放或发售资格预审文件或招标文件的时间和情况；

⑤ 现场踏勘和投标预备会的时间和情况；

⑥ 投标截止时间和投标情况。

（2）开标情况

1）开标时间及地点，参加开标会议的单位和人员情况；

2）唱标、开标会记录。

（3）评标情况

1）评标委员会的组成及评标委员会人员名单；

2）评标标准或方法；

3）评审和评价内容，包括：①投标人的资格审查；②投标文件的符合性鉴定情况；③审核报价情况；④投标文件问题的澄清（如有时）。

（4）确定中标人

根据评标委员会编写的评标报告，对评标分析论证内容及评审意见，确定中标人的方式或理由情况。

（5）附表

1）开标会议议程；

2）唱标记录表；

3）评标委员会人员名单；

4）投标人的资格审查表；

5）投标文件的符合性鉴定表；

6）评估报价表；

7）投标文件问题澄清表。

3. 招标投标备案资料

招标人应将招标投标有关资料连同中标的投标文件、中标通知书向招标投标监督管理部门备案，招标投标监督管理部门在接到书面报告之日起5个工作日内未提出异议的，招标人方可向中标人发放中标通知书；并同时将中标结果通知所有未中标的投标人。在招标备案时已办理备案的文件资料可不再重复提交。

招标投标备案资料包括以下内容：

1）建设项目的年度投资计划或立项批准文件；

2）经报建管理部门备案的工程项目报建登记表；

3）建设工程施工招标备案登记表及招标人招标机构有关人员的证明材料（自行办理招标的）；

4）项目法人单位的法人资格证明书；

5）招标公告或投标邀请书；

6）投标报名表及资格确认后的投标人名单；

7）资格预审合格通知书（采用资格预审的）；

8）招标人编写的招标项目的招标文件和资格预审文件（采用资格预审时）；

9）招标文件的修改、澄清答疑纪要；

10）如委托招标代理机构代理招标，委托方和代理方签订的"委托工程招标代理合同"和授权委托书；

11）评标委员会编写的评标报告；

12）招标人编写的书面报告；

13）中标人的投标文件；

14）中标通知书。

第五节　建筑高级装饰工程的招标投标

建筑高级装饰工程的招标投标应遵照《中华人民共和国招投标法》、《房屋建筑和市政基础设施工程施工招投标》、《评标委员会和评标方法暂行规定》等法律、法规执行。

一、建筑高级装饰工程招标范围

建筑高级装饰工程的招标分为设计招标和施工招标。

装饰设计招标，一般是对大型高档建筑的公共部分如大堂、多功能厅、会议厅、大小餐厅、高级办公空间、娱乐空间等高级装饰部分进行装饰设计招标。一般要求先绘制平面图、主要立面图、剖面图和彩色效果图以及设计估算报价书等方案设计文件，待方案设计中标后，再进行施工图绘制；也有要求方案图和施工图同时绘制投标的。

装饰施工招标，一般是对建筑高级装饰部分进行施工招标，如室内的公共空间工程；建筑外部装饰如玻璃幕墙工程、外墙石材饰面工程、外墙复合铝板工程等。

施工招标的工程内容又分为包工包料，包工不包料和建设方供主材、承包方供辅料及包清工等几种形式。

施工招标的范围，既包括室内装饰工程，有些也包括水、暖、电、通风等工种的支路管线工程以及智能工程等；有的还包括建筑室外工程及周边环境艺术工程，如园林绿化、造景、门前广场、雕塑品等。

二、招标方式及招标程序

（一）公开招标

公开招标，即由招标方通过报纸或专业刊物发布招标通告，公开招请各承包商参加投标竞争。凡符合规定条件的承包商均可以自愿参加投标。

公开招标可使招标方对承包商有较大的选择范围，可在众多符合条件的投标方之间选择报价合理、施工技术方案优化、工期较短、信誉良好的承包商，同其达成承包合同。采用公开招标形式，招标的全过程透明度高，有助于开展竞争，打破垄断及不正当竞争，能促使承包商努力提高工程质量、缩短工期、降低成本。但是，这种公开竞争形式较适合大型建筑装饰工程项目，建设方将投入较大的工作量，组成招标工作组，编制招标文件和招标通告；组成公正权威的评标组织，对大量的投标者资格和标书进行审查和评议、决标等工作。因此，招标费用支出也多；同时参加竞标的承包商越多，每个参加者中标的概率就越小，白白损失投标费用的风险也越大，而这种风险必然要反映在标价上，最终还是要由建设方来承担。故而，许多明智的建设方都选择性地邀请有实力、有信誉的几家承包商来进行有限投标。

（二）有限竞争

有限竞争也称有限招标，我国称为"邀请招标"。招标方（建设方或其委托代理方）可以在自己所熟悉的承包商中进行选择并发出邀请函，也可以先发布招标通告，招请具备资格的承包商报名，一般要求承包商具备相应的装饰施工资质等级，有的也要求有相应的装饰设计资质等级，经资格预审后再选定邀请3～6家承包商，并发出邀请函参加投标竞争。建设方可以利用政府部门和建筑装饰行业协会登记和发布的名录，诸如中华人民共和国建设部审定的一级资质建筑装饰工程施工企业名录、具备二级资质建筑装饰工程施工企业名录、建筑装饰设计甲级资质单位名录，有目标地选择邀请具备一定资质的设计和施工企业参加竞标，既能提高工作效率，又可节省费用开支。

有限竞争的招标方式，由于被邀请参加竞标的承包商为数有限，不仅可以节省招标费用，而且能提高每个投标者的中标率，对招标投标双方都有利，对承包商也更有吸引力，但这种招标方式限制了参与竞争的范围，违背自由竞争机会均等的原则。而现代信息社会也要求承包商具有良好的企业形象和较大的信息占有量，应该积极主动参与竞争投标，这也是建筑装饰企业生存发展的重要方面。

（三）议标

议标是通过邀请协商的一种招标形式。即不需通过公开招标或有限招标，而由建设方或其代理人直接邀请某一个或两、三个承包商进行协商，达成协议后将工程项目发包给一家、或二家、三家承包商。可能由一家议标承包商完成，也可以由二家、三家承包商参加议标，各承包完成一部分工程项目。

议标是装饰工程业主通常选择的形式，采用这种议标形式虽然要求有一定的条件方可通过，但这种议标形式灵活，可以要求被邀请的各承包商按公开招标的方式进行投标，投标文件一般要求有施工组织设计、施工进度计划表及投标报价书等。但可以不像公开招标那样当场开标，而是先在各承包投标文件之间进行比较，选择有利于招标方的条件，再分别同各投标方进行评标、议标和谈判，直到最后招标投标双方达成协议，签订承包合同。所以，招标方往往权衡利弊，将装饰工程项目分别发包给几个承包商。议标，不像公开招标和有限招标，须组成公开和权威的评标组织，进行公开的招投标、开标、评标、决标和当场确定及宣布中标的承包商，而可以通过协商谈判的方式确定承包商，建设方的权力较大。

被邀请协商的承包商，通常是凭着工程质量好、报价合理、工期短并在长期工程施工中赢得信誉的优胜者；有的是同建设方长期合作，并建立了互相信赖的良好关系；有的是在某些专业施工方面有特长的承包商。

（四）其他竞争方式

1. 比价竞标。

比价竞标是兼有邀请投标和协商谈判特点的一种承发包工程项目的交易方式，一般适用于工程规模不大，装饰施工较简单的工程项目。通常的做法是由建设方备函，同设计图纸和报价要求一起送交选定的几家承包商，请他们在规定的时间和地点提交报价单、施工组织设计及工程进度计划表、施工技术措施等，建设方经过对几家承包商投标书的分析比较，在其他各项基本相同的情况下，着重比较价格因素，选择报价合理的承包商。就施工方案、工期、质量标准、造价、付款条件、材料供应等细节问题进行具体磋商，达成协议后签订工程承包合同。

2. 行政指令方式。

有些重大工程和特殊工程，如国家重要机关办公部门工程，政府办公部门工程等性质特殊有保密及特殊工艺要求的工程项目，其工程设计、施工和主要物资供应等，主要是由政府主管部门按有关程序选择承包商，并以行政指令方式分配工程项目。

3. 方案竞赛。

装饰工程设计方案竞赛，是建设方案优选设计方案的常用方式。可以采用公开方案竞赛，也可以邀请少数经预先选择的有实力、有高级设计资质的装饰设计机构参加竞赛。一般的做法是由建设方提出设计的基本要求、风格特点和投资控制数额，并提供建筑图纸、设计任务书、现场条件、环境状况等文件，必要时还组织察看现场，召开设计方案研讨会；参加设计竞赛的单位据此并在规定的时间内，提交自己的设计方案，以及参与该项设计项目的主要人员名单、完成设计的时间和进度安排、投资估算、设计取费等文件，一并送交建设单位；然后由建设方主要负责人和有关专家组成的评选委员会评选方案，选出优胜方案或一、二、三等奖，或选出几家方案中一部分优胜方案，择优综合为一整套中选方案，或在此基础上进行第二轮方案评选。建设方与中选设计方签订设计委托书及设计合同，对未中选的参赛设计方，则按设计竞赛书上的约定给以适当补偿。在大型工程项目上，也有两、三家设计方被同时选中一部分设计方案，并分别同建设方签订设计合同的例子，因为建筑装饰设计不同于建筑设计，可以分块由几家设计单位来设计，有时也可以达到装饰设计风格多样的效果。

三、标底的编制与审定

招标标底的编制，一般是由设立的招标工作机构来完成。

（一）招标工作机构的组织和职能

招标工作机构通常由建设方负责人或得到授权的代表和包括建筑师、室内设计师、预算经济师、水电、通信工程师、装饰工程师等专业技术人员组成。其组成形式主要有两种：一是由建设方的基建主管部门抽调或聘请各专业人员按照《工程建设项目自行招标试行办法》规定组成招标机构，负责招投标的全部工作；二是委托社会具有相应资质的招标代理机构，代为办理招投标的全部工作。

招标工作机构的职能主要有以下两个方面：

1. 决策。属于决策性的事项包括：

（1）确定工程项目的发包范围，即决定装饰工程项目(包括水、电、通风)总包，还是分段分专业发包，分部分项工程发包，专业工程发包，发包给几家承包商等。

（2）确定承发包方式，即采用总价合同、单价合同或成本加酬金合同以及包工包料、包工包辅料或包清工等。

（3）确定发包形式，即采用公开招标、有限招标、议标、比价、方案竞赛等不同发包形式。

（4）指导编制标底和确定标底。

（5）评标、决标并负责签订合同。

2. 办理技术性日常事务工作。

（1）发布招投标公告或投标邀请函。

（2）到政府主管部门，如招投标办公室办理招投标报批手续。

（3）编制、报批和发送招标文件。

（4）编制和报批标底。

（5）审验投标者资格。

（6）组织设计交底、现场勘察和投标答疑。

（7）接纳并按保密要求保管投标者的标函。

（8）组织开标、评标。

（9）协商谈判签订合同或协议。

（二）建筑高级装饰工程标底的编制

建筑高级装饰工程标底的编制，通常是由上述的招标工作机构来进行。要编制出科学的、切合实际的建筑高级装饰工程标底，必须注意以下几个问题：

1. 认真熟悉装饰设计图纸，进行现场勘察，做到清楚掌握设计图纸、现场土建及各设备专业情况，避免图纸设计的遗漏项目及注意设计意图与现场实际的差别；认真做好同设计方的设计技术交底工作。

2. 认真了解和掌握材料市场行情及新材料新工艺做法。这一点很重要，因为装饰材料的新品种和新工艺发展很快，不同于土建的材料；另一方面现代高档建筑装饰的设计都很讲究新材料和新工艺的运用，有些材料工艺还是专门设计，并需要专门加工制作。所以，既要掌握市场新材料、新工艺情况，还要掌握特殊工艺如加工制作的情况，使作出的装饰工程标底比较准确。

3. 认真掌握国家建筑装饰工程概（预）算定额及新材料新工艺估算价格。

4. 了解建设方负责提供的材料及设备的落实情况，明确招标工程对技术、质量等级和工期的要求，作出确定议价、材料价差及各项包干费用等的依据。

四、招标文件和招标事务

具备建筑高级装饰工程施工招标条件的工程项目，由建设方向政府主管部门提出招标申请。经审查批准后，即可开始准备招标文件。招标文件可由建设方自行准备，也可委托有资格的招标代理机构代拟。招标文件是投标单位编制投标书的主要依据，通常包括下列基本内容。

（一）工程概况说明书

目的在于使投标方了解招标工程的概况，其主要内容为：工程名称、规模、地址、设计单位、发包范围、面积、设备概况、现场条件、供水、供电、通信设施及工期要求等，工程说明书举例如下：

工程概况说明书

××装饰工程，根据××批准，建筑总面积$\times \times m^2$，其中高级装饰$\times \times m^2$，普通装饰$\times \times m^2$。

目前土建工程已结束，装饰工程陆续开始，计划总工期××月。

工程采取包工包料方式，一次包死，除设计变更外，不做调整。

工程质量合格率要求达到100％。

工程材料。除提供钢材$\times \times t$，木材（成材）$\times \times m^3$，水泥$\times \times \times t$外，其余由承包单位自行采购。

　　……

（二）设计图纸和技术说明书

提供图纸和技术说明书目的在于使投标方了解工程的具体内容和技术要求，能据此拟定施工方案、技术措施和进度计划以及投标报价数额。

装饰工程的设计图纸，通常应达到一定的设计深度，包括设计说明、工程做法表、特殊技术要求、门窗表、家具表、灯具表、平面图、顶面图（综合吊顶图）、立面图、剖面图、大样详图以及主要材料样板、彩色效果图和水、电、通风各专业图。

技术说明书应达到下列几项要求：

1. 必须对装饰工程的要求作出清楚而详尽的说明，使各投标方能有共同的理解，并且不需大量准备工作即能结合图纸比较有把握地估算出造价。

2. 使投标方不必担心他所不能控制的任何意外风险，以及这些风险对造价和工期的影响。

3. 明确招标工程适用的施工验收技术规范、质量等级和保修期内承包人应负的责任。

4. 明确承包人应提供的其他服务，诸如监督有关分包商所承担工程的安全保护措施，防止自然灾害的特别保护措施,对配合业主有利的工作或防止任何意外责任风险的措施,以及对业主提供的材料的检验等。

5. 有关特殊产品、专门施工方法及指定材料品种、来源以及等效代用品的说明。

6. 有关施工机械设备、脚手架、临时设施、现场清理、卫生保洁及其他特殊要求的说明。

(三) 工程量清单

工程量清单是投标方计算标价和招标方评标的依据。工程量清单通常以每一个别工程为对象,按分部分项列出工程数量。通常招标方都列出工程量清单,也有的招标方要求投标方依据设计图纸和技术说明书列出工程量清单。

工程量清单由封面、内容目录和工程量表三部分组成,其基本格式分述如下。

1. 封面格式如下:

×××工程工程量清单

工程地址

建设单位

设计单位

概算师

(签名)

年　　月　　日

2. 内容目录如下:

(1) 准备工作

(2) ××××(个体工程甲)

(3) ××××(个体工程乙)

(4) 直接合同(指定分包工程)

(5) 允许调整的开口项目

(6) 室外工程

(7) 其他工程和费用

(8) 不可预见费用

(9) 包干费用

(10) 总包配合费

3. 工程量表如表 3-6-5 所示:

××××(个体工程甲)工程量表　　　　　　　　表 3-6-5

编　　号	单项工程名称	简要说明	单　　位	工程数量	单价(元)	总价(元)
1	2	3	4	5	6	7

说明:

1. 第 1~5 栏由招标单位填列;第 6、7 两栏由投标单位填列。每一页应标明页码,并在页末写明该页所列各项目总价的汇总金额。

2. 工程单价按我国习惯做法,一般仅列直接费,待汇总后再按一定比例计算工程管理费、独立费和利润。

3. 计算工程量所用的方法和单价应在工程量的表的开头或末尾加以说明。

（四）单价表

单价表是采用单价合同承包方式时按投标报价文件和招标方评标的依据，通常由招标方开列分部分项工程名称，交投标方填列单价，作为标书的重要组成部分 。也可先由招标方提出单价，投标方分别表示同意或另行提出自己的单价。考虑到工程数量对单价水平的影响，一般应列出近似工程量，供投标方参考，但不作为确定总标价的依据。采用计量定价合同承包方式时，如有零星点工或允许材料调价，也应有人工材料和单价表，作为工程量清单的附件。单价表的基本格式如表3-6-6、表3-6-7所示。

××工程单价表 表 3-6-6

编　　号	项　　目	简要说明	单　　位	近似工程量	单价(元)
1	2	3	4	5	6

说明：近似工程量仅供投标单位报价参考。

××工程工料单价表 表 3-6-7

编　　号	工种或材料名称	简要说明	单　　位	单价(元)
1	2	3	4	6

（五）合同主要条件

合同主要条件即发承包订立合同时必须涉及的主要内容，其作用一是使投标方明确中标后作为承包商应承担的义务和责任；二是作为洽商签订正式合同的基础。我国建设部和国家工商行政管理局于1996年11月发布了统一规定的标准合同格式《建筑装饰工程施工合同》，作为统一施工合同的规范文件。但目前不同地区的合同内容和形式各异，为了事先使投标人对作为承包商应承担的义务、责任和应享有的权利有明确的理解，有必要把合同条件列为招标文件的重要组成部分。合同主要条件应包括下列各项：

1. 合同所依据的法律、法规；

2. 工程内容（附工程项目一览表）；

3. 承包方式（包工包料、包工不包料，总价合同，单价合同或成本加酬金合同等）；

4. 总包价；

5. 开工、竣工日期；

6. 技术资料供应内容和时间；

7. 施工准备工作；

8. 材料供应及价款结算方法；

9. 工程价款结算办法；

10. 工程质量等级及验收标准；

11. 工程变更；

12. 停工及窝工损失的处理办法；

13. 提前竣工奖励及拖延工期罚款；

14. 竣工验收与最终结算；

15. 保修期内维修责任与费用；

16. 分包；

17. 争端的处理及仲裁。

（六）投标须知

投标须知是指导投标方正确和完善履行投标手续的文件，目的在于避免造成废标，使投标取得圆满的结果。投标须知的内容一般为填写和投送标书的注意事项，废标条件，决标优惠条件，勘察现场和解答问题的安排，投标截止日期及开标的时间、地点等。在我国目前情况下，还应列入建设方供料情况及材料调价的条件等。投标须知举例如下：

××投标须知

1. 投标方在投标报价之前，应认真阅读招标文件每一条款，按规定要求填写和投送标书。

2. 标书填写文字及数字应清楚，不得涂改，如有涂改者，必须有投标法人代表签名。投标总价必须用中文大写数字。

3. 标书文件中的任何文字，投标单位不得自行修改。如有疑问，可以口头或书面告诉招标人，由招标人统一解答改正。

4. 投标人将投标书填妥后，盖上单位公章，单位负责人（法人）签署，写上年、月、日，密封。按照规定投标截止日期为×××××月×日 12 时整，当众开标。

地点：××市××街××号

单位：

外埠单位投标仍按上述时间、地点送投，过时不予受理。

5. 投标单位在送投标书之前，必须办妥应缴纳的投标保证金（或同额银行保证书）××××××元，此项保证金在开标后一个月内退还原主，如中标人得标后不组织施工，保证金不予退还。

6. 定于××××年×月×日，由×××××单位组织踏勘施工现场解答有关招标投标中的一切问题，各参加单位的食宿交通费用自理。

7. 投标单位由于对招标文件阅读马虎、误解和漏看，或对建设场地了解不清及图纸看得不细等，而导致其后发生的一切后果和风险，均由投标者自负，不得向招标单位提出任何索赔要求。

（七）招标文件的其他几个方面

除前述内容外，招标文件尚应包括材料、设备的供应条件及价格、对投标单位的特殊要求、计划开竣工日期等。

（八）发布招标通告或邀请投标函

建设方的招标申请经主管部门批准，并备妥招标文件之后，即可发出招标通告或邀请投标函。

1. 招标通告。采取公开招标方式时，应视工程性质和规模在当地或全国性报纸或公开发行的专业刊物上发布招标通告。招标通告应包括的主要内容是：

（1）招标单位和招标工程名称；

（2）招标工程内容简介；

（3）发包方式；

（4）投标方资格，领取招标文件地点、时间和应缴费用等。

2. 邀请投标函。采取有限招标方式时，应由招标方向预先选定的建筑装饰企业发出邀请投标函；也可以先发布通告，公开招请建筑装饰企业报名参加资格预审，从中选定若干邀请对象，然后发函邀请其参加投标。

（九）对投标方资格审查

投标方资格审查的目的在于了解投标方的技术和财务实力及管理经验，以便招标获得比较理想的结果，限制不符合要求条件的承包商盲目参加投标。对投标方的资格审查由招标方负责。在公开招标时，通常在发售招标文件之前进行，审查合格者才准许购买招标文件，故称为资格预审。在直接邀请投标情况下，则在评标的同时进行资格审查。

投标方资格审查的主要内容一般为：

1. 建筑装饰企业营业执照和建筑装饰资质证书；

2. 主要施工经历及业绩；

3. 技术力量简况；

4. 施工机械设备简况；

5. 施工企业的在建项目；

6. 资金和财务状况；

7. 所施工工程照片资料等。

如采取直接邀请投标方式，投标方还须扼要说明对招标工程准备采用的施工组织设计、进度计划表和主要施工方法。此外，到大中城市参加投标的外地建筑企业，还须持有该城市主要部门签发的投标许可证。

资格审查的程序，通常由投标方按招标方的要求填报投标方情况调查表，同时交验有关证件(复印件)；招标方审查后，分别对合格单位与不合格单位发出书面通知。资格审查用表参考格式举例如表 3-6-8(a)、(b)、(c)、(d)和表 3-6-9。

申请投标单位情况调查表　　　　　　　　　　表 3-6-8(a)

企业名称			总部地址			
企业性质		上级主管单位		行政负责人		
				技术负责人	职　称	
企业编制职工人数	全员　　　人，其中 技术工人　　人 工程技术人员　　人		企业技术等级及证号 工商营业执照证号			
资金情况	固定资产　　　万元 自有流动资金　　万元		开户银行及账号			
准备参加本工程施工的概况	本市投标许可证号有效期限		驻本市地址			
	驻本市负责人		本工程技术负责人		职　称	
	职工人数	总计　　人，其中技术工人　　人，工程技术人员　　人				
	自有主要施工机　械					

过去五年内完成的主要工程   表 3-6-8(*b*)

工程名称	装饰标准	建筑面积(m²)	质量评定等级	开、竣工年月

在施工的承建主要项目   表 3-6-8(*c*)

工程名称	装饰标准	建筑面积(m²)	完成程序(%)	开、竣工年月

参加本工程的主要负责人及工程技术人员简历   表 3-6-8(*d*)

申请投标单位补充说明：

申请投标单位(公章)
负责人(签名)
年　月　日

招标单位审查意见：

审查人(签名)
招标单位(公章)
年　月　日

注意事项：

1. 请认真地如实填报。

2. 送交本调查表的同时须交验下列证件的复印件：

(1) 企业技术等级证书；

(2) 工商营业执照；

(3) 外地建筑装饰企业投标许可证。

外地建筑装饰企业来_____市投标许可证　　　　　**表 3-6-9**

投标许可证

经_____市建筑安装市政工程合同预算审查处登记审查，准予(企业名称)_____参加下列工程投标：

_____市建筑安装市政工程合同预算审查处(印)
　　年　月　日

本证有效期为
　年　月　日至　年　月　日

（十）工程招标交底及答疑

招标方发出招标文件，投标方踏勘场地之后，应邀集投标方的法人代表或其他委托人开会，进行装饰工程交底，并解答疑问。

工程交底的内容，主要是介绍工程概况，明确质量要求、验收标准及工期要求，说明建设单位供料情况，材料款和工程款的支付办法，以及投标注意事项等。

对投标方所提疑问的回答，应以书面记录方式，印发给各投标方，作为招标文件的补充。记录参考格式举例如表 3-6-10。

××工程招标答疑记录　　　　　**表 3-6-10**

时间：

地点：

主持人(注明姓名、职务和所代表的单位，并签名)：

参加人(注明姓名、职务和所代表的单位，并签名)：

问　　题	提　问　人	答　　案	解　答　人

投标方对招标文件中的疑问，一般应预先以书面提出，也可在交底会上临时口头提出。招标方对所提疑问应一律在答疑会上公开解答。在开标之前，不应与任何投标方的代表单独接触和个别解答任何问题。

五、施工招标的开标、评标与决标

建设部 2001 年 6 月 1 日颁发的《房屋建筑和市政基础设施工程施工招标投标管理办法》中规定，施工项目的开标、评标和决标必须遵循规定的程序和实施要求。我国目前的装饰工程招标仍以此为准。

（一）开标

开标应按招标文件规定的时间、地点公开举行(议标除外)。若变更开标日期和地点，至少提前三天通知投标企业和有关单位。

开标由招标方的法人代表或有委托书的代理人主持。开标时，应邀请招标方的上级主管部门和有关单位参加。国家重点工程、重要工程以及大型工程和中外合资工程应通知建设银行派代表参加。

开标一般程序是：

1. 由招标方工作人员介绍各方到会人员，宣布会议主持人及招标方法人代表证件或法人代表委托书。

2. 会议主持人检验投标企业法人代表或其指定代理人身份证件、委托书。

3. 主持人重申招标文件要点，宣布评标办法和成员名单。

4. 主持人当众检验启封投标书。其中属于无效标书，须经评标委员会半数以上成员确认，并当众宣布。

5. 投标企业法人代表或其指定的代理人声明，对招标文件是否确认。

6. 以按标书送达时间或以抽签方式排列投标企业唱标顺序。

7. 各投标企业代表按顺序唱标。装饰工程唱标，按事先的规定，可唱总标价，也可按不同装饰工程部位（如大堂、多功能厅、会议厅等）分块进行唱标，分别进行评标。

8. 当众启封公布标底（但北京市规定：当各投标书的报价属无效报价时——即报价超过标底价的规定上下限幅度时，标底价应暂不公布，并宣布招标失败）。

9. 招标方指定专人监唱，作好开标记录（最好是在大幅工程开标汇总表上记录），并由各投标企业的法人代表或者其指定的代理人在记录上签字。

北京市规定，装饰工程申请实行议标方式时，必须先报请北京市招投标办公室审查批准。实行议标方式，可由招标单位和投标单位分别协商，不需公开开标，但仍应邀请有关部门参加。

装饰工程开标汇总表参考格式如表 3-6-11 所示。

装饰工程开标汇总表 表 3-6-11

| 序号 | 投标企业 | 报价（万元） | | | 施工日历天 | 开工日期 | 竣工日期 | 分部分项工程 | | | 投标企业法定代表人签名 |
		总计	装饰工程	水电安装				大堂	宴会厅	客房	
1											
2											
3											
4											
5											
...											

开标日期：×年×月×日
记录：

招标单位：

评标委员会负责人：

注：本表一式二份，一份盖章后报上级招标管理机构。

（二）评标

评标工作由评标委员会负责完成。

评标委员会由招标办公室审核同意的招标工作小组提出组成名单，填写《建设工程施工评标委员会报批表》，报招标管理机构审批。报批表格式如表 3-6-12 所示。

建设工程施工评标委员会报批表　　　　表 3-6-12

招标单位					
招标工程名称					
评标委员会组成情况说明					
评标委员会名单	姓　名	工作单位	职　务	职　称	备　注

审核意见： 审核单位：（章）　审核日期：	招标单位：（盖章） 法人代表：　　年　月　日

注：本表申报二份，审核后退还一份。

评标委员会成员应由建设方(或代理招标方)、标底编制单位(如建筑装饰咨询机构，若招标单位自行编制标底则不另行增加名额)、设计单位、资金提供单位(如投资公司、基金会、银行等)等组成。评标委员会成员要与工程规模和技术复杂程度相适应，一般以 5～9 人为宜，大型项目评标委员会成员可增至 11 人左右。其中技术、经济等方面的专家不得少于成员总数的三分之二。评标委员会负责人由评标委员会成员推举产生或者由招标人确定。

评标办法应以招标文件中的规定为依据，开标后不得更改。评标应采用科学方法，以平等竞争、公正合理为原则。评标具体办法一般有下列几种：

1. 按得分评定。

事先由评标委员会根据标价、工期、质量标准、施工方案、企业信誉等内容及具体工程特点，确定各项内容的权数(百分比)，开标后再由各评标人员对每一投标书内容各自逐项打分后，再乘以权数，得出每一评标人员的综合分数。再将全体评标人员对每一投标书的综合分数加以平均，最后，得出投标书分数最高者，即为中标单位。也可以不用权数，直接由评标人员逐一对投标书进行综合评分，最后加以平均，得分最高者即为中标单位。这种评标方法的优点是可以避免"人情标"、"关系标"的弊端。

下面介绍各项内容的权数及综合计分公式，仅供参考：

（1）权数

① 报价 35%；

② 工期 15%；

③ 质量 15%；

④ 施工方案 15%；

⑤ 企业信誉 15%；

⑥ 优惠条件(如有让利条款等)5%。

（2）综合计分公式

$$投标企业得分=35\frac{B}{B_t}+15\frac{G}{G_t}+15Z_t+15F_t+15X_t+5Y_t$$

式中　B——标底；

　　B_t——投标报价；

　　G——要求工期；

　　G_t——投标工期；

　　Z_t——工程质量系数；

　　F_t——施工方案系数；

　　X_t——企业信誉系数；

　　Y_t——优惠条件系数（如有时）。

以上各类系数，由评标委员会根据参加投标企业的具体情况，在 $0.9\sim1.1$ 的系数范围内逐项评议。得出最高者即为中标单位。

2. 综合评议。

通过评标委员会根据上述各项内容综合考虑评定，择优确定中标单位，其中以标价为主要考虑，其余综合考虑。这种方法的灵活性、倾向性较大，标准不易掌握，主要以"定性"确定中标单位，缺乏"定量"系数。

3. 按标价评定。

评标委员会只考虑标价，不考虑其他因素以最接近标底的报价为中标单位。这种方法实际上不是评标方法，只是机械片面地以价格为惟一依据。因为建筑装饰工程是艺术性、综合性、系统性工程，投标企业的管理水平、企业信誉、施工方案、质量和进度控制水平，直接影响工程的施工质量和进度，如仅以标价进行评定，中标与未中标企业往往只差几千元或上万元的标价，而有可能未中标企业比中标企业在各方面都有干得更好的实力，最终会使建设方受到损失。所以说建筑装饰工程综合评定非常重要，而以价格为惟一依据的方法虽简单省事，但并不公正，也缺乏科学求实精神，仅适用于技术简单，质量要求低且工程量小的工程，不适用于高档建筑装饰工程。

评标时应注意以下两种情况：

（1）对无效标价的下限应加以分析，正确确定。对有些标价虽已超过规定下限（如北京市规定：民用工程为 -5%，工业交通项目为 -7%；上海市规定：全民所有制企业 -6%，集体所有制企业 -10%），但对其中确有先进的技术措施或降低造价措施者，经过评标委员会讨论同意，报招投标管理机构认可后，可作为有效标价。

（2）对报价总金额中未包括的项目、金额（如活动家具、装饰灯具、装饰艺术品等），如属于招标范围者，应与报价总金额一并考虑，核定其报价是否超过标底价的上下限。

（三）决标

亦称定标。评标委员会根据评标方法，对投标书进行评审，并提出中标企业的建议，由招标方法人代表或其指定代理人认定后填写评（决）标报告表，经上级主管部门同意报当地招投标管理单位批准后，由招标方发出中标和未中标通知书。中标单位一经确定不准变更。对于不符合评标办法产生的中标单位，当地招投标管理单位有权否定。上海市规定，当确定的中标单位自愿放弃中标资格时，评标委员会应重新评定中标单位。

自开标至决（定）标的期限，小型工程不超过 5 天，大中型工程不超过 15 天，特殊工程可以适当延长。

中标企业接到中标通知书后，一般工程在 15 日内，大型工程在 30 日内，与招标单位以招标文件和中标内容为依据，签订承包合同；逾期不能签订合同的，经双方协商或经招投标管理单位裁定，由责任方赔偿对方经济损失。属于中标单位责任的，除赔偿对方经济损失外，还取消该项工程的中标资格。

对未中标企业，由招标单位收回招标文件，退回押金，付给投标企业投标书编制补偿金（按中标价格的一定比例，或有具体规定，但最高不超过1000元）。

遇有全部标价均为无效报价，而复核标底正确无误，或标底有误差经修正后各标价仍为无效报价时，即属招标失败。招标失败后，招标方可以重新组织邀请招标或选择最接近标底上下限的两个投标企业，采取议标方式进行协商，从中选择中标企业。

工程评标报告见表3-6-13。

××工程评标报告　　　　　　　　　　　　表3-6-13

建设单位名称			建设地址		
建筑面积	m²		开标日期	年　月　日	
标		底			
核准部门	总造价(元)	总工期(日历天)	计划开工日期	计划竣工日期	质量标准
报		价			
投标企业名称	总造价(元)	总工期(日历天)	计划开工日期	计划竣工日期	质量标准
报		价			
投标企业名称	总造价(元)	总工期(日历天)	计划开工日期	计划竣工日期	质量标准
报		价			
投标企业名称	总造价(元)	总工期(日历天)	计划开工日期	计划竣工日期	质量标准
中标企业				决标日期	年　月　日
评标情况及中标理由					
招标方(盖章)　　法人代表(盖章)　　上级主管部门(盖章)　　招标办(盖章)					

未中标通知书格式如下：

_____：

我单位_____工程招标经评标委员会议定，已由_____中标，请接到本通知后_____天内，带招标文件和图纸到我单位办理有关手续。

招标单位：（盖章）

　　　　　　　　　　　　　　　　　　　　　　　　　　　×年×月×日

在评标中及决标后发现招标方或投标方犯有收受回扣、行贿、受贿及泄漏标底价格等行为的，将给予罚款和相应处分。

六、建筑高级装饰工程的投标要点

（一）投标资格预审

具备投标条件的承包单位，可根据招标的信息和自己企业的等级及条件，向招标方提出申请，提交投标申请书。其内容如下：

    1. 企业名称、地址、负责人姓名和开户银行账号；

    2. 企业的所有制性质和隶属关系；

    3. 营业执照和建筑装饰施工资质等级证书(复印件)；

    4. 企业简况。

（二）投标准备工作

1. 装饰施工投标的一般程序。

2. 研究招标文件。

3. 勘察施工现场。

4. 调查投标环境。

5. 提出问题、参加招标答疑会。

6. 确定投标策略和投标指导方针：

（1）决定是否投标。

（2）指导报价，争取中标。

① 靠经营管理水平高取胜。

② 靠缩短施工工期取得。

③ 低利润政策。

④ 抽象报价，寄赢利希望于工程变更洽商。

⑤ 着眼于发展，为争取将来的优势，而宁愿目前少赚钱。

7. 拟定施工方案。

8. 装饰材料及设备配件询价。

9. 信息查证，业主调查。

（1）信息查证。

（2）对业主做必要的调查。

（三）报价

1. 装修工程的造价。

（1）装修工程的造价分析；

（2）装修工程的大致造价水平。

2. 装饰工程的范围划分：

（1）从一般习惯来划分：

精装修(高级装饰)工程以内装修为主，一般包括：楼地面、墙面、吊顶、门、窗、隔断、卫生间、灯具、家具、各种配件。

（2）从设计方面来划分：

① 精装修(高级装饰)部分未从设计中单独划出；

② 有单独的精装修(高级装饰)工程设计。

3. 装修工程的报价要点：

（1）定额有采用；

（2）工程量计算规则；

（3）单价的确定；

(4) 取费标准。

4. 高级装饰工程报价的主要工作内容：

(1) 计算或校核工程量；

(2) 编制分部分项工程单价表；

(3) 施工管理费率的测算；

(4) 独立费率的确定；

(5) 资金占用和利息的分析；

(6) 不可预见因素的考虑；

(7) 预期利润率的确定；

(8) 确定基础标价；

(9) 确定基础标价的指标估价法；

(10) 标价方案分析和报价决策。

5. 标书的编制和投送：

(1) 标书的编制规则和依据。

(2) 标书的内容及其格式。

(3) 附件：

① 标书附件一：××高级装饰工程分部分项标价明细表；

② 标书附件二：××高级装饰工程单位工程主要材料、设备标价明细表；

③ 标书附件三：××高级装饰工程施工组织设计；

④ 标书附件四：××高级装饰工程主要技术措施和施工方法；

⑤ 标书附件五：××高级装饰工程项目经理部名册；

⑥ 标书附件六：××高级装饰工程进度计划表。

(4) 标书的投送。

标书编制完毕，应将正本和副本(两份)装入特制投标书袋内，在袋口加贴密封条，并加盖两枚企业公章和法人代表印鉴的骑缝章，在规定的时间内送达招标方指定地点。标书应派专人送达，亦可挂号邮寄(有的省市不允许邮寄)。招标方接到投标书经检查确认投标书袋填写合格，密封无误后，应登记签收(包括送标企业名称、送达时间、地点、送标人签字、招标单位接标人签字等)，并装入专用标箱内。

投标企业在标书发出后，如发现有遗漏或错误，允许进行补充修正，但必须在投标截止日前以正式函件送达招标方，过时无效，凡符合上述条件的补充修订文件，应视为标书附件，招标方须承认，并作为评标、决标的依据之一。

另外，有些招标方规定以送达标书时间的先后顺序作为开标排名先后的顺序，投标企业也应适当选择送达标书的时间。

第六节　工程项目设备与物资采购招标投标

为了加强建设工程设备招标投标工作的管理，确保工程项目所需设备能够保质、保量、按期成套供应，保护公平竞争、维护设备招标投标人的合法权益，加强对设备招标投标的管理，国内贸易部于 1995 年 11 月 27 日发布了《建设工程设备招标投标管理试行办法》，进一步强化了建设工程设备招标投标的法制管理。强调指出，建设工程设备招标投标坚持公开、公平、公正、诚信的原则；投标应当靠先进的制造技术、可靠的产品质量、科学的经营管理和良好的社会信誉参与竞争。设备招标投标是法人之间的经济活动，受国家法律及政府法令的约束和保护，不受地区、部门的限制，任何部门和地方不得保护落后，也不许搞假招标。

一、设备招标

（一）设备招标方式

1. 公开招标，即招标人通过报刊发表招标公告；

2. 邀请招标，即由招标人向具备设备供应或制造能力的单位直接发出投标邀请书，受邀参加投标的单位不得少于 3 家。

（二）设备招标代理机构应当具备的条件

1. 依法设立的中介组织；

2. 有组织建设工程设备供应工作的经验；

3. 对国家和地区大中型基建、技改项目的成套设备招标单位应当具有国家计委、内贸部、机械部机电设备成套单位资格审查认证的相应的甲、乙级资质；

4. 具有编制招标文件和标底的能力；

5. 具有对投标人进行资格审查和组织评标的能力；

6. 建设工程项目单位自行组织招标的，应符合上述条件，如不具备上述条件应委托招标代理机构进行招标。

（三）建设工程设备招标程序

1. 建设单位向招标代理机构办理招标委托手续（自行组织招标的例外）；

2. 招标人编制招标文件；

3. 发出招标公告或邀请投标意向书；

4. 对投标人进行资格审查；

5. 发放招标文件和有关技术资料，进行技术交底，解答投标人提出的有关招标文件的疑问；

6. 组成评标委员会，制定评标原则、办法、程序；

7. 在规定的时间、地点接受投标；

8. 确定标底；

9. 开标，一般采用公开方式开标；

10. 评标、定标；

11. 发出中标通知，设备招标人和中标人签订供货合同。

（四）设备投标资格审查

招标采购设备时，只在由业主负责组织安装且技术复杂时，才设置资格预审程序，如果设备的供应与安装都由供货方负责，多半采用邀请招标进行资格后审。对投标人的资格审查内容，分为投标人资质的合格性审查和所提供货物的合格性审查两个方面。

1. 审查投标人的资质。投标人填报的"资格证明文件"应能表明他有资格参加投标和具有履行合同的能力，如果投标人按合同提供的货物不是自己生产，则应提供制造厂家正式授权同意提供的货物的证明材料。要求投标人提交供审查的证明资格文件包括以下内容：

（1）营业执照副本；

（2）银行出具的资信证明；

（3）生产许可证；

（4）产品鉴定书；

（5）产品获得过的国优、部优等荣誉证书；

（6）制造厂家的情况调查表，包括工厂规模、资产负债表、生产能力（包括自己不必生产的主要零部件从何处取得）、产品在国内外的销售情况、近三年的年营业额、制造厂家的名称和地址等；

（7）审定资格时所需提供的其他证明材料。

2．审查提供货物的合格性。投标人可以手册、图纸、资料等材料，说明所提供货物及辅助服务的合格性证明。

（1）表明货物的主要技术指标和操作性能；

（2）提供设备运行两年期内所需的零配件和特种工具等清单，并说明货源和现行价格情况；

（3）资格预审文件或招标文件中提出的工艺、材料、设备、参照的商标或样本目录号仅作为招标的基本要求，而非严格的限制条件。允许投标人的设备选用替代标准，但替代标准必须优于或相当于技术规范所要求的标准。

（五）设备招标文件

招标需要有招标文件。招标文件是投标和评标的主要依据，内容应当做到完整、准确，所提招标条件应当公平、合理，符合有关规定。招标文件主要由以下部分组成：

1．招标书。包括招标人名称、建设工程名称及简介、招标设备简要内容（设备主要参数、数量、要求交货期）、投标截止日期和地点、开标日期和地点。

2．投标须知。包括对招标文件的说明及对投标者和投标文件的基本要求，评标、定标的基本原则等内容。

3．招标设备清单和技术要求及图纸。

4．主要合同条款。应当依据《合同法》的规定，包括价格及付款方式、交货条件、质量、验收标准以及违约罚款等内容，条款要详细、严谨，防止事后发生纠纷。

5．投标书格式、投标设备数量及价目表格式。

6．其他需要说明的事项。

招标文件一经发出，不得随意修改或增加附加条件，如确需修改和补充，一般应当在投标截止日期前 15 天以信函或电报等书面方式通知到投标单位。

凡招标设备均不受设计单位选厂意见的限制。

（六）设备招标的标底

招标设备标底应当由招标人或招标代理机构编制。

设备标底价格应当以招标当年现行价格为基础，生产周期长的设备应考虑价格变化因素。

（七）设备招标开标

开标一般采取公开方式，由招标人主持邀请所有投标人参加；招标申请公证的，应有公证部门参加。

开标时须当众检查投标文件的密封情况，当众宣读所有投标人投标文件的主要内容（投标报价及交货期等），并做好开标记录。

开标应当在招标文件确定的提交投标截止时间的同一时间公开进行。

（八）设备招标的评标与定标

招标人在实施招标时，应当组织评标委员会（或评标小组），负责评标定标工作。评标委员会应当由技术经济专家、招标人组成，与投标人有直接经济关系（财务隶属关系或股份关系）的单位人员不得参加评标委员会。

评标前，应当制定评标程序、方法、标准以及评标纪律。评标应当依据招标文件的确定以及投标文件所提供的内容评议并确定中标单位。在评标过程中，应当平等、公正地对待所有投标者，招标人不得任意修改招标文件的内容或提出其他附加条件作为中标条件。不得以最低报价作为中标的惟一标准。

设备招标的评标工作一般不超过 10 天，大型项目设备承包的评标工作最多不超过 30 天。

评标过程中，如有必要可请投标人对其投标内容作澄清解释。澄清时不得对投标内容作实质性修改。澄清解释的内容必要时可作书面纪要，经投标人授权代表签字后，作为评标文件的组成部分。

评标过程中有关评标情况不得向投标人或与招标工作无关的人员透露。凡招标申请公证的，评标过程应当在公证部门的监督下进行。

设备供应评标的特点是，对合格标书进行评审比较时，不仅要看所报价格的高低，而且要考虑招标人在货物运抵现场过程中可能要支付的其他费用，以及设备在评审预定的寿命期内可能投入的运营和管理费用多少。如果投标人所报的设备价格较低，但运营费很高时，仍不符合以最合理价格采购设备的原则。设备招标评标，一般采用评标价法或打分法。

1. 评标价法。以货币价格为指标的评标价法，依据标的性质和特点不同，可选择最低投标价法、综合评标价法和以寿命周期成本为基础的评标价法之中的任何一种方法。

（1）最低投标价法。采购简单中小型设备，以及其他性能、质量相同或容易进行比较的设备时，仅以投标价格作为评标考虑的惟一因素，选择投标价最低者中标。

国内生产的设备，投标价应为出厂价。出厂价是指设备生产过程中所投入的各种费用和各种税款，但不包括设备售出后应交纳的销售税或其他类似税款。

（2）综合评标价法。综合评标价法是指以投标价法为基础，将评定各要素按预定的方法换算成相应的价格在原投标价上增加或扣减该值而形成的评标价格。评标价格最低的投标书为最优。采购大型设备时，较多采用这种方法。

评标时，投标价格以外还需考察的因素和折算价格的方法，一般包括以下几个方面：

① 运输费用。这部分由招标人可能支付的额外费用包括运费、保险费和其他费用，如运输超大件设备需要对道路加宽、桥梁加固所需支出的费用等。换算为评标价格时，可按照运输部门（铁路、公路、水运）、保险公司，以及其他有关部门公布的取费标准，计算货物运抵最终目的地将要发生的费用。

② 交货期。以招标文件的"供货一览表"中规定的具体交货时间作为标准。当投标书中提出的交货期早于规定时间，一般不给予评标优惠，因为施工还不需要时的提前到货，不仅不会使项目法人获得提前收益，反而要增加仓储管理费和设备保养费。如果迟于

规定的交货日期，但推迟的时间尚在可以接受的范围之内，则交货日期每延迟一个月，按投标价的百分比（一般为 2%）计算折算价，将其加到投标价内。

③ 付款条件。投标人应按招标文件中规定的付款条件来报价，对不符合规定的投标，可视为非响应性投标而予以拒绝。但在订购大型设备的招标中，如果投标人在投标致函内提出，若采用不同的付款条件（如增加预付款或前期阶段支付款）可降低报价的方案供招标单位选择时，这一付款要求在评标时也应予以考虑。当支付要求的偏离条件在可接受范围情况下，应将偏离要求给项目法人增加的费用（资金利息等），按招标文件中规定的贴现率换算成评标时的净现值，加到投标致函中提出的更改报价内作为评标价格。

④ 零配件和售后服务。零配件以设备运行两年内各类易损备件的获取途径和价格作为评标要素。售后服务内容一般包括安装监督、设备调试、提供备件、负责维修、人员培训等工作，评价提供这些服务的可能性和价格。

评标时如何对待这两笔费用，要视招标文件的规定区别对待。当这些费用已要求投标人包括在投标价之内，则评标时不再考虑这些因素；若要求投标人在投标报价之外单报这些费用，则应将其加到报价内。如果招标文件中没有作出上述任何一种规定，评标时应按投标书技术规范附件中由投标人填报的备件名称、数量计算可能需购置的总价格，以及由招标单位自行安排的售后服务价格，然后将其加到投标价内。

⑤ 设备性能、生产能力。投标设备应具有招标文件技术规范中规定的生产效率。如果所提供设备的性能、生产能力等某些技术指标没有达到技术规范要求的基准参数，则每种参数比基准参数降低 1% 时，应以投标设备实际生产效率单位成本为基础计算，在投标价内增加若干金额。

将以上各项评审价格加到投标价内后，累计金额即为该标书的评标价。

（3）以设备寿命周期成本为基础的评标价法。采购生产线、成套设备、车辆等运行期内各种后续费用（备件、油料及燃料、维修等）较高的货物时，可采用以设备寿命成本为基础的评标价法。评标时应首先确定一个统一的设备评审寿命期，然后再根据各投标书的实际情况，在投标价上加上该年限运行期内所发生的各项费用，再减去寿命期末设备的残值。计算各项费用和残值时，都应按招标文件中规定的贴现率折算成净现值。

这种方法是在综合评标价法的基础上，进一步加上一定运行年限内的费用作为评审价格。这些以贴现值计算的费用包括：

① 估算寿命期内所需的燃料消耗费。

② 估算寿命期内所需备件及维修费用。备件费可按投标人在技术规范附件中提供的担保数字，或过去已用过可作参考的类似设备实际消耗数据为基础，以运行时间来计算。

③ 估算寿命期末的残值。

2. 打分法。

打分法是按预先确定的评分标准，分别对各投书的报价和各种服务进行评审计分，得分最高者中标。

货物采购评价标书优劣的因素包括：

（1）评审计分内容。货物采购评价标书优劣的因素包括：

① 投标价格；

② 运输费、保险费和其他费用；

③ 投标书中所报的交货期限;

④ 偏离招标文件规定的付款条件;

⑤ 备件价格和售后服务;

⑥ 设备的性能、质量、生产能力;

⑦ 技术服务和培训;

⑧ 其他有关内容。

(2) 评审要素分值的分配。评审要素确定后,应依据采购标的物的性质、特点,以及各要素对采购方总投资的响应程度来具体划分权重和计分标准,既不能等同对待,也不应一概而论。下表是世界银行贷款项目通常采用的分配比例,以供参考。

① 投标价   65～70 分

② 备件价格   0～10 分

③ 技术性能、维修、运行费   0～10 分

④ 售后服务   0～5 分

⑤ 标准备件等   0～5 分

  总计   100 分

打分法的好处是简便易行,评标考虑因素更为全面,可以将难以用金额表示的各项要素量化后进行比较,从中选出最好的标书。缺点是各评标人独立给分,对评标人的水平和知识面要求高,否则主观随意性较大。另外,加工订购招标时,投标人提供的设备型号各异,难以合理确定不同技术性能的有关分值和同一性能应得的分数,有时甚至会忽视某一投标人设备的一些重要指标。若采用打分法评标,评分要素和各要素的分值分配均应在投标文件中加以说明。

评标定标以后,招标人应当尽快向中标人发出中标通知,同时通知其他未中标单位。

二、设备供应投标

(一) 投标形式

设备供应投标形式可以采用供应商单独投标,也可采用几家供应厂(商)联合投标。

凡实行独立核算、自负盈亏、持有营业执照的国内制造厂家、设备公司(集团)及设备成套(承包)公司,具备投标的基本条件,均可参加投标或联合投标,但与招标单位或设备需方有直接经济关系(财务隶属关系或股份关系)的单位及项目设计单位不能参加投标。

采用联合投标,必须明确一个总牵头单位承担全部责任,联合各方的责任和义务应当以协议形式加以确定,并在投标文件予以说明。

(二) 设备投标文件

1. 设备投标文件内容。投标需要有投标文件。投标文件是评标的主要依据之一,应当符合招标文件的要求,其基本内容包括:

(1) 投标书;

(2) 投标设备数量及价目表;

(3) 偏差说明书,即对招标文件某些要求有不同意见的说明;

(4) 证明投标人资格的有关文件;

(5) 投标企业法人代表授权书;

(6) 投标保证金(根据需要定);

(7) 招标文件要求的其他需要说明的事项。

2. 对设备投标文件的其他规定。

(1) 投标文件的有效期在招标文件中应明确规定,其期限应当能满足评标和定标要求。

(2) 投标人投标时,如招标文件有要求,应当在投标文件中向招标人提交投标保证金,金额一般不超过投标设备金额的 2%,招标工作结束后(最迟不得超过投标文件有效期限),招标人应当将投标保证金及时退还给投标人。

(3) 投标人对招标文件中某些内容不能接受时,应当在投标文件中申明。

(4) 投标文件应当有投标人法人代表或法人代表授权的代理人签字,并加盖单位公章,密封后递送招标单位。

(5) 投标文件分正本和副本,投标时应当分别标明;当正本与副本内容有矛盾时,以正本为准。

(6) 投标人投标后,在招标文件规定的期限内,可以补充文件修改或补充投标内容。补充文件作为投标文件的一部分,具有同等效力。

(7) 投标人如未在投标文件中说明,中标后不得将主要设备进行转包。

(8) 投标人不得串通作弊,哄抬标价。

三、设备招标投标的管理和法律责任

(一) 设备招标投标的管理监督

1. 建设工程设备招标的监督按现行的职责分工,分别由有关行政主管部门负责。

2. 招标投标过程中,有关各方发生争议或纠纷,可以通过协商来解决;如协商不能解决,可向国内贸易部或建设工程及生产企业的上级行政主管部门申请调解。

3. 投标人如果发现招标人在招标过程中弄虚作假或有徇私舞弊行为,可向国内贸易部或建设项目及生产企业的上级行政主管部门提出调查要求,也可直接向人民法院提起诉讼。详见国办发〔2000〕34 号文。

(二) 设备招标投标中双方的法律责任

1. 中标人在接到中标通知后,应当在规定时间内与招标人签订设备供货合同。

2. 招标文件和投标文件均为合同的组成部分,随合同一起有效。

3. 投标保标后,如果撤回投标文件拒签合同,应承担缔约过失责任,应当向招标人赔偿经济损失,赔偿金额不超过中标金额的 2%。可将投标的投标保证金作为违约赔偿。

4. 中标通知发出后,招标人如拒签合同,应当向中标单位赔偿经济损失,赔偿金额为中标金额的 2%。

5. 合同生效以后,双方都应当严格执行,不得随意调价或变更合同内容;如果发生纠纷,双方都应当按照《合同法》和国家有关规定解决。

四、物资采购的招标投标

建材管理体制决定了工程项目的物资采供方式,经过了几十年体现改革,特别是改革开放 20 多年来,我国已初步形成了开放的物资市场,推广采用招标投标方式采购建设工程所有物资,即将建设物资供应纳入市场轨道。项目法人或工程承包单位可视市场货源及项目对材料的要求,采取招标等方式采购物资。这为我国的工程建设带来了新的活力,也加速了我国建设业与国际承包市场的接轨。

（一）物资采购的方式及其程序

物资采购的方式可根据标的物的性质、特点，需用量大小，供货商的供货能力等方面条件来选定，一般采用下列三种方式之一：

1. 招标选择供货商。即采用公开招标或邀请招标方式选择供货商。一般由招标单位在建筑有形市场或通过报刊、广播、电视等发布招标广告，或向有资格的供货商发出邀请的投标函。

采用招标方式进行材料采购的范围应按《招标范围和规模标准规定》，不属法定强制招标的可采用其他方式。与工程施工招标相比，材料采购的公开招标程序比较简单，其招标程序是：

（1）由主持招标的单位编制招标文件。招标文件应包括招标通告、投标者须知、投标格式、合同格式、货物清单、质量标准（技术规范）以及必要的附件。

（2）刊登广告。

（3）投标单位购买标书（在需要进行资格预审的招标中，标书只发售给资格合格的厂商）。

（4）投标报价。投标单位应在指定时间、地点投标报价。

（5）开标、确定中标单位。招标单位应在预定的时间、地点公开开标，当场决定中标单位。

（6）签订合同。

2. 询价选择供货商。询价采购是向3家以上供货商就采购的标的物询价；将他们的报价加以比较后，选择其中一家签订合同。既无需经过复杂的招标程序，又可以保证价格有一定的竞争性。一般适用于法定强制招标范围以外的采购量不大的建筑材料和价值小的标准产品。

其程序一般为询价——报价——签订合同。

3. 直接订货。由材料采购方直接向材料生产厂商或材料经营公司报价，生产厂商或材料经营公司接受报价，签订合同。

直接订购一般适用于具有专卖性材料、急需采购的材料、向原订货商增加供货品种或数量。

上述三种采购方式中，比较常用的是第二种方式，但对于法定招标项目必须进行招标，标的数额较大，市场竞争比较激烈的建材，采用公开招标的方式，对采购方比较有利，而对于一些零星物资的采购或与生产厂商及建材经营公司保持较好合作关系的情况，采用直接采购的方式也是可取的。

（二）物资采购招标文件的内容

物资采购的招标文件一般由以下部分组成：

1. 投标须知；
2. 合同条件；
3. 供货一览表；
4. 技术规范或技术规格；
5. 投标保证金和履约保证金要求；
6. 合同协议书格式等。

（三）开标、评标、定标

开标、评标、定标可参照设备招标投标的有关方法和规定。

房地产开发工程招标与投标相关法律、法规，详见附录 3-6-1～3-6-8。

附录 3-6-1 工程建设项目招标代理机构资格认定办法

（2007 年 1 月 11 日建设部令第 154 号）

《工程建设项目招标代理机构资格认定办法》已于 2006 年 12 月 30 日经建设部第 114 次常务会议讨论通过，现予发布，自 2007 年 3 月 1 日起施行。

建设部部长 汪光焘

二〇〇七年一月十一日

工程建设项目招标代理机构资格认定办法

第一条 为了加强对工程建设项目招标代理机构的资格管理，维护工程建设项目招标投标活动当事人的合法权益，根据《中华人民共和国招标投标法》、《中华人民共和国行政许可法》等有关法律和行政法规，制定本办法。

第二条 在中华人民共和国境内从事各类工程建设项目招标代理业务机构资格的认定，适用本办法。

本办法所称工程建设项目（以下简称工程），是指土木工程、建筑工程、线路管道和设备安装工程及装饰装修工程项目。

本办法所称工程建设项目招标代理（以下简称工程招标代理），是指工程招标代理机构接受招标人的委托，从事工程的勘察、设计、施工、监理以及与工程建设有关的重要设备（进口机电设备除外）、材料采购招标的代理业务。

第三条 国务院建设主管部门负责全国工程招标代理机构资格认定的管理。

省、自治区、直辖市人民政府建设主管部门负责本行政区域内的工程招标代理机构资格认定的管理。

第四条 从事工程招标代理业务的机构，应当依法取得国务院建设主管部门或者省、自治区、直辖市人民政府建设主管部门认定的工程招标代理机构资格，并在其资格许可的范围内从事相应的工程招标代理业务。

第五条 工程招标代理机构资格分为甲级、乙级和暂定级。

甲级工程招标代理机构可以承担各类工程的招标代理业务。

乙级工程招标代理机构只能承担工程总投资 1 亿元人民币以下的工程招标代理业务。

暂定级工程招标代理机构，只能承担工程总投资 6000 万元人民币以下的工程招标代理业务。

第六条 工程招标代理机构可以跨省、自治区、直辖市承担工程招标代理业务。

任何单位和个人不得限制或者排斥工程招标代理机构依法开展工程招标代理业务。

第七条 甲级工程招标代理机构资格由国务院建设主管部门认定。

乙级、暂定级工程招标代理机构资格由工商注册所在地的省、自治区、直辖市人民政府建设主管部门认定。

第八条 申请工程招标代理资格的机构应当具备下列条件：

（一）是依法设立的中介组织，具有独立法人资格；

（二）与行政机关和其他国家机关没有行政隶属关系或者其他利益关系；

（三）有固定的营业场所和开展工程招标代理业务所需设施及办公条件；

（四）有健全的组织机构和内部管理的规章制度；

（五）具备编制招标文件和组织评标的相应专业力量；

（六）具有可以作为评标委员会成员人选的技术、经济等方面的专家库；

（七）法律、行政法规规定的其它条件。

第九条 申请甲级工程招标代理资格的机构，除具备本办法第八条规定的条件外，还应当具备下列条件：

（一）取得乙级工程招标代理资格满3年；

（二）近3年内累计工程招标代理中标金额在16亿元人民币以上（以中标通知书为依据，下同）；

（三）具有中级以上职称的工程招标代理机构专职人员不少于20人，其中具有工程建设类注册执业资格人员不少于10人（其中注册造价工程师不少于5人），从事工程招标代理业务3年以上的人员不少于10人；

（四）技术经济负责人为本机构专职人员，具有10年以上从事工程管理的经验，具有高级技术经济职称和工程建设类注册执业资格；

（五）注册资本金不少于200万元。

第十条 申请乙级工程招标代理资格的机构，除具备本办法第八条规定的条件外，还应当具备下列条件：

（一）取得暂定级工程招标代理资格满1年；

（二）近3年内累计工程招标代理中标金额在8亿元人民币以上；

（三）具有中级以上职称的工程招标代理机构专职人员不少于12人，其中具有工程建设类注册执业资格人员不少于6人（其中注册造价工程师不少于3人），从事工程招标代理业务3年以上的人员不少于6人；

（四）技术经济负责人为本机构专职人员，具有8年以上从事工程管理的经历，具有高级技术经济职称和工程建设类注册执业资格；

（五）注册资本金不少于100万元。

第十一条 新设立的工程招标代理机构具备第八条和第十条第（三）、（四）、（五）项条件的，可以申请暂定级工程招标代理资格。

第十二条 申请工程招标代理机构资格的机构，应当提供下列资料：

（一）工程招标代理机构资格申请报告；

（二）《工程招标代理机构资格申请表》及电子文档；

（三）企业法人营业执照；

（四）工程招标代理机构章程以及内部管理规章制度；

（五）专职人员身份证复印件、劳动合同、职称证书或工程建设类注册执业资格证书、社会保险缴费凭证以及人事档案代理证明；

（六）法定代表人和技术经济负责人的任职文件、个人简历等材料，技术经济负责人还应提供从事工程管理经历证明；

（七）办公场所证明，主要办公设备清单；

（八）出资证明及上一年度经审计的企业财务报告（含报表及说明，下同）；

（九）评标专家库成员名单；

（十）法律、法规要求提供的其他有关资料。

申请甲级、乙级工程招标代理机构资格的，还应当提供工程招标代理有效业绩证明（工程招标代理合同、中标通知书和招标人评价意见）。

工程招标代理机构应当对所提供资料的真实性负责。

第十三条　申请甲级工程招标代理机构资格的，应当向机构工商注册所在地的省、自治区、直辖市人民政府建设主管部门提出申请。

省、自治区、直辖市人民政府建设主管部门应当自受理申请之日起 20 日内初审完毕，并将初审意见和申请材料报国务院建设主管部门。

国务院建设主管部门应当自省、自治区、直辖市人民政府建设主管部门受理申请材料之日起 40 日内完成审查，公示审查意见，公示时间为 10 日。

第十四条　乙级、暂定级工程招标代理机构资格的具体实施程序，由省、自治区、直辖市人民政府建设主管部门依法确定。

省、自治区、直辖市人民政府建设主管部门应当将认定的乙级、暂定级的工程招标代理机构名单在认定后 15 日内，报国务院建设主管部门备案。

第十五条　工程招标代理机构的资格，在认定前由建设主管部门组织专家委员会评审。

第十六条　工程招标代理机构资格证书分为正本和副本，由国务院建设主管部门统一印制，正本和副本具有同等法律效力。

甲级、乙级工程招标代理机构资格证书的有效期为 5 年，暂定级工程招标代理机构资格证书的有效期为 3 年。

第十七条　甲级、乙级工程招标代理机构的资格证书有效期届满，需要延续资格证书有效期的，应当在其工程招标代理机构资格证书有效期届满 60 日前，向原资格许可机关提出资格延续申请。

对于在资格有效期内遵守有关法律、法规、规章、技术标准，信用档案中无不良行为记录，且业绩、专职人员满足资格条件的甲级、乙级工程招标代理机构，经原资格许可机关同意，有效期延续 5 年。

第十八条　暂定级工程招标代理机构的资格证书有效期届满，需继续从事工程招标代理业务的，应当重新申请暂定级工程招标代理机构资格。

第十九条　工程招标代理机构在资格证书有效期内发生下列情形之一的，应当自情形发生之日起 30 日内，到原资格许可机关办理资格证书变更手续，原资格许可机关在 2 日内办理变更手续：

（一）工商登记事项发生变更的；

（二）技术经济负责人发生变更的；

（三）法律法规规定的其他需要变更资格证书的情形。

由省、自治区、直辖市人民政府建设主管部门办理变更的，省、自治区、直辖市人民政府建设主管部门应当在办理变更后 15 日内，将变更情况报国务院建设主管部门备案。

第二十条　工程招标代理机构申请资格证书变更的，应当提交以下材料：

（一）资格证书变更申请；

（二）企业法人营业执照复印件；

（三）资格证书正、副本复印件；

（四）与资格变更事项有关的证明材料。

第二十一条　工程招标代理机构合并的，合并后存续或者新设立的机构可以承继合并前各方中较高的资格等级，但应当符合相应的资格条件。

工程招标代理机构分立的，只能由分立后的一方工程招标代理机构承继原工程招标代理机构的资格，但应当符合原工程招标代理机构的资格条件。承继原工程招标代理机构资格的一方由分立各方协商确定；其他各方资格按照本办法的规定申请重新核定。

第二十二条　工程招标代理机构在领取新的工程招标代理机构资格证书的同时，应当将原资格证书交回原发证机关予以注销。

工程招标代理机构需增补(含增加、更换、遗失补办)工程招标代理机构资格证书的，应当持资格证书增补申请等材料向资格许可机关申请办理。遗失资格证书的，在申请补办前，应当在公众媒体上刊登遗失声明。资格许可机关应当在 2 日内办理完毕。

第二十三条 工程招标代理机构应当与招标人签订书面合同,在合同约定的范围内实施代理,并按照国家有关规定收取费用;超出合同约定实施代理的,依法承担民事责任。

第二十四条 工程招标代理机构应当在其资格证书有效期内,妥善保存工程招标代理过程文件以及成果文件。

工程招标代理机构不得伪造、隐匿工程招标代理过程文件以及成果文件。

第二十五条 工程招标代理机构在工程招标代理活动中不得有下列行为:

(一)与所代理招标工程的招投标人有隶属关系、合作经营关系以及其他利益关系;

(二)从事同一工程的招标代理和投标咨询活动;

(三)超越资格许可范围承担工程招标代理业务;

(四)明知委托事项违法而进行代理;

(五)采取行贿、提供回扣或者给予其他不正当利益等手段承接工程招标代理业务;

(六)未经招标人书面同意,转让工程招标代理业务;

(七)泄露应当保密的与招标投标活动有关的情况和资料;

(八)与招标人或者投标人串通,损害国家利益、社会公共利益和他人合法权益;

(九)对有关行政监督部门依法责令改正的决定拒不执行或者以弄虚作假方式隐瞒真相;

(十)擅自修改经招标人同意并加盖了招标人公章的工程招标代理成果文件;

(十一)涂改、倒卖、出租、出借或以其他形式非法转让工程招标代理资格证书;

(十二)法律、法规和规章禁止的其他行为。

申请资格升级的工程招标代理机构或者重新申请暂定级资格的工程招标代理机构,在申请之日起前一年内有前款规定行为之一的,资格许可机关不予批准。

第二十六条 国务院建设主管部门和省、自治区、直辖市建设主管部门应当通过核查工程招标代理机构从业人员、经营业绩、市场行为、代理质量状况等情况,加强对工程招标代理机构资格的管理。

第二十七条 工程招标代理机构取得工程招标代理资格后,不再符合相应条件的,建设主管部门根据利害关系人的请求或者依据职权,可以责令其限期改正;逾期不改的,资格许可机关可以撤回其工程招标代理资格。被撤回工程招标代理资格的,可以按照其实际达到的条件,向资格许可机关提出重新核定工程招标代理资格的申请。

第二十八条 有下列情形之一的,资格许可机关或者其上级机关,根据利害关系人的请求或者依据职权,可以撤销工程招标代理资格:

(一)资格许可机关工作人员滥用职权、玩忽职守作出准予资格许可的;

(二)超越法定职权作出准予资格许可的;

(三)违反法定程序作出准予资格许可的;

(四)对不符合许可条件的申请作出资格许可的;

(五)依法可以撤销工程招标代理资格的其他情形。

以欺骗、贿赂等不正当手段取得工程招标代理资格证书的,应当予以撤销。

第二十九条 有下列情形之一的,资格许可机关应当依法注销工程招标代理机构资格,并公告其资格证书作废,工程招标代理机构应当及时将资格证书交回资格许可机关:

(一)资格证书有效期届满未依法申请延续的;

(二)工程招标代理机构依法终止的;

(三)资格证书被撤销、撤回,或者吊销的;

(四)法律、法规规定的应当注销资格的其他情形。

第三十条 建设主管部门应当建立工程招标代理机构信用档案,并向社会公示。

工程招标代理机构应当按照有关规定，向资格许可机关提供真实、准确、完整的企业信用档案信息。

工程招标代理机构的信用档案信息应当包括机构基本情况、业绩、工程质量和安全、合同违约等情况。本办法第二十五条第一款规定的行为、被投诉举报处理的违法行为、行政处罚等情况应当作为不良行为记入其信用档案。

第三十一条 工程招标代理机构隐瞒有关情况或者提供虚假材料申请工程招标代理机构资格的，资格许可机关不予受理或者不予行政许可，并给予警告，该机构 1 年内不得再次申请工程招标代理机构资格。

第三十二条 工程招标代理机构以欺骗、贿赂等不正当手段取得工程招标代理机构资格的，由资格许可机关给予警告，并处 3 万元罚款；该机构 3 年内不得再次申请工程招标代理机构资格。

第三十三条 工程招标代理机构不及时办理资格证书变更手续的，由原资格许可机关责令限期办理；逾期不办理的，可处以 1000 元以上 1 万元以下的罚款。

第三十四条 工程招标代理机构未按照规定提供信用档案信息的，由原资格许可机关给予警告，责令限期改正；逾期未改正的，可处以 1000 元以上 1 万元以下的罚款。

第三十五条 未取得工程招标代理资格或者超越资格许可范围承担工程招标代理业务的，该工程招标代理无效，由原资格许可机关处以 3 万元罚款。

第三十六条 工程招标代理机构涂改、倒卖、出租、出借或者以其他形式非法转让工程招标代理资格证书的，由原资格许可机关处以 3 万元罚款。

第三十七条 有本办法第二十五条第(一)、(二)、(四)、(五)、(六)、(九)、(十)、(十二)项行为之一的，处以 3 万元罚款。

第三十八条 本办法自 2007 年 3 月 1 日起施行。《工程建设项目招标代理机构资格认定办法》(建设部令第 79 号)同时废止。

附录 3-6-2 建筑工程设计招标投标管理办法

(2000 年 10 月 18 日建设部令第 82 号)

第一条 为规范建筑工程设计市场，优化建筑工程设计，促进设计质量的提高，根据《中华人民共和国招标投标法》，制定本办法。

第二条 符合《工程建设项目招标范围和规模标准规定》的各类房屋建筑工程，其设计招标投标适用本办法。

第三条 建筑工程的设计，采用特定专利技术、专有技术，或者建筑艺术造型有特殊要求的，经有关部门批准，可以直接发包。

第四条 国务院建设行政主管部门负责全国建筑工程设计招标投标的监督管理。

县级以上地方人民政府建设行政主管部门负责本行政区域内建筑工程设计招标投标的监督管理。

第五条 建筑工程设计招标依法可以公开招标或者邀请招标。

第六条 招标人具备下列条件的，可以自行组织招标：

(一) 有与招标项目工程规模及复杂程序相适应的工程技术、工程造价、财务和工程管理人员，具备组织编写招标文件的能力；

(二) 有组织评标的能力。

招标人不具备前款规定条件的，应当委托具有相应资格的招标代理机构进行招标。

第七条 依法必须招标的建筑工程项目，招标人自行组织招标的，应当在发布招标公告或者发出招标邀请书 15 日前，持有关材料到县级以上地方人民政府建设行政主管部门备案；招标人委托招标代理机构进行招标的，招标人应当在委托合同签定后 15 日内，持有关材料到县级以上地方人民政府建设行政主管部门备案。

备案机关应当在接受备案之日起 5 日内进行审核，发现招标人不具备自行招标条件、代理机构无相应资格、招标前期条件不具备、招标公告或者招标邀请书有重大瑕疵的，可以责令招标人暂时停止招标活动。

备案机关逾期未提出异议的，招标人可以实施招标活动。

第八条　公开招标的，招标人应当发布招标公告。邀请招标的，招标人应当向三个以上设计单位发出招标邀请书。

招标公告或者招标邀请书应载明招标人名称和地址、招标项目的基本要求、投标人的资质要求以及获取招标文件的办法等事项。

第九条　招标文件应当包括以下内容：

（一）工程名称、地址、占地面积、建筑面积等；

（二）已批准的项目建议书或者可行性研究报告；

（三）工程经济技术要求；

（四）城市规划管理部门确定的规划控制条件和用地红线图；

（五）可供参考的工程地质、水文地质、工程测量等建设场地勘察成果执行报告；

（六）供水、供电、供气、供热、环保、市政道路等方面的基础资料；

（七）招标文件答疑、踏勘现场的时间和地点；

（八）投标文件编制要求及评标原则；

（九）投标文件送达的截止时间；

（十）拟签订合同的主要条款；

（十一）未中标方案的补偿办法。

第十条　招标文件一经发出，招标人不得随意变更。确需进行必要的澄清或者修改，应当在提交投标文件截止日期 15 日前，书面通知所有招标文件收受人。

第十一条　招标人要求投标人提交投标文件的时限为：特级和一级建筑工程不少于 45 日；二级以下建筑工程不少于 30 日；进行概念设计招标的，不少于 20 日。

第十二条　投标人应当具有与招标项目相适应的工程设计资质。

境外设计单位参加国内建筑工程设计投标的，应当经省、自治区、直辖市人民政府建设行政主管部门批准。

第十三条　投标人应当按照招标文件、建筑方案设计编制深度规定的要求编制投标文件；进行概念设计招标的，应当按照招标文件要求编制投标文件。

投标文件应当由具有相应资格的注册建筑师签章，加盖单位公章。

第十四条　评标由评标委员会负责。

评标委员会由招标人代表和有关专家组成。评标委员会人数一般为五人以上单数，其中技术方面的专家不得少于成员总数的三分之二。

投标人或者与投标人有利害关系的人员不得参加评标委员会。

第十五条　国务院建设行政主管部门，省、自治区、直辖市人民政府建设行政主管部门应当建立建筑工程设计评标专家库。

第十六条　有下列情形之一的，投标文件作废：

（一）投标文件未经密封的；

（二）无相应资格的建筑师签字；

（三）无投标人公章的；

（四）注册建筑师受聘单位与投标人不符的。

第十七条 评标委员会应当在符合城市规划、消防、节能、环保的前提下，按照招标文件的要求，对投标设计方案的经济、技术、功能和造型等进行比选、评价，确定符合招标文件要求的最优设计方案。

第十八条 评标委员会应当在评标完成后，向招标人提出书面评标报告。

采用公开招标方式的，评标委员会应当向招标人推荐 2～3 个中标候选方案。

采用邀请招标方式的，评标委员会应当向招标人推荐 1～2 个中标候选方案。

第十九条 招标人根据评标委员会的书面评标报告和推荐的中标候选方案，结合投标人的技术力量和业绩确定中标方案。

招标人也可以委托评标委员会直接确定中标方案。

招标人认为评标委员会推荐的所有候选方案均不能最大限度满足招标文件规定要求的，应当依法重新招标。

第二十条 招标人应当在中标方案确定之日起 7 日内，向中标人发出中标通知，并将中标结果通知所有未中标人。

第二十一条 依法必须进行招标的项目，招标人应当在中标方案确定之日起 15 日内，向县级以上地方人民政府建设行政主管部门提交招标投标情况的书面报告。

第二十二条 对达到招标文件规定要求的未中标方案，公开招标的，招标人应当在招标公告中明确是否给予未中标单位经济补偿金额；邀请招标的，应当给予未中标单位经济补偿及补偿金额；补偿金额应当在招标邀请书中明确。

第二十三条 招标人应当在中标通知书发出之日起 30 日内与中标人签订工程设计合同。确需另择设计单位承担施工图设计的，应当在招标公告或招标邀请书中明确。

第二十四条 招标人、中标人使用未中标方案的，应当征得提交方案的投标人同意并付给使用费。

第二十五条 依法必须招标的建设工程项目，招标人自行组织招标的，未在发布招标公告或招标邀请书 15 日前到县级以上地方人民政府建设行政主管部门备案，或者委托招标代理机构进行招标的，招标人未在委托合同签定后 15 日内到县级以下地方人民政府建设行政主管部门备案的，由县级以上地方人民政府建设行政主管部门责令改正，并可处以一万元以上三万元以下罚款。

第二十六条 招标人未在中标方案确定之日起 15 日内，向县级以上地方人民政府建设行政主管部门提交招标投标情况的书面报告的，由县级以上地方人民政府建设行政主管部门责令改正，并可处以一万元以上三万元以下的罚款。

第二十七条 招标人将必须进行设计招标的项目不招标的，或将必须进行招标的项目化整为零或者以其他方式规避招标的，由县级以上地方人民政府建设行政主管部门责令其限期改正，并可处以项目合同金额千分之五以上千分之十以下的罚款。

第二十八条 招标代理机构有下列行为之一的，由省、自治区、直辖市地方人民政府建设行政主管部门处五万元以上二十五万元以下的罚款；有违法所得的，并处没收违法所得；情节严重的，由国务院建设行政主管部门或者省、自治区、直辖市地方人民政府建设行政主管部门暂停直至取消招标代理资格；构成犯罪的，依法追究刑事责任。给他人造成损失的，依法承担赔偿责任：

（一）在开标前泄露应当保密的与招标投标活动有关的情况和资料的；

（二）与招标人、投标人串通损害国家利益、社会公共利益或者他人合法权益的。

前款所列行为影响中标结果的，中标无效。

第二十九条 投标人相互串通投标，或者以向招标人、评标委员会成员行贿的手段谋取中标的，中标无效，由县级以上地方人民政府建设行政主管部门处中标项目金额千分之五以上千分之十以下的罚款；情节严重的，取消其一年至二年内参加依法必须进行招标的工程项目的设计投标资格并予以公告。

第三十条 评标委员会成员收受投标人的财物或者其他好处的，或者向他人透露投标方案评审有关情况的，由县级以上地方人民政府建设行政主管部门给予警告，没收收受的财物，可以并处三千元以上五万元以下的罚款。

评标委员会成员有前款所列行为的，由国务院建设行政主管部门或者省、自治区、直辖市人民政府建设行政主管部门取消担任评标委员会成员的资格，不得再参加任何依法进行的建筑工程设计招投标的评标，构成犯罪的，依法追究刑事责任。

第三十一条　建设行政主管部门或者有关职能部门的工作人员徇私舞弊、滥用职权，干预正常招标投标行动的，由所在单位给予行政处分；构成犯罪的，依法追究刑事责任。

第三十二条　省、自治区、直辖市人民政府建设行政主管部门，可以根据本办法制定实施细则。

第三十三条　城市市政公用工程设计招标投标参照本办法执行。

第三十四条　本办法由国务院建设行政主管部门解释。

第三十五条　本办法自发布之日起施行。

附录 3-6-3　建筑企业资质管理规定

（2007 年 9 月 1 日建设部令第 159 号）

第一章　总　　则

第一条　为了加强对建筑活动的监督管理，维护公共利益和建筑市场秩序，保证建设工程质量安全，根据《中华人民共和国建筑法》、《中华人民共和国行政许可法》、《建设工程质量管理条例》、《建设工程安全生产管理条例》等法律、行政法规，制定本规定。

第二条　在中华人民共和国境内申请建筑业企业资质，实施对建筑业企业资质监督管理，适用本规定。

本规定所称建筑业企业，是指从事土木工程、建筑工程、线路管道设备安装工程、装修工程的新建、扩建、改建等活动的企业。

第三条　建筑业企业应当按照其拥有的注册资本、专业技术人员、技术装备和已完成的建筑工程业绩等条件申请资质，经审查合格，取得建筑业企业资质证书后，方可在资质许可的范围内从事建筑施工活动。

第四条　国务院建设主管部门负责全国建筑业企业资质的统一监督管理。国务院铁路、交通、水利、信息产业、民航等有关部门配合国务院建设主管部门实施相关资质类别建筑业企业资质的管理工作。

省、自治区、直辖市人民政府建设主管部门负责本行政区域内建筑业企业资质的统一监督管理。省、自治区、直辖市人民政府交通、水利、信息产业等有关部门配合同级建设主管部门实施本行政区域内相关资质类别建筑业企业资质的管理工作。

第二章　资质序列、类别和等级

第五条　建筑业企业资质分为施工总承包、专业承包和劳务分包三个序列。

第六条　取得施工总承包资质的企业（以下简称施工总承包企业），可以承接施工总承包工程。施工总承包企业可以对所承接的施工总承包工程内各专业工程全部自行施工，也可以将专业工程或劳务作业依法分包给具有相应资质的专业承包企业或劳务分包企业。

取得专业承包资质的企业（以下简称专业承包企业），可以承接施工总承包企业分包的专业工程和建设单位依法发包的专业工程。专业承包企业可以对所承接的专业工程全部自行施工，也可以将劳务作业依法分包给具有相应资质的劳务分包企业。

取得劳务分包资质的企业(以下简称劳务分包企业),可以承接施工总承包企业或专业承包企业分包的劳务作业。

第七条　施工总承包资质、专业承包资质、劳务分包资质序列按照工程性质和技术特点分别划分为若干资质类别。各资质类别按照规定的条件划分为若干资质等级。

第八条　建筑业企业资质等级标准和各类别等级资质企业承担工程的具体范围,由国务院建设主管部门会同国务院有关部门制定。

第三章　资　质　许　可

第九条　下列建筑业企业资质的许可,由国务院建设主管部门实施:

(一)施工总承包序列特级资质、一级资质;

(二)国务院国有资产管理部门直接监管的企业及其下属一层级的企业的施工总承包二级资质、三级资质;

(三)水利、交通、信息产业方面的专业承包序列一级资质;

(四)铁路、民航方面的专业承包序列一级、二级资质;

(五)公路交通工程专业承包不分等级资质、城市轨道交通专业承包不分等级资质。

申请前款所列资质的,应当向企业工商注册所在地省、自治区、直辖市人民政府建设主管部门提出申请。其中,国务院国有资产管理部门直接监管的企业及其下属一层级的企业,应当由国务院国有资产管理部门直接监管的企业向国务院建设主管部门提出申请。

省、自治区、直辖市人民政府建设主管部门应当自受理申请之日起 20 日内初审完毕并将初审意见和申请材料报国务院建设主管部门。

国务院建设主管部门应当自省、自治区、直辖市人民政府建设主管部门受理申请材料之日起 60 日内完成审查,公示审查意见,公示时间为 10 日。其中,涉及铁路、交通、水利、信息产业、民航等方面的建筑业企业资质,由国务院建设主管部门送国务院有关部门审核,国务院有关部门在 20 日内审核完毕,并将审核意见送国务院建设主管部门。

第十条　下列建筑业企业资质许可,由企业工商注册所在地省、自治区、直辖市人民政府建设主管部门实施:

(一)施工总承包序列二级资质(不含国务院国有资产管理部门直接监管的企业及其下属一层级的企业的施工总承包序列二级资质);

(二)专业承包序列一级资质(不含铁路、交通、水利、信息产业、民航方面的专业承包序列一级资质);

(三)专业承包序列二级资质(不含民航、铁路方面的专业承包序列二级资质);

(四)专业承包序列不分等级资质(不含公路交通工程专业承包序列和城市轨道交通专业承包序列的不分等级资质)。

前款规定的建筑业企业资质许可的实施程序由省、自治区、直辖市人民政府建设主管部门依法确定。

省、自治区、直辖市人民政府建设主管部门应当自作出决定之日起 30 日内,将准予资质许可的决定报国务院建设主管部门备案。

第十一条　下列建筑业企业资质许可,由企业工商注册所在地设区的市人民政府建设主管部门实施:

(一)施工总承包序列三级资质(不含国务院国有资产管理部门直接监管的企业及其下属一层级的企业的施工总承包三级资质);

(二)专业承包序列三级资质;

(三)劳务分包序列资质;

（四）燃气燃烧器具安装、维修企业资质。

前款规定的建筑业企业资质许可的实施程序由省、自治区、直辖市人民政府建设主管部门依法确定。

企业工商注册所在地设区的市人民政府建设主管部门应当自作出决定之日起 30 日内，将准予资质许可的决定通过省、自治区、直辖市人民政府建设主管部门，报国务院建设主管部门备案。

第十二条　建筑业企业资质证书分为正本和副本，正本一份，副本若干份，由国务院建设主管部门统一印制，正、副本具备同等法律效力。资质证书有效期为 5 年。

第十三条　建筑业企业可以申请一项或多项建筑业企业资质；申请多项建筑业企业资质的，应当选择等级最高的一项资质为企业主项资质。

第十四条　首次申请或者增项申请建筑业企业资质，应当提交以下材料：

（一）建筑业企业资质申请表及相应的电子文档；

（二）企业法人营业执照副本；

（三）企业章程；

（四）企业负责人和技术、财务负责人的身份证明、职称证书、任职文件及相关资质标准要求提供的材料；

（五）建筑业企业资质申请表中所列注册执业人员的身份证明、注册执业证书；

（六）建筑业企业资质标准要求的非注册的专业技术人员的职称证书、身份证明及养老保险凭证；

（七）部分资质标准要求企业必须具备的特殊专业技术人员的职称证书、身份证明及养老保险凭证；

（八）建筑业企业资质标准要求的企业设备、厂房的相应证明；

（九）建筑业企业安全生产条件有关材料；

（十）资质标准要求的其他有关材料。

第十五条　建筑业企业申请资质升级的，应当提交以下材料：

（一）本规定第十四条第（一）、（二）、（四）、（五）、（六）、（八）、（十）项所列资料；

（二）企业原资质证书副本复印件；

（三）企业年度财务、统计报表；

（四）企业安全生产许可证副本；

（五）满足资质标准要求的企业工程业绩的相关证明材料。

第十六条　资质有效期届满，企业需要延续资质证书有效期的，应当在资质证书有效期届满 60 日前，申请办理资质延续手续。

对在资质有效期内遵守有关法律、法规、规章、技术标准，信用档案中无不良行为记录，且注册资本、专业技术人员满足资质标准要求的企业，经资质许可机关同意，有效期延续 5 年。

第十七条　建筑业企业在资质证书有效期内名称、地址、注册资本、法定代表人等发生变更的，应当在工商部门办理变更手续后 30 日内办理资质证书变更手续。

由国务院建设主管部门颁发的建筑业企业资质证书，涉及企业名称变更的，应当向企业工商注册所在地省、自治区、直辖市人民政府建设主管部门提出变更申请，省、自治区、直辖市人民政府建设主管部门应当自受理申请之日起 2 日内将有关变更证明材料报国务院建设主管部门，由国务院建设主管部门在 2 日内办理变更手续。

前款规定以外的资质证书变更手续，由企业工商注册所在地的省、自治区、直辖市人民政府建设主管部门或者设区的市人民政府建设主管部门负责办理。省、自治区、直辖市人民政府建设主管部门或者设区的市人民政府建设主管部门应当自受理申请之日起 2 日内办理变更手续，并在办理资质证书变更手续后 15 日内将变更结果报国务院建设主管部门备案。

涉及铁路、交通、水利、信息产业、民航等方面的建筑业企业资质证书的变更，办理变更手续的建设主管部门应当将企业资质变更情况告知同级有关部门。

第十八条　申请资质证书变更，应当提交以下材料：

（一）资质证书变更申请；

（二）企业法人营业执照复印件；

（三）建筑业企业资质证书正、副本原件；

（四）与资质变更事项有关的证明材料。

企业改制的，除提供前款规定资料外，还应当提供改制重组方案、上级资产管理部门或者股东大会的批准决定、企业职工代表大会同意改制重组的决议。

第十九条　企业首次申请、增项申请建筑业企业资质，不考核企业工程业绩，其资质等级按照最低资质等级核定。

已取得工程设计资质的企业首次申请同类别或相近类别的建筑业企业资质的，可以将相应规模的工程总承包业绩作为工程业绩予以申报，但申请资质等级最高不超过其现有工程设计资质等级。

第二十条　企业合并的，合并后存续或者新设立的建筑业企业可以承继合并前各方中较高的资质等级，但应当符合相应的资质等级条件。

企业分立的，分立后企业的资质等级，根据实际达到的资质条件，按照本规定的审批程序核定。

企业改制的，改制后不再符合资质标准的，应按其实际达到的资质标准及本规定申请重新核定；资质条件不发生变化的，按本规定第十八条办理。

第二十一条　取得建筑业企业资质的企业，申请资质升级、资质增项，在申请之日起前一年内有下列情形之一的，资质许可机关不予批准企业的资质升级申请和增项申请：

（一）超越本企业资质等级或以其他企业的名义承揽工程，或允许其他企业或个人以本企业的名义承揽工程的；

（二）与建设单位或企业之间相互串通投标，或以行贿等不正当手段谋取中标的；

（三）未取得施工许可证擅自施工的；

（四）将承包的工程转包或违法分包的；

（五）违反国家工程建设强制性标准的；

（六）发生过较大生产安全事故或者发生过两起以上一般生产安全事故的；

（七）恶意拖欠分包企业工程款或者农民工工资的；

（八）隐瞒或谎报、拖延报告工程质量安全事故或破坏事故现场、阻碍对事故调查的；

（九）按照国家法律、法规和标准规定需要持证上岗的技术工种的作业人员未取得证书上岗，情节严重的；

（十）未依法履行工程质量保修义务或拖延履行保修义务，造成严重后果的；

（十一）涂改、倒卖、出租、出借或者以其他形式非法转让建筑业企业资质证书；

（十二）其他违反法律、法规的行为。

第二十二条　企业领取新的建筑业企业资质证书时，应当将原资质证书交回原发证机关予以注销。

企业需增补（含增加、更换、遗失补办）建筑业企业资质证书的，应当持资质证书增补申请等材料向资质许可机关申请办理。遗失资质证书的，在申请补办前应当在公众媒体上刊登遗失声明。资质许可机关应当在 2 日内办理完毕。

第四章　监　督　管　理

第二十三条　县级以上人民政府建设主管部门和其他有关部门应当依照有关法律、法规和本规定，加强对建筑业企业资质的监督管理。

上级建设主管部门应当加强对下级建设主管部门资质管理工作的监督检查，及时纠正资质管理中的违法行为。

第二十四条　建设主管部门、其他有关部门履行监督检查职责时，有权采取下列措施：

（一）要求被检查单位提供建筑业企业资质证书、注册执业人员的注册执业证书，有关施工业务的文档，有关质量管理、安全生产管理、档案管理、财务管理等企业内部管理制度的文件；

（二）进入被检查单位进行检查，查阅相关资料；

（三）纠正违反有关法律、法规和本规定及有关规范和标准的行为。

建设主管部门、其他有关部门依法对企业从事行政许可事项的活动进行监督检查时，应当将监督检查情况和处理结果予以记录，由监督检查人员签字后归档。

第二十五条 建设主管部门、其他有关部门在实施监督检查时，应当有两名以上监督检查人员参加，并出示执法证件，不得妨碍企业正常的生产经营活动，不得索取或者收受企业的财物，不得谋取其他利益。

有关单位和个人对依法进行的监督检查应当协助与配合，不得拒绝或者阻挠。

监督检查机关应当将监督检查的处理结果向社会公布。

第二十六条 建筑业企业违法从事建筑活动的，违法行为发生地的县级以上地方人民政府建设主管部门或者其他有关部门应当依法查处，并将违法事实、处理结果或处理建议及时告知该建筑业企业的资质许可机关。

第二十七条 企业取得建筑业企业资质后不再符合相应资质条件的，建设主管部门、其他有关部门根据利害关系人的请求或者依据职权，可以责令其限期改正；逾期不改的，资质许可机关可以撤回其资质。被撤回建筑业企业资质的企业，可以申请资质许可机关按照其实际达到的资质标准，重新核定资质。

第二十八条 有下列情形之一的，资质许可机关或者其上级机关，根据利害关系人的请求或者依据职权，可以撤销建筑业企业资质：

（一）资质许可机关工作人员滥用职权、玩忽职守作出准予建筑业企业资质许可的；

（二）超越法定职权作出准予建筑业企业资质许可的；

（三）违反法定程序作出准予建筑业企业资质许可的；

（四）对不符合许可条件的申请人作出准予建筑业企业资质许可的；

（五）依法可以撤销资质证书的其他情形。

以欺骗、贿赂等不正当手段取得建筑业企业资质证书的，应当予以撤销。

第二十九条 有下列情形之一的，资质许可机关应当依法注销建筑业企业资质，并公告其资质证书作废，建筑业企业应当及时将资质证书交回资质许可机关：

（一）资质证书有效期届满，未依法申请延续的；

（二）建筑业企业依法终止的；

（三）建筑业企业资质依法被撤销、撤回或吊销的；

（四）法律、法规规定的应当注销资质的其他情形。

第三十条 有关部门应当将监督检查情况和处理意见及时告知资质许可机关。资质许可机关应当将涉及有关铁路、交通、水利、信息产业、民航等方面的建筑业企业资质被撤回、撤销和注销的情况告知同级有关部门。

第三十一条 企业应当按照有关规定，向资质许可机关提供真实、准确、完整的企业信用档案信息。

企业的信用档案应当包括企业基本情况、业绩、工程质量和安全、合同履约等情况。被投诉举报和处理、行政处罚等情况应当作为不良行为记入其信用档案。

企业的信用档案信息按照有关规定向社会公示。

第五章 法 律 责 任

第三十二条 申请人隐瞒有关情况或者提供虚假材料申请建筑业企业资质的，不予受理或者不予行政许可，并给予警告，申请人在 1 年内不得再次申请建筑业企业资质。

第三十三条　以欺骗、贿赂等不正当手段取得建筑业企业资质证书的，由县级以上地方人民政府建设主管部门或者有关部门给予警告，并依法处以罚款，申请人 3 年内不得再次申请建筑业企业资质。

第三十四条　建筑业企业有本规定第二十一条行为之一，《中华人民共和国建筑法》、《建设工程质量管理条例》和其他有关法律、法规对处罚机关和处罚方式有规定的，依照法律、法规的规定执行；法律、法规未作规定的，由县级以上地方人民政府建设主管部门或者其他有关部门给予警告，责令改正，并处 1 万元以上 3 万元以下的罚款。

第三十五条　建筑业企业未按照本规定及时办理资质证书变更手续的，由县级以上地方人民政府建设主管部门责令限期办理；逾期不办理的，可处以 1000 元以上 1 万元以下的罚款。

第三十六条　建筑业企业未按照本规定要求提供建筑业企业信用档案信息的，由县级以上地方人民政府建设主管部门或者其他有关部门给予警告，责令限期改正；逾期未改正的，可处 1000 元以上 1 万元以下的罚款。

第三十七条　县级以上地方人民政府建设主管部门依法给予建筑业企业行政处罚的，应当将行政处罚决定以及给予行政处罚的事实、理由和依据，报国务院建设主管部门备案。

第三十八条　建设主管部门及其工作人员，违反本规定，有下列情形之一的，由其上级行政机关或者监察机关责令改正；情节严重的，对直接负责的主管人员和其他直接责任人员，依法给予行政处分：

（一）对不符合条件的申请人准予建筑业企业资质许可的；

（二）对符合条件的申请人不予建筑业企业资质许可或者不在法定期限内作出准予许可决定的；

（三）对符合条件的申请不予受理或者未在法定期限内初审完毕的；

（四）利用职务上的便利，收受他人财物或者其他好处的；

（五）不依法履行监督管理职责或者监督不力，造成严重后果的。

第六章　附　　则

第三十九条　取得建筑业企业资质证书的企业，可以从事资质许可范围相应等级的建设工程总承包业务，可以从事项目管理和相关的技术与管理服务。

第四十条　本规定自 2007 年 9 月 1 日起施行。2001 年 4 月 18 日建设部颁布的《建筑业企业资质管理规定》（建设部令第 87 号）同时废止。

附录 3-6-4　建设工程勘察设计资质管理规定

（2007 年 6 月 26 日建设部第 160 号令）

第一章　总　　则

第一条　为了加强对建设工程勘察、设计活动的监督管理，保证建设工程勘察、设计质量，根据《中华人民共和国行政许可法》、《中华人民共和国建筑法》、《建设工程质量管理条例》和《建设工程勘察设计管理条例》等法律、行政法规，制定本规定。

第二条　在中华人民共和国境内申请建设工程勘察、工程设计资质，实施对建设工程勘察、工程设计资质的监督管理，适用本规定。

第三条　从事建设工程勘察、工程设计活动的企业，应当按照其拥有的注册资本、专业技术人员、技术装备和勘察设计业绩等条件申请资质，经审查合格，取得建设工程勘察、工程设计资质证书后，方可在资质许可的范围内从事建设工程勘察、工程设计活动。

第四条　国务院建设主管部门负责全国建设工程勘察、工程设计资质的统一监督管理。国务院铁路、交通、水利、信息产业、民航等有关部门配合国务院建设主管部门实施相应行业的建设工程勘察、工程设计资质管理工作。

省、自治区、直辖市人民政府建设主管部门负责本行政区域内建设工程勘察、工程设计资质的统一监督管理。省、自治区、直辖市人民政府交通、水利、信息产业等有关部门配合同级建设主管部门实施本行政区域内相应行业的建设工程勘察、工程设计资质管理工作。

第二章　资质分类和分级

第五条　工程勘察资质分为工程勘察综合资质、工程勘察专业资质、工程勘察劳务资质。

工程勘察综合资质只设甲级；工程勘察专业资质设甲级、乙级，根据工程性质和技术特点，部分专业可以设丙级；工程勘察劳务资质不分等级。

取得工程勘察综合资质的企业，可以承接各专业（海洋工程勘察除外）、各等级工程勘察业务；取得工程勘察专业资质的企业，可以承接相应等级相应专业的工程勘察业务；取得工程勘察劳务资质的企业，可以承接岩土工程治理、工程钻探、凿井等工程勘察劳务业务。

第六条　工程设计资质分为工程设计综合资质、工程设计行业资质、工程设计专业资质和工程设计专项资质。

工程设计综合资质只设甲级；工程设计行业资质、工程设计专业资质、工程设计专项资质设甲级、乙级。

根据工程性质和技术特点，个别行业、专业、专项资质可以设丙级，建筑工程专业资质可以设丁级。

取得工程设计综合资质的企业，可以承接各行业、各等级的建设工程设计业务；取得工程设计行业资质的企业，可以承接相应行业相应等级的工程设计业务及本行业范围内同级别的相应专业、专项（设计施工一体化资质除外）工程设计业务；取得工程设计专业资质的企业，可以承接本专业相应等级的专业工程设计业务及同级别的相应专项工程设计业务（设计施工一体化资质除外）；取得工程设计专项资质的企业，可以承接本专项相应等级的专项工程设计业务。

第七条　建设工程勘察、工程设计资质标准和各资质类别、级别企业承担工程的具体范围由国务院建设主管部门商国务院有关部门制定。

第三章　资质申请和审批

第八条　申请工程勘察甲级资质、工程设计甲级资质，以及涉及铁路、交通、水利、信息产业、民航等方面的工程设计乙级资质的，应当向企业工商注册所在地的省、自治区、直辖市人民政府建设主管部门提出申请。其中，国务院国资委管理的企业应当向国务院建设主管部门提出申请；国务院国资委管理的企业下属一层级的企业申请资质，应当由国务院国资委管理的企业向国务院建设主管部门提出申请。

省、自治区、直辖市人民政府建设主管部门应当自受理申请之日起20日内初审完毕，并将初审意见和申请材料报国务院建设主管部门。

国务院建设主管部门应当自省、自治区、直辖市人民政府建设主管部门受理申请材料之日起60日内完成审查，公示审查意见，公示时间为10日。其中，涉及铁路、交通、水利、信息产业、民航等方面的工程设计资质，由国务院建设主管部门送国务院有关部门审核，国务院有关部门在20日内审核完毕，并将审核意见送国务院建设主管部门。

第九条　工程勘察乙级及以下资质、劳务资质、工程设计乙级（涉及铁路、交通、水利、信息产业、民航等方面的工程设计乙级资质除外）及以下资质许可由省、自治区、直辖市人民政府建设主管部门实施。具体实施程序由省、自治区、直辖市人民政府建设主管部门依法确定。

省、自治区、直辖市人民政府建设主管部门应当自作出决定之日起 30 日内，将准予资质许可的决定报国务院建设主管部门备案。

第十条 工程勘察、工程设计资质证书分为正本和副本，正本一份，副本六份，由国务院建设主管部门统一印制，正、副本具备同等法律效力。资质证书有效期为 5 年。

第十一条 企业首次申请工程勘察、工程设计资质，应当提供以下材料：

（一）工程勘察、工程设计资质申请表；

（二）企业法人、合伙企业营业执照副本复印件；

（三）企业章程或合伙人协议；

（四）企业法定代表人、合伙人的身份证明；

（五）企业负责人、技术负责人的身份证明、任职文件、毕业证书、职称证书及相关资质标准要求提供的材料；

（六）工程勘察、工程设计资质申请表中所列注册执业人员的身份证明、注册执业证书；

（七）工程勘察、工程设计资质标准要求的非注册专业技术人员的职称证书、毕业证书、身份证明及个人业绩材料；

（八）工程勘察、工程设计资质标准要求的注册执业人员、其他专业技术人员与原聘用单位解除聘用劳动合同的证明及新单位的聘用劳动合同；

（九）资质标准要求的其他有关材料。

第十二条 企业申请资质升级应当提交以下材料：

（一）本规定第十一条第（一）、（二）、（五）、（六）、（七）、（九）项所列资料；

（二）工程勘察、工程设计资质标准要求的非注册专业技术人员与本单位签定的劳动合同及社保证明；

（三）原工程勘察、工程设计资质证书副本复印件；

（四）满足资质标准要求的企业工程业绩和个人工程业绩。

第十三条 企业增项申请工程勘察、工程设计资质，应当提交下列材料：

（一）本规定第十一条所列（一）、（二）、（五）、（六）、（七）、（九）的资料；

（二）工程勘察、工程设计资质标准要求的非注册专业技术人员与本单位签定的劳动合同及社保证明；

（三）原资质证书正、副本复印件；

（四）满足相应资质标准要求的个人工程业绩证明。

第十四条 资质有效期届满，企业需要延续资质证书有效期的，应当在资质证书有效期届满 60 日前，向原资质许可机关提出资质延续申请。

对在资质有效期内遵守有关法律、法规、规章、技术标准，信用档案中无不良行为记录，且专业技术人员满足资质标准要求的企业，经资质许可机关同意，有效期延续 5 年。

第十五条 企业在资质证书有效期内名称、地址、注册资本、法定代表人等发生变更的，应当在工商部门办理变更手续后 30 日内办理资质证书变更手续。

取得工程勘察甲级资质、工程设计甲级资质，以及涉及铁路、交通、水利、信息产业、民航等方面的工程设计乙级资质的企业，在资质证书有效期内发生企业名称变更的，应当向企业工商注册所在地省、自治区、直辖市人民政府建设主管部门提出变更申请，省、自治区、直辖市人民政府建设主管部门应当自受理申请之日起 2 日内将有关变更证明材料报国务院建设主管部门，由国务院建设主管部门在 2 日内办理变更手续。

前款规定以外的资质证书变更手续，由企业工商注册所在地的省、自治区、直辖市人民政府建设主管部门负责办理。省、自治区、直辖市人民政府建设主管部门应当自受理申请之日起 2 日内办理变更手续，并在办理资质证书变更手续后 15 日内将变更结果报国务院建设主管部门备案。

涉及铁路、交通、水利、信息产业、民航等方面的工程设计资质的变更，国务院建设主管部门应当将企业资质变更情况告知国务院有关部门。

第十六条   企业申请资质证书变更，应当提交以下材料：

（一）资质证书变更申请；

（二）企业法人、合伙企业营业执照副本复印件；

（三）资质证书正、副本原件；

（四）与资质变更事项有关的证明材料。

企业改制的，除提供前款规定资料外，还应当提供改制重组方案、上级资产管理部门或者股东大会的批准决定、企业职工代表大会同意改制重组的决议。

第十七条   企业首次申请、增项申请工程勘察、工程设计资质，其申请资质等级最高不超过乙级，且不考核企业工程勘察、工程设计业绩。

已具备施工资质的企业首次申请同类别或相近类别的工程勘察、工程设计资质的，可以将相应规模的工程总承包业绩作为工程业绩予以申报。其申请资质等级最高不超过其现有施工资质等级。

第十八条   企业合并的，合并后续存或者新设立的企业可以承继合并前各方中较高的资质等级，但应当符合相应的资质标准条件。

企业分立的，分立后企业的资质按照资质标准及本规定的审批程序核定。

企业改制的，改制后不再符合资质标准的，应按其实际达到的资质标准及本规定重新核定；资质条件不发生变化的，按本规定第十六条办理。

第十九条   从事建设工程勘察、设计活动的企业，申请资质升级、资质增项，在申请之日起前一年内有下列情形之一的，资质许可机关不予批准企业的资质升级申请和增项申请：

（一）企业相互串通投标或者与招标人串通投标承揽工程勘察、工程设计业务的；

（二）将承揽的工程勘察、工程设计业务转包或违法分包的；

（三）注册执业人员未按照规定在勘察设计文件上签字的；

（四）违反国家工程建设强制性标准的；

（五）因勘察设计原因造成过重大生产安全事故的；

（六）设计单位未根据勘察成果文件进行工程设计的；

（七）设计单位违反规定指定建筑材料、建筑构配件的生产厂、供应商的；

（八）无工程勘察、工程设计资质或者超越资质等级范围承揽工程勘察、工程设计业务的；

（九）涂改、倒卖、出租、出借或者以其他形式非法转让资质证书的；

（十）允许其他单位、个人以本单位名义承揽建设工程勘察、设计业务的；

（十一）其他违反法律、法规行为的。

第二十条   企业在领取新的工程勘察、工程设计资质证书的同时，应当将原资质证书交回原发证机关予以注销。企业需增补（含增加、更换、遗失补办）工程勘察、工程设计资质证书的，应当持资质证书增补申请等材料向资质许可机关申请办理。遗失资质证书的，在申请补办前应当在公众媒体上刊登遗失声明。资质许可机关应当在 2 日内办理完毕。

第四章   监 督 与 管 理

第二十一条   国务院建设主管部门对全国的建设工程勘察、设计资质实施统一的监督管理。国务院铁路、交通、水利、信息产业、民航等有关部门配合国务院建设主管部门对相应的行业资质进行监督管理。

县级以上地方人民政府建设主管部门负责对本行政区域内的建设工程勘察、设计资质实施监督管理。县级以上人民政府交通、水利、信息产业等有关部门配合同级建设主管部门对相应的行业资质进行监督管理。

上级建设主管部门应当加强对下级建设主管部门资质管理工作的监督检查，及时纠正资质管理中的违法行为。

第二十二条　建设主管部门、有关部门履行监督检查职责时，有权采取下列措施：

（一）要求被检查单位提供工程勘察、设计资质证书、注册执业人员的注册执业证书，有关工程勘察、设计业务的文档，有关质量管理、安全生产管理、档案管理、财务管理等企业内部管理制度的文件；

（二）进入被检查单位进行检查，查阅相关资料；

（三）纠正违反有关法律、法规和本规定及有关规范和标准的行为。

建设主管部门、有关部门依法对企业从事行政许可事项的活动进行监督检查时，应当将监督检查情况和处理结果予以记录，由监督检查人员签字后归档。

第二十三条　建设主管部门、有关部门在实施监督检查时，应当有两名以上监督检查人员参加，并出示执法证件，不得妨碍企业正常的生产经营活动，不得索取或者收受企业的财物，不得谋取其他利益。

有关单位和个人对依法进行的监督检查应当协助与配合，不得拒绝或者阻挠。

监督检查机关应当将监督检查的处理结果向社会公布。

第二十四条　企业违法从事工程勘察、工程设计活动的，其违法行为发生地的建设主管部门应当依法将企业的违法事实、处理结果或处理建议告知该企业的资质许可机关。

第二十五条　企业取得工程勘察、设计资质后，不再符合相应资质条件的，建设主管部门、有关部门根据利害关系人的请求或者依据职权，可以责令其限期改正；逾期不改的，资质许可机关可以撤回其资质。

第二十六条　有下列情形之一的，资质许可机关或者其上级机关，根据利害关系人的请求或者依据职权，可以撤销工程勘察、工程设计资质：

（一）资质许可机关工作人员滥用职权、玩忽职守作出准予工程勘察、工程设计资质许可的；

（二）超越法定职权作出准予工程勘察、工程设计资质许可；

（三）违反资质审批程序作出准予工程勘察、工程设计资质许可的；

（四）对不符合许可条件的申请人作出工程勘察、工程设计资质许可的；

（五）依法可以撤销资质证书的其他情形。

以欺骗、贿赂等不正当手段取得工程勘察、工程设计资质证书的，应当予以撤销。

第二十七条　有下列情形之一的，企业应当及时向资质许可机关提出注销资质的申请，交回资质证书，资质许可机关应当办理注销手续，公告其资质证书作废：

（一）资质证书有效期届满未依法申请延续的；

（二）企业依法终止的；

（三）资质证书依法被撤销、撤回，或者吊销的；

（四）法律、法规规定的应当注销资质的其他情形。

第二十八条　有关部门应当将监督检查情况和处理意见及时告知建设主管部门。资质许可机关应当将涉及铁路、交通、水利、信息产业、民航等方面的资质被撤回、撤销和注销的情况及时告知有关部门。

第二十九条　企业应当按照有关规定，向资质许可机关提供真实、准确、完整的企业信用档案信息。

企业的信用档案应当包括企业基本情况、业绩、工程质量和安全、合同违约等情况。被投诉举报和处理、行政处罚等情况应当作为不良行为记入其信用档案。

企业的信用档案信息按照有关规定向社会公示。

第五章　法　律　责　任

第三十条　企业隐瞒有关情况或者提供虚假材料申请资质的，资质许可机关不予受理或者不予行政许可，并给予警告，该企业在 1 年内不得再次申请该资质。

第三十一条 企业以欺骗、贿赂等不正当手段取得资质证书的，由县级以上地方人民政府建设主管部门或者有关部门给予警告，并依法处以罚款；该企业在 3 年内不得再次申请该资质。

第三十二条 企业不及时办理资质证书变更手续的，由资质许可机关责令限期办理；逾期不办理的，可处以 1000 元以上 1 万元以下的罚款。

第三十三条 企业未按照规定提供信用档案信息的，由县级以上地方人民政府建设主管部门给予警告，责令限期改正；逾期未改正的，可处以 1000 元以上 1 万元以下的罚款。

第三十四条 涂改、倒卖、出租、出借或者以其他形式非法转让资质证书的，由县级以上地方人民政府建设主管部门或者有关部门给予警告，责令改正，并处以 1 万元以上 3 万元以下的罚款；造成损失的，依法承担赔偿责任；构成犯罪的，依法追究刑事责任。

第三十五条 县级以上地方人民政府建设主管部门依法给予工程勘察、设计企业行政处罚的，应当将行政处罚决定以及给予行政处罚的事实、理由和依据，报国务院建设主管部门备案。

第三十六条 建设主管部门及其工作人员，违反本规定，有下列情形之一的，由其上级行政机关或者监察机关责令改正；情节严重的，对直接负责的主管人员和其他直接责任人员，依法给予行政处分：

（一）对不符合条件的申请人准予工程勘察、设计资质许可的；

（二）对符合条件的申请人不予工程勘察、设计资质许可或者未在法定期限内作出许可决定的；

（三）对符合条件的申请不予受理或者未在法定期限内初审完毕的；

（四）利用职务上的便利，收受他人财物或者其他好处的；

（五）不依法履行监督职责或者监督不力，造成严重后果的。

第六章 附 则

第三十七条 本规定所称建设工程勘察包括建设工程项目的岩土工程、水文地质、工程测量、海洋工程勘察等。

第三十八条 本规定所称建设工程设计是指：

（一）建设工程项目的主体工程和配套工程［含厂（矿）区内的自备电站、道路、专用铁路、通信、各种管网管线和配套的建筑物等全部配套工程］以及与主体工程、配套工程相关的工艺、土木、建筑、环境保护、水土保持、消防、安全、卫生、节能、防雷、抗震、照明工程等的设计。

（二）建筑工程建设用地规划许可证范围内的室外工程设计、建筑物构筑物设计、民用建筑修建的地下工程设计及住宅小区、工厂厂前区、工厂生活区、小区规划设计及单体设计等，以及上述建筑工程所包含的相关专业的设计内容(包括总平面布置、竖向设计、各类管网管线设计、景观设计、室内外环境设计及建筑装饰、道路、消防、安保、通信、防雷、人防、供配电、照明、废水治理、空调设施、抗震加固等)。

第三十九条 取得工程勘察、工程设计资质证书的企业，可以从事资质证书许可范围内相应的建设工程总承包业务，可以从事工程项目管理和相关的技术与管理服务。

第四十条 本规定自 2007 年 9 月 1 日起实施。2001 年 7 月 25 日建设部颁布的《建设工程勘察设计企业资质管理规定》(建设部令第 93 号)同时废止。

附录 3-6-5 工程监理企业资质管理规定

（2007 年 6 月 26 日建设部第 158 号令）

第一章 总 则

第一条 为了加强工程监理企业资质管理，规范建设工程监理活动，维护建筑市场秩序，根据《中华人民共和国建筑法》、《中华人民共和国行政许可法》、《建设工程质量管理条例》等法律、行政法规，制定本规定。

第二条　在中华人民共和国境内从事建设工程监理活动，申请工程监理企业资质，实施对工程监理企业资质监督管理，适用本规定。

第三条　从事建设工程监理活动的企业，应当按照本规定取得工程监理企业资质，并在工程监理企业资质证书（以下简称资质证书）许可的范围内从事工程监理活动。

第四条　国务院建设主管部门负责全国工程监理企业资质的统一监督管理工作。国务院铁路、交通、水利、信息产业、民航等有关部门配合国务院建设主管部门实施相关资质类别工程监理企业资质的监督管理工作。

省、自治区、直辖市人民政府建设主管部门负责本行政区域内工程监理企业资质的统一监督管理工作。省、自治区、直辖市人民政府交通、水利、信息产业等有关部门配合同级建设主管部门实施相关资质类别工程监理企业资质的监督管理工作。

第五条　工程监理行业组织应当加强工程监理行业自律管理。

鼓励工程监理企业加入工程监理行业组织。

第二章　资质等级和业务范围

第六条　工程监理企业资质分为综合资质、专业资质和事务所资质。其中，专业资质按照工程性质和技术特点划分为若干工程类别。

综合资质、事务所资质不分级别。专业资质分为甲级、乙级；其中，房屋建筑、水利水电、公路和市政公用专业资质可设立丙级。

第七条　工程监理企业的资质等级标准如下：

（一）综合资质标准

1. 具有独立法人资格且注册资本不少于600万元。

2. 企业技术负责人应为注册监理工程师，并具有15年以上从事工程建设工作的经历或者具有工程类高级职称。

3. 具有5个以上工程类别的专业甲级工程监理资质。

4. 注册监理工程师不少于60人，注册造价工程师不少于5人，一级注册建造师、一级注册建筑师、一级注册结构工程师或者其他勘察设计注册工程师合计不少于15人次。

5. 企业具有完善的组织结构和质量管理体系，有健全的技术、档案等管理制度。

6. 企业具有必要的工程试验检测设备。

7. 申请工程监理资质之日前一年内没有本规定第十六条禁止的行为。

8. 申请工程监理资质之日前一年内没有因本企业监理责任造成重大质量事故。

9. 申请工程监理资质之日前一年内没有因本企业监理责任发生三级以上工程建设重大安全事故或者发生两起以上四级工程建设安全事故。

（二）专业资质标准

1. 甲级

（1）具有独立法人资格且注册资本不少于300万元。

（2）企业技术负责人应为注册监理工程师，并具有15年以上从事工程建设工作的经历或者具有工程类高级职称。

（3）注册监理工程师、注册造价工程师、一级注册建造师、一级注册建筑师、一级注册结构工程师或者其他勘察设计注册工程师合计不少于25人次；其中，相应专业注册监理工程师不少于《专业资质注册监理工程师人数配备表》（附表1）中要求配备的人数，注册造价工程师不少于2人。

（4）企业近2年内独立监理过3个以上相应专业的二级工程项目，但是，具有甲级设计资质或一级及以上施工总承包资质的企业申请本专业工程类别甲级资质的除外。

(5) 企业具有完善的组织结构和质量管理体系,有健全的技术、档案等管理制度。

(6) 企业具有必要的工程试验检测设备。

(7) 申请工程监理资质之日前一年内没有本规定第十六条禁止的行为。

(8) 申请工程监理资质之日前一年内没有因本企业监理责任造成重大质量事故。

(9) 申请工程监理资质之日前一年内没有因本企业监理责任发生三级以上工程建设重大安全事故或者发生两起以上四级工程建设安全事故。

2. 乙级

(1) 具有独立法人资格且注册资本不少于 100 万元。

(2) 企业技术负责人应为注册监理工程师,并具有 10 年以上从事工程建设工作的经历。

(3) 注册监理工程师、注册造价工程师、一级注册建造师、一级注册建筑师、一级注册结构工程师或者其他勘察设计注册工程师合计不少于 15 人次。其中,相应专业注册监理工程师不少于《专业资质注册监理工程师人数配备表》(附表 1)中要求配备的人数,注册造价工程师不少于 1 人。

(4) 有较完善的组织结构和质量管理体系,有技术、档案等管理制度。

(5) 有必要的工程试验检测设备。

(6) 申请工程监理资质之日前一年内没有本规定第十六条禁止的行为。

(7) 申请工程监理资质之日前一年内没有因本企业监理责任造成重大质量事故。

(8) 申请工程监理资质之日前一年内没有因本企业监理责任发生三级以上工程建设重大安全事故或者发生两起以上四级工程建设安全事故。

3. 丙级

(1) 具有独立法人资格且注册资本不少于 50 万元。

(2) 企业技术负责人应为注册监理工程师,并具有 8 年以上从事工程建设工作的经历。

(3) 相应专业的注册监理工程师不少于《专业资质注册监理工程师人数配备表》(附表 1)中要求配备的人数。

(4) 有必要的质量管理体系和规章制度。

(5) 有必要的工程试验检测设备。

(三)事务所资质标准

1. 取得合伙企业营业执照,具有书面合作协议书。

2. 合伙人中有 3 名以上注册监理工程师,合伙人均有 5 年以上从事建设工程监理的工作经历。

3. 有固定的工作场所。

4. 有必要的质量管理体系和规章制度。

5. 有必要的工程试验检测设备。

第八条 工程监理企业资质相应许可的业务范围如下:

(一)综合资质

可以承担所有专业工程类别建设工程项目的工程监理业务。

(二)专业资质

1. 专业甲级资质

可承担相应专业工程类别建设工程项目的工程监理业务(见附表 2)。

2. 专业乙级资质

可承担相应专业工程类别二级以下(含二级)建设工程项目的工程监理业务(见附表 2)。

3. 专业丙级资质

可承担相应专业工程类别三级建设工程项目的工程监理业务(见附表 2)。

(三)事务所资质

可承担三级建设工程项目的工程监理业务(见附表 2),但是,国家规定必须实行强制监理的工程除外。

工程监理企业可以开展相应类别建设工程的项目管理、技术咨询等业务。

第三章　资质申请和审批

第九条　申请综合资质、专业甲级资质的,应当向企业工商注册所在地的省、自治区、直辖市人民政府建设主管部门提出申请。

省、自治区、直辖市人民政府建设主管部门应当自受理申请之日起 20 日内初审完毕,并将初审意见和申请材料报国务院建设主管部门。

国务院建设主管部门应当自省、自治区、直辖市人民政府建设主管部门受理申请材料之日起 60 日内完成审查,公示审查意见,公示时间为 10 日。其中,涉及铁路、交通、水利、通信、民航等专业工程监理资质的,由国务院建设主管部门送国务院有关部门审核。国务院有关部门应当在 20 日内审核完毕,并将审核意见报国务院建设主管部门。国务院建设主管部门根据初审意见审批。

第十条　专业乙级、丙级资质和事务所资质由企业所在地省、自治区、直辖市人民政府建设主管部门审批。

专业乙级、丙级资质和事务所资质许可、延续的实施程序由省、自治区、直辖市人民政府建设主管部门依法确定。

省、自治区、直辖市人民政府建设主管部门应当自作出决定之日起 10 日内,将准予资质许可的决定报国务院建设主管部门备案。

第十一条　工程监理企业资质证书分为正本和副本,每套资质证书包括一本正本,四本副本。正、副本具有同等法律效力。

工程监理企业资质证书的有效期为 5 年。

工程监理企业资质证书由国务院建设主管部门统一印制并发放。

第十二条　申请工程监理企业资质,应当提交以下材料:

(一)工程监理企业资质申请表(一式三份)及相应电子文档;

(二)企业法人、合伙企业营业执照;

(三)企业章程或合伙人协议;

(四)企业法定代表人、企业负责人和技术负责人的身份证明、工作简历及任命(聘用)文件;

(五)工程监理企业资质申请表中所列注册监理工程师及其他注册执业人员的注册执业证书;

(六)有关企业质量管理体系、技术和档案等管理制度的证明材料;

(七)有关工程试验检测设备的证明材料。

取得专业资质的企业申请晋升专业资质等级或者取得专业甲级资质的企业申请综合资质的,除前款规定的材料外,还应当提交企业原工程监理企业资质证书正、副本复印件,企业《监理业务手册》及近两年已完成代表工程的监理合同、监理规划、工程竣工验收报告及监理工作总结。

第十三条　资质有效期届满,工程监理企业需要继续从事工程监理活动的,应当在资质证书有效期届满 60 日前,向原资质许可机关申请办理延续手续。

对在资质有效期内遵守有关法律、法规、规章、技术标准,信用档案中无不良记录,且专业技术人员满足资质标准要求的企业,经资质许可机关同意,有效期延续 5 年。

第十四条　工程监理企业在资质证书有效期内名称、地址、注册资本、法定代表人等发生变更的,应当在工商行政管理部门办理变更手续后 30 日内办理资质证书变更手续。

涉及综合资质、专业甲级资质证书中企业名称变更的,由国务院建设主管部门负责办理,并自受理申请之日起 3 日内办理变更手续。

前款规定以外的资质证书变更手续,由省、自治区、直辖市人民政府建设主管部门负责办理。省、自治区、直辖市人民政府建设主管部门应当自受理申请之日起 3 日内办理变更手续，并在办理资质证书变更手续后 15 日内将变更结果报国务院建设主管部门备案。

第十五条 申请资质证书变更，应当提交以下材料：

（一）资质证书变更的申请报告；

（二）企业法人营业执照副本原件；

（三）工程监理企业资质证书正、副本原件。

工程监理企业改制的，除前款规定材料外，还应当提交企业职工代表大会或股东大会关于企业改制或股权变更的决议、企业上级主管部门关于企业申请改制的批复文件。

第十六条 工程监理企业不得有下列行为：

（一）与建设单位串通投标或者与其他工程监理企业串通投标，以行贿手段谋取中标；

（二）与建设单位或者施工单位串通弄虚作假、降低工程质量；

（三）将不合格的建设工程、建筑材料、建筑构配件和设备按照合格签字；

（四）超越本企业资质等级或以其他企业名义承揽监理业务；

（五）允许其他单位或个人以本企业的名义承揽工程；

（六）将承揽的监理业务转包；

（七）在监理过程中实施商业贿赂；

（八）涂改、伪造、出借、转让工程监理企业资质证书；

（九）其他违反法律法规的行为。

第十七条 工程监理企业合并的，合并后存续或者新设立的工程监理企业可以承继合并前各方中较高的资质等级，但应当符合相应的资质等级条件。

工程监理企业分立的，分立后企业的资质等级，根据实际达到的资质条件，按照本规定的审批程序核定。

第十八条 企业需增补工程监理企业资质证书的(含增加、更换、遗失补办)，应当持资质证书增补申请及电子文档等材料向资质许可机关申请办理。遗失资质证书的，在申请补办前应当在公众媒体刊登遗失声明。资质许可机关应当自受理申请之日起 3 日内予以办理。

第四章 监 督 管 理

第十九条 县级以上人民政府建设主管部门和其他有关部门应当依照有关法律、法规和本规定，加强对工程监理企业资质的监督管理。

第二十条 建设主管部门履行监督检查职责时，有权采取下列措施：

（一）要求被检查单位提供工程监理企业资质证书、注册监理工程师注册执业证书，有关工程监理业务的文档，有关质量管理、安全生产管理、档案管理等企业内部管理制度的文件；

（二）进入被检查单位进行检查，查阅相关资料；

（三）纠正违反有关法律、法规和本规定及有关规范和标准的行为。

第二十一条 建设主管部门进行监督检查时，应当有两名以上监督检查人员参加，并出示执法证件，不得妨碍被检查单位的正常经营活动，不得索取或者收受财物、谋取其他利益。

有关单位和个人对依法进行的监督检查应当协助与配合，不得拒绝或者阻挠。

监督检查机关应当将监督检查的处理结果向社会公布。

第二十二条 工程监理企业违法从事工程监理活动的，违法行为发生地的县级以上地方人民政府建设主管部门应当依法查处，并将违法事实、处理结果或处理建议及时报告该工程监理企业资质的许可机关。

第二十三条 工程监理企业取得工程监理企业资质后不再符合相应资质条件的，资质许可机关根据利害关系人的请求或者依据职权，可以责令其限期改正；逾期不改的，可以撤回其资质。

第二十四条　有下列情形之一的，资质许可机关或者其上级机关，根据利害关系人的请求或者依据职权，可以撤销工程监理企业资质：

（一）资质许可机关工作人员滥用职权、玩忽职守作出准予工程监理企业资质许可的；

（二）超越法定职权作出准予工程监理企业资质许可的；

（三）违反资质审批程序作出准予工程监理企业资质许可的；

（四）对不符合许可条件的申请人作出准予工程监理企业资质许可的；

（五）依法可以撤销资质证书的其他情形。

以欺骗、贿赂等不正当手段取得工程监理企业资质证书的，应当予以撤销。

第二十五条　有下列情形之一的，工程监理企业应当及时向资质许可机关提出注销资质的申请，交回资质证书，国务院建设主管部门应当办理注销手续，公告其资质证书作废：

（一）资质证书有效期届满，未依法申请延续的；

（二）工程监理企业依法终止的；

（三）工程监理企业资质依法被撤销、撤回或吊销的；

（四）法律、法规规定的应当注销资质的其他情形。

第二十六条　工程监理企业应当按照有关规定，向资质许可机关提供真实、准确、完整的工程监理企业的信用档案信息。

工程监理企业的信用档案应当包括基本情况、业绩、工程质量和安全、合同违约等情况。被投诉举报和处理、行政处罚等情况应当作为不良行为记入其信用档案。

工程监理企业的信用档案信息按照有关规定向社会公示，公众有权查阅。

第五章　法　律　责　任

第二十七条　申请人隐瞒有关情况或者提供虚假材料申请工程监理企业资质的，资质许可机关不予受理或者不予行政许可，并给予警告，申请人在 1 年内不得再次申请工程监理企业资质。

第二十八条　以欺骗、贿赂等不正当手段取得工程监理企业资质证书的，由县级以上地方人民政府建设主管部门或者有关部门给予警告，并处 1 万元以上 2 万元以下的罚款，申请人 3 年内不得再次申请工程监理企业资质。

第二十九条　工程监理企业有本规定第十六条第七项、第八项行为之一的，由县级以上地方人民政府建设主管部门或者有关部门予以警告，责令其改正，并处 1 万元以上 3 万元以下的罚款；造成损失的，依法承担赔偿责任；构成犯罪的，依法追究刑事责任。

第三十条　违反本规定，工程监理企业不及时办理资质证书变更手续的，由资质许可机关责令限期办理；逾期不办理的，可处以 1 千元以上 1 万元以下的罚款。

第三十一条　工程监理企业未按照本规定要求提供工程监理企业信用档案信息的，由县级以上地方人民政府建设主管部门予以警告，责令限期改正；逾期未改正的，可处以 1 千元以上 1 万元以下的罚款。

第三十二条　县级以上地方人民政府建设主管部门依法给予工程监理企业行政处罚的，应当将行政处罚决定以及给予行政处罚的事实、理由和依据，报国务院建设主管部门备案。

第三十三条　县级以上人民政府建设主管部门及有关部门有下列情形之一的，由其上级行政主管部门或者监察机关责令改正，对直接负责的主管人员和其他直接责任人员依法给予处分；构成犯罪的，依法追究刑事责任：

（一）对不符合本规定条件的申请人准予工程监理企业资质许可的；

（二）对符合本规定条件的申请人不予工程监理企业资质许可或者不在法定期限内作出准予许可决定的；

（三）对符合法定条件的申请不予受理或者未在法定期限内初审完毕的；

（四）利用职务上的便利，收受他人财物或者其他好处的；

（五）不依法履行监督管理职责或者监督不力，造成严重后果的。

第六章 附 则

第三十四条 本规定自 2007 年 8 月 1 日起施行。2001 年 8 月 29 日建设部颁布的《工程监理企业资质管理规定》（建设部令第 102 号)同时废止。

附件 1：专业资质注册监理工程师人数配备表

附件 2：专业工程类别和等级表附件 1：

附件 1 专业资质注册监理工程师人数配备表

（单位：人）

序号	工程类别	甲级	乙级	丙级
1	房屋建筑工程	15	10	5
2	冶炼工程	15	10	
3	矿山工程	20	12	
4	化工石油工程	15	10	
5	水利水电工程	20	12	5
6	电力工程	15	10	
7	农林工程	15	10	
8	铁路工程	23	14	
9	公路工程	20	12	5
10	港口与航道工程	20	12	
11	航天航空工程	20	12	
12	通信工程	20	12	
13	市政公用工程	15	10	5
14	机电安装工程	15	10	

注：表中各专业资质注册监理工程师人数配备是指企业取得本专业工程类别注册的注册监理工程师人数。

附件 2 专业工程类别和等级表

序号	工程类别		一级	二级	三级
一	房屋建筑工程	一般公共建筑	28 层以上；36 米跨度以上（轻钢结构除外）；单项工程建筑面积 3 万平方米以上	14～28 层；24～36 米跨度（轻钢结构除外）；单项工程建筑面积 1 万～3 万平方米	14 层以下；24 米跨度以下（轻钢结构除外）；单项工程建筑面积 1 万平方米以下
		高耸构筑工程	高度 120 米以上	高度 70～120 米	高度 70 米以下
		住宅工程	小区建筑面积 12 万平方米以上；单项工程 28 层以上	建筑面积 6 万～12 万平方米；单项工程 14～28 层	建筑面积 6 万平方米以下；单项工程 14 层以下
二	冶炼工程	钢铁冶炼、连铸工程	年产 100 万吨以上；单座高炉炉容 1250 立方米以上；单座公称容量转炉 100 吨以上；电炉 50 吨以上；连铸年产 100 万吨以上或板坯连铸单机 1450 毫米以上	年产 100 万吨以下；单座高炉炉容 1250 立方米以下；单座公称容量转炉 100 吨以下；电炉 50 吨以下；连铸年产 100 万吨以下或板坯连铸单机 1450 毫米以下	

续表

序号	工程类别		一级	二级	三级
二	冶炼工程	轧钢工程	热轧年产 100 万吨以上，装备连续、半连续轧机；冷轧带板年产 100 万吨以上，冷轧线材年产 30 万吨以上或装备连续、半连续轧机	热轧年产 100 万吨以下，装备连续、半连续轧机；冷轧带板年产 100 万吨以下，冷轧线材年产 30 万吨以下或装备连续、半连续轧机	
		冶炼辅助工程	炼焦工程年产 50 万吨以上或炭化室高度 4.3 米以上；单台烧结机 100 平方米以上；小时制氧 300 立方米以上	炼焦工程年产 50 万吨以下或炭化室高度 4.3 米以下；单台烧结机 100 平方米以下；小时制氧 300 立方米以下	
		有色冶炼工程	有色冶炼年产 10 万吨以上；有色金属加工年产 5 万吨以上；氧化铝工程 40 万吨以上	有色冶炼年产 10 万吨以下；有色金属加工年产 5 万吨以下；氧化铝工程 40 万吨以下	
		建材工程	水泥日产 2000 吨以上；化玻璃日熔量 400 吨以；池窑拉丝玻璃纤、特种纤维；特种陶瓷生产线工程	水泥日产 2000 吨以下；浮化玻璃日熔量 400 吨以下；普通玻璃生产线；组合炉拉丝玻璃纤维；非金属材料、玻璃钢、耐火材料、建筑及卫生陶瓷厂工程	
三	矿山工程	煤矿工程	年产 120 万吨以上的井工矿工程；年产 120 万吨以上的洗选煤工程；深度 800 米以上的立井井筒工程；年产 400 万吨以上的露天矿山工程	年产 120 万吨以下的井工矿工程；年产 120 万吨以下的洗选煤工程；深度 800 米以下的立井井筒工程；年产 400 万吨以下的露天矿山工程	
		冶金矿山工程	年产 100 万吨以上的黑色矿山采选工程；年产 100 万吨以上的有色砂矿采、选工程；年产 60 万吨以上的有色脉矿采、选工程	年产 100 万吨以下的黑色矿山采选工程；年产 100 万吨以下的有色砂矿采、选工程；年产 60 万吨以下的有色脉矿采、选工程	
		化工矿山工程	年产 60 万吨以上的磷矿、硫铁矿工程	年产 60 万吨以下的磷矿、硫铁矿工程	
		铀矿工程	年产 10 万吨以上的铀矿；年产 200 吨以上的铀选冶	年产 10 万吨以下的铀矿；年产 200 吨以下的铀选冶	
		建材类非金属矿工程	年产 70 万吨以上的石灰石矿；年产 30 万吨以上的石膏矿、石英砂岩矿	年产 70 万吨以下的石灰石矿；年产 30 万吨以下的石膏矿、石英砂岩矿	

续表

序号	工程类别		一级	二级	三级
四	化工石油工程	油田工程	原油处理能力 150 万吨/年以上、天然气处理能力 150 万方/天以上、产能 50 万吨以上及配套设施	原油处理能力 150 万吨/年以下、天然气处理能力 150 万方/天以下、产能 50 万吨以下及配套设施	
		油气储运工程	压力容器 8MPa 以上；油气储罐 10 万立方米/台以上；长输管道 120 千米以上	压力容器 8MPa 以下；油气储罐 10 万立方米/台以下；长输管道 120 千米以下	
		炼油化工工程	原油处理能力在 500 万吨/年以上的一次加工及相应二次加工装置和后加工装置	原油处理能力在 500 万吨/年以下的一次加工及相应二次加工装置和后加工装置	
		基本原材料工程	年产 30 万吨以上的乙烯工程；年产 4 万吨以上的合成橡胶、合成树脂及塑料和化纤工程	年产 30 万吨以下的乙烯工程；年产 4 万吨以下的合成橡胶、合成树脂及塑料和化纤工程	
		化肥工程	年产 20 万吨以上合成氨及相应后加工装置；年产 24 万吨以上磷氨工程	年产 20 万吨以下合成氨及相应后加工装置；年产 24 万吨以下磷氨工程	
		酸碱工程	年产硫酸 16 万吨以上；年产烧碱 8 万吨以上；年产纯碱 40 万吨以上	年产硫酸 16 万吨以下；年产烧碱 8 万吨以下；年产纯碱 40 万吨以下	
		轮胎工程	年产 30 万套以上	年产 30 万套以下	
		核化工及加工工程	年产 1000 吨以上的铀转换化工工程；年产 100 吨以上的铀浓缩工程；总投资 10 亿元以上的乏燃料后处理工程；年产 200 吨以上的燃料元件加工工程；总投资 5000 万元以上的核技术及同位素应用工程	年产 1000 吨以下的铀转换化工工程；年产 100 吨以下的铀浓缩工程；总投资 10 亿元以下的乏燃料后处理工程；年产 200 吨以下的燃料元件加工工程；总投资 5000 万元以下的核技术及同位素应用工程	
		医药及其他化工工程	总投资 1 亿元以上	总投资 1 亿元以下	
五	水利水电工程	水库工程	总库容 1 亿立方米以上	总库容 1 千万～1 亿立方米	总库容 1 千万立方米以下
		水力发电站工程	总装机容量 300MW 以上	总装机容量 50MW～300MW	总装机容量 50MW 以下
		其他水利工程	引调水堤防等级 1 级；灌溉排涝流量 5 立方米/秒以上；河道整治面积 30 万亩以上；城市防洪城市人口 50 万人以上；围垦面积 5 万亩以上；水土保持综合治理面积 1000 平方公里以上	引调水堤防等级 2、3 级；灌溉排涝流量 0.5～5 立方米/秒；河道整治面积 3 万～30 万亩；城市防洪城市人口 20 万～50 万人；围垦面积 0.5 万～5 万亩；水土保持综合治理面积 100～1000 平方公里	引调水堤防等级 4、5 级；灌溉排涝流量 0.5 立方米/秒以下；河道整治面积 3 万亩以下；城市防洪城市人口 20 万人以下；围垦面积 0.5 万亩以下；水土保持综合治理面积 100 平方公里以下

续表

序号	工程类别		一级	二级	三级
六	电力工程	火力发电站工程	单机容量 30 万千瓦以上	单机容量 30 万千瓦以下	
		输变电工程	330 千伏以上	330 千伏以下	
		核电工程	核电站；核反应堆工程		
七	农林工程	林业局（场）总体工程	面积 35 万公顷以上	面积 35 万公顷以下	
		林产工业工程	总投资 5000 万元以上	总投资 5000 万元以下	
		农业综合开发工程	总投资 3000 万元以上	总投资 3000 万元以下	
		种植业工程	2 万亩以上或总投资 1500 万元以上	2 万亩以下或总投资 1500 万元以下	
		兽医/畜牧工程	总投资 1500 万元以上	总投资 1500 万元以下	
		渔业工程	渔港工程总投资 3000 万元以上；水产养殖等其他工程总投资 1500 万元以上	渔港工程总投资 3000 万元以下；水产养殖等其他工程总投资 1500 万元以下	
		设施农业工程	设施园艺工程 1 公顷以上；农产品加工等其他工程总投资 1500 万元以上	设施园艺工程 1 公顷以下；农产品加工等其他工程总投资 1500 万元以下	
		核设施退役及放射性三废处理处置工程	总投资 5000 万元以上	总投资 5000 万元以下	
八	铁路工程	铁路综合工程	新建、改建一级干线；单线铁路 40 千米以上；双线 30 千米以上及枢纽	单线铁路 40 千米以下；双线 30 千米以下，二级干线及站线；专用线、专用铁路	
		铁路桥梁工程	桥长 500 米以上	桥长 500 米以下	
		铁路隧道工程	单线 3000 米以上；双线 1500 米以上	单线 3000 米以下；双线 1500 米以下	
		铁路通信、信号、电力电气化工程	新建、改建铁路（含枢纽、配、变电所，分区亭）单双线 200 千米及以上	新建、改建铁路（不含枢纽、配、变电所，分区亭）单双线 200 千米及以下	
九	公路工程	公路工程	高速公路	高速公路路基工程及一级公路	一级公路路基工程及二级以下各级公路
		公路桥梁工程	独立大桥工程；特大桥总长 1000 米以上或单跨跨径 150 米以上	大桥、中桥桥梁总长 30～1000 米或单跨跨径 20～150 米	小桥总长 30 米以下或单跨跨径 20 米以下；涵洞工程
		公路隧道工程	隧道长度 1000 米以上	隧道长度 500～1000 米	隧道长度 500 米以下

续表

序号	工程类别		一级	二级	三级
九	公路工程	其他工程	通讯、监控、收费等机电工程，高速公路交安全设施、环保工程和沿线附属设施	一级公路交通安全设施、环保工程和沿线附设施	二级及以下公路交通安全设施、环保工程和沿线附属设施
十	港口与航道工程	港口工程	集装箱、件杂、多用途等沿海港口工程20000吨级以上；散货、原油沿海港口工程30000吨级以上；1000吨级以上内河港口工程	集装箱、件杂、多用途等沿海港口工程20000吨级以下；散货、原油沿海港口工程30000吨级以下；1000吨级以下内河港口工程	
		通航建筑与整治工程	1000吨级以上	1000吨级以下	
		航道工程	通航30000吨级以上船舶沿海复杂航道；通航1000吨级以上船舶的内河航运工程项目	通航30000吨级以下船舶沿海航道；通航1000吨级以下船舶的内河航运工程项目	
		修造船水工工程	10000吨位以上的船坞工程；船体重量5000吨位以上的船台、滑道工程	10000吨位以下的船坞工程；船体重量5000吨位以下的船台、滑道工程	
		防波堤、导流堤等水工工程	最大水深6米以上	最大水深6米以下	
		其他水运工程项目	建安工程费6000万元以上的沿海水运工程项目；建安工程费4000万元以上的内河水运工程项目	建安工程费6000万元以下的沿海水运工程项目；建安工程费4000万元以下的内河水运工程项目	
十一	航天航空工程	民用机场工程	飞行区指标为4E及以上及其配套工程	飞行区指标为4D及以下及其配套工程	
		航空飞行器	航空飞行器（综合）工程总投资1亿元以上；航空飞行器（单项）工程总投资3000万元以上	航空飞行器（综合）工程总投资1亿元以下；航空飞行器（单项）工程总投资3000万元以下	
		航天空间飞行器	工程总投资3000万元以上；面积3000平方米以上；跨度18米以上	工程总投资3000万元以下；面积3000平方米以下；跨度18米以下	
十二	通信工程	有线、无线传输通信工程，卫星、综合布线	省际通信、信息网络工程	省内通信、信息网络工程	
		邮政、电信、播枢纽及交换工程	省会城市邮政、电信枢纽	城市级城市邮政、电信枢纽	
		发射台工程	总发射功率500千瓦以上短波或600千瓦以上中波发射台；高度200米以上广播电视发射塔	总发射功率500千瓦以下短波或600千瓦以下中波发射台；高度200米以下广播电视发射塔	

续表

序号	工程类别		一级	二级	三级
十三	市政公用工程	城市道路工程	城市快速路、主干路，城市互通式立交桥及单孔跨径 100 米以上桥梁；长度 1000 米以上的隧道工程	城市次干路工程，城市分离式立交桥及单孔跨径 100 米以下的桥梁；长度 1000 米以下的隧道工程	城市支路工程、过街天桥及地下通道工程
		给水排水工程	10 万吨/日以上的给水厂；5 万吨/日以上污水处理工程；3 立方米/秒以上的给水、污水泵站；15 立方米/秒以上的雨泵站；直径 2.5 米以上的给排水管道	2 万~10 万吨/日的给水厂；1 万~5 万吨/日污水处理工程；1~3 立方米/秒的给水、污水泵站；5~15 立方米/秒的雨泵站；直径 1~2.5 米的给水管道；直径 1.5~2.5 米的排水管道	2 万吨/日以下的给水厂；1 万吨/日以下污水处理工程；1 立方米/秒以下的给水、污水泵站；5 立方米/秒以下的雨泵站；直径 1 米以下的给水管道；直径 1.5 米以下的排水管道
		燃气热力工程	总储存容积 1000 立方米以上液化气贮罐场（站）；供气规模 15 万立方米/日以上的燃气工程；中压以上的燃气管道、调压站；供热面积 150 万平方米以上的热力工程	总储存容积 1000 立方米以下的液化气贮罐场（站）；供气规模 15 万立方米/日以下的燃气工程；中压以下的燃气管道、调压站；供热面积 50 万~150 万平方米的热力工程	供热面积 50 万平方米以下的热力工程
		垃圾处理工程	1200 吨/日以上的垃圾焚烧和填埋工程	500~1200 吨/日的垃圾焚烧及填埋工程	500 吨/日以下的垃圾焚烧及填埋工程
		地铁轻轨工程	各类地铁轻轨工程		
		风景园林工程	总投资 3000 万元以上	总投资 1000 万~3000 万元	总投资 1000 万元以下
十四	机电安装	机械工程	总投资 5000 万元以上	总投资 5000 万元以下	
		电子工程	总投资 1 亿元以上；含有净化级别 6 级以上的工程	总投资 1 亿元以下；含有净化级别 6 级以下的工程	
		轻纺工程	总投资 5000 万元以上	总投资 5000 万元以下	
		兵器工程	建安工程费 3000 万元以上的坦克装甲车辆、炸药、弹箭工程建安工程费 2000 万元以上的枪炮、光电工程；建安工程费 1000 万元以上的防化民爆工程	建安工程费 3000 万元以下的坦克装甲车辆、炸药、弹箭工程；建安工程费 2000 万元以下的枪炮、光电工程；建安工程费 1000 万元以下的防化民爆工程	
		船舶工程	船舶制造工程总投资 1 亿元以上；船舶科研、机械、修理工程总投资 5000 万元以上	船舶制造工程总投资 1 亿元以下；船舶科研、机械、修理工程总投资 5000 万元以下	
		其他工程	总投资 5000 万元以上	总投资 5000 万元以下	

说明1. 表中的"以上"含本数，"以下"不含本数。

　　2. 未列入本表中的其他专业工程，由国务院有关部门按照有关规定在相应的工程类别中划分等级。

　　3. 房屋建筑工程包括结合城市建设与民用建筑修建的附建人防工程。

附录 3-6-6 工程建设项目自行招标试行办法

（2000 年 7 月 1 日国家计委 5 号令）

第一条 为了规范工程建设项目招标人自行招标行为，加强对招标投标活动的监督，根据《中华人民共和国招标投标法》（以下简称《招标投标法》）和《国务院办公厅印发国务院有关部门实施招标投标活动行政监督的职责分工意见的通知》（国办发〔2000〕34 号），制定本办法。

第二条 本办法适用于经国家计委审批（含经国家计委初审后报国务院审批）的工程建设项目的自行招标活动。

前款工程建设项目的招标范围和规模标准，适用《工程建设项目招标范围和规模范围标准规定》（国家计委 3 号令）。

第三条 招标人是指依照法律规定进行工程建设项目的勘察、设计、施工、监理以及与工程建设有关的重要设备、材料等招标的法人。

第四条 招标人自行办理招标事宜，应当具有编制招标文件和组织评标的能力，具体包括：

（一）具有项目法人资格（或者法人资格）；

（二）具有与招标项目规模和复杂程度相适应的工程技术、概预算、财务和工程管理等方面专业技术力量；

（三）有从事同类工程建设项目招标的经验；

（四）设有专门的招标机构或者拥有 3 名以上专职招标业务人员；

（五）熟悉和掌握招标投标法及有关法规规章。

第五条 招标人自行招标的，项目法人或者组建中的项目法人应当在向国家计委上报项目或可行性研究报告时，一并报送符合本办法第四条规定的书面材料。

书面材料应当至少包括：

（一）项目法人营业执照、法人证书或者项目法人组建文件；

（二）与招标项目相适应的专业技术力量情况；

（三）内设的招标机构或者专职招标业务人员的基本情况；

（四）拟使用的专家库情况；

（五）以往编制的同类工程建设项目招标文件和评标报告，以及招标业绩的证明材料；

（六）其他材料。

在报送可行性研究报告前，招标人确需通过招标方式或者其他方式确定勘察、设计单位开展前期工作的，应当在前款规定的书面材料中说明。

第六条 国家计委审查招标人报送的书面材料，核准招标人符合本办法规定的自行招标条件的，招标人可以自行办理招标事宜。任何单位和个人不得限制其自行办理招标事宜，也不得拒绝办理工程建设有关手续。

第七条 国家计委审查招标人报送的书面材料，认定招标人不符合本办法规定的自行招标条件的，在批复可行性研究报告时，要求招标人委托招标代理机构办理招标事宜。

第八条 一次核准手续仅适用于一个工程建设项目。

第九条 招标人不具备自行招标条件，不影响国家计委对项目可行性研究报告的审批。

第十条 招标人自行招标的，应当自确定中标人之日起 15 日内，向国家计委提交招标投标情况的书面报告。书面报告至少应包括下列内容：

（一）招标方式和发布公告的媒介；

（二）招标文件中投标人须知、技术规格、评标标准和方法、合同主要条款等内容；

（三）评标委员会的组成和评标报告；

（四）中标结果。

第十一条　招标人不按本办法规定要求履行自行招标核准手续的或者报送的书面材料有遗漏的，国家计发要求其补正；不及时补正的，视同不具备自行招标条件。

招标人履行核准手续中有弄虚作假情况的，视同不具备自行招标条件。

第十二条　招标人不按本办法提交招标投标情况的书面报告的，国家计委要求补正；拒不补正的，给予警告，并视招标人是否有招标投标法第五章规定的违法行为，给予相应的处罚。

第十三条　任何单位和个人非法强制招标人委托招标代理机构或者其他组织办理招标事宜的，非法拒绝办理工程建设有关手续的，或者以其他任何方式非法干预招标人自行招标活动的，由国家计委依据招标投标法的有关规定处罚或者向有关行政监督部门提出处理建议。

第十四条　本办法自发布之日起施行。

附录 3-6-7　建筑装修装饰工程专业承包企业资质等级标准

建筑装修装饰工程专业承包企业资质分为一级、二级、三级。

一级资质标准：

1. 企业近 5 年承担过 3 项以上单位工程造价 1000 万元以上或三星级以上宾馆大堂的装修装饰工程施工，工程质量合格。

2. 企业经理具有 8 年以上从事工程管理工作经历或具有高级职称；总工程师具有 8 年以上从事建筑装修装饰施工技术管理工作经历并具有相关专业高级职称；总会计师具有中级以上会计职称。

企业有职称的工程技术和经济管理人员不少于 40 人，其中工程技术人员不少于 30 人，且建筑学或环境艺术、结构、暖通、给排水、电气等专业人员齐全；工程技术人员中，具有中级以上职称的人员不少于 10 人。

企业具有的一级资质项目经理不少于 5 人。

3. 企业注册资本金 1000 万元以上，企业净资产 1200 万元以上。

4. 企业近 3 年最高年工程结算收入 3000 万元以上。

二级资质标准：

1. 企业近 5 年承担过 2 项以上单位工程造价 500 万元以上的装修装饰工程或 10 项以上单位工程造价 50 万元以上的装修装饰工程施工，工程质量合格。

2. 企业经理具有 5 年以上从事工程管理工作经历或具有中级以上职称；技术负责人具有 5 年以上从事装修装饰施工技术管理工作经历并具有相关专业中级以上职称；财务负责人具有中级以上会计职称。

企业有职称的工程技术和经济管理人员不少于 25 人，其中工程技术人员不少于 20 人，且建筑学或环境艺术、结构、暖通、给排水、电气等专业人员齐全；工程技术人员中，具有中级以上职称的人员不少于 5 人。

企业具有的二级资质项目经理不少于 5 人。

3. 企业注册资本金 500 万元以上，企业净资产 600 万元以上。

4. 企业近 3 年最高年工程结算收入 1000 万元以上。

三级资质标准：

1. 企业近 3 年承担过 3 项以上单位工程造价 20 万元以上的装修装饰工程，工程质量合格。

2. 企业经理具有 3 年以上从事工程管理工作经历；技术负责人具有 5 年以上从事装修装饰施工技术管理工作经历并具有相关专业中级以上职称；财务负责人具有初级以上会计职称。

企业有职称的工程技术和经济管理人员不少于 15 人，其中工程技术人员不少于 10 人，且建筑学或环境艺术、结构、暖通、给排水、电气等专业人员齐全；工程技术人员中，具有中级以上职称的人员不少于 2 人。

企业具有的三级资质以上项目经理不少于 2 人。

3. 企业注册资本金 50 万元以上，企业净资产 60 万元以上。

4. 企业近 3 年最高年工程结算收入 100 万元以上。

承包工程范围：

一级企业：可承担各类建筑室内、室外装修装饰工程（建筑幕墙工程除外）的施工。

二级企业：可承担单位工程造价 1200 万元以下建筑室内、室外装修装饰工程（建筑幕墙工程除外）的施工。

三级企业：可承担单位工程造价 60 万元以下建筑室内、室外装修装饰工程（建筑幕墙工程除外）的施工。

附录 3-6-8　工程建设项目施工招标投标办法

（2003 年 3 月 8 日国家发展计划委员会令第 30 号）

第一章　总　　则

第一条　为规范工程建设项目施工（以下简称工程施工）招标投标活动，根据《中华人民共和国招标投标法》和国务院有关部门的职责分工，制定本办法。

第二条　在中华人民共和国境内进行工程施工招标投标活动，适用本办法。

第三条　工程建设项目符合《工程建设项目招标范围和规模标准规定》（国家计委令第 3 号）规定的范围和标准的，必须通过招标选择施工单位。

任何单位和个人不得将依法必须进行招标的项目化整为零或者以其他任何方式规避招标。

第四条　工程施工招标投标活动应当遵循公开、公平、公正和诚实信用的原则。

第五条　工程施工招标投标活动，依法由招标人负责。任何单位和个人不得以任何方式非法干涉工程施工招标投标活动。

施工招标投标活动不受地区或者部门的限制。

第六条　各级发展计划、经贸、建设、铁道、交通、信息产业、水利、外经贸、民航等部门依照《国务院办公厅印发国务院有关部门实施招标投标活动行政监督的职责分工意见的通知》（国办发〔2000〕34 号）和各地规定的职责分工，对工程施工招标投标活动实施监督，依法查处工程施工招标投标活动中的违法行为。

第二章　招　　标

第七条　工程施工招标人是依法提出施工招标项目、进行招标的法人或者其他组织。

第八条　依法必须招标的工程建设项目，应当具备下列条件才能进行施工招标：

（一）招标人已经依法成立；

（二）初步设计及概算应当履行审批手续的，已经批准；

（三）招标范围、招标方式和招标组织形式等应当履行核准手续的，已经核准；

（四）有相应资金或资金来源已经落实；

（五）有招标所需的设计图纸及技术资料。

第九条　工程施工招标分为公开招标和邀请招标。

第十条　依法必须进行施工招标的工程设项目，按工程建设项目审批管理的规定，凡应报送项目审批部门审批的，招标人必须在报送的可行性研究告中将招标范围、招标方式、招标组织形式等有关招标内容报项目审批部门核准。

第十一条　国务院发展计划部门确定的国家重点建设项目和各省、自治区、直辖市人民政府确定的地方重点建设项目，以及全部使用国有资金投资或者国有资金投资占控股或者主导地位的工程建设项目，应当公开招标；有下列情形之一的，经批准可以进行邀请招标：

（一）项目技术复杂或有特殊要求，只有少量几家潜在投标人可供选择的；

（二）受自然地域环境限制的；

（三）涉及国家安全、国家秘密或者抢险救灾，适宜招标但不宜公开招标的；

（四）拟公开招标的费用与项目的价值相比，不值得的；

（五）法律、法规规定不宜公开招标的。

国家重点建设项目的邀请招标，应当经国务院发展计划部门批准；地方重点建设项目的邀请招标，应当经各省、自治区、直辖市人民政府批准。

全部使用国有资金投资或者国有资金投资占控股或者主导地位的并需要审批的工程建设项目的邀请招标，应当经项目审批部门批准，但项目审批部门只审批立项的，由有关行政监督部门批准。

第十二条　需要审批的工程建设项目，有下列情形之一的，由本办法第十一条规定的审批部门批准，可以不进行施工招标：

（一）涉及国家安全、国家秘密或者抢险救灾而不适宜招标的；

（二）属于利用扶贫资金实行以工代赈需要使用农民工的；

（三）施工主要技术采用特定的专利或者专有技术的；

（四）施工企业自建自用的工程，且该施工企业资质等级符合工程要求的；

（五）在建工程追加的附属小型工程或者主体加层工程，原中标人仍具备承包能力的；

（六）法律、行政法规规定的其他情形。

不需要审批但依法必须招标的工程建设项目，有前款规定情形之一的，可以不进行施工招标。

第十三条　采用公开招标方式的，招标人应当发布招标公告，邀请不特定的法人或者其他组织投标。依法必须进行施工招标项目的招标公告，应当在国家指定的报刊和信息网络上发布。

采用邀请招标方式的，招标人应当向三家以上具备承担施工招标项目的能力、资信良好的特定的法人或者其他组织发出投标邀请书。

第十四条　招标公告或者投标邀请书应当至少载明下列内容：

（一）招标人的名称和地址；

（二）招标项目的内容、规模、资金来源；

（三）招标项目的实施地点和工期；

（四）获取招标文件或者资格预审文件的地点和时间；

（五）对招标文件或者资格预审文件收取的费用；

（六）对投标人的资质等级的要求。

第十五条　招标人应当按招标公告或者投标邀请书规定的时间、地点出售招标文件或资格预审文件。自招标文件或者资格预审文件出售之日起至停止出售之日止，最短不得少于五个工作日。

招标人可以通过信息网络或者其他媒介发布招标文件，通过信息网络或者其他媒介发布的招标文件与书面招标文件具有同等法律效力，但出现不一致时以书面招标文件为准。招标人应当保持书面招标文件原始正本的完好。

对招标文件或者资格预审文件的收费应当合理，不得以营利为目的。对于所附的设计文件，招标人可以向投标人酌收押金；对于开标后投标人退还设计文件的，招标人应当向投标人退还押金。

招标文件或者资格预审文件售出后，不予退还。招标人在发布招标公告、发出投标邀请书后或者售出招标文件或资格预审文件后不得擅自终止招标。

第十六条 招标人可以根据招标项目本身的特点和需要，要求潜在投标人或者投标人提供满足其资格要求的文件，对潜在投标人或者投标人进行资格审查；法律、行政法规对潜在投标人或者投标人的资格条件有规定的，依照其规定。

第十七条 资格审查分为资格预审和资格后审。

资格预审，是指在投标前对潜在投标人进行的资格审查。资格后审，是指在开标后对投标人进行的资格审查。

进行资格预审的，一般不再进行资格后审，但招标文件另有规定的除外。

第十八条 采取资格预审的，招标人可以发布资格预审公告。资格预审公告适用本办法第十三条、第十四条有关招标公告的规定。

采取资格预审的，招标人应当在资格预审文件中载明资格预审的条件、标准和方法；采取资格后审的，招标人应当在招标文件中载明对投标人资格要求的条件、标准和方法。

招标人不得改变载明的资格条件或者以没有载明的资格条件对潜在投标人或者投标人进行资格审查。

第十九条 经资格预审后，招标人应当向资格预审合格的潜在投标人发出资格预审合格通知书，告知获取招标文件的时间、地点和方法，并同时向资格预审不合格的潜在投标人不得参加投标。

第二十条 资格审查应主要审查潜在投标人或者投标人是否符合下列条件：

（一）具有独立订立合同的权利；

（二）具有履行合同的能力，包括专业、技术资格和能力，资金、设备和其他物质设施状况，管理能力、经验、信誉和相应的从业人员；

（三）没有处于被责令停业，投标资格被取消，财产被接管、冻结，破产状态；

（四）在最近三年内没有骗取中标和严重违约及重大工程质量问题；

（五）法律、行政法规规定的其他资格条件。

资格审查时，招标人不得以不合理的条件限制、排斥潜在投标人或者投标人，不得对潜在投标人或者投标人实行歧视待遇。任何单位和个人不得以行政手段或者其他不合理方式限制投标人的数量。

第二十一条 招标人符合法律规定的自行招标条件的，可以自行办理招标事宜。任何单位和个人不得强制其委托招标代理机构办理招标事宜。

第二十二条 招标代理机构应当在招标人委托的范围内承担招标事宜。招标代理机构可以在其资格等级范围内承担下列招标事宜：

（一）拟订招标方案，编制和出售招标文件、资格预审文件；

（二）审查投标人资格；

（三）编制标底；

（四）组织投标人踏勘现场；

（五）组织开标、评标，协助招标人定标；

（六）草拟合同；

（七）招标人委托的其他事项。

招标代理机构不得无权代理、越权代理，不得明知委托事项违法而进行代理。

招标代理机构不得接受同一招标项目的投标代理和投标咨询业务；未经招标人同意，不得转让招标代理业务。

第二十三条 工程招标代理机构与招标人应当签订书面委托合同，并按双方约定的标准收取代理费；国家对收费标准有规定的，依照其规定。

第二十四条　招标人根据施工招标项目的特点和需要编制招标文件。招标文件一般包括下列内容：

（一）投标邀请书；

（二）投标人须知；

（三）合同主要条款；

（四）投标文件格式；

（五）采用工程量清单招标的，应当提供工程量清单；

（六）技术条款；

（七）设计图纸；

（八）评标标准和方法；

（九）投标辅助材料。

招标人应当在招标文件中规定实质性要求和条件，并用醒目的方式标明。

第二十五条　招标人可以要求投标人在提交符合招标文件规定要求的投标文件外，提交备选投标方案，但应当在招标文件中作出说明，并提出相应的评审和比较办法。

第二十六条　招标文件规定的各项技术标准应符合国家强制性标准。

招标文件中规定的各项技术标准均不得要求或标明某一特定的专利、商标、名称、设计、原产地或生产供应者，不得含有倾向或者排斥潜在投标人的其他内容。如果必须引用某一生产供应者的技术标准才能准确或清楚地说明拟招标项目的技术标准时，则应当在参照后面加上"或相当于"的字样。

第二十七条　施工招标项目需要划分标段、确定工期的，招标人应当合理划分标段、确定工期，并在招标文件中载明。对工程技术上紧密相联、不可分割的单位工程不得分割标段。

招标人不得以不合理的标段或工期限制或者排斥潜在投标人或者投标人。

第二十八条　招标文件应当明确规定评标时除价格以外的所有评标因素，以及如何将这些因素量化或者据以进行评估。

在评标过程中，不得改变招标文件中规定的评标标准、方法和中标条件。

第二十九条　招标文件应当规定一个适当的投标有效期，以保证招标人有足够的时间完成评标和与中标人签订合同。投标有效期从投标人提交投标文件截止之日起计算。

在原投标有效期结束前，出现特殊情况的，招标人可以书面形式要求所有投标人延长投标有效期。投标人同意延长的，不得要求或被允许修改其投标文件的实质性内容，但应当相应延长其投标保证金的有效期；投标人拒绝延长的，其投标失效，但投标人有权收回其投标保证金。因延长投标有效期造成投标人损失的，招标人应当给予补偿，但因不可抗力需要延长投标有效期的除外。

第三十条　施工招标项目工期超过十二个月的，招标文件中可以规定工程造价指数体系、价格调整因素和调整方法。

第三十一条　招标人应当确定投标人编制投标文件所需要的合理时间；但是，依法必须进行招标的项目，自招标文件开始发出之日起至投标人提交投标文件截止之日止，最短不得少于 20 日。

第三十二条　招标人根据招标项目的具体情况，可以组织潜在投标人踏勘项目现场，向其介绍工程场地和相关环境的有关情况。潜在投标人依据招标人介绍情况作出的判断和决策，由投标人自行负责。

招标人不得单独或者分别组织任何一个投标人进行现场踏勘。

第三十三条　对于潜在投标人在阅读招标文件和现场踏勘中提出的疑问，招标人可以书面形式或召开投标预备会的方式解答，但需同时将解答以书面方式通知所有购买招标文件的潜在投标人。该解答的内容为招标文件的组成部分。

第三十四条　招标人可根据项目特点决定是否编制标底。编制标底的，标底编制过程和标底必须保密。

招标项目编制标底的，应根据批准的初步设计、投资概算，依据有关计价办法，参照有关工程定额，结合市场供求状况，综合考虑投资、工期和质量等方面的因素合理确定。

标底由招标人自行编制或委托中介机构编制。一个工程只能编制一个标底。

任何单位和个人不得强制招标人编制或报审标底，或干预其确定标底。

招标项目可以不设标底，进行无标底招标。

第三章 投 标

第三十五条 投标人是响应招标、参加投标竞争的法人或者其他组织。招标人的任何不具独立法人资格的附属机构(单位)，或者为招标项目的前期准备或者监理工作提供设计、咨询服务的任何法人及其任何附属机构(单位)，都无资格参加该招标项目的投标。

第三十六条 投标人应当按照招标文件的要求编制投标文件。投标文件应当对招标文件提出的实质性要求和条件作出响应。

投标文件一般包括下列内容：

(一) 投标函；

(二) 投标报价；

(三) 施工组织设计；

(四) 商务和技术偏差表。

投标人根据招标文件载明的项目实际情况，拟在中标后将中标项目的部分非主体、非关键性工作进行分包的，应当在投标文件中载明。

第三十七条 招标人可以在招标文件中要求投标人提交投标保证金。投标保证金除现金外，可以是银行出具的银行保函、保兑支票、银行汇票或现金支票。

投标保证金一般不得超过投标总价的2%，但最高不得超过八十万元人民币。投标保证金有效期应当超出投标有效期30天。

投标人应当按照招标文件要求的方式和金额，将投标保证金随投标文件提交给招标人。

投标人不按招标文件要求提交投标保证金的，该投标文件将被拒绝，作废标处理。

第三十八条 投标人应当在招标文件要求提交投标文件的截止时间前，将投标文件密封送达投标地点。招标人收到投标文件后，应当向投标人出具标明签收人和签收时间的凭证，在开标前任何单位和个人不得开启投标文件。

在招标文件要求提交投标文件的截止时间后送达的投标文件，为无效的投标文件，招标人应当拒收。

提交投标文件的投标人少于三个的，招标人应当依法重新招标。重新招标后投标人仍少于三个的，属于必须审批的工程建设项目，报经原审批部门批准后可以不再进行招标；其他工程建设项目，招标人可自行决定不再进行招标。

第三十九条 投标人在招标文件要求提交投标文件的截止时间前，可以补充、修改、替代或者撤回已提交的投标文件，并书面通知招标人。补充、修改的内容为投标文件的组成部分。

第四十条 在提交投标文件截止时间后到招标文件规定的投标有效期终止之前，投标人不得补充、修改、替代或者撤回其投标文件。投标人补充、修改、替代投标文件的，招标人不予接受；投标人撤回投标文件的，其投标保证金将被没收。

第四十一条 在开标前，招标人应妥善保管好已接收的投标文件、修改或撤回通知、备选投标方案等投标资料。

第四十二条 两个以上法人或者其他组织可以组成一个联合体，以一个投标人的身份共同投标。

联合体各方签订共同投标协议后，不得再以自己名义单独投标，也不得组成新的联合体或参加其他联合体在同一项目中投标。

第四十三条 联合体参加资格预审并获通过的，其组成的任何变化都必须在提交投标文件截止之日前征得招标人的同意。如果变化后的联合体削弱了竞争，含有事先未经过资格预审或者资格预审不合格的法人或者其他组织，或者使联合体的资质降到资格预审文件中规定的最低标准以下，招标人有权拒绝。

第四十四条　联合体各方必须指定牵头人，授权其代表所有联合体成员负责投标和合同实施阶段的主办、协调工作，并应当向招标人提交由所有联合体成员法定代表人签署的授权书。

第四十五条　联合体投标的，应当以联合体各方或者联合体中牵头人的名义提交投标保证金。以联合体中牵头人名义提交的投标保证金，对联合体各成员具有约束力。

第四十六条　下列行为均属投标人串通投标报价：

（一）投标人之间相互约定抬高或压低投标报价；

（二）投标人之间相互约定，在招标项目中分别以高、中、低价位报价；

（三）投标人之间先进行内部竞价，内定中标人，然后再参加投标；

（四）投标人之间其他串通投标报价的行为。

第四十七条　下列行为均属招标人与投标人串通投标：

（一）招标人在开标前开启投标文件，并将投标情况告知其他投标人，或者协助投标人撤换投标文件，更改报价；

（二）招标人向投标人泄露标底；

（三）招标人与投标人商定，投标时压低或抬高标价，中标后再给投标人或招标人额外补偿；

（四）招标人预先内定中标人；

（五）其他串通投标行为。

第四十八条　投标人不得以他人名义投标。

前款所称以他人名义投标，指投标人挂靠其他施工单位，或从其他单位通过转让或租借的方式获取资格或资质证书，或者由其他单位及其法定代表人在自己编制的投标文件上加盖印章和签字等行为。

第四章　开标、评标和定标

第四十九条　开标应当在招标文件确定的提交投标文件截止时间的同一时间公开进行；开标地点应当为招标文件中确定的地点。

第五十条　投标文件有下列情形之一的，招标人不予受理：

（一）逾期送达的或者未送达指定地点的；

（二）未按招标文件要求密封的。

投标文件有下列情形之一的，由评标委员会初审后按废标处理：

（一）无单位盖章并无法定代表人或法定代表人授权的代理人签字或盖章的；

（二）未按规定的格式填写，内容不全或关键字迹模糊、无法辨认的；

（三）投标人递交两份或多份内容不同的投标文件，或在一份投标文件中对同一招标项目报有两个或多个报价，且未声明哪一个有效，按招标文件规定提交备选投标方案的除外；

（四）投标人名称或组织结构与资格预审时不一致的；

（五）未按招标文件要求提交投标保证金的；

（六）联合体投标未附联合体各方共同投标协议的。

第五十一条　评标委员会可以书面方式要求投标人对投标文件中含义不明确、对同类问题表述不一致或者有明显文字和计算错误的内容作必要的澄清、说明或补正。评标委员会不得向投标人提出带有暗示性或诱导性的问题，或向其明确投标文件中的遗漏和错误。

第五十二条　投标文件不响应招标文件的实质性要求和条件的，招标人应当拒绝，并不允许投标人通过修正或撤销其不符合要求的差异或保留，使之成为具有响应性的投标。

第五十三条　评标委员会在对实质上响应招标文件要求的投标进行报价评估时，除招标文件另有约定外，应当按下述原则进行修正：

（一）用数字表示的数额与用文字表示的数额不一致时，以文字数额为准；

（二）单价与工程量的乘积与总价之间不一致时，以单价为准。若单价有明显的小数点错位，应以总价为准，并修改单价。

按前款规定调整后的报价经投标人确认后产生约束力。

投标文件中没有列入的价格和优惠条件在评标时不予考虑。

第五十四条　对于投标人提交的优越于招标文件中技术标准的备选投标方案所产生的附加收益，不得考虑进评标价中。符合招标文件的基本技术要求且评标价最低或综合评分最高的投标人，其所提交的备选方案方可予以考虑。

第五十五条　招标人设有标底的，标底在评标中应当作为参考，但不得作为评标的惟一依据。

第五十六条　评标委员会完成评标后，应向招标人提出书面评标报告。评标报告由评标委员会全体成员签字。评标委员会提出书面评标报告后，招标人一般应当在 15 日内确定中标人，但最迟应当在投标有效期结束日 30 个工作日前确定。

中标通知书由招标人发出。

第五十七条　评标委员会推荐的中标候选人应当限定在一至三人，并标明排列顺序。招标人应当接受评标委员会推荐的中标候选人，不得在评标委员会推荐的中标候选人之外确定中标人。

第五十八条　依法必须进行招标的项目，招标人应当确定排名第一的中标候选人为中标人。

排名第一的中标候选人放弃中标、因不可抗力提出不能履行合同，或者招标文件规定应当提交履约保证金而在规定的期限内未能提交的，招标人可以确定排名第二的中标候选人为中标人。排名第二的中标候选人因前款规定的同样原因不能签订合同的，招标人可以确定排名第三的中标候选人为中标人。

招标人可以授权评标委员会直接确定中标人。

国务院对中标人的确定另有规定的，从其规定。

第五十九条　招标人不得向中标人提出压低报价、增加工作量、缩短工期或其他违背中标人意愿的要求，以此作为发出中标通知书和签订合同的条件。

第六十条　中标通知书对招标人和中标人具有法律效力。中标通知书发出后，招标人改变中标结果的，或者中标人放弃中标项目的，应当依法承担法律责任。

第六十一条　招标人全部或者部分使用非中标单位投标文件中的技术成果或技术方案时，需征得其书面同意，并给予一定的经济补偿。

第六十二条　招标人和中标人应当自中标通知书发出之日起 30 日内按照招标文件和中标人的投标文件订立书面合同。招标人和中标人不得再行订立背离合同实质性内容的其他协议。

招标文件要求中标人提交履约保证金或者其他形式履约担保的，中标人应当提交；拒绝提交的，视为放弃中标项目。招标人要求中标人提供履约保证金或其他形式履约担保的，招标人应当同时向中标人提供工程款支付担保。

招标人不得擅自提高履约保证金，不得强制要求中标人垫付中标项目建设资金。

第六十三条　招标人与中标人签订合同后五个工作日内，应当向未中标的投标人退还投标保证金。

第六十四条　合同中确定的建设规模、建设标准、建设内容、合同价格应当控制在批准的初步设计及概算文件范围内；确需超出规定范围的，应当在中标合同签订前，报原项目审批部门审查同意。凡应报经审查未报的，在初步设计及概算调整时，原项目审批部门一律不予承认。

第六十五条　依法必须进行施工招标的项目，招标人应当自发出中标通知书之日起 15 日内，向有关行政监督部门提交招标投标情况的书面报告。

前款所称书面报告至少应包括下列内容：

（一）招标范围；

（二）招标方式和发布招标公告的媒介；

（三）招标文件中投标人须知、技术条款、评标标准和方法、合同主要条款等内容；

（四）评标委员会的组成和评标报告；

（五）中标结果。

第六十六条　招标人不得直接指定分包人。

第六十七条　对于不具备分包条件或者不符合分包规定的，招标人有权在签订合同或者中标人提出分包要求时予以拒绝。发现中标人转包或违法分包时，可要求其改正；拒不改正的，可终止合同，并报请有关行政监督部门查处。

监理人员和有关行政部门发现中标人违反合同约定进行转包或违法分包的，应当要求中标人改正，或者告知招标人要求其改正；对于拒不改正的，应当报请有关行政监督部门查处。

第五章　法　律　责　任

第六十八条　依法必须进行招标的项目而不招标的，将必须进行招标的项目化整为零或者以其他任何方式规避招标的，有关行政监督部门责令限期改正，可以处项目合同金额 5‰以上 10‰以下的罚款；对全部或者部分使用国有资金的项目，项目审批部门可以暂停项目执行或者暂停资金拨付；对单位直接负责的主管人员和其他直接责任人员依法给予处分。

第六十九条　招标代理机构违法泄露应当保密的与招标投标活动有关的情况和资料的，或者与招标人、投标人串通损害国家利益、社会公共利益或者他人合法权益的，由有关行政监督部门处 5 万元以上 25 万元以下罚款，对单位直接负责的主管人员和其他直接责任人员处单位罚款数额 5%以上 10%以下罚款；有违法所得的，并处没收违法所得；情节严重的，有关行政监督部门可停止其一定时期内参与相关领域的招标代理业务，资格认定部门可暂停直至取消招标代理资格；构成犯罪的，由司法部门依法追究刑事责任。给他人造成损失的，依法承担赔偿责任。前款所列行为影响中标结果，并且中标人为前款所列行为的受益人的，中标无效。

第七十条　招标人以不合理的条件限制或者排斥潜在投标人的，对潜在投标人实行歧视待遇的，强制要求投标人组成联合体共同投标的，或者限制投标人之间竞争的，有关行政监督部门责令改正，可处 1 万元以上 5 万元以下罚款。

第七十一条　依法必须进行招标项目的招标人向他人透露已获取招标文件的潜在投标人的名称、数量或者可能影响公平竞争的有关招标投标的其他情况的，或者泄露标底的，有关行政监督部门给予警告，可以并处 1 万元以上 10 万元以下的罚款；对单位直接负责的主管人员和其他直接责任人员依法给予处分；构成犯罪的，依法追究刑事责任。

前款所列行为影响中标结果，并且中标人为前款所列行为的受益人的，中标无效。

第七十二条　招标人在发布招标公告、发出投标邀请书或者售出招标文件或资格预审文件后终止招标的，除有正当理由外，有关行政监督部门给予警告，根据情节可处 3 万元以下的罚款；给潜在投标人或者投标人造成损失的，并应当赔偿损失。

第七十三条　招标人或者招标代理机构有下列情形之一的，有关行政监督部门责令其限期改正，根据情节可处 3 万元以下的罚款；情节严重的，招标无效：

（一）未在指定的媒介发布招标公告的；

（二）邀请招标不依法发出投标邀请书的；

（三）自招标文件或资格预审文件出售之日起至停止出售之日止，少于五个工作日的；

（四）依法必须招标的项目，自招标文件开始发出之日起至提交投标文件截止之日止，少于 20 日的；

（五）应当公开招标而不公开招标的；

（六）不具备招标条件而进行招标的；

（七）应当履行核准手续而未履行的；

（八）不按项目审批部门核准内容进行招标的；

（九）在提交投标文件截止时间后接收投标文件的；

（十）投标人数量不符合法定要求不重新招标的。

被认定为招标无效的，应当重新招标。

第七十四条 投标人相互串通投标或者与招标人串通投标的，投标人以向招标人或者评标委员会成员行贿的手段谋取中标的，中标无效，由有关行政监督部门处中标项目金额 5‰以上 10‰以下的罚款，对单位直接负责的主管人员和其他直接责任人员处单位罚款数额 5%以上 10%以下的罚款；有违法所得的，并处没收违法所得；情节严重的，取消其一至二年的投标资格，并予以公告，直至由工商行政管理机关吊销营业执照；构成犯罪的，依法追究刑事责任。给他人造成损失的，依法承担赔偿责任。

第七十五条 投标人以他人名义投标或者以其他方式弄虚作假，骗取中标的，中标无效，给招标人造成损失的，依法承担赔偿责任；构成犯罪的，依法追究刑事责任。

依法必须进行招标项目的投标人有前款所列行为尚未构成犯罪的，有关行政监督部门处中标项目金额 5‰以上 10‰以下的罚款，对单位直接负责的主管人员和其他直接责任人员处单位罚款数额 5%以上 10%以下的罚款；有违法所得的，并处没收违法所得；情节严重的，取消其一至三年投标资格，并予以公告，直至由工商行政管理机关吊销营业执照。

第七十六条 依法必须进行招标的项目，招标人违法与投标人就投标价格、投标方案等实质性内容进行谈判的，有关行政监督部门给予警告，对单位直接负责的主管人员和其他直接责任人员依法给予处分。

前款所列行为影响中标结果的，中标无效。

第七十七条 评标委员会成员收受投标人的财物或者其他好处的，评标委员会成员或者参加评标的有关工作人员向他人透露对投标文件的评审和比较、中标候选人的推荐以及与评标有关的其他情况的，有关行政监督部门给予警告，没收收受的财物，可以并处 3000 元以上 5 万元以下的罚款，对有所列违法行为的评标委员会成员取消担任评标委员会成员的资格并予以公告，不得再参加任何招标项目的评标；构成犯罪的，依法追究刑事责任。

第七十八条 评标委员会成员在评标过程中擅离职守，影响评标程序正常进行，或者在评标过程中不能客观公正地履行职责，有关行政监督部门给予警告；情节严重的，取消担任评标委员会成员的资格，不得再参加任何招标项目的评标，并处 1 万元以下的罚款。

第七十九条 评标过程有下列情况之一的，评标无效，应当依法重新进行评标或者重新进行招标，有关行政监督部门可处 3 万元以下的罚款：

（一）使用招标文件没有确定的评标标准和方法的；

（二）评标标准和方法含有倾向或者排斥投标人的内容，妨碍或者限制投标人之间竞争，且影响评标结果的；

（三）应当回避担任评标委员会成员的人参与评标的；

（四）评标委员会的组建及人员组成不符合法定要求的；

（五）评标委员会及其成员在评标过程中有违法行为，且影响评标结果的。

第八十条 招标人在评标委员会依法推荐的中标候选人以外确定中标人的，依法必须进行招标的项目在所有投标被评标委员会否决后自行确定中标人的，中标无效。有关行政监督部门责令改正，可以处中标项目金额 5‰以上 10‰以下的罚款；对单位直接负责的主管人员和其他直接责任人员依法给予处分。

第八十一条 招标人不按规定期限确定中标人的，或者中标通知书发出后，改变中标结果的，无正当理由不与中标人签订合同的，或者在签订合同时向中标人提出附加条件或者更改合同实质性内容的，有关行政监督部门给予警告，责令改正，根据情节可处 3 万元以下的罚款；造成中标人损失的，并应当赔偿损失。

中标通知书发出后，中标人放弃中标项目的，无正当理由不与招标人签订合同的，在签订合同时向招标人提出附加条件或者更改合同实质性内容的，或者拒不提交所要求的履约保证金的，招标人可取消其中标资格，并没收其投标保证金；给招标人的损失超过投标保证金数额的，中标人应当对超过部分予以赔偿；没有提交投标保证金的，应当对招标人的损失承担赔偿责任。

第八十二条　中标人将中标项目转让给他人的，将中标项目肢解后分别转让给他人的，违法将中标项目的部分主体、关键性工作分包给他人的，或者分包人再次分包的，转让、分包无效，有关行政监督部门处转让、分包项目金额 5‰以上 10‰以下的罚款；有违法所得的，并处没收违法所得；可以责令停业整顿；情节严重的，由工商行政管理机关吊销营业执照。

第八十三条　招标人与中标人不按照招标文件和中标人的投标文件订立合同的，招标人、中标人订立背离合同实质性内容的协议的，或者招标人擅自提高履约保证金或强制要求中标人垫付中标项目建设资金的，有关行政监督部门责令改正；可以处中标项目金额 5‰以上 10‰以下的罚款。

第八十四条　中标人不履行与招标人订立合同的，履约保证金不予退还，给招标人造成的损失超过履约保证金数额的，还应当对超过部分予以赔偿；没有提交履约保证金的，应当对招标人的损失承担赔偿责任。

中标人不按照与招标人订立的合同履行义务，情节严重的，有关行政监督部门取消其 2 至 5 年参加招标项目的投标资格并予以公告，直至由工商行政管理机关吊销营业执照。

因不可抗力不能履行合同的，不适用前两款规定。

第八十五条　招标人不履行与中标人订立合同的，应当双倍返还中标人的履约保证金；给中标人造成的损失超过返还的履约保证金的，还应当对超过部分予以赔偿；没有提交履约保证金的，应当对中标人的损失承担赔偿责任。

因不可抗力不能履行合同的，不适用前款规定。

第八十六条　依法必须进行施工招标的项目违反法律规定，中标无效的，应当依照法律规定的中标条件从其余投标人中重新确定中标人或者依法重新进行招标。

中标无效的，发出的中标通知书和签订的合同自始没有法律约束力，但不影响合同中独立存在的有关解决争议方法的条款的效力。

第八十七条　任何单位违法限制或者排斥本地区、本系统以外的法人或者其他组织参加投标的，为招标指定招标代理机构的，强制招标人委托招标代理机构办理招标事宜的，或者以其他方式干涉招标投标活动的，有关行政监督部门责令改正；对单位直接负责的主管人员和其他直接责任人员依法给予警告、记过、记大过的处分，情节较重的，依法给予降级、撤职、开除的处分。

个人利用职权进行前款违法行为的，依照前款规定追究责任。

第八十八条　对招标投标活动依法负有行政监督职责的国家机关工作人员徇私舞弊、滥用职权或者玩忽职守，构成犯罪的，依法追究刑事责任；不构成犯罪的，依法给予行政处分。

第八十九条　任何单位和个人对工程建设项目施工招标投标过程中发生的违法行为，有权向项目审批部门或者有关行政监督部门投诉或举报。

第六章　附　　则

第九十条　使用国际组织或者外国政府贷款、援助资金的项目进行招标，贷款方、资金提供方对工程施工招标投标活动的条件和程序有不同规定的，可以适用其规定，但违背中华人民共和国社会公共利益的除外。

第九十一条　本办法由国家发展计划委员会会同有关部门负责解释。

第九十二条　本办法自 2003 年 5 月 1 日起施行。

第七章　房地产开发项目合同管理

第一节　工程监理合同管理

监理合同管理，是指各级工商行政管理机关、建设行政主管部门和金融机构以及委托人和监理人依照法律、法规、规章，采取法律的、行政的手段，对监理合同进行组织、指导协调、监督，保护监理合同当事人的合法权益，处理监理合同纠纷，防止和制裁违约行为，确保监理合同和相应法规贯彻实施的一系列活动。

一般可将这些管理划分为两个层次：第一层次国家机关及金融机构对监理合同的管理，主要是指各级工商行政管理机关和建设行政管理机关制定、宣传、监督、检查有关监理合同法规的执行，查处违法行为，调解有关纠纷，金融机构对信贷结算、当事人账户和执行已生效的法律文件等管理；第二层次是监理合同当事人对监理合同的管理。其主要管理实务如下：

一、委托人对监理合同的管理

（一）监理合同签订前的管理

1. 对监理人的资格、资信和履约能力进行审查，一般采用招标的可以通过资格的预审，对监理人资质进行审查。

2. 对监理合同谈判签约的管理。监理合同的签订应采用监理合同示范文本，要按《监理合同标准条件》逐条进行谈判，对需要修改的、补充的、具体确定的条款要逐条落实，并写入《监理合同专用条件》。经过谈判，双方对监理合同内容取得完全一致意见，即可签订《工程建设监理合同》（协议书），双方签字盖章监理合同即生效。

3. 理顺关系。理顺关系是指项目委托人与其他承包人，如勘察设计、施工、设备材料供应单位，签订合同时一定要明确写入监理人与其他承包人的关系是监理与被监理的关系，以便于监理人监理工作的开展。

（二）监理合同履行中的管理

1. 做好费用支付的管理。委托人应按监理合同约定的计算方法、支付方式与金额支付监理人的酬金，不得拖延，否则要支付逾期违约金。对于预先支付的流动预付款，如果是在监理人员到达工地之前支付的或预支超过合同费用总额的 10％时，委托人应要求监理人提交银行保函。委托人应责成有关人员建立监理费用支付台账。

2. 做好合同代替性信件的管理。委托人应建立监理合同管理台账或采用计算机进行管理，准确及时地记录双方对合同的修改、增减监理工作量，变更监理费等的来往信函、协议的确认情况。

3. 对监理人履行监理合同的义务进行检查，对其违约行为进行管理。

二、监理人对监理合同的管理

（一）签订监理合同前的管理

1. 对委托人进行了解分析。主要对委托人的合法资格、经费、标的合法性，以及对参加投标竞争的可行性进行调查分析。

2. 对招标工程应编制好监理大纲（规划）。

3. 在谈判中应争取优惠条件，避免接受单方面的苛刻条款。

（二）监理合同履行中的管理

监理合同签订后，为了保证委托人委托给监理人的各项监理业务付诸实现，监理人应建立一套完整的合同管理体系，这一体系不但要对监理合同本身进行监督管理，而且要对监理业务所涉及的其他合同的实施进行管理。这些制度主要有：

1. 建立合同管理工作岗位制。负责合同管理的监理工程师要对合同管理负全面责任，同时要求其他专业监理工程师要按合同对本专业的要求，随时与合同管理监理工程师沟通合同方面的信息。

2. 建立合同履行情况检查制度。

3. 建立合同管理考核制度。

4. 建立合同的档案管理制度。

第二节 工程项目勘察设计合同的管理

建设工程勘察设计合同当事人双方均应十分重视合同的管理工作。主要包括合同的变更、终止、纠纷处理、合同索赔和日常管理。

在目前建设体制改革中，建筑业管理日趋与国际惯例接轨，出现了专业项目管理人员——建设监理工程师，因此建设工程勘察设计合同管理中还应包括第三方——监理工程师对合同的管理工作。其三方的关系如下图 3-7-1 所示。

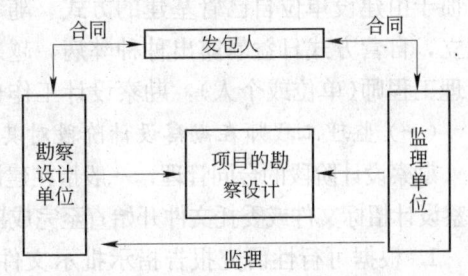

图 3-7-1 勘察设计和监理合同管理
三方关系图

一、勘察设计合同的变更和终止

和其他合同一样，勘察设计合同依法签订后即具有法律约束力，当事人必须全面履行合同规定的义务，任何一方不得擅自变更、解除合同。但是，在合同的履行过程中，由于主客观原因使当事人一方或双方不能依照原合同约定的条款履行时，可依据法律，或当事人的约定，在不损害国家利益和社会公共利益的前提下变更或解除原勘察设计合同。对合同的变更和终止有以下规定：

1. 设计文件批准后，不得任意修改和变更。如确需修改，须经有关部门批准，其批准权限视修改内容而定，经双方协商同意合同有关条款可适当变更。

2. 原定可行性研究报告或初步设计如有重大变更而需重做或修改设计时，当事人双方应另订合同。

3. 发包人因故要求修改工程设计，经设计人同意后，除设计文件交付时间另定外，发包人还应按设计人实际返工修改的工作量增付设计费。

4. 发包人因故要求中途停止设计时，应及时书面通知对方，已付的设计费不退，并按该阶段的实际所耗工时，增付和结清设计费，同时终止合同关系。

5. 勘察合同一般在勘察任务验收合格后失效。设计合同在全部设计任务完成后失效。

二、工程勘察设计合同的纠纷

建设工程勘察设计合同发生纠纷时，双方应及时和解解决。和解不成时，双方属于同一个部门的，由上级主管部门调解。实行监理的建设工程，可通过监理工程师进行调解。双方当事人不愿通过和解、调解或和解、调解不成的，可依据合同中的仲裁条款或事后双方达成的书面仲裁协议向双方约定的仲裁委员会申请仲裁。如果当事人在勘察设计合同中没有约定仲裁条款，事后又没有达成书面仲裁协议的，可以直接向人民法院起诉。

勘察设计合同纠纷绝大部分发生在合同履行中。其纠纷或问题主要有：

（一）工期纠纷

因发包人未能按合同规定按时提供有关资料或条件，或设计人未按合同期完成勘察、设计任务而发生的纠纷。

（二）费用支付纠纷

即发包人拒付或少付、延期支付勘察、设计费用引起的纠纷。

当勘察、设计合同发生上述纠纷时，当事人应当尽可能通过和解解决，或在合同管理机关、上级机关、社团组织等主持下通过调解解决纠纷，或经过特定的第三方（仲裁机构）仲裁解决，也可依法请求人民法院经过诉讼解决。

三、监理工程师对勘察设计合同的管理

在社会主义计划经济体制下，由于市场发育不完善，专业分工不明显，企业搞建设时习惯于由建设单位自己管基建的方式。随着专业分工的发展，特别是社会主义市场经济的确立，自营方式日益暴露出种种弊病，越来越多的建设业主把工程建设的管理工作委托给监理工程师（单位或个人），勘察设计工作也不例外。

（一）监理工程师在勘察设计阶段对其合同管理的主要任务

勘察设计阶段的合同管理，一般指在建设项目立项报告和可行性研究报告批准后，从编制勘察设计招标文件或委托文件开始直至完成勘察设计为止的全过程进行管理，其主要任务是：

1. 根据可行性研究报告指示批示文件，编制勘察设计招标文件或勘察设计要求和方案竞赛文件；

2. 组织招标、评标或设计方案竞赛和评选；

3. 协助发包人选择勘察、设计单位或提出评标、中标名单；

4. 起草勘察、设计合同条款及协议书；

5. 监督勘察、设计合同的履行，主要是依据合同规定对使用功能、投资、勘察设计进度等方面跟踪监理；

6. 审查勘察、设计方案和成果；

7. 提出支付合同价款的意见；

8. 审查设计项目概、预算。

（二）勘察设计阶段合同管理的依据

1. 已批准的可行性研究报告；

2. 建设项目勘察、设计阶段监理委托合同；

3. 建设工程勘察、设计合同；

4. 经批准的选址报告和规划部门的批文；

5. 工程地质、水文地质资料；

6. 地形图及其他资料。

四、承包方对勘察、设计合同的管理

承包方为了保障自己的合法权益，更应特别重视建设工程勘察、设计合同的管理。一般应从以下几方面着手：

（一）建立专门的合同管理机构

勘察设计单位应专门设立合同管理部门，专门从事勘察、设计任务的投标，投标策略的确定，起草并签订合同，以及对合同的实施进行控制。

（二）研究合同条款

随着我国勘察、设计领域买方市场的形成，勘察设计单位应牢固地树立"顾客至上"的思想，重视合同条款内容的研究，重视合同条款的拟定具体文字的表述以及避免合同纠纷的发生。

（三）加强对合同的控制

在勘察、设计合同履行过程中，勘察、设计单位应按合同规定控制合同的履行。首先各部门要熟记合同的有关条款，在合同规定的条件下，将勘察设计进度控制在合同工期内；勘察、设计人员应按照合同要求进行符合规范的勘察设计；将勘察、设计所需费用控制在合同价款之内。

五、勘察、设计合同的索赔

勘察、设计合同一旦签订，双方当事人均应恪守合同，若因当事人一方的责任使另一方当事人的权益受到损害时，受损失一方可向责任方提出利益补偿要求，即索赔要求。

1. 承包方在下列情况下可向委托方提出索赔要求：

（1）发包人对勘察设计中途提出变更要求，承包方可提出合同工期和价款索赔；

（2）发包人不能按合同规定按时提交满足勘察设计要求的条件和资料，致使承包方无法正常开展工作，承包方可提出合同工期和价款索赔；

（3）发包人不能按合同规定按时支付价款，承包方可提出逾期违约金索赔；

（4）因其他原因属发包人责任造成承包方利益损害时，承包方可提出合同价款索赔。

2. 发包人在下列情况下可向承包方提出索赔要求：

（1）承包方未能按合同规定工期完成勘察、设计任务时，致使发包人因项目不能按期开工造成损失，可向承包方提出索赔；

（2）承包方的勘察、设计成果中出现偏差或漏项等，给发包人造成损失，发包人可向承包方提出索赔；

（3）承包方完成的勘察设计任务深度不足，致使项目施工困难，发包人可向承包方提出索赔；

（4）因承包方的其他原因，造成发包人的损失，发包人也可提出索赔。

目前关于勘察、设计合同的索赔管理，尚无明确法律规定，所以合同当事人双方应尽可能把问题考虑周密详尽，要在合同中把可能出现的索赔条件和计算方法写全，一旦发生索赔事件时，只要事实确凿即可按合同规定办事，以减少不必要的纠纷。

第三节 施 工 合 同 管 理

施工合同管理，是指各级工商行政管理机关、建设行政主管机关和金融机构，以及工程发包单位、监理单位、承包企业依照法律和行政法规、规章制度，采取法律的、行政的手段，对施工合同关系进行组织、指导、协调及监督，保护施工合同当事人的合法权益，处理施工合同纠纷，防止和制裁违法行为，保证施工合同法规的贯彻实施等一系列活动。

施工合同的管理可以分为两个层次，第一个层次为政府行政管理部门对合同的管理，包括工商行政管理部门和建设行政管理部门对施工合同的管理；第二个层次是当事人对施工合同的管理，包括发包人对合同的管理和承包人对合同的管理。

施工合同管理贯穿于施工的始终，即施工合同的签订管理、施工合同的履行管理、施工合同的索赔管理、施工合同的档案管理。

一、行政部门对施工合同的管理

（一）工商行政管理机关对施工合同的管理

工商行政管理机关对施工合同的管理体现在以下几个方面：宣传施工合同的有关法律、法规；指导和督促业务主管部门和企业事业单位的施工合同管理工作，建立合同管理系统网络；组织开展"重合同守信用"活动，促使企业搞好合同管理；监督施工合同的订立和履行，督促当事人按照合同的约定履行自己的义务；进行施工合同的鉴证和备案工作；查处违法施工合同等。

（二）建设行政主管机关对施工合同的管理

建设行政主管机关是建设工程施工合同的主管机关，主要有以下职责：

1. 宣传贯彻国家有关合同方面的法律、法规和方针政策；
2. 贯彻国家制订的施工合同示范文本，并组织推行和指导使用；
3. 组织培训合同管理人员，指导合同管理工作，总结交流工作经验；
4. 对施工合同的签订进行审查，监督检查合同履行，依法处理存在的问题，查处违法的行为；
5. 制订签订和履行合同的考核指标，并组织考核，表彰先进的合同管理单位；
6. 确定损失赔偿范围；
7. 调解施工合同纠纷。

（三）金融机构对施工合同的管理

金融机构对施工合同的管理，是通过对信贷管理、结算管理、当事人的账户管理进行的。金融机构还有义务协助执行已生效的法律文书，保护当事人的合法权益。

二、发包人和监理人对合同的管理

（一）施工合同的签订管理

在发包人与承包人签订施工合同之前，发包人或者监理人可以对承包人的资格、资信和履约能力进行审查。对承包人的审查，招标工程可以通过招标预审进行，非招标工程可以通过社会调查进行。

发包人和监理工程师还应做好施工合同的谈判签订管理。使用施工合同示范文本时，要依据《通用条款》，逐条进行谈判。对《通用条款》的哪些条款要进行修改，哪些条款不采用等等，都应提出具体要求的建议，与承包人进行谈判。经过谈判后，双方对施工合同内容取得完全一致意见后填入《专用条款》，即可正式签订施工合同协议书，经双方签字、盖章后，施工合同即正式签订完毕。

（二）施工合同履行管理

施工合同签订后，即转入施工合同的履行。

施工合同的履行，是指施工合同当事人双方，根据合同规定的各项条款，实现各自的权利，履行各自义务的行为。施工合同一旦生效，对双方当事人均有法律约束力，双方当事人应当严格履行。严格履行施工合同，对促进国民经济的发展有着重要意义。

施工合同的履行应遵守全面履行和诚信履行的原则。

发包人对施工合同履行的管理主要是通过工程师(发包方代表或总监理工程师)来实现的，工程师应当严格按照施工合同规定完成发包方工作的应尽义务，同时工程师也应实现自己权利，履行自己的职责，对承包方的施工活动按施工合同的规定进行监督、检查，其具体工作有以下几方面：

1. 在工期管理方面

按合同规定，要求承包人在开工前提出包括分月、分段进度计划的施工总进度计划，并加以审核；按照分月、分段进行计划，进行实际检查；对影响进度计划的因素进行分析，属于发包人的原因，应及时主动解决，属于承包人的原因，应督促其迅速解决；在同意承包人修改进度计划时，审批承包人修改的进度计划；确认竣工日期的顺延等。

2. 在质量管理方面

检验工程使用的材料、设备质量；检验工程使用的半成品及构件质量；按合同规定的规范、规程，监督检验施工质量；按合同规定的程序，验收隐蔽工程和需要中间验收工程的质量；验收单项竣工工程和全部竣工工程的质量等。

3. 在费用管理方面

严格进行合同约定的价款的管理；当出现不符合合同约定的情况时，应对合同价款进行调整；对预付工程款进行管理，包括批准和扣还；对工程质量进行核实确认，进行工程款的结算和支付；对变更价款进行确定；对施工中涉及的其他费用，如安全施工管理方面的费用、专利技术等涉及的费用；办理竣工结算；对保修金进行管理等。

（三）施工合同的档案管理

工程师(发包方代表或总监理工程师)应做好施工合同的档案管理工作。工程项目竣工之后，应将全部合同文件加以系统整理，建档保管。在合同的履行过程中，对合同文件，包括有关的签证、记录、协议、补充合同、备忘录、函件、电报、电传等都应做好系统分类，认真管理。

三、承包人对合同的管理

（一）施工合同的签订管理

在施工合同签订前(投标前)，应对发包人和工程项目进行了解和分析，包括工程项目是否列入国家投资计划、施工所需资金等是否落实、施工条件是否已经具备、发包人的资信如何等，以免遭致重大损失。

承包人投标中标后，在施工合同正式签订前还需与发包人进行谈判。当使用合同示范文本时，同样需逐条与发包人谈判，双方达成一致意见后，即可正式签订合同。

（二）施工合同的履行管理

在合同履行过程中为确保合同各项指标的顺利实现，要加强质量、进度、成本的管理，其内容基本同发包人，另外承包人还需建立一套完整的施工合同管理制度。主要有：

1. 工作岗位责任制度。这是承包人的基本管理制度。它具体规定承包人内部具有施工合同管理任务的部门和有关管理人员的工作范围，履行合同中应负的责任，以及拥有的职权。只有建立这一制度，才能使分工明确、责任落实，促进承包人施工合同管理工作正常开展，保证合同指标顺利实现。

2. 检查制度。承包人应建立施工合同履行的监督检查制度，通过检查发现问题，督促有关部门和人员改进工作。

3. 奖惩制度。奖优罚劣是奖惩制度的基本内容。建立奖惩制度有利于增强有关部门和人员在履行施工合同中的责任心。

4. 统计考核制度。这是运用科学的方法，利用统计数字，反馈施工合同的履行情况。通过对统计数字的分析，总结经验，找出教训，为企业的经营决策提供重要依据。

（三）施工合同的档案管理

施工企业同样应做好施工合同的档案管理。不但应做好施工合同的归档工作，还应以此指导生产，安排计划，使其发挥重要作用。

为了防止合同在履行中发生纠纷，合同管理人员应及时填写并保存经有关方面签证的文件和单据，主要包括：

1. 建设单位负责供应的设备、材料进场时间以及材料规格、数量和质量情况的备忘录；

2. 材料代用议定书；

3. 材料及混凝土试块化验单；

4. 经设计单位和工程师签证的设计变更通知单；

5. 隐蔽工程检查验收记录；

6. 质量事故鉴定书及其采取的处理措施；

7. 合理化建议内容及节约分成协议书；

8. 中间交工工程的验收文件；

9. 赶工协议及提前竣工收益分享协议；

10. 与工程质量、预结算和工期等有关的资料和数据；

11. 与工程师定期会谈的记录，工程师的书面指令，来往信函（与合同有关方面的），工程照片及各种施工进度报表等。

第四节　设备与材料购置合同管理

一、设备采购合同履行管理

（一）设备采购合同履行

设备采购合同的履行应贯彻"诚信履行原则"和"全面履行原则"。

1. 交付货物。

卖方应按合同的规定，按时、按质、按量地履行供货义务，并作好现场服务工作，及时解决有关设备的技术、质量、缺损件等问题。

2. 验收。

买方对卖方交货应及时进行验收，依据合同规定，对设备的质量和数量进行核实检验，如有异议，应及时与卖方协商解决。

3. 结算。

买方对卖方交付的货物检验没有发现问题，应按合同的规定及时付款，如果发现问题，在卖方及时处理达到合同要求后，也应及时履行付款义务。

4. 违约责任。

在合同履行过程中，任何一方都不应借故延迟履约或拒绝履行合同义务，否则应追究违约当事人的法律责任。

(1) 由于卖方交货不符合合同规定，如交付设备不符合合同规定标的，或交付的设备未达到质量技术要求，数量、交货日期等与合同规定不符时，卖方应承担违约责任；

(2) 由于卖方中途解除合同，买方可采取合理的补救措施，并要求卖方赔偿损失；

(3) 买方在验收货物后，不能按期付款时，应按中国人民银行有关延期付款的规定支付违约金；

(4) 买方中途退货，卖方可采取合理的补救措施，并要求买方赔偿损失。

(二) 设备采购合同的管理

由于设备是工程项目的物质基础，所以加强设备采购合同管理，对项目业主实现降低工程成本、协调施工、确保进度和保证工程极为重要。管理工作由项目法人单位专人主管，设备采购合同的管理工作主要有：

1. 设备采购合同订立前的管理。项目业主合同管理人员或监理工程师可参与设备采购的招标工作，参加招标文件的编写，提出对设备的技术要求及交货期限要求。

2. 合同签订后应对设备采购合同及时编号，有条件的可以输入计算机，以便查询。

3. 监督设备采购合同的履行。在设备制造期间，工程师有权对根据合同提供的全部工程设备的材料和工艺进行检查、研究和检验，同时检查其制造进度。根据合同规定或取得承包商的同意，工程师可将工程设备的检查和检验授权给一名独立的检验员。

工程师认为检查、研究或检验的结果是设备有缺陷或不符合合同规定时，可拒收此类工程设备，并就此立即通知承包商。

任何工程设备必须得到工程师的书面许可后方可运至现场。

二、材料采购合同的履行与管理

(一) 材料采购合同的履行

材料采购合同依法订立后，要求合同当事人按照"诚信履行原则"和"全面履行原则"履行合同。

1. 按约定的标的履行。

卖方交付的货物必须与合同规定的名称、品种、规格、型号相一致，这是贯彻全面履行原则的根本要求，除非买方同意，不允许以其他货物代替合同的标的，也不允许以支付违约金或赔偿金的方式，代替履行合同，特别是在有些材料的市场波动比较大的情况下，强调这一原则，更具有重要意义。

2. 按合同规定的期限、地点交付货物。

交付货物的日期应在合同规定的交付期限内，交付的地点应在合同指定的地点。实际交付日期早于或迟于合同规定的交付期限，即视为提前或逾期交付。提前交付，买方可拒绝接受；逾期交付，应承担逾期交付的责任。如果逾期交货，买方不再需要，应在接到卖方交货通知后十五天内通知卖方，逾期不答复的，视为同意延期交货。

交付标的应视为买卖双方的行为，交付标的只有在双方协调配合下才能完成，不能仅仅视为卖方的义务，对于买方来说，依据合同接受货物既是权利，也是义务，不能按合同接受货物的同样要承担责任。

3. 按合同规定的数量和质量交付货物。

对于交付货物的数量应当检验，清点数目后，由双方当事人签字。对质量的检验，外在质量可当场检验，对内在质量，需做物理或化学试验的，试验结果为验收的依据。卖方在交货时，应将产品合格证(或质量保证书)随同产品(或运单)交买方据以验收。

在合同履行中，货物质量是比较容易发生争议的方面，特别是工程施工用料必须经监理工程师的认可，因此，买方在验收材料时，可根据需要采取适当的验收方式，比如：驻厂验收、入库验收或提运验收等，以满足工程施工对材料的供应要求。

4. 按约定的价格及结算条款履行。

买方在验收材料后，应按合同规定履行付款义务，否则应承担违责任。

5. 违约责任。

(1) 卖方的违约责任：

① 卖方不能交货的，应向买方支付违约金；②卖方所交货物与合同规定不符的，应根据情况由卖方负责包换、包退并承担由此造成的买方损失；③卖方不能按合同规定期限交货的，应负逾期交货责任或提前交货责任。

(2) 买方的违约责任：

①买方中途退货，应向卖方偿付违约金；②逾期付款，应按中国人民银行有关延期付款的规定向卖方偿付逾期付款的违约金。

(二) 材料采购合同的管理

工程师对材料采购合同的管理主要有以下三方面的工作：

1. 监督材料采购合同的订立。工程师虽不参与材料采购合同订立工作，但应监督材料采购合同符合项目施工合同中的描述，符合合同中标的质量等级及技术要求，并对采购合同的履行期限进行控制。

2. 检查材料采购合同的履行。工程师应对进场材料做全面检查和检验：①对检查或检验的材料认为有缺陷或不符合合同要求，工程师可拒收这些材料，并指示在规定的时间内将材料运出现场；②工程师也可指示用合格适用的材料取代原来的材料。

3. 分析材料采购合同的执行。对材料采购合同执行情况的分析，应从投资控制、进度控制或质量控制的角度对执行中可能出现的问题和风险进行全面分析，防止由于材料合同的执行原因造成施工合同不能全面履行。

第五节 合 同 谈 判 策 略

合同谈判发生在合同的签订之前，双方通过谈判，进一步明确各自的权利和义务，并形成一致意见，为签订合同做好准备。

合同谈判是双方智力的较量。对一方而言，谈判的重要目的之一是使对方承诺自己一方的要约，或否定或修正对方提出的对自己一方不利的要约，从而减少自己一方的风险。在谈判中，发生争论、争执、冲突、僵持、投机、利用等都是毫不奇怪的，因此谈判人员要使用娴熟的技巧，制定出应付各种情况的策略，掌握谈判中的主动权。合同谈判中常用的策略有：低姿态策略、高姿态策略、时机性策略、最后一分钟策略、"$a+b=c$"策略、条件互换策略、"吊胃口"策略、运用代理人策略等。值得指出的是由于合同谈判是双方对策的过程，很难说这些策略技巧是为谈判的某一方而不是为另一方提供的。

一、低姿态策略

该策略是以低姿态出现的一方先亮出某些优惠条件，以吸引对方，然后通过谈判，讨价还价，逐步强硬，从而达到预期目标。

在房地产开发工程承包活动中，开发企业与承包企业之间的关系是商业交易中的买主和卖主之间的关系。承包企业为开发企业提供承建开发项目的服务，因而是卖主，开发企业则是购买服务的买主。作为买主的开发企业总是想以最低价成交，而作为卖主的承包企业则总是想获得最高价。同其他商业交易一样，工程承包这种经营活动也存在着买主与卖主之间的供求关系。在供大于求的买方市场中，作为卖方的承包企业往往采取卖方低姿态策略，即承包方把工程中的一些难题，如特殊基础、特殊工程量等花钱最多的地方抛开，将标价降至无法与之竞争的数额（在报价单中加以注解），利用最低标价来吸引买方（开发企业），从而取得商谈的机会，然后通过谈判，不断加价。如在国际工程承包活动中，有两家承包商即 A 承包商和 B 承包商，A 承包商采取固定报价，标价 4 亿美元，B 承包商只报了 2.75 亿美元，于是业主与 B 承包商谈判，把 A 承包商放在一边；但在技术谈判中，B 承包商又不断借故加价，由于业主失去了与 A 承包商接触的机会，最后只得以超过 4 亿美元的价格与 B 承包商成交。

类似在求大于供的卖方市场中，作为买方的开发企业也可采取买方低姿态策略，即买方先向卖方（承包企业）亮出优惠价格或交易条件，吸引对方，并通过谈判，迫使卖方在缺乏选择买方的条件下成交，当然在房地产开发工程承包经营活动中，出现卖方市场的情况很少。

二、高姿态策略

即在谈判一开始就以强硬姿态出现，哪怕是区区小事，也不轻易让步。这样做的目的是将有限的谈判时间消耗掉，同时由于态度强硬，在心理上削弱对方的信心，让对方感觉到，我方连一点小事都不让步，其他的更高的要求也就没必要提了，从而使谈判对手在讨价还价中自我退却。

三、时机性策略

即谈判者等待、利用和掌握时机，达到谈判的预期目的。时机性策略的主要类型有：

（一）等待时机的策略

指在条件未成熟或不利情况下，需要等待机会或有利条件的策略。其策略技巧常有：忍耐，以免直接冲突；沉默，对问题不急于表态；测试，通过一定渠道送出信息以试探对方的反应；拖延，等待时机的转变。

（二）不利时机的策略

指对自己明显不利，需要一定时间才能扭转的局面甚至不能扭转时的策略。其策略技巧常有：对谈判问题的范围、方式设立限制，避开不利问题；假装撤退，实际仍在行动以创造条件；不动声色的退却等。

（三）有利时机的策略

抓紧有利时机取得成功的策略。其策略技巧有：出奇不意然后突然袭击，使对方就范；以让为进，使对方作更大让步；造成事实，牵制对方；以限期达成协议要挟对方，如说另有重要任务，或另找合作对象等，从而迫使对方接受。

四、"最后一分钟"策略

指双方谈判进行到差不多后，要求对方同意最后一个条件或作出进一步让步，我方就签字，否则不能成交。这是日本人常用的策略。运用该策略应注意谈判已进行到一定深度，此时对方一般不会因双方争执不下而导致谈判失败，否则对方很快就会感到失望，以致谈判可能很快破裂。当然，遇到对方运用"最后一分钟"策略时，不要轻易同意，防止上当，要强调我方不能接受对方的种种理由，最后多用折中的办法解决；或者态度强硬，针锋相对，即使谈判破裂，也不接受。例如我国一代表团在日本与日方一家企业就某项工程进行商业谈判，在谈判接近尾声时，日方又提出一条件，要求我方接受日方最后一个条件，否则谈判就可能破裂，我们将白白浪费时间和差旅费。当时，我方谈判人员心理上很矛盾。但我方没有轻易表示同意，经过分析，日方可能在运用"最后一分钟"策略，因此我方采取坚决不让步的策略。最后在我方代表临上飞机时，日方代表打电话到机场，表示撤回最后一个条件，这样双方成交。

五、"$a+b=c$"策略

即知 a 和 c，利用公式 $a+b=c$ 求出 b。这个极为简单的数学公式，在合同谈判中常常被发包方用来摸承包方的底。当发包方收到承包方的报价 c 后，还要求承包方另报一个子项价 a。一般地，a 的变化幅度较大，发包方难以掌握；而剩下的 b 较易确定，如施工企业的管理费。a、b、c 三项价格之间存在着一定比例关系和制约关系。发包方掌握了其中两项报价，就可推算出第三项价格。若发现承包方的各项报价出现矛盾，$a+b=c$ 不平衡时，发包方就可用承包方的某项价格来压服承包方降低另一项价格。承包方由于屈理，无法解释，只好接受发包方的条件。

六、条件互换策略

即谈判双方以条件互换或作出适当让步，以达到目的的策略。再强硬的买主或卖主，在经济谈判中，不作出让步而使谈判成功几乎是不可能的。但是，如何让步，则有其策略技巧，常用的有：调和折中，对等让步，主次条件互换，高起点、慢让步等。

1. 调和折中是指当双方就某个问题谈判到一定程度以后，虽然各方都体现了一些让步，但并没有达成协议。这时只要各方再作一点让步，就能拍板成交，而让步的方式往往采用调和折中。如关于价格问题，采用调和折中策略时应注意两点：

（1）不要过早地提出折中。过早地提出折中，往往意味着过早让步，且让步幅度大，其结果是己方吃亏。

（2）折中价不能与期望价相差过大。在谈判过程中，谈判人员都有一个期望目标，就合同价格而言，则是期望价格。有时谈判对手出价狠，如日本人，他们作为买方时，把价格压得很低；他们作为卖方时，把价格提得很高，这样与本方的期望价差距较大。因此不得轻易采用调和折中策略，应等待时机成熟后提出。

2. 对等让步是指自己一方准备就某些条件作出让步时，要求对方也作出相应让步。同调和折中一样，轻易让步是不可取的，必须把对方让步作为自己方让步的前提条件。

3. 主次条件互换是指对自己次要条件的让步，以换取达到主要目的的策略。为此，在谈判中有意识地扩大谈判范围和谈判对象，提出多个备选方案，通过这种散射方式为选择最佳方案打好基础，从而达到谈判目的。

4. 高起点、慢让步。高起点是指谈判的起点条件高，就合同价格而言，作为卖主开价高，作为买主开价低；慢让步是指在谈判过程中，让步速度越来越慢，且让步幅度越来越小。如卖方打算降低 100 元，第一次降 50 元，第二次降 25 元，第三次降 15 元，第四次降 10 元。由于开始降价幅度大，表明卖方有诚意，谈判一开始就能吸引对方，但随即增加谈判的复杂性和艰苦性。尽管如此，高起点、慢让步的策略在商业谈判中常常被采用。

七、"吊胃口"策略

这也是谈判中常用的一种心理战术，以此促进对方让步成交。通常的做法是通过展望今后合作前景，即吊对方胃口，使对方感到这次让步是小事，将来还有大利可图。如佯称"我公司业务范围广，开发项目多，若此次合作愉快，以后我们双方建立起长期合作关系。"

八、运用代理人策略

即法人代表不亲自出马谈判，而是委托代理人代表自己与对方谈判。对于代理人授权，可授予全权或授予部分权利，代理人应在自己的权限范围内工作，不得超过赋权范围，自作主张。谈判的过程和结果应及时向委托人汇报、请示，经委托人同意后才能签约。一般地，委托人只委托代理人谈判成交，签约则由委托人本人负责。运用代理人策略的特点在于：当委托人对合同谈判标的的技术和经济业务不太熟悉时，请经验丰富的代理人谈判，可更好地保证自己的利益；代理人在谈判的第一线，对委托人而言是一种缓冲作用，这样委托人可以冷静地考虑对策。当然这种谈判方式的工作效率往往没有委托人直接参与谈判的工作效率高。

当主要负责人亲自出马谈判时，也要注意对方提出的各种要求，不应急于表态。最好让副手到前台主谈，自己则坐下冷静思考，寻找机会。若主要负责人发言滔滔不绝，急于表明意见，往往容易被对方钻空子，同时不能发挥其他人的临场作用。对于那些显示自己有决定权的人，若被对方看破，可能被对方吹捧几下，说几句赞扬的话后就会头脑发热，同意让步。

合同谈判策略是在实践中总结提炼出来的，同样，要掌握各种谈判策略，必须通过不断地实践，做到熟中生巧。这是因为，合同谈判是人与人打交道，是当事人双方斗智的过程，情况多样，关系复杂，仅凭读几本谈判技巧的书，背几条策略技巧是不行的，要在学习有关谈判理论的基础上不断地实践，这样才能真正提高谈判水平。

第六节　合同争议的解决

一、合同争议概述

合同争议也称合同纠纷。是指合同法律关系主体因一方不履行合同义务或履行合同义务不符合约定，引起的当事人双方权利和义务的纠纷。

合同纠纷的表现形式是多种多样的，按合同的类型，一般可分为：买卖合同纠纷，建设工程合同纠纷，承揽合同纠纷，运输合同纠纷，供用电、水、气、热力合同纠纷，仓储合同纠纷，租赁合同纠纷，借款合同纠纷，财产保险合同纠纷以及居间、委托、联营、旅游、劳务、工业产权、土地使用权、拍卖、融资、租赁等合同纠纷。

合同当事人法制观念不强，合同意识淡薄不遵守合同法规，少数领导人以言代法、以权压法是造成合同纠纷的主要原因。当事人之间发生了合同纠纷后，应要求有关机关或机构予以公平、合理的解决处理，借以保护当事人的合法权益，维护社会主义市场秩序的正常运行。

二、解决合同争议的方式

当前，我国和世界各国解决和处理合同争议的方式基本相同。我国《合同法》第128条明确规定：当事人可以通过和解或者调解解决合同争议。

当事人不愿和解、调解或者和解、调解不成的，可以根据仲裁协议向仲裁机构申请仲裁。涉外合同的当事人可以根据仲裁协议向中国仲裁机构或者其他仲裁机构申请仲裁。当事人没有订立仲裁协议或者仲裁协议无效的，可以向人民法院起诉。当事人应当履行有法律效力的判决、仲裁裁决、调解书；拒不履行的，对方可以请求人民法院强制执行。

（一）和解

和解也称协商，是指合同纠纷的当事人，在自愿和互谅互让的基础上，依据国家有关法律、政策和合同约定，通过相互之间的摆事实讲道理，以达成和解协议，自行解决纠纷和解的一种方式。实践证明，大量的合同纠纷，是可以通过当事人之间自行协商得到解决的。这种解决方式程序简单，解决问题及时，同时又有利于增进双方合同关系的进一步发展，从而达到建立长期的、稳定的、友好的经济贸易伙伴关系。

合同当事人通过和解解决合同纠纷时应遵守下列原则：

1. 平等自愿原则。

和解是当事人之间在平等的基础上自愿进行的，任何一方均有权拒绝进行协商。因为和解并不是解决合同纠纷的法定必经程序，采取和解方式的前提是双方当事人平等自愿。

2. 尊重客观事实的原则。

当事人应当在确认客观事实的基础上，明确双方责任，本着实事求是、互谅互让的精神，主动作出适当让步，求得争议后合理解决。

3. 依法协商的原则。

当事人通过和解方式解决纠纷，所达成的和解协议，一定要在符合国家法律、法规以及国家政策规定的前提下，不得损害国家、集体和第三者的利益。否则和解协议无效。

4. 主动积极、抓住时机。

当事人应当积极主动，抓紧时机，使问题及时得到解决。如出现问题僵持局面，就不应继续坚持协商解决的办法。

5. 采用书面和协议书的原则。

按《合同法》规定，当事人对合同争议达成协议，其性质是对原合同的变更或解除。因此，除当面理清的以外，和解应采用书面或协议书的形式。

和解是迅速解决合同纠纷的好办法，但也有很大的局限性。当纠纷比较复杂、当事人之间分歧和争议很大难以统一，或纠纷存在故意不法侵害行为时，当事人自身很难自行和解达成协议。此时应及时寻求其他解决纠纷的办法，避免久商不成，延误时机。

（二）调解

合同纠纷的调解，是指当事人双方在第三者即调解人的主持下，在查明事实、分清是非、明确责任的基础上，对纠纷双方进行说服教育，促使相互谅解，相互让步，自愿达成协议，消除争端的方法。

调解合同纠纷时，主要应坚持以下原则：

1. 自愿原则。

这是调解合同纠纷的首要原则。即纠纷的调解必须出于当事人双方自愿，调解协议的达成也必须出于双方当事人的自愿。坚持自愿原则，并不等于在调解纠纷时可以放弃原则，而应是既要坚持双方自愿，又要分清责任是非，使双方受到教育。

2. 合法原则。

这是合同纠纷调解的主要原则。国家的法律、法规以及政策是调解纠纷的惟一依据。双方当事人达成的协议不得同法律政策相违背。凡法律、法规有规定的，按法律、法规的规定办；法律、法规无明确规定的，根据国家方针、政策，并参照合同规定的条款处理。

3. 原则性和灵活性相结合的原则。

所谓原则性，就是根据法律和法规规定的调解；所谓灵活性，是指在不违背法律和法规规定的前提下，从实际出发，实事求是地解决合同纠纷。

我国合同纠纷的调解，主要分为：民间调解、行政调解、仲裁调解和法院调解。民间调解是通过民间调解组织机构，如人民调解委员会、社会学术团体等对纠纷进行调解；行政调解，是指当事人双方在其上级业务主管部门主持下，对纠纷进行调解；仲裁调解是在仲裁机构主持下发生于仲裁活动中的调解；法院调解又称诉讼调解，是在法院主持下发生于诉讼活动中的调解，调解贯穿于整个诉讼活动的全过程。

（三）仲裁

1. 仲裁的概念。

仲裁是仲裁机构根据当事人的申请，对其相互间的合同争议，按照仲裁法律进行裁决，从而解决合同争议的法律制度。仲裁是当今世界各国解决合同纠纷普遍采用的一种法律制度，也是解决合同争议通行的惯例。

2. 仲裁的种类。

当今世界各国合同纠纷仲裁，大致可分为三种类型：一是民间仲裁，即由双方选择约定的仲裁人（一人或数人）进行仲裁；二是社会团体仲裁，即双方当事人约定，将合同纠纷交由社会团体内所设立的仲裁机构进行仲裁，如日本的商事仲裁协会、美国的仲裁协会等；三是国家行政机关仲裁，即由国家行政机关设置一定的仲裁机构进行仲裁。目前国际上通行的合同仲裁是民间或社团仲裁。我国《仲裁法》规定中国仲裁协会是社会团体法人（属社会仲裁）。

3. 仲裁的特点。

合同仲裁作为解决合同纠纷的一种方法，具有以下鲜明特点：仲裁是合同当事人自愿选择的，体现了仲裁"意思自治"的性质；仲裁裁决具有约束力，能够最终解决争议；仲裁仅仅一次，一次裁决一次生效，即一裁终结，因此方便，简捷。

我国合同仲裁实行以下制度：

（1）协议仲裁制度；

（2）一裁终局制度；

（3）先行调解制度；

（4）为当事人保密制度；

（5）回避制度。

4. 仲裁程序。

合同仲裁程序，即合同仲裁规则，指仲裁机构依法审理合同纠纷过程中仲裁庭、当事人、仲裁参与人必须遵守的法定顺序和形式。按我国《仲裁法》规定，仲裁的程序可以分以下几个阶段：

（1）申请和受理。发生合同纠纷后，合同当事人的任何一方可根据合同中的仲裁条款或事后达成的仲裁书面协议，向选定的仲裁委员会递交仲裁协议、仲裁申请书及副本。

仲裁委员会收到仲裁申请书之日起五日内，认为符合受理条件的，应当受理，并通知当事人；认为不符合受理条件的，应当书面通知当事人不予受理，并说明理由。

仲裁委员会受理仲裁申请后，应当在仲裁规则规定的期限内将仲裁规则和仲裁员名册送达申请人，并将仲裁申请书副本和仲裁规则、仲裁员名册送达被申请人。

被申请人收到仲裁申请书副本后，应当在仲裁规则规定的期限内向仲裁委员会提交答辩书。仲裁委员会收到答辩书后，应当在仲裁规则规定的期限内将答辩书副本送达申请人。被申请人未提交答辩书的，不影响仲裁程序的进行。

（2）组成仲裁庭。仲裁庭可以由三名仲裁员或者一名仲裁员组成。由三名仲裁员组成的，设首席仲裁员。

当事人约定由三名仲裁员组成仲裁庭的，应当各自选定或者各自委托仲裁委员会主任指定第三名仲裁员是首席仲裁员。

当事人约定由一名仲裁员成立仲裁庭的，应当由当事人共同选定或者共同委托仲裁委员会主任指定仲裁员。

当事人没有在仲裁规则规定的期限内约定仲裁庭的组成方式或者选定仲裁员的，由仲裁委员会主任指定。

仲裁庭组成后，仲裁委员会应当将仲裁庭的组成情况书面通知当事人。

（3）开庭和裁决。仲裁应当开庭进行。当事人协议不开庭的，仲裁庭可以根据仲裁申请书、答辩书以及其他材料作出裁决。

仲裁不公开进行。当事人协议公开的，可以公开进行，但涉及国家机密的除外。

当事人申请仲裁后，可以自行和解。达成和解协议的，可以请求仲裁庭根据和解协议作出裁决书，也可撤回仲裁申请。

当事人达成和解协议，撤回仲裁申请后反悔的，可以根据仲裁协议申请仲裁。

仲裁庭在作出裁决前，可以先行调解。当事人自愿调解的，仲裁庭应当调解。调解不成的，应当及时作出裁决。

调解达成协议的，仲裁庭应当制作调解书或者根据协议的结果制作裁决书。调解书和裁决书具有同等法律效力。

调解书经双方当事人签收后，即发生法律效力。

裁决书自作出之日起发生法律效力。

（4）裁决的执行。当事人应当履行裁决。一方当事人不履行的，另一方当事人可以依照民事诉讼法的有关规定向人民法院申请执行。受申请的人民法院应当执行。

5. 仲裁范围。

（1）平等主体的公民、法人和其他组织之间发生的合同纠纷和其他财产权益纠纷，可以仲裁。

（2）下列纠纷不能仲裁：

1）婚姻、收养、监护、抚养、继承纠纷；

2）依法应当由行政机关处理的行政争议。

（四）诉讼

1. 诉讼概念。

诉讼，是指当事人依法请求人民法院行使审判权，审理双方之间发生的合同争议，作出有国家强制力保证实现其合法权益的审判活动。

人民法院是国家审判机关。人民法院审理合同纠纷案件时，适用《中华人民共和国民事诉讼法》的有关规定，实行两审终审制。属于经济行政案件，适用我国《行政诉讼法》。在合同纠纷中，如发现有合同犯罪行为，则适用我国《刑事诉讼法》的有关规定，由人民检察院立案侦查，提起公诉。

根据我国法律规定，人民法院受理一审案件实行级别管辖、地域管辖、移送管辖和指定管辖。

2. 诉讼当事人。

诉讼当事人是指因民事权利和民事义务发生纠纷，以自己的名义参加诉讼并受人民法院裁判拘束的利害关系人。

当事人要具有诉讼权利能力和诉讼行为能力。企业、事业单位、国家机关、社会团体可以作为诉讼当事人。法人的诉讼行为能力由其法定代表人行使，其他组织由其主要负责人行使。已向工商行政管理机关领取营业执照的合作经济组织，可以作为独立的诉讼主体参加诉讼；个体经营户、农村专业户和农村承包户也可以作为合同纠纷案的诉讼当事人。在诉讼过程中，企业关闭或者合并的，要及时变更诉讼当事人；企业合并的，由合并后的新企业作为当事人；企业关闭的，由其主管单位或清理单位作为诉讼当事人。

当事人包括：原告、被告、共同诉讼人、第三人。

原告是为了保护自己的经济利益，以自己的名义向人民法院提起诉讼的当事人。

被告是经原告诉称与其发生经济争议，而由人民法院依法通知应诉的当事人。

共同诉讼人是原告、被告一方或双方各为二人以上的诉讼当事人。

第三人分为两种：一是有独立请求权的第三人，即对他人之间的诉讼标的全部或部分，以独立权利人的资格请求参加诉讼的当事人；二是无独立请求权的第三人，即对他人之间的诉讼标的，没有独立请求权，只是为了维护自己的利益参加诉讼的当事人。

3. 一审程序。

人民法院第一次审理合同纠纷案件所适用的法律程序，简称一审程序。一审程序包括普通程序和简易程序。根据合同纠纷案件的性质和我国《民事诉讼法》的规定，合同纠纷案件的一审程序适用普通程序。

（1）起诉和受理。企事业单位、机关、团体和公民，因经济权益与他人发生争议或者受到侵害，而向人民法院提出请求法律保护的诉讼行为称为起诉。

案件受理是起诉人向人民法院递交起诉状，并按照被告的人数提供副本。人民法院对符合立案条件的起诉，应在 7 日内立案并通知原告。不符合条件的，也应在 7 日内通知原告并说明理由。

（2）审理前的准备。人民法院受理案件后，应在 5 日内将起诉书副本发送被告，被告在收到副本之日起 15 日内提出答辩。被告可以在答辩时对原告提出反诉。被告逾期答辩或不答辩，不影响人民法院对案件的审理。

（3）开庭审理。开庭审理又称法庭审理，即审判人员在当事人及其他诉讼参与人的参加下，在法庭上对案件进行全面审查、作出裁判的活动。

人民法院的裁判须以法庭审理的事实为依据。除法律另有规定外，在作出裁判前，都要经过开庭审理。开庭审理除涉及国家秘密的经济案件，应公开进行。涉及商业秘密的案件，当事人申请不公开审理，可以不公开审理。

开庭审理的程序为：开庭→法庭调查→法庭辩论→法庭调解→合议庭评议→宣告判决。

（4）上诉。人民法院审理案件实行两审终审制。当事人任何一方对一审判决不服时，有权向上一级法院提起上诉。二审法院的判决是终审判决，当事人无权再上诉，即应按终审判决执行。

（5）执行程序。执行是依照法定程序，运用国家的强制力量，根据人民法院的判决、裁定和其他法律文书，强制当事人履行所负义务的司法行为。

执行是诉讼程序的最后阶段，是维护法律尊严，有效保护权利人合法权益的重要法律程序。执行的依据是已生效的人民法院的判决、裁定或其他法律文书。如：仲裁机关的裁决书，公证债权文书等。执行的发生可以根据一方当事人的申请或者审判员移送执行。当事人申请执行的期限，双方或一方是公民的为一年；双方是法人或其他组织的为半年。

执行措施包括：第一，冻结、划拨被执行人的存款；第二，查封、扣押、拍卖、变卖被执行人的财产；第三，强制被执行人履行一定的行为。

有关单位在收到人民法院《协助执行通知书》后，必须按执行内容、要求立即办理。

对于暂无履行义务能力的被执行人，经当事人协商，可以适当延长被执行人的履行期限，但要承担逾期履行的经济责任。

房地产开发项目合同管理相关法律、法规，详见附录 3-7-1～3-7-2。

附录 3-7-1 《中华人民共和国合同法》摘录

（1999 年 3 月 25 日主席令第 15 号）

第十六章 建 设 工 程 合 同

第二百六十九条 建设工程合同是承包人进行工程建设，发包人支付价款的合同。建设工程合同包括工程勘察、设计、施工合同。

第二百七十条 建设工程合同应当采用书面形式。

第二百七十一条 建设工程的招标投标活动，应当依照有关法律的规定公开、公平、公正地进行。

第二百七十二条 发包人可以与总承包人订立建设工程合同，也可以分别与勘察人、设计人、施工人订立勘察、设计、施工承包合同。发包人不得将应当由一个承包人完成的建设工程肢解成若干部分发包给几个承包人。总承包人或者勘察、设计、施工承包人经发包人同意，可以将自己承包的部分工作交由第三人完成。第三人就其完成的工作成果与总承包人勘察、设计、施工承包人向发包人承担连带责任。承包人不得将其承包的全部建设工程转包给第三人或者将其承包的全部建设工程肢解以后以分包的名义分别转包给第三人。禁止承包人将工程分包给不具备相应资质条件的单位。禁止分包单位将其承包的工程再分包。建设工程主体结构的施工必须由承包人自行完成。

第二百七十三条 国家重大建设工程合同，应当按照国家规定的程序和国家批准的投资计划、可行性研究报告等文件订立。

第二百七十四条 勘察、设计合同的内容包括提交有关基础资料和文件（包括概预算）的期限、质量要求、费用以及其他协作条件等条款。

第二百七十五条 施工合同的内容包括工程范围、建设工期、中间交工工程的开工和竣工时间、工程质量、工程造价、技术资料交付时间、材料和设备供应责任、拨款和结算、竣工验收、质量保修范围和质量保证期、双方相互协作等条款。

第二百七十六条 建设工程实行监理的，发包人应当与监理人采用书面形式订立委托监理合同。发包人与监理人的权利和义务以及法律责任，应当依照本法委托合同以及其他有关法律、行政法规的规定。

第二百七十七条 发包人在不妨碍承包人正常作业的情况下，可以随时对作业进度、质量进行检查。

第二百七十八条 隐蔽工程在隐蔽以前，承包人应当通知发包人检查。发包人没有及时检查的，承包人可以顺延工程日期，并有权要求赔偿停工、窝工等损失。

第二百七十九条 建设工程竣工后，发包人应当根据施工图纸及说明书、国家颁发的施工验收规范和质量检验标准及时进行验收。验收合格的，发包人应当按照约定支付价款，并接收该建设工程。建设工程竣工经验收合格后，方可交付使用；未经验收或者验收不合格的，不得交付使用。

第二百八十条 勘察、设计的质量不符合要求或者未按照期限提交勘察、设计文件拖延工期给发包人造成损失的，勘察人、设计人应当继续完善勘察、设计，减收或者免收勘察、设计费并赔偿损失。

第二百八十一条 因施工人的原因致使建设工程质量不符合约定的，发包人有权要求施工人在合理期限内无偿修理或者返工、改建。经过修理或者返工、改建后，造成逾期交付的，施工人应当承担违约责任。

第二百八十二条 因承包人的原因致使建设工程在合理使用期限内造成人身和财产损害的，承包人应当承担损害赔偿责任。

第二百八十三条 发包人未按照约定的时间和要求提供原材料、设备、场地、资金、技术资料的，承包人可以顺延工程日期，并有权要求赔偿停工、窝工等损失。

第二百八十四条 因发包人的原因致使工程中途停建、缓建的，发包人应当采取措施弥补或者减少损失，赔偿承包人因此造成的停工、窝工、倒运、机械设备调迁、材料和构件积压等损失和实际费用。

第二百八十五条 因发包人变更计划，提供的资料不准确，或者未按照期限提供必需的勘察、设计工作条件而造成勘察、设计的返工、停工或者修改设计，发包人应当按照勘察人、设计人实际消耗的工作量增付费用。

第二百八十六条 发包人未按照约定支付价款的，承包人可以催告发包人在合理期限内支付价款。发包人逾期不支付的，除按照建设工程的性质不宜折价、拍卖的以外，承包人可以与发包人协议将该工程折价，也可以申请人民法院将该工程依法拍卖。建设工程的价款就该工程折价或者拍卖的价款优先受偿。

第二百八十七条 本章没有规定的，适用承揽合同的有关规定。

附录 3-7-2 建设工程勘察设计合同管理办法

（2000 年 3 月 1 日建设部、国家工商局［2000］50 号文）

第一条 为了加强对工程勘察设计合同的管理，明确签订《建设工程勘察合同》、《建设工程设计合同》(以下简称勘察设计合同)双方的技术经济责任,保护合同当事人的合法权益,以适应社会主义市场经济发展的需要,根据《中华人民共和国合同法》,制定本办法。

第二条 凡在中华人民共和国境内的建设工程(包括新建、扩建、改建工程和涉外工程等),其勘察设计应当按本办法签订合同。

第三条 签订勘察设计合同应当执行《中华人民共和国合同法》和工程勘察设计市场管理的有关规定。

第四条 勘察设计合同的发包人(以下简称甲方)应当是法人或自然人,承接方(以下简称乙方)必须具有法人资格。甲方是建设单位或项目管理部门,乙方是持有建设行政主管部门颁发的工程勘察设计资质证书、工程勘察设计收费资格证书和工商行政管理部门核发的企业法人营业执照的工程勘察设计单位。

第五条 签订勘察设计合同,应当采用书面形式,参照文本的条款,明确约定双方的权利义务。对文本条款以外的其他事项,当事人认为需要约定的,也应采用书面形式。对可能发生的问题,要约定解决办法和处理原则。

双方协商同意的合同修改文件、补充协议均为合同的组成部分。

第六条 双方应当依据国家和地方有关规定,确定勘察设计合同价款。

第七条 乙方经甲方同意,可以将自己承包的部分工作分包给具有相应资质条件的第三人。第三人就其完成的工作成果与乙方向甲方承担连带责任。

禁止乙方将其承包的工作全部转包给第三人或者肢解以后以分包的名义转包给第三人。禁止第三人将其承包的工作再分包。严禁出卖图章、图签等行为。

第八条 建设行政主管部门和工商行政管理部门,应当加强对建设工程勘察设计合同的监督管理。主要职能为:

一、贯彻国家和地方有关法律、法规和规章;

二、制定和推荐使用建设工程勘察设计合同文本;

三、审查和鉴证建设工程勘察设计合同,监督合同履行,调解合同争议,依法查处违法行为;

四、指导勘察设计单位的合同管理工作,培训勘察设计单位的合同管理人员,总结交流经验,表彰先进的合同管理单位。

第九条 签订勘察设计合同的双方,应当将合同文本送所在地省级建设行政主管部门或其授权机构备案,也可以到工商行政管理部门办理合同鉴证。

第十条 合同依法成立,即具有法律效力,任何一方不得擅自变更或解除。单方擅自终止合同的,应当依法承担违约责任。

第十一条 在签订、履行合同过程中,有违反法律、法规,扰乱建设市场秩序行为的,建设行政主管部门和工商行政管理部门要依照各自职责,依法给予行政处罚。构成犯罪的,提请司法机关追究其刑事责任。

第十二条 当事人对行政处罚决定不服的,可以依法提起行政复议或行政诉讼,对复议决定不服的,可向人民法院起诉,逾期不申请复议或向人民法院起诉,又不执行处罚决定的,由作出处罚的部门申请人民法院强制执行。

第十三条 本办法解释权归建设部和国家工商行政管理局。

第十四条 各省、自治区、直辖市建设行政主管部门和工商行政管理部门可根据本办法制定实施细则。

第十五条 本办法自发布之日起施行。

第八章 房地产开发项目建设管理

房地产开发项目建设管理，应遵照《建设工程质量管理条例》、《建设工程勘察设计市场管理规定》、《工程建设监理规定》、《房屋建筑工程和市政基础设施工程竣工验收暂行规定》等法律、法规执行。

第一节 房地产开发项目的监理管理

建筑工程监理，是指由具有法定资质条件的工程监理单位，根据建设单位的委托，依照法律、行政法规及《建设工程监理规范》（GB 50319—2000）、设计文件和建筑工程承包合同，在施工质量、建设工期和建设资金使用等方面，代表建设单位对工程施工实施专门的监督活动，以求用最少的人力、物力、财力和时间获得符合质量要求的产品。

一、监理工作的主体及其职责

从监理工作的主体来看，分政府监理和社会监理两类。在各自的主体里，还分为不同的层次，不同的层次有不同的职责。

（一）政府监理

政府监理是指各级人民政府建设行政主管部门和国务院工业交通部门对工程建设实施阶段建设行为实施的监理，以及对社会监理单位监督管理。政府监理的主要内容包括：制定并监督实施监理法规以及相关的建设法规；审批建设监理单位资质；归口管理所辖区域的建设监理工作；对工程建设项目实施直接监理，如建设项目是否符合国家经济发展总体要求，是否符合环境保护要求等。

政府监理的主要机构是建设部和省、自治区、直辖市建设主管部门设置的专门的建设监理管理机构。市、地、州、盟、县建设主管部门根据需要设置或者指定的相应机构，统一管理建设监理工作。国务院工业、交通部门根据需要设置或者指定的相应的机构，指导本部门建设监理工作。

各级政府监理部门职责各不相同。建设部的监理职责是：起草或制订建设监理法规，并组织实施，审批全国性、多专业性、跨省承担监理业务的监理单位的资质；制定社会监理单位和监理工程师的资质标准及审批管理办法，并监督实施；参与大型工程项目建设的竣工验收；检查督促工程建设重大事故的处理；指导和管理全国工程建设监理工作。

省、自治区、直辖市建设行政主管部门的监理职责是：审批本地区大中型建设项目的开工报告、竣工验收、检查工程建设重大事故处理；审批全省性监理单位资质、负责监理工程师资质考试、颁发证书；指导和管理本地区工程建设监理工作。

（二）社会监理

社会监理是指社会具有一定资质的监理单位受业主的委托，对工程建设实施阶段建设行为实施的监理。社会监理单位可以是专门从事监理业务的工程建设监理公司或事务所，也可以是兼承建设监理业务的工程设计、科学研究、工程建设咨询单位等。

社会监理的内容非常广泛，从投资决策咨询的建设项目前期准备阶段，到工程保修阶段，贯穿整个工程的全过程。这在后面讲述监理问题时要详细介绍。

这里需要指出的是，具体的建筑工程监理对建筑工程的监督，与政府有关部门依照国家有关规定对建筑工程进行的质量监督，二者在监督依据、监督性质以及与建设单位和承包单位的关系等方面，都不相同，不能相互替代。工程监理单位对工程项目实施的监督的依据，是建设单位的授权，以社会中介组织作为公证方身份进行监督，工程监理单位与建设单位和工程承包单位之间是平等的民事主体之间的关系，没有行政处罚的权力。而政府主管部门监督的依据是法律、法规，属于强制性行政监督管理，而与业主和工程承包单位属于行政管理与被管理的关系，政府主管部门有行政处罚权。

二、确定委托监理工程的内容

2000年1月30日国务院第279号令颁发的《建设工程质量管理条例》规定下列建设工程必须实行监理：

1. 国家重点建设工程；
2. 大中型公用事业工程；
3. 成片开发建设的住宅小区工程；
4. 利用外国政府或国际组织贷款、援助资金的工程；
5. 国家规定必须实行监理的其他工程。

工程建设监理的主要内容是控制工程建设的投资、建设工期和工程质量，进行工程建设合同管理，协调有关单位之间的工作关系。

一个项目建设，按照实施程序来看，可划分成如下几个阶段的监理内容：建设前期阶段监理，设计阶段监理，施工招标阶段监理，施工阶段监理，工程保修阶段监理。各阶段监理单位应承担的工作内容如表3-8-1所示。按照业主与第三方所签订的经济合同，从需要委托监理单位负责协调、监督、管理的合同类型来看，大致可包括：勘察设计合同，工程施工合同，建筑安装合同，物资采购供应合同，设备加工订购合同等。因此，在选择监理单位前，应首先确定委托监理的工作内容和范围，既可以将整个建设过程委托一个单位来完成，也可按不同阶段的工作内容或不同合同的内容分别交予几个监理单位来完成。

各阶段委托监理的工作内容　　　　　　　　　　表3-8-1

项目实施阶段	委托监理内容
工程项目立项阶段	(1) 协助业主准备项目报建手续 (2) 项目可行性研究 (3) 进行技术经济论证 (4) 编制工程建设框算 (5) 组织编写设计任务书
设计阶段	(1) 结合工程项目特点，收集设计所需的技术经济资料 (2) 编写设计要求文件 (3) 组织设计方案竞赛或设计招标，协助业主选择勘察设计单位 (4) 拟订和商谈设计委托合同内容 (5) 向设计单位提供所需基础资料

续表

项目实施阶段	委 托 监 理 内 容
设计阶段	(6) 配合设计单位开展技术经济分析，搞好方案比选，优化设计 (7) 配合设计进度，组织设计与有关部门的协调工作，组织好设计单位之间的协调工作 (8) 参与主要设备、材料的选型 (9) 审核工程项目设计图纸、工程估算和概算、主要设备和材料清单 (10) 检查和控制设计进度 (11) 组织设计文件的报批
施工招标阶段	(1) 选择分析工程项目施工招标方案，根据工程实际情况确定招标方式 (2) 准备施工招标文件，向主管部门办理招标申请 (3) 参与编写施工招标文件，主要内容有工程综合说明；设计图纸及技术说明；工程量清单或单价表；投标须知；拟定承包合同的主要条款 (4) 编制标底，经业主认可后，报送所在地方建设主管部门审核 (5) 发放招标文件，进行施工招标，组织现场勘察与答疑会，回答投标者提出的问题 (6) 协助建设单位组织开标、评标和决标工作 (7) 协助建设单位组织开标单位签订承包合同。承包单位扣标价格不是最后的合同。承包单位中标后，监理单位要同建设单位一道与承包单位进行谈判，以确定合同价格 (8) 审查承包单位编写的施工组织设计、施工技术方案和施工进度计划，提出改进意见 (9) 审查和确认承包单位选择的分包单位 (10) 协助建设单位与承包单位编写开工报告，进行开工准备
材料物资供应的监理	(1) 制定材料物资供应计划和相应的资金需求计划 (2) 通过质量、价格、供货期、售后服务等条件的分析和比选，确定供应厂家。重要设备应访问现有用户，考察厂家质量保证体系 (3) 拟订并商签材料、设备的订货合同 (4) 监督合同的实施，确保材料设备的及时供应
施工阶段监理	(1) 督促检查承包单位严格依照工程承包合同和工程技术标准的要求进行施工 (2) 检查进场的材料、构件和设备的质量，验看有关质量证明和质量保证书等文件 (3) 检查工程进度和施工质量，验收分部分项工程，根据工程计算情况签署工程付款凭证 (4) 确认工程延期的客观事实，作出延期批准 (5) 调解建设单位和承包单位间的合同争议，对有关的费用索赔进行取证和确认 (6) 督促整理合同文件和技术资料档案 (7) 组织设计、承包单位进行工程竣工初步验收，提出竣工验收报告 (8) 审查工程决算
合 同 管 理	(1) 拟订监理工程项目的合同体系及管理制度，包括合同的拟订、会签、协商修改、审批、签署、保管等工作制度及流程 (2) 协助业主拟订项目的各类合同条款，并参与各类合同的商谈 (3) 合同执行情况的跟踪管理 (4) 协助业主处理与项目有关的索赔事宜及合同纠纷事宜
其 　 他	监理工程师受业主委托，承担的其他管理和技术服务方面的工作。如为建设单位培训技术人员、水电配套的申请等

三、划分监理委托工程内容的条件

(一) 工程规模

中小型工程项目，有条件时可将全部监理工作委托一个单位；大型复杂工程，则应按阶段和工作内容分别委托监理单位。如设计和施工两个阶段分开。

(二) 项目的专业特点

不同的施工内容对监理人员的素质、专业技能和管理人员的要求也不同，所以在大型复杂工程的建设阶段，划分监理工作范围时应充分考虑不同工作内容的要求，如将土建工程、高级装饰工程与安装工程分开。若需有特殊专业技能要求时，如特殊基础处理工程，还可将其工作进一步划分给有该项技能的监理单位。

（三）合同履行难易程度

由于建设期间，业主与有关第三方所签订的经济合同较多，较易履行的合同监理工作可以并入某项监理工作的委托内容之中，或者不必委托监理，如一般建筑材料供销合同的履行监督、管理等。而设备加工订购合同，则需委托专门的监理单位，负责合同履行的监督、控制和管理。

（四）业主的管理能力

当业主的技术能力和管理能力较强时，项目实施阶段的某些工作内容也可以由自己来承担，如施工前期的现场准备工作等。

四、开工前业主方的责任和义务

1. 负责完成工程开工前所需的外部协调关系，满足开展正常监理工作的外部条件。

2. 向监理单位提供专用条件内约定的资料、设施和人员服务。

3. 授权一名熟悉本工程情况，能迅速作出决定的常驻代表，负责与监理单位建立工作联系。如果需要更换常驻代表时，要提前通知监理单位。

4. 审核并批准监理单位报送的总监理工程师及其监理机构主要成员名单。总监理工程师由与业主签订监理合同的单位派出，他应是该单位的在职人员，由中级以上技术职称、取得监理工程师资格的专业技术人员担任。监理机构主要人员配备应合理，具有中级专业职称以上人员的比例应不少于70％。监理单位聘请的技术顾问或业主方提供的职员和服务人员不能作为监理班子的成员。合作监理单位必须是持有相应监理资质等级证书的监理单位。

5. 审查监理单位报送的监理规划，对其中不满意之处提出修改意见，并最终批准监理规划。监理规划应包括的主要内容：

（1）工程项目概况；

（2）监理工作范围；

（3）监理工作内容；

（4）监理工作目标；

（5）监理工作依据；

（6）项目监理机构的组织形式；

（7）项目监理机构的人员配备计划；

（8）项目监理机构的人员岗位职责；

（9）监理工作程序；

（10）监理工作方法及措施；

（11）监理工作制度；

（12）监理设施。

在监理工作实施过程中，如实际情况或条件发生重大变化而需要调整监理规划时，应由总监理工程师组织专业监理工程师研究修改，按原报审程序经过批准后报建设单位。

6. 将授予监理单位的监理权利，以及监理机构主要成员的职能分工，及时书面通知已选定的第三方，并在与第三方签订合同中予以明确。

五、工程实施阶段业主方对监理合同的管理

业主是工程项目的投资方和项目的所有者，项目建设的成败直接涉及业主的利益，因此他必然要关注建设的进展，参与项目实施过程中的管理。然而业主与监理单位签订监理委托合同，是将建设过程中业主与第三方签订各类经济合同履行过程中的合同内容管理交予监理单位执行，只对超越授予监理单位权限的重大事项作出决策，以便对三大目标进行总体控制。按照《工程建设监理合同标准条件》的规定，业主对监理合同的管理表现在以下几个方面。

（一）合同正常履行过程中的管理

1. 负责满足工程正常进行和开展监理工作所需外部环境条件的协调工作。

2. 选择可靠的承包商负责实施工程项目的建设或承担某一部分工作。业主有选定工程总设计单位和总承包单位，并与其签订合同的权利；监理单位在选择过程中只有建议权，并负责配合招标工作。但业主不与分包单位发生直接关系，而将总包单位选择的设计分包单位和施工分包单位的确认或否定权授予监理单位。

3. 及时将自己对工程项目实施的某些意图或想法通知监理单位并与其协商，由监理单位在协调管理过程中贯彻实施。为了避免指令系统的多元化而造成合同履行过程中的管理混乱，合同正常履行过程中对承包单位的各种指令都应由监理单位发布。

4. 对监理单位提交的各种要求作出决定的事宜及时给予书面回答，不应因其延误而耽搁工程的进展。

5. 落实筹措资金的到位，按时支付承包商的工程进度款和监理酬金，以保证各个合同的顺利履行。在工程承包合同约定的工程价格范围内，监理单位有对工程款支付的审核和签认权，以及结算工程款的复核确认权和否定权。未经监理机构签字确认，业主不应给承包单位支付工程款。但对属于承包合同价外支付的变更工程款和索赔款，虽已经过监理机构签字确认，还应进行严格审查后再支付。同样，对监理单位酬金支付通知书中的附加监理酬金和额外监理酬金部分，也需审查其取费的合理性和计算的正确性。如有异议时，应在 24h 内发出异议通知，然后双方通过协商解决，但不应拖延无异议部分的支付。

6. 参加协调会议。业主应定期与监理单位举行协调会议，交流信息及交换各自对实施工程进展中所发生问题的看法或建议，也可就某一问题召开临时会议，业主能及时与监理单位沟通是保障监理工作正常开展的有效措施。内容包括对风险的预测，应采取的防范措施，以及特殊事件发生后的处理方法等。业主派驻工地的代表还应参加各种有关协调会议，包括第一次工地会议、工地协调例会和专业协调会议。第一次工地会议由业主代表和总监理工程师主持，项目建设所涉及的单位共同参加，包括各总承包单位代表、设计单位代表，也可以邀请分包单位代表参加。会议的目的是检查工程的开工条件，创造良好的合作环境。以后的各次协调会议虽然由总监理工程师主持，但业主方也应派人参加，一方面可以了解工程进展的实际情况，另一方面也可就某些问题发表自己的意见，第三类会议是由业主召集监理单位代表和有关总承包单位参加的专题会议，这类会议内容大多属于就工程实施过程中发生的某些特殊事件协商采取有效措施，包括洽商对原合同某些条款的变更问题。

7. 文档管理工作。业主的项目管理机构应建立各种文件、报表等的管理系统，用计算机进行档案管理，及时发现工程实施过程中可能发生的各类风险，以便及时采取有效措

施减小风险损失或预防风险事件的发生。

（二）对监理单位授权范围之外事件的决策

按照《工程建设监理合同标准条件》的规定，业主的决策权表现在以下几个方面：

1. 业主有对工程规模、设计标准、规划设计、生产工艺设计和设计使用功能要求的认定权，监理单位只有建议权。

2. 对工程结构设计和其他专业设计中的技术问题，监理单位可以按照安全优化的原则自主向设计单位提出建议，并向业主提出书面报告。如果由于拟提出的建议会提高工程造价或延长工期，应当事先取得业主的同意。也就是说，业主对工程设计变更拥有审定权。

3. 监理单位对施工组织设计和技术方案，按照保质量、保工期和降低成本的原则，可以自主向承建商提出建议，并向业主书面报告。如果由于拟提出的建议会提高工程造价、延长工期，应当事先取得业主同意。

4. 监理单位有对参与建设有关单位进行组织协调的主持权，但重要协调事项应事先向业主报告。

5. 监理单位须报经业主同意，才能发布开工令、停工令和复工令。停工令和复工令的发布，或多或少都会影响工程项目的建设按照预定的目标实现，因此应由业主作出决策。如果属于发生了紧急情况，监理机构不能事先向业主报告时，则应在发布停工令后的24h内向业主作出书面报告。

6. 监理机构在业主授权下，可对任何第三方合同规定的义务提出变更。但如果这种变更会严重影响工程费用或质量、进度，则须事先经过业主批准。

7. 有权单方面中止监理合同。业主提出中止合同的原因可能基于以下三个方面的考虑：一是监理单位严重违约使得监理合同已无法顺利实施；二是项目实施过程中发生了不可抗力事件，导致双方无法再履行合同义务；三是由于国家政策的调整，工程项目停建或缓建。对于前两种情况，前面已经述及，如属于第三种情况，业主要求监理单位全部或部分暂停执行监理业务或终止监理合同，则应当在56天前通知监理单位，监理单位接到通知后则应立即安排停止执行监理业务的交接工作或善后工作。

六、督促监理单位履行合同义务

1. 对监理机构的人员进行控制。控制的内容包括：对业主批准的总监理工程师人选监理单位不得随意更换；监理机构参与监理工作人员必须按批准的人员列入计划按时、按量执行监理任务；有权要求监理单位更换不称职的监理人员等。

2. 通过监理机构提供的监理工作月报，监督工程的进展情况和检查监理机构的工作质量，并对其不满意之处及时提出处理意见。监理工作月报应包括的内容见表3-8-2。在确有必要时，业主还有权要求监理机构就其监理业务范围内的有关事项提交专项报告。

3. 追加或减小对监理机构的授权范围。虽然在标准内已规定监理机构有权作出决定的内容，但要求其对工期和投资有较大影响的事件作出决定前须先征得业主的批准。为了保证工程项目建设过程中的协调、监督、管理工作高效有序进行，业主应授予总监理工程师独立自主作出决定的一定权限范围，不必对工期或投资产生某种程度影响的事件作出决定前事事请示业主，业主对总监理工程师的授权权限可根据工程项目的特点、工程进展实际情况，以及总监理工程师的管理水平和能力，随时扩大授权范围或减小授权。但在授予权限时以及变更授权范围时均应相应通知被监理单位。

监理月报基本内容　　　　　　　　　　表 3-8-2

月报条目	主要内容	月报条目	主要内容
工程概况	1. 工程概述 (1) 工程正在施工部位的基本情况 (2) 总平面示意图 2. 施工概述 (1) 工、料、机具配备动态 (2) 本期施工情况	工程计量与支付	1. 工程计量 2. 预付款支付证书 3. 月工程款支付证书 4. 索赔情况
		工程变更及洽商	1. 各项变更概述 2. 未经监理工程师认可的供应
施工单位的项目组织系统	本月施工组织描述	工地材料、构配件及设备供应	1. 工地材料、构配件及设备供应的数量及质量情况 2. 工地材料、构配件及设备预控情况
工程形象部位完成情况	1. 本期正在施工部位的平面、剖面示意图 2. 工程形象部位完成情况 3. 工程形象部位完成情况分析 4. 当月末正在施工部位的完成进度示意图或工程照片	施工现场情况	1. 正常施工情况的描述 2. 非正常情况下的施工状况
		气象数据	主要提供影响正常施工的不利气候条件
工程质量	1. 分项工程验评情况 2. 本期分项工程一次验收合格率统计 3. 分项工程优良率控制图 4. 分部工程验评情况 5. 施工试验情况 6. 质量事故 7. 暂停施工指令 8. 本期工程质量分析： (1)产生工程质量问题的原因 (2)质量对策一览表	监理单位	1. 监理组织机构框图 2. 驻工地监理人员构成 3. 监理工作统计： (1) 监理会议 (2) 监理复测 (3) 监理抽查
		监理结论	1. 监理对本月工程施工总的评价 2. 投资、进度、质量控制及信息、合同管理方面的工作情况 3. 存在问题及建议

第二节　房地产开发项目工程勘察管理

一、工程测量管理

工程测量的范围包括测定和测设两个部分。测定是指工程技术人员使用各种测量仪器和工具，通过实地测量和内业计算，把工程现场或一个区域的地形、地物(指建筑物、构筑物及天然的河流、湖泊、池塘、大树等)、地貌(指地面的形状、大小、高低起伏的变化情况等)，按一定的比例尺测绘成地形图，作为土建工程规划、设计的依据。测设是把图纸上规划、设计好的建筑物、构筑物的位置在地面上标定出来，作为进一步勘察、施工的依据。

工程测量贯穿于建设项目实施阶段的全过程，是勘察、设计、施工、检测的基础。

（一）控制测量

为统一全国的建设工作，从 20 世纪 50 年代起，在国家测绘总局的统一领导下，现已布设完成了全国范围的控制网，给出了控制网各节点处的平面位置坐标和绝对高程。其中高程基准面是以 1956 年青岛观测站测算的黄海平均海平面为零点的。根据具体测设精度和布点密度的不同要求，将控制网点分为一、二、三、四四个等级。全国一等控制网由若干三角形构成，三角形的顶点称为"三角点"，它是各种测图的基本控制，通常均建设有固定的标石，以便长期保存。

在一等三角网的环内，布设有二等三角网；二等三角网内又进一步加密布设三、四等三角网。

测定地形图时，首先在测区内选定若干点测出其平面坐标及高程，作为进一步测量的基础，这些点即"控制点"，或称"图根控制点"，简称"图根点"。图根点的平面位置坐标，应尽可能与国家三、四等三角网点相联系，图根点的高程也应以国家三、四等水准点的基础测定。将相邻两图根点连成一组折线，称为"图根导线"，如图根点又能两两相连，连线又构成若干三角形，并组成网状，则称"图根三角网"。

1. 图根平面控制测量。所谓图根平面控制测量即通过测量确定测区各控制点的平面位置坐标，其主要方法有导线测量和小三角测量。

（1）导线测量。

以国家控制网两点的连线为基础，依次连接测区各相邻控制点，即成为一条导线，用经纬仪测定各导线边的转折角，用钢尺或其他仪器测定各导线边长，根据起算数据，推算各线边的会标方位角，从而求出各导线点的坐标。

（2）小三角测量。

将测区各控制点组成相互连接的若干个三角形而构成三角网，这些三角形的顶点，称为三角点。所谓小三角测量就是在小范围内布设边长较短的小三角网，观测所有三角形的各内角，丈量 1～2 条边的长度(称为基线)，用近似方法对角度进行调整，然后应用正弦定律算出各三角形的边长，再根据已知边的坐标方位角、已知点坐标(在独立地区可自行假定)，按类似于导线计算的方法，求出各三角点的坐标。与导线测量相比，它的特点是测角的任务较重，量距工作量大大减少。

在山区、丘陵等难于直接用钢尺量距的地区建立平面控制，广泛采用小三角测量。

2. 图根高程控制测量。图根高程控制测量即通过测量确定测区各控制点的高程，其常用方法有图根水准测量和图根经纬仪三角测量。

（1）图根水准测量。

利用水准仪从国家控制网给定的点，利用平面控制测量中导线法的方式测出测区内各控制点的水准高程。

（2）三角高程测量。

在山地测定控制点高程时，采用水准仪测量速度慢，且困难很大，在这种情况下，可用水准测量的方法在测区内引测一定数量的水准点，作为高程起算的依据，再用经纬仪测出所在点与待测点之间的水平或斜向距离，利用三角关系即可算出待测点高程。

（二）地形测量

测绘地形图的过程称为"地形测量"，它以前述方法建立的控制点为测站，将其周围的地形、地貌特征点(亦称"碎部点")测出、再绘制成图，故又称"碎部测量"。

碎部测量常用经纬仪测绘法或平板仪测绘法测图，土建工程多用大比例尺图，常用 1∶500，1∶1000，1∶2000 或 1∶5000。

1. 经纬仪测量法。测站与待测点间的距离常用视距法测出，也可用全站仪自动测出，待测点的方位可由测站与待测站之连线与图根导线之间的水平夹角确定(可从经纬仪上读得）。

2. 平板仪测量法。平板仪测量法的原理与经纬仪测量法基本一致，只是其平板直接固定有图纸，待测点的方法可按某一比例直接在图上绘出。

二、工程勘察管理

房地产开发项目的勘察设计应严格遵照《建设工程勘察设计管理条例》、《岩土工程勘察规范》（GB 50021—2001）、《民用建筑工程室内环境污染控制规范》（GB 50325—2001）等法律、技术规范进行，坚持先勘察、后设计、再施工的原则。

（一）工程勘察管理

工程勘察管理贯穿于从编制勘察任务书到勘察成果的利用全过程。包括建设单位的管理和勘察单位自身的管理两大方面，从时间顺序上又可分为勘察任务书编制、选择勘察单位、勘察前准备、勘察及勘察成果利用五个阶段，双方各阶段的主要工作如表 3-8-3。

工程勘察管理工作的任务　　　　表 3-8-3

主要阶段＼单位	建设单位	勘察单位
勘察任务书	委托建设监理或确定勘察工作责任者，委托设计单位，提出勘察任务书	
授受任务	物色勘察单位或进行勘察任务招标，进行资格审查，授予勘察任务，签订勘察合同，支付定金	承揽任务或参加投标竞争，接受勘察任务，签订勘察合同
勘察前准备	(1) 现场勘察条件准备； (2) 勘察队伍的生活条件准备； (3) 提供有关基础资料； (4) 审查勘察纲要	(1) 搜集已有资料； (2) 现场踏勘； (3) 编制勘察纲要； (4) 队伍准备； (5) 机械设备准备
勘察	(1) 督促按时进场； (2) 核实调查、测绘、勘探项目； (3) 检查勘察布点、钻探深度及取样方法； (4) 审查勘察成果报告	(1) 野外调查； (2) 测绘，勘察探布点； (3) 测绘、勘探、取样； (4) 试验，分析； (5) 编制图件和报告； (6) 对大型或地质条件复杂的工程进行勘察成果会审； (7) 按设计的进程提交勘察报告
勘察成果利用	交设计、施工单位使用；沟通设计、施工单位与勘察单位的联系，协调他们的关系；发出补勘指令	配合设计、施工进程进行必要的补勘或施工勘察

（二）工程勘察监理

大中型项目的工程勘察管理，通常由业主委托给有经验的监理单位，此时，监理方的主要工作如下：

1. 编审勘察任务书。

(1) 协助业主和规划设计单位，由规划、设计单位编制勘察任务书。

(2) 根据项目建设计划和设计进度要求，拟定监理方面勘察阶段监理工作计划（即勘察监理细则）。

(3) 审查规划、设计单位提出的勘察任务书。

审查内容有：1)工程名称；2)项目概况；3)拟建地点；4)勘察阶段要求及相关的建筑

物，构筑物形式、布局等；5）勘察范围要求；6）提交成果的内容和时间要求。

2. 协助业主选择勘察单位。选择勘察单位的方法有招标和直接委托两种方式，一般大中型项目的勘察应根据项目情况采用招标方式选择一家或几家勘察单位进行勘察，勘察招标的主要工作有：

（1）拟定勘察招标文件；

（2）协助业主审查勘察单位的资质、信誉、技术水平、经验、设备条件以及对拟勘察项目的工作方案设想；

（3）协助业主起草合同条件；

（4）参与合同谈判；

（5）确认勘察单位提出的分包单位；

（6）协议签订后提醒业主向勘察单位支付定金，确保勘察合同生效。

3. 勘察准备阶段工作。

（1）按合同要求，为勘察单位准备勘察基础资料。

基础资料一般包括：

① 勘察区范围及地形图；

② 相应设计阶段的建筑平面布置图；

③ 可能的基础形式及布置，埋深等；

④ 地下管网，原有建筑物情况；

⑤ 前阶段勘察资料；

⑥ 临近地段已有的勘察资料。

监理单位应审核已有的资料的可靠性，对需要拆移的地面及地下设施应及时通报有关部门，协助处理。

（2）审查勘察单位提交的勘察纲要。

勘察纲要是勘察单位的工作规划，它对勘察成果的质量及勘察费用等起决定性作用。监理方应组织人力按照有关规范及本工程具体条件认真审核。大型或复杂项目的勘察纲要审核，还应充分征求设计单位意见。

审核的主要内容：

① 勘探点、线的布置是否合理，是否满足规范规定的间距；

② 各勘探点的勘探方法（钻探，原位测试等）选择是否合理；

③ 预定的控制性探孔及一般探孔的深度、数量、取样方法及取样数量是否合理；

④ 各种勘探手段的适用性、有效性及必要性；

⑤ 勘探设备的审查；

⑥ 室内试验设施的审查；

⑦ 勘察进度计划的审查；

⑧ 勘察人员（包括室内试验人员）的岗位资格证书审查。

4. 现场勘察阶段工作。

（1）现场勘察阶段的进度控制。

① 督促勘察单位人员、设备按时进场；

② 督促建设单位按合同规定做好道路开通、现场平整、现场水电供应及其他后勤服

务工作；

③ 调查处理可能影响勘察进度的其他问题；

④ 督促勘察单位按勘察纲要提出的进度计划进行各项勘察、室内试验及成果整理工作。

（2）现场勘察阶段的质量控制。监理人员应按照勘察纲要及相关的勘察规范进行下列工作：

① 单位完成勘察纲要所列的所有勘察项目；

② 检查勘察点、线有无偏、错、漏；

③ 监督勘察过程是否按规范操作；

④ 旁站监督钻探深度、取样位置及样品保护等事项；

⑤ 对大型或复杂项目，还应对其室内试验（试验条件、试验项目、试验操作、数据处理等）进行监理。

（3）审核勘察成果。对勘察单位提交的勘察报告，应会同业主及设计单位进行审核：

① 勘察报告的完整性；检查应附的各种图表是否齐备，规范规定的报告内容是否都已提及。

② 各种试验数据是否可靠，勘察报告建议的地基处理、基础形式等是否合理。

③ 勘察报告所给内容能否满足下阶段设计或施工需要。

（4）审核勘察费用的结算。

根据工程合同及现场勘察过程中的现场签证，审核勘察单位提交的费用结算报表，并督促业主按合同规定的时间及数量支付给勘察单位。

5. 勘察成果利用阶段。

（1）签发补充勘察通知。设计或施工过程中若需要某种在勘察报告中没有反映，同时勘察任务书中也没有要求的勘察资料时，监理方在取得业主同意后应会同设计单位另行签发补充勘察任务通知书，并与勘察单位及业主协商确定因此而增加的勘察费用处理方法。

（2）协调勘察、设计及施工间的相互配合。监理单位应及时将勘察报告提交设计或施工单位，作为设计、施工的依据，同时也应将设计、施工单位要求及时反馈给勘察单位，以确保勘察工作与设计、施工相适应。

6. 勘察监理工作总结。勘察监理阶段结束后，负责勘察监理的总监理工程师应向业主及监理公司提交勘察阶段监理工作总结报告，内容应包括：

（1）勘察阶段三大控制目标的实施过程及结果情况。

（2）勘察监理中的经验、教训。

（3）监理工作总结的附录。

应包括：各种通知、现场协调会纪要、现场签证汇总、勘察监理细则、勘察纲要及其审查意见和修改稿、勘察报告、费用结算单及审核报告等。

勘察监理工作总结应作为工程档案妥善保存。

（三）工程勘察周期

工程勘察周期即勘察定额规定的勘察工作的合理工期，它应根据勘察单位提交的初步勘察方案确定，并根据勘察纲要及现场签证合理修正。勘察周期的具体数值如表 3-8-4，表 3-8-5 和表 3-8-6。

工 程 测 量 周 期   表 3-8-4

1：1000 地形图（平方公里）	投入力量（机组）	周期（月）	1：1000 地形图（平方公里）	投入力量（机组）	周期（月）
<0.5	1~2	1~3	>1	2~4	3~5
0.5~1	2~3	2~4			

工 程 地 质 勘 察 周 期   表 3-8-5

钻探井尺（延米）	投入力量（机组）	周期（月）	钻探井尺（延米）	投入力量（机组）	周期（月）
<500	1~2	1~4	>1000	2~3	3~6
500~1000	1~3	2~5			

水 文 地 质 勘 察 周 期   表 3-8-6

钻探井尺（延米）	投入力量（机组）	周期（月）	钻探井尺（延米）	投入力量（机组）	周期（月）
<500	1~2	3~6	>1000	2~4	5~9
500~1000	2~3	4~8			

（四）勘察设计文件编制深度基本规定

为了进一步贯彻《建设工程质量管理条例》和《建设工程勘察设计管理条例》，确保建设工程勘察质量，建设部组织建设综合勘察研究设计院（主编）等单位编制了《建筑工程勘察文件编制深度规定》（试行），自 2003 年 9 月 1 日起试行。其基本规定内容如下：

1. 岩土工程勘察应正确反映场地工程地质条件、查明不良地质作用和地质灾害，并通过对原始资料的整理、检查和分析，提出资料完整、评价正确、建议合理的勘察报告。

2. 勘察报告应有明确的针对性。详勘阶段报告应满足施工图设计的要求。

3. 勘察报告一般由文字部分和图表构成。

4. 岩土工程勘察报告文字部分应包括下列内容：

（1）拟建工程概况；

（2）勘察目的、任务要求和依据的技术标准；

（3）勘察方法和勘察工作布置及其完成情况；

（4）场地地形、地貌、地质构造；

（5）场地各层岩土的类型、分布、工程特性，岩石的产状，结构和风化情况；

（6）埋藏的河道、浜沟、墓穴、防空洞、孤石等对工程不利的埋藏物；

（7）场地地下水埋藏情况，类型，水位及其变化，判定水和土对建筑材料的腐蚀性；

（8）岩土参数的统计，分析和选用；

（9）分析和评价场地和地基的稳定性；

（10）分析和评价采用天然地基的可行性，建议天然地基持力层，并提出承载力等参数；

（11）选用桩基础时，应提出适宜的桩型及桩端持力层建议，提供桩设计所需的岩土参数，必要时估算单桩承载力；

(12) 需进行地基变形计算时，应提供变形计算参数，必要时预测建筑物的变形特征；

(13) 需进行地基处理时，应提出地基处理方案建议，并提供相应的岩土参数；

(14) 存在特殊土的场地，应满足相关专门规范的要求，提供相关参数，分析、论证及评价工程建设适宜性，提出治理措施的建议；

(15) 存在可能影响工程稳定的不良地质作用的场地，应对其进行描述、分析，评价对工程的危害及工程建设适宜性，提出防治建议；

(16) 当场地抗震设防烈度等于或大于 6 度时，应对场地和地基的地震效应进行评价；

(17) 边坡工程应提供边坡稳定计算参数，评价边坡稳定性，提出潜在的不稳定边坡的整治措施的建议；

(18) 基坑工程应提供边坡稳定分析及支护设计、施工所需岩土参数，提出支护措施、环境保护和监测工作的建议；

(19) 有季节性冻土的地区，提供场地土的标准冻结深度；

(20) 必要时，预测地基土和地下水在建筑施工和使用期间可能产生的变化及其对工程和环境的影响，提出防治方案的建议；

(21) 规范或任务要求的其他内容。

5. 勘察报告应附下列图表：

(1) 建筑物与勘探点平面位置图；

(2) 工程地质剖面图；

(3) 原位测试成果图表；

(4) 室内试验成果图表。

6. 勘察报告可根据需要附下列图表：

(1) 区域地质图；

(2) 综合工程地质图；

(3) 工程地质分区图；

(4) 地下水等水位线图；

(5) 基岩面(或其他层面)等值线图；

(6) 设定高程岩性分布切面图；

(7) 综合柱状图；

(8) 钻孔(探井)柱状图(未纳入工程地质剖面图的必须附柱状图)；

(9) 探井(探槽)展示图；

(10) 勘探点主要数据一览表；

(11) 岩土利用、整治、改造方案的有关图表；

(12) 岩土工程计算简图及计算成果图表；

(13) 其他需要的图表。

7. 勘察报告可根据需要附下列附件：

(1) 区域稳定性调查与评价专题报告；

(2) 工程地质测绘专题报告；

(3) 遥感解译报告；

(4) 工程物探专题报告；

(5) 专门水文地质勘察报告；

(6) 专门性试验或专题研究报告；

(7) 重要的审查报告或审查会(鉴定会)纪要；

(8) 任务委托书(或勘察合同)、勘察工作纲要；

(9) 本次勘察所用的机具、仪器的型号、性能说明；

(10) 重要函电。

8. 勘察报告应采用计算机辅助编制。勘察文件的文字、标点、术语、代号、符号、数字均应符合有关规范、标准。

9. 勘察报告应有完成单位的公章(法人行政章或资料专用章)，应有法人代表(或其授权人)和项目的主要负责人签章。图表均应有完成人、检查人或审核人签字。各种室内试验和原位测试，其成果应有试验人、检查人或审核人签字，当测试、试验项目委托其他单位完成时，受托单位提交的成果还应有该单位公章、单位负责人签章。

10. 勘察报告应有良好的装帧，文字部分幅面宜采用 A3 或 A4，篇幅较大时可分册装订。装订应符合下列次序要求：

(1) 封面和扉页；标识勘察报告名称、工程编号、勘察阶段、编写单位、提交日期、主要负责人等；

(2) 目次；

(3) 文字部分；

(4) 图表；

(5) 附件(需要时)。

第三节 房地产开发项目设计管理

房地产开发项目的建筑设计与管理，除应遵守《建设工程勘察设计管理条例》等法律、法规和有关技术规范的规定外，还应遵守《民用建筑工程室内环境污染控制规范》之规定。

一、开发项目设计阶段

（一）广义高阶段设计和施工图阶段设计

根据我国当前情况，习惯上将设计分为高阶段设计和施工图设计阶段设计两个阶段。所谓高阶段设计，是指施工图阶段设计以前的所有设计工作，习惯上又分为两个阶段，即项目决策阶段设计和初步设计(包括技术设计)。项目决策阶段设计，包括项目建议书和可行性研究报告(旧称设计任务书)两个部分。

（二）二阶段设计

从狭义的角度区分设计阶段，我国目前分为二阶段设计，即初步设计阶段和施工图设计阶段(三阶段设计是指初步设计、技术设计、施工图设计阶段)。二阶段的设计内容分别为初步设计、概算，施工图设计、预算(有技术设计时为技术设计和修正概算)。一般情况下，均按二阶段设计。只是对一些复杂的，采用新工艺、新技术的重大项目，在初步设计批准后做技术设计(此时施工图设计要以批准的技术设计为准)，其内容与初步设计大致相同，但比初步设计更为具体确切。对于一些特殊的大型工程，应当做总体规划设计，但不作为一个设计阶段，仅作为可行性研究的一个内容和作为初步设计的依据。

二、开发项目组成

开发项目是指一个总体设计内的全部建设工程。例如一个住宅小区，一个建设项目可分解成若干个单项工程；一个单项工程可由若干个单位工程组成；一个单位工程可再分解成若干个分部工程；而分项工程是组成分部工程的最小单元。建设项目逐级分解形式为：建设项目——单项工程——单位工程——分部工程——分项工程。

（一）单项工程

单项工程是建设项目的组成部分，是具有独立的设计文件和建成后可以独立发挥生产能力或经济效益的工程。例如工业建设中的一个车间或住宅小区的居民住宅群。有时一个建设项目只有一个单项工程，则此单项工程也就是建设项目。

（二）单位工程

单位工程是单项工程的组成部分，是单项工程中具有独立施工条件的工程。如车间的土建工程、给排水工程、机械安装工程等；或住宅群中的一栋住宅。

（三）分部工程

分部工程是单位工程的组成部分，是按建筑工程的结构、部位或工序划分的。如房屋建筑可分为下列分部工程：土方工程、砌体工程、混凝土工程、装修工程等。

（四）分项工程

分项工程是分部工程的组成部分。一般是按不同的施工方法、不同的材料、不同的规格划分的。如土方工程可分为人工土方、机械土方；砌体工程可分为基础砌体、内墙砌体、外墙砌体等分项工程。

三、开发项目设计管理程序

（一）业主委托设计单位设计的四个阶段

业主委托设计单位的工作，分为以下四个阶段：

1. 立项决策阶段：设计单位要完成项目建议书，选址报告，总体规划，预可行性研究和工程可行性研究报告。

2. 项目设计阶段：业主委托设计单位完成初步设计（含概算）、技术设计（含修正概算）和施工图设计（含预算）。本阶段中业主应完成大量的科研、勘察、外部协作、谈判取证等工作。

3. 项目施工阶段：业主要组织设计单位对施工承包商进行设计技术交底，组织设计单位配合施工、修改设计、出设计变更和预算变更，组织设计单位进行竣工验收和试运转。

4. 项目生产阶段：业主回访设计单位，请设计单位对设计进行总结、回访，设计单位编制设计总结，进行设计后评价，提出供业主改善生产运行的意见。

（二）项目设计阶段业主的管理程序

业主在设计阶段的管理工作，主要是四个方面：一是对设计单位的管理，包括提供资料，协调各设计单位工作，控制工程的投资、进度和总体质量水平，监督设计进度和审查设计内容；二是设计所需的自然环境资料等，是由不同专业的科研、勘察、评价、咨询单位完成的，业主对这些单位的管理；三是设计所需的外部协作条件，是分属不同主管部门管理的，如供电、交通等部门，业主要将外部条件协作单位的供应协定、技术条件取得后，转交给设计单位；四是设计文件的上报和审批，通过一系列的审批手续，最后要取得规划设计许可证（俗称"开工证"），以便进行正式施工。设计阶段以取得开工证为标志，表示项目设计阶段的结束。

业主在项目设计阶段的管理程序见图 3-8-1。

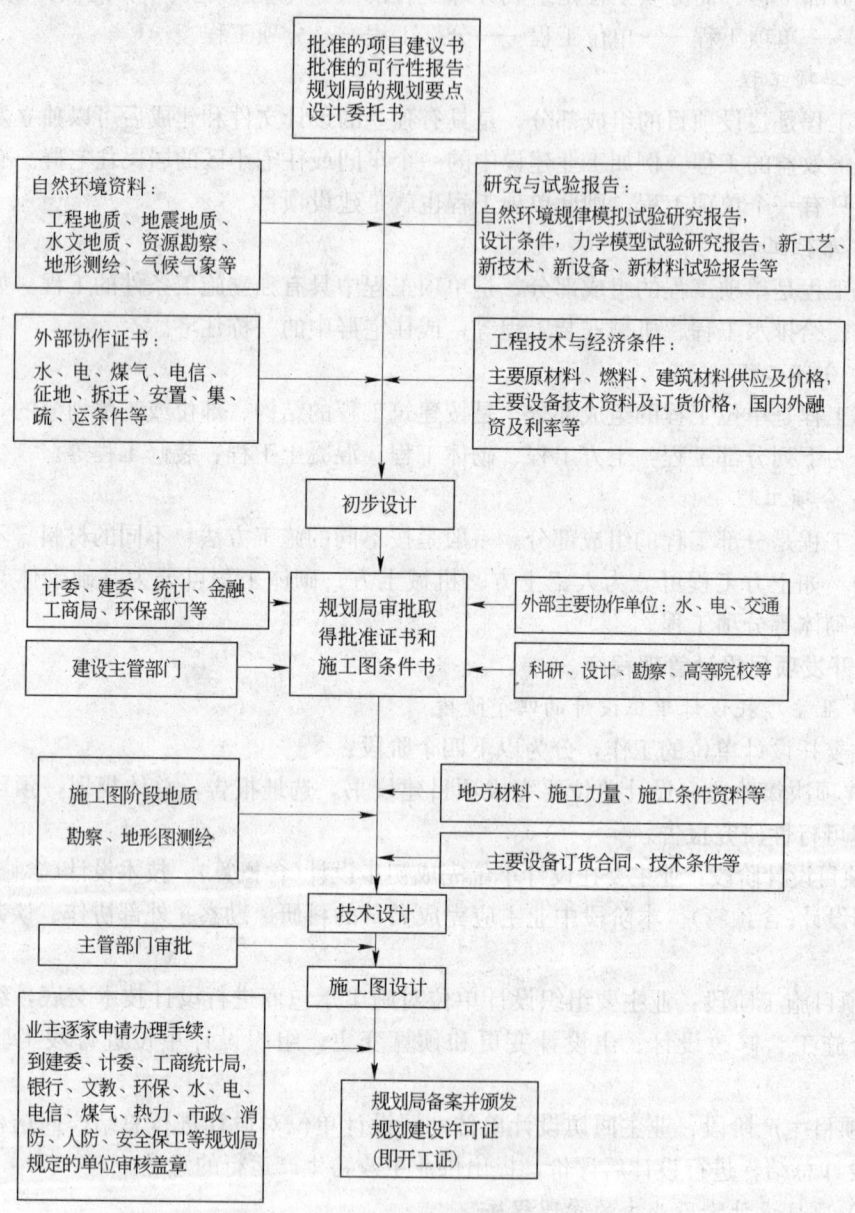

图 3-8-1 设计阶段的管理程序

四、业主设计管理工作纲要

业主的设计管理工作纲要，包含了从立项开始到设计后评价的全部项目实施过程，见表 3-8-7。

业主设计管理工作纲要

表 3-8-7

序号	任　务	业　　主	设　计　单　位
1	选择设计单位；委托设计任务；签订设计合同	(1) 选择设计单位 1) 委托项目监理单位选择设计单位 2) 直接选择设计单位 3) 业主招标决定设计单位 (2) 提出建设项目设计任务委托 (3) 签订设计合同（可以是设计全过程合同，也可以是每项具体设计签一个合同；设计单位可以是一个或几个，可以自始至终不变，也可以不同的设计阶段委托不同的设计单位）	与业主协商或投标，进行方案竞赛，签订设计合同
2	项目建议书	(1) 提供项目建议书设计委托书，提供建设项目的基础资料，生产大纲，技术条件等基本资料文件 (2) 控制建设规模，建设投资和建设周期 (3) 控制设计质量，设计费用和设计时间 (4) 预付和结算设计费用 (5) 审查《项目建议书》 (6) 将项目建议书上报审批单位 (7) 催办审批事项	编制《项目建议书》，提供投资控制额
3	可行性研究	(1)《项目建议书》批准后，编写《可行性研究任务设计委托书》 (2) 委托设计单位，并签订合同 (3) 外部协作条件意向性取证，即交通运输、能源、动力、水、电、燃料、电信、原材料、征地、拆迁，以及海关商检边防、检疫等有关主管部门的同意建设的意向书，作为可行报告附件提供设计单位 (4) 将资金筹措意向提供设计单位 (5) 选择测量、勘察单位进行委托、签合同。审查测量、勘察报告，并结算测量勘察费用 (6) 委托有资格的单位进行地震安全性评价，并组织对安全报告进行审查，上报地震主管单位，并转交设计单位 (7) 选定厂址后送上级备案 (8) 上报总体规划备案 (9) 选择可行性研究阶段的科研单位，委托建设条件的科研、试验任务。签合同，派员监督科研进展，审查科研报告，结算科研费用。有些大型科研试验设备或模型，要作较长期保留或永久性保留，以便以后不断试验，委托科研单位建试验基地、试验房屋和购置试验设备之用 (10) 选择有资格的单位进行环境影响评价，取得环境影响评价报告后，组织审查，上报环境管理部门，并转交设计院 (11) 可行性研究过程中，业主要控制设计单位所做的建设规模，建设投资和工期安排 (12) 控制设计质量、设计费用、设计期限 (13) 预付和结算设计费用 (14) 审查可行性研究报告：组织专家进行可行性研究报告的论证会或预审会，签就会议纪要和专家意见后，将可行性研究报告和修改、补充报告一并上报上级审批单位 (15) 参加审批单位组织的咨询单位或有关单位参加的审批审查会，并补报按该会审查要求增补的可行性研究材料 (16) 催办可行性研究报告的审批事宜	(1) 选址研究：现场勘测，收集当地自然条件，提出选址阶段测量，勘探委托书，转业主或直接委托测量勘察单位，最后编制选址报告 (2) 做建设项目的总体规划方案 (3) 提出建设条件的科研、试验委托书和环境研究委托书，转业主或直接交科研单位取得科研报告 (4) 编制可行性研究报告并提供项目投资估算 (5) 参加业主举办的可行性研究报告论证会或预审会，并据专家意见修改或补充已做好的可行性研究报告 (6) 参加审批审查会，并据审查会要求，修改、补充新的材料交业主

续表

序号	任　务	业　主	设 计 单 位
4	初步设计(扩大初步设计)	(1) 取得可行性研究报告批准书后，编制初步设计任务委托书，选定设计单位签订设计合同，进行初步设计 (2) 选一测、探单位，签订合同，取得测、探报告后进行专家审查，副本交设计单位，并与测、探单位结算费用 (3) 选一科研单位，签订合同，派员监督科研进程，对科研报告进行评审和审定，副本交设计单位。并同科研单位结算费用。签订模型保留和保护合同 (4) 外部条件要取得地方政府、主管部门或国家机关的同意建设的证明书，并注明能提供的资源、动力、水、电、通信、原材料、燃料、征地等有关的量、质的条款，复印件交设计单位 (5) 协调各设计院之间协作关系，诸如互提设计条件，交接设计图纸，提供结点设计等(一个大型建设项目，一般由几个设计单位联合设计，例如一个海港工程，会有航务设计院，铁道设计院，公路设计院以及建筑设计院等联合设计) (6) 控制设计单位在初步设计中所做的建设规模，建设投资和建设工期 (7) 控制初步设计的质量、费用和设计工期 (8) 审核初步设计和概算 (9) 与设计单位结算设计费用 (10) 将初步设计上报审批	(1) 编制初步设计阶段测量、工程地质、水文地质、地震地质、矿藏地质海洋水文、滨海观测、河流水文、气象气候等有关测探委托任务书，交业主或自行委托进行测探工作 (2) 编制建设条件的科研、试验任务委托书和环境研究委托书给业主，或自行委托进行科研试验工作 (3) 编制初步设计，提出工程概算
5	施工图设计	(1) 初步设计审批，上级同意后，编制施工图设计任务委托书 (2) 选择设计单位，签订设计合同，委托施工图设计 (3) 选择测量勘察单位签合同，取得测量和勘察报告，进行审查合格后交付设计单位，并和测、勘单位进行费用结算 (4) 协调各设计单位间的协作关系 (5) 控制施工图设计中的建设项目的建设规模，建设投资和工期安排 (6) 控制设计质量，设计费用和设计进度 (7) 审核施工图和预算 (8) 预付和结算设计费用 (9) 持施工图办理"开工证"	(1) 编制施工图阶段测量、工程地质勘察委托任务书交业主或直接委托进行测量和勘察 (2) 各专业全面展开施工图设计，并编制工程预算
6	施工配合和竣工验收	(1) 组织技术交底会 (2) 提出业主变更交设计单位 (3) 审查设计单位的设计变更 (4) 邀请设计单位参加试运转 (5) 邀请设计单位参加竣工验收 (6) 结清全部设计费用	(1) 向施工单位进行技术交底 (2) 处理设计变更、业主变更和施工单位提出的设计要求 (3) 修改设计预算 (4) 派人员配合施工到工地根据实际情况修改设计，解决施工中有关的设计问题，协助业主质量控制 (5) 参加试运转 (6) 竣工验收

续表

序号	任　务	业　主	设　计　单　位
7	设计回访，设计总结和后期评价	（1）投产或竣工使用一定周期后，邀请设计单位进行回访，倾听设计单位的改进建议 （2）根据设计单位意见，完善生产工艺和生产条件或使用条件	（1）进行设计回访，检查工艺和使用过程，收集生产可使用数据进行设计总结，并向业主提出改进生产或使用的建设性意见 （2）对工程建设设计进行后期评价 （3）编写工程设计总结 （4）检查已归档文件，完善档案材料

五、建筑工程方案设计招标投标管理办法

《建筑工程方案设计招标投标管理办法》（以下简称《办法》）已于 2008 年 3 月 21 日以建市［2008］63 号文件颁布，自 2008 年 5 月 1 日起实施。《办法》的颁布实施，对规范建筑设计招标投标市场秩序，强化招标投标各方主体责任和权利，推动建筑设计繁荣发展，保证建筑工程设计方案的科学合理，具有重要意义。

改革开放以来，为了加强建筑市场管理，我国出台了一系列的法律、法规和规章，如：《中华人民共和国建筑法》、《中华人民共和国招标投标法》、《建筑工程设计招标投标管理办法》、《工程建设项目招标范围和规模标准规定》等。这些法律、法规和规章的颁布实施，对于加强建筑市场管理、规范市场秩序，提高管理水平，取得了成效。但是，必须清醒地认识到，当前在设计招标投标管理中还存在许多突出的问题。设计招标简单地以价格定标；业主恶意侵占设计方案，损害知识产权；设计单位相互围标、串标；业主虚假招标，明招暗定；一些地方盲目追求境外设计，片面求洋，设计收费不执行国家制订的收费标准，国内外设计单位取费标准不平等；招标投标过程的暗箱操作、评审过程以及评审意见不透明，缺乏监督制约等问题。不仅干扰了设计市场的正常管理，而且在很大程度上影响工程投资效益、设计质量和工程建设质量水平的提高。因此需要制定一部规范建筑工程方案设计招标投标行为的管理办法，将现有法律法规确立的有关设计招标投标活动的基本原则、制度进一步具体化，更具操作性，从而保证建筑工程设计招标投标活动的健康发展。

《办法》按照权责统一的原则，对招标人、招标代理机构以及设计单位明确了相应的权利和责任，以保证建筑设计市场的正常秩序。《办法》的各项规定从适应设计招标投标的特点出发，具有较强的操作性，分别对建筑工程方案设计招标投标遵循的基本原则、招标类型、技术投标文件深度、资格预审条件、评标标准、程序和方法、评审结果公示内容、设计方案知识产权保护、大型公共建筑工程招标投标过程的监管等，都做了比较明确的规定。

《办法》的颁布实施，既体现了我国经济社会科学发展、和谐发展的客观要求，也反映了我国建立统一开放、竞争有序设计市场的需要。对加强大型公共建筑工程项目管理的监管，解决当前建筑工程设计招标投标中存在问题，在建筑设计中贯彻科学发展观，坚持可持续发展，以及完善我国加入 WTO 后设计市场开放政策，规范我国建筑工程设计市场

秩序，一定会产生十分积极的作用。

各级建设主管部门和有关单位要认真学习《办法》，准确领会《办法》的基本要求。各地可结合实际情况，因地制宜地制定实施细则，进一步规范建筑市场各方主体的权利和责任，促进公平、公正、公开、诚信的建筑工程设计市场的形成，为完善我国设计招标投标制度和提高建筑工程设计的质量和水平做出贡献。

《建筑工程方案设计招标投标管理办法》详见 3-8-1。

六、《建筑工程设计文件编制深度规定》总则

为了进一步贯彻《建筑工程质量管理条例》和《建设工程勘察设计管理条例》，确保建筑工程设计质量，我部组织中南建筑设计院（主编）等单位编制了《建筑工程设计文件编制深度规定》（2008 年版），经审查，现批准颁布，自 2009 年 1 月 1 日起施行。原《建筑工程设计文件编制深度规定》（2003 年版）同时废止。

其总则内容如下：

1. 为加强对建筑工程设计文件编制工作的管理，保证各阶段设计文件的质量和完整性，特制定本规定。

2. 本规定适用于境内和援外的民用建筑、工业厂房、仓库及其配套工程的新建、改建、扩建工程设计。

3. 建筑工程设计文件的编制，必须符合国家有关法律法规和现行工程建设标准规范的规定，其中工程建设强制性标准必须严格执行。

4. 民用建筑工程一般应分为方案设计、初步设计和施工图设计三个阶段；对于技术要求相对简单的民用建筑工程，经有关主管部门同意，且合同中没有做初步设计的约定，可在方案设计审批后直接进入施工图设计。

5. 各阶段设计文件编制深度应按以下原则进行（具体应执行第 2、3、4 章条款）：

（1）方案设计文件，应满足编制初步设计文件的需要。

注：本规定仅适用于报批方案设计文件编制深度。对于投标方案设计文件的编制深度，应执行住房城乡建设部颁发的相关规定。

（2）初步设计文件，应满足编制施工图设计文件的需要。

（3）施工图设计文件，应满足设备材料采购、非标准设备制作和施工的需要。对于将项目分别发包给几个设计单位或实施设计分包的情况，设计文件相互关联处的深度应满足各承包或分包单位设计的需要。

6. 在设计中宜因地制宜正确选用国家、行业和地方建筑标准设计，并在设计文件的图纸目录或施工图设计说明中注明所应用图集的名称。

重复利用其他工程的图纸时，应详细了解原图利用的条件和内容，并作必要的核算和修改，以满足新设计项目的需要。

7. 当设计合同对设计文件编制深度另有要求时，设计文件编制深度应同时满足本规定和设计合同的要求。

8. 本规定对设计文件编制深度的要求具有通用性。对于具体的工程项目设计、执行本规定时应根据项目的内容和设计范围对本规定的条文进行合理的取舍。

9. 本规定不作为各专业设计分工的依据。本规定某一专业的某项设计内容可由其他专业承担设计，但设计文件的深度应符合本规定要求。

七、市政公用工程设计文件编制深度一般规定

为了进一步贯彻《建设工程质量管理条例》和《建设工程勘察设计管理条例》，确保市政公用工程设计质量，建设部组织北京市市政工程设计研究总院（主编单位）等单位编制了《市政公用工程设计文件编制深度规定》，自 2004 年 4 月 1 日起施行；原《市政公用工程设计文件组成及深度》同时废止。

其一般规定内容如下：

（一）可行性研究

1. 工程可行性研究应以批准的项目建议书和委托书为依据，其主要任务是：在充分调查研究、评价预测和必要的勘察工作基础上，对项目建设的必要性、经济合理性、技术可行性、实施可能性，进行综合性的研究和论证，对不同建设方案进行比较，提出推荐建设方案。

2. 可行性研究的工作成果是提出可行性研究报告，批准后的可行性研究报告是编制设计任务书和进行初步设计的依据。

3. 某些项目的可行性研究，经行业主管部门指定可简化为可行性方案设计（简称方案设计）。

4. 可行性研究报告应满足设计招标及业主向主管部门送审的要求。

（二）初步设计

1. 初步设计应根据批准的可行性研究报告进行编制，要明确工程规模、建设目的、投资效益、设计原则和标准，深化设计方案，确定拆迁、征地范围和数量，提出设计中存在的问题、注意事项及有关建议，其深度应能控制工程投资，满足编制施工图设计、主要设备定货、招标及施工准备的要求。

2. 初步设计文件应包括：设计说明书、设计图纸、主要工程数量、主要材料设备数量和工程概算。

（三）施工图设计

1. 施工图应根据批准的初步设计进行编制，及编制施工图预算的要求。其设计文件应能满足施工、安装、加工。

2. 施工图设计文件应包括：设计说明书、设计图纸、工程数量、材料设备表、修正概算或施工图预算。

3. 施工图设计文件应满足施工招标、施工安装、材料设备订货、非标设备制作，据以工程验收。

八、工程设计质量管理

设计质量的概念，就是在严格遵守技术标准、法规的基础上，正确处理和协调资金、资源、技术、环境条件的制约，使设计项目能更好地满足业主所需要的功能和使用价值，能充分发挥项目投资的经济效益。

工程设计阶段的项目管理，其核心仍是对项目三大目标（投资、进度、质量）的控制，我国工程质量事故统计资料表明，由于设计方面的原因引起的质量事故占 40.1%。因此，对设计质量严加控制，是顺利实现工程建设三大控制目标的有力措施。

（一）设计输入控制

设计输入是设计的依据和基础，是明确业主的需求、确定产品质量特性的关键，是解

决模糊认识的有效途径。设计输入(包括更改和补充的内容)应形成文件,并经仔细、认真地分级评审和审批。在工程设计中,设计输入可以通过设计任务书、开工报告、设计作业指导书、设计输入表等形式出现。每个项目的各阶段设计均应规定设计输入要求,并形成文件。

1. 设计输入的内容

设计输入要求文件通常应包含以下内容:

(1) 设计依据(包括业主提供的设计基础资料);

(2) 据合同要求确定的设计文件质量特性,如适用性(功能特性)、可信性(可靠性、可维修性能、维修保障性能)、安全性、经济性、可实施性(施工、安装可实施要求)以及美学功能;

(3) 本项目适用的社会要求;

(4) 本项目特殊专业技术要求。

以上各项内容均应考虑合同评审活动的结果。有关设计输入要求的文件应由组织的高层管理者或由其授权的人员审批(评审),提出审批意见并签署,对不完善的、含糊或矛盾的要求应会同输入文件的编制人协商解决。

2. 设计输入控制的方法

(1) 从批准的项目可行性研究报告出发,对业主的投资意图、所需功能和使用价值正确地进行分析、掌握和理解,以便正确处理和协调业主所需功能与资金、资源、技术、环境和技术标准、法规之间的关系。

(2) 对建设现场进行调研,对土地使用要求、环保要求、工程地质要求和水文地质勘察报告、区域图,以及动力、资源、设备、气象、人防、消防、地震烈度、交通运输、生产工艺、基础设施等资料,进行调查核实,并进行必要的调整,以确保设计输入的可靠性。

(3) 设计合同评审。勘察设计合同是建设单位与设计单位签订的为完成一定的勘察、设计任务,明确双方权利、义务的协议。合同签订前组织内部均应进行评审。合同的主要条款应包括:

1) 建设工程名称、规模、投资额、建设地点;

2) 委托方提供资料的内容,技术要求及期限,承包方勘察的范围、进度和质量,设计的阶段、进度、质量和设计文件份数;

3) 勘察、设计取费的依据,取费标准及拨付办法;

4) 违约责任;

5) 其他约定条款。

(4) 设计纲要的编写。在设计控制中,正确掌握设计标准,编制设计纲要是确保设计质量的重要环节。因为设计纲要是确定工程项目质量目标、水平,反映业主建设意图,编制设计文件的主要依据,是决定工程项目成败的关键。若决策不当,设计纲要编制失误,就会造成重大的失误。设计纲要由设计监理单位编写。已设计建成的同类型的建设项目,可以起重要的参考作用。如建筑物的面积指标,总投资控制及投资分配,单位面积的造价控制,以及结构选型、设备采购、建设周期等,对新的设计具有参考价值。

设计输入控制是设计控制的重要步骤,是设计控制成败的关键。搞好设计输入控制,可以为工程设计中其他阶段的控制打下良好的基础。

（二）设计输出控制

1. 设计输出应形成文件。各设计阶段的设计输出文件的内容、深度和格式应确保：

（1）符合合同和有关法规的要求；

（2）能够对照设计输入要求进行验证和确认；

（3）满足设计文件的可追溯性要求。

规定通用设计输出除了应满足设计输入要求外，还应包含或引用施工安装验收准则或规范；标出与建设工程的安全和正常运作关系重大的设计特性。

2. 设计输出的内容

设计输出应形成文件，用以验证和确认设计输出文件是否满足设计输入的要求。工程设计输出的文件应包括设计图纸、设备表、说明书、概预算书、计算书等。针对具体的工程设计，设计文件包括投标书和报价书、预可行性研究报告、项目建议书、可行性研究报告、矿区总体规划、市政建设规划、初步设计、施工图设计、工程项目说明书、设备设计、工程概算书、必要的计算书。设计输出文件应满足设计输入的要求，同时还应包含引用验收标准，标出和说明与工程项目安全、正常操作、使用维修等关系重大的设计特征，对施工阶段的图纸还应满足施工和安装的需要。

设计文件的编制必须贯彻执行国家有关工程建设的政策和法令，应符合国家现行的建筑工程建设标准、设计规范和制图标准，遵守设计工作程序。

各阶段设计文件要完整，内容、深度要符合规定，文字说明、图纸要准确清楚，整个设计文件经过严格校审，避免"错、漏、碰、缺"。在项目决策以后，建筑工程设计一般分为初步设计和施工图设计两个阶段。大型和重要的民用建筑工程，在初步设计前，应进行设计方案优选。小型和技术要求简单的建筑工程，可以方案设计代替初步设计。在设计前应进行调查研究，搞清与工程设计有关的基本条件，收集必要的设计基础资料，进行认真分析。

3. 设计输出控制方法

（1）设计深度控制

初步设计文件和施工图设计文件均需符合建设部建筑工程设计文件编制深度或行业设计文件编制深度的要求。以建筑工程为例，初步设计文件编制深度应满足审批的要求，符合可行性研究报告，能据以确定土地征用范围，准备主要设备及材料，提供工程设计概算，作为审批确定项目投资的依据，并能作为施工图设计和施工准备的依据。

施工图设计文件编制深度，应满足编制施工图预算和安排材料、设备订货、非标准设备制作的要求。能据以进行施工和安装，并可作为工程验收的依据。

（2）专业间一致性控制

专业间一致性控制是工程设计控制的具体内容之一。一项工程的设计是一项系统工程，需要各专业密切协作、有机配合，才能保证其质量；参与设计的各专业内容自身亦是一个系统，是考虑各方面的因素综合而成的。以建筑工程设计为例，专业分为九个：即总平面、建筑、结构、给水排水、电气、弱电、采暖通风与空气调节、动力和技术经济（设计概算和预算）。为了保证九个专业内容协调一致，避免"错、漏、碰、缺"，应采取相应的对策措施。如例会制度、会签制度、各专业互提资料制度等。表3-8-8列出了建筑工程设计三个主要专业的互提资料要求。

施工图设计各专业互提的资料深度规定 表 3-8-8

序号	专业类别	互 提 资 料 深 度
1	建筑专业	1. 总平面图，建筑定位、相对标高和绝对标高、道路、绿化
		2. 平立剖面(轴线及主要控制尺寸、室内外标高)、层间名称
		3. 门窗表、建筑墙体、楼层、屋面等主要作法说明
		4. 建筑上预留孔尺寸位置、悬挑部分尺寸
		5. 使用上的特殊荷载及设备情况、吊车型号
		6. 环保屏蔽、防火、防磁、防震、防爆、防辐射、防腐蚀、防尘等特殊要求
2	结构专业	1. 基础埋深和各层结构平面中主要构件顶底标高
		2. 墙身厚度要求
		3. 所有构件位置尺寸断面
		4. 沉降缝、抗震缝位置主要尺寸
3	机电设备专业	1. 设备孔洞、管道、井、沟、槽，吊车位置、尺寸、标高
		2. 设备位置、荷重振动情况尺寸
		3. 水箱、电梯的设备位置、荷重、尺寸、标高等
		4. 设备专用房要求

注：以上各专业互提的资料均需用书面或图纸形式表示，有关人员签字随设计资料存档。

(3) 设计文件审核程序控制

设计图纸是设计工作的最终成果，它又是工程施工的直接依据，所以，对设计文件按规定程序进行审核，是设计阶段质量控制的重要手段。

4. 设计质量的控制措施

(1) 建立和实施设计质量管理体系。

建立科学的质量管理和质量保证体系，贯彻质量管理标准，提高设计质量、水平和效率，制定和完善工作标准、管理标准，是设计单位实施设计控制的基础和保证，是转换经营机制，自觉走向市场经济的实际行动。我国国家标准 GB/T 19000 已等同采用 ISO 9000 系列标准。ISO 9001 标准是 ISO 9000 族标准中关于设计、开发、生产、安装和服务的质量保证模式，是从产品的设计、开发、生产、安装和服务的全过程来控制产品的质量。对于设计行业来说，向顾客提供的最终产品是设计文件，基于这一特点，工程设计行业在贯彻 ISO 9001 标准的"4.4 设计控制要素"时，应在充分理解标准要求含义的基础上，紧密结合行业实际，准确运用、合理转化，以确保便于操作和运行，使工程设计产品质量得到有效控制。

(2) 推行设计项目管理在设计项目经理负责制及技术责任制下进行设计目标控制。

(3) 提高设计人员素质。

(4) 积极应用现代设计手段。

计算机技术日新月异的发展为计算机辅助设计提供了有力的技术支撑，而计算机的应用是设计单位提高设计水平、参与市场竞争的必要条件，应该使设计人员全面掌握 CAD 技术，提高设计水平。

(三) 工程设计投资控制

1. 设计阶段投资控制的意义

　　所谓建设项目投资控制，就是在投资决策阶段、设计阶段、建设项目发包阶段和建设实施阶段把建设项目投资的发生控制在批准的投资限额之内，随时纠正发生的偏差，以保证项目投资管理目标的实现，以求在各个建设项目中能合理使用人力、物力、财力，取得较好的投资效益和社会效益。

　　项目投资控制贯穿于项目建设全过程，图 3-8-2 描述不同建设阶段投资控制的可能性和作用大小。

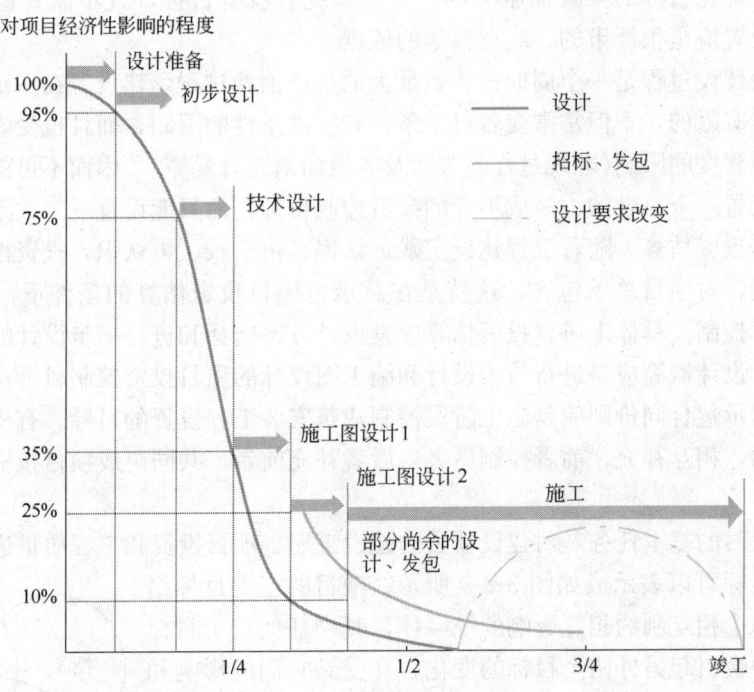

图 3-8-2　不同建设阶段对建设项目投资的影响程度

从该图可看出：

　　（1）影响项目投资最大的阶段，是约占工程项目建设周期 1/4 的技术设计结束前的工作阶段。在初步设计阶段。影响项目投资的可能性为 75%～95%；

　　（2）在技术设计阶段，影响项目投资的可能性为 35%～75%；

　　（3）在施工图设计阶段，影响项目投资的可能性则为 5%～35%。

　　在建设工程总承包的情况下，总承包企业承担项目的工程设计任务。因此，在设计阶段 的投资控制，既是为业主履行工程项目总投资目标控制的职责，也是总承包企业自身追求概算造价目标控制，实现总承包项目经营预期效益的需要。

　　很显然，项目投资控制的关键在于施工以前的投资决策和设计阶段，而在项目作出投资决策后，控制项目投资的关键就在于设计。建设工程全寿命费用包括项目投资和工程交付使用后的经常开支费用（含经营费用、日常维护修理费用、使用期内大修理和局部更新费用）以及该项目使用期满后的报废拆除费用等。据西方一些国家分析，设计费一般只相当于建设工程全寿命费用的 1% 以下，但正是这少于 1% 的费用却基本决定了几乎全部随后的费用。由此可见，设计质量对整个工程建设的效益是何等重要。

　　长期以来，我国普遍忽视工程建设项目前期工作阶段的投资控制，而往往把控制项目投资的主要精力放在施工阶段——审核施工图预算，合理结算建安工程价款，算细账。这样做尽管也有效果，但毕竟是"亡羊补牢"，事倍功半。要有效地控制建设项目投资，就要坚决地把工作重点转到建设前期阶段上来，当前尤其是要抓住设计这个关键阶段，未雨绸缪，以取得事半功倍的效果。

　　2. 设计阶段投资控制的目标

　　控制是为确保目标的实现而服务的。一个系统若没有目标，就不需要也无法进行控制。目标的设置应是很严肃的，应有科学的依据。

　　工程项目建设过程是一个周期长、数量大的生产消费过程，建设者在一定时间内占有的经验知识是有限的，不但常常受着科学条件和技术条件的限制，而且也受着客观过程的发展及其表现程度的限制（客观过程的方面及本质尚未充分暴露），因而不可能在工程项目伊始，就能设置一个科学的、一成不变的投资控制目标，而只能设置一个大致的投资控制目标，这就是投资估算。随着工程建设实践、认识、再实践、再认识，投资控制目标一步步清晰、准确，对项目总承包方，这就是在总承包项目投资估算的条件下，进行设计概算、设计预算控制。具体来讲，投资估算应是设计方案选择和进行初步设计的建设项目投资控制目标；设计概算应是进行技术设计和施工图设计的项目投资控制目标；设计预算或建筑安装工程承包合同价则应是施工阶段控制建筑安装工程投资的目标。有机联系的阶段目标相互制约，相互补充，前者控制后者，后者补充前者，共同组成项目投资控制的目标系统。

　　项目建设时的基本任务是对建设项目的建设工期、项目投资和工程质量进行有效地控制，这三大目标可以表示成如图 3-8-3 所示。项目的三大目标组成系统，是一个相互制约相互影响的统一体，其中任何一个目标的变化，势必会引起另外两个目标的变化，并受到它们的影响和制约。

　　3. 设计阶段投资控制的措施

　　要有效地控制项目投资，应从组织、技术、经济、合同与信息管理等多方面采取措施。

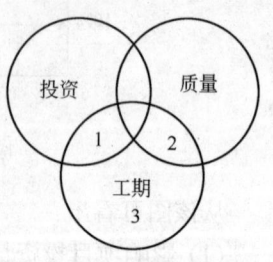

图 3-8-3　项目建设目标系统

　　（1）从组织上采取的措施，包括明确项目组织结构及其投资控制的任务目标，以使投资控制有专人负责。

　　（2）从技术上采取措施，包括重视设计多方案选择，严格审查监督初步设计、技术设计、施工图设计、深入技术领域研究价值工程等节约投资的方法。

　　（3）从经济上采取措施，包括动态地比较投资的计划值和实际值，严格审核各项费用支出，采取对节约投资的有力奖励措施等。

　　应该看到，技术与经济相结合是控制项目投资最有效的手段。长期以来，在我国工程建设领域，技术与经济相分离。我国工程设计人员的技术水平、工作能力和知识，跟外国同行相比也有自己的特点和优势，但往往因缺乏经济观念，造成设计思想保守、规范落后。把如何节省项目投资，看成与己无关、认为是财会人员的职责；而财会、概预算人员主要责任是根据财务制度办事，他们往往不熟悉工程知识，也较少了解工程进展中的各种关系和问题，往往单纯地从财务制度角度审核费用开支，难以有效地控制项目投资。为此，当前迫切需要解决的是以提高项目投资效益为目的，在工程建设过程中把技术与经济有机结合，正确地处理技术先进与经济合理两者之间的对立统一关系，力求在技术先进条件下的经济合理，在经济合理基础上的技术先进，把控制项目投资观念渗透到各项设计和施工技术措施之中。

第四节　房地产开发项目质量控制

一、质量控制的含义及特点

（一）房地产项目质量的含义

质量是反映满足明确和隐含需要能力的特性总和。工程质量是国家现行的法律、法规、技术标准、设计文件及工程合同中对项目的安全、使用、经济、美观等特性的综合要求。

在现代房地产项目管理中，质量是一个综合的概念，它是由以下指标综合而成的：

1. 项目顺利完成后，其建筑产品或服务的质量、可用性、使用效果和稳定性等。

2. 项目结构设计和施工的安全性和可靠性。

3. 所使用的材料、设备、工艺、结构的质量及其耐久性和整个项目的寿命。

4. 项目的其他方面，如建筑造型的美观性、建筑与周边环境的协调性及建筑的可维护性、可检查性等。

在整个房地产项目管理目标体系中，当出现工期拖延、成本超支时，质量目标最容易成为牺牲品而被放弃或降低，但是，由于项目建设过程的不可逆性，一旦出现质量问题，不可能重新无代价地回到原状态，这就会对其他目标带来不良的影响，如增加成本、拖延进度等，最终使项目各参与方的利益受损。因此，如何与其他目标相结合，制定合理的质量目标，并在实施过程中做好质量控制，对保证完成项目总目标，起着十分重要的作用。

（二）质量控制的特点

房地产开发项目的质量控制，是房地产开发企业在项目实施过程中最重要的一项管理活动，其目的是为项目的用户（顾客、项目的相关者）提供高质量的产品和服务，令顾客满意，关键是项目过程和产品的质量都必须满足项目目标。

房地产项目质量控制是指采取有效措施确保实现合同（设计承包合同、施工承包合同、材料供应合同等）商定的质量要求和质量标准，并避免出现常见的质量问题。房地产项目质量控制应做到：项目设计必须符合设计承包合同规定的质量要求，并且投资额、建设规模应控制在批准的设计任务书的范围内；设计文件、图纸要清晰完整，各相关图纸之间无矛盾；项目的设备选型、系统布置要经济合理、安全可靠；环境保护、三废处理、能源利用要符合国家和有关部门的规定指标；施工过程要与技术要求相一致，与技术规范相一致，与设计质量要求相一致，符合合同要求和验收标准。

为了做好项目的质量控制，项目的管理者必须与相关的专业技术人员一起合作，认真传达业主要求，了解设计意图，熟悉施工图纸，各类技术标准，各种施工及验收的规范及程序，参加施工图纸的会审，施工组织设计和主要的施工技术措施的讨论与审定，并在施工现场对施工全过程的技术质量进行严格的检查和监督。项目质量控制的特点是由房地产开发项目的特点所决定的，具体表现如下：

1. 全面性。由于房地产项目质量目标内容具有广泛性与综合性。因此，实现项目总体质量目标应当实施全面的质量控制。质量控制的全面性表现：

（1）在对房地产项目的实体质量、功能和使用价值质量以及工作质量的全面控制上，要对项目的所有质量特征实施控制，使它从性能、功能、表面状态、可靠性、安全性、可维修性等方面都能符合质量的适用性要求。

（2）对影响工程质量的各种因素都要采取控制措施。在房地产项目的质量控制过程中，各个阶段、各个环节、各个步骤都会对质量产生影响，决策、设计、材料、机械、环境、施工工艺、施工方案、操作方法、技术措施、管理制度、施工人员素质等均直接或间接的影响房地产项目的质量，所以要分清质量问题的责任并不是件容易的事。

因此，在进行质量控制时就应该对各种因素综合考虑。无论是来自人的影响因素、材料和设备方面的影响因素、施工机械与方法的影响因素，还是来自环境方面的影响因素，都应实施有效控制。

2. 及时性与主动性。房地产项目在实施过程中，由于工序交接多、中间产品多、隐藏工程多，若不及时检查并发现其存在的质量问题，容易产生第二判断错误，即将不合格产品误认为是合格产品。另外，对于房地产项目而言，一旦项目建成，不可能像某些工业产品那样，通过拆卸或解体来检查内在质量，但仅通过项目终检验收是难以发现工程内在的、隐蔽的质量缺陷。因此，质量控制应及时，随时对项目的各级产品进行质量检查。

在房地产项目建设过程中，某一个因素出了问题，就会影响整个项目的质量，如果采取补救措施不但会增加成本、拖延进度，还会对整个项目的综合效益带来不可弥补的损失。因此，在房地产项目的质量控制过程，还应注意其主动性，要把控制重点放在调查研究外部环境和内部系统各种干扰质量的因素上，做好风险分析和管理工作，预测各种可能出现的质量偏差，并采取有效的预防措施。

要使这些主动控制措施与监督、检查、反馈结合起来，发现问题并及时解决，这样才能使项目的质量处于项目管理者的有效控制之下。项目管理者应该明白，在质量控制中事先预防胜过事后补救，通过及时的、严格的质量监督，防患于未然，将质量事故消灭于萌芽之中。这样才是积极有效的质量控制，才能实现既定的质量目标。

3. 标准的动态性。房地产项目在建设过程中，其建筑产品具有复杂性、单一性，它不像一般工业产品，有固定的生产流水线，有规范化的生产工艺和完善的检测技术，有成套的生产设备和稳定的生产环境，有相同系列规格和相同功能的产品。没有哪一栋房子是一模一样的，即使外观相同，但是因为地段的差异、地质条件的不同、生产时间有早晚而呈现出各自的特性。而且在实施过程中，有时为了追赶进度或节约成本，会对质量标准进行修改，所以其质量标准的波动性比较大。项目管理者在进行质量控制时，不可能依据一个统一的标准，应针对不同的建筑产品、不同的实施阶段、不同的质量要求进行控制。

4. 连续性和相关性。质量控制贯穿房地产项目开发建设的全过程，从决策阶段开始，设计阶段、材料设备采购阶段、施工阶段一直到销售阶段和物业管理阶段，各个阶段是连续的、相关的，如果设计质量不好、器材质量不符合要求，则施工阶段的质量就很难保证；若是施工质量不好，很难保证物业销售服务的质量和后期服务的质量。因此，对项目建设过程中各阶段的质量控制要有基本的要求和保证。项目建设过程的质量控制涉及到业主、勘测设计单位、承包商、材料设备生产商和供应商、质量监督机构等，只有这些单位共同努力，才能使建设项目符合业主所要求的质量目标。

（三）房地产项目质量控制的主要内容

要实现房地产项目的总目标，完成一个高质量的房地产项目，就必须对整个项目过程实行严格的质量控制。质量控制必须达到微观与宏观的统一，过程与结果的统一。由于质量控制的全面性和连续性，决定了质量控制内容上的连续性和分阶段性。

在前期策划阶段，房地产项目质量控制的主要任务是确定质量目标；在设计阶段，质量控制的主要任务是设计质量控制和实施方案的质量控制；在实施阶段，包括材料和设备的质量控制、工艺质量控制、施工工序质量控制、工程过程监督、隐蔽工程验收等；在竣工验收阶段，包括工程验收及工程验收交付的质量控制；在项目产品的销售及后期服务阶段，质量控制的主要任务则是建立质量档案和对运行质量的监督管理等。

按照实际工作的统计，各个阶段的质量控制对最终的产品质量的影响程度是不一样的，设计阶段的质量控制对产品质量的影响程度最大，约占 40％；施工阶段的质量控制，约占 30％左右。因此，我们重点讨论的是设计阶段和施工阶段的质量控制。

二、设计阶段的质量控制

设计是从技术方面来定义项目的技术系统，定义项目的功能、工艺等各个总体和细节问题。这些工作包括功能目标的设计和各阶段的技术设计。一个房地产项目的工程设计质量不仅直接决定项目最终所能达到的质量标准，而且也决定了项目实施的程序和费用。设计中的任何错误都会在计划、施工、运行中扩展、放大，引起更大的失误。因此，我们必须重视设计阶段的质量控制，必须严格控制和认真协调项目设计的各个方面。

（一）设计质量要求的确定

项目质量的要求是为项目的总目标服务的。对于房地产项目而言，质量标准的制定通常是在决策阶段提出，在设计阶段逐步具体化的，通常按如下过程进行：

1. 业主确定总功能目标和项目的总质量标准，市场、销售部门提出产品数量和质量要求。他们是在认真进行市场调查的基础上，通过对房地产市场环境进行分析，对项目所在区域的市场供需状况进行分析，经前期策划部门进行了产品定位及价格定位后，综合考虑确定的。房地产项目要开发的是什么样的楼盘，面对的是什么样的目标顾客群体，他们对建筑产品有什么样的消费偏好，市场真正需要的是什么样的建筑产品，通过这些问题的分析与研究，由业主与市场、销售部门经理反复研究，提出项目的总质量目标。

2. 各部门提出对规划及建筑的空间、位置、功能、质量的要求。这里我们强调项目的使用功能和建筑物应相互协调，并将它们一齐纳入项目管理的目标系统中，与进度目标、成本目标等一起进行优化，提出具体的项目要求、技术说明、安全说明等，最终形成详细设计任务书。设计任务书是进行设计质量控制、工程质量控制、投资控制最重要的依据，是对设计部门提出项目的质量要求义本，是本项目设计阶段的总体规范，并对以后详细的技术设计起控制作用。

3. 对设计质量标准影响的重要因素之一是投资的限额及其分配。为了加强成本的主动控制，通常随着项目设计任务书的批准，投资总额也有了相关的规定。这就要求设计人员将投资总额按各个子功能(或是各个单项工程)进行切块分解，作为各部分设计的概算成本依据，总体的以及各部分的质量标准就由这个投资分解来确定。

（二）设计单位的选择

设计单位对设计的质量负责，对设计质量有根本性的影响，而许多业主和项目管理者在项目初期对它没有引起足够的重视，有时为了方便、省钱或其他原因将项目设计委托给不合格的设计单位甚至委托给业余设计者，结果造成很大的经济损失。

设计工作属于技术与艺术相结合的高智力型工作，其成果评价比较困难。设计方案以及整个设计工作的合理性、经济性、新颖性等常常不能从设计文件，如图纸、规范、模型的表面反映出来，所以设计质量很难控制。这就要对设计单位的选择予以特别的重视，要根据设计单位的资质等级、设计能力、设计经验、市场信誉等进行项目设计单位的选择。

（三）设计工作中的质量控制

1. 分阶段进行审查。对阶段性的设计成果应审批签章，再进行更深入的设计，否则无效。无论是国内还是国外，设计都是分阶段进行的，逐渐由总体到详细，各个阶段都必须经过一定的权力部门审批，作为继续设计的依据，这是一个重要的控制手段。

2. 委托专家审查。由于设计工作的特殊性，对一些大的、技术要求高的项目，或情况特殊的项目(如地基情况异常)，业主和项目管理者常常不具备相关的知识和技能，这时可以委托设计监理或聘请专家咨询，对设计进度和质量、设计成果进行审查。这是十分有效的控制手段。

3. 多方案对比选择。由于设计单位对项目的经济性不承担责任，所以常常从自身的效益角度，不愿意作多方案的对比分析。但从项目全面控制的角度出发，可以采取以下的措施来优化设计目标：

（1）采用设计招标，在中标前审查方案，对比多家方案，这样定下一个设计单位就等于选择了一个好的方案。

（2）采取奖励措施。鼓励设计单位进行设计方案优化，将由优化所降低的费用取一部分作为奖励。

（3）邀请科研单位专门对方案进行论证或研究，进行全面技术经济分析，最后选择优化的方案。多方案的论证不仅对项目的质量有很大的影响，而且对项目投资的节约，经济性有很大的影响。

4. 对设计工作质量进行检查。这是一项十分细致的，同时又是技术性很强的工作。在设计阶段发现问题和错误，纠正是最方便、最省钱的，对项目的影响也最小。因此，对设计工作质量的检查，要注意：

（1）检查设计工作以及设计文件是否完备，是否能被施工单位和各层次的管理人员所理解。设计文件应包括说明项目形象的各种文件，如各种专业图纸、规范、模型、概预算文件、项目的各种技术经济指标说明，以及设计依据、边界条件等。

（2）设计是否符合规范的要求，特别是强制性的规范，如防火、安全、环保、抗震的标准，以及某些质量标准、卫生标准。

另外，设计工作的检查常常要有业主、项目管理者、设计监理（咨询）参与，必要时，也要有施工单位、材料设备供应单位、未来的目标顾客群体参加，保证项目的设计质量，从而提高项目的总体质量标准。

5. 切实贯彻落实建设部颁发的《建筑工程施工图设计文件审查暂行办法》（建设 [2000] 41 号文件）是政府部门对建筑工程勘察设计质量监督管理的重要环节，是基本建设必不可少的程序。

三、施工阶段的质量控制

施工企业对施工质量负责，这个阶段的质量控制不仅要保证项目的各个要素，如材料、设备、工艺等符合规定要求，而且要保证项目整体及各个部分都符合项目质量要求，达到项目预定的功能，使整个项目系统能经济、安全、高效率地运行。

（一）施工阶段质量控制的主要内容

1. 施工准备阶段的质量控制包括：

（1）对施工队伍及人员质量的控制。

（2）对项目工程所需原材料、半成品、构配件和永久性设备、器材等资源的质量控制。原材料必试项目与检验规则详见表 3-8-9。

常用材料试验项目与取样规定参考表　　　　　　　表 3-8-9

序号	材料名称及相关标准、规范代号		试验项目	组批原则及取样规定
1	水泥	通用硅酸盐水泥（GB 175）（硅酸盐水泥、普通硅酸盐水泥）、（矿渣硅酸盐水泥、粉煤灰硅酸盐水泥、火山灰质硅酸盐水泥）、（复合硅酸盐水泥）。	必试：安定性、凝结时间、强度 其他：细度、烧失量、三氧化硫、碱含量、氯化物、放射性	（1）散装水泥： ① 对同一水泥厂生产同期出厂的同品种、同强度等级、同一出厂编号的水泥为一验收批，但一验收批的总量不得超过 500t。 ② 随机从不少于 3 个车罐中各取等量水泥，经混拌均匀后，再从中称取不少于 12kg 的水泥作为试样。 （2）袋装水泥： ① 对同一水泥厂生产同期出厂的同品种、同强度等级、同一出厂编号的水泥为一验收批，但一验收批的总量不得超过 200t。 ② 随机从不少于 20 袋中各取等量水泥，经混拌均匀后，再从中称取不少于 12kg 的水泥作为试样
		（7）砌筑水泥（GB 3183）	时间、强度、泌水性（砌筑工程） 其他：细度、流动度	
2	掺合料	（1）粉煤灰（GB/T 1596）	必试：细度、烧失量、需水量比 其他：含水量、三氧化硫	（1）以连续供应相同等级的不超过 200t 为一验收批，每批取样一组（不少于 1kg）。 （2）散装灰取样，从不同部位取 15 份试样。每份 1～3kg，混合拌匀按四分法缩取出 1kg 送试（平均样）。 （3）袋装灰取样，从每批任抽 10 袋，每袋不少于 1kg，按上述方法取平均样 1kg 送试
		（2）天然沸石粉（JGJ/T 1112）	必试：细度、需水量比、吸铵值 其他：水泥胶砂 28d 抗压强度比	（1）以相同等级的沸石粉每 120t 为一验收批，不足 120t 也按一批计。每一验收批取样一组（不少于 1kg）。 （2）袋装粉取样时，应从每批中任抽 10 袋，每袋中各取样不得少于 1kg，按四分法缩取平均试样。 （3）散装沸石粉取样时，应从不同部位取 10 份试样，每份不少于 1kg。然后缩取平均试样

续表

序号	材料名称及相关标准、规范代号		试验项目	组批原则及取样规定
3	砂(GB/T 14684)(JGJ 52)		必试：筛分析、含泥量、泥块含量 其他：密度、有害物质含量、坚固性、碱活性检验、含水率	(1) 以同一产地、同一规格每400m³ 或600t 为一验收批，不足400m³ 或600t 也按一批计。每一验收批取样一组(20kg)。 (2) 当质量比较稳定、进料较大时，可定期检验。 (3) 取样部位应均匀分布，在料堆上从8个不同部位抽取等量试样(每份 11kg)。然后用四分法缩至 20kg，取样前先将取样部位表面铲除
4	碎石或卵石(GB/T 14685)(JGJ 52)		必试：筛分析、含泥量、泥块含量、针片状颗粒含量、压碎指标 其他：密度、有害物质含量、坚固性、碱活性检验、含水率	(1) 以同一产地、同一规格每400m³ 或600t 为一验收批，不足400m³ 或600t 也按一批计。每一验收批取样一组。 (2) 当质量比较稳定、进料较大时，可定期检验。 (3) 一组试样 40kg(最大粒径 10、16、20mm)或80kg(最大粒径 31.5、40mm)，取样部位应均匀分布，在料堆上从五个不同的部位抽取大致相等的试样 15 份(料堆的顶部、中部、底部)。每份 5～40kg，然后缩分到40kg 或80kg 送试
5	混凝土用水(JGJ 63)		必试：pH 值、氯离子含量 其他：溶物、硫化物含量	(1) 取样数量：用于水质检验为 5L；测定水泥凝结时间和胶砂强度不应少于 3L (2) 取样方法：井水、钻孔水和自来水应放水冲洗管道后采集；江湖水应在中心部位、距水面 100mm 以下采集
6	轻集料	轻粗集料(GB/T 17431.1.2)	必试：筛分析、堆积密度、吸水率、筒压强度、粒型系数 其他：软化系数、有害物质含量、烧失量	(1) 以同一品种、同一密度等级、每200m³ 为一验收批，不足200m³ 也按一批计。 (2) 试样可以从料堆自上到下不同部位、不同方向任选 10 点(袋装料应从 10 袋中抽取)，应避免取离析的及面层的材料。 (3) 初次抽取的试样量应不少于 10 份，其总量应多于试验用料量的 1 倍，拌合均匀后，按四分法缩分到试验所需的用料量；轻粗骨料为 50L(以必试项目计)，轻细骨料为 50L(以必试项目计)
		轻集料(GB/T 17431.1)	必试：筛分析、堆积密度其他：同上	
7	石灰	建筑生石灰(JC/T 479)	必试： 其他：CaO + MgO 含量、未消化残渣含量、CO₂ 含量、产浆量	(1) 以同一厂家、同一类别、同一等级不超过 100t 为一验收批。 (2) 从不同部位选取，取样点不少于 12 个，每个点不少于 2kg，缩分至 9kg
		建筑生石灰粉(JC/T 480)	必试： 其他：CaO + MgO 含量、细度	(1) 以同一生产厂、同一类别，等级不超过 100t 为一验收批。 (2) 从本批中随机抽取 10 袋样品，总量不少于 500g，缩分至 1kg
		建筑消石灰粉(JC/T 481)	必试： 其他：CaO + MsO 含量、游离水、体积安定性、细度	(1) 以同一生产厂、同一类别，等级不超过 100t 为一验收批。 (2) 从本批中随机抽取 10 袋，从每袋中抽取 5009，混匀后缩分至 1kg
8	建筑石膏(GB 9776)		必试：细度、凝结时间 其他：抗折强度、标准稠度用水量	(1) 以同一生产厂、同等级的石膏 200t 为一验收批，不足200t 也按一批计。 (2) 样品经四分法缩分至 0.2kg 送试

序号	材料名称及相关标准、规范代号		试验项目	组批原则及取样规定
9	砌墙砖和砌块	(1) 烧结普通砖 (GB 5101)	必试：抗压强度 其他：抗风化、泛霜、石灰爆裂、抗冻	(1) 每 15 万块为一验收批，不足 15 万块也按一批计。 (2) 每一验收批随机抽取试样一组（10 块）
		(2) 烧结多孔砖 (GB 13544) (GB 50203)	必试：抗压强度 其他：冻融、泛霜、石灰爆裂、吸水率	(1) 每 5 万块为一验收批，不足 5 万块也按一批计。 (2) 每一验收批随机抽取试样一组（10 块）
		(3) 烧结空心砖和空心砌块 (GB 13545)	必试：抗压强度（大面、条面） 其他：密度、冻融泛霜、石灰爆裂、吸水率	(1) 每 3 万块为一验收批，不足 3 万块也按一批计。 (2) 每批从尺寸偏差和外观质量检验合格的砖中，随机抽取抗压强度试验试样一组（5 块）
		(4) 非烧结普通砖 (JG 422)	必试：抗压强度、抗折强度 其他：抗冻性、吸水率、耐水性	(1) 每 5 万块为一验收批，不足 5 万块也按一批计。 (2) 每批从尺寸偏差和外观质量检验合格的砖中，随机抽取强度试验试样一组（10 块）
		(5) 粉煤灰砖 (JC 239)	必试：抗压强度、抗折强度 其他：干燥收缩、抗冻性	(1) 每 10 万块为一验收批，不足 10 万块也按一批计。 (2) 每一验收批随机抽取试样一组（20 块）
		(6) 粉煤灰砌块 (JC 238)	必试：抗压强度 其他：密度、碳化、抗冻、干缩	(1) 每 200m³ 为一验收批，不足 200m³ 也按一批计。 (2) 每批从尺寸偏差和外观质量检验合格的砌块中，随机抽取试样一组（3 块），将其切割成边长 200mm 的立方体试件进行抗压强度试验
		(7) 蒸压灰砂砖 (GB 11945)	必试：抗压强度、抗折强度 其他：密度、抗冻	(1) 每 10 万块为一验收批，不足 10 万块也按一批计。 (2) 每一验收批随机抽取试样一组（10）块
		(8) 蒸压灰砂空心砖 (JC/T 637)	必试：抗压强度 其他：抗冻性	(1) 每 10 万块砖为一验收批，不足 10 万块也按一批计。 (2) 从外观合格的砖样中，用随机抽取法抽取 2 组 10 块（NF砖为 2 组 20 块），进行抗压强度试验和抗冻性试验。注：NF 为规格代号，尺寸为 240×115×53(mm)
		(9) 普通混凝土小型空心砌块 (GB 8239)	必试：抗压强度 其他：密度和空心率、含水率、吸水率、抗冻抗压	(1) 每 1 万块为一验收批，不足 1 万块也按一批计。 (2) 每批从尺寸偏差和外观质量检验合格的砖中随机抽取抗压强度试验试样一组（5 块）
		(10) 轻集料混凝土小型空心砌块 (GB/T 15229) (GB/T 4111)	必试：抗压强度 其他：密度等级、干缩率和相对含水率、抗冻性	
		(11) 蒸压加气混凝土砌块 (GB 11968)	必试：立方体抗压强度、干体积密度 其他：干燥收缩、抗冻性、导热性	(1) 同品种、同规格、同等级的砌块，以 1000 块为一验收批，不足 1000 块也按一批计。 (2) 从尺寸偏差与外观检验合格的砌块中，随机抽取砌块，制作 3 组试件进行立方体抗压强度试验，制作 3 组试件做干体积密度检验

序号	材料名称及相关标准、规范代号	试验项目	组批原则及取样规定
10	钢 材	**(1) 碳素结构钢** (GB/T 700)	必试：拉伸试验（屈服点、抗拉强度、伸长率）、弯曲试验 其他：断面收缩率、硬度、冲击、化学成分	(1) 同一厂别、同一炉罐号、同一规格、同一交货状态每 60t 为一验收批，不足 60t 也按一批计。 (2) 每一验收批取一组试件（拉伸、弯曲各 1 个）
		(2) 钢筋混凝土用热轧带肋钢筋 (GB 1499) (GB/T 2975) (GB/T 2101) **(3) 钢筋混凝土用热轧光圆钢筋** (GB 13013) (GB/T 2975) (GB/T 2101) **(4) 钢筋混凝土用余热处理钢筋** (GB 13014) (GB/T 2975) (GB/T 2101)	必试：拉伸试验（屈服点、抗拉强度、伸长率）、弯曲试验 其他：反向弯曲 化学成分	(1) 同一厂别、同一炉罐号、同一规格、同一交货状态，每 60t 为一验收批，不足 60t 也按一批计。 (2) 每一验收批取一组试件（拉伸 2 个、弯曲 2 个）。 (3) 在任选的两根钢筋中切取
		(5) 低碳钢热轧圆盘条 (GB/T 701) (GB/T 2975) (GB/T 2101)	必试：拉伸试验（屈服点、抗拉强度、伸长率）、弯曲试验 其他：化学成分	(1) 同一厂别、同一炉罐号、同一规格、同一交货状态，每 60t 为一验收批，不足 60t 也按一批计。 (2) 每一验收批取一组试件，其中拉伸 1 个、弯曲 2 个（取自不同盘）
		(6) 冷轧带肋钢筋 (GB 13788) (GB/T 2975) (GB/T 2101)	必试：拉伸试验（屈服点、抗拉强度、伸长率）、弯曲试验 其他：松弛率、化学成分	(1) 同一牌号、同一规格、同一生产工艺、同一交货状态，每 60t 为一验取批，不足 60t 也按一批计。 (2) 每一检验批取拉伸试件 1 个（逐盘），弯曲试件 2 个（每批），松弛试件 1 个（定期）。 (3) 在每（任）盘中的任意一端截去 500mm 后切取
		(7) 冷轧扭钢筋 (JC 3046) (GB/T 2975) (GB/T 2101)	必试：拉伸试验（屈服点、抗拉强度、伸长率）、弯曲试验、重量节距、厚度 其他：	(1) 同一牌号、同一规格尺寸、同一台轧机、同一台班每 10t 为一验收批，不足 10t 也按一批计。 (2) 每批取弯曲试件 1 个，拉伸试件 2 个，重量、节距、厚度各 3 个
		(8) 预应力混凝土用钢丝 (GB/T 5223) (GB/T 17103)	必试：抗拉强度、伸长率、弯曲试验 其他：屈服强度、松弛率。（每季度抽验）	(1) 同一牌号、同一规格、同一生产工艺制度的钢丝组成，每批重量不大于 60t。 (2) 钢丝的检验应按（GB/T 2103）的规定执行。在每盘钢丝的两端进行抗拉强度、弯曲和伸长率的试验。屈服强度和松弛率试验每季度抽验一次，每次至少 3 根

续表

序号	材料名称及相关标准、规范代号	试验项目	组批原则及取样规定
10 钢材	(9) 中强度预应力混凝土用钢丝 (YB/T 156) (GB/T 2103) (GB/T 10120)	必试：抗拉强度伸长率、反复弯曲 其他：规定非比例伸长应力、松弛率	(1) 钢丝应成批验收，每批由同一牌号、同一规格、同一强度等级、同一生产工艺的钢丝组成。每批重量不大于 60t。 (2) 每盘钢丝的两端取样进行抗拉强度、伸长率、反复弯曲的检验。 (3) 规定非比例伸长应力和松弛率试验，每季度抽检一次，每次不少于 3 根
	(10) 预应力混凝土用钢棒 (GB/T 5223.3)	必试：抗拉强度、伸长率、平直度 其他：规定非比例伸长应力、松弛率	(1) 钢棒应成批验收，每批由同一牌号、同一外形、同一公称截面尺寸、同一热处理制度加工的钢棒组成。 (2) 不论交货状态是盘卷或直条，试件均在端部取样。各试验项目取样数量最少为 1 根。 (3) 批量划分按交货状态和公称直径而定（盘卷：$d \leqslant 13mm$，批量为 $\leqslant 5$ 盘；直条：$d \leqslant 13mm$，批量为 1000 条；$13mm < d < 26mm$，批量为 $\leqslant 200$ 条；$d \geqslant 26mm$，批量为 $\leqslant 100$ 条）。 注：以上批量划分仅适用于必试项目，d 为钢棒直径
	(11) 预应力混凝土用钢绞线 (GB/T 5224)	必试：整根钢绞线的最大负荷、屈服负荷、伸长率、松弛率、尺寸测量 其他：弹性模量	(1) 预应力用钢绞线应成批验收，每批由同一牌号、同一规格、同一生产工艺制度的钢绞线组成，每批重量不大于 60t。 (2) 从每批钢绞线中任取 3 盘，从每盘所选的钢绞线端部正常部位截取一根进行表面质量、直径偏差、捻距和力学性能试验。如每批少于 3 盘，则应逐盘进行上述检验。屈服和松弛试验每季度抽检一次，每次不少于一根
	(12) 预应力混凝土用低合金钢丝 (YB/T 038)	必试：①拔丝用盘条：抗拉强度、伸长率、冷弯 ② 钢丝：抗拉强度、伸长率、反复弯曲、应力松弛 其他：—	(1) 拔丝用盘条：见本条 10(5)（低碳钢热轧圆盘条）。 (2) 钢丝： ① 每批钢丝应由同一牌号、同一形状、同一尺寸、同一交货态的钢丝组成。 ② 从每批中抽查 5%、但不少于 5 盘进行形状、尺寸和表面检查。 ③ 从上述检查合格的钢丝中抽取 5%，优质钢抽取 10%，不少于 3 盘，拉伸试验每盘一个（任意端）；不少于 5 盘，反复弯曲试验每盘一个（任意端去掉 500mm 后取样）
	(13) 一般用途低碳钢丝 (GB/T 343) (GB/T 2103)	必试：抗拉强度、180°弯曲试验次数、伸长率（标距 100） 其他：—	(1) 每批钢丝应由同一尺寸、同一镀层级别、同一交货状态的钢丝组成。 (2) 从每批中抽查 5%，但不少于 5 盘进行形状、尺寸和表面检查。 (3) 从上述检查合格的钢丝中抽取 5%，优质钢抽取 10%，不少于 3 盘，拉伸试验，反复弯曲试验，每盘各一个（任意端）

序号	材料名称及相关标准、规范代号	试验项目	组批原则及取样规定
11	钢筋连接 焊接：(GB 50204) (JGJ/T 27) (JGJ 18) (JGJ 114) (1) 钢筋电阻点焊	必试：抗拉强度、抗剪强度、弯曲试验	班前焊(工艺性能试验)在工程开工或每批钢筋正式焊接前，应进行现场条件下的焊接性能试验。试验合格后方可正式生产，试件数量及要求见以下： (1) 钢筋焊接骨架： ① 凡钢筋级别、直径及尺寸相同的焊接骨架应视为同一类制品，且每300件为一验收批、一周内不足300件的也按一批计； ② 试件应从成品中切取，当所切取试件的尺寸小于规定的试件尺寸时，或受力钢筋大于8mm时，可在生产过程中焊接试验网片，从中切取试件。 试件尺寸见图：

(a)焊接试验网片简图；
(b)钢筋焊点抗剪试件；
(c)钢筋焊点拉伸试件

③ 由几种钢筋直径组合的焊接骨架，应对每种组合做力学性能检验；热轧钢筋焊点，应做抗剪试验，试件数量3件；冷拔低碳钢丝焊点，应做抗剪试验及对较小的钢筋做拉伸试验，试件数量3件

(2) 钢筋焊接网：
① 凡钢筋级别、直径及尺寸相同的焊接骨架应视为同一类制品，每批不应大于30t或每200件为一验收批，一周内不足30t或200件的也按一批计；
② 试件应从成品中切取；
冷轧带肋钢筋或冷拔低碳钢丝焊点应做拉伸试验，试件数量1件，横向试件数量1件；冷轧带肋钢筋焊点应做弯曲试验，纵向试件数量1件，横向试件数量1件；热轧钢筋、冷轧带肋钢筋或冷拔低碳钢丝的焊点应做抗剪试验，试件数量3件

续表

序号	材料名称及相关标准、规范代号		试验项目	组批原则及取样规定
11	钢筋连接	（2）钢筋闪光对焊接头	必试：抗拉强度、弯曲试验	（1）同一台班内由同一焊工完成的300个同级别、同直径钢筋焊接接头应作为一批。当同一台班内，可在一周内累计计算；累计仍不足300个接头，也按一批计。 （2）力学性能试验时，试件应从成品中随机切取6个试件，其中3个做拉伸试验，3个做弯曲试验。 （3）焊接等长预应力钢筋（包括螺丝杆与钢筋）。可按生产条件做模拟试件。 （4）螺丝端杆接头可只做拉伸试验。 （5）若初试结果不符合要求时可随机再取双倍数量试件进行复试。 （6）当模拟试件试验结果不符合要求时，复试应从成品中切取其数量和要求与初试时相同
		（3）钢筋电弧焊接头	必试：抗拉强度	（1）工厂焊接条件下：同钢筋级别300个接头为一验收批。 （2）在现场安装条件下：每一至二层楼同接头形式、同钢筋级别的接头300个为一验收批。不足300个接头也按一批计。 （3）试件应从成品中随机切取3个接头进行拉伸试验。 （4）装配式结构节点的焊接接头可按生产条件制造模拟试件。 （5）当初试结果不符合要求时，应再取6个试件进行复试
		（4）钢筋电渣压力焊接	必试：抗拉强度	（1）一般构筑物中以300个同级别钢筋接头作为一验收批。 （2）在现浇钢筋混凝土多层结构中，应以每一楼层或施工区段中300个同级别钢筋接头作为一验收批，不足300个接头也按一验收批计。 （3）试件应从成品中随机切取3个接头进行拉伸试验。 （4）当初试结果不符合要求时，应再取6个试件进行复试
		（5）预埋件钢筋T形接头	必试：抗拉强度	（1）预埋件钢筋埋弧压力焊，同类型预埋件一周内累计每300件时为一验收批，不足300个接头也按一批计。每批随机切取3个试件做拉伸试验。 预埋件T形接头拉伸试件图 1—钢板；2—钢筋 （2）当初试结果不符合规定时，再取6个试件进行复试

序号	材料名称及相关标准、规范代号		试验项目	组批原则及取样规定
11	钢筋连接	(6) 机械连接 ① 锥螺纹连接 ② 套筒挤压接头 ③ 镦粗直螺纹钢筋接头 (GB 50204) (JGJ 107) (JGJ 108) (JGJ 109) (JG/T 3057)	必试：抗拉强度	(1) 工艺检验： 　在正式施工前，按同批钢筋、同种机械连接形式的接头试件不少于 3 根，同时对应截取接头试件的母材，进行抗拉强度试验。 (2) 现场检验： 　接头的现场检验按验收批进行。同一施工条件下采用同一批材料的同等级、同形式、同规格的接头每 500 个为一验收批。不足 500 个接头也按一批计。每一验收批必须在工程结构物中随机截取 3 个试件做单向拉伸试验。在现场连续部位检验 10 个验收批，其全部单向拉伸试件一次抽样均合格时，验收批接头数量可扩大一倍
12	防水材料	(1) 沥青防水卷材 (GB 50207) (GB 50208) ① 石油沥青纸胎油毡、油纸 (GB 326) ② 石油沥青玻璃纤维胎油毡 (GB/T 14686) ③ 石油沥青玻璃布胎油毡 (JC/T 84) ④ 铝箔面油毡 (JC 504)	必试：纵向拉力、耐热度、柔度、不透水性 其他：	(1) 以同一生产厂的同一品种、同一等级的产品，大于 1000 卷抽 5 卷，100～499 卷抽 4 卷，100 卷以下抽 2 卷，进行规格尺寸和外观质量检验。在外观质量检验合格的卷材中，任取一卷做物理性能检验。 (2) 将试样卷材切除距外层卷头 2500mm 后，顺纵向截取 600mm 的 2 块全幅卷材送试
		(2) 高聚物改性沥青防水卷材： (GB 50207) (GB 50208) ① 改性沥青聚乙烯胎防水卷材 (JC/T 633) ② 弹性体改性沥青防水卷材 (GB 18242) ③ 塑性体改性沥青防水卷材 (GB 18243) ④ 沥青复合胎柔性防水卷材 (JC/T 690) ⑤ 自粘橡胶沥青防水卷材 (JC 840) ⑥ 聚合物改性沥青复合脂防水卷材 (DB J01—53)	必试：拉力、最大拉力时、延伸率、不透水性、柔度、耐热度	(1) 同序号 12(1)规定。 (2) 将试样卷材切除距外层卷头 2500mm 后，顺纵向切取 800mm 的全幅卷材试样 2 块，一块做物理性能检验用，另一块备用
		(3) 合成高分子防水卷材 (GB 50207) (GB 30208) ① 聚氯乙烯防水卷材 (GB 12952) ② 氯化聚乙烯防水卷材 (GB 12953) ③ 三元丁橡胶防水卷材 (JC/T 645) ④ 氯化聚乙烯～橡胶共混防水卷材(JC/T 684) ⑤ 高分子防水材料 （第一部分片材） (GB 18173.1)	必试：断裂拉伸强度、扯断伸长率、不透水性、低温弯折性 其他：胶粘剂性能	(1) 同序号 12(1)规定。 (2) 将试样卷材切除距外层卷头 300mm 后，顺纵向切取 1500mm 的全幅卷材 2 块，一块做物理性能检验用，另一块备用

续表

序号	材料名称及相关标准、规范代号	试验项目	组批原则及取样规定
12 防水材料	(4) 沥青基防水涂料 (GB 50207) (GB 50208) (GB 3186) ① 溶剂型橡胶沥青防水涂料 (JC/T 852) ② 水乳型沥青基防水涂料 (JC 408)	必试：固体含量、不透水性、低温柔度、耐热度、延伸率	(1) 同一生产厂每 5t 产品为一验收批，不足 5t 也按一批计。 (2) 随机抽取，抽样数应不低于 $\sqrt{\frac{n}{2}}$（n 是产品的桶数）。 (3) 从已检的桶内不同部位，取相同量的样品，混合均匀后取两份样品，分别装入样品容器中，样品容器应留有约 5% 的空隙，盖严，并将样品容器外部擦干净，立即作好标志。一份试验用，一份备用
	(5) 合成高分子防水涂料 (GB 50207) (GB 50208) (GB 3186) ① 聚氨酯防水涂料 (JC/T 500)	必试：断裂延伸率、拉伸强度、低温柔性、不透水性、（或抗渗性） 其他：	(1) 同一生产厂，以甲组分每 5t 为一验收批，不足 5t 也按一批计算。乙组分按产品重量配比相应增加。 (2) 每一验收批按产品的配比分别取样，甲、乙组分样品总量为 2kg。 (3) 搅拌均匀后的样品，分别装入干燥的样品容器中，样品容器内应留有 5% 的空隙，密封并作好标志
	② 聚合物乳液建筑防水涂料 (JC/T 864)		(1) 同一生产厂每 5t 产品为一验收批，不足 5t 也按一批计。 (2) 随机抽取，抽样数应不低于 $\sqrt{\frac{n}{2}}$（n 是产品的桶数）。 (3) 从已检的桶内不同部位，取相同量的样品，混合均匀后取两分样品，分别装入样品容器中，样品容器应留有约 5% 的空隙，盖严，并将样品容器外部擦干净，立即作好标志。一份试验用，一份备用
	③ 聚合物水泥防水涂料 (JC/T 894) (GB 12573)	必试：断裂延伸率、拉伸强度、低温柔性、不透水性 其他：	(1) 同一生产厂每 10t 产品为一验收批，不足 10t 也按一批计。 (2) 产品的液体组分取样同上 12②之(2)。 (3) 配套固体组分的抽样按 GB 12973 中的袋装水泥的规定进行，两组分共取 5kg 样品
	(6) 无机防水涂料 (GB 50207) (GB 50208) (GB 3186) ① 水泥基渗透结晶型防水材料 (GB 18445) ② 无机防水堵漏材料 (JG 900)	必试：抗折强度、湿基面粘结、强度、抗渗压力	(1) 同一生产厂每 10t 产品为一验收批，不足 10t 也按一批计。 (2) 在 10 个不同的包装中随机取样，每次取样 10kg。 (3) 取样后应充分拌合均匀，一分为二，一份送试；另一份密封保存一年，以备复验或仲裁用
	(7) 密封材料 (GB 50207) (GB 50208) (GB 3186) ① 建筑石油沥青 (GB 494) (GB/T 11147) (SH 0146)	必试：软化点、针入度、延度 其他：溶解度、蒸发损失、蒸发后针入度	(1) 以同一产地、同一品种、同一标号，每 20t 为一验收批，不足 20t 也按一批计。每一验收批取样 2kg。 (2) 在料堆上取样时取样部位应均匀分布，同时应不少于五处，每处取洁净的等量试样共 2kg 作为检验和留样用

序号	材料名称及相关标准、规范代号	试验项目	组批原则及取样规定
12 防水材料	② 建筑防水沥青嵌缝油膏 (JC 207)	必试：耐热性（屋面）、低温柔性、拉伸粘结性、施工温度	(1) 以同一生产厂、同一标号的产品每 2t 为一验收批，不足 2t 也按一批计。 (2) 每批随机抽取 3 件产品，离表皮大约 50mm 处各取样 1kg，装于密封容器内，一份作试验用，另两份留作备用
	(8) 合成高分子密封材料 ① 聚氨酯建筑密封膏 (JC/T 482) ② 聚硫建筑密封膏 (JC/T 483) ③ 丙烯酸酯建筑密封胶 (JC/T 484) ④ 聚氯乙烯建筑防水接缝材料(JC/T 798)	必试：拉伸粘结性、低温柔性 其他：密度恢复率	(1) 以同一生产厂、同等级、同类型产品每 2t 为一验收批，不足 2t 也按一批计。每批随机抽取试样 1 组，试样量不少于 1kg(屋面每 1t 为一验收批)。 (2) 随机抽取试样，抽样数应不低于 $\sqrt{\frac{n}{2}}$ (n 是产品的桶数)。 (3) 从已初检的桶内不同部位，取相同量的样品，混合均匀后 A、B 组分各 2 份，分别装入样品容器中，样品容器应留有 5% 的空隙，盖严，并将样品容器外部擦干净，立即作好标志。一份试验用，一份备用
	⑤ 建筑用硅酮结构密封胶 (GB 16776)	必试：拉伸粘结性、低温柔性 其他：下垂度、热老化 注：作为幕墙工程用的必试项目为：拉伸粘结性（标准条件下）邵氏硬度相容性试验	(1) 以同一生产厂、同一类型、同一品种的产品，每 2t 为一验收批，不足 2t 也按一批计。 (2) 随机抽样，抽取量应满足检验需用量（约 0.5kg）。从原包装双组分结构胶中抽样后，应立即另行密封包装
	⑥ 高分子防水卷材胶粘剂 (JC 863) (GB/T 12954)	必试：剥离强度 其他：黏度、适用期剪切状态下的粘合性	(1) 同一生产厂、同一类型、同一品种的产品，每 5t 为一验收批，不足 5t 也按一批计。 (2) 根据不同的批量，从每批中随机抽取以下规定的容器个数，用适当的取样器，从每个容器内（预先搅拌均匀）取的等量的试样。试样总量约 1.0L，并经充分混合，用于各项试验。批量大小（容器个数）抽取个数（最小值）： 28　2 9～27　3 28～64　4 65～125　5 126～216　6 217～343　7 344～512　8 513～729　9 730～1000　10 注：试样和试验材料使用前，在试验条件下放置时间应不少于 12h
	(9) 高分子防水材料止水带 (GB 18173.2)	必试：拉伸强度、扯断伸长率、撕裂强度	(1) 以同一生产厂同月生产、同标记的产品为一验收批。 (2) 在外观检验合格的样品中随时抽取足够的试样，进行物理检验
	(10) 高分子防水材料 (遇水膨胀橡胶) (GB 18173.3)	必试：拉伸强度、拉断伸长率、体积膨胀倍率	

续表

序号	材料名称及相关标准、规范代号		试验项目	组批原则及取样规定
12	防水材料	(11) 油毡瓦 (JC/T 503)	必试: 耐热度、柔度 其他: —	(1) 以同一生产厂、同一等级的产品,每 500 捆为一验收批,不足 500 捆也按一批计。 (2) 从外观、重量、规格、尺寸、允许偏差合格的油毡瓦中任取 2 片试件进行物理性能试验
13	混凝土外加剂	(GB 8087)	必试:	
		(1) 普通减水剂	钢筋锈蚀、28d 抗压强度比、减水率	
		(2) 高效减水剂	钢筋锈蚀、28d 抗压强度比、减水率	
		(3) 早强减水剂	钢筋锈蚀、1d、28d 抗压强度比、减水率	
		(4) 缓凝减水剂	钢筋锈蚀、凝结时间差、28d 抗压强度比、减水率	(1) 掺量大于 1%(含 1%)的同品种、同一编号的外加剂,每 100t 为一验收批,不足 100t 按一批计。掺量小于 1% 的同品种、同一编号的外加剂,每 50t 为一验收批,不足 50t 按一批计。 (2) 从不少于三个点取等量样品混匀。 (3) 取样数量,不少于 0.5t 水泥所需量
		(5) 引气减水剂	钢筋锈蚀、28d 抗压强度比、减水率、含水量	
		(6) 缓凝高效减水剂	钢筋锈蚀、凝结时间差、28d 抗压强度比、减水率	
		(7) 缓凝剂	钢筋锈蚀、凝结时间差、28d 抗压强度比	
		(8) 引气剂	钢筋锈蚀、28d 抗压强度比、含气量	
		(9) 早强剂	钢筋锈蚀、1d、28d 抗压强度比	
		(10) 泵送剂 (JC 473)	必试: 钢筋锈蚀、28d 抗压强度比、坍落度保留值、压力泌水率比	(1) 以同一生产厂、同品种、同一编号的泵送剂每 50t 为一验收批,不足 50t 也按一批计。 (2) 从 10 个容器中取等量试样混匀。 (3) 取样数量,不少于 0.5t 水泥所需量
		(11) 防水剂 (JC 474)	钢筋锈蚀、28d 抗压强度比、渗透比	(1) 年产 500t 以上的防水剂,每 50t 为一验收批;500t 以下的防水剂每 30t 为一验收批,不足 50t 或 30t 也按一批计。 (2) 取样数量,不少于 0.2t 水泥所需量
		(12) 防冻剂 (JC 475)	钢筋锈蚀、−7d、−7d+28d 抗压强度比	(1) 以同一生产厂、同品种、同一编号的防冻剂,每 50t 为一验收批,不足 50t 也按一批计。 (2) 取样数量不少于 0.15t 水泥所需量
		(13) 膨胀剂 (JC 476)	钢筋锈蚀、28d 抗压抗折强度、限制膨胀率	(1) 以同一生产厂、同品种、同一编号的膨胀剂每 20t 为一验收批,不足 2t 也按一批计。 (2) 从 20 个容器中取等量试样混匀。取样数量不少于 0.5t 水泥所需量
		(14) 喷射混凝土用速凝剂 (JC 477)	钢筋锈蚀、凝结时间、28d 抗压强度比	(1) 同一生产厂、同品种、同一编号,每 60t 为一验收批,不足 60t 也按一批计。 (2) 从 16 个不同点取等量试样混匀。取样数量不少于 4kg

序号	材料名称及相关标准、规范代号	试验项目	组批原则及取样规定
14	普通混凝土 (GB 50204) (GB 50010) (GBJ 50080) (GBJ 50081) (JGJ 55) (GBJ 107) (GB 50209)	必试：稠度、抗压强度、结构实体检验(包括同条件养护试件强度和结构实体保护层厚度，按 GB 50204 规定执行) 其他：轴心抗压静力受压弹性模量、劈裂抗拉强度、抗折强度、长期性能和耐久性能试验、碱含量、氯化物总量、放射性	(1) 试块的留置： ① 每拌制 100 盘且不超过 100m³ 的同配合比的混凝土，取样不得少于一次； ② 每工作班拌制的同一配合比的混凝土不足 100 盘时，取样不得少于一次； ③ 当一次连续浇筑超过 1000m³ 时，同一配合比混凝土每 200m³ 混凝土取样不得少于一次； ④ 每一楼层，同一配合比的混凝土，取样不得少于一次； ⑤ 冬期施工还应留置转常温试块和临界强度试块； ⑥ 对预拌混凝土，当一个分项工程连续供应相同配合比的混凝土量大于 1000m³ 时，其交货检验的试样，每 200m³ 混凝土取样不得少于一次； ⑦ 建筑地面的混凝土，以同一配合比、同一强度等级、每一层或每 1000m² 为一检验批，不足 1000m² 也按一批计。每批应至少留置一组试块。 (2) 取样方法及数量： 用于检查结构构件混凝土质量的试件，应在混凝土浇筑地点随机取样制作，每组试件所用的拌合物应从同一搅拌混凝土或同一车运送的混凝土中取出，对于预拌混凝土还应在卸料过程中卸料量的 1/4～3/4 之间取样，每个试样量应满足混凝土质量检验项目所用量的 1.5 倍，但不少于 0.2m³。 (3) 每次取样应至少留置一组标准养护试件，同条件养护试件的留置组数应根据实际需要确定
15	抗渗混凝土 (GB 50204) (GB 50208) (JGJ 55) (GB/T 50080) (GB/T 50081) (GB/T 107)	必试：稠度、抗压强度、抗渗等级 其他：长期性能、耐久性能	(1) 同一混凝土强度等级、抗渗等级、同一配合比、生产工艺基本相同，每单位工程不得少于两组抗渗试块(每组 6 个试块)。 (2) 连续浇筑混凝土每 500m³ 应留置一组抗渗试件(一组为 6 个抗渗试件)，且每项工程不得少于 2 组。采用预拌混凝土的抗渗试件留置组数应视结构的规模和要求而定。 (3) 留置抗渗试件的同时需留置抗压强度试件并应取自同一盘混凝土拌合物中。取样方法同普通混凝土中第 14(2)项。 (4) 试块应在浇筑地点制作
16	高强混凝土 (GB 50204) (CECS 104) (GB/T 107) (GB/T 50080) (GB/T 5001)	必试：工作性(坍落度、扩展度、拌合物流速)、抗压强度 其他：同普通混凝土	同普通混凝土

续表

序号	材料名称及相关标准、规范代号	试验项目	组批原则及取样规定
17	轻集料混凝土 (JGJ 51)	必试：于表观密度、抗压强度、稠度 其他：长期性能、耐久性能、静力受压弹性模量、导热系数	(1) 同普通混凝土。 (2) 混凝土干表观密度试验，连续生产的预制构件厂及预拌混凝土同配合比的混凝土每月不少于 4 次；单项工程每 100m³ 混凝土至少一次，不足 100m³ 也按 100m³ 计
18	回弹法检测混凝土抗压强度技术规程 (JGJ/T 23)		(1) 结构或构件混凝土强度检测可采用下列两种方式，其适用范围及结构或构件数量应符合下列规定： ① 单个检测：适用于单个结构或构件的检测； ② 批量检测：适用于在相同的生产工艺条件下，混凝土强度等级相同，原材料、配合比、成型工艺、养护条件基本一至，且龄期相近的同类结构构件，按批进行检测的构件，抽检数量不得少于同批构件总数的 30％件且构件数量不得少于 10 件。抽检构件时，应随机抽取并使所选构件具有代表性。 (2) 每一结构或构件的测区应符合下列规定： ① 每一结构或构件测区数不应少于 10 个，对某一方向尺寸小于 4.5m 且另一方向尺寸小于 0.3m 的构件，其测区数量可适当减少，但不应少于 5 个； ② 相邻两测区的间距应控制在 2m 以内，测区离构件端部或施工缝边缘的距离不宜大于 0.5m，且不宜小于 0.2m； ③ 测区应选在使回弹仪处于水平方向检测混凝土浇筑侧面。当不能满足这一要求时，可使回弹仪处于非水平方向检测混凝土浇筑侧面、表面或底面； ④ 测区宜选在构件的两个对称可测面上，也可选在一个可测面上，且应均匀分布。在构件的重要部位及薄弱部位必须布置测区，并应避开预埋件； ⑤ 测区的面积宜大于 0.04m²； ⑥ 检测面应为混凝土表面，并清洁、平整，不应有疏松层、浮浆、油垢、涂层以及蜂窝、麻面，必要时可用砂轮清除疏松层和杂物，且不应有残留的粉末或碎屑； ⑦ 对弹击时产生颤动的薄壁、小型构件应进行固定。 (3) 结构或构件的测区应标有清晰的编号，必要时应在记录纸上描述测区布置示意图和外观质量隋况

序号	材料名称及相关标准、规范代号	试验项目	组批原则及取样规定
19	砂浆 (JGJ 70) (JGJ 98) (GB 50203) (JC 860) (GB 50209)	必试：稠度、抗压强度 其他：分层度、拌合物密度、抗冻性	砌筑砂浆： (1) 以同一砂浆强度等级、同一配合比、同种原材料，每一楼层或 250m³ 砌体（基础砌体可按一个楼层计）为一个取样单位，每取样单位标准养护试块的留置不得少于一组（每组 6 块） (2) 干拌砂浆：同强度等级每 400t 为一验收批，不足 400t 也按一批计。每批从 20 个以上的不同部位取等量样品。总质量不少于 15kg，分成两份，一份送试，一份备用。建筑地面用水泥砂浆：以每一层或 1000m² 为一检验批，不足 1000m² 也按一批计。每批砂浆至少取样一组。当改变配合比时也应相应地留置试块
20	砌体工程现场检测技术标准 (GWT 50315)		(1) 当检测对象为整栋建筑物或建筑物的一部分时，应将其划分为一个或若干个可以独立进行分析的结构单元，每一结构单元划分为若干个检测单元。 (2) 每一检测单元内，应随机选择 6 个构件（单片墙体、柱）作为 6 个测区，当一个检测单元不足 6 个构件时，应将每个构件作为一个测区。 (3) 每一测区应随机布置若干测点，各种检测方法的测点数，应符合下列要求： ① 原位轴压法、扁顶法、原位单剪法、筒压法：测点数不应少于 1 个。 ② 原位单砖双剪法，推出法，砂浆片剪切法、回弹法、点荷法、射钉法：测点数不应少于 5 个。 注：回弹法的测位，相当于其他检测方法的测点
21	陶瓷砖 (1) 干压脚瓷砖（瓷质砖） (2) 干压陶瓷砖（炻瓷砖） (3) 干压陶瓷砖（细炻砖） (GB/T 4100.1~3) (GB 50210) (GB/T 3810.1)	必试：吸水率（用于外墙）、抗冻（寒冷地区） 其他：（用于铺地）耐磨性、摩擦系数、抗冻性	(1) 以同一生产厂、同种产品、同一级别、同一规格，实际的交货量大于 5000m² 为一批，不足 5000m² 也按一批计。 (2) 各试验项目所需试件数量及判定规则等按 GB/T 3810.1 规定执行。 吸水率试验试样：每种类型的砖用 10 块整砖测试。 (3) 当每块砖的表面积大于 0.04m² 时，只需用 5 块整砖作测试。如每块砖的表面积大于 0.16m² 时，至少在 3 块整砖的中间部位切割最小边长为 100mm 的 5 块试样。 如每块砖的质量小于 50g，则需足够数量的砖使每种测试样品达到 50~1009。 砖的边长大于 200mm 时，可切割成小块，但切割下的每一块应计入测量值内。多边形和其他非矩形砖，其长和宽均按矩形计算。 (4) 抗冻性测定试样： 使用不少于 10 块整砖，其最小面积为 0.25m²。砖应没有裂纹、釉裂、针孔、磕碰等缺陷。如果必须用有缺陷的砖进行检验，在试验前应用永久性的染色剂对缺陷做记号，试验后检查这些缺陷。 将试样砖在 110℃±5℃ 的干燥箱内烘干至恒重（即相隔 24h 连续两次称量之差值小于 0.01%）。记录每块砖的质量

序号	材料名称及相关标准、规范代号		试验项目	组批原则及取样规定
21	陶瓷砖	（4）陶瓷砖 （GB/T 4100）	必试：吸水率（用于外墙）、抗冻（寒冷地区） 其他：耐磨、耐化学腐蚀	（1）以同一生产厂的产品每 500m² 为一验收批，不足 500m² 也按一批计。 （2）按（GB/T 3810.1）规定随机抽取。吸水率、耐急冷急热性、抗冻、耐磨性试样，也可从表面质量、尺寸偏差合格的试样中抽取。（吸水率 5 个试件、耐急冷急热 10 个试件，抗冻、耐磨 5 个试件、弯曲 10 个试件）
22	石材	（1）天然花岗石建筑板材 （GB/T 18601） （GB 50210） （GB 50325） （GB 50327）	必试：放射性元素含量（室内用板材）石材幕墙工程：弯曲强度、冻融循环 其他：吸水率、耐久性、耐磨性、镜面光泽度、体积密度	（1）以同一产地、同一品种、等级、规格的板材每 200m³ 为一验收批，不足 200m³ 的单一工程部位的板材也按一批计。 （2）在外观质量、尺寸偏差检验合格的板材中抽取 2%，数量不足 10 块的抽 10 块。镜面光泽度的检验从以上抽取的板材中取 5 块进行。体积密度、吸水率取 5 块（50mm×50mm×板材厚度）
		（2）天然大理石 （GB/T 19766）		（1）以同一产地、同一品种、同一等级规格的板材每 100m³ 为一验收批。不足 100ms 的单一工程部位的板材也按一批计。 （2）同第 22(1)之(2)
23		铝塑复合板 （GB/T 17748） （GB 50210）	必试：铝合金板与夹层的剥离强度（用于外墙）	（1）同一生产厂的同一等级、同一品种、同一规格的产品 3000m² 为一验收批，不足 3000m² 的也按一批计。 （2）从每批产品中随机抽取 3 张进行检验
24		陶瓷墙地砖粘结剂 （JC/T 547） （JGJ 110） （JGJ 126） （GB/T 12954） （GB 50210）	必试：— 其他：拉伸胶粘结强度达到 0.17MPa 的时间间隔、压剪胶接强度、防霉性	（1）同一生产时间、同一配料工艺条件下制得的成品，A 类产品每 30t 为一验收批，不足 30t 也按一批计。其他类产品每 3t 为一验收批。不足 3t 也按一批计。每批抽取 4kg 样品，充分混匀。 （2）取样后将样品一分为二，一份送试，一份备用。 （3）取样方法按（GB 12954）进行
25		外墙饰面粘结剂 （JGJ 126） （JGJ 110） （GB 50210）	必试：粘结强度	（1）现场镶贴外部饰面砖工程，每 300m² 同类墙体取一组试样，每组 3 个试件，每一楼层不得小于一组，不足 300m² 同类墙体，每两楼层取一组试样，每组 3 个试件。 （2）带饰面砖的预制墙板，每生产 100 块预制板墙取一组试样，不足 100 块预制板墙也取一组试样。每组在 3 块板中各取 2 个试件

续表

序号	材料名称及相关标准、规范代号	试验项目	组批原则及取样规定
26	外门窗 （GB/T 8485） （GB/T 7106） （GB/T 7107） （GB 50210） （GB 13685） （GB 13686）	必试：抗风压性能、空气渗透性能、雨水渗漏性能	（1）同一品种门、窗类型至少选取三樘样门、窗，采用随机抽样的方法选取试件，如果是专门制作的送检样品，必须在检测报告中加以说明。 （2）试件为生产厂家检验合格准备出厂的产品，不得加设任何附件或采用其他改善措施
27	装饰单板贴面人造板 （GB/T 15104） （GB 50210） （GB 50327） （GB 50325）	必试：甲醛释放量 其他：浸渍剥离强度、表面胶合强度	（1）同一生产厂、同品种、同规格的板材每 1000 张为一验收批，不足 1000 张也按一批计。 （2）抽样时应在具有代表性的板垛中随机抽取，每一验收批抽样 1 张，用于物理化学性能试验
28	细木工板 （GB 5849） （GB 50206） （GB 50210）	必试：甲醛释放量 其他：含水率、横向静曲强度、胶合强度	（1）同一生产厂、同类别、同树种生产的产品为一验收批。 （2）物理力学性能检验试件应在具有代表性的板垛中随机抽取。 （3）批量范围在小于等于 1200 块时，抽样数 1 块；1201～3200 块时，抽样数 2 块；＞3200 抽样数 3 块
29	层板胶合木 （GB 50210） （GB 50206） （GB/T 50）	必试：甲醛释放量 其他：含水率、指形接头的弯曲强度、胶缝的抗剪强度、耐久性（脱胶试验）	每 10m³ 的产品中检验 1 个全截面试件
30	实木复合地板 （GB/T 18103）	必试：甲醛释放量 其他：含水率、浸渍剥离、静曲强度、弹性模量、表面耐磨、表面耐污染、漆膜附着力	物理力学性能检验：同一规格、同一类产品，根据产品批量大小随机抽取。每 2 块地板组成一组。试件制取位置、尺寸、规格及数量按下图和表中的要求进行。 部分试件制取示意图如下：

实木复合地板理化性能试件规格、数量表（每组试件数量）　　理化性能抽样方案表

检验项目	试件尺寸（mm）	试件	编号	提交检查批的成品板数量（块）	初检抽样数（块）	复检抽样数（块）
浸渍剥离	75.0×75.0	6	1	≤1000	2	4
含水率	75.0×75.0	4	2			
甲醛释放量	20.0×20.0	约300g		≥1001	4	8

注：（1）在初检和复检抽样中，任意两块地板组成一组。
　　（2）制取浸渍剥离试件时，试件表面只允许一条拼接线，且拼接线应尽量居中

序号	材料名称及相关标准、规范代号	试验项目	组批原则及取样规定
31	中密度纤维板 (GB/T 11718) (GB/T 17657)	必试：甲醛释放量 其他：弹性模量、握螺钉力、密度、含水率、吸水厚度膨胀率、内结合强度、静曲强度	物理力学性能及甲醛释放量的测定，应在每批产品中，任意抽取 0.1%（但不得少于一张）的样板进行测试
32	耐酸砖 (GB 8488)	必试：— 其他：弯曲强度、耐急冷急热性、耐酸度、吸水率	(1) 以同一生产厂、同一规格的5000～30000 块为一验收批，不足 5000 块，由供需双方协商验收。 (2) 每一验收批，随机抽样：弯曲强度试验取 5 块（每块砖上截取一个 130mm×20mm×20mm，尺寸偏差为±1mm）耐急冷急热试验，取 3 块边棱完整的砖进行，耐酸度试验取弯曲强度试验后的碎块或从检验用砖上敲取碎块约 200g（除去釉面）
33	回填土 (GB 50202) (GB 50007) (JGJ 79)	必试：压实系数（干密度、含水量、击实试验，求最大干密度和最优含水量）	(1) 在压实填土的过程中，应分层取样检验土的干密度和含水率。 ① 基坑每 50～100m² 应不少于 1 个检验点。 ② 基槽每 10～20m 应不少于 1 个检验点。 ③ 每一独立基础下至少有 1 个检验点。 ④ 对灰土、砂和砂石、土工合成、粉煤灰地基等，每单位工程不应少于 3 点，1000m² 以上的工程每100m² 至少有 1 点，3000m² 以上的工程，每 300m² 至少有 1 点。 (2) 场地平整： 每 100～400mm² 取 1 点，但不应少于 10 点； 长度、宽度、边坡为每 20m 取 1 点，每边不应少于受点。 注：当用环刀取样时，取样点应位于每层 2/3 的深度处
34	不发火集料及混凝土 (GB 50209)	必试：不发火性	(1) 粗骨料：从不少于 50 个试件中选出做不发生火花的试件 10 个（应是不同表面、不同颜色、不同结晶体、不同硬度）。每个试件重 50～250g，准确度应达到 1g。 (2) 粉状骨料：应将这些细粒材料用胶结料（水泥或沥青）制成块状材料进行试验。试件数量同上。 (3) 不发火水泥砂浆、水磨石、水泥混凝土的试验用试件同上
35	聚氯乙烯卷材地板 (GB/T 11982.1) (GB 50209)	必试：— 其他：耐磨层厚度、PVC层厚度、加热长度变化率	(1) 同一生产厂，同一配方、工艺、规格、颜色、图案的产品，每 500m² 为一验收批，不足 500m² 也按一批计。 (2) 每一验收批随机抽取 3 卷，用于外观质量及尺寸偏差的检验，并在合格的样品中抽取 1 卷。用于物理性能检验。 (3) 从距卷头一端 300mm 处，截取全幅地板 800mm² 二块，一块送试，一块备用

序号	材料名称及相关标准、规范代号	试验项目	组批原则及取样规定
36	半硬质聚氯乙烯块状塑料地板 (GB/T 4085) (GB 50209)	必试：一 其他：磨热膨胀系数、加热重量损失率、加热长度变化率、吸水长度变化率、磨耗量、残余凹陷度	(1) 以同一生产厂，同一配方、工艺、规格的塑料地板每 1000m² 为一验收批，不足 1000m² 也按一批计。 (2) 每批中随机抽取 5 箱，每箱抽取 2 块作为试件
37　管材	(1) 建筑排水用硬聚氯乙烯管材 (GB/T 5836.1) (GB 2828)	必试：一 其他：纵向回缩率、扁平试验、拉伸屈服强度、断裂伸长率、落锤冲击试验、维卡软化温度	(1) 同一生产厂，同一原料、配方和工艺的情况下生产的同一规格的管材，每 30t 为一验收批，不足 30t 也按一批计。 (2) 在计数合格的产品中随机抽取 3 根试件，进行纵向回缩率和扁平试验
	(2) 建筑排水用硬聚氯乙烯管件 (GB/T 5836.2)	必试：一 其他：烘箱试验、坠落试验维卡软化温度	同一生产厂，同一原料、配方和工艺情况下生产的同一规格的管件，每 5000 件为一验收批、不足 5000 件也按一批计
	(3) 给水用硬聚氯乙烯 (PVC—U) 管材 (GB/T 10002.1)	必试：生活饮用给水管材的卫生性能 其他：纵向回缩率、二氯甲烷浸渍试验、液压试验	(1) 同一生产厂、同一批原料、同一配方和工艺情况下生产的同规格的管材每 100t 为一验收批，不足 100t 也按一批计。 (2) 抽样方案见下表
	(4) 给水用聚乙烯 (PE) 管材 (GB/T 13663) (GB/T 17219)	必试：生活饮用给水管材的卫生性能 其他：静液压强度 80℃、断裂伸长率、氧化诱导时间	批量范围 (N) ＝ 样本大小 (n)： ≤150　8 151～280　13 280～500　20 501～1200　32 1201～3200　50 3201～10000　80
38	卫生陶瓷 (GB 6952)	必试：一 其他：冲击功能、吸水率、抗龟裂试验、水封试验、污水排放试验	(1) 同一生产厂、同种产品、同一级别 500～3000 件为一验收批，不足 500 件也按一批计。 (2) 每批随机抽取 3 件用于冲击功能试验，3 件用于污水排放试验，其他试验项目各取 1 件

（3）对施工方案、方法和工艺的控制。

（4）对施工用机械、设备的质量控制。

（5）对施工环境与条件的质量控制。

（6）对测量基准点和参考标高的确认及工程测量放线的质量控制。

2. 施工过程中的质量控制包括：

（1）对施工承包单位质量控制的自检系统进行监督。

（2）对施工过程进行质量跟踪监控，严格工序间的交接检查，建立施工跟踪档案。

（3）会同建设监理单位审查设计单位或承包单位提出的工程变更或图纸修改。

（4）对重要的承重结构，主要部位的隐蔽工程，如基槽、钢筋混凝土基础、主体结构中现浇钢筋混凝土柱、梁及屋面防水等进行检查验收，确认合格后办理隐蔽工程验收手续。

（5）进行给排水、电器安装的测试，如符合设计要求，应予签证。对设备安装检查应做盛水试验，防止设备的滴、漏、渗现象。

（6）进行工程质量的评定和竣工验收准备工作，做好施工资料收集整理工作。

（7）认真做好施工日记。施工日记的内容应包括：日期、天气情况、施工部位及施工内容、施工过程中发生的事故及处理结果等。

（8）对沉降有观测要求的建筑物、构筑物，在施工过程中督促施工企业进行定期观察，并做好相应的记录。

（9）监督和协调施工企业做好文明施工，安全施工。

3. 竣工验收阶段的质量控制。房地产项目竣工验收是承包商向开发商移交工程的一项主要内容，是项目开发建设的一个重要阶段，也是工程建设的最后一道程序。其目的是全面检验工程建设是否符合设计要求和施工质量标准，检查承包合同的执行情况，检查项目的试运转状况，核算项目投资效果。

房地产开发项目一般由工程建设主管部门——工程质量监督站组织验收。工程竣工验收一般分为如下几个阶段：

（1）检查阶段。检查阶段的工作包括两方面：一方面对项目的工程质量进行检查，看是否达到了设计和规范的要求，如结构、地面、屋面及地下防水工程、油漆工程、门窗等建筑装饰装修工程、建筑垃圾、绿化工程等；另一方面是对项目的完整性进行检查，看项目的内容是否有疏漏，以保证项目的功能完整。当然，还包括对工程实体的检查和各种质量文件的检查，对查出来的问题应限期解决，既可以边移交边解决，也可以推迟移交，再作复查。

（2）试验阶段。试验阶段的工作主要是按规范采用某些技术检验方法，对项目的组成部分进行功能方面的检查，如对给排水管道、采暖设备、通风管道的检验，对一些材料和设备的特殊检验等。

（3）移交阶段。房地产项目的全部工程完成后，业主组织力量或委托某些专业工程师对整个项目的工程实体和全部施工记录资料进行交接检查，找出存在的问题，并为下一步的质量评定工作做好准备。

在竣工验收阶段，竣工图纸和文件的移交是一项十分重要的工作，竣工图不仅作为工程实施状况和最终工程技术系统状况的证明文件，而且是一份重要的历史文件，对项目以后的使用、修理、改建、加固都有着重要的作用。

（二）施工过程中质量控制的主要途径和方法

房地产项目施工过程中，应对工程建设对象的施工过程实施全面的质量监督、检查与控制，包括事前的各项施工准备工作质量控制，施工过程中的控制，以及某个单项工程及整个房地产项目完成后，对建筑施工及安装产品质量的事后控制。

对房地产项目在施工过程阶段进行质量监控主要是通过审核有关文件、报表，以及进行现场检查及试验途径和相应的方法实现的，其具体途径如下：

1. 审核有关技术文件、报告或报表。

（1）审查施工现场的分包单位的资质证明文件，检查其工作质量。

（2）审批施工承包单位的开工申请书，检查、核实与控制其施工准备工作质量。

（3）审批施工单位提交的施工组织设计方案，控制工程施工质量的技术措施保障。

（4）审核施工承包单位提交的有关材料、半成品和构配件质量证明文件（出厂合格证，质量检验或实验报告等），确保工程质量有可靠的物质基础。

（5）审核施工单位提交的反映施工工序的记录、动态统计资料或管理图表。

（6）审核施工单位提交的阶段产品质量证明文件，如工序交接检查、隐蔽工程检查、分部分项工程质量检查等的报告文件、资料，以确保和控制施工过程的质量。

（7）审批有关设计变更、修改设计图纸等，确保设计及施工图纸的质量。

（8）审核有关应用新技术、新工艺、新材料、新结构等的技术鉴定书，审批其应用审批报告，确保新技术应用的质量。

（9）审批有关工程质量缺陷或质量事故的处理报告，确保质量缺陷或事故处理的质量。

（10）审核与签署现场有关质量技术报告、文件等。

2. 现场质量监督检查。

（1）开工前的检查。检查开工准备工作质量，以确保开工及正常施工质量。

（2）工序施工中的质量跟踪控制。主要是监督、检查在工序施工过程中，人员、施工机械、材料、施工工艺及环境条件是否符合保证工程质量的要求。

（3）对工程质量有重大影响的工序，还应在现场监督与控制施工过程，确保使用材料及工序过程质量。

（4）工序产品；交接检查及隐蔽工程检查。

（5）复工前的检查。当工程因质量或其他原因停工后，应经检查许可后，才可以复工。

（6）分项分部工程检查。分项分部工程完工后，经检查认可后，签署中间交工证书。

（7）个别检查。对于施工难度大的工程结构或容易产生质量通病的施工对象，还应进行现场跟踪检查。

3. 现场质量检验。质量检验是根据一定的质量标准，借助一定的检测手段来实测项目产品、材料或设备等的性能特征或质量状况的工作。一般包括：明确某种质量特性的标准，量度项目产品或材料的质量特征状况，记录与整理有关的检验数据，然后将量度的结果与标准进行比较，对质量进行判断与估价，对不符合质量要求的，要进行处理。通常采用的质量检验方法可分为三类，即目测法、工具测量法以及试验法。进行现场质量检查时，如对质量文件发生疑问，应要求施工单位予以澄清；若发现工程质量缺陷和质量事故，应指令施工单位进行处理。

（三）施工过程中质量控制的主要手段

1. "旁站"监督。"旁站"监督是房地产开发商经常采用的一种现场检查形式，即在施工过程中派技术人员到现场观察、监督与检查施工过程，注意并及时发现质量事故的苗头，影响质量的不利因素，潜在的质量隐患以及出现的质量问题等，以便及时进行控制。对于隐蔽工程的施工，"旁站"监督尤为重要。

2. 测量。施工前甲方技术人员应对施工放线，即高程控制进行检查控制，不合格者不得施工，发现偏差及时纠正。

3. 试验。试验数据是判断和确认各种材料和工程部位内在品质的主要依据。如材料性能、拌和料配合比、成品强度等物理力学性能以及打桩的承载能力等，通常需通过实验手段，取得试验数据来判断质量的优劣。

4. 指令文件。指令文件是运用甲方指令控制权的具体形式，是表达开发商对施工承包单位做出指示和要求的书面文件，用以向施工单位指出施工中存在的问题，提请施工单位注意，以及向施工单位提出要求。开发商的多项指令都应是书面的或有文件记载的。如因时间紧迫，来不及作出正式书面指令，也可以通过口头指令方式下达给施工单位，但随即应按合同规定，及时补充书面文件对口头指令予以确认。

5. 按规定质量监控工作程序。房地产项目必须规定双方遵守的质量监控工作程序，它是进行质量监控的必要手段和依据。如对未提交开工申请单，未经审查、批准的工程，不得开工，未经签署质量验收单予以质量确认，不得进行下道工序等。

6. 利用支付控制手段。这是国际上通用的一种重要的控制手段，是开发商的支付控制权。从根本上讲，国际上对合同条件的管理，主要是采用经济手段和法律手段。因此，支付控制权就是对施工承包单位支付任何工程款项，均需由开发商批准。工程款支付的条件之一就是工程质量要达到规定的要求和标准。如果施工单位的工程质量达不到要求的标准，而又不能承担处理质量缺陷的责任，开发商有权停止对施工单位支付部分或全部工程款，由此造成的损失，由施工单位负责。在房地产开发施工过程中，这是十分有效的控制和约束手段。

（四）建筑节能施工质量控制

建设部、质量监测检验检疫总局联合颁发了《建筑节能工程施工质量验收规范》（GB 50411）（以下简称"规范"），这将对建筑节能工程质量控制和验收，推进建筑节能目标发挥极其重要的作用。因此，建筑节能施工质量控制，应遵照此"规范"执行。现将其内容扼要介绍如下：

第一节　"规范"主要内容及特点

一、"规范"的主要内容及特点

"规范"的主要内容为：

1. 总则；

2. 术语；

3. 基本规定；

4. 墙体节能工程；

5. 幕墙节能工程；

6. 门窗节能工程；

7. 屋面节能工程；

8. 地面节能工程；

9. 采暖节能工程；

10. 通风与空调节能工程；

11. 空调与采暖系统冷热源及管网节能工程；

12. 配电与照明节能工程；

13. 监测与控制节能工程；

14. 建筑节能工程现场实体检验；

15. 建筑节能分部工程质量验收；

附录 A 建筑节能工程进场材料和设备的复验项目；

附录 B 建筑节能分部、分项工程和检验批的质量验收表；

附录 C 外墙节能构造钻芯检验方法。

本规范共 15 章；3 个附录；244 条，主控项目 101 条、一般项目 43 条。

其中：强制性条文 20 条，涉及结构和人身安全、环保、节能性能、功能方面。全文共 10 个方面的内容，4~13 章文体为一般规定、主控项目、一般项目。规范的定位是对建筑节能材料设备的应用、建筑节能工程施工过程的控制和对建筑节能工程的施工结果进行验收。

二、"规范"编制的指导思想

原则——技术先进、经济合理、安全适用和可操作性强；

一推——在建筑工程中推广装配化、工业化生产的产品、限制落后技术；

两少——复验数量要少，现场实体检验要少；

三合——由设计、施工、验收三个环节闭合控制节能质量；

四抓——抓设计文件执行力、抓进场材料设备质量、抓施工过程质量控制、抓系统调试与运行检测。

三、"规范"特点

《建筑节能工程施工质量验收规范》具有五个明显的特点：

一是 20 个强制性条文(简称"强条")。作为工程建设标准的强制性条文，必须严格执行，这些强制性条文既涉及过程控制，又有建筑设备专业的调试和检测，是建筑节能工程验收的重点。

二是规定对进场材料和设备的质量证明文件进行核查，并对各专业主要节能材料和设备在施工现场抽样复验，复验为见证取样送检。

三是推出工程验收前对外墙节能构造现场实体检验，严寒、寒冷和夏热冬冷地区的外窗气密性现场实体检验和建筑设备工程系统节能性能检测。

四是将建筑节能工程作为一个完整的分部工程纳入建筑工程验收体系，使涉及建筑工程中节能的设计、施工、验收和管理等多个方面的技术要求有法可依，形成从设计到施工和验收的闭合循环，使建筑节能工程质量得到控制。

五是突出了以实现功能和性能要求为基础、以过程控制为主导、以现场检验为辅助的原则，结构完整，内容充实，具有较强的科学性、完整性、协调性和可操作性，起到了对建筑节能工程质量控制和验收的作用，对推进建筑节能目标的实现将发挥重要作用。

第二节　"规范"强制条文与说明

一、节能工程竣工验收

1. 强条

单位工程竣工验收应在建筑节能分部工程验收合格后进行。

2. 说明

根据国家规定，建设工程必须节能，节能达不到要求的建筑工程不得验收交付使用。因此，规定单位工程竣工验收应在建筑节能分部工程验收合格后方可进行。即建筑节能验收是单位工程验收的先决条件，具有"一票否决权"。

二、节能设计变更

1. 强条

设计变更不得降低建筑节能效果。当设计变更涉及建筑节能效果时，应经原施工图设计审查机构审查。在实施前应办理设计变更手续，并获得监理或建设单位的确认。

2. 说明

由于材料供应、工艺改变等原因，建筑工程施工中可能需要改变节能设计。为了避免这些改变影响节能效果，本条对涉及节能的设计变更严格加以限制。

本条规定有三层含义：第一，任何有关节能的设计变更，均须事前办理设计变更手续；第二，有关节能的设计变更不应降低节能效果；第三，涉及节能效果的设计变更，除应由原设计单位认可外，还应报原负责节能设计审查机构审查方可确定。确定变更后，并应获得监理或建设单位的确认。

本条的设定增加了节能设计变更的难度，是为了尽可能维护已经审查确定的节能设计要求，减少不必要的节能设计变更。

三、节能工程施工

1. 强条

建筑节能工程应按照经审查合格的设计文件和经审查批准的施工方案施工。

2. 说明

本条为强制性条文，是对节能工程施工的基本要求。设计文件和施工技术方案，是节能工程施工也是所有工程施工均应遵循的基本要求。对于设计文件应当经过设计审查机构的审查；施工技术方案则应通过建设或监理单位的审查。施工中的变更，同样应经过审查，见本规范相关章节。

四、墙体节能工程使用材料规定

1. 强条

墙体节能工程使用的保温隔热材料，其导热系数、密度、抗压强度或压缩强度、燃烧性能应符合设计要求。

2. 说明

本条为强制性条文。是在4.2.1条规定基础上，要求墙体节能工程使用的保温隔热材料的导热系数、密度、抗压强度或压缩强度，以及燃烧性能均应符合设计要求。

保温隔热材料的主要热工性能和燃烧性能是否满足本条规定，主要依靠对各种质量证明文件的核查和进场复验。核查质量证明文件包括核查材料的出厂合格证、性能检测报告、构件的型式检验报告等。对有进场复验规定的要核查进场复验报告。本条中除材料的燃烧性能外均应进行进场复验，故均应核查复验报告。对材料燃烧性能则应核查其质量证明文件。对于新材料，应检查是否通过技术鉴定，其热工性能和燃烧性能检验结果是否符合设计要求和本规范相关规定。

应该注意，当上述质量证明文件和各种检测报告为复印件时，应加盖证明其真实性的相关单位印章和经手人员签字，并应注明原件存放处。必要时，还应核对原件。

五、墙体节能工程施工规定

1. 强条

墙体节能工程使用的保温隔热材料，其导热系统、密度、抗压强度或压缩强度、燃烧性能应符合设计要求。

2. 说明

本条为强制性条文。是在4.2.1条规定基础上，要求墙体节能工程使用的保温隔热材料的导热系数、密度、抗压强度或压缩强度，以及燃烧性能均应符合设计要求。

保温隔热材料的主要热工性能和燃烧性能是否满足本条规定，主要依靠对各种质量证明文件的核查和进场复验。核查质量证明文件包括核查材料的出厂合格证、性能检测报告、构件的型式检验报告等。对有进场复验规定的要核查进场复验报告。本条中除材料的燃烧性能外均应进行进场复验，故均应核查复验报告。对材料燃烧性能则应核查其质量证明文件。对于新材料，应检查是否通过技术鉴定，其热工性能和燃烧性能检验结果是否符合设计要求和规范相关规定。

应该注意，当上述质量证明文件和各种检测报告为复印件时，应加盖证明其真实性的相关单位印章和经手人员签字，并应注明原件存放处。必要时，还应核对原件。

3. 强条

墙体节能工程的施工。应符合下列规定：

（1）保温隔热材料的厚度必须符合设计要求。

（2）保温板材与基层及各构造层之间的粘结或连接必须牢固。粘结强度和连接方式应符合设计要求。保温板材与基层的粘结强度应做现场拉拔试验。

（3）保温浆料应分层施工。当采用保温浆料做外保温时，保温层与基层之间及各层之间的粘结必须牢固，不应脱层、空鼓和开裂。

（4）当墙体节能工程的保温层采用预埋或后置锚固件固定时，锚固件数量、位置、锚固深度和拉拔力应符合设计要求。后置锚固件应进行锚固力现场拉拔试验。

4. 说明

本条为强制性条文。对墙体节能工程施工提出4款基本要求，这些要求主要关系到安全和节能效果，十分重要。本条要求的粘贴强度和锚固拉拔力试验，当施工企业试验室有能力时可由施工企业试验室承担，也可委托给具备见证资质的检测机构进行试验。采用的试验方法可以在承包合同中约定，也可选择现行行业标准、地方标准推荐的相关试验方法。

5. 强条

严寒和寒冷地区外墙热桥部位，应按设计要求采取节能保温等隔热桥措施。

6. 说明

本条特别对严寒、寒冷地区的外墙热桥部位提出要求。这些地区外墙的热桥，对于墙体总体保温效果影响较大。故要点均应按设计要求采取隔热桥或节能保温措施。当缺少设计要求时，应提出办理洽商，或按照施工技术方案进行处理。完工后采用热工成像设备进行扫描检查，可以辅助了解其处理措施是否有效。本条为主控项目，与4.3.3条例为一般项目的非严寒、寒冷地区的要求在严格程度上有区别。

六、幕墙节能工程材料规定

1. 强条

幕墙节能工程使用的保温隔热材料，其导热系数、密度、燃烧性能应符合设计要求，幕墙玻璃的传热系数、遮阳系数、可见光透射比、中空玻璃露点应符合设计要求。

2. 说明

幕墙材料、构配件等热工性能是保证幕墙节能指标的关键，所以必须满足要求。材料的热工性能主要是导热系数，许多构件也是如此，但复合材料和复合构件的整体性能则主要是热阻。

比如有些幕墙采用隔热附件（材料）来隔断热桥，而不是采用隔热型材。这些隔热附件往往是垫块、连接件之类。对隔热附件，其导热系数也应该不大于产品标准的要求。

玻璃的传热系数、遮阳系数、可见光透射比对于玻璃幕墙都是主要的节能指标要求，所以应该满足设计要求。中空玻璃露点应满足产品标准要求，以保证产品的密封质量和耐久性。

七、门窗性能规定

1. 强条

建筑外窗的气密性、保温性能、中空玻璃露点、玻璃遮阳系数和可见光透射比应符合的设计要求。

2. 说明

建筑外窗的气密性、保温性能、中空玻璃露点、玻璃遮阳系数和可见光透射比都是重要的节能指标，所以应符合强制的要求。

八、屋面节能工程材料规定

1. 强条

层面节能工程使用的保温隔热材料，其导热系数、密度、抗压强度或压缩强度、燃烧性能应符合设计要求。

2. 说明

在屋面保温隔热工程中，保温隔热材料的导热系数、密度或干密度指标直接影响到屋面保温隔热效果，抗压强度或压缩强度影响到保温隔热层的施工质量，燃烧性能是防止火灾隐患的重要条件，因此应对保温隔热材料的导热系数、密度或干密度、抗压强度或压缩强度及燃烧性能进行严格的控制，必须符合节能设计要求、产品标准要求以及相关施工技术标准要求。应检查保温隔热材料的合格证、有效期内的产品性能检测报告及进场验收记录所代表的规格、型号和性能参数是否与设计要求和有关标准相符，并重点检查进场复验报告，复验报告必须是第三方见证取样，检验样品必须是按批量随机抽取。

九、地面节能工程材料规定

1. 强条

地面节能工程使用的保温材料，其导热系数、密度、抗压强度或压缩强度、燃烧性能应符合设计要求。

2. 说明

在地面保温工程中，保温材料的导热系数、密度或干密度指标直接影响到地面保温效果，抗压强度或压缩强度影响到保温层的施工质量，燃烧性能是防止火灾隐患的重要条件，因此应对保温材料的导热系数、密度或干密度、抗压强度或压缩强度及燃烧性能进行严格的控制，必须符合节能设计要求、产品标准要求以及相关施工技术标准要求。应检查材料的合格证、有效期内的产品性能检测报告及进场验收记录所代表的规格、型号和性能参数是否与设计要求和有关标准相符，并重点检查进场复验报告，复验报告必须是第三方见证取样，检验样品必须是按批量随机抽取。

十、采暖节能工程安装规定

1. 强条

采暖系统的安装应符合下列规定：

(1) 采暖系统的制式，应符合设计要求；

(2) 散热设备、阀门、过滤器、温度计及仪表应按设计要求安装齐全，不得随意增减和更换；

(3) 室内温度调控装置、热计量装置、水力平衡装置以及热力入口装置的安装位置和方向应符合设计要求，并便于观察、操作和调试；

(4) 温度调控装置和热计量装置安装后，采暖系统应能实现设计要求的分室(区)温度调控、分栋热计量和分户或分室(区)热量分摊的功能。

2. 说明

在采暖系统中系统制式也就是管道的系统形式，是经过设计人员周密考虑而设计的，要求施工单位必须按照设计图纸进行施工。

设备、阀门以及仪表能否安装到位，直接影响采暖系统的节能效果，任何单位不得擅自增减和更换。

在实际工程中，温控装置经常被遮挡，水力平衡装置因安装空间狭小无法调节，有很多采暖系统的热力入口只有总开关阀门和旁通阀门，没有按照设计要求安装热计量装置、过滤器、压力表、温度计等入口装置；有的工程虽然安装了入口装置，但空间狭窄，过滤器和阀门无法操作、热计量装置、压力表、温度计等仪表很难观察读取。常常是采暖系统热力入口装置起不到过滤、热能计量及调节水力平衡等功能，从而达不到节能的目的。同时，本条还强制性规定设有温度调控装置和热计量装置的采暖系统安装完毕后，应能实现设计要求的分室(区)温度调控和分栋热计量及分户或分室(区)热量(费)分摊，这也是国家有关节能标准所要求的。

3. 强条

采暖系统安装完毕后，应在采暖期内与热源进行联合试运转和调试。联合试运转和调试结果应符合设计要求，采暖房间温度相对于设计计算温度不得低于2℃，且不高于1℃。

4. 说明

采暖系统工程安装完工后，为了使采暖系统达到正常运行和节能的预期目标，规定应在采暖期内与热源连接进行系统联合运转和调试。联合试运转及调试结果应符合设计要求，室内温度不得低于设计计算温度2℃，且不应高于1℃。采暖系统工程竣工如果是在非采暖期或虽然在采暖期却还不具备热源条件时，应对采暖系统进行水压试验，试验压力应符合设计要求。但是，这种水压试验，并不代表系统已进行调试和达到平衡，不能保证采暖房间的室内温度能达到设计要求。因此，施工单位和建设单位应在工程(保修)合同中进行约定，在具备热源条件后的第一个采暖期间再进行联合试运转及调试，并补做本规范

表 14.2.2 中序号为 1 的"室内温度"项的调试。补做的联合试运转及调试报告应经监理工程师(建设单位代表)签字确认,以补充完善验收资料。

十一、通风空调节能工程安装规定

1. 强条

通风与空调节能工程中的送、排风系统及空调风系统、空调水系统的安装,应符合下列规定:

(1) 各系统的制式,应符合设计要求;

(2) 各种设备、自控阀门与仪表应按设计要求安装齐全。不得随意增减和更换;

(3) 水系统各分支管路水力平衡装置、温控装置与仪表的安装位置、方向应符合设计要求,并便于观察、操作和调试;

(4) 空调系统应能实现设计要求的分室(区)温度调控功能。对设计要求分栋、分区或分户(室)冷、热计量的建筑物,空调系统应能实现相应的计量功能。

2. 说明

为保证通风与空调节能工程中送、排风系统及空调风系统、空调水系统具有节能效果,首先要求工程设计人员将其设计成具有节能功能的系统;其次要求在各系统中要选用节能设备和设置一些必要的自控阀门与仪表,并安装齐全到位。这些要求,必然会增加工程的初投资。因此,有的工程为了降低工程造价,根本不考虑日后的节能运行和减少运行费用等问题,在产品采购或施工过程中擅自改变了系统的制式并去掉一些节能设备和自控阀门与仪表,或将节能设备及自控阀门更换为不节能的设备及手动阀门,导致了系统无法实现节能运行,能耗及运行费用大大增加。为避免上述现象的发生,保证以上各系统的节能效果,本条做出了通风与空调节能工程中送、排风系统及空调风系统、空调水系统的安装制式应符合设计要求的强制性规定,且各种节能设备、自控阀门与仪表应全部安装到位,不得随意增加、减少和更换。

水力平衡装置,其作用是可以通过对系统水力分布的调整与设定,保持系统的水力平衡,保证获得预期的空调效果。为使其发挥正常的功能,本条文要求其安装位置、方向应正确,并便于调试操作。

空调系统安装完毕后应能实现分室(区)进行温度调控,一方面是为了通过对各空调场所室温的调节达到舒适度要求;另一方面是为了通过调节室温而达到节能的目的。对有分栋、分室(区)冷、热计量要求的建筑物,要求其空调系统安装完毕后,能够通过冷(热)量计量装置实现冷、热计量,是节约能源的重要手段,按照用冷、热量的多少来计收空调费用,既公平合理,更有利于提高用户的节能意识。

3. 强条

通风与空调系统安装完毕,应进行通风机和空调机组等设备的单机试运转和调试,并应进行系统的风量平衡调试。单机试运转和调试结果应符合设计要求;系统的总风量与设计风量的允许偏差不应大于 10%,风 E1 的风量与设计风量的允许偏差不应大于 15%。

4. 说明

通风与空调节能工程安装完工后,为了达到系统正常运行和节能的预期目标,规定必须进行通风机和空调机组等设备的单机试运转和调试及系统的风量平衡调试。试运转和调试结果应符合设计要求;通风与空调系统的总风量与设计风量的允许偏差不应大于 10%,

各风口的风量与设计风量的允许偏差不应大于15%。

十二、空调、采暖辅助设备及管网系统安装规定

1. 强条

空调与采暖系统冷热源设备和辅助设备及其管网系统的安装，应符合下列规定：

(1) 管道系统的制式，应符合设计要求；

(2) 各种设备、自控阀门与仪表应按设计要求安装齐全，不得随意增减和更换；

(3) 空调冷(热)水系统，应能实现设计要求的变流量或定流量运行；

(4) 供热系统应能根据热负荷及室外温度变化实现设计要求的集中质调节、量调节或质一量调节相结合的运行。

2. 说明

为保证空调与采暖系统具有良好的节能效果，首先要求将冷热源机房、换热站内的管道系统设计成具有节能功能的系统制式；其次要求所选用的省电节能型冷、热源设备及其辅助设备，均要安装齐全、到位；另外在各系统中要设置一些必要的自控阀门和仪表，是系统实现自动化、节能运行的必要条件。上述要求增加工程的初投资是必然的，但是，有的工程为了降低工程造价，却忽略了日后的节能运行和减少运行费用等重要问题，未经设计单位同意，就擅自改变系统的制式并去掉一些节能设备和自控阀门与仪表，或将节能设备及自控阀门更换为不节能的设备及手动阀门，导致了系统无法实现节能运行，能耗及运行费用大大增加。为避免上述现象的发生，保证以上各系统的节能效果，本条作出了空调与采暖管道系统的制式及其安装应符合设计要求、各种设备和自控阀门与仪表应安装齐全且不得随意增减和更换的强制性规定。

本条文规定的空调冷(热)水系统应能实现设计要求的变流量或定流量运行，以及热水采暖系统应能实现根据热负荷及室外温度的变化实现设计要求的集中质调节、量调节或质一量调节相结合的运行，是空调与采暖系统最终达到节能目的有效运行方式。为此，本条文作出了强制性的规定，要求安装完毕的空调与供热工程，应能实现工程设计的节能运行方式。

3. 强条

冷热源侧的电动两通调节阀、水力平衡阀及冷(热)量计量装置等自控阀门与仪表的安装。应符合下列规定：

(1) 规格、数量应符合设计要求；

(2) 方向应正确，位置应便于操作和观察。

4. 说明

在冷热源及空调系统中设置自控阀门和仪表，是实现系统节能运行等的必要条件。当空调场所的空调负荷发生变化时，电动两通调节阀和电动两通阀，可以根据已设定的温度通过调节流经空调机组的水流量，使空调冷热水系统实现变流量的节能运行；水力平衡装置，可以通过对系统水力分布的调整与设定，保持系统的水力平衡，保证获得预期的空调和供热效果；冷(热)量计量装置，是实现量化管理、节约能源的重要手段，按照用冷、热量的多少来计收空调和采暖费用，既公平合理，更有利于提高用户的节能意识。

工程实践表明，许多工程为了降低造价，不考虑日后的节能运行和减少运行费用等问题，未经设计人员同意，就擅自去掉一些自控阀门与仪表，或将自控阀门更换为不具备主

动节能功能的手动阀门，或将平衡阀、热计量装置去掉；有的工程虽然安装了自控阀门与仪表，但是其进、出口方向和安装位置却不符合产品及设计要求。这些不良做法，导致了空调与采暖系统无法进行节能运行和水力平衡及冷（热）量计量，能耗及运行费用大大增加。为避免上述现象的发生，本条文对此进行了强调。

5. 说明

空调与采暖系统冷热源和辅助设备及其管道和管网系统安装完毕后，系统试运转及调试必须符合下列规定：

(1)冷热源和辅助设备必须进行单机试运转及调试；

(2)冷热源和辅助设备必须同建筑物室内空调或采暖系统进行联合试运转及调试。

(3)联合试运转及调试结果应符合设计要求，且允许偏差或规定值应符合表 3-8-10 有关规定。当联合试运转及调试不在制冷期或采暖期时，应先对表 3-8-10 中序号 2、3、5、6 四个项目进行检测，并在第一个制冷期或采暖期内，带冷（热）源补做序号 1、4 两个项目的检测。

联合试运转及调试检测项目与允许偏差或规定数　　　　表 3-8-10

序号	检测项目	允许偏差或规定值
1	室内温度	冬季不得低于设计计算温度 10℃；夏季不得高于设计计算温度 2℃，且不应低于 1℃
2	供热系统室外管网的水力平衡度	0.9～1.2
3	供热系统的补水表	≤0.5%
4	室外管网的热输送效率	≥0.92
5	空调机组的水流量	≤20%
6	空调系统冷热水、冷却水总流量	≤10%

6. 说明

空调与采暖系统的冷、热源和辅助设备及其管道和室外管网系统安装完毕后，为了达到系统正常运行和节能的预期目标，规定必须进行空调与采暖系统冷、热源和辅助设备的单机试运转及调试和各系统的联合试运转及调试。单机试运转及调试，是进行系统联合试运转及调试的先决条件，是一个较容易执行的项目。系统的联合试运转及调试，是指系统在有冷热负荷和冷热源的实际工况下的试运行和调试。联合试运转及调试结果应满足表 3-8-10 中的相关要求。当建筑物室内空调与采暖系统工程竣工不在空调制冷期或采暖期时，联合试运转及调试只能进行表 3-8-10 中序号为 2、3、5、6 的四项内容。因此，施工单位和建设单位应在工程（保修）合同中进行约定，在具备冷热源条件后的第一个空调期或采暖期期间再进行联合试运转及调试，并补做表 3-8-10 中序号为 1、4 的两项内容。补做的联合试运转及调试报告应经监理工程师（建设单位代表）签字确认后，以补充完善验收资料。

各系统的联合试运转受到工程竣工时间、冷热源条件、室内外环境、建筑结构特性、系统设置、设备质量、运行状态、工程质量、调试人员技术水平和调试仪器等诸多条件的影响和制约，是一项技术性较强、很难不折不扣地执行的工作，但是，它又是非常重要、必须完成好的工程施工任务。因此，本条对此进行了强制性规定。对空调与采暖系统冷热源和辅助设备的单机试运转及调试和系统的联合试运转及调试的具体要求，可详见《通风与空调工程施工质量验收规范》(GB 50243)的有关规定。

十三、电与照明工程规定

1. 强条

低压配电系统选择的电缆、电线截面不得低于设计值,进场时应对其截面和每芯导体电阻值进行见证取样送检。每芯导体电阻值应符合表 3-8-11 的规定。

不同标称截面的电缆、电线每芯导体最大电阻值   表 3-8-11

标称截面(mm²)	20qC 时导体最大电阻(Ω/km) 圆铜导体(不镀金属)	标称截面(mm²)	20qC 时导体最大电阻(Ω/km) 圆铜导体(不镀金属)
0.5	36.0	35	0.524
0.75	24.5	50	0.387
1.0	18.1	70	0.268
1.5	12.1	95	0.193
2.5	7.41	120	0.153
4	4.61	150	0.124
6	3.08	185	0.0991
10	1.83	240	0.0754
16	1.15	300	0.0601
25	0.727		

2. 说明

工程中使用伪劣电线电缆会造成发热,造成极大的安全隐患,同时增加线路损耗。为加强对建筑电气中使用的电线和电缆的质量控制,工程中使用的电线和电缆进场时均应进行抽样送检。相同材料、截面导体和相同芯数为同规格,如 VV3×185 与 YJV3×185 为同规格,BV6.0 与 BVV6.0 为同规格。

十四、监测与控制节能通风与空调控制及故障报价规定

1. 强条

通风与空调监测控制系统的控制功能及故障报警功能应符合设计要求。

2. 说明

验收时,通风与空调系统因季节原因无法进行不间断试运行时,按此条规定执行。

十五、建筑节能工程验收合格的规定

1. 强条

建筑节能分部工程质量验收合格,应符合下列规定:

(1) 分项工程应全部合格;

(2) 质量控制资料应完整;

(3) 外墙节能构造现场实体检验结果应符合设计要求;

(4) 严寒、寒冷和夏热冬冷地区的外窗气密性现场实体检测结果应合格;

(5) 建筑设备工程系统节能性能检测结果应合格。

2. 说明

考虑到建筑节能工程的重要性,建筑节能工程分部工程质量验收,除了应在各相关分

项工程验收合格的基础上进行技术资料检查外，增加了对主要节能构造、性能和功能的现场实体检验。在分部工程验收之前进行的这些检查，可以更真实地反映工程的节能性能。具体检查内容在各章均有规定。

第五节　房地产项目进度控制

一、房地产项目进度控制概述

（一）进度的概念

进度通常是指项目实施结果的进展情况。在房地产项目实施的过程，总是要消耗时间（工期）、劳动力、材料、成本等才能完成项目的任务，项目的实施结果应当以项目任务的完成情况来表达。但是由于项目对象系统的复杂性，常常很难选定一个恰当的、统一的指标来全面地反映项目的工作进度。因此，我们通常采用如下指标衡量项目的进度状况：

1. 持续时间。项目的成功实现，最终要看它是否能在规定的时间内完成既定的任务，所以，整个项目或某一部分工程的持续时间是进度的一个重要指标。人们常用已经使用的工期与计划工期相比较来描述项目的完成程度，如某项目的计划工期是一年，现已经进行了半年，则工期进度已达 50%。这里需要特别指出的是，我们所说的进度与工期并不是同一个概念，如一个房地产项目，在开始时因为资金、设备或是材料尚未完全到位，工作效率低，进度相应地也慢一些，那么有可能到工期进行了一半时，工程的实际完成进度还不到一半，也就是进度并未达到 50%，因此我们说工期与进度是两个概念，它们之间是存在着一定差异的。

2. 项目的结果状态。这一指标一般只适用于项目的某一部分的工程活动，针对专门的领域，其生产对象简单、工程活动简单。如：对设计工作而言，可以用资料数量（图纸、规范等)作为衡量进度的指标；对混凝土工程，可以用混凝土的体积作为衡量进度的指标；设备安装工程，可以用吨位作为衡量进度的指标；管道、道路工程，可以用长度作为衡量进度的指标等。

3. 已完成工程的价值量。即用已经完成的工作量与相应的合同价格、预算价格进行计算，它能够将不同种类的分项工程统一起来，较好地反映工程的进度状况，是常用的进度指标。

4. 资源消耗指标。最常用的有劳动工时、机械台班、成本的消耗等，它们有统一性和较好的可比性，即各个工程活动直到整个项目都可用它们作为指标，这样可以统一分析尺度，但在实际的项目实施过程中，要注意以下几个问题：

（1）投入资源数量和进度并不等同，有时会有背离。比如有些房地产项目因为天气因素的影响，虽说投入的资源数量超过了计划值，但是效率并不高，进度可能会滞后。

（2）实际工作量与计划经常有差别，在项目实施过程中，工程变更是不可避免的，因为工程变更而造成工作量增加，势必对进度控制造成影响，如计划 100 个工时，由于工程变更使得工作条件发生变化，应需要 120 个工时，现完成 60 个工时，那么进度实际只完成 50% 而不是 60%。所以只有当计划止确或是计划能反映当前最新的情况，并按预定的效率施工时，用资源消耗指标来衡量进度才能得到正确的结果。

（3）用成本反映项目进度是经常的，但是需要考虑不正常原因（返工、窝工、工程停工等)造成的成本损失，材料涨价、工资提高所造成的成本的增加，工程或工作范围的变化造成的实际工程量变化等。

在现代房地产项目管理中，人们已赋予进度以综合的含义，它将项目任务、工期、成本有机地结合起来，形成一个综合的指标，能全面反映项目的实施状况。进度控制已不只是传统的工期控制，而且还将工期与工程实物、成本、劳动消耗、资源等统一起来。

（二）项目进度控制的范围

房地产进度控制的总目标贯穿在整个项目的实施阶段中，要保证进度目标的顺利完成，要保证计划目标值与实际值的一致，则项目管理者在进行项目进度控制时，要渗透到项目实施的全过程中去，对项目的各个方面进行进度控制。项目进度控制的范围包括：

1. 项目的各个阶段。从房地产项目进度控制的概念，我们可以看出，房地产项目的进度控制不仅仅包括施工阶段，还要包括项目前期策划阶段、设计阶段、项目招标阶段、竣工验收阶段和后期管理阶段，即项目进度控制涉及项目建设的全过程。

2. 项目的各个组成部分。项目管理者在进行进度控制时，对组成房地产项目的所有组成部分进行全方位的进度控制，不论是红线内工程还是红线外配套工程，也不论是土建工程还是设备工程、给排水、采暖通风、道路、绿化、电气等工程。

3. 项目的所有工作。为了确保房地产项目按计划进度实施完成，就需要把有关项目建设的各项工作，如设计、施工准备、工程招标以及材料设备供应、竣工验收等工作列入进度控制的范围之内。因此，凡是影响房地产项目进度的工作都将成为进度控制的对象。当然，任何事务都有主次之分，使进度控制工作能够有条不紊、主次分明。

4. 影响进度的各项因素。由于房地产项目具有资金庞大、业务复杂、建设周期长、涉及相关单位多的特点，造成影响项目进度的因素很多，如：人的因素、技术因素、材料设备与构配件因素，水文、地质与气象自然因素，政治、经济、文化等社会因素，还有其他不确定的因素等，若要有效进行项目进度控制就必须对上述各种因素进行全面的分析与预测，由此，说明了项目进度控制的复杂性和必要性。当然，这些影响因素以人为影响因素为最多，有来自开发商的，有来自设计、施工及供货单位的，还有来自政府、建设主管部门、有关协作单位和社会其他单位的。因此在项目进度控制的过程中，要加强"人为因素"的控制管理，保证项目进度目标的实现。

另外，项目组织协调是实现有效进度控制的关键。要做好房地产项目进度控制工作必须做好与有关单位的协调工作，与房地产项目进度有关的单位较多，包括项目业主、设计单位、施工单位、材料供应单位、设备供应厂家、工程毗邻单位、监督管理项目建设的政府主管部门等。如果不能有效地与这些单位做好协调工作，不建立协调工作网络，不投入一定力量去做协调工作，进度控制将是十分困难的。

（三）房地产项目进度控制原理

1. 动态控制原理。房地产项目进度控制是一个不断进行的动态控制，也是一个循环进行的过程。在进度计划执行中，由于各种干扰因素的影响，实际进度与计划进度可能会产生偏差，分析偏差的原因，采取相应的措施，调整原来计划，是实际工作与计划在新的起点上的重合，继续按其进行控制活动。但是在新的干扰因素作用下，又会产生新的偏差，项目进度计划控制就是采用这种循环的动态控制方法。

2. 系统原理。为了对房地产项目实行进度计划控制，首先必须编制项目的各种进度计划，形成项目计划系统。按计划编制的对象由大到小、计划的内容由粗到细，包括项目总进度计划、单位工程进度计划、分部分项工程进度计划，季度、月（旬）作业计划。这些计划编制时从总体到局部，逐层进行控制目标分解，以保证计划控制目标的落实。计划执行时，从月（旬）作业计划开始实施，逐级按目标控制，从而达到对房地产项目整体目标进度的控制。

3. 信息反馈原理。应用信息反馈原理，不断进行信息反馈，及时地将实际信息反馈给项目控制人员，通过整理各方面的信息，经比较分析做出决策，调整进度计划，使其符合预定工期目标。项目进度控制过程就是信息反馈的过程。

4. 弹性原理。项目进度计划影响因素多，在编制进度计划时，根据经验对各种因素的影响程度、出现的可能性进行分析，编制项目进度计划时要留有余地，使计划具有弹性。在计划实施中，利用这些弹性，缩短有关工作的时间，或改变工作之间的搭接关系，使已拖延了的工期，仍然达到预期的计划目标。

5. 封闭循环原理。项目的进度计划控制的全过程是计划、实施、检查比较分析、确定调整措施、再计划的不断循环过程，如图 3-8-4 所示。

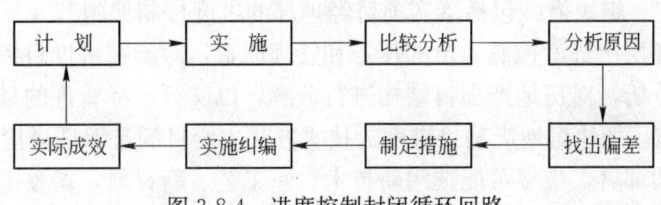

图 3-8-4　进度控制封闭循环回路

（四）房地产项目进度控制过程

1. 采用各种控制手段保证整个项目及各个项目分部工程活动按计划及时开始，在项目实施中记录各工程活动的开始和结束时间及完成程度。

2. 在各控制期末（如月末、季末、一个分部工程阶段结束）将各活动的完成程度与计划对比，确定整个项目的完成程度，并结合工期、生产成果、劳动效率与消耗等指标，评价项目进度状况，分析其中的原因。

3. 对下期工作作出安排，对一些已开始、但尚未结束的项目单元的剩余时间作估算，制定调整进度的措施，根据已完成状况作新的安排和计划，重新分析、调整、完善工期网络计划，预测新的工期状况。

4. 对调整措施和新计划作出评审，分析调整措施的效果，分析新的工期是否符合目标要求。

（五）房地产项目进度控制方法与措施

1. 项目进度控制的主要方法。要保证项目顺利进行，就要采取先进的方法，科学安排与控制项目进度，保障项目目标和经济利益的实现。

（1）关键线路法（CPM）。关键线路法是进行进度安排的常采用的网络技术之一。利用这一技术可直观的表示出所有工作的顺序及相互之间的依赖关系，能够将各种分散而繁杂的数据加工处理成项目管理所需的信息，便于管理人员进行时间、人力、物力、财力等资源的分析和配置。

在网络图中，如果用日历日期来表示每道工序的开始和结束时间，那么，网络本身就是一种进度安排图，若将每道工序所需的资源量表示在网络图中，可以做成带资源的关键线路图。带资源的关键线路图不仅可以告诉人们什么时间开展哪项工作，还可以告诉人们每项工作所需的资源数量，从而成为管理人员制定进度计划时，进行工期和资源之间协调平衡的手段。但是，在利用 CPM 安排进度时，必须确定合理的工作细分程度。

（2）计划评审技术（PERT）。计划评审技术也是进行项目进度控制的方法，这种技术在安排和表示进度的形式方面和关键线路法差不多，但基础资料收集的难度及处理资料的复杂程度要比关键线路复杂得多。计划评审技术主要用于不确定性因素较多的项目。这类房地产项目需要反复研究和反复认识，具体到某一工作环节时，因为事先不能估计时间，而只能推测完成的时间。

（3）管理技术方法。进度控制的管理技术方法是指规划、控制和协调。其中，可通过规划确定项目的进度总目标和分目标，通过控制发现偏差，并及时采取措施进行纠正，通过协调项目建设各参与方之间的进度关系实现进度目标。

2. 房地产项目进度控制的措施。进度控制的措施包括组织措施、技术措施、合同措施、经济措施和信息管理措施等。

（1）组织措施。组织措施包括落实项目经理部的进度控制部门和人员，制定进度控制工作制度，明确各层次进度控制人员的任务和管理职责，对影响进度目标实现的干扰因素和风险因素进行分析，对房地产项目结构进行分解，以实行目标管理的目的。

（2）技术措施。加快房地产项目进度的技术方法主要目的是保证进度目标的实现。要落实房地产方案的部署，应尽可能选用新技术、新工艺、新材料，调整工作之间的逻辑关系，缩短持续时间。

（3）合同措施。合同措施是以合同形式保证工期进度的实现，如签订分包合同、分析合同工期、协调合同工期与计划的关系、进行工期延长索赔等。

（4）经济措施。经济措施是指实现进度计划的资金保证措施，如经济承包责任制的方法、采用奖惩手段等。

（5）信息管理措施。建立监测、分析、调整、反馈系统，通过计划进度与实际进度的动态比较，提供进度比较信息，实现连续的、动态的全过程进度目标控制。

（六）房地产项目进度控制的实施

1. 项目设计进度控制。项目设计进度控制的最终目标是按时、按质、按量的提供房地产项目建设施工图等设计文件，是用来明确各项工作之间的先后顺序和相互关系，明确关键工作和关键性线路，对设计进度进行动态控制，要定期了解设计进度，并与编制的项目设计进度计划相比较，若发现拖延，及时分析原因，采取措施，加以调整，把不利因素降到最低程度。

开发商和设计单位签订设计合同时，应明确规定设计的总进度和设计准备、初步设计、技术设计、施工图设计等各个阶段的进度，以此作为设计进度控制的依据。开发商还应及时提供充分、完备的基础资料，有关证件、证书，以及项目配套的征询意见等，尽可能减少对设计进度的影响。

2. 项目实施进度控制。影响房地产项目进度的因素很多，如设计单位拖延设计进度，建设单位未及时作出有关决策，总承包单位将工程发包给资质不够的承包单位，监管管理部门拖延审批时间，项目资金到位不及时，甚至出现资金短缺，项目施工上碰到困难，设计图纸错误或变更，物资供应不能及时到达现场，劳动力和机械调配不当，以及天灾人祸等不可预见事件和不利条件，都将影响房地产项目的实施进度。房地产项目的进度控制包括：

（1）实施进度调整。根据监理文件报表、检查记录等资料，将实际完成工程量和计划完成工程量进行比较，分析完成情况，及时采取措施对各单位、分部、分项工程以及冬雨季项目等的房地产进度计划进行调整，确保进度计划的顺利进行。

对于关键线路的实际进度提前的情况，若不压缩原计划工期，可以优选后续关键工作中资源占用量小或直接费用高的项目工期予以适当延长，从而减少资源占用和费用支出；若要压缩原计划工期，则应对未完成部分的项目计划进行调整，然后作为新进度计划予以执行。当关键线路的实际进度落后时，可优选关键工作中直接费率低的项目予以压缩，并重新计算未完成部分的时间参数，作为新的计划予以实施，这样既保证按新的计划的完成，又能减少赶工费用。

（2）进度控制。为实现有效的进度控制，首先要建立实施进度控制的科学组织体系和严密的工作制度，对房地产项目建设全过程进行系统控制。进度控制系统应发挥监测职能，把实际进度信息不断地反馈给控制者，经过统计、整理、比较、分析后，当确认进度执行无偏差时，则系统继续运行，如果发现实际进度与计划进度有偏差，系统将发挥调控职能，分析偏差产生的原因及对后续工作和总工期的影响。必要时，对原进度计划进行相应调整，提出纠偏的方案和技术、组织、经济、合同等方面的保障措施。

二、进度拖延原因分析及解决措施

（一）进度拖延原因分析

项目管理者应按预定的项目计划定期评审实施进度情况，分析并确定拖延的根本原因。进度拖延是房地产项目实施过程中经常发生的现象。如一旦进度拖延发生，应在采取相应纠偏措施之前，首先对进度拖延原因进行分析，常见的进度拖延原因有：

1. 工期及相关计划的失误。项目计划失误是常见的现象，因为：

（1）项目外部环境的变化，资源不足，造成风险难以预测。

（2）项目计划人员本身能力的限制或计划制定者把计划安排得过于乐观。

（3）计划时忘记（遗漏）部分必需的功能或工作。

（4）相关的实际工作量增加，造成计划值（计划工作量、持续时间）的不足。

（5）在现代房地产项目的建设中，上层系统常常提出过紧的工期要求，使承包商、设计单位、供应商的工期太紧，甚至业主为了缩短工期，常常压缩项目的前期准备时间。

2. 边界条件的变化。

（1）工作量的变化。工作量的变化可能是由于设计的修改、设计的错误、业主的新要求、项目目标及系统范围的扩展造成的。

（2）外界（如政府、上层系统）对项目新的要求或限制，设计标准的提高可能造成项目资源的缺乏，使得项目无法及时完成。

（3）环境条件的变化，如宏观政策、社会经济、不利的施工条件等，对项目实施过程的干扰，有时直接要求调整原来已确定的计划。

（4）发生不可抗力事件，如地震、台风、动乱、战争等灾害。

3. 管理过程中的失误。

（1）计划部门与实施部门之间，总承包商与分包商之间，业主与承包商之间缺少沟通。

（2）项目实施者缺乏工期意识，如管理者拖延图纸的供应和批准，任务下达时缺少必要的工期说明和责任落实，上级机关拖延批准手续，质量检查拖延，业主不果断处理问题等，都会造成工期的拖延。

（3）项目参加单位对各个活动之间的逻辑关系没有清楚地了解，下达任务时也没有作详细的解释，对活动的必要的前提条件准备不足，各单位之间缺少协调和信息沟通，都会使工作、资源供应出现脱节，造成工期延误。

（4）业主没有集中资金供应，拖欠工程款，或业主的材料、设备供应不及时。

另外，由于采取其他调整措施，如设计的变更，质量问题的返工，实施方案的修改等都会引起工期的拖延。

（二）解决进度拖延的措施

在房地产项目进度控制的过程中，对已产生的进度拖延可以有如下的基本策略：一是采取积极的措施赶工，以弥补或部分弥补已经产生的拖延；二是不采取特别的措施，在目前进度状态的基础上，仍按照原计划安排后期工作。但后一种策略，在通常情况下拖延的影响会越来越大，有时刚开始仅一两周的拖延，到最后会导致一年拖延的结果，它是一种消极的办法，最终结果必然损害工期和经济效益目标。

对于第一种基本策略，在实际项目实施过程中经常采用如下赶工措施：

1. 增加资源投入，如增加劳动力、材料、周转材料和设备的投入量。

2. 重新分配资源，如将服务部门的人员投入到生产中去，采用加班或多班制工作。

3. 减少工作范围，包括减少工作量或删去一些工作。

4. 提高劳动效率和劳动生产率。

5. 将部分任务转移，如将任务分包或委托给别的单位，将原计划由自己生产的结构构件改为外购等。

6. 改变网络计划中项目工程活动的逻辑关系，如将前后顺序工作改为平行工作，或采用流水施工的方法。

7. 修改实施方案，例如将现浇混凝土改为场外预制、现场安装。

在这里，必须注意：赶工应符合项目的总目标与总战略，保证措施的有效性；尽管解决进度拖延有许多方法，但每种方法都有它的适用条件及限制；转变以往只重视成本问题或时间问题的片面观念，把成本、时间、质量、安全等结合起来进行综合考虑。

第六节　房地产开发项目安全与环境控制

安全问题影响工程建设进度、质量和成本的重要方面，加强安全管理，对提高开发项目的总体经济效益和社会效益有着重要的意义。因此，工程建设中安全管理应坚持安全第一、预防为主的方针。在规划设计阶段要求工程设计符合国家制定的建筑安全规程和技术规范保证工程的安全性能。在施工阶段，要求承包商编制施工组织设计时，应根据建设工程的特点制定相应的安全技术措施；当采用新工艺、新技术、新材料或使用新设备，必须了解、掌握其安全技术特性，争取有效防护措施，并对从业人员进行专门的安全生产教育和培训。对专业性较强的工程项目，如：基坑支护与降水工程；土方开挖工程；模板工程；起重吊装工程；脚手架工程；拆除、爆破工程；国务院建设行政主管部门或者其他有关部门规定的其他危险性较大的工程等项目，应当编制专项安全施工组织设计，并采取安全技术措施。

一、建设项目安全管理法规

（一）安全生产的国家法律、行政法规

1.《中华人民共和国安全生产法》（自 2002 年 11 月 1 日起施行）；

2.《中华人民共和国建筑法》（自 1998 年 3 月 1 日起施行）；

3.《中华人民共和国消防法》（自 2009 年 5 月 1 日起施行）；

4.《中华人民共和国劳动法》（自 1995 年 5 月 1 日起施行）；

5.《建设工程质量管理条例》（2000 年 1 月 30 日国务院令第 279 号）；

6.《企业职工伤亡事故报告和处理规定》（国务院第 75 号令，1991 年 3 月 1 日起施行）；

7. 国务院《关于特大安全事故行政责任追究的规定》（自 2001 年 4 月 28 日起施行）；

8.《建设工程安全生产管理条例》（国务院 2003 年 11 月 24 日发布，2004 年 2 月 1 日起施行）；

9.《国务院关于进一步加强安全生产工作的决定》（2004 年 1 月 9 日国务院国发［2004］2 号）；

10.《安全生产许可证条例》（2004 年 1 月 13 日国务院令第 397 号公布施行）。

（二）安全技术主要的国家标准

1.《塔式起重机安全规程》GB 5144；

2.《机械设备防护罩安全要求》GB 8196；

3.《施工升降机安全规则》GB 10055；

4.《建筑卷扬机安全规程》GB 13329；

5.《柴油打桩机安全操作规程》GB 13749；

6.《振动沉拔桩机安全操作规程》GB 13750；

7.《起重机械安全规程》GB 6067；

8.《起重机吊运指挥信号》GB 5082；

9.《起重用钢丝绳检验和报废实用规范》GB 5972；

10.《安全帽》GB 2811；

11.《安全帽及试验方法》GB 2811—2812；

12.《安全带》GB 6095—6096；

13.《安全网》GB 5725；

14.《密目式安全立网》GB 16909；

15.《钢管脚手架扣件》GB 15831；

16.《手持式电动工具的管理、使用、检查和维修安全技术规程》GB 3787；

17.《安全电压》GB 3805；

18.《漏电保护器安装和运行》GB 1395；

19.《安全标志》GB 2894；

20.《安全标志使用导则》GB 16719；

21. 《高处作业分级》GB 3608；

22. 《工厂企业厂内运输安全规程》GB 4387；

23. 《特种作业人员安全技术考核管理规则》GB 5306；

24. 《企业职工伤亡事故分类标准》GB 6441；

25. 《企业职工伤亡事故调查分析规则》GB 6442。

（三）安全技术主要的行业标准

1. 建设部《建筑施工安全检查标准》JGJ 59；

2. 建设部《施工现场临时用电安全技术规范》JGJ 46；

3. 建设部《建筑施工高处作业安全技术规范》JGJ 80；

4. 建设部《龙门架及井架物料提升机安全技术规范》JCJ 88；

5. 原城乡建设环境保护部《建筑机械使用安全技术规程》JGJ 33；

6. 建设部《塔式起重机操作使用规程》ZBJ 80012；

7. 建设部《建筑施工门式钢管脚手架安全技术规范》JGJ 128；

8. 建设部《建筑施工扣件式钢管脚手架安全技术规范》JGJ 130；

9. 建设部《建筑基坑支护技术规程》JGJ 120；

10. 建设部《建筑施工附着升降脚手架管理暂行规定》；

11. 建设部第 3 号令《工程建设重大事故报告和调查程序规定》；

12. 建设部第 13 号令《建筑安全监督管理规定》；

13. 建设部第 15 号令《建筑工程施工现场管理规定》。

（四）建筑施工安全强制性标准

1. 《施工现场临时用电安全技术规范》JGJ 46；

2. 《建筑施工高处作业安全技术规范》JCJ 80；

3. 《建筑机械使用安全技术规程》JGJ 33；

4. 《建筑施工安全检查标准》JGJ 59；

5. 《建筑施工扣件式钢管脚手架安全技术规范》JCJ 130；

6. 《建筑施工门式钢管脚手架安全技术规范》JGJ 128。

（五）《建筑法》对规范建筑安全管理确定的制度

1. 承包方资质管理制度；

2. 建筑工程施工许可制度；

3. 招标投标制度；

4. 禁止肢解发包和转包工程制度；

5. 建筑工程监理制度；

6. 工程质量监督管理制度；

7. 安全生产责任制度；

8. 群防群治制度；

9. 教育培训制度；

10. 意外伤害保险制度；

11. 伤亡事故报告制度；

12. 竣工验收制度和保修制度；

13. 建筑工程质量责任制度。

（六）《建筑法》对规范建设单位安全管理明确的规定

1. 应当向建筑施工企业提供与施工现场相关的地下管线资料，建筑施工企业应当采取措施加以保护。

2. 有下列情形之一的，应当按照国家有关规定办理申请批准手续：

（1）需要临时占用规划批准范围以外场地的；

（2）可能损坏道路、管线、电力、邮电通信等公共设施的；

（3）需要临时停水、停电、中断道路交通的；

（4）需要进行爆破作业的；

（5）法律、法规规定需要办理报批手续的其他情况。

3. 涉及建筑主体和承重结构变动的装修工程，应当在施工前委托原设计单位或者具有相应资质的设计单位提出设计方案；没有设计方案的，不得进行施工。

4. 不得以任何理由，要求建筑设计单位或者建筑施工企业在工程设计或者施工作业中，违反国家法律、行政法规和建筑工程质量、安全标准，降低工程质量。

（七）《建筑法》对规范设计勘察单位安全管理明确的规定

1. 建筑工程设计应当符合按照国家规定制定的建筑安全规程和技术规范，保证工程的安全性能。

2. 建筑工程勘察、设计的质量必须符合国家有关建筑工程安全标准的要求。

3. 勘察、设计文件应当符合有关法律、行政法规的规定和建筑工程质量、安全标准、建筑工程勘察、设计技术规范以及合同的约定。

4. 设计单位应当拒绝建设单位任何违反国家法律、行政法规和建筑工程质量、安全标准，降低工程质量的要求。

（八）《建筑法》对规范施工单位安全管理明确的规定

1. 在编制施工组织设计时，应当根据建筑工程的特点制定相应的安全技术措施；对专业性较强的工程项目，应当编制专项安全施工组织设计，并采取安全技术措施。

2. 应当在施工现场采取维护安全、防范危险、预防火灾等措施；有条件的，应当对施工现场进行封闭式管理。

3. 应当遵守有关环境保护和安全生产的法律、法规的规定，采取控制和处理施工现场的各种粉尘、废气、废水、固体废物以及噪声、振动对环境的污染和危害的措施。

4. 必须依法加强对建筑安全生产的管理，执行安全生产责任制度，采取有效措施，防止伤亡和其他安全生产事故的发生。

5. 施工现场安全由建筑施工企业负责。实行施工总承包的，由总承包单位负责。分包单位向总承包单位负责，服从总承包单位对施工现场的安全生产管理。

6. 应当建立健全劳动安全生产教育培训制度，加强对职工安全生产的教育培训；未经安全生产教育培训的人员，不得上岗作业。

7. 建筑施工企业和作业人员在施工过程中，应当遵守有关安全生产的法律、法规和建筑行业安全规章、规程，不得违章指挥或者违章作业。作业人员有权对影响人身健康的作业程序和作业条件提出改进意见，有权获得安全生产所需的防护用品。作业人员对危及生命安全和人身健康的行为有权提出批评、检举和控告。

8. 必须为从事危险作业的职工办理意外伤害保险，支付保险费。

9. 房屋拆除应当由具备保证安全条件的建筑施工单位承担，由建筑施工单位对安全负责。

10. 施工的质量必须符合国家有关建筑工程安全标准的要求。

11. 应当拒绝建设单位任何违反法律、行政法规和建筑工程质量、安全标准，降低工程质量的要求。

12. 施工中发生事故时，应当采取紧急措施，减少人员伤亡和事故损失，并按国家有关规定，及时向有关部门报告。

（九）《劳动法》涉及职业健康安全生产方面的主要条款

《劳动法》共13章107条，其中涉及职业健康安全生产的有3章21条，它们是：第六章劳动安全卫生（第52～57条）；第七章女职工和未成年人特殊保护（第58～65条）；第九章社会保险与福利（第70～76条）。以下介绍主要条款：

1. 第52条："用人单位必须建立、健全劳动安全卫生制度，严格执行国家劳动安全卫生规程和标准，对劳动者进行劳动安全卫生教育，防止劳动过程中的事故，减少职业危害。"

2. 第53条："劳动安全卫生设施必须符合国家规定的标准。新建、改建、扩建工程的劳动安全卫生设施必须与主体工程同时设计、同时施工、同时投入生产和使用。"

3. 第54条："用人单位必须为劳动者提供符合国家规定的劳动安全卫生条件和必要的劳动防护用品，对从事有职业危害作业的劳动者应定期进行健康检查。"

4. 第55条："从事特种作业的劳动者必须经过专门培训并取得特种作业资格。"

5. 第56条："劳动者在劳动过程中必须严格遵守安全操作规程。劳动者对用人单位管理人员违章指挥，强令冒险作业，有权拒绝执行；对危害生命安全和身体健康的行为，有权提出批评、检举和控告。"

6. 第57条："国家建立伤亡事故和职业病统计报告和处理制度。县级以上各级人民政府劳动行政部门，有关部门和用人单位应当依法对劳动者在劳动过程中发生的伤亡事故和职业病状况进行统计、报告和处理。"

7. 第58条："国家对女职工和未成年工实行特殊劳动保护。未成年工是指年满16周岁未满18周岁的劳动者。"

8. 第70条："国家发展社会保险事业，建立社会保险制度，设立社会保险基金，使劳动者在年老、患病、工伤、失业、生育等情况下获得帮助和补偿。"

（十）《消防法》涉及建设工程施工安全方面的规定

1. 消防工作贯彻"预防为主、防消结合"的方针，坚持专门机关与群众相结合的原则，实行防火安全责任制。

2. 企业单位的消防安全职责。

3. 任何单位、个人有维护消防安全、保护消防设施、预防火灾、报告火警的义务。任何单位、成年公民都有参加有组织的灭火工作的义务。

4. 禁止在具有火灾、爆炸危险的场所使用明火，因特殊情况需要使用明火作业的，应当按照规定事先办理审批手续，作业人员应当遵守消防安全规定，并采取相应的消防安全措施。

进行电焊、气焊等具有火灾危险的作业的人员必须持证上岗，并严格遵守消防安全操作规程。

5. 进入生产、贮存易燃易爆危险物品的场所，必须执行国家有关消防安全的规定。禁止携带火种进入生产、贮存易燃易爆危险品的场所。储存可燃物资仓库的管理，必须执行国家有关消防安全的规定。

6. 禁止使用未经法定检验机关检验合格的消防产品。

7. 建筑工程的消防设计图纸及有关资料未经公安消防机关审核或经审核不合格，建设单位不得施工。

建筑工程竣工时，必须经公安消防机关进行消防验收，未经验收或经验收不合格的，不得投入使用。

8. 电器产品、燃气用具的质量必须符合国家标准或者行业标准。其安装和线路、管路的设计、敷设必须符合国家有关消防安全技术规定。

9. 任何单位和个人不得损坏或者擅自挪用、拆除、停用消防设施、器材，不得埋压、圈占消火栓，不得占用防火间距，不得堵塞消防通道。

公用和城建等单位在修建道路以及停电、停水、截断通信线路时有可能影响消防队灭火救援的，必须事先通知当地安全消防机关。

10. 根据需要，建立由职工组成的义务消防队。

（十一）《建设工程安全生产管理条例》规定建设单位安全责任

1. 建设单位应当向施工单位提供施工现场及毗邻区域内供水、排水、供电、供气、供热、通信、广播电视等地下管线资料，气象和水文观测资料，相邻建筑物和构筑物、地下工程的有关资料，并保证资料的真实、准确、完整。

建设单位因建设工程需要，向有关部门或者单位查询前款规定的资料时，有关部门或者单位应当及时提供。

2. 建设单位不得对勘察、设计、施工、工程监理等单位提出不符合建设工程安全生产法律、法规和强制性标准规定的要求，不得压缩合同约定的工期。

3. 建设单位在编制工程概算时，应当确定建设工程安全作业环境及安全施工措施所需费用。

4. 建设单位不得明示或者暗示施工单位购买、租赁、使用不符合安全施工要求的安全防护用具、机械设备、施工机具及配件、消防设施和器材。

5. 建设单位在申请领取施工许可证时，应当提供建设工程有关安全施工措施的资料。

依法批准开工报告的建设工程，建设单位应当自开工报告批准之日起15日内，将保证安全施工的措施报送建设工程所在地的县级以上地方人民政府建设行政主管部门或者其他有关部门备案。

6. 建设单位应当将拆除工程发包给具有相应资质等级的施工单位。

建设单位应当在拆除工程施工15日前，将下列资料报送建设工程所在地的县级以上地方人民政府建设行政主管部门或者其他有关部门备案：

（1）施工单位资质等级证明；

（2）拟拆除建筑物、构筑物及可能危及毗邻建筑的说明；

（3）拆除施工组织方案；

（4）堆放、清除废弃物的措施。实施爆破作业的，应当遵守国家有关民用爆炸物品管理的规定。

（十二）《建筑拆除工程安全技术规定》JGJ 147—2004 总则及一般规定。

1. 总则：

（1）为了贯彻国家有关安全生产的法律和法规，确保建筑拆除工程施工安全，保障从业人员在拆除作业中的安全和健康及人民群众的生命、财产安全，根据建筑拆除工程特点，制定本规范。

（2）本规范适用于工业与民用建筑、构筑物、市政基础设施、地下工程、房屋附属设施拆除的施工安全及管理。

（3）本规范所称建设单位是指已取得房屋拆迁许可证或规划部门批文的单位；本规范所称施工单位是指已取得爆破与拆除工程资质，可承担拆除施工任务的单位。

（4）建筑拆除工程必须由具备爆破或拆除专业承包资质的单位施工，严禁将工程非法转包。

（5）建筑拆除工程安全除应符合本规范的要求外，尚应符合国家现行有关强制性标准的规定。

2. 一般规定：

（1）项目经理必须对拆除工程的安全生产负全面领导责任。项目经理部应按有关规定设专职安全员，检查落实各项安全技术措施。

（2）施工单位应全面了解拆除工程的图纸和资料，进行现场勘察，编制施工组织设计或安全专项施工方案。

（3）拆除工程施工区域应设置硬质封闭围挡及醒目警示标志，围挡高度不应低于1.8m，非施工人员不得进入施工区。当临街的被拆除建筑与交通道路的安全距离不能满足要求时，必须采取相应的安全隔离措施。

（4）拆除工程必须制定生产安全事故应急救援预案。

（5）施工单位应为从事拆除作业的人员办理意外伤害保险。

（6）拆除施工严禁立体交叉作业。

（7）作业人员使用手持机具时，严禁超负荷或带故障运转。

（8）楼层内的施工垃圾，应采用封闭的垃圾道或垃圾袋运下，不得向下抛掷。

（9）根据拆除工程施工现场作业环境，应制定相应的消防安全措施。施工现场应设置消防车通道，保证充足的消防水源，配备足够的灭火器材。

二、安全控制

房地产项目的安全控制一般应注意如下几个方面：

1. 从设计方面全面细致地考虑安全因素。在项目的设计阶段，就应注意安全方面的设计；在施工组织设计阶段，选择有安全防护措施的施工方法。

2. 采用新技术、新装备加强施工安全防护。

3. 制定严密的施工安全组织措施和安全纪律。

4. 严格按施工规范和施工安全操作规程施工。

5. 加强直接进入施工现场的工作人员的个人防护措施。

6. 加强安全培训教育，增强员工的安全意识，树立安全第一的思想。

7. 在险要地段或工点，设置安全预警系统和监测系统。

8. 健全各项安全检查制度，推行安全施工责任制。

9. 要有应付突发事件的应急系统，如救护系统、消防系统等。

10. 实现安全保险制度和风险抵押制度。

安全控制具有全面性、动态性及主动性的特点。在将安全控制落实到项目实施的全过程中去时，应综合考虑各个有可能对安全产生影响的因素，在不同的时期、不同的实施阶段采取不同的措施以适应不断变化的环境与安全要求，同时，还应加强事先预防，将一切事故消除在萌芽状态，这样才能保证综合目标的顺利实施。

三、环境保护控制

我国《宪法》规定："国家保护和改善生活环境和生态环境，防治污染和其他公害……"。《环境保护法》指出："一切企业、事业单位的选址、设计、建设和生产，都必须充分注意防止对环境的污染和破坏。在进行新建、改建和扩建工程时，必须提出对环境影响的报告书，经环境保护部门和其他有关部门审查批准后，才能进行设计；其中防治污染和其他公害的设施，必须与主体工程同时设计、同时施工、同时投产；各项有害物质的排放必须遵守国家规定的标准……"。

环境保护的设计必须按国家规定的设计程序进行：

1. 项目建议书阶段。在这个阶段，应根据房地产项目的性质、规模、建设所在地区的环境现状等，对项目建成后可能造成的环境影响进行说明。

2. 可行性研究阶段。在此阶段，需编制环境影响报告书或填写申报环境影响报告表。其主要内容有：建设所在地区的环境现状，主要污染源，资源开发可能引起的生态变化，建设过程中项目本身的或造成的环境影响，设计采用的环境保护标准，控制污染和生态变化的初步方案，环境保护投资估算，环境影响评价的结论或环境影响分析，存在的问题及建议。

3. 初步设计阶段。在此阶段，必须有环境保护篇（章），具体落实环境影响报告书（表）及其审批意见所确定的环境保护措施，必须有环境保护措施的设计依据，防治污染的处理工艺流程和预期效果，对资源开发引起的生态变化所采取的防范措施，绿化设计、监测手段、环境保护投资的概算等内容。

4. 项目施工阶段。业主与承包商在签订承发包合同时对环境保护的控制要有明确的条款规定，同时在设计目标系统时，应考虑环境保护目标，并对相应控制措施提前规划设计。这样，承包商、材料供应单位等在履行合同时，可以依据项目设计所确定的环保内容、环保原则及措施制定出相应的实施细则。为了达到预期目的，甚至可以制定出比设计标准和合同要求更为严格的环保措施进行实施控制（当然也要经过经济比较，考虑经济合理性因素），并随时接受业主和环保部门的检查监督。

四、安全与环境保护控制的基本内容

在项目实施过程中，项目管理者应重视安全与环境保护控制。只有搞好这项控制工作，才能保证成本、进度、质量控制工作的顺利实施。若是在这一环节控制得不好，出现安全事故或环境问题，可能要支出大量的金钱、付出大量的时间及精力才能处理妥当。甚至有可能被政府或相关监管机构诉诸法律，这样一来，损失极大，对完成项目的总体目标

无疑是十分有害的，因此，做好安全与环境保护控制非常重要。安全与环境保护控制主要的工作有：

1. 依据项目设计文件、施工作业规程、有关行业和部门的法规、规程及有关合同文件，结合现场作业条件，检查项目设计和施工的有关技术文件、施工顺序、施工工艺、施工管理及施工人员素质等，发现问题向业主、承包商和有关部门提出口头或书面意见。

2. 当发现违反安全与环境保护方面的有关规定，且出现严重后果时，要及时提出书面通知，警告以至停止作业等。

3. 当安全和环境保护与施工进度发生矛盾时，应贯彻"安全第一、环境为重"的原则，由项目管理者负责作出是否调整项目进度的决定。

4. 项目管理者应参加有关的各种安全和环境保护的分析与追查责任会议。

5. 分清事故责任，正确处理。若是由于有关当事人的责任所造成的损失和罚款，要由责任方负责经济赔偿，不能列入建设投资。如事故属于合同所规定的非人力所能预见和不可抗拒的灾害等非责任事故，经调查认定，并按有关合同规定，单独支付发生的相关费用。

第七节 房地产开发项目（商品住宅）装饰装修一次到位管理

房地产开发项目（商品住宅）装饰装修一次到位，目的在于逐步取消毛坯房，直接向消费者提供全装修成品房；规范装修市场，促使住宅装修生产从无序走向有序，避免二次装修噪声扰民和环境污染；坚持技术创新和可持续发展的原则，贯彻节能、节水、节材和环保方针，鼓励开发住宅装修新材料新部品，带动相关产业发展，提高效率，缩短工期，保证质量，降低造价。为此，建设部于 2002 年 6 月 18 日颁发了《商品住宅装修一次到位实施细则》，其主要内容包括：

一、住宅开发

1. 住宅开发单位必须更新观念，建造全装修住宅，做到住宅内部所有功能空间全部装修一次到位，销售成品房的价格中包含装修费用，并应在商品房预售合同中单独标明装修标准。

2. 住宅装修应在市场调查的基础上正确定位，装修档次和标准应和住宅本身的定位相一致。在标准化、通用化的前提下，力求多样化。

3. 加强住宅装修组织与管理。对设计、施工和监理单位进行资质审查，运用公开招标形式优选设计、施工和监理单位。贯彻执行国家有关规范、规定和标准，坚持高起点、高标准、高效率和高科技含量，创出装修设计、施工和管理的新水平。

二、装修设计

1. 住宅装修必须进行装修设计，由开发单位委托具有相应资质条件的设计单位设计。

住宅装修设计是住宅建筑设计的延续，必须将装修设计作为一个相对独立的设计阶段，并强化与土建设计的相互衔接，住宅装修设计应在住宅主体施工动工前进行。

2. 住宅装修设计必须树立以人为本的设计思想，多方听取意见，细化设计方案，做到符合人体工程学，适应不同的结构形式，功能合理齐全，环境舒适卫生，造价适宜不高，贴近业主的实际需要。装修简洁化，装饰个性化。

3. 住宅装修设计必须执行《住宅建筑模数协调标准》，厨卫设备与管线的布置应符合净模数的要求，在设计阶段就予以定型定位，以适应住宅装修工业化生产的要求，提高装配化程度。

4. 积极推广应用住宅装修新技术、新工艺、新材料和新部品，提高科技含量，取得经济效益、环境效益和社会效益。

5. 建立和健全住宅装修材料和部品的标准化体系，淘汰技术落后、性能差或不符合卫生要求的材料和部品，开发和发展住宅装修新材料和新部品，进行标准化、系列化、集约化生产，实现住宅装修材料和部品生产的现代化。

6. 住宅装修部品的选用应遵循《住宅建筑模数协调标准》，执行优化参数、公差配合和接口技术等有关规定，以提高其互换性和通用性。

7. 实施材料和部品配套供应，形成成套技术。不但要求主体材料和辅助材料、主件和配件配套、施工专用机具配套，而且要求有关设计、施工、验收等技术文件配套，做到产品先进有标准，设计方便有依据，施工快捷质量有保证。

8. 材料与部品的选择应符合产业的发展方向，经过国家授权机构的测试，满足国家有关环保、节能和节水的最新标准要求，对产品质量责任进行投保；生产企业通过 ISO 9000 或 ISO 14000 系列认证。

9. 材料与部品采购体现集团批量采购的优势，大幅度降低采购成本。

10. 室内装修的功能：

(1) 室内空间的美化功能。主要包括：①造型艺术处理；②照明艺术处理；③材料的色彩，材料的质感。

(2) 室内空间的利用和再塑。①空间的竖向分隔；②空间的水平分隔；③空间的有效使用；④室内外空间的相互渗透。

(3) 结构及设备的隐蔽功能。①土建饰面层的保护；②水暖电管线及设备的隐蔽和保护；③防渗防潮的措施。

(4) 住宅物理性能的提高。①提高保温、隔热、隔声、防尘性能；②提高防火、防跌、防滑、防晒性能；③延长住宅的使用寿命。

11. 设计步骤与思路：

(1) 确定标准

配合开发单位通过市场调查研究，结合装修的流行趋势，明确销售对象，确定装修标准。其装修水平至少应达到购房者所期望的档次和标准。

装修一次到位应在土建施工开工前，确定装修设计方案，由开发单位优选队伍，统一组织，采用工业化的集成方式加以实施。装修一次到位应建立在通用化的设计基础之上，其前提是规范化的有序管理。

装修的多样化，可表现在不同套精选出具有代表性的装修方案，强调在同一档次上的统一性和均好性，同时通过设计引导消费者向装饰个性化发展。

(2) 提前衔接

建造全装修住宅，首先要实施土建设计和装修设计一体化。土建设计方案确定后，装修设计单位就应提前介入，针对住宅套内的平面布置、设备及管线的位置，提出相应的装修方案图，两个方案相互补充完善并进行调整，重点解决土建、设备与装修的衔接问题，解决界面的联系，真正达到装修的标准化、模数化、通用化，为装修的工业化生产打下基础，改变土建、装修相互脱节的问题，使室内空间更趋合理。

① 土建设计宜选用净模制，用模数空间包容部品群。

② 土建设计宜选用定型门窗洞口系列。尽量避免使用刀把门，为后装房门、做门套提供便利条件。

③ 水、暖、气等设施管道系统应集中定型定位布置，竖向管道宜综合设计应固定在轻钢龙骨支架上，形成定型的预制管束，逐层吊装对接后包敷。水平管道可利用地石垫层、吊顶布置，或采用布管矮墙连接管束中的竖管和洁具。

④ 强、弱电线路，最好采用独立的布线系统，以便维护、更新线路和增加、改变用电点位置，从而避免影响其他部品和装修面层的完好。

（3）部品集成

设计人员应了解材料部品的规格、式样和品质，以及生产厂家的加工能力和安装方式等，通过组合先在图纸上加以集成。尤其是厨房、卫生间的设备配置，必须通过排列才能确定空间的各种尺寸。对于非标准装修的部位，要进行尺寸实测。工厂加工，现场组装，要求装修设计为现场的快速组装创造接合条件，尽可能减少手工加工的环节。

（4）提供图纸

设计图纸完成后，应向装修施工单位进行交底，说明施工中应注意的问题和技术要求。设计单位应向开发单位和施工单位提供以下图纸资料：

① 装修施工详图(包括水暖电附属专业图)；

② 设备部品清单；

③ 概算。

开发单位应向购房者提供以下竣工图：

① 套型(套内)平面图及使用面积；

② 选材和设备配置使用说明书；

③ 设备接口位置和接口图、套内面积。

装修设计图纸作为必备资料交给购房者，购房者对照图纸进行验收。

（5）指导施工

首先指导施工单位做出样板间，以引导装修工程按一个标准全面展开。样板间应以交付给购房者时的实景为主，以带个性化装饰为辅，真实地反映装修一次到位的商品房的内在质量。

设计人员要配合开发单位、监理单位、施工单位，对材料和部品进行把关，现场解决在安装集成过程中的问题，确保装修按图纸施工。

12. 装修的环保原则：

室内装修必须十分重视环保及防污问题。要在选材、施工用料方面坚持如下原则：

（1）节约资源

① 提倡使用可重复使用、可循环使用、可再生使用的材料。

② 选用良好的密封材料，改进装修节点，提高外墙外门窗的气密性。

③ 选用先进的节能采暖制冷技术与设备。

④ 选用高效节能的光源及照明新技术。

⑤ 节约用水，要强制性淘汰耗水型器具，推广节水器具，选用节水水嘴和节水便器。

（2）减少室内空气污染

① 选用环保型装修材料。

② 选择无毒、无害、无污染环境、有益于人体健康的材料和部品。宜采用取得国家环境标志的材料和部品。

③ 使用能改善室内空气质量的先进技术及设备。

④ 防止成品家具对室内造成的污染。

13. 商品住宅装修必须达到购房者入住即可使用的标准，从装修入手，整合提高住宅的品质，达到相应等级的舒适程度。

14. 住宅功能空间的推荐标准：

（1）住宅功能空间推荐标准（见表 3-8-12）

表 3-8-12

标准室内空间等级		设 备 名 称					
		电视插口	电话	空调专用线	电热水器专用线	电源插座	信息插口
主卧室	普通住宅	1	1	√		3组	1
	中高级住宅	1	1	√		4组	
	高级住宅	1	1	√		5组	
双人卧室	普通住宅			√		2组	
	中高级住宅	1	1	√		3组	
	高级住宅	1	1	√		4组	
单人卧室	普通住宅			√		2组	1
	中高级住宅	1		√		3组	1
	高级住宅	1	1	√		3组	1
起居室	普通住宅	1	1			4组	
	中高级住宅	1	1			5组	
	高级住宅	1	1			6组	1
厨房	普通住宅					3组	
	中高级住宅					4组	
	高级住宅	1	1		√	5组	
卫生间	普通住宅					3组（含洗衣机插座）	
	中高级住宅				√	4组	
	高级住宅		1			5组	
餐厅	中高级住宅					1组	
	高级住宅	1	1	√		2组	
书房	中高级住宅		1	√		3组	1
	高级住宅		1	√		4组	1
其余设备	给水设备	用水量 200～300L/（人·日）　热水管道系统					
	采暖通风	散热器（空调机）北方地区采暖如用电					
	电器设备	电表 5(20)A(40)A(特殊设备选用电量，设计定)负荷 6000W 以上					

注：这里将住宅分为：普通住宅、中高级住宅、高级住宅。普通住宅相当于商品住宅性能评定中的 A 级商品住宅；中高级住宅相当于商品住宅性能评定中的 AA 级商品住宅；高级住宅相当于商品住宅性能评定中的 AAA 级商品住宅。

（2）厨房、卫生间部分（见表 3-8-13）

表 3-8-13

标准功能空间		设施配置标准
厨 房	普通住宅	灶台、调理台、洗池台、吊柜、冰箱位、排油烟机（操作面延长线≥2400mm）、（防水防尘）吸顶灯，配置厨房电器插座 3 组
	中高级住宅	灶台、调理台、洗池台、搁置台、吊柜、冰箱位、排油烟机（操作面延长线≥2700mm）、消毒柜、微波炉位、厨房电器插座 4 组，吸顶灯（防水、防尘型）
	高级住宅	灶台（带烤箱）、调理台、洗池台、洗碗机、搁置台、吊柜、冰箱位、排油烟机（操作面延长线≥3000mm）、微波炉位、电话、电视插口、厨房电器插座 5 组，吸顶灯（防水、防尘型）
卫生间	普通住宅	淋浴、洗面盆、坐便器、镜（箱）、洗衣机位、自然换气（风道）吸风机、电剃须等电器插座 3 组，吸顶灯（防水型）镜灯
	中高级住宅	浴盆（1.5m）和淋浴器、（蒸汽房）洗面化妆台、化妆镜、洗衣机位、坐便器（2 个）、排风扇（风道）、吹风机、电剃须等电器插座 4 组，电话（挂墙式分机）接口
	高级住宅	浴盆（水按摩）和淋浴器、（蒸汽房）洗面化妆台、化妆镜、洗衣机位、坐便器（2 个）、净身盆、换气扇、红外线灯、吹风机、电剃须等电器插座 5 组，电话接口、顶灯、镜灯

注：不含整体浴室。

15. 住宅装修设计应严格执行《建筑设计防火规范》GBJ 16—87（2001 年版）、《高层民用建筑设计防火规范》GB 50045—95（2001 年版）、《建筑内部装修设计防火规范》GB 50222—95 及 1999 年局部修订条文等规范相关条文。住宅装修设计安全因素要把防火设计放在首要位置。

16. 商品住宅装修防火等级：分为高层住宅及低层、多层住宅两个等级，高层住宅为一级防火，低层、多层住宅二级防火。

17. 装修材料按其燃烧性能划分为四级，见表 3-8-14。

装修材料燃烧性能等级　　　　　　　　表 3-8-14

等　　级	装修材料燃烧性能	等　　级	装修材料燃烧性能
A	不燃性	B_2	可燃性
B_1	难燃性	B_3	易燃性

18. 高层住宅内部装修材料的燃烧性能等级不应低于表 3-8-15 规定。

表 3-8-15

建筑等级	顶棚	墙面	地面	隔断	固定家具	装 饰 织 物				其他装饰材料
						窗帘	帷幕	床罩	家具包布	
普通住宅	B_1	B_2	B_2	B_2	B_2	B_2		B_2	B_2	B_2
高级住宅	A	B_1	B_2	B_1	B_2	B_1		B_1	B_2	B_1

注：本细则中，中高级住宅装修材料的燃烧等级由设计人员视情况确定。

19. 低层及多层住宅内部装修材料燃烧性能等级不应低于表 3-8-16 规定。

低层及多层住宅各部位装修材料的燃烧性能等级　　　　表 3-8-16

建筑等级	装修材料燃烧性能等级							
	顶棚	墙面	地面	隔断	固定家具	装饰织物		其他装饰材料
						窗帘	帷幕	
普通住宅	B_1	B_1	B_1	B_1	B_2			B_2
高级住宅	A	B_1	B_1	B_1	B_2	B_2		B_2

注：高级住宅中含中高级住宅。

20. 住宅内部常用装修材料燃烧性能等级划分举例见表 3-8-17。

住宅内部常用装修材料燃烧性能等级　　　　表 3-8-17

材料类别	级别	材料举例
各部位材料	A	花岗石、大理石、水磨石、水泥制品、混凝土制品、石膏板、石灰制品、黏土制品、玻璃、瓷砖、陶瓷锦砖、铜铁、铝、铜合金等
顶棚材料	B_1	纸面石膏板、纤维石膏板、水泥刨花板、矿棉装饰吸声板、玻璃棉装饰吸声板、珍珠岩装饰吸声板、难燃胶合板、难燃中密度纤维板、岩棉装饰版、难燃木材、铝箔复合材料、难燃酚醛胶合板、铝箔玻璃钢复合材料等
墙面材料	B_1	纸面石膏板、纤维石膏板、水泥刨花板、矿棉板、玻璃棉珍珠岩板、难燃胶合板、难燃中密度纤维板、防火塑料装饰板、难燃双面刨花板、多彩涂料、难燃玻璃钢平板、PVC 塑料护墙板、轻质高强复合墙板、阻燃模压木质复合板材、彩色阻燃人造板、难燃玻璃钢等
	B_2	各类天然木材、木制人造板、竹材、纸制装饰板、装饰微薄木贴面板、印刷木纹人造板、塑料贴面装饰板、聚酯装饰板、复塑装饰板、塑纤板、胶合板、塑料壁纸、无纺贴墙布、墙布、复合壁纸、天然材料壁纸、人造革等
地面材料	B_1	硬 PVC 塑料地板，水泥刨花板，水泥木丝板，氯丁橡胶地板等
	B_2	半硬质 PVC 塑料地板、PVC 卷材地板、木地板氯纶地毯等
装饰织物	B_1	经阻燃处理的各类难燃织物等
	B_2	纯毛装饰布、纯麻装饰布、经阻燃处理的其他织物等
其他装饰材料	B_1	纯毛装饰布、纯麻装饰布、经阻燃处理的其他织物等 聚氯乙烯塑料、酚醛塑料、聚碳酸酯塑料、聚四氟乙烯塑料、三聚氰胺、脲醛塑料、硅树脂塑料装饰型材、经阻燃处理的各类织物等。另见顶棚材料和墙面材料内中的有关材料
	B_2	经阻燃处理的聚乙烯、聚丙烯、聚氨酯、聚苯乙烯、玻璃钢、化纤织物、木制品等

21. 商品住宅内部装修材料燃烧性能升级使用措施：住宅内部装修应根据不同防火等级的建筑及不同使用部位选择相应的燃烧性能等级的材料。如不能达到以上标准，则应采取必要的防火措施：

（1）安装在钢龙骨上燃烧性能达到 B_1 级的纸面石膏板、矿棉吸声板，可作为 A 级装修材料使用。当胶合板表面涂覆一级饰面型防火涂料时，可作为 B_1 级装修材料使用。

（2）当胶合板用于顶棚和墙面装修并且不内含电器、电线等物体时，宜仅在胶合板外表面涂覆防火涂料；当胶合板用于顶棚和墙面装修并且内含有电器、电线等物体时，胶合板的内、外表面以及相应的木龙骨应涂覆防火涂料，或采用阻燃浸渍处理达到 B_1 级。

（3）当低层、多层民用建筑需要内部装修的空间内装有自动灭火系统时，除顶棚外，其内部装修材料的燃烧材料等级可在表 3-8-14 规定的基础上降低一级；当同时装有火灾自动报警装置和自动灭火系统时，其顶棚装修材料的燃烧性能等级可在表 3-8-14 规定的基础上降低一级，其他装修材料的燃烧性能等级可不限制。

22. 厨房装修材料的燃烧性能规定及消防措施：厨房顶棚、墙面、地面均应采用 A 级装修材料，可考虑感应喷淋设备。

23. 住宅内灯具安装部位装修材料规定：照明灯具的高温部位，当靠近非 A 级装修材料时，应采取隔热、散热等防火保护措施。灯饰所用材料的燃烧性能等级不应低于 B_1 级。

24. 住宅内灯具安装要点：

（1）灯具高温部位与可燃物之间应采取隔热、散热等防火保护措施。如设绝缘隔热物，以隔绝高温；加强通风降温散热措施。

（2）灯饰所用材料的燃烧性能等级不应低于 B_1 级。

（3）功率在 100W 以上的灯具不准使用塑胶灯座，而必须采用瓷质灯座。

（4）镇流器不准直接安装在可燃建筑构件上，否则，应用隔热材料进行隔离。

（5）碘钨灯的灯管附近的导线应采用耐热绝缘材料（玻璃浮、石棉、瓷珠）制成的护套，或采用耐热线，以免灯管内高温破坏绝缘层，引起短路。

（6）功率较大的白炽灯泡的吸顶灯、嵌入式灯应采用耐热绝缘护套对引入电源线加以保护。

（7）有一定重量的饰物、吊灯、吊柜以及悬挂的其他物件，一定要解决好构造安装牢固可靠。

25. 装修设计要充分考虑建筑结构的完好性，对结构主体不得拆改。

26. 装修设计不得破坏消防器材及设备，不得影响其使用和标示。

27. 住宅设计中阳台荷载最小，装修设计不宜扩大其原有功能，地面不宜铺设石材。在放置花盆处，必须采取防坠措施。

28. 室内环境质量标准，以满足《民用建筑工程室内环境污染控制规范》的要求（见表3-8-18）。

室内物理环境质量标准 表 3-8-18

项 目		指 标
光 环 境	采 光	≥1%（室外全天光照度与室内距窗 1m 高天然光照度比）
光 环 境	照 明	起居厅及一般生活区　　30～70lx 卧室、书写阅读　　　　150～300lx 床头阅读　　　　　　　75～150lx 餐厅、厨房　　　　　　50～100lx 卫生间　　　　　　　　20～50lx 楼梯间　　　　　　　　15～30lx
声环境	空气隔声 撞击隔声	分护墙、楼板≥40～50dB 楼板≤75～65dB
热环境（按不同 气候区别）	冬季　采暖区	16～21℃
	非采暖区	12～21℃
	夏 季	<28℃

29. 改善室内热环境措施：

（1）装修设计应妥善考虑散热器的位置及散热效果，不应把散热器包严封死，影响室内热空气的对流。提倡采用先进采暖技术，或选用美观、热效高的新型散热器。

（2）装修设计应充分考虑门窗安装节点，严格门窗安装规程，确保室内的气密性。

（3）装修设计宜通过设置百叶窗或多种窗帘来反射、吸纳阳光，从而达到降低或提高室温的目的。

（4）空调机的室内机安装位置要考虑最佳效果。外窗可附加风扇，加强空气对流。提倡增加新风的设备，改善室内空气质量。

30. 改善室内声环境措施：

（1）铺设架空或有软垫层的地板、地毯、半软质的橡胶地板、软木复合地板，减少固体传声。

（2）提倡采用隔声优良的门、窗和分室隔墙。

（3）提倡墙面贴墙纸、墙布，悬挂装饰物达到吸声效果。

31. 改善室内光环境措施：

（1）尽量采用自然光改善居室卫生指标。

（2）装修设计宜采用浅色及低反射系数的材料，以提高室内亮度，同时避免过强的阳光影响购房者的工作、休息。

（3）通过窗帘的设置，将直射光线变为漫射光线，改善透光系数，调节室内明亮程度。

（4）人工照明应选择恰当的光源及灯具，照度应符合表 3-8-18 光环境照明部分的规定。

32. 改善室内空气质量：

（1）住宅穿堂风，通风排气烟道和通风设施是保持空气净化、防止空气污染的有效设计，装修时应充分利用，不应破坏。

（2）为避免燃气热水器排出有害气体对人的影响，应采用专用排气道或采用平衡式燃气热水器。

（3）设有空调和采暖设备的房间应增加补充新风的设备或安通风窗，减少空气的滞留。

（4）装修应避免形成通风死角。厨房、卫生间宜装排气扇及门下装百叶，形成负压，有利于空气流动，有利于换气。

33. 配电线路应有完善的保护措施，且有短路保护，过负荷保护和接地故障保护，作用于切断供电电源。配电箱内的开关均采用功能完善的低压断路器。每栋住宅楼的总电源进线断路器，应具有漏电保护功能，配电用保护管采用热镀锌钢管或聚氯乙烯阻燃塑料管，阻燃塑料管的质量应符合行业标准规定（氧指数不大于 27）。吊顶内强电严禁采用塑料管布线。

34. 电气线路采用符合防火要求的暗敷配线，导线采用绝缘铜线，表前线不应小于 $10mm^2$，户内分支线不小于 $2.5mm^2$。厨房、空调分支线不应小于 $4mm^2$，每套住宅的空调电源插座与照明电源分路设计，电源插座回路设有漏电保护，分支回路数不少于 6 回。采用可靠的接地方式，并进行等电位联结，且安装质量合格。主要电气材料设备具有出厂合格证等质量保证资料，电源插座均采用安全型。

35. 导线耐压等级应高于线路工作电压，截面的安全电流应大于负荷电流和满足机械强度要求，绝缘层应符合线路安装方式和环境条件。

36. 线路应避开热源，如必须通过时，应做隔热处理，使导线周围温度不超过 35℃。

37. 线路敷设用的金属器件应做防腐处理。

38. 各种明布线应水平垂直敷设。导线水平敷设时距地面不小于 2.5m，垂直敷设时不小于 1.5m，否则需加保护，防止机械损伤。

39. 布线便于检修，导线与导线、管道交叉时，需套以绝缘管或作隔离处理。

40. 导线应尽量减少接头。导线在连接和分支处不应受机械应力的作用。导线与电器端子连接时要牢靠压实。大截面导线连接应使用与导线同种金属的接线端子。

41. 导线穿墙应装过墙管，两端伸出墙面不小于 100mm。线路接地绝缘电阻不应小于每伏工作电压 1000Ω。

42. 考虑到智能化的发展，要为住宅智能化布线安装预留线路。可以隐藏在可拆卸的压顶线、挂镜线、踢脚线中，便于更换。结合装修平面设计，在各功能空间内预留数字视频、信息网络接口，且位置恰当。

商品住宅性能认定对不同等级商品住宅规定的智能设施标准示于表 3-8-19。在装修时应考虑各信息点的布线到位，以满足用户方便使用的要求。一般应与智能化设计的集成商共同研究确定。

商品住宅性能等级的智能系统设施　　　　　　　　表 3-8-19

商品住宅等级	高级	中高级	普通
智能设施	▲	▲	▲
设置出入口及周边安防报警和电视监控系统	▲	▲	▲
设置电子巡更系统	▲	▲	▲
设置可视对讲与门控系统	▲	▲	▲
水、电、燃气三表户外计量，有供暖温控、计量设施	▲	▲	▲
设置供电、公共照明、供水、消防、车库等公共设施的电视监控系统	▲	▲	▲
设置物业管理计算机局部网络系统	▲	▲	▲
设置有线电视网、高速宽带数据光纤传输、交互式数字视频服务信息网络系统	▲		
设置购房者内安防和紧急呼救报警系统	▲		

三、装修实施管理

1. 住宅装修由开发单位委托具有相应资质条件的建筑装饰施工单位施工。

住宅装修应积极推行工业化施工方法，鼓励使用装修部品，减少现作业量，积极引进和开发、应用施工专用机具，提高施工工艺水平，有效缩短施工周期。

2. 加强施工组织管理施工组织设计，拟定相应措施，控制装修施工。

3. 加强质量管理，制定质量通病防治措施，争创优质工程。严把材料和部品质量关，不合格产品不准进入施工现场。

4. 加强安全生产，文明施工管理，坚持安全第一、预防为主的方针，创造良好的施工环境。

5. 住宅装修必须实施工程监理，由开发单位委托具有相应资质条件的监理单位监理。开发单位与所委托的监理单位订立书面委托监理合同。

6. 装修工程监理的目标是：控制投资、进度和质量，强化合同管理和信息管理，协调各方关系。包括以下内容：审核装修合同、审核设计方案、审核设计图纸、审核工程预算、查验装饰材料和设备、验收隐蔽工程、检查工艺作法、监督工程进度、检查工程质量、协助甲方验收装修工程。

7. 确立开发单位为住宅装修质量的第一责任人，承担住宅装修工程质量责任，负责相应的售后服务。建筑装饰施工单位、装修材料和部品生产厂家负责相应施工和产品的质量责任。

8. 建立和推行住宅装修质量保证体系，将设计、生产和施工的质量保证有机地联系起来，便于发现问题，研究对策，改进措施，使装修质量经得起长时间的检验。

9. 住宅开发单位必须向购房者提交装修质量保证书，包括装修明细表，装修平面图和主要材料及部品的生产厂家，并执行有关的保修期。

10. 推行装修一次到位的商品住宅，由住宅开发单位负责装修工程的全过程，不允许购房者个人聘请施工单位自行装修。

11. 开发单位要严格选择装修设计和装修施工的单位。

（1）根据建设部建设〔2001〕9 号文《关于加强建筑装饰设计市场管理的意见》和《建筑装饰设计资质分级标准》，装修设计单位分为甲、乙、丙三个级别，其承担的工程项目不得超过相应级别所规定的业务范围。

（2）装修施工单位应持有建设行政主管部门颁发的具有建筑装饰装修工程承包范围的《建筑业企业资质证书》，个体装饰装修从业者应具有上岗证书，否则不得承接家庭居室装修工程。

（3）由住宅开发单位通过招标选择的装修施工单位，必须具备一定的规模和经济实力，应符合下列条件：

① 具有独立法人资格；

② 配备相应的工程预决算人员、工程技术人员和施工管理人员；

③ 有固定的施工队伍，施工队伍工种齐全，主要技术工人应持有有关部门颁发的技能等级证书；

④ 装修施工前，应办理一定数额的工程保险。

（4）装修施工单位应当遵循以下规则：

① 采用的装饰材料不得以次充好，弄虚作假；

② 施工不得偷工减料，粗制滥造；

③ 不得野蛮施工，危及建筑物自身的安全；

④ 不得冒用其他企业名称和商标；

⑤ 不得损害居民和开发单位的权益；

⑥ 国家和地方规定的有关规范和规则。

12. 工程监理单位或装修质量监督机构对装修工程进行监理，严格执行每道工序特别是隐蔽工程的签字验收制度，以保证对施工质量的控制。

13. 装修施工单位应当按月填写单项工程汇总表，报开发单位和监理单位，以保证施工进度。开发单位应根据工程汇总表和预算额按时支付费用。

14. 居室装修质量首先应表现在样板间上，样板间要真实地反映装修档次和装修施工质量。交付给购房者的装修质量，不应低于样板间的质量水平。作为装修质量的衡量标准，样板间在购房者入住之前不宜拆除。

15. 住宅开发单位和购房者应按照国家和地方的有关规定签订制式合同，并在房屋结构及设备标准中设置相关全装修标准的内容（参见表 3-8-21"全装修标准装饰材料"和表 3-8-22"全装修配套项目选择表"）。

16. 住宅开发单位应和装修设计单位、施工单位等签订合同，合同中包括全装修的套餐选择和标准装饰材料等内容，并规定实施中应贯彻全装修住宅的思想，实行工业化装修方式。

17. 住宅装修一次到位的具体实施步骤（表 3-8-20）应围绕全装修住宅精心组织每个阶段的工作，努力解决传统做法中所带来的一系列问题。

18. 从表 3-8-21 到表 3-8-22 以工程实例为样本，可以在实施中参照执行。

传统装修方式和装修一次到位实施对比　　　　　　　　　　　　　表 3-8-20

装修流程	传统装修做法	装修一次到位	实施提示
装修时间	由购房者自行组织实施。时间在毛坯房或初装修房交房后随个人入住时间而定，容易对周围购房者形成干扰	由住宅开发单位统一组织，时间在土建完成以后购房者入住之前，不对购房者形成干扰。	住宅开发单位应通过大量的市场调查确定装修标准 参见表 3-8-22 全装修配套项目选择表
装修设计	有的由装修公司设计，也有的没有专门设计。装修和装饰同时进行。装修设计和土建设计脱节，装修设计经常改变管线和隔墙位置	统一对装修设计进行招标，对装修设计资质严格把关，进行多方案比较并与土建设计相衔接和协调，将装修设计的意见及时反馈给土建设计，注意运用标准化、模数化和通用化，为住宅装修的工业化生产创造条件	将装修和装饰分为两个阶段，装修风格简洁大方实用，着重解决功能问题。装修设计造价应和住宅本身的定位相适应，反映装修最新进展，使用新材料和新部品。装修设计的提前介入对土建设计提出了更高的要求，促使土建设计更趋合理
装修施工组织	多由规模较小的装修企业甚至马路游击队进行施工，无法对施工资质进行把关，与购房者之间缺少稳定的合同关系	住宅开发单位组织对装修施工进行招标，对装修施工企业资质严格把关，优选信誉好、水平高和具有工业化生产住宅部品的企业完成施工	装修施工企业应优选择一家总包单位
装修材料和部品采购	购房者到装饰市场采购装修材料和部品，因为对装修产品不熟悉，无法保证产品的品质和环保要求	由住宅开发单位统一组织对装修材料和部品进行招标，企业有责任避免选用对人体有危害的材料	集团采购大幅度降低装修材料和部品成本
装修施工	交房时的初装修多被拆毁，造成大量的建筑垃圾和浪费。现场作业工作量大，多以手工操作为主，噪声大，精度差，工期长，工作环境差，危害现场工人身心健康，噪声影响周围购房者。甚至随意拆墙打洞、改动管线，给整栋住宅带来抗震、消防等安全隐患，影响建筑物的使用寿命	建造全装修住宅，推行住宅装修工业化生产，大大提高劳动生产率，加快施工速度，保证装修质量	

续表

装修流程	传统装修做法	装修一次到位	实施提示
装修监理	大多数无	由住宅开发单位选定监理公司进行装修监理	
质量验收	住宅开发单位交房时为毛坯房，由购房者自行组织装修和对装修质量进行验收，推迟了购房者实际入住时间	建造全装修住宅，将土建与装修进行紧密衔接，并由住宅开发单位对质量首先进行验收。购房者可以对照样板间对所购住房的装修标准和质量进行验收。 样板间作为装修质量的衡量标准，用于购房者参照验收，在购房者入住之前不宜拆除。参见表 3-8-21 全装修标准装饰材料	
保修、保险和维护	多数无法得到正常的保修和维护，无保险	由住宅开发单位和选定的装修公司对所有购房者实行统一的质量保证和保修制度，并可和物业公司协商维护。全装修住宅为保险制度在住宅装修中的引入创造条件	合理界定住宅开发单位和购房者间的责任
厨　房	交房时的初装修多被购房者拆掉，造成大量的建筑垃圾和浪费		
	土建设计没有考虑室内空间的模数化和标准化，造成空间的浪费和布局不合理，管线位置没有结合室内家具和设备的布置	装修设计和土建设计同步完成并互相衔接，综合考虑烟道和管线对炊事流程设置的影响。由工厂定型生产各种标准化接口	重点解决厨房内各种管线的合理敷设问题，使用复合材料管线的暗埋应用技术
	改动管线可能带来防火方面的安全隐患	管线应采用新型复合管材，进行隐蔽和暗藏。为加强管道及管件的防腐性能，宜采用新型管材。 ①给水管宜采用铝塑复合管，交联聚乙烯（PE—X）管；②排水管宜采用 UPVC 塑料管，有压力部分应采用防腐焊接管；③热水管宜采用铜管或 PE—X 管或 PP—R 管；④燃气管干管应采用防腐无缝钢管，支管应采用 PE—X 管或热镀锌管；⑤电线套管应采用阻燃塑料管或热镀锌管	设立集中管井于厨房的一角。厨房水平管线应设在橱柜的后面或下方墙角处；对远离集中管井的厨房废水，应设立单独的排水立管。排水管线和水槽与厨房家具的结合应严密不渗漏水
	现场测量尺寸现场制作橱柜，不符合家电模数标准和炊事流程的要求，加工周期长，成本高，产品非标化	根据装修设计，采购符合标准化、模数化和通用化要求的厨房设备，工厂批量生产。实现厨房设备商品化供应和专业化安装服务。成本低，速度快。厨房设备、种类和色彩由购房者自行选择	重视整体设计，厨房家具设备和配件在尺度上要符合建筑模数和设计要求 参见表 3-8-22 全装修配套项目选择表

装修流程	传统装修做法	装修一次到位	实施提示
厨　房	墙面砖和地板砖都在现场切割并磨砖对缝，材料不符合模数化的要求，精度差，浪费大	墙面砖和地板砖有可能根据设计的需要和模数化的要求进行批量化定型生产，提高功能的合理性，突出装修特色	
		烟道采用成品烟道，有效防止倒灌和串味	
卫生间	建筑设计未考虑室内净尺寸的模数化，管线位置没有结合卫生洁具和洗衣机等的布置	室内设计和土建设计互相衔接，综合考虑洗衣机和卫生洁具的位置，由工厂定型生产各种标准化接口 采用节水型和品牌卫生洁具	集团采购降低品牌卫生洁具的成本
	装修施工中经常无意中破坏防水层，造成渗漏	装修施工和土建施工衔接良好，有利于提高防火防渗性能	防水工程和饰面工程同期完成
	回水弯在下层，检修不方便	管线采用新型复合管材（具体参照厨房），进行隐蔽和暗藏	竖管走管道井，回水弯在同层，检修不对其他层购房者形成干扰。竖管走管道井，卫生间楼板下沉处理，或设置管束或管墙
	墙面砖和地板砖都在现场切割并磨砖对缝，材料不符合模数化的要求，精度差，浪费大	墙面砖和地板砖可以根据设计的要求进行批量化定型生产，提高功能的合理性，突出装修特色	土建设计和装修设计考虑标准化模数化的要求，为工业化生产提供条件 参见表 3-8-22 全装修配套项目选择表
		整体浴室由工厂生产，现场装配，减轻结构自重，提高工业化生产水平，减少现场作业工作量，极大地缩短施工周期，克服跑、冒、滴、漏的质量通病	用 SMC 一体化浴缸防水盘或浴缸和 SMC 防水盘组合、一体化洗面盆或洗面盆和台板组合、壁板、顶板构成的 SMC 整体框架，配上各种功能洁具形成的独立卫生单元。土建设计阶段开始选用整体卫生间定型产品，土建施工后期现场装配
木制产成品	原材料未经处理，含水率偏高，易变形	木材含水率经严格处理，达到企业或国家标准	参见表 3-8-22 全装修配套项目选择表
	以手工作业为主，机械加工为辅，加工精度差	以工业化机械加工为主，加工精度高，周期短	
	现场作业噪声较大，对周围购房者干扰大	现场作业以拼装为主，噪声小，施工周期短	
	现场制作的木制品，表面着色、刷漆，施工环境恶劣，施工条件无法保证施工质量。气味长期难以散尽，影响人体健康	由工厂提供木制产成品，在工厂完成着色、喷漆等工艺流程，现场用胶粘接	装修定货安装合同

续表

装修流程	传统装修做法	装修一次到位	实施提示
地 面	装修材料不适合地面设计保留的厚度,形成地面高差,甚至材料使用不当加大地面荷载,形成安全隐患	装修材料可由住宅开发单位提供有限的菜单,购房者在购房时进行选择	在装修设计过程中考虑到土建设计的要求,土建设计给装修设计选择地面留有余地。参见表 3-8-22 全装修配套项目选择表
地 面	地面面材现场手工切割,精度较低,成本较高,材料浪费大	地面面材在工厂切割,精度高,成本低	

全装修标准装饰材料 表 3-8-21

位 置	项目	名称	品牌	规格/型号	颜色	备 注
客 厅	地坪	实木地板	×××	90×900	金黄/暗红	可供客户选择
		仿古地板	×××	500×500		
	墙面	乳胶漆	×××		浅黄	
	平顶	乳胶漆	×××		白色	
	过道平顶	乳胶漆	×××		白色	
	踢脚板	红橡木	×××	12×120	木色	
	灯具	多头吊灯	×××		白色	
	分户门	实木大门	×××	900×2050	木色	
	门套线	实木			木色	
	大门锁		×××		金黄	
	门槛石	大理石		280×900	绿色	
	跃层扶手	实木扶手	×××	900 高		
	台阶面	大理石			绿色	
	开关、插座		×××		白色	
餐 厅	地坪	实木地板	×××	90×900	金黄/暗红	可供客户选择
		仿古地板	×××	500×500	米黄	
	墙面	乳胶漆	×××		浅黄	
	平顶	乳胶漆	×××		白色	
	踢脚板	红橡木	×××	12×120	木色	
	门槛石	大理石	×××	280×900	绿色	
	灯具	多头吊灯	×××		白色	
	开关、插座		×××		白色	
主 卧	地	实木地板	×××	90×900	金黄/暗红	可供客户选择
	墙面	乳胶漆	×××		浅黄	
	平顶	乳胶漆	×××		白色	
	踢脚板	红橡木	×××	12×120	木色	
	灯具	多头吊灯	×××		白色	
	卧房门	夹板木门	×××	720×2050	木色	

续表

位 置	项目	名称	品牌	规格/型号	颜色	备 注
主 卧	门套线	实木	×××		木色	
	门锁		×××		金黄	
	窗台面	大理石	×××		米黄	
	开关、插座		×××		黄色	
客卧(1.2)	地	实木地板	×××	90×900	金黄/暗红	
	墙面	乳胶漆	×××		浅黄	可供客户选择
	平顶	乳胶漆	×××		白色	
	踢脚板	红橡木	×××	12×120	木色	
	灯具	多头吊灯	×××		白色	
	卧房门	夹板木门	×××	720×2050	木色	
	门套线	实木	×××		木色	
	门锁		×××		金黄	
	窗台面	大理石	×××		米黄	
	开关、插座		×××		白色	
主 卫	地坪	仿古砖	×××	300×300	土黄/浅蓝	
	墙面	瓷片	×××	280×330	白色	可供客户选择
	平顶	铝扣板	×××	0.8cm	白色/蓝色	
	灯具	多头吊灯	×××		白色	
	卫生间门	夹板木门	×××	720×2050	木色	
	门套线	实木	×××		木色	
	卫生间门锁		×××		金黄色	
	洁具		×××		白色	坐厕为6L节水型
	洗面盆台面	人造石	×××		灰白/绿色	供客户选择
	门槛石	大理石	×××	280×900	绿色	
	开关、插座		×××		白色	
客 卫	地坪	仿古砖	×××	300×300	米黄/白色	
	墙面	瓷片	×××	200×300	白色	
	平顶	铝扣板	×××	0.8cm	白色/蓝色	
	灯具	多头吊灯	×××		白色	
	卫生间门	夹板木门	×××	720×2050	木色	
	门套线	实木	×××		木色	
	卫生间门锁		×××		金黄色	
	洁具		×××		白色	
	洗面盆台面	人造石	×××		灰白/绿色	坐厕为6L节水型
	门槛石	大理石	×××	280×900	绿色	供客户选择
	开关、插座		×××		白色	

续表

位 置	项目	名称	品牌	规格/型号	颜色	备 注
厨 房	地坪	仿古砖	×××	300×300	土红/浅黄	
	墙面	瓷片	×××	200×300 300×280		
	平顶	铝扣板	×××	0.8cm	白色	
	灯具	多头吊灯	×××		白色/绿色	
	门套线	夹板木门	×××		白色	
	橱柜	实木	×××			供客户选择
	台面石	大理石	×××		绿色	
	洗涤盆	不锈钢洗涤盆	×××		双星	
	水嘴	洗涤盆龙头	×××			
	开关、插座		×××		白色	
阳 台	阳台地面	仿古砖	×××	300×300		
	阳台护栏	铝合金框全夹胶玻璃护栏	×××			
	阳台落地门	断桥式铝金中空玻璃节能门	×××		外(内)框黄(白色)玻璃白玻	意大利引进设备涂料美国杜邦
	窗	断桥式铝金中空玻璃节能窗	×××		外(内)框黄(白色)玻璃白玻	

全装修配套项目选择表 表 3-8-22

序号	项目名称	选择方案	选择意向
一	客厅、餐厅地面套餐选择	1. 500×500 规格米黄仿古地砖	
		2. 金黄色木制地板	
		3. 暗红色木制地板	
二	厨房地、墙面套餐选择	1. 300×300 米黄色仿古地砖配 200×200 白瓷片	
		2. 300×300 土黄色仿古地砖配 200×200 白瓷片	
		3. 300×300 米黄色仿古地砖配 280×330 白瓷片	
		4. 300×300 土黄色仿古地砖配 280×330 白瓷片	
三	次卫生间地、墙面套餐选择	1. 300×300 米黄色仿古地砖配 200×300 白瓷片	
		2. 300×300 白色仿古地砖配 200×300 白瓷片	
四	主卫生间地、墙面套餐选择	1. 300×300 土黄色仿古地砖配 280×300 白瓷片	
		2. 300×300 米浅蓝色仿古地砖配 280×300 白瓷片	
五	卫生间洗手台面套餐选择	1. 浅灰色人造石	
		2. 绿色人造石	
六	进户门及房门套餐选择	1. 白色艺模压门	
		2. 进口木皮饰面木门	
七	厨房橱柜颜色搭配选择	1. 浅绿色与米黄色柜门搭配	
		2. 浅绿色与白色柜门搭配	
		3. 深绿色与米黄色柜门搭配	

注：表 3-8-20 和 3-8-21 为国家康居示范工程的一个实例样本，品牌略，可参照执行。

第八节 房地产项目成本控制

一、房地产项目成本构成及控制特点

（一）房地产项目成本的构成

房地产项目成本是指项目开发建设、销售过程中所花费的全部费用，包括开发成本和销售成本。开发成本是房地产项目实际发生的成本，包括土地费用、前期工程费用、建筑安装费用、基础设施费用、公共配套设施费用、开发间接费用等。销售成本是指房屋销售过程中发生的费用。

（二）房地产项目成本控制的特点

房地产项目成本控制是开发商对开发项目投资的有效控制，是房地产开发项目管理内容的重要组成部分。具体来说就是在投资决策阶段、设计阶段、开发项目、发包阶段和建设实施阶段，把开发项目的投资控制在批准的投资限额以内，随时纠正偏差，保证开发项目投资控制目标的实现，力求在开发项目中合理使用人力、财力、物力，获得良好的经济效益、社会效益和环境效益。

在市场经济中，项目的成本控制不仅在整个项目管理中，而且在整个企业管理中都有着重要的地位，房地产项目的参与者追求的是企业和项目的经济效益，企业成就通常通过项目成就来实现，而项目的经济效益通常通过盈利的最大化和成本的最小化实现。

房地产项目的成本控制具有以下特点：

1. 成本控制的综合性。成本目标不是孤立的，它只有与质量目标、进度目标、效率、工作量要求、资源消耗等相结合综合考虑才具有它的价值。项目管理者不能一味强调成本控制而忽视了其他目标的实现，例如为了降低成本而降低质量要求，结果可能因为质量问题而造成返工或是停工，拖延工期，这样不但达不到降低成本的目的，也会损害了项目的整体功能和利益。因此，在项目实施的过程中，成本控制必须与质量控制、进度控制、合同控制同步进行。实践证明，成本的超支通常并非成本控制本身的问题，而是由于目标的调整或是其他因素造成的，这此问题通常不是单独靠加强成本控制就可以解决的，还需要通过合同措施、技术措施、管理措施来综合解决。

根据目标控制的原则，项目管理者在实现成本控制时应当注意以下问题：

（1）在对房地产项目的成本目标进行确定或论证时，应综合考虑整个目标系统的协调和统一，不仅要使房地产项目的成本目标满足开发商的需要，还要使进度目标和质量目标也能满足开发商的要求。这就要求在确定项目目标系统时，要充分地分析开发商对房地产项目的整体需求，做好成本目标、进度目标和质量目标三方面的反复协调工作，力求优化实现各目标之间的平衡。

（2）在进行成本控制的过程中，要协调好与质量控制、进度控制、合同控制及安全控制的关系，做到它们之间的有机配合。当采取某项成本控制措施时，要考虑这项措施是否会对其他的项目目标控制产生不利的影响。如在采用限额设计进行成本控制时，一方面要力争使实际的房地产项目成本限定在成本额度以内，同时又要保证项目的功能、使用要求和质量标准，这种协调工作在目标过程中是十分重要、不可或缺的。

2. 成本控制的全面性。房地产项目的成本控制是贯穿于整个房地产开发实施过程，

包括整个房地产开发建设及销售过程中的所有费用。因此，成本控制具有全面性。在成本控制时，要对具体的房地产项目费用组成实施控制，防止只控制建筑安装成本，而忽视设备和工器具费用的控制；要对房地产项目结构内的所有子项目或单项工程的费用实施控制，防止只重视主体工程项目成本，而忽视其他的子项目的成本控制；要对所有合同的付款进行控制；要对成本数量进行控制，对费用发生的时间进行控制，以满足资金使用计划的要求。

3. 成本控制的微观性。为了控制好整个房地产项目的成本支出，项目管理者应从每个成本支出的时间段开始，从项目工程的每个分项分部工程开始，一步一步地进行控制。但应注意成本控制的周期不可太长，在成本控制的过程中，通常按月进行核算、对比、分析，而实施中的控制以近期控制为主，这样才能提高控制的准确性和详细程度。

二、房地产项目成本控制的原则及内容

（一）房地产项目成本控制的原则

1. 设置科学的成本控制目标。房地产开发项目建设过程是一个周期长、投资大的生产消费过程，建设者的开发经验、知识水平是有限的，再加上科学、技术条件的限制，因而不可能在开发项目开始阶段就能设置一个科学的、一成不变的成本控制目标，而只能设置一个大致的投资成本控制目标，这就是项目投资估算。随着项目建设的反复实践，投资成本控制目标逐渐清晰、准确，形成为设计概算、设计预算、承包合同价等。可见，开发项目投资成本控制目标的设置是随着项目建设实践的不断深入而分阶段设置的。具体来讲，投资估算应作为选择设计方案和进行初步设计的项目成本控制目标；设计概算应作为技术设计和施工图设计的项目成本控制目标；设计预算或建安工程承包合同价则应作为施工阶段控制建安工程成本的目标。

成本控制目标的制定，既要有先进性又要有实现的可能性，目标水平一定要能激发执行者的进取心，充分发挥他们的工作潜力和创造性。

2. 设计阶段的投资控制是重点。项目投资控制贯穿于房地产项目开发建设的全过程，包括策划、设计、发包、施工、销售等阶段，房地产项目成本控制的重点是设计阶段的投资控制，从国内外建设工程实践可以看出，影响项目投资最大的阶段是项目建设前期策划阶段。

目前国内外的房地产开发企业普遍存在忽视开发项目前期工作阶段的投资控制，而把控制开发项目的重点放在施工阶段——审核施工图预算、合理结算建安工程价款上，尽管这对于成本控制也有一定的效果，但没有抓住控制重点。

3. 变被动控制为主动控制。房地产开发项目建设管理的基本任务是对项目的建设工期，投资成本和工程质量进行有效的控制，力求使所建项目达到建设工期最短，投资最省，工程质量最高。但是这样的理想要求实际上不可能完全实现，需要开发商根据建设的主客观条件进行综合分析研究，确定切合实际的衡量准则。如果投资控制的方案符合准则要求，成本控制就达到了预期目标。

长期以来，人们一直把项目成本控制理解为目标与实际值的比较，当实际值偏离目标值时，分析其产生偏差的原因，确定其对策。尽管在房地产开发建设过程中进行这样的项目投资控制是有意义的，但这种方法只能发现偏离而不能使已产生的偏离消失，只能是被动控制。20 世纪 70 年代初开始，人们采用主动控制方法，将系统论和控制论的研究成果应用于项目管理，将控制立足于实现主动的采取决策措施，尽可能减少以至避免目标值与实际值的偏离。因此，房地产开发项目投资控制不仅要反映投资决策、设计、发包和施工，而且要主动控制项目投资，影响投资决策、设计、发包和施工。

4. 采取经济与技术结合的成本控制手段。有效地进行项目成本控制应从组织、技术、经济、合同与信息管理等多方面采取措施，而技术与经济相结合是项目成本控制最有效的手段。技术上采取的措施包括设计方案选择，严格审查监督初步设计、技术设计、施工图设计和施工组织设计，结合技术主要研究节约投资的可能性；经济上的措施包括动态比较投资的计划值和实际值，严格审核各项费用开支等。

我国房地产开发企业普遍存在着技术与经济相分离的现象。技术人员缺乏经济观念，设计思想保守，设计规范、施工规范落后，很少考虑如何降低项目投资，而财会、概预算人员的主要责任是依据财务制度办事，又不熟悉工程建设知识，不了解工程进展中的各种关系和技术问题，难以有效的控制项目成本。为此，迫切需要培养具有综合素质的房地产开发人才，在项目建设过程中把技术与经济有机结合起来，正确处理技术先进性与经济合理性两者之间的对立统一关系，力求技术先进条件下的经济合理，把成本控制观念渗透到各项设计和施工技术措施之中。

（二）房地产项目成本控制的内容

1. 项目策划阶段的成本控制。房地产项目策划阶段的主要内容是寻找项目、市场调查和投资评估。开发商应该着重考察投资环境、投资房地产产品的市场价值、项目的工程类型与规模、经济技术指标、交通条件、市政配套情况、建材与设备的供应情况等。该阶段开发商的工作必须注意与可能发生的成本结合起来，对可能发生的项目成本起到总体控制的作用。

2. 设计阶段的成本控制。设计阶段的成本控制工作是项目建设全过程成本管理的重点，项目设计要尽可能采用国家和省级的设计标准，因为优秀的设计标准规范有利于降低投资、缩短工期，给项目带来经济效益。开发商通过招投标方式选择设计单位，在委托设计范围之前一定要对项目投资进行详细的分析，在此基础上一般采用限额设计的方式，保证有效的成本管理，并着重考虑以下两点：

（1）设计前的投资估算。通过对社会同类项目的价格、材料、设备、人工费用、税收、管理费用、利润的调查，在项目评估的基础上进行详细的综合比较和投资估算，作为初步设计控制的依据。

（2）初步设计要重视方案的选择，按投资估算进一步落实成本费用，将施工图预算严格控制在批准的范围内，同时应加强设计变更的管理工作。

3. 发包、施工阶段的成本控制。房地产项目发包包括项目总发包、建安工程及设备材料采购发包。项目发包阶段的成本控制是项目建设全过程成本控制的重要环节。房地产项目采用合同价款的方式较多，合同价款一般以国家或地方统一规定的预算定额、材料预算定额和取费标准为依据。承包方根据开发商提供的工程范围和施工图纸，作出工程报价，最终工程量按实际完成的数量进行结算。可见，施工阶段的成本控制对项目竣工后的工程决算有重要的影响。

施工阶段的成本控制工作主要包括：

（1）编制成本计划和工作流程图，落实管理人员的职能和任务；

（2）熟悉设计图纸和设计要求，把工程费用变化大的部分和环节作为重点成本控制对象；

（3）对经济技术变更进行经济技术比较，并进行预测和分析，严格控制设计变更；

（4）详细进行工程计量，复核工程付款账单，严格经费签证；

（5）做好工程施工纪录，保存好各种文件图纸，特别是施工变更图纸，为处理可能发生的索赔提供依据；

（6）定期进行工程费用超支分析，提出控制工程成本突破预算的方案和措施；

（7）及时掌握国家、省、市、自治区有关部门的各种定额和取费标准的变化；

（8）注重合同签订、修改和补充工作，着重考虑对项目成本的影响。

4. 项目销售阶段的成本控制。房地产项目销售阶段的成本控制主要是销售费用的支出，销售费用支出的主要部分一般为房地产销售广告费用支出。一般情况下，房地产销售费用为房地产商品销售价格的 2%～4%，费用数额大，对房地产开发利润的高低有直接影响。如何控制销售成本的关键取决于如何进行销售策划，广告费用如何支出，应根据项目规模大小、档次及所在地的经济条件等多种因素确定。21 世纪是网络经济时代，利用网络开展房地产营销将是降低开发商销售成本的有效手段。

三、成本超支的原因分析及降低成本的措施

（一）成本超支的原因分析

在房地产项目成本控制的过程中，经过对比分析，发现某一方面已经出现成本超支，或是预计到最终将会出现成本超支，则应将该部分成本超支问题单独提出，作进一步的原因分析。然后再在分析的基础上分清责任，提出成本控制的相应措施。成本超支的原因可以按照具体超支的成本对象进行分析，其原因主要有以下几个方面：

1. 原成本计划数据不准确，估价错误，预算太低，不适当地采用低价策略；

2. 工程范围的增加，设计的修改，功能和建筑质量标准的提高，工作量大幅度增加。

3. 外部原因，包括来自业主或是上级主管部门的干扰、阴雨天气、物价上涨、不可抗力事件等；

4. 实施管理中的问题，包括不适当的控制程序，费用控制存在问题，预算外开支；成本责任不明，实施者对成本没有承担义务，缺少成本（投资）方面限额的概念，又没有节约成本的奖励措施；工人频繁地调动，劳动效率低，施工组织混乱；采购了劣质材料，材料消耗增加，浪费严重，发生事故，造成返工；周转资金占用量大，财务成本高；合同不利，在合同执行中存在缺陷等。

在实际的项目开发建设过程中，成本超支的原因是非常多的。可以说在项目的目标设计、可行性研究、设计和计划、实施中，以及在技术、组织、管理、合同等任何一方面出现问题都会反映在成本上，造成成本的超支。

（二）降低成本的措施

通常要压缩已经超支的成本而不损害其他目标是十分困难的，对成本的控制措施必须与工期、质量、合同、功能通盘考虑。一般只有当给出的措施比原计划已选定的措施更为有利，或使工程范围减少，或生产效率提高时，成本才能降低。例如：

1. 寻找更好、更省、效率更高的技术方案，采用符合规范而成本较低的原材料。

2. 购买部分产品和构件，而不是采用完全由自己生产的产品。

3. 重新选择合宜的供应商，但会产生供应风险，而且选择需要时间。

4. 改变实施过程，在符合项目或合同要求的前提下改变项目工程的质量标准。

5. 删去部分工作，减少工作量、作业范围，降低工作要求，但这会损害到工程的最终功能，降低项目工程质量。

6. 变更项目的工程范围。

7. 在特殊的情况下，可采取索赔方式来弥补费用超支。

第九节 房地产项目合同控制

一、合同的概念、作用和分类

（一）项目合同的概念

房地产开发过程中，需要签订多种合同，有获取土地使用权合同、征地合同、拆迁安置合同、委托设计合同、项目施工发包合同、购买建材及设备合同、房屋销售合同等。开发商与签约方需要利用合同这一法律形式，明确双方的权利和义务，合同控制是房地产开发项目管理中不可取少的重要内容。

项目合同是指项目的开发商与承包人之间为完成确定的项目所指向的目标或规定的内容而达成的协议，项目合同双方当事人的权利和义务必须明确。

（二）项目合同的作用

在房地产项目的控制系统中，目标和计划的落实是通过合同来实现的。合同在项目的开发建设过程中起着十分重要的作用。

1. 合同分配着项目的工作任务。它详细地定义项目工作任务相关的各种问题，共同构成了项目的子目标体系，如：

（1）责任人，即由谁来完成任务并对最终成果负责。

（2）工程任务的规模、范围、质量、工作量及各种功能要求。

（3）工期、价格，即项目对时间的要求，对项目工程总价格、各分项工程的单价和合同价及付款方式等方面的要求。

2. 合同明确了项目各参与方在房地产项目开发建设中各自的权利和义务。合同一经合法地订立，即具有法律效力。它是委托人和被委托人在履行合同时的行为依据和准则，任何一方违反合同规定的内容，都必须承担相应的法律责任。

合同作为项目任务委托和承接的法律依据，是项目实施过程中双方的最高行为准则，项目建设过程中的一切都是为了履行合同，都必须按合同办事，双方的行为主要靠合同来约束。在项目管理中，一切的管理活动都是以合同为核心和最终标准的。

合同是严肃的，具有法律效力，受到法律的保护和制约。订立合同是双方的法律行为，合同一经合法签订，双方必须全面地完成合同规定的责任和义务。如果不能履行自己的责任和义务，甚至单方面撕毁合同，就必须接受经济的，甚至法律的处罚。除了因特殊情况（如不可抗力因素等），使合同不能实施外，合同当事人均不能解除这种法律约束力。

3. 合同将项目涉及的各方关系联系起来，协调并统一项目参与者的行为。房地产项目的参与方多，而且利益各不相同，专业重点不相同，在控制过程中所承担的任务也不一样，如果没有合同的法律约束力，就不能保证项目开发建设过程的各个方面、各个环节都按时、按质、按量地完成自己的义务，就不能保证项目工作的顺利展开、目标的实现。一旦项目参与者之间因为利益而发生争执，合同就成为解决双方争执的依据。

所以，合同和它的法律约束力是项目实施和管理的要求和保证，同时，它又是强有力的项目控制手段，是协调各方矛盾冲突的依据。

4. 对合同的重视有利于房地产项目市场的培育和发展。市场经济条件下，合同是维系房地产市场运转的重要因素。因此，应推行合同制，加强合同观念，培育和发展房地产市场。

二、房地产项目合同控制的内容

房地产开发项目通过招投标的方式确定工程施工单位后，必须在招标文件的标底基础上与中标单位谈判签约，就工程承包中涉及的有关经济、技术、材料等的问题，订立详细的项目承包合同，开发商在项目施工过程中，需要经常检查合同的执行情况，督促施工企业执行合同条款，根据工程实际进度与施工单位商议合同某些条款需要更改或取消。这些内容构成了开发商在房地产项目管理中合同控制的重要内容。

（一）选择合适的合同种类

在实际的工程中，不同种类的合同，有不同的应用条件、不同的权利和责任的分配、不同的付款方式，对合同双方有不同的风险。因此，要进行合同控制，要根据具体的项目特点来选择合适的合同类型。现代房地产项目开发建设过程中的常见合同类型有：

1. 总价合同。总价合同要求投标人按照招标文件的要求，对建设项目报一个总价，合同履行后，工程款的结算以总价作为依据。工程量的风险、物价上涨的风险由承包人承担。因此，它只适用于工程规模小、工期短和风险不大的房地产项目。

2. 单价合同。单价合同是指整个合同期间执行同一合同单价，而工程量则按实际完成的数量进行计算的合同。

3. 成本加酬金合同。这种合同是承包商向承包人支付工程项目的实际成本，并按事先约定的某一方式支付一定酬金的合同。

（二）决定合适的招标方式

招标方式有公开招标、有限招标（选择性竞争招标）、议标等，每种方式有其特点及适用范围。一般要根据承包形式、合同类型、业主所拥有的招标时间紧迫程度等来决定。

1. 公开招标。这种招标方式的优点是业主选择范围大，承包商可充分地平等竞争，有利降低报价、提高质量、缩短工期。缺点是招标期较长，业主的工作量大，可能导致承包商的无效投标，增加承包商经营费用，从而提高整个房地产市场的成本。

2. 议标。即业主直接与一个承包商进行合同谈判，这样一对一的合同谈判，业主比较省事，无须准备大量的招标文件，无须复杂的管理工作，时间又很短，能大大地缩短项目周期。但是由于没有竞争，通常承包商报价较高，造成合同价格自然较高。

3. 选择性竞争招标，即邀请招标。业主根据项目的特点，有目标、有条件地选择几个承包商，邀请他们参加工程的投标竞争，这是国内外经常采用的招标方式。采用这种招标方式，业主的事务性管理工作较少，招标所用的时间也较短，费用低，同时业主可以获得一个比较合理的价格。

（三）确定重要的合同条款

在房地产项目的合同中比较重要的条款有：

1. 适用于合同关系的法律，以及合同争执仲裁的地点、程序等。

2. 付款方式。如采用进度付款、分期付款、预付款或由承包商垫资承包。

3. 合同价格的调整条件、范围、调整方法，特别是由于物价上涨、汇率变化、法律变化、海关税变化等对合同价格调整的规定。

4. 合同双方风险的分担。即将项目风险在业主和承包商之间合理分配。基本原则是，通过风险分配激励承包商努力控制三大目标、控制风险，达到最好的工程经济效益。

5. 对承包商的激励措施。各种合同中都可以订立奖励条款，恰当地采用奖励措施可以鼓励承包商缩短工期、提高质量、降低成本、提高管理积极性。

6. 设计合同条款，通过合同保证对项目的控制权力，并形成一个完整的控制体系。

7. 为了保证双方诚实信用，必须有相应的合同措施，如：工程中的保函、保留金和其他担保措施，承包商的材料和设备进入施工现场，则作为业主的财产，没有业主或工程师的同意不得移出现场，合同中对违约行为的处罚规定和仲裁条款等。

（四）加强项目各相关合同的协调

在一个房地产项目的实施过程中，业主通常要签订许多合同，如设计合同、施工合同、材料供应采购合同，这些合同中存在着十分复杂的关系，业主必须负责这些合同之间的协调，保证各个合同所确定的工期、质量、技术、成本、管理机制等之间有较好的相容性和一致性。

第十节 房地产项目的竣工验收

房地产项目竣工验收就是指房地产项目经过承建单位的施工准备和全部的施工活动，已经完成了项目设计图纸和承包合同规定的全部内容，并达到了建设单位的使用要求，向使用单位交工的过程。它标志着项目的施工任务已全面完成。

在房地产项目的竣工验收的过程中，承建单位将项目及与该项目有关的资料移交给建设单位，由建设单位(或监理单位)对建设质量和技术资料进行一系列的审查验收，如果房地产项目已达到竣工验收的标准，就可以解除签订的合同双方各自承担的义务、经济和法律责任。

从投资者的角度来看，竣工验收必不可少。通过竣工验收，可以使投资者对房地产项目的投资、进度、质量三大目标的实现程度进行全面的检验，从而可以对项目的目标进行更好的控制，使之符合他的要求，符合设计和使用的要求；通过竣工验收，可以全面综合考察工程质量，保证交工项目符合设计、标准、规范等规定的质量标准要求；做好施工项目竣工验收，可以促进房地产项目及时投产，早日发挥投资效益。

从承包商的角度来看，竣工验收同样必不可少。通过竣工验收，可以督促房地产项目的承包商抓紧收尾工程，自觉地按照合同全面履行规定的义务，注意施工质量、抓好成本控制、按期交工，并配合投资者组织好资料整理归档、竣工工程移交手续的活动，从而总结经验教训，提高在以后承建项目里的管理水平。

正因为竣工验收极为重要，而且在这个过程中有着大量的检验、审查、协调工作，容易产生利益上的冲突。所以，国家对其有着严格的管理。国家规定，已具备竣工验收和投产条件的项目，三个月内若不办理验收投产和移交固定资产手续的，取消建设单位和主管部门

(或地方)的基建试车收入分成,由银行监督全部上交财政,并由银行冻结其基建贷款或停止贷款。如三个月内办理验收和移交固定资产手续确有困难,经验收主管部门批准,期限可适当延长。

一、房地产项目竣工验收的依据和标准

(一)房地产项目竣工验收的内容

房地产项目竣工验收包括项目竣工资料和工程实体复查两部分内容,其中项目竣工资料包括有:

1. 立项文件。包括项目建议书批复、项目建议书、可行性研究报告审批意见、可行性研究报告、项目评估文件、计划任务书批复、计划任务书、建设用地审批文件、动拆迁合同(或协议)、建设工程规划许可证等。

2. 竣工文件。包括项目竣工验收的批复、项目竣工验收报告、安全卫生验收审批表、竣工验收单、卫生防疫验收报告单、工程消防验收意见单、人防竣工验收单、建设工程监督检查单、工程决算汇总表等。

3. 设计文件。包括初步设计的批复、工程概算、工程水文、地质勘探报告及地质图、设计计算书或代保管说明书等。

4. 监理文件。包括监理大纲、监理合同、监理总结、监理业务联系单、基建单位工程评价报告等。

5. 施工技术文件。这部分内容很多,需要施工单位分项、分部地详细准备,包括有:竣工验收证书、开工、竣工报告、隐蔽工程验收记录、工程质量事故报告、设计图纸交底会议记录、技术核定单(包括设计变更通知、补充图)等。

6. 竣工图。总平面图、室外管线总平面图、建筑竣工图、结构竣工图、给排水竣工图、电力、照明通风,竣工图、电讯竣工图、桩基(位)竣工图等。

(二)房地产项目竣工验收的依据

1. 可行性研究报告。

2. 施工图设计及设计变更通知和补充图。

3. 技术设备说明书。

4. 现行的施工验收规范、质量检验评定标准。具体包括:

(1)《建筑工程施工质量验收统一标准》GB 5030;

(2)《建筑地基基础工程施工质量验收规范》GB 50202;

(3)《砌体工程施工质量验收规范》GB 50203;

(4)《混凝土结构工程施工质量验收规范》GB 50204;

(5)《钢结构工程施工质量验收规范》GB 50205;

(6)《木结构工程施工质量验收规范》GB 50206;

(7)《屋面工程质量验收规范》GB 50207;

(8)《地下防水工程质量验收规范》GB 50208;

(9)《建筑地面工程施工质量验收规范》GB 50209;

(10)《建筑装饰装修工程质量验收规范》GB 50210;

(11)《建筑给水排水及采暖工程施工质量验收规范》GB 50242;

(12)《通风与空调工程施工质量验收规范》GB 50243;

(13)《建筑电气工程施工质量验收规范》GB 50303;

(14)《电梯工程施工质量验收规范》GB 50310;

(15)《智能建筑工程施工质量验收规范》GB 50339;

(16)《建筑节能施工质量验收规范》GB 50411;

(17)《住宅性能评定技术标准》GB 50362;

(18)《绿色建筑评价标准》GB/T 50378。

5. 主管部门有关项目建设和批复文件。

6. 工程承包合同。

7. 建筑安装工程统计规定及主管部门关于工程竣工的规定。

从国外引进的新技术和成套设备的项目,以及中外合资房地产项目,还要按照签订的合同和国外提供的设计文件等进行验收。

8. 消防验收条件

(1)土建

1)土建部分已按经消防监督部门审核同意的设计施工完毕;

2)防火墙、走道、房间分隔墙以及楼梯间、前室、消防中心、消防泵房、电气室等重要或危险性较大的房间墙已砌筑至结构楼板;

3)电缆、管道井每层或每隔2～3层,在楼板处用相当于楼板耐火极限的不燃材料严密封堵;电缆、管道穿过墙、板处形成的孔隙已严密封堵;

4)防火门的闭门器已安装调试完毕,周围消防道路已畅通。

(2)室外消防给水

1)建筑的消防给水系统与市政给水网已按设计接通;

2)室外消火栓、水泵接合器已安装完毕,并已开通。不同功能的接合器设置明显的标志。

(3)固定灭火系统

1)系统已按设计安装、调试完毕;调试报告已制作完毕;

2)消火栓箱内水带、水枪、水喉已配全,其放置和水带接口的扎接能满足使用要求;

3)消防泵的电源、主备泵的自切已到位;

4)系统的色标已落实;

5)系统经专业机构检测,各项技术指标符合规范要求。

(4)火灾报警控制系统

1)系统已按设计安装、调试完毕;

2)消防中心具有强制启闭消防、喷淋泵、防排烟风机的功能;

3)系统的报警、联动控制、应急广播、消防通信等功能经专业机构检测,均符合规范要求。

(5)消防供电

1)重要设备的消防电源已按设计接通,并在消防泵、喷淋泵、防排烟风机、消防电梯、事故照明等消防用电设备末端控制箱二路电源能自动切换,应急发电机已调试,并投入运行;

2)安全出口、走道均按规定装有安全出口及疏散指示标志灯,并已接通电源,投入正常使用。

（6）防排烟

1）系统已按设计安装、调试完毕；

2）风速、风压及排烟量经专业机构检测均达到设计指标。

（7）安全管理

1）消防安全管理组织和人员已落实；

2）消防安全管理制度及应急方案。

初验合格的大楼，局部已按消防监督审核的设计施工完毕，经消防验收合格后可先行使用，初验收需具备的条件如下：

1）大楼的火灾报警控制、消防给水、喷淋灭火、防排烟等系统已调试开通，经专业机构检测，其技术指标均满足规范要求；

2）公共部位的土建施工已符合上述第一部分土建要求。

9. 人防工程施工验收总则

人民防空工程施工及验收，应遵照《人民防空工程施工及验收规范》GB 50134—2004 有关规定执行，其总则如下：

（1）为了提高人民防空工程（以下简称人防工程）的施工水平，降低工程造价，保证工程质量，制定本规范。

（2）本规范适用于新建、扩建和改建的各类人防工程的施工及验收。

（3）人防工程施工前，应具备下列文件：

1）工程地质勘察报告；

2）经过批准的施工图设计文件；

3）施工区域内原有地下管线、地下构筑物的图纸资料；

4）经过批准的施工组织设计或施工方案；

5）必要的试验资料。

（4）工程施工应符合设计要求。所使用的材料、构件和设备，应具有出厂合格证并符合产品质量标准；当无合格证时，应进行检验，符合质量要求方可使用。

（5）当工程施工影响邻近建筑物、构筑物或管线等的使用和安全时，应采取有效措施进行处理。

（6）工程施工中应对隐蔽工程作记录，并应进行中间或分项检验，合格后方可进行下一工序的施工。

（7）设备安装工程应与土建工程紧密配合，土建主体工程结束并检验合格后，方可进行设备安装。

（8）工程施工质量验收时，应提供下列文件和记录：

1）图纸会审、设计变更、洽商记录；

2）原材料质量合格证书及检（试）验报告；

3）工程施工记录；

4）隐蔽工程验收记录；

5）混凝土试件及管道、设备系统试验报告；

6）分项、分部工程质量验收记录；

7）竣工图以及其他有关文件和记录。

（9）人防工程施工及验收，除应遵守本规范外，尚应符合国家现行有关标准规范的规定。

（10）人防工程施工时的安全技术、环境保护、防火措施等，必须符合有关的专门规定。

10. 安全防范工程设计、施工、检验和验收，应遵照《安全防范工程技术规范》GB 50348—2004 规定执行。

11. 建筑节能分部工程验收

建筑节能分部工程验收，应遵照《建筑节能工程施工质量验收规范》GB 50411 规定执行。

（三）房地产项目竣工验收标准

房地产项目按其用途分，可分为工业项目和民用项目两类。在此仅就民用的房地产项目，拟定竣工验收标准如下：

1. 项目各单位工程和单项工程均已符合项目竣工验收标准。

2. 项目配套工程和附属工程，均已施工完毕，并达到设计规定的质量要求，具备正常使用的条件。

总之，这类房地产项目的竣工标准是：房屋建筑能够交付使用，住宅可以住人。

二、房地产项目竣工验收程序

房地产项目的竣工验收程序如下：

1. 根据房地产项目（工程）的规模大小和复杂程度，整个房地产项目（工程）的验收可分为初步验收和竣工验收两个阶段进行。规模较大、较复杂的房地产项目（工程），应先进行初验，然后进行全部房地产项目（工程）的竣工验收。规模较小、较简单的项目（工程），可以一次进行全部项目（工程）的竣工验收。

2. 房地产项目（工程）在竣工验收之前，由建设单位组织施工、设计及使用等有关单位进行初验。初验前由施工单位按照国家规范，整理好文件、技术资料，向建设单位提出交工报告。建设单位接到报告后，应及时组织初验。

3. 房地产项目（工程）全部完成，经过各单项工程的验收，符合设计要求，并具备竣工图表、竣工决算、工程总结等必要文件资料，由项目（工程）主管部门或建设单位向负责验收单位提出竣工验收申请报告。

为了保证房地产项目竣工验收工作的顺利进行，一般按图 3-8-5 所示的程序来进行房地产项目竣工验收。

在实际的施工和管理的过程中，房地产项目的竣工验收工作分为以下的几个阶段：

（一）施工收尾阶段

施工收尾阶段指的是工程施工临近竣工的阶段，此时大工程量的施工活动已经完成，所剩下的只是一些工程量不大，但头绪很多的工作，影响竣工验收的进行。这一阶段应抓好以下几项工作。

1. 项目经理要组织有关人员逐层、逐段、逐部位、逐房间地进行查项，检查施工中有无丢项、漏项，一旦发现，必须立即交由专人定期解决，并在事后按期进行检查。

2. 保护成品和进行封闭，对已经全部完成的部位、查项后修补完成的部位，要立即

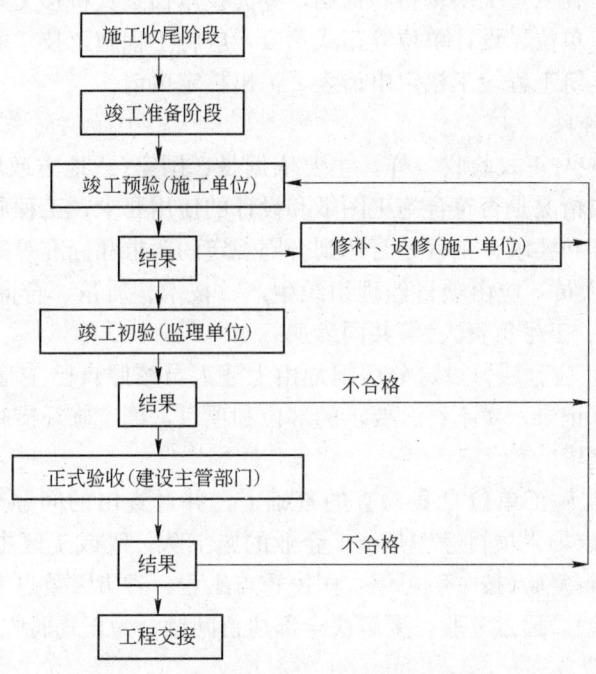

图 3-8-5 房地产项目竣工验收程序流程图

组织清理。保护好成品，依可能和需要按房间或层段锁门封闭，严禁无关人员进入，防止损坏成品或丢失零件(这项工作实际上在装修工程完毕之时即应进行)。尤其是高标准、高级装修的建筑工程(如高级宾馆、饭店、医院、使馆、公共建筑等)，每一个房间的装修和设备安装一旦完毕，就要立即严加封闭，派专人按层段加以看管。

3. 有计划地拆除施工现场的各种临时设施和暂设工程，拆除各种临时管线，清扫施工现场，组织清运垃圾和杂物。

4. 有步骤地组织材料、工具以及各种物资的回收、退库以及向其他施工现场转移和进行处理工作。

5. 做好电气线路和各种管线的交工前检查，进行电气工程的全负荷试验。

(二)竣工准备阶段

1. 组织工程技术人员绘制竣工图，清理和准备各项需向建设单位移交的工程档案资料，并编制工程档案资料移交清单。

2. 组织以预算人员为主，生产、管理、技术、财务、材料、劳资等人员参加或提供资料，编制竣工结算表。

3. 准备工程竣工通知书、工程竣工报告、工程竣工验收证明书、工程保修证书等。

4. 组织好工程自验(或自检)，报请上级领导部门进行竣工验收检查，对检查出的问题，应及时进行处理和修补。

5. 准备好工程质量评定的各项资料。主要按结构性能、使用功能、外观效果等方面，对工程的地基基础、结构、装修以及水、暖、电、卫、设备安装等各个施工阶段所有质量检查资料，进行系统的整理，包括：分项工程质量检验评定、分部工程质量检验评定、单位工程质量检验评定、隐蔽工程验收记录以及工程质量事故发生情况和处理结果等方面的资料，为正式评定工程质量提供资料和依据，亦为技术档案资料移交归档做准备。

建设单位、施工单位、设计单位等正式验收，应将工程施工技术资料送当地质量监督部门检查，并填写建筑工程竣工核定申请表，提出核定申请。

（三）竣工预验阶段

1. 预验的标准应与正式验收一样，主要依据是：国家（或地方政府主管部门）规定的竣工标准；工程完成情况是否符合施工图纸和设计的使用要求；工程质量是否符合国家和地方政府规定的标准和要求；工程是否达到合同规定的要求和标准等等。

2. 参加自验的人员，应由项目经理组织生产、技术、质量、合同、预算以及有关的施工工长（或施工员、工号负责人）等共同参加。

3. 自验的方式，应分层分段、分房间地由上述人员按照自己主管的内容逐一进行检查。在检查中要做好记录。对不符合要求的部位和项目，确定修补措施和标准，并指定专人负责，限期修理完毕。

4. 复验。在基层施工单位自我检查的基础上，并对查出的问题全部修补完毕以后，项目经理应提请上级（如果项目经理是施工企业的施工队长级或工区主任级者，应提请公司或总公司一级）进行复验（按一般习惯，国家重点工程、省市级重点工程，都应提请总公司级的上级单位复验）。通过复验，要解决全部遗留问题，为正式验收作好充分的准备。

（四）竣工初验阶段

施工单位决定正式提请验收后，应向监理单位送交验收申请报告，监理工程师收到验收申请报告后，应按工程合同的要求、验收标准等进行仔细的审查。监理工程师审查完验收申请报告后，若认为可以进行验收，则应由监理人员组成验收班子，对竣工的项目进行初验；在初验时发现的质量问题，应及时以书面通知或以备忘录的形式告诉施工单位，并令其按有关的质量要求进行修理甚至返工。

（五）正式验收阶段

在监理工程师初验合格的基础上，便可由监理工程师牵头，组织业主、设计单位、施工单位等参加，在规定的时间内对房地产项目进行正式验收。

1. 发出《竣工验收通知书》。在自验的基础上，确认工程全部符合竣工验收标准，具备了交付使用的条件后，即可开始正式竣工验收工作。施工单位应于正式竣工验收之日的前10天，向建设单位发送《竣工验收通知书》，通知书的基本格式如表3-8-23所示。

竣工验收通知书 表3-8-23

_____：
（建设单位名称）
由我单位承建的××××工程，按照施工设计图纸和变更设计联系单的内容，已于_____年_____月_____日竣工，请贵单位在接到本通知书后15天内，约请并组织有关单位和人员进行验收。
此致
敬礼

（施工单位名称，盖章）
_____年_____月_____日

2. 成立竣工验收小组，组织竣工验收工作。工程竣工验收工作由建设单位邀请设计单位及有关方面参加，同施工单位一起进行检查验收。列为国家重点工程的大型房地产项

目，往往由国家有关部委，邀请有关方面参加，组成工程验收委员会，进行验收。

3. 项目现场检查及项目验收会议

（1）参加项目竣工验收各方，对竣工项目实体进行目测检查，并逐项检查项目竣工资料，看其所列内容是否齐备和完整。

（2）承建单位代表介绍工程施工情况、自检情况以及竣工情况，出示全部项目竣工图纸、各项原始资料和记录。

（3）监理工程师通报工程监理中的主要内容，发表竣工验收的意见。

（4）业主根据在竣工项目目测中发现的问题，按照合同规定对施工单位提出限期处理的意见。

（5）经暂时休会，由质量监督部门会同建设单位和监理工程师，讨论工程正式验收是否合格。

（6）最后，由竣工验收小组宣布竣工验收结果，质量监督部门宣布竣工项目质量等级。

4. 办理竣工验收证明书。竣工验收证明书，必须有三方的签字、盖章方可生效。基本的表格形式如表 3-8-24 所示。

项目竣工验收证明书　　　　　　　　　　　　　　　表 3-8-24

工程编号			建设单位		工程地点	
工程名称			监理单位		开工日期	
建筑面积（m²）		结构	设计单位		评定日期	
总造价（万元）		层次	施工单位		检验日期	
验收意见	施工单位					
	设计单位					
	建设单位					
验收结论						
质量监督部门核检意见及认定质量等级			建设单位	设计单位	施工单位	
（公章）检验员			（公章）负责人	（公章）工程负责人	（公章）工程负责人	

三、竣工验收档案

房地产项目竣工档案是工程在建设全过程中形成的文字材料、图表、计算材料、照片、录音带、录像带等文件材料的总称，它是工程进行维修、管理、改造的依据和凭证，也是竣工投产交付使用的必备条件。因此，房地产项目竣工档案资料必须符合《建筑工程施工质量验收统一标准》GB 50300—2001 现引用国家技术标准的规定。项目竣工验收以后，应及时将竣工验收资料、技术档案等移交给生产单位或使用单位统一保管，包括项目交工技术档案和竣工技术档案两大类：

（一）项目交工技术档案

项目交工技术档案既是证明项目目标控制可靠程度的技术文件，也是该项目管理、使用、维护、改建或扩建的技术资料。在办理工程移交时，应将其提交给建设单位保存，该档案内容主要包括：

1. 项目材料、构配件和设备质量合格证明。

2. 项目隐蔽工程验收记录。

3. 项目混凝土、砂浆和沥青砂浆试块的试压报告。

4. 项目施工图纸会审记录和设计变更通知单。

5. 项目变位测量记录，以及项目沉降和变形观测记录。

6. 项目质量检验评定和事故处理资料。

7. 项目设备调压、试压和试运转记录。

8. 项目全部竣工图纸及其有关资料。

9. 项目未完工程中间交工验收记录。

10. 项目开工和竣工报告以及竣工证明。

（二）项目竣工技术档案

项目竣工技术档案是承建单位积累施工经验的技术资料。其内容除了包括竣工技术档案全部资料外，还要包括：

1. 项目施工规划、单位工程施工规划和施工经验总结。

2. 项目技术革新试验记录。

3. 重大质量或安全事故档案，原因分析和补救措施记录，所采用的重要技术措施。

4. 项目重要技术决定，以及引进技术实施记录。

5. 项目各种混凝土和砂浆配比资料。

6. 项目施工日记。

7. 项目冬期和雨期施工技术组织措施。

8. 项目施工技术管理经验总结。

四、竣工验收后的服务

房地产项目竣工验收后，为使项目在竣工验收后达到最佳状态和最长使用寿命，承建单位在工程移交时，必须向建设单位提出建筑物使用和保养指导要领，并在用户使用后，实行回访和保修制度。

在房地产项目竣工验收投入运行之后的一定期限内，设计单位、施工单位、设备供应单位等，回头了解房地产项目的实际运行情况（如设计质量、功能实现程度、施工质量、设备运行状况等）和用户对维修的要求称为回访。通过回访了解项目在运行中暴露出来的各方面的问题，并根据用户的意见和要求，对需要进行处理的质量问题，在保修期内分别予以保修。

项目在竣工验收交付使用后，按照合同和有关的规定，在一定的期限，即回访保修期内，应由项目经理部组织原项目人员，主动对交付使用的竣工工程进行回访，听取用户对工程的质量意见，填写质量回访表，报有关技术与生产部门备案处理。

（一）国家对保修期的规定

1. 一般工业和民用建筑、公共建筑和构筑物的土建工程，保修期为1年。

2. 室内照明、电气、上下水道安装工程，保修期为6个月。

3. 室内供热和供冷系统保修期为一个采暖期或供冷期。

4. 室外上下水管道和小区道路，保修期为1年。

5. 工业建筑设备、电气、仪表、工艺管线等项，无明确规定，一般保修期可定为3～6

个月。

（二）保修

在项目施工完毕经竣工验收后，项目施工单位应向建设单位送交《建筑安装工程保修证书》。保修证书中应列明：工程简况、使用注意事项、保修范围、保修时间、保修说明，并附有工程保修情况记录栏。

在工程保修期内，如项目运行中发生质量问题影响项目正常运转时，用户可及时向有关保修部门说明情况，要求其派人进行检修。有关保修部门得到用户的检修请求后，须尽快派人前往，会同用户和监理工程师共同对发生的质量问题做出鉴别，拟定修理方案，并组织人力、物力进行修理。

当检修完毕排除故障项目进入正常运行后，保修人员须在保修证书的"保修情况记录"栏内填好检修记录，并经用户和监理工程师验收签证。

（三）回访形式

回访一般采用三种形式：

1. 季节性回访。大多是雨期回访屋面、墙面的防水情况，冬期回访采暖系统的情况，发现问题，采取有效措施、及时解决问题。

2. 技术性回访。主要是了解在工程施工过程中所采用的新材料、新技术、新工艺、新设备等的技术性能和使用后的效果，发现问题及时加以补救和解决。同时也便于总结经验，获取科学依据，为改进、完善和推广创造条件。

3. 保修期满前的回访。在保修期内，属于施工单位施工过程中造成的质量问题，要负责维修，不留隐患。一般施工项目竣工后，承包单位的工程款保留 5% 左右，作为保修金。按照合同在保修期满后退回承包单位。

（四）回访内容

在执行回访和保修制度的时候，施工单位应定期向用户进行回访。一般在保修期内每个项目至少要回访一次，若保修期为一年的，可半年左右回访一次，到一年时，进行第二次回访，回访的内容包括有：

1. 项目回访卡，如表 3-8-25 所示。

项目回访卡　　　　　　　　　　　　　表 3-8-25

用户		接待人	
回访单位		回访人	
工程名称		回访时间	
用户意见			
处理意见			
处理结果	施工方面		
	用户方面		

2. 听取用户意见。施工单位应针对不同的回访形式，有目的地询问用户的使用情况，并耐心地倾听他们的意见与建议。将这些记录在案后整理归档，再采取相应的措施。

3. 查询和察看现场由施工原因而造成的问题。

4. 分析问题产生的原因。

5. 商讨施工项目返修事宜。

施工单位在接到用户来访、来信的质量投诉后，应立即组织力量维修，发现影响安全的质量问题，应组织有关人员进行分析，制定措施，作为进一步改进和提高质量的依据。同时，对所有的回访和保修都必须予以记录，并提交书面报告，作为技术资料归档。项目经理还应不定期地听取用户对工程质量的意见。对于某些质量纠纷或问题应尽量协商解决，若无法达成统一意见，则由有关仲裁部门负责仲裁。

（五）保修费用的规定

房地产项目施工完毕动用验收时，虽经过了各方面的严格检查，但仍可能存在如屋面漏雨、建筑物基础出现不均匀沉降、采暖系统供热不佳等质量问题或其他质量隐患。这些质量问题或隐患会在项目投入运行后在运行过程中逐渐暴露出来。为了确保房地产项目处于良好的运行状态，建设监理工程师应注意督促有关单位及时做好工程保修工作，同时作好工程保修期间的投资控制工作，要求监理工程师根据具体的工程质量问题，明确其责任与具体的返修内容，并与应返修单位协调质量问题的处理办法及有关费用的支付责任。常见的质量责任单位及处理方法为：

1. 因设计原因造成的工程质量问题，应由原设计单位承担责任，由原设计单位修改设计方案，其所需费用由原设计单位自己负责。业主委托施工单位对工程进行施工处理，其所需施工费用由原设计单位负责。监理工程师还应认真确定由此而给业主造成的生产经营上的经济损失，向原设计单位提出索赔以便得到补偿。

2. 因施工安装原因造成的工程质量问题，则应由施工安装单位承担责任。由施工安装单位进行保修，其费用由施工安装单位自己负责。监理工程师确定由此而给业主造成的经济损失，向施工安装单位提出索赔。

3. 因设备质量原因造成的问题，则应由设备供应单位承担责任。由设备供应单位进行保修，其费用由设备供应单位自己负责，由监理工程师确定因此而给业主造成的经济损失，向设备供应单位提出索赔。

4. 因用户使用不当而造成的问题，应由用户承担责任。由用户与施工单位协商进行修理，费用由用户负责支付。

第十一节 房地产项目的后评价

房地产项目交付使用后，还需要对项目进行后评价。项目后评价，在国外称为事后评价，是相对于项目决策前的评估而言的。它是项目决策前评估的继续和发展。项目后评价是在项目建成投产后，依据实际发生的数据和资料，测算分析项目技术经济指标，通过与前评估等文件的对比分析，确定项目是否达到原设计和期望的目标，判断项目的优劣，并从中总结经验教训的一项综合性工作。

随着经济的发展，社会的需要不断地发生变化，项目后评价已逐渐在房地产项目的管理中得到重视，项目后评价已经逐渐地成为了房地产项目管理的一个重要组成部分。

在我国，过去对项目优劣的评价是以质量为主要的目标来进行的，单一而且片面。其实，一个项目是否是优质工程，不仅要求质量优良，其他的方面，包括工期、成本、盈利水平及其社会效益也应全面地进行考核，这样才能适应社会的需求、用户的需求、投资者的需求和项目相关单位的需求。

一、项目后评价的意义与作用

项目后评价从本质上讲，是对建设完成后的项目的实际效果与预期目标的信息追踪和信息反馈，是实施控制手段的一种科学方法。项目后评价是在项目建成开始经营后进行的，具有事后观察的优越性，通过对房地产项目进行后评价，可以把评估预测的结果与实际发生结果进行对比分析，找出差距，判明原因，总结经验教训，这样，我们就可以了解项目目标实现的程度，找出项目管理中的漏洞，适时地改进管理方法，采取相应的有利措施来进行弥补与完善，力争在将来的管理工作中把失误减少到最低程度。

项目后评价是实现项目运行管理科学化的手段，任何一个房地产项目的决策都要受到政治、经济、文化、技术、资源、环境等诸多不确定性因素的综合作用，在项目决策时不可能准确地掌握各种因素。在项目实施过程中，以及建成后的运行中，由于内、外环境中的各因素的变化形成了项目的不稳定性，会产生一些意想不到的变化，因此，通过项目后评价可以了解房地产项目管理过程中诸相关因素的各种变化，从中可以掌握某些变化的趋势，从而采取相应的措施，通过加强管理来实现既定目标，有效地获得投资的最佳经济效益。

房地产项目所需资金量大，投资回收期长，在房地产项目投资过程中，有可能出现一些新的情况、新的问题，由此可能引起经济效益、财务成果方面的变化。站在投资方的角度，通过项目的后评价，可以检验项目在建设中乃至投产后的投资效果，从而加强对项目的投资控制与管理。

二、项目后评价的程序

项目的后评价，是一项技术性强、综合性强的复杂的工作，所以，在进行后评价时，必须要遵循科学的工作程序。其具体的程序为：

（一）制订计划阶段

1. 提出项目后评价工作计划。

2. 组建后评价小组。评价小组一般应包括经济技术人员、工程技术人员、经济管理人员、市场分析人员，还应包括直接参与项目准备和实施的工作人员。

3. 拟定项目后评价工作大纲。

（二）收集资料阶段

在这个阶段中，应由专门的人员收集项目从筹建到施工、竣工和生产经营中的资料。这些资料主要包括以下几个部分：

1. 建设前期资料。包括：

（1）决策资料、项目建议书、可行性研究报告、原评估报告、设计任务书、批准文件等。

（2）初步设计、施工图设计、工程概算与预算。

（3）设计合同、施工合同以及与项目建设有关的合同、协议和文件。

（4）投资方的资料．项目背景、市场资料等。

2. 竣工及生产经营中的资料。包括：

（1）竣工决算。

（2）人员配置、机构设置等情况。

3. 对项目进行重大技术改造的相关资料。

（三）评价阶段

1. 根据资料进行分项评价。

2. 根据分项评价进行综合评价。

（四）总结阶段

1. 对项目后评价结果进行检验。

2. 把后评价结果、建议反馈给有关部门。项目后评价基本上采取比较分析的方法，将项目建成前的评估资料、预期目标与建成后的实际情况进行比较分析。许多数据，如投资明细、项目成本、销售收入、销售税金、项目的经济效益以及一些基础数据都可采取列表比较的形式。差异大的项目应具体分析，找出原因，研究解决办法。

三、项目后评价的内容

目前，房地产项目后评价在我国尚未形成统一固定的模式及规定。后评价的内容由不同的部门用不同的方式来进行，是不尽相同的。因为后评价是对预期结果的检验，这样在评价内容上就必然是个性与共性的统一。在这里，我们列出其中的几个重要的指标来对项目进行综合的评价。

（一）工期指标

施工工期是指从工程开工一直到竣工验收的全部时间。在进行后评价时，对工期的评价应以国家规定的工期定额为标准，以合同工期为最终目的。随着建设投资主体的多元化，一个房地产项目若是能合理地缩短建设工期，就可以缩短投资回收期，并加快资金的回笼。特别是某些重点工程，按期或提前交付使用，会迅速发挥投资效益，所以，从这个意义上讲，合理地缩短工期，对房地产项目而言，是十分重要的。

当然，缩短工期势必在成本上有所增加，需要耗费赶工费，但是，从经济效益上说，增加的成本远远不及项目早日建成投产所产生的效益大。所以，在项目后评价中，工期是一个重要的评价指标。

工期的具体评价指标可用施工项目定额工期率来表示：

$$项目定额工期率 = [项目实际工期 / 项目定额（计划）工期] \times 100\%$$

通过对这一指标的考核，我们可以了解房地产项目实际建设工期与国家统一规定的定额工期或确定的、计划安排的计划工期的偏离程度。

（二）质量指标

房地产项目的质量指的是建筑安装产品的优劣程度。建筑安装产品质量的好与坏，是衡量项目生产、技术和管理水平高低的重要标志。提高房地产产品的质量，不但可以提高投资方的声誉、增加销售进度，还可以降低产品的返修率，延长产品的使用寿命，而且从质量成本的原理来看，还可以为投资方节省资金。所以，提高房地产产品的质量、保证生产出优良的建筑安装产品，对一个房地产项目而言，是至关重要的。

在具体的评价过程中，衡量质量好坏的指标可用实际工程合格（优良）率来表示：

$$实际工程合格（优良）品率 = [实际单位工程合格（优良）品数量 / 竣工验收的单位工程总数] \times 100\%$$

通过这一指标的考核，我们可以了解房地产项目完成的单位工程的质量中合格或优良的比率，从而了解实际完成的项目工程的施工质量的优劣。

（三）经济效益指标

从投资方的角度出发，房地产项目的建成、投产，归根到底还是为着实现一定的盈利，取得一定的利润，实现预期的经济效益目标。所以，在这里，我们必须从以下的几个指标来反映房地产项目在资金价值上的实现效果程度，从而反映出投资方经济效益的高低：

产值利润率＝项目实现的利润总额/项目完成的总产值

实际建设成本变化率＝［（实际建设成本－预计建设成本）/预计建设成本］×100％

实际投资利润率＝（年实际利润或年平均实际利润额/实际投资额）×100％

通过这三个指标，我们可以了解成本的控制程度、利润的实现程度，从而了解在整个房地产项目的实施过程中，投资效益的实现程度。

（四）社会效益指标

房地产项目的实施不只是局限于小范围内的，它还总是处于社会这一大环境之中，与外部环境不断地进行着物的交换。它不仅消耗了社会的资源，还增加了环境污染。所以，对房地产项目进行后评价，还要对以下的两个指标进行评价：

1. 实物消耗节约率。实物消耗节约率，反映的是实物消耗的节约程度。在房地产项目的实施过程中，我们主要考虑的是主要材料的节约率，其具体的计算公式如下：

实物消耗节约率＝［（预算定额消耗费－实际物耗费）/预算定额物耗费］×100％

实物的消耗量少，从投资方的角度来说是节约了成本，从社会的角度来说是节约了资源。成本是有限的，社会的资源也是有限的，所以，对这一指标的考核是十分重要的。

2. 能源消耗。一个房地产项目，能源消耗主要有电、燃油、煤、水等。在保证能源供应的条件下，采取一系列的技术措施，节约能耗，对社会资源的合理分配也是有益的。

（五）施工技术指标

1. 施工均衡度。施工均衡度是衡量建筑安装工程施工是否连续、均衡、紧凑的标准。房地产项目的施工是项目实施的具体操作过程，在这个过程中，合理地安排施工进度计划，能避免施工过程不连续、不紧凑，防止窝工或施工人员不能充分发挥作用的现象发生。

施工均衡度＝建设期内施工高峰人数/建设期内施工平均人数

通过这个指标，我们可以了解施工过程中对施工人员的管理水平的程度。这个指标的值越接近越好。

2. 机械效率。机械效率是反映机械利用率和完好率的指标。机械化施工可以使人们从繁重的体力劳动中解脱出来，从而加快施工进度，提高施工质量，降低成本。

机械效率＝建设期机械实际作业台班数/建设期机械平均总台班数

＝建设期实际完成总产量/建设期机械的平均总能力

3. 劳动生产率。劳动生产率是指投入施工项目的每一个职工，在一定时期内完成的产值，即工作量。其具体的计算公式如下：

劳动生产率［元/（人·年）］＝建设期自行完成建筑安装总工作量/年平均人数

通过对这一指标的评价，我们可以了解在施工过程中劳动者劳动的熟练程度、企业的科学和技术发展水平及其在工艺上的应用程度、生产组织和劳动组织，生产资料的规模效能及自然条件等。

4. 伤亡强度。伤亡强度表示每单位劳动量因伤亡事故而损失的劳动量,这一指标反映的是施工期内发生伤亡事故而造成损失的程度。其计算公式如下:

伤亡强度=建设期内因伤亡事故而损失的劳动量(工日)/建设期内总劳动量(工日)×100%

（六）管理水平

管理水平反映的是管理者的领导水平、被领导者的自身素质、施工企业的组织机构、管理方法和手段、管理的信息反馈等。管理现代化水平的定量计算可采用专家打分与权重乘积后求和的方法。权重可由专家确定。

房地产项目的后评价,一般由以上所列的六大内容来确定具体的指标体系,其评价目标结构图如图 3-8-6 所示。

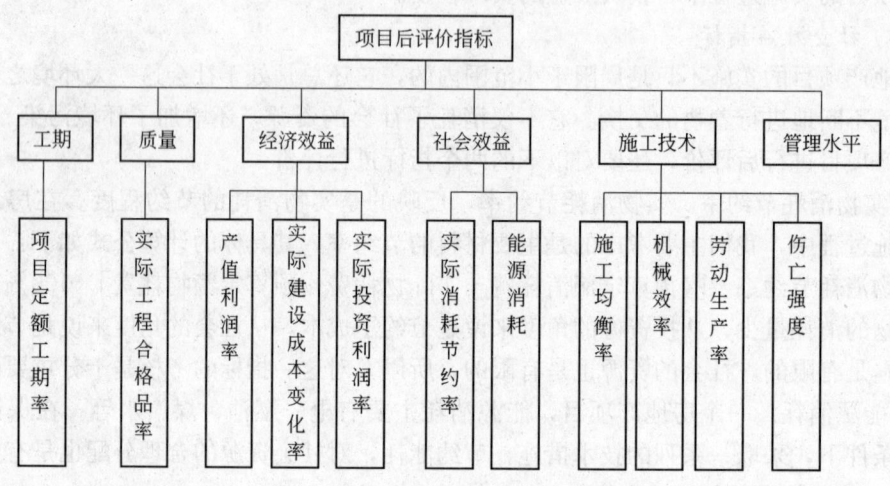

图 3-8-6 评价目标结构体系图

由于项目实施过程中,涉及的因素是很多的,随着具体的工程内容的变化和时间的不断推移,有可能评价的指标也会发生变化,关键还是要从房地产项目的实际出发,结合专家的意见,最后定出合理的评价指标体系,来对项目进行后评价,确定项目的优劣。

（七）住宅性能评定

城镇新建和改建住宅的性能评审和认定,应遵照《住宅性能评定技术标准》GB/T 50362 执行,其内容摘录如下:

1. 申请住宅性能认定应按照国务院建设行政主管部门发布的住宅性能认定管理办法进行。

2. 评审工作应由评审机构组织接受过住宅性能认定工作培训,熟悉本标准,并具有相关专业执业资格的专家进行。评审工作采取回避制度,评审专家不得参加本人或本单位设计、建造住宅的评审工作。评审工作完成后,评审机构应将评审结果提交相,应的住宅性能认定机构进行认定。

3. 评审工作包括设计审查、中期检查、终审三个环节。其中设计审查在初步设计完成后进行,中期检查在主体结构施工阶段进行,终审在项目竣工后进行。

4. 住宅性能评定原则上以单栋住宅为对象,也可以单套住宅或住区为对象进行评定。

评定单栋和单套住宅，凡涉及所处公共环境的指标，以对该公共环境的评价结果为准。

5. 申请住宅性能设计审查时应提交以下资料：

(1) 项目位置图；

(2) 规划设计说明；

(3) 规划方案图；

(4) 环境设计示意图；

(5) 管线综合规划图；

(6) 竖向设计图；

(7) 规划经济技术指标、用地平衡表、配套公建设施一览表；

(8) 住宅设计图；

(9) 新技术实施方案及预期效益；

(10) 新技术应用一览表；

(11) 项目如果进行了超出标准规范限制的设计，尚需提交超限审查意见。

6. 进行中期检查时，应重点检查以下内容：

(1) 设计审查意见执行情况报告；

(2) 施工组织与现场文明施工情况；

(3) 施工质量保证体系及其执行情况；

(4) 建筑材料和部品的质量合格证或试验报告；

(5) 工程施工质量；

(6) 其他有关的施工技术资料。

7. 终审时应提供以下资料备查：

(1) 设计审查和中期检查意见执行情况报告；

(2) 项目全套竣工验收资料和一套完整的竣工图纸；

(3) 项目规划设计图纸；

(4) 推广应用新技术的覆盖面和效益统计清单(重点是结构体系、建筑节能、节水措施、装修情况和智能化技术应用等)；

(5) 相关资质单位提供的性能检测报告或经认定能够达到性能要求的构造做法清单；

(6) 政府部门颁发的该项目计划批文和土地、规划、消防、人防、节能等施工图审查文件；

(7) 经济效益分析。

8. 住宅性能的终审一般由 2 组专家同时进行，其中一组负责评审适用性能和环境性能，另一组负责评审经济性能、安全性能和耐久性能，每组专家人数 3~4 人。专家组通过听取汇报、查阅设计文件和检测报告、现场检查等程序，对照本标准分别打分。

9. 本标准附录评定指标中每个子项的评分结果，在不分档打分的子项，只有得分和不得分两种选择。在分档打分的子项，以罗马数字Ⅲ、Ⅱ、Ⅰ区分不同的评分要求。为防止同一子项重复得分，较低档的分值用括弧( )表示。在使用评定指标时，同一条目中如包含多项要求，必须全部满足才能得分。凡前提条件与子项规定的要求无关时，该子项可直接得分。

10. 本标准附录中，评定指标的分值设定为：适用性能和环境性能满分各为 250 分，经济性能和安全性能满分各为 200 分，耐久性能满分为 100 分，总计满分 1000 分。各性能的最终得分，为本组专家评分的平均值。

11. 住宅综合性能等级按以下方法判别：

（1）A 级住宅：含有"☆"的子项全部得分，且适用性能和环境性能得分等于或高于 150 分，经济性能和安全性能得分等于或高于 120 分，耐久性能得分等于或高于 60 分，评为 A 级住宅。其中总分等于或高于 600 分但低于 720 分为 1A 等级；总分等于或高于 720 分但低于 850 分为 2A 等级；总分 850 分以上，且满足所有含有"★"的子项为 3A 等级。

（2）B 级住宅：含有"☆"的子项中有一项或多项未能得分，或虽然含有"☆"的子项全部得分，但某方面性能未达到 A 级住宅得分要求的，评为 B 级住宅。

（八）绿色建筑评价标准

2006 年 3 月 7 日，国家建设部和质量监督检验检疫总局联合发布了《绿色建筑评价标准》（GB/T 50378—2006）（以下简称"标准"），现简介如下：

第一节　产　生　背　景

一、编制目的

为落实科学发展观，建立一个资源节约型、环境友好型的社会，加速改变粗放型的建筑现状，根据建设部的统一部署和工作安排，建设部标准定额司组织开展了《绿色建筑评价标准》的编制工作。参加《绿色建筑评价标准》编制工作的有中国建筑科学研究院、上海市建筑科学研究院、中国城市规划设计研究院、清华大学、中国建筑工程总公司、中国建筑材料科学研究院、国家给水排水工程技术研究中心、深圳市建筑科学研究院、城市建设研究院等单位。

《绿色建筑评价标准》着重评价与绿色建筑性能相关的内容，未涵盖通常建筑物应有的功能、性能要求，如结构安全，防火安全等，因此符合国家的法律法规与相关的标准（尤其是强制性条文）是参与绿色建筑评价的前提条件。

二、标准适用范围

《绿色建筑评价标准》用于评价住宅建筑和办公建筑、商场、宾馆等公共建筑。住宅是面大量广的建筑，约占我国总建筑面积的 2/3，又是人类占用时间最长的空间，涉及至男女老少，最能体现政府对人的关怀，是本标准的重点研究对象。全国公共建筑面积约 45 亿 m²，大型公共建筑单位建筑面积能耗大约是普通居住建筑的 10 倍左右，其中采用中央空调的大型商厦、办公楼、宾馆为 5～6 亿 m²，堪称耗能大户，故本标准暂时仅对办公建筑、商场建筑和旅馆建筑进行评价。

三、编制原则

《绿色建筑评价标准》按照建筑全生命周期原则制定。建筑从最初的规划设计到施工、运营及最终的拆除，形成一个全生命周期。绿色建筑要求在建筑全生命周期内，最大限度地节能、节地、节水、节材与保护环境，同时满足建筑功能。绿色建筑的建设应对规划、设计、施工与竣工阶段进行过程控制。关注建筑的全生命周期，意味着不仅在规划设计阶段充分考虑并利用环境因素，而且确保施工过程中对环境的影响最低，运营阶段能为人们提供健康、适用、低耗、无害的活动空间，拆除后又对环境危害降到最低各责任方应按该标准评价指标的要求，制定目标、明确责任、进行过程控制，并最终形成规划设计、施工与竣工阶段的过程控制报告。

《绿色建筑评价标准》的编制原则是：

1. 借鉴国际先进经验，结合我国国情。
2. 重点突出"四节"与环保要求。
3. 体现过程控制。
4. 定量和定性相结合。
5. 系统性与灵活性相结合。

第二节 指 标 体 系

一、绿色建筑等级分项

绿色建筑评价指标体系由节地与室外环境、节能与能源利用、节水与水资源利用节材与材料资源利用、室内环境质量和运营管理六类指标组成。各大指标中的具体指标分为控制项、一般项和优选项三类。其中，控制项为评为绿色建筑的必备条款；优选项主要指实现难度较大、指标要求较高的项目。对同一对象，可根据需要和可能分别提出对应于控制项、一般项和优选项的指标要求。根据建筑所在地区、气候与建筑类型等特点，符合条件的项数可能会减少，对一般项数和优选项数的要求可按比例调整，这就为各个地方应用带来了较大的灵活性（表3-8-26）。

划分绿色建筑等级的分项设置　　　　　　　表 3-8-26

住宅建筑76项		公共建筑83项
控制项	27项	26项
一般项	40项	43项
优先项	9项	14项

绿色建筑的必备条件为全部满足《绿色建筑评价标准》第四章住宅建筑或第五章公共建筑中控制项要求。按满足一般项和优选项的程度，绿色建筑划分为三个等级。

对住宅建筑，原则上以住区为对象，也可以单栋住宅为对象进行评价。对公共建筑，以单体建筑为对象进行评价。对住宅建筑或公共建筑的评价，在其投入使用一年后进行。

划分绿色建筑等级的项数要求（住宅建筑），见表3-8-27。

划分绿色建筑等级的项数要求（住宅建筑）　　　表 3-8-27

等级	一般项数（共40项）						优选项数（共9项）
	节地与室外环境（共8项）	节地与能源利用（共6项）	节水与水资源利用（共6项）	节材与材料资源利用（共7项）	室内环境质量（共6项）	运输管理（共7项）	
	4	2	3	3	2	4	—
★★	5	3	4	4	3	5	3
★★★	6	4	5	5	4	6	5

划分绿色建筑等级的项数要求(公共建筑)，见表 3-8-28。

划分绿色建筑等级的项数要求(公共建筑)　　　　　　　　表 3-8-28

等级	一般项数(共 40 项)						优选项数 (共 14 项)
	节地与 室外环境 (共 8 项)	节地与能 源利用 (共 10 项)	节水与水 资源利用 (共 6 项)	节材与材料 资源利用 (共 8 项)	室内环 境质量 (共 6 项)	运输管理 (共 7 项)	
★	3	2	3	5	2	4	—
★★	4	6	4	6	4	5	6
★★★	5	8	5	7	5	6	10

二、指标体系和评分原则

为节省篇幅，本书以其中的住宅建筑评价的有关内容为例，概述了《绿色建筑评价标准》的指标体系和评分原则：

节地与室外环境

1. 控制项 8 项，一般项 8 项(☆4，☆☆5，☆☆☆6)，优先项 2 项。其中：环保减污 6 项，绿化 3 项，节地施工、热岛效应、风环境、透水地面各 1 项，其他 4 项。

(1) 关于节地

人均居住用地指标：低层不高于 $43m^2$、多层不高于 $28m^2$、中高层不高于 $24m^2$、高层不高于 $15m^2$。

目前常出现居住用地人均用地指标突破国家相关标准的问题，与节地要求相悖。

国外偏于用户均指标来评价，在此用人均居住用地指标是要与其他规范一致。

(2) 关于施工

施工现场是典型的污染源。施工常会引起大气污染、土壤污染、噪声影响、水污染、光污染等影响，是过程控制中的重要环节。要求施工单位提交环境保护计划书、实施记录文件、自评报告及当地环保局或建委等部门对环境影响因子如扬尘、噪声、污水排放评价的达标证明。虽偏重于理念，但列入控制项，突显重要性。

中国的施工企业正在开展绿色施工标准的编制。

(3) 热岛效应(限于住宅建筑的一般项)

热岛效应是指一个地区(主要指城市内)的气温高于周边郊区的现象，可以用两个代表性测点的气温差值(城市中某地温度与郊区气象测点温度的差值)即热岛强度表示。由于受规划设计中建筑密度、建筑材料、建筑布局、绿地率和水景设施、空调排热、交通排热及炊事排热等因素的影响，住区室外也有可能出现热岛现象，以 1.5℃作为控制值，是基于多年来对北京、上海、深圳等地夏季气温状况的测试结果的平均值。可通过热岛模拟预测分析或运行后的现场测试取得数据。

(4) 风环境

自然通风是亚热带地区建筑节能的一个重要方面。另外，由于建筑单体设计和群体布局不当而导致行人举步维艰或强风卷刮物体撞碎玻璃等的事例很多。建筑物周围人行区距地 1.5m 高处风速 $V < 5m/s$ 是不影响人们正常室外活动的基本要求。因此对住宅建筑与公共建筑均提此要求，鼓励用软件对室外的风环境作模拟预测分析。

（5）透水地面

透水地面是生态环境的一个重要内容。透水地面具有土地涵养、减少地表迳流、降低洪峰、调节环境温度、降低热岛效应等效益。透水地面包括自然裸露地面、公共绿地、绿化地面等地面。

2. 节能与能源利用

控制项3项。一般项6项（☆2，☆☆3，☆☆☆4），优选项2项。其中：强调执行标准规范5项，计量1项，合理设计1项，照明节能1项，再生能源2项，能量回收1项。

（1）节能设计标准

我国960万 km² 领土被分为严寒、寒冷、夏热冬冷、夏热冬暖和温和5个不同的建筑气候区，除温和地区外，建设部已经颁布实施了分别针对各个建筑气候区居住建筑的节能设计标准，同时还颁布实施了《公共建筑节能设计标准》，本节对其有关内容再次强调。

（2）计量收费

城镇供热体制和供热方式改革是节能工作中的一个方面。用户能自主调节室温是必须的，因此应该设置室温可由用户自主调节的装置；然而，收费与用户使用的热（冷）量多少有关联，作为收费的一个主要依据，计量用户用热（冷）量的相关测量装置和制定费用分摊的计算方法是必不可少的。目前这项工作尚未启动，列入控制项仅是为了设计上率先考虑，安上管路与设备，有待今后此项工作的开展。

（3）节能设计

建筑体形、朝向、楼距、窗墙面积以及遮阳均是节能设计的基本要素，而且还影响住宅的通风及采光。有悖于绿色建筑的设计时有发生，在此作为一般项再次强调，提倡建筑师充分利用场地的有利条件，尽量避免不利因素，在这些方面进行精心设计。

（4）再生能源

太阳能、地热能是建筑上最易获得的再生能源，即应用太阳能热水器供生活热水、采暖等；以及应用地热能直接采暖，或者应用地源热泵系统进行采暖和空调。

条文中提出的5%可用以下指标判断：

1）如果小区中有25%以上的住户采用太阳能热水器；

2）小区中有25%的住户采用地源热泵系统；

3）小区中50%的住户采用地热水曹接采暖。

3. 节水与水资源利用

控制项5项，一般项6项（☆3，☆☆4，☆☆☆5），优先项1项。其中：非传统水源5项，绿化用水2项，管网漏损1项，节水用具1项，景观用水1项，规划管理1项。

（1）规划管理

中国是个缺水国家，包括资源型缺水和水质型缺水。

对住宅建筑，除涉及室内水资源利用、给水排水系统外，还与室外雨污水排放、再生水利用以及绿化、景观用水等有关。因此，在控制项中就强调要制定水系统规划，包括用水定额、水量平衡及用水量的确定，结合当地气候条件、经济状况、用水习惯和区域水专项规划等，综合考虑节水措施。

（2）管网漏损

中国的管网漏损达21%，远高于发达国家。为此：

1）管材、管件必须符合产品行业标准要求；

2）选用高性能的阀门；

3）合理设计供水压力；

4）选用高灵敏度计量水表；

5）加强施工管理，做好管道基础处理和覆土，控制管道埋深。

（3）雨水利用

对年平均降雨量在 800mm 以上的多雨但缺水地区，应结合当地气候条件和住区地形、地貌等特点，除增加雨水渗透量外，还应建立完整的雨水收集、处理、储存和利用等配套设施。

雨水处理方案及技术应根据当地实际情况而定。单独处理宜采用渗水槽系统；南方气候适宜地区可选用氧化塘、人工湿地等自然净化系统。

（4）非传统水源

非传统水源利用率指的是采用再生水、雨水等非传统水源代替市政自来水或地下水供给景观、绿化、冲厕等杂用的水量占总用水量的百分比。

住区周围有集中再生水厂的，优先采用市政再生水；没有再生水厂的，要综合考虑是否建造再生水处理设施，并依次考虑优质杂排水、杂排水、生活排水等的再生利用。

4. 节材与材料资源利用

控制项 2 项，一般项 7 项（☆3，☆☆4，☆☆☆5），优选项 2 项。其中：循环利用 4 项，钢筋混凝土 2 项，装修到位 1 项，设计合理 1 项，强调执行标准规范 1 项，本土材料 1 项，新结构体系 1 项。

（1）材料安全性

中国的装修材料发展迅猛。装饰装修材料主要包括石材、人造板及制品、建筑涂料、胶粘剂、壁纸、聚氯乙烯卷材地板、地毯、木制家具等。材料中的有害物质是指甲醛、挥发性有机物（VOC）、苯、甲苯和二甲苯以及游离甲苯、二异氰酸酯及放射性核素等。作为绿色建筑，绝不允许有损人体健康的现象出现，列入控制项是理所当然的。建设部已编制多本国标对此进行限定。

（2）节约材料

建筑业中的浪费材料的两大特点是：

1）业主自行装修，拆除原有厨卫的墙、地瓷砖，既大量浪费材料，又造成噪声和建筑垃圾；

2）为片面追求奇、特、怪，设计了不必要的曲面、飘板、构架等异型物件，不符合绿色建筑的基本理念。

对此，分别在一般项与控制项中列入有关条文。

（3）循环利用

1）首先在设计选材时考虑材料的可循环使用性能，包括金属材料、玻璃、铝合金型材、石膏制品、木材等；

2）拆除旧建筑时的可再利用材料（不改变物质形态），包括砌块、砖石、管道、板材、木地板、木制品（门窗）等；

3）使用以废弃物为原料生产的建筑材料，包括建筑废弃物、工业废弃物和生活废弃物。

5. 室内环境质量

控制项 5 项，一般项 6 项(☆2，☆☆3，☆☆☆4)，优选项 1 项。其中日照和采光 2 项，自然通风与换气 3 项，声环境、空气质量、视线干扰、结露、温控、遮阳、功能材料各 1 项。

(1) 声环境

住宅建筑的声环境已成为市场需求的一个重要内容。条文中所提出的卧室、起居室的允许噪声级相当于现行《民用建筑隔声设计规范》(GBJ 118—88)中较高的水平。楼板、分户墙、外窗和户门的声学性能要求均是为满足卧室、起居室的允许噪声级要求所必要的水平。绿色建筑既要创造一个良好的室内环境，又要考虑节约资源，不可片面地追求高性能。

(2) 自然通风

自然通风既提高居住者的舒适感，有利于室内空气排污，更有助于缩短空调设备的运行时间，降低空调能耗。绿色建筑应特别强调自然通风。

自然通风与通风开口面积大小密切相关，本条文针对不同地区分别规定通风开口面积与地板最小面积比为 5% 和 8%。此外，还与通风开 IZ1 的相对位置密切相关，避免室内出现通风死角。与住区风环境模拟分析结合考虑自然通风是发展中必然要考虑的工作。

(3) 结露

绿色住宅应满足围护结构内表面不结露的要求。导致结露除空气过分潮湿外，表面温度过低是直接的原因。结露大都出现在金属窗框、窗玻璃表面、墙角、墙面上可能出现的热桥附近，在设计和建造过程中，应核算可能结露部位的内表面温度是否高于露点温度，采取措施防止在室内温、湿度设计条件下产生结露现象。

(4) 遮阳

遮阳能取得较好的节能效益，同时能避免夏季阳光透过窗户照到室内引起居住者的不舒适感。是一种简单实用的措施，列入一般项中。

遮阳技术发展甚快，有内遮阳、外遮阳之分。外遮阳中又有卷帘式、上下推拉式平开式、水平推拉式、可调节与固定式之分。从材质角度有木质、布质、金属、塑胶布等品种。

(5) 运营管理

控制项 4 项，一般项 7 项(☆4，☆☆5，☆☆☆6)，优先项 1 项。其中：垃圾处理 5 项，管理制度 4 项，绿化 2 项，智能化 1 项。

(6) 垃圾处理

垃圾处理是环保中的一项重要内容，特别在人口增长、经济发展的境况下，住宅建筑中的垃圾处理尤为重要。

1) 在源头将垃圾分类投放；

2) 垃圾收集、运输等整体系统的合理规划；

3) 垃圾容器的放置；

4) 垃圾站的景观美化及环境卫生；

5）在有条件的地方就地处理，达到减量化、资源化的效果。

（7）绿化问题

本标准涉及绿化共有 7 项条文，分列于节地、节水与运营管理中。

1）选择乡土植物，少维护，耐候性强，病虫害少，对人体无害；

2）绿化率不低于 30%，人均公共绿地面积不低于 $1m^2$；

3）乔、灌、草合理搭配，每 $100m^2$ 绿地不少于 3 株乔木；

4）绿化用水采用非传统水源；

5）采用喷灌、微灌等高效节水灌溉方式；

6）采用无公害病虫害防治技术，有效避免对土壤和地下水的损害；

7）栽种和移植的树木成活率大于 90%，植物生长状态良好。

第三节 运 行 机 制

一、分项评审指标

依据《全国绿色建筑创新奖评审标准》以及《全国绿色建筑创新奖评审标准使用规则》，全国绿色建筑创新奖评审指标体系全面采用《绿色建筑评价标准》（GB/T 50378—2006)的评价指标体系，综合奖设星级达标、创新、推广及效益等方面的分项评审指标。

二、绿色建筑创新奖评定及申报

绿色建筑创新奖的评价标准每两年评定一次，建设部归 15 管理绿色建筑创新奖。省、自治区、直辖市建设行政主管部门负责组织本地区域内绿色建筑奖项目的申报和初审、推荐上报工作。依据《全国绿色建筑创新奖管理办法》，具体的申报和评审流程如下：

申报程序：

1. 申请绿色建筑奖的单位向省、自治区、直辖市建设行政主管部门申报；

2. 省、自治区、直辖市建设行政主管部门对申报项目及资料进行初审，合格的签署推荐意见后报送建设部；

3. 建设部科学技术委员会办公室负责组织专家对申报资料进行形式审查；

4. 评审程序：建设部科学技术委员会办公室根据申报项目情况将评审专家委员会分成若干评审专家组，组织评审专家依据评审标准对通过形式审查的项目进行评审。通过评审的项目在建设部网上公示。公示期三个月。公示后无异议或有异议但已解决的项目作为最终的评审结果报国务院建设部常务会议审查确定获奖项目。

5. 公布与颁证：建设部以部文的形式公布获奖项目并对获奖项目颁发《全国绿色建筑创新奖》证书。

其详细的实施办法，请参考《全国绿色建筑创新奖实施细则（试行）》。

迄今为止，绿色建筑创新奖已经颁发了两届，评出了诸如科技部建筑节能示范楼南京聚福园小区、浙江省安吉县山川乡高家堂村生态建设示范、上海安亭新镇一期（西区）节能工程等优秀项目。

房地产开发项目建设管理相关法律、法规，详见附录 3-8-1～3-8-11。

附录 3-8-1 建筑工程方案设计招标投标管理办法

(2008 年 3 月 21 日建市 [2008] 63 号)

第一章 总 则

第一条 为规范建筑工程方案设计招标投标活动，提高建筑工程方案设计质量，体现公平有序竞争，根据《中华人民共和国建筑法》、《中华人民共和国招标投标法》及相关法律、法规和规章，制定本办法。

第二条 在中华人民共和国境内从事建筑工程方案设计招标投标及其管理活动的，适用本办法。

学术性的项目方案设计竞赛或不对某工程项目下一步设计工作的承接具有直接因果关系的"创意征集"等活动，不适用本办法。

第三条 本办法所称建筑工程方案设计招标投标，是指在建筑工程方案设计阶段，按照有关招标投标法律、法规和规章等规定进行的方案设计招标投标活动。

第四条 按照国家规定需要政府审批的建筑工程项目，有下列情形之一的，经有关部门批准，可以不进行招标：

(一) 涉及国家安全、国家秘密的；

(二) 涉及抢险救灾的；

(三) 主要工艺、技术采用特定专利、专有技术，或者建筑艺术造型有特殊要求的；

(四) 技术复杂或专业性强，能够满足条件的设计机构少于三家，不能形成有效竞争的；

(五) 项目的改、扩建或者技术改造，由其他设计机构设计影响项目功能配套性的；

(六) 法律、法规规定可以不进行设计招标的其他情形。

第五条 国务院建设主管部门负责全国建筑工程方案设计招标投标活动统一监督管理。县级以上人民政府建设主管部门依法对本行政区域内建筑工程方案设计招标投标活动实施监督管理。

建筑工程方案设计招标投标管理流程图详见附件一。

第六条 建筑工程方案设计应按照科学发展观，全面贯彻适用、经济，在可能条件下注意美观的原则。建筑工程设计方案要与当地经济发展水平相适应，积极鼓励采用节能、节地、节水、节材、环保技术的建筑工程设计方案。

第七条 建筑工程方案设计招标投标活动应遵循公开、公平、公正、择优和诚实信用的原则。

第八条 建筑工程方案设计应严格执行《建设工程质量管理条例》、《建设工程勘察设计管理条例》和国家强制性标准条文；满足现行的建筑工程建设标准、设计规范(规程)和本办法规定的相应设计文件编制深度要求。

第二章 招 标

第九条 建筑工程方案设计招标方式分为公开招标和邀请招标。

全部使用国有资金投资或者国有资金投资占控股或者主导地位的建筑工程项目，以及国务院发展和改革部门确定的国家重点项目和省、自治区、直辖市人民政府确定的地方重点项目，除符合本办法第四条及第十条规定条件并依法获得批准外，应当公开招标。

第十条 依法必须进行公开招标的建筑工程项目，在下列情形下可以进行邀请招标：

(一) 项目的技术性、专业性强，或者环境资源条件特殊，符合条件的潜在投标人数量有限的；

(二) 如采用公开招标，所需费用占建筑工程项目总投资额比例过大的；

(三) 受自然因素限制，如采用公开招标，影响建筑工程项目实施时机的；

（四）法律、法规规定不宜公开招标的。

招标人采用邀请招标的方式，应保证有三个以上具备承担招标项目设计能力，并具有相应资质的机构参加投标。

第十一条　根据设计条件及设计深度，建筑工程方案设计招标类型分为建筑工程概念性方案设计招标和建筑工程实施性方案设计招标两种类型。

招标人应在招标公告或者投标邀请函中明示采用何种招标类型。

第十二条　建筑工程方案设计招标时应当具备下列条件：

（一）按照国家有关规定需要履行项目审批手续的，已履行审批手续，取得批准；

（二）设计所需要资金已经落实；

（三）设计基础资料已经收集完成；

（四）符合相关法律、法规规定的其他条件。

建筑工程概念性方案设计招标和建筑工程实施性方案设计招标的招标条件详见本办法附件二。

第十三条　公开招标的项目，招标人应当在指定的媒介发布招标公告。大型公共建筑工程的招标公告应当按照有关规定在指定的全国性媒介发布。

第十四条　招标人填写的招标公告或投标邀请函应当内容真实、准确和完整。

招标公告或投标邀请函的主要内容应当包括：工程概况、招标方式、招标类型、招标内容及范围、投标人承担设计任务范围、对投标人资质、经验及业绩的要求、投标人报名要求、招标文件工本费收费标准、投标报名时间、提交资格预审申请文件的截止时间、投标截止时间等。

建筑工程方案设计招标公告和投标邀请函样本详见本办法附件三。

第十五条　招标人应当按招标公告或者投标邀请函规定的时间、地点发出招标文件或者资格预审文件。自招标文件或者资格预审文件发出之日起至停止发出之日止，不得少于 5 个工作日。

第十六条　大型公共建筑工程项目或投标人报名数量较多的建筑工程项目招标可以实行资格预审。采用资格预审的，招标人应在招标公告中明示，并发出资格预审文件。招标人不得通过资格预审排斥潜在投标人。

对于投标人数量过多，招标人实行资格预审的情形，招标人应在招标公告中明确进行资格预审所需达到的投标人报名数量。招标人未在招标公告中明确或实际投标人报名数量未达到招标公告中规定的数量时，招标人不得进行资格预审。

资格预审必须由专业人员评审。资格预审不采用打分的方式评审，只有"通过"和"未通过"之分。如果通过资格预审投标人的数量不足三家，招标人应修订并公布新的资格预审条件，重新进行资格预审，直至三家或三家以上投标人通过资格预审为止。特殊情况下，招标人不能重新制定新的资格预审条件的，必须依据国家相关法律、法规规定执行。

建筑工程方案设计招标资格预审文件样本详见本办法附件四。

第十七条　招标人应当根据建筑工程特点和需要编制招标文件。招标文件包括以下方面内容：

（一）投标须知

（二）投标技术文件要求

（三）投标商务文件要求

（四）评标、定标标准及方法说明

（五）设计合同授予及投标补偿费用说明

招标人应在招标文件中明确执行国家规定的设计收费标准或提供投标人设计收费的统一计算基价。

对政府或国有资金投资的大型公共建筑工程项目，招标人应当在招标文件中明确参与投标的设计方案必须包括有关使用功能、建筑节能、工程造价、运营成本等方面的专题报告。

设计招标文件中的投标须知样本、招标技术文件编写内容及深度要求、投标商务文件内容等分别详见本办法附件五、附件六和附件七。

第十八条 招标人和招标代理机构应将加盖单位公章的招标公告或投标邀请函及招标文件，报项目所在地建设主管部门备案。各级建设主管部门对招标投标活动实施监督。

第十九条 概念性方案设计招标或者实施性方案设计招标的中标人应按招标文件要求承担方案及后续阶段的设计和服务工作。但中标人为中华人民共和国境外企业的，若承担后续阶段的设计和服务工作应按照《关于外国企业在中华人民共和国境内从事建设工程设计活动的管理暂行规定》（建市［2004］78号）执行。

如果招标人只要求中标人承担方案阶段设计，而不再委托中标人承接或参加后续阶段工程设计业务的，应在招标公告或投标邀请函中明示，并说明支付中标人的设计费用。采用建筑工程实施性方案设计招标的，招标人应按照国家规定方案阶段设计付费标准支付中标人。采用建筑工程概念性方案设计招标的，招标人应按照国家规定方案阶段设计付费标准的80％支付中标人。

第三章 投 标

第二十条 参加建筑工程项目方案设计的投标人应具备下列主体资格：

（一）在中华人民共和国境内注册的企业，应当具有建设主管部门颁发的建筑工程设计资质证书或建筑专业事务所资质证书，并按规定的等级和范围参加建筑工程项目方案设计投标活动。

（二）注册在中华人民共和国境外的企业，应当是其所在国或者所在地区的建筑设计行业协会或组织推荐的会员。其行业协会或组织的推荐名单由建设单位确认。

（三）各种形式的投标联合体各方应符合上述要求。招标人不得强制投标人组成联合体共同投标，不得限制投标人组成联合体参与投标。

招标人可以根据工程项目实际情况，在招标公告或投标邀请函中明确投标人其他资格条件。

第二十一条 采用国际招标的，不应人为设置条件排斥境内投标人。

第二十二条 投标人应按照招标文件确定的内容和深度提交投标文件。

第二十三条 招标人要求投标人提交备选方案的，应当在招标文件中明确相应的评审和比选办法。

凡招标文件中未明确规定允许提交备选方案的，投标人不得提交备选方案。如投标人擅自提交备选方案的，招标人应当拒绝该投标人提交的所有方案。

第二十四条 建筑工程概念性方案设计投标文件编制一般不少于二十日，其中大型公共建筑工程概念性方案设计投标文件编制一般不少于四十日；建筑工程实施性方案设计投标文件编制一般不少于四十五日。招标文件中规定的编制时间不符合上述要求的，建设主管部门对招标文件不予备案。

第四章 开标、评标、定标

第二十五条 开标应在招标文件规定提交投标文件截止时间的同一时间公开进行；除不可抗力外，招标人不得以任何理由拖延开标，或者拒绝开标。

建筑工程方案设计招标开标程序详见本办法附件八。

第二十六条 投标文件出现下列情形之一的，其投标文件作为无效标处理，招标人不予受理：

（一）逾期送达的或者未送达指定地点的；

（二）投标文件未按招标文件要求予以密封的；

（三）违反有关规定的其他情形。

第二十七条 招标人或招标代理机构根据招标建筑工程项目特点和需要组建评标委员会，其组成应当符合有关法律、法规和本办法的规定：

（一）评标委员会的组成应包括招标人以及与建筑工程项目方案设计有关的建筑、规划、结构、经济、设备等专业专家。大型公共建筑工程项目应增加环境保护、节能、消防专家。评委应以建筑专业专家为主，其中技术、经济专家人数应占评委总数的三分之二以上；

（二）评标委员会人数为 5 人以上单数组成，其中大型公共建筑工程项目评标委员会人数不应少于 9 人；

（三）大型公共建筑工程或具有一定社会影响的建筑工程，以及技术特别复杂、专业性要求特别高的建筑工程，采取随机抽取确定的专家难以胜任的，经主管部门批准，招标人可以从设计类资深专家库中直接确定，必要时可以邀请外地或境外资深专家参加评标。

第二十八条　评标委员会必须严格按照招标文件确定的评标标准和评标办法进行评审。评委应遵循公平、公正、客观、科学、独立、实事求是的评标原则。

评审标准主要包括以下方面：

（一）对方案设计符合有关技术规范及标准规定的要求进行分析、评价；

（二）对方案设计水平、设计质量高低、对招标目标的响应度进行综合评审；

（三）对方案社会效益、经济效益及环境效益的高低进行分析、评价；

（四）对方案结构设计的安全性、合理性进行分析、评价；

（五）对方案投资估算的合理性进行分析、评价；

（六）对方案规划及经济技术指标的准确度进行比较、分析；

（七）对保证设计质量、配合工程实施，提供优质服务的措施进行分析、评价；

（八）对招标文件规定废标或被否决的投标文件进行评判。

评标方法主要包括记名投票法、排序法和百分制综合评估法等，招标人可根据项目实际情况确定评标方法。评标方法及实施步骤详见本办法附件九。

第二十九条　设计招标投标评审活动应当符合以下规定：

（一）招标人应确保评标专家有足够时间审阅投标文件，评审时间安排应与工程的复杂程度、设计深度、提交有效标的投标人数量和投标人提交设计方案的数量相适应。

（二）评审应由评标委员会负责人主持，负责人应从评标委员会中确定一名资深技术专家担任，并从技术评委中推荐一名评标会议纪要人。

（三）评标应严格按照招标文件中规定的评标标准和办法进行，除了有关法律、法规以及国家标准中规定的强制性条文外，不得引用招标文件规定以外的标准和办法进行评审。

（四）在评标过程中，当评标委员会对投标文件有疑问，需要向投标人质疑时，投标人可以到场解释或澄清投标文件有关内容。

（五）在评标过程中，一旦发现投标人有对招标人、评标委员会成员或其他有关人员施加不正当影响的行为，评标委员会有权拒绝该投标人的投标。

（六）投标人不得以任何形式干扰评标活动，否则评标委员会有权拒绝该投标人的投标。

（七）对于国有资金投资或国家融资的有重大社会影响的标志性建筑，招标人可以邀请人大代表、政协委员和社会公众代表列席，接受社会监督。但列席人员不发表评审意见，也不得以任何方式干涉评标委员会独立开展评标工作。

第三十条　大型公共建筑工程项目如有下列情况之一的，招标人可以在评标过程中对其中有关规划、安全、技术、经济、结构、环保、节能等方面进行专项技术论证：

（一）对于重要地区主要景观道路沿线，设计方案是否适合周边地区环境条件兴建的；

（二）设计方案中出现的安全、技术、经济、结构、材料、环保、节能等有重大不确定因素的；

（三）有特殊要求，需要进行设计方案技术论证的。

一般建筑工程项目，必要时，招标人也可进行涉及安全、技术、经济、结构、材料、环保、节能中的一个或多个方面的专项技术论证，以确保建筑方案的安全性和合理性。

第三十一条　投标文件有下列情形之一的，经评标委员会评审后按废标处理或被否决：

（一）投标文件中的投标函无投标人公章（有效签署）、投标人的法定代表人有效签章及未有相应资格的注册建筑师有效签章的；或者投标人的法定代表人授权委托人没有经有效签章的合法、有效授权委托书原件的；

（二）以联合体形式投标，未向招标人提交共同签署的联合体协议书的；

（三）投标联合体通过资格预审后在组成上发生变化的；

（四）投标文件中标明的投标人与资格预审的申请人在名称和组织结构上存在实质性差别的；

（五）未按招标文件规定的格式填写，内容不全，未响应招标文件的实质性要求和条件的，经评标委员会评审未通过的；

（六）违反编制投标文件的相关规定，可能对评标工作产生实质性影响的；

（七）与其他投标人串通投标，或者与招标人串通投标的；

（八）以他人名义投标，或者以其他方式弄虚作假的；

（九）未按招标文件的要求提交投标保证金的；

（十）投标文件中承诺的投标有效期短于招标文件规定的；

（十一）在投标过程中有商业贿赂行为的；

（十二）其他违反招标文件规定实质性条款要求的。

评标委员会对投标文件确认为废标的，应当由三分之二以上评委签字确认。

第三十二条　有下列情形之一的，招标人应当依法重新招标：

（一）所有投标均作废标处理或被否决的；

（二）评标委员会界定为不合格标或废标后，因有效投标人不足3个使得投标明显缺乏竞争，评标委员会决定否决全部投标的；

（三）同意延长投标有效期的投标人少于3个的。

符合前款第一种情形的，评标委员会应在评标纪要上详细说明所有投标均作废标处理或被否决的理由。

招标人依法重新招标的，应对有串标、欺诈、行贿、压价或弄虚作假等违法或严重违规行为的投标人取消其重新投标的资格。

第三十三条　评标委员会按如下规定向招标人推荐合格的中标候选人：

（一）采取公开和邀请招标方式的，推荐1至3名；

（二）招标人也可以委托评标委员会直接确定中标人；

（三）经评标委员会评审，认为各投标文件未最大程度响应招标文件要求，重新招标时间又不允许的，经评标委员会同意，评委可以以记名投票方式，按自然多数票产生3名或3名以上投标人进行方案优化设计。评标委员会重新对优化设计方案评审后，推荐合格的中标候选人。

第三十四条　各级建设主管部门应在评标结束后15天内在指定媒介上公开排名顺序，并对推荐中标方案、评标专家名单及各位专家评审意见进行公示，公示期为5个工作日。

第三十五条　推荐中标方案在公示期间没有异议、异议不成立、没有投诉或投诉处理后没有发现问题的，招标人应当根据招标文件中规定的定标方法从评标委员会推荐的中标候选方案中确定中标人。定标方法主要包括：

（一）招标人委托评标委员会直接确定中标人；

（二）招标人确定评标委员会推荐的排名第二的中标候选人为中标人。排名第一的中标候选人放弃中标、因不可抗力提出不能履行合同、招标文件规定应当提交履约保证金而在规定的期限内未提交的，或者存在违法行为被有关部门依法查处，且其违法行为影响中标结果的，招标人可以确定排名第二的中标候选人为中标人。如排名第二的中标候选人也发生上述问题，依次可确定排名第三的中标候选人为中标人；

（三）招标人根据评标委员会的书面评标报告，组织审查评标委员会推荐的中标候选方案后，确定中标人。

第三十六条　依法必须进行设计招标的项目，招标人应当在确定中标人之日起15日内，向有关建设主管部门提交招标投标情况的书面报告。

建筑工程方案设计招标投标情况书面报告的主要内容详见本办法附件十。

第五章 其 他

第三十七条 招标人和中标人应当自中标通知书发出之日起 30 日内，依据《中华人民共和国合同法》及有关工程设计合同管理规定的要求，按照不违背招标文件和中标人的投标文件内容签订设计委托合同，并履行合同约定的各项内容。合同中确定的建设标准、建设内容应当控制在经审批的可行性报告规定范围内。

国家制定的设计收费标准上下浮动 20％是签订建筑工程设计合同的依据。招标人不得以压低设计费、增加工作量、缩短设计周期等作为发出中标通知书的条件，也不得与中标人再订立背离合同实质性内容的其他协议。如招标人违反上述规定，其签订的合同效力按《中华人民共和国合同法》有关规定执行，同时建设主管部门对设计合同不予备案，并依法予以处理。

招标人应在签订设计合同起 7 个工作日内，将设计合同报项目所在地建设或规划主管部门备案。

第三十八条 对于达到设计招标文件要求但未中标的设计方案，招标人应给予不同程度的补偿。

（一）采用公开招标，招标人应在招标文件中明确其补偿标准。若投标人数量过多，招标人可在招标文件中明确对一定数量的投标人进行补偿。

（二）采用邀请招标，招标人应给予每个未中标的投标人经济补偿，并在投标邀请函中明确补偿标准。

招标人可根据情况设置不同档次的补偿标准，以便对评标委员会评选出的优秀设计方案给予适当鼓励。

第三十九条 境内外设计企业在中华人民共和国境内参加建筑工程设计招标的设计收费，应按照同等国民待遇原则，严格执行中华人民共和国的设计收费标准。

工程设计中采用投标人自有专利或者专有技术的，其专利和专有技术收费由招标人和投标人协商确定。

第四十条 招标人应保护投标人的知识产权。投标人拥有设计方案的著作权（版权）。未经投标人书面同意，招标人不得将交付的设计方案向第三方转让或用于本招标范围以外的其他建设项目。

招标人与中标人签署设计合同后，招标人在该建设项目中拥有中标方案的使用权。中标人应保护招标人一旦使用其设计方案不能受到来自第三方的侵权诉讼或索赔，否则中标人应承担由此而产生的一切责任。

招标人或者中标人使用其他未中标人投标文件中的技术成果或技术方案的，应当事先征得该投标人的书面同意，并按规定支付使用费。未经相关投标人书面许可，招标人或者中标人不得擅自使用其他投标人投标文件中的技术成果或技术方案。

联合体投标人合作完成的设计方案，其知识产权由联合体成员共同所有。

第四十一条 设计单位应对其提供的方案设计的安全性、可行性、经济性、合理性、真实性及合同履行承担相应的法律责任。

由于设计原因造成工程项目总投资超出预算的，建设单位有权依法对设计单位追究责任。但设计单位根据建设单位要求，仅承担方案设计，不承担后续阶段工程设计业务的情形除外。

第四十二条 各级建设主管部门应加强对建设单位、招标代理机构、设计单位及取得执业资格注册人员的诚信管理。在设计招标投标活动中对招标代理机构、设计单位及取得执业资格注册人员的各种失信行为和违法违规行为记录在案，并建立招标代理机构、设计单位及取得执业资格注册人员的诚信档案。

第四十三条 各级政府部门不得干预正常的招标投标活动和无故否决依法按规定程序评出的中标方案。

各级政府相关部门应加强监督国家和地方建设方针、政策、标准、规范的落实情况，查处不正当竞争行为。

在建筑工程方案设计招标投标活动中，对违反《中华人民共和国招标投标法》、《工程建设项目勘察设计招标投标办法》和本办法规定的，建设主管部门应当依法予以处理。

第六章 附　则

第四十四条　本办法所称大型公共建筑工程一般指建筑面积 2 万平方米以上的办公建筑、商业建筑、旅游建筑、科教文卫建筑、通信建筑以及交通运输用房等。

第四十五条　使用国际组织或者外国政府贷款、援助资金的建筑工程进行设计招标时，贷款方、资金提供方对招标投标的条件和程序另有规定的，可以适用其规定，但违背中华人民共和国社会公共利益的除外。

第四十六条　各省、自治区、直辖市建设主管部门可依据本办法制定实施细则。

第四十七条　本办法自 2008 年 5 月 1 日起施行。

附件一　建筑工程方案设计招标管理流程图(略)

附件二　建筑工程方案设计招标条件(略)

附件三　建筑工程方案设计公开招标公告样本和建筑工程方案设计投标邀请函样本(略)

附件四　建筑工程方案设计招标资格预审文件样本(略)

附件五　建筑工程方案设计投标须知内容(略)

附件六　建筑工程方案设计招标技术文件编制内容及深度要求(略)

附件七　建筑工程方案设计投标商务示范文件(略)

附件八　建筑工程方案设计招标开标程序(略)

附件九　建筑工程方案设计招标评标方法(略)

附件十　建筑工程方案设计投标评审结果公示样本(略)

附件十一　建筑工程方案设计招标投标情况书面报告(略)

附录 3-8-2　建设工程安全生产管理条例

(2003 年 11 月 24 日国务院令第 393 号)

第一章 总　则

第一条　为了加强建设工程安全生产监督管理，保障人民群众生命和财产安全，根据《中华人民共和国建筑法》、《中华人民共和国安全生产法》，制定本条例。

第二条　在中华人民共和国境内从事建设工程的新建、扩建、改建和拆除等有关活动及实施对建设工程安全生产的监督管理，必须遵守本条例。

本条例所称建设工程，是指土木工程、建筑工程、线路管道和设备安装工程及装修工程。

第三条　建设工程安全生产管理，坚持安全第一、预防为主的方针。

第四条　建设单位、勘察单位、设计单位、施工单位、工程监理单位及其他与建设工程安全生产有关的单位，必须遵守安全生产法律、法规的规定，保证建设工程安全生产，依法承担建设工程安全生产责任。

第五条　国家鼓励建设工程安全生产的科学技术研究和先进技术的推广应用，推进建设工程安全生产的科学管理。

第二章　建设单位的安全责任

第六条　建设单位应当向施工单位提供施工现场及毗邻区域内供水、排水、供电、供气、供热、通信、广播电视等地下管线资料，气象和水文观测资料，相邻建筑物和构筑物、地下工程的有关资料，并保证资料的真实、准确、完整。

建设单位因建设工程需要，向有关部门或者单位查询前款规定的资料时，有关部门或者单位应当及时提供。

第七条　建设单位不得对勘察、设计、施工、工程监理等单位提出不符合建设工程安全生产法律、法规和强制性标准规定的要求，不得压缩合同约定的工期。

第八条　建设单位在编制工程概算时，应当确定建设工程安全作业环境及安全施工措施所需费用。

第九条　建设单位不得明示或者暗示施工单位购买、租赁、使用不符合安全施工要求的安全防护用具、机械设备、施工机具及配件、消防设施和器材。

第十条　建设单位在申请领取施工许可证时，应当提供建设工程有关安全施工措施的资料。

依法批准开工报告的建设工程，建设单位应当自开工报告批准之日起 15 日内，将保证安全施工的措施报送建设工程所在地的县级以上地方人民政府建设行政主管部门或者其他有关部门备案。

第十一条　建设单位应当将拆除工程发包给具有相应资质等级的施工单位。

建设单位应当在拆除工程施工 15 日前，将下列资料报送建设工程所在地的县级以上地方人民政府建设行政主管部门或者其他有关部门备案：

（一）施工单位资质等级证明；

（二）拟拆除建筑物、构筑物及可能危及毗邻建筑的说明；

（三）拆除施工组织方案；

（四）堆放、清除废弃物的措施。

实施爆破作业的，应当遵守国家有关民用爆炸物品管理的规定。

第三章　勘察、设计、工程监理及其他有关单位的安全责任

第十二条　勘察单位应当按照法律、法规和工程建设强制性标准进行勘察，提供的勘察文件应当真实、准确，满足建设工程安全生产的需要。

勘察单位在勘察作业时，应当严格执行操作规程，采取措施保证各类管线、设施和周边建筑物、构筑物的安全。

第十三条　设计单位应当按照法律、法规和工程建设强制性标准进行设计，防止因设计不合理导致生产安全事故的发生。

设计单位应当考虑施工安全操作和防护的需要，对涉及施工安全的重点部位和环节在设计文件中注明，并对防范生产安全事故提出指导意见。

采用新结构、新材料、新工艺的建设工程和特殊结构的建设工程，设计单位应当在设计中提出保障施工作业人员安全和预防生产安全事故的措施建议。

设计单位和注册建筑师等注册执业人员应当对其设计负责。

第十四条　工程监理单位应当审查施工组织设计中的安全技术措施或者专项施工方案是否符合工程建设强制性标准。

工程监理单位在实施监理过程中，发现存在安全事故隐患的，应当要求施工单位整改；情况严重的，应当要求施工单位暂时停止施工，并及时报告建设单位。施工单位拒不整改或者不停止施工的，工程监理单位应当及时向有关主管部门报告。

工程监理单位和监理工程师应当按照法律、法规和工程建设强制性标准实施监理，并对建设工程安

全生产承担监理责任。

第十五条 为建设工程提供机械设备和配件的单位，应当按照安全施工的要求配备齐全有效的保险、限位等安全设施和装置。

第十六条 出租的机械设备和施工机具及配件，应当具有生产（制造）许可证、产品合格证。

出租单位应当对出租的机械设备和施工机具及配件的安全性能进行检测，在签订租赁协议时，应当出具检测合格证明。

禁止出租检测不合格的机械设备和施工机具及配件。

第十七条 在施工现场安装、拆卸施工起重机械和整体提升脚手架、模板等自升式架设设施，必须由具有相应资质的单位承担。

安装、拆卸施工起重机械和整体提升脚手架、模板等自升式架设设施，应当编制拆装方案、制定安全施工措施，并由专业技术人员现场监督。

施工起重机械和整体提升脚手架、模板等自升式架设设施安装完毕后，安装单位应当自检，出具自检合格证明，并向施工单位进行安全使用说明，办理验收手续并签字。

第十八条 施工起重机械和整体提升脚手架、模板等自升式架设设施的使用达到国家规定的检验检测期限的，必须经具有专业资质的检验检测机构检测。经检测不合格的，不得继续使用。

第十九条 检验检测机构对检测合格的施工起重机械和整体提升脚手架、模板等自升式架设设施，应当出具安全合格证明文件，并对检测结果负责。

第四章 施工单位的安全责任

第二十条 施工单位从事建设工程的新建、扩建、改建和拆除等活动，应当具备国家规定的注册资本、专业技术人员、技术装备和安全生产等条件，依法取得相应等级的资质证书，并在其资质等级许可的范围内承揽工程。

第二十一条 施工单位主要负责人依法对本单位的安全生产工作全面负责。施工单位应当建立健全安全生产责任制度和安全生产教育培训制度，制定安全生产规章制度和操作规程，保证本单位安全生产条件所需资金的投入，对所承担的建设工程进行定期和专项安全检查，并做好安全检查记录。

施工单位的项目负责人应当由取得相应执业资格的人员担任，对建设工程项目的安全施工负责，落实安全生产责任制度、安全生产规章制度和操作规程，确保安全生产费用的有效使用，并根据工程的特点组织制定安全施工措施，消除安全事故隐患，及时、如实报告生产安全事故。

第二十二条 施工单位对列入建设工程概算的安全作业环境及安全施工措施所需费用，应当用于施工安全防护用具及设施的采购和更新、安全施工措施的落实、安全生产条件的改善，不得挪作他用。

第二十三条 施工单位应当设立安全生产管理机构，配备专职安全生产管理人员。

专职安全生产管理人员负责对安全生产进行现场监督检查。发现安全事故隐患，应当及时向项目负责人和安全生产管理机构报告；对违章指挥、违章操作的，应当立即制止。

专职安全生产管理人员的配备办法由国务院建设行政主管部门会同国务院其他有关部门制定。

第二十四条 建设工程实行施工总承包的，由总承包单位对施工现场的安全生产负总责。

总承包单位应当自行完成建设工程主体结构的施工。

总承包单位依法将建设工程分包给其他单位的，分包合同中应当明确各自的安全生产方面的权利、义务。总承包单位和分包单位对分包工程的安全生产承担连带责任。

分包单位应当服从总承包单位的安全生产管理，分包单位不服从管理导致生产安全事故的，由分包单位承担主要责任。

第二十五条 垂直运输机械作业人员、安装拆卸工、爆破作业人员、起重信号工、登高架设作业人员等特种作业人员，必须按照国家有关规定经过专门的安全作业培训，并取得特种作业操作资格证书后，方可上岗作业。

第二十六条 施工单位应当在施工组织设计中编制安全技术措施和施工现场临时用电方案，对下列达到一定规模的危险性较大的分部分项工程编制专项施工方案，并附具安全验算结果，经施工单位技术负责人、总监理工程师签字后实施，由专职安全生产管理人员进行现场监督：

（一）基坑支护与降水工程；

（二）土方开挖工程；

（三）模板工程；

（四）起重吊装工程；

（五）脚手架工程；

（六）拆除、爆破工程；

（七）国务院建设行政主管部门或者其他有关部门规定的其他危险性较大的工程。

对前款所列工程中涉及深基坑、地下暗挖工程、高大模板工程的专项施工方案，施工单位还应当组织专家进行论证、审查。

本条第一款规定的达到一定规模的危险性较大工程的标准，由国务院建设行政主管部门会同国务院其他有关部门制定。

第二十七条 建设工程施工前，施工单位负责项目管理的技术人员应当对有关安全施工的技术要求向施工作业班组、作业人员作出详细说明，并由双方签字确认。

第二十八条 施工单位应当在施工现场入口处、施工起重机械、临时用电设施、脚手架、出入通道口、楼梯口、电梯井口、孔洞口、桥梁口、隧道口、基坑边沿、爆破物及有害危险气体和液体存放处等危险部位，设置明显的安全警示标志。安全警示标志必须符合国家标准。

施工单位应当根据不同施工阶段和周围环境及季节、气候的变化，在施工现场采取相应的安全施工措施。施工现场暂时停止施工的，施工单位应当做好现场防护，所需费用由责任方承担，或者按照合同约定执行。

第二十九条 施工单位应当将施工现场的办公、生活区与作业区分开设置，并保持安全距离；办公、生活区的选址应当符合安全性要求。职工的膳食、饮水、休息场所等应当符合卫生标准。施工单位不得在尚未竣工的建筑物内设置员工集体宿舍。

施工现场临时搭建的建筑物应当符合安全使用要求。施工现场使用的装配式活动房屋应当具有产品合格证。

第三十条 施工单位对因建设工程施工可能造成损害的毗邻建筑物、构筑物和地下管线等，应当采取专项防护措施。

施工单位应当遵守有关环境保护法律、法规的规定，在施工现场采取措施，防止或者减少粉尘、废气、废水、固体废物、噪声、振动和施工照明对人和环境的危害和污染。

在城市市区内的建设工程，施工单位应当对施工现场实行封闭围挡。

第三十一条 施工单位应当在施工现场建立消防安全责任制度，确定消防安全责任人，制定用火、用电、使用易燃易爆材料等各项消防安全管理制度和操作规程，设置消防通道、消防水源，配备消防设施和灭火器材，并在施工现场入口处设置明显标志。

第三十二条 施工单位应当向作业人员提供安全防护用具和安全防护服装，并书面告知危险岗位的操作规程和违章操作的危害。

作业人员有权对施工现场的作业条件、作业程序和作业方式中存在的安全问题提出批评、检举和控告，有权拒绝违章指挥和强令冒险作业。

在施工中发生危及人身安全的紧急情况时，作业人员有权立即停止作业或者在采取必要的应急措施后撤离危险区域。

第三十三条 作业人员应当遵守安全施工的强制性标准、规章制度和操作规程，正确使用安全防护用具、机械设备等。

第三十四条 施工单位采购、租赁的安全防护用具、机械设备、施工机具及配件，应当具有生产

(制造)许可证、产品合格证，并在进入施工现场前进行查验。

施工现场的安全防护用具、机械设备、施工机具及配件必须由专人管理，定期进行检查、维修和保养，建立相应的资料档案，并按照国家有关规定及时报废。

第三十五条 施工单位在使用施工起重机械和整体提升脚手架、模板等自升式架设设施前，应当组织有关单位进行验收，也可以委托具有相应资质的检验检测机构进行验收；使用承租的机械设备和施工机具及配件的，由施工总承包单位、分包单位、出租单位和安装单位共同进行验收。验收合格的方可使用。

《特种设备安全监察条例》规定的施工起重机械，在验收前应当经有相应资质的检验检测机构监督检验合格。

施工单位应当自施工起重机械和整体提升脚手架、模板等自升式架设设施验收合格之日起 30 日内，向建设行政主管部门或者其他有关部门登记。登记标志应当置于或者附着于该设备的显著位置。

第三十六条 施工单位的主要负责人、项目负责人、专职安全生产管理人员应当经建设行政主管部门或者其他有关部门考核合格后方可任职。

施工单位应当对管理人员和作业人员每年至少进行一次安全生产教育培训，其教育培训情况记入个人工作档案。安全生产教育培训考核不合格的人员，不得上岗。

第三十七条 作业人员进入新的岗位或者新的施工现场前，应当接受安全生产教育培训。未经教育培训或者教育培训考核不合格的人员，不得上岗作业。

施工单位在采用新技术、新工艺、新设备、新材料时，应当对作业人员进行相应的安全生产教育培训。

第三十八条 施工单位应当为施工现场从事危险作业的人员办理意外伤害保险。

意外伤害保险费由施工单位支付。实行施工总承包的，由总承包单位支付意外伤害保险费。意外伤害保险期限自建设工程开工之日起至竣工验收合格止。

第五章 监 督 管 理

第三十九条 国务院负责安全生产监督管理的部门依照《中华人民共和国安全生产法》的规定，对全国建设工程安全生产工作实施综合监督管理。

县级以上地方人民政府负责安全生产监督管理的部门依照《中华人民共和国安全生产法》的规定，对本行政区域内建设工程安全生产工作实施综合监督管理。

第四十条 国务院建设行政主管部门对全国的建设工程安全生产实施监督管理。国务院铁路、交通、水利等有关部门按照国务院规定的职责分工，负责有关专业建设工程安全生产的监督管理。

县级以上地方人民政府建设行政主管部门对本行政区域内的建设工程安全生产实施监督管理。县级以上地方人民政府交通、水利等有关部门在各自的职责范围内，负责本行政区域内的专业建设工程安全生产的监督管理。

第四十一条 建设行政主管部门和其他有关部门应当将本条例第十条、第十一条规定的有关资料的主要内容抄送同级负责安全生产监督管理的部门。

第四十二条 建设行政主管部门在审核发放施工许可证时，应当对建设工程是否有安全施工措施进行审查，对没有安全施工措施的，不得颁发施工许可证。

建设行政主管部门或者其他有关部门对建设工程是否有安全施工措施进行审查时，不得收取费用。

第四十三条 县级以上人民政府负有建设工程安全生产监督管理职责的部门在各自的职责范围内履行安全监督检查职责时，有权采取下列措施：

（一）要求被检查单位提供有关建设工程安全生产的文件和资料；

（二）进入被检查单位施工现场进行检查；

（三）纠正施工中违反安全生产要求的行为；

（四）对检查中发现的安全事故隐患，责令立即排除；重大安全事故隐患排除前或者排除过程中无法保证安全的，责令从危险区域内撤出作业人员或者暂时停止施工。

第四十四条　建设行政主管部门或者其他有关部门可以将施工现场的监督检查委托给建设工程安全监督机构具体实施。

第四十五条　国家对严重危及施工安全的工艺、设备、材料实行淘汰制度。具体目录由国务院建设行政主管部门会同国务院其他有关部门制定并公布。

第四十六条　县级以上人民政府建设行政主管部门和其他有关部门应当及时受理对建设工程生产安全事故及安全事故隐患的检举、控告和投诉。

第六章　生产安全事故的应急救援和调查处理

第四十七条　县级以上地方人民政府建设行政主管部门应当根据本级人民政府的要求，制定本行政区域内建设工程特大生产安全事故应急救援预案。

第四十八条　施工单位应当制定本单位生产安全事故应急救援预案，建立应急救援组织或者配备应急救援人员，配备必要的应急救援器材、设备，并定期组织演练。

第四十九条　施工单位应当根据建设工程施工的特点、范围，对施工现场易发生重大事故的部位、环节进行监控，制定施工现场生产安全事故应急救援预案。实行施工总承包的，由总承包单位统一组织编制建设工程生产安全事故应急救援预案，工程总承包单位和分包单位按照应急救援预案，各自建立应急救援组织或者配备应急救援人员，配备救援器材、设备，并定期组织演练。

第五十条　施工单位发生生产安全事故，应当按照国家有关伤亡事故报告和调查处理的规定，及时、如实地向负责安全生产监督管理的部门、建设行政主管部门或者其他有关部门报告；特种设备发生事故的，还应当同时向特种设备安全监督管理部门报告。接到报告的部门应当按照国家有关规定，如实上报。

实行施工总承包的建设工程，由总承包单位负责上报事故。

第五十一条　发生生产安全事故后，施工单位应当采取措施防止事故扩大，保护事故现场。需要移动现场物品时，应当做出标记和书面记录，妥善保管有关证物。

第五十二条　建设工程生产安全事故的调查、对事故责任单位和责任人的处罚与处理，按照有关法律、法规的规定执行。

第七章　法　律　责　任

第五十三条　违反本条例的规定，县级以上人民政府建设行政主管部门或者其他有关行政管理部门的工作人员，有下列行为之一的，给予降级或者撤职的行政处分；构成犯罪的，依照刑法有关规定追究刑事责任：

（一）对不具备安全生产条件的施工单位颁发资质证书的；

（二）对没有安全施工措施的建设工程颁发施工许可证的；

（三）发现违法行为不予查处的；

（四）不依法履行监督管理职责的其他行为。

第五十四条　违反本条例的规定，建设单位未提供建设工程安全生产作业环境及安全施工措施所需费用的，责令限期改正；逾期未改正的，责令该建设工程停止施工。

建设单位未将保证安全施工的措施或者拆除工程的有关资料报送有关部门备案的，责令限期改正，给予警告。

第五十五条　违反本条例的规定，建设单位有下列行为之一的，责令限期改正，处20万元以上50万元以下的罚款；造成重大安全事故，构成犯罪的，对直接责任人员，依照刑法有关规定追究刑事责任；造成损失的，依法承担赔偿责任：

（一）对勘察、设计、施工、工程监理等单位提出不符合安全生产法律、法规和强制性标准规定的要求的；

（二）要求施工单位压缩合同约定的工期的；

（三）将拆除工程发包给不具有相应资质等级的施工单位的。

第五十六条　违反本条例的规定，勘察单位、设计单位有下列行为之一的，责令限期改正，处 10 万元以上 30 万元以下的罚款；情节严重的，责令停业整顿，降低资质等级，直至吊销资质证书；造成重大安全事故，构成犯罪的，对直接责任人员，依照刑法有关规定追究刑事责任；造成损失的，依法承担赔偿责任：

（一）未按照法律、法规和工程建设强制性标准进行勘察、设计的；

（二）采用新结构、新材料、新工艺的建设工程和特殊结构的建设工程，设计单位未在设计中提出保障施工作业人员安全和预防生产安全事故的措施建议的。

第五十七条　违反本条例的规定，工程监理单位有下列行为之一的，责令限期改正；逾期未改正的，责令停业整顿，并处 10 万元以上 30 万元以下的罚款；情节严重的，降低资质等级，直至吊销资质证书；造成重大安全事故，构成犯罪的，对直接责任人员，依照刑法有关规定追究刑事责任；造成损失的，依法承担赔偿责任：

（一）未对施工组织设计中的安全技术措施或者专项施工方案进行审查的；

（二）发现安全事故隐患未及时要求施工单位整改或者暂时停止施工的；

（三）施工单位拒不整改或者不停止施工，未及时向有关主管部门报告的；

（四）未依照法律、法规和工程建设强制性标准实施监理的。

第五十八条　注册执业人员未执行法律、法规和工程建设强制性标准的，责令停止执业 3 个月以上 1 年以下；情节严重的，吊销执业资格证书，5 年内不予注册；造成重大安全事故的，终身不予注册；构成犯罪的，依照刑法有关规定追究刑事责任。

第五十九条　违反本条例的规定，为建设工程提供机械设备和配件的单位，未按照安全施工的要求配备齐全有效的保险、限位等安全设施和装置的，责令限期改正，处合同价款 1 倍以上 3 倍以下的罚款；造成损失的，依法承担赔偿责任。

第六十条　违反本条例的规定，出租单位出租未经安全性能检测或者经检测不合格的机械设备和施工机具及配件的，责令停业整顿，并处 5 万元以上 10 万元以下的罚款；造成损失的，依法承担赔偿责任。

第六十一条　违反本条例的规定，施工起重机械和整体提升脚手架、模板等自升式架设设施安装、拆卸单位有下列行为之一的，责令限期改正，处 5 万元以上 10 万元以下的罚款；情节严重的，责令停业整顿，降低资质等级，直至吊销资质证书；造成损失的，依法承担赔偿责任：

（一）未编制拆装方案、制定安全施工措施的；

（二）未由专业技术人员现场监督的；

（三）未出具自检合格证明或者出具虚假证明的；

（四）未向施工单位进行安全使用说明，办理移交手续的。

施工起重机械和整体提升脚手架、模板等自升式架设设施安装、拆卸单位有前款规定的第（一）项、第（三）项行为，经有关部门或者单位职工提出后，对事故隐患仍不采取措施，因而发生重大伤亡事故或者造成其他严重后果，构成犯罪的，对直接责任人员，依照刑法有关规定追究刑事责任。

第六十二条　违反本条例的规定，施工单位有下列行为之一的，责令限期改正；逾期未改正的，责令停业整顿，依照《中华人民共和国安全生产法》的有关规定处以罚款；造成重大安全事故，构成犯罪的，对直接责任人员，依照刑法有关规定追究刑事责任：

（一）未设立安全生产管理机构、配备专职安全生产管理人员或者分部分项工程施工时无专职安全生产管理人员现场监督的；

（二）施工单位的主要负责人、项目负责人、专职安全生产管理人员、作业人员或者特种作业人员，未经安全教育培训或者经考核不合格即从事相关工作的；

（三）未在施工现场的危险部位设置明显的安全警示标志，或者未按照国家有关规定在施工现场设置消防通道、消防水源、配备消防设施和灭火器材的；

（四）未向作业人员提供安全防护用具和安全防护服装的；

（五）未按照规定在施工起重机械和整体提升脚手架、模板等自升式架设设施验收合格后登记的；

（六）使用国家明令淘汰、禁止使用的危及施工安全的工艺、设备、材料的。

第六十三条　违反本条例的规定，施工单位挪用列入建设工程概算的安全生产作业环境及安全施工措施所需费用的，责令限期改正，处挪用费用 20％以上 50％以下的罚款；造成损失的，依法承担赔偿责任。

第六十四条　违反本条例的规定，施工单位有下列行为之一的，责令限期改正；逾期未改正的，责令停业整顿，并处 5 万元以上 10 万元以下的罚款；造成重大安全事故，构成犯罪的，对直接责任人员，依照刑法有关规定追究刑事责任：

（一）施工前未对有关安全施工的技术要求作出详细说明的；

（二）未根据不同施工阶段和周围环境及季节、气候的变化，在施工现场采取相应的安全施工措施，或者在城市市区内的建设工程的施工现场未实行封闭围挡的；

（三）在尚未竣工的建筑物内设置员工集体宿舍的；

（四）施工现场临时搭建的建筑物不符合安全使用要求的；

（五）未对因建设工程施工可能造成损害的毗邻建筑物、构筑物和地下管线等采取专项防护措施的。

施工单位有前款规定第（四）项、第（五）项行为，造成损失的，依法承担赔偿责任。

第六十五条　违反本条例的规定，施工单位有下列行为之一的，责令限期改正；逾期未改正的，责令停业整顿，并处 10 万元以上 30 万元以下的罚款；情节严重的，降低资质等级，直至吊销资质证书；造成重大安全事故，构成犯罪的，对直接责任人员，依照刑法有关规定追究刑事责任；造成损失的，依法承担赔偿责任：

（一）安全防护用具、机械设备、施工机具及配件在进入施工现场前未经查验或者查验不合格即投入使用的；

（二）使用未经验收或者验收不合格的施工起重机械和整体提升脚手架、模板等自升式架设设施的；

（三）委托不具有相应资质的单位承担施工现场安装、拆卸施工起重机械和整体提升脚手架、模板等自升式架设设施的；

（四）在施工组织设计中未编制安全技术措施、施工现场临时用电方案或者专项施工方案的。

第六十六条　违反本条例的规定，施工单位的主要负责人、项目负责人未履行安全生产管理职责的，责令限期改正；逾期未改正的，责令施工单位停业整顿；造成重大安全事故、重大伤亡事故或者其他严重后果，构成犯罪的，依照刑法有关规定追究刑事责任。

作业人员不服管理、违反规章制度和操作规程冒险作业造成重大伤亡事故或者其他严重后果，构成犯罪的，依照刑法有关规定追究刑事责任。

施工单位的主要负责人、项目负责人有前款违法行为，尚不够刑事处罚的，处 2 万元以上 20 万元以下的罚款或者按照管理权限给予撤职处分；自刑罚执行完毕或者受处分之日起，5 年内不得担任任何施工单位的主要负责人、项目负责人。

第六十七条　施工单位取得资质证书后，降低安全生产条件的，责令限期改正；经整改仍未达到与其资质等级相适应的安全生产条件的，责令停业整顿，降低其资质等级直至吊销资质证书。

第六十八条　本条例规定的行政处罚，由建设行政主管部门或者其他有关部门依照法定职权决定。

违反消防安全管理规定的行为，由公安消防机构依法处罚。

有关法律、行政法规对建设工程安全生产违法行为的行政处罚决定机关另有规定的，从其规定。

第八章　附　　则

第六十九条　抢险救灾和农民自建低层住宅的安全生产管理，不适用本条例。

第七十条　军事建设工程的安全生产管理，按照中央军事委员会的有关规定执行。

第七十一条　本条例自 2004 年 2 月 1 日起施行。

附录 3-8-3　建设工程勘察质量管理办法

（2007 年 11 月 22 日建设部令第 163 号）

《建设部关于修改〈建设工程勘察质量管理办法〉的决定》已于 2007 年 10 月 30 日经建设部第 142 次常务会议讨论通过，现予发布，自发布之日起施行。

建设部部长　汪光焘

二○○七年十一月二十二日

第一章　总　　则

第一条　为了加强对建设工程勘察质量的管理，保证建设工程质量，根据《中华人民共和国建筑法》、《建设工程质量管理条例》、《建设工程勘察设计管理条例》等有关法律、法规，制定本办法。

第二条　凡在中华人民共和国境内从事建设工程勘察活动的，必须遵守本办法。

本办法所称建设工程勘察，是指根据建设工程的要求，查明、分析、评价建设场地的地质地理环境特征和岩土工程条件，编制建设工程勘察文件的活动。

第三条　工程勘察企业应当按照有关建设工程质量的法律、法规、工程建设强制性标准和勘察合同进行勘察工作，并对勘察质量负责。

勘察文件应当符合国家规定的勘察深度要求，必须真实、准确。

第四条　国务院建设行政主管部门对全国的建设工程勘察质量实施统一监督管理。

国务院铁路、交通、水利等有关部门按照国务院规定的职责分工，负责对全国的有关专业建设工程勘察质量的监督管理。

县级以上地方人民政府建设行政主管部门对本行政区域内的建设工程勘察质量实施监督管理。

县级以上地方人民政府有关部门在各自的职责范围内，负责对本行政区域内的有关专业建设工程勘察质量的监督管理。

第二章　质量责任和义务

第五条　建设单位应当为勘察工作提供必要的现场工作条件，保证合理的勘察工期，提供真实、可靠的原始资料。

建设单位应当严格执行国家收费标准，不得迫使工程勘察企业以低于成本的价格承揽任务。

第六条　工程勘察企业必须依法取得工程勘察资质证书，并在资质等级许可的范围内承揽勘察业务。

工程勘察企业不得超越其资质等级许可的业务范围或者以其他勘察企业的名义承揽勘察业务；不得允许其他企业或者个人以本企业的名义承揽勘察业务；不得转包或者违法分包所承揽的勘察业务。

第七条　工程勘察企业应当健全勘察质量管理体系和质量责任制度。

第八条　工程勘察企业应当拒绝用户提出的违反国家有关规定的不合理要求，有权提出保证工程勘察质量所必需的现场工作条件和合理工期。

第九条　工程勘察企业应当参与施工验槽，及时解决工程设计和施工中与勘察工作有关的问题。

第十条　工程勘察企业应当参与建设工程质量事故的分析，并对因勘察原因造成的质量事故，提出相应的技术处理方案。

第十一条　工程勘察项目负责人、审核人、审定人及有关技术人员应当具有相应的技术职称或者注册资格。

第十二条　项目负责人应当组织有关人员做好现场踏勘、调查，按照要求编写《勘察纲要》，并对勘察过程中各项作业资料验收和签字。

第十三条　工程勘察企业的法定代表人、项目负责人、审核人、审定人等相关人员，应当在勘察文件上签字或者盖章，并对勘察质量负责。

工程勘察企业法定代表人对本企业勘察质量全面负责；项目负责人对项目的勘察文件负主要质量责任；项目审核人、审定人对其审核、审定项目的勘察文件负审核、审定的质量责任。

第十四条　工程勘察工作的原始记录应当在勘察过程中及时整理、核对，确保取样、记录的真实和准确，严禁离开现场追记或者补记。

第十五条　工程勘察企业应当确保仪器、设备的完好。钻探、取样的机具设备、原位测试、室内试验及测量仪器等应当符合有关规范、规程的要求。

第十六条　工程勘察企业应当加强职工技术培训和职业道德教育，提高勘察人员的质量责任意识。观测员、试验员、记录员、机长等现场作业人员应当接受专业培训，方可上岗。

第十七条　工程勘察企业应当加强技术档案的管理工作。工程项目完成后，必须将全部资料分类编目，装订成册，归档保存。

第三章　监　督　管　理

第十八条　工程勘察文件应当经县级以上人民政府建设行政主管部门或者其他有关部门（以下简称工程勘察质量监督部门）审查。工程勘察质量监督部门可以委托施工图设计文件审查机构（以下简称审查机构）对工程勘察文件进行审查。

审查机构应当履行下列职责：

（一）监督检查工程勘察企业有关质量管理文件、文字报告、计算书、图纸图表和原始资料等是否符合有关规定和标准；

（二）发现勘察质量问题，及时报告有关部门依法处理。

第十九条　工程勘察质量监督部门应当对工程勘察企业质量管理程序的实施、试验室是否符合标准等情况进行检查，并定期向社会公布检查和处理结果。

第二十条　工程勘察发生重大质量、安全事故时，有关单位应当按照规定向工程勘察质量监督部门报告。

第二十一条　任何单位和个人有权向工程勘察质量监督部门检举、投诉工程勘察质量、安全问题。

第四章　罚　　则

第二十二条　工程勘察企业违反《建设工程勘察设计管理条例》、《建设工程质量管理条例》的，由工程勘察质量监督部门按照有关规定给予处罚。

第二十三条　违反本办法规定，建设单位未为勘察工作提供必要的现场工作条件或者未提供真实、可靠原始资料的，由工程勘察质量监督部门责令改正；造成损失的，依法承担赔偿责任。

第二十四条　违反本办法规定，工程勘察企业未按照工程建设强制性标准进行勘察、弄虚作假、提供虚假成果资料的，由工程勘察质量监督部门责令改正，处10万元以上30万元以下的罚款；造成工程质量事故，责令停业整顿，降低资质等级；情节严重的，吊销资质证书；造成损失的，依法承担赔偿责任。

第二十五条　违反本办法规定，工程勘察企业有下列行为之一的，由工程勘察质量监督部门责令改正，处 1 万元以上 3 万元以下的罚款：

（一）勘察文件没有责任人签字或者签字不全的；

（二）原始记录不按照规定记录或者记录不完整的；

（三）不参加施工验槽的；

（四）项目完成后，勘察文件不归档保存的。

第二十六条　审查机构未按照规定审查，给建设单位造成损失的，依法承担赔偿责任；情节严重的，由工程勘察质量监督部门撤销委托。

第二十七条　依照本办法规定，给予勘察企业罚款处罚的，由工程勘察质量监督部门对企业的法定代表人和其他直接责任人员处以企业罚款数额的 5％以上 10％以下的罚款。

第二十八条　国家机关工作人员在建设工程勘察质量监督管理工作中玩忽职守、滥用职权、徇私舞弊的，依法给予行政处分；构成犯罪的，依法追究刑事责任。

第五章　附　　则

第二十九条　本办法自 2003 年 2 月 1 日起施行。

附录 3-8-4　建设工程勘察设计管理条例

（2000 年 9 月 25 日国务院令第 293 号）

第一章　总　　则

第一条　为了加强对建设工程勘察、设计活动的管理，保证建设工程勘察、设计质量，保护人民生命和财产安全，制定本条例。

第二条　从事建设工程勘察、设计活动，必须遵守本条例。

本条例所称建设工程勘察、设计活动，是指根据建设工程的要求，查明、分析、评价建设场地的地质地理环境特征和岩土工程条件，编制建设工程勘察文件的活动。

本条例所称建设工程设计，是指根据建设工程的要求，对建设工程所需的技术、经济、资源、环境等条件进行综合分析、论证，编制建设工程设计文件的活动。

第三条　建设工程勘察、设计应当与社会、经济发展水平相适应，做到经济效益、社会效益和环境效益相统一。

第四条　从事建设工程勘察、设计活动，应当坚持先勘察、后设计、再施工的原则。

第五条　县级以上人民政府建设行政主管部门和交通、水利等有关部门应当依照本条件的规定，加强对建设工程勘察、设计活动的监督管理。

建设工程勘察、设计单位必须依法建设工程勘察、设计，严格执行工程建设强制性标准，并对建设工程勘察、设计的质量负责。

第六条　国家鼓励在建设工程勘察、设计活动中采用先进技术、先进工艺、先进设备、新型材料和现代管理方法。

第二章　资质资格管理

第七条　国家对从事建设工程勘察、设计活动的单位，实行资质管理制度。具体办法由国务院建设行政主管部门商国务院有关部门制定。

第八条　建设工程勘察、设计单位应当在其资质等级许可的范围内承揽建设工程勘察、设计业务。

禁止建设工程勘察、设计单位超越其资质等级许可的范围或者以其他建设工程勘察、设计单位的名义承揽建设工程勘察、设计业务。禁止建设工程勘察、设计单位允许其他单位或者个人以本单位的名义承揽建设工程勘察、设计业务。

第九条 国家对从事建设工程勘察、设计活动的专业技术人员，实行执业资格注册管理制度。

未经注册的建设工程勘察、设计人员，不得以注册执业人员的名义从事建设工程勘察、设计活动。

第十条 建设工程勘察、设计注册执业人员和其他专业技术人员只能受聘于一个建设工程勘察、设计单位；未受聘于建设工程勘察、设计单位的，不得从事建设工程的勘察、设计活动。

第十一条 建设工程勘察、设计单位资质证书和执业人员注册证书，由国务院建设行政主管部门统一制作。

第三章 建设工程勘察设计发包与承包

第十二条 建设工程勘察、设计发包依法实行招标发包或者直接发包。

第十三条 建设工程勘察、设计应当依照《中华人民共和国招标投标法》的规定，实行招标发包。

第十四条 建设工程勘察、设计人员方案评标，应当以投标人的业绩、信誉和勘察、设计人员的能力以及勘察、设计方案的优劣为依据，进行综合评定。

第十五条 建设工程勘察、设计的招标人应当在评标委员推荐候选方案中确定中标方案。但是，建设工程勘察、设计的招标人认为评标委员会推荐的候选方案不能最大限度满足招标文件规定的要求的，应当依法重新招标。

第十六条 下列建设工程的勘察、设计，经有关主管部门批准，可以直接发包：

（一）采用特定专利或者专用技术的；

（二）建筑艺术造型有特殊要求的；

（三）国务院规定的其他建设工程的勘察、设计。

第十七条 发包方不得将建设工程勘察、设计业务发包给不具有相应勘察、设计资质等级的建设工程勘察、设计单位。

第十八条 发包方可以将整个建设工程的勘察、设计发包给一个勘察、设计单位；也可以将建设工程的勘察、设计分别发包给几个勘察、设计单位。

第十九条 除建设工程主体部分的勘察、设计外，经发包方书面同意。承包方可以将建设工程其他部分的勘察、设计再分包给其他具有相应资质等级的建设工程勘察、设计单位。

第二十条 建设工程勘察、设计单位不得将所承揽的建设工程勘察、设计转包。

第二十一条 承包方必须在建设工程勘察、设计资质证书的资质等级和业务范围内承揽建设工程的勘察、设计业务。

第二十二条 建设工程勘察、设计的发包方与承包方，应当执行国家规定的建设工程勘察、设计程序。

第二十三条 建设工程勘察、设计的发包方与承包方应当签订建设工程勘察、设计合同。

第二十四条 建设工程勘察、设计发包方与承包方应当执行国家有关建设工程勘察费、设计费的管理规定。

第四章 建设工程勘察设计文件的编制与实施

第二十五条 编制建设工程勘察、设计文件，应当以下列规定为依据：

（一）项目批准文件；

（二）城市规划；

（三）工程建设强制性标准；

（四）国家规定的建设工程勘察、设计深度要求。

铁路、交通、水利等专业建设工程，还应当以专业规划的要求为依据。

第二十六条　编制建设工程勘察文件，应当真实、准确，满足建设工程规划、选址、设计、岩土治理和施工的需要。

编制方案设计文件，应当满足编制初步设计文件和控制概算的需要。编制初步设计文件，应当满足编制施工招标文件、主要设备材料订货和编制施工图设计文件的需要。

编制施工图设计文件，应当满足设备材料采购，非标准设备制作和施工的需要，并注明建设工程合理使用年限。

第二十七条　设计文件中选用的材料、构配件、设备，应当注明其规格、型号、性能等技术指标，其质量要求必须符合国家规定的标准。

除有特殊要求的建筑材料、专用设备和工艺生产线等外，设计单位不得指定生产厂、供应商。

第二十八条　建设单位、施工单位、监理单位不得修改建设工程勘察、设计文件；确需修改工程勘察、设计文件的，应当由原建设工程勘察、设计单位修改。经原建设工程勘察、设计单位书面同意，建设单位也可以委托其他具有相应资质的建设工程勘察、设计单位修改。修改单位对修改的勘察、设计文件承担相应责任。

施工单位、监理单位发现建设工程勘察、设计文件不符合工程建设强制性标准、合同约定的质量要求的，应当报告建设单位，建设单位有权要求建设工程勘察、设计单位对建设工程勘察、设计文件进行补充、修改。

建设工程勘察、设计文件内容需要作重大修改的，建设单位应当报经原审批机关批准后，方可修改。

第二十九条　建设工程勘察、设计文件中规定采用的新技术、新材料，可能影响建设工程质量和安全，又没有国家技术标准的，应当由国家认可的检测机构进行试验、论证，出具检测报告，并经国务院有关部门或者省、自治区、直辖市人民政府有关部门组织的建设工程技术专家委员审定后，方可使用。

第三十条　建设工程勘察、设计单位应当在建设工程施工前，向施工单位和监理单位说明建设工程勘察、设计意图，解释建设工程勘察、设计文件。

建设工程勘察、设计单位应当及时解决施工中出现的勘察、设计问题。

第五章　监　督　管　理

第三十一条　国务院建设行政主管部门对全国的建设工程勘察、设计活动实施统一监督管理。国务院铁路、交通、水利等有关部门按照国务院有关规定的职责分工，负责对全国的有关专业建设工程勘察、设计活动的监督管理。

县级以上地方人民政府建设行政主管部门对本行政区域内的建设工程勘察、设计活动实施监督管理。县级以上地方人民政府交通、水利等有关部门在各自的职责范围内，负责对本行政区域内的有关专业建设工程勘察、设计活动的监督管理。

第三十二条　建设工程勘察、设计单位在建设工程勘察、设计资质证书规定的业务范围内跨部门、跨地区承揽勘察、设计业务的，有关地方人民政府及其所属部门不得设置障碍，不得违反国家规定收取任何费用。

第三十三条　县级以上人民政府建设行政主管部门或者交通、水利等有关部门应当对施工图设计文件中涉及公共利益、公众安全、工程建设强制性标准的内容进行审查。

施工图设计文件未经审查批准的，不得使用。

第三十四条　任何单位和个人对建设工程勘察、设计活动中的违法行为都有权检举、控告、投诉。

第六章　罚　　则

第三十五条　违反本条例第八条规定的，责令停止违法行为，处合同约定的勘察费、设计费1倍以上 2 倍以下的罚款,有违法所得的,予以没收;可以责令停业整顿,降低资质等级;情节严重的,吊销资质证书。

未取得资质证书承揽工程的,予以取缔,依照前款规定处以罚款;有违法所得的,予以没收。

以欺骗手段取得资质证书承揽工程的,吊销资质证书,依照本条第一款规定处以罚款;有违法所得的,予以没收。

第三十六条 违反本条例规定,未经注册,擅自以注册建设工程勘察、设计人员的名义从事建设工程勘察、设计活动的,责令停止违法行为,没收违法所得,处违法所得 2 倍以上 5 倍以下罚款;给他人造成损失的,依法承担赔偿责任。

第三十七条 违反本条例规定,建设工程勘察、设计注册执业人员和其他专业技术人员未受聘于一个建设工程勘察、设计单位或者同时受聘于两个以上建设工程勘察、设计单位,从事建设工程勘察、设计活动的,责令停止违法行为,没收违法所得,处违法所得 2 倍以上 5 倍以下的罚款;情节严重的,可以责令停止执行业务或者吊销资格证书;给他人造成损失的,依法承担赔偿责任。

第三十八条 违反本条例规定,发包方将建设工程勘察、设计业务发包给不具有相应资质等级的建设工程勘察、设计单位的,责令改正,处 50 万元以上 100 万元以下的罚款。

第三十九条 违反本条例规定,建设工程勘察、设计单位将所承揽的建设工程勘察、设计转包的,责令改正,没收违法所得,处合同约定的勘察费、设计费 25％以上 50％以下的罚款,可以责令停业整顿,降低资质等级;情节严重的,吊销资质证书。

第四十条 违反本条例规定,有下列行为之一的,依照《建设工程质量管理条例》第六十三条的规定给予处罚:

(一)勘察未按照工程建设强制性标准进行勘察、设计的;

(二)设计单位未根据勘察成果文件的进行工程设计的;

(三)设计单位指定建筑材料、建筑构配件的生产厂、供应商的;

(四)设计单位未按照工程建设强制性标准进行设计的。

第四十一条 本条例规定的责令停业整顿、降低资质等级和吊销资质证书、资格证书的行政处罚,由颁发资质证书、资格证书的机关决定;其他行政处罚,由建设行政主管部门或者其他有关部门依据法定职权范围决定。

依照本条例规定被吊销资质证书的,由工商行政管理部门吊销其营业执照。

第四十二条 国家机关工作人员在建设工程勘察、设计活动的监督管理工作中玩忽职守、滥用职权、徇私舞弊,构成犯罪的,依法追究刑事责任;尚不构成犯罪的,依法给予行政处分。

第七章 附 则

第四十三条 抢险救灾及其他临时性建设和农民自建两层以下住宅的勘察、设计活动,不适用本条例。

第四十四条 军事建设工程勘察、设计的管理,按照中央军事委员会的有关规定执行。

第四十五条 本条例自公布之日起施行。

附录 3-8-5 建设工程质量管理条例

(2000 年 1 月 30 日国务院令第 279 号)

第一章 总 则

第一条 为了加强对建设工程质量的管理,保证建设工程质量,保护人民生命和财产安全,根据《中华人民共和国建筑法》,制定本条例。

第二条 凡在中华人民共和国境内从事建设工程的新建、扩建、改建等有关活动及实施对建设工程质量监督管理的，必须遵守本条例。

本条例所称建设工程，是指土木工程、建筑工程、线路管道和设备安装工程及装修工程。

第三条 建设单位、勘察单位、设计单位、施工单位、工程监理单位依法对建设工程质量负责。

第四条 县级以上人民政府建设行政主管部门和其他有关部门应当加强对建设工程质量的监督管理。

第五条 从事建设工程活动，必须严格执行基本建设程序，坚持先勘察、后设计、再施工的原则。

县级以上人民政府及其有关部门不得超越权限审批建设项目或者擅自简化基本建设程序。

第六条 国家鼓励采用先进的科学技术和管理方法，提高建设工程质量。

第二章 建设单位的质量责任和义务

第七条 建设单位应当将工程发包给具有相应资质等级的单位。

建设单位不得将建设工程肢解发包。

第八条 建设单位应当依法对工程建设项目的勘察、设计、施工、监理以及与工程建设有关的重要设备、材料等的采购进行招标。

第九条 建设单位必须向有关的勘察、设计、施工、工程监理等单位提供与建设工程有关的原始资料。

原始资料真实、准确、齐全。

第十条 建设工程发包单位，不得迫使承包方以低于成本的价格竞标，不得任意压缩约定合理工期。

建设单位不得明示或者暗示施工单位违反工程建设强制性标准，降低建设工程质量。

第十一条 建设单位应当将施工图设计文件报县级以上人民政府建设行政主管部门或者其他有关部门审查。施工图设计文件审查的具体办法，由国务院建设行政主管部门会同国务院其他有关部门制定。

施工图设计文件未经审查批准的，不得使用。

第十二条 实行监理的建设工程，建设单位应当委托具有相应资质等级的工程监理单位进行监理，也可以委托具有工程监理相应资质等级并与被监理施工承包单位没有隶属关系或者其他利害关系的该工程的设计单位进行监理。

下列建设工程必须实行监理：

（一）国家重点建设工程；

（二）大中型公用事业工程；

（三）成片开发建设的住宅小区工程；

（四）利用外国政府或者国际组织贷款、援助资金的工程；

（五）国家规定必须实行监理的其他工程。

第十三条 建设单位在领取施工许可证或者开工报告前，应当按照国家有关规定办理工程质量监督手续。

第十四条 按照合同约定，由建设单位采购建筑材料、建筑构配件和设备的，建设单位应当保证建筑材料、建筑构配件和设备符合设计文件和合同要求。

建设单位不得明示或者暗示施工单位使用不合格的建筑材料、建筑构配件和设备。

第十五条 涉及建筑主体和承重结构变动的装修工程，建设单位应当在施工前委托原设计单位或者具有相应资质等级的设计单位提出设计方案；没有设计方案的，不得施工。

房屋建筑使用者在装修过程中，不得擅自变动房屋建筑主体和承重结构。

第十六条 建设单位收到建设工程竣工报告后，应当组织设计、施工、工程监理等有关单位进行竣工验收。

建设工程竣工验收应当具备下列条件：

（一）完成建设工程设计和合同约定的各项内容；

（二）有完整的技术档案和施工管理资料；

（三）有工程使用的主要建筑材料、建筑构配件和设备的进场试验报告；

（四）有勘察、设计、施工、工程监理等单位分别签署的质量合格文件；

（五）有施工单位签署的工程保修书。

建设工程经验收合格的，方可交付使用。

第十七条 建设单位应当严格按照国家有关档案管理的规定，及时收集、整理建设项目各环节的文件资料，建立、健全建设项目档案，并在建设工程竣工验收后，及时向建设行政主管部门或者其他有关部门移交建设项目档案。

第三章 勘察、设计单位的质量责任和义务

第十八条 从事建设工程勘察、设计的单位应当依法取得相应等级的资质证书，并在其资质等级许可的范围内承揽工程。

禁止勘察、设计单位超越其资质等级许可的范围或者以其他勘察、设计单位的名义承揽工程。禁止勘察、设计单位允许其他单位或者个人以本单位的名义承揽工程。

勘察、设计单位不得转包或者违法分包所承揽的工程。

第十九条 勘察、设计单位必须按照工程建设强制性标准进行勘察、设计，并对其勘察、设计的质量负责。

注册建筑师、注册结构工程师等注册执业人员应当在设计文件上签字，对设计文件负责。

第二十条 勘察单位提供的地质、测量、水文等勘察成果必须真实、准确。

第二十一条 设计单位应当根据勘察成果文件进行建设工程设计。

设计文件应当符合国家规定的设计深度要求，注明工程合理使用年限。

第二十二条 设计单位在设计文件中选用的建筑材料、建筑构配件和设备，应当注明规格、型号、性能等技术指标，其质量要求必须符合国家规定的标准。

除有特殊要求的建筑材料、专用设备、工艺生产线等外，设计单位不得指定生产厂、供应商。

第二十三条 设计单位应当就审查合格的施工图设计文件向施工单位作详细说明。

第二十四条 设计单位应当参与建设工程质量事故分析，并对因设计造成的质量事故，提出相应的技术处理方案。

第四章 施工单位质量责任和义务

第二十五条 施工单位应当依法取得相应等级的资质证书，并在其资质等级许可的范围内承揽工程。

禁止施工单位超越本单位资质等级许可的业务范围或者以其他施工单位的名义承揽工程。禁止施工单位允许其他单位或者个人以本单位的名义承揽工程。

施工单位不得转包或者违法分包工程。

第二十六条 施工单位对建设工程的施工质量负责。

施工单位应当建立质量责任制，确定工程项目的项目经理、技术负责人和施工管理负责人。

建设工程实行总承包的，总承包单位应当对全部建设工程质量负责；建设工程勘察、设计、施工、设备采购的一项或者多项实行总承包的，总承包单位应当对其承包的建设工程或者采购的设备的质量负责。

第二十七条 总承包单位依法将建设工程分包给其他单位的，分包单位应当按照分包合同的约定对

其分包的工程的质量向总承包单位负责，总承包单位与分包单位对分包工程的质量承担连带责任。

第二十八条　施工单位必须按照工程设计图纸和施工技术标准施工，不得擅自修改工程设计，不得偷工减料。

施工单位在施工过程中发现设计文件和图纸有差错的，应当及时提出意见和建议。

第二十九条　施工单位必须按照工程设计要求、施工技术标准和合同约定，对建筑材料、建筑构配件、设备和商品混凝土进行检验，检验应当有书面记录和专人签字；未经检验或者检验不合格的，不得使用。

第三十条　施工单位必须建立、健全施工质量的检验制度，严格工序管理，作好隐蔽工程的质量检查和记录。隐蔽工程在隐蔽前，施工单位应当通知建设单位和建设工程质量监督机构。

第三十一条　施工人员对涉及结构安全的试块、试件以及有关材料，应当在建设单位或者工程监理单位监督下现场取样，并送具有相应资质等级的质量检测单位进行检测。

第三十二条　施工单位对施工中出现质量问题的建设工程或者竣工验收不合格的建设工程，应当负责返修。

第三十三条　施工单位应当建立、健全教育培训制度，加强对职工的教育培训；未经教育培训或者考核不合格的人员，不得上岗作业。

第五章　工程监理单位的质量责任和义务

第三十四条　工程监理单位应当依法取得相应等级的资质证书，并在其资质等级许可的范围内承担工程监理业务。

禁止工程监理单位超越本单位资质等级许可的范围或者以其他工程监理单位的名义承担工程监理业务。禁止工程监理单位允许其他单位或者个人以本单位的名义承担工程监理业务。

工程监理单位不得转让工程监理业务。

第三十五条　工程监理单位与被监理工程的施工承包单位以及建筑材料、建筑构配件和设备供应单位有隶属关系或者其他利害关系的，不得承担该项建设工程的监理业务。

第三十六条　工程监理单位应当依照法律、法规以及有关技术标准、设计文件和建设工程承包合同，代表建设单位对施工质量实施监理，并对施工质量承担监理责任。

第三十七条　工程监理单位应当选派具备相应资格的总监理工程师和监理工程师进驻施工现场。

未经监理工程师签字，建筑材料、建筑构配件和设备不得在工程上使用或者安装，施工单位不得进行下一道工序的施工。未经总监理工程师签字，建设单位不拨付工程款，不进行竣工验收。

第三十八条　监理工程师应当按照工程监理规范的要求，采取旁站、巡视和平行检验等形式，对建设工程实施监理。

第六章　建设工程质量保修

第三十九条　建设工程实行质量保修制度。

建设工程承包单位在向建设单位提交工程竣工验收报告时，应当向建设单位出具质量保修书。质量保修书中应当明确建设工程的保修范围、保修期限和保修责任等。

第四十条　在正常使用条件下，建设工程的最低保修期限为：

（一）基础设施工程、房屋建筑的地基基础工程和主体结构工程，为设计文件规定的该工程的合理使用年限；

（二）屋面防水工程、有防水要求的卫生间、房间和外墙面的防渗漏，为 5 年；

（三）供热与供冷系统为 2 个采暖期、供冷期；

（四）电气管线、给排水管道、设备安装和装修工程，为 2 年。

其他项目的保修期限由发包方与承包方约定。

建设工程的保修期,自竣工验收合格之日起计算。

第四十一条 建设工程在保修范围和保修期限内发生质量问题的,施工单位应当履行保修义务,并对造成的损失承担赔偿责任。

第四十二条 建设工程在超过合理使用年限后需要继续使用的,产权所有人应当委托具有相应资质等级的勘察、设计单位鉴定,并根据鉴定结果采取加固、维修等措施,重新界定使用期。

第七章 监 督 管 理

第四十三条 国家实行建设工程质量监督管理制度。

国务院建设行政主管部门对全国的建设工程质量实施统一监督管理。国务院铁路、交通、水利等有关部门按照国务院规定的职责分工,负责对全国的有关专业建设工程质量的监督管理。

县级以上地方人民政府建设行政主管部门对本行政区域内的建设工程质量实施监督管理。县级以上地方人民政府交通、水利等有关部门在各自的职责范围内,负责对本行政区域内的专业建设工程质量的监督管理。

第四十四条 国务院建设行政主管部门和国务院铁路、交通、水利等有关部门应当加强对有关建设工程质量的法律、法规和强制性标准执行情况的监督检查。

第四十五条 国务院发展计划部门按照国务院规定的职责,组织稽查特派员,对国家出资的重大建设项目实施监督检查。

国务院经济贸易主管部门按照国务院规定的职责,对国家重大技术改造项目实施监督检查。

第四十六条 建设工程质量监督管理,可以由建设行政主管部门或者其他有关部门委托的建设工程质量监督机构具体实施。

从事房屋建筑工程和市政基础设施工程质量监督的机构,必须按照国家有关规定经国务院建设行政主管部门或者省、自治区、直辖市人民政府建设行政主管部门考核;从事专业建设工程监督的机构,必须按照国家有关规定经国务院有关部门或者省、自治区、直辖市人民政府有关部门考核。经考核合格后,方可实施质量监督。

第四十七条 县级以上地方人民政府建设行政主管部门和其他有关部门应当加强对有关建设工程质量的法律、法规和强制性标准执行情况的监督检查。

第四十八条 县级以上人民政府建设行政主管部门和其他有关部门履行监督检查职责时有权采取下列措施:

(一)要求被检查的单位提供有关工程质量的文件和资料;

(二)进入被检查单位的施工现场进行检查;

(三)发现有影响工程质量的问题时,责令改正。

第四十九条 建设单位应当自建设工程竣工验收合格之日起 15 日内,将建设工程竣工验收报告的规划、公安消防、环保等部门出具的认可文件或者准许使用文件报建设行政主管部门或者其他有关部门备案。

建设行政主管部门或者其他有关部门发现建设单位在竣工验收过程中有违反国家有关建设工程质量管理规定行为的,责令停止使用,重新组织竣工验收。

第五十条 有关单位和个人对县级以上人民政府建设行政主管部门和其他有关部门进行的监督检查应当支持与配合,不得拒绝或者阻碍建设工程质量监督检查人员依法执行职务。

第五十一条 供水、供电、供气、公安消防等部门或者单位不得明示或者暗示建设单位、施工单位购买其指定的生产供应单位的建筑材料、建筑构配件和设备。

第五十二条 建设工程发生质量事故,有关单位应当在 24 小时内向当地建设行政主管部门和有关部门报告。对重大质量事故,事故发生地的建设行政主管部门和其他有关部门应当按照事故类别和等级向当地人民政府和上级建设行政主管部门和其他有关部门报告。

特别重大质量事故的调查程序按照国务院有关规定办理。

第五十三条 任何单位和个人对建设工程的质量事故、质量缺陷都有权检举、控告、投诉。

第八章 罚 则

第五十四条 违反本条例规定，建设单位将建设工程发包给不具有相应资质等级的勘察、设计、施工单位或者委托给不具有相应资质等级的工程监理单位的，责令改正，处 50 万元以上 100 万元以下的罚款。

第五十五条 违反本条例规定，建设单位将建设工程肢解发包的，责令改正，处工程合同价款 0.5% 以上 1% 以下的罚款；对全部或者部分使用国有资金的项目，并可以暂停项目执行或者暂停资金拨付。

第五十六条 违反本条例规定，建设单位有下列行为之一的，责令改正，处 20 万元以上 50 万元以下的罚款：

（一）迫使承包方以低于成本的价格竞标的；

（二）任意压缩合理工期的；

（三）明示或者暗示设计单位或者施工单位违反工程建设强制性标准，降低工程质量的；

（四）施工图设计文件未经审查或者审查不合格擅自施工的；

（五）建设项目必须实行工程监理而未实行工程监理的；

（六）未按照国家规定办理工程质量监督手续的；

（七）明示或者暗示施工单位使用不合格的建筑材料，建筑构配件和设备的；

（八）未按照规定将竣工验收报告、有关认可文件或者准许使用的文件报送备案的。

第五十七条 违反本条例规定，建设单位未取得施工许可证或者开工报告未经批准，擅自施工的，责令停止施工，限期改正，处工程合同价款 1% 以上 2% 以下的罚款。

第五十八条 违反本条例规定，建设单位有下列行为之一的，责令改正，处工程合同价款 2% 以上 4% 以下的罚款；造成损失的，依法承担赔偿责任：

（一）未组织竣工验收，擅自交付使用的；

（二）验收不合格，擅自交付使用的；

（三）对不合格的建设工程按照合格工程验收。

第五十九条 违反本条例规定，建设工程竣工验收后，建设单位未向建设行政主管部门或者其他有关部门移交建设项目档案的，责令改正，处 1 万元以上 10 万元以下的罚款。

第六十条 违反本条例规定，勘察、设计、施工、工程监理单位超越本单位资质等级承揽工程的，责令停止违法行为，对勘察、设计单位或者工程监理单位处合同约定的勘察费、设计费或者监理酬金 1 倍以上 2 倍以下的罚款；对施工单位处工程合同价款 2% 以上 4% 以下的罚款，可以责令停业整顿，降低资质等级，情节严重的，吊销资质证书；有违法所得的，予以没收。

未取得资质证书承揽工程的，予以取缔，依照前款规定处以罚款；有违法所得，予以没收。

以欺骗手段取得资质证书承揽工程的，吊销资质证书，依照本条第一款规定处以罚款；有违法所得的，予以没收。

第六十一条 违反本条例规定，勘察、设计、施工、工程监理单位允许其他单位或者个人以本单位名义承揽工程的，责令改正，没收违法所得，对勘察、设计单位和工程监理单位处合同约定的勘察费、设计费和监理酬金 1 倍以上 2 倍以下的罚款；对施工单位处工程合同价款 2% 以上 4% 以下的罚款；可以责令停业整顿，降低资质等级；情节严重的，吊销资质证书。

第六十二条 违反本条例规定，承包单位将承包的工程转包或者违法分包的，责令改正，没收违法所得，对勘察、设计单位处合同约定的勘察费、设计费 25% 以上 50% 以下的罚款；对施工单位处工合同价款 0.5％以上 1％以下的罚款；可以责令停业整顿，降低资质等级；情节严重的，吊销资质证书。

工程监理单位转让工程监理业务的，责令改正，没收违法所得，处合同约定的监理酬金 25％以上 50％以下的罚款；可以责令停业整顿，降低资质等级；情节严重的，吊销资质证书。

第六十三条　违反本条例规定，有下列行为之一的，责令改正，处 10 万元以上 30 万元以下的罚款：

（一）勘察单位未按照工程建设强制性标准进行勘察的；

（二）设计单位未根据勘察成果文件进行工程设计的；

（三）设计单位指定建筑材料、建筑构配件的生产厂、供应商的；

（四）设计单位未按照工程建设强制性标准进行设计的。

有前款所列行为，造成工程质量事故的，责令停业整顿，降低资质等级；情节严重的，吊销资质证书；造成损失的，依法承担赔偿责任。

第六十四条　违反本条例规定，施工单位在施工中偷工减料的，使用不合格的建筑材料、建筑构配件和设备的，或者有不按照工程设计图纸或者施工技术标准施工的其他行为的，责令改正，处工程合同价款 2％以上 4％以下的罚款；造成建设工程质量不符合规定的质量标准的，负责返工、修理，并赔偿因此造成的损失；情节严重的，责令停业整顿，降低资质等级或者吊销资质证书。

第六十五条　违反本条例规定，施工单位未对建筑材料、建筑构配件、设备和商品混凝土进行检验，或者未对涉及结构安全的试块、试件以及有关材料取样检测的，责令改正，处 10 万元以上 20 万元以下的罚款；情节严重的，责令停业整顿，降低资质等级或者吊销资质证书；造成损失的，依法承担赔偿责任。

第六十六条　违反本条例规定，施工单位不履行保修义务或者拖延履行保修义务的，责令改正，处 10 万元以上 20 万元以下的罚款，并对在保修期内因质量缺陷造成的损失承担赔偿责任。

第六十七条　工程监理单位有下列行为之一的，责令改正，处 50 万元以上 100 万元以下的罚款，降低资质等级或者、吊销资质证书；有违法所得的，予以没收；造成损失的，承担连带赔偿责任：

（一）与建设单位或者施工单位串通，弄虚作假、降低工程质量的；

（二）将不合格的建设工程、建筑材料、建筑构配件和设备按照合格签字的。

第六十八条　违反本条例规定，工程监理单位与被监理工程的施工承包单位以及建筑材料、建筑构配件和设备供应单位有隶属关系或者其他利害关系承担该项建设工程的监理业务的，责令改正，处 5 万元以上 10 万元以下的罚款，降低资质等级或者吊销资质证书；有违法所得的，予以没收。

第六十九条　违反本条例规定，涉及建筑主体或者承重结构变动的装修工程，没有设计方案擅自施工的，责令改正，处 50 万元以上 100 万元以下的罚款；房屋建筑使用者在装修过程中擅自变动房屋建筑主体和承重结构的，责令改正，处 5 万元以上 10 万元以下的罚款。

有前款所列行为，造成损失的，依法承担赔偿责任。

第七十条　发生重大工程质量事故隐瞒不报、谎报或者拖延报告期限的，对直接负责的主管人员和其他责任人员依法给予行政处分。

第七十一条　违反本条例规定，供水、供电、供气、公安消防部门或者单位明示或者暗示建设单位或者施工单位购买其指定的生产供应单位的建筑材料、建筑构配件和设备的，责令改正。

第七十二条　违反本条例规定，注册建筑师、注册结构工程师、监理工程师等注册执业人员因过错造成质量事故的，责令停止执业 1 年；造成重大质量事故的，吊销执业资格证书，5 年以内不予注册；情节特别恶劣的，终身不予注册。

第七十三条　依照本条例规定，给予单位罚款处罚的，对单位直接负责的主管人员和其他直接责任人员处单位罚款数额 5％以上 10％以下的罚款。

第七十四条　建设单位、设计单位、施工单位、工程监理单位违反国家规定，降低工程质量标准，造成重大安全事故，构成犯罪的，对直接责任人员依法追究刑事责任。

第七十五条 本条例规定的责令停业整顿，降低资质等级和吊销资质证书的行政处罚，由颁发资质证书的机关决定；其他行政处罚，由建设行政主管部门或者其他有关部门依照法定职权决定。

依照本条例规定被吊销资质证书的，由工商行政管理部门吊销其营业执照。

第七十六条 国家机关工作人员在建设工程质量监督管理工作中玩忽职守、滥用职权、徇私舞弊，构成犯罪的，依法追究刑事责任；尚不构成犯罪的，依法给予行政处分。

第七十七条 建设、勘察、设计、施工、工程监理单位的工作人员因调动工作、退休等原因离开该单位后，被发现在该单位工作期间违反国家有关建设工程质量管理规定，造成重大工程质量事故的，仍应当依法追究法律责任。

第九章 附 则

第七十八条 本条例所称肢解发包，是指建设单位将应当由一个承包单位完成的建设工程分解成若干部分发包给不同的承包单位的行为。

本条例所称违法分包，是指下列行为：

（一）总承包单位将建设工程分包给不具备相应资质条件的单位的；

（二）建设工程总承包合同中未有约定，又未经建设单位认可，承包单位将其承包的部分建设工程交由其他单位完成的；

（三）施工总承包单位将建设工程主体结构的施工分包给其他单位的；

（四）分包单位将其承包的建设工程再分包的。

本条例所称转包，是指承包单位承包建设工程后，不履行合同约定的责任和义务，将其承包的全部建设工程转包给他人或者将其承包的全部建设工程肢解以后以分包的名义分别转给其他单位承包的行为。

第七十九条 本条例规定的罚款和没收的违法所得，必须全部上缴国库。

第八十条 抢险救灾及其他临时性房屋建筑和农民自建低层住宅的建设活动，不适用本条例。

第八十一条 军事建设工程勘察、设计的管理，按照中央军事委员会的有关规定执行。

第八十二条 本条例自公布之日起施行。

附录3-8-6 房屋建筑工程和市政基础设施工程 竣工验收暂行规定

（2000年4月7日建建［2000］142号）

第一条 为规范房屋建筑工程和市政基础设施工程的竣工验收，保证工程质量，根据《中华人民共和国建筑法》和《建设工程质量管理条例》，制定本规定。

第二条 凡在中华人民共和国境内新建、扩建、改建的各类房屋建筑工程和市政基础设施工程的竣工验收（以下简称工程竣工验收），应当遵守本规定。

第三条 国务院建设行政主管部门负责全国工程竣工验收的监督管理工作。

县级以上地方人民政府建设行政主管部门负责本行政区域内工程竣工验收的监督管理工作。

第四条 工程竣工验收工作，由建设单位负责组织实施。

县级以上地方人民政府建设行政主管部门应当委托工程质量监督机构对工程竣工验收实施监督。

第五条 工程符合下列要求方可进行竣工验收：

（一）完成工程设计和合同约定的各项内容。

（二）施工单位在工程完工后对工程质量进行了检查，确认工程质量符合有关法律、法规和工程建设强制性标准，符合设计文件及合同要求，并提出工程竣工报告。工程竣工报告应经项目经理和施工单位有关负责人审核签字。

（三）对于委托监理的工程项目，监理单位对工程进行质量评估，具有完整的监理资料，并提出工程质量评估报告。工程质量评估报告应经总监理工程师和监理单位有关负责人审核签字。

（四）勘察、设计单位对勘察、设计文件及施工过程中由设计单位签署的设计变更通知书进行了检查，并提出质量检查报告。质量检查报告应经该项目勘察、设计负责人和勘察、设计单位有关负责人审核签字。

（五）有完整的技术档案和施工管理资料。

（六）有工程使用的主要建筑材料、建筑构配件和设备的进场试验报告。

（七）建设单位已按合同约定支付工程款。

（八）有施工单位签署的工程质量保修书。

（九）城乡规划行政主管部门对工程是否符合规划设计要求进行检查，并出具认可文件。

（十）有公安消防、环保等部门出具的认可文件或者准许使用文件。

（十一）建设行政主管部门及其委托的工程质量监督机构等有关部门责令整改的问题全部整改完毕。

第六条　工程竣工验收应当按以下程序进行：

（一）工程完工后，施工单位向建设单位提交工程竣工报告，申请工程竣工验收。实行监理的工程，工程竣工报告须经总监理工程师签署意见。

（二）建设单位收到工程竣工报告后，对符合竣工验收的工程，组织勘察、设计、施工、监理等单位和其他有关方面的专家组成验收组，制定验收方案。

（三）建设单位应当在工程竣工验收 7 个工作日前将验收的时间、地点及验收组名单书面通知负责监督该工程的工程质量监督机构。

（四）建设单位组织工程竣工验收。

1. 建设、勘察、设计、施工、监理单位分别汇报工程合同履约情况和在工程建设各个环节执行法律、法规和工程建设强制性标准的情况；

2. 审阅建设、勘察、设计、施工、监理单位的工程档案资料；

3. 实地查验工程质量；

4. 对工程勘察、设计、施工、设备安装质量和各管理环节等方面作出全面评价，形成经验收组人员签署的工程竣工验收意见。

参与工程竣工验收的建设、勘察、设计、施工、监理等各方不能形成一致意见时，应当协商提出解决的方法，待意见一致后，重新组织工程竣工验收。

第七条　工程竣工验收合格后，建设单位应当及时提出工程竣工验收报告。工程竣工验收报告主要包括工程概况，建设单位执行基本建设程序情况，对工程勘察、设计、施工、监理等方面的评价，工程竣工验收时间、程序、内容和组成形式，工程竣工验收意见等内容。

工程竣工验收报告还应附有下列文件：

（一）施工许可证。

（二）施工图设计文件审查意见。

（三）本规定第五条(二)、(三)、(四)、(九)、(十)项规定的文件。

（四）验收组人员签署的工程竣工验收意见。

（五）市政基础设施工程应附有质量检测和功能性试验资料。

（六）施工单位签署的工程质量保修书。

（七）法规、规章规定的其他有关文件。

第八条　负责监督该工程的工程质量监督机构应当对工程竣工验收的组织形式、验收程序、执行验收标准等情况进行现场监督，发现有违反建设工程质量管理规定行为的，责令改正，并将对工程竣工验收的监督情况作为工程质量监督报告的重要内容。

第九条　建设单位应当自工程竣工验收合格之日起 15 日内，依照《房屋建筑工程和市政基础设施工程竣工验收备案管理暂行办法》的规定，向工程所在地的县级以上地方人民政府建设行政主管部门备案。

第十条　抢险救灾工程、临时性房屋建筑工程和农民自建低层住宅工程，不适用本规定。

第十一条　军事建设工程的管理，按照中央军事委员会的有关规定执行。

第十二条　省、自治区、直辖市人民政府建设行政主管部门可以根据本规定制定实施细则。

第十三条　本规定由国务院建设行政主管部门负责解释。

第十四条　本条例自发布之日起施行。

附录 3-8-7　房屋建筑和市政基础设施工程竣工验收备案管理办法

（2009 年 10 月 19 日住房和城乡建设部令第 2 号）

《住房和城乡建设部关于修改〈房屋建筑工程和市政基础设施工程竣工验收备案管理暂行办法〉的决定》已经部常务会议审议通过现予发布，自发布之日起施行。

住房和城乡建设部部长　姜伟新

二〇〇九年十月十九日

房屋建筑和市政基础设施工程竣工验收备案管理办法

（2000 年 4 月 4 日建设部令第 78 号发布，根据 2009 年 10 月 19 日《住房和城乡建设部关于修改〈房屋建筑工程和市政基础设施工程竣工验收备案管理暂行办法〉的决定》修正）

第一条　为了加强房屋建筑和市政基础设施工程质量的管理，根据《建设工程质量管理条例》，制定本办法。

第二条　在中华人民共和国境内新建、扩建、改建各类房屋建筑和市政基础设施工程的竣工验收备案，适用本办法。

第三条　国务院住房和城乡建设主管部门负责全国房屋建筑和市政基础设施工程（以下统称工程）的竣工验收备案管理工作。

县级以上地方人民政府建设主管部门负责本行政区域内工程的竣工验收备案管理工作。

第四条　建设单位应当自工程竣工验收合格之日起 15 日内，依照本办法规定，向工程所在地的县级以上地方人民政府建设主管部门（以下简称备案机关）备案。

第五条　建设单位办理工程竣工验收备案应当提交下列文件：

（一）工程竣工验收备案表；

（二）工程竣工验收报告。竣工验收报告应当包括工程报建日期，施工许可证号，施工图设计文件审查意见，勘察、设计、施工、工程监理等单位分别签署的质量合格文件及验收人员签署的竣工验收原始文件，市政基础设施的有关质量检测和功能性试验资料以及备案机关认为需要提供的有关资料；

（三）法律、行政法规规定应当由规划、环保等部门出具的认可文件或者准许使用文件；

（四）法律规定应当由公安消防部门出具的对大型的人员密集场所和其他特殊建设工程验收合格的证明文件；

（五）施工单位签署的工程质量保修书；

（六）法规、规章规定必须提供的其他文件。

住宅工程还应当提交《住宅质量保证书》和《住宅使用说明书》。

第六条　备案机关收到建设单位报送的竣工验收备案文件，验证文件齐全后，应当在工程竣工验收备案表上签署文件收讫。

工程竣工验收备案表一式两份，一份由建设单位保存，一份留备案机关存档。

第七条　工程质量监督机构应当在工程竣工验收之日起 5 日内，向备案机关提交工程质量监督报告。

第八条　备案机关发现建设单位在竣工验收过程中有违反国家有关建设工程质量管理规定行为的，应当在收讫竣工验收备案文件 15 日内，责令停止使用，重新组织竣工验收。

第九条　建设单位在工程竣工验收合格之日起 15 日内未办理工程竣工验收备案的，备案机关责令限期改正，处 20 万元以上 50 万元以下罚款。

第十条　建设单位将备案机关决定重新组织竣工验收的工程，在重新组织竣工验收前，擅自使用的，备案机关责令停止使用，处工程合同价款 2% 以上 4% 以下罚款。

第十一条　建设单位采用虚假证明文件办理工程竣工验收备案的，工程竣工验收无效，备案机关责令停止使用，重新组织竣工验收，处 20 万元以上 50 万元以下罚款；构成犯罪的，依法追究刑事责任。

第十二条　备案机关决定重新组织竣工验收并责令停止使用的工程，建设单位在备案之前已投入使用或者建设单位擅自继续使用造成使用人损失的，由建设单位依法承担赔偿责任。

第十三条　竣工验收备案文件齐全，备案机关及其工作人员不办理备案手续的，由有关机关责令改正，对直接责任人员给予行政处分。

第十四条　抢险救灾工程、临时性房屋建筑工程和农民自建低层住宅工程，不适用本办法。

第十五条　军用房屋建筑工程竣工验收备案，按照中央军事委员会的有关规定执行。

第十六条　省、自治区、直辖市人民政府住房和城乡建设主管部门可以根据本办法制定实施细则。

第十七条　本办法自发布之日起施行。

附录 3-8-8　房屋建筑工程质量保修办法

（2000 年 6 月 30 日建设部令第 80 号）

第一条　为保护建设单位、施工单位、房屋建筑所有人和使用人的合法权益，维护公共安全和公众利益，根据《中华人民共和国建筑法》和《建设工程质量管理条件》，制定本办法。

第二条　在中华人民共和国境内新建、扩建、改建各类房屋建筑工程（包括装修工程）的质量保修，适用本办法。

第三条　本办法所称房屋建筑工程质量保修，是指对房屋建筑工程竣工验收后在保修期限内出现的质量缺陷，予以修复。

本办法所称质量缺陷，是指房屋建筑工程的质量不符合工程建设强制性标准以及合同的约定。

第四条　房屋建筑工程在保修范围和保修期限内出现质量缺陷，施工单位应当履行保修义务。

第五条　国务院建设行政主管部门负责全国房屋建筑工程质量保修的监督管理。

县级以上地方人民政府建设行政主管部门负责本行政区域内房屋建筑工程质量保修的监督管理。

第六条　建设单位和施工单位应当在工程质量保修书中约定保修范围、保修期限和保修责任等，双方约定的保修范围、保修期限必须符合国家有关规定。

第七条　在正常使用下，房屋建筑工程的最低保修期限为：

（一）地基基础工程和主体结构工程，为设计文件规定的该工程的合理使用年限；

（二）屋面防水工程、有防水要求的卫生间、房间和外墙面的防渗漏，为 5 年；

（三）供热与供冷系统为2个采暖期、供冷期；

（四）电气管线、给排水管道、设备安装，为2年；

（五）装修工程为2年。

其他项目的保修期限由建设单位和施工单位约定。

第八条　房屋建筑工程保修期从工程竣工验收合格之日起计算。

第九条　房屋建筑工程在保修期限内出现质量缺陷，建设单位或者房屋建筑所有人应当向施工单位发出保修通知。施工单位接到保修通知后，应当到现场核查情况，在保修书约定的时间内予以保修。发生涉及结构安全或者严重影响使用功能的紧急抢修事故，施工单位接到保修通知后，应当立即到达现场抢修。

第十条　发生涉及结构安全的质量缺陷，建设单位或者房屋建筑所有人应当立即向当地建设行政主管部门报告，采取安全防范措施；由原设计单位或者具有相应资质等级的设计单位提出保修方案，施工单位实施保修，原工程质量监督机构负责监督。

第十一条　保修完成后，由建设单位或者房屋建筑所有人组织验收。涉及结构安全的，应当报当地建设行政主管部门备案。

第十二条　施工单位不按工程质量保修书约定保修的，建设单位可以另行委托其他单位保修，由原施工单位承担相应责任。

第十三条　保修费用由质量缺陷的责任方承担。

第十四条　在保修期限内，因房屋建筑工程质量缺陷造成房屋所有人、使用人或者第三方人身、财产损害的，房屋所有人、使用人或者第三方可以向建设单位提出赔偿要求。建设单位向造成房屋建筑工程质量缺陷的责任方追偿。

第十五条　因保修不及时造成新的人身、财产损失，由造成拖延的责任方承担赔偿责任。

第十六条　房地产开发企业售出的商品房保修，还应当执行《城市房地产开发经营管理条例》和其他有关规定。

第十七条　下列情况不属于本办法规定的保修范围：

（一）因使用不当或者第三方造成的质量缺陷；

（二）不可抗力造成的质量缺陷。

第十八条　施工单位有下列行为之一的，由建设行政主管部门责令改正，并处1万元以上3万元以下的罚款。

（一）工程竣工验收后，不向建设单位出具质量保修书的；

（二）质量保修的内容、期限违反本办法规定的。

第十九条　施工单位不履行保修义务或者拖延履行保修义务的，由建设行政主管部门责令改正，处10万元以上20万元以下的罚款。

第二十条　军事建设工程的管理，按照中央军事委员会的有关规定执行。

第二十一条　本办法由国务院建设行政主管部门负责解释。

第二十二条　本办法自发布之日起施行。

附录3-8-9　商品住宅实行住宅质量保证书和住宅使用说明书制度的规定

（建房〔1998〕102号）

第一条　为了加强商品住宅质量管理，确保商品住宅服务质量和水平，维护商品住宅消费者的合法权益，制定本规定。

第二条 本规定适用于房地产开发企业出售的商品住宅。

第三条 房地产开发企业在向用户交付销售的新建商品住宅时，必须提供《住宅质量保证书》和《住宅使用说明书》。《住宅质量保证书》可以作为对销售商品购销合同的补充约定。

第四条 《住宅质量保证书》是房地产开发企业对销售的商品住宅承担质量责任的法律文件，房地产开发企业应当按《住宅质量保证书》的约定，承担保修责任。

商品住宅售出后，委托物业管理公司等单位维修的，应在《住宅质量保证书》中明示所委托的单位。

第五条 《住宅质量保证书》应当包括以下内容：

1. 工程质量监督部门核验的质量等级；

2. 地基基础和主体结构在合理使用寿命的年限内承担保修；

3. 正常使用情况下各部位、部件保修内容与保修期：

屋面防水 3 年；

墙面、厨房和卫生间地面、地下室、管道渗漏 1 年；

墙面、顶棚抹灰层脱落 1 年；

门窗翘裂、五金件损坏 1 年；

地面空鼓开裂、大面积起砂 1 年；

管道堵塞 2 个月；

供热、供冷系统和设备 1 个采暖期或供冷期；

卫生洁具 1 年；

灯具、电器开关 6 个月；

其他部位、部件的保修期限，由房地产开发企业与用户自行约定。

4. 用户保修的单位，答复和处理的时限。

第六条 住宅保修期从开发企业将竣工验收的住宅交付用户之日起计算，保修期限不应低于本规定第五条规定的期限。房地产开发企业可以延长保修期。

国家对住宅工程质量保修期另有规定的，保修期限按照国家规定执行。

第七条 房地产开发企业向用户交付商品住宅时，应当有交付验收手续，并由用户对住宅设备、设施的正常运行签字认可。用户验收后自行添置、改动的设施、设备，由用户自行承担维修责任。

第八条 《住宅使用说明书》应当对住宅结构、性能和各部位（部件）的类型、性能、标准等作出说明，并提出使用注意事项，一般应包含以下内容：

1. 开发单位、设计单位、施工单位，委托监理的应注明监理单位；

2. 结构类型；

3. 装修、装饰注意事项；

4. 上水、下水、电、燃气、热力、通信、消防等设施配置的说明；

5. 有关设备、设施安装预留位置的说明和安装注意事项；

6. 门、窗类型、使用注意事项；

7. 配电负荷；

8. 承重墙、保温墙、防水层、阳台等部位注意事项的说明；

9. 其他需说明的问题。

第九条 住宅中配置的设备、设施，生产厂家另有使用说明的，应附于《住宅使用说明书》中。

第十条 《住宅质量保证书》和《住宅使用说明书》应在住宅交付用户的同时提供给用户。

第十一条 《住宅质量保证书》和《住宅使用说明书》以购买者购买的套（幢）发放。每套（幢）住宅均应附有各自的《住宅质量保证书》和《住宅使用说明书》。

第十二条 房地产开发企业在《住宅使用说明书》中对住户合理使用住宅应有提示。因用户使用不当或擅自改动结构、设备位置和不当装修等造成的质量问题，开发企业不承担保修责任；因住户使用不当或擅自改动结构，造成房屋受损或其他用户损失，由责任人承担相应责任。

第十三条 其他住宅和非住宅的商品房屋，可参照本规定执行。

第十四条 本规定由建设部负责解释。

第十五条 本规定从 1998 年 9 月 1 日起实施。

附录 3-8-10 《民用建筑工程室内环境污染控制规范》 GB 50325—2001

内 容 概 要

本规范共分六章和六个附录，即第一章总则，第二章术语，第三章材料，第四章工程勘察设计，第五章工程施工，第六章竣工验收。附录：检测方法六个(A、B、C、D、E、F)。

本规范正式颁布，是针对工程建设和建筑装饰装修活动而制订的。本规范以控制对人体、健康影响较大的室内污染物(氡气、甲醛、苯、氨以及总有机挥发物)为目标，用各种技术指标去规范有关建设工程的勘察、设计、选材、施工、验收等各个环节，为建筑工程及室内装修工程环境质量的监督管理，提供了具有可操作性的技术依据。

这部规范的出台在我国建筑业发展史上是件大事，可以预料规范的发布执行，将结束我国民用建筑工程室内环境污染无标准可依的历史，必将为建造具有安全舒适的室内环境的民用建筑工程创造良好条件，为保障人民健康发挥积极作用。因此，可以说《民用建筑工程室内环境污染控制规范》国家标准的出台，是国家献给人民的一份厚礼。

现就其内容概要介绍如下：

一、适用范围

本规范适用于民用建筑工程(无论是土建还是装修)的室内环境污染控制，不适用于室外，也不适用于诸如墙体、水塔、蓄水池等构筑物，以及医院手术室等有特殊卫生净化要求的房间。

关于建筑装修，目前有几种习惯说法，如建筑装饰、建筑装饰装修、建筑装潢等，唯建筑装修与实际工程内容更为符合。另外，国务院发布的《建筑工程质量管理条件》所采用的词语为"装修"，因此，本规范决定采用"装修"一词即本规范中所说的建筑装修，既包括建筑装饰，也包括建筑装修装潢。

本规范所称室内环境污染系指由建筑材料和装修材料产生的室内环境污染。至于工程交付使用后的生活环境、工作环境等室内环境污染问题，如由燃烧、烹调和吸烟等所造成的污染，不属本规范控制之列。

二、控制的污染物种类

近年来，国内外对室内环境污染进行了大量研究，已经检测到的有毒有害物质达数百种，常见的也有 10 种以上，其中绝大部分为有机分子，还有氨、氡气等。非放射性污染主要来源于各种人造板材、油漆、涂料等化学建材类建筑材料产品，这些材料会在常温下释放出许多种挥发性有毒有害物质，从而造成空气污染。放射性污染(氡)主要来自无机建筑装修材料，还与工程地点的地质情况有关。

在拟订"本规范"过程中，我们参考国内外大量研究成果，编制组人员精心收集了约 40 余份国际标准、70 余份国内标准及百余份相关资料。在此基础上，组织了多项专题验证性调查和研究，如建材市场空气污染物调查，木制板材成品市场空气污染物调查，已装修的宾馆及饭店室内空气污染物调查，室内挥发性有机物的释放性能的检测与研究，板材室内挥发甲醛、氨和苯系物的模拟研究，涂料及胶粘剂等实验验证性研究等，做了大批量的试验工作，对上千个数据进行了统计、分析和总结。可以认为，这些调查研究反映了我国目前所使用的化学建材的性能状况，具有代表性。

测试结果表明，将氡、甲醛、氨、苯、VOC 或 TVOC(严格来讲，VOC 或 TVOC 不是一般意义上的一种污染物，它是多种可挥发有机物的总和，这里只是出于叙述的方便起见，把 VOC 也作为一种污染物一起说了)及材料中 TDI 等列为本规范控制的污染物是适宜的。理由是：

1. 这几种污染物属常见污染物，对身体危害较大，如甲醛、氨对人体有强烈刺激性，对人的肺功能、肝功能及免疫功能等都会产生一定的影响；氡、苯、TDI、VOC 或 TVOC 中的多种成分都具有一定的致癌性等等。

2. 挥发性较强，在空气中挥发量较多，在验证性调查中，时常验出。

3. 从被调查的现场人员所反应的自身感受(自觉症状及刺激)情况看，与这些有害物质对人体的已知刺激作用相一致。

将这几种污染物首先列为控制对象，与国内已开展此类研究的专家学者的意见是一致的。

三、民用建筑工程分类

所谓的"室内"种类很多，进行污染控制不能一个标准，而应分别考虑如住宅、办公室、医院、学校、餐馆、影剧院、托儿所、养老院、交通工具内等，情况均不相同。不同类建筑物室内的空气污染状况不同，即使同一类建筑物"室内"的环境条件和污染状况也常常存在很大差别，制定室内环境标准需要考虑的因素很多。

本规范中，按不同的室内环境要求，将民用建筑工程分为两类：

1. Ⅰ类民用建筑工程：住宅、老年建筑、幼儿园、学校教室、医院等民用建筑工程。

2. Ⅱ类民用建筑工程：办公楼、旅店、文化娱乐场所、书店、图书馆、展览馆、体育馆、商店、饭店餐厅、理发店等民用建筑工程。

这是将建筑物本身的功能与现行国家标准中已有的污染物控制指标综合考虑后做出的分类。例如，根据室内甲醛污染指标形成的自然分类见附表3-8-1。

根据甲醛污染指标形成的自然分类　　　　　　　　　　　　　　　　附表 3-8-1

标准名称	标准号	甲醛指标	适用的民用建筑	类别
《旅店业卫生标准》	GB 9663	≤0.12mg/m³	各类旅店客房	Ⅱ
《文化娱乐场所卫生标准》	GB 9664	≤0.12mg/m³	影剧院(俱乐部)、音乐厅、录像厅、游艺厅、舞厅(包括卡拉 OK 歌厅)、酒吧、茶座、咖啡厅及多功能文化娱乐场所等	Ⅱ
《理发店、美容店卫生标准》	GB 9666	≤0.12mg/m³	理发店、美容店	Ⅱ
《体育馆卫生标准》	GB 9668	≤0.12mg/m³	观众座位在 1000 个以上的体育馆	Ⅱ
《图书馆、博物馆、美术馆和展览馆卫生标准》	GB 9669	≤0.12mg/m³	图书、博物馆、美术馆和展览馆	Ⅱ
《商场、书店卫生标准》	GB 9670	≤0.12mg/m³	城市营业面积在 300m² 以上和县、乡、镇营业面积在 200m² 以上的室内场所、书店	Ⅱ
《医院候诊室卫生标准》	GB 9671	≤0.12mg/m³	区、县级以上的候诊室(包括挂号、取药等候室)	Ⅱ
《公共交通等候室卫生标准》	GB 9672	≤0.12mg/m³	特等和一、二等站的火车候车室，二等以上的候船室，机场候机室，二等以上的长途汽车站候车室	Ⅱ
《饭馆(餐厅)卫生标准》	GB 16153	≤0.12mg/m³	有空调装置的饭馆(餐厅)	Ⅱ
《居室空气中甲醛的卫生标准》	GB/T 1627	≤0.08mg/m³	各类城乡住宅	Ⅰ

在确定民用建筑分类时，同时考虑了人们在其中停留时间的长短，以及建筑物内污染积聚的可能性（与空间大小有关）。将民用建筑分为两类后，分别提出了不同要求。住宅、老年建筑、幼儿园和学校教室、医院等，由于人们在其中停留的时间较长，且老年、幼儿、体弱者居多，是我们首先应当关注的，一定要严格要求，定为Ⅰ类。其他如旅馆、办公楼、文化娱乐场所、商场、公共交通等候室、餐厅、理发店等，要么一般人们在其中停留的时间较少，要么在其中停留（工作）的以健康人群居多，因此，定为Ⅱ类。分类既有利于减少污染物对人体健康影响，又有利于建筑材料的合理利用、降低工程成本，促进建筑材料工业的健康发展。

四、污染物控制限量

污染物控制限量分为两类：挖掘中的控制限量和材料中的控制限量。凡国家已有标准的，采用国家现行标准；凡国家尚无标准的，参考国内外相关标准（ISO、ASTMD、EN 等标准及国内行业标准等）制订，有利于加入 WTO 后与国际接轨。在涉及材料的环境指标（限量）时，既考虑了规范对促进我国相关工业水平提高的导向性，又注意到了目前发展水平和我国的国情。这样，根据本规范对民用建筑进行分类（Ⅰ类、Ⅱ类两种类型）后，对于室内环境污染的控制，在宽严程度上有所区别。

五、工程勘察设计阶段土壤中氡浓度调查

工程勘察设计阶段进行土壤中氡浓度调查十分必要。一般情况下，人们一生中所受的天然放射性照射量多半来自氡气，而住宅、办公楼等一楼（甚至某些情况下二楼）房间内的放射性氡气往往主要来自地下，即来自土壤岩石。西方发达国家均已进行了土壤中的氡普查，并绘制了土壤氡地图，供建设规划部门进行工程建设时参考。由于我国尚未广泛开展这一工作，所以，目前只能在具体建设项目的工程地质勘察阶段进行这一调查。

工程地质勘察工作的成果是提供工程地质勘察报告。按照以往的惯例，工程地质勘察报告内容主要是为满足工程基础稳定性设计要求而制定的，因此，工程地点地下有无地质断裂构造，是工程地质勘察工作须回答的问题。现在新的问题是，在工程设计开始前，要增加一项新的工作，即进行土壤中氡浓度调查（现场实测），调查结论将是防氡工程设计的依据。

六、把好材料关

《民用建筑工程室内环境污染控制规范》控制工程室内环境污染的核心点在于控制材料，实质内容是选用合适的材料，并控制材料用量。建筑材料和装修材料是在民用建筑工程中造成室内环境污染的主要污染源，因此是否采用符合本规范环境指标要求的建筑材料和装修材料，也是执行本规范的关键所在。

工程中使用的各种人造板材、涂料、胶粘剂、混凝土外加剂等，在常温下可能释放出对人体有毒、有害的化学污染物；工程中使用的砂、石及以天然砂石、矿渣、工业废渣为基本材料制作的砖、水泥、花岗石材、大理石材、石膏、砌块等，均可能向室内放散出对人体构成内、外照射危害的放射性污染物。本规范要求，必须选用符合环境指标限值要求的材料，以此控制建筑材料和装修材料可能带来的污染。

七、严格控制施工过程

在工程施工阶段，首先要严格把好材料进场关，要求必须选用符合环境指标要求的无机非金属材料、人造板材、涂料和胶粘剂。本规范规定，材料进场必须出具环境指标检验报告，在某些情况下须对材料进行复验等；对施工过程提出了一些具体要求，比如，如何做好建筑工程的防氡处理？如何避免施工过程中化学性毒物的污染？如何利用施工手段减少甲醛等有害物质的释放？等等。

八、把好工程验收关

本规范规定了在验收时应具备的条件、应测定的污染物种类及必须达到的限量，以及采用什么方法检测这些污染物浓度、采样的条件及方法等，最终目标是使室内环境污染达到本规范的控制限量。见附表 3-8-2。

民用建筑工程室内环境污染物浓度限量　　　　　　附表 3-8-2

污　染　物	Ⅰ类民用建筑工程	Ⅱ类民用建筑工程
氡（Bq/m³）	≤200	≤400
游离甲醛（mg/m³）	≤0.08	≤0.12
苯（mg/m³）	≤0.09	≤0.09
氨（mg/m³）	≤0.2	≤0.5
TVOC（mg/m³）	≤0.5	≤0.6

注：表中污染物浓度限量，除氡外均应以同步测定的室外空气相应值为空白值。

九、如何执行本规范

1. 强制性条文的必要性。由于规范涉及的方面很多，加上其他方面一些原因，开始执行起来难度是较大的，因此，为控制民用建筑室内环境污染，要"把好关"。对于工程建设过程的重要环节，以及那些很容易出现问题的地方，应当提出强制性要求，列为强制性条文，否则污染将难以控制。

2. 设置为强制性条文的原则是必须和可行，因此：规范中必须执行的条款，即不执行该条款将无法控制污染的，列为强制性条文；以往工程地质勘察、设计、施工、验收规范（标准）中已有明确要求，在本规范中只需依照执行的内容，不列为强制性条文；执行了更好，不执行只是差些，或者执行了更好，但执行难度很大的（如相关行业管理跟不上，增加企业负担过多，检测周期过长、影响工期，照顾到我国企业目前发展水平等等），不列为强制性条文。

3. 各部门应齐抓共管。民用建筑工程室内环境污染问题是一个系统工程，建设系统应率先垂范，各有关部门必须密切配合。管好建设工程全过程，为社会提供环境品质优良的民用建筑，是社会大众赋予建设系统的光荣使命。

建设系统要把控制好民用建筑工程室内环境污染当做自己的一项重要责任。抓紧制定涉及民用建筑工程室内环境污染控制的其他有关标准，加强设计、施工、工程验收全过程环境质量管理，抓紧检测机构的建设，培训技术力量，保证室内环境污染控制措施得到落实。

有关行业管理部门须抓紧制定相关标准，如新的人造板甲醛释放量标准、建筑装修材料放射性限值标准，涂料类产品污染物含量限量标准等，并抓紧进行产业结构调整，严格产品出厂管理，加强对建筑装修材料的市场监督，逐步淘汰落后产品。也就是说，把好材料出厂关。

社会各方面要普及建筑工程室内环境污染控制的有关知识，提高全民室内环保意识，加强自我保护和社会监督。

4. 执行过程中应进一步深化研究。《民用建筑工程室内环境污染控制规范》的出台，虽然是关于建筑工程室内环境污染控制的强制性国家标准，但对真正意义上的室内环境污染来说，也仅仅是一个开端。因此应在今后的执行过程中进一步深化研究，逐步完善配套。

一年多来，为了满足社会各方面对控制建筑工程室内环境污染的迫切要求，编制组尽自己的最大努力，做了许多实际工作，在较短时间内，完成了本规范的编制，但规范中提出的设计、施工、验收各环节控制污染的措施，是否得当、有效，尚待实践检验，对一些目前尚无国家标准方法的检测方法，规范中提供了检测实施纲要，专业技术人员在执行过程中，应注意积累资料，为以后的进一步完善提供条件。

十、本规范是对《商品住宅性能认定管理办法》（试行）的完善

建设部于 1999 年出台的《商品住宅性能认定管理办法》（试行）是一个重要文件，它使商品住宅质量管理进入了规范化管理阶段，并从此将室内环境污染控制列入商品住宅质量管理之中。主要表现在以下内容上：

文件中第二条规定：本办法所称的商品住宅性能认定，系指商品住宅按照国务院建设行政主管部门

发布的商品住宅性能评定办法和标准及统一规定的认定程序，经评审委员会进行技术审查和认定委员会确认，并获得认定证书和认定标志以证明该商品住宅的性能等级。

第十八条规定：商品住宅性能认定的内容应按照商品住宅性能评定办法和标准确定。其主要内容为住宅的适用性能、安全性能、耐久性能、环境性能和经济性能。

第二十条规定：商品住宅的安全性能主要指下列内容：……(5)室内空气和供水有毒有害物质的危害性。

第二十六条规定：房地产开发企业申请商品住宅性能认定，应提供下列资料：……(3)原材料、半成品和成品、设备合格证书及检验报告；(4)试件等试验检测报告；……(7)商品住宅性能检测项目检测结果单；……

文件规定：商品住宅性能根据适用性能、安全性能、耐久性能、环境性能和经济性能划分等级，按照商品住宅性能评定办法和标准，由低到高依次划分为"1A(A)"、"2A(AA)"、"3A(AAA)"三级。

文件规定：认定办法，有以下主要内容：

1. 商品住宅性能认定采用抽样评定和综合评定相结合的方法，适用性能评定应对单栋住宅的不同套型的顶层、底层、端部、标准层各抽10％(至少1套)套数评定；安全性能、耐久性能对单栋住宅总套数的10％抽样评定；环境性能对整个住宅小区或住宅组团综合评定；经济性能对单栋住宅的经济性综合评定。

2. 3A级性能评定应根据住宅适用性能、安全性能、耐久性能、环境性能和经济性能进行评审。每种性能按照评定的项目和定性、定量指标设备评判分值，满分为100分，5种性能合计满分为500分。

3. 2A级和1A级住宅性能评定应根据住宅适用性能、安全性能、耐久性能、环境性能和经济性能进行评审。每种性能按照评定的项目和定性、定量指标设备评判分值，适用性能满分为200分，安全性能、耐久性能满分为100分，3种性能合计满分为400分。

其中……(2)安全性能的合格分值为87分……

上述性能评定时，凡有一种性能达不到合格分值时，不予通过。各种性能的分值应分别符合本办法和指标体系表的规定，见附表3-8-3。本办法和指标体系采取一项否决制。

住宅性能评定方法和指标体系摘要　　　　　　　　**附表 3-8-3**

评定项目	分值	定性定量指标		单项分值
3A级住宅有毒有害物质的危害性	10	挥发性有机物含量 VOC(g/L)：水性涂料类≤250，且在生产过程中，不得人为添加甲醛及甲醛聚合物，总含量≤500mg/kg。以检测报告为依据	10	1(2)
		挥发性有机物含量 VOC(g/L)：溶剂型涂料≤500；多彩涂料≤700；硝基漆≤680。以检测报告为依据		1(2)
		涂料中不得人为添加含有重金属的化合物，总含量≤500mg/kg(Pb计)。以检测看待为依据		2
		建筑材料产品中镭-226(Ra^{226}) 钍-232(Th^{232})钾-40(K^{40})比活度指标符合《建筑材料放射卫生防护标准》(GB 6566)公式(1)(2)的要求，且以检测报告为依据。 $$\frac{A_{Ra}}{350}\leqslant 1.0(1) \qquad \frac{A_{Ra}}{350}+\frac{A_{Th}}{260}+\frac{A_K}{4000}\leqslant 1.0(2)$$		1
2A级住宅有毒有害物质的危害性	10	室内天然石材装修材料符合《天然石材产品放射防护分类控制标准》(JC 518)中公式(1)(2)的要求，且以检测报告为依据 $$C_{Ra}^r=C_{Ra}+1.35C_{Th}+0.088C_K$$ $C_{Ra}^r\leqslant 350Bq/kg$ 　　　(1) $C_{Ra}^r\leqslant 200Bq/kg$ 　　　(2)	10	3
		室内平衡当量氡浓度符合《住房内氡浓度控制标准》(GB/T 16146)的规定，即≤100Bq/m^3 且以现场实报告为依据		1

续表

评定项目	分值	定性定量指标		单项分值
2A 级住宅有毒有害物质的危害性	10	挥发性有机物含量 VOC(g/L)：水性涂料类≤250，且在生产过程中，不得人为添加甲醛及甲醛聚合物，总含量≤500mg/kg。以检测报告为依据	10	1.5 (3)
		挥发性有机物含量 VOC(g/L)：溶剂型涂料≤500；多彩涂料≤700；硝基漆≤680。以检测报告为依据		1.5 (3)
		涂料中不得人为添加含有重金属的化合物，总含量≤500mg/kg(Pb 计)。以检测看待为依据		2
		建筑材料产品中镭-226(Ra^{226}) 钍-232(Th^{232})钾-40(K^{40})比活度指标符合《建筑材料放射卫生防护标准》(GB 6566)公式中(1)(2)的要求，且以检测报告为依据。$$\frac{A_{Ra}}{200}\leqslant1.0(1)\qquad\frac{A_{Ra}}{350}+\frac{A_{Th}}{260}+\frac{A_{K}}{4000}\leqslant1.0(2)$$		4
1A 级住宅有毒有害物质的危害性	10	挥发性有机物含量 VOC(g/L)：水性涂料类≤250，且在生产过程中，不得人为添加甲醛及甲醛聚合物，总含量≤500mg/kg。以检测报告为依据	10	1.5 (3)
		挥发性有机物含量 VOC(g/L)：溶剂型涂料≤500；多彩涂料 700；硝基漆≤680。以检测报告为依据		1.5 (3)
		涂料中不得人为添加含有重金属的化合物，总含量≤500mg/kg(Pb 计)。以检测报告为依据		2
		建筑材料产品中镭-226(Ra^{226}) 钍-232(Th^{232})钾-40(K^{40})比活度指标符合《建筑材料放射卫生防护标准》(GB 6566)公式中(1)(2)的要求，且以检测报告为依据。$$\frac{A_{Ra}}{200}\leqslant1.0\ (1)\qquad\frac{A_{Ra}}{350}+\frac{A_{Th}}{260}+\frac{A_{K}}{4000}\leqslant1.0\ (2)$$		4

从发展的眼光看，《商品住宅性能认定管理办法》(试行)开始了我国民用建筑工程室内环境污染控制工作，是工程质量管理向深度和广度迈出的重要一步。当然，由于当时许多工作尚未开展，相关标准也未制定，因而《商品住宅性能认定管理办法》(试行)缺少可操作性。现在，《民用建筑工程室内环境污染控制规范》已发布执行，《商品住宅性能认定管理办法》(试行)将从此开始发挥作用。

附录 3-8-11　关于加强廉租住房质量管理的通知

(2008 年 3 月 21 日建保［2008］62 号)

各省、自治区建设厅，直辖市建委(房地局)新疆生产建设兵团建设局：

廉租住房制度是解决城市低收入家庭住房困难的主要途径。廉租住房建设质量关系困难家庭居住条件的改善和生命财产安全，关系党和政府改善民生战略部署的落实。党中央、国务院领导同志高度重视廉租住房的质量问题。廉租住房建设既要重视数量，更要重视质量。去年以来，各地加快廉租住房建设，对解决城市低收入家庭住房困难起到了积极作用。但有个别地区对廉租住房质量工作重视不够。为确保廉租住房质量，切实把好事办好，现就有关事项通知如下：

一、严格建设程序，加强建设管理

各地建设主管部门要严格基本建设程序，严格按工程招投标、施工图审查、施工许可、质量监督、竣工验收备案等程序执行，并强化对各环节的监督管理。要落实建设主体执行建设程序的责任，对未按规定履行基本建设程序的项目及单位，要严肃查处。

　　质量监督机构要根据廉租住房的建设特点，制定专门的质量监督方案，调整充实监督力量，强化对工程建设过程中参建各方质量行为和工程质量的监督检查。对存在违法违规行为或工程质量不符合强制性标准要求的，要责成有关各方及时改正；情节严重的，要报请建设主管部门严肃查处。

二、落实有关方面责任，确保工程质量

　　规划部门要充分考虑低收入家庭生活和就业方面的实际情况，廉租住房项目应采取配套建设与集中建设相结合的办法进行，尽可能安排在近期重点发展区域、产业集中区域和公共交通便利的区域。要严格执行《城市居住区规划设计规范》要求，加强基础设施和公共服务设施建设。

　　建设单位要对廉租住房质量全面负责。要依法加强对设计、施工质量的过程控制，保证住房建设的合理工期和造价，不得任意压缩合理工期，明示或暗示设计单位和施工单位违反工程建设强制性标准。

　　勘察单位要按照工程建设强制性标准进行勘察，确保勘察文件真实可靠。设计单位要根据廉租住房特点，精心设计，在较小的套型内实现基本的使用功能，满足住宅对采光、隔声、节能、通风和公共卫生要求。施工单位要严格执行施工图设计文件和技术标准，强化质量控制，严格材料进场检验、工序检查和验收制度，不得偷工减料，不得使用不合格的建筑材料，确保施工质量。

　　监理单位要严格执行《建设工程监理规范》，切实履行监理责任。要按照《房屋建筑工程施工旁站监理管理办法（试行）》要求，对廉租住房建设实施旁站式监理。重要部位和关键工序未经监理人员签字认可，不得进入下一道工序施工。对玩忽职守和弄虚作假的要进行查处。

　　施工图审查机构要落实审查责任，重点审查地基基础、主体结构体系的安全性和建筑节能，以及设计是否符合工程建设强制性标准。工程质量检测机构要确保各项检测数据、检测报告的真实性和准确性。

三、强化竣工验收工作，保证使用功能

　　竣工验收是对廉租住房质量的全面检查，也是确保住房质量的最后关口。各地建设主管部门要加强交付验收工作的管理，对廉租住房全面实施质量分户验收，确保每套住房都达到入住即可使用的条件。建设单位要按照有关规定，组织设计、施工、监理等有关单位进行验收，验收合格后，方可交付使用；未经验收或验收不合格的，不得交付使用。质量监督机构应加强对工程竣工验收的监督检查，对竣工验收程序不符合有关规定，或工程实体质量和使用功能存在明显缺陷的，要责令整改，并停止竣工验收；整改合格后，重新组织竣工验收。住房交付时，要确保供水、供电、供暖、燃气、电信等设施达到使用要求。

四、加强监督检查工作，建立长效机制

　　各地建设主管部门要建立廉租住房质量安全投诉举报制度，认真做好廉租住房质量安全投诉处理工作，建立健全廉租住房工程质量信用档案和不良记录公示制度。近期，各地建设（住房保障）主管部门要会同有关部门对在建和已竣工的廉租住房组织一次专项检查。对建设、设计、施工、工程监理等单位违反国家规定，致使房屋出现质量安全问题的要按照《建筑法》和《建设工程质量管理条例》等有关规定，予以相应处罚，对直接责任人要严肃查处。检查情况请于 4 月 30 日前报我部住房保障与公积金监督管理司。

　　我部将对各地进行抽查，对工作不力、问题突出的地方进行通报批评。同时，在总结各地经验的基础上，研究制定廉租住房规划设计标准和规范，确保廉租住房选址科学，设计合理，配套完善，质量可靠。

　　各地要按照本通知的精神，加强经济适用住房、解危解困房、棚户区改造项目等保障性住房建设的质量管理。

住房和城乡建设部

（建设部代章）

二〇〇八年三月二十一日

第九章　建筑节能工程项目管理

第一节　设　计　管　理

为使节能工程项目的设计，符合现行国家节能技术政策，确保节能工程质量，特要求如下：

1. 节能设计必须贯彻国家现行有关节能方针政策，以便于节约能源、节约资源、保护环境、安全生产、改善生活与劳动条件，尽最大努力利用可再生资源，保证产品质量和提高劳动生产率提供必要条件，提高设计质量。

2. 设计节能工程系统所用的设备、构件及材料等，应根据国家和建设地区现有生产能力和材料供应状况等择优选用，尽量就地取材，其类型符合国家提倡和发展方向，质量要求必须符合现行国家有关技术标准的要求。同一工程中，设备的系列和规格型号、材料种类应尽量统一。

3. 设计设备、构件和材料的施工（安装）工艺，在综合各方面因素后，应符合现行国家所规定节能率的要求。

4. 施工图设计完成后，必须按照建筑工程施工图设计文件管理规定，经审查合格后方可交付施工单位使用。修改设计应有设计单位出具的设计变更通知单。

第二节　施　工　管　理

一、施工技术管理

（一）节能工程项目

施工前应认真编制施工组织设计或施工方案，且经批准后方可实施。

（二）施工组织设计内容

1. 工程概况；

2. 工程项目综合进度计划；

3. 重要实物量、劳动力计划；

4. 主要施工方法和技术措施，成品保护措施；

5. 安全消防技术措施；

6. 计划各项经济技术指标；

7. 明确建设、设计、施工三方面的协作配合关系；

8. 总分包的工作范围。

（三）技术管理

技术管理是企业管理的重要组成部分，技术管理水平的高低影响企业综合管理水平。

也是确保节能工程项目质量、进度和安全的必要途径。其内容包括：

1. 图纸审核

在开工之前，审核图纸、熟悉图纸，其目的是弄清楚设计意图、工程特点、材料要求等，以便从图中发现问题或疑问。

2. 图纸会审

在技术人员自审的基础上，由技术部门（包括技术领导、施工工长、预算员、检查员）将在施工中出现不可预见的问题、施工矛盾或图纸中设计的内容不齐全、不符合国家现行相关标准和规范要求等进行汇总，并组织有关人员讨论提出的问题，对能实施的项目提出意见或建议交领导进行综合性考虑。

在会审图纸的基础上，将会审的建议和设计需要解决的问题，由设计、建设（或监理）、施工单位的有关人员参加，确实修改的方案，由三方办理一次性洽商。对问题较复杂，改动较大的问题应请设计人员另行出图并按规定程序审批后方可使用。对影响施工造价的应纳入施工预算。

参加会审的设计、建设、监理、施工单位负责人必须在图纸会审记录上签字并盖公章。

3. 设计交底

在设计交底内容中包括施工要点、节点构造等特殊部位的施工要求及使用新工艺施工特点等内容，在施工前做详细掌握。接受交底各方代表签字。

4. 施工交底

分项施工前应由施工工长组织并向参与施工的班组交底。这是企业基层实施技术质量指标的一项重要措施，也是施工工长一项十分重要的任务。

交底的方法步骤是：根据工程进度，按单位工程、分部工程、分项工程细致交底。每次交底既要交技术、质量，又要交安全注意事项。

5. 设计变更通知单

在工程中因某种特殊情况而发生变更设计时，为了保证设计变更的完整性，又便于查找，在工程交工时应详细填写设计变更通知单汇总目录和设计变更通知单。

设计变更通知单是经过设计、监理、建设单位审查同意后，发给施工和有关单位的重要文件，是竣工图编制的依据之一，是建设、施工双方结算的依据，其文字记录应清楚，时间应准确，责任人签署意见应简单明确。

6. 洽商管理

建设单位、监理单位、施工单位在工程施工过程中提出合理化建议，或由于条件、材料等诸多因素仍有可能再次变化，需对施工图进行修改时，由于专业的特殊性，一般专业洽商可由施工工长与设计、建设单位办理，应填写工程洽商记录，通知设计单位对施工图按程序进行修改。

涉及施工技术、工程造价、施工进度等方面问题时，提出方和设计单位应与其他相关各方协商取得一致意见后，可用工程洽商记录（技术核定联系单）的形式经各方签字后存档。但要注意洽商的严肃性。坚持做到：有变必洽，随变随洽。并应将洽商结果及时反映到竣工图上，洽商记录应编订成册，做好编号以备存档。

7. 施工现场质量管理检查记录

施工现场质量管理检查记录应由施工单位填写，总监理工程师（建设单位项目负责人）

进行检查，并做出结论。

检查内容包括：

(1) 现场质量管理制度：自检、交接检、专检制度，月底评比制度，质量与经济挂钩制度。

(2) 质量责任制：岗位责任制、施工技术质量安全交底制、挂牌制度。

(3) 主要专业工程操作上岗证书核查制度。

(4) 分包方资质与分包单位管理制度：审查分包资质及相应管理制度。

(5) 施工图审查情况：施工图审查批次号、图纸会审记录及设计交底记录。

(6) 施工组织设计、施工方案及审批：编制与审批程序和内容是否与施工相符。

(7) 施工技术标准：施工图所包含各专业施工技术标准。

(8) 工程质量检查检验制度：原材料检验制度、施工各阶段检验制度、工程抽检项目检验计划等。

8. 施工日志

工长在施工中的记录日志是对工作不足的分析和成功经验的总结，也是处理事务的备忘录和存档资料，施工日志应包括如下内容：

(1) 日期、气候温度；

(2) 当日、本人、班组的工作内容；

(3) 各班组操作人员的变动情况；

(4) 停工、待料或材料代用技术核定情况；

(5) 施工质量发现的问题，实际处理的情况；

(6) 检查技术、安全存在的问题与改正措施；

(7) 施工会议的重要记事，技术交底、安全交底的情况；

(8) 质量返工事故；

(9) 安全事故等。

二、工程质量验收记录管理

工程质量应贯穿反映节能工程施工的全过程，它包括隐蔽工程验收和最终整体工程验收。按工程项目不同而验收过程不等，工程应分步分别验收，首先涉及隐蔽工程质量，然后是整体工程验收。整体工程的施工和验收必须在隐蔽工程验收合格的基础上才能进行，在施工绝对不可忽视隐蔽工程验收。

例如：在隔热屋面施工中，防水工程施工质量按最终工程质量验收，但在隔热屋面工程中，它不是最终结束工程，而按隐蔽工程进行验收，在其验收合格基础上再做隔热层工；在低热地面辐射供暖工程中，首先对绝热层、铺设盘管等施工质量验收，在绝热层、盘管、伸缩缝等验收合格后，再做面层施工；在建筑外墙保温工程中，首先对保温层施工质量进行验收合格后，再做保护层或饰面层施工等。

隐蔽工程和最终工程质量验收应对合格过程和不合格处理过程做详细记录，是工程项目验收的重要依据，必须认真填写，以便在施工过程中和施工完后，对出现的施工质量问题做出准确的判断和处理。

施工现场质量管理检查记录由施工单位按表内内容，由总监理工程师（建设单位项目负责人）进行检查，并做出检查结论。

检验批质量验收记录由施工项目专业质量检查负责人填写，由监理工程师（建设单位项目专业技术负责人）组织专业质量检查员等进行验收。

分部（子分部）工程质量验收记录，由总监理工程师（建设单位项目专业负责人）组织施工项目经理和有关勘察、设计单位项目负责人进行验收。

如：图纸会审记录（内容略）；

设计交底记录（内容略）；

设计变更通知单汇总目录（内容略）；

设计变更通知单（内容略）；

工程洽商记录（技术核定联系单）（内容略）；

施工现场质量管理检查记录（内容略），还有工程检验批质量验收记录等。

第三节　材料与设备管理

一、节能设备管理

（一）进入施工现场的设备包装应完好，表面无划痕及外力冲击破损。

（二）主要器具和设备，必须有完整的安装使用说明书。

（三）在运输、保管和施工过程中，应采取有效措施防止损坏或腐蚀。

二、节能材料管理

所有进入施工现场的施工材料均应按国家现行有关标准检验合格，有关强制性性能要求由国家认可的检测机构进行检测，并出具有效证明文件或检测报告。进场时应做检查验收，并经监理工程师核查确认，不合格产品严禁使用。

（一）外保温系统主要组成材料复检项目

材料复检项目如表 3-9-1 所示。

外保温系统主要组成材料复检项目　　　　　　　表 3-9-1

组　成　材　料		复　检　项　目
EPS 板		密度，抗拉强度，尺寸稳定性。用于无网现浇系统时，加验界面砂浆喷刷质量
胶粉 EPS 颗粒		湿密度，干密度，压缩性能
EPS 钢丝网架板		EPS 板密度，EPS 钢丝网架板外观质量
胶粘剂、抹面胶浆、抗裂砂浆、界面砂浆		干燥状态和浸水 48h 拉伸粘结强度
玻纤网		耐碱拉伸断裂强度，耐碱拉伸断裂强度保留率
腹丝		镀锌层厚度
聚氨酯硬泡	浇　注	表观密度，压缩强度，阻燃性
	喷　涂	表观密度，导热系数，吸水率，抗拉强尺寸稳定性，阻燃性

注：1. 胶粘剂、抹面胶浆、抗裂砂浆、界面砂浆制样后养护 7d 进行拉伸粘结强度检验。发生争议时，以养护 28d 为准。

2. 玻纤网按 JGJ 144—2004 附录 A 第 A.12.3 条检验。发生争议时，以第 A.12.2 条方法为准。

（二）防水材料现场抽样复验项目

用于种植屋面、蓄水屋面、架空屋面或地热辐射供暖卫生间防潮层的防水材料，现场抽样复验项目如表 3-9-2 所示。

防水材料现场抽样复验项目 表 3-9-2

序号	材料名称	现场抽样数量	外观质量检验	物理性能检验
1	防水透气膜	大于 1000 卷抽 5 卷，每 500～1000 卷抽 4 卷，100499 卷抽 3 卷，100 卷以下抽 2 卷，进行规格尺寸和外观质量检验。在外观质量检验合格的卷材中，任选一卷做物理性能检验	孔洞、硌伤、裂纹、裂口、缺边	防风性，不透水性，纵向和横向拉伸强度、断裂强度，厚度，质量
2	高聚物改性沥青防水卷材		孔洞、缺边、裂口、边缘不整齐、胎体露白、未浸透、撒布材料粒度、颜色，每卷卷材的接头	最大拉力时延伸率，耐热度，低温柔度，不透水性
3	合成高分子防水卷材		折痕、杂质、胶块、凹痕，每卷卷材的接头	断裂拉伸强度，扯断伸长率，低温弯拐，不透水性
4	高聚物改性沥青防水涂料	每 10t 为一批，不足 10t 按一批抽样	包装完好无损，且标明涂料名称、生产日期、生产厂名、产品有效期；无沉淀、凝胶、分层	固含量，耐热度，柔性，不透水性，延伸性
5	合成高分子防水涂料		包装完好无损，且标明涂料名称、生产日期、生产厂名、产品有效期	固体含量，拉伸强度，断裂延伸率，柔性，不透水性
6	胎体增强材料	每 3000m² 为一批，不足 3000m² 按一批抽样	均匀，无团块，平整，无褶皱	拉力，延伸率
7	改性石油沥青密封材料	每 2t 为一批，不足 2t 按一批抽样	黑色均匀膏状，无结块和未浸透的填料	耐热度，低温柔性，拉伸粘结性，施工度
8	合成高分子密封材料	每 1t 为一批，不足 1t 按一批抽样	均匀膏状物，无结皮、凝胶或不易分散的固体状物	拉伸粘结性，柔性

（三）地面辐射供暖

采暖工程所使用的主要材料、成品、半成品、配件、器具和设备必须具有中文质量合格证明文件，规格、型号及性能检测报告应符合现行国家技术标准或设计要求。所有材料进场时应由专人对品种、规格、外观等进行验收。

第四节 安全技术管理

建筑工程的性质非常复杂，它涉及多个工程技术作业，甚至有时是交叉作业，但建筑工程的安全制度也非常健全。我们常讲要把安全放在一切工作的首位，但在建筑工程中大小事故仍然不断发生，特别出现伤亡事故时，给国家、集体和家庭都带来经济和精神损失，作为节能工程的每位建设者必须高度重视安全。

一、安全管理

（一）安全责任

1. 施工单位的安全责任

（1）施工单位主要负责依法对本单位的安全生产工作全面负责。施工单位应当建立健全安全生产责任制度和安全生产教育培训制度，对所承担的建筑工程进行定期和专项安全检查，并做好安全检查记录。

（2）施工单位应设安全生产管理机构，配备专职安全生产管理人员。

（3）施工单位应在施工现场出入口通道处、临时用电设施、脚手架、孔洞口等易出现安全事故的部位，设置明显的安全警示标志。

（4）施工单位应当根据建设工程的特点、范围，对施工现场易发生事故的部位、环节进行监控，制定施工现场可行的安全事故应急救援预案。

（5）施工单位发生事故，应按国家有关伤亡事故报告和调查处理的决定，及时、如实地向负责安全生产监督管理的部门、建设行政主管部门或者其他有关部门报告。

（6）发生生产安全事故后，施工单位应当采取措施防止事故扩大，保护事故现场。

2. 总承包单位的责任

（1）实行施工总承包的建设工程，由总承包单位对施工现场的安全生产负总责。

（2）总承包单位依法将建设工程分包给其他单位的，分包合同中应当明确各自的安全生产的权力、义务。总承包单位和分包单位对分包工程的安全生产承担连带责任。

（3）建设工程实行总承包的，如发生事故，由总承包单位负责上报事故。

（4）分包单位应当服从总承包单位的安全生产管理，分包单位不服从管理导致生产安全事故的，由分包单位承担主要责任。

（二）项目经理部人员安全职责

1. 项目经理安全职责

项目经理应当由取得相应执业资格的人员担任，对建设工程项目的安全施工负责，包括：

（1）认真贯彻安全生产方针、政策、法规和各项规章制度，制定和执行安全生产管理办法，严格执行安全考核指标和安全生产奖惩办法，确保安全生产措施费用的有效使用，严格执行安全技术措施审批和施工安全技术措施交底制度。

（2）建设工程施工前，施工单位负责项目管理的技术人员，应当对有关安全施工的技术要求向施工作业班组、作业人员做出详细说明，并由双方签字确认。施工中定期组织安全生产检查和分析，针对可能产生的安全隐患制定相应的预防措施。

（3）当施工过程中发生安全事故时，项目经理必须及时、如实按安全事故处理的有关规定和程序及时上报和处理，并制定防止同类事故再次发生的措施。

2. 安全员的安全职责

（1）对安全生产进行现场监督检查。发现安全事故隐患，应当及时向项目负责人和安全生产管理机构报告，对违章指挥、违章操作的，应当立即制止。

（2）落实安全设施的设置。

（3）对施工全过程的安全进行监督，纠正违章作业，配合有关部门排除安全隐患，组织安全教育和全员安全活动，监督检查劳保用品质量和正确使用。

3. 作业队长职责

（1）向本工种作业人员进行安全技术措施交底，严格执行本工种安全技术操作规程，拒绝违章指挥。

（2）组织实施安全技术措施。

（3）作业前应对本次作业所使用的机具、设备、防护用具、设施及作业环境进行安全检查，消除安全隐患，检查安全标牌是否按规定设置，标识方法和内容是否正确完整。

（4）组织班组开展安全活动，对作业人员进行安全操作规程培训，提高作业人员的安全意识，召开上岗前安全生产会。

（5）每周应进行安全讲评。当发生重大或恶性工伤事故时，应保护现场，立即上报并参与事故调查处理。

4. 作业人员安全职责

（1）认真学习并严格执行安全技术操作规程，自觉遵守安全生产规章制度，执行安全技术交底和有关安全生产的规定，不违章作业。服从安全监督人员的指导，积极参加安全活动，爱护安全设施。

（2）作业人员有权对施工现场的作业条件、作业程序和作业方式中存在的安全问题提出批评、检举和控告，有权对不安全作业提出意见。有权拒绝违章指挥和强令冒险作业，在施工中发生危及人身安全紧急情况时，作业人员有权立即停止作业或者在采取必要的应急措施后撤离危险区域。

（3）作业人员应当遵守安全施工的强制性标准、规章制度和操作规程，正确使用安全防护用具、机械设备等。

（4）作业人员进入新的施工现场前，应当接受安全生产教育培训。未经教育培训或培训不合格的人员，不得上岗作业。垂直运输机械作业人员、安装拆卸工、登高架设等特种作业人员，必须按照有关规定经过专门的安全作业培训，并取得特种作业操作资格证书后，方可上岗作业。

（5）作业人员应努力学习安全技术，提高自我保护意识和自我保护能力。

（三）电、气焊施工安全管理及场地安全检查

1. 焊接施工安全管理

（1）焊接操作人员属特种工种人员，须经主管部门培训、考核合格，掌握操作技能和有关安全知识，应持证上岗作业，无证不准上岗作业。

（2）电焊作业人员必须戴绝缘手套、穿绝缘鞋和白色工作服，使用护目镜和面罩，高空危险处作业，须挂安全带。施焊前检查焊把及线路是否绝缘良好，焊接完毕要拉闸断电，后收电焊把线。

（3）焊接作业时必须配置灭火器材，应有专人监护。作业完毕，要留有充分的时间观察，确认无引火点后，方可离去。

（4）焊工在狭窄、潮湿等处施焊时，应设监护人员。监护人熟悉焊接操作规程和应急抢救方法。

（5）夜间工作或黑暗处施焊应有足够的照明。

（6）施工现场电焊、气割及气焊作业须执行"用火证制度"，做到用火有措施，灭火有准备。

2. 焊接场地的安全检查

（1）焊接场地检查的必要性

由于焊接场地不符合安全要求造成火灾、触电等事故时有发生，必须防患于未然，必须对焊接场地进行检查。

（2）焊接场地检查的内容

检查焊接场地是否保持必要的通道。检查所有气焊胶管、焊接电缆线是否互相缠绕，气瓶用后是否已移出工作场地。检查焊接作业面积是否够，工作场地要有良好的自然采光或局部照明，通风良好。检查焊接切割场地周围内各类可燃易燃物品是否清除干净。对焊接、切割场地检查要做到仔细观察环境，认真加强防护。

二、安全与文明施工措施

（一）现场安全措施

1. 新工人安全生产教育

新工人入场前必须进行安全生产教育，在操作中应经常进行安全技术教育，使新工人尽快掌握安全操作要求。

2. 进入施工现场

节能工程施工基本都是户外高空作业，施工现场应有安全网，进入施工现场必须戴好安全帽，登高空作业必须系安全带，并且必须使用合格的安全帽、安全带和架设可靠的安全网。

（1）安全帽

使用安全帽的质量应符合安全技术要求，耐冲击、耐穿透、耐低温。

（2）安全带

使用安全带的长度不超过 2m，佩穿防滑鞋。安全带应高挂低用，防止摆动和碰撞，安全带上安全绳的挂钩应挂在牢固地方，不得挂在带有剪断性的物体上。在使用前对安全带质量认真检查，安全带上的各种部件不得任意拆掉，发现安全带中有破损或发现异味时严禁再用。

（3）安全网

建筑安全网的形式及其作用可分为平网和立网两种。平网安装平面平行于水平面，主要用来承接人和物的坠落；立网安装平面垂直于水平面，主要用来阻止人和物的坠落。不得使用超期变质筋绳和安全网，安装的安全网确实达到安全性。

3. 安全标志

施工现场应设有关安全生产内容的标志牌。

4. 登高作业

（1）在工作过程中应设有专人监护，同时警视闲人勿接近或进入施工现场。

（2）应用脚手架时，严格检查其质量，发现断裂严禁凑合使用，所搭设的脚手架必须稳定牢固、合理，防止倾斜、踏空。施工中的作业人员不准从各种脚手架上爬上爬下，专业人员安装、拆卸时必须严格按相关规定进行操作。

应使用符合安全的梯子，梯脚需有防滑措施，上、下端均应放置平牢，人字梯应有挂钩。不准两人共同一梯作业。

5. 消防、防毒

安全防火、防毒制度上墙，作业人应掌握灭火、防毒知识，掌握消防器材使用方法。消防器材安置在固定位置，干粉灭火器不得超过储存期。

6. 吊装材料

无论使用垂直式或其他任何方式运送材料时，必须上下配合，严禁野蛮、超载运送。

作业人员禁止乘坐吊运模板、吊笼等非乘人的垂直运输设备上下。

（二）现场文明施工措施

1. 现场管理

（1）工地现场设置大门和连续、密闭的临时围护设施，应牢固、安全、整齐。

（2）严格按照相关文件规定的尺寸和规格制作各类工程标志牌，如：施工总平面图、工程概况牌、文明施工管理牌、组织网络牌、安全记录牌、防火须知牌等。其中，工程概况牌设置在工地大门入口处，标明项目名称、规模、开竣工日期、施工许可证号、建设单位、设计单位、施工单位、监理单位和联系电话等。

（3）场内道路平整、坚实、畅通，有完善排水系统，材料整齐摆放在固定位置。

（4）施工区和生活、办公区有明确划分；责任区分片包干，岗位责任制健全，各项管理制度上墙，施工区内废料和垃圾及时清理。

2. 临时用电

（1）施工区、生活区、办公区的配电线路架设和照明设备、灯具的安装、使用应符合规范要求；特殊施工部位的内外线路按规范要求采取特殊安全防护措施。

（2）机电设备的设置必须符合有关安全规定，配电箱和开关箱选型、配置合理，各种手持式电动工具、移动式小型机械等配电系统和施工机具，必须采用可靠的接零或接地保护，配电箱和开关箱设两极漏电保护。电动机具电源线压接牢固，绝缘完好，无乱拉、扯、砸现象。所有机具使用前应检查，确认性能良好，不准"带病"使用。

3. 操作机械

操作机械设备时，严禁戴手套，并应将袖口扎紧。女同志应带工作帽。严禁在开机时检修机具设备。

使用砂轮锯，压力要均匀，人站在砂轮片旋转方向侧面，不得随意在机具上放东西。砂轮锯必须有防护罩。周围不得存放可燃物品。

4. 焊接、消防

在焊接操作时采取接火措施，焊接盛过易燃、可燃液体的容器或设备以前，应先用热水、蒸汽或含有5%苛性钠溶液彻底刷洗干净，经检验确无危险后，方可操作。油漆未干的物品不能进行焊接。

对电、气焊防火办法是清、接、浇、看、检、严的防火措施。所谓"清"就是清理焊接场所周围及下部的易燃物；"接"就是接住火花；"浇"就是不能移动的可燃构件用水浇湿；"看"就是设看火人员监视；"检"就是焊前、焊后对焊点周围进行检查；严，就是严格执行防火规章制度。

乙炔发生器或气瓶、氧气与焊接地点及各种明火间距不得小于10m。焊、割炬严禁乱放。焊条头应放在非燃的容器内，不得乱扔。

完成泡沫施工的成品，严禁直接进行焊接管道施工或接触其他任何火种，所有焊接作业应在保温层施工前完成。当必须在保温层完成之后进行焊接时，应有一定隔离区，且必备消防器材，派专人严格监护。

5. 材料管理

工地材料、设备、库房等按平面图规定地点、位置设置；材料、设备分规格存放整齐，有标识，管理制度、资料齐全并有台账。

料场、库房整齐，易燃物、防冻、防潮、避高温物品单独存放，并设有防火器材。

6. 环境保护

施工期间所产生的生活废水、废料按规定集中存放、回收、清运处理或排放，随时做到活完脚下清。始终保持现场内部或工作面的干净整洁，无垃圾和污物，环境卫生好。

对于有些易产生灰尘的材料要制定切实可靠的措施，如水泥、细砂等的保管和使用等，需要遮盖，对现场施工产生泡沫碎块、碎渣、碎沫应装袋，防止到处飘落。

施工期间尽量减少噪声，按当地规定时间内工作，防止影响居民休息。

第五节　建筑节能工程监理

一、施工准备阶段的监理

（一）工程监理单位应当对从事建筑节能工程监理的相关从业人员进行建筑节能标准与技术等专业培训。

（二）监理机构在建筑节能工程施工现场，应备有国家和本市有关建筑节能法规文件与本工程相关的建筑节能强制性标准。

（三）建筑节能工程施工前，总监理工程师应组织监理人员熟悉设计文件，参加施工图会审和设计交底。

1. 施工图会审。应审查建筑节能设计图纸是否经过施工图设计审查单位审查合格，未经审查或审查不符合强制性建筑节能标准的施工图不得使用。

2. 建筑节能设计交底。项目监理人员应参加由建设单位组织的建筑节能设计技术交底会，总监理工程师应对建筑节能设计技术交底会议纪要进行签认，并对图纸中存在的问题通过建设单位向设计单位提出书面意见和建议。

（四）建筑节能工程施工前，总监理工程师应组织编制建筑节能监理实施细则。按照建筑节能强制性标准和设计文件，编制符合建筑节能特点的、具有针对性的监理实施细则。监理实施细则应包括下列主要内容：

1. 建筑节能专业工程的特点；

2. 建筑节能监理工作的流程；

3. 建筑节能监理工作的控制要点及目标值；

4. 建筑节能监理工作的方法及措施。

（五）建筑节能工程开工前，总监理工程师应组织专业监理工程师审查承包单位报送的建筑节能专项施工方案和技术措施，提出审查意见。

二、施工阶段的监理

（一）监理工程师应按下列要求审核承包单位报送的拟进场的建筑节能工程材料、构配件、设备报审表（包括墙体材料、保温材料、门窗部品、采暖空调系统、照明设备等）及其质量证明资料，具体如下：

1. 质量证明资料（保温系统和组成材料质保书、说明书、形式检验报告、复验报告，如：现场搅拌的粘结胶浆、抹面胶浆等，应提供配合比通知单）是否合格、齐全，是否与设计和产品标准的要求相符。产品说明书和产品标识上注明的性能指标是否符合建筑节能标准。

2. 是否使用国家明令禁止、淘汰的材料、构配件、设备。

3. 有无建筑材料备案证明及相应验证要求资料。

4. 按照委托监理合同约定及建筑节能标准有关规定的比例，进行平行检验或见证取样、送样检测。

对未经监理人员验收或验收不合格的建筑节能工程材料、构配件、设备，不得在工程上使用或安装；对国家明令禁止、淘汰的材料、构配件、设备，监理人员不得签认，并应签发监理工程师通知单，书面通知承包单位限期将不合格的建筑节能工程材料、构配件、设备撤出现场。

（二）当承包单位采用建筑节能新材料、新工艺、新技术、新设备时，应要求承包单位报送相应的施工工艺措施和证明材料，组织专题论证，经审定后予以签认。

（三）督促检查承包单位按照建筑节能设计文件和施工方案进行施工。

总监理工程师审查建设单位或施工承包单位提出的工程变更，发现有违反建筑节能标准的，应提出书面意见加以制止。

（四）对建筑节能施工过程进行巡视检查。对建筑节能施工中墙体、屋面等隐蔽工程或下道工序施工完成后难以检查的重点部位，进行旁站或现场检查，符合要求予以签认。

对未经监理人员验收或验收不合格的工序，监理人员不得签认，承包单位不得进行下一道工序的施工。

（五）对承包单位报送的建筑节能隐蔽工程、检验批和分项工程质量验评资料进行审核，符合要求后予以签认。对承包单位报送的建筑节能分部工程和单位工程质量验评资料进行审核和现场检查，应审核和检查建筑节能施工质量验评资料是否齐全符合要求后予以签认。

（六）对建筑节能施工过程中出现的质量问题，应及时下达监理工程师通知单，要求承包单位整改，并检查整改结果。

三、竣工验收阶段的监理

（一）参与建设单位委托建筑节能测评单位进行的建筑节能能效测评。

（二）审查承包单位报送的建筑节能工程竣工资料。

（三）组织对包括建筑节能工程在内的预验收，对预验收中存在的问题，督促承包单位进行整改，整改完毕后签署建筑节能工程竣工报验单。

（四）出具监理质量评估报告。工程监理单位在监理质量评估报告中必须明确执行建筑节能标准。

（五）签署建筑节能实施情况意见。工程监理单位在《建筑节能备案登记表》上签署建筑节能实施情况意见，并加盖监理单位印章。

四、竣工验收阶段监理单位应出具的建筑节能专项质量评估报告

（一）建筑节能专项质量评估报告内容

1. 工程概况。本项目建筑节能工程的基本情况。

2. 评估依据。本工程执行的建筑节能标准和设计要求：即国家及本市建筑节能设计、施工验收规范、设计文件及施工图的要求。

3. 质量评价。本工程在建筑节能施工过程中，对保证工程质量采取的措施以及对出现的建筑节能施工质量缺陷或事故，采取的整改措施等。可从以下几方面对工程质量进行评价：

(1) 对进场的建筑节能工程材料、构配件、设备(包括墙体材料、保温材料、门窗部品、采暖空调系统、照明设备等)及其质量证明资料审核情况；

(2) 对建筑节能施工过程中关键节点旁站、日常巡视检查、隐蔽工程验收和现场检查的情况；

(3) 对承包单位报送的建筑节能检验批、分项、分部工程和单位工程质量验收资料进行审核和现场检查的情况；

(4) 对建筑节能工程质量缺陷或事故的处理意见。

4. 核定结论。本建筑节能单位工程是否已按设计图纸全部完成施工；工程质量是否符合设计图纸、国家及本市强制性标准和有关标准、规范的要求；工程质量验评资料是否基本齐全等。综合以上情况，核定该建筑节能单位工程施工质量合格或不合格。

(二) 建筑节能专项质量评估报告形式

建筑节能专项质量评估报告可以是监理机构单位工程质量评估报告的一部分，也可以单独列出。

建筑节能工程施工除应遵照《建筑节能工程施工质量验收规范》GB 50411 执行外，尚应贯彻执行附录 3-9-1～3-9-6 等法律法规的规定。

附录 3-9-1　民用建筑节能管理规定

(2005 年 11 月 10 日建设部令第 143 号)

第一条　为了加强民用建筑节能管理，提高能源利用效率，改善室内热环境质量，根据《中华人民共和国节约能源法》、《中华人民共和国建筑法》、《建设工程质量管理条例》，制定本规定。

第二条　本规定所称民用建筑，是指居住建筑和公共建筑。

本规定所称民用建筑节能，是指民用建筑在规划、设计、建造和使用过程中，通过采用新型墙体材料，执行建筑节能标准，加强建筑物用能设备的运行管理，合理设计建筑围护结构的热工性能，提高采暖、制冷、照明、通风、给排水和通道系统的运行效率，以及利用可再生能源，在保证建筑物使用功能和室内热环境质量的前提下，降低建筑能源消耗，合理、有效地利用能源的活动。

第三条　国务院建设行政主管部门负责全国民用建筑节能的监督管理工作。

县级以上地方人民政府建设行政主管部门负责本行政区域内民用建筑节能的监督管理工作。

第四条　国务院建设行政主管部门根据国家节能规划，制定国家建筑节能专项规划；省、自治区、直辖市以及设区城市人民政府建设行政主管部门应当根据本地节能规划，制定本地建筑节能专项规划，并组织实施。

第五条　编制城乡规划应当充分考虑能源、资源的综合利用和节约，对城镇布局、功能区设置、建筑特征，基础设施配置的影响进行研究论证。

第六条　国务院建设行政主管部门根据建筑节能发展状况和技术先进、经济合理的原则，组织制定建筑节能相关标准，建立和完善建筑节能标准体系；省、自治区、直辖市人民政府建设行政主管部门应当严格执行国家民用建筑节能有关规定，可以制定严于国家民用建筑节能标准的地方标准或者实施细则。

第七条　鼓励民用建筑节能的科学研究和技术开发，推广应用节能型的建筑、结构、材料、用能设备和附属设施及相应的施工工艺、应用技术和管理技术，促进可再生能源的开发利用。

第八条　鼓励发展下列建筑节能技术和产品：

（一）新型节能墙体和屋面的保温、隔热技术与材料；

（二）节能门窗的保温隔热和密闭技术；

（三）集中供热和热、电、冷联产联供技术；

（四）供热采暖系统温度调控和分户热量计量技术与装置；

（五）太阳能、地热等可再生能源应用技术及设备；

（六）建筑照明节能技术与产品；

（七）空调制冷节能技术与产品；

（八）其他技术成熟、效果显著的节能技术和节能管理技术。

鼓励推广应用和淘汰的建筑节能部品及技术的目录，由国务院建设行政主管部门制定；省、自治区、直辖市建设行政主管部门可以结合该目录，制定适合本区域的鼓励推广应用和淘汰的建筑节能部品及技术的目录。

第九条　国家鼓励多元化、多渠道投资既有建筑的节能改造，投资人可以按照协议分享节能改造的收益；鼓励研究制定本地区既有建筑节能改造资金筹措办法和相关激励政策。

第十条　建筑工程施工过程中，县级以上地方人民政府建设行政主管部门应当加强对建筑物的围护结构（含墙体、屋面、门窗、玻璃幕墙等）、供热采暖和制冷系统、照明和通风等电器设备是否符合节能要求的监督检查。

第十一条　新建民用建筑应当严格执行建筑节能标准要求，民用建筑工程扩建和改建时，应当对原建筑进行节能改造。

既有建筑节能改造应当考虑建筑物的寿命周期，对改造的必要性、可行性以及投入收益比进行科学论证。节能改造要符合建筑节能标准要求，确保结构安全，优化建筑物使用功能。

寒冷地区和严寒地区既有建筑节能改造应当与供热系统节能改造同步进行。

第十二条　采用集中采暖制冷方式的新建民用建筑应当安设建筑物室内温度控制和用能计量设施，逐步实行基本冷热价和计量冷热价共同构成的两部制用能价格制度。

第十三条　供热单位、公共建筑所有权人或者其委托的物业管理单位应当制定相应的节能建筑运行管理制度，明确节能建筑运行状态各项性能指标、节能工作诸环节的岗位目标责任等事项。

第十四条　公共建筑的所有权人或者委托的物业管理单位应当建立用能档案，在供热或者制冷间歇期委托相关检测机构对用能设备和系统的性能进行综合检测评价，定期进行维护、维修、保养及更新置换，保证设备和系统的正常运行。

第十五条　供热单位、房屋产权单位或者其委托的物业管理等有关单位，应当记录并按有关规定上报能源消耗资料。

鼓励新建民用建筑和既有建筑实施建筑能效测评。

第十六条　从事建筑节能及相关管理活动的单位，应当对其从业人员进行建筑节能标准与技术等专业知识的培训。

建筑节能标准和节能技术应当作为注册城市规划师、注册建筑师、勘察设计注册工程师、注册监理工程师、注册建造师等继续教育的必修内容。

第十七条　建设单位应当按照建筑节能政策要求和建筑节能标准委托工程项目的设计。

建设单位不得以任何理由要求设计单位、施工单位擅自修改经审查合格的节能设计文件，降低建筑节能标准。

第十八条　房地产开发企业应当将所售商品住房的节能措施、围护结构保温隔热性能指标等基本信息在销售现场显著位置予以公示，并在《住宅使用说明书》中予以载明。

第十九条　设计单位应当依据建筑节能标准的要求进行设计，保证建筑节能设计质量。

施工图设计文件审查机构在进行审查时，应当审查节能设计的内容，在审查报告中单列节能审查章节；不符合建筑节能强制性标准的，施工图设计文件审查结论应当定为不合格。

第二十条　施工单位应当按照审查合格的设计文件和建筑节能施工标准的要求进行施工，保证工程施工质量。

第二十一条　监理单位应当依照法律、法规以及建筑节能标准、节能设计文件、建设工程承包合同及监理合同对节能工程建设实施监理。

第二十二条　对超过能源消耗指标的供热单位、公共建筑的所有权人或者其委托的物业管理单位，责令限期达标。

第二十三条　对擅自改变建筑围护结构节能措施，并影响公共利益和他人合法权益的，责令责任人及时予以修复，并承担相应的费用。

第二十四条　建设单位在竣工验收过程中，有违反建筑节能强制性标准行为的，按照《建设工程质量管理条例》的有关规定，重新组织竣工验收。

第二十五条　建设单位未按照建筑节能强制性标准委托设计，擅自修改节能设计文件，明示或暗示设计单位、施工单位违反建筑节能设计强制性标准，降低工程建设质量的，处 20 万元以上 50 万元以下的罚款。

第二十六条　设计单位未按照建筑节能强制性标准进行设计的，应当修改设计。未进行修改的，给予警告，处 10 万元以上 30 万元以下罚款；造成损失的，依法承担赔偿责任；两年内，累计三项工程未按照建筑节能强制性标准设计的，责令停业整顿，降低资质等级或者吊销资质证书。

第二十七条　对未按照节能设计进行施工的施工单位，责令改正；整改所发生的工程费用，由施工单位负责；可以给予警告，情节严重的，处工程合同价款 2％以上 4％以下的罚款；两年内，累计三项工程未按照符合节能标准要求的设计进行施工的，责令停业整顿，降低资质等级或者吊销资质证书。

第二十八条　本规定的责令停业整顿、降低资质等级和吊销资质证书的行政处罚，由颁发资质证书的机关决定；其他行政处罚，由建设行政主管部门依照法定职权决定。

第二十九条　农民自建低层住宅不适用本规定。

第三十条　本规定自 2006 年 1 月 1 日起施行。原《民用建筑节能管理规定》（建设部令第 76 号）同时废止。

附录 3-9-2　民用建筑工程节能质量监督管理办法

（2006 年 7 月 31 日建质〔2006〕192 号）

第一条　为了加强民用建筑工程节能质量的监督管理，保证民用建筑工程符合建筑节能标准，根据《建设工程质量管理条例》、《建设工程勘察设计管理条例》、《实施工程建设强制性标准监督规定》、《民用建筑节能管理规定》、《房屋建筑和市政基础设施工程施工图设计文件审查管理办法》、《建设工程质量检测管理办法》等有关法规规章，制定本办法。

第二条　凡在中华人民共和国境内从事民用建筑工程的新建、改建、扩建等有关活动及对民用建筑工程质量实施监督管理的，必须遵守本办法。本办法所称民用建筑，是指居住建筑和公共建筑。

第三条　建设单位、设计单位、施工单位、监理单位、施工图审查机构、工程质量检测机构等单位,应当遵守国家有关建筑节能的法律法规和技术标准,履行合同约定义务,并依法对民用建筑工程节能质量负责。各地建设主管部门及其委托的工程质量监督机构依法实施建筑节能质量监督管理。

第四条　建设单位应当履行以下质量责任和义务:

1. 组织设计方案评选时,应当将建筑节能要求作为重要内容之一。

2. 不得擅自修改设计文件。当建筑设计修改涉及建筑节能强制性标准时,必须将修改后的设计文件送原施工图审查机构重新审查。

3. 不得明示或者暗示设计单位、施工单位降低建筑节能标准。

4. 不得明示或者暗示施工单位使用不符合建筑节能性能要求的墙体材料、保温材料、门窗部品、采暖空调系统、照明设备等。按照合同约定由建设单位采购的有关建筑材料和设备,建设单位应当保证其符合建筑节能指标。

5. 不得明示或者暗示检测机构出具虚假检测报告,不得篡改或者伪造检测报告。

6. 在组织建筑工程竣工验收时,应当同时验收建筑节能实施情况,在工程竣工验收报告中,应当注明建筑节能的实施内容。大型公共建筑工程竣工验收时,对采暖空调、通风、电气等系统,应当进行调试。

第五条　设计单位应当履行以下质量责任和义务:

1. 建立健全质量保证体系,严格执行建筑节能标准。

2. 民用建筑工程设计要按功能要求合理组合空间造型,充分考虑建筑体形、围护结构对建筑节能的影响,合理确定冷源、热源的形式和设备性能,选用成熟、可靠、先进、适用的节能技术、材料和产品。

3. 初步设计文件应设建筑节能设计专篇,施工图设计文件须包括建筑节能热工计算书,大型公共建筑工程方案设计须同时报送有关建筑节能专题报告,明确建筑节能措施及目标等内容。

第六条　施工图审查机构应当履行以下质量责任和义务:

1. 严格按照建筑节能强制性标准对送审的施工图设计文件进行审查,对不符合建筑节能强制性标准的施工图设计文件,不得出具审查合格书。

2. 向建设主管部门报送的施工图设计文件审查备案材料中应包括建筑节能强制性标准的执行情况。

3. 审查机构应将审查过程中发现的设计单位和注册人员违反建筑节能强制性标准的情况,及时上报当地建设主管部门。

第七条　施工单位应当履行以下质量责任和义务:

1. 严格按照审查合格的设计文件和建筑节能标准的要求进行施工,不得擅自修改设计文件。

2. 对进入施工现场的墙体材料、保温材料、门窗部品等进行检验。对采暖空调系统、照明设备等进行检验,保证产品说明书和产品标识上注明的性能指标符合建筑节能要求。

3. 应当编制建筑节能专项施工技术方案,并由施工单位专业技术人员及监理单位专业监理工程师进行审核,审核合格,由施工单位技术负责人及监理单位总监理工程师签字。

4. 应当加强施工过程质量控制,特别应当加强对易产生热桥和热工缺陷等重要部位的质量控制,保证符合设计要求和有关节能标准规定。

5. 对大型公共建筑工程采暖空调、通风、电气等系统的调试,应当符合设计等要求。

6. 保温工程等在保修范围和保修期限内发生质量问题的,施工单位应当履行保修义务,并对造成的损失承担赔偿责任。

第八条　监理单位应当履行以下质量责任和义务:

1. 严格按照审查合格的设计文件和建筑节能标准的要求实施监理,针对工程的特点制定符合建筑节能要求的监理规划及监理实施细则。

2. 总监理工程师应当对建筑节能专项施工技术方案审查并签字认可。专业监理工程师应当对工程使用的墙体材料、保温材料、门窗部品、采暖空调系统、照明设备，以及涉及建筑节能功能的重要部位施工质量检查验收并签字认可。

3. 对易产生热桥和热工缺陷部位的施工，以及墙体、屋面等保温工程隐蔽前的施工，专业监理工程师应当采取旁站形式实施监理。

4. 应当在《工程质量评估报告》中明确建筑节能标准的实施情况。

第九条　工程质量检测机构应当将检测过程中发现建设单位、监理单位、施工单位违反建筑节能强制性标准的情况，及时上报当地建设主管部门或者工程质量监督机构。

第十条　建设主管部门及其委托的工程质量监督机构应当加强对施工过程建筑节能标准执行情况的监督检查，发现未按施工图设计文件进行施工和违反建筑节能标准的，应当责令改正。

第十一条　建设、勘察、设计、施工、监理单位，以及施工图审查和工程质量检测机构违反建筑节能有关法律法规的，建设主管部门依法给予处罚。

第十二条　达不到节能要求的工程项目，不得参加各类评奖活动。

附录 3-9-3　民用建筑节能工程质量监督工作导则

(2008 年 1 月 29 日建质〔2008〕19 号)

1　总　　则

1.0.1　为加强建筑节能工程质量监督管理工作，规范质量监督行为，依据《建设工程质量管理条例》、《民用建筑节能管理规定》(建设部令第 143 号)、《工程质量监督工作导则》和《民用建筑工程节能质量监督管理办法》，制定本工作导则。

1.0.2　本工作导则适用于新建、改建、扩建民用建筑节能工程的质量监督工作。本导则所称民用建筑是指居住建筑和公共建筑。

1.0.3　质量监督机构应采取抽查建筑节能工程的实体质量和相关工程质量控制资料的方法，督促各方责任主体履行质量责任，确保工程质量。

重点是监督检查、抽查建筑节能工程有关措施及落实情况，质量控制资料及相关产品的节能要求指标，加强事前控制，把检查各责任主体的节能工作行为放在首位。

1.0.4　民用建筑节能工程质量监督除应执行本工作导则的规定外，还应符合国家有关法律、法规和工程技术标准等规定。

1.0.5　质量监督机构应根据本地区民用建筑节能工程情况制定监督工作方案。

2　施工前期准备阶段的监督抽查内容

2.0.1　建筑节能工程施工图设计文件审查情况。

2.0.2　建筑节能工程施工图设计文件审查备案情况。

2.0.3　涉及建筑节能效果的设计变更重新报审和建设、监理单位确认情况。

2.0.4　建筑节能工程施工专项方案及建筑节能监理规划和实施细则编制、审批情况。

2.0.5　建筑节能专业施工人员岗前培训及技术交底情况。

2.0.6　建设、设计、施工(含分包)、监理等各方责任主体单位对建筑节能示范样板的确认情况。

3　施工过程的监督抽查内容

3.1　材料、构配件和设备质量

3.1.1 主要材料、构配件和设备的规格、型号、性能与设计文件要求是否相符。

3.1.2 主要材料、构配件和设备的合格证、中文说明书、型式检验报告、定型产品和成套技术应用型式检验报告、进场验收记录、见证取样送检复试报告的核查情况。

3.1.3 监理工程师对材料、构配件和设备的进场验收签认情况。

3.1.4 监督机构对建筑节能材料质量产生质疑时，监督机构应对建筑节能材料按一定比例委托具有相应资质的检测单位进行检测。

3.2 墙体节能工程

3.2.1 基层表面空鼓、开裂、松动、风化及平整度及妨碍粘结的附着物的处理。

3.2.2 保温层施工应结合不同工程做法根据规范规定，由各地制定监督抽查内容，重点对保温、牢固、开裂、渗漏、耐久性、防火等性能进行抽查。

3.2.3 雨水管卡具、女儿墙、分隔缝、变形缝、挑梁、连梁、壁柱、空调板、空调管洞、门窗洞口等易产生热桥部位保温措施。

3.2.4 施工产生的墙体缺陷（如穿墙套管、脚手眼、孔洞等）处理。

3.2.5 不同材料基体交接处、容易碰撞的阳角及门窗洞口转角处等特殊部位的保温层防止开裂和破损的加强措施。

3.2.6 隔汽层构造处理、穿透隔汽层处密封措施、隔汽层冷凝水排水构造处理。

3.3 非采暖公共间节能工程

3.3.1 非采暖公共间（如普通住宅楼梯间、高层住宅疏散楼梯间、电梯前室、公共通道、公共大堂大厅、地下室等）按图施工情况。

3.4 幕墙节能工程

3.4.1 幕墙工程热桥部位的隔断热桥措施。

3.4.2 幕墙与周边墙体间的缝隙处理。

3.4.3 建筑伸缩缝、沉降缝、抗震缝等变形缝的保温密封处理。

3.4.4 遮阳设施的安装。

3.5 门窗节能工程

3.5.1 外门窗框或副框与洞口、外门窗框与副框之间的间隙处理。

3.5.2 金属外门窗隔断热桥措施及金属副框隔断热桥措施。

3.5.3 严寒、寒冷、夏热冬冷地区建筑外窗气密性现场实体检验情况。

3.5.4 严寒、寒冷地区的外门安装及特种门安装的节能措施。

3.5.5 外门窗遮阳设施的安装。

3.5.6 天窗安装位置、坡度、密封节能措施。

3.5.7 门窗扇密封条的安装、镶嵌、接头处理。

3.5.8 门窗镀（贴）膜玻璃的安装方向及中空玻璃均压管密封及中空玻璃露点复检情况。

3.6 屋面节能工程

3.6.1 屋面保温、隔热层铺设质量、厚度控制。

3.6.2 屋面保温、隔热层的平整度、坡向、细部及屋面热桥部位的保温隔热措施。

3.6.3 屋面隔汽层位置、铺设方式及密封措施。

3.7 地面节能工程

3.7.1 基层处理的质量。

3.7.2 地面保温层、隔离层、防潮层、保护层等各层的设置和构造做法以及保温层的厚度。

3.7.3 地面节能工程的保温板与基层之间、各构造层的粘结及缝隙处理。

3.7.4 穿越地面直接接触室外空气的各种金属管道的隔断热桥保温措施。

3.7.5 严寒、寒冷地区的建筑首层直接与土壤接触的地面、采暖地下室与土壤接触的外墙、毗邻不采暖空间的地面及底面直接接触室外空气的地面等隔断热桥保温措施。

3.8 采暖节能工程

3.8.1 采暖系统安装应抽查以下内容：

1 采暖系统的制式及安装；

2 散热设备、阀门与过滤器、温度计及仪表安装；

3 系统各分支管路水力平衡装置安装及调试的情况；

4 分室(区)热量计量设施安装和调试的情况；

5 散热器恒温阀的安装。

3.8.2 采暖系统热力入口装置的安装应抽查以下内容：

1 热力入口装置的选型；

2 热计量装置的安装和调试的情况；

3 水力平衡装置的安装及调试的情况；

4 过滤器、压力表、温度计及各种阀门的安装。

3.8.3 采暖管道的保温层、防水层施工。

3.8.4 采暖系统安装完成后的系统试运转和调试。

3.9 通风与空调节能工程

3.9.1 通风与空调节能工程中的送、排风系统、空调风系统、空调水系统的安装应抽查以下内容：

1 各系统的制式及其安装；

2 各种设备、自控阀门与仪表安装；

3 水系统各分支管路水力平衡装置安装及调试的情况；

4 空调系统分栋、分户、分室(区)冷、热计量设备安装。

3.9.2 风管的制作与安装应抽查以下内容：

1 风管严密性及风管系统的严密性检测；

2 风管与部件、风管与土建风道及风管间的连接；

3 需要绝热的风管与金属支架的接触处、复合风管及需要绝热的非金属风管的连接和加固等处的冷桥处理。

3.9.3 各种空调机组的安装、与风管连接的情况及现场组装的组合式空调机组各功能段之间连接检测。

3.9.4 风机盘管机组的选型及安装和调试的情况。

3.9.5 空调与通风系统中风机的选型及安装。

3.9.6 带热回收功能的双向换气装置和集中排风系统中的排风热回收装置选型及安装。

3.9.7 空调机组回水管上的电动两通调节阀、风机盘管机组回水管上的电动两通(调节)阀、空调冷热水系统中的水力平衡装置、冷(热)量计量装置等自控阀门与仪表的选型及安装。

3.9.8 风管和空调水系统管道隔热层、防潮层选材。

3.9.9 空调水系统的冷热水管道及配件与支、吊架之间绝热衬垫安装和冷桥隔断的措施。

3.9.10 通风与空调系统安装完毕后的通风机和空调机组等设备的单机试运转和调试及通风空调系统无生产负荷下的联合试运转和调试检测。

3.10 空调与采暖系统冷热源及管网节能工程

3.10.1 空调与采暖系统冷热源设备和辅助设备及其管网系统的安装。

3.10.2 空调冷热源水系统管道及配件绝热层和防潮层的施工情况。

3.10.3 空调与采暖系统冷热源和辅助设备及其管道和管网系统安装完毕后的系统试运转及调试情况。

3.11 配电与照明节能工程

3.11.1　锅炉房动力用电、冷却塔水泵用电和照明用电计量设备安装。

3.11.2　住宅公共部分和公共建筑的照明的高效光源、高效灯具和节能控制装置安装。

3.11.3　水泵、风机等设备的节能装置安装。

3.11.4　低压配电系统及照明系统检测。

3.12　监测与控制节能工程

3.12.1　监测与自动控制系统的安装、调试和联动情况。

3.12.2　监测和自动控制系统与空调、采暖、配电和照明等系统联动运行、监测情况。

3.13　施工过程中的检测和试验

3.13.1　施工过程中是否按相关规范规定进行了各项测试、试验。

3.13.2　测试、试验的批次、数量是否符合要求。

3.13.3　测试、试验的结果是否满足设计要求。

4　质量问题的处理

4.0.1　监督检查发现违反规范规程的一般问题，应当下达《责令整改通知书》，并督促责任单位落实整改。

4.0.2　监督检查时发现违反规范规程中"强制性条文"的、没有进行施工图设计文件审查的、不按审查合格的设计文件施工的、没有进行建筑节能专项备案的、建筑节能设计变更未进行复审和备案的、没有建筑节能专项施工方案的、没有做建筑节能工程施工示范样板的，应当下达《责令暂停施工通知书》，经整改复查合格后，方可复工。

4.0.3　对在监督检查中发现的严重质量违规行为，监督机构应报告建设行政主管部门，由建设行政主管部门按有关法律、法规进行查处。

5　建筑节能工程竣工分部质量验收的监督

5.0.1　建筑节能工程验收应满足以下条件：

1　施工单位出具的建筑节能工程分部质量验收报告，建筑围护结构的外墙节能构造实体检验，严寒、寒冷和夏热冬冷地区的外窗气密性现场实体检测，采暖、通风与空调、照明系统检测资料等合格证明文件，以及施工过程中发现的质量问题整改报告等；

2　检查建筑节能分部工程重点部位隐蔽验收记录和相关图像资料；

3　检查相关节能分部工程检验批、分项工程、子分部工程验收合格标准及合格依据，以及检验批和分项工程的划分；

4　设计单位出具的建筑节能工程质量检查报告；

5　监理单位出具的建筑节能工程质量评估报告。

5.0.2　监督机构应对验收组成员组成及节能验收程序进行监督。

5.0.3　监督机构应对节能工程实体质量进行抽测、对观感质量进行检查。

5.0.4　节能工程竣工验收监督的记录应包括下列内容：

1　对节能工程建设强制性标准执行情况的评价；

2　对节能工程观感质量检查验收的评价；

3　对节能工程验收的组织及程序的评价；

4　对节能工程验收报告的评价。

6　工程质量监督报告的内容

6.0.1　节能工程概况。

6.0.2　对建筑节能施工过程中责任主体和有关机构质量行为及执行工程建设强制性标准的检查情况，包括图纸是否经过审图机构审查和到节能管理部门备案、节能材料进场是否经过复试、节能工程是否有专项施工方案、是否有施工示范样板、是否有节能专项验收等。

6.0.3　建筑节能工程实体质量监督抽查(包括监督检测)情况，监督机构对涉及建筑节能系统安全、使用功能、关键部位的实体质量或材料进行监督抽测、检测记录。

6.0.4　建筑节能工程质量技术档案和施工管理资料抽查情况。

6.0.5　建筑节能工程质量问题的整改和质量事故处理情况。

6.0.6　建筑节能施工过程中各方质量责任主体及相关有资格人员的不良记录内容。

6.0.7　建筑节能分部工程质量验收监督记录及监督评价和建议。

7　建筑节能工程质量监督档案

7.0.1　建筑节能工程质量监督档案是单位工程质量监督档案的组成部分。

7.0.2　建筑节能工程质量监督档案应包括以下主要内容：

1　建筑节能工程项目监督工作方案；

2　建筑节能工程施工过程监督抽查(包括监督检测)记录；

3　建筑节能工程质量分部验收监督记录；

4　节能分部施工中发生质量问题的整改和质量事故处理的有关资料；

5　建筑节能工程监督过程中所形成的照片(含底片)、音像资料。

附录 3-9-4　绿 色 施 工 导 则

（2007 年 9 月 10 日建质〔2007〕223 号）

各省、自治区建设厅，直辖市建委，国务院有关部门：

现将《绿色施工导则》印发给你们，请结合本地区、本部门实际情况认真贯彻执行。执行中有何问题和建议，请及时告我部工程质量安全监督与行业发展司。

附件：绿色施工导则

中华人民共和国建设部

二○○七年九月十日

绿 色 施 工 导 则

1　总　　则

1.1　我国尚处于经济快速发展阶段，作为大量消耗资源、影响环境的建筑业，应全面实施绿色施工，承担起可持续发展的社会责任。

1.2　本导则用于指导建筑工程的绿色施工，并可供其他建设工程的绿色施工参考。

1.3　绿色施工是指工程建设中，在保证质量、安全等基本要求的前提下，通过科学管理和技术进步，最大限度地节约资源与减少对环境负面影响的施工活动，实现四节一环保(节能、节地、节水、节材和环境保护)。

1.4　绿色施工应符合国家的法律、法规及相关的标准规范，实现经济效益、社会效益和环境效益的统一。

1.5　实施绿色施工，应依据因地制宜的原则，贯彻执行国家、行业和地方相关的技术经济政策。

1.6　运用 ISO 14000 和 ISO 18000 管理体系，将绿色施工有关内容分解到管理体系目标中去，使绿色施工规范化、标准化。

1.7　鼓励各地区开展绿色施工的政策与技术研究，发展绿色施工的新技术、新设备、新材料与新工艺，推行应用示范工程。

2　绿色施工原则

2.1　绿色施工是建筑全寿命周期中的一个重要阶段。实施绿色施工，应进行总体方案优化。在规划、设计阶段，应充分考虑绿色施工的总体要求，为绿色施工提供基础条件。

2.2　实施绿色施工，应对施工策划、材料采购、现场施工、工程验收等各阶段进行控制，加强对整个施工过程的管理和监督。

3　绿色施工总体框架

绿色施工总体框架由施工管理、环境保护、节材与材料资源利用、节水与水资源利用、节能与能源利用、节地与施工用地保护六个方面组成。这六个方面涵盖了绿色施工的基本指标，同时包含了施工策划、材料采购、现场施工、工程验收等各阶段的指标的子集。

4　绿色施工要点

4.1　绿色施工管理主要包括组织管理、规划管理、实施管理、评价管理和人员安全与健康管理五个方面。

4.1.1　组织管理

1. 建立绿色施工管理体系，并制定相应的管理制度与目标。

2. 项目经理为绿色施工第一责任人，负责绿色施工的组织实施及目标实现，并指定绿色施工管理人员和监督人员。

4.1.2　规划管理

1. 编制绿色施工方案。该方案应在施工组织设计中独立成章，并按有关规定进行审批。

2. 绿色施工方案应包括以下内容：

(1) 环境保护措施，制定环境管理计划及应急救援预案，采取有效措施，降低环境负荷，保护地下设施和文物等资源。

(2) 节材措施，在保证工程安全与质量的前提下，制定节材措施。如进行施工方案的节材优化，建筑垃圾减量化，尽量利用可循环材料等。

(3) 节水措施，根据工程所在地的水资源状况，制定节水措施。

(4) 节能措施，进行施工节能策划，确定目标，制定节能措施。

(5) 节地与施工用地保护措施，制定临时用地指标、施工总平面布置规划及临时用地节地措施等。

4.1.3　实施管理

1. 绿色施工应对整个施工过程实施动态管理，加强对施工策划、施工准备、材料采购、现场施工、工程验收等各阶段的管理和监督。

2. 应结合工程项目的特点，有针对性地对绿色施工作相应的宣传，通过宣传营造绿色施工的氛围。

3. 定期对职工进行绿色施工知识培训，增强职工绿色施工意识。

4.1.4　评价管理

1. 对照本导则的指标体系，结合工程特点，对绿色施工的效果及采用的新技术、新设备、新材料与新工艺，进行自评估。

2. 成立专家评估小组，对绿色施工方案、实施过程至项目竣工，进行综合评估。

4.1.5　人员安全与健康管理

1. 制订施工防尘、防毒、防辐射等职业危害的措施，保障施工人员的长期职业健康。

2. 合理布置施工场地，保护生活及办公区不受施工活动的有害影响。施工现场建立卫生急救、保健防疫制度，在安全事故和疾病疫情出现时提供及时救助。

3. 提供卫生、健康的工作与生活环境，加强对施工人员的住宿、膳食、饮用水等生活与环境卫生等管理，明显改善施工人员的生活条件。

4.2　环境保护技术要点

4.2.1　扬尘控制

1. 运送土方、垃圾、设备及建筑材料等，不污损场外道路。运输容易散落、飞扬、流漏的物料的车辆，必须采取措施封闭严密，保证车辆清洁。施工现场出口应设置洗车槽。

2. 土方作业阶段，采取洒水、覆盖等措施，达到作业区目测扬尘高度小于 1.5m，不扩散到场区外。

3. 结构施工、安装装饰装修阶段，作业区目测扬尘高度小于 0.5m。对易产生扬尘的堆放材料应采取覆盖措施；对粉末状材料应封闭存放；场区内可能引起扬尘的材料及建筑垃圾搬运应有降尘措施，如覆盖、洒水等；浇筑混凝土前清理灰尘和垃圾时尽量使用吸尘器，避免使用吹风器等易产生扬尘的设备；机械剔凿作业时可用局部遮挡、掩盖、水淋等防护措施；高层或多层建筑清理垃圾应搭设封闭性临时专用道或采用容器吊运。

4. 施工现场非作业区达到目测无扬尘的要求。对现场易飞扬物质采取有效措施，如洒水、地面硬化、围挡、密网覆盖、封闭等，防止扬尘产生。

5. 构筑物机械拆除前，做好扬尘控制计划。可采取清理积尘、拆除体洒水、设置隔档等措施。

6. 构筑物爆破拆除前，做好扬尘控制计划。可采用清理积尘、淋湿地面、预湿墙体、屋面敷水袋、楼面蓄水、建筑外设高压喷雾状水系统、搭设防尘排栅和直升机投水弹等综合降尘。选择风力小的天气进行爆破作业。

7. 在场界四周隔档高度位置测得的大气总悬浮颗粒物(TSP)月平均浓度与城市背景值的差值不大于 $0.08mg/m^3$。

4.2.2　噪音与振动控制

1. 现场噪音排放不得超过国家标准《建筑施工场界噪声限值》（GB 12523—90)的规定。

2. 在施工场界对噪音进行实时监测与控制。监测方法执行国家标准《建筑施工场界噪声测量方法》（GB 12524—90)。

3. 使用低噪音、低振动的机具，采取隔音与隔振措施，避免或减少施工噪音和振动。

4.2.3　光污染控制

1. 尽量避免或减少施工过程中的光污染。夜间室外照明灯加设灯罩，透光方向集中在施工范围。

2. 电焊作业采取遮挡措施，避免电焊弧光外泄。

4.2.4　水污染控制

1. 施工现场污水排放应达到国家标准《污水综合排放标准》（GB 8978—1996)的要求。

2. 在施工现场应针对不同的污水，设置相应的处理设施，如沉淀池、隔油池、化粪池等。

3. 污水排放应委托有资质的单位进行废水水质检测，提供相应的污水检测报告。

4. 保护地下水环境。采用隔水性能好的边坡支护技术。在缺水地区或地下水位持续下降的地区，基坑降水尽可能少地抽取地下水；当基坑开挖抽水量大于 50 万 m^3 时，应进行地下水回灌，并避免地下水被污染。

5. 对于化学品等有毒材料、油料的储存地，应有严格的隔水层设计，做好渗漏液收集和处理。

4.2.5 土壤保护

1. 保护地表环境，防止土壤侵蚀、流失。因施工造成的裸土，及时覆盖砂石或种植速生草种，以减少土壤侵蚀；因施工造成容易发生地表径流土壤流失的情况，应采取设置地表排水系统、稳定斜坡、植被覆盖等措施，减少土壤流失。

2. 沉淀池、隔油池、化粪池等不发生堵塞、渗漏、溢出等现象。及时清掏各类池内沉淀物，并委托有资质的单位清运。

3. 对于有毒有害废弃物如电池、墨盒、油漆、涂料等应回收后交有资质的单位处理，不能作为建筑垃圾外运，避免污染土壤和地下水。

4. 施工后应恢复施工活动破坏的植被（一般指临时占地内）。与当地园林、环保部门或当地植物研究机构进行合作，在先前开发地区种植当地或其他合适的植物，以恢复剩余空地地貌或科学绿化，补救施工活动中人为破坏植被和地貌造成的土壤侵蚀。

4.2.6 建筑垃圾控制

1. 制定建筑垃圾减量化计划，如住宅建筑，每万平方米的建筑垃圾不宜超过 400 吨。

2. 加强建筑垃圾的回收再利用，力争建筑垃圾的再利用和回收率达到 30%，建筑物拆除产生的废弃物的再利用和回收率大于 40%。对于碎石类、土石方类建筑垃圾，可采用地基填埋、铺路等方式提高再利用率，力争再利用率大于 50%。

3. 施工现场生活区设置封闭式垃圾容器，施工场地生活垃圾实行袋装化，及时清运。对建筑垃圾进行分类，并收集到现场封闭式垃圾站，集中运出。

4.2.7 地下设施、文物和资源保护

1. 施工前应调查清楚地下各种设施，做好保护计划，保证施工场地周边的各类管道、管线、建筑物、构筑物的安全运行。

2. 施工过程中一旦发现文物，立即停止施工，保护现场并通报文物部门并协助做好工作。

3. 避让、保护施工场区及周边的古树名木。

4. 逐步开展统计分析施工项目的 CO_2 排放量，以及各种不同植被和树种的 CO_2 固定量的工作。

4.3 节材与材料资源利用技术要点

4.3.1 节材措施

1. 图纸会审时，应审核节材与材料资源利用的相关内容，达到材料损耗率比定额损耗率降低 30%。

2. 根据施工进度、库存情况等合理安排材料的采购、进场时间和批次，减少库存。

3. 现场材料堆放有序。储存环境适宜，措施得当。保管制度健全，责任落实。

4. 材料运输工具适宜，装卸方法得当，防止损坏和遗撒。根据现场平面布置情况就近卸载，避免和减少二次搬运。

5. 采取技术和管理措施提高模板、脚手架等的周转次数。

6. 优化安装工程的预留、预埋、管线路径等方案。

7. 应就地取材，施工现场 500 公里以内生产的建筑材料用量占建筑材料总重量的 70%以上。

4.3.2 结构材料

1. 推广使用预拌混凝土和商品砂浆。准确计算采购数量、供应频率、施工速度等，在施工过程中动态控制。结构工程使用散装水泥。

2. 推广使用高强钢筋和高性能混凝土，减少资源消耗。

3. 推广钢筋专业化加工和配送。

4. 优化钢筋配料和钢构件下料方案。钢筋及钢结构制作前应对下料单及样品进行复核，无误后方可批量下料。

5. 优化钢结构制作和安装方法。大型钢结构宜采用工厂制作，现场拼装；宜采用分段吊装、整体提升、滑移、顶升等安装方法，减少方案的措施用材量。

6. 采取数字化技术，对大体积混凝土、大跨度结构等专项施工方案进行优化。

4.3.3　围护材料

1. 门窗、屋面、外墙等围护结构选用耐候性及耐久性良好的材料，施工确保密封性、防水性和保温隔热性。

2. 门窗采用密封性、保温隔热性能、隔音性能良好的型材和玻璃等材料。

3. 屋面材料、外墙材料具有良好的防水性能和保温隔热性能。

4. 当屋面或墙体等部位采用基层加设保温隔热系统的方式施工时，应选择高效节能、耐久性好的保温隔热材料，以减小保温隔热层的厚度及材料用量。

5. 屋面或墙体等部位的保温隔热系统采用专用的配套材料，以加强各层次之间的粘结或连接强度，确保系统的安全性和耐久性。

6. 根据建筑物的实际特点，优选屋面或外墙的保温隔热材料系统和施工方式，例如保温板粘贴、保温板干挂、聚氨酯硬泡喷涂、保温浆料涂抹等，以保证保温隔热效果，并减少材料浪费。

7. 加强保温隔热系统与围护结构的节点处理，尽量降低热桥效应。针对建筑物的不同部位保温隔热特点，选用不同的保温隔热材料及系统，以做到经济适用。

4.3.4　装饰装修材料

1. 贴面类材料在施工前，应进行总体排版策划，减少非整块材的数量。

2. 采用非木质的新材料或人造板材代替木质板材。

3. 防水卷材、壁纸、油漆及各类涂料基层必须符合要求，避免起皮、脱落。各类油漆及粘结剂应随用随开启，不用时及时封闭。

4. 幕墙及各类预留预埋应与结构施工同步。

5. 木制品及木装饰用料、玻璃等各类板材等宜在工厂采购或定制。

6. 采用自粘类片材，减少现场液态粘结剂的使用量。

4.3.5　周转材料

1. 应选用耐用、维护与拆卸方便的周转材料和机具。

2. 优先选用制作、安装、拆除一体化的专业队伍进行模板工程施工。

3. 模板应以节约自然资源为原则，推广使用定型钢模、钢框竹模、竹胶板。

4. 施工前应对模板工程的方案进行优化。多层、高层建筑使用可重复利用的模板体系，模板支撑宜采用工具式支撑。

5. 优化高层建筑的外脚手架方案，采用整体提升、分段悬挑等方案。

6. 推广采用外墙保温板替代混凝土施工模板的技术。

7. 现场办公和生活用房采用周转式活动房。现场围挡应最大限度地利用已有围墙，或采用装配式可重复使用围挡封闭。力争工地临房、临时围挡材料的可重复使用率达到70%。

4.4　节水与水资源利用的技术要点

4.4.1　提高用水效率

1. 施工中采用先进的节水施工工艺。

2. 施工现场喷洒路面、绿化浇灌不宜使用市政自来水。现场搅拌用水、养护用水应采取有效的节水措施，严禁无措施浇水养护混凝土。

3. 施工现场供水管网应根据用水量设计布置，管径合理、管路简捷，采取有效措施减少管网和用水器具的漏损。

4. 现场机具、设备、车辆冲洗用水必须设立循环用水装置。施工现场办公区、生活区的生活用水采用节水系统和节水器具，提高节水器具配置比率。项目临时用水应使用节水型产品，安装计量装置，采取针对性的节水措施。

5. 施工现场建立可再利用水的收集处理系统，使水资源得到梯级循环利用。

6. 施工现场分别对生活用水与工程用水确定用水定额指标，并分别计量管理。

7. 大型工程的不同单项工程、不同标段、不同分包生活区，凡具备条件的应分别计量用水量。在签订不同标段分包或劳务合同时，将节水定额指标纳入合同条款，进行计量考核。

8. 对混凝土搅拌站点等用水集中的区域和工艺点进行专项计量考核。施工现场建立雨水、中水或可再利用水的搜集利用系统。

4.4.2 非传统水源利用

1. 优先采用中水搅拌、中水养护，有条件的地区和工程应收集雨水养护。

2. 处于基坑降水阶段的工地，宜优先采用地下水作为混凝土搅拌用水、养护用水、冲洗用水和部分生活用水。

3. 现场机具、设备、车辆冲洗、喷洒路面、绿化浇灌等用水，优先采用非传统水源，尽量不使用市政自来水。

4. 大型施工现场，尤其是雨量充沛地区的大型施工现场建立雨水收集利用系统，充分收集自然降水用于施工和生活中适宜的部位。

5. 力争施工中非传统水源和循环水的再利用量大于 30%。

4.4.3 用水安全

在非传统水源和现场循环再利用水的使用过程中，应制定有效的水质检测与卫生保障措施，确保避免对人体健康、工程质量以及周围环境产生不良影响。

4.5 节能与能源利用的技术要点

4.5.1 节能措施

1. 制订合理施工能耗指标，提高施工能源利用率。

2. 优先使用国家、行业推荐的节能、高效、环保的施工设备和机具，如选用变频技术的节能施工设备等。

3. 施工现场分别设定生产、生活、办公和施工设备的用电控制指标，定期进行计量、核算、对比分析，并有预防与纠正措施。

4. 在施工组织设计中，合理安排施工顺序、工作面，以减少作业区域的机具数量，相邻作业区充分利用共有的机具资源。安排施工工艺时，应优先考虑耗用电能的或其它能耗较少的施工工艺。避免设备额定功率远大于使用功率或超负荷使用设备的现象。

5. 根据当地气候和自然资源条件，充分利用太阳能、地热等可再生能源。

4.5.2 机械设备与机具

1. 建立施工机械设备管理制度，开展用电、用油计量，完善设备档案，及时做好维修保养工作，使机械设备保持低耗、高效的状态。

2. 选择功率与负载相匹配的施工机械设备，避免大功率施工机械设备低负载长时间运行。机电安装可采用节电型机械设备，如逆变式电焊机和能耗低、效率高的手持电动工具等，以利节电。机械设备宜使用节能型油料添加剂，在可能的情况下，考虑回收利用，节约油量。

3. 合理安排工序，提高各种机械的使用率和满载率，降低各种设备的单位耗能。

4.5.3 生产、生活及办公临时设施

1. 利用场地自然条件，合理设计生产、生活及办公临时设施的体形、朝向、间距和窗墙面积比，使其获得良好的日照、通风和采光。南方地区可根据需要在其外墙窗设遮阳设施。

2. 临时设施宜采用节能材料，墙体、屋面使用隔热性能好的的材料，减少夏天空调、冬天取暖设备的使用时间及耗能量。

3. 合理配置采暖、空调、风扇数量，规定使用时间，实行分段分时使用，节约用电。

4.5.4 施工用电及照明

1. 临时用电优先选用节能电线和节能灯具，临电线路合理设计、布置，临电设备宜采用自动控制装置。采用声控、光控等节能照明灯具。

2. 照明设计以满足最低照度为原则，照度不应超过最低照度的20%。

4.6 节地与施工用地保护的技术要点

4.6.1 临时用地指标

1. 根据施工规模及现场条件等因素合理确定临时设施，如临时加工厂、现场作业棚及材料堆场、办公生活设施等的占地指标。临时设施的占地面积应按用地指标所需的最低面积设计。

2. 要求平面布置合理、紧凑，在满足环境、职业健康与安全及文明施工要求的前提下尽可能减少废弃地和死角，临时设施占地面积有效利用率大于90%。

4.6.2 临时用地保护

1. 应对深基坑施工方案进行优化，减少土方开挖和回填量，最大限度地减少对土地的扰动，保护周边自然生态环境。

2. 红线外临时占地应尽量使用荒地、废地，少占用农田和耕地。工程完工后，及时对红线外占地恢复原地形、地貌，使施工活动对周边环境的影响降至最低。

3. 利用和保护施工用地范围内原有绿色植被。对于施工周期较长的现场，可按建筑永久绿化的要求，安排场地新建绿化。

4.6.3 施工总平面布置

1. 施工总平面布置应做到科学、合理，充分利用原有建筑物、构筑物、道路、管线为施工服务。

2. 施工现场搅拌站、仓库、加工厂、作业棚、材料堆场等布置应尽量靠近已有交通线路或即将修建的正式或临时交通线路，缩短运输距离。

3. 临时办公和生活用房应采用经济、美观、占地面积小、对周边地貌环境影响较小，且适合于施工平面布置动态调整的多层轻钢活动板房、钢骨架水泥活动板房等标准化装配式结构。生活区与生产区应分开布置，并设置标准的分隔设施。

4. 施工现场围墙可采用连续封闭的轻钢结构预制装配式活动围挡，减少建筑垃圾，保护土地。

5. 施工现场道路按照永久道路和临时道路相结合的原则布置。施工现场内形成环形通路，减少道路占用土地。

6. 临时设施布置应注意远近结合(本期工程与下期工程)，努力减少和避免大量临时建筑拆迁和场地搬迁。

5 发展绿色施工的新技术、新设备、新材料与新工艺

5.1 施工方案应建立推广、限制、淘汰公布制度和管理办法。发展适合绿色施工的资源利用与环境保护技术，对落后的施工方案进行限制或淘汰，鼓励绿色施工技术的发展，推动绿色施工技术的创新。

5.2 大力发展现场监测技术、低噪音的施工技术、现场环境参数检测技术、自密实混凝土施工技术、清水混凝土施工技术、建筑固体废弃物再生产品在墙体材料中的应用技术、新型模板及脚手架技术的研究与应用。

5.3 加强信息技术应用，如绿色施工的虚拟现实技术、三维建筑模型的工程量自动统计、绿色施工组织设计数据库建立与应用系统、数字化工地、基于电子商务的建筑工程材料、设备与物流管理系统等。通过应用信息技术，进行精密规划、设计、精心建造和优化集成，实现与提高绿色施工的各项指标。

6 绿色施工的应用示范工程

我国绿色施工尚处于起步阶段，应通过试点和示范工程，总结经验，引导绿色施工的健康发展。各地应根据具体情况，制订有针对性的考核指标和统计制度，制订引导施工企业实施绿色施工的激励政策，促进绿色施工的发展。

附录3-9-5 民用建筑节能信息公示办法

(2008 年 6 月 26 日建科 [2008] 116 号)

为了发挥社会公众监督作用，加强民用建筑节能监督管理，根据《中华人民共和国节约能源法》的有关规定，制定本办法。

第一条 民用建筑节能信息公示，是指建设单位在房屋施工、销售现场，按照建筑类型及其所处气候区域的建筑节能标准，根据审核通过的施工图设计文件，把民用建筑的节能性能、节能措施、保护要求以张贴、载明等方式予以明示的活动。

第二条 新建(改建、扩建)和进行节能改造的民用建筑应当公示建筑节能信息。

第三条 建筑节能信息公示内容包括节能性能、节能措施、保护要求。

节能性能指：建筑节能率，并比对建筑节能标准规定的指标。

节能措施指：围护结构、供热采暖、空调制冷、照明、热水供应等系统的节能措施及可再生能源的利用。

具体内容见附件一、附件二。

第四条 建设单位应在施工、销售现场张贴民用建筑节能信息，并在房屋买卖合同、住宅质量保证书和使用说明书中载明，并对民用建筑节能信息公示内容的真实性承担责任。

第五条 施工现场公示时限是：获得建筑工程施工许可证后 30 日内至工程竣工验收合格。

销售现场公示时限是：销售之日起至销售结束。

第六条 建设单位公示的节能性能和节能措施应与审查通过的施工图设计文件相一致。

房屋买卖合同应包括建筑节能专项内容，由当事人双方对节能性能、节能措施作出承诺性约定。

住宅质量保证书应对节能措施的保修期作出明确规定。

住宅使用说明书应对围护结构保温工程的保护要求，门窗、采暖空调、通风照明等设施设备的使用注意事项作出明确规定。

建筑节能信息公示内容必须客观真实，不得弄虚作假。

第七条 建筑工程施工过程中变更建筑节能性能和节能措施的，建设单位应在节能措施实施变更前办妥设计变更手续，并将设计单位出具的设计变更报经原施工图审查机构审查同意后于 15 日之内予以公示。

第八条 建设单位未按本办法规定公示建筑节能信息的，根据《节约能源法》的相关规定予以处罚。

第九条 建筑能效测评标识按《关于试行民用建筑能效测评标识制度的通知》(建科 [2008] 80 号)执行，绿色建筑标识按《关于印发〈绿色建筑评价标识管理办法〉(试行)的通知》(建科 [2007] 206 号)执行。

第十条 本办法自 2008 年 7 月 15 日起实施。

附件一：

施工、销售现场公示内容

建设单位			
项目名称			
围护结构	墙体	传热系数(W/m²·K)/保温材料层厚度(mm)	
	屋面	传热系数(W/m²·K)/保温材料层厚度(mm)	
	地面	传热系数(W/m²·K)/保温材料层厚度(mm)	
	门窗	传热系数	
		综合遮阳系数	
		节能性能标识	
供热系统	室内采暖形式		
	热计量方式		
	系统调节装置		
空调系统	冷源机组类型		
	能效比		
热水利用	供应方式		
	用能类型		
照明	照度		
	功率密度		
可再生能源利用	利用形式		
	保证率		
建筑能源利用效率	本建筑的节能率与建筑节能标准比较情况		

填表内容说明：

一、本表所填内容应与建筑节能报审表、经审查合格的节能设计文件一致；

二、门窗类型包括：断热桥铝合金中空玻璃窗、断热桥铝合金 Low-E 中空玻璃窗、塑钢中空玻璃窗、塑钢 Low-E 中空玻璃窗、塑钢单层玻璃窗、其他

三、室内采暖形式包括：散热器供暖、地面辐射供暖、其他

四、热计量方式包括：户用热计量表法、热分配计法、温度法、楼栋热量表法、其他

五、系统调节装置包括：静态水力平衡阀、自力式流量控制阀、自力式压差控制阀、散热器恒温阀、其他

六、空调冷热源类型包括：压缩式冷水(热泵)机组、吸收式冷水机组、分体式房间空调器、多联机、区域集中供冷、独立冷热源集中供冷、其他

七、热水供应方式包括：集中式、分散式

八、热水利用用能类型包括：电、燃气、太阳能、蒸汽、其他

九、本建筑的节能率与建筑节能标准比较情况包括：优于标准规定、满足标准规定、不符合标准规定

附件二：

商品房买卖合同、住宅质量保证书和
使用说明书中载明的内容

一、围护结构保温(隔热)、遮阳设施

（一）墙体

1. 保温形式 [ ]［A外保温］［B内保温］［C夹芯保温］［D其他］

2. 保温材料名称 [ ]［A挤塑聚苯乙烯发泡板］［B模塑聚苯乙烯发泡板］［C聚氨酯发泡］［D岩棉］［E玻璃棉毡］［F保温浆料］［G其他］

3. 保温材料性能：密度 [kg/m³]、燃烧性能 [h]、导热系数 [W/M·K]、保温材料层厚度 [mm]

4. 墙体传热系数 [w/m²·k]

（二）屋面

1. 保温(隔热)形式 [、]［A坡屋顶］［B平屋顶］［C坡屋顶、平屋顶混合］［D有架空屋面板］［E保温层与防水层倒置］［F其他］

2. 保温材料名称 [ ]［A挤塑聚苯乙烯发泡板］［B聚氨酯发泡］［C加气砼砌块］［D憎水珍珠岩］［F其他］

3. 保温材料性能：密度 [kg/m³]、导热系数 [W/M·K]、吸水率 [%]、保温材料层厚度 [mm]

4. 屋顶传热系数 [w/m²·k]

（三）地面(楼面)

1. 保温形式 [ ][ ]［A采暖区不采暖地下室顶板保温］［B采暖区过街楼面保温］［C底层地面保温］［D其他］

2. 保温材料名称 [ ]［A挤塑聚苯乙烯发泡板］［B模箱聚苯乙烯发泡板］［C聚氨酯发泡］［D其他］

3. 保温材料性能：密度 [kg/m³]、导热系数 [W/M·K]、保温材料层厚度 [mm]

4. 地面(楼面)传热系数 [w/m²·k]。

（四）外门窗(幕墙)

1. 门窗类型 [、][、][、][、]［A断热桥铝合金中空玻璃窗］［B断热桥铝合金loe中空玻璃窗］［C塑钢中空玻璃窗］［D塑钢loe中空玻璃窗］［E塑钢单层玻璃窗］［F其他］

2. 外遮阳形式：[、]［A水平百叶遮阳］［B水平挡板遮阳］［C垂直百叶遮阳］［D垂直挡板遮阳］［E垂直卷帘遮阳］

3. 内遮阳材料 [ ]［A金属百叶］［B无纺布］［C绒布］［D纱］［E竹帘］［F其它］

4. 门窗性能：传热系数 [w/m²·k]、遮阳系数 [%]、可见光透射比 [ ]、气密性能 [ ]

二、供热采暖系统及其节能设施

(1)供热方式：[ ]［A城市热力集中供热］［B区域锅炉房集中供热］［C分户独立热源供热］［D热电厂余热供热］

(2)室内采暖方式：[ ]［A散热器供暖］［B地面辐射供暖］［C其他］

(3)室内采暖系统形式：［A垂直双管系统］［B水平双管系统］［C带跨越管的垂直单管系统］［D带跨越管的水平单管系统］［E地面辐射供暖系统］［F其他系统］

(4)系统调节装置：[ ]［A静态水力平衡阀］［B自力式流量控制阀］［C自力式压差控制阀］［散热器恒温阀］［D其他］

(5) 热量分摊(计量)方法：[　　]［A 户用热计量表法］［B 热分配计法］［C 温度法］［D 楼栋热量表法］［E 其他］

三、空调、通风、照明系统及其节能设施(公共建筑)

(1) 空调风系统形式：[　　]［A 定风量全空气系统］［B 变风量全空气系统］［C 风机盘管加新风系统］［D 其他］

(2) 有无新风热回收装置：[　　]［A 有］［B 无］

(3) 空调水系统制式：[　　]［A 一次泵系统］［B 二次泵系统］［C 一次泵变流量系统］［D 其他］

(4) 空调冷热源类型及供冷方式：[　　]　[　　]［A 压缩式冷水(热泵)机组］［B 吸收式冷水机组］［C 分体式房间空调器］［D 多联机］［E 其他］［F 区域集中供冷］［G 独立冷热源集中供冷］

(5) 系统调节装置：[　　]［A 电动两通阀］［B 电动两通调节阀］［C 动态电动两通阀］［D 动态电动两通调节阀］［E 压差控制装置］［F 对开式电动风量调节阀］［G 其他］

(6) 送、排风系统形式：[　　]［A 自然通风系统］［B 机械送排风系统］［C 机械排风、自然进风系统］［D 设有排风余热回收装置的机械送排风系统］［E 其他］

(7) 照明系统性能：照度值[　　]、功率密度值[　　]

(8) 节能灯具类型：［A 普通荧光灯］［B T8 级］［C T5 级］［D LED］［E 其他］

(9) 照明系统有无分组控制控制方式：［A 有］［B 无］

(10) 生活热水系统的形式和热源：［A 集中式］［B 分散式］［C 电］［D 蒸汽］［E 燃气］［F 太阳能］［G 其他］

四、可再生能源利用

(一) 太阳能利用：[　　]［A 太阳能生活热水供应］［B 太阳能采暖］［C 太阳能空调制冷］［D 太阳能光伏发电］［E 其他］

(二) 地源热泵：[　　]［A 土壤源热泵］［B 浅层地下水源热泵］［C 地表水源热泵］［D 污水水源热泵］

(三) 风能利用：[　　]［A 风能发电］［B 其他］

(四) 余热利用：[　　]［A 利用余热制备生活热水采暖］［B 利用余热制备采暖热水］［C 利用余热制备空调热水］［D 利用余热加热(冷却)新风］

五、建筑能耗与能源利用效率

(一) 当地节能建筑单位建筑面积年度能源消耗量指标：采暖[　　] w/m²，制冷[　　] w/m²，

(二) 本建筑单位建筑面积年度能源消耗量指标：采暖[　　] w/m²、制冷[　　] w/m²

(三) 本建筑建筑物用能系统效率：热(冷)源效率[　　%]、管网输送效率[　　%]

(四) 本建筑与建筑节能标准比较：[　　]［A 优于标准规定］［B 满足标准规定］［C 不符合标准规定］

附录 3-9-6 民用建筑节能条例

(2008 年 8 月 1 日中华人民共和国国务院令第 530 号)

第一章 总 则

第一条 为了加强民用建筑节能管理，降低民用建筑使用过程中的能源消耗，提高能源利用效率，制定本条例。

第二条 本条例所称民用建筑节能，是指在保证民用建筑使用功能和室内热环境质量的前提下，降低其使用过程中能源消耗的活动。

本条例所称民用建筑，是指居住建筑、国家机关办公建筑和商业、服务业、教育、卫生等其他公共建筑。

第三条   各级人民政府应当加强对民用建筑节能工作的领导，积极培育民用建筑节能服务市场，健全民用建筑节能服务体系，推动民用建筑节能技术的开发应用，做好民用建筑节能知识的宣传教育工作。

第四条   国家鼓励和扶持在新建建筑和既有建筑节能改造中采用太阳能、地热能等可再生能源。

在具备太阳能利用条件的地区，有关地方人民政府及其部门应当采取有效措施，鼓励和扶持单位、个人安装使用太阳能热水系统、照明系统、供热系统、采暖制冷系统等太阳能利用系统。

第五条   国务院建设主管部门负责全国民用建筑节能的监督管理工作。县级以上地方人民政府建设主管部门负责本行政区域民用建筑节能的监督管理工作。

县级以上人民政府有关部门应当依照本条例的规定以及本级人民政府规定的职责分工，负责民用建筑节能的有关工作。

第六条   国务院建设主管部门应当在国家节能中长期专项规划指导下，编制全国民用建筑节能规划，并与相关规划相衔接。

县级以上地方人民政府建设主管部门应当组织编制本行政区域的民用建筑节能规划，报本级人民政府批准后实施。

第七条   国家建立健全民用建筑节能标准体系。国家民用建筑节能标准由国务院建设主管部门负责组织制定，并依照法定程序发布。

国家鼓励制定、采用优于国家民用建筑节能标准的地方民用建筑节能标准。

第八条   县级以上人民政府应当安排民用建筑节能资金，用于支持民用建筑节能的科学技术研究和标准制定、既有建筑围护结构和供热系统的节能改造、可再生能源的应用，以及民用建筑节能示范工程、节能项目的推广。

政府引导金融机构对既有建筑节能改造、可再生能源的应用，以及民用建筑节能示范工程等项目提供支持。

民用建筑节能项目依法享受税收优惠。

第九条   国家积极推进供热体制改革，完善供热价格形成机制，鼓励发展集中供热，逐步实行按照用热量收费制度。

第十条   对在民用建筑节能工作中做出显著成绩的单位和个人，按照国家有关规定给予表彰和奖励。

第二章 新建建筑节能

第十一条   国家推广使用民用建筑节能的新技术、新工艺、新材料和新设备，限制使用或者禁止使用能源消耗高的技术、工艺、材料和设备。国务院节能工作主管部门、建设主管部门应当制定、公布并及时更新推广使用、限制使用、禁止使用目录。

国家限制进口或者禁止进口能源消耗高的技术、材料和设备。

建设单位、设计单位、施工单位不得在建筑活动中使用列入禁止使用目录的技术、工艺、材料和设备。

第十二条   编制城市详细规划、镇详细规划，应当按照民用建筑节能的要求，确定建筑的布局、形状和朝向。

城乡规划主管部门依法对民用建筑进行规划审查，应当就设计方案是否符合民用建筑节能强制性标准征求同级建设主管部门的意见；建设主管部门应当自收到征求意见材料之日起 10 日内提出意见。征求意见时间不计算在规划许可的期限内。

对不符合民用建筑节能强制性标准的，不得颁发建设工程规划许可证。

第十三条　施工图设计文件审查机构应当按照民用建筑节能强制性标准对施工图设计文件进行审查；经审查不符合民用建筑节能强制性标准的，县级以上地方人民政府建设主管部门不得颁发施工许可证。

第十四条　建设单位不得明示或者暗示设计单位、施工单位违反民用建筑节能强制性标准进行设计、施工，不得明示或者暗示施工单位使用不符合施工图设计文件要求的墙体材料、保温材料、门窗、采暖制冷系统和照明设备。

按照合同约定由建设单位采购墙体材料、保温材料、门窗、采暖制冷系统和照明设备的，建设单位应当保证其符合施工图设计文件要求。

第十五条　设计单位、施工单位、工程监理单位及其注册执业人员，应当按照民用建筑节能强制性标准进行设计、施工、监理。

第十六条　施工单位应当对进入施工现场的墙体材料、保温材料、门窗、采暖制冷系统和照明设备进行查验；不符合施工图设计文件要求的，不得使用。

工程监理单位发现施工单位不按照民用建筑节能强制性标准施工的，应当要求施工单位改正；施工单位拒不改正的，工程监理单位应当及时报告建设单位，并向有关主管部门报告。

墙体、屋面的保温工程施工时，监理工程师应当按照工程监理规范的要求，采取旁站、巡视和平行检验等形式实施监理。

未经监理工程师签字，墙体材料、保温材料、门窗、采暖制冷系统和照明设备不得在建筑上使用或者安装，施工单位不得进行下一道工序的施工。

第十七条　建设单位组织竣工验收，应当对民用建筑是否符合民用建筑节能强制性标准进行查验；对不符合民用建筑节能强制性标准的，不得出具竣工验收合格报告。

第十八条　实行集中供热的建筑应当安装供热系统调控装置、用热计量装置和室内温度调控装置；公共建筑还应当安装用电分项计量装置。居住建筑安装的用热计量装置应当满足分户计量的要求。

计量装置应当依法检定合格。

第十九条　建筑的公共走廊、楼梯等部位，应当安装、使用节能灯具和电气控制装置。

第二十条　对具备可再生能源利用条件的建筑，建设单位应当选择合适的可再生能源，用于采暖、制冷、照明和热水供应等；设计单位应当按照有关可再生能源利用的标准进行设计。

建设可再生能源利用设施，应当与建筑主体工程同步设计、同步施工、同步验收。

第二十一条　国家机关办公建筑和大型公共建筑的所有权人应当对建筑的能源利用效率进行测评和标识，并按照国家有关规定将测评结果予以公示，接受社会监督。

国家机关办公建筑应当安装、使用节能设备。

本条例所称大型公共建筑，是指单体建筑面积 2 万平方米以上的公共建筑。

第二十二条　房地产开发企业销售商品房，应当向购买人明示所售商品房的能源消耗指标、节能措施和保护要求、保温工程保修期等信息，并在商品房买卖合同和住宅质量保证书、住宅使用说明书中载明。

第二十三条　在正常使用条件下，保温工程的最低保修期限为 5 年。保温工程的保修期，自竣工验收合格之日起计算。

保温工程在保修范围和保修期内发生质量问题的，施工单位应当履行保修义务，并对造成的损失依法承担赔偿责任。

第二章　既有建筑节能

第二十四条　既有建筑节能改造应当根据当地经济、社会发展水平和地理气候条件等实际情况，有计划、分步骤地实施分类改造。

本条例所称既有建筑节能改造，是指对不符合民用建筑节能强制性标准的既有建筑的围护结构、供热系统、采暖制冷系统、照明设备和热水供应设施等实施节能改造的活动。

第二十五条　县级以上地方人民政府建设主管部门应当对本行政区域内既有建筑的建设年代、结构形式、用能系统、能源消耗指标、寿命周期等组织调查统计和分析，制定既有建筑节能改造计划，明确节能改造的目标、范围和要求，报本级人民政府批准后组织实施。

中央国家机关既有建筑的节能改造，由有关管理机关事务工作的机构制定节能改造计划，并组织实施。

第二十六条　国家机关办公建筑、政府投资和以政府投资为主的公共建筑的节能改造，应当制定节能改造方案，经充分论证，并按照国家有关规定办理相关审批手续方可进行。

各级人民政府及其有关部门、单位不得违反国家有关规定和标准，以节能改造的名义对前款规定的既有建筑进行扩建、改建。

第二十七条　居住建筑和本条例第二十六条规定以外的其他公共建筑不符合民用建筑节能强制性标准的，在尊重建筑所有权人意愿的基础上，可以结合扩建、改建，逐步实施节能改造。

第二十八条　实施既有建筑节能改造，应当符合民用建筑节能强制性标准，优先采用遮阳、改善通风等低成本改造措施。

既有建筑围护结构的改造和供热系统的改造，应当同步进行。

第二十九条　对实行集中供热的建筑进行节能改造，应当安装供热系统调控装置和用热计量装置；对公共建筑进行节能改造，还应当安装室内温度调控装置和用电分项计量装置。

第三十条　国家机关办公建筑的节能改造费用，由县级以上人民政府纳入本级财政预算。

居住建筑和教育、科学、文化、卫生、体育等公益事业使用的公共建筑节能改造费用，由政府、建筑所有权人共同负担。

国家鼓励社会资金投资既有建筑节能改造。

第四章　建筑用能系统运行节能

第三十一条　建筑所有权人或者使用权人应当保证建筑用能系统的正常运行，不得人为损坏建筑围护结构和用能系统。

国家机关办公建筑和大型公共建筑的所有权人或者使用权人应当建立健全民用建筑节能管理制度和操作规程，对建筑用能系统进行监测、维护，并定期将分项用电量报县级以上地方人民政府建设主管部门。

第三十二条　县级以上地方人民政府节能工作主管部门应当会同同级建设主管部门确定本行政区域内公共建筑重点用电单位及其年度用电限额。

县级以上地方人民政府建设主管部门应当对本行政区域内国家机关办公建筑和公共建筑用电情况进行调查统计和评价分析。国家机关办公建筑和大型公共建筑采暖、制冷、照明的能源消耗情况应当依照法律、行政法规和国家其他有关规定向社会公布。

国家机关办公建筑和公共建筑的所有权人或者使用权人应当对县级以上地方人民政府建设主管部门的调查统计工作予以配合。

第三十三条　供热单位应当建立健全相关制度，加强对专业技术人员的教育和培训。

供热单位应当改进技术装备，实施计量管理，并对供热系统进行监测、维护，提高供热系统的效率，保证供热系统的运行符合民用建筑节能强制性标准。

第三十四条　县级以上地方人民政府建设主管部门应当对本行政区域内供热单位的能源消耗情况进行调查统计和分析，并制定供热单位能源消耗指标；对超过能源消耗指标的，应当要求供热单位制定相应的改进措施，并监督实施。

第五章 法 律 责 任

第三十五条 违反本条例规定，县级以上人民政府有关部门有下列行为之一的，对负有责任的主管人员和其他直接责任人员依法给予处分；构成犯罪的，依法追究刑事责任：

（一）对设计方案不符合民用建筑节能强制性标准的民用建筑项目颁发建设工程规划许可证的；

（二）对不符合民用建筑节能强制性标准的设计方案出具合格意见的；

（三）对施工图设计文件不符合民用建筑节能强制性标准的民用建筑项目颁发施工许可证的；

（四）不依法履行监督管理职责的其他行为。

第三十六条 违反本条例规定，各级人民政府及其有关部门、单位违反国家有关规定和标准，以节能改造的名义对既有建筑进行扩建、改建的，对负有责任的主管人员和其他直接责任人员，依法给予处分。

第三十七条 违反本条例规定，建设单位有下列行为之一的，由县级以上地方人民政府建设主管部门责令改正，处 20 万元以上 50 万元以下的罚款：

（一）明示或者暗示设计单位、施工单位违反民用建筑节能强制性标准进行设计、施工的；

（二）明示或者暗示施工单位使用不符合施工图设计文件要求的墙体材料、保温材料、门窗、采暖制冷系统和照明设备的；

（三）采购不符合施工图设计文件要求的墙体材料、保温材料、门窗、采暖制冷系统和照明设备的；

（四）使用列入禁止使用目录的技术、工艺、材料和设备的。

第三十八条 违反本条例规定，建设单位对不符合民用建筑节能强制性标准的民用建筑项目出具竣工验收合格报告的，由县级以上地方人民政府建设主管部门责令改正，处民用建筑项目合同价款 2％以上 4％以下的罚款；造成损失的，依法承担赔偿责任。

第三十九条 违反本条例规定，设计单位未按照民用建筑节能强制性标准进行设计，或者使用列入禁止使用目录的技术、工艺、材料和设备的，由县级以上地方人民政府建设主管部门责令改正，处 10 万元以上 30 万元以下的罚款；情节严重的，由颁发资质证书的部门责令停业整顿，降低资质等级或者吊销资质证书；造成损失的，依法承担赔偿责任。

第四十条 违反本条例规定，施工单位未按照民用建筑节能强制性标准进行施工的，由县级以上地方人民政府建设主管部门责令改正，处民用建筑项目合同价款 2％以上 4％以下的罚款；情节严重的，由颁发资质证书的部门责令停业整顿，降低资质等级或者吊销资质证书；造成损失的，依法承担赔偿责任。

第四十一条 违反本条例规定，施工单位有下列行为之一的，由县级以上地方人民政府建设主管部门责令改正，处 10 万元以上 20 万元以下的罚款；情节严重的，由颁发资质证书的部门责令停业整顿，降低资质等级或者吊销资质证书；造成损失的，依法承担赔偿责任：

（一）未对进入施工现场的墙体材料、保温材料、门窗、采暖制冷系统和照明设备进行查验的；

（二）使用不符合施工图设计文件要求的墙体材料、保温材料、门窗、采暖制冷系统和照明设备的；

（三）使用列入禁止使用目录的技术、工艺、材料和设备的。

第四十二条 违反本条例规定，工程监理单位有下列行为之一的，由县级以上地方人民政府建设主管部门责令限期改正；逾期未改正的，处 10 万元以上 30 万元以下的罚款；情节严重的，由颁发资质证书的部门责令停业整顿，降低资质等级或者吊销资质证书；造成损失的，依法承担赔偿责任：

（一）未按照民用建筑节能强制性标准实施监理的；

（二）墙体、屋面的保温工程施工时，未采取旁站、巡视和平行检验等形式实施监理的。

对不符合施工图设计文件要求的墙体材料、保温材料、门窗、采暖制冷系统和照明设备，按照符合施工图设计文件要求签字的，依照《建设工程质量管理条例》第六十七条的规定处罚。

第四十三条 违反本条例规定，房地产开发企业销售商品房，未向购买人明示所售商品房的能源消耗指标、节能措施和保护要求、保温工程保修期等信息，或者向购买人明示的所售商品房能源消耗指标与实际能源消耗不符的，依法承担民事责任；由县级以上地方人民政府建设主管部门责令限期改正；逾期未改正的，处交付使用的房屋销售总额 2% 以下的罚款；情节严重的，由颁发资质证书的部门降低资质等级或者吊销资质证书。

第四十四条 违反本条例规定，注册执业人员未执行民用建筑节能强制性标准的，由县级以上人民政府建设主管部门责令停止执业 3 个月以上 1 年以下；情节严重的，由颁发资格证书的部门吊销执业资格证书，5 年内不予注册。

第六章 附 则

第四十五条 本条例自 2008 年 10 月 1 日起施行。

第十章　工程项目全面风险管理

《建设工程项目管理规范》（GB/T 50326—2001）规定：项目风险管理是项目管理实施规划内容之一，其目标可综合归纳为：维持生存，安定局面，降低成本，提高利润，稳定收入，避免经营中断，不断发展壮大，树立信誉、扩大影响，应付特殊事故等。

当前由于现代工程项目风险大，风险管理是项目管理的一个热点，越来越引起人们的重视。其内容主要包括：

1. 全面风险管理的基本概念。
2. 风险因素的分析方法。采用系统分析方法从几个角度分析、罗列风险因素，形成对项目风险全方位的透视。
3. 风险评价方法。引入风险位能和风险级别的概念，介绍风险状态的分析方法。
4. 风险控制，主要包括常见的风险分配和风险对策措施。

第一节　概　　述

一、工程项目中的风险

工程项目的立项、各种分析、研究、设计和计划都是基于对将来情况（政治、经济、社会、自然等各方面）的预测之上的，基于正常的、理想的技术、管理和组织之上的。而在实际实施以及项目的运行过程中，这些因素都有可能会产生变化，各个方面都存在着不确定性。这些变化会使得原定的计划、方案受到干扰，使原定的目标不能实现。这些事先不能确定的内部和外部的干扰因素，人们将它称之为风险。风险是项目系统中的不确定因素。

风险在任何工程项目中都存在。风险会造成工程项目实施的失控现象，如工期延长、成本增加、计划修改等，最终导致工程经济效益降低，甚至项目失败。而且现代工程项目的特点是规模大、技术新颖、持续时间长、参加单位多、与环境接口复杂，可以说在项目过程中危机四伏。许多项目，由于它的风险大、危害性大、例如国际工程承包、国际投资与合作，所以被人们称为风险型项目。

在我国的许多项目中，由风险造成的损失是触目惊心的，许多工程案例说明了这个问题。特别在国际工程承包领域，人们将风险作为项目失败的主要原因之一。

但风险和机会并存，通常只有风险大的项目才能有较高的盈利机会，所以风险又是管理者的挑战。风险控制能获得非常高的经济效果，同时它有助于竞争能力的提高，素质和管理水平的提高。所以在现代项目管理中，风险的控制问题已成为研究的热点之一。无论在学术领域，还是在应用领域，人们对风险都作了很多的研究，甚至有人将风险管理作为项目管理目标系统的内容之一。

二、风险的影响

分析现代工程项目的案例可以看出，工程项目风险具有全面性的特点：

1. 风险的多样性。即在一个项目中有许多种类的风险存在，如政治风险、经济风险、法律风险、自然风险、合同风险、合作者风险等。这些风险之间有复杂的内在联系。

2. 风险在整个项目生命期中都存在，而不仅在实施阶段。例如：

(1) 在目标设计中可能存在构思的错误，重要边界条件的遗漏，目标优化的错误；

(2) 可行性研究中可能有方案的失误，调查不完全，市场分析错误；

(3) 技术设计中存在专业不协调，地质不确定，图纸和规范错误；

(4) 施工中物价上涨，实施方案不完备，资金缺乏，气候条件变化；

(5) 运行中市场变化，产品不受欢迎，运行达不到设计能力，操作失误等。

3. 风险影响常常不是局部的，而是全局的。

例如反常的气候条件造成工程的停滞，则会影响整个后期计划，影响后期所有参加者的工作。它不仅会造成工期的延长，而且会造成费用的增加，造成对工程质量的危害。即使局部的风险，其影响也会随着项目的发展逐渐扩大。例如一个活动受到风险干扰，可能影响与它相关的许多活动，所以在项目中风险影响随着时间推移有扩大的趋势。许多人在商海中经过大风大浪，但到最后因不重视风险而可能在阴沟里翻船。

4. 风险有一定的规律性。

工程项目的环境变化、项目的实施有一定的规律性，所以风险的发生和影响也有一定的规律性，是可以进行预测的。重要的是人们要有风险意识，重视风险，对风险进行全面的控制。

三、全面风险管理的概念

人们对风险的研究历史悠久。刚开始人们用概率论、数理统计方法研究风险发生的规律，后来又将风险引入网络，提出不确定型网络，并研究提出决策树方法，在计算机上采用仿真技术研究风险的规律。现在它们仍是风险管理的基本方法。

直到近十几年来，人们才在项目管理系统中提出全面风险管理的概念。它首先是在软件开发项目管理中应用的，全面风险管理是用系统的、动态的方法进行风险控制，以减少项目过程中的不确定性。它不仅使各层次的项目管理者建立风险意识，重视风险问题，防患于未然，而且在各阶段、各个方面实施有效的风险控制，形成一个前后连贯的管理过程。

(一) 项目全过程的风险管理

全面风险管理首先是体现在对项目全过程的风险管理上，即在项目的整个生命期中对项目的不确定因素进行管理。

1. 在项目目标设计阶段，就应对影响项目目标的重大风险进行预测，寻找实现目标的风险和可能的困难。风险管理强调事前的识别、评价和预防措施。

2. 在可行性研究中，对风险的分析必须细化，进一步预测风险发生的可能性和规律性，同时必须研究各风险状况对项目目标的影响程度，即项目的敏感性分析。

3. 随着技术设计的深入，实施方案也逐步细化，项目的结构分析也逐渐清晰。这时风险分析不仅要针对风险的种类，而且必须细化(落实)到各项目结构单元直到最低层次的工作包上。在设计和计划中，要考虑对风险的防范措施，例如风险准备金的计划、备选技术方案，在招标文件(合同文件)中应明确规定工程实施中的风险的分担。

4. 在工程实施中加强风险的控制。包括：

(1) 建立风险监控系统，能及时地发现风险，及早作出反应。

（2）及早采取预防措施，控制风险的影响范围和影响程度，以减少项目的损失。

（3）在风险状态下，采取有效措施保证工程正常实施，保证施工秩序，及时修改方案，调整计划，以恢复正常的施工状态，减少损失。

（4）在阶段性计划调整过程中，需加强对近期风险的预测，并纳入近期计划中，同时要考虑到计划的调整和修改会带来的新的问题的风险。

5. 项目结束，应对整个项目的风险、风险管理进行评价，作为以后进行同类项目的经验和教训。

（二）对全部风险的管理

在每一阶段进行风险管理都要罗列各种可能的风险，并将它们作为管理对象，不能有遗漏和疏忽。

（三）全方位的管理

1. 对风险要分析它对各方面的影响，例如对整个项目、对项目的各个方面，例如工期、成本、施工过程、合同、技术、计划的影响。

2. 采用的对策措施也必须综合考虑，如从合同、经济、组织、技术、管理等各个方面确定解决方法。

3. 风险管理包括风险分析、风险辨别、风险文档管理、风险评价、风险控制等全过程。

（四）全面的组织措施

对已被确认的有重要影响的风险，应落实专人负责风险管理，并赋予相应的职责、权限和资源。在组织上全面落实风险控制责任，建立风险控制体系，将风险管理作为项目各层次管理人员的任务之一。让大家都有风险意识，都作风险的监控工作。

四、工程项目风险管理的特点

1. 工程项目风险管理尽管有一些通用的方法，如概率分析方法、模拟方法、专家咨询法等。但要研究具体项目的风险，就必须与该项目的特点相联系，例如：

（1）该项目复杂性、系统性、规模、新颖性、工艺的成熟程度。

（2）项目的类型，项目所在的领域。不同领域的项目有不同的风险，有不同风险的规律性、行业性特点。例如计算机开发项目与建筑工程项目就有截然不同的风险。

（3）项目所处的地域，如国度、环境条件。

2. 风险管理需要大量地占有信息、了解情况，要对项目系统以及系统的环境有十分深入的了解，并要进行预测，所以不熟悉情况是不可能进行有效的风险管理的。

3. 虽然人们通过全面风险管理，在很大程度上已经将过去凭直觉、凭经验的管理上升到理性的全过程的管理，但风险管理在很大程度上仍依赖于管理者的经验及管理者实践经历、对环境的了解程度和对项目本身的熟悉程度。在整个风险管理过程中，人的因素影响很大，如人的认识程度、人的精神、创造力。有的人杞人忧天，有的人天塌下来也不怕。所以风险管理中要注重对专家经验和教训的调查分析，这不仅包括他们对风险范围，规律的认识，而且包括他们对风险的处理方法、工作程序和思维方式。并在此基础上系统化、信息化、知识化，用于新项目的决策支持。

4. 风险管理在项目管理中属于一种高层次的综合性管理工作。它涉及企业管理和项目管理的各个阶段和各个方面，涉及项目管理的各个子系统。所以它必须与合同管理、成本管理、工期管理、质量管理联成一体。

5. 风险管理的目的并不是消灭风险，在工程项目中大多数风险是不可能由项目管理者消灭或排除的，而是有准备地、理性地进行项目实施，减少风险的损失。

五、风险管理的主要工作

1. 确定项目的风险种类，即可能有哪些风险发生；
2. 风险评估，即评估风险发生的概率及风险事件对项目的影响；
3. 制定风险对策措施；
4. 在实施中的风险控制。

第二节   工程项目风险因素分析

全面风险管理强调事先分析与评价，迫使人们想在前，看到未来可能有不利情况和为此做准备，把来自环境的外部干扰减至最少。风险因素分析是确定一个项目的风险范围，即有哪些风险存在，将这些风险因素逐一列出，以作为全面风险管理的对象。在不同的阶段，由于目标设计、项目的技术设计和计划，环境调查的深度不同，人们对风险的认识程度也不相同，经历一个由浅入深的逐步细化的过程。但不管哪个阶段首先都是将对项目的目标系统(总目标、子目标及操作目标)有影响的各种风险因素罗列出来，作项目风险目录表，再采用系统方法进行分析。

风险因素分析是基于人们对项目系统风险的基本认识，通常首先罗列对整个工程建设有影响的风险，然后再注意对局部有重大影响的风险。罗列风险因素通常要从多角度、多方面进行，形成对项目系统风险的多方位的透视。风险因素分析可以采用结构化分析方法，即由总体到细节、由宏观到微观，层层分解。通常可以从以下几个方面进行分析。

一、项目系统要素分析

(一)项目环境要素风险

按照前面系统环境分析的基本思路，分析各环境要素可能存在的不确定性和变化，它常常是其他风险的原因，它的分析可以与环境调查相对应，所以环境系统结构的建立和环境调查对风险分析是有很大帮助的。从这个方面，最常见的风险因素为：

1. 政治风险。例如政局的不稳定性、战争状态、动乱、政变的可能性，国家的对外关系，政府信用和政府廉洁程度，政策及政策的稳定性，经济的开放程度或排外性，国有化的可能性，国内的民族矛盾，保护主义倾向等。

2. 法律风险。如法律不健全，有法不依、执法不严，相关法律的内容的变化，法律对项目的干预；人们可能对相关法律未能全面、正确理解，工程中可能有触犯法律的行为等。

3. 经济风险。国家经济政策的变化，产业结构的调整，银根紧缩，项目产品的市场变化；项目的工程承包市场、材料供应市场、劳动力市场的变动，工资的提高，物价上涨，通货膨胀速度加快，原材料进口价格和外汇汇率的变化等。

4. 自然条件。如地震、风暴、特殊而未预测到的地质条件如泥石流、河塘、垃圾场、流砂、泉眼等，反常的恶劣的雨、雪天气，冰冻天气，恶劣的气象条件，周边存在对项目的干扰源，工程项目建设可能造成对自然环境的破坏，不良的运输条件可能造成供应中断。

5. 社会风险。包括宗教信仰的影响和冲击、社会治安的稳定性、社会的禁忌、劳动者的文化素质、社会风气等。

（二）项目系统结构风险

它是以项目结构图上项目单元作为对象确定的风险因素，即各个层次的项目单元，直到工作包在实施以及运行过程中可能遇到的技术问题，人工、材料、机构、费用消耗的增加，在实施过程中可能遇到的各种障碍，异常情况。

（三）项目行为主体产生的风险

这是从项目组织角度进行分析的。

1. 业主和投资者。例如：

（1）业主的支付能力差，企业的经营状况恶化，资信不好，企业倒闭，撤走资金，或改变投资方向，改变项目目标；

（2）业主违约、苛求、刁难、随便改变主意，但又不赔偿，错误的行为和指令，非程序地干预工程；

（3）业主不能完成他的合同责任，如不及时供应他负责的设备、材料，不及时交付场地，不及时支付工程款。

2. 承包商（分包商、供应商）。例如：

（1）技术能力和管理能力不足，没有适合的技术专家和项目经理，不能积极地履行合同，由于管理和技术方面的失误，造成工程中断；

（2）没有得力的措施来保证进度，安全和质量要求；

（3）财务状况恶化，无力采购和支付工资，企业处于破产境地；

（4）工作人员罢工、抗议或软抵抗；

（5）错误理解业主意图和招标文件，方案错误，报价失误，计划失误；

（6）设计单位设计错误，工程技术系统之间不协调、设计文件不完备、不能及时交付图纸，或无力完成设计工作。

3. 项目管理者（如监理工程师）。例如：

（1）项目管理者的管理能力、组织能力、工作热情和积极性、职业道德、公正性差；

（2）管理风格、文化偏见可能会导致不正确地执行合同，在工程中苛刻要求；

（3）在工程中起草错误的招标文件、合同条件，下达错误的指令。

4. 其他方面。

例如中介人的资信、可靠性差；政府机关工作人员、城市公共供应部门（如水、电等部门）的干预、苛求和个人需求；项目涉及周边的居民或单位的干预、抗议或苛刻的要求等。

二、风险对目标的影响分析

这是按照项目目标系统的结构进行分析的，是风险作用的结果。由于上层系统的情况和问题存在不正确性，目标的建立是基于对当时情况和对将来的预测之上，则会有许多风险。

1. 工期风险。工期风险即造成局部的（工程活动、分项工程）或整个工程的工期延长，不能及时投入使用。

2. 费用风险。费用风险包括：财务风险、成本超支、投资追加、报价风险、收入减少、投资回收期延长或无法收回、回报率降低。

3. 质量风险。质量风险包括材料、工艺、工程不能通过验收，工程试生产不合格，经过评价工程质量未达标准。

4. 生产能力风险。项目建成后达不到设计能力，可能是由于设计、设备问题，也可能是生产用原材料、能源、水、电供应问题。

5. 市场风险。工程建成后产品未达到预期的市场份额或房地产开发项目与市场需求不符，没有销路，没有竞争力。

6. 信誉风险。信誉风险即造成对企业形象、职业责任、企业信誉的损害。

7. 人身伤亡、安全、健康以及工程或设备的损坏。

8. 法律责任。法律责任即可能被起诉或承担相应法律的或合同的处罚。

三、管理的过程和要素分析

管理的过程和要素分析，包括极其复杂的内容，常常是分析责任的依据。例如：

1. 高层战略风险，如指导方针、战略思想可能有错误而造成项目目标设计错误。

2. 环境调查和预测的风险。

3. 决策风险，如错误的选择、错误的投标决策、报价等。

4. 项目策划风险。

5. 技术设计风险。

6. 计划风险，包括对目标(任务书、合同、招标文件)理解错误，合同条款不准确、不严密、错误、二义性，过于苛刻的单方面约束性的、不完备的条款，方案错误、报价(预算)错误、施工组织措施错误。

7. 实施控制中的风险。例如：

(1) 合同风险。合同未履行，合同伙伴争执，责任不明产生索赔要求。

(2) 供应风险。如供应拖延、供应商不履行合同、运输中的损坏以及在工地上的损失。

(3) 新技术新工艺风险。

(4) 由于分包层次太多，造成计划的执行和调整、实施控制的困难。

(5) 工程管理失误。

8. 运营管理风险。如准备不足，无法正常营运，销售渠道不畅，宣传不力等。

在风险因素列出后，可采用系统分析方法，进行归纳整理，即分类、分项、分目及细目，建立风险的结构体系，并列出相应的结构表，作为后面风险评价和落实风险责任的依据。风险确定时应充分利用过去项目的经验和历史资料。

第三节 风 险 评 价

一、风险评价的内容和过程

风险评价是对风险的规律性进行研究和量化分析，由于罗列出来的每一个风险都有自身的规律和特点、影响范围和影响量。通过分析可以将它们的影响统一成成本目标的形式，按货币单位来度量，对罗列出来的每一个风险必须作如下分析和评价：

(一) 风险存在和发生的时间分析

即风险可能在项目的哪个阶段、哪个环节上发生。有许多风险有明显的阶段性，有的风险是直接与具体的工程活动(工作包)相联系的。这个分析对风险的预警有很大的作用。

（二）风险的影响和损失分析

风险的影响是个非常复杂的问题，有的风险影响面较小，有的影响面很大，可能引起整个工程的中断或报废。而风险之间常常是有联系的。例如，某个工程活动受到干扰而拖延，则可能影响它后面的许多活动。

经济形势的恶化不但会造成物价上涨，而且可能会引起业主支付能力的变化；通货膨胀引起了物价上涨，会影响后期的采购，人工工资及各种支出，进而影响整个后期的工程费用。

由于设计图纸提供不及时，不仅会造成工期拖延，而且会造成费用提高（如人工和设备闲置、管理费开支加大），还可能在原来本可以避开的冬雨季施工，造成更大的拖延和费用增加。

有的风险影响可以相互抵消。例如反常的气候条件，设计图纸拖延，承包人设备拖延等在同一时间段发生，则它们之间对总工期的影响可能是有重叠的。

由于风险对目标的干扰常常首先表现在对工程实施过程的干扰，所以风险的影响分析一般通过以下分析过程：

1. 考虑正常情况下（没有发生该风险）的工期、费用、效益。

2. 考虑风险可能发生因素，分析实施过程、劳动效率、消耗、各个活动有什么变化。

3. 两者的差异则为风险的影响。这实质上是一个新的计划、新的估价。

（三）风险发生的可能性分析

风险发生的可能性分析是研究风险自身的规律性，通常可用概率表示。既然被视为风险，则它一定在必然事件（概率＝1）和不可能事件（概率＝0）之间。它的发生有一定的规律性，但也有不确定性。人们可以通过各种方法研究风险发生的概率。

（四）风险级别

风险因素非常多，涉及各个方面，但人们并不是对所有的风险都应十分重视，否则将大大提高管理费用，而且谨小慎微，会干扰正常的决策过程。

1. 风险位能的概念。通常对一个具体的风险，它如果发生，则损失为 R_H，发生的可能性为 E_W，则风险的期望值 R_W 为：

$$R_W = R_H \cdot E_W$$

例如一种自然环境风险如果发生，则损失达 20 万元，而发生的可能性为 0.1，则损失的期望值 $R_W = 20 \times 0.1 = 2$ 万元

引用物理学中位能的概念，损失期望值高的，则风险位能高。可以在二维坐标上作等位能线（即损失期望值相等）（见图 3-10-1）。则具体项目中的任何一个风险可以在图上找到它位能点。

2. A、B、C 分类法。即不同位能的风险可分为不同的类别。

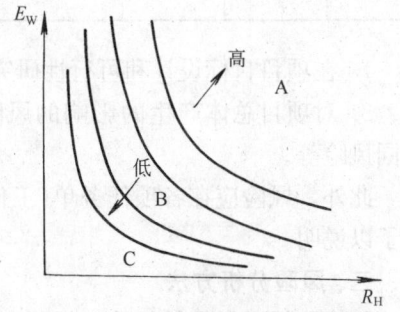

图 3-10-1 二维坐标等位能线图

A 类：高位能，即损失期望很大的风险。通常发生的可能性很大，而且一旦发生损失也很大。

B 类：中位能，即损失期望值一般的风险。通常发生可能性不大，损失也不大的风

险，或发生可能性很大但损失极小，或损失比较大但可能性极小的风险。

C 类：低位能，即损失期望极小的风险，发生的可能性极小，即使发生损失也很小的风险。

则在风险管理中，A 类是重点，B 类是要顾及到，C 类是可以不考虑。当然有时不用 ABC 分类的形式，而用级别的形式划分，例如 1 级、2 级、3 级等，其意义是相同的。

（五）风险起因和可控制性分析

任何风险都有它的根源。实质上在前面的分类中，有的就是从根源上进行分类的。例如环境的变化，人为的失误。对风险起因的研究是为风险预测、对策研究（即解决根源问题）、责任分析服务的。

风险的可控性，是指人对风险影响和控制的可能性，如有的风险是人们（业主、项目管理者或承包商）可以控制的，而有的却不可以控制。

可控的，例如承包商对招标文件的理解风险、实施方案的安全性效率风险、报价的正确性风险等；不可控制的，例如物价风险、反常的气候风险等。

二、风险分析说明

风险分析结果必须用文字、图表进行表达说明，作为风险管理的文档，即以文字、表格的形式作风险分析报告。分析结果不仅作为风险分析的成果，而且应作为人们风险管理的基本依据。表达的内容可以按照分析的对象进行编制，例如以项目单元（工作包）作为对象则可列表 3-10-1 所示。这可以作为对工作包说明的补充分析文件。这是对工作包的风险研究。也可以按风险的结构进行分析研究（见表 3-10-2），例如：

表 3-10-1

工作包号	风险名称	风险会产生的影响	原因	损　失		可能性	损失期望	预防措施	评价等级 A、B、C
				工期	费用				

表 3-10-2

风险编号	风险名称	风险的影响范围	原因导致发生的边界条件	损　失		可能性	损失期望	预防措施	评价等级 A、B、C
				工期	费用				

1. 在项目目标设计和可行性研究中分析的风险；

2. 对项目总体产生的影响的风险，例如通货膨胀影响、产品销路不畅、法律变化、合同风险等。

此外，风险应在各项任务单（工作包说明）、决策文件、研究文件、报告、指令等文件中予以说明。

三、风险分析方法

风险分析通常是凭经验、靠预测进行，但它有一些基本分析方法可以借助。

（一）列举法

通过对同类已完工程项目的环境、实施过程进行调查分析、研究，可以建立该类项目的基本风险结构体系，进而可以建立该类项目的风险知识库（经验库）。它包括该类项目常见的风险因素。在对新项目决策，或在用专家经验法进行风险分析时给出提示，列出所有可能的风险因素。以引起人们的重视，或作为进一步分析的引导。

（二）专家经验法（Delphi 法）

这不仅用于风险因素罗列，而且用于对风险影响和发生可能性的分析，一般不要采用提问表的形式，而采用专家会议的方法。

1. 组建专家小组，一般 4～8 人最好，专家应有实践经验和代表性。

2. 通过专家会议，对风险进行定界、量化。召集人应让专家尽可能多地了解项目目标、项目结构、环境及工程状况，详细地调查并提供信息，有可能组织专家进行实地考察。并对项目的实施、措施的构想作出说明，使大家对项目有一个共识，否则容易增加评价的离散程度。

3. 召集人有目标地与专家合作，一起定义风险因素及结构、可能的成本范围作为讨论的基础和引导。专家对风险进行讨论，按以下次序逐渐深入：

（1）引导讨论各个风险的原因；

（2）风险对实施过程的影响；

（3）风险的影响范围，如技术、工期、费用等；

（4）将影响统一到对成本的影响上，估计影响量。

4. 风险评价。各个专家对风险的程度（影响量）和出现的可能性，给出评价意见。在这个过程中，如果有不同意见，可以提出讨论，但不能提出批评。为了获得真正的专家意见，可以采用匿名的形式发表意见，也可以采用会议面对面讨论方式。

5. 统计整理专家意见，得到评价结果。

专家询问得到的风险期望的各单个值，按统计方法作信息处理。总风险期望值 R_V 为各单个风险期望值 R_W 之和：

$$R_V = \Sigma R_W = \Sigma f(R_H \cdot E_W)$$

而各个风险期望值 R_W 与各个风险影响值 R_H 和出现的可能性 E_W 有关。它们分别由各个专家意见结合相加得到。

（三）决策树方法

决策树常常用于不同方案的选择。例如某种产品市场预测，在 10 年中销路好的概率为 0.7，销路不好的概率为 0.3。相关工厂的建设有两个方案：

1. 新建大厂需投入 5000 万元，如果销路好每年可获得利润 1600 万元；销路不好，每年亏损 500 万元。

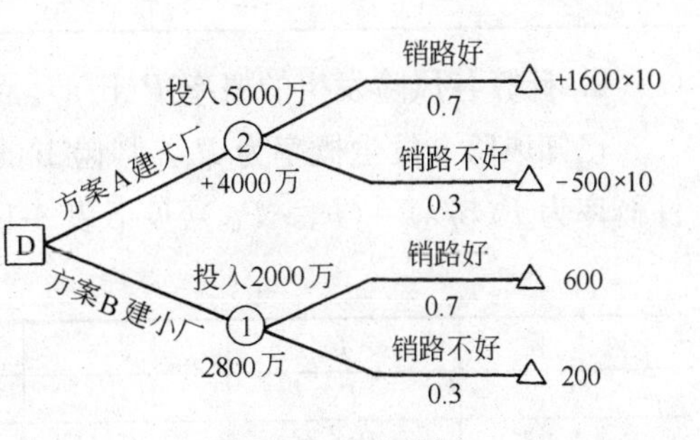

2. 新建小厂需投入 2000 万元，如果销路好每年可获得 600 万元的利润；销路不好，每年可获得 200 万元的利润。

图 3-10-2　决策树

则可作决策树见图 3-10-2。

对 A 方案的收益期望为：

$$E_A = 1600 \times 10 \times 0.7 + (-500) \times 10 \times 0.3 - 5000 = 4700 \text{ 万元}$$

对 B 方案的收益期望为：

$$E_B＝600×10×0.7＋200×10×0.3－2000＝2800\,万元$$

由于 A 方案的收益期望比 B 高，所以 A 方案是有利的。

这仅是对项目方案的粗略的分析和评价，尚没考虑到收益的时间价值等其他方面的因素。

（四）风险相关性评价

风险之间的关系可以为三种情况：

1. 两种风险之间没有必然联系。例如国家经济政策变化不可以引起自然条件变化。

2. 一种风险出现，另一种风险一定会发生。如一个国家政局动荡必然导致该国经济形势恶化，而引起通货膨胀物价飞涨。

3. 如一种风险出现后，另一种风险发生的可能性增加，如自然条件发生变化有可能会导致承包商技术能力不能满足实际需要。

上述后两种情况的风险是相互关联的，有交互作用。用概率来表示各种风险发生的可能性，设某项目中可能会遇到 i 个风险，$i＝1，2，……$，P_i 表示各种风险发生的概率 $(0≤P_i≤1)$，R_i 表示第 i 个风险一旦发生给项目造成的损失值。其评价步骤为：

1. 找出各种风险之间相关概率 P_{ab}。

设表示一旦风险 a 发生后风险 b 发生的概率 $(0≤P_{ab}≤1)$。当 $P_{ab}＝0$，表示风险 a、b 之间无必然联系；当 $P_{ab}＝1$ 表示风险 a 出现必然会引起风险 b 发生。根据各种风险之间的关系，我们就可以找出各风险之间的 P_{ab}（见下表 3-10-3）。

表 3-10-3

风　险		1	2	3	…	i	…
1	P_1	1	P_{12}	P_{13}	…	P_{1i}	…
2	P_2	P_{21}	1	P_{23}	…	P_{2i}	…
:	••	…	…	…	…	…	…
i	P_i	P_{i1}	P_{i2}	…	P_{i3}	1	…
:	••	…	…	…	…	…	…

2. 计算各风险发生的概率 $P(b/a)$。

已知风险 a 发生概率为 P_a，风险 b 的相关概率为 P_{ab}，则在 a 发生情况下 b 发生的条件概率为 $P(b/a)＝(P_a·P_{ab})$（见下表 3-10-4）。

表 3-10-4

风　险	1	2	3	…	i	…
1	P_1	$P_{(2/1)}$	$P_{(3/1)}$	…	$P_{(i/1)}$	…
2	$P_{(1/2)}$	P_2	$P_{(3/2)}$	…	$P_{(i/2)}$	…
:	…	…	…	…	…	…
i	$P_{(1/i)}$	$P_{(2/i)}$	$P_{(3/i)}$	…	P_i	…
:	…	…	…	…	…	…

3. 计算出各种风险损失情况 R_i。

$$R_i＝风险\,i\,发生后的工程成本－工程的正常成本$$

4. 计算各风险损失期望值 W_i。

$$W=\begin{bmatrix} P_1 & P_{(2/1)} & P_{(3/1)} & \cdots & P_{(i/1)} & \cdots \\ P_{(1/2)} & P_2 & P_{(3/2)} & \cdots & P_{(i/2)} & \cdots \\ \cdots & \cdots & \cdots & \cdots & \cdots & \cdots \\ P_{(1/i)} & P_{(2/i)} & P_{(2/i)} & \cdots & P_{(i)} & \cdots \\ \cdots & \cdots & \cdots & \cdots & \cdots & \cdots \end{bmatrix} \times \begin{bmatrix} R_1 \\ R_2 \\ \cdots \\ R_i \\ \cdots \end{bmatrix} = \begin{bmatrix} W_1 \\ W_2 \\ \cdots \\ W_i \\ \cdots \end{bmatrix}$$

其中 $$W_i = \Sigma P(j/i) \cdot R_j$$

5. 将损失期望值按大到小进行排列，并计算出各期望值在总损失期望值中所占百分率。

6. 计算累计百分率并分类。损失期望值累计百分率在80%以下所对应的风险为A类风险，显然这是主要风险；累计百分率在80%～90%的那些风险为B类风险，是次要风险；累计百分率在90%～100%的那些风险为C类风险，是一般风险。

（五）风险状态图

有的风险有不同的状态、程度，例如某工程中通货膨胀可能为0、3%、6%、9%、12%、15%六种状态，由工程估价分析得到相应的风险损失为0、20万元、30万元、45万元、60万元、90万元。现请四位专家进行风险咨询。各位专家估计各种状态发生的概率见表3-10-5。对四位专家的估计，可以取平均的方法作为咨询结果（如果专家较多，可以去掉最高值和最低值再平均）。

各种状态发生的概率表　　　　　　　　　　　　　表 3-10-5

专家	风险状态：通货膨胀（%）						Σ
	0	3	6	9	12	15	
	风险损失（万元）						
	0	20	30	45	60	90	
1	20	20	35	15	10	0	100
2	0	0	55	20	15	10	100
3	10	10	40	20	15	5	100
4	10	10	30	25	20	5	100
平均	10	10	40	20	15	5	100

则可以得到通货膨胀风险的影响分析（见表3-10-6）。

通货膨胀影响分析表　　　　　　　　　　　　　表 3-10-6

通货膨胀率（%）	发生概率	损失预计（万元）	概率累计
0	0.1	0	1.0
3	0.1	20	0.9
6	0.4	30	0.80
9	0.2	45	0.40
12	0.15	60	0.20
15	0.05	90	0.05

按上表的各种状态的概率累计则可见图 3-10-3。

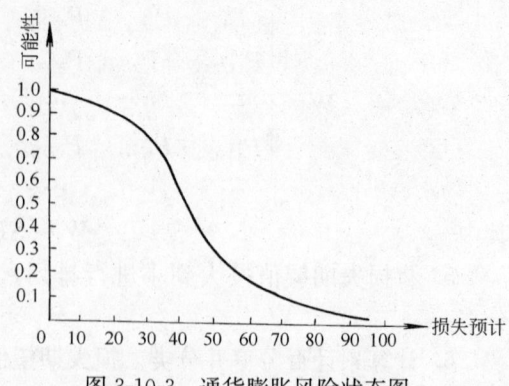

图 3-10-3 通货膨胀风险状态图

从图上可见通货膨胀率损失大致的风险状况。例如，损失预计达 45 万元，即为 9％的通货膨胀率约有 40％的可能。一个项目不同种类的风险，可以在该图上叠加求得。

一般认为在图 3-10-4 中概率（可能性）为 0.1～0.9 范围内，表达能力较强即可能性较大。

则从风险状态曲线上可反映风险的特性和规律，例如风险的可能性及损失的大小、风险的波动范围等。

例如图 3-10-4(a)中 A 风险损失的主要区间为(A_1，A_2)，(b)中 B 风险损失的主要区间为(B_1，B_2)。A 的风险损失区间较大，而 B 比较集中。

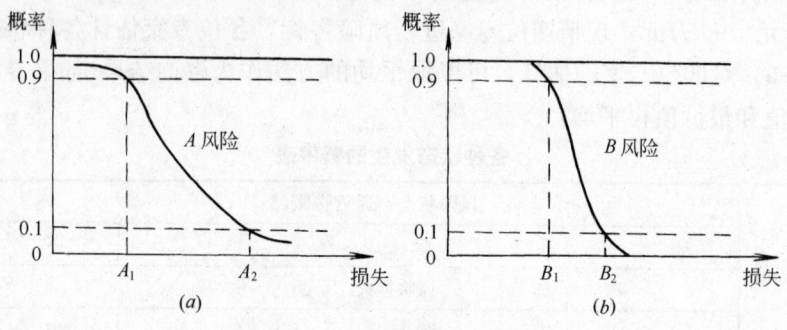

图 3-10-4 不同的风险状态曲线

（六）其他方法

人们对风险分析、评价方法作了许多研究，尚有许多种常用的切实可行的分析评价方法，如：对历史资料进行统计分析、模拟方法即蒙特·卡罗法、决策树分析法、敏感性分析、因果关系分析法、头脑风暴法、价值分析法、变量分析法等。这些方法在其他职能管理中也经常使用。

第四节 风 险 控 制

一、风险的分配

一个工程项目总的风险有一定的范围和规律性，这些风险必须在项目参加者（例如投资者、业主、项目管理者、各承包商、供应商等）之间进行分配，每个参加者都必须有一定的风险责任。风险分配通常在任务书、责任证书、合同、招标文件等内定义，在起草这些文件的时候都应对风险作出预计、定义和分配。只有合理地分配风险，才能调动各方面的积极性，才能有项目的高效益。正确对待风险，有如下好处：

1. 可以最大限度发挥各方风险控制的积极性。任何一方如果不承担风险，他就没有管理的积极性和创造性，项目就不可能优化。

2. 减少工程中的不确定性，风险分配合理，就可以比较准确地计划和安排工作。

3. 业主可以得到一个合理的报价，承包商报价中的不可预见风险费较少。

对项目风险的分配，业主起主导作用，因为业主作为买方，起草招标文件、合同条件，确定合同类型，确定管理规范，而承包商、供应商等处于从属的地位。但业主不能随心所欲，不能不顾主客观条件把风险全部推给对方，而对自己免责。风险分配有如下基本原则：

1. 从工程整体效益的角度出发，最大限度地发挥各方的积极性。

项目参加者如果不承担任何风险，则他就没有任何责任，就没有控制风险的积极性，就不可能做好工作，例如对承包商采用成本加酬金合同，承包商没有任何风险责任，则承包商会千方百计提高成本以争取工程利润。

而如果让承包商承担全部风险责任也不行。他会提高报价中的不要预见风险费。如果风险不发生，业主多支付了费用；如果发生了风险，这笔不可预见风险费又不足以弥补承包商的损失。承包商没有合理利润，或亏本，则他履约的积极性不高，或想方设法降低成本，偷工减料，拖延工期，要求业主多支付，想方设法索赔。

而业主因不承担任何风险责任也不行，随便决策，随便干预，不积极地对项目进行战略控制，风险发生时也不积极地提供帮助，则同样也会损害项目整体效益。

从工程的整体效益的角度来分配风险的准则是：

（1）谁能有效的防止和控制风险或将风险转移给其他方面，则应由他承担相应的风险责任；

（2）他控制相关风险是经济的、有效的、方便的、可行的，只有通过他的努力才能减少风险的影响；

（3）通过风险分配，加强责任，能更好地进行计划，发挥管理的和技术革新的积极性等。

2. 体现公平合理，责权利平衡。

（1）风险责任和权力应是平衡的。风险的承担是一项责任，即进行风险控制以及承担风险产生的损失。但同时要给承担者以控制、处理的权力。例如银行为项目提供贷款，由政府作担保。则银行风险小，它只能取得利息；而如果银行参加 BOT 项目的融资，它承担很大的项目风险，则它有权力参加运营管理及重大的决策，并参与利润的分配；承包商承担施工方案的风险，则它就有权选择更为经济、合理、安全的施工方案。

同样有一项权力，就应该承担相应的风险责任。例如业主起草招标文件，就应对它的正确性负责；业主指定工程师，指定分包商，则应承担相应的风险。

如采用成本加酬金合同，业主承担全部风险，则他就有权选择施工方案，干预施工过程；而采用固定总价合同，承包商承担全部风险，则承包商就应有相应的权力，业主不应过多干预施工过程。

（2）风险与机会对等。即风险承担者，同时享受风险控制获得的收益和机会收益。例如承包商承担物价上涨的风险，则物价下跌带来的收益也应归承包商所有。若承担工期风险，拖延要支付误期违约金。则工期提前就应奖励。

（3）承担的可能性和合理性。即给承担者以预测、计划、控制的条件和可能性，给他以迅速采取控制风险措施的时间、信息等，否则对他来说风险管理成了投机。例如，要承包商承担对招标文件的理解、环境调查、实施方案和报价的风险，则必须给他一个合理的做标时间；业主应向承包商提供现场调查的机会，提供详细且正确的招标文件，特别是设计文件和合同条件，并及时地回答承包商作标过程中发现的问题；这样他才能理性地承担风险。

3. 符合工程惯例，符合通常的处理方法。

一方面，惯例一般比较公平合理，较好反映双方的要求；另一方面，合同双方对惯例都很熟悉，工程更容易顺利实施。如果明显的违反国际（或国内）惯例，则常常显示出一种不公平、一种危险。

所以风险承担者应具备相应的条件：能最有效地控制导致风险的事件，使该风险能控制在其范围内；他能通过一些手段（如保险、分包）转移风险；一旦风险发生，他能进行有效的处理；他享有管理该风险所取得的大部分的经济利益；能够通过风险责任发挥计划、工程控制的积极性和创造性；风险的损失能由于他的作用而减少或扩大。

二、风险对策

对分析出来的风险可以接受，或想办法消除、减小或转移。任何人对自己承担的风险（明确规定的和隐蔽的）应有准备和对策，应有计划，应充分凭借自己的技术、管理、组织的优势和过去经验，来消除、减小或转移风险。当然不同的人对风险有不同的态度，有不同的对策。通常的风险对策有：

（一）回避风险大的项目，选择风险小或适中的项目

这在项目决策时要注意，放弃明显导致亏损的项目。对于风险超过自己的承受能力，成功把握不大的项目，不参与投标，不参与合资。甚至有时在工程进行到一半时，预测后期风险很大，必然有更大的亏损，不得不采取中断项目的措施。

（二）技术措施

如选择有弹性的，抗风险能力强的技术方案，而不用新的未经过工程实用的不成熟的施工方案；对地理、地质情况进行详细勘察或鉴定，预先进行技术试验、模拟，准备多套备选方案，采用各种保护措施和安全保障措施。

（三）组织措施

对风险很大的项目加强计划工作，选派最得力的技术和管理人员，特别是项目经理；将风险责任落实到各个组织单元，使大家有风险意识；在资金、材料、设备、人力上对风险大的工程予以保证，在同期项目中提高它优先级别，在实施过程中严密地控制。

（四）保险

对一些无法排除的风险，例如常见的工程损坏、第三方责任、人身伤亡、机械设备的损坏等可以通过购买保险办法解决。当风险发生时由保险公司承担（赔偿）损失或部分损失。其代价是必须支付一笔保险金，对任何一种保险要注意它的保险范围、赔偿条件、理赔程序、赔偿额度等。

（五）要求对方提供担保

这主要针对合作伙伴的资信风险。例如由银行出具的投标保函、预付款保函、履约保函，合资项目由政府出具保证。

（六）风险准备金

风险准备金是从财务的角度为风险作保。在计划（或合同报价）中额外增加一笔费用。

例如在投标报价中，承包商经常根据工程技术、业主的资信、自然环境、合同等方面的风险的大小以及发生的可能性(概率)在报价中加上一笔不可预见风险费。

当然风险越大，则风险准备金越高。从理论上说，准备金的数量应与风险损失期望相等，但风险准备金有如下基本矛盾：

1. 在工程项目过程中，经济、自然、政治等方面的风险就像不可捉摸的怪兽，许多风险的发生很突然，规律性难以把握，有时仅5%可能性的风险发生了，而95%可能性的风险却没有发生。

2. 风险如果没有发生，则风险准备金造成一定浪费。例如合同风险很大，承包商报出了一笔不可预见风险费，结果风险没有发生，则业主损失了一笔费用。有时项目的风险准备金会在没有风险的情况下被用掉。

3. 如果风险发生，这一笔风险金又不足以弥补损失，因为它是仅按一定的折扣(概率)计算的，则仍然会带来许多问题。

4. 准备金的多少是一个管理决策问题，除了要考虑到理论的高低外，还应考虑到项目边界条件和项目状态。例如对承包商来说，决定报价中的不可预见风险费，要考虑到竞争者的数量，中标的可能性，项目对企业经营的影响等因素。

如果准备金高，报价竞争力降低，中标的可能性很小，即不中标的风险大。

（七）采取合作方式共同承担风险

任何项目不可能完全由一个企业或部门独立承担，须与其他企业或部门合作。

1. 有合作就有风险的分担。但不同的合作方式，风险不一样，各方的责权利关系不一样，例如借贷、租赁业务、分包、承包、合伙承包、联营和 BOT 项目，它们有不同的合作紧密程度，有不同的风险分担方式，则有不同的利益分享。

2. 寻找抗风险能力强的可靠的有信誉的合作伙伴。双方合作越紧密，则要求合作者越可靠。例如合资者为政府、大的可靠的公司、金融集团等，则双方结合后，项目的抗风险能力会大大增强。

3. 通过合同分配风险。在许多情况下通过合同排除(推卸)风险是最重要的手段。合同规定风险分担的责任及谁对风险负责。例如对承包商来说要减少风险，在承包合同中要明确规定：

（1）业主的风险责任，即哪些情况应由业主负责；

（2）承包商的索赔权力，即要求调整工期和价格的权力；

（3）工程付款方式、付款期，以及对业主不付款的处置权力；

（4）对业主违约行为的处理权力；

（5）承包商权力的保护性条款；

（6）采用符合惯例的通用合同条件；

（7）注意仲裁地点和适用法律的选择。

（八）采取其他方式

例如采用多领域、多地域、多项目的投资以分散风险。因为理论和实践都证明：多项目投资，当多个项目的风险之间不相关时，其总风险最小，所以抗风险能力最强。这是目前许多国际投资公司的经营手段，通过参股、合资、合作，既扩大了投资面，扩大了经营范围，扩大了资本的效用，能够进行独自不能承担的项目，同时又能与许多企业共同承担风险，进而降低了总经营风险。

上述风险的预测和对策措施应包括在项目计划中，对特别重大的风险应提出专门的分析报告。对作出的风险对策措施，应考虑是否可能产生新的风险，因为任何措施都可能带来新的问题。

三、工程实施中的风险控制

工程实施中的风险控制主要贯穿在项目的进度控制、成本控制、质量控制、合同控制等过程中。

1. 风险监控和预警。风险监控和预警是项目控制的内容之一。在工程中不断地收集和分析各种信息，捕捉风险前奏的信号，例如通过：

(1) 天气预测警报；

(2) 股票信息；

(3) 各种市场行情、价格动态；

(4) 政治形势和外交动态；

(5) 各投资者企业状况报告；

(6) 在工程中通过工期和进度的跟踪分析、成本的跟踪分析、合同监督、各种质量监控报告、现场情况报告等手段，了解工程风险；

(7) 在工程的实施状况报告中应包括风险状况报告。

2. 及时采取措施控制风险的影响。风险一经发生则应积极地采取措施，降低损失，防止风险的蔓延。

3. 在风险状态，保证工程的顺利实施，包括：

(1) 控制工程施工，保证完成预定目标，防止工程中断和成本超支。

(2) 迅速恢复生产，按原计划执行。

(3) 有可能修改计划、修改设计，按工程中出现的新的状态进行调整。

(4) 争取获得风险的赔偿，例如向业主、向保险单位、风险责任者提出索赔等。

第十一章　房地产的产权产籍

第一节　房地产产权产籍管理重要性及其内容

房地产产权产籍管理制度是主要通过登记确认房地产权利归属的法律制度，是房地产权利确立和保护的依据，是房地产管理的基础性管理工作。房地产产权产籍管理制度的内容包括房地产权属的确认，房地产权属的登记，房地产产籍的管理等。

房地产产权产籍管理，应遵照《城市房屋权属登记管理办法》（1997 年 10 月 24 日建设部令第 57 号）等法律、法规执行。

一、房地产权属登记管理制度

国家实行土地使用权和房屋所有权登记发证制度。

1. 以出让或者划拨方式取得土地使用权，应当向县级以上人民政府土地管理部门申请登记，经县级以上地方人民政府土地管理部门核实，由同级人民政府颁发土地使用权证书。

2. 在依法取得的房地产开发用地上建成房屋的，应当凭土地使用权证书向县级以上地方人民政府房产管理部门申请登记，由县级以上地方人民政府房产管理部门核实并颁发房屋所有权证书。

3. 房地产转让或者变更时，应当向县级以上地方人民政府房产管理部门申请房产变更登记，并凭变更后的房屋所有权证书向同级人民政府土地管理部门申请土地使用权变更登记，经同级人民政府土地管理部门核实，由同级人民政府更换或者更改土地使用权证书。法律另有规定的，依照有关法律的规定办理。

4. 房产抵押时，应当向县级以上地方人民政府规定的部门办理抵押登记。

因处分抵押房地产而取得土地使用权和房屋所有权的，应当依照有关规定办理过户登记。

5. 经省、自治区、直辖市人民政府确定，县级以上地方人民政府是由一个部门统一负责房产管理的土地管理工作的，可以制作、颁发统一的房地产权证书，并将房屋的所有权及其占用的土地使用权的确认和变更，分别载入房地产权证书。

二、办理房地产交易立契鉴证的必须程序

在《关于加强房地产交易市场管理的通知》中规定，进行房地产交易的单位和个人，必须持有关证件到当地房地产交易管理部门办理登记、鉴证、评估、立契过户手续。其一般程序如图 3-11-1 所示。

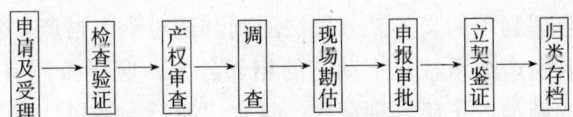

图 3-11-1　房地产交易立契鉴证程序

三、房地产市场法律责任条例

为了加强房地产市场管理，通过惩戒性引导的途径诱使市场中各经济主体作出有利于宏观经济目标实现的决策，严厉查处和制裁房地产市场各种非法交易的组织和个人。

1. 擅自批准出让或擅自出让土地使用权用于房地产开发的有关责任人员，由上级机关或所在单位给予其行政处分。

2. 未取得营业执照擅自从事房地产开发业务的组织或个人，由县级以上人民政府工商行政管理部门责令其停止房地产开发业务活动，没收违法所得，可以并处罚款。

3. 不符合规定转让以出让方式取得土地使用权的组织或个人，由县级人民政府土地管理部门没收违法所得，可以并处罚款。

4. 违反预售商品房条件规定的单位或个人，由县级以上人民政府房地产管理部门责令其停止预售活动，没收违法所得，可以并处罚款。

5. 未取得营业执照擅自从事房地产中介服务业务的单位或个人，由县级以上人民政府工商行政管理部门责令其停止房地产中介服务业务活动，没收违法所得，可以并处罚款。

6. 房地产管理部门和土地管理部门的工作人员玩忽职守、滥用职权，构成犯罪的，依法追究其刑事责任；不构成犯罪的，给予行政处分。

房地产管理部门和土地管理部门的工作人员利用职务上的便利，索取他人财物，或非法收受他人财物，为他人谋取利益，构成犯罪的，依照惩治贪污罪、贿赂罪的补充规定追究其刑事责任；不构成犯罪的，给予行政处分。

四、房地产产权登记的法律依据

（一）《中华人民共和国宪法》对土地所有制、房地产权属的有关规定

《中华人民共和国宪法》第6条规定："中华人民共和国的社会主义经济制度的基础是生产资料的社会主义公有制，即全民所有制和劳动群众集体所有制。"第9条规定："矿藏、水流、森林、山岭、草原荒地、滩涂等自然资源，都属于国家所有，即全民所有；由法律规定属于集体所有的森林和山岭、草原、荒地、滩涂除外。"第10条规定："城市的土地属于国家所有。农村和城市郊区的土地，除由法律规定属于国家所有的以外，属于集体所有；宅基地和自留地、自留山，也属于集体所有。……"第13条规定："国家保护公民的合法收入、储蓄、房屋和其他合法财产的所有权。国家依照法律规定保护公民的私有财产的继承权。"

（二）《中华人民共和国民法通则》对财产及不动产权属及其相关权的有关规定

《民法通则》规定："集体所有的土地依照法律属于村农民集体所有，由村农业生产合作社等村农业集体经济组织或者村民委员会经营、管理。已经属于乡（镇）农民集体经济组织所有的，可以属于乡（镇）农民集体所有。""国家所有的土地，可以依法由全民所有制单位使用，也可以依法确定由集体所有制单位使用，国家保护它的使用、收益的权利；使用单位有管理、保护、合理利用的义务。"《民法通则》还对个人财产，包括公民的房屋受法律保护；公民依法享有财产继承权；不动产的相邻各方，应当按照有利生产、方便生活、团结互助、公平合理的精神，正确处理截水、排水、通行、通风、采光等方面的相邻关系等作了法律规定。

（三）《中华人民共和国土地管理法》对确认土地权属、开展土地登记的规定

《中华人民共和国土地管理法》第 2 条规定："中华人民共和国实行土地的社会主义公有制，即全民所有制和劳动群众集体所有制。"

第 7 条规定："国有土地可以依法确定给全民所有制单位或者集体所有制单位使用，国有土地和集体所有的土地可以依法确定给个人使用。"

第 8 条规定："集体所有的土地依照法律属于村农民集体所有，由村农业生产合作社等农业集体经济组织或者村民委员会经营、管理。已经属于乡（镇）农民集体经济组织所有的，可以属于乡（镇）农民集体所有。村农民集体所有的土地已经分别属于村内两个以上农业集体经济组织所有的，可以属于各该农业集体经济组织的农民集体所有。"

第 9 条规定："集体所有的土地，由县级人民政府登记造册，核发证书，确认所有权。全民所有制单位、集体所有制单位和个人依法使用的国有的土地，由县级以上地方人民政府登记造册，核发证书，确认使用权。确认林地、草原的所有权或者使用权，确认水面、滩涂的养殖使用权，分别依照《森林法》、《草原法》和《渔业法》的有关规定办理。"

第 10 条规定："依法改变土地的所有权或者使用权的，必须办理土地权属变更登记手续，更换证书。"

第 11 条规定："土地的所有权和使用权受法律保护，任何单位和个人不得侵犯。"

（四）《中华人民共和国城市房地产管理法》对确认房地产产权和开展房地产权属登记管理的规定

《城市房地产管理法》第 59 条规定："国家实行土地使用权和房屋所有权登记发证制度。"第 60 条规定："以出让或者划拨方式取得土地使用权，应当向县级以上地方人民政府土地管理部门申请登记，经县级以上地方人民政府土地管理部门核实，由同级人民政府颁发土地使用权证书"；"在依法取得房地产开发用地上建成房屋的，应当凭土地使用权证书向县级以上地方人民政府房产管理部门申请登记，由县级以上地方人民政府房产管理部门核实并颁发房屋所有权证书"；"房地产转让或者变更时，应当向县级以上人民政府房产管理部门申请变更登记，并凭变更后的房屋所有权证书向同级人民政府土地管理部门申请土地使用权变更登记，经同级人民政府土地管理部门核实，由同级人民政府更换或者更改土地使用权证书"。第 11 条规定："房地产抵押时，应当向县级以上地方人民政府规定的部门办理抵押登记"；"因处分抵押房地产而取得土地使用权和房屋所有权的，应当依照本章规定办理过户登记"。

五、房地产产权登记的相关法规、政策规定

（一）《中华人民共和国土地管理法实施条例》的主要规定

第 4 条规定："集体土地所有者、国有土地使用者，必须向县级以上地方人民政府土地管理部门提出土地登记申请。集体所有的土地，由县级人民政府登记造册，核发《集体土地所有证》，确认所有权。单位和个人依法使用的国有土地，由县级以上地方人民政府登记造册，核发《国有土地使用证》，确认使用权。"第 6 条规定："依法改变土地的所有权、使用权，或者因依法买卖、转让地上建筑物、附着物而使土地使用权转移的，必须向县级以上地方人民政府土地管理部门申请土地所有权、使用权变更登记，由县级以上地方人民政府更换土地证书。"第 7 条规定："依照《土地管理法》第十九条规定收回用地单位的土地使用权，应当由土地管理部门报县级以上人民政府批准注销国有土地使用证，并由

土地管理部门办理注销土地登记手续。"

（二）《中华人民共和国城镇国有土地使用权出让和转让暂行条例》的主要规定

本《条例》第 16 条规定："土地使用者在支付全部土地使用权出让金后，应当依照规定办理登记，领取土地使用证，取得土地使用权。"第 25 条规定："土地使用权和地上建筑物、其他附着物所有权分割转让的，应当……依照规定办理过户登记"；第 31 条规定："土地使用权和地上建筑物、其他附着物出租，出租人应当依照规定办理登记"；第 35 条规定："土地使用权和地上建筑物、其他附着物抵押，应当依照规定办理抵押登记"；第 38 条规定："抵押权因债务清偿或者其他原因而消灭的，应当依照规定办理注销抵押登记"；第 40 条规定："土地使用权期满……土地使用者应当交还土地使用证，并依照规定办理注销登记。"

（三）《土地登记规则》的有关规定

《土地登记规则》第 2 条规定："土地登记是国家依法对国有土地使用权、集体土地所有权、集体土地使用权和土地他项权利的登记。"《土地登记规则》的有关条款还分别规定了土地使用者、所有者和他项权利拥有者必须依法进行初始土地登记和变更土地登记。以县级行政区为单位组织进行土地登记的基本程序分为五步，即：申报、地籍调查、权属审核、注册登记、颁发证书。土地登记的申请书、审批表、土地登记簿、土地归户册、土地证书式样，由国家土地管理局统一制定。土地证书由市、县人民政府向土地使用者、土地所有者颁发。

《土地登记规则》第 41 条规定："商品房预售，预售人应当在预售合同签订三十日内，将预售合同报县级以上人民政府房地产管理部门土地管理部门登记备案"。

"县级以上人民政府土地管理部门建立商品房预售合同登记备案簿，记录预售人和预购人名称、商品房所占土地位置、预售金额、交付使用日期、预售面积等内容"。

（四）《城市房屋产权产籍暂行办法》的有关规定

本《办法》第 3 条规定："房屋的产权与该房屋占用土地的使用权实行权利人一致的原则，……"；第 6 条又规定："房屋产权转移时，该房屋占用土地的使用权应当同时转移。"第 7 条规定："共有房屋的产权，除确实难以分割的外允许分割；土地使用权不能分割的，应当维持土地的共同使用权。"第 8 条规定："城市房地产设定抵押等他项权利时，应当包括房屋所占用的土地使用权。"第 10 条规定："城市房屋产权的取得、转移、变更和他项权利的设定，均应当依照《城镇房屋所有权登记暂行办法》的规定，向房屋所在地的市、县级人民政府房地产行政主管部门申请登记，经审查确认产权后，发给房屋产权证。"第 12 条规定："对于逾期无人申请产权登记，或者申请人不能提供取得产权的合法证明文件的房屋，由县级以上人民政府房地产行政主管部门依照有关法律、法规的规定进行处理。"

（五）《房屋登记办法》（中华人民共和国建设部令第 168 号，自 2008 年 7 月 1 日起施行，见附录 3-11-1）。

《房屋登记办法》对房屋所有权证登记的主管机关、登记范围和具体登记办法等，均做了明确的规定，其内容现摘录如下：

1. 登记机关及登记目的：

（1）第四条　房屋登记，由房屋所在地的房屋登记机构办理。

本办法所称房屋登记机构，是指直辖市、市、县人民政府建设（房地产）主管部门或者其设置的负责房屋登记工作的机构。

第五条房屋登记机构应当建立本行政区域内统一的房屋登记簿。

房屋登记簿是房屋权利归属和内容的根据，由房屋登记机构管理。

2. 登记程序

第七条办理房屋登记，一般依照下列程序进行：

（一）申请；

（二）受理；

（三）审核；

（四）记载于登记簿；

（五）发证。

房屋登记机构认为必要时，可以就登记事项进行公告。

3. 登记办法

第十一条 申请房屋登记，申请人应当向房屋所在地的房屋登记机构提出申请，并提交申请登记材料。

申请登记材料应当提供原件。不能提供原件的，应当提交经有关机关确认与原件一致的复印件。

申请人应当对申请登记材料的真实性、合法性、有效性负责，不得隐瞒真实情况或者提供虚假材料申请房屋登记。

第十二条 申请房屋登记，应当由有关当事人双方共同申请，但本办法另有规定的除外。

有下列情形之一，申请房屋登记的，可以由当事人单方申请：

（一）因合法建造房屋取得房屋权利；

（二）因人民法院、仲裁委员会的生效法律文书取得房屋权利；

（三）因继承、受遗赠取得房屋权利；

4. 登记范围

（1）国有土地范围内房屋登记，包括：所有权登记、抵押权登记、地役权登记、预告登记和其他登记等。

（2）集体土地范围内房屋登记，包括：初始登记、所有权登记、变更登记、转移登记和抵押登记等。

（3）其他（更正）登记

第七十四条 权利人、利害关系人认为房屋登记簿记载的事项有错误的，可以提交下列材料，申请更正登记：

（一）登记申请书；

（二）申请人的身份证明；

（三）证明房屋登记簿记载错误的材料。

利害关系人申请更正登记的，还应当提供权利人同意更正的证明材料。

房屋登记簿记载确有错误的，应当予以更正；需要更正房屋权属证书内容的，应当书面通知权利人换领房屋权属证书；房屋登记簿记载无误的，应当不予更正，并书面通知申请人。

第二节　土地权属登记

2007年11月28日中华人民共和国国土资源部(第40号令)颁发了《土地登记办法》，现就其内容现摘录如下：

一、土地登记的含义

第二条　本办法所称土地登记，是指将国有土地使用权、集体土地所有权、集体土地使用仅和土地抵押权、地役权以及依照法律法规定需要登记的其他土地权利记载于土地登记簿公示的行为。

前款规定的国有土地使用权，包括国有建设用地使用权和国有农用地使用权；集体土地使用权，包括集体建设用地使用权、宅基地使用权和集体农用地使用权(不含土地承包经营权)。

二、土地登记的内容

(一)土地总登记

第二十一条　本办法所称土地总登记，是指在一定时间内对辖区内全部土地或者特定区域内土地进行的全面登记。

(二)初始登记

第二十五条　本办法所称初始登记，是指土地总登记之外对设立的土地权利进行的登记。

(三)变更登记

第三十八条　本办法所称变更登记，是指因土地权利人发生改变，或者因土地权利人姓名或者名称、地址和土地用途等内容发生变更而进行的登记。

(四)注销登记

第四十九条　本办法所称注销登记，是指因土地权利的消灭等而进行的登记。

(五)其他登记

第五十七条　本办法所称其他登记，包括更正登记、异议登记、预告登记和查封登记。

(六)土地权利保护

第七十条　依法登记的国有土地使用权、集体土地所有权、集体土地使用权和土地抵押权、地役权受法律保护，任何单位和个人不得侵犯。

三、土地登记办法

第九条　申请人申请土地登记，应当根据不同的登记事项提交下列材料：

(一)土地登记申请书；

(二)申请人身份证材料；

(三)土地权属来源证明；

(四)地籍调查表、宗地图及宗地界址坐标；

(五)地上附着物权属证明；

(六)法律法规规定的完税或者减免凭证；

(七)本办法规定的其他证明材料。

前款第(四)项规定的地籍调查表、宗地图及宗地界址坐标,可以委托有资质的专业技术单位进行地籍调查获得。

申请人申请土地登记,应当如实向国土资源行政主管部门提交有关材料和反映真实情况,并对申请材料实质内容的真实性负责。

《土地登记办法》详见附录3-11-3。

第三节 房地产的产籍管理

一、房地产产籍

房地产产籍是指房籍和地籍有机组成,由于房产和地产不可分割的特点,房籍与地籍也是统一地构成房地产产籍管理制度的整体。房籍以地籍为基础,由地籍发展而来,地籍包括土地产权的登记和土地分类面积记录等内容,是土地的自然状况、社会经济状况和法律状况的调查、记录和登记。地籍管理工作具体由地籍调查、土地权属登记和土地统计等构成。房籍又称房屋产籍,是指城市房屋的产权档案、地籍图纸以及账册、表卡等其他反映产权现状和历史等情况的资料。

房地产产籍主要是由图、档、卡、册组成。它是通过图形、文字记载、原始证据等,记录反映产权状况、房屋及其使用国有土地的情况。

图,即房地产地籍平面图。它是专为房屋所有权登记和管理而绘制的专业用图,一般反映各类房屋及用地的关系位置、房屋结构、面积、层数、使用土地范围、街道门牌等。

档,即房地产档案。它是指在房屋所有权登记中形成的各种产权证件、证明、各种文件和历史资料等收集起来,用科学的方法加以整理、分类装订而成的卷册。房地产档案主要记录反映产权人及房屋、用地状况的演变。它包括产权登记的各种申请表、墙界表、调查材料、原始文件记载和原有契证等。它反映了房地产权利及房屋、土地演变的过程和纠纷处理的结果及其过程。它是审查、确认产权的重要依据。

卡,即房地产卡片。它是对产权申请书中产权人情况、房屋状况、使用土地状况及其来源等扼要摘录而制成一种卡片。它按丘号(地号)顺序,以一处房屋中一幢房屋为单位填制一张卡片。一处房屋有多少幢就编制多少张卡片。房地产卡片的作用是为了查阅房地产的基本情况,以供对各类房屋进行分类统计使用。

册,即房地产登记簿册。包括登记收件簿、发证记录簿、房屋总册等。它是根据产权登记的成果和分类管理的要求而编制的,是产权状况和房屋状况的反映。

二、房地产产籍管理

房地产产籍管理是产权管理的基础和手段。没有产籍,产权管理就无从谈起。产籍管理工作内容是建立产籍卡片、图表和注记、修正登记等内容。

(一) 房屋产籍管理

城市房屋产籍应当由县级以上地方人民政府房地产行政主管部门统一管理。房屋产籍管理有以下措施:建立健全房产档案和房产测绘的管理制度。城市房屋的测量应当符合房屋管理和测量规范的要求,准确反映房屋的自然状况,并绘制符合规范的图表,为审查确认产权提供可靠依据;城市房屋的产籍,应当依照房地丘(地)号建立。房地丘(地)号的编写,按照房地产测量规范执行;城市房屋产权档案,应当以产权人为宗立卷。宗内文件的排列，可以按照产权的变化时间为序。城市房屋产权档案必须长期保存。如果发生丢失或者损毁时，应当及时采取补救措施；对于城市房屋产籍，应当根据房屋产权的转移、变更等及时加以调整和补充。

（二）地籍管理

地籍管理是土地使用制度改革的基础性工作，也是加强土地权属管理的重要措施。地籍管理的对象是土地登记形成的文件资料，包括：土地登记申请书、土地登记收件单、土地权属证明文件、资料、土地登记审批表、地籍图、土地登记簿、土地证书签收簿、土地归户册、土地登记复查申请表、土地登记复查结果表、确权过程中形成的协议书、决定书等文件、资料。

地籍管理应当采取以下具体措施：尚未完成地籍调查、土地登记、发证的地区，对土地使用权出让、转让、出租和抵押的宗地，可按宗地进行地籍调查、登记发证。权属界线需经相邻宗地使用者签字认可，界址点必须设永久性界标；划拨土地使用权出让登记手续，应由土地使用者在签订出让合同交付出让金后，持国有土地使用证、土地使用权出让合同和土地出让金交付凭证，到土地管理部门办理。土地管理部门审核后，对符合规定的，在土地使用者原土地登记卡和土地证书变更记事栏内，登记土地使用权出让合同号、签约时间、批准机关、出让价格和出让期限等变更或新增内容，也可更换土地登记卡和土地证书，.土地归户卡作相应变更；土地使用权转让、出租、抵押登记，分别由转让人和受让人，出租人和承租人，抵押人和抵押权人共同提出申请并提交有关证明文件和材料。土地管理部门审核后，符合规定的，将审核结果和意见填入土地登记审批表。对土地使用权转让登记经县级以上人民政府批准后，办理注册登记，向受让人颁发国有土地使用证，同时注销转让人原土地登记和土地证书。对于出租、抵押登记，可在原土地登记卡、归户卡和土地证书变更记事栏内，分别登记出租、抵押时间、期限、租金或抵押金额、承租人或抵押权人的名称、地址等，向承租人或抵押权人颁发土地使用权承租、抵押证明书，证明书的样式由各省、自治区、直辖市土地管理部门制订；注销土地使用权出租抵押登记，应在合同终止后，由承租人和抵押权人分别将土地使用权承租证明书和抵押证明书交出租人和抵押人，出租人和抵押人持土地证书、租赁合同及承租证明书、抵押合同及抵押证明书到土地管理部门办理。土地管理部门审核后，符合规定的，在土地登记卡、归户卡及土地证书有关出租、抵押登记栏目上加盖注销戳记，并注明注销日期和原因，注销土地使用权承租、抵押证明书。因处分抵押财产而取得土地使用权的，由抵押人和抵押土地使用权取得按土地使用权转让的登记程序办理；注销土地使用权登记，应在土地使用权出让期届满，由土地使用者持土地证书和出让合同到土地管理部门申请办理。土地管理部门审核后，注销出让土地登记，收回或更改土地证书。

房地产的产权产籍管理相关法律、法规，详见附录3-11-1～3-11-3。

附录3-11-1 房屋登记办法

（2008年2月15日建设部令第168号）

《房屋登记办法》已于2008年1月22日经建设部第147次常务会议讨论通过，现予发布，自2008

年7月1日起施行。

建设部部长　汪光焘

二〇〇八年二月十五日

第一章　总　　则

第一条　为了规范房屋登记行为，维护房地产交易安全，保护权利人的合法权益，依据《中华人民共和国物权法》、《中华人民共和国城市房地产管理法》、《村庄和集镇规划建设管理条例》等法律、行政法规，制定本办法。

第二条　本办法所称房屋登记，是指房屋登记机构依法将房屋权利和其他应当记载的事项在房屋登记簿上予以记载的行为。

第三条　国务院建设主管部门负责指导、监督全国的房屋登记工作。

省、自治区、直辖市人民政府建设（房地产）主管部门负责指导、监督本行政区域内的房屋登记工作。

第四条　房屋登记，由房屋所在地的房屋登记机构办理。

本办法所称房屋登记机构，是指直辖市、市、县人民政府建设（房地产）主管部门或者其设置的负责房屋登记工作的机构。

第五条　房屋登记机构应当建立本行政区域内统一的房屋登记簿。

房屋登记簿是房屋权利归属和内容的根据，由房屋登记机构管理。

第六条　房屋登记人员应当具备与其岗位相适应的专业知识。

从事房屋登记审核工作的人员，应当取得国务院建设主管部门颁发的房屋登记上岗证书，持证上岗。

第二章　一　般　规　定

第七条　办理房屋登记，一般依照下列程序进行：

（一）申请；

（二）受理；

（三）审核；

（四）记载于登记簿；

（五）发证。

房屋登记机构认为必要时，可以就登记事项进行公告。

第八条　办理房屋登记，应当遵循房屋所有权和房屋占用范围内的土地使用权权利主体一致的原则。

第九条　房屋登记机构应当依照法律、法规和本办法规定，确定申请房屋登记需要提交的材料，并将申请登记材料目录公示。

第十条　房屋应当按照基本单元进行登记。房屋基本单元是指有固定界限、可以独立使用并且有明确、唯一的编号（幢号、室号等）的房屋或者特定空间。

国有土地范围内成套住房，以套为基本单元进行登记；非成套住房，以房屋的幢、层、间等有固定界限的部分为基本单元进行登记。集体土地范围内村民住房，以宅基地上独立建筑为基本单元进行登记；在共有宅基地上建造的村民住房，以套、间等有固定界限的部分为基本单元进行登记。

非住房以房屋的幢、层、套、间等有固定界限的部分为基本单元进行登记。

第十一条　申请房屋登记，申请人应当向房屋所在地的房屋登记机构提出申请，并提交申请登记材料。

申请登记材料应当提供原件。不能提供原件的，应当提交经有关机关确认与原件一致的复印件。

申请人应当对申请登记材料的真实性、合法性、有效性负责，不得隐瞒真实情况或者提供虚假材料申请房屋登记。

第十二条　申请房屋登记，应当由有关当事人双方共同申请，但本办法另有规定的除外。

有下列情形之一，申请房屋登记的，可以由当事人单方申请：

（一）因合法建造房屋取得房屋权利；

（二）因人民法院、仲裁委员会的生效法律文书取得房屋权利；

（三）因继承、受遗赠取得房屋权利；

（四）有本办法所列变更登记情形之一；

（五）房屋灭失；

（六）权利人放弃房屋权利；

（七）法律、法规规定的其他情形。

第十三条　共有房屋，应当由共有人共同申请登记。

共有房屋所有权变更登记，可以由相关的共有人申请，但因共有性质或者共有人份额变更申请房屋登记的，应当由共有人共同申请。

第十四条　未成年人的房屋，应当由其监护人代为申请登记。监护人代为申请未成年人房屋登记的，应当提交证明监护人身份的材料；因处分未成年人房屋申请登记的，还应当提供为未成年人利益的书面保证。

第十五条　申请房屋登记的，申请人应当使用中文名称或者姓名。申请人提交的证明文件原件是外文的，应当提供中文译本。

委托代理人申请房屋登记的，代理人应当提交授权委托书和身份证明。境外申请人委托代理人申请房屋登记的，其授权委托书应当按照国家有关规定办理公证或者认证。

第十六条　申请房屋登记的，申请人应当按照国家有关规定缴纳登记费。

第十七条　申请人提交的申请登记材料齐全且符合法定形式的，应当予以受理，并出具书面凭证。

申请人提交的申请登记材料不齐全或者不符合法定形式的，应当不予受理，并告知申请人需要补正的内容。

第十八条　房屋登记机构应当查验申请登记材料，并根据不同登记申请就申请登记事项是否是申请人的真实意思表示、申请登记房屋是否为共有房屋、房屋登记簿记载的权利人是否同意更正，以及申请登记材料中需进一步明确的其他有关事项询问申请人。询问结果应当经申请人签字确认，并归档保留。

房屋登记机构认为申请登记房屋的有关情况需要进一步证明的，可以要求申请人补充材料。

第十九条　办理下列房屋登记，房屋登记机构应当实地查看：

（一）房屋所有权初始登记；

（二）在建工程抵押权登记；

（三）因房屋灭失导致的房屋所有权注销登记；

（四）法律、法规规定的应当实地查看的其他房屋登记。

房屋登记机构实地查看时，申请人应当予以配合。

第二十条　登记申请符合下列条件的，房屋登记机构应当予以登记，将申请登记事项记载于房屋登记簿：

（一）申请人与依法提交的材料记载的主体一致；

（二）申请初始登记的房屋与申请人提交的规划证明材料记载一致，申请其他登记的房屋与房屋登记簿记载一致；

（三）申请登记的内容与有关材料证明的事实一致；

（四）申请登记的事项与房屋登记簿记载的房屋权利不冲突；

（五）不存在本办法规定的不予登记的情形。

登记申请不符合前款所列条件的，房屋登记机构应当不予登记，并书面告知申请人不予登记的原因。

第二十一条 房屋登记机构将申请登记事项记载于房屋登记簿之前，申请人可以撤回登记申请。

第二十二条 有下列情形之一的，房屋登记机构应当不予登记：

（一）未依法取得规划许可、施工许可或者未按照规划许可的面积等内容建造的建筑申请登记的；

（二）申请人不能提供合法、有效的权利来源证明文件或者申请登记的房屋权利与权利来源证明文件不一致的；

（三）申请登记事项与房屋登记簿记载冲突的；

（四）申请登记房屋不能特定或者不具有独立利用价值的；

（五）房屋已被依法征收、没收，原权利人申请登记的；

（六）房屋被依法查封期间，权利人申请登记的；

（七）法律、法规和本办法规定的其他不予登记的情形。

第二十三条 自受理登记申请之日起，房屋登记机构应当于下列时限内，将申请登记事项记载于房屋登记簿或者作出不予登记的决定：

（一）国有土地范围内房屋所有权登记，30 个工作日，集体土地范围内房屋所有权登记，60 个工作日；

（二）抵押权、地役权登记，10 个工作日；

（三）预告登记、更正登记，10 个工作日；

（四）异议登记，1 个工作日。

公告时间不计入前款规定时限。因特殊原因需要延长登记时限的，经房屋登记机构负责人批准可以延长，但最长不得超过原时限的一倍。

法律、法规对登记时限另有规定的，从其规定。

第二十四条 房屋登记簿应当记载房屋自然状况、权利状况以及其他依法应当登记的事项。

房屋登记簿可以采用纸介质，也可以采用电子介质。采用电子介质的，应当有唯一、确定的纸介质转化形式，并应当定期异地备份。

第二十五条 房屋登记机构应当根据房屋登记簿的记载，缮写并向权利人发放房屋权属证书。

房屋权属证书是权利人享有房屋权利的证明，包括《房屋所有权证》、《房屋他项权证》等。申请登记房屋为共有房屋的，房屋登记机构应当在房屋所有权证上注明"共有"字样。

预告登记、在建工程抵押权登记以及法律、法规规定的其他事项在房屋登记簿上予以记载后，由房屋登记机构发放登记证明。

第二十六条 房屋权属证书、登记证明与房屋登记簿记载不一致的，除有证据证明房屋登记簿确有错误外，以房屋登记簿为准。

第二十七条 房屋权属证书、登记证明破损的，权利人可以向房屋登记机构申请换发。房屋登记机构换发前，应当收回原房屋权属证书、登记证明，并将有关事项记载于房屋登记簿。

房屋权属证书、登记证明遗失、灭失的，权利人在当地公开发行的报刊上刊登遗失声明后，可以申请补发。房屋登记机构予以补发的，应当将有关事项在房屋登记簿上予以记载。补发的房屋权属证书、登记证明上应当注明"补发"字样。

在补发集体土地范围内村民住房的房屋权属证书、登记证明前，房屋登记机构应当就补发事项在房屋所在地农村集体经济组织内公告。

第二十八条 房屋登记机构应当将房屋登记资料及时归档并妥善管理。

申请查询、复制房屋登记资料的，应当按照规定的权限和程序办理。

第二十九条 县级以上人民政府建设（房地产）主管部门应当加强房屋登记信息系统建设，逐步实现全国房屋登记簿信息共享和异地查询。

第三章 国有土地范围内房屋登记

第一节 所 有 权 登 记

第三十条 因合法建造房屋申请房屋所有权初始登记的，应当提交下列材料：

（一）登记申请书；

（二）申请人身份证明；

（三）建设用地使用权证明；

（四）建设工程符合规划的证明；

（五）房屋已竣工的证明；

（六）房屋测绘报告；

（七）其他必要材料。

第三十一条 房地产开发企业申请房屋所有权初始登记时，应当对建筑区划内依法属于全体业主共有的公共场所、公用设施和物业服务用房等房屋一并申请登记，由房屋登记机构在房屋登记簿上予以记载，不颁发房屋权属证书。

第三十二条 发生下列情形之一的，当事人应当在有关法律文件生效或者事实发生后申请房屋所有权转移登记：

（一）买卖；

（二）互换；

（三）赠与；

（四）继承、受遗赠；

（五）房屋分割、合并，导致所有权发生转移的；

（六）以房屋出资入股；

（七）法人或者其他组织分立、合并，导致房屋所有权发生转移的；

（八）法律、法规规定的其他情形。

第三十三条 申请房屋所有权转移登记，应当提交下列材料：

（一）登记申请书；

（二）申请人身份证明；

（三）房屋所有权证书或者房地产权证书；

（四）证明房屋所有权发生转移的材料；

（五）其他必要材料。

前款第（四）项材料，可以是买卖合同、互换合同、赠与合同、受遗赠证明、继承证明、分割协议、合并协议、人民法院或者仲裁委员会生效的法律文书，或者其他证明房屋所有权发生转移的材料。

第三十四条 抵押期间，抵押人转让抵押房屋的所有权，申请房屋所有权转移登记的，除提供本办法第三十三条规定材料外，还应当提交抵押权人的身份证明、抵押权人同意抵押房屋转让的书面文件、他项权利证书。

第三十五条 因人民法院或者仲裁委员会生效的法律文书、合法建造房屋、继承或者受遗赠取得房屋所有权，权利人转让该房屋所有权或者以该房屋设定抵押权时，应当将房屋登记到权利人名下后，再办理房屋所有权转移登记或者房屋抵押权设立登记。

因人民法院或者仲裁委员会生效的法律文书取得房屋所有权，人民法院协助执行通知书要求房屋登记机构予以登记的，房屋登记机构应当予以办理。房屋登记机构予以登记的，应当在房屋登记簿上记载基于人民法院或者仲裁委员会生效的法律文书予以登记的事实。

　　第三十六条　发生下列情形之一的，权利人应当在有关法律文件生效或者事实发生后申请房屋所有权变更登记：

　　（一）房屋所有权人的姓名或者名称变更的；

　　（二）房屋坐落的街道、门牌号或者房屋名称变更的；

　　（三）房屋面积增加或者减少的；

　　（四）同一所有权人分割、合并房屋的；

　　（五）法律、法规规定的其他情形。

　　第三十七条　申请房屋所有权变更登记，应当提交下列材料：

　　（一）登记申请书；

　　（二）申请人身份证明；

　　（三）房屋所有权证书或者房地产权证书；

　　（四）证明发生变更事实的材料；

　　（五）其他必要材料。

　　第三十八条　经依法登记的房屋发生下列情形之一的，房屋登记簿记载的所有权人应当自事实发生后申请房屋所有权注销登记：

　　（一）房屋灭失的；

　　（二）放弃所有权的；

　　（三）法律、法规规定的其他情形。

　　第三十九条　申请房屋所有权注销登记的，应当提交下列材料：

　　（一）登记申请书；

　　（二）申请人身份证明；

　　（三）房屋所有权证书或者房地产权证书；

　　（四）证明房屋所有权消灭的材料；

　　（五）其他必要材料。

　　第四十条　经依法登记的房屋上存在他项权利时，所有权人放弃房屋所有权申请注销登记的，应当提供他项权利人的书面同意文件。

　　第四十一条　经登记的房屋所有权消灭后，原权利人未申请注销登记的，房屋登记机构可以依据人民法院、仲裁委员会的生效法律文书或者人民政府的生效征收决定办理注销登记，将注销事项记载于房屋登记簿，原房屋所有权证收回或者公告作废。

第二节　抵　押　权　登　记

　　第四十二条　以房屋设定抵押的，当事人应当申请抵押权登记。

　　第四十三条　申请抵押权登记，应当提交下列文件：

　　（一）登记申请书；

　　（二）申请人的身份证明；

　　（三）房屋所有权证书或者房地产权证书；

　　（四）抵押合同；

　　（五）主债权合同；

　　（六）其他必要材料。

　　第四十四条　对符合规定条件的抵押权设立登记，房屋登记机构应当将下列事项记载于房屋登记簿：

　　（一）抵押当事人、债务人的姓名或者名称；

　　（二）被担保债权的数额；

　　（三）登记时间。

第四十五条　本办法第四十四条所列事项发生变化或者发生法律、法规规定变更抵押权的其他情形的，当事人应当申请抵押权变更登记。

第四十六条　申请抵押权变更登记，应当提交下列材料：

（一）登记申请书；

（二）申请人的身份证明；

（三）房屋他项权证书；

（四）抵押人与抵押权人变更抵押权的书面协议；

（五）其他必要材料。

因抵押当事人姓名或者名称发生变更，或者抵押房屋坐落的街道、门牌号发生变更申请变更登记的，无需提交前款第（四）项材料。

因被担保债权的数额发生变更申请抵押权变更登记的，还应当提交其他抵押权人的书面同意文件。

第四十七条　经依法登记的房屋抵押权因主债权转让而转让，申请抵押权转移登记的，主债权的转让人和受让人应当提交下列材料：

（一）登记申请书；

（二）申请人的身份证明；

（三）房屋他项权证书；

（四）房屋抵押权发生转移的证明材料；

（五）其他必要材料。

第四十八条　经依法登记的房屋抵押权发生下列情形之一的，权利人应当申请抵押权注销登记：

（一）主债权消灭；

（二）抵押权已经实现；

（三）抵押权人放弃抵押权；

（四）法律、法规规定抵押权消灭的其他情形。

第四十九条　申请抵押权注销登记的，应当提交下列材料：

（一）登记申请书；

（二）申请人的身份证明；

（三）房屋他项权证书；

（四）证明房屋抵押权消灭的材料；

（五）其他必要材料。

第五十条　以房屋设定最高额抵押的，当事人应当申请最高额抵押权设立登记。

第五十一条　申请最高额抵押权设立登记，应当提交下列材料：

（一）登记申请书；

（二）申请人的身份证明；

（三）房屋所有权证书或房地产权证书；

（四）最高额抵押合同；

（五）一定期间内将要连续发生的债权的合同或者其他登记原因证明材料；

（六）其他必要材料。

第五十二条　当事人将最高额抵押权设立前已存在债权转入最高额抵押担保的债权范围，申请登记的，应当提交下列材料：

（一）已存在债权的合同或者其他登记原因证明材料；

（二）抵押人与抵押权人同意将该债权纳入最高额抵押权担保范围的书面材料。

第五十三条　对符合规定条件的最高额抵押权设立登记，除本办法第四十四条所列事项外，登记机构还应当将最高债权额、债权确定的期间记载于房屋登记簿，并明确记载其为最高额抵押权。

　　第五十四条　变更最高额抵押权登记事项或者发生法律、法规规定变更最高额抵押权的其他情形，当事人应当申请最高额抵押权变更登记。

　　第五十五条　申请最高额抵押权变更登记，应当提交下列材料：

　　（一）登记申请书；

　　（二）申请人的身份证明；

　　（三）房屋他项权证书；

　　（四）最高额抵押权担保的债权尚未确定的证明材料；

　　（五）最高额抵押权发生变更的证明材料；

　　（六）其他必要材料。

　　因最高债权额、债权确定的期间发生变更而申请变更登记的，还应当提交其他抵押权人的书面同意文件。

　　第五十六条　最高额抵押权担保的债权确定前，最高额抵押权发生转移，申请最高额抵押权转移登记的，转让人和受让人应当提交下列材料：

　　（一）登记申请书；

　　（二）申请人的身份证明；

　　（三）房屋他项权证书；

　　（四）最高额抵押权担保的债权尚未确定的证明材料；

　　（五）最高额抵押权发生转移的证明材料；

　　（六）其他必要材料。

　　最高额抵押权担保的债权确定前，债权人转让部分债权的，除当事人另有约定外，房屋登记机构不得办理最高额抵押权转移登记。当事人约定最高额抵押权随同部分债权的转让而转移的，应当在办理最高额抵押权确定登记之后，依据本办法第四十七条的规定办理抵押权转移登记。

　　第五十七条　经依法登记的最高额抵押权担保的债权确定，申请最高额抵押权确定登记的，应当提交下列材料：

　　（一）登记申请书；

　　（二）申请人的身份证明；

　　（三）房屋他项权证书；

　　（四）最高额抵押权担保的债权已确定的证明材料；

　　（五）其他必要材料。

　　第五十八条　对符合规定条件的最高额抵押权确定登记，登记机构应当将最高额抵押权担保的债权已经确定的事实记载于房屋登记簿。

　　当事人协议确定或者人民法院、仲裁委员会生效的法律文书确定了债权数额的，房屋登记机构可以依照当事人一方的申请将债权数额确定的事实记载于房屋登记簿。

　　第五十九条　以在建工程设定抵押的，当事人应当申请在建工程抵押权设立登记。

　　第六十条　申请在建工程抵押权设立登记的，应当提交下列材料：

　　（一）登记申请书；

　　（二）申请人的身份证明；

　　（三）抵押合同；

　　（四）主债权合同；

　　（五）建设用地使用权证书或者记载土地使用权状况的房地产权证书；

　　（六）建设工程规划许可证；

　　（七）其他必要材料。

　　第六十一条　已经登记在建工程抵押权变更、转让或者消灭的，当事人应当提交下列材料，申请变更登记、转移登记、注销登记：

（一）登记申请书；

（二）申请人的身份证明；

（三）登记证明；

（四）证明在建工程抵押权发生变更、转移或者消灭的材料；

（五）其他必要材料。

第六十二条 在建工程竣工并经房屋所有权初始登记后，当事人应当申请将在建工程抵押权登记转为房屋抵押权登记。

第三节 地役权登记

第六十三条 在房屋上设立地役权的，当事人可以申请地役权设立登记。

第六十四条 申请地役权设立登记，应当提交下列材料：

（一）登记申请书；

（二）申请人的身份证明；

（三）地役权合同；

（四）房屋所有权证书或者房地产权证书；

（五）其他必要材料。

第六十五条 对符合规定条件的地役权设立登记，房屋登记机构应当将有关事项记载于需役地和供役地房屋登记簿，并可将地役权合同附于供役地和需役地房屋登记簿。

第六十六条 已经登记的地役权变更、转让或者消灭的，当事人应当提交下列材料，申请变更登记、转移登记、注销登记：

（一）登记申请书；

（二）申请人的身份证明；

（三）登记证明；

（四）证明地役权发生变更、转移或者消灭的材料；

（五）其他必要材料。

第四节 预 告 登 记

第六十七条 有下列情形之一的，当事人可以申请预告登记：

（一）预购商品房；

（二）以预购商品房设定抵押；

（三）房屋所有权转让、抵押；

（四）法律、法规规定的其他情形。

第六十八条 预告登记后，未经预告登记的权利人书面同意，处分该房屋申请登记的，房屋登记机构应当不予办理。

预告登记后，债权消灭或者自能够进行相应的房屋登记之日起三个月内，当事人申请房屋登记的，房屋登记机构应当按照预告登记事项办理相应的登记。

第六十九条 预售人和预购人订立商品房买卖合同后，预售人未按照约定与预购人申请预告登记，预购人可以单方申请预告登记。

第七十条 申请预购商品房预告登记，应当提交下列材料：

（一）登记申请书；

（二）申请人的身份证明；

（三）已登记备案的商品房预售合同；

（四）当事人关于预告登记的约定；

（五）其他必要材料。

预购人单方申请预购商品房预告登记，预售人与预购人在商品房预售合同中对预告登记附有条件和期限的，预购人应当提交相应的证明材料。

第七十一条 申请预购商品房抵押权预告登记，应当提交下列材料：

（一）登记申请书；

（二）申请人的身份证明；

（三）抵押合同；

（四）主债权合同；

（五）预购商品房告记证明；

（六）当事人关于预告登记的约定；

（七）其他必要材料。

第七十二条 申请房屋所有权转移预告登记，应当提交下列材料：

（一）登记申请书；

（二）申请人的身份证明；

（三）房屋所有权转让合同；

（四）转让方的房屋所有权证书或者房地产权证书；

（五）当事人关于预告登记的约定；

（六）其他必要材料。

第七十三条 申请房屋抵押权预告登记的，应当提交下列材料：

（一）登记申请书；

（二）申请人的身份证明；

（三）抵押合同；

（四）主债权合同；

（五）房屋所有权证书或房地产权证书，或者房屋所有权转移登记的预告证明；

（六）当事人关于预告登记的约定；

（七）其他必要材料。

第五节 其 他 登 记

第七十四条 权利人、利害关系人认为房屋登记簿记载的事项有错误的，可以提交下列材料，申请更正登记：

（一）登记申请书；

（二）申请人的身份证明；

（三）证明房屋登记簿记载错误的材料。

利害关系人申请更正登记的，还应当提供权利人同意更正的证明材料。

房屋登记簿记载确有错误的，应当予以更正；需要更正房屋权属证书内容的，应当书面通知权利人换领房屋权属证书；房屋登记簿记载无误的，应当不予更正，并书面通知申请人。

第七十五条 房屋登记机构发现房屋登记簿的记载错误，不涉及房屋权利归属和内容的，应当书面通知有关权利人在规定期限内办理更正登记；当事人无正当理由逾期不办理更正登记的，房屋登记机构可以依据申请登记材料或者有效的法律文件对房屋登记簿的记载予以更正，并书面通知当事人。

对于涉及房屋权利归属和内容的房屋登记簿的记载错误，房屋登记机构应当书面通知有关权利人在规定期限内办理更正登记；办理更正登记期间，权利人因处分其房屋权利申请登记的，房屋登记机构应当暂缓办理。

第七十六条 利害关系人认为房屋登记簿记载的事项错误，而权利人不同意更正的，利害关系人可以持登记申请书、申请人的身份证明、房屋登记簿记载错误的证明文件等材料申请异议登记。

第七十七条 房屋登记机构受理异议登记的，应当将异议事项记载于房屋登记簿。

第七十八条 异议登记期间，房屋登记簿记载的权利人处分房屋申请登记的，房屋登记机构应当暂缓办理。

权利人处分房屋申请登记，房屋登记机构受理登记申请但尚未将申请登记事项记载于房屋登记簿之前，第三人申请异议登记的，房屋登记机构应当中止办理原登记申请，并书面通知申请人。

第七十九条 异议登记期间，异议登记申请人起诉，人民法院不予受理或者驳回其诉讼请求的，异议登记申请人或者房屋登记簿记载的权利人可以持登记申请书、申请人的身份证明、相应的证明文件等材料申请注销异议登记。

第八十条 人民法院、仲裁委员会的生效法律文书确定的房屋权利归属或者权利内容与房屋登记簿记载的权利状况不一致的，房屋登记机构应当按照当事人的申请或者有关法律文书，办理相应的登记。

第八十一条 司法机关、行政机关类、仲裁委员会发生法律效力的文件证明当事人以隐瞒真实情况、提交虚假材料等非法手段获取房屋登记的，房屋登记机构可以撤销原房屋登记，收回房屋权属证书、登记证明或者公告作废，但房屋权利为他人善意取得的除外。

第四章 集体土地范围内房屋登记

第八十二条 依法利用宅基地建造的村民住房和依法利用其他集体所有建设用地建造的房屋，可以依照本办法的规定申请房屋登记。

法律、法规对集体土地范围内房屋登记另有规定的，从其规定。

第八十三条 因合法建造房屋申请房屋所有权初始登记的，应当提交下列材料：

（一）登记申请书；

（二）申请人的身份证明；

（三）宅基地使用权证明或者集体所有建设用地使用权证明；

（四）申请登记房屋符合城乡规划的证明；

（五）房屋测绘报告或者村民住房平面图；

（六）其他必要材料。

申请村民住房所有权初始登记的，还应当提交申请人属于房屋所在地农村集体经济组织成员的证明。

农村集体经济组织申请房屋所有权初始登记的，还应当提交经村民会议同意或者由村民会议授权经村民代表会议同意的证明材料。

第八十四条 办理村民住房所有权初始登记、农村集体经济组织所有房屋所有权初始登记，房屋登记机构受理登记申请后，应当将申请登记事项在房屋所在地农村集体经济组织内进行公告。经公告无异议或者异议不成立的，方可予以登记。

第八十五条 发生下列情形之一的，权利人应当在有关法律文件生效或者事实发生后申请房屋所有权变更登记：

（一）房屋所有权人的姓名或者名称变更的；

（二）房屋坐落变更的；

（三）房屋面积增加或者减少的；

（四）同一所有权人分割、合并房屋的；

（五）法律、法规规定的其他情形。

第八十六条 房屋所有权依法发生转移，申请房屋所有权转移登记的，应当提交下列材料：

（一）登记申请书；

（二）申请人的身份证明；

（三）房屋所有权证书；

（四）宅基地使用权证明或者集体所有建设用地使用权证明；

（五）证明房屋所有权发生转移的材料；

（六）其他必要材料。

申请村民住房所有权转移登记的，还应当提交农村集体经济组织同意转移的证明材料。

农村集体经济组织申请房屋所有权转移登记的，还应当提交经村民会议同意或者由村民会议授权经村民代表会议同意的证明材料。

第八十七条　申请农村村民住房所有权转移登记，受让人不属于房屋所在地农村集体经济组织成员的，除法律、法规另有规定外，房屋登记机构应当不予办理。

第八十八条　依法以乡镇、村企业的厂房等建筑物设立抵押，申请抵押权登记的，应当提交下列材料：

（一）登记申请书；

（二）申请人的身份证明；

（三）房屋所有权证书；

（四）集体所有建设用地使用权证明；

（五）主债权合同和抵押合同；

（六）其他必要材料。

第八十九条　房屋登记机构对集体土地范围内的房屋予以登记的，应当在房屋登记簿和房屋权属证书上注明"集体土地"字样。

第九十条　办理集体土地范围内房屋的地役权登记、预告登记、更正登记、异议登记等房屋登记，可以参照适用国有土地范围内房屋登记的有关规定。

第五章　法　律　责　任

第九十一条　非法印制、伪造、变造房屋权属证书或者登记证明，或者使用非法印制、伪造、变造的房屋权属证书或者登记证明的，由房屋登记机构予以收缴；构成犯罪的，依法追究刑事责任。

第九十二条　申请人提交错误、虚假的材料申请房屋登记，给他人造成损害的，应当承担相应的法律责任。

房屋登记机构及其工作人员违反本办法规定办理房屋登记，给他人造成损害的，由房屋登记机构承担相应的法律责任。房屋登记机构承担赔偿责任后，对故意或者重大过失造成登记错误的工作人员，有权追偿。

第九十三条　房屋登记机构工作人员有下列行为之一的，依法给予处分；构成犯罪的，依法追究刑事责任：

（一）擅自涂改、毁损、伪造房屋登记簿；

（二）对不符合登记条件的登记申请予以登记，或者对符合登记条件的登记申请不予登记；

（三）玩忽职守、滥用职权、徇私舞弊。

第六章　附　　则

第九十四条　房屋登记簿的内容和管理规范，由国务院建设主管部门另行制定。

第九十五条　房屋权属证书、登记证明，由国务院建设主管部门统一制定式样，统一监制，统一编号规则。

县级以上地方人民政府由一个部门统一负责房屋和土地登记工作的，可以制作、颁发统一的房地产权证书。房地产权证书的式样应当报国务院建设主管部门备案。

第九十六条　具有独立利用价值的特定空间以及码头、油库等其他建筑物、构筑物的登记，可以参照本办法执行。

第九十七条　省、自治区、直辖市人民政府建设（房地产）主管部门可以根据法律、法规和本办法的规定，结合本地实际情况，制定房屋登记实施细则。

第九十八条　本办法自 2008 年 7 月 1 日起施行。《城市房屋权属登记管理办法》（建设部令第 57 号）、《建设部关于修改（城市房屋权属登记管理办法）的决定》（建设部令第 99 号）同时废止。

附录 3-11-2　国家土地管理局关于土地 使用权抵押登记有关问题的通知

（1997 年 1 月 3 日国土籍字［1997］2 号）

为加强土地使用权抵押登记的管理，规范抵押登记行为，为保障抵押当事人的合法权益，根据《城市房地产管理法》、《担保法》和《城镇国有土地使用权出让和转让暂行条例》的规定，现将土地使用权抵押登记的有关问题通知如下：

一、关于土地使用权抵押登记的法律效力

土地使用权抵押的设立、变更和消灭应依法办理土地登记手续。土地使用权抵押合同经登记后生效，未经登记的土地使用权抵押权不受法律保护。

土地使用权抵押登记必须以土地使用权登记为基础，并遵循登记机关一致的原则，异地抵押的，必须到土地所有地的原土地使用权登记机关办理抵押登记。县级以上地方人民政府土地管理部门负责土地使用权抵押登记工作。

土地使用权抵押的合法凭证是《土地他项权利证明书》，《国有土地使用证》、《集体土地所有证》和《集体土地使用证》不作为抵押权的法律凭证，抵押权人不得扣押抵押土地的土地证书。抵押权人扣压的土地证书无效，土地使用权人可以申请土地证书作废，并办理补发新证手续。

二、关于土地使用权抵押的地价评估和合同签订

土地使用权抵押应当进行地价评估，并由抵押人和抵押权人签订抵押合同。地价评估收费标准按国家有关规定执行。

1. 以出让方式取得的国有土地使用权，由抵押权人进行地价评估或由具有土地估价资格的中介机构评估并经抵押权人认可后，由抵押人和抵押权人签订抵押合同。

2. 以划拨方式取得的国有土地使用权，由抵押人委托具有土地估价资格的中介机构进行地价评估，经土地管理部门确认，并批准抵押，核定出让金数额后，由抵押人和抵押权人签订抵押合同。

3. 乡（镇）村企业厂房等建筑抵押涉及集体土地使用权抵押的，由抵押人委托具有土地估价资格的中介机构进行地价评估，经土地管理部门确认，并明确实现抵押权的方式，需要转为国有的，同时核定土地使用权出让金数额。然后，由抵押人和抵押权人签订抵押合同。

4. 以承包方式取得的荒山、荒沟、荒丘、荒滩等荒地的集体土地使用权，由抵押人委托具有土地估价资格的中介机构进行地价评估，并经土地管理部门确认后，由抵押人和抵押权人签订抵押合同。

抵押出让土地使用权的，抵押权终止期限不得超过土地使用权出让终止期限。

三、关于土地使用权抵押登记申请

土地使用权设立抵押权的，抵押人和抵押权人应在抵押合同签订后十五日内，持被抵押土地的土地使用证、抵押合同、地价评估及确认报告、抵押人和抵押权人的身份证件共同到土地管理部门申请抵押登记。一方到场申请抵押登记的，必须持有对方授权委托文件。

申请抵押登记除提交前款所列材料外还应分别情况，提交下列材料：

1. 以划拨土地使用权抵押的，提交土地管理部门确认的抵押宗地的土地使用权出让金额的证明；

2. 以房屋及其占有范围内的土地使用权抵押的，提交房屋所有权证；

3. 抵押乡（镇）村企业厂房等建筑物涉及集体土地使用权抵押的，提交集体土地所有者同意抵押的

证明；

4. 以承包方式取得的荒山、荒沟、荒丘、荒滩等荒地的集体土地使用权，提交该集体土地所有者同意抵押的证明；

5. 抵押人和抵押权人委托他人办理抵押登记的，提交委托书的代理人身份证件；

6. 抵押权人为非金融机构，其抵押借款行为依法应当办理有关批准手续的，应当提交有关批准文件。

同一宗地多次抵押时，以收到抵押登记申请先后为序办理登记。

未按规定提交有关证明文件的土地使用权抵押登记申请，土地管理部门不予受理。

四、关于土地使用权抵押登记和变更登记

抵押登记申请经审查，符合规定要求，准予登记，土地管理部门在抵押土地的土地登记卡上进行注册登记，同时在抵押人土地使用证内进行记录，并向抵押权人核发《土地他项权利证明书》，土地使用权抵押权正式生效。

土地使用权分割抵押的，由土地管理部门确定抵押土地的界线和面积。

抵押期间，抵押合同发生变更的，抵押当事人应当在抵押合同变更后十五日内，持有关文件到土地管理部门办理变更抵押登记手续。

因处分抵押财产转移土地使用权的，被处分土地使用权的受让方、抵押人和抵押权人应在抵押财产处分后三十日内，持有关证明文件到土地管理部门办理变更土地登记手续。处分抵押财产涉及集体土地所有权转为国有土地的，按土地管理的有关规定办理。

抵押合同解除或终止，抵押权人应出具解除或终止抵押合同的证明文件，与《土地他项权利证明书》一起交抵押人，抵押人自抵押合同终止或解除之日起十五日内，持有关文件到土地管理部门办理变更抵押登记手续。

五、关于抵押登记收费

办理抵押登记，申请人应向土地管理部门支付登记费用。抵押登记费按国家有关规定执行。

六、其他

我局 1995 年印发的《农村集体土地使用权抵押登记的若干规定》（〔1995〕国土〔籍〕字第 134 号）中与本通知内容不一致的，以本通知内容为准。

附录 3-11-3　土 地 登 记 办 法

（2007 年 11 月 28 日中华人民共和国国土资源部第 40 号令）

第一章　总　　则

第一条　为规范土地登记行为，保护土地权利人的合法权益，根据《中华人民共和国物权法》、《中华人民共和国土地管理法》、《中华人民共和国城市房地产管理法》和《中华人民共和国土地管理法实施条例》，制定本办法。

第二条　本办法所称土地登记，是指将国有土地使用权、集体土地所有权、集体土地使用权和土地抵押权、地役权以及依照法律法规规定需要登记的其他土地权利记载于土地登记簿公示的行为。

前款规定的国有土地使用权，包括国有建设用地使用权和国有农用地使用权；集体土地使用权，包括集体建设用地使用权、宅基地使用权和集体农地使用权（不含土地承包经营权）。

第三条　土地登记实行属地登记原则。

申请人应当依照本办法向土地所在地的县级以上人民政府国土资源行政主管部门提出土地登记申请，依法报县级以上人民政府登记造册，核发土地权利证书。但土地抵押权、地役权由县级以上人民政

府国土资源行政主管部门登记，核发土地他项权利证明书。

跨县级行政区域使用的土地，应当报土地所跨区域各县级以上人民政府分别办理土地登记。

在京中央国家机关使用的土地，按照《在京中央国家机关用地土地登记办法》的规定执行。

第四条 国家实行土地登记人员持证上岗制度。从事土地权属审核和登记审查的工作人员，应当取得国务院国土资源行政主管部门颁发的土地登记上岗证书。

第二章 一 般 规 定

第五条 土地以宗地为单位进行登记。

宗地是指土地权属界线封闭的地块或者空间。

第六条 土地登记应当依照申请进行，但法律、法规和本办法另有规定的除外。

第七条 土地登记应当由当事人共同申请，但有下列情形之一的，可以单方申请：

（一）土地总登记；

（二）国有土地使用权、集体土地所有权、集体土地使用权的初始登记；

（三）因继承或者遗赠取得土地权利的登记；

（四）因人民政府已经发生法律效力的土地权属争议处理决定而取得土地权利的登记；

（五）因人民法院、仲裁机构已经发生法律效力的法律文书而取得土地权利的登记；

（六）更正登记或者异议登记；

（七）名称、地址或者用途变更登记；

（八）土地权利证书的补发或者换发；

（九）其他依照规定可以由当事人单方申请的情形。

第八条 两个以上土地使用权人共同使用一宗土地的，可以分别申请土地登记。

第九条 申请人申请土地登记，应当根据不同的登记事项提交下列材料：

（一）土地登记申请书；

（二）申请人身份证明材料；

（三）土地权属来源证明；

（四）地籍调查表、宗地图及宗地界址坐标；

（五）地上附着物权属证明；

（六）法律法规规定的完税或者减免税凭证；

（七）本办法规定的其他证明材料。

前款第（四）项规定的地籍调查表、宗地图及宗地界址坐标，可以委托有资质的专业技术单位进行地籍调查获得。

申请人申请土地登记，应当如实向国土资源行政主管部门提交有关材料和反映真实情况，并对申请材料实质内容的真实性负责。

第十条 未成年人的土地权利，应当由其监护人代为申请登记。申请办理未成年人土地登记的，除提交本办法第九条规定的材料外，还应当提交监护人身份证明材料。

第十一条 委托代理人申请土地登记的，除提交本办法第九条规定的材料外，还应当提交授权委托书和代理人身份证明。

代理境外申请人申请土地登记的，授权委托书和被代理人身份证明应当经依法公证或者认证。

第十二条 对当事人提出的土地登记申请，国土资源行政主管部门应当根据下列情况分别作出处理：

（一）申请登记的土地不在本登记辖区的，应当当场作出不予受理的决定，并告知申请人向有管辖权的国土资源行政主管部门申请；

（二）申请材料存在可以当场更正的错误的，应当允许申请人当场更正；

（三）申请材料不齐全或者不符合法定形式的，应当当场或者在五日内一次告知申请人需要补正的全部内容；

（四）申请材料齐全、符合法定形式，或者申请人按照要求提交全部补正申请材料的，应当受理土地登记申请。

第十三条 国土资源行政主管部门受理土地登记申请后，认为必要的，可以就有关登记事项向申请人询问，也可以对申请登记的土地进行实地查看。

第十四条 国土资源行政主管部门应当对受理的土地登记申请进行审查，并按照下列规定办理登记手续：

（一）根据对土地登记申请的审核结果，以宗地为单位填写土地登记簿；

（二）根据土地登记簿的相关内容，以权利人为单位填写土地归户卡；

（三）根据土地登记簿的相关内容，以宗地为单位填写土地权利证书。对共有一宗土地的，应当为两个以上土地权利人分别填写土地权利证书。

国土资源行政主管部门在办理土地所有权和土地使用权登记手续前，应当报经同级人民政府批准。

第十五条 土地登记簿是土地权利归属和内容的根据。土地登记簿应当载明下列内容：

（一）土地权利人的姓名或者名称、地址；

（二）土地的权属性质、使用权类型、取得时间和使用期限、权利以及内容变化情况；

（三）土地的坐落、界址、面积、宗地号、用途和取得价格；

（四）地上附着物情况。

土地登记簿应当加盖人民政府印章。

土地登记簿采用电子介质的，应当每天进行异地备份。

第十六条 土地权利证书是土地权利人享有土地权利的证明。

土地权利证书记载的事项，应当与土地登记簿一致；记载不一致的，除有证据证明土地登记簿确有错误外，以土地登记簿为准。

第十七条 土地权利证书包括：

（一）国有土地使用证；

（二）集体土地所有证；

（三）集体土地使用证；

（四）土地他项权利证明书。

国有建设用地使用权和国有农用地使用权在国有土地使用证上载明；集体建设用地使用权、宅基地使用权和集体农用地使用权在集体土地使用证上载明；土地抵押权和地役权可以在土地他项权利证明书上载明。

土地权利证书由国务院国土资源行政主管部门统一监制。

第十八条 有下列情形之一的，不予登记：

（一）土地权属有争议的；

（二）土地违法违规行为尚未处理或者正在处理的；

（三）未依法足额缴纳土地有偿使用费和其他税费的；

（四）申请登记的土地权利超过规定期限的；

（五）其他依法不予登记的。

不予登记的，应当书面告知申请人不予登记的理由。

第十九条 国土资源行政主管部门应当自受理土地登记申请之日起二十日内，办结土地登记审查手续。特殊情况需要延期的，经国土资源行政主管部门负责人批准后，可以延长十日。

第二十条 土地登记形成的文件资料，由国土资源行政主管部门负责管理。

土地登记申请书、土地登记审批表、土地登记归户卡和土地登记簿的式样，由国务院国土资源行政主管部。

第三章　土 地 总 登 记

第二十一条　本办法所称土地总登记，是指在一定时间内对辖区内全部土地或者特定区域内土地进行的全面登记。

第二十二条　土地总登记应当发布通告。通告的主要内容包括：

（一）土地登记区的划分；

（二）土地登记的期限；

（三）土地登记收件地点；

（四）土地登记申请人应当提交的相关文件材料；

（五）需要通告的其他事项。

第二十三条　对符合总登记要求的宗地，由国土资源行政主管部门予以公告。公告的主要内容包括：

（一）土地权利人的姓名或者名称、地址；

（二）准予登记的土地坐落、面积、用途、权属性质、使用权类型和使用期限；

（三）土地权利人及其他利害关系人提出异议的期限、方式和受理机构；

（四）需要公告的其他事项。

第二十四条　公告期满，当事人对土地总登记审核结果无异议或者异议不成立的，由国土资源行政主管部门报经人民政府批准后办理登记。

第四章　初 始 登 记

第二十五条　本办法所称初始登记，是指土地总登记之外对设立的土地权利进行的登记。

第二十六条　依法以划拨方式取得国有建设用地使用权的，当事人应当持县级以上人民政府的批准用地文件和国有土地划拨决定书等相关证明材料，申请划拨国有建设用地使用权初始登记。

新开工的大中型建设项目使用划拨国有土地的，还应当提供建设项目竣工验收报告。

第二十七条　依法以出让方式取得国有建设用地使用权的，当事人应当在付清全部国有土地出让价款后，持国有建设用地使用权出让合同和土地出让价款缴纳凭证等相关证明材料，申请出让国有建设用地使用权初始登记。

第二十八条　划拨国有建设用地使用权已依法转为出让国有建设用地使用权的，当事人应当持原国有土地使用证、出让合同及土地出让价款缴纳凭证等相关证明材料，申请出让国有建设用地使用权初始登记。

第二十九条　依法以国有土地租赁方式取得国有建设用地使用权的，当事人应当持租赁合同和土地租金缴纳凭证等相关证明材料，申请租赁国有建设用地使用权初始登记。

第三十条　依法以国有土地使用权作价出资或者入股方式取得国有建设用地使用权的，当事人应当持原国有土地使用证、土地使用权出资或者入股批准文件和其他相关证明材料，申请作价出资或者入股国有建设用地使用权初始登记。

第三十一条　以国家授权经营方式取得国有建设用地使用权的，当事人应当持原国有土地使用证、土地资产处置批准文件和其他相关证明材料，申请授权经营国有建设用地使用权初始登记。

第三十二条　农民集体土地所有权人应当持集体土地所有权证明材料，申请集体土地所有权初始登记。

第三十三条　依法使用本集体土地进行建设的，当事人应当持有批准权的人民政府的批准用地文件，申请集体建设用地使用权初始登记。

第三十四条　集体土地所有权人依法以集体建设用地使用权入股、联营等形式兴办企业的，当事人应当持有批准权的人民政府的批准文件和相关合同，申请集体建设用地使用权初始登记。

第三十五条　依法使用本集体土地进行农业生产的，当事人应当持农用地使用合同，申请集体农用地使用权初始登记。

第三十六条　依法抵押土地使用权的，抵押权人和抵押人应当持土地权利证书、主债权债务合同、抵押合同以及相关证明材料，申请土地使用权抵押登记。

同一宗地多次抵押的，以抵押登记申请先后为序办理抵押登记。

符合抵押登记条件的，国土资源行政主管部门应当将抵押合同约定的有关事项在土地登记簿和土地权利证书上加以记载，并向抵押权人颁发土地他项权利证明书。申请登记的抵押为最高额抵押的，应当记载所担保的最高债权额、最高额抵押的期间等内容。

第三十七条　在土地上设定地役权后，当事人申请地役权登记的，供役地权利人和需役地权利人应当向国土资源行政主管部门提交土地权利证书和地役权合同等相关证明材料。

符合地役权登记条件的，国土资源行政主管部门应当将地役权合同约定的有关事项分别记载于供役地和需役地的土地登记簿和土地权利证书，并将地役权合同保存于供役地和需役地的宗地档案中。

供役地、需役地分属不同国土资源行政主管部门管辖的，当事人可以向负责供役地登记的国土资源行政主管部门申请地役权登记。负责供役地登记的国土资源行政主管部门完成登记后，应当通知负责需役地登记的国土资源行政主管部门，由其记载于需役地的土地登记簿。

第五章　变　更　登　记

第三十八条　本办法所称变更登记，是指因土地权利人发生改变，或者因土地权利人姓名或者名称、地址和土地用途等内容发生变更而进行的登记。

第三十九条　依法以出让、国有土地租赁、作价出资或者入股方式取得的国有建设用地使用权转让的，当事人应当持原国有土地使用证和土地权利发生转移的相关证明材料，申请国有建设用地使用权变更登记。

第四十条　因依法买卖、交换、赠与地上建筑物、构筑物及其附属设施涉及建设用地使用权转移的，当事人应当持原土地权利证书、变更后的房屋所有权证书及土地使用权发生转移的相关证明材料，申请建设用地使用权变更登记。涉及划拨土地使用权转移的，当事人还应当提供有批准权人民政府的批准文件。

第四十一条　因法人或者其他组织合并、分立、兼并、破产等原因致使土地使用权发生转移的，当事人应当持相关协议及有关部门的批准文件、原土地权利证书等相关证明材料，申请土地使用权变更登记。

第四十二条　因处分抵押财产而取得土地使用权的，当事人应当在抵押财产处分后，持相关证明文件，申请土地使用权变更登记。

第四十三条　土地使用权抵押期间，土地使用权依法发生转让的，当事人应当持抵押权人同意转让的书面证明、转让合同及其他相关证明材料，申请土地使用权变更登记。

已经抵押的土地使用权转让后，当事人应当持土地权利证书和他项权利证明书，办理土地抵押权变更登记。

第四十四条　相关证明材料，申请土地抵押权变更登记。

经依法登记的土地抵押权因主债权被转让而转让的，主债权的转让人和受让人可以持原土地他项权利证明书、转让协议、已经通知债务人的证明等

第四十五条　因人民法院、仲裁机构生效的法律文书或者因继承、受遗赠取得土地使用权，当事人申请登记的，应当持生效的法律文书或者死亡证明、遗嘱等相关证明材料，申请土地使用权变更登记。

权利人在办理登记之前先行转让该土地使用权或者设定土地抵押权的，应当依照本办法先将土地权

利申请登记到其名下后，再申请办理土地权利变更登记。

第四十六条 已经设定地役权的土地使用权转移后，当事人申请登记的，供役地权利人和需役地权利人应当持变更后的地役权合同及土地权利证书等相关证明材料，申请办理地役权变更登记。

第四十七条 土地权利人姓名或名称、地址发生变化的，当事人应当持原土地权利证书等相关证明材料，申请姓名或者名称、地址变更登记。

第四十八条 土地的用途发生变更的，当事人应当持有关批准文件和原土地权利证书，申请土地用途变更登记。

土地用途变更依法需要补交土地出让价款的，当事人还应当提交已补交土地出让价款的缴纳凭证。

第六章 注 销 登 记

第四十九条 本办法所称注销登记，是指因土地权利的消灭等而进行的登记。

第五十条 有下列情形之一的，可直接办理注销登记：

（一）依法收回的国有土地；

（二）依法征收的农民集体土地；

（三）因人民法院、仲裁机构的生效法律文书致使原土地权利消灭，当事人未办理注销登记的。

第五十一条 因自然灾害等原因造成土地权利消灭的，原土地权利人应当持原土地权利证书及相关证明材料，申请注销登记。

第五十二条 非住宅国有建设用地使用权期限届满，国有建设用地使用权人未申请续期或者申请续期未获批准的，当事人应当在期限届满前十五日内，持原土地权利证书，申请注销登记。

第五十三条 已经登记的土地抵押权、地役权终止的，当事人应当在该土地抵押权、地役权终止之日起十五日内，持相关证明文件，申请土地抵押权、地役权注销登记。

第五十四条 当事人未按照本办法第五十一条、第五十二条和第五十三条的规定申请注销登记的，国土资源行政主管部门应当责令当事人限期办理；逾期不办理的，进行注销公告，公告期满后可直接办理注销登记。

第五十五条 土地抵押期限届满，当事人未申请土地使用权抵押注销登记的，除设定抵押权的土地使用权期限届满外，国土资源行政主管部门不得直接注销土地使用权抵押登记。

第五十六条 土地登记注销后，土地权利证书应当收回；确实无法收回的，应当在土地登记簿上注明，并经公告后废止。

第七章 其 他 登 记

第五十七条 本办法所称其他登记，包括更正登记、异议登记、预告登记和查封登记。

第五十八条 国土资源行政主管部门发现土地登记簿记载的事项确有错误的，应当报经人民政府批准后进行更正登记，并书面通知当事人在规定期限内办理更换或者注销原土地权利证书的手续。当事人逾期不办理的，国土资源行政主管部门报经人民政府批准并公告后，原土地权利证书废止。

更正登记涉及土地权利归属的，应当对更正登记结果进行公告。

第五十九条 土地权利人认为土地登记簿记载的事项错误的，可以持原土地权利证书和证明登记错误的相关材料，申请更正登记。

利害关系人认为土地登记簿记载的事项错误的，可以持土地权利人书面同意更正的证明文件，申请更正登记。

第六十条 土地登记簿记载的权利人不同意更正的，利害关系人可以申请异议登记。

对符合异议登记条件的，国土资源行政主管部门应当将相关事项记载于土地登记簿，并向申请人颁发异议登记证明，同时书面通知土地登记簿记载的土地权利人。

异议登记期间，未经异议登记权利人同意，不得办理土地权利的变更登记或者设定土地抵押权。

第六十一条　有下列情形之一的，异议登记申请人或者土地登记簿记载的土地权利人可以持相关材料申请注销异议登记：

（一）异议登记申请人在异议登记之日起十五日内没有起诉的；

（二）人民法院对异议登记申请人的起诉不予受理的；

（三）人民法院对异议登记申请人的诉讼请求不予支持的。

异议登记失效后，原申请人就同一事项再次申请异议登记的，国土资源行政主管部门不予受理。

第六十二条　当事人签订土地权利转让的协议后，可以按照约定持转让协议申请预告登记。

对符合预告登记条件的，国土资源行政主管部门应当将相关事项记载于土地登记簿，并向申请人颁发预告登记证明。

预告登记后，债权消灭或者自能够进行土地登记之日起三个月内当事人未申请土地登记的，预告登记失效。

预告登记期间，未经预告登记权利人同意，不得办理土地权利的变更登记或者土地抵押权、地役权登记。

第六十三条　国土资源行政主管部门应当根据人民法院提供的查封裁定书和协助执行通知书，报经人民政府批准后将查封或者预查封的情况在土地登记簿上加以记载。

第六十四条　国土资源行政主管部门在协助人民法院执行土地使用权时，不对生效法律文书和协助执行通知书进行实体审查。国土资源行政主管部门认为人民法院的查封、预查封裁定或者其他生效法律文书错误的，可以向人民法院提出审查建议，但不得停止办理协助执行事项。

第六十五条　对被执行人因继承、判决或者强制执行取得，但尚未办理变更登记的土地使用权的查封，国土资源行政主管部门依照执行查封的人民法院提交的被执行人取得财产所依据的继承证明、生效判决书或者执行裁定书及协助执行通知书等，先办理变更登记手续后，再行办理查封登记。

第六十六条　土地使用权在预查封期间登记在被执行人名下的，预查封登记自动转为查封登记。

第六十七条　两个以上人民法院对同一宗土地进行查封的，国土资源行政主管部门应当为先送达协助执行通知书的人民法院办理查封登记手续，对后送达协助执行通知书的人民法院办理轮候查封登记，并书面告知其该土地使用权已被其他人民法院查封的事实及查封的有关情况。

轮候查封登记的顺序按照人民法院送达协助执行通知书的时间先后进行排列。查封法院依法解除查封的，排列在先的轮候查封自动转为查封；查封法院对查封的土地使用权全部处理的，排列在后的轮候查封自动失效；查封法院对查封的土地使用权部分处理的，对剩余部分，排列在后的轮候查封自动转为查封。

预查封的轮候登记参照本条第一款和第二款的规定办理。

第六十八条　查封、预查封期限届满或者人民法院解除查封的，查封、预查封登记失效，国土资源行政主管部门应当注销查封、预查封登记。

第六十九条　对被人民法院依法查封、预查封的土地使用权，在查封、预查封期间，不得办理土地权利的变更登记或者土地抵押权、地役权登记。

第八章　土地权利保护

第七十条　依法登记的国有土地使用权、集体土地所有权、集体土地使用权和土地抵押权、地役权受法律保护，任何单位和个人不得侵犯。

第七十一条　县级以上人民政府国土资源行政主管部门应当加强土地登记结果的信息系统和数据库建设，实现国家和地方土地登记结果的信息共享和异地查询。

第七十二条　国家实行土地登记资料公开查询制度。土地权利人、利害关系人可以申请查询土地登记资料，国土资源行政主管部门应当提供。

土地登记资料的公开查询，依照《土地登记资料公开查询办法》的规定执行。

第九章   法 律 责 任

第七十三条   当事人伪造土地权利证书的，由县级以上人民政府国土资源行政主管部门依法没收伪造的土地权利证书；情节严重构成犯罪的，依法追究刑事责任。

第七十四条   国土资源行政主管部门工作人员在土地登记工作中玩忽职守、滥用职权、徇私舞弊的，依法给予行政处分；构成犯罪的，依法追究刑事责任。

第十章   附   则

第七十五条   经省、自治区、直辖市人民政府确定，县级以上地方人民政府由一个部门统一负责土地和房屋登记工作的，其房地产登记中有关土地登记的内容应当符合本办法的规定，其房地产权证书的内容和式样应当报国务院国土资源行政主管部门核准。

第七十六条   土地登记中依照本办法需要公告的，应当在人民政府或者国土资源行政主管部门的门户网站上进行公告。

第七十七条   土地权利证书灭失、遗失的，土地权利人应当在指定媒体上刊登灭失、遗失声明后，方可申请补发。补发的土地权利证书应当注明"补发"字样。

第七十八条   本办法自 2008 年 2 月 1 日起施行。

第四篇　房　地　产　营　销

第一章　住宅的面积计量规则和技术规范

第一节　住宅的面积计量规则

一、住宅建筑面积的计算

住宅建筑面积计算应根据《建筑面积计算规则》进行，过去全国建筑面积计算规则不够统一，各省、市执行较普遍的是原国家经委于 1982 年颁发的规则，1995 年 12 月，建设部颁发的《全国统一建筑工程预算工程量计算规则》第二章中，又制订了"建筑面积计算规则"，其内容就是在原国家经委颁发的"规则"基础上作了局部的修改和补充。此外，北京市统计局在 1983 年也制订了该市一直执行的、载列于《北京市建设工程概算定额(土建工程)》上的"建筑面积计算规则"，其内容也是在原经委颁发的基础上进行了一些修改和补充。

现以建设部的最新规则为主，与原国家经委颁发的规则，同时将北京市的现行规则的不同部分以括号形式附入，综合列于表 4-1-1，以便对照使用。

建 筑 面 积 计 算 规 则

表 4-1-1

建筑物名称部位		建设部 1995 年颁发的规则	原国家经委 1982 年颁发的规则(附北京市的补充、修改部分)
（一）应计算建筑面积的范围	1. 单层建筑物	按建筑物外墙勒脚以上结构的外围水平面积计算，有部分楼层者，二层及二层以上应计算面积。高低联跨的单层建筑，需分别计算建筑面积时，应以结构外边线为分界分别计算	同左
	2. 多层建筑物	按各层建筑面积之和计算，其首层建筑面积按外墙勒脚以上结构的外围水平面积计算，二层及二层以上按外墙结构的外围水平面积计算	同左(北京市补充：外墙为预制挂板壁板的，按外墙面间的水平面积计算)
	3. 同一建筑物如结构、层数不同时	应分别计算建筑面积	
	4. 地下室、半地下室、地下车间、仓库、商店、车站、地下指挥部等及相应的出入口	按其上口外墙(不包括采光、防潮层及其保护墙)外围水平面积计算	同左(北京市将"相应的出入口"修改为"附属建筑物外墙的出入口"。另补充："人防通道端头出入口部分为楼梯踏步时，按楼梯上口外墙外围水平面积计算")

续表

建筑物名称部位	建设部 1995 年颁发的规则	原国家经委 1982 年颁发的规则（附北京市的补充、修改部分）
5. 坡地建筑物利用吊脚空间设置架空层和深基础地下架空层加以利用，其层高超过 2.2m 者	按围护结构外围水平面积计算	前者同左，后者按外围水平面积的 1/2 计算。（北京市前者修改为"有围护结构者，按外围水平面积计算。后者修改为：这种架空层设计包括安装门窗，地面抹灰及装修者，按外墙外围水平面积计算——即全部"）
6. 穿过建筑物的通道，建筑物内的门厅、大厅及门厅、大厅内的回廊	不论其高度如何均按一层计算，门厅、大厅内的回廊按其自然层的水平投影面积计算	同左（北京市取消"穿过建筑物的通道"，列入不计算建筑面积范围）
7. 室内楼梯间、电梯井、提物井、垃圾道、管道井等	均按建筑物的自然层计算建筑面积	同左（北京市补充：附墙烟囱）
8. 书库、立体仓库设有结构层的和没有结构层的	设有结构层的按结构层计算；没有结构层的按承重书架层或货架层计算	书库按书架层计算（北京市补充：无书架层的按自然层计算）
9. 有围护结构的舞台灯光控制室	按其围护结构外围水平面积乘以层数计算	同左
10. 建筑物内设备管道层，贮藏室，层高超过 2.2m 时	应计算建筑面积	同左（北京市补充：技术层层高虽不超过 2.2m，但从中分隔出来作为办公室、仓库等，应按分隔出来的使用部分外围水平面积计算）
11. 有柱的雨篷、车棚、货棚、站台等；独立柱的雨篷、单排柱的车棚、货棚、站台等	前者按柱外围水平面积计算；后者按其顶盖水平投影面积的一半计算	同左
12. 屋面上部有围护结构的楼梯间、水箱间、电梯机房等	按围护结构外围水平面积计算	同左
13. 建筑物外有围护结构的门斗、眺望间、观望电梯间、阳台、橱窗、挑廊、走廊等	按围护结构外围水平面积计算	同左，阳台指封闭式者
14. 建筑物外有柱和顶盖走廊、檐廊；无柱有顶盖的走廊、檐廊挑墙外宽度在 1.5m 以上时	前者按柱外围水平面积计算；后者按其顶盖投影面积一半计算	同左但后者未规定挑出墙外宽度 1.5m 以上时

（一）应计算建筑面积的范围

续表

建筑物名称部位		建设部 1995 年颁发的规则	原国家经委 1982 年颁发的规则（附北京市的补充、修改部分）
（一）应计算建筑面积的范围	15. 无围护结构的凹阳台、挑阳台	按其水平面积的一半计算	同左，阳台未指名无围护结构者
	16. 建筑物间有顶盖的架空走廊	按其顶盖水平投影面积计算	同左，还规定无顶盖者按其投影面积的 1/2 计算
	17. 室外楼梯	按自然层投影面积之和计算	室外楼梯作为主要通道和用于疏散者，按每层水平面积计算；楼内有楼梯的室外楼梯按其投影面积的 1/2 计算（北京市修改为：建筑物无楼梯，设室外楼梯，包括疏散梯者，按其每层投影面积计算；室内有楼梯并设室外楼梯，包括疏散梯者，其室外楼梯均按每层投影面积的 1/2 计算）
	18. 建筑物内变形缝、沉降缝等，凡缝宽在 300mm 以内者	均依其缝宽，按自然层计算，并入建筑物内的建筑面积	无规定（北京市规定均应分层计算，高低联跨时其面积并入低跨内计算）
	19. 跨越其他建筑物、构筑物的高架单层建筑物	无规定	按其水平投影面积计算，多层者按多层计算
（二）不计算建筑面积的范围	1. 墙及墙面	突出外墙的构件、配件、附墙柱、垛、勒脚，台阶，悬挑雨篷，墙面抹灰，镶贴块材，装饰面等	同左〔北京市补充：挂（壁）板突出的艺术装饰线和悬挑雨篷改为无柱雨罩〕
	2. 爬梯	用于检修、消防等室外爬梯	同左（北京市补充：宽度在 60cm 以内的钢梯）
	3. 管道层及架空层等	层高 2.2m 以内设备管道层、贮藏室、设计不利用的深基架空层及吊脚空层	"设备管道层"改为"技术层"，其余无规定，（北京市补充：穿过建筑物的通道，深基础架空层改为"此架空层仅预留门窗洞口"）
	4. 各种平台、水箱、花架、凉棚	建筑物内操作平台、上料平台、安装箱或罐体平台，没有围护结构的屋顶水箱、花架、凉棚等	无花架，凉棚〔北京市将"屋顶水箱"改为"屋顶水箱间"，补充：住宅的首层平台（不包括挑平台）〕
	5. 构筑物及其他	独立烟囱、烟道、地沟、油（水）罐、气柜、水塔、贮油（水池）、贮仓、栈桥单层建筑物内分隔单层房间、舞台及后台悬挂幕布、布景的天桥、挑台	另有地下人防干、支线，圆库，无栈桥、地沟（北京市补充：人防通道，人防通道端头为竖向爬梯的安全出入口）
	6. 预留缝	建筑物内宽度大于 300mm 的变形缝、沉降缝	无规定（北京市为"抗震缝"，并补充：有伸缩缝的靠墙烟囱）

在住宅建筑面积计算中，经常容易混淆不清的是阳台的面积计算，主要是由于 1984 年国家计委和建设部规定了"每个阳台的水平投影面积不超过 $4m^2$ 者，其面积可不计入各类住宅建筑面积之内"而引起的，不少人认为这样的阳台就可不算建筑面积；这是错误的。上述一语正确的含意应该是指不超过 $4m^2$ 的阳台面积可以不计入各类住宅的设计控制建筑面积指标（如北京市现行二类住宅（多层，二室一厅）每户建筑面积标准为 $60\sim 65m^2$）之内；而阳台本身的建筑面积必须按建筑面积计算规则计算。

二、住宅使用面积的计算

住宅使用面积的计算，一般先计算每套住宅的套内使用面积，然后再算出全部套内使用面积之和，即当整栋住宅（或一个住宅单元）的使用面积。《住宅建筑设计规范》规定的套内使用面积计算规定如下：

1. 套内使用面积包括卧室、起居室、过厅、过道、厨房、卫生间、厕所、贮藏室、壁柜等分户门内面积的总和。

2. 跃层式住宅中的户内楼梯按自然层的面积总和计入使用面积。

3. 不包括在结构面积内的烟囱、通风道、管道井均计入使用面积。

4. 内墙面装修厚度计入使用面积。

三、商品房销售面积计算及公用建筑面积的分摊

为有利于商品房的销售和产权登记，建设部于 1995 年颁发了《商品房销售面积计算及公用建筑面积分摊规则》，其主要内容介绍如下：

（一）商品房销售面积

1. 商品房销售以建筑面积为计算单位。

2. 商品房整栋销售，其销售面积即为整栋商品房的建筑面积。地下室作为人防工程的，其建筑面积应予扣除。

3. 商品房按"套"或"单元"（以下简称"套内"）出售的，其销售面积为套内或单元内建筑面积与应分摊的公用建筑面积之和。

商品房销售面积＝套内建筑面积＋分摊的公用建筑［或套内建筑面积×(1＋公共面积分摊系数)］

4. 套内建筑面积由三部分组成：

（1）套（单元）内的使用面积；

（2）套内墙体面积；

（3）阳台建筑面积。

5. 套内建筑面积各部分的计算原则：

（1）套（单元）内的使用面积。

住宅按《住宅建筑设计规范》(GBJ 96—86)规定的方法计算。其他建筑，按照专用建筑设计规范规定的方法或参照《住宅建筑设计规范》计算。

（2）套内墙体面积。

商品房各套（单元）内使用空间周围的围护或承重墙体，有共用墙及非共用墙两种。

商品房各套（单元）之间的分隔墙、套（单元）与公用建筑空间之间的分隔墙以及外墙（包括山墙）均为共用墙，共用墙墙体水平投影面积的一半计入套内墙体面积。

非共用墙墙体水平投影面积全部计入套内墙体面积。

（3）阳台建筑面积。

按国家现行《建筑面积计算规则》进行计算。

（4）套内建筑面积的计算公式为：

$$套内建筑面积＝套内使用面积＋套内墙体面积＋阳台建筑面积$$

（二）公用建筑面积

由两部分组成：

1. 电梯井、楼梯间、垃圾道、变电室、设备间、公共门厅和过道、地下室、值班警卫室以及其他功能上为整栋建筑服务的公共用房和管理用房建筑面积。

2. 套（单元）与公用建筑空间之间的分隔墙以及外墙（包括山墙）墙体水平投影面积的一半。

（三）公用建筑面积计算原则

1. 凡已作为独立使用空间销售或出租的地下室、车棚等，不应计入公用建筑面积部分。作为人防工程的地下室也不计入公用建筑面积。

2. 公用建筑面积应按以下方法计算：

整栋建筑物的建筑面积扣除整栋建筑物各套（单元）套内建筑面积之和，并扣除已作为独立使用空间销售或出租的地下室、车棚及人防工程等建筑面积，即为整栋建筑物的公用建筑面积。

（四）公用建筑面积分摊系数计算

将整栋建筑物的公用建筑面积除以整栋建筑物的各套套内建筑面积之和，得出建筑物的公用建筑面积分摊系数。

$$公用建筑面积分摊系数＝\frac{公用建筑面积}{套内建筑面积之和}$$

（五）公用建筑面积分摊计算

各套（单元）的套内建筑面积乘以公用建筑面积分摊系数，得出购房者应合理分摊的公用建筑面积。

$$分摊的公用建筑面积＝公用建筑面积分摊系数×套内建筑面积$$

第二节　住宅的面积计量技术规范

一、房产测量规范（GB/T 17986.1—2000）

第1单元　房产测量规定（摘录）

前言

本标准是在国家测绘局1991年5月发布的《房产测量规范》的基础上，结合近期科技的发展和生产的需求并参照国内外有关标准和规定制定的。

GB/T 17986 在《房产测量规范》的总标题下，包括以下两个单元：《第1单元：房产测量规定》；《第2单元：房产图图式》。

本标准的附录 A 是标准的附录；附录 B 是提示的附录。

本标准由建设部和国家测绘局提出。

本标准由建设部和国家测绘局归口管理。

本标准由国家测绘局测绘标准化研究所、南京市房屋产权监理处、建设部住宅与房地产业司、国家测绘局国土测绘司、广州市房地产测绘所、西安市房地产管理局产权产籍处等单位负责起草。

本标准主要起草人：吕永江、华如宏、唐国芳、刘大可、黄保华、岳答孝、孟娟。

1 范围

本标准规定了城镇房产测量的内容与基本要求，适用于城市、建制镇的建成区和建成区以外的工矿企事业单位及其毗连居民点的房产测量。其他地区的房地产测量亦可参照执行。

2 引用标准

下列标准所包含的条文，通过在本标准中引用而构成为本标准的条文。本标准出版时，所示版本均为有效。所有标准都会被修订，使用本标准的各方应探讨使用下列标准最新版本的可能性。

GB/T 2260—1995 中华人民共和国行政区划代码

GB 6962—1986 1：500、1：1000、1：2000 比例尺地形图航空摄影规范

GB/T 17986.2—2000 房产测量规范第2单元：房产图图式

CH 1003—1995 测绘产品质量评定标准

3 总则

3.1 房产测量的目的和内容

3.1.1 房产测量的目的

房产测量主要是采集和表述房屋和房屋用地的有关信息，为房产产权、产籍管理、房地产开发利用、交易、征收税费，以及为城镇规划建设提供数据和资料。

3.1.2 房产测量的基本内容

房产测量的基本内容包括：房产平面控制测量，房产调查。房产要素测量，房产图绘制，房产面积测算，变更测量，成果资料的检查与验收等。

3.1.3 房产测量的成果

房产测量成果包括：房产簿册。房产数据和房产图集。

3.2 房产测量的基本精度要求

3.2.1 房产测量的精度指标与限差

本标准以中误差作为评定精度的标准，以两倍中误差作为限差。

3.2.2 房产平面控制测量的基本精度要求

末级相邻基本控制点的相对点位中误差不超过±0.025m。

3.2.3 房产分幅平面图与房产要素测量的精度

3.2.3.1 模拟方法测绘的房产分幅平面图上的地物点，相对于邻近控制点的点位中误差不超过图上±0.5mm。

3.2.3.2 利用已有的地籍图、地形图编绘房产分幅图时，地物点相对于邻近控制点的点位中误差不超过图上±0.6mm。

3.2.3.3 对全野外采集数据或野外解析测量等方法所测的房地产要素点和地物点，相对于邻近控制点的点位中误差不超过±0.05m。

3.2.3.4 采用已有坐标或已有图件，展绘成房产分幅图时，展绘中误差不超过图上±0.1mm。

3.2.4　房产界址点的精度要求

房产界址点(以下简称界址点)的精度分三级,各级界址点相对于邻近控制点的点位误差和间距超过50m的相邻界址点的间距误差不超过表1的规定,间距未超过50m的界址点间的间距误差限差不应超过式(1)计算结果。

房产界址点的精度要求　　　　　　　　　　　　　　　　表 4-1-2

m

界址点等级	界址点相对于邻近控制点的点位误差和相邻界址点间的间距误差	
	限差	中误差
	±0.04	±0.02
	±0.10	±0.05
	±0.20	±0.10

$$\Delta D = \pm(m_j + 0.02m_j D) \qquad (1)$$

式中：m_j——相应等级界址点的点位中误差,m;

D——相邻界址点间的距离,m;

ΔD——界址点坐标计算的边长与实量边长较差的限差,m。

3.2.5　房角点的精度要求

需要测定房角点的坐标时,房角点坐标的精度等级和限差执行与界址点相同的标准;不要求测定房角点坐标时则将房屋按3.2.3的精度要求表示于房产圈上。

3.2.6　房产面积的精度要求

房产面积的精度分为三级,各级面积的限差和中误差不超过表2计算的结果。

房产面积的精度要求　　　　　　　　　　　　　　　　表 4-1-3

m²

房产面积的精度等级	限　差	中误差
一	$0.02\sqrt{S}+0.0006S$	$0.01\sqrt{S}+0.0003S$
二	$0.04\sqrt{S}+0.002S$	$0.02\sqrt{S}+0.001S$
三	$0.08\sqrt{S}+0.006S$	$0.04\sqrt{S}+0.003S$

注：S 为房产面积,m²。

3.3　测量基准

3.3.1　房产测量的坐标系统

房产测量应采用1980西安坐标系或地方坐标系,采用地方坐标系时应和国家坐标系联测。

3.3.2　房产测量的平面投影

房产测量统一采用高斯投影。

3.3.3　高程测量基准

房产测量一般不测高程,需要进行高程测量时,由设计书另行规定,高程测量采用1985国家高程基准。

8　房产面积测算

8.1　一般规定

8.1.1 房产面积测算的内容

面积测算系指水平面积测算。分为房屋面积和用地面积测算两类,其中房屋面积测算包括房屋建筑面积、共有建筑面积、产权面积、使用面积等测算。

8.1.2 房屋的建筑面积

房屋建筑面积系指房屋外墙(柱)勒脚以上各层的外围水平投影面积,包括阳台、挑廊、地下室、室外楼梯等,且具备上盖,结构牢固,层高2.20m以上(含2.20m)的永久性建筑。

8.1.3 房屋的使用面积

房屋使用面积系指房屋户内全部可供使用的空间面积,按房屋的内墙面水平投影计算。

8.1.4 房屋的产权面积

房屋产权面积系指产权主依法拥有房屋所有权的房屋建筑面积。房屋产权面积由直辖市、市、县房地产行政主管部门登记确权认定。

8.1.5 房屋的共有建筑面积

房屋共有建设面积系指各产权主共同占有或共同使用的建筑面积。

8.1.6 面积测算的要求

各类面积测算必须独立测算两次,其较差应在规定的限差以内,取中数作为最后结果。

量距应使用经检定合格的卷尺或其他能达到相应精度的仪器和工具。面积以平方米为单位,取至$0.01m^2$。

8.2 房屋建筑面积测算的有关规定

8.2.1 计算全部建筑面积的范围

a) 永久性结构的单层房屋,按一层计算建筑面积;多层房屋按各层建筑面积的总和计算。

b) 房屋内的夹层、插层、技术层及其梯间、电梯间等其高度在2.20m以上部位计算建筑面积。

c) 穿过房屋的通道,房屋内的门厅、大厅,均按一层计算面积。门厅、大厅内的回廊部分,层高在2.20m以上的,按其水平投影面积计算。

d) 楼梯间、电梯(观光梯)井,提物井、垃圾道、管道井等均按房屋自然层计算面积。

e) 房屋天面上,属永久性建筑,层高在2.20m以上的楼梯间、水箱间、电梯机房及斜面结构屋顶高度在2.20m以上的部位,按其外围水平投影面积计算。

f) 挑楼、全封闭的阳台按其外围水平投影面积计算。

g) 属永久性结构有上盖的室外楼梯,按各层水平投影面积计算。

h) 与房屋相连的有柱走廊、两房屋间有上盖和柱的走廊,均按其柱的外围水平投影面积计算。

i) 房屋间永久性的封闭的架空通廊,按外围水平投影面积计算。

j) 地下室、半地下室及其相应出入口,层高在2.20m以上的,按其外墙(不包括采光井、防潮层及保护墙)外围水平投影面积计算。

k) 有柱或有围护结构的门廊、门斗,按其柱或围护结构的外围水平投影面积计算。

l）玻璃幕墙等作为房屋外墙的，按其外围水平投影面积计算。

m）属永久性建筑有柱的车棚、货棚等按柱的外围水平投影面积计算。

n）依坡地建筑的房屋，利用吊脚做架空层，有围护结构的，按其高度在 2.20m 以上部位的外围水平面积计算。

o）有伸缩缝的房屋，若其与室内相通的，伸缩缝计算建筑面积。

8.2.2 计算一半建筑面积的范围

a）与房屋相连有上盖无柱的走廊、檐廊。按其围护结构外围水平投影面积的一半计算。

b）独立柱、单排柱的门廊、车棚、货棚等属永久性建筑的，按其上盖水平投影面积的一半计算。

c）未封闭的阳台、挑廊，按其围护结构外围水平投影面积的一半计算。

d）无顶盖的室外楼梯按各层水平投影面积的一半计算。

e）有顶盖不封闭的永久性的架空通廊，按外围水平投影面积的一半计算。

8.2.3 不计算建筑面积的范围

a）层高小于 2.20m 以下的夹层、插层、技术层和层高小于 2.20m 的地下室和半地下室。

b）突出房屋墙面的构件、配件、装饰柱、装饰性的玻璃幕墙、垛、勒脚、台阶、无柱雨篷等。

c）房屋之间无上盖的架空通廊。

d）房屋的天面、挑台、天面上的花园、泳池。

e）建筑物内的操作平台、上料平台及利用建筑物的空间安置箱、罐的平台。

f）骑楼、过街楼的底层用作道路街巷通行的部分。

g）利用引桥、高架路、高架桥、路面作为顶盖建造的房屋。

h）活动房屋、临时房屋、简易房屋。

i）独立烟囱、亭、塔、罐、池、地下人防干、支线。

j）与房屋室内不相通的房屋间伸缩缝。

9 变更测量

9.1 一般规定

9.1.1 变更测量的分类

变更测量分为现状变更和权属变更测量。

9.1.2 现状变更测量内容

a）房屋的新建、拆迁、改建、扩建、房屋建筑结构、层数的变化；

b）房屋的损坏与灭失，包括全部拆除或部分拆除、倒塌和烧毁；

c）围墙、栅栏、篱笆、铁丝网等围护物以及房屋附属设施的变化；

d）道路、广场、河流的拓宽、改造，河、湖、沟渠、水塘等边界的变化；

e）地名、门牌号的更改；

f）房屋及其用地分类面积增减变化。

9.1.3 权属变更测量内容

a）房屋买卖、交换、继承、分割、赠与、兼并等引起的权属的转移；

b) 土地使用权界的调整，包括合并、分割，塌没和截弯取直；

c) 征拨、出让、转让土地而引起的土地权属界线的变化；

d) 他项权利范围的变化和注销。

9.1.4 变更测量的程序

变更测量应根据房地产变更资料，先进行房地产要素调查，包括现状、权属和界址调查，再进行分户权界和面积的测定，调整有关的房地产编码，最后进行房地产资料的修正。

9.2 变更测量的方法

9.2.1 变更测量方法的选择

a) 变更测量应根据现有变更资料，确定变更范围，按平面控制点的分布情况，选择测量方法。

b) 房地产的合并和分割，应根据变更登记文件，在当事人或关系人到现场指界下，实地测定变更后的房地产界址和面积。

c) 修测之后，应对现有房产、地籍资料进行修正与处理。

9.2.2 变更测量的基准

a) 变更测量以变更范围内平面控制点和房产界址点作为测量的基准点。所有已修测过的地物点不得作为变更测量的依据。

b) 变更范围内和邻近的符合精度要求的房角点，也可作为修测的依据。

9.2.3 变更测量的精度要求

a) 变更后的分幅、分丘图图上精度，新补测的界址点的精度都应符合本规范的规定。

b) 房产分割后各户房屋建筑面积之和与原有房屋建筑面积的不符值应在限差以内。

c) 用地分割后各丘面积之和与原丘面积的不符值应在限差以内。

d) 房产合并后的建筑面积，取被合并房屋建筑面积之和；用地合并后的面积，取被合并的各丘面积之和。

9.2.4 变更测量的业务要求

a) 变更测量时，应做到变更有合法依据，对原已登记发证而确认的权界位置和面积等合法数据和附图不得随意更改。

b) 房地产合并或分割，分割应先进行房地产登记，且无禁止分割文件，分割处必须有固定界标；位置毗连且权属相同的房屋及其用地可以合并应先进行房地产登记。

c) 房屋所有权发生变更或转移，其房屋用地也应随之变更或转移。

9.3 房地产编号的变更与处理

9.3.1 丘号

a) 用地的合并与分割都应重新编丘号，新增丘号。按编号区内的最大丘号续编。

b) 组合丘内，新增丘支号按丘内的最大丘支号续编。

9.3.2 界址点、房角点点号

新增的界址点或房角点的点号，分别按编号区内界址点或房角点的最大点号续编。

9.3.3 幢号

房产合并或分割应重新编幢号，原幢号作废，新幢号按丘内最大幢号续编。

附录 B　(提示的附录)

成套房屋的建筑面积和共有共用面积分摊

B1　成套房屋建筑面积的测算

B1.1　成套房屋的建筑面积

成套房屋的套内建筑面积由套内房屋的使用面积，套内墙体面积，套内阳台建筑面积三部分组成。

B1.2　套内房屋使用面积

套内房屋使用面积为套内房屋使用空间的面积，以水平投影面积按以下规定计算：

a) 套内使用面积为套内卧室、起居室、过厅、过道、厨房、卫生间、厕所、贮藏室、壁柜等空间面积的总和。

b) 套内楼梯按自然层数的面积总和计入使用面积。

c) 不包括在结构面积内的套内烟囱、通风道、管道井均计入使用面积。

d) 内墙面装饰厚度计入使用面积。

B1.3　套内墙体面积

套内墙体面积是套内使用空间周围的维护或承重墙体或其他承重支撑体所占的面积，其中各套之间的分隔墙和套与公共建筑空间的分隔墙以及外墙(包括山墙)等共有墙，均按水平投影面积的一半计入套内墙体面积。套内自有墙体按水平投影面积全部计入套内墙体面积。

B1.4　套内阳台建筑面积

套内阳台建筑面积按 8.2 的规定计算。

套内阳台建筑面积均按阳台外围与房屋外墙之间的水平投影面积计算。其中封闭的阳台按水平投影全部计算建筑面积，未封闭的阳台按水平投影的一半计算建筑面积。

B2　共有共用面积的处理和分摊公式

B2.1　共有共用面积的内容

共有共用面积包括共有的房屋建筑面积和共用的房屋用地面积。

B2.2　共有共用面积的处理原则

a) 产权各方有合法权属分割文件或协议的，按文件或协议规定执行。

b) 无产权分割文件或协议的，可按相关房屋的建筑面积按比例进行分摊。

B2.3　共有共用面积按比例分摊的计算公式

按相关建筑面积进行共有或共用面积分摊，按下式计算；

$$\delta S_i = K \cdot S_i$$

$$K = \frac{\Sigma \delta S_i}{\Sigma S_i}$$

式中　K——为面积的分摊系数；

　　　S_i——为各单元参加分摊的建筑面积，m^2；

　　δS_i——为各单元参加分摊所得的分摊面积，m^2；

　$\Sigma \delta S_i$——为需要分摊的分摊面积总和，m^2；

　ΣS_i——为参加分摊的各单元建筑面积总和，m^2。

B3　共有建筑面积的分摊

B3.1　共有建筑面积的内容

共有建筑面积的内容包括，电梯井、管道井、楼梯间、垃圾道、变电室、设备间、公共门厅、过道、地下室、值班警卫室等，以及为整幢服务的公共用房和管理用房的建筑面积，以水平投影面积计算。

共有建筑面积还包括套与公共建筑之间的分隔墙，以及外墙（包括山墙）水平投影面积一半的建筑面积。

独立使用的地下室、车棚、车库、为多幢服务的警卫室，管理用房，作为人防工程的地下室都不计入共有建筑面积。

B3.2　共有建筑面积的计算方法

整幢建筑物的建筑面积扣除整幢建筑物各套套内建筑面积之和，并扣除已作为独立使用的地下室、车棚、车库、为多幢服务的警卫室、管理用房以及人防工程等建筑面积. 即为整幢建筑物的共有建筑面积。

B3.3　共有建筑面积的分摊方法

a) 住宅楼共有建筑面积的分摊方法

住宅楼以幢为单元。依照 B2 的方法和计算公式. 根据各套房屋的套内建筑面积，求得各套房屋分摊所得的共有建筑分摊面积。

b) 商住楼共有建筑面积的分摊方法

首先根据住宅和商业等的不同使用功能按各自的建筑面积将全幢的共有建筑面积分摊成住宅和商业两部分，即住宅部分分摊得到的全幢共有建筑面积和商业部分分摊得到的全幢共有建筑面积。然后住宅和商业部分将所得的分摊面积再各自进行分摊。

住宅部分：将分摊得到的幢共有建筑面积，加上住宅部分本身的共有建筑面积，依照 B2 的方法和公式，按各套的建筑面积分摊计算各套房屋的分摊面积。

商业部分：将分摊得到的幢共有建筑面积，加上本身的共有建筑面积，按各层套内的建筑面积依比例分摊至各层。作为各层共有建筑面积的一部分，加至各层的共有建筑面积中，得到各层总的共有建筑面积，然后再根据层内各套房屋的套内建筑面积按比例分摊至各套，求出各套房屋分摊得到的共有建筑面积。

c) 多功能综合楼共有建筑面积的分摊方法

多功能综合楼共有建筑面积按照各自的功能，参照商住楼的分摊计算方法进行分摊。

（其余略）

二、房产测量规范（GB/T 17986.2—2000）

第 2 单元：房产图图式（摘录）

前言

本标准是根据 GB/T 17986.1—2000《房产测量规范第 1 单元：房产测量规定》并参照国内外有关标准、图式及有关规定制定的。

本标准的附录 A、附录 B 和附录 C 是标准的附录，附录 D 和附录 E 是提示的附录。

本标准由建设部和国家测绘局提出。

本标准由建设部和国家测绘局归口管理。

本标准由国家测绘局测绘标准化研究所、南京市房屋产权监理处、郑州市房产产权监理处、武汉市房地产管理局、北京市房地产勘察测绘所等单位负责起草。

本标准主要起草人：吕永江、唐国庆、陈章林、成春楠、王秀鸽、潘臻肇、李光汉。

1　范围

本标准规定了房产图表示各种房地产要素的符号和整饰样式以及使用这些符号的原则、要求和基本方法。

本标准适用于城市、建制镇的建成区和建成区以外的工矿企事业单位及其毗连居民点的房产图测绘。其他地区的房产图测绘亦可参照使用。

2　引用标准

下列标准所包含的条文，通过在本标准中引用而构成标准的条文。本标准出版时，所示版本均为有效。所有标准都会被修订，使用本标准的各方应探讨使用下列标准最新版本的可能性。

GB/T 17986.1—2000 房产测量规范　第 1 单元：房产测量规定。

（其余略）

附录 4-1-1　《建筑工程建筑面积计算规范》GB/T 50353—2005 摘录

（2005 年 7 月 1 日起实施）

1　总　　则

1.0.1　为规范工业与民用建筑工程的面积计算，统一计算方法，制定本规范。

1.0.2　本规范适用于新建、扩建、改建的工业与民用建筑工程的面积计算。

1.0.3　建筑面积计算应遵循科学、合理的原则。

1.0.4　建筑面积计算除应遵循本规范，尚应符合国家现行的有关标准规范的规定。

3　计算建筑面积的规定

3.0.1　单层建筑物的建筑面积，应按其外墙勒脚以上结构外围水平面积计算，并应符合下列规定：

1. 单层建筑物高度在 2.20m 及以上者应计算全面积；高度不足 2.20m 者应计算 1/2 面积。

2. 利用坡屋顶内空间时净高超过 2.10m 的部位应计算全面积，净高在 1.20m 至 2.10m 的部位应计算 1/2 面积；净高不足 1.20m 的部位不应计算面积。

3.0.2　单层建筑物内设有局部楼层者，局部楼层的二层及以上楼层，有围护结构的应按其围护结构外围水平面积计算，无围护结构的应按其结构底板水平面积计算。层高在 2.20m 及以上者应计算全面积；层高不足 2.20m 者应计算 1/2 面积。

3.0.3　多层建筑物首层应按其外墙勒脚以上结构外围水平面积计算；二层及以上楼层应按其外墙结构外围水平面积计算。层高在 2.20m 及以上者应计算全面积；层高不足 2.20m 者应计算 1/2 面积。

3.0.4　多层建筑坡屋顶内和场馆看台下，当设计加以利用时，净高超过 2.10m 的部位应计算全面积；净高在 1.20m 至 2.10m 的部位应计算 1/2 面积；当设计不利用或室内净高不足 1.20m 时不应计算面积。

3.0.5　地下室、半地下室（车间、商店、车站、车库、仓库等），包括相应的有永久性顶盖的出入口，应按其外墙上口（不包括采光井、外墙防潮层及其保护墙）外边线所围水平面积计算。层高在 2.20m 及以上者应计算全面积；层高不足 2.20m 者应计算 1/2 面积。

3.0.6　坡地的建筑物吊脚架空层、深基础架空层，设计加以利用并有围护结构的，层高在 2.20m 及以上的部位应计算全面积；层高不足 2.20m 的部位应计算 1/2 面积。设计加以利用、无围护结构的建筑吊脚架空层，应按其利用部位水平面积的 1/2 计算；设计不利用的深基础架空层、坡地吊脚架空层、多层建筑坡屋顶内、场馆看台下的空间不应计算面积。

3.0.7　建筑物的门厅、大厅按一层计算建筑面积。门厅、大厅内设有回廊时，应按其结构底板水平面积计算。层高在 2.20m 及以上者应计算全面积；层高不足 2.20m 者应计算 1/2 面积。

3.0.8　建筑物间有围护结构的架空走廊，应按其围护结构外围水平面积计算。层高在 2.20m 及以上者应计算全面积；层高不足 2.20m 者应计算 1/2 面积。有永久性顶盖无围护结构的应按其结构底板水平面积的 1/2 计算。

3.0.9　立体书库、立体仓库、立体车库，无结构层的应按一层计算，有结构层的应按其结构层面积分别计算。层高在 2.20m 及以上者应计算全面积；层高不足 2.20m 者应计算 1/2 面积。

3.0.10　有围护结构的舞台灯光控制室，应按其围护结构外围水平面积计算。层高在 2.20m 及以上者应计算全面积；层高不足 2.20m 者应计算 1/2 面积。

3.0.11　建筑物外有围护结构的落地橱窗、门斗、挑廊、走廊、檐廊，应按其围护结构外围水平面积计算。层高在 2.20m 及以上者应计算全面积；层高不足 2.20m 者应计算 1/2 面积。有永久性顶盖无围护结构的应按其结构底板水平面积的 1/2 计算。

3.0.12　有永久性顶盖无围护结构的场馆看台应按其顶盖水平投影面积的 1/2 计算。

3.0.13　建筑物顶部有围护结构的楼梯间、水箱间、电梯机房等，层高在 2.20m 及以上者应计算全面积；层高不足 2.20m 者应计算 1/2 面积。

3.0.14　设有围护结构不垂直于水平面而超出底板外沿的建筑物，应按其底板面的外围水平面积计算。层高在 2.20m 及以上者应计算全面积；层高不足 2.20m 者应计算 1/2 面积。

3.0.15　建筑物内的室内楼梯间、电梯井、观光电梯井、提物井、管道井、通风排气竖井、垃圾道、附墙烟囱应按建筑物的自然层计算。

3.0.16　雨篷结构的外边线至外墙结构外边线的宽度超过 2.10m 者，应按雨篷结构板的水平投影面积的 1/2 计算。

3.0.17　有永久性顶盖的室外楼梯，应按建筑物自然层的水平投影面积的 1/2 计算。

3.0.18　建筑物的阳台均应按其水平投影面积的 1/2 计算。

3.0.19　有永久性顶盖无围护结构的车棚、货棚、站台、加油站、收费站等，应按其顶盖水平投影面积的 1/2 计算。

3.0.20　高低联跨的建筑物，应以高跨结构外边线为界分别计算建筑面积；其高低跨内部连通时，其变形缝应计算在低跨面积内。

3.0.21　以幕墙作为围护结构的建筑物，应按幕墙外边线计算建筑面积。

3.0.22　建筑物外墙外侧有保温隔热层的，应按保温隔热层外边线计算建筑面积。

3.0.23　建筑物内的变形缝，应按其自然层合并在建筑物面积内计算。

3.0.24　下列项目不应计算面积：

1. 建筑物通道（骑楼、过街楼的底层）。

2. 建筑物内的设备管道夹层。

3. 建筑物内分隔的单层房间，舞台及后台悬挂幕布、布景的天桥、挑台等。

4. 屋顶水箱、花架、凉棚、露台、露天游泳池。

5. 建筑物内的操作平台、上料平台、安装箱和罐体的平台。

6. 勒脚、附墙柱、垛、台阶、墙面抹灰、装饰面、镶贴块料面层、装饰性幕墙、空调室外机搁板（箱）、飘窗、构件、配件、宽度在 2.10m 及以内的雨篷以及与建筑物内不相连通的装饰性阳台、挑廊。

7. 无永久性顶盖的架空走廊、室外楼梯和用于检修、消防等的室外钢楼梯、爬梯。

8. 自动扶梯、自动人行道。

9. 独立烟囱、烟道、地沟、油(水)罐、气柜、水塔、贮油(水)池、贮仓、栈桥，地下人防通道、地铁隧道。

附录 4-1-2　商品房建筑面积计算

商品房建筑面积系指层高在 2.20m 以上(含 2.20m)的房屋外墙(或柱外围)水平投影面积。层高取自地面至楼面、楼面至楼面、楼面至屋面(不包括隔热层)的垂直高度。

1. 计算全部建筑面积的范围

1.1　永久性结构的单层房屋，不论其高度均算一层，按其外墙勒脚以上外围水平面积计算建筑面积；多层房屋按各层建筑面积的总和计算。

1.2　自然层内的附层、技术层，按其层高在 2.20m 以上部位的上口外围水平投影面积计算。

1.3　穿过房屋的通道，房屋内的门厅、大厅，不论其高度，均按一层计算。门厅、大厅的回廊部位，层高在 2.20m 以上的，按其水平投影面积计算。

1.4　楼梯间、电梯(观光梯)井、提物井、垃圾道、管道井等均按房屋的自然层计算。

1.5　突出房屋屋面，有围护结构且高出 2.20m 以上的方形或坡形楼梯间、水箱间、电梯机房，按其维护结构外围水平投影面积计算。

1.6　封闭阳台、挑廊，按其外围水平投影面积计算。

1.7　属永久性结构有上盖的室外楼梯，按各层水平投影面积总和计算。

1.8　建筑物墙外有顶盖和柱的走廊、檐廊，按其柱外围水平投影面积计算。

1.9　房屋间永久性的、封闭的架空通廊，按外围水平投影面积计算。

1.10　净高在 2.05m 以上的地下室或半地下室，按其外墙(不包括采光井、防潮层及保护墙)外围水平面积计算。

1.11　有柱雨篷或有维护结构的门廊、门斗，按其柱或维护结构外围水平面积计算。

1.12　玻璃幕墙等作为房屋外墙的，按其外围的水平投影面积计算。

1.13　属永久性建筑有柱的车棚、货棚等按柱外围水平投影面积计算。

1.14　位于自然层以上的假层房屋或斜面结构房屋，按其高度超过 2.20m 以上部位的水平投影面积计算。(应具备通风、采光条件)。

2. 计算一半建筑面积的范围

2.1　与房屋相连有上盖、未封闭的架空通廊和无柱的走廊、檐廊，按其围护结构外围水平投影面积一半计算。

2.2　独立柱、单排柱的门廊、车棚、货棚、站台等属永久性建筑的，按其上盖水平投影面积的一半计算。

2.3　未封闭的阳台、挑廊按其水平投影面积的一半计算。

2.4　无上盖的室外楼梯，按各层水平投影面积总和的一半计算。

3. 不计算建筑面积的范围

3.1　层高在 2.20m 以下的房屋，净高在 2.05m 以下的地下室和半地下室。

3.2　突出房屋墙面的构件、配件、艺术装饰、垛、挑沿、半圆柱、勒脚、台阶等。

3.3　房屋之间无上盖的架空通廊。

3.4　无柱的雨篷。

3.5　建筑物内的操作平台、上料平台及利用建筑物的空间安置箱、罐的平台。

3.6　骑楼、过街楼的用作街巷通行的部分，以及房屋底层用作街巷通行的部分。

3.7 房屋的天面、挑台、天面上的花园、泳池。

3.8 消防、检修等用途的室外爬梯。

3.9 构筑物,如独立烟囱、烟道、水塔、储油(水)池、罐、地下人防干、支线等。

4. 商品房建筑面积计算的内容如有变化,以建设部的现行有效文本为准。

附录 4-1-3 共有建筑面积的分摊计算

1. 应分摊的共有建筑面积

1.1 各产权户共有的电梯井、管道井、楼梯间、垃圾道、配电室、设备间、公共门厅、过道、地下室、值班警卫室,以及为整幢房屋服务的共有房屋和管理用房均作为共有部位计算建筑面积。

1.2 套(单元)与公用建筑空间之间的分隔墙以及外墙(包括山墙)墙体水平投影面积的一半,为共有建筑面积。

2. 不应分摊的共有建筑面积

2.1 从属于人防工程的地下室、半地下室。

2.2 供出租或出售的固定车位或专用车库。

2.3 幢外的用作公共休憩的设施或架空层。

3. 共有建筑面积分摊原则

3.1 产权双方有合法权属分割文件或协议的,按其文件或协议规定计算分摊。

3.2 无权属分割文件或协议的,可按相关面积比例进行计算分摊。

4. 共有建筑面积的分摊方法

4.1 多层商品住宅楼,须先求出整幢房屋的共有建筑面积分摊系数,再按幢内的各套内建筑面积比例分摊。

4.2 多功能综合楼,须分别求出整幢房屋和幢内不同功能区的共有建筑面积分摊系数,再按幢内各功能区各套内建筑面积比例分摊。

5. 共有建筑面积分摊计算的内容如有变化,以建设部的现行有效文本为准。

附录 4-1-4 非矩形房屋建筑面积计算

1. 对于非矩形房屋面积,将其分割成矩形、梯形、三角形、弓形、扇形、圆形和椭圆形等 m 块规则几何形状的面积。

$$S_d = \sum_{k=1}^{m} S_{dk}$$

式中 S_d——非矩形房屋面积;

S_{dk}——第 K 块几何形状面积;

m——分割块数。

2. 除矩形外,各分块面积测量与计算方法如下:

2.1 梯形面积(图1)

$$S_{d1} = \frac{1}{2}(D+d)H$$

式中 d——梯形上边长,m;

D——梯形下边长,m;

H——梯形的高,m;

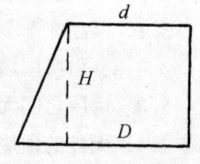

图1 梯形面积

S_{d1}——梯形面积 m^2。

d、D、H 用钢卷尺或手持式测距仪测量。在上、中、下三个位置进行。测量梯形高 H 时，须确保垂直性。

2.2　三角形面积(图 2)

$$S_{d2}=\frac{1}{2}DH$$

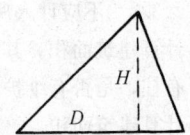

式中　S_{d2}——三角形面积，m^2；

　　　D——三角形底边长，m；

　　　H——三角形底边上的高，m。

图 2　三角形面积

D、H 用钢卷尺或手持式测距仪测量。测量 H 时须确保垂直性。

2.3　扇形面积(图 3)

$$S_{d3}=\frac{\pi\alpha}{360°}r^2$$

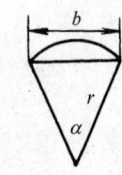

式中　S_{d3}——扇形面积，m^2；

　　　r——扇形半径，m；

　　　α——圆心角度数，$\alpha=2\arcsin\dfrac{b}{2r}$，$\alpha$ 也可用经纬仪测量；

　　　b——弦长，m。

图 3　扇形面积

2.4　弓形面积(图 4)

$$S_{d4}=\frac{\pi\alpha}{360°}r^2-\frac{1}{2}b(r-h)$$

式中　$r=\dfrac{\left[\dfrac{b}{2}\right]^2+h^2}{2h}$

　　　b——弦长，m；

　　　h——弓高，m；

　　　α——圆心角度数；

　　　S_{d4}——弓形面积，m^2。

图 4　弓形面积

b、h 用钢卷尺测量，测量 h 时须确保垂直。

2.5　圆形面积(图 5)

$$S_{d5}=\pi r^2$$

式中　S_{d5}——圆形面积，m^2；

　　　r——圆半径，m。

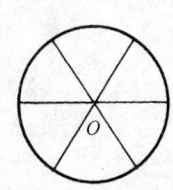

先确定圆心位置，再用钢卷尺或手持测距仪测量半径 r，其测量位置尽可能均　图 5　圆形面积
匀分布，布点不少于三个截面及三个断面，取其平均值为测量结果。

2.6　椭圆形面积(图 6)

$$S_{d6}=\frac{1}{4}\pi ab$$

式中　S_{d6}——椭圆形面积，m^2；

　　　a——椭圆长轴长度，m；

　　　b——椭圆短轴长度，m。

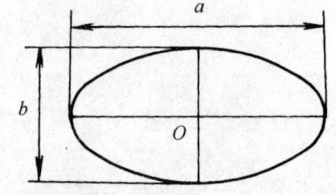

椭圆的长、短轴长度用钢卷尺或手持式测距仪测量。

图 6　椭圆形面积

3. 凡规范未规定或规定不明确的，按下列规定执行：

3.1　应计入房屋建筑面积：首先是房屋层高(高度)在 2.20m 以上(含 2.20m，以下同)，以及房屋屋顶为斜面结构(坡屋顶)的，层高(高度)2.20m 以上的部位和倾斜、弧状等非垂直墙体的房屋，层高

（高度）2.20m 以上的部位均应计算建筑面积。其次，在同一楼层的外墙，如果既有主墙，又有玻璃幕墙，以主墙为准计算建筑面积，墙厚按主墙体厚度计算。各楼层墙体厚度不同时，分层分别计算。同时，对不规则围护物，如：阳台、挑廊、架空通廊的外围水平投影超过其底板外沿的，以底板水平投影计算建筑面积；而对房屋墙体向外倾斜，超出底板外沿的，以底板投影计算建筑面积。

3.2 不应计入房屋建筑面积的：首先对楼梯已计算建筑面积的，其下方空间不论是否利用，均不再计算建筑面积。其次对公共通道，如：临街楼房、挑廊下的底层作为公共道路街巷通行的，不论其是否有柱，是否有维护结构，均不计算建筑面积。另外与室内不相通的类似于阳台、挑廊、檐廊的建筑，不计算建筑面积。

第二章　房地产市场调研

市场营销概念中最基础的就是了解消费者的欲望和需求，这种了解消费者需求的过程就是市场调研。房地产市场调研，就是以房地产为特定的商品对象，对相关的市场信息进行系统的收集、整理、记录和分析，进而对房地产市场进行研究和预测。市场调研对房地产市场是至关重要的，因为房地产项目没有试探可言，巨大的资金投下去的同时伴随着巨大的风险，一旦失误根本没有推倒重来的机会。要想在房地产市场上百战百胜，市场调研是必不可少的，而其中的几个重要工作是必须要做的，如对房地产市场营销环境的调研、对消费者的竞争对手信息的掌握。

第一节　房地产市场营销环境调研

一、人口环境

人是市场的主体，对区域人口规模与增长率、人口的年龄结构、教育程度、家庭结构以及人口的迁移等内容进行调研，对房地产开发的定位有明显的指导意义。

（一）人口总量与人口

地区人口总量决定了对房地产的需求上限。大城市庞大的人口基数是对房地产需求的基础，如北京、上海、广州房地产业的持续稳定发展与这些城市的人口数量有密切关系。而人口增长对房地产需求有双向的影响，如果人口增长速度快，则家庭收入中的很大一部分要用于食品等最基本需求方面的支出，导致该地区的恩格尔系数上升，住户消费支付能力减少或延缓对住宅消费的需求。相反，随着我国的居民收入水平逐步提高，同时在实行严格的计划生育政策情况下，我国居民消费的恩格尔系数一直在下降，这意味着，居民的住房支付能力在逐步上升，住房更新换代的欲望也越来越强烈。

（二）人口的年龄结构

人口的年龄结构对房地产需求有两个方面的影响：一是区域人口结构的变化导致需求主体年龄结构的变化，如人口老龄化的现象已在我国各大中城市越来越突出，这会导致对"银发公寓"的巨大需求。另一方面，区分不同年龄结构的支付能力与人口比例，对住宅开发定位也有明显的指导作用。处于不同年龄阶段的人，如26岁与36岁，对住房的支付能力明显不同，其对住房面积大小、房型、购房动机等方面的偏好也往往不同。26岁左右年龄的人，面临婚姻等方面的压力，又无力支付高额的房价，因此对住房的需要往往只要求一室一厅就可以，在付款方式上也偏好分期付款或选择租房；而36岁左右年龄段的则不同，他们此时因事业有成，收入也不错，住房追求舒适、宽敞。

（三）家庭规模与结构

住房消费具有家庭性。住宅是以家庭为生活单位长期供人们使用的建筑物，是家庭必需的消费资料，是家庭生活的物质载体和家庭的物质外壳，与家庭生活密切相关。一般住宅消费的主体是家庭而非个人，因此，家庭结构及规模是影响和决定住宅规模和结构的直接因素。住宅套型的变化和发展要适应家庭规模、结构的变化和发展，这是住房消费行为的一般规律。

受经济的、社会的、政策的、人口的、道德的以及心理的多种因素影响，现代社会的家庭结构在迅速发生裂变，家庭规模趋于小型化。我国家庭平均每户人数由 1982 年的 4.54 人下降到 1990 年的 4.06 人。1996 年抽样调查的结果表明，户均规模大约为 3.2 人，而且这种缩小的趋势还将持续下去。

家庭规模小型化导致总户数增加，从而引起对住房总需求的增加，在人口总量不变的情况下，家庭规模小型化的必然结果是户数的增加，从 6 口之家变成 3 口之家，总户数将增加 1 倍，家庭户数的增加必然引起对住宅需求的增加，因此家庭规模小型化和户数的增加孕育着大量的市场机会。同时，家庭的小型化意味家庭结构的简单化，多世同堂的大家庭减少，而单人户、两人户、三人户增加，总体趋势可以概括为：以核心家庭（夫妇与未婚子女组成的家庭）为主要形式，丁克家庭（夫妇自愿不育家庭）和单亲家庭（父母分居组成的家庭）的比重将有所上升，空巢家庭（老人不与后代一起住的家庭）日趋增多。因此，考虑家庭规模趋向小型化，人民生活水平不断提高的趋势，在住房规划是选择以二房二厅为主的套型，适当配置一室一厅、二室一厅和三室一厅的住房，可取得良好的社会经济效益。

通过对本地区人口环境的调研，可以掌握本地区房屋特别是住宅需求的基本特征。人口总量决定了房地产的规模，人口的年龄结构和家庭结构在一定程度上预示了对住房需求的偏好。

二、经济环境

项目所在城市、地区的经济发展规模、速度、结构以及产业结构，居民的收入水平、对外开放的程序等，都会对房地产的需求结构产生影响。

（一）国民经济发展

房地产业的发展离不开国民经济其他部门为之提供新产品、市场和服务。当国民经济其他部门受阻时，房地产业的过快发展将导致商品房的结构性过剩。因而，宏观经济的运行状况直接制约着房地产市场的景气状况，这种制约作用体现在房地产的需求和供给两方面。

1. 宏观经济运行状况决定了房地产的有效需求。

房地产市场有效需求受到消费者（包括单位集团和个人）实际购买力的限制，所以，房屋销售情况的好坏取决于消费者的购买能力。当消费者的购买能力由强变弱时，市场对房屋的有效需求就会减少；相反，消费者的购买力由弱变强时，房屋的有效需求就会增加。而消费者的购买力同样取决于宏观经济的运行情况，当宏观经济处于扩张阶段时，国民收入增加，人均收入会相应增加，消费者购买能力就会随之增强；反之亦然。因此，房地产市场的有效需求水平是随着宏观经济运行的状况和变化而变化的。

2. 宏观经济运行状况决定着房地产的供给成本。

土地开发和建设成本是构成房地产供给成本的两大因素，而它们都要受到宏观经济运行状况的制约。土地开发成本（不包括受让土地使用权的成本）受两个方面因素的影响：一是市政基础设施建设成本，如大市政管线、城市交通和道路的建设成本，这些都与材料和人工费用有关；二是拆迁成本，包括拆迁补偿费用和拆迁房屋的建设成本，其中拆迁房屋的建设成本也与材料和人工费用有关。房屋建设成本更是直接决定于建筑材料、装饰材料、设备和人工费用的高低。而建筑材料的价格波动取决于宏观经济运行的变化，当经济由低谷进入扩张阶段时，建材会随之上涨，当经济由高峰进入收缩阶段时，建材价格会随总体物价水平的下跌而下跌。这样，供给成本会随宏观经济运行状况的变化而变化。

房地产业的发展不能超出国民经济的整体发展轨道，否则就会面临旺极而衰的境地。在这方面，日本就是典型的例子。战后日本地价一直呈上扬态势，但20世纪80年代后超常发展，土地价格上涨远远超过国民生产总值的增长，资金投向的倾斜，产业结构的畸形，造成国民经济发展的不平衡。而泡沫经济破灭的结果，也使得日本房地产业极为受挫，至今仍未恢复元气。

（二）产业结构

纵观世界经济发展的历史，同时也是产业不断升级优化的演进史。国民经济运行是在经济体系一定的内在结构，特别是在产业结构的基础上进行的，而产业结构的演进也是对国民经济周期的波动特征具有规定性。因为不同时期的产业结构特征，决定着一定时期国民经济周期波动的基本状态特征。房地产业是国民经济整体的一个部分，它的发展和周期波动也受着国民经济波动的制约和影响。因此，产业结构的演进既决定了房地产周期波动的基本状态特征，也决定了房地产项目开发的市场景气状态和需求结构。

例如，在战后的日本经济高速发展过程中，地价出现的三次猛涨就紧密伴随着产业结构的变化，即以工业用地价格带头的第一次土地价格猛涨、以住宅用地为主的地价上涨和第三产业用地为主的地价上涨，说明地价上涨与工业化和产业结构演进的方向基本是一致的。

就我国的情况来看，由于受经济体制的影响，产业结构演化对不动产市场波动的影响与其他国家不尽相同。例如，我国工业化初期以重工业为主，但由于在计划经济体制下这些行业的企业土地大都是以非市场化的方式，通过行政划拨取得的，因而工业用地的地价并未上涨。随着我国房地产市场的启动和发育，工业用地必然而且已经大量进入市场，从而导致这些地价出现上涨。

（三）城市化进程

城市化进程包含两大变革：一是城市生活方式的兴起，即城市化的过程；二是城市生活方式向全国范围的辐射和扩散，即郊区化的过程。这两大变革的影响相互交织，尤其是当郊区化过程已经全面展开的时候，城市化过程还在继续进行当中，这种状况部分地模糊了人们对城市化过程意义的充分认识。

有的学者指出，在城市化漫长的历史发展过程中，存在着城市进程的长波趋势，即农村——城市化——逆城市化的发展过程。西方发达国家正在经历从城市到逆城市化的过程。如美国自工业革命以来，城市人口一直呈增长态势，城市人口占全国人口比例一直在提高，但到了20世纪70年代达到顶峰后，城市人口比例开始下降，而农村人口比例开始上升。尽管这一转变过程是非常缓慢的，但它对房地产业的发展具有很重要的意义。

城市化进程的影响因素包括：人口增长、城市基础设施建设和交通运输业的发展，而城市化进程对地价上涨和房地产业的发展具有强烈持久的作用，也影响到各类不动产的长期趋势，进而影响各类不动产市场波动的特征。目前，我国城市化进程处于农村城市这一阶段。这一阶段有一个明显特点就是小城镇城市化的步伐非常快，带动了小城镇和城市郊区房地产业的兴旺和发展，也为开发商在大城市商品房严重积压的状况找到一个新的投资热点。

（四）经济体制

改革开放以后，我国开始向社会主义市场经济体制过渡，经济主体开始多元化。这种体制既为经济运行注入原有计划经济体制下所没有的活力，又为改善政府的宏观调控创造了基础性的体制条件。从对经济周期波动影响的角度来说，社会主义市场经济体制与有政府宏观调控的资本主义市场经济体制相比，两者的相同之处在于，都是在市场经济的基础上，中央政府通过一系列参数对经济运行进行间接调控。不同之处在于，在社会主义市场经济体制下，中央政府这一行为主体主要比在有政府宏观调控的资本主义市场经济体制下所起的作用更大。对于一些经济活动，中央政府会更多地动用一些必要的直接调控作为辅助手段，以更好地保证国民经济的顺利运行。

在我国正处于计划经济向社会主义市场经济体制过渡的时期，在房地产业发展时期较短、市场化程度较低的历史背景下，政府运用直接行政干预手段来调节房地产市场的运行，对于避免出现不动产市场的大幅震荡，保证房地产业的稳定成长是十分必要的，但随着我国社会主义市场经济体制的逐步建立和完善、房地产业的进一步发展，可以预见，政府将更多地运用间接的宏观调控手段来减缓不动产市场波动的幅度，以促进房地产业的顺利运行和发展。

（五）通货膨胀率

在经济发展过程中，通货膨胀与通货紧缩的交替变化，必然会周期性地影响房地产投资的预期回报率，从而影响房地产市场的周期波动。

在较为发达或成熟的房地产市场，一般来说，长期租金都是直接与通货膨胀率挂钩的，通货膨胀率的上升会直接导致名义租金的上升；短期名义租金除受供求关系影响外，总体上也受通货膨胀率的影响。因而，通货膨胀率的变化与房地产租金的波动联系是十分紧密的。同时，通货膨胀率也会影响到房地产售价的走势，但与租金相比，售价受通货膨胀率的影响稍弱。

另一方面，通货膨胀率的变化直接导致建设成本、经营成本和利率的变化，从而反向影响了投资回报率，尤其是按揭利率的变化与通货膨胀率的变化关系更为密切，基本上是同步的。

三、政策环境

政策环境是指房地产开发所面临的政策和制度环境。一般说来，与房地产有关的政策主要有：财政政策、货币政策、土地政策、住房政策等。

（一）财政政策

财政政策包括财政收入政策和财政支出政策。财政收入政策主要是通过税率的调整来调节国家、企业和个人收入的分配关系；财政支出政策主要是确定国家预算支出的总量和支出结构。

1. 财政支出政策。

在财政支出政策方面，政府作为不动产市场的参与者，以自身的支出总量和结构来影响房地产市场的总量和结构，主要包括：

（1）土地一级市场的供应者（地价、地块、容积率）：调节土地供应的总量、结构与节奏。

(2) 政策性福利住宅的开发者(经济适用房)：控制福利住宅建设规模。

(3) 房地产市场上的购买者：办公用房、住宅。

(4) 部分物业的建设者：体外循环、基建计划建设，直接影响总供给量。

(5) 城市基础设施建设：市政公用设施、交通设施等的建设。

2. 财政收入政策。

在财政收入政策方面，政府作为不动产市场的监督者，通过税率的调节，影响市场参与者的总量和结构，进而调节不动产市场的结构和供求状况。与不动产经济活动直接相关的税种主要包括：土地增值税、房产税、契税等。

如商品房积压情况严重时，各地方政府纷纷采取减税、减费的措施来激活房地产二、三级市场，以加大消化空置商品房的力度。比如，北京市规定购买 1998 年 6 月 30 日以前竣工的商品房，免征契税，购买 120m² 以下房屋减半征收契税。

(二) 货币政策

货币政策是指中央银行通过调整贴现率、调整法定准备金和公开市场业务等手段，来调节货币供给。对不动产市场的调节主要是通过利率，以控制银行对房地产业的信贷投向和信贷规模指标。利率对不动产市场的直接影响分为供应和需求两方面。

1. 在供应方面主要是影响开发商的财务费用。

因为由于财务的杠杆作用会使得利率对开发成本的影响作用巨大，开发商融资成本的高低和借贷资金的取得与资金市场息息相关。通常，当资金市场宽松时，利率下降，开发商融资较易，融资成本较低，不动产的价格也较低，从而促进不动产的供给。银根趋紧时，利率上升，则开发商利息负担沉重，开发成本上升，对不动产市场不利。这个特性也为政府干预不动产市场提供了机会，政府可运用货币政策这一工具影响不动产市场中短期的景气状况。

2. 在需求方面主要是影响按揭利率和按揭比例。

相对于其他商品，不动产价值高昂是它的重要特征之一，昂贵的价格使得许多人无法进入不动产市场；就住宅而言，有相当一部分得以进入住宅市场的购房者，是依赖长期负债以取得住房。这就牵涉两个问题，即长期融资的取得与长期融资的成本。因此，不动产需求深受融资成本高低与不动产抵押借款取得的难易程度的影响。利率高则加大银行按揭成本，从而抑制了不动产的需求；反之，利率降低会促进人们的投资意愿，加大房地产的投资需求和使用需求。虽然我国房地产抵押贷款开展时间较晚，但近两年房地产抵押贷款的比例(按揭比例)越来越大，按揭的信贷额越来越多，因而利率对房地产需求的影响也越来越大。

根据上述分析，利率变动与不动产市场波动一般呈反方向变化。如果用空置率的变化表示房地产市场的走势，则利率变动应与空置率的变化趋势较一致。

(三) 产业政策

政府可以通过制定产业投资指引目录及其他行政干预手段，或者通过推进产业结构的变动来影响不动产业的周期波动。在房地产业发展初期，产业政策对市场的波动具有至关重要的影响。

政府用来调节房地产业的产业政策包括：建设项目控制(楼堂馆所、高档不动产项目、大型商业设施)、政策性资金控制、上市政策、外资投向指引等。例如1993年，为了抑制国内通货膨胀，中央采取了宏观经济调控政策，银根紧缩，并严格限制房地产贷款，结果导致了大量房地产施工项目停顿。由于房地产需要相当长的时间和资金来消化，金融紧缩使房地产失去了银行信贷的有力支持，开发商先期投入的资金无法收回，资金缺乏，楼宇无法按时完工，有的被迫缓建、停建，从而使大量高层住宅楼盘积压。以深圳房地产业为例，高层住宅积压量逾百亿元，已完工的住宅单位中有200万 m^2 空置待销，整体住宅空置率达10％，而在建的高层住宅数目依然庞大，不少于200栋，建筑面积达400万 m^2。同时，花园别墅物业也大量空置，甚至有价无市。

在上市政策方面，国家有关法律政策规定，要严格控制房地产企业上市，这就使房地产企业很难利用上市这一有效的低成本直接融资工具。

(四) 区域发展政策

同在一个国家，同在一个宏观经济环境下，各地区的经济发展和房地产消费并不是完全一致的。政府往往通过给予不同地区的经济发展以不同的政策，刺激某些地区超前超速发展，当然也会对不动产市场的发展产生巨大影响。如经济特区政策、沿海经济发展战略、沿江经济发展战略、地方和部门审批权限等。

考察经济的区域性发展从以下几个方面入手：

1. 一个地区或城市的港口、保税区、开发区建设及相关的经济政策对相邻地区产生的影响。

2. 一个地区或城市的行业发育对国内其他地区产生的经贸互动影响。

3. 相邻地区间社会平均商业利润的差异可能带来的资本及创业机会。

由于各地自然的、历史的差异和其他众多原因，各地的经济发展水平亦存在着一定差别。与此相应的，各类物业的市场容量及市场发育水平也会明显不同。自1993年我国政府实行"宏观调控"以后，海南、惠州、北海、胶东等地的房地产市场在短时间内呈现一片萧条景象；但上海、广州等地因其市场承受力较强，其开发热潮继续维持了相当长的时间，直到1995年才出现明显的供过于求；而北京由于市场结构的特殊性，一直没有形成十分剧烈的大起大落，直到近两年才出现买方市场。

(五) 土地政策

我国土地实行国家所有和集体所有，房地产开发商和个人只能取得有限期的国有土地使用权。土地政策对房地产开发的影响主要可从以下三个方面来分析：

1. 土地供给政策。

目前我国土地供给实行"双轨制"即对公共设施用地、基本建设用地、军事用地等实行划拨用地政策；对商品房开发用地一般实行土地出让政策。土地供给政策的松紧，直接影响房地产开发用地的取得。中共中央、国务院《关于进一步加强土地管理切实保护耕地的通知》[中发(1997)11号]令禁止非农业建设占用耕地及继续进一步冻结非农建设占用耕地1年的政策，使得城市郊区房地产开发活动受到一定程度的抑制。

另外，政府为了避免地价过分偏离市场价格，可能会采取一些激进的政策，这些政策可能会给房地产投资者带来不同程度的损失。比如，政府可能在一定情况下实行高地价政策，以控制土地供给相对过剩的情况，控制土地的出让的数量，并会行使优先购买权，对一些价格较低的地块实行优先购买，这就会给房地产开发商带来增加成本的风险。相反，当房地产市场炒风盛行，地价飞涨时，政府为了平抑地价，减少土地投机行为，往往会实行低地价政策抛售一批价格较低的土地，这种情况，将给囤积土地待价而沽者带来很大的风险。

2. 地价补偿和土地收费的规定。

由于长期以来实行的土地无偿无限期使用制度，使得不少单位拥有数量可观的"划拨"土地。这些划拨土地可以各种形式进入市场，但必须补缴土地出让金。因此地价补偿和土地收费规定的变化，如土地出让金支付方式和金额构成的变化，可直接导致房地产开发成本的增加或减少。

3. 土地出让方式。

政府可以采用协议、招标和公开拍卖三种方式出让土地。采用不同的出让方式会对投资土地的投资者产生不同的成本，例如，政府以协议方式出让土地使用权时，没有引入竞争机制，这种方式由于缺乏公开性和平等竞争，受人为影响的因素较多，出让方和受让方的灵活性都较大，土地的出让价格一般来说都比市场地价低。由于缺乏公开性和公平性，受让方可能以后会被要求补偿地价，这就对房地产开发构成了巨大风险。招标方式引进了竞争机制，综合考虑规划、地价、投资者的资信情况等多种因素，即在评标时既考虑投标者的报价，同时还对投标规划设计方案和企业的资信情况进行综合评价。对投标者来说，中标的可能性带有很大的不确定性，失去中标的机会较大，这就意味着投标者会面临时间和资金无偿丢失的风险。对于公开拍卖出让方式来说，它充分引进了竞争机制。排除了许多主观因素，不仅要事先公布竞争土地的位置、面积、用途、土地使用年限及付款方式、付款时间，而且还要事先制定好规划设计方案并公布其要点，如建筑密度、容积率、建筑层数及建筑总面积、绿化比率等，以便竞投标者进行投资决策分析。对竞投者来说，必须在参加拍卖竞投之前，对拍卖地块的基础设施状况、环境状况对投资的影响以及该地块的区位对客户的吸引力进行充分的实地调查和分析，详细测算建筑成本，分析市场情况和走势，制定多种还价方案，特别是掌握竞标的极限地价，以便做到心中有数。

（六）住房政策

住房制度改革主要是指国家和政府在住房方面的投资政策和住房分配政策的改变，这将对房地产商的利益有很大的影响。

如果政府推行福利政策，大量建设公房或福利房，这样会将居民的主要兴趣和需求吸引过去，而房地产开发商或经营者推行的商品房会遭到需求短缺的压力，导致市场交易活动减少而蒙受损失。我国大陆的住房体制就是一个明显的例子，由于政府推行"双轨制"使大量公房、福利房与市场上的商品房同时存在，其结果是极少个人真正进入房地产市场，人们都愿意等"免费"的公房，而使许多房地产开发商的大量商品房售不出去，受到巨大的经济损失。1998 年 6 月政府决定彻底终止住房实物分配制度，之后各项住房货币化分配制度逐渐实施，由此开始形成真正意义上的房地产市场，个人购房比例大幅上升，交易活跃，逐渐形成稳定、成熟的住宅市场。

（七）房地产开发、销售政策

房地产预售是当前房地产开发的主要模式，它对开发商资金的回收速度至关重要。如果取消预售，只允许成品房出售，那么，对于自有资金紧张企业将无法进行房地产开发。预售也标志着房地产企业要走规模化经营之路。

（八）户籍制度

户籍制度对房地产市场有局部影响。自改革开放以来，我国各地在户籍制度方面都进行了有限的改革，如深圳规定外地人在深圳连续工作满 5 年就可以申请入深圳户口；广州规定外地人迁入广州必须缴纳万余元的"城市增容费"；珠海则欢迎高学历的人进入该城市工作，政府除无偿解决其户口外，还有住房方面的政策性照顾；还有许多地方规定，原农村户口的居民，只要缴纳一定的费用，就可以转为城市户口。

在中国，户口与住房天然地联系在一起，有许多城市，户籍管理比较严格，无本地户口的人士居住该城市，即使在自己购买的住宅里，也必须按月缴纳费用领取暂住证；在大多数城市，如果没有本地户口，即使买了房，也无法让子女就近入学。所以，凡是住宅小区比较密集的地方，当地派出所的"户口生意"就比较多。但有时因为户籍申请比较困难，而影响了房屋的销售。一些房地产商为促销，在户口上做文章，如广州的华侨房地产公司就从政府争取到了一个"特权"："凡购买该公司开发的住宅，就可以按购房面积给一定的户口指标"。开发广州、珠海郊区住宅小区的一些房地产公司，也纷纷承诺：购买该小区住宅的本市居民，在居住时无需申请暂住证；购房入住的外地居民，则可以得到小区所在地的郊区城镇户口指标。上海市为加大消化空置商品房的力度，在 1998 年又将购房申请蓝印户口的标准降低为：在市区购房建筑面积达 $70m^2$ 或 35 万元的，就可以申请蓝印户口。

房地产投资受政策制约甚大，房地产业由于投资大、周期长，在投资商的决策与国家的政策调整（主要指国家对房地产投资的政策）存在一定差距或者矛盾时，该投资商必然会面临政策变动所带来的风险。

第二节　市场购买行为分析

根据谁在市场上购买，可将市场分为两大类型：个人消费者市场和组织市场。不同的市场由于购买者构成及购买目的不同，其需求和购买行为也不同。从市场营销的角度出发研究市场，其核心是研究购买者的行为，本节重点分析个人消费者市场的需求和购买行为特点。

一、消费者市场的购买对象

消费者在购买不同商品时，并不遵循同一个购买模式，如买一套住宅和买部彩电，购买行为方面肯定有相当大的差异。根据消费者购买行为的差异，市场营销学将他们所购商品（包括服务）分为三类，即便利品、选购品和特殊品。

1. 便利品。多为消耗快，需频繁购买、价格低廉的商品。不同品种或品牌之间差别甚微，消费者购买时不需做太多的选择，而以方便地买到为宗旨。如日用品的肥皂、牙膏、火柴及报刊、糖果、冷饮等。

2. 选购品。为单价较高，一次购买后使用时间较长，不同品种、规格、款式、品牌之间差异较大的商品，消费者购买时往往要花较多时间进行比较之后才做出购买决策。如服装、鞋帽、家具及多数耐用家电产品。

3. 特殊品。单价昂贵，能满足消费者某方面特殊偏好的商品，如立体音响、钢琴、高级相机、名牌服装等。消费者在购买这类商品时，往往不大考虑代价，以获取为主要目的。

对经营这些商品的企业来说，了解消费者购买行为的上述区别，显然十分重要。它提醒企业：针对消费者购买行为的不同，企业应采取不同的营销战略并有所侧重。如经营便利品，最重要的是分销渠道要宽，货源供应要充足，以保证消费者能随时随地方便地买到。经营选购品，最重要的是备齐花色品种，让消费者有充分的选择余地，并帮助他们了解各种商品的质量、性能和特色，他们才会放心地做出决策。

二、影响消费者购买的因素

消费者市场上不同购买者的需求和购买行为存在着很大的差异。经济学家曾把在市场上进行购买的消费者都看作是"经济人"，在购买过程中总能进行理智而聪明的判断，做出最经济的选择。但经济学家们的理论很难解释现实中人们的购买选择为什么会那么千差万别。显然，除了经济因素以外，还有其他因素：除了理性的思考以外，还有其他非理性的情绪在影响人们的购买决策。

为研究这些影响因素，市场营销专家建立了一个"刺激——反应模式"来说明外界刺激与消费者反应之间的关系（如图 4-2-1 所示）。

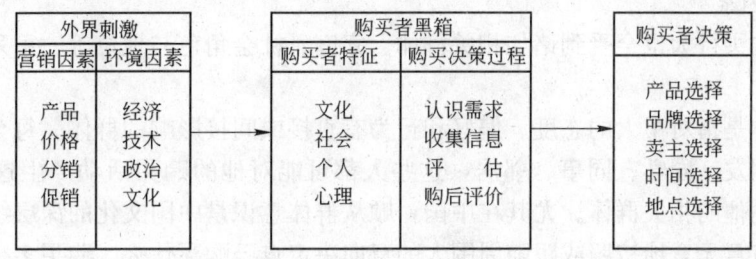

图 4-2-1 刺激—反应模式

图 4-2-1 所示的模式说明，同样的外界刺激，作用于具有不同特征的消费者，加上购买决策过程中所遇情况的影响，将得出不同的选择。我们需要了解的是，当外界刺激被接受时，购买者黑箱内到底发生了什么？购买者在各方面的特征怎样影响他们的购买行为？也就是说，消费者购买行为取决于他们的需求和欲望，而人们的要求、欲望、消费习惯以至购买行为又是在许多因素的影响下形成的。图 4-2-2 所示的模型说明了这些影响因素。

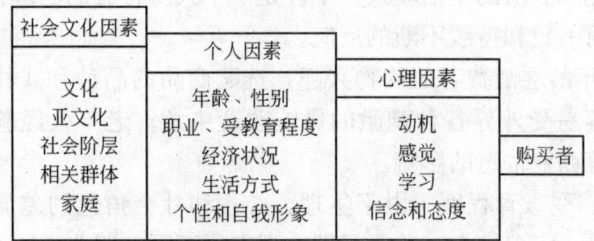

图 4-2-2 影响消费者购买行为的因素

（一）社会文化因素

1. 文化因素

文化、亚文化和社会阶层等文化因素，对消费者的行为具有最广泛和最深远的影响。文化是人类欲望和行为最基本的决定因素，低级动物的行为主要受其本能的控制，而人类行为大部分是学习而来的,在社会中成长的儿童是通过其家庭和其他机构的社会化过程学到了一系列基本的价值、知觉、偏好和行为的整体观念,这也影响了他们的购买行为。

每一文化都包含着能为其成员提供更为具体的认同感和社会化的较小的亚文化群体,如民族群体、宗教群体、种族群体、地理区域群体等。如地区亚文化群,由于地理位置、气候、历史、经济、文化发展的影响,我国可明显分出南方、北方、或东部沿海、中部、西部内陆区等亚文化群。不同地区的人们,由于生活习惯、经济、文化的差异,导致消费固有差别。

每个社会客观上都会存在社会阶层的差异,即某些人在社会中的地位较高,受到社会更多的尊敬,另一些人在社会中的地位较低,他们及他们的子女总想改变自己的地位,进入较高的阶层。不过,在不同社会形态下,划分社会阶层的依据不同。在现代社会,一般认为所从事职业的威望、受教育水准和收入水平或财产数量综合决定一个人所处的社会阶层。显然,位于不同社会阶层的人,因经济状况、价值观取向、生活背景和受教育水平不同,其生活习惯、消费内容,对传播媒体、商品品牌甚至商店的选择都可能不同。

2. 社会因素

消费者购买行为也会受到诸如相关群体、家庭、社会角色与地位等一系列社会因素的影响。

相关群体是指对个人的态度、偏好和行为有直接或间接影响的群体。每个人周围都有许多亲戚、朋友、同学、同事、邻居,这些人都可能对他的购买活动产生这样那样的影响,他们就是他的相关群体。尤其在中国,顺从群体意识是中国文化的深层结构之一,因此人们往往有意无意地按照或跟随周围人的意向决定自己购买什么、购买多少。

家庭是最重要的相关群体。一个人从出生就生活在家庭中,家庭在个人消费习惯方面给人以种种倾向性的影响,这种影响可能终其一生。而且,家庭还是一个消费和购买决策单位,家庭各成员的态度和参与决策的程度,都会影响到以家庭为消费、购买单位的商品的购买。

(二) 个人因素

消费者购买决策也受其个人特性的影响,特别是受其年龄所处的生命周期阶段、职业、经济状况、生活方式、个性以及自我观念的影响。生活方式是一个人在世界上所表现的有关其活动、兴趣和看法的生活模式。个性是一个人所特有的心理特征。它导致一个人对其所处环境的相对一致和持续不断的反应。

1. 年龄。不同年龄层消费者的购物兴趣,选购商品的品种和式样也不同。如青年人多为冲动性购买,容易受外界各种刺激的影响改变主意;老年人经验丰富,多习惯型购买,不容易受广告等商业信息的影响。

2. 性别、职业、受教育程度。由于生理、心理和社会角色的差异,不同性别的消费者在购买商品的品种、审美情趣、购买习惯方面有所不同。职业不同、受教育程度不同也影响到人们需求和兴趣的差异。

3. 经济状况。主要取决于一个人可支配收入的水平,也要考虑他是否有其他资金来源、借贷的可能及储蓄倾向。在一个经济社会中,经济状况对个人的购买能力起决定性作用。消费者一般要在可支配收入的范围内考虑其开支。

4. 生活方式。这是人们根据自己的价值观念安排生活的模式。有些人虽然处于同一社会阶层，有相同的职业和相近的收入，但由于生活方式不同，其日常活动内容、兴趣、见解也大相径庭。因此，了解顾客的生活方式及产品与生活方式之间的关系，显然也是营销人员的任务之一。

5. 个性和自我形象。个性是个人的性格特征，如自信或自卑、内向或外向、活泼与沉稳、急性或慢性、倔强或顺从等。显然，自信或急躁的人，购买时很快就能拿定主意；缺乏自信或慢性子的人购买决策过程就较长，或是反复比较，拿不定主意。外向型的人容易受周围人的意见影响，也容易影响他人，内向型的人则相反。有学者认为，根据个性不同可将购买者分为6种类型：习惯型、理智型、冲动型、经济型、感情型和不定型。

6. 自我形象，即人们怎样看待自己。现实中呈现一个十分复杂的现象，即有实际的自我形象、理想的自我形象和社会自我形象（别人怎样看自己）之分。人们希望保持或增强自我形象，购买有助于改善或加强自我形象的商品和服务就是一条途径。

（三）心理因素

消费者购买行为要受动机、知觉、学习以及信念和态度等主要心理因素的影响。

1. 动机。动机是一种升华到足够强度的需要，它能够及时引导人们去探求满足需要的目标。人是有欲望的动物，需要什么取决于已经有了什么，尚未被满足的需要才影响人的行为，亦即已满足的需要不再是一种动因；人的需要是以层次的形式出现的，按其重要程度的大小，由低级需要逐级向上发展到高级需要，依次为生理需要、安全需要、社会需要、自我尊重需要和自我实现需要；只有低层次需要被满足后，较高层次的需要才会出现并要求得到满足。一个被激励的人随时准备行动。然而，他如何行动则受其对情况的感觉程度的影响。

2. 感觉。是人们通过各种感观对外界刺激形成的反映。现代社会，人们每天面对大量的刺激，但对同样的刺激不同人有不同的反映或感觉。原因在于感觉是一个有选择性的心理过程。由于每个人的感知能力、知识、态度和此时此地关心的问题不同，同样的刺激作用于不同人身上产生不同的反应，导致了一部分消费者购买行为的差异。

3. 学习。人们的行为有些是与生俱来的，但多数行为，包括购买行为是通过后天的学习得来的。人们在市场上会遇到许多从未见过的新产品，他们怎样建立起对这些产品的态度或信念呢？除了宣传广告以外，正如一句俗话所说：要想知道梨子的滋味，就得亲口尝一尝。尝过、用过之后，对这种产品有了亲身体验，就会形成某种观念或态度，学习过程即告结束。具体讲，学习是驱动力、刺激物、提示物、反应和强化诸因素相互影响和作用的结果，其中每一要素都是完成整个学习过程必不可少的，营销者显然需帮助创造这些条件。

4. 信念和态度。是人们通过学习或亲身体验形成的对某种事物比较固定的观点或看法。这些信念和态度影响着人们未来的购买行为。信念和态度一旦形成就很难改变，它们引导消费者习惯地购买某些商品。

每位消费者在以上各方面的特性都会或多或少地影响到他的购买行为，营销人员为很好地开拓市场，有必要从上述诸方面对消费者进行认真的研究。

三、消费者购买决策过程

在分析了影响购买者行为的主要因素之后，还需了解消费者如何真正做出购买决策，即了解谁做出购买决策，购买决策的类型以及购买过程的具体步骤。

（一）参与购买的角色

人们在购买决策过程中可能扮演不同的角色，包括：发起者，即首先提出或有意想购买某一产品或服务的人；影响者，即其看法或建议对最终决策具有一定影响的人；决策者，即对是否买、为何买、如何买、何处买等方面的购买决策做出完全或部分最后决定的人；购买者，即实际采购人；使用者，即实际消费或使用产品或服务的人。

（二）购买行为类型

消费者购买决策随其购买决策类型的不同而变化。较为复杂和花钱多的决策往往凝结着购买者的反复权衡和众多人的参与决策。根据参与者的介入程度和品牌间的差异程度，可将消费者购买行为分为四种：

1. 习惯性购买行为。一般多是指对便利品的购买，消费者不需要花时间进行选择，也不需要经过搜集信息、评价产品特点等复杂过程，因而，其购买行为最简单。消费者只是被动地接收信息，出于熟悉而购买，也不一定进行购后评价。这类产品的市场营销者可以用价格优惠、电视广告、独特包装、销售促进等方式鼓励消费者试用、购买和续购其产品。

2. 寻求多样化购买行为。有些产品品牌差异明显，但消费者并不愿花长时间来选择和估价，而是不断变换所购产品的品牌。这样做并不是因为对产品不满意，而是为了寻求多样化。针对这种购买行为类型，市场营销者可采用销售促进和占据有利货架位置等办法，保障供应，鼓励消费者购买。

3. 化解不协调购买行为。有些产品品牌差异不大，消费者不经常购买，而购买时又有一定的风险，所以，消费者一般要比较、看货，只要价格公道、购买方便、机会合适，消费者就会决定购买。购买以后，消费者也许会感到有些不协调或不够满意，在使用过程中，会了解更多情况，并寻求种种理由来减轻、化解这种不协调，以证明自己的购买决定是正确的。经过由不协调到协调的过程，消费者会有一系列的心理变化。针对这种购买行为类型，市场营销者应注意运用价格策略和人员促销策略，选择最佳销售地点，向消费者提供有关产品评价的信息，使其在购买后相信自己做了正确的决定。

4. 复杂购买行为。当消费者购买一件贵重的、不常买的、有风险的而且又非常有意义的产品时，由于产品品质差异大，消费者对产品缺乏了解，因而需要有个学习过程。广泛了解产品性能、特点，从而对产品产生某种看法，最后决定购买。对于这种复杂购买行为，市场营销者应采取有效措施帮助消费者了解产品性能及其相对重要性，并介绍产品优势及其给购买者带来的利益，从而影响购买者的最终选择。居民购买住宅的行为就属于复杂购买行为。

（三）购买决策过程

在复杂购买行为中，购买者的购买决策过程由引起需要、收集信息、评价方案、决定购买和买后行为五个阶段构成。

购买者的需要往往由两种刺激引起，即内部刺激和外部刺激。市场营销人员应注意识别引起消费者某种需要和兴趣的环境，并充分注意到两方面的问题：一是注意了解那些与本企业的产品实际上或潜在的有关联的驱使力；二是消费者对某种产品的需求强度，会随着时间的推移而变动，并且被一些诱因所触发。在此基础上，企业还要善于安排诱因，促使消费者对企业产品产生强烈的需求，并立即采取购买行动。

一般来讲，引起的需要不是马上就能满足，消费者需要寻找某些信息。消费者信息来源主要有个人来源（家庭、朋友、邻居、熟人）、商业来源（广告、推销员、经销商、包装、展览）、公共来源（大众传播媒体、消费者评审组织等）、经验来源（处理、检查和使用产品）等。市场营销人员应对消费者使用的信息来源认真加以识别，并评价其各自的重要程度，以及询问消费者最初接到品牌信息时有何感觉等。

消费者对产品的判断大都是建立在自觉和理性基础之上的。消费者的评价行为一般要涉及产品属性（即产品能够满足消费者需要的特性）、属性权重（即消费者对产品有关属性所赋予的不同的重要性权数）、品牌信念（即消费者对某品牌优劣程度的总的看法）、效用函数（即描述消费者所期望的产品满足感随产品属性的不同而有所变化的函数关系）和评价模型（即消费者对不同品牌进行评价和选择的程序和方法）等问题。

评价行为会使消费者对可供选择的品牌形成某种偏好，从而形成购买意图，进而购买所偏好的品牌。但是，在购买意图和决定购买之间，有两种因素会起作用，一是别人的态度，二是意外情况。也就是说，偏好和购买意图并不总是导致实际购买，尽管二者对购买行为有直接影响。消费者修正、推迟或者回避作出某一购买决定，往往是受到了可觉察风险的影响。可觉察风险的大小随着冒这一风险所支付的货币数量、不确定属性的比例以及消费者的自信程度而变化。市场营消人员必须了解引起消费者有风险感的那些因素，进而采取措施来减少消费者的可觉察风险。

消费者在购买产品后会产生某种程度的满意感和不满意感，进而采取一些使市场营销人员感兴趣的买后行为。所以，产品在被购买之后，就进入了买后阶段，此时，市场营销人员的工作并没有结束，购买者对其购买活动的满意感（S）是其产品期望（E）和该产品可觉察性能（P）的函数，即 $S=f(E,P)$。若 $E=P$，则消费者会满意；若 $E>P$，则消费者不满意；若 $E<P$，则消费者会非常满意。消费者根据自己从卖主、朋友以及其他来源所获得的信息来形成产品期望。如果卖主夸大其产品的优点，消费者将会感受到不能证实的期望。这种不能证实的期望会导致消费者的不满意感。E 与 P 之间的差距越大，消费者的不满意感也就越强烈。所以，卖主应使其产品真正体现出其可觉察性能，以便使购买者感到满意。事实上，那些有保留地宣传其产品优点的企业，反倒使消费者产生了高于期望的满意感，并树立起良好的产品形象和企业形象。

消费者对其购买的产品是否满意，将影响到以后的购买行为。如果对产品满意，则在下一次购买中可能继续采购该产品，并向其他人宣传该产品的优点。如果对产品不满意，则会尽量减少不和谐感，因为人的机制存在着一种在自己的意见、知识和价值观之间建立协调性、一致性或和谐性的驱使力。具有不和谐感的消费者可以通过放弃或退货来减少不和谐，也可以通过寻求证实产品价值比其价格高的有关信息来减少不和谐感。市场营销人员应采取有效措施尽量减少购买者买后不满意的程度。

第三节　竞争对手分析

在房地产市场上，仅了解顾客的需求是不够的，面对房地产市场的激烈竞争，研究和分析竞争对手将显得越来越重要。通过对竞争对手的分析，以确定本公司、本项目的竞争策略。有市场的地方必然存在竞争，房地产市场作为一种特殊的商品市场，当然也存在竞争。但由于房地产产品的特殊性使房地产市场的竞争没有一般市场竞争那么广泛、自由和激烈，形成房地产市场竞争的不完全性。

一、识别竞争者的方法

对一家公司而言，识别竞争者表面上看是一件极其容易的事情，如韩国的三星公司知道 LG 公司是其主要竞争者，日本的索尼公司知道松下公司是其主要竞争者；同样，万科也知道华远是其主要竞争者之一。但一家公司的实际和潜在竞争者的范围是十分广泛的，公司必须避免"竞争者近视症"。通常，一家公司被潜在竞争者灭掉的可能性要比现有竞争者大得多，我们可以根据产品替代的程度来区分四种不同水平的竞争：

（一）品牌竞争

一家公司可以将竞争者看做是以相近价格向同一顾客群销售不同品牌的同种产品其他公司。如在同一城市内销售价位相近的居民住宅的开发商之间的竞争就是品牌竞争。

（二）行业竞争

一家公司可以较广泛地将生产同种产品或同类产品的公司看作其竞争对手。例如，华远公司可以将北京市场上所有的房地产开发企业看作其竞争者。

（三）形式竞争

一家公司甚至可以更广泛地把所有提供相同产品的公司都看成它的竞争者。这样，一家房地产开发企业甚至可以将能够提供住房服务的房屋出租者及能提供长期住房服务的饭店也看作竞争者。

（四）一般竞争

一家公司还可以进一步把所有能够与自己争取相同顾客群货币收入的公司看作其竞争者。这样，房地产企业还可以将汽车制造商、高档皮衣制造商、海外旅行社看作其竞争者。

区分四种不同的竞争者对公司来说是有意义的，但更重要的是详细分析品牌竞争者的市场战略。识别品牌竞争者市场战略的主要工具是产品——市场竞争形势表。假设某一城市 A、B、C、D 四家房地产开发企业，其产品——市场竞争形势如表 4-2-1 所示。

产品——市场竞争形势

表 4-2-1

产品细分及房类		顾客细分及企业类型			
		外企驻华代表 留学归国人员	机关干部 外企中方职员	中上收入阶层 私营企业老板	中低收入阶层其 他高薪收入人员
产品细分	豪华别墅	A			
	高档公寓	A, B	B, D		
	普通公寓		B, C, D	B, C, D	B, C
	经济适用房			B, D	B

由表 4-2-1 可以看出，A 企业侧重为高收入阶层提供高档住房；B 企业实力雄厚，在多个产品细分市场上为不同顾客提供住房服务；C 企业则专注于开发普通公寓，满足不同收入阶层的需求；而 D 企业则侧重于为中上等收入阶层的顾客提供相应档次的住房服务。该图还反映出，属于中高档层次的公寓楼住房是市场青睐的重点，但竞争也相对激烈；豪华别墅需求有限，竞争也相对平缓；而满足广大市民住房需要的经济适用房，则可能由于利润吸引力而存在供给不足的状况。

但对于房地产行业来说仅用上面的产品——市场竞争形式表来描述房地产市场竞争是不够的。因为房地产区域性特别强，其位置固定不可移动，所以，企业产品之间的竞争在很大程度上表现为同一区域内类似楼盘之间的竞争，至于区域范围的大小要视推出的项目楼盘性质而定。因此首先要对竞争对手楼盘进行调研。

二、竞争项目的调研

对楼盘进行市场调查是房地产市场调查的基础，它是研究市场最为直接的途径。对楼盘进行市场调查可以从产品、价格、促销和销售四个方面着手进行研究。

（一）产品

房地产产品可以从以下几个方面来描述：

1. 区位。

（1）地点位置，是指楼盘的具体坐落方位，同周边标的物的相对距离以及相邻房产的特征。

（2）交通条件，是指地块附近的交通工具和交通方式，如城市铁路（地铁）、公路、飞机等。交通条件一方面表示地块所在区域与周边各地方的交通联系状况，表明出进的方便程度；另一方面，一个地区的交通状况如何也左右着该地区的未来发展态势。

（3）区域特征，是指相对聚集而产生的、依附于地域的特有的一种物质和精神形态，主要取决于地域的经济发展水平、产业结构、生活水准、文化教育状况等。

（4）发展规划，是指政府对城市土地、空间布局、城市性质的综合部署和调整，是一种人为的行为。

（5）周边环境，是指开发地块周围的物质和非物质的生活配套情况，包括：水、电、气等市政配套，公园、学校、医院、邮局、银行、超市、体育场馆、集贸市场等生活配套情况，还包括有人口数量和素质所折射出的人文环境和生态环境。环境是地块周边的具体生活气氛，是决定地点好坏的关键因素。

2. 产品特征。

（1）建筑参数。主要包括该项目总建筑面积、总占地面积以及容积率等，是由规划管理部门确定的，也是决定产品形态的基本数值。

（2）面积户型。一个楼盘的面积和户型基本决定了其产品品质的好坏，其中包括各种户型的使用面积、建筑面积、使用率以及面积配比、户型配比。

（3）装修标准。一是公用部位的装修，包括：大堂、电梯厅、走道以及房屋外立面，二是户内居室、厅、厨卫的处理。

（4）配套设施。分两大部分：一是满足日常生活的最基本设施，如水电、燃气、保安、车库、便利店和中小学等；二是为住户专门设立的额外设施，如小区会所等相关的娱乐设施。

（5）绿化率。绿地的多少越来越受到购房人的重视，成为判断房屋品质的一条重要标准。

3. 公司组成。一个楼盘主要的营运公司就是开发商、设计单位、承建商和物业管理公司这四家，它们分别负责项目的投资建设、建筑设计、工程建造和物业服务。四家公司的雄厚实力和有效联合是楼盘成功的保证，而其中开发商的实力是最为关键的。

4. 交房时间。对期房楼盘而言，交房日期是影响购房人购买决策的重要因素。

（二）价格

价格是房地产营销中最基本、最便于调控的，在实际的调查中也是最难取得真实信息的。一般是从单价、总价和付款方式来描述一个楼盘的价格情况。

1. 单价。它是楼盘各种因素的综合反映，是判断一个楼盘真正价值的指标，可以从以下几个价格来把握：

（1）起价，这是一个楼盘最差房屋的销售价格，为了促销，加入了人为的夸张，不足为凭；

（2）平均价，指总销售金额除以总销售面积得出的单价；

（3）主力单价，是指占总销售面积比例最高的房屋的标定单价，这才是判断楼盘客户地位的主要依据。

2. 总价。虽然总价是销售价格和销售面积的乘积，但单价反映的是楼盘品质的高低，而总价反映的是目标客户群的选择。通过对楼盘总价的调研，能够掌握产品的市场地位和目标市场。

3. 付款方式。这是房屋总价在一定时间上的一种分配，实际上也是一种隐蔽的价格调节手段和促销工具，用以缓解购房人的付款压力，扩大目标客户群的范围，提高销售率。付款方式不外乎下面几种类型：

（1）一次性付款；

（2）按照工程进度付款的建筑期付款；

（3）按照约定时间付款；

（4）利用商业贷款或公积金贷款付款；

（5）所谓的开发商贷款，实际上是购房人对开发商的延期付款。

（三）广告

广告是房地产促销的主要手段，对楼盘的广告分析是市场调研的重要组成部分。

1. 售楼处。这是指实际进行促销的主要场所。其地点选择、装修设计、形象展示是整个广告策略的体现。

2. 广告媒体。这是指一个楼盘选择的主要报刊和户外媒体，是其楼盘信息的主要载体。在实际工作中，选择的媒体应与产品的特性相吻合。

3. 广告投放强度。从报纸广告的刊登次数和篇幅，户外媒体的块数和大小，就可以判断出一个楼盘的广告强度，它体现了该楼盘所处的营销阶段。

4. 诉求点。广告的诉求点，反映了开发商想向购房人传达的信息，是产品竞争优势的展示，也是目标客户群所关心的问题。

（四）销售情况

销售情况是判断一个楼盘最终的指标，但是它也是最难获得准确信息的，主要包括：

1. 销售率。这是一个最基本的指标，它反映了一个楼盘被市场的接纳的程度。

2. 销售顺序。这是指不同房屋的成交先后顺序，可以按照总价的顺序，也可以是户型顺序或是面积的顺序。可从中分析出不同面积、不同户型被市场接纳的原因，它反映了需求结构和细节。

3. 客户群分析。通过对客户群职业、年龄、家庭结构、收入的统计，可以反映出购房人的信息，从中分析其购买动机，找出本楼盘影响客户购买行为的因素，以及各因素影响力的大小。

通过对单个楼盘的调研，可以分析竞争对手产品规划的特点、价格策略、广告策略和销售的组织、实施情况，以此为基础制定出本公司项目的营销策略和相应的对策。

三、竞争企业的调研

在对竞争项目分析后，更深层次是对竞争企业的调研分析，或者说是在更大范围对竞争对手的评估。

（一）对房地产企业的调研内容

对一个房地产企业的调研，可以从以下几个方面进行考察：

1. 专业化程度。指企业将其力量集中于某一产品、目标顾客群或所服务的区域的程度。

2. 品牌知名度。指企业主要依靠品牌知名度而不是价格或其他度量进行竞争的程度。目前，我国房地产企业已经越来越重视品牌知名度。

3. 推动或拉动。指企业在销售商品房时，寻求直接在最终用户中建立品牌知名度来拉动销售，而不是支持配销渠道来推动销售的程度。

4. 销售方式。指企业是出售还是出租商品房？如果出售，是自己销售还是通过代理商销售？

5. 商品房质量。指商品房的质量标准，包括选料、户型、耐用性、性能等指标。

6. 纵向整合。指企业采取向前或向后整合所能产生的增值效果，包括企业是否控制了配销渠道，是否能对建筑商、建材商施加影响，是否有自己的物业管理部门等。

7. 成本状况。指企业的成本结构是否合理？企业出售的商品房是否具有成本优势？

8. 价格策略。指企业的商品房在市场中的相对价格状况。价格是一个与其他变量关系密切的变量，如财务、成本及商品房质量等。它是一个必须认真对待的战略性变量。

9. 与母公司的关系。公司可能是某个高度多样化经营的公司的一个业务单位，或是纵向产业链中一个环节，亦或是某外国公司的一个分公司等。与母公司关系的性质将直接影响该房地产公司的管理目标、可得到资源以及分担的成本和职能等。

10. 与当地政府的关系。对房地产企业而言，与当地城市建设规划部门、土地管理部门等政府职能部门的关系对企业经营十分重要。

对一家公司而言，对这些主要的战略选择进行不同层次的细致分析，就可以勾画出公司经营状况的整体轮廓。

（二）确定竞争对手追求的目标

识别出企业的主要竞争对手之后，我们必须探讨每个竞争对手在市场上追求的目标是什么，是什么因素驱动竞争对手的行为。

一般的假设认为，竞争对手努力追求利润最大化。在这个问题上，各家房地产企业对长期利润和短期利润的重视程度也不一样。另外，有些企业以"满足"而不"最大化"为指导思想，即使它们可以通过其他战略和努力产生更多的利润，但也只是满足于实现既定的利润目标。

另一种假设认为，竞争对手是追求一组目标。这就需要分析竞争对手对目前的赢利状况、市场占有率增长、现金流量、工程质量、服务领先水平等项目目标的重视程度。了解竞争对手的加权目标组合，就可以了解竞争对手对目前的财务状况是否感到满意，他们对各种类型的竞争会作出何种反应等。例如，一个追求成本领先的竞争对手对于企业在工程建设方面的技术突破所作出的反应远比对企业增加广告预算所作出的反应强烈得多。

竞争对手的目标是由多种因素决定的，包括其规模、与母公司的关系、历史背景、高层经理的经历和目前的经济状况等。如果一家房地产企业只是某大公司的一个业务单位，应了解其经营目的是为了实现业务多元化还是为了赚钱，或是为总公司抽取资金提供方便。另外，规模大、实力强的房地产企业往往强调长期利润的最大化；而一些小型房地产企业则不得不关心资金周转问题。当宏观经济状况看好的时候，房价会上涨，企业倾向于降低促销力度、保持一定的价格水平出售商品房，对利润的期望往往较高；而当宏观经济状况困难的时候，企业倾向于保本销售，以期尽快收回资金。以上各种因素都会对竞争对手的目标产生影响。

竞争对手的历史背景是分析其目标的指南。与近期经营状况相比，竞争对手如果在"可记忆的"过去里有优异的财务指标和市场占有率指标，几乎可以肯定他们会为重新获得过去的经营业绩而奋斗。而过去失败的记忆以及由此带来的在某一领域进一步采取行动的心理障碍可能会持续相当长的时间，使对手不大可能卷土重来。竞争对手过去在哪一方面表现出众，是推出新户型，或是营销技巧创新，都应有所了解。

判断竞争对手目标的另一个关键因素是高层管理人员的经历。高层领导人的职能背景是判别其经营方向、对行业的认识及相应目标的关键。有财务背景的领导人常常强调财务控制而对项目投资采取谨慎保守的态度；有工程建筑背景的领导人喜欢采用新材料、降低单位商品房的成本；有营销背景的经理则倾向于开发新户型并进行营销组合创新。高层领导人背景的另一个重要方面，是他们曾经在其他行业中使用过的行之有效的方法会被高层领导带到房地产业中来，尽管这种方法也许并不适用于房地产业。了解高层管理人员公开发表的言论和文章、他们的技术背景、企业活动等，都能获得有关竞争对手目标的线索。

（三）评估竞争对手的优势和劣势

实事求是地评估竞争对手的实力是必不可少的，这种实力决定了他发起进攻或反击行动的能力以及处理房地产中诸事件的能力。我们可以通过分析竞争对手在各个领域中的优势和劣势来评估其竞争实力。表4-2-2给出了观察竞争对手在每个关键业务领域中的优势和劣势的概括性框架。

<table>
<tr><td colspan="2" style="text-align:center">评估竞争对手的优势和劣势</td><td style="text-align:right">表 4-2-2</td></tr>
<tr>
<td rowspan="2">

1. 产品
（1）每个细分市场中，客户眼中商品房的地位，商品房系列的宽度和深度
（2）代理商/配销渠道
（3）渠道的覆盖面和质量
（4）渠道关系的实力
（5）为配销渠道服务的能力
</td>
<td colspan="2">

3. 运作
（1）开发成本状况——规模经济性、经验曲线等
（2）设施与设备的先进性
（3）设施与设备的灵活性
（4）专用技术和专利成本优势
（5）开发能力扩充、质量控制、设备安装等方面的技能
（6）工程所在地，包括当地劳动力和运输成本
（7）劳动力状况，工会情况
（8）建筑材料的来源和成本
（9）纵向整合程度
</td>
</tr>
<tr>
<td colspan="2">

4. 研究和工程能力
（1）工程设计
（2）企业内部研究和项目开发
（3）设计人员的创造性、可靠性
（4）与外部研究部门和工程技术的接触
</td>
</tr>
<tr>
<td colspan="3">

2. 营销与销售
（1）营销组合诸方面要素的技能水平
（2）市场调查与项目开发的技能
（3）销售队伍的培训及其技能
</td>
</tr>
</table>

续表

5. 总成本 (1) 相对总成本 (2) 与其他业务单位分担的成本和活动 (3) 竞争对手的成本状况	8. 综合管理能力 (1) 总经理的领导素质和激励能力 (2) 协调各个职能部门或集团间关系能力 (3) 管理阶层的年龄、所受培训及职业技能 (4) 管理深度 (5) 管理的灵活性和适应性
6. 财务实力 (1) 现金流 (2) 短期和长期借贷能力 (3) 在要预见的未来获得新增权益资本的能力 (4) 财务管理能力	9. 公司业务组合 (1) 公司在财务和其他资源方面对房地产业务提供支持的能力 (2) 公司补充或加强业务单位的能力
7. 组织 (1) 组织中价值观的统一性和目标的明确性 (2) 对组织的近期要求所带来的负担 (3) 组织安排与战略的一致性	10. 其他 (1) 政府部门的优惠政策及其获取途径 (2) 人员的流动性

除了参考表 4-2-2 中各项目因素对竞争对手的优势和劣势进行评估之外，企业还应该认真分析竞争对手的核心能力、成本潜力、应变能力、持久力等各个方面的情况。

（四）识别竞争对手的现行战略

对竞争对手分析的第三步是识别部分竞争对手的现行战略。房地产业的战略集团是识别竞争对现行战略的有效方法之一。一般而言，处于同一战略集团中的企业，有着基本相同的战略选择。值得注意的是，竞争战略可能是显性的，也可能是隐性的，企业应该在复杂的环境中尽可能完整地识别出竞争对手的各种战略选择。

四、辨别竞争对手的假设

对竞争对手分析的最后一个步骤是辨别主要对手的假设条件。这种假设有两大类：一是竞争对手对自己的假设；二是竞争对手对房地产业及产业中其他企业的假设。假设分析既是分析竞争对手必不可少的步骤，也是企业寻找机会击败竞争对手的良方。

每个企业都对自身的情况有所假设。例如，可能把自己看成是社会上的知名公司、产业领袖、低成本生产者、具有最优秀销售队伍的企业等等。这些假设将会影响竞争对手的行动方式和对事物的反应方式。比如说，如果竞争对手视自己为低成本开发商，它可能会以更大的降幅来惩罚某一降价发起者。

竞争对手关于自身和产业的假设可能正确也可能不正确。不正确的假设可以造就令人感兴趣的战略契机。假如，某竞争对手相信自己的产品拥有最高的客户忠诚度，而实际并非如此的话，则刺激性降价可能是本企业抢占市场的好方法，因为这个竞争对手可能因为相信客户忠诚而拒绝作出相应的降价，但当他发现自己已经丢失了一大片市场时，可能才认识到自己的假设是错误的。

对各种假设的检验能够发现竞争对手管理上的偏见和盲点，而竞争对手自己对此却往往没有认识到，或者只是慢慢地才认识到。无论如何，这种对假设的检验能为企业提供发起进攻的有利时机。

对一个竞争对手进行上述四个方面的分析还足以说明它可能采取的行动以及对诸如削价、加强促销或开发新户型所作出的反应，每个企业都有其独特的经营哲学、固定的企业文化和某些起主导作用的信念，企业需要深入分析既定竞争对手的思维方式，才可能预测竞争对手可能采取的行动。竞争对手常见的反应模式有如下四种：

（一）从容不迫型

有些竞争者对既定竞争行动的反应不迅速也不很强烈，他们可能相信其客户是忠于自己的，相信自己的业务迟早会取得好成绩，因而对竞争行动反应迟钝；或者也许是缺乏作出必要反应所需的资金。企业务必弄清楚竞争对手从容不迫的原因。

（二）选择型

竞争对手可能只对某些类型的攻击行为作出反应，而对其他攻击行为反应迟钝。如竞争对手可能对降价作出强烈反应，以表明降价发起人是枉然的；但它可能对广告费用的增加不作任何反应，认为这些并不构成威胁。了解主要竞争对手在哪些方面作出反应，可为本公司采取最为可靠的攻击方案提供线索。

（三）凶猛型

这类公司对其领域内的任何攻击行为都会作出迅速而强烈的反击行动。凶猛型竞争者意在向其他企业表明最好不要向自己发动进攻，否则防卫者将战斗到底。

（四）随机型

有些竞争者并不表露可预知的反应模式，他们在特定的场合中可能会作出反应，也可能不会，其反击行为是随机的，无论根据财务、历史或其他情况，都无法预见其反应模式。

竞争对手的反应模式有时会受到行业"竞争均衡"的影响。对于房地产业而言，决定竞争均衡的竞争变量很多，如土地的垄断性、房屋的差异性、市场的交叉性等等，因而房地产业竞争者的反应模式总的来说以缓和型为主，该产业内很少爆发激烈的竞争。

第四节 市场调研的方法和程序

一、调查方法

市场调查有许多方法，调查人员可根据具体情况选择不同的方法。市场调查方法基本可分为两大类：第一类按选择调查对象来划分，有全面普查、重点调查、随机抽样、非随机抽样等；第二类是按调查对象所采用的具体方法来划分，有访问法、观察法、实验法。下面简要分析每一种调查方法及特征。

（一）按调查对象划分

1. 全面普查。

全面普查指对调查对象总体包含的全部单位进行调查。对市场进行全面普查，可获得全面的数据，正确反映客观实际，效果明显。如果对一个城市的人口、年龄、家庭结构、职业、收入分布情况进行系统调查了解，对房地产开发将是十分有利的。但由于全面普查工作量很大，要耗费大量人力、物力、财力，调查周期又较长，一般只在较小范围内采用。当然有些资料可以借调国家权威机关的普查结果，例如，可以借用全国人口普查所得到的有关数据资料等。

2. 重点调查。

重点调查是以有代表性的单位或消费者作为调查对象，进而推导出一般结论。采用这种调查方式，由于被调查的对象数目不多，企业可以用较少的人力、物力、财力，在较短的时间内完成。如调查高档住宅需求情况，可选择一些购买大户作为调查对象，这些大户往往对住宅需求量、住宅功能等要求占整个高档商品住宅需求量的绝大多数，从而可推断出整个市场对高档住宅的需求量。当然由于所选对象并非全部，调查结果难免有一些误差，对此，市场调查人员应引起高度重视，特别是当外部环境发生较大变化时，所选择的对象就可能不具有代表性了。例如，1993 年由于国家加强了宏观调控，一些房地产公司贷款受到限制，资金不足，开工不正常，对水泥等材料需求量急剧减少，在这种情况下，公司应及时调整，重新选取调查对象，并对调查结果认真分析，只有这样的市场调查结果才能为企业制定策略提供准确的依据。

3. 随机抽样。

随机抽样在市场调查中占有重要地位，在实际工作中应用也很广泛，随机抽样最主要的特征是从母体中任意抽取样本，每一样本有相等的机会，这样的事件发生的概率是相等的，因此可以根据调查样本空间的结果来推断母体的情况。它又可以分为以下三种：

(1) 简单地随机抽样，即整体中所有个体都有相等的机会被选做样本；

(2) 分层随机抽样，即对总体按某种特征(如年龄、性别、职业等)分组(分层)，然后从各组中随机抽取一定数量的样本；

(3) 分群随机抽样，即将总体按一定特征分成若干群体，随机抽取其中一部分作为样本。

分群抽样与分层抽样是有区别的，分群抽样是将样本总体划分为若干不同群体，这些群体间的性质相同，而后再将每个群体进行随机抽样，这样每个群体内部存在性质不同的样本；而分层抽样则是将样本总体划分为几大类，这几大类之间是有差别的，每一类则是由性质相同的样本所构成。

4. 非随机抽样。

非随机抽样是指市场调查人员在选取样本时并不是随机选取，而是先确定某个标准，然后再选取样本数，这样每个样本被选择的机会并不是相等的。非随机抽样也分为以下三种具体方法：

(1) 就便抽样，也称为随意抽样调查法，即市场调查人员根据最方便的时间、地点任意选择样本，如在街头任意找一些行人询问其对某产品的看法和印象。这在商圈调查中是常用的方法。

(2) 判断抽样，即通过市场调查人员。根据自己以往的经验来判断由哪些个体来作为样本的一种方法。当样本数目不多，样本之间的差异又较为明显时，采用此法能起到一定效果。

(3) 配额抽样，即市场调查人员通过确定一些控制特征，将样本空间进行分类，然后由调查人员从各组中任意抽取一定数量的样本。例如，某房地产公司需要调查消费者购买房屋的潜力，特别要了解中、低收入的消费者对购房欲望，以便使企业把握机遇做好投资准备。

现根据收入与年龄将消费者进行分类。收入标准为高、中、低档；年龄根据中国国情划定为 27 岁以下和 27～35 岁，36～55 岁，55 岁以上；调查人数为 300 人，在对每个标准分配不同比例后，得出每个类别的样数(见表 4-2-3)。

年 龄—收 入 分 布 表 表 4-2-3

年收入及所占比例 \ 各年龄段所占比例		27 岁以下(15%)	28~35 岁(30%)	36~55 岁(30%)	55 岁以上(25%)	合 计(100%)
1.4 万元以下	20%	9	18	18	15	60
1.4 万~5 万元	40%	18	36	36	30	120
5 万~10 万元	30%	13	27	27	23	90
10 万元以上	10%	5	9	9	7	30
合 计	100%	45	90	90	75	300

(二) 按调查方法划分

1. 访问法。这是最常用的市场调查方法。科学设计调查表,有效地运用个人访问技巧是此方法成功的关键。

(1) 设计调查表。调查表应反映企业决策的指导思想,是本企业营销部门最关心、最想得到的重要信息来源之一。因此,要想搞好调查,就必须设计调查表。

根据我们的长期实践经验,设计调查表应注意以下两个方面:

1) 设计调查表的步骤。一是根据本企业研究计划的目的,明确弄出调查表所需收集的信息是什么,例如,对房地产公司来说,它需要得到在它所投资的地方的下列信息:消费者对购房的兴趣,消费者的收入以及购房的能力,还有消费者对住房的标准要求等等。二是按照所需收集的信息,设计一连串问题,并确定每个问题的类型。房地产公司要想占领市场,既要了解目前该城市的人口分布、年龄情况、家庭结构、住房面积、消费者拥有房子的情况等,又要了解居民的收入水平(基本工资、奖金收入,消费者购买生活必需品和一些耐用消费品以后可随意支配的货币有多少),还要了解消费者目前是否有存款,消费者对购房的兴趣、欲望以及消费者对住房的最低要求(设计方案、四周环境、建筑套型等),当地政府对房地产的有关政策,金融系统对消费者购房的有关政策等。三是按照问题的类型、难易程度,选择题型,如单选填充、多选填充、是非判断、多项选择等,并安排好询问问题的次序。四是选择一些被调查者作初步测试,请他们先做题,然后召开座谈会或个别谈话,征求意见。五是按照测试结果,再对调查表作必要修改,最后制作正式调查表。

2) 设计调查表应注意的事项。

① 问题要简短,因为问题太长容易被调查者混淆。

② 调查表上每一个问题只能包含一项内容;

③ 问题中不要使用专业术语,比如容积率、框架结构、剪力墙结构、筒中筒结构等,一般消费者是搞不清楚这些专业术语的。

④ 问题答案不宜过多,问题的含义不要模棱两可。一个问题只代表一件事,只有一种答案。

⑤ 注意问问题的方式,有时直接问问题并不见得是最好的,有时采用间接提问反而会得到更好的答案。

例如,某房地产公司为了销售某处商品房做了不少广告,之后调查员想知道、想了解这些广告效果如何,与其直接询问被调查者的看法,则不如用迂回方式去了解他们当中有多少人知道该处的房产情况。

（2）访问法的形式调查表设计好之后，按照调查人员与被调查人员的接触方式不同，可将访问法划分为三种形式：

1）答卷法。调查人员将被调查人员集中在一起，要求每人答一份卷，在规定时间内答完。这样，被调查人员不能彼此交换意见，而使个人意见能充分表达出来。

2）谈话法。市场调查人员与被调查人员进行面对面谈话，如召开座谈会，大家畅所欲言。还可针对某重点调查对象进行个别谈话，深入调查。这种方法的最大特点是灵活，可以调查许多问题，包括一些看上去与事先准备好的问题不太相关的问题，以弥补调查表所漏掉的一些重要问题；谈话气氛好，不受拘束。

3）电话调查。这种方法是市场调查人员借助电话来了解消费者意见的一种方法，如定期询问重点住户对房产的设计、设备、功能、环境、质量、服务的感觉如何，有什么想法，并请他们提出一些改进措施等。

2. 观察法。这种方法是指调查人员不与被调查者正面接触，而是旁边观察。这样做被调查者无压力，表现得自然，因此调查效果也较理想。观察法有三种形式：

（1）直接观察法。公司派人到现场对调查对象进行观察，例如，可派人到房地产交易所或工地观察消费者选购房产的行为和要求，调查消费者对本公司的依赖程度。

（2）实际痕迹测量法。调查人员不是亲自观察购买者的行为，而是观察行为发生后的痕迹。例如，要比较在不同报纸杂志上刊登广告的效果，可在广告下面附一个条子，请顾客剪下来寄回，根据这些回条，便可以知道在哪一家报纸杂志上刊登广告的效果较好。

（3）行为记录法。在取得被调查者同意之后，调查人员用一定装置记录调查对象某一行为。例如，在某些家庭电视机里装上一个监听器，可以记录电视机什么时候开、什么时候关、收哪一个台、收了多长时间等。这样可以帮助营销管理人员选择在哪一家电视台、在什么时间播放广告效果最好。

调查人员采用观察法，主要是为了获得那些被观察者不愿或不能提供的信息。有些购买者不愿透露他们某些方面的行为，通过观察法便可以较容易地了解到。但观察法只能观察事物的表面现象，不能得到另外一些信息，如人们的感情、态度、行为动机等等，因此，调查人员通常将观察法与其他方法组合起来使用。

3. 实验法。实验法是指将调查范围缩小到一个比较小的规模内，进行试验后得出一定结果，然后再推断出样本总体可能的结果。例如，调查广告效果时，可选定一些消费者作为调查对象，对他们进行广告宣传，然后根据接受的效果来改进广告词语、声调等。实验法是研究因果关系的一种重要方法，例如，研究广告对销售的影响，在其他因素不变的情况下销售量增加，就可以看成完全是广告的影响造成的。当然，市场情况受多种因素影响，在实验期间，消费者的偏好、竞争者的策略，都可能有所改变，从而影响实验的结果。虽然如此，实验法对于研究因果关系能提供使用访问法和观察法所无法得到的材料，其运用范围较为广泛。

二、调查规模与技术条件

作为一项了解消费者期望和购买行为的调查，其规模越大，结果也就越令人信服。但是由于人力、物力及技术条件的限制，一般从以下四个方面来考虑调查的规模：

（一）样本数的分量

一般而言，一个调查样本越大越好，因为依据统计学上的"大数定理"，大样本可以减少误差，但是，大样本不可避免地要增加调查成本，而且在调查实务中，大样本还会产生调查内容以外的误差，诸如由于调查员疲劳引起的差错、统计上的错误、回收率难以控制等。

（二）样本涵盖面的广度

样本涵盖面与样本数是相依的，抽样涵盖面越广，所需样本数也越大。若样本数不是随之增大，则属于完全随机抽样方式，可能不具有代表性；如果采用分区域的随机抽样法，虽然在整体上抽样本数具有代表性，但对于各抽样本阶层，仍然不具有代表性。

（三）问题涵盖面的广度

如果调查的内容太少，挂一漏万，就会失去调查的本意；反之，如果调查的内容太多，问卷太长，可能会使调查者失去耐心，降低整个调查的可信度。此外，还可能由于一部分调查者拒绝合作到底造成严重的抽样偏差。这两个方面都会使调查由量变引起质变，使调查失去意义。

（四）调查的深度

一般而言，深与广二者犹如"鱼和熊掌"，是难以兼得的。越是深层的调查，要求调查人员的专业技术越高，所需时间越长，经费越多。

三、调查的程序

通过上面论述，我们已经知道了市场调查内容十分丰富，方法又多种多样。为了使市场调查能顺利进行，保证其质量，在进行市场调查时，应按一定程序来进行。通常营销调查程序包括以下 7 个方面：

确定问题及调研目的 → 收集信息资料制定调查计划 → 初步调查 → 调查设计 → 现场调查 → 资料调查的整理分析 → 撰写和提交调查报告

（一）确定调查目的

确定调查目的是进行市场调查就首先明确的问题。目的确定以后，市场调查就有了方向，不至于出现太大的过失。也就是说，调查人员就应明确为什么要进行市场调查，通过调查要解决哪些问题，有关调查结果对于企业来说有什么作用。如果一开始就没抓准问题，以后的一系列市场调查将成为浪费，造成损失。一般来说确定调查目的要有一个过程，不是一时就能确定下来的，可以采用探测性调查、描述性调查、因果性调查来确定。

1. 探测性调查。

当企业对需要研究的问题和范围不明确，无法确定应该调查哪些内容时，可以采用探测性调查来找出症结所在，然后再作进一步研究。例如，某房地产公司近几个月来销售量下降，公司一时弄不清楚是什么原因，是宏观经济形势不好所致；还是广告支出减少、销售代理效率低造成的；或是消费者偏好转变等原因。在这种情况下，可以采用探测性调查，从中间商或者消费者那里收集资料，以便找出最有可能性原因。从此例可以看出，探测性调查只是收集一些有关资料，以确定问题所在，至于问题应如何解决，则有待于进一步调查研究。

2. 描述性调查。

描述性调查只是从外部联系上找出各种相关因素，并不回答因果关系问题。例如，在销售过程中，发现销售量和广告有关，并不说明何者为因，何者为果。也就是说描述性调查旨在说明"什么"、"何时"、"如何"等问题，并不解释"为何"的问题。

与探测性调查比较描述性调查需要有事先拟定的计划，需要确定收集的资料和收集资料的步骤，需要对某一专门问题提出答案。

3. 因果性调查。

这种调查是要找出事情的原因和结果。例如，价格和销售之间的因果关系如何？广告与销售之间的因果关系如何？通常对于某个房地产公司经营业务来说，销售、成本、利润、市场占有量，皆为因变量，而自变量较为复杂。通常有两种情况：一种是企业自身可以加以控制的变量，又称内生变量，例如，价格、广告支出等；另一种是企业不能控制的变量，也称外生变量，例如，政府的法律、法规、政策的调整，竞争者的广告支出与价格让利等。因果关系研究的目的在于了解以上这些自变量对某一因变量（例如对成本）的关系。

4. 预测性调查。

预测性调查是通过收集、分析研究过去和现在的各种市场情报资料，运用数学方法，估计未来一定时期内市场对某种产品的需求量及其变化趋势。由于市场情况复杂多变，不易准确发现问题和提出问题。因此，在确定研究目的的阶段，可进行一些情况分析。例如，前面所述的房地产公司发现近几个月来售房量不断下降，经初步分析，认为是由于广告没有做好，造成消费者视线转移，为此便可作若干假设。例如：消费者认为该公司"房屋设计方案较差，不如其他房地产公司广告所讲的方案好"，"售房的广告设计太一般"，"房屋的四周环境不够理想"等等。拟定假设的主要原因是限制研究或调查的范围，以便用今后收集到的资料来检验所作的假设是否成立。

（二）收集信息资料

市场营销调查需要搜集大量的信息资料，其中有些资料需要经常不断地搜集，有些需要定期搜集，但大多数是需要时才搜集。

（三）初步调查

初步调查的目的是了解产生问题的一些原因，通常有三个过程：

1. 研究所搜集的信息资料。

（1）研究企业外部材料。从各种信息资料中，了解一些市场情况和竞争概况，以便从中了解目前市场上哪类房产最好销；其价格如何；当地消费者对房产有什么偏爱。

（2）分析企业内部资料。对公司的各种记录、函件、订货单、年度报表等内部资料进行分析，从而找出产生问题的原因。

2. 与企业有关领导进行非正式谈话。

可以从与一些领导人的谈话中，寻找市场中占有率下降的原因，如市场营销经理可能认为房产价格定得太高；工程部经理可能认为设计并不十分合理、材料供应质量不高；材料部经理则可能认为，物价指数上涨太快，所划拨的经费不能全部采用进口或国内各种品牌材料等等。

3. 了解市场情况。

市场是无情的，消费者对本公司所开发经营的房地产态度，是反映企业营销水平的一个重要标志，也是初步调查的关键内容。

（四）调查设计

根据所搜集的信息资料以及初步调查的结果，可以提出调查的命题以及实施的计划。

比如，近期的房地产业不太景气，资金积压过多，建造好的房子销售不畅，是什么原因呢？经过分析先拟订问题产生的原因有两点：一是国家宏观控制，银根收紧，消费者收入没有好转；另一点是广告效果不大，没有引起消费者足够的兴趣，消费者储蓄待购。为了证实此命题的正确与否，决定采用计划抽样法和重点调查法，并配合个人访问法和电话调查法来进行调查研究。

在收集原始资料时，一般需要被调查者填写或回答各种调查表格或问卷调查表及问卷是整个调查工作的核心，其设计的好坏将直接影响调查结果。调查表和问卷的设计既要具有科学性又要具有艺术性，以利市场调查工作的条理化、规范化。

一般的房地产市场调查至少应设计以下四种调查表格：

1. 当地房地产资源统计表。

当地房地产资源统计表包括：房地产分布、面积、类型、单位价格、单位总价、开发程度、居住密度、交易状况和规模、使用期限、抵押保险、政策限制、竞争程度、发展远景、其他具体情况和调查日期等项目。

2. 房地产出租市场统计表。

房地产出租市场统计表包括：出租房地产名称、所在地区、出租面积、租金水平、出租房的类型和等级、室内设备状况(暖气、煤气、电话、家用电器、厨卫设备)、环境条件(庭院、阳台、停车场、文娱场所、交通和购物等)、空置率、影响房租市场的最大因素、房东的记录、房地产出租公司的资料和调查日期等项目。

3. 房地产出售统计表。

房地产出售统计表包括：已售和待售房地产的名称、地区、开发商、数量、结构类型、成交期、成交条件(预付款、贷款额和利率、偿还约束、其他附加条款等)、出售时的房龄和状况、客户资料和调查日期等项目。

4. 房地产个案调查分析表。

房地产个案调查分析表包括：案名、区位、投资公司、产品规划、推出日期、入伙日期、基地面积、建筑密度、土地使用年限、单位售价、付款方式、产品特色、销售策略、客源分析、媒体广告、资料来源和日期等项目。

在房地产市场调查中普遍采用抽样调查，即从被调查总体中选择部分样本进行调查，并用样本特性推断总体特性。在实地调查前，调查人员应选择并决定抽查对象、方法和样本的大小。一旦明确下来，参加实地调查的人员必须严格按照设计要求进行工作，以保证调查质量。

(五)现场调查

现场调查即按调查计划通过各种方式到现场获取原始资料和收集由他人整理过的次级资料。现场调查工作的好坏，直接影响到调查结果的正确性，为此，必须重视现场调查人员的选拔和培训工作，以确保调查人员能按规定进度和方法取得所需资料。

(六)调查资料的整理分析

调查资料的整理分析，是将调查收集到的资料进行整理、统计和分析。首先，要进行编辑整理，就是把零碎的、杂乱的、分散的资料加以筛选，去粗取精、去伪存真，以保证资料的系统性、完整性和可靠性。在资料编辑整理过程中，要核查调查资料的误差，剔除那些错误的资料；之后要对资料进行评定，以确保资料的真实与准确。其次，要进行分类编号，就是把调查资料编入适当的类别并编上号码，以便查找、归档和使用。再次，要进行统计，将已经分类的资料进行统计计算，并制成各种计算表、统计表、统计图。最后，对各项资料中的数据和事实进行比较分析，得出一些可以说明有关问题的统计数据，直至得出必要的结论。

（七）撰写和提交调查报告

撰写和提交调查报告是房地产市场调查工作的最后一环。调查报告反映了调查工作的最终成果，要十分重视调查报告的撰写，并按时提交调查报告。

撰写调查报告应做到：

1. 客观、真实、准确地反映调查成果；

2. 报告内容简明扼要，重点突出；

3. 文字精练，用语中肯；

4. 结论和建议应表达清晰，可归纳为要点；

5. 报告后应附必要的表格和附件与附图，以便阅读和使用；

6. 报告完整，印刷清楚美观。

以上所讲的房地产市场调查程序对房地产市场调查工作只具有一般性指导意义，在实际工作中，可视具体情况，科学合理地灵活安排。在作出结论以后，市场营销部门必须提出若干建议方案，写出书面报告，提供给决策者。在编写调查报告时，文字应尽量简明扼要，说明问题；要指出所采用的调查方法、调查目的、调查对象、处理调查资料的手段，通过调查得出结论，并以此提出一些合理建议。

第三章　房地产市场营销策略

第一节　房地产市场营销品牌策略

在房地产市场竞争日益激烈而且复杂化的今天，企业如果要获得生存和发展，必须争取在市场调研、产品设计、质量管理、成本控制、项目宣传、物业服务等整条价值链的各个环节保持适度优势，并在某些环节取得绝对领先地位，从而确定企业的核心竞争能力。

其中，创立和发展企业品牌，实施品牌战略，已成为许多成功房地产企业的取胜之道。

一、创立品牌与发展品牌是企业竞争取胜之道

任何一家房地产企业，要想在激烈的市场竞争中获得成功，就必须在经营过程中，努力创立品牌与发展品牌。这是因为品牌是对内提高员工忠诚度、对外提高顾客忠诚度的重要保证。

任何一家房地产企业要想成功，首先必须提高员工的忠诚度。只有全体员工有较高的忠诚度，才能"人尽其才，才尽其能"，最大限度地提高效率与效益，否则，便无法营造出优质的物业，更无法使企业获得成功。

品牌有利于提高员工的忠诚度。因为企业创立品牌是一代人或几代人共同努力的结果，同时它又能给企业及其职工带来好处，因而，全体员工必然会像"珍爱自己的眼睛"保护品牌形象，形成巨大的品牌凝聚力，这种凝聚力必然会促使全体员工更加努力做好本职工作。

其次，品牌还有利于提高顾客忠诚度。顾客忠诚度主要是顾客对品牌的评价与情感。品牌"名气"越大，顾客对其评价就越高，就越有利于提高顾客忠诚度。顾客忠诚度的提高可以创造并加强"第二营销渠道"，从而促进物业的销售。

品牌与员工忠诚度、顾客忠诚度三者之间的关系，可用以下形式表示：

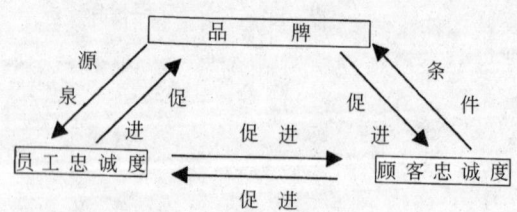

图 4-3-1　品牌与员工忠诚度、顾客忠诚度三者之间的关系

（一）品牌是企业成功的重要标志

品牌一旦创立，就能够产生普通商标所起不到的重要作用。这一作用就是品牌效应。品牌效应能给企业带来高额的经济收益和显赫的声誉、荣誉以及社会地位，从而表明企业

的巨大成功。

品牌效应主要有：

1. 扩散效应。

品牌一旦确立，树立起良好的信誉，就会通过消费领域的传导和销售范围的展开，迅速扩大物业的影响力，赢得越来越多的消费者的信赖，提高顾客的忠诚度。

2. 持续效应。

只要品牌不倒，不出严重的质量问题和信誉问题，它的影响力及其经济效益就会长期持续下去。

3. 放大效应。

企业一旦创立一个品牌，其信誉可以从一个物业放大到一组物业；从一个品牌放大到一系列品牌；从品牌形象放大到企业形象，由此带来的经济效益也起到了放大效应或乘数效应。

正是由于品牌具有上述重要作用，房地产企业在品牌经营过程中应该把创品牌与发展品牌作为其最高目标。

（二）品牌代表企业的信誉，是企业赖以生存的基础

确保创立品牌与发展品牌，就必须高度重视质量与信誉。质量与信誉比金钱更为重要。谁赢得客户的信任，谁就赢得市场；谁损害和葬送企业信誉，谁就会被市场所淘汰。

在现实生活中，很多房地产企业为了谋取短期利益，在开发物业的过程，偷工减料、粗制滥造，房屋竣工即成危房。如此下去企业根本无信誉可言，房子坏了，企业的信誉也就坏了；房子倒了，企业的信誉也就倒了。这样的房地产企业是无法生存下去的，更谈不上发展了。

房地产业在我国的发展已经历了十几年的风风雨雨，由于受计划经济的影响，人们往往将房地产与商品对立起来，否认房地产的商品属性。改革开放以后，尽管人们逐渐认识到房地产也是一种商品，但品牌问题却一直未得到应有的重视。在当今消费者日趋成熟，房地产市场全面进入买方市场的情况下，房地产市场竞争必将由单纯的质量、价格竞争变成品牌竞争，品牌营销将是房地产市场发展的必然选择。

（三）品牌竞争是房地产市场走向成熟的标志之一

据有关调查表明：无论是居民日用消费品市场还是耐用消费品市场，其集中程度都很高，前10名品牌市场占有率之和一般在70%～80%左右。由此可见，消费者注重的不仅仅是商品物质效用，他们往往还注重消费品物质功能以外的其他效用。

随着我国人民生活水平不断提高，消费者消费观念已由过去仅仅注重物质满足，转变为注重物质和精神的双重满足，部分消费者已进入"品牌消费"阶段。纵观房地产市场，住宅消费不仅尚未树立市场品牌，而且品牌尚未被众多的开发商所重视。许多开发商只求短期利益，而不注重品牌信誉。有些房地产开发公司虽然在建筑质量、小区环境、物业管理等方面有所重视，但往往不太注重自身物业的品牌宣传。

目前我国房地产市场发育还不成熟，具体表现在以下几个方面：

1. 住宅产业并没有形成如彩电、电冰箱、轿车等产业所拥有的区域性品牌，消费者在购房时处于盲目摸索状态。据统计，目前，我国有大大小小的房地产开发企业近3万家，其中最大的企业所拥有的市场份额在0.5%左右，与彩电等行业中的数家巨头企业

的情况相比，仍有很大差距。

2. 购房居民对劣质房产抱怨甚多。有关房产纠纷时有发生，且有时房产出现了质量问题消费者不知到何处申诉，找何人算账。

3. 我国目前住宅空置率太高，全国超过 7000 万 m^2，且供需矛盾在短期内不可能解决。

我国房地产市场要真正走向成熟，房地产业要真正成为我国的一大支柱产业，还有很长的路要走。各房地产开发商只有真正认识到品牌在房地产营销中的重要作用。同时，房地产消费者以品牌作为消费导向，我国房地产市场才会活跃起来、发展起来、成熟起来。

（四）树品牌、创品牌是开发商树立企业形象的必然选择

企业形象就是企业在公众中的知名度和美誉度。要塑造、提高企业形象，就要导入CIS，CIS是塑造和提升企业形象的有效途径。CIS包括企业理念识别、企业行为识别和企业视觉识别三个相互联系、相互制约、共同作用的内容，而品牌是企业视觉识别的重要内容。CIS就是要追求特色和个性，独具的特色和个性化的形象才能为社会公众所识别。当前，我国众多的开发商在导入CIS是往往流于形式，对企业视觉识别重视不够，甚至有些开发商还没有真正意识到这一点。

房地产是一个涉及面广、投资大、建设周期长、风险大的行业，因而，房地产开发企业在准备开发某一物业时，必须对地段位置、顾客购买力、开发时机和宏观经济政策等因素进行充分的评价；此外，如何推出物业，实现房产从生产领域到消费领域的顺利过渡也至关重要。对于消费者来说，由于房产是不动产，投资量大、消费时间长，是一种特殊耐用消费品，因而在购房时往往慎而又慎，充分考虑地段位置、价格、质量、物业管理等多方面的因素。正因为如此，在一定程度上房产品牌的树立对于推出物业、树立开发商的形象才更有意义。

（五）品牌是公众监督房产质量的重要手段

品牌体现的是商品的质量，但又不仅仅是商品的质量。屈云波在《品牌营销》一书中将"品牌体现的质量"定义为："根据消费者对于一个产品或服务的全面质量或优势的感知认识，关系到它的目的，意图具有选择性。"由此我们可知"品牌体现的质量"是一种感性认识，对于一个品牌来说是一种无形的、全面的感知，它体现的不仅仅是真实的、客观的产品质量，还包括一系列更为广泛的能使消费者得到满足的东西，如产品的可信度、生产和销售企业的信誉、消费者精神和心理上的满足等。

但是"品牌体现的质量"首要的、根本的还是产品的质量，如果质量不高而试图说服消费者相信本企业产品是高质量的无疑是徒劳的。房地产企业要树品牌、创品牌，要使企业品牌深入人心，首要的、关键的还在于向公众推出优质的房产、合理的户型设计（即设计品牌）和完善的物业管理，其次才是宣传品牌，而所有这一切都要接受公众的监督检验。

优质房产和良好品牌的结合能使企业更上一层楼——品牌房产会刺激消费者的购买，买得放心、住得舒心会促使更多消费购买……由此形成一种良性循环。房产品牌在公众的监督下，会促使开发商下苦功夫提高房产质量。这样，不仅会推动房地产企业的发展，而且会促进房地产市场一步步走向成熟。

总之，房产品牌营销可以使房地产企业避开单纯的质量竞争、价格竞争。企业树立了自己的品牌，产生品牌效应时，经济效益就会相伴而来。就整个社会来说，当各种房地产

开发商都意识到品牌营销的重要性，争相树品牌、创品牌，房地产市场演变成品牌竞争之时，我国房地产市场的成熟就指日可待了。

然而房地产企业仅仅认识到树品牌、创品牌的重要性还不够，在现实操作过程中，还必须走出对房产品牌认识的误区。

将房产的品牌效应简单地等同于案名效应是当前房产业界存在的一个误解。这一误解可能导致开发商片面注重楼盘的案名设计，而忽视了对住房这种复杂商品在质量、服务、功能等方面进行多方位的、全面的功能改进。于是，正如我们所看到的，在报纸、电视等广告媒体上"××花园"、"××广场"、"××人家"的新鲜案名满天飞，但消费者到现场一看却大为失望。所谓"××花园"的绿化并不尽人意，"××广场"也只不过是"城市塔林"中不起眼的一小块空地，哪里有广场的影子……久而久之，消费者对众多没有实质内容的噱头越来越麻木，连最初的新鲜感也荡然无存了。

事实上，案名效应主要是一种短期的广告效应，是开发商在营销策划中用以吸引目标客户群体的一个途径。例如，将针对老年人开发的住宅物业可以取"孝心公寓"之类的案名，其作用主要是让年轻一代为老人购买合适的寓所，以显示其孝心，激发购买欲，促进该物业的销售。所以，名符其实的物业案名能起到促进房产品牌效应的作用，而有名无实的案名设计到头来只会弱化品牌效应。

那么，何为房产的品牌效应呢？若用一句话概括，房产的品牌效应就是在房产交易中，通过品牌认知，向掌握较少信息的购房者公开部分产品信息。我们知道，住房是一项极其复杂的商品，购房者只有在实际使用之后，才能加深对所购住房(包括开发商所提供的服务)的认识。在此之前，购房者对房屋建筑质量、物业管理水准、开发商的商业信誉等方面的信息掌握不全。相对于开发商而言，购房者处于信息劣势。这种情况对于双方面而言都是不太理想的，购房者为了购得理想的住房，就必须加大对各类信息的搜寻成本，同时，开发商为了让购房者了解更多的信息而花费了相当多的广告宣传费用，并且拉长了房产的销售周期，降低了资金的周转速度。

通过房产的品牌营销可以减少房产交易中由于信息不充分而带来的不利影响，如某些特定的房产品牌一形成，该品牌就向购房者传达了一种代表特定的房屋质量与管理服务水准的信息，降低了事前(买卖行为发生前)的信息不对称性。如果开发商是注重长远利益的，这种由品牌而还原出来的信息就是可信的，因为开发商任何有损品牌形象的行为都会降低消费者下一次对该房产品牌的评价，从而有损开发商的长远利益。也正是从这个意义上讲，良好的品牌形象是开发商的一项无形资产，它能为开发商增加收益。

总之，创立品牌与发展品牌是企业竞争取胜之道。

二、开创房地产业中的品牌

要开创房地产业中的品牌，应该进行以下几项工作：

(一)建立特有的房产品牌

房产品牌应当涵盖开发商所开发的全部房产，因此一般都与房地产公司名称结合起来，例如：万科企业股份有限公司便是以"万科城市花园"作为公司的系列产品品牌，而且项目品牌与企业品牌具有相关性(都冠以万科二字)，这为企业今后的多项目开发，奠定了良好的基础。目前，这一品牌已经在深圳、北京、上海、天津、沈阳等地脱颖而出，成为颇具价值的一项无形资产。

（二）以质量为后盾，树立良好的品牌形象

品牌的价值是需要由市场来认可的，因此，品牌形象的建立在根本上也必须以房产的质量为后盾。这里所指的房产质量是一个综合性的概念，既包括房产作为建筑物的建筑质量，也包括开发商或物业管理公司向购房者提供的服务水准，以及诸如户型设计、小区环境等等所有决定物业市场价值的因素。

品牌必须是高质量的产品，在同类产品中居领先地位，建筑工程质量是物业品质的基础，首先要做到勘察、设计质量先行。然后要选好建筑工程队，选择那些施工队伍素质高、施工质量优良、有雄厚实力和良好信誉的建筑公司，并与他们建立长期、稳定的合作关系。在建筑施工过程中，应坚决杜绝偷工减料、粗制滥造、不按规划设计标准施工。要严格进行自我检查、自我约束，从图纸审查到工程施工、施工监理、工程验收，每个环节都紧紧围绕以质量为中心进行管理。

房地产开发项目，要想树立良好品牌，必须勘察、设计质量先行。没有勘察、设计的高质量，就无良好品牌可言。所以，房地产开发项目首先应加强勘察、设计的质量管理工作。

企业一定要通过加强施工管理，杜绝建筑工程中经常出现的质量通病，真正做到"通病不通"，方能一枝独秀！

物业管理的质量关系到房地产公司的长期声誉，是检验房地产品牌的重要依据。开发公司应该慎重选择物业管理公司，严格考察物业管理公司的信用、能力和管理制度，以确保能满足住户需求。针对目前物业与房地产开发、施工脱节的问题，物业管理公司应采取"同步跟进"的做法，派专人参加图纸审核、施工建筑等全过程，对楼盘情况进行系统、全面地了解并从物业的角度提出意见，这一方面可以避免由于"脱节"而给物业管理造成的困难与不便；另一方面熟悉楼盘，便于科学、细致的管理。物业管理要做到安全、及时、周到，通过服务人员的办事效率与服务态度体现企业文化，并感染顾客，达到宣传于社会的目的。

（三）努力控制产品成本

品牌商品房，其价格也应该比较合理，相对于其高质量而言，应体现良好的性能价格比，不能把品牌与高价等同起来。品牌实力最终要依靠市场占有率来体现，这也是国际公认的评判标准（世界"500强"排名就是以年销售收入为依据，而非利润总额）。因此，品牌房地产项目不应只定位于少数高收入者，应放眼于市场列为广阔的中低收入者，他们才是未来购房市场的主流。品牌开发商必须考虑他们的经济承受能力，不能一味追求豪华。

低成本与高质量并不矛盾，品牌开发商完全可以在保证质量的前提下采取各种手段降低成本，如利用规模效益，采取现代化的管理技术、杜绝工程中的浪费和无益消耗、全局化的最优统筹安排等。

（四）保持物业开发的连续性

品牌开发商作为"正规军"，不能像某些"游击队"一样，打一枪就跑，而要以更新、更优秀的项目，不间断地向消费者展示该品牌形象，维持品牌效应的持久性。这就要求开发商有充足的土地储备、多渠道的资金来源、合理的员工结构与稳定的员工队伍。

（五）丰富的科技含量

品牌本身就意味着一种创新精神，品牌房地产应作为房地产界的旗帜带动整个房地产业的进步和发展。在开发经营中，不断运用新的设计理念、新技术、新成果、新材料；这一方面增大了产品本身科技的含量，促进了整个产业的进步，另一方面也满足了现代公众的消费心理。

所以，同其他品牌产品生产企业一样，品牌房地产必须把自身的发展同科技进步联系起来，对科技发明创新感觉敏锐并勇于采用，从而使自己的楼盘推陈出新，不断进步。

如万科企业，经过 17 年的发展，公司于 2000 年成立了专门负责新技术、新材料研发工作的设计工程部，使企业创新能力大幅度提高。2000 年，万科被《福布斯》杂志评选为"全球最优秀 300 家小企业"，其发展能力与搜狐、新浪等 IT 公司不相上下，万科的品牌价值得到进一步提升。

（六）适时宣传自身品牌形象，提高公众对品牌的认知程度

对品牌形象的宣传应当依据物业开发与销售的进度来进行，在物业的销售期内应重点进行品牌形象的宣传，以强化购房者对房产的品牌认知。同时，针对所售物业进行特定的广告宣传，在房产售后则可以通过公开客户信息反馈来巩固品牌形象，以提升品牌价值。

在商品房销售过程中，不能只着眼于楼盘的销售宣传，更不能做虚假广告，华而不实。企业应进行科学的定位包装，销售广告要侧重于企业经营能力的显示。商品房既然是商品，开发商就应对其产品进行注册，设定商标。企业可以在统一的商标之下，将各楼盘集中亮相打广告，对公司的形象和产品做宣传。

房地产作为一种特殊的商品，在创品牌过程中有其优势和劣势，应该扬长避短。房地产作为不可移动的商品，如果将其推向全国这样更为广阔的市场比较困难，所以，重点应放在建立区域性的品牌上。待公司有相当的实力，再在全国范围内投资，这是一个相当长的过程。房地产作为一种规模产品，不容易被假冒，不用煞费苦心地打假，这样开发商可以集中全部精力于自身建设，这无疑是一大优势。

由于大量楼盘面市，今天的房地产市场已形成"粥"多"僧"少的局面。面对有限的市场，望市兴叹的开发商大有人在。个别开发商缺少策划，市场竞争意识淡薄，所推楼盘犹如昙花一现，更无品牌可言，守着毫无竞争力的楼盘恰似一颗难咽的苦果。当今的楼市，新楼盘推出的速度极快，大量有个性、有特色、设计新、房型佳、配套齐、绿化多、位置好、价格平的楼盘不断呈现在消费者面前，那些注重品牌的质优楼盘引发了楼市一轮轮新行情。许多楼盘由于通过品牌销售，使楼盘业绩有大幅提升，从而成为楼市的公认品牌。品牌已成为开发商拥有的无形资产。楼市的发展趋势显示，品牌楼盘将成为一个绝对主流。品牌的建立，反映出楼盘过硬的质量，相当一些楼盘通过品牌销售，已形成业绩持续上升的态势。在人们居住质量不断提高的今天，住宅质量的提高自然成为当务之急，市场对品牌楼盘将是一个长期需求。许多优质楼盘的销售业绩证明，开发商已由产品的品牌意识上升为品牌行为。并把单纯的楼盘销售发展为品牌的销售。一大批热销楼盘从策划、设计、包装到推向市场，这样全过程的品牌意识，确实为楼盘的销售带来了令人可喜的局面，而品牌也已成为一种无形的资产正被开发商重视和重新认识。享誉沪上的"万科城市花园"，就是开发商以品牌意识精心铸就的一个典型品牌住宅小区，如去年推出的"海棠苑"、"嘉兰苑"，均以超前的设计思路成为楼市的抢手住宅。可想而知，品牌楼盘、品牌包装、品牌销售、品牌追求，这是楼市发展的必然趋势，品牌楼盘将是楼市最有力的竞争产品。

第二节 房地产市场营销价格策略

一、房地产价格的特征及构成

从经济学角度来说，房地产价格是指在房屋建造、建设用地开发及其经营过程中，凝结在房地产商品中活劳动与物化劳动价值量的货币表现。它是房屋建筑物价格和地产价格的统一，是房地产商品价值和地租资本价格的综合性货币表现。

房地产价格同其他商品的价格一样，具有两种职能：

一是，价格是商品价值的货币尺度；

二是，调节职能，即反映价格与价值的偏离，调节资源和收入的分配，从而对社会再生产过程发挥其杠杆作用。但由于房地产商品的特殊性，其价格的形成，有以下两个问题需作特殊考虑：

（一）房地产价格的形成要基于长远考虑

房地产的构成及效用，往往会随着时间的推移而发生变化。通常，某一房地产项目是与其周围的其他房地产项目构成一个社区，但这种社区往往并不是固定的，其社会、经济地位经常处于扩大、缩小、集中、扩散，发展或衰退等变化的过程之中。因此，这一房地产的构成状态、效用是否最为适当，往往也随着时间的推移而有所变化。房地产的价格，也必然会随着其效用的变化发生变动。所以，房地产价格，通常是在从过去至将来的长远考虑下形成的，今日的价格是昨日的展开、明日的反映。

（二）房地产价格通常具有不易识别的特性

由于房地产商品的不动性、个别性等自然特性，使其异于其他一般商品，不易形成交易市场。其他商品可以进行样品交易、品名交易，其价格容易在交易市场形成。而要认识、了解房地产商品，就只有亲临现场观察。因此，房地产的现实价格，通常是个别形成的，它不具有任何人都能容易识别的条件，这也正是需要进行房地产评估的原因。

房地产价格构成如表 4-3-1。

房 地 产 价 格 构 成   表 4-3-1

名　称	类　　别	项　　目	内　　　容
房地产价格	土 地 价 格	"农转非地价"	1. 征地安置费、耕地占用税
			2. 小区内土地开发费、开发单位管理费
			3. 开发投资资本利息、开发投资利润
		旧城区改造地价	1. 土地使用权价格、拆迁安置费
			2. 小区内土地开发费、开发单位管理费
			3. 开发投资资本利息、开发投资利润
	建筑物价格	建筑物生产成本	1. 勘察设计费、建筑材料、设备费
			2. 建筑施工费、建设单位管理费
			3. 建设单位向政府部门交纳的有关税费
			4. 建设单位建筑资本投资利息、利润
		建筑物销售成本	1. 建筑物出售前的保管、养护等费用
			2. 推销费、建筑物销售有关税费
			3. 销售经营利润

二、房地产价格的形成因素

（一）房地产价格的具体内容

房屋买卖的理论价格＝房屋建造全过程的造价＋流通费用＋利润＋税金。具体地说，包括以下几项费用构成：

1. 房屋建筑安装工程费。

它包括建造房屋过程中所耗费的各种材料、构配件、零件和半成品的用量以及周转材料的摊销量按相应的预算价格计算的材料费，施工机件使用费、人工费等直接费用；施工管理费和其他间接费用；施工企业单位的赢利，包括施工企业的计划利润和施工企业单位应缴纳的营业税、城市建设维护税和教育费附加三项税金。

2. 勘察设计费。

它是指委托勘察设计单位为房屋建设进行勘察、规划、设计，按规定支付的工程勘察、设计费用；为房屋建设进行可行性研究等规定支付的前期工作费用；在规定范围内由建设单位自行完成的勘察、设计所需费用。

3. 土地开发使用费。

它包括土地使用费、征地拆迁费、土地直接开发费三项内容。城镇土地使用费的主体部分是城镇建筑用地的地租，反映的是土地使用者为获得土地使用权而对土地所有者的经济补偿。它是根据房屋建造在城镇内某一地理位置的不同，以及使用土地（建设用地）面积的大小，向国家缴纳的费用。征地拆迁费。包括征地费用、安置补助费用和劳动力安置费用等。土地直接开发费，是指为了房屋建筑施工和使用，需要搞好建筑地段上的土地平整，达到通上下水、电、路、热、煤气、电信等"七通一平"投入的费用。

4. 经营管理费。

它是由房屋建成交付使用到出售过程中，房屋开发经营单位的管理人员所发生的一切费用和上缴的管理费。它属于流通领域中的间接费，包括职工福利费、修理折旧费、家具用具摊销等。

5. 营销宣传费。

它包括房地产项目从前期市场调查，到销售阶段所进行的各种调研、广告宣传（又包括平面广告、电台、电视台广告，户外路牌广告等）、房展会、印刷品、销售现场包装、样板房装修、公关活动以及向代理公司支付的佣金等全部费用。

6. 利润和税金。

利润是房地产开发经营单位应得到的收益，是在经营活动中实现的剩余价值的货币表现，是企业扩大再生产的资金来源。税金是应向国家缴纳的费用，反映了单位或个人对国家的贡献。在房屋生产建造和进入流通的全过程中，所涉及的生产者或经营者，都将获得利润，都应向国家缴纳税金。利润和税金是房地产商品价值的重要组成部分。

总之，房地产价格各构成部分所占的比例，在不同城市、不同房地产开发项目中表现各异。从全国城镇的商品房价格构成平均状况来看，各种费用比例大致为：土地费用占20%，建筑安装工程费占40%，市政公共设施费占20%～30%，各种税费占10%～20%。

在目前的房地产价格构成中，不应该包括下面四类费用：

（1）市政工程费（大配套费）。这部分应该由财政支出，或城市维护费列支。最好的办法是对这些设施实行有偿使用，谁使用谁付费。

（2）"四源费"。这部分费用应摊入到水费、煤气费、取暖费中。

（3）公益设施建设（学校、派出所等）费。这部分设施属于社会福利事业，一般由财政列支。

（4）营业性配套设施（粮店、饭铺等）费。这部分应由此类设施的商业经营者支付。

（二）房地产价格的影响因素

如同其他商品一样，房地产商品的价格除以其价值为基础外，还存在影响房地产商品价格的其他因素。客观地说，房地产商品的价格，是由众多影响房地产价格的因素相互作用的结果。这些众多的影响因素，从大的方面来讲，可概括分为以下三类：

1．一般因素

一般因素是指在经济、社会方面对房地产的状态、价格水平产生影响的因素。

（1）从社会因素来看，影响房地产价格水平的因素有：

① 人口状态。人口增加，或人口在某地区集中，则该地区的房地产需求增大，从而使该地区房地产价格水平呈上升趋势。

② 家庭构成状态。现代家庭构成观念已有了很大变化，"四世同堂"这种以纵向连结为轴心的大家庭制已不复存在，以夫妇为中心的小家庭而代之，从而对于居住单元的需求增加，这也成为房地产价格上涨的因素。

③ 城市形成及公共设施的建设状态。城市的形成使住宅的需求提高，而公共设施的建设，又会使该地区土地效用提高，从而都会使该地区的房地产价格上升。

④ 教育及社会福利状态。这一因素会影响社会文化水平、生活水平，进而影响对房地产的需求，影响房地产商品的价格等。

（2）从经济因素来看，主要有以下几个方面：

① 储蓄及投资水平。储蓄、投资水平与经济增长同步。经济增长既表示国民生产的增长，也表示国民总支出的增长。在国民总支出中，有些是朝向消费品的住宅需求，有的是以投资而朝向生产品的土地需求。因此，消费者对房地产商品的需求与储蓄、投资水平有着密切的关系。

② 财政与金融状况。目前，大多数国家通过财政与税收手段来调节宏观经济的运行。对经济的发展产生影响，从而，对房地产价格也产生影响作用。金融同样也是如此。经济形势恶化会导致银根紧缩，这种情形的持续，不但会使对房地产的需求减少，供给量也会下降，从而会对房地产价格产生实际影响。

③ 物价、工资及就业水平。这些因素会直接影响对房地产商品的需求。工资、就业水平高的地区，往往房地产价格高；反之，则低。

④ 产业结构的变化。如果产业结构变化较快，则对投资需求大，对房地产的需求往往也增长，从而对房地产价格产生影响。从行政因素来看，国家从全社会利益和宏观经济发展角度出发，或者推动土地的转移，或者限制某类土地利用，从而达到提高土地总体利用效益的目的。这些具体政策的实施，必然会对房地产价格产生实际的影响，如对土地利用规划及管制状况，对地租、房租、房价的限制程度，房地产税制状况，住宅政策等等，都会对房地产价格水平产生影响。

上述影响房地产价格的社会的、经济的、行政的一般因素，通常也是对房地产价格产生全局性影响的因素，会对房地产所在地区产生整体性的影响。

2. 区域因素

区域因素不会对房地产价格产生全局性影响，而是对房地产不同类别地区价格水平产生影响的因素。

影响住宅区域价格水平的因素主要有：离市中心的距离及交通设施状况；居住环境是否优良，包括居住处是否清静，有无影响住宅环境的设施，居住区的居民的职业、教育水平、社会地位、生活方式等；商业街的配置状况，学校、公园、医院等的配置状况；洪水、地震等灾害发生的程度等等。

影响商业价格水平的因素，主要是收益程度。因此，影响收益程度的因素与商业区房地产价格有着直接的关联，如腹地的大小及顾客的质与量；顾客的交通手段及交通状况；营业的类别及竞争状况；繁荣的程度与盛衰状况；土地利用的管制状况等等。

而对于工业区房地产价格产生影响的因素，最重要的是工业用水的质与量以及运输的便利与否。例如：与产品市场及原材料采购市场位置关系；道路、港口、铁路等运输设施的建设状况；劳动力市场的供求状况；与相关产业的位置关系等等。

3. 个别因素

个别因素即房地产个别特性对房地产个别价格的影响因素，可分别从土地与建筑物两种情形来分析。

从土地方面来看，这些因素主要有：位置、面积、地势、地质与地基；各宗地的形状、宽度；日照、通风、干湿程度；与其他相临街道的关系，与公共设施、商业服务设施的接近程度；与上、下水道等基础设施的完善程度；对土地利用的管制情况等等。

从建筑物方面来看，影响其价格的主要因素有：建筑面积、构造及使用的各种材料的品质，建筑物的设计及设备的完备程度；施工质量；各种法规对建筑物的管制；建筑物与其环境的协调状况等。这些因素，都不同程度地制约和影响房地产商品的价格，在其价格的实际形成中起决定作用。

三、房地产定价方法

在房地产营销过程中，最敏感也最为买家感兴趣的，就是房地产开发商对其产品的定价。定价不仅为买家所关注，同时也关系到房地产开发商能否达到其预期的利润。因此买卖双方达成协议的最根本的问题就是价格问题。

房地产的价格早已成为房地产营销过程的核心和关键性的问题，一切操作均以此为中心。对房地产营销计划而言，高价位的房地产有高价位的营销方法，低价位的房地产有低价位的营销方法。"本高价低"或"本低价高"都会引起房地产经营利润的变化。它反映了不同的经营观念。但市场检验是最无情的，房地产不管如何定价，最后都必须遵循市场规则，接受市场的最后检验。如何制定最适当的价格，求得最大的利润，是所有投资者最感兴趣的事情。房地产开发经营过程中常用到的几种定价方法如下：

（一）成本加成定价法

成本加成定价法就是先计算出房地产的全部成本，然后再加上一定比例的利润，比如加上 20％，就得出房地产出售定价。这种方法的特点是先得出成本，规定一个合理的预期营利比率，两者相加就得出售价。比如，某宗物业成本为 100 万元，预期利润率为20％，则该宗物业出售定价为 120 万元。

房地产的成本按其性质又可分为固定成本和变动成本。固定成本如土地成本等，变动成本如工资、建材费用等。固定成本加变动成本即可得出总成本。成本加成定价法虽然比较简单，但仍必须考虑房地产市场行情及市场竞争的激烈程度来确定利润定率，只有这样，才能定出合理的房价。

（二）竞争价格定价法

竞争价格定价法主要根据相近产品或附近房地产市场竞争的价格制定。当竞争激烈时，条件相当的两个项目，即使价格相差幅度很小，比如只差总价格的5％，买家也会倾向于购买价格相对便宜的房产。当房地产市场处于高潮时，先上市的物业可能定价稍微低于市场接受的价格水平，而后上市的物业即使与先上市物业的产品性质、地段、繁荣状况都相似，也可以定出比较高的价格，因为此时的房地产行情看涨。

在竞争性市场上，可能有一些物业不是因为其成本价格高，而仅仅因为开发公司的"牌子"响亮而定出了比相似物业更高的价格，这也是可以理解的，这实际上是消费者购买"品牌"产品的虚荣心在购买物业时的反映。总之，品牌项目能使竞争者推出价格较高的物业，以"物美"取胜，比如公司信誉卓著、采用建材较高级、设计精巧独特等。

（三）顾客感受定价法

当购房者对开发商的牌子和信誉有信心时，即使该产品价格稍高于其他同类产品，购买者也会乐于购买；当买家对开发商不具有信心时，即使定价低，买家也会犹豫再三，甚至怀疑其产品质量，而大大影响其销售。所以，开发商定价时，要周密考虑，并不是价格越低越好，有时候价格太低反而使买家怀疑产品质量。

由于房地产定价最后都得经受市场检验，如果购买者乐意接受，则该产品行情看涨，否则行情不妙。房地产与其他许多商品一样，品牌和信誉能引导消费者的消费欲望。但是房地产定价不能太离谱，主要应参考成本价格，若定价超过顾客所能接受的水平，销售反而会不利。

总之，房地产定价是一门艺术，里面有许多技巧和策略。这种技巧和策略一方面是针对同行的竞争，另一方面则是面对消费者，其中最重要的是把握消费者心理，使房地产价格为消费者所接受。如果离开了这一点，任何技巧和策略都是空谈。"消费者是上帝"这句营销格言在房地产定价时必须牢牢记住。

以上是确定房地产项目均价的几种常用方法，下面再介绍同一项目中，不同房屋的定价办法——加权点数定价法。

在制定预售房屋的价格时，通常搜集一系列同类物业交易的价格等相关资料，然后根据房屋面积、朝向、视野、楼层、市场繁荣程度等情况，分别给以不同的调价系数，再根据这些系数和均价，用加权平均法计算出每套房屋出售时的合理价格水平。这种价格水平综合了各种不同情况，是一种平均的、折中的价格。

下面分析各种不同情况下房屋价格水平的差异。

1. 朝向差价。一般而言，根据我国独特的地理环境和文化背景，朝南的单元较贵，东南向、西南向的次之，朝北的则最便宜。若所有的厅和卧室都朝南，则最贵。若所有的厅和卧室都朝北，则最便宜，其他依次类推。

2. 楼层差价。对高层楼房而言，通常是由低层向高层逐渐趋贵，但最顶的房屋由于保温性能不佳，通常比它下面三四个楼层面便宜（也有些项目以赠送露台等方式对客户进行变相补偿）。对六层公寓而言，根据上海地区的实际情况，三、四层最贵，二、五层次之，一、六层最便宜。

3. 边间差价。对公寓而言，三面临空，并且三面采光的房屋最贵，二面临空二面采光的房屋次之。对别墅而言，四面临空的独栋别墅最贵，三面临空的双拼别墅次之，二面临空的连体别墅最便宜。

4. 面积差价。因面积大小会导致差价系数不同，这往往和总价配比有关。当一个楼盘的总价范围波动很小，但因市场需要，要求拉开总价落差的时候，就会对不同的面积单元确定不同差价系数来实现，以锁定不同客户的总价需求。而且由于人们在不同面积房屋中生活的舒适感程度完全不一样，因此，房屋面积有一个适度规模，面积太大或太小的房屋价格都不可能太贵，而以最适宜人们生活的房屋价格较贵。

5. 视野差价。如果房屋面临公园、湖泊，视野较佳，给人生活感到轻松自然，这样的房屋一般价格较贵。而面临闹市区或采光不佳、视野较差的房屋，即使在同一栋楼的同一楼层，价格也应相对便宜。

6. 产品差价。房地产是由建筑材料构成的，而建材有许多档次，价格差异较大，从外墙到室内，例如：木质、铝质门窗和铜铸大门、高级铝门窗价格相差很大；而大理石、花岗石地板也不是一般的瓷砖价能比拟的；外国进口的厨房设备、卫生设备也比国内产品昂贵。

7. 设计差价。室内格局、公共设施的配置都会影响房地产价格。另外，如开放空间、休闲空间的设计，也因能够提高居住品质而提高房地产的价位。

8. 口彩差异。一般来说，双数的楼层门牌号贵一些，单数的楼层门牌号便宜一些；含有 13、14 号码的便宜一点，含有 8、6、9 号码的贵一点。

四、房地产定价策略

价格竞争是一种十分重要的营销手段。在市场营销活动中，企业为了实现自己的经营战略和目标，经常根据不同的产品、市场需求和竞争情况，采取各种灵活多变的定价策略，使价格与市场营销组合中的其他因素更好地结合，促进和扩大销售，提高企业的整体效益。

一般来说，在开发商选定了目标市场及市场定位之后，定价策略就已经相当明确了，若选择直面工薪阶层、追求最大化地占有市场，则采取"低价渗透"的策略；若选择高素质、高收入的"金领阶层"，则采取高价位的策略，以承担较高的开发成本，维护物业的高档形象。

我国香港的房地产商大多采用所谓"低开高走"的方法，即分期开始逐步加价。这样做的目的首先以低价吸引消费者，但从第二期起开始逐步加价。这样做的目的是首先以低价汇聚人气，而后以逐渐加价的方式促使消费者马上购买，以免承担较高的楼价，同时又使人觉得所购买的物业在不断地升值。

定价的策略可以有很多种，但最终目的都是为了达到营销目标。因此，最根本的一点是要考虑市场是否有足够的承受力。获取高额的利润是每个开发商所追求的，但若一味追求高价，则容易造成"有价无市"的局面，最终导致项目的失败。我国的住宅市场，一方面是楼盘的大量积压，另一方面却是很多人达不到理想的居住条件。价格高是造成这一局面的一个重要原因，而之所以价格高，虽说其中有许多复杂原因，但与开发商追求高额利润的想法有密切关系。

五、市场竞争中的价格调整

产品在定价以后，由于市场情况发生了变化，经常需要对价格进行调整。

例如：某大厦于 1994 年推出时，由于前期市场较热，因此定价高达港币 25000 元/m²，但成交很少。开发商迫于无奈降价，但又心存幻想，不愿轻意下调，没有一步到位，市场反映仍不好，之后再反复下调。这样，就给投资者造成了价格不稳，保值作用小的印象，使开发商的形象严重受挫。而另一楼盘推出时也是由于定价过高，市场反映一般，开发商及时调整了价位，他们采取一次性付款给予六八折优惠。立即产生了轰动效应。头一批 80 个单位 3 天售空，后期推出的 350 个单位也以平均每天售出两套的速度售出。

在市场竞争环境中，房地产商品如同所有商品一样，会随着供求关系的变化而发生价格转移。开发商应该时刻关注市场的变化，该调整价格的时候，应及时调整，而不能无视市场的变化，心存幻想，按兵不动，这样做只能是错过机会，永远跟不上市场的步伐。房产的价格是消费者选择楼盘的重要依据，所以，开发商必须准确把握市场脉搏，选择合适的价格。

第三节　房地产市场营销渠道策略

销售渠道即商品的流通渠道，是指商品从生产者向最终消费者转移的所经路线与经销单位的总和。房地产商品虽然不会像一般商品那样发生商品自身的转移，但作为一种商品，在实现其价值转换过程中，同样会以一种所有权（或使用权）证书的形式发生转移。在商品经济条件下，绝大多数的企业都需要经由一定的销售渠道把自己生产的产品输送到最终的消费手中。研究销售渠道的构成，对经营者具有重要意义。一般来讲，可供企业选择的销售渠道主要如图 4-3-2 所示的几种模式。

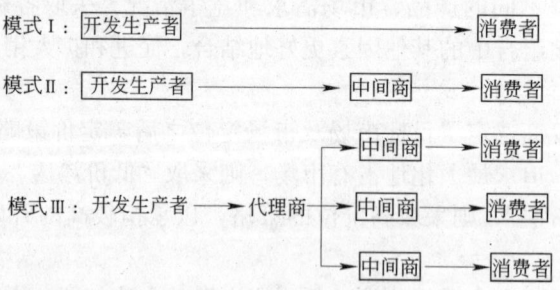

图 4-3-2　房地产销售渠道结构模式

模式 I 为零级渠道，也叫直接渠道，是由开发生产者直接把产品销售给用户，没有经过中间环节。目前我国相当一部分房地产开发公司采用这种形式来销售自己的产品。显然，零级渠道仅适用于竞争力强的大型房地产公司或求大于供的卖方市场环境。

模式 II 为一级渠道，即开发生产者经由中间商把产品销售给用户。这里的中间商多为房地产中介公司。对于大多数的中小型开发公司，或已初步形成买方市场环境的地区，大多采用这种销售渠道模式。这也是我国房地产的中介服务这几年蓬勃发展的主要原因。

模式 III 为二级渠道，即开发生产者首先把自己的产品销售权委托一家代理公司，由代理商再将商品通过中间商转销给消费者。对于那些异地销售的房地产开发公司，尤其在境外销售时，为了加速推销工作，常常采用这种销售渠道模式。

第四节　房地产市场营销促销组合策略

现代市场营销不仅要求开发商开发好的项目，制定出合适的价格，还需要与现实或潜在顾客沟通，使他们对本企业所开发的物业，从关注、发生兴趣到产生购买的欲望，进而购买，获得满足。要达到与顾客之间如此沟通，尽可能快地销售自己的物业，以实现企业的经营目标，还要借助于房地产市场的促销组合策略。

一、房地产促销目标

房地产促销是指房地产企业（或业主）通过一定的方式向消费者传递房地产商品的信息并与消费者进行有效的信息沟通，以达到影响消费者的决策，促进房地产商品流通的营销活动。

（一）信息沟通过程

房地产促销的实质是指与目标消费者进行有效的信息沟通，市场营销专家拉斯威尔教授通过对信息沟通的职能分析而建立了 9 要素沟通模式，如图 4-3-3 所示。

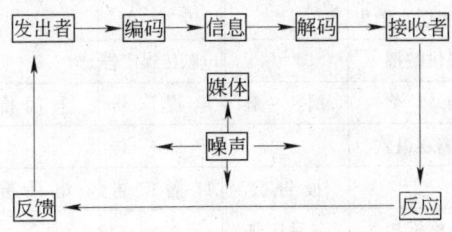

图 4-3-3　信息沟通模式与构成要素

图中：

发出者——需要发出信息的单位或个人（也叫信息源）；

编码——将需要发出的信息的内容变成信号的过程；

信息——通过媒体所传递的信号；

媒体——传递信息的工具；

解码——接收者确认所接收到的信号含义的过程；

接收者——接收信息的人；

反应——接收者得到信息所作出的反应；

反馈——接收者向发出者传递回去的反应；

噪声——信息沟通过程中受到的各种干扰。

（二）房地产促销目标

一般来说，房地产企业促销目标有以下几种：

1. 提供信息。房地产促销最根本的目标就是向目标消费者传递信息，使消费者了解房地产企业提供的房地产，并了解房地产企业本身。不同时期不同消费者对信息的要求不同，只有提供信息能够满足消费者对信息的要求时，提供的信息才有达到增进消费者对特定企业或房地产认识的目的。

2. 突出特色和优点。房地产的一大特性是异质性。因此，房地产促销的任务之一是找出特定房地产与竞争房地产相比具有的不同属性，使目标消费者认识到两者在地段上、价格上、质量上、房型上、功能上或物业管理及付款方式上的不同之处，并以这些不同属性满足消费者的需求。

3. 强调房地产的价值与品牌。有资料表明，促销强度大的产品，顾客对它的价值评价要高于同档次促销强度小的产品。不通过有效的促销，即使具有品牌特征的产品也难以成为市场上的品牌货。

4. 刺激需求。通过促销刺激需求，对房地产市场营销具有重要的作用。

5. 增加租售。通过促销达到增加租售量、提高租售额，是房地产企业促销最根本的目标。

二、房地产促销方式及其特点

为了实现房地产的促销目标，可以使用不同的促销方式。常用的促销方式有4种，即广告、人员推销、销售促进和公共关系。这4种促销方式常用的促销方式如表4-3-2。

房地产促销方式分类

表4-3-2

广告	人员推销	销售促进	公共关系	广告	人员推销	销售促进	公共关系
售点广告		若干年还本销售		传单		以租代售	
标志与标语		提供按揭		电脑传媒广告			
直接邮寄	微笑服务	抽奖	捐赠	电视广告	上门推销	展销会	记者招待会
车体广告		不满意退款		户外广告		赠品	公益活动
报纸广告	销售介绍		报告会	广播广告	电话推销	价格折扣	研讨会
杂志广告	现场推销	价格折扣	各种庆典				

（一）广告

广告是房地产企业用来直接向消费者传递信息的最主要的促销方式，它是企业通过付款的方式利用各种传播媒体进行信息传递，以刺激消费者产生需求，扩大房地产租售量的促销活动。广告利用灵活的表现方式，可以将有关信息不知不觉地灌输到消费者的脑海里，从而影响消费者的购买决策，激发消费者的购买(或租赁)的欲望。因此，房地产企业广泛使用广告进行宣传，以刺激消费者的需求。

（二）人员推销

人员推销是最古老的一种促销方式，也是4种促销方式中惟一直接依靠人员的促销方式。它是房地产企业的推销人员通过主动与消费者进行接触和洽谈，向消费者宣传介绍本企业房地产，达到促进房地产租售的活动。

在人员推销过程中，通过房地产销售人员直接与消费者接触，向消费者传递企业和房地产的有关信息；通过与消费者的沟通，可以了解消费者的需求，便于企业能够进一步满足消费者的需求；通过与消费者的接触，还可以与消费者建立良好的关系，使得消费者也能发挥推荐和介绍房地产的作用。另外，人员推销还具有推销与促销的双重职能。由于房地产是价值量巨大的商品，一般消费者不会仅凭一个广告或几句介绍就随便地作出决定，因此，人员推销是值得房地产企业重视的推销方式。

然而，人员推销这种促销方式也有其局限性。一是人员推销与其他促销方式相比，所涉及的市场范围较小，而时间成本大致是广告费用的 2～5 倍，这就必然增加了销售成本。在市场范围广大而用户十分分散的情况下，采用人员推销的促销方式将受到很大限制。二是这种促销方式对人员的要求较高，选择和培养一名称职的推销人员不仅困难大，而且费用大。

（三）销售促进

销售促进是指房地产企业通过各种销售方式来刺激消费者购买（或租赁）房地产的促销活动。销售促进是直接针对房地产商品本身采取的促销活动，它可以刺激消费者采取租购行动，或刺激中间商和企业的销售人员努力销售房地产。因此，房地产企业为在短期内能引起消费者对本企业商品的注意，扩大销售量，常采取这种促销方式。对于开发量比较少的房地产企业，这种方式相当有效，常能在短短几天内造成轰动效应，将房产一售而空。

销售促进有多种方式，展销会是其中影响力较大、费用投入较高的一种。

房地产展销会是一种较常运用的促销工具。一般来说可以在短时间内聚集较多的潜在购买者，是销售楼宇的好时机。展销会一般由政府的职能部门或行业协会组织，开发商也可自办展销会，如深圳市几乎每年都有一届房地产展销会，而北京、上海，几乎月月都有。

展销会上不仅有各式各样的楼盘参展，便于顾客选择，而且经常配合一些优惠措施，如开发商在展销会期间往往在价格上给予优惠，而有政府牵头的展销会往往会提供一些政策上的优惠。例如：在展销会期间购买的物业，一次性付清房款后，可以当场办理房产证。深圳还在以往的展销会规定，购买一定价值的物业配一个深、港两地车牌的优惠政策。

应该注意的是，对房地产展示交易会来说，是不应当以当场成交论成败的。展示交易会顾名思义，首先是展示，其次是交易。就像走进商店的人，不一定都非买东西不可。房屋又不同于一般商品，不能希望凡是参加房地产展示交易会的房地产公司当场能销售多少房屋，更不能要求凡是进入展销会的市民都买一套房子。

对房地产开发商而言，通过展示交易会进行销售当然是重要的，但有远见的商家，决不仅仅只是要求成交额，最重要的是通过展示自己的产品，树立品牌，为本企业提高知名度，让人们跟着你的品牌买房子，为今后产品销售铺路。所以，即使在这次展示交易会上没有当场成交，只要使你的产品品牌深入人心，也是有成绩的。因此，对房地产展示交易会，是不能以当场买卖成效多少论成败的。

（四）公共关系

公共关系促销是指房地产企业为了获得人们的信赖，树立企业或房地产的形象，用非直接付款的方式通过各种公关工具所进行的宣传活动。公共关系促销与前面三种促销方式区别较大。公关促销不是由企业直接进行的宣传活动，而是借助于公共传播媒体，由有关新闻单位或社会团体进行的宣传活动。公关促销是以新闻等形成出现，而不是以直接的促销宣传形成出现，因而可以引起公众的高度信赖和关注，消除公众的戒备。所以，公关促销现在日益引起房地产企业的重视，各企业都想通过公关活动进行促销宣传。

座谈会是用得不太多的一种公关促销活动。举办这种活动，要事先确定目标客户，这一点操作起来比较难。邀请一批目标客户参加座谈会，听取他们对小区的规划、环境、楼盘设计、物业管理等文献的意见，借讨论之际介绍楼盘，"明修栈道，暗渡陈仓"。不过讨论会上有好的建议，还是该听取的。

酒会是最高雅的促销活动，在国内鲜有用者，在国外也仅限于上流社会。这种促销活动，对于高级公寓、写字楼和高级会所来说，较为有效。在小区会所内，或星级酒店中，这类活动的出席对象多为社会名流，在优雅的音乐声中边慢酌细嚼边高谈阔论，谈笑间楼盘已成交。

然而公关促销往往不是针对房地产本身的促销，促销的针对性较差，并且房地产企业常难以对这种促销方式进行有效的控制。

以上 4 种促销方式的主要特点，可用表 4-3-3 表示。

四种促销方式主要特点比较

表 4-3-3

促销类型	优　点	缺　点
广　告	传播广泛；传播的信息规范；易控制	广告费用大；广告效果难以度量；难以与目标接受者沟通
人员推销	信息表达灵活；易与消费者沟通；易与消费者建立关系；促销目标明确	单位接触时间成本高；对销售人员素质要求较高；难以进行大面积推销
销售促进	促销刺激直接；易引起消费者的注意与反应；易迅速产生效果	易引起竞争；促销效果难以持久
公共关系	可信度高；易建立企业和房地产的形象	针对性较差；企业难以进行控制

三、房地产促销方式组合

房地产促销方式组合是指为实现房地产企业的促销目标而将不同的促销方式进行组合所形成的有机整体。企业应根据以下促销组合的特点，对 4 类促销方式进行有效的组合，使企业能够以最少的促销费用，达到所确定的促销目标。房地产促销组合有以下几个特点：

（一）房地产促销组合是一个有机的整体组合

一个房地产企业的促销活动，不可能只使用一种促销方式，而是将不同的促销方式作为一个整体使用，使其促销方式进行合理的组合，使得 1＋1 大于 2，而不是等于或小于 2。

（二）促销组合的不同促销方式具有相互推动的作用

不同促销方式的相互推动作用是指一种促销方式作用的发挥受到其他促销方式的影响。没有其他促销方式的配合和推动，就不能充分发挥其作用，合理的组合将使促销作用达到最大。

（三）构成促销组合的各种促销方式既具有可替代性又具有独立性

促销的目的就是促进销售，而任何一种促销方式都具有承担信息沟通的职责，也都可以起到促进销售的作用，因此，各种方式均具有可替代性。但是，由于各种方式具有各自不同的特点，因而，不同促销方式所产生的效果有所差异，各种方式又都具有独立性。

（四）促销组合是一种多层次组合

每一种促销方式中，都有许多可供选用的促销工具，每种促销工具又可分为许多类型，进行促销组合就是适当地选择各种促销工具。因此，企业的促销组合策略是一种多层次的策略。

（五）促销组合是一种动态组合

促销组合策略必须建立在一定的内外部环境条件基础上，并且必须与企业营销组合的其他因素相互协调。有的时候，一个效果好的促销组合在环境条件变化后会成为一种效果很差的促销组合。因此，必须根据环境的变化调整企业的促销组合。

总之，适当的促销组合能达到每种促销方式简单相加所不能达到的促销效果；同时促销组合需要不断根据环境条件的变化而不断调整。

第五节　房地产营销广告策略

简单地说，广告是利用一定的媒介将产品介绍给消费者的一种促销手段。像许多产品进入市场一样，一个房地产项目在进入房地产市场的时候，也需要做大量的促销广告。据统计，西方国家房地产广告费用所占销售额的 3.1%，这一比例仅次于酒、清凉饮料等的广告费用所占的比例，而高于其他很多行业。由此可见，广告在房地产营销活动中占有极其重要的位置。

我们进行广告策划时，必须从产品、消费者、广告制作技巧以及媒体选择等 4 个方面进行分析研究。

一、研究物业的基本构成

首先要研究物业的基本情况，如交通状况、地理位置、周边环境、市政配套设施、小区配套设施、绿化、建筑设计特点、装修标准、租售价格等，并从中提炼出宣传重点，即所谓的"卖点"。

一般来说，在一个房地产项目前期策划时，就应该有一个明确的市场定位，主要包括房地产的素质定位、价格定位、消费者定位的区域定位。根据这一定位，再形成广告中的"卖点"，在广告中重点宣传，使物业的特点在消费者心目中留下深刻的印象。若是市场定位模糊，制作出来的广告必定平淡无味、毫无特点可言，消费者看了广告之后，也不会对该物业留下印象，从而直接影响销售。

其次，要对消费者进行分析。在某一项目已有了明确的市场定位之后，该物业所面向的消费者是哪些人群，一般来说就已经很明确了。该类消费群体，是怎样的一些人，他们的职业、收入、年龄、性别、文化层次、消费心理是怎样的，以及由此而引起的一些消费倾向，都是进行消费者分析所要解决的问题。只有透彻地了解目标消费者之后，广告才有针对性。也就是说，应该站在消费者的角度来进行广告创作，告诉他们最想知道的东西。

例如：某公司开发的高层住宅项目，邻近一个高尔夫球场，开发商在广告构图上并没有刻意追求楼盘形象如何醒目，而是将其所处的环境——高尔夫球场大肆渲染，近 3/4 的篇幅突出了高尔夫球场一望无际的草坪，给人以强烈的视觉效果，由于该物业定位于高档住宅，因此，广告的制作就抓住了该类消费者注重生活环境的特点，从而一举成功。

又如：某商城一则招商广告词是"每天与 30 万人做生意"，就充分抓住了商人注重人流量的特点，具有很强的针对性。

二、整理资料，选择广告媒体

房地产广告媒体一般来说主要包括报纸、电视、电台、专业性杂志和书籍、户外广告及交通广告。这几种传统的广告媒体各有其利弊，一般来说，房地产广告多选用的媒体是报纸，再以电视、杂志、户外广告为辅。

在选择广告媒体时，主要是看物业项目的大小及销售周期的长短。对于销售周期长、投资规模大的房地产项目，可考虑使用广告立体攻势，即报纸、电视、电台、杂志、互联网、户外广告等一起上的方式，这种方式的使用主要限于消费者对物业的认知阶段，需要把物业的知名度在短时间内提高。

当项目所处地理位置接近某繁华地区时，如北京二环路、三环路附近时，开发商通常选择使用一些户外广告，如路牌、灯箱广告等。户外广告可以起到明显的指示作用，有利于吸引客户上门。实践表明，户外广告所吸引的客户数量比平面广告稳定，且单位来访成本也比平面广告低。

在媒体的选择过程中，要注意以下几点：

1. 预算费用的多少。费用多时可以选择宽面媒体组合，将广告时间拉长；费用少时可以采取单纯式，选择最有力的几个媒体，在适当的时间做广告。

2. 以目标对象为中心。根据目标消费者的接触习惯、接触率，以及收听、收视率的高低，安排媒体的时间。

3. 要以楼盘的特征为依据，注重楼盘的生命周期、功能大小。

三、广告创作

在确定广告媒体之后，就进入了针对各广告媒体特征进行广告创作的阶段。房地产广告创作要考虑以下几方面的问题：

1. 了解传播目标，包括知名度、商品概念、销售；

2. 确定广告目标对象；

3. 确定表现的主构想和副构想；

4. 了解并分析楼盘和营销方法等在市场竞争方面的关键点；

5. 确定广告气氛和诉求气氛的设计，以迎合消费者接受广告的心理背景；

6. 根据消费特征和媒体特征进行设计；

7. 必须注意寻找提高媒体传播效果的关键之处，如版面大小、位置、形状、日期、文字、语言、形体、名人等影响传播效果的要点。

一般来说，房地产广告相对于其他产品广告要平实得多，因为置业者所关心的通常都是一些比较实际的问题。而针对这些问题，应该用怎样的语言来表述，让消费者感到真实可信的同时又能在众多的广告中脱颖而出，给消费者留下深刻的印象，这是进行广告创作所要解决的重要问题。

广告创作又分为广告文案创作和平面设计。广告文案创作体现的画龙点睛之笔是广告语，其次是需要诉求的广告点，必须做到层次分明、重点突出，然后，通过广告文案与平面设计的协调，形成一个好的广告。

广告创作的手法是多种多样的，或以平实的手法直面消费者，或以创造良好的氛围来感染消费者，其中最根本的一点就是要能把物业的特点向消费者展示出来，能塑造出物业的鲜明形象，引起消费者的注意，从而引起他的购买兴趣。这也就是进行房地产广告创作的最根本目的。

进行房地产广告创作一定要注意追求独特性，这是房地产营销广告创意的生命。只有独特的房地产营销广告创意，才能塑造楼盘独特的品牌形象，进而吸引目标客户，最终为楼盘成功销售铺平道路。追求独特不仅仅是广告创意上的要求，对房地产营销来说，还有其特殊的含义。从某种意义上来说，房地产商品的经济特征决定了房地产营销对象的独特性，而房地产营销对象的独特性又决定了广告创意的独特性。

众所周知，房地产的区域性，使其存在显著的差异。在房地产市场上，几乎没有两种完全相同的产品，即使是完全相同的建筑设计、同样的售后服务，也会因不同的区域环境、不同的工程配套设施，使这些相同外观的楼盘具有不同的使用功能、不同的增值潜力。房地产市场只有相似的物业，没有完全相同的物业，与其他一般匀质性的工业产品有差别，在房地产市场营销中，个别楼盘之间在营销方法和策略上都会有所不同。所以说，房地产营销广告要做得好，广告创意人员就要充分发掘楼盘独特的个性，找出销售上的优势，在优势上做文章，使需要这类房子的客户充分认识这一楼盘的优势。这样一来，楼盘品牌通过个性宣扬就会在房地产市场上站稳脚跟、独树一帜，并且不断提高知名度，房地产的销售局面也就会随之打开。以独特的营销思路来塑造楼盘形象，是房地产营销广告的生命所在。

房地产广告创作还应该注意对楼盘"案名"进行包装。从开发商的角度来看，通过楼盘的精心包装，是为了让市场对其产生共鸣，使销售得到出奇制胜的效果。而相对客户群体而言，通过楼盘案名，在心理需求中受到一种购买欲望的启示。不同楼盘、不同案名，可以提供给不同客户的需求。

楼盘案名大致可分为以下几类：

一是享受一种异域情调的楼盘，如"美术馆"、"正润欧洲花园"；

二是着力体现一种高尚的身份，如"书香门第"，"名门世家"、"名流花园"等；

三是表达一种新生活的气势，如"世纪之门"、"阳光世纪"；

四是突出居住温馨的感觉，如"新上海一家人——虹祺花园"、"公园旁的家"等。

成功的案名往往能起到事半功倍的效果，客户则可通过楼盘案名，加深对所需楼盘的了解，看是否名符其实。楼盘案名，在一定程度上起到了导购作用。好的案名，也能显示出开发商对自身项目的重视，具有相当的市场意识。

现代人追求的是居住质量、生活品位，楼盘案名从一定程度上反映客户的一种需求，甚至是一种精神寄托、一种对新生活的愿望和对未来的描绘。楼盘通过案名的包装，在楼盘品位、文化立意、生活环境上能突出最多的卖点，开发商应该刻意策划，在楼盘营销全过程中辅以一个既与众不同，又标新立异的案名，从而在楼市竞争中创造更多的卖点。

四、确定广告的发布时间

相同的广告而不同的时间发布，其效果往往不同。例如，刊登在星期日的报纸广告，往往效果不好，因为休息日读报的人较平时少。而电视、广播电台在星期日往往有黄金时段和收视率高的节目，选择这样的时间播出广告，其效果肯定优于其他时间播出。

五、及时评估广告效果

房地产企业不仅要对广告计划的实施进行检查和评价，更重要的是随时对广告活动的情况进行反馈与控制，从而保证整个广告活动能够按照预定的计划与目标进行。在广告发布之后，可以从销售部门当天接到电话数量、5 天以内的客户来访量等方面对所发布的广告效果进行评估；同时也可以从与客户的交谈中，了解、收集顾客对广告的评价，以便及时调整广告内容和发布时间与方式，同时，为以后进行广告策划积累经验。

第六节　房地产市场营销公共关系策略

公共关系是企业为塑造自身形象，通过传播、沟通手段来影响公众的科学与艺术。公共关系之所以会引起各企业的重视，主要是因为公共关系除了具有与其他促销方式同样的沟通作用外，还具有其他促销方式无法替代的作用。

一、公共关系的功能

（一）监测环境

所谓监测环境，是指观察与预测影响企业生存与发展的公众情况和其他环境变化情况。企业环境是由它的公众以及其他影响企业生存、发展社会政治、经济、文化等因素组成的。企业环境是不断变化的。企业要适应这种环境，首先就必须严密地观察环境，对环境变化作出科学的预测，公共关系便担负着这种任务。它向企业提供环境信息，并对企业所处环境进行分析和研究，然后在此基础上对环境变化作出科学的评价与预测使企业对环境保持清醒的头脑和敏锐的感觉，从而合理地制定或调整本企业目标。

1. 搜集信息。

公共关系对企业环境的把握是从人搜集环境信息开始的。信息是现代企业赖以生存的基础。企业环境信息既包括企业所面临的自然环境情况，也包括企业所处的人文环境情况；既包括企业外部的公众情况，也包括企业内部的公众情况。

公众自然环境信息包括企业所处地理位置、自然资源、生态环境、道路交通等方面的情况。相对企业的人文环境来说，自然环境一般比较稳定，较易掌握。人文环境则往往瞬息万变，错综复杂。企业公共关系工作主要是关于人文环境的工作，它包括与企业利益相关的公众态度、意见及其变化，包括国内外政治、经济、文化等方面的动态。这些信息主要有：公众需求信息、产品形象信息、企业形象信息、公众其他信息和其他社会信息等。

2. 研究信息。

公共关系工作绝非只是把搜集的信息提供给企业决策机构就完事了。要科学地监测企业环境，还必须对搜集来的信息进行深入的分析和研究，作出科学的解释和评价，并找出企业目前存在的和将来要面临的问题，从而提出相应的建议。

通过信息的研究，使企业不仅能掌握公众有什么想法和意见，还能掌握公众为什么有这种想法和意见，不仅能了解企业现有的问题和机会，还能了解企业潜在的问题和机会；不仅能知道国内外政治、经济等的变化情况，还能知道这些变化会给公众态度以及企业与公共关系所带来的影响，从而帮助企业制定易于为公众所接受的措施。

公共关系对信息的研究，不仅是对上述公众需求信息、产品形象信息等的研究，还包括对企业公共关系活动效果的研究，即分析和检测公共关系活动对公众态度、公众行为、社会舆论的影响及其产生的变化。不仅要对公众进行整体的分析与研究，还要将公众进行分门别类独立地进行研究。信息的搜集与研究常常交汇在一起的，通过对搜集来的信息的研究可以发现问题，然后针对这一问题，再进一步搜集有关方面的信息。

（二）帮助决策

企业决策是企业针对存在问题，确定解决问题的行动方案的过程。由于企业环境和公众在企业生存与发展中所起的作用逐步加强，公众是否会接受一个已经提出的政策，是企业决策时应考虑的重要因素。因此，公共关系部门必须就有关企业环境问题、公众关系问题向企业决策机构提供咨询，参与企业决策的全过程。只有当公共关系成为最高管理层进行决策的一部分时，公共关系活动才能最有效。因此，决不可把公共关系当做只是在政策、方案形成后报道或发布信息的工作。

公共关系部门参与企业决策通常包括 4 个环节：

1. 公共关系部门为企业决策提供有关环境的信息。

一方面，公共关系部门利用它与外部各界的广泛联系，为企业决策开辟广泛的外源信息渠道，提供第一手的准确信息；另一方面，公共关系部门利用它在企业内部的沟通渠道，为决策者提供内源信息，促进决策科学化、民主化。

2. 公共关系部门帮助企业确定决策目标。

现代企业决策日益专门化，整体决策目标往往被分解为各个职能部门的专门决策目标。比如，生产决策目标、技术开发决策目标、财务决策目标、市场营销决策目标等等。各职能部门的专家或管理人员往往将决策的焦点高度凝聚于本部门的职能目标，难以从全局和社会的角度去考虑整体决策目标。因此，亟须公共关系部门站在公众和社会的角度，对各职能部门的决策目标进行综合评价，敦促有关部门或决策当局，依据公众需求和社会价值及时修正可能导致不良社会后果的决策目标，使企业决策目标既反映企业发展的需求，也反映社会公众的需求。也就是说，协调企业与公众利益，把企业引向利益交汇点，而不是引向企业利益和公众利益的冲突点。

3. 公共关系部门帮助企业拟定决策方案。

决策方案是保证决策目标得以实现的各种措施的总和。决策方案的拟定实际上包含了两个环节，即设计方案和选择方案环节。在设计方案这一环节，公共关系部门力求公共关系目标在方案中得到落实，以保障公众的利益。同时，还应提醒设计者考虑各类公众情况的变化，考虑实施方案时会遇到的各种可能性，包括向好、坏两个方面发展的可能性，从而制定灵活的应变措施。在选择方案这一环节，公共关系部门力求把公共关系原则放进方案中，把公众当作最权威的评议者。

4. 公共关系部门帮助企业实施决策方案。

公共关系部门不仅作为企业的智囊部门，为企业提供咨询、建议，同时，它也是企业的执行部门，具体帮助企业实施决策方案。公共关系部门一方面要协助企业把决策方案传达到各个部门甚至每一个员工，帮助他们理解决策方案；另一方面又需要对其实施效果进行观察、分析、评价，并及时反馈给决策部门，以便对原决策作出必要的调整，或为新的决策活动提供信息。

（三）宣传引导

公共关系活动的目的在于为企业树立良好形象，以赢得有利于企业生存与发展的环境。企业的良好形象必须建立在企业自身良好信誉基础上，同时，还要大力宣传企业的成绩，从而影响或引导公众舆论，使之有利于企业树立良好形象。

公众对企业的评价和意见，既是企业在公众心目中的形象，也是企业所面临的舆论环境。公共关系工作不仅要向企业提供和解释公众对企业的评价和意见，还要通过有说服力的宣传，影响或引导公众的评价和意见。从这个意义上来说，公共关系就是分析和影响公共舆论的工作。因此，作为公共关系工作人员，了解舆论的内容和舆论影响的程度是做好公共关系工作的基础。

企业所面临的舆论环境是复杂多变的，处于不同舆论环境下，公共关系宣传引导的侧重点、内容都不一样。一般来说，当一个企业刚刚创建时，或推出某种新产品、新服务时，公共关系部门要负责为其大力宣传，制造舆论，从零开始建立这个企业的良好声誉。当一个企业顺利发展时期，即指企业运转正常、信誉已经建立的时候，公共关系部门就应致力于保持和维护对企业有利的舆论，同时又不断寻找宣传的契机，进一步扩大企业的影响。当企业处于逆境时，即指企业运转面临困境甚至危机，企业形象遭到损害时，公共关系部门就应促进或强化有利舆论，争取独立舆论，扭转或反击不利舆论。

比如：某个企业发生了意外事故，在公众中造成不良影响，这时的公共关系工作一方面应就事件的真相，包括它的起因和后果向公众和新闻媒体进行诚实的沟通，切记不要封锁事实，制造假象；另一方面积极协助企业制定和实施事故处理措施，包括承担责任和补救方法及行动。同时还要大力宣传企业对这一事件的积极处理措施和行动，发挥舆论的导向作用，引导公众客观地、全面地、公正地评价企业，避免公众舆论的情绪化、片面化。要做好舆论的宣传与引导工作，得到舆论领袖的支持很重要。舆论领袖亦称为"意见领袖"，指那些能左右群体意见，在公众中有相当大影响力的人。如果能使他们与你的观点一致的话，那么再去影响其他更多的公众就会比较容易了。

（四）沟通协调

在现代社会中，企业是一个开放的系统。它必须和周围环境建立广泛的联系。宣传引导是这种联系的重要内容。此外，公共关系部门还应通过其他一些日常交往活动，如座谈会、联谊会、研讨会、节庆活动、参观拜访、社会服务、社会赞助等，与公众进行有效的沟通，培养公众对企业的感情，赢得他们对企业的理解和支持。如果说宣传引导侧重于从企业到公众的定向影响，着眼于对公众认识引导的话，那么，沟通协调则应侧重企业与公众之间双向交流，着眼于企业与公众情感的联络。

企业内部沟通是让管理部门和员工彼此之间了解对方的想法和意图，协调好管理部门与员工，管理部门与股东，以及管理部门之间的关系。实践证明，企业内部关系紧张，员工抱怨较多，很多都是源于内部沟通不够，成功的企业必然有一个高效的信息沟通网络，保证上下左右全方位信息交流顺利畅通，从而形成充满信任、团结合作气氛的良好内部环境。

企业外部沟通是企业与其外部各类公众之间进行的信息交流。这种信息交流能避免或减少企业与其外部环境间的摩擦和冲突，即便发生的冲突，也能在沟通基础上迅速予以协调。企业作为社会的一员，对社会福利、卫生、教育、市政建设和文化生活的发展负有社会责任。同时，企业也只有在一个健全社会里，才能求得生存与繁荣。企业对社会的赞助，帮助解决一些社会问题，这样做可以在社区、媒体、顾客、员工等公众心目中树立社会责任感强的良好形象，赢得公众的好感。1983 年美国波士顿大学理切·罗厄瑞教授的调查研究结果表明，那些公众社会责任感强的公司，往往也是赢利多的公司。因此，社会赞助是一项既对公众有利也对企业有利的活动。

（五）全员教育

公共关系是全体成员的公共关系。从创优质产品、提供优质服务到宣传引导公众舆论，都离不开企业全体成员的共同和持久的努力。要使这种努力变成一种自觉的、主动的甚至习惯的行为，必须增强企业全体成员的公共关系意识，使企业从最高领导到一般办事人员都养成自觉珍惜企业良好形象和声誉的职业素质，即便是一个电话、一封回信，都应考虑到对企业形象和声誉的影响。

二、公关活动策划

公共关系策划分 2 个阶段、9 个步骤，具体见图 4-3-4。

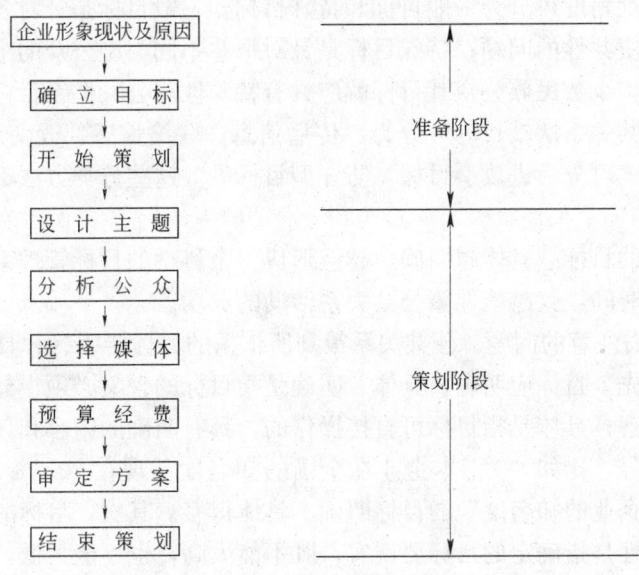

图 4-3-4　公共关系策划

（一）公共关系策划的准备工作

着手进行公共关系策划之前，应首先做好以下两项准备工作：

1. 企业形象现状及原因分析。

企业形象现状及原因分析工作，实际上就是要求公共关系人员在进行公共关系策划之前，对策划所依据的调查材料进行分析、审定。确认调查材料的真实性与可靠性，否则，再好的策划也不会取得成功。

2. 确定目标要求。

确定公共关系工作的具体目标是公共策划的前提，没有目标，公共关系策划就无从谈起。公共关系工作的具体目标是同调查分析中所确认的问题密切相关的。一般来说，所要解决的问题也就是公共关系工作的具体目标。公共关系工作的具体目标是公共策划的。它既不同于公共关系总目标和企业的总目标，又要与这些总目标保持一致，并受到总目标的制约。

（1）确定目标的重要性。公共关系目标，实际上就是企业通过公共关系策划和实施所希望达到的形象状态和标准。确定目标，对搞好企业的公共关系工作十分重要。首先，公共关系目标是指导和协调公共关系工作的依据。公共关系活动的开展要有很多部门和人员配合，在实施过程中会不断出现各种意外情况，有一个明确的目标，可以指导人们的行为，并为人们处理意外情况提供依据和要求。其次，公共关系目标还是评价行动方案实施效果的标准。策划的好坏、成败，最终只能用所确定的公共关系目标来衡量。

（2）公共关系目标分类。公共关系的目标体系可以从不同角度分为不同的类型。通常可按时间长短和目标的共性、个性来分。按照时间来分可分为长期目标和短期目标。长期目标涉及企业长远发展和经营管理战略等重大问题，它与企业的整体目标相一致，反映企业的理想形象和经营信念，时间跨度在 5 年以上。短期目标是围绕长期目标制定的具体目标，它内容具体，有明确的指导性，如年度目标、专题活动目标等，时间跨度一般在 5 年以下。从共性与个性角度可分为一般目标和特殊目标。一般目标是针对各类公众的共性要求制定的目标，解决共性的问题；特殊目标是针对那些不同类型公众的个性需求而定的目标，如对海外公众、少数民族公众其目标就应具有特殊性。公共关系目标还有一些其他分类方法，如按照公共关系活动目的可分为：传播信息、联络情感、改变态度、引起行为；按照活动和作用形式可分为进攻型目标、防守型目标等。这些分类方法都不利于确定具体工作目标。

公共关系策划的目标越具体越明确，越能形成一个科学的目标管理系统，明确各级的责、权、利与完成时间，就越能保障公共关系活动的成功。

（3）确定目标需注意的问题。公共关系策划所依据的目标要明确、具体，并应具有可行性与可控性。首先，目标应明确、具体。明确是指目标的含义必须十分清楚、单一，不能使人产生多种理解；具体是指目标可直接操作的，具有明确的内容和任务要求，而不是泛泛的、抽象的口号，比如，"把本企业在全国的知名度从现在 20％提高到 50％"的目标，要比"提高本企业的知名度"的目标明确、具体得多。其次，目标的提出要具有可行性和可控性。可行性是指确定的目标要现实，既不能太高，也不能太低，经过一定努力可以达到；可控性是指确定的目标要有一定弹性，要留有充分的余地，以备条件变化时能灵活应变。

（二）公共关系策划的实质性工作

在完成公共关系策划的准备工作之后，便可着手进行实质性策划。

1. 设计主题。公共关系活动的主题是对活动内容的高度概括，它提纲挈领，对整个公共关系活动起着指导作用。主题设计得是否精彩、恰当，对公共关系活动的成效影响很大。公共关系活动主题的表现方式是多种多样的，它可以是一个口号，也可是一句陈述或表白。

公共关系活动的主题看上去很简单，但设计起来并非容易。设计一个好的活动主题一般应考虑 4 个因素，即公共关系目标、信息个性、公众心理和审美情趣。具体须注意：

（1）公共关系活动的主题必须与公共关系目标相一致，能充分表现目标，一句话点出活动目的；

（2）表述公共关系活动主题的信息要独特新颖，有鲜明的个性，既要区别于其他企业的活动，又要突出本次活动的特色，与以往的不同；

（3）公共关系活动主题的设计要适应公众心理的需求，既要富有激情，又要贴切朴素，既反映企业的追求，又不脱离公众，使人觉得可亲可信；

（4）公共关系活动的主题设计要注意审美情趣，词句要形象、生动、优美、感人，同时要注意简明扼要，便于记忆、朗朗上口，不能使人产生歧义理解与厌烦情绪。

2. 分析公众。任何一个企业都有其特定的公众，公共关系工作是以不同的方式针对不同的公众展开的，而不是像新闻那样通过传播媒介把各种信息传播给大众。确定与企业有关的公众是公共关系策划的基本任务，舍此不能有效地开展公共关系工作。因为：首先只有确定了公众，才能选定需要哪些公共关系人员来实施方案，以什么样的规格来对待公众。比如，对待国内公众与国外公众、一般公众与特殊公众所派的公共关系人和活动规格应有所区别，才能更有针对性，提高效果；其次，只有确定了公众，才可确定如何使用有限的经费资源，确定工作的重点与程序，科学地分配力量；再次，只有确定了公众，才能更好地选择传播媒介和工作技巧。因为不同的公众对象，其文化素质等是不相同的。

确定公众一般分为两个步骤：

（1）鉴别公众的权利要求。公共关系在本质上是一种互利关系，一个成功的策划必须考虑到互利的要求。因而，策划时必须明确公众的权利要求，将其作为策划的依据之一，通常可排列一个尽可能反映各类公众权利要求的表格，使之一目了然，便于比较分析。

（2）对公众对象的各种权利进行概括和分析，找出哪些是公众的共性要求，哪些是公众的特殊要求，哪些与企业的信念和发展目标相符，哪些相悖，以便分出轻重缓急，区别对待，谋求企业与公众利益的共同发展。

3. 选择媒介。各种媒介各有所长，各有所短，只有选择恰当，才能事半功倍，取得良好的传播效果。选择传播媒介的基本原则是：

（1）根据公共关系工作的目标、要求来选择传播媒介，使其特定的功能适合于为公共关系的某一目标服务。如果企业的目标是提高知名度，则可选择大众传播媒介；如果企业的目标是缓和内部紧张关系，则可以通过人际传播与群体传播，通过会谈、对话等方式加以解决。

（2）根据不同对象来选择传播媒介。不同的对象适用于不同的传播媒介，要想使信息有效地传达到目标公众，就必须考虑到他们的经济状况、受教育程度、职业习惯、生活方式以及通常接受信息的习惯等。

（3）根据传播内容来选择传播媒介。每种传播媒介都有鲜明的特点和一定的适用范围，选择媒介时应将信息内容的特点和各种传播媒介的优缺点结合起来综合考虑。比如：内容简单的快讯可选择广播，它覆盖面广，传播速度快；对较复杂、需反复思索的内容，最好选择报纸、图书、杂志等，它可以从容研读，慢慢品味；对大型专题公关活动的盛况，采用电视则效果最佳，它生动、逼真，能引人入胜。

还需注意的是，只对一小部分特定公众有意义的信息就没有必要采用大众传播媒介，而对个别消费者的投诉，则只需面约商谈或书信往来。

（4）根据经济来选择传播媒介。俗话说"看菜吃饭，量体裁衣"，企业的公共关系活动经费一般都很有限，而越是现代化的传播媒介，费用越高，所以，成功的公共关系策划，应选择恰当的媒介与方式，争取以较少的开支取得最好的效果。

4. 预算经费。公共关系活动经费一般包括几个项目：

（1）行政开支：包括劳动力成本、管理费用、设施材料费等，以上费用属于基本固定的日常开支。

（2）项目开支：指实施各种公共关系活动项目所需费用，特别是那些大型专项活动，所需经费较多，是日常固定开支难以支付的。比如，大型活动的举办、赞助、专项调研、突发事件的处理等。这类费用的预算要有较大的弹性。

5. 编写策划书。公共关系计划经过论证后，必须形成书面报告——策划书。职业化的公共关系策划必须建立自己完整的文书档案系统，每一项具体公共关系活动必须付诸文字，以备查找。

策划书写作应包括以下 10 个方面：

（1）封面。封面应注明策划的形式与名称；策划的主体（策划者及所在公司或部门）；策划日期；文件编号。此外，还可考虑在封面简洁地附加兼有说明的内文简介。

（2）序文。序文是指把策划书所讲的要点加以提炼概括，内容应简明扼要，使人一目了然，一般在 400 字左右即可。

（3）目录。目录要提纲挈领，务求让人读过后能了解策划的全貌，目录与内文标题应统一。

（4）宗旨。这是策划的大纲。应该将策划的重要性、公共关系目标、社会意义、操作实施的可能性等问题具体说明，展示策略的合理性、重要性。

（5）内容。这是策划书的主体和最重要的部分。内容因策划种类不同而有所变化，但必须让第三者能一目了然为原则，应层次分明、逻辑性强，切忌过分详尽冗长。

（6）预算。即按照策划确定的目标（包括总目标与分目标）每项列出细目，计算出所需经费。在预算经费时，最好绘出表格，列出总目和分目的支出内容，这样既方便核算，又便于以后查对。

（7）策划进度表。把策划活动的全部过程拟成进度计划表，包括时间和策划的内容，作为策划进程的指导。

（8）制订有关人员目标责任制。根据目标管理原则，对各项目标、各项任务由何人负责，所有相关人的责、权、利应明确清楚，避免责任不清、权力交叉造成的混乱。

（9）所需的物品和活动场地安排。策划活动中需要的各种物品、设施、场地的布置规模、停车场地等也要细致安排。

（10）策划相关的资料。一般指有关的背景材料、前期调查结果、类似项目及竞争对手的情况等，给策划的参与者和审查者提供决策参考。但资料不能太多，喧宾夺主，应择其要点而附之。

总之，策划书的写作应严谨科学，扼要说明背景，引人入胜地描绘策划主题，详细地描述整体形象。如有可能，应尽量用各种图表给读者以直观、形象的印象。

第四章 房地产营销计划与控制

第一节 房地产营销计划

一、房地产营销计划的内容

在房地产市场营销中，制定一份完善的营销计划十分重要。一般来说，房地产营销计划包括如下内容：

（一）计划概要

计划书一开头便要对本计划的主要目标和建议作一扼要的概述，计划概要可让企业决策者尽快掌握计划的核心内容。内容目录可附在计划概要之后。

（二）营销现状分析

进行营销现状分析的具体内容包括：

1. 阐明影响房地产市场未来的宏观环境趋势，如人口、经济、技术、政治法律、社会文化等的趋向；

2. 提供关于目标市场的资料，说明市场规模与近年来的增长率，同时预测未来年份的增长率，分析目标顾客群的特征和购买行为，并按一定因素进行市场细分；

3. 分析过去几年各种商品房的销量、价格、差异额和利润等资料；

4. 分析主要竞争者的规模、目标、市场占有率、商品房质量、营销策略等方面的情况，做到知己知彼。

（三）机会与威胁分析

机会是营销环境中对企业有利的因素，威胁是指对企业营销不利的因素，对这些应分析轻重缓急，以便使其中较重要的因素受到特别关注。

评估环境机会可从两方面进行：一看吸引力，即潜在获利能力的大小；二看成功可能性。图 4-4-1(a)给出了一个评价环境机会的简单工具。对威胁也可从两方面进行评价：一是可能造成损失有多大；二是损失发生的概率。分析方法如图 4-4-1(b)所示。显然，图 4-4-1(a)中机会①最好，图 4-4-1(b)中①的威胁最大。

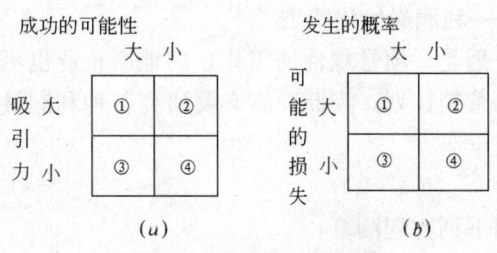

图 4-4-1 环境机会与威胁

(a)机会分格；(b)威胁分格

必须说明：环境机会能否成为企业机会，还要看它是否符合企业的目标和资源。除了对外部环境机会与威胁的分析外，计划书中还有必要对本企业的优势和劣势作出分析。与环境机会计划书中还有必要对本企业的优势和劣势作出分析。与环境机会和威胁相比，优势和劣势是企业内在因素，它反映了企业在竞争中与对手相比的长处和短处。

（四）制定营销目标

营销目标是营销计划的核心部分，它对企业的策略和行为起指导作用。营销计划目标分为两类：财务目标和营销目标。财务目标主要由短期利润指标和长期投资收益率目标组成；财务目标必须转换成营销目标，如销售额、市场占有率、分销的覆盖面、单价水平等。所有目标都应以定量的形式表达，并具有可行性和一致性。

（五）营销策略

在制定营销策略时往往会面对多种可能的选择，每一目标可用若干方法来实现。例如：增加10％的销售额的目标，可以通过提高全部房屋平均售价来实现，也可以通过增大房屋销售量来实现。对这些目标进行深入的探讨，便可以找出房地产营销的主要策略。例如，策略陈述书可以表述如下：

1. 目标市场：高收入家庭，特别注重成功的男士消费者或各公司以及外资企业。

2. 产品定位：质量高档的外销房，有商用、家用两种。

3. 价格：价格稍高于竞争对手。

4. 配销渠道：主要通过各大著名房地产代理公司代理销售。

5. 服务：提供全面的、高标准的物业管理。

6. 广告：针对目标市场着重宣传高价位、高舒适的特点，广告预算增加30％。

7. 营销研究：增加10％的费用以提高对消费者选择过程的了解，并注视竞争者的举动。

（六）行动方案

有了营销策略，还要将其转化为具体的行动方案，比如，如何具体着手做、何时开始、何时完成、由谁做、花费多少，这些问题都要按照时间顺序列成一个详细且可供实施的行动方案。

（七）预算开支

根据行动方案编制预算方案，收入方列出预计销售量及单价，支出方列出生产、广告、物业管理及其他营销费用，收支差即为预计的利润。有关主管部门负责该预算的审查、批准和修改。此预算一旦获得批准，即成为房屋设计、建筑、装修及营销费用支出的依据。

二、改进营销计划——利润最优化模型

制定现代企业营销计划是一项常规性的工作，房地产企业也不例外。企业可以利用计算机软件程序设计自己的营销计划。为此，有必要研究各种利润最优化模型，以改进手工制作的营销计划。

（一）利润方程

企业的总利润可以用下列方程测算：

$$E = R - C \tag{4-4-1}$$

式中　E——总利润；

　　R——总收入；

　　C——总成本。

　　其中总收入 R 等于产品单价 P 乘以销量 Q，即：

$$R = PQ \tag{4-4-2}$$

　　总成本 C 可以表述为：

$$C = cQ + F + M \tag{4-4-3}$$

式中　c——单位可变非营销成本；

　　　F——固定成本；

　　　M——市场营销成本。

　　将方程（2）和（3）代入方程（1）可得：

$$E = PQ - (cQ + F + M) \tag{4-4-4}$$
$$= (P - c)Q - F - M$$

式中　$(P-c)$——单位产品毛利；

　　　$(P-c)Q$——总毛利，用于补偿固定成本和市场营销费用后的剩余部分才是利润。

（二）销售反应函数

　　我们可用销售反应函数描述销量与营销组合各要素之间的关系。准确地说，销售反应函数是在假定其他营销组合因素不变的情况下，测定某一种或几种营销要素支出水平变化对销售量的影响。其中，广为人知的是需求函数，它说明了价格变化对销售量的影响，即在其他营销要素不变的情况下，价格越低，销量越大。需求函数是一条从左上向右下延伸的曲线。此外，销量与营销要素支出水平之间的函数关系还有另外 4 种可能，如图 4-4-2 所示。

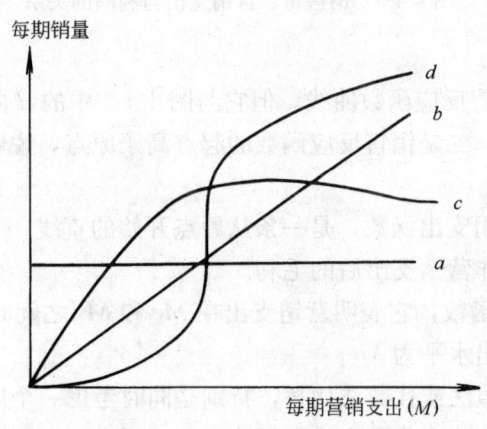

图 4-4-2　销售反应函数

图 4-4-2 中：

　　1. 函数 a 的情况最不可能发生，它表明销量丝毫不受营销支出水平变化的影响。

　　2. 函数 b 表示销量随营销支出的增长呈线性上升，这种情况也很少见。

　　3. 函数 c 是一个凹函数，表明销量随营销支出增长，速度增量递减，这符合人员推销的情况。如在只有一位推销员推销商品房的时候，他首先会访问那些最有可能购买，且购买量最大的目标顾客，此时边际效益最大。当第二位推销员加入时，他只能访问那些成为现实购买者的概率较低、购买量较小的目标顾客,虽然销量上升,边际效益却相应下降。依次类推,继续增派推销员的结果是销量增大速度递减。

4. 函数 d 为 S 形曲线,表示销量随营销支出的增长,先以递增速率上升,然后以递减率上升,最后达到一个极限。广告支出对销量的影响大体如此。广告预算很低时,无力购买足够的媒体版面或时间,促销强度不足,在目标顾客中的知名度不够,对销售增长的促进有限。当广告预算达到一定水平时,目标顾客对企业及其商品房的知晓度和兴趣迅速上升,销量也迅速增长,但无限制地增加广告预算并不能带来销量的相应增长,因为市场需求在客观上存在一个极限,销量越接近极限,促销费用增长带来的边际效益越低。

(三)利润最大化

得出销售反应函数后,下一步是如何将其用于制定利润达到最大的计划,图 4-4-3 表明了一种可行的方法。

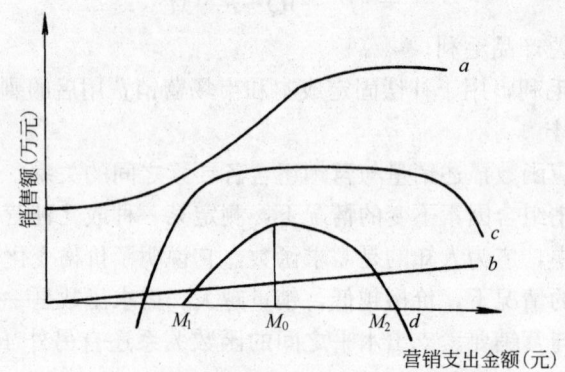

图 4-4-3 销售量、营销支出与利润的关系

在图 4-4-3 中:

1. a 是一条 S 形销售反应函数曲线,但它与图 4-4-3 中的 d 曲线有两点不同:一是纵坐标为销售额而非销量;二是销售反应函数的起点高于原点,说明在没有营销支出的情况下,仍有一基础销售额。

2. b 曲线为营销费用支出函数,是一条从原点开始的直线。

3. c 曲线是减去了非营销支出后的毛利。

4. d 曲线是净利润函数,它表明营销支出在 M_1 和 M_2 之间时净利润为正值,净利润达到最大值时的营销支出水平为 M_0。

上述图解法了用数值法或代数法代替,特别是同时考虑一个以上营销组合因素对销量的影响时,必须采用数值法或代数方法求解。企业还可进一步开发设计制定长期规划和合理分配营销预算的计算机程序,以便更有效地制定最优的营销计划。

第二节 房地产营销控制的基本程序

控制是管理的重要职能之一。如果把市场营销管理看做是计划、实施、控制这样一个周而复始循环的过程,那么,市场营销控制既是前一次循环的结束,又孕育着新循环的开始。

实施营销控制的目的，是要确保企业经营按照计划规定的预期目标运行。控制的原因在于计划通常是建立在事先对众多不确定因素的假定基础之上的，当计划实施过程中遇到与事先假设不一致的现实情况时，就需要通过营销控制及早发现问题，并对计划或计划的实施作出必要的调整。

控制有助于企业及早发现问题，防患于未然；控制还对营销人员起着监督和激励作用。如果营销人员发现上级主管非常关心某个项目，而且他们自身的前途和报酬也取于此，肯定会更加努力地工作，并认真地按计划要求去做。

在房地产企业的营销组织中，有效的营销控制步骤见图 4-4-4 所示。

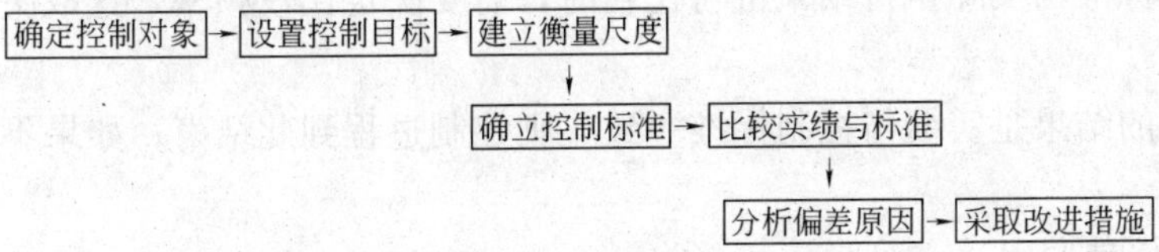

图 4-4-4 营销控制步骤

营销控制步骤具体内容分述如下：

一、确定应对哪些市场营销活动进行控制

固然，控制的内容多、范围广，可获得较多信息，但任何控制活动都需要费用支出，因此，在确定控制内容、范围、额度时，管理者应当使控制成本小于控制活动所能带来的效益或可避免的损失。最常见的控制内容是销售收入、销售成本和销售利润，但对市场调查、推销人员工作、消费者服务、新产品开发、广告等营销活动，也应通过控制加以评价。

二、设置控制目标

这是将控制与计划连结起来的主要环节。如果在计划中已经认真地设立了目标，那么，这里只要借用过来就可以了。

三、建立一套能测定营销结果的衡量尺度

在很多情况下，企业的营销目标就决定了它的控制衡量尺度，如目标销售收入、利润率、市场占有率、销售增长率等。但还有一些问题则比较复杂，如销售人员的工作效益可用 1 年内新增加的客户数目及平均访问频率来衡量，广告效果可用记住广告内容的读者（观众）占全部读者（观众）的百分比数来衡量。由于大多数企业都有若干管理目标，所以，在多数情况下，营销控制的衡量尺度也会有多种。

四、确立控制标准

控制标准是指以某种衡量尺度来表示控制对象的预期活动范围或可接受的活动范围，即对衡量尺度加以定量化，如规定每个推销员全年应增加 30 个新客户；某种商品房的市场占有率达到 3%；市场调查访问每个用户费用每次不得超过 10 元，等等。控制标准一般允许有一个浮动范围，比如上述商品市场占有率在 2.8% 也是可以接受的，访问费用最高不超过 12 元等。

在确立标准时参考其他企业的标准，并尽可能吸引企业内部多方面管理者和被管理者的意见，使其更切合实际，得到各方面承认。为使标准具有激励作用，可采用两种标准：一种是按现在可接受的水平设立，另一种更高标准用来激励营销人员达到更高水平。

确立标准还须考虑项目、地区、竞争情况不同造成的差别，使标准有所不同。考察推销人员工作效率需考虑以下因素：

1. 所辖区内的市场潜力；
2. 所辖区内新房的竞争力；
3. 广告强度；
4. 商品房的具体情况。

因此，不可能要求每个人都创造同样的销售额或利润。

五、比较实绩与标准

在将控制标准与实际执行结果进行比较时，需要决定比较频率，这取决于控制对象的变动频率。

如果比较的结果是实绩与控制标准一致，则控制过程到此结束；如果不一致，则需进行下一步。

六、分析偏差原因

产生偏差可能有两种情况：一是实施过程中的问题，这种偏差比较容易分析；二是计划本身的问题，确认这种偏差比较困难。况且两种情况往往交织在一起，使分析偏差的工作成为控制过程中的一大难点。

七、采取改进措施

如果在制定计划时，同时也制定了应急计划，改进就能更快。例如：计划中规定"一季度利润如果下降 5%，就要削减该部门预算费用的 5%"的条款，届时就可自动启用。但在多数情况下并没有这类预定措施，这就必须根据实际情况，迅速制定补救措施，或适当调整某些营销计划目标。

第三节　房地产营销控制方法

一、年度计划控制

年度计划控制是房地产企业采用的主要控制方法，其目的是确保企业达到年度计划规定的销售额、利润指标及其他指标，它是一种短期的即时控制，中心是目标管理。年度计划控制的实质是随时检查年度计划的执行情况。

年度计划控制的主要内容有以下四个方面：

（一）销售额分析

销售额分析是统计分析与年度销售目标有关的销售额，具体讲有两种：

1. 总量差额分析。

例如：假定年度计划要求第一季度按 1 万元/m² 的价格销售某种商品房 4000m²，目标销售额为 4000 万元。但到季度末仅按 0.8 万元/m² 的价格出销售 3000m²，总销售额为 2400 万元，比目标销售额减少了 1600 万元。这 1600 万元的减少额有多少是由于销量下降造成的，有多少是由于价格降低造成的？分析计算方法如下：

降价影响＝(1.00－0.8)×3000＝600(万元)

(占 1600 万元的 37.5%)

销量下降影响＝1.00×(4000－3000)＝1000(万元)

（占 1600 万元的 62.5％）

结论是，销售额下降的主要原因是由于销量未达到目标而致，故该企业应密切注意它未达到预期销量目标的原因。

2. 个别销售分析。

这是着眼于个别产品或地区销售额未能达到预期份额的分析。

例如：假定某企业分别在三个地区销售某种商品房，期望的销售目标分别是 100 套、150 套和 200 套。实际销量分别达到 120 套、145 套和 150 套。则：

地区Ⅰ：较期望销售量高 20％；

地区Ⅱ：较期望销量低 3.3％；

地区Ⅲ：较期望销量低 25％。

显然，地区Ⅲ是造成问题的主要原因。市场营销经理应检查该地区情况，找出原因。是销售力量不够；还是竞争对手太强大；或是原来的预期目标定得不妥？

（二）市场占有率分析

销售额的绝对值并不能说明企业与竞争对手相比的市场地位怎样。有时一家企业销售额上升并不代表它的经营就成功，因为这有可能是一个正在迅速成长的市场，企业的销售额上升但市场占有率却反而下降。只有当企业的市场占有率上升时，才说明它的竞争地位在上升。

（三）费用/销售额比分析

年度计划控制要确保企业的利润水平，关键是要对市场营销费用/销售额的比率进行分析。

例如：假定某房地产企业的市场营销费用/销售额的比为 3％，即年销售 100 万元的房屋，支出营销费用 3 万元；又假定费用由 5 部分构成；推销人员费用 1.2 万元，广告费用 0.8 万元，其他促销费用 0.6 万元，市场调查费用 0.1 万元，营销管理费用 0.3 万元；它们与销售额的比率分别为 1.2％，0.8％，0.6％，0.1％，0.3％。

这些目标比率因各种随机因素的影响，经常会有可以忽略的小波动，通常也允许存在一个正常的偏差值。但当波动超过正常范围时，就应引起关注。用于跟踪波动情况的控制图，如图 4-4-5 所示。图中显示的广告费用/销售额的正常波动范围在 0.8％～1.2％之间。图中数据有以下两个地方应引起重视：

1. 从第 9 期起，比值呈持续上升状态。在独立事件影响下，遇到 6 次连续上升的概率只有 $(1/2)^6 = 1/64$，故这种不寻常的情况应尽早引起注意。

2. 连续上升最终在第 15 期导致波动值超出允许范围，必须立即进行解释，并采取措施。

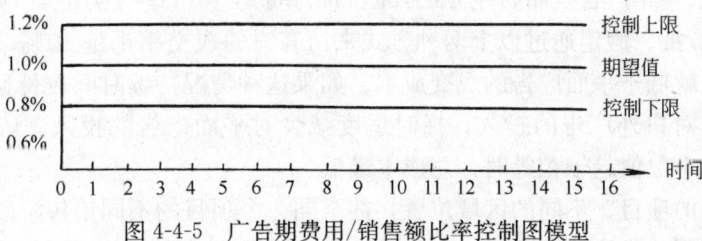

图 4-4-5　广告期费用/销售额比率控制图模型

还有如：费用/销售额偏差分析图（图 4-4-6 所示），可用来评价不同地区达到销售额目标与费用目标的比较。横坐标是销售额目标实现情况（百分比）；纵坐标是费用目标的实施情况，也用百分比表达，斜线是一等比例线。按图 4-4-6 所示：地区 I 达到销售额目标与费用目标几乎等比；地区 B 超额完成了销售指标，但费用水平也以同等比例增加；最糟的是 J 地区，销售额目标只完成 80%，而费用却不成比例地增长到定额值的 120%。

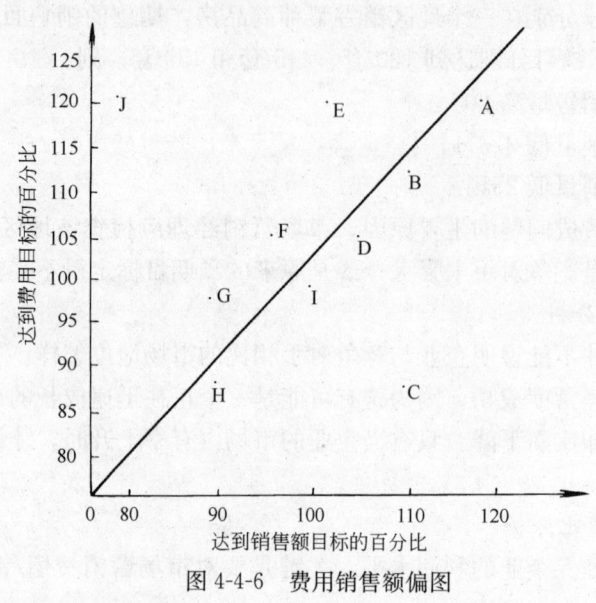

图 4-4-6　费用销售额偏图

（四）广告费用/来访量比分析

有时候，通过营销费用/销售额还不足以说明营销费用的分配是否合理，或者说是否能达到最优，因此我们引入广告费用/来访量比作为参考。由于实现销售的影响因素非常多，并不单纯是依赖于广告创意的优劣和费用投入量，所以，在实际工作中，用广告费用/来访量比作为控制营销费用的办法更为有效。

如果客户不能来访，销售人员就不能与客户进行深入的沟通，自然也就无法成交，因此，客户来访量是一个非常重要的指标。而引导客户来访的最重要手段就是广告，这其中包括平面广告、电台广告、电视广告、户外广告、DM 直投广告等多种方式。通过对以上各种方式的合理组合，广告费用/来访量比逐渐降低，这是控制营销成本的一个非常重要的手段。

比如：通过某次报纸广告的来访客户为 100 批，广告费用 5 万元，则广告费用/来访量比的结果为 500 元/批；一个月内通过某户外路牌广告来访客户也是 100 批，广告费用当月摊销 4 万元（一年广告发布费用 48 万元，每月费用 48/12＝4 万元），则广告费用/来访量比为 400 元/批。假定通过以上两种方式来访客户的成交率都是 10%，则户外广告的成交成本就低于就低于平面广告的成交成本。如果这种情况持续时间较长且较稳定，则开发商应考虑加大对户外广告的投入，择时适度减少对平面广告的投入。依据"帕累托最优"原理，当两个数值趋于相等时，总成本最低。

当然，不同的项目、不同的区域位置，甚至同一个项目的不同销售阶段，所采取的广告投入比例都不同，应该首先通过已有经验进行初步分配，再通过计划实施中的信息反馈不断进行调整。

例如：著名房地产公司万科企业有限公司，早在 1998 就成交了万科购房者俱乐部，简称"万客会"。万科通过给予会员购房优惠折扣、邮寄刊物、组织各种娱乐或公益活动、拓展网络商家等方式，来吸引会员加入。目前，在全国六大城市已发展会员 5 万余人。万客会会员成为万科开发房地产项目的义务宣传员，主动向他们的朋友推荐万科，成为万科项目销售的重要力量。而且，通过万客会来访客房的成本远远低于平面广告或户外广告等方式，使万科成为主要靠口碑卖房的优秀房地产公司。万科的投入取得了超值回报。

（五）成交率和成交成本分析

成交率是单位时间（一般以月计算）成交数量与来访数量的比率。在客户来访量基本稳定的情况下，成交率成为影响销售业绩的至关重要的因素。

影响成交率的因素很多，如价格、房屋质量、销售人员素质以及样板房装修档次、楼书印刷水准等等，其中，有很多因素需要投入营销费用来满足。所以，我们认为应该计算单位时间（一般以月计算）内的相关营销费用与销售量的比率，以考察营费用投入是否合理。

比如，组织一次公关活动，需投入各种费用 10 万元，由此促进成交住房 10 套，则成交成本为 1 万元/套，而通过向成交客户赠送 5000 元机票的促销活动，成交也为 10 套，则成交成本为 5000 元/套，很明显，第二个活动成本更低，应更多使用。

（六）顾客满意度分析

前面的方法主要以财务和数量分析为特征，它们十分重要，但还不够，为了尽早察觉市场销售可能发生的变化，具有远见和高度警惕的公司还应建立顾客满意度跟踪系统。这个系统包括用户投诉和建议制度、典型户调查和用户定期随机调查三个部分。一般而言，房地产企业的用户数量不会很多，建立用户定期随机调查系统不仅是必要的，而且是可能的。建立完善的顾客满意度控制系统，能够提高企业在用户心目中形象，促进企业新房的销售，并为企业开发新项目提供有益的建议。

二、其他控制方法

除了年度计划控制以外，房地产企业经常采用的营销控制方法还有营利能力控制、效率控制和战略控制。

（一）营利能力控制

企业可以利用营利能力控制来测算不同项目、不同地区、不同顾客群体的营利能力。由营利能力控制所获取的信息，有助于管理人员决定各个项目或各种营销活动是扩展、减少还是取消。

营利能力控制的主要内容是营销成本控制和财务指标控制。营销成本直接影响企业的利润，它由如下项目构成：推销费用、促销（广告）费用、代理费用、营销管理费用等。企业在控制营销活动营利能力时主要考察的财务指标有销售利润率、资产收益率、净资产收益率和资产管理效益等项。

（二）效率控制

效率控制的目的在于提高人员在推销、广告、销售促进和代理等各项营销活动的效率，降低营销成本，提高企业整体利润水平。其主要内容包括：推销访问效益、广告效率、管理效率、代理（经纪）效率等多项营销控制。

（三）战略控制

营销战略控制是指市场营销管理者采取一系列行动，使实际营销工作与原计划尽可能一致，在控制过程中通过不断评审和信息反馈，对营销战略作出修改。营销战略具有整体性和全局性的特点，战略控制关注的是企业的未来，因此其难度比较大，进行战略控制可以运用市场营销审计这一工具。

三、房地产营销审计

所谓房地产营销审计，是对房地产企业的市场营销环境、目标、战略、组织、方法、程序和业务等作出综合的、系统的、独立的和定期的核查，以便确定企业的困难所在和各项机会，并提出行动计划的建议，改进企业营销管理的效果。

审计工作开始时，通常由公司内部人员和外部审计专家共同组成审计小组，拟订关于审计目标、范围、资料来源、报告形式、所需时间和费用的协议。然后通过调查访问、收集资料、评价比较等项工作，作出审计报告，进而提出公司营销工作的改进意见。访问对象不仅包括企业内部员工、顾客和代理商，其他有关团体也都应该造访。最后，最高主管应参与审计工作的主要过程，并听取汇报，协助审计专家的工作。

营销审计内容由评价企业营销工作的六个主要方面组成，即：营销环境审计、营销战略审计、营销组织审计、营销系统审计、营利能力审计和营销职能审计。

第五章　网络时代的房地产市场营销

第一节　网络与房地产市场营销

一、网络时代的特征

（一）网络社会的特点

西方学者认为，网络化社会是一个生活质量、社会变化和经济发展越来越多地依赖网络信息及其开发利用的社会；在这个社会里，人类生活的标准、工作和休闲的方式、教育系统和市场都明显地被网络信息和知识进步所影响。

1. 网络信息、知识、智力日益成为社会发展的决定性力量。

在当今世界，信息资源成为经济发展和社会进步的重要保证。信息资源是社会的共有财产，它的开发、管理和利用，直接关系到个人、企业和国家的发展。知识和智力都是以信息为基础的。完备的信息网络是智力分配的先进方式，使人们能够及时了解和使用全人类的信息财富。

2. 网络信息技术、网络产业、网络经济日益成为科技、经济、社会发展的主导因素。

网络技术的先导性和渗透性，决定了它的作用非同一般。网络一方面通过促进产业结构和就业结构的变更，推动各国网络经济的形成和发展；另一方面通过对传统国家市场的突破和对全球市场结构的孕育，开创世界范围的网络经济。在网络时代，世界经济的重要性会超越单一的国家经济性。

3. 网络信息劳动者、脑力劳动者、知识分子的作用日益增大。

从事网络信息的生产、储存、分配、交换活动以及与此有关的各类工作的劳动者人数和比重，正在急剧增加，并超过其他劳动者。由于知识成了改革与制定政策的核心因素，技术是控制未来的关键力量，专家与技术人员将成为卓越的社会阶层而发挥重大的历史作用。

4. 社会经济生活分散化、多样化、小规模化、非群体化、节奏加快的趋势日益加强。

网络信息革命进一步解放了人的脑力劳动，使人摆脱了机器的束缚。电子计算机及其通信网络加速了信息的流动，改变了人们赖以行动的信息结构，从而使生产与生活的分散化、多样化、小规模、非群体化成为可能。未来的多媒体系统和综合业务网络，将更进一步缩短信息流动的时间，使分散在世界各地的信息成为瞬间即可供人类共享的资源。对网络信息资源的多种选择，是实现社会经济和生活多样化的保证。

5. 由于网络信息的迅速传播，结合其他技术的进步，人们的生活节奏和社会变革速度大大加快。

由考察生产力的发展得知，农业社会持续了几千年，工业革命快于农业革命，经历时间只有前者的1/10，而网络信息革命目前经历的时间只有短短的几十年，技术创新的速度和人们生活内容变化的速度更是以往几千年无法比拟的。

（二）网络经济的八大特征

许多人将"信息经济"、"数字化经济"、"注意力经济"、"计算机经济"和"网络经济"互用或借用，也有人甚至将它与"新经济"、"21世纪经济"等词汇联在一起。虽然用词与提法各不相同，但所有这些新描述都表明了一个共同的信息：我们的经济环境正在因为有了信息技术、有了网络而悄然发生变化，新的经济环境正在形成。

网络经济其实质是知识经济，在美国经济学界又被称为"新经济"。新经济用一句话来表示，就是高增长、高就业和低通胀。数字化网络的技术革命所带来的信息化与新经济有着必然的联系。新经济已经展现了从根本上解决传统经济周期和波动问题的光明前景，其特征如下：

1. 传统经济是迂回经济，网络经济是直接经济。

工业社会生产方式的本质是迂回生产，通过生产和消费之间的中间链条来取得价值。而网络社会生产方式的本质特征是缩短生产和消费的中间环节，通过直接接近目标来获取价值。网络经济能带来大量的新产品和服务，并降低生产成本。网络能够成为直接连接企业与最终客户的捷径，传统的中间商业环节将面临被替代的可能性。

2. 网络经济是以其产品和相关劳务中信息资源比重高于物质资源的比重的经济。

人们把信息产品、信息服务、信息产业称为知识和智力密集型的产品、服务和产业。

3. 由于网络信息传播的广泛性的网络技术的高渗透性，网络经济是典型的高渗透性经济，主要在于它全面融合于社会和产业的各个部门。网络经济渗透并服务于社会经济的各个领域，可产生巨大的直接效益和间接效益。

4. 网络经济有成本、价格和价值，同样也有自己的市场。

一般市场上所具有的生产、流通和价格三要素，网络市场上也一样具有。但是，网络经济中的固定成本不会因为利润的增长而增长。网络经济与传统经济不一样，网络的使用量越大，其成本越低。这与传统经济规模越大、用人越多，成本也就越大是不同的。

5. 网络经济是知识经济、智力密集性经济，是发展快、需求广、受科技进步影响大的经济，是产出效益高的高增值型经济。

6. 网络经济商业运作模式与传统的商业动作模式不同。

传统的商业动作模式是"产品 → 市场 → 销售 → 服务 → 客户"的开发流程，新兴的电子商务的网络文化是一项"质"的飞跃，它更强调买方与卖方的双向互动，网络经济的商业流程可以描述为"客户 → 服务 → 市场 → 销售 → 产品"。

7. 网络经济提高数量、可靠性和及时性，使企业经营的不确定性大大降低。

8. 网络经济是规模经济。

网络经济和传统经济也有很大的共性，如果没有一定的规模就产生不了效益。

二、网络对房地产市场营销环境的作用

网络的巨大威力使人类进入了网络新经济时代，网络作为一种创造性的、破坏性的力量，也正在使我们的房地产市场营销环境发生转变。

（一）时空观的转变

我们的社会正处于传统工业化社会到信息化社会的过渡期。一方面，人们仍保持着建立在工业化社会中精确的物理时空观；另一方面，建立在网络化社会可变性、没有物理距离电子时空观，这些正在深深地影响着我们的生活和工作。因为有了网络，世界变小了，我们生活的星球变成了"地球村"；因为有了网络，视野变大了，人人都可做到"秀才不出门，尽晓天下事"。网络缩短了人与人交流的距离，使我们可以在家里办公，可以足不出户就享受网上购物的乐趣。

（二）由层层代理（或批发）到直销方式转变

网络经济是消费者主权经济。有了便捷的网络工具，生产商和最终消费者可以直接面对面地交易，甚至讨价还价（包括对商品各个要素的讨论），使传统的分销体制受到冲击。这一转变直接带来的有利作用是削减了交易费用和降低了中小生产者进入市场的障碍；不利影响则是先前多由中间商承担的售后服务一时可能出现空缺。

（三）从消费者被动接受信息到互动的信息供需模式的转变

传统媒体的共同特征是完全主动地向受众传播全部装载信息，即从头到尾，文章全篇暴露在读者的眼前；受众只有选择接受与否的权利，而没有选择接受什么的权利。网络信息以超文本形成链接，用户对有兴趣的东西，打开看一看，没兴趣的则完全不必顾及无端的侵扰。

（四）个性化消费将主导潮流

市场营销的核心理念就是从顾客需要出发制造出满足需要的产品。实际上每个人的需求都不一样，但企业只能批量生产出同一种商品大体满足人们的需求，这是营销理念的不完全实践，而网络为完全实践提供了机会。

实现个性化消费至少应具备以下三个条件：

1. 生产能力。在人类有史以来的几千年里一直处于个性化消费状态，自己织布、自己缝制，想吃什么就做什么，想住什么样的房子就想法建一栋。这种状态一直延续到机器大生产时期，大批一模一样的东西开始抹杀消费者个性，间间块块兵营式的住宅楼，千篇一律的东西使个性难以张扬。现在，许多企业由流水线生产重新回到了单独的生产环节的结合体，只是每个环节的动化程度都已经大大提高，从而为个性消费准备了生产的可能性。

2. 信息传递能力。使每个人的个性消费能够便捷地到达生产者，不用说，网络已经提供了最好的条件。

3. 个人意愿。这是指愿不愿进行个性消费。西方人素有追求自由的传统，人本主义一直是西方文化意识的主流，从浪漫主义到现代主义、后现代主义，自我发现，自我尊重的精神简直无处不在。一栋别墅、一间木屋，甚至一个安在树上的窝巢，一辆汽车都有可能是某些人至爱的家园。东方人虽然深受儒家文化影响，建筑物的多样化需求被森严的等级制度扼制了几千年，但是进入网络时代和中国市场经济的接轨，对这种文化形成了巨大冲击，许多人产生了一种积蓄的爆发力量，表现出对个性化更强烈的追求。毫无疑问，个性化消费一定会成为网络时代房地产消费的主导潮流。

以上阐述的种种营销环境的改变都只是表面现象，究竟网络生存空间会给政治、经济、文化生活带来哪些深层次的革命，房地产市场营销战略应作出如何调整以适应变革的需要？

三、网络化是未来房地产业发展方向

由以上分析可以看出，网络时代是典型的科学技术进步与应用改变经济、社会、文化环境，从而影响人们的工作、生活直至意识形态的过程。这个过程在人类社会发展中一直是进行着的，只不过是近年来计算机、通信、网络技术的迅速发展和运用带来了诸多革命性的变化从而推动人类进入了新的时代。

与网络经济相结合是包括房地产行业在内的各个行业共同面临的问题。房地产企业网络化，实际上是房地产开发各环节的网络化问题，其核心就是房地产信息流通的网络化。

网络经济的出现和电子商务的日益普及，不仅改变了原有市场营销理论，还带来了营销观念的革命。具有远见卓识的开发商已经预见到了网络对于本行业市场营销策略的深刻影响，识时务者已大胆地进行了网络营销的有益尝试。随着网络与房地产业的逐渐事例融合，网络至少已在以下几个方面显示出对房地产业的作用：

1. "缩短供应链"，让企业或者个人能够通过互联网来实行网上订货或者网上看房、选房；

2. "优化住房功能"，包括发展智能住房使居民在房间里上网很容易，物业管理很方便；

3. "拓展多种服务"，包括使用房地产网络实行网络购物、订票、订餐，等等。

第二节　网络时代的房地产市场研究

一、网络时代的房地产市场分析

（一）网上消费者行为分析

中国互联网络信息中心（CNNIC）发布的第十六次中国互联网络发展状况统计报告显示：截至 2005 年 6 月 30 日，我国上网用户总数为 1.03 亿人，半年增加了 900 万人，和上年同期相比增长 18.4％。其中宽带上网的人数增长迅猛，首次超过了网民的一半，达到 5300 万人，增长率为 23.8％，这也是宽带用户首次超过了拨号上网用户人数。我国网民数和宽带上网人数均仅次于美国，位居世界第二。

1997 年 10 月 31 日，我国上网用户数仅 62 万。不到 8 年的时间，网民的数量增长了惊人的 160 多倍！由此也带来了前所未有的商机。据报告的热点数据分析，我国网上购物大军达到 2000 万人，网上支付的比例增长近半数，网上购物市场巨大，网上购物者半年内累计购物金额达到 100 亿元。他们的主力年龄是 28～35 岁。而未来几年内，28～35 岁的人群也将是房地产的主力消费群。

Internet 用户作为一个特殊群体，有着与传统市场群体截然不同的特性。因此，要开展有效的网络营销活动，必须深入了解网上用户群体的需求特征、购买动机和购买行为模式。Internet 作为信息沟通工具，正成为许多兴趣、爱好趋同的群体聚集交流的地方，并且形成了一个特征鲜明的网上虚拟社区。了解这些虚拟社区的群体特征和偏好，便是网上消费者分析的内容。

1. 网络用户的上述特点使他们更加注重自我，而不是那种大众化就能打发了的人。

今天的他们都各自有一些独特的、不同于他人的喜好。他们之间可能有同样的兴趣，也许被归为同类，但是他们的具体要求将越来越独特、越来越变化多端，决不能像过去那样对他们一概而论。

2. 头脑冷静，擅长理性分析是网络用户的另一个显著特点。

他们是那种不会轻易被舆论左右、受潮流影响的人，对铺天盖地的广告轰炸也有相当强的抵抗力，他们不愿在花花世界里驻足流连，却宁愿像个苦行僧似的面对一大堆数据资料苦苦推敲，并据此作出决定。

3. 对新鲜事物孜孜不倦的追求是网络用户的又一大特色。

他们的爱好广泛，喜欢不时地到网上冲浪，无论对各种新闻、股票报价还是网上娱乐活动都表现出浓厚的兴趣，对于未知的领域，报以永不疲倦的好奇心，不安分守己，对事物喜欢追根究底。

4. 好胜而缺乏耐心是网络用户的共同特征。

在搜寻某一类信息时，他们往往只看首先搜索到的信息，如一定企业在搜索引擎中不是排在前十几位，就很容易被他们忽视。并且，他们希望立刻就能查到所需内容。他们的时间单位是以秒计算的，如果路径繁琐、连接和传输的速度不尽如人意，他们就会血管扩张、心跳加速，愤然离开这个站点。

5. 网络用户的品位越来越高。

从产品设计到外形和服务，人们要求的质量和精细程度都相当高。越来越多的家庭有着较高的年收入，这就使得他们在购物时有自己的标准。他们的需求更多了，变化更多了，逐渐也变成了消费者在制定市场法则。

6. 网络用户价值观的变化使得他们采取了不同以往的态度与期望。

如环境已对购买公众有着巨大的影响，并将继续成为 21 世纪的一种主流价值观。网络用户对商标的看法也将有新的变化，他们不再轻易地被商品的牌子所迷惑，他们要的是既有质量又有合适价格的东西。同时，他们还愿意不断看到并支付新牌子的出现。

（二）网络时代的房地产需求分析

就住宅市场而言，由于网络时代的到来，产生了两个群体值得关注：一个群体是网民；另一个群体就是近年来网络神化创造的"网络新贵"，更广泛地讲是"知本家"群体。不断增长的网民将是房地产产品巨大的潜在消费者，而"知本家"群体则已是房地产产品的现实消费者。

从营销学角度看，网民这一独特的社会群体本身就是一个巨大的潜在市场。这一市场的主体具有鲜明特征，如学历较高、收入较高、追求生活品位、易于接受新事物等。系统地调查研究这一细分市场，为网民度身定造信息社区是房地产业的发展方向之一，这个市场潜力是相当大的。

如果说因特网改变了一切有点夸张，但是，网络经中可以说是新经济的发展，的确让一部分靠智力工作的人迅速地先富起来了，网络也的确影响了一批人的工作习惯，提高了一批人的生活品质，形成了一些新的家庭结构，居住模式也发生了很大的变化。到底是一种什么样的变化呢？面对这群高智慧、高收入的"新兴中产"们复杂而个性的居住和生活习惯的改变，适合这些"新兴中产"或"知本家"的住宅是什么样的呢？这一群体的发展壮大，对房地产市场的影响不容忽视，应进行研究。

网民或"知本家"的居住需求，影响到住宅市场；而众多的网络公司的办公需求，更是深刻地影响了写字楼市场。

1999 年底至 2000 年京城高档写字楼回暖，最直接的推动就是大量的网络公司产生。

网络公司不仅要有一个中心机房，还要配备各种专业，一般办公面积都在 $400 \sim 500m^2$ 以上。而且他们大都手握大物风险投资，负担得起高级写字楼昂贵的租金。不过他们对写字楼无论是形象上还是功能上的要求都比较高，一方面网络公司一般都对自身企业形象很看重，另一方面是希望写字楼能给自己提供一个好的对外联络出口，保证自己的信息传输功能。

在网络时代，研究网络公司及高科技企业写字楼的需求，为他们建造满意的办公场所，无疑是当今房地产市场的又一机会。以高科技企业聚集、网络众多的北京中关村为例，为迎接新经济的浪潮，适应高科技企业的发展，北京市人民政府已开始了加快中关村科技园建设的步伐，其中重要的一项政策就是要增加中关村地区的高档写字楼建设，控制中低档写字楼。从目前来看，位于中关村大街的智能化高级写字楼如中关村大厦、数码科技大厦等市场反应都相当好，而且入驻办公的企业 80％以上都是网络公司或高科技企业。

二、网络时代的市场调研

（一）网络时代的市场调查与传统市场调查的区别

房地产市场的调查研究是运用科学的方法，有目的、有计划、系统地收集房地产市场营销方面的各种情报资料，通过对过去与现在营销状况及动态性情报资料的分析研究，为开发商预测项目经营销售状况，制定正确项目决策提供了可靠依据。

无论是开发商想寻找新的投资机会、抢占市场、确定开发适销对路的物业，还是想为已开发物业制定营销策略，或是为提高物业质量和附加值、提高经济效益，市场调查总是在其中发挥着重要作用。

房地产企业不仅需要收集有关的市场信息资料，还应特别注意这些因素在网络时代的变化，比如，便捷的通信可能进一步推动家庭小型化潮流；由于知识共享，科学技术发展更新速度会大大加快；网络推动世界经济一体化进程，在跟上世界步伐的同时维护国家利益，一国的政治法律制度都需要给出新的规则。所有这些信息，涉及面太广，企业没有能力也没有心力一一收集，通常的办法是从二手资料获得，可以求助于政府机关、行业协会的各种年鉴、报告、统计资料，或者直接从专业市场购买。企业也能从网上得到很多有用的信息，到相关网站上轻轻一点，就可以免去查找浩轶繁卷之苦；到一些网上论坛看看，往往还可以获得专家们对宏观问题现状与趋势的精辟分析；到网络聊天室去侃侃，则可以洞察网民心态。

（二）如何进行网上市场调查

由于网络的应用，网上市场调查便应运而生。网上市场调查，Internet 主要利用交互式的信息沟通渠道来实施调查活动。它包括直接在网上通过问卷进行调查，还可以通过网络来收集市场调查中所需要的一些二手资料。

上海的一家房地产开发商的市场信息部门曾偶然进入了一个叫"上海新人"的网上聊天室，他们惊异地发现那些初来上海闯天下的年轻人有着许多共同语言。他们乐意相互学习，希望生活中能相互帮助，特别是希望有一处不大却属于自己的空间。开发商由此大受启发，决定开发一个面向这些"上海新人"顾客群的项目。经过细致周全的市场调查和项目定位的研究，他们将户型设计为面积较小的一室一厅，居室面积不大，客厅装修简单舒适而温馨。一般以家庭为单位配备的洗衣、清洁等设备，在这里都以楼层为单位统一提供。所有的居室都有先进的通信设备与外连接，小区还开发了各种便于集体活动、学习交流的公共休闲娱乐设施。企业在楼盘发售上也采取了出售、出租并重的方式。总之，房子恰到好处地迎合了"上海新人"的口味，一经推出就被抢购一空。

以上是聊天室获取市场信息并成功运用的案例，虽然其带有偶然性，但作为市场侦察兵的市场调查人员绝不可忽略了网络这一重要阵地。

利用网络这一调查工具，虽然可以提高调查效率和调查效果，但 Internet 作为信息交流渠道，已是信息海洋，因此在利用 Internet 进行市场调查，重点是如何利用有效工具和手段实施调查和收集整理资料。在网络时代，获取信息不再是难事，关键是如何在信息海洋中获取想要的资料信息和分析出有用的信息。

由于网络的出现和普及，网络时代会对人们的生活方式、工作方式以及观念带来许许多多未知的变化。在经济转型时期，正是这些新方式萌生、发展、壮大或淘汰的时期，去触及和认识这些新事物，找到网络时代的"共识"，是市场调查的新课题。

（三）网上市场调查的优越性

互联网的发展为房地产营销调研提供了先进的技术支持，房地产企业可以通过互联网直接向潜在顾客发出调查表，征求客户意见、了解客户需要。这种方式与传统的信邮、走访相比，在调研周期和信息量方面均有极大的优势。当然，若能将调查表与数据库集成，直接对反馈的信息进行统计、处理，更能提高调研工作的效率。

利用计算机的逻辑判断功能和强大的网络工具，进行网上调查还可以克服传统市场调查的某些不足，使调查更科学，结果更具有针对性。现在，市场上已有提供网上问卷设计及调查的专业公司开发的软件，较之传统的问卷调查形式，其优点体现在以下几方面：

1. 科学抽样。根据需要，可在样本库中进行随机抽样、分层抽样、抽样保护、科学配额等操作，让您轻松挑选出符合调查需要的、符合科学规律的样本。

2. 惟一性判别。保证只有被邀请的人才可以填写问卷，而且只能填写一次。

3. 每题单屏显示。被访者填写问卷时，每一题目都是单屏出示给受访者，使其不会被前后的问题和选项干扰，从而影响调查数据收集的质量。

4. 题目和选项循环交替。题目出现的先后顺序和选项排列的先后顺序循环变化，避免因问卷问题的顺序和每题选项的顺序固定而使调查数据出现偏差。

5. 逻辑判断。根据前一题受访者不同的回答，在本题出示不同的题目，可以更真实地体现受访者的真实想法，大大缩短了每个被访者看到的问卷长度，从而避免冗长的问卷对调查数据的影响。根据预先设定好的技术锁，实时判断受访者的答题是否符合规范，并且立刻对不符合规范要求的进行更正，重新回答该问题。这一措施有效避免了问卷后续处理中挑选错误问卷、编码、数据录入所产生的人为错误。

6. 帮助提示。每题可以提供"帮助"，使受访者可以更好地了解题目意图，有效避免了传统调查因访问员理解、传达题意，甚至作弊而对调查数据造成的致命影响。

7. 图片展示。每题可以提供图片和说明文字，使问卷图文并茂。

8. 实时监控。调查数据的质量是在调查过程中形成的，所以在调查进行期间，可以方便、灵活地随时进行调查质量的监控和修正。

9. 客户化的问卷。所有问卷都经过了客户化的处理，启用这一功能后，受访者参加调查时，看到的是公司的 Logo 等等，可以让受访者明确感到自己是在参加自己公司举行的调查。

10. 科学的题型配置。

题型包括：单项选择、多项选择、限制性多选、问答题、数字型题、可归类的开放题、重要性排序题、比例题等等。

三、网络时代的房地产产品

产品的广义定义是指：任何能满足人们的需求和欲望的东西。市场营销学中整体产品的概念由深到浅地分为三个层次：即核心产品、有形产品和附加产品。在网络时代，房地产产品呈现出以下趋势：

（一）个性房屋

传统的房地产开发模式是，开发商根据市场调查去盖房子，盖好了房子，再大声叫卖，但往往与客户的需求相差很远。随着客户的不断成熟，他们日渐强烈的渴求住进按照自己的意愿修建的房子，网络的出现使他们的渴求成为现实。

现代社会崇尚个性发展，消费者特别是新时代成长起来的年轻一代，往往把需要能否得以全面满足、个性能否行以发挥和张扬，作为衡量和选择商品的一个重要标准。具体到房地产营销来看，所有的购买者没有谁不希望所购买的房屋能使自己得以最大限度的满足，因此，只有充分研究消费者的欲望和奢求，并将其贯穿于楼盘开发的全过程，才可能使自己的项目成为市场亮点。

传统的房地产开发模式既不能充分满足消费者的个性需求，开发商本身又背负着巨大风险，一旦批量生产的房屋不符合消费者的口味，那些产品就无法变成商品。而在网络时代，当消费者坐在计算机前轻点鼠标，就可以完全参与到房地产商提供的个性化服务中来。

开发商为消费者提供个性房屋其实并不难，关键是要在细分市场的基础上充分重视消费者的需求，为特定的消费者量身定做他们所需要的房屋。开发商可以提供专门针对单个消费者要求而建设的独立房屋，如北京万通集团推出的网上筑巢计划。万通"筑巢网"的概念，是在网上更个性化的定制房子。客户把自己需要的户型、外形、地段、结构先在网上交付定金，监督和了解施工的过程。在网络条件下开发商还可以让消费者针对市内装饰、社区配套、园林风格等发表意见，如什么地方应该建一片绿地，什么地方应该种树，什么地方应该建一花园，停车场应该建在什么位置等等。

（二）模糊产品

随着时代的进步，网络工具的运用，传统的时空观念受到挑战，消费者的工作和生活方式正在悄然发生着变化。在北京，被称为"SOHO 一族"的自由职业者和居家办公者越来越多，比如记者、作家、经纪人、摄影师、计算机编程员等。还有一些正在起步和发展阶段的公司和一些规模不大的公司，如广告公司、设计工作室、律师、建筑师、会计师事务所、外国驻京办事处等。在网络信息时代，他们的行为方式确定了他们了需要自由的工作时间，自在的做事方法。而电子网络对人们生活的进一步侵占，"SOHO"正是应他们的需要而问世的，即花买一套房子的钱就可得到工作和生活这两种需求的满足。在这样的时代日前背景下，SOHO（Small Office Home Office）这种既不是住宅，也不是写字楼的"怪胎"，得到了市场的认可，成为 20 世纪末京城楼市的宠儿。

（三）智能建筑——E-house

智能建筑即高功能大厦，是方便有效地利用现代信息与通信设备并采用楼宇自动化技术，使之具有高度综合管理功能的大楼。

智能建筑的概念是近几年才风靡中国内地建筑界的时髦用语。之所以如此流行，是因为智能建筑可以使人们工作、生活在一个自动化、高效率、高舒适的环境里，随着人们工作节奏的加快、生活水平的不断提高，所建大楼具有这种智能功能，自然对人们具有极大的吸引力。

智能建筑中的网络信息技术会大大提高房地产商品的性能价格比，增加房地产商品的附加值。如何顺应潮流，着眼未来，在激烈的市场竞争中抢占滩头，还需要房地产开发商摈弃技术恐惧症，具有网络经济意识，开发出人性化的房地产商品。

（四）智能社区——E-living

随着网络社会的到来，人们对住宅的选择已不仅仅局限于居室面积、房型设计、交通环境等外在条件，而是逐步把更多的注意力放在与外界沟通、信息服务、安全防范、物业管理等方面。网络社会居住模式发生的巨大变革，将逐渐淘汰低智能的住宅，智能单体住宅将是房地产业发展新时期的显著标志。

网络家居最根本的是把一个个的智能单体通过网络连接成为一个整体，这样可以做到资源共享，并且可以依托智能单体提供增值服务。居民可以在线了解房屋产品，可以通过网络提出他的需求，同开发商交流对社区建设中认识。业主的反映对开发商而言，是最为关键的。

一个新媒体的产生，大多会引起社会结构及人们生活方式、思维方式的变革。作为一种新媒介，计算机网络的迅速发展给我们的工作和生活方式带来了巨大的变化。为了适应这一趋势，北京现代城在社区智能化、网络化方面进行了有益的探索。

现代城的销售人员曾这样描述 E-living 的生活：当您入住现代城时，以下情景有可能成为现实。早晨起来，您可以通过您的计算机查看社区服务中新提供的图文并茂的早餐供应表，然后确定你所需要的早餐；在等待送餐的时间里，您可以通过 Internet 收看世界各大电台、电视台的新闻节目；用完早餐后您乘坐高速电梯直达地下停车场，开着您的爱车到达自动化洗车场，把车清洗干净；到办公室之后，您突然想起自己没有关灯，没关系，您可以通过办公室的电脑把家里电灯、电脑等关掉；同样，下班之后您可以通过计算机进入"社区沙龙"同您的邻居"面对面"地聊天，谈生意，同远在美国的一个您素不相识的人进行游戏大战；您还可以通过计算机查看股市行情、金融信息；此时已是夜里 11 点，如果您仍无睡意，可以通过视频点播 VOD 收看您想看的某部影片或某场足球赛；您突然想起第二天要去香港出差，于是便通过计算机网络订购机票和目的地的酒店房间，并查看那里的天气情况；假如您有睡前读书的习惯，您可以通过网络图书馆阅读各类书籍……

第三节　网络时代的房地产市场营销策略

一、网络时代的房地产营销策略

（一）品牌策略

网络经济时代，顾客转换选择的方式仅是轻轻点击鼠标，品牌转换的成本大为降低，因而顾客忠诚度也更加难以维持。顾客的"眼球"之争，谁主沉浮？实施品牌战略，保持顾客的注意力优势，是毋庸置疑的制胜法宝。

在过去的几年中，互联网技术的广泛应用使品牌在通过传统媒体如电视、广播、印刷品进行传播的同时，有机会通过网络向更多的受众推广。在"信息透明"的网络社会，无论是房地产的企业品牌还是产品品牌，都会因为有了网络的存在而使品牌传播的渠道更宽、渗透力更强、作用更大。360°的品牌传播应该覆盖所有的可能渠道——能够到达你的目标受众准确的定向渠道。目标受众自然包括网民，所以有足够的理由进行网络营销以及推行品牌行销的网络广告。网民的构成主要是受过高等教育的年轻人，他们是当前以至以后最为重要的消费群体；同时，网民逐渐成为整个社会消费的 Opinion-Leader，网民的取向代表着潮流的尖端。进一步说，采用网络广告进行品牌行销，这种行为本身就赋予了品牌以全新的含义。

房地产本身是一个十分传统的行业，而网络则是十分现代化的工具，利用网络进行品牌行销不仅可以加大品牌的传播力度，而且还可以提升企业形象。从这个意义上讲，网络实际上是为弱势企业创立自己的品牌提供了一个平等的机会。

（二）产品策略

网络经济时代的产品策略是房地产市场营销组合策略中的重要组成。随着社会的网络化和信息化进程加快，新经济的蓬勃发展带来了经济领域的革命，既带动了经济繁荣，又出现了新的财富分配方式，改变着现有的社会关系。新经济带动大量传统技术的更新，迅速地引起了人们生活方式的变化。

就住宅而言，网络新经济形势下中国的房地产住宅呈现以下几大发展趋势：

1. 新经济对社会关系的影响最终是积极的，将促进社会关系的平等和进步，因而中产阶级或中间阶层将是主要购买力，他们要求中等价位和适当中低密度的住宅。

2. 新经济改变了在传统经济基础上形成的城市功能和分区，促进城乡一体化要求城市格局走向分散和均衡，因而规模社区、复合社区更为市场所接受，市场从关注区位转向关注交通。

3. 新经济及加入 WTO 带来的国际化势不可挡，消费者已从对国际上最先进的住宅产品的羡慕转变成大胆追求的行动。可以预见，中国住宅产品主流模式将在不远的将来发生重大的转变。

4. 新经济使消费者更加关心住宅的建造技术，因而开发商必须保持住宅产品和社区在使用功能和技术应用上的先进性，其中环保将是十分重要的内容。

鉴于以上发展趋势，开发商应对新经济时代的产品和项目发展策略就不能只是智能化、网络化以及其他新技术的应用，而是要全面、综合地掌握新经济对社会生活的影响，以至对人们居住模式的改变，去开发顺应市场趋势的住宅产品和项目。

（三）定价策略

有人将这个时代称为"网络为王"的时代，因为网络极大地改变了我们的时空观和信息获取方式。从经济学的角度来看，信息不对称是价格波动的重要原因。但由于在互联网上信息传播的高效性、对称性，使价格波动变得非常有限，因而寻求尽量接近房地产产品价值的开盘价将显得越发重要。

因此，有了网络竞价这一新兴的定价方式。它是由消费者按照其所掌握的有关信息和物业评价以及所需求的迫切程度等因素给出自己的报价。开发商将众多消费者的报价进行比较分析，择优达成交易。网络的互动性使消费者足不出户就可以参加竞买，这也为房地产开发商获得最优价格提供了可能。供求相互匹配的经济学原理在此得到了充分体现，这正是需求导向定价法的具体应用形式。

网络竞价有网上竞价开盘、竞价拍卖和集体联合竞价等多种形式。

1. 竞价认购或开盘。指在内部认购或开盘期间确定其他基础户型，客户参加无底价竞价，得出开盘基本价并自动生成其他户型价格。

2. 热点户型开发商竞卖。在销售过程中开发商可以将热点户型或单元举行专场竞价购买。

3. 客户集体侃价竞买。对于在某一时间段已经提交保留申请但还未正式购买的客户，可集体在线议价，向开发商要求集体购买意义上的折扣，一旦折扣达到单个客户所不能争取到的优惠，客户集体则可与开发商成交。

（四）渠道策略

如果说 Internet 对房地产市场营销影响最大的是什么，当数对营销渠道的影响。在网络经济条件下，网络无疑缩短了供应链，拓宽了房地产的营销通道，增加了房地产商品展露的机会。网上直销、电子商场、房产超市等基于网络的新事物出现对传统营销渠道提出了挑战。

1. 房地产网上直销。网上直销是指开发商通过网络渠道直接销售产品。通常做法有以下两种：

（1）企业在因特网上申请域名，建立自己的站点，由网络管理员负责产品销售信息的处理，传统的销售工作可有机嵌入信息化营销流程；

（2）委托信息服务商发布网络上信息，以此与客户联系，并直接销售产品。

网络直销的低成本可为开发公司节省一笔数量可观的代理佣金，而且还可利用网络工具(如电子邮件、公告板等)收集消费者对产品的反馈意见，既能提高工作效率，又能树立良好的企业形象。

网络直销方式多适用于以下情况：

一是，大型房地产公司，公司内部设有网络销售部，专门负责网上楼盘销售。如香港一些知名的大地产商已经准备采用这种直销方式。

二是，楼盘素质特别优良，市场反映非常好，甚至有的业主愿意预付部分或全部建设费用，这当然无需再找中介机构了。

2. 网络间接销售。由于房地产市场竞争日趋激烈，信息获取是否及时、准确直接关系到项目的成败。网上中介机构置身于市场信息海洋，关系网广，具有很强的推销优势。专业代理网站不仅拥有数量可观的访问群，而且具有房地产专业知识和丰富的营销经验，能够很好地完成营销策划。考虑到本身的实力以及建立和维护网站的成本，这种间接渠道策略尤其适用于中、小型房地产公司。

在选择网上中介时，房地产开发商应考察：中介机构网站的业务范围；中介机构网站的点击率状况和地区覆盖范围及其顾客类别，即其所在区域市场覆盖面以及市场定位情况；中介机构网站的经营状况和管理水平；中介机构网站的品牌形象，如社会声誉和品牌知名度。

总之，无论营销人员选择什么样的渠道组合策略，其目的都是想通过最有效的方式、最直接的途径将房地产信息传达到目标市场的特定消费者，从而在目标市场中构筑联系房地产商和购房者的通路，使房地产企业在一定的广告预算范围内，发挥效能的极大化。网络无疑就是这样一个理想的营销渠道，它是新事物、新媒体，是从开发商到消费者直接沟通的渠道，是效能透明的渠道。

（五）促销策略

促销不仅可以推动交易达成，而且还能促使一些潜在顾客认知到某种需求，进而转化为现实购买者。传统的促销策略包括人员推销、广告、销售推广和宣传。房地产企业在进行传统项目推广时，通常都在各种媒体上大做广告，或报纸或电视或广播或路牌或现场包装，其实种种努力都是为了一个目的，就是将项目的信息传递给潜在购房者。Internet 作为一种双向沟通渠道，最大优势是可以实现沟通，双方突破时空限制直接进行交流，而且简单、高效和费用低廉。因此，基于网络开展的各种促销活动往往会收到意想不到的效果。在上网已逐渐成为人们生活中必不可少的一部分时，通过网络把项目信息准确、及时、形式丰富地传递给潜在购房者，已逐渐被开发商认可并有迅速发展之势。

1. 网络广告。

网络广告目前主要是指企业通过设立网页或设立电子邮箱，将自己的图标放在搜索引擎中，将自己的信息在网络上发布由顾客按照自己的兴趣自主地查询和传送反馈信息，从而构成交互的、有特定对象的信息传递。

网络广告的形式也是丰富多彩的，如网幅广告、按钮广告、墙纸广告、插页广告、直邮广告、电子邮件广告、赞助广告、竞赛和促销广告、互动式游戏广告和导航广告等。

网络广告作为在因特网站点上发布的以数字代码为载体的经营性广告，具有互动性（实现发送者和受众之间即时的双向交流）、广泛性（覆盖范围广泛，表现形式多样）、可统计性（通过精确的记录统计受众浏览次数，监测所有网站的广告投放效果）、智能性（更多地偏向于基于信息的理性诉求）等特点。网络广告作为在第四类媒体发布的广告，具有报纸杂志、无线广播和电视等传统媒体发布广告无法比拟的优势，即网络广告具有交互性和直接性。

网络广告的市场效果到底如何呢？为了检验网络广告和传统媒体的广告效果，上海某楼盘曾经做过传统广告与网络广告效果的市场检验。他们将包括在《新民晚报》、《解放日报》等在内的 18 万元的传统广告，同在搜房网主页做的一个月的 Banner 广告相比较。经过市场检验，其效果对比如表 4-5-1 所示。

传统广告与网络广告效果比较表   表 4-5-1

广告性质	广告成本	持续时间	回访电话	平均回访成本
传统广告	18 万元	一 周	127 个	1417 元
网络广告	2.5 万元	一个月	73 个	342 元

通过以上分析可以看出传统广告仍是房地产的主流广告媒体，它在短期内的效果明显，但成本较高；网络广告除了是传统广告的有益补充外，其效果也不容忽视。而且较之传统广告，其成本低廉，发展前景看好。

2. 电子邮件。

电子邮件相当于企业的一个邮政信箱加特快专递。它的信息传送非常方便，不受时间、空间的制约，且传递速度快、无干扰。它可以一函多送，还可传递图像、声音、报表和计算机程序等。它与传真电话相比，还具有编辑性，同时安全性和保密性更强。企业可以利用收发电子邮件与顾客进行交谈和沟通，准确收集顾客的资料及其需求信息，了解顾客的需求与欲望，从而调整自身的营销策略；企业还可以通过向顾客发送电子邮件等进行市场调查，方便快捷，准确性高，成本低，时间短；企业还可以利用电子邮件对顾客进行个性化的跟踪服务，如美国很多在线交易网站记录客户电子邮件信息，他们会用电子邮件进行客户跟踪，他们的电子邮件可能是生日问候，或告诉你"一周后您所购买的8号楼的初装修就要完工，达到入住条件了，恐怕您得准备搬入您的新家了"！

3. 电子网页。

电子网页相当于一个企业的名片和介绍，它是企业传播自身信息的窗口，也是与受众建立联系的一个中转站。互联网络上的电子网页，完全可以帮助这些企业初步开展网上营销活动。

4. 独立网站。

目前不少房地产企业已触网，建立了以宣传企业形象为目的的企业网站，或者是以宣传项目为目的的项目网站。但大多数企业认为在网络上有了自己的门面就算完事了，却不知如何利用自己的网站，利用网络优势与传统营销手段相结合达到宣传企业、增加销售的目的。

具体来讲，企业可以将自己的市场计划与网络紧密地结合在一起，比如说，企业想发布的每一个广告、新闻、白皮书、邮寄等等，都可以作为网上市场拓展所需要的内容。同时，与市场推展有关的其他内容，包括房展会、开盘活动、新闻发布会、公共关系、合作伙伴等都可以在企业的网站上出现，而网站上所展示的内容也同样可以印刷成文字材料，以便提供给那些无法上网的用户群体。

5. 房地产IBS(用户反馈子系统)系统。

一般的IBS系统包括以下三个子系统：

(1) 产品展示子系统，包括企业的电子邮件地址、域名规划、主页设计、宣传及网页连接、产品目录等部分；

(2) 产品销售子系统，包括自动订单系统、自动报价系统、代理商服务系统；

(3) 用户反馈子系统，包括用户技术解答系统、用户反馈回应系统、用户交流联络系统。

建立IBS系统相当于在互联网上实行整体CIS(形象设计)策略和总体营销策略。

考虑到房地产行业的特殊性，结合企业的需求和网络的现状，房地产企业的电子商务方案可分为三种不同层次：展示型、交流型和交易型。

展示型(E-Show)。此种解决方案以单方面传递企业或项目的信息为主，它以演示与企业和项目有关的简介、规划设计、小区环境、智能设施、物业管理等信息为主。它是网站所应具备的基础功能。

展示型一般包含以下一些内容：域名注册、网站设计、网页设计与制作、虚拟主机、动画、实景三维展示和虚拟实景展示、电子地图、Voice声讯服务、新闻发布系统、新闻中心(可将搜房网每日新闻同步发布到客户网站上，从而使客户网站"新闻中心"成为即时发布中外房地产界新闻的窗口)、特殊内容赞助(可在客户网站上添加目前搜房网拥有的房地产政策、金融法规、购房程序和注意事项等等内容)、客户通信等。

交流型(E-Club)。此种解决方案除了能对企业和项目进行展示外，还能实现与浏览者互动，进行即时的双向交流。交流型除了具有上述展示型的功能外，还拥有以下功能：

会员注册与管理、专用 E-mail 信箱、在线市场调查、各种计算器（如网站计数器、按揭计算器、利息计算器等）、在线评估系统、电子留言板、BBS 论坛、聊天室、客户服务系统（可租用）、轻松设计系统。

交易型（E-Trade）。此种方案除了能实行项目展示和互动交流外，还能通过网络实现其房地产销售、材料采购等。交易型是目前可预见的较高级电子商务解决方案，它除了具有展示型和交流型的功能外，还具有以下一些功能：在线拍卖系统、在线开盘及销售系统、在线采购与招标系统、在线定制系统。

以上三种房地产电子商务解决方案并不是一成不变的，企业可根据需要灵活地集成各项功能模块。对于一些要求较高的专项功能，可委托公司专门开发或干脆租用专业公司开发的软件。

网络的确为我们提供了丰富的促销手段，但传统的价格折扣策略、人员推销策略、多方式的销售形式策略在房地产市场营销中仍然起着很重要的作用，其形式和内涵自然也会随着时代的进步得到变革与完善。传统促销策略与网络技术的完美结合，必将把房地产营销推向一个全新的境界。

二、销售管理与客户服务

现今的客户关系管理不能再如同过去那样依赖销售人员的个人魅力而必须依赖协调配合的行动，由过去被动地收集客户资料，转为建立主动关怀的顾客关系，在第一时间解决客户的需求问题，才能获得客户的忠诚心。

（一）销售控制与管理

房地产企业可以通过服务器后台程序随时进行检测，了解有多少人访问过载有广告的页面，有多少人通过广告进入了企业的销售站点；通过点击率的反馈，可分析出顾客在访问项目的宣传页面时，最关心哪些方面的信息；通过查看顾客的反馈量以及电子邮件的内容，分析企业的营销现状及存在问题；通过专门的绩效评估机构作为权威检测人，分析影响企业运营的重大数据变化趋势并及早预警。

（二）E 时代客户关系管理

在网络时代，顾客的重要性是显而易见的。时下流行的许多网站并不能赢利，但仍得到投资者的青睐，就是因为其拥有"身价不菲"的顾客群。顾客的注意力和眼球的数量就意味着金钱。

有了计算机网络这一便捷的工具，"顾客是上帝"这一营销理念得到了更好的诠释，在网络时代的房地产营销中，客户服务及其销售管理占据了重要地位。

房地产企业可通过与消费者的网上沟通获取大量信息，为了有效利用以汇总和归纳公众所关心问题的数据库和分析系统来把握市场消费的趋势，在客户数据库中除了储存客户通常信息以外，还可以包括客户的 E-mail 地址或个人主页、客户的购买状况、客户对产品的需求和不满的意见及建议等信息，并据此建立一个客户意见反馈系统，企业可以从中发现卖点和销售障碍等问题。房地产企业还可以对那些提供宝贵建议的顾客进行奖励，把妥善处理顾客抱怨的良好事例以现身说法的方式加以宣传，网上提高美誉度。在 E 时代，使我们有了更多的方式可以接近客户。

电子邮件是网络时代接近客户的良好手段。调查表明，电子邮件是网民最经常使用的互联网工具，只有不到30％的网民每天上网浏览信息，但却有超过70％的网民每天都要使用电子邮件。对企业管理人员尤其如此，他们上网主要是为了使用电子邮件交流，浏览仅占上网时间的一小部分，而且，主要是上一些专业性强的网站。

同时，电子邮件广告具有针对性强（除非你肆意滥发）、费用低廉的特点，而且，广告内容不受限制，特别是具有针对性强的特点，它可以针对具体某一个人发送特定的广告，此为其他网上广告方式所不及的。

电子公告板是让客户畅所欲言的场所，也是吸引顾客的重要手段。房地产企业可在Web side 中开设电子公告板（BBS），吸引客户了解市场动向，引导消费市场并启发灵感。可以在网上开展房地产热门话题讨论；邀请知名人士或房地产企业老总举办论坛、在线聊天等在线交流形式。

房地产企业甚至可以提供个人主页空间，让顾客建立自己的网上家园，这不仅可以吸引潜在客户逗留，增加访问量，还可以通过网上"虚拟之家"的传播和关注，增加企业项目宣传推广的题材。

在网络社会，房地产企业最重要的是建立开放和大度的心态，不怕网民在互联网上随便议论销售项目的缺点，就怕没有人关注你的企业和项目。当然，作为营销人员应会积极引导和利用网络传媒为销售服务，千方百计挖掘网络这一强大工具的潜在威力。毕竟，网络社会才刚刚开始，网络对房地产营销显现出的巨大作用才只是冰山的一角。

房地产营销是一项法规性很强的工作。房屋在营销过程中，除遵守《商品房销售管理办法》、《城市房屋预售管理办法》（已分别载入第一篇附录中）外，还应遵守《城市房屋租赁管理办法》、《城市房地产转让管理规定》、《城市房地产中介服务管理规定》等等，详见以下附录。

房地产营销相关法律、法规，详见附录4-5-1～4-5-5。

附录4-5-1　国务院办公厅关于促进房地产市场健康发展的若干意见

（2008年12月20日国办发〔2008〕131号）

各省、自治区、直辖市人民政府，国务院各部委、各直属机构：

为贯彻落实党中央、国务院关于进一步扩大内需、促进经济平稳较快增长的决策部署，加大保障性住房建设力度，进一步改善人民群众的居住条件，促进房地产市场健康发展，经国务院同意，现提出以下意见：

一、加大保障性住房建设力度

（一）争取用3年时间基本解决城市低收入住房困难家庭住房及棚户区改造问题。一是通过加大廉租住房建设力度和实施城市棚户区（危旧房、筒子楼）改造等方式，解决城市低收入住房困难家庭的住房问题。二是加快实施国有林区、垦区、中西部地区中央下放地方煤矿的棚户区和采煤沉陷区民房搬迁维修改造工程，解决棚户区住房困难家庭的住房问题。三是加强经济适用住房建设，各地从实际情况出发，增加经济适用住房供给。

2009年是加快保障性住房建设的关键一年。主要以实物方式，结合发放租赁补贴，解决260万户城市低收入住房困难家庭的住房问题；解决80万户林区、垦区、煤矿等棚户区居民住房的搬迁维修改造问题。在此基础上再用两年时间，解决487万户城市低收入住房困难家庭和160万户林区、垦区、煤矿等棚户区居民的住房问题。到 2011 年年底,基本解决 747 万户现有城市低收入住房困难家庭的住房问题,基本解决 240 万户现有林区、垦区、煤矿等棚户区居民住房的搬迁维修改造问题。2009 年到 2011 年,全国平均每年新增 130 万套经济适用住房。

在加大保障性住房建设力度的同时,积极推进农村危房改造,国家加大支持力度。住房城乡建设部等有关部门要抓紧制定规划。

(二)多渠道筹集建设资金。中央加大对廉租住房建设和棚户区改造的投资支持力度,对中西部地区适当提高补助标准。地方各级人民政府也要相应加大投入力度,按照国家的有关规定,多渠道筹集建设资金,增加保障性住房供给。对符合贷款条件的保障性住房建设项目,商业银行要加大信贷支持力度。同时,地方各级人民政府要确保保障性住房建设用地供应。

(三)开展住房公积金用于住房建设的试点。为拓宽保障性住房建设资金来源,充分发挥住房公积金的使用效益,选择部分有条件的地区进行试点,在确保资金安全的前提下,将本地区部分住房公积金闲置资金补充用于经济适用住房等住房建设。住房城乡建设部要会同有关部门抓紧制定试点方案。

二、进一步鼓励普通商品住房消费

(四)加大对自住型和改善型住房消费的信贷支持力度。在落实居民首次贷款购买普通自住房,享受贷款利率和首付款比例优惠政策的同时,对已贷款购买一套住房,但人均住房面积低于当地平均水平,再申请贷款购买第二套用于改善居住条件的普通自住房的居民,可比照执行首次贷款购买普通自住房的优惠政策。对其他贷款购买第二套及以上住房的,贷款利率等由商业银行在基准利率基础上按风险合理确定。

(五)对住房转让环节营业税暂定一年实行减免政策。将现行个人购买普通住房超过 5 年(含 5 年)转让免征营业税,改为超过 2 年(含 2 年)转让免征营业税;将个人购买普通住房不足 2 年转让的,由按其转让收入全额征收营业税,改为按其转让收入减去购买住房原价的差额征收营业税。

将现行个人购买非普通住房超过 5 年(含 5 年)转让按其转让收入减去购买住房原价的差额征收营业税,改为超过 2 年(含 2 年)转让按其转让收入减去购买住房原价的差额征收营业税;个人购买非普通住房不足 2 年转让的,仍按其转让收入全额征收营业税。

以上政策暂定执行至 2009 年 12 月 31 日。

三、支持房地产开发企业积极应对市场变化

(六)引导房地产开发企业积极应对市场变化。房地产开发企业要根据市场变化和需求,主动采取措施,以合理的价格促进商品住房销售。地方各级人民政府要做好 2008 年年底前房地产项目工程款结算、农民工工资发放等工作的监督检查。对于房地产开发企业调整住房销售价格过程中出现的纠纷,要努力做好化解工作,引导当事人依据合同约定通过法律途径解决。

(七)支持房地产开发企业合理的融资需求。商业银行要根据信贷原则和监管要求,加大对中低价位、中小套型普通商品住房建设特别是在建项目的信贷支持力度;对有实力有信誉的房地产开发企业兼并重组有关企业或项目,提供融资支持和相关金融服务。支持资信条件较好的企业经批准发行企业债券,开展房地产投资信托基金试点,拓宽直接融资渠道。

(八)取消城市房地产税。为进一步公平税负、完善房地产税收制度,按照法定程序取消城市房地产税,内外资企业和个人统一适用《中华人民共和国房产税暂行条例》。

四、强化地方人民政府稳定房地产市场的职责

(九)落实地方人民政府稳定房地产市场的职责。稳定房地产市场实行由省级人民政府负总责,市、县人民政府抓落实的工作责任制。各地区在执行中央统一政策的前提下,可以结合当地实际,进一步采取加大保障性住房建设力度、鼓励住房合理消费、促进房地产市场健康发展的政策措施。廉租住房建设以配建为主。要科学合理地确定土地供应总量、结构、布局和时序,保证房地产开发用地供应的持续和稳定。依法做好拆迁管理工作。严格建设程序管理,确保工程质量。

（十）因地制宜解决其他住房困难群体住房问题。在坚持住房市场化和对低收入住房困难家庭实行住房保障的同时，对不符合廉租住房和经济适用住房供应条件，又无力购买普通商品住房的家庭，要从当地实际出发，采取发展租赁住房等多种方式，因地制宜解决其住房问题。

五、加强房地产市场监测

（十一）继续加强房地产市场监测分析。各地区、各有关部门要建立健全房地产市场信息系统和统计制度，完善市场监测分析机制，准确把握房地产市场走势，及时发现市场运行中的新情况、新问题，提高调控措施的预见性、针对性和有效性。房地产市场各地情况不同、差异较大，要加强分类指导，并注意总结和推广各地好的经验和做法。

（十二）加强监督检查。国务院有关部门要按照各自职责，抓好加快保障性住房建设和促进房地产市场健康发展有关政策措施的落实和监督检查工作。住房城乡建设部要会同有关部门，加强对国家补助资金使用和建设工程质量的监督检查，特别要加强对棚户区改造工作的监督指导，确保改造工作顺利进行。

六、积极营造良好的舆论氛围

（十三）坚持正确的舆论导向。要以加快保障性住房建设，鼓励住房合理消费，促进房地产市场健康发展为基调，大力宣传中央出台的各项政策措施及其成效，着力稳定市场信心。对各种散布虚假信息、扰乱市场秩序的行为要严肃查处。同时，要加强市场经济条件下风险意识的宣传和教育工作。

国务院办公厅

二○○八年十二月二十日

附录4-5-2　关于落实新建住房结构比例要求的若干意见

（2006年7月6日建住房〔2006〕165号）

各省、自治区建设厅，直辖市建委、房地局、规划局（委）：

为贯彻《国务院办公厅转发建设部等部门关于调整住房供应结构稳定住房价格意见的通知》（国办发〔2006〕37号），切实调整住房供应结构，现就落实新建住房结构比例要求提出如下意见，各地要认真贯彻执行。

一、明确新建住房结构比例

各地要根据总量与项目相结合的原则，充分考虑城镇中低收入居民家庭生活对交通等设施条件的需求，合理安排普通商品住房的区位布局，统筹落实新建住房结构比例要求。自2006年6月1日起，各城市（包括县城，下同）年度（从6月1日起计算，下同）新审批、新开工的商品住房总面积中，套型建筑面积90平方米以下住房（含经济适用住房）面积所占比重，必须达到70％以上。各地应根据当地住房调查的实际状况以及土地、能源、水资源和环境等综合承载能力，分析住房需求，制定住房建设规划，合理确定当地新建商品住房总面积的套型结构比例。城市规划主管部门要会同建设、房地产主管部门将住房建设规划纳入当地国民经济和社会发展中长期规划和近期建设规划，按资源节约型和环境友好型城镇建设的总体要求，合理安排套型建筑面积90平方米以下住房为主的普通商品住房和经济适用住房布局，方便居民工作和生活，并将住房套型结构比例分解到具体区域。

城市规划主管部门要依法组织完善控制性详细规划编制工作，首先应当对拟新建或改造住房建设项目的居住用地明确提出住宅建筑套密度（每公顷住宅用地上拥有的住宅套数）、住宅面积净密度（每公顷住宅用地上拥有的住宅建筑面积）两项强制性指标，指标的确定必须符合住房建设规划关于住房套型结构比例的规定；依据控制性详细规划，出具套型结构比例和容积率、建筑高度、绿地率等规划设计条件，并作为土地出让前置条件，落实到新开工商品住房项目。

套型建筑面积是指单套住房的建筑面积，由套内建筑面积和分摊的共有建筑面积组成。经济适用住房建设要严格执行《经济适用住房管理办法》，有计划有步骤地解决低收入家庭的住房困难。

住房建设规划、近期建设规划和控制性详细规划，以及套型结构比例等，按法定程序审定、备案，并按照国务院要求的时限及时向社会公布。

年度土地供应计划中已明确用于中低价位、中小套型普通商品住房用地和依法收回土地使用权的居住用地，应当主要用于安排 90 平方米以下的住房建设。

各地要严格按照上述要求，落实新建商品住房项目的规划设计条件，确定套型结构比例要求，且不得擅自突破。对擅自突破的，城市规划主管部门不得核发建设工程规划许可证；对不符合规划许可内容的，施工图设计文件审查机构不得出具审查合格书，建设主管部门不得核发施工许可证，房地产主管部门不得核发预售许可证。直辖市、计划单列市、省会城市在已完成住房状况调查的基础上，经深入分析当地居民合理住房需求和供应能力，确需调整新建住房结构比例的，必须报建设部批准，并附住房状况分析和市场预测报告。

二、妥善处理已审批但未取得施工许可证的商品住房项目

对于 2006 年 6 月 1 日前已审批但未取得施工许可证的商品住房项目，由城市人民政府根据当地年度新建商品住房结构比例要求，区别规划用地性质、项目布局，因地制宜地确定需要调整套型结构的具体项目。建设主管部门要会同城市规划、房地产主管部门对 6 月 1 日前已审批但未取得施工许可证的项目集中进行一次清理。清理结果要报同级发展改革主管部门备案。经城市人民政府明确需要调整套型结构比例的项目，其规划设计方案和施工图图须按要求进行调整，送相关部门重新审查合格并办理相关调整手续后，建设主管部门方可发放施工许可证。

需要调整的项目，要明确具体的套型结构比例要求，并纳入规划设计条件，重新审查规划设计方案。要首先调整过去违反规定批建的各类住宅项目特别是别墅类项目，按照国办发〔2005〕26 号文件要求在土地出让合同中约定了销售价位、套型面积等控制性要求但企业未执行的普通商品住房项目，以及以协议出让方式取得土地使用权的项目。其他需要调整的项目，地方人民政府也要依法妥善处理。

要积极引导和鼓励项目建设单位主动按要求调整套型结构，并在调整后向原审批机关申请变更规划等许可内容，有关审批机关应当依照文件规定及时办理变更手续。对城市人民政府已明确为需要调整套型结构比例的项目，建设单位拒不调整的，原审批机关应依据《行政许可法》第八条的有关规定，作出变更规划等许可的决定。

三、严肃查处违法违规行为

各地建设、规划、房地产主管部门要根据有关法律法规的规定，加强市场监管，严肃查处违反或规避套型结构要求的违法违规行为。对情节恶劣、性质严重的违法违规行为，要公开曝光、从严处罚。对违规建设的住房，依法该没收的，要坚决予以没收，所没收的住房主要用于解决低收入家庭居住困难。

当前应重点查处下列行为：开发建设单位不按照批准的规划设计条件委托设计；明示或暗示设计单位违反设计规范中住宅层高、套内基本空间的规定，规避套型结构要求。在建设过程中擅自变更设计，违反套型结构要求等行为。设计单位接受开发建设单位明示或暗示，不严格按照国家法律法规、技术标准进行设计，或采用不正当技术手段规避有关规划控制性要求，或向建设单位提供与审查合格的施工图设计文件不符的图纸，擅自改变套型建筑面积的行为。施工单位不按审查合格的施工图设计文件进行施工，擅自更改设计、预留空间，改变套型建筑面积的行为。监理单位接受开发建设单位明示或暗示，不严格按照技术标准和规划要求进行监理，致使套型结构要求没有得到落实的行为。

四、加强监督检查，落实责任追究制度

国办发［2006］37 号文件明确要求，"各地区、特别是城市人民政府要切实负起责任，把调整住房供应结构、控制住房价格过快上涨纳入经济社会发展工作的目标责任制，促进房地产业健康发展"。城市规划、建设、房地产等有关主管部门要在当地政府领导下，认真履行职责，建立健全协调配合工作机制，严格程序，密切合作，各司其职。对没有按要求严格审查，违规发放规划、施工、商品房预售许可证和施工图设计文件审查合格书的单位和个人，要及时予以严肃查处；属于失职、渎职的，要提请有关机关依法追究有关人员的责任。

省、自治区建设主管部门要会同有关部门，加强对市、县落实新建住房结构比例工作的指导、监督；对不及时公布住房建设规划并按规定上报备案、套型结构比例没有按要求公布或公布后未予落实的，要予以通报批评。

各地建设（规划）主管部门要会同监察机关按照《建设部监察部关于开展城乡规划效能监察的通知》（建规［2005］161 号），把落实近期建设规划、调整住房供应结构情况作为规划效能监察工作重点，加强监督监察。对措施不落实、工作不到位的，要责成整改，并依法追究有关单位和人员的责任。建设部将会同监察部对有关工作情况进行监督检查。

中华人民共和国建设部
二〇〇六年七月六日

附录 4-5-3　关于个人住房转让所得征收个人所得税有关问题的通知

（2006 年 7 月 18 日国税发［2006］108 号）

各省、自治区、直辖市和计划单列市地方税务局，河北、黑龙江、江苏、浙江、山东、安徽、福建、江西、河南、湖南、广东、广西、重庆、贵州、青海、宁夏、新疆、甘肃省（自治区、直辖市）财政厅（局），青岛、宁波、厦门市财政局：

《中华人民共和国个人所得税法》及其实施条例规定，个人转让住房，以其转让收入额减除财产原值和合理费用后的余额为应纳税所得额，按照"财产转让所得"项目缴纳个人所得税。之后，根据我国经济形势发展需要，《财政部、国家税务总局、建设部关于个人出售住房所得征收个人所得税有关问题的通知》（财税字［1999］278 号）对个人转让住房的个人所得税应纳税所得额计算和换购住房的个人所得税有关问题做了具体规定。目前，在征收个人转让住房的个人所得税中，各地又反映出一些需要进一步明确的问题。为完善制度，加强征管，根据个人所得税法和税收征收管理法的有关规定精神，现就有关问题通知如下：

一、对住房转让所得征收个人所得税时，以实际成交价格为转让收入。纳税人申报的住房成交价格明显低于市场价格且无正当理由的，征收机关依法有权根据有关信息核定其转让收入，但必须保证各税种计税价格一致。

二、对转让住房收入计算个人所得税应纳税所得额时，纳税人可凭原购房合同、发票等有效凭证，经税务机关审核后，允许从其转让收入中减除房屋原值、转让住房过程中缴纳的税金及有关合理费用。

（一）房屋原值具体为：

1. 商品房，购置该房屋时实际支付的房价款及交纳的相关税费；

2. 自建住房，实际发生的建造费用及建造和取得产权时实际交纳的相关税费；

3. 经济适用房（含集资合作建房、安居工程住房）：原购房人实际支付的房价款及相关税费，以及按

规定交纳的土地出让金；

4. 已购公有住房：原购公有住房标准面积按当地经济适用房价格计算的房价款，加上原购公有住房超标准面积实际支付的房价款以及按规定向财政部门（或原产权单位）交纳的所得收益及相关税费。

已购公有住房是指城镇职工根据国家和县级（含县级）以上人民政府有关城镇住房制度改革政策规定，按照成本价（或标准价）购买的公有住房。

经济适用房价格按县级（含县级）以上地方人民政府规定的标准确定。

5. 城镇拆迁安置住房：根据《城市房屋拆迁管理条例》（国务院令第 305 号）和《建设部关于印发〈城市房屋拆迁估价指导意见〉的通知》（建住房〔2003〕234 号）等有关规定，其原值分别为：

（1）房屋拆迁取得货币补偿后购置房屋的，为购置该房屋实际支付的房价款及交纳的相关税费；

（2）房屋拆迁采取产权调换方式的，所调换房屋原值为《房屋拆迁补偿安置协议》注明的价款及交纳的相关税费；

（3）房屋拆迁采取产权调换方式，被拆迁人除取得所调换房屋，又取得部分货币补偿的，所调换房屋原值为《房屋拆迁补偿安置协议》注明的价款和交纳的相关税费，减去货币补偿后的余额；

（4）房屋拆迁采取产权调换方式，被拆迁人取得所调换房屋，又支付部分货币的，所调换房屋原值为《房屋拆迁补偿安置协议》注明的价款，加上所支付的货币及交纳的相关税费。

（二）转让住房过程中缴纳的税金是指：纳税人在转让住房时实际缴纳的营业税、城市维护建设税、教育费附加、土地增值税、印花税等税金。

（三）合理费用是指：纳税人按照规定实际支付的住房装修费用、住房贷款利息、手续费、公证费等费用。

1. 支付的住房装修费用。纳税人能提供实际支付装修费用的税务统一发票，并且发票上所列付款人姓名与转让房屋产权人一致的，经税务机关审核，其转让的住房在转让前实际发生的装修费用，可在以下规定比例内扣除：

（1）已购公有住房、经济适用房：最高扣除限额为房屋原值的 15%；

（2）商品房及其他住房：最高扣除限额为房屋原值的 10%。

纳税人原购房为装修房，即合同注明房价款中含有装修费（铺装了地板，装配了洁具、厨具等）的，不得再重复扣除装修费用。

2. 支付的住房贷款利息。纳税人出售以按揭贷款方式购置的住房的，其向贷款银行实际支付的住房贷款利息，凭贷款银行出具的有效证明据实扣除。

3. 纳税人按照有关规定实际支付的手续费、公证费等，凭有关部门出具的有效证明据实扣除。

本条规定自 2006 年 8 月 1 日起执行。

三、纳税人未提供完整、准确的房屋原值凭证，不能正确计算房屋原值和应纳税额的，税务机关可根据《中华人民共和国税收征收管理法》第三十五条的规定，对其实行核定征税，即按纳税人住房转让收入的一定比例核定应纳个人所得税额。具体比例由省级地方税务局或者省级地方税务局授权的地市级地方税务局根据纳税人出售住房的所处区域、地理位置、建造时间、房屋类型、住房平均价格水平等因素，在住房转让收入 1%～3% 的幅度内确定。

四、各级税务机关要严格执行《国家税务总局关于进一步加强房地产税收管理的通知》（国税发〔2005〕82 号）和《国家税务总局关于实施房地产税收一体化管理若干具体问题的通知》（国税发〔2005〕156 号）的规定。为方便出售住房的个人依法履行纳税义务，加强税收征管，主管税务机关要在房地产交易场所设置税收征收窗口，个人转让住房应缴纳的个人所得税，应与转让环节应缴纳的营业税、契税、土地增值税等税收一并办理；地方税务机关暂没有条件在房地产交易场所设置税收征收窗口的，应委托契税征收部门一并征收个人所得税等税收。

五、各级税务机关要认真落实有关住房转让个人所得税优惠政策。按照《财政部国家税务总局建设部关于个人出售住房所得征收个人所得税有关问题的通知》(财税字［1999］278 号)的规定，对出售自有住房并拟在现住房出售 1 年内按市场价重新购房的纳税人，其出售现住房所缴纳的个人所得税，先以纳税保证金形式缴纳，再视其重新购房的金额与原住房销售额的关系，全部或部分退还纳税保证金；对个人转让自用 5 年以上，并且是家庭唯一生活用房取得的所得，免征个人所得税。要不折不扣地执行上述优惠政策，确保维护纳税人的合法权益。

六、各级税务机关要做好住房转让的个人所得税纳税保证金收取、退还和有关管理工作。要按照《财政部国家税务总局建设部关于个人出售住房所得征收个人所得税有关问题的通知》(财税字［1999］278 号)和《国家税务总局财政部中国人民银行关于印发〈税务代保管资金账户管理办法〉的通知》(国税发［2005］181 号)要求，按规定建立个人所得税纳税保证金专户，为缴纳纳税保证金的纳税人建立档案，加强对纳税保证金信息的采集、比对、审核；向纳税人宣传解释纳税保证金的征收、退还政策及程序；认真做好纳税保证金退还事宜，符合条件的确保及时办理。

落实有关税收政策，维护纳税人的各项合法权益。一是要持续、广泛地宣传个人所得税法及有关税收政策，加强对纳税人和征收人员如何缴纳住房交易所得个人所得税的纳税辅导；二是要加强与房地产管理部门、中介机构的协调、沟通，充分发挥中介机构协税护税作用，促使其协助纳税人准确计算税款；三是严格执行住房交易所得的减免税条件和审批程序，明确纳税人应报送的有关资料，做好涉税资料审查鉴定工作；四是对于符合减免税政策的个人住房交易所得，要及时办理减免税审批手续。

国家税务总局
二〇〇六年七月十八日

附录 4-5-4　关于制止违规集资合作建房的通知

(2006 年 8 月 14 日建住房［2006］196 号)

各省、自治区、直辖市人民政府，国务院各部委、各直属机构：

实行城镇住房制度改革后，为尽快改善城镇居民和一些行业职工住房紧张的状况，国家相继出台了一些政策，鼓励职工通过购买普通商品住房、经济适用住房(含集资合作建房)，租赁住房等多种方式改善居住条件。但是，近年来，一些地区出现部分单位以集资合作建房名义，变相搞住房实物福利分配或商品房开发等问题。为维护住房制度改革成果、切实贯彻落实《国务院办公厅转发建设部等部门关于调整住房供应结构稳定住房价格意见的通知》(国办发［2006］37 号)和《建设部、发展改革委、国土资源部、人民银行关于印发〈经济适用住房管理办法〉的通知》(建住房［2004］77 号)等文件精神，经国务院同意，现就制止违规集资合作建房有关问题通知如下：

一、自本通知下发之日起，一律停止审批党政机关集资合作建房项目。严禁党政机关利用职权或其影响，以任何名义、任何方式搞集资合作建房，超标准为本单位职工牟取住房利益。

二、对已审批但未取得施工许可证的集资合作建房项目，房地产管理(房改)部门要会同有关部门重新审查，不符合《经济适用住房管理办法》和房改政策的，不得按集资合作建房项目开工建设。

三、已经开工建设的集资合作建房项目，房地产管理(房改)部门要会同有关部门重新审查项目供应对象、面积标准和集资款标准。对住房面积已经达到当地规定标准等不符合参加集资合作建房条件的职工，取消其资格。对虽然符合参加集资合作建房条件，但住房面积(以前已享受政府优惠政策的住房面积和新参加集资合作建房的面积合并计算)超过当地规定的，按照当地住房面积超标处理办法执行。对单位违规向职工提供集资建房补贴的，责令收回。

四、符合规定条件，经市、县人民政府批准进行集资合作建房的企业和单位，要严格执行《建设部、发展改革委、国土资源部、人民银行关于印发《经济适用住房管理办法》的通知》（建住房［2004］77号）和其他有关集资合作建房的规定。

五、集资合作建房必须符合土地利用总体规划和城市规划，列入当地本年度经济适用住房建设计划和年度土地利用计划，其建设标准、优惠政策、供应对象的审核等要严格按照经济适用住房的有关规定执行。建成的住房不得在经审核的供应对象之外销售。

六、各级监察机关要会同建设、国土等部门加强监督检查。对违反规定批准或实施集资合作建房的，要严肃追究有关责任人的责任。对利用职权及其影响，以"委托代建"、"定向开发"等方式变相搞集资合作建房，超标准为本单位职工牟取住房利益的，要追究有关单位领导的责任。凡以集资合作建房名义搞商品房开发，对外销售集资合作建成的住房的，要没收非法所得，并从严处理有关责任人；构成犯罪的，移送司法机关追究刑事责任。

七、各省、自治区、直辖市人民政府可以根据本办法制订实施细则。

中华人民共和国建设部

中华人民共和国监察部

中华人民共和国国土资源部

二〇〇六年八月十四日

附录4-5-5　关于规范房地产市场外资准入和管理的意见

（2006年7月11日建住房［2006］171号）

各省、自治区、直辖市人民政府；国务院各部委、各直属机关：

今年以来，我国房地产领域外商投资增长较快，境外机构和个人在境内购买房地产也比较活跃、为促进房地产市场健康发展，经国务院同意，现就规范房地产市场外资准入和管理提出以下意见。

一、规范外商投资房地产市场准入

（一）境外机构和个人在境内投资购买非自用房地产，应当追循商业存在的原则，按照外商投资房地产的有关规定，申请设立外商投资企业；经有关部门批准并办理有关登记后方可按照核准的经营范围从事相关业务。

（二）外商投资设立房地产企业，投资总额超过1000万美元（含1000万美元）的，注册资本不得低于投资总额的50％。投资总额低于1000万美元的，注册资本金仍按现行规定执行。

（三）设立外商投资房地产企业，有商务主管部门和工商银行管理机关依法批准设立和办理注册登记手续，颁发一年期《外商投资企业批准证书》和《营业执照》。企业付清土地使用权出让金后，凭上述证照到土地管理部门电力《国有土地使用证》，根据《国有土地使用证》到商务主管部门换发正式的《外商投资企业批准证书》，再到工商行政管理机关换发与《外商投资企业批准证书》经营期限的《营业执照》，到税务机关办理税务登记。

（四）外商投资房地产企业的股份和项目转让，以及境外投资者并购内房地产企业，由商务主管等部门严格按照有关法律法规和政策规定进行审批。投资者应提交履行《国有土地使用权出让合同》、《建设用地规划许可证》、《建设工程规划许可证》等的保证函，《国有土地许可证》，建设（房地产）主管部门的变更备案证明，以及税务机关出具的相关纳税证明材料。

（五）境外投资者通过股权转让其他方式并购的境内房地产企业，或收购合资企业中方股权的，须妥善安置职工，处理银行债务，并以自有资金一次性支付全部转让金。对有不良记录的境外投资者，不允许其在境内进行上述活动。

二、加强外商投资企业房地产开发商经营管理

（六）对投资房地产未取得《外商投资企业批准证书》和《营业执照》的境外投资者，不得进行房产开发和经营活动。

（七）外商投资房地产企业注册资本金未全部缴付的，未取得《国有土地使用证》的，或开发项目资本金未达到项目投资总额的 35％的，不得办理境内、境外贷款，外汇管理部门不予批准该企业的外汇借款结汇。

（八）外商投资房地产企业的中外投资各方，不得以任何形式在合同、章程、股权转让协议以及其他文件中，订立保证任何一方固定回报或变相固定回报的条款。

（九）外商投资房地产企业应当遵守房地产有关法律法规和政策规定，严格执行土地出让合同约定规划许可批准的期限和条件。有关部门要加强对外商投资房地产企业开放、销售等连续活动的监管，发现囤积土地和房源，哄抬房价等违法违规行为的，要根据国办发〔2006〕37 号文件及其他有关规定严肃查处。

三、境外机构和个人购房管理

（十）境外机构在境内设立的分支、代表机构（经批准从事经营房地产的企业除外）和在境内工作、学习时间超过一年的境外个人可以购买符合实际需要的自用、自住的商品房，不得购买非自用、非自住商品房。在境内没有设立分支、代表机构的境外机构和在境内工作、学习时间一年一下的境外个人，不得购买商品房。港澳台地区居民和华侨因生活需要，可在境内限购一定面积的自住商品房。

（十一）符合规定图行天下的境外机构和个人购买自用、自住商品房必须采实名制。并持有效证明（境外机构应持我政府有关部门批准设立住境内机构的证明，境外个人应持其来境外内工作、学习，经我方批准的证明，下同）到土地和房地产部门办理相应的土地使用权及房屋产权登记手续。房地产产权登记部门必须严格按照自用、自住原则办理境外机构和个人的产权登记，对不符合条件的不予登记。

（十二）外汇管理部门要严格按照有关规定和本意见的要求审核外商投资企业、境外机构和个人购房的资金汇入和结汇，符合条件的允许汇入并结汇；相关房地产转让所得人民币资金经合规性审核并确认性规定办理纳税等手续后，方允许购汇出。

四、进一步规划和落实监管责任

（十三）各地区，特别是城市人民政府要切实际负起责任，高度重视当前外资进入房地产市场可能引发的问题，进一步加强领导，落实监管责任。各地不得擅自出台对外商投资房地产企业的优惠政策，已经出台的需要清理整理并予以纠正。建设部、商业部、发展改革委、国土资源部、人民银行、税务总局、工商总部、银监会、外汇局等有关部门要及时制定有关操作细节，加强对各地落实规范房地产市场外资准入和管理政策的指导和监督检查，对擅自降低企业注册资本金和项目资本金比例，以及管理不到位出现其他违法违规行为的，要依法查处。同时要进一步加分大对房地产违规跨境交易和汇兑违法违规行为的查处力度。

（十四）完善市场监测分析工作机制。建设部、商务部、统计局、国土资源部、人民银行、税务总局、工商总局、外汇局等有关部门要建立健全外资进入房地产市场信息监测系统，完善外资房地产信息网络。有关部门要加强协调配合，强化对跨境资本流动的监测，尽快实现外资房地产统计数据的信息共享。

中华人民共和国建设部

中华人民共和国商务部

中华人民共和国国家发展和改革委员会

中国人民银行

中华人民共和国国家工商行政管理总局

国家外汇管理局

二○○六年七月十一日

第六章　购销住房的基本条件和程序

居民购买住房，只有符合法定条件和程序，才能对所购住房拥有所有权，依法占有、使用、收益和处分。非经法定程序、不符合法定条件的住房买卖，不仅扰乱正常的房产交易秩序，还会直接侵犯消费者的合法权益，产生许多不应有的房产纠纷，影响居民的房产消费质量，为此，国家现已通过立法来规范房地产交易行为，使居民购房有章可循，有法可依。

第一节　已购公房和经济适用房的上市出售

已购公有住房和经济适用住房上市出售是随着我国住房制度改革的深入和社会保障制度的不断完善，而出现的一种新的房屋交易形式。自 1998 年国务院着手住房制度改革，发布《在全国城镇分期分批推行住房改革的实施方案》，确定我国城镇住房制度改革的目标以来，全国各地已出售大量的公有住房。按原规定，购房人所购买的单位出售的公房，五年以后可以进入市场交易。现第一批出售的公有住房绝大部分已满五年，这些公房如何上市是立法必须解决的问题。为了规范已购公有住房和经济适用住房的上市出售活动，促进房地产市场的发展和存量住房的流通，满足居民改善居住条件的需要。1999 年 4 月建设部发布了《已购公有住房和经济适用房住房市出售管理暂行办法》（以下简称《暂行办法》），为已购公有住房和经济适用住房的上市出售或转让，提供了法律依据。

一、已购公房和经济适用房的概念

已购公用住房是指城镇职工，根据国家和县级以上地方人民政府有关城镇住房制度改革政策的规定，按照成本价（或标准价）购买的公有住房。此种住房一般是购买人原承租有住房。

经济适用住房是指城镇职工根据政府的有关规定按照成本价或地方人民政府指导价购买人住房，包括安居工程住房和集资合作建设的住房。经济适用住房政策是与住房分配货币化相联系的。中低收入职工家庭只有在获得住房补贴的条件才能买得起经济适用住房。就此而言，职工购买的经济适用住房和按房改成本价购买单位出售的公房，在经济上的负担基本相当。所以《暂行办法》对两者的上市出售作了相同的规定。

二、已购公房和经济适用房上市出售的条件

根据《已购公有住房和经济适用住房上市出售管理暂行办法的规定》，已取得合法产权证的已购公房和经济适用住房可以上市出售，但有下列情形之一的不得上市出售：

（一）以低于房改政策规定的价格购买且没有按照有关规定补足房价款的；

（二）住房面积超过省、自治区、直辖市人民政府规定的控制标准，或违反规定利用公款超标准装修，且超标准部分未按照规定退回或补足房价款及装修费用的；

（三）已购公房或经济适用住房处于户籍冻结地区并已列入拆迁公告范围内的；

（四）产权共有的房屋其他共有人不同意出售的；

（五）已经抵押而未经抵押权人书面同意转让的；

（六）上市出售后会形成新的住房困难的；

（七）擅自改变房屋使用性质的；

（八）法律、法规以及县级以上人民政府规定其他不宜出售的。

具有以上情形之一的已购公房和经济适用房不得上市出售。能够上市出售只能是禁止出售范围之外的已购公房和经济适用住房。

三、已购公房和经济适用房上市出售的程序

（一）申请

已购公有住房和经济适用住房所有权人欲将其房屋上市出售，应先向房屋所在地的县级以上房地产行政主管部门提出申请，并提交以下材料：

1. 职工已购公有住房或经济适用住房上市出售申请表；

2. 房屋所有权证书、土地使用证书或房地产权证书；

3. 身份证及户籍证明或者其他有效身份证件；

4. 同住成年人同意上市出售的书面意见；

5. 个人拥有部分产权的住房，还应提供原产权单位在同等条件下保留或者放弃优先购买权的书面意见。

（二）审核批准

房地产行政主管部门接到申请人的申请及有关材料后要对其进行认真审核，并在15日之内作出是否准予其上市出售书面意见。

（三）办理过户手续

经房地产主管部门核准准予出售的房屋，由买卖双方当事人和房屋所在地的房地产交易管理部门办理交易过户手续，如实申报成交价格，并按规定到有关部门缴纳有关税费和土地收益。

（四）办理房屋产权转移登记手续

房屋购销双方当事人在办理完交易过户手续后，应在30日之内向房地产行政主管部门申请办理房屋所有权转移登记手续，并凭变更后的房屋所有权证书向同级人民政府土地行政管理部门，申请办理土地使用权变更登记手续。

四、已购公房和经济适用房出售后的收益分配

因为已购公有住房情况比较复杂，有的是以成本价购买的，有的是以标准价购买的。以标准价购买公房者享有的是房屋的部分产权。因而，在已购公房上市时，应区别不同情况来处理房屋转让收益的分配问题。根据《暂行办法》的规定，已购公房出售收益的分配主要分为两种情况，一是以成本价购买的产权归个人所有的共有住房和经济适用住房上市出售的。其收入在按照规定缴纳有关税费和土地收益后，归出售者个人所有。二是以标准价购买、职工拥有部分产权的已购公房和经济适用房上市出售的，其收入的分配有两种办法：一是由出售人先按照成本价补足房价款及利息，将原购住房全部产权归个人所有后再出售，其收入在按规定缴纳有关税费和土地收益后，归出售人的所有；另一种办法是将房屋直接上市出售，其收入在按有关规定缴纳税费和土地收益后，由出售住房的职工与原产权单位按照产权比例分配。

目前已购公房和经济适用住房上市出售，仅限于具备法定条件的地方，即经省、自治区、直辖市人民政府批准，可以开放已购公房和经济适用住房交易市场的市或县。

五、已购公房和经济适用房上市（交易）应缴纳税费

已购公房和经济适用住房交易，除由买方缴纳土地使用权出让金或相当于土地使用权

出让金的价款，已购公房出售人按规定上交出售收益分成外，双方当事人还要依法印花税契税（买方缴纳）和手续费。目前，以上各项基本按当地规定的标准缴纳。

第二节 商品房的购买

住房制度改革后，商品房将逐渐成为居民购房选择的主要类型。由于商品房的市场化程度高、交易量大、地区差异大，因此选购商品房要注意了解国家和地方政府的规定，使自己能购买到"放心房"。

商品房购买大体需要经过订购、预售、收楼入住和办理产权证等程序。

一、订购

商品房订购不是商品房购买的必经程序，而是房地产开发展商在首次推出楼盘或举办大型商品房展销会期间的一种现行普遍做法。订购是商品房购销双方在签订房屋预售合同或购销合同之前的意向表达，通常以订购合同书的形式出现，同时附带有少量订金收付的行为。订购的效力在于：如果买方逾期不签订房屋预售合同或购销合同，订金可能归卖方所有。订购可以增大楼盘促销的机会，购销双方均有约束力，买方可防止卖方随意高价转手其订购的房屋；卖方可防止买方订购后任意毁约而造成较大损失。

居民在订购商品房时须提交本人的居民身份证原件或护照。

订金收取标准通常为：普通住宅 5000～10000 元，高档住宅 10000～20000 元，花园别墅 50000 元；订购者还需提供载有详细提供载有详细通信地址的合法证明文件。

订购合同书应当载明下列主要内容：

1. 购销双方的名称与联系地址、方式；
2. 所订购商品房的基本情况（如商品房名称、坐落、面积、单元号等）；
3. 所订商品房的售价；
4. 所订商品房的付款方式，包括订金和余款的支付办法；
5. 购买商品房需交纳的税费情况（按国家和地方行政主管部门有关规定缴纳，以北京为例，详见表 4-6-1）；

商品房交易中购房者应交付的税费 表 4-6-1

序号	税费项目	计 费 标 准	备 注
1	契 税	建筑面积≤120m² 时，房屋成交价×1.5%	例：如你购买了一套 2000 年竣工、建筑面积为 80m²、成交价为 30 万元的商品房，则需要缴纳的税费：300000×1.5%＋500＋300000×0.05%＋80×0.3＋5＋300000×2%＋4＝11183 元
		建筑面积>120m² 时，房屋成交价×3%	
		购买 1998 年 6 月 30 日前建成的空置商品房，免征契税	
2	交易手续费	建筑面积≤120m² 时，缴纳 500 元	
		建筑面积 121～5000 m² 时，缴纳 1500 元/件	
		建筑面积>5000m² 时，缴纳 5000 元/件	
3	合同印花税	成交价×0.05%	
4	公共维修基金	成交价×2%	
5	所有权登记费	0.3元/m²，其中包括：(1)丈量费 0.12 元/m²，(2)房屋登记费 0.18 元/m²	
6	权证印花税	房屋所有权证和土地使用证 5 元/件	
7	权证工本费	4 元/件	

6. 购销双方的违约责任；

7. 其他需要说明的问题。

订购合同书经双方签字盖章后生效。买方在签约时，应当注意付款方式和订金支付情况、违约责任以及签订预售合同书的期限等，以防逾期造成订金损失。

二、预售

预售是确定楼房购销双方权利义务的重要环节。楼房订购后，买方还可以在一定时期内权衡考虑是否签署正式的预售合同，此期限一般为 10～14 天。买方在签订楼房订购合同书后，应抓紧时间了解楼房发展商和楼房建设情况，具体内容包括以下几个方面：

1. 通过国有土地管理部门、基本建设委员会等政府主管部门以及房地产开发单位了解已经开发的商品建设情况和其信誉状况；

2. 根据房地产开发单位提供的资料进行现场实地勘查，了解施工状况及楼房质量；

3. 查看房地产开发单位所持的《预售商品房许可证》，并可到房地产交易所或国有土地房管局核实；

4. 查阅、分析房地产开发单位提供的预售合同范本，了解购房的付款方式、售后服务、权属转移等内容，确认其是否完整，合理、合法。

购房者在签订商品房购销合同或预售合同时，应当持本人的居民身份证原件或护照、载有购房者详细通信地址的合法证明文件等资料证明。

楼房预售合同或购销合同与订购合同书相比，内容更具体，条款更完备、形式更正规。合同一般由正文和附件两部分构成。正文的主要内容(详见第三篇第五章第七节合同示范文本之十八《商品房买卖合同》)包括：

1. 当事人名称或者姓名和住所；

2. 商品房状况；

3. 商品房的销售方式；

4. 商品房价款的确定方式及总价款、付款方式、付款时间；

5. 交付使用条件及日期；

6. 装饰、设备标准承诺；

7. 供水、供电、供热、燃气、通信、道路、绿化等配套基础设施和公共设施的交付承诺和有关权益、责任；

8. 公共配套建筑的产权归属；

9. 面积差异的处理方式；

10. 办理产权登记有关事宜；

11. 解决的争议的方法；

12. 违约责任；

13. 双方约定的其他事项。

预售合同的附件包括对楼房基本情况、付款方式等问题的详细说明。其中，楼房基本情况说明包括楼房名称、坐落、结构、层数、朝向、面积、用途、附着物等说明，楼房选用的建筑材料、设备及装修标准说明、房屋标示图等。

预售合同签订后，购房者需按照合同约定的付款方式，按期向房地产开发单位交付购房款或办理贷款手续，按约定时间办理楼房验收入住手续；协助并敦促房地产开发单位办理所购楼房的产权证明等。

三、验收入住

验收入住是预售合同中购销双方主要权利义务的落实。对于现房，一般在签订预售合同后1个月内即可办理验收入住手续；对于期房，验收入住时间由工程进度等方面因素来决定，一般为3～5年。具体验收入住时间，以开发单位发出的《房屋交付使用通知书》上注明的时间为准。

验收入住一般要经过下列程序：

1. 房地产开发单位向购房者寄发或者到约定地点发放《房屋交付使用通知书》；

2. 购买者在约定时间内持上述通知书到物业管理部门或现场售楼部门联系验收入住事宜；

3. 房地产开发单位或管理委员会有关人员带领购房者对所购房屋进行现场接管与验收，接管与验收的条件如下：

（1）新建房屋接管验收的条件。

对新建房屋的接管与验收应是在竣工验收的基础上，以主体结构安全和满足使用功能为主要内容和检验。它应具备以下条件：

① 建设工程全部施工完毕，并经竣工验收合格；

② 供电、采暖、给水、排水、卫生、道路等设备和设施能正常使用；

③ 房屋幢、户编号业经有关部门确认。

（2）原有房屋接管验收条件。

① 房屋所有权、使用权清楚；

② 土地使用权范围明确。

房屋接管与验收结果应记录在《楼房验收交接表》上；

4. 房屋验收合格后，购房者须在《楼房验收交接表》上签字，并填写《住户登记表》，领取房屋钥匙和住户须知等有关资料，同时按管理机构的统一规定缴纳有关费用；如果验收不合格，可暂不办理验收入住手续，购销双方可另行约定再次验收入住时间，该间隔期一般不应超过30天。

购房者在办理验收入住手续时须缴纳当月管理费及其他费用。根据1996年国家建委和建设部联合颁发的《城市住宅小区物业管理服务收费暂行办法》，管理费用的征收标准如表4-6-2所示。

城市住宅小区物业管理服务收费征收标准　　　　　　　表 4-6-2

房 屋 类 型	收费标准［元/(月·m² 建筑面积)］	变 动 幅 度
解困房、微利房、福利房	0.20	各地物价部门可参照上述原则和标准，在上下30％的幅度内确定当地同类型住宅小区的具体收费标准，深圳、珠海、汕头、厦门等经济特区的浮动幅度，由当地物价部门确定
普通多层住宅	0.30	
普通高层住宅(有电梯)	0.80	
高级高层住宅(有电梯)	1.60	
高级住宅别墅	根据住(用)户的要求及所提供的服务质量和深度，根据优质优价的原则制定	

四、办理房屋产权证

房屋产权证是对房屋拥有的所有权的法定证明文件。《城市房屋权属登记管理办法》

中规定，国家实行房屋所有权登记发证制度。房屋权属申请人(指已获得了房屋并提出房屋登记申请但尚未取得房屋所有权证书的法人、其他组织和自然人)应当按照规定到房屋所在地的人民政府房地产行政主管部门申请房屋权属登记，领取权属证书。房屋权属证书是权利人依法拥有房屋所有权并对房屋行使占有、使用、收益和处分权利的惟一合法凭据，依法登记的房屋权利受国家法律保护。权利人(申请人)可以委托代理人代为办理房屋权属登记；因房屋购销致使其权属发生转移的，当事人应当自事实发生之日起 30 日内申请转移登记。登记机关自受理登记申请之日起 30 日内应当作出准予登记、暂缓登记、不予登记的决定，并书面通知权利人(申请人)。房屋权属登记，权利人(申请人)应当按照国家规定交纳登记费和权属证书工本费。房屋权属证书包括《房屋所有权证》、《房屋共有权证》、《房屋他项权证》或者《房地产权证》、《房地产共有权证》、《房地产他项权证》，权属证书样式由国务院建设行政主管部门统一制定，证书由市、县房地产行政主管部门颁发。以虚报、瞒报房屋权属情况等非法手段获得房屋权属证书的，由登记机关注销其房屋权属证书、没收其违法所得，并可对当事人处以 1000 元以上 10000 元以下罚款；涂改房屋权属证书的，其证书无效，由登记机关没收其房屋权属证书，并可对当事人处以 1000 元以上 10000 元以下的罚款。非法印制、伪造房屋权属证书的，由登记机关没收其非法印制的房屋权属证书及违法所得，并可对当事人处以 10000 元以上 30000 元以下罚款，构成犯罪的，依法追究其刑事责任。未按期进行房屋权属登记的，由登记机关责令其限期补办登记手续，并按原登记费的 3 倍以下收取登记费。

办理房产权证一般须经过下列程序：

1. 房屋购销合同或预售合同登记，通常是房地产开发单位在合同签订后 30 天内将有关资料送交房产所在地的房地产交易所登记备案；备案之前，购销双方签订的合同往往还需经房地产开发单位委托的律师事务所进行律师见证或者到公证处进行公证；

2. 房地产开发单位确认楼房产权。房地产开发单位在商品房竣工验收后 3 个月内，凭楼房报批和验收文件，到楼房所在地的房地产登记机关申请房屋所有权初始登记，并应当提交用地证明文件或者土地使用权证、建设用地规划许可证、建设工程规划许可证、施工许可证、房屋竣工验收资料以及其他有关的证明文件。登记机关依法审核后，核发给房地产开发单位《房地产权属证明书》。

3. 交易鉴证。指房地产开发单位持《房地产权属证明书》及该楼宇各单元的房屋购销合同或预售合同到房地产交易所办理交易鉴证手续，交易鉴证后，房地产交易所按每单元核发《房地产交易鉴证证明书》。

4. 转移过户。房地产开发单位会同购房者或其委托人携带《房地产权属证明书》、《房地产交易鉴证证明书》等证件，到房地产登记机关办理过户手续，由原经办人立案收件办理。

5. 缮证发证。经审批同意发证的商品房，由房地产登记机关缮写《房地产权证》，经校对无误后，由经办人员通知房产权人领取，如属委托代办，则由房地产开发单位统一领取，再分发给各位住户。购房者在委托办证时，应当向房地产开发单位出具经过公证的委托书，同时提交身份证书(如身份证、护照等)。

另外，北京市的商品住宅购买者应在办理过房手续时按购房款的 2% 向市区县房地局或由市、区、县房地局委托的交易管理部门交纳商品住宅共用部位共用设施维修基金；房地局代收维修基金时，须向购房者出具北京市财政局统一监制的北京市住宅维修基金专用发票。

实际操作中，由于房地产开发单位提供的各种批文、证件等资料不全，有关档案资料不完善，加上部分房地产开发单位拖延办理。因此，实际办证时间常需一年以上，有的甚至长达几年，为此，购房者在购房前务必对房地产开发单位的信誉作必要的调查，签约时尽量在合同中明确委托办证条款，对办证时间双方要作出合理规定，从而约束、督促房地产开发单位能及时、完整地办理房产权证。

第三节　安居房的购买

安居房是政府为解决城市中低收入住房困难家庭的住房问题而推出的住房房改措施，各地均有不同的规定，购房者要注意查阅本地的规定。以北京市为例，安居住房购买有下列规定：

（一）建设单位出售安居住宅，须持有关证明到房屋所在地区、县房屋土地管理部门办理权属登记手续

建设单位出售安居住宅应持以下证明文件：

1. 工程开工许可证；

2. 工程质量竣工核验证书；

3. 土地权属证明、建设用地批准书；

4. 建设用地规划许可证；

5. 建设工程规划许可证；

6. 法人代表身份证明或法人代表的授权委托书和被授权人的身份证明；

7. 市房地产管理局认定为安居工程范围用地暂不办理土地使用权出让手续的证明性文件。

（二）建设单位与住房困难户须持有关证明到房屋所在区、县房地产交易管理部门办理购销交易手续。建设单位须提供房地产权属登记证明

住房困难户须提供下列证明：

1. 委、办、局或区、县安居办开具的分配房号通知单；

2. 委、办局、总公司或区、县安居办出具的购房户属 1994 年 8 月 31 日前认定的住房困难户的证明，或用购房户腾退的二轮房解决的住房困难户的证明。

住房困难户所在单位从建设单位购买安居住宅后再出售给住房困难户的，先由住房困难户所在单位和建设单位签订购销合同，再由住房困难户所在单位和住房困难户签订购销合同。住房困难户按全额从建设单位购买安居住宅的，由住房困难户和建设单位签订购销合同。

（三）住房困难户签订房屋购销合同后，须按规定办理权属登记

1. 凡住房困难户从所在地单位按当年市房改办公布的房改价格购房的，由房屋所在地房地产权属管理部门根据交易管理部门鉴证的购销合同，按北京市房屋土地局《关于1994 年向职工个人出售公有住宅进行房产登记有关问题的通知》的有关规定办理权属登记手续。

2. 凡住房困难户按高于购房当年房改成本价售房公式计算的应付房价款购房的，其

所购住房的产权执行房改成本价产权规定，在权属证件附记中要注明当年出售公有住房每建筑平方米的成本价、所购住房的实际房价及交款日期。

3. 房屋购销手续费及房屋登记费的收取。建设单位将安居住宅出售给住房困难户所在单位，再由单位出售给住房困难户，两次交易并案办理，由建设单位和住房困难户分别按销售价格和购买价格的 0.5% 交纳房屋购销手续费，住房困难户所在单位的房屋购销手续费免收。建设单位将安居住宅全额出售给住房困难户的，由住房困难户和建设单位各按房价的 0.5% 交纳房屋购销手续费。房屋登记费按每建筑平方米 0.30 元收取。

第四节　二手房的购买

私有住房购销是指对已经交付使用并有合法房产权证的私有房屋进行交易的方式，也称"二手房交易"或持产证的现楼交易。私房屋购销属于房地产转让的一种形式。按照建设部 1995 年第 45 号令《城市房地产转让管理规定》中的有关内容，私有房屋购销应当按照下列程序办理：

1. 购销双方签订书面合同，合同应载明如下内容：
(1) 购销双方的姓名或名称、住所；
(2) 房屋权属证书名称和编号；
(3) 房屋坐落位置、面积、四周界限；
(4) 土地宗地号、土地使用权取得的方式及年限；
(5) 房屋的用途或使用性质；
(6) 成交价格及支付方式；
(7) 房屋交付使用的时间；
(8) 违约责任；
(9) 其他需要约定的说明的事项。

2. 房屋购销合同签订后 30 日内，购销双方应持有关文件向房屋所在地的房地产管理部门提出申请，并申报成交价格。申请时，买方须携带本人居民身份证、户口本等身份证明；卖方须携带《房地产证》或《房屋所有权证》和《国有土地使用证》、本人身份证明，如房屋是共有，卖方需提供共有人对房屋购销的意见书。如房屋是出租的，应提供租房合同和承租人的意见书。

3. 房地产管理部门对提供的有关文件进行审查，并在 15 日内提出是否受理申请的书面答复。

4. 房地产管理部门核实申报的成交价格，并根据需要对转让的房地产进行现场勘查和评估。

5. 房地产管理部门审查核实后，房屋购销双方须按规定缴纳有关税费，之后，房地产管理部门核发过户单。

私有房屋购销强调自由议价、自由协商，但禁止私下购销房屋或变相购销房屋，禁止在房屋中隐瞒房价、偷漏税费；禁止非法倒卖房屋和非法从中牟利等活动。

二手房交易中，买卖双方需交纳的税费（按国家和地方行政主管部门有关规定缴纳，表 4-6-3 可供参考）。

二手房转让过户税费 表 4-6-3

序号	税费项目	计费标准及双方承付额		备　注
		卖　方	买　方	
1	交易手续费	建筑面积×5元/m² 承担总费50%	建筑面积×5元/m² 承担总费50%	
2	合同印花税	成交额×0.05% 承担总费50%	成交额×0.05% 承担总费50%	
3	契　　税	双方约定由何方承担	成交额×0.75% 一般由买方承担	
4	权证印花税	—	5元/本	
5	产权登记费	—	个人产权：100元/件 其他产权：200元/件	
6	中介费	成交总额0.5%～2.5%	成交总额0.5%～2.5%	买卖双方总计超过3%
7	过户手续费	50元/套	50元/套	
8	转产费	如果房屋是使用权房，则必须转成产权房才能进行交易，所有费用由上家独自承担。转产费一般由房屋所在物业管理所核定，根据房屋朝向、年龄、业主工龄等因素进行评定		
9	维修基金		卖家实耗后的维修基金额余额	
10	营业税	按2005年国家七部委规定缴纳	—	

商品房购销相关法律、法规，详见附录4-6-1～4-6-4。

附录4-6-1　《经济适用住房管理办法》

（2007年11月19日建住房〔2007〕258号）

第一章　总　　则

第一条　为改进和规范经济适用住房制度，保护当事人合法权益，制定本办法。

第二条　本办法所称经济适用住房，是指政府提供政策优惠，限定套型面积和销售价格，按照合理标准建设，面向城市低收入住房困难家庭供应，具有保障性质的政策性住房。

本办法所称城市低收入住房困难家庭，是指城市和县人民政府所在地镇的范围内，家庭收入、住房状况等符合市、县人民政府规定条件的家庭。

第三条　经济适用住房制度是解决城市低收入家庭住房困难政策体系的组成部分。经济适用住房供应对象要与廉租住房保障对象相衔接。经济适用住房的建设、供应、使用及监督管理，应当遵守本办法。

第四条　发展经济适用住房应当在国家统一政策指导下，各地区因地制宜，政府主导、社会参与。市、县人民政府要根据当地经济社会发展水平、居民住房状况和收入水平等因素，合理确定经济适用住房的政策目标、建设标准、供应范围和供应对象等，并组织实施。省、自治区、直辖市人民政府对本行政区域经济适用住房工作负总责，对所辖市、县人民政府实行目标责任制管理。

第五条　国务院建设行政主管部门负责对全国经济适用住房工作的指导和实施监督。县级以上地方人民政府建设或房地产行政主管部门(以下简称"经济适用住房主管部门")负责本行政区域内经济适用住房管理工作。

县级以上人民政府发展改革(价格)、监察、财政、国土资源、税务及金融管理等部门根据职责分工,负责经济适用住房有关工作。

第六条　市、县人民政府应当在解决城市低收入家庭住房困难发展规划和年度计划中,明确经济适用住房建设规模、项目布局和用地安排等内容,并纳入本级国民经济与社会发展规划和住房建设规划,及时向社会公布。

第二章　优惠和支持政策

第七条　经济适用住房建设用地以划拨方式供应。经济适用住房建设用地应纳入当地年度土地供应计划,在申报年度用地指标时单独列出,确保优先供应。

第八条　经济适用住房建设项目免收城市基础设施配套费等各种行政事业性收费和政府性基金。经济适用住房项目外基础设施建设费用,由政府负担。经济适用住房建设单位可以以在建项目作抵押向商业银行申请住房开发贷款。

第九条　购买经济适用住房的个人向商业银行申请贷款,除符合《个人住房贷款管理办法》规定外,还应当出具市、县人民政府经济适用住房主管部门准予购房的核准通知。

购买经济适用住房可提取个人住房公积金和优先办理住房公积金贷款。

第十条　经济适用住房的贷款利率按有关规定执行。

第十一条　经济适用住房的建设和供应要严格执行国家规定的各项税费优惠政策。

第十二条　严禁以经济适用住房名义取得划拨土地后,以补交土地出让金等方式,变相进行商品房开发。

第三章　建　设　管　理

第十三条　经济适用住房要统筹规划、合理布局、配套建设,充分考虑城市低收入住房困难家庭对交通等基础设施条件的要求,合理安排区位布局。

第十四条　在商品住房小区中配套建设经济适用住房的,应当在项目出让条件中,明确配套建设的经济适用住房的建设总面积、单套建筑面积、套数、套型比例、建设标准以及建成后移交或者回购等事项,并以合同方式约定。

第十五条　经济适用住房单套的建筑面积控制在 60 平方米左右。市、县人民政府应当根据当地经济发展水平、群众生活水平、住房状况、家庭结构和人口等因素,合理确定经济适用住房建设规模和各种套型的比例,并进行严格管理。

第十六条　经济适用住房建设按照政府组织协调、市场运作的原则,可以采取项目法人招标的方式,选择具有相应资质和良好社会责任的房地产开发企业实施;也可以由市、县人民政府确定的经济适用住房管理实施机构直接组织建设。在经济适用住房建设中,应注重发挥国有大型骨干建筑企业的积极作用。

第十七条　经济适用住房的规划设诗和建设必须按照发展节能省地环保型住宅的要求,严格执行《住宅建筑规范》等国家有关住房建设的强制性标准,采取竞标方式优选规划设计方案,做到在较小的套型内实现基本的使用功能。积极推广应用先进、成熟、适用、安全的新技术、新工艺、新材料、新设备。

第十八条　经济适用住房建设单位对其建设的经济适用住房工程质量负最终责任,向买受人出具《住宅质量保证书》和《住宅使用说明书》,并承担保修责任,确保工程质量和使用安全。有关住房质量和性能等方面的要求，应在建设合同中予以明确。

经济适用住房的施工和监理，应当采取招标方式，选择具有资质和良好社会责任的建筑企业和监理公司实施。

第十九条　经济适用住房项目可采取招标方式选择物业服务企业实施前期物业服务，也可以在社区居委会等机构的指导下，由居民自我管理，提供符合居住区居民基本生活需要的物业服务。

第四章　价　格　管　理

第二十条　确定经济适用住房的价格应当以保本微利为原则。其销售基准价格及浮动幅度，由有定价权的价格主管部门会同经济适用住房主管部门，依据经济适用住房价格管理的有关规定，在综合考虑建设、管理成本和利润的基础上确定并向社会公布。房地产开发企业实施的经济适用住房项目利润率按不高于3％核定；市、县人民政府直接组织建设的经济适用住房只能按成本价销售，不得有利润。

第二十一条　经济适用住房销售应当实行明码标价，销售价格不得高于基准价格及上浮幅度，不得在标价之外收取任何未予标明的费用。经济适用住房价格确定后应当向社会公布。价格主管部门应依法进行监督管理。

第二十二条　经济适用住房实行收费卡制度，各有关部门收取费用时，必须填写价格主管部门核发的交费登记卡。任何单位不得以押金、保证金等名义，变相向经济适用住房建设单位收取费用。

第二十三条　价格主管部门要加强成本监审，全面掌握经济适用住房成本及利润变动情况，确保经济适用住房做到质价相符。

第五章　准入和退出管理

第二十四条　经济适用住房管理应建立严格的准入和退出机制。经济适用住房由市、县人民政府按限定的价格，统一组织向符合购房条件的低收入家庭出售。经济适用住房供应实行申请、审核、公示和轮候制度。市、县人民政府应当制定经济适用住房申请、审核、公示和轮候的具体办法，并向社会公布。

第二十五条　城市低收入家庭申请购买经济适用住房应同时符合下列条件：

（一）具有当地城镇户口；

（二）家庭收入符合市、县人民政府划定的低收入家庭收入标准；

（三）无房或现住房面积低于市、县人民政府规定的住房困难标准。

经济适用住房供应对象的家庭收入标准和住房困难标准，由市、县人民政府根据当地商品住房价格、居民家庭可支配收入、居住水平和家庭人口结构等因素确定，实行动态管理，每年向社会公布一次。

第二十六条　经济适用住房资格申请采取街道办事处（镇人民政府）、市（区）、县人民政府逐级审核并公示的方式认定。审核单位应当通过入户调查、邻里访问以及信函索证等方式对申请人的家庭收入和住房状况等情况进行核实。申请人及有关单位、组织或者个人应当予以配合，如实提供有关情况。

第二十七条　经审核公示通过的家庭，由市、县人民政府经济适用住房主管部门发放准予购买经济适用住房的核准通知，注明可以购买的面积标准。然后按照收入水平、住房困难程度和申请顺序等因素进行轮候。

第二十八条　符合条件的家庭，可以持核准通知购买一套与核准面积相对应的经济适用住房。购买面积原则上不得超过核准面积。购买面积在核准面积以内的，按核准的价格购买；超过核准面积的部分，不得享受政府优惠，由购房人按照同地段同类普通商品住房的价格补交差价。

第二十九条　居民个人购买经济适用住房后，应当按照规定办理权属登记。房屋、土地登记部门在办理权属登记时，应当分别注明经济适用住房、划拨土地。

第三十条 经济适用住房购房人拥有有限产权。

购买经济适用住房不满 5 年，不得直接上市交易，购房人因特殊原因确需转让经济适用住房的，由政府按照原价格并考虑折旧和物价水平等因素进行回购。

购买经济适用住房满 5 年，购房人上市转让经济适用住房的，应按照届时同地段普通商品住房与经济适用住房差价的一定比例向政府交纳土地收益等相关价款，具体交纳比例由市、县人民政府确定，政府可优先回购；购房人也可以按照政府所定的标准向政府交纳土地收益等相关价款后，取得完全产权。

上述规定应在经济适用住房购买合同中予以载明，并明确相关违约责任。

第三十一条 已经购买经济适用住房的家庭又购买其他住房的，原经济适用住房由政府按规定及合同约定回购。政府回购的经济适用住房，仍应用于解决低收入家庭的住房困难。

第三十二条 已参加福利分房的家庭在退回所分房屋前不得购买经济适用住房，已购买经济适用住房的家庭不得再购买经济适用住房。

第三十三条 个人购买的经济适用住房在取得完全产权以前不得用于出租经营。

第六章 单位集资合作建房

第三十四条 距离城区较远的独立工矿企业和住房困难户较多的企业，在符合土地利用总体规划、城市规划、住房建设规划的前提下，经市、县人民政府批准。可以利用单位自用土地进行集资合作建房。参加单位集资合作建房的对象，必须限定在本单位符合市、县人民政府规定的低收入住房困难家庭。

第三十五条 单位集资合作建房是经济适用住房的组成部分，其建设标准、优惠政策、供应对象、产权关系等均按照经济适用住房的有关规定严格执行。单位集资合作建房应当纳入当地经济适用住房建设计划和用地计划管理。

第三十六条 任何单位不得利用新征用或新购买土地组织集资合作建房；各级国家机关一律不得搞单位集资合作建房。单位集资合作建房不得向不符合经济适用住房供应条件的家庭出售。

第三十七条 单位集资合作建房在满足本单位低收入住房困难家庭购买后，房源仍有少量剩余的，由市、县人民政府统一组织向符合经济适用住房购房条件的家庭出售，或由市、县人民政府以成本价收购后用作廉租住房。

第三十八条 向职工收取的单位集资合作建房款项实行专款管理、专项使用，并接受当地财政和经济适用住房主管部门的监督。

第三十九条 已参加福利分房、购买经济适用住房或参加单位集资合作建房的人员，不得再次参加单位集资合作建房。严禁任何单位借集资合作建房名义，变相实施住房实物分配或商品房开发。

第四十条 单位集资合作建房原则上不收取管理费用，不得有利润。

第七章 监 督 管 理

第十一条 市、县人民政府要加强对已购经济适用住房的后续管理，经济适用住房主管部门要切实履行职责，对已购经济适用住房家庭的居住人员、房屋的使用等情况进行定期检查，发现违规行为及时纠正。

第四十二条 市、县人民政府及其有关部门应当加强对经济适用住房建设、交易中违纪违法行为的查处。

（一）擅自改变经济适用住房或集资合作建房用地性质的，由国土资源土管部门按有关规定处罚。

（二）擅自提高经济适用住房或集资合作建房销售价格等价格违法行为的，由价格主管部门依法进行处罚。

（三）未取得资格的家庭购买经济适用住房或参加集资合作建房的，其所购买或集资建设的住房由经济适用住房主管部门限期按原价格并考虑折旧等因素作价收购；不能收购的，由经济适用住房主管部门责成其补缴经济适用住房或单位集资合作建房与同地段同类普通商品住房价格差，并对相关责任单位和责任人依法予以处罚。

第四十三条　对弄虚作假、隐瞒家庭收入和住房条件，骗购经济适用住房或单位集资合作建房的个人，由市、县人民政府经济适用住房主管部门限期按原价格并考虑折旧等因素作价收回所购住房，并依法和有关规定追究责任。对出具虚假证明的，依法追究相关责任人的责任。

第四十四条　国家机关工作人员在经济适用住房建设、管理过程中滥用职权、玩忽职守、徇私舞弊的，依法依纪追究责任；涉嫌犯罪的，移送司法机关处理。

第四十五条　任何单位和个人有权对违反本办法规定的行为进行检举和控告。

第八章　附　则

第四十六条　省、自治区、直辖市人民政府经济适用住房主管部门会同发展改革（价格）、监察、财政、国土资源、金融管理、税务主管部门根据本办法，可以制定具体实施办法。

第四十七条　本办法由建设部会同发展改革委、监察部、财政部、国土资源部、人民银行、税务总局负责解释。

第四十八条　本办法下发后尚未销售的经济适用住房，执行本办法有关准入和退出管理、价格管理、监督管理等规定；已销售的经济适用住房仍按原有规定执行。此前已审批但尚未开工的经济适用住房项目，凡不符合本办法规定内容的事项，应按本办法做相应调整。

第四十九条　建设部、发展改革委、国土资源部、人民银行《关于印发〈经济适用住房管理办法〉的通知》（建住房〔2004〕77号）同时废止。

附录4-6-2　廉租住房保障办法

（2007年11月8日建设部等九部门颁发第162号令）

第一章　总　则

第一条　为促进廉租住房制度建设，逐步解决城市低收入家庭的住房困难，制定本办法。

第二条　城市低收入住房困难家庭的廉租住房保障及其监督管理，适用本办法。

本办法所称城市低收入住房困难家庭，是指城市和县人民政府所在地的镇范围内，家庭收入、住房状况等符合市、县人民政府规定条件的家庭。

第三条　市、县人民政府应当在解决城市低收入家庭住房困难的发展规划及年度计划中，明确廉租住房保障工作目标、措施，并纳入本级国民经济与社会发展规划和住房建设规划。

第四条　国务院建设主管部门指导和监督全国廉租住房保障工作。县级以上地方人民政府建设（住房保障）主管部门负责本行政区域内廉租住房保障管理工作。廉租住房保障的具体工作可以由市、县人民政府确定的实施机构承担。

县级以上人民政府发展改革（价格）、监察、民政、财政、国土资源、金融管理、税务、统计等部门按照职责分工，负责廉租住房保障的相关工作。

第二章　保　障　方　式

第五条　廉租住房保障方式实行货币补贴和实物配租等相结合。货币补贴是指县级以上地方人民政府向申请廉租住房保障的城市低收入住房困难家庭发放租赁住房补贴，由其自行承租住房。实物配租是指县级以上地方人民政府向申请廉租住房保障的城市低收入住房困难家庭提供住房，并按照规定标准收取租金。

实施廉租住房保障，主要通过发放租赁补贴，增强城市低收入住房困难家庭承租住房的能力。廉租住房紧缺的城市，应当通过新建和收购等方式，增加廉租住房实物配租的房源。

第六条　市、县人民政府应当根据当地家庭平均住房水平、财政承受能力以及城市低收入住房困难家庭的人口数量、结构等因素，以户为单位确定廉租住房保障面积标准。

第七条　采取货币补贴方式的，补贴额度按照城市低收入住房困难家庭现住房面积与保障面积标准的差额、每平方米租赁住房补贴标准确定。

每平方米租赁住房补贴标准由市、县人民政府根据当地经济发展水平、市场平均租金、城市低收入住房困难家庭的经济承受能力等因素确定。其中对城市居民最低生活保障家庭，可以按照当地市场平均租金确定租赁住房补贴标准；对其他城市低收入住房困难家庭，可以根据收入情况等分类确定租赁住房补贴标准。

第八条　采取实物配租方式的，配租面积为城市低收入住房困难家庭现住房面积与保障面积标准的差额。

实物配租的住房租金标准实行政府定价。实物配租住房的租金，按照配租面积和市、县人民政府规定的租金标准确定。有条件的地区，对城市居民最低生活保障家庭，可以免收实物配租住房中住房保障面积标准内的租金。

第三章　保障资金及房屋来源

第九条　廉租住房保障资金采取多种渠道筹措。

廉租住房保障资金来源包括：

（一）年度财政预算安排的廉租住房保障资金；

（二）提取贷款风险准备金和管理费用后的住房公积金增值收益余额；

（三）土地出让净收益中安排的廉租住房保障资金；

（四）政府的廉租住房租金收入；

（五）社会捐赠及其他方式筹集的资金。

第十条　提取贷款风险准备金和管理费用后的住房公积金增值收益余额，应当全部用于廉租住房建设。

土地出让净收益用于廉租住房保障资金的比例，不得低于10%。

政府的廉租住房租金收入应当按照国家财政预算支出和财务制度的有关规定，实行收支两条线管理，专项用于廉租住房的维护和管理。

第十一条　对中西部财政困难地区，按照中央预算内投资补助和中央财政廉租住房保障专项补助资金的有关规定给予支持。

第十二条　实物配租的廉租住房来源主要包括：

（一）政府新建、收购的住房；

（二）腾退的公有住房；

（三）社会捐赠的住房；

（四）其他渠道筹集的住房。

第十三条　廉租住房建设用地，应当在土地供应计划中优先安排，并在申报年度用地指标时单独列出，采取划拨方式，保证供应。

廉租住房建设用地的规划布局，应当考虑城市低收入住房困难家庭居住和就业的便利。

廉租住房建设应当坚持经济、适用原则，提高规划设计水平，满足基本使用功能，应当按照发展节能省地环保型住宅的要求，推广新材料、新技术、新工艺。廉租住房应当符合国家质量安全标准。

第十四条 新建廉租住房,应当采取配套建设与相对集中建设相结合的方式,主要在经济适用住房、普通商品住房项目中配套建设。

新建廉租住房,应当将单套的建筑面积控制在 50 平方米以内,并根据城市低收入住房困难家庭的居住需要,合理确定套型结构。

配套建设廉租住房的经济适用住房或者普通商品住房项目,应当在用地规划、国有土地划拨决定书或者国有土地使用权出让合同中,明确配套建设的廉租住房总建筑面积、套数、布局、套型以及建成后的移交或回购等事项。

第十五条 廉租住房建设免征行政事业性收费和政府性基金。

鼓励社会捐赠住房作为廉租住房房源或捐赠用于廉租住房的资金。

政府或经政府认定的单位新建、购买、改建住房作为廉租住房,社会捐赠廉租住房房源、资金,按照国家规定的有关税收政策执行。

第四章 申请与核准

第十六条 申请廉租住房保障,应当提供下列材料:

(一)家庭收入情况的证明材料;

(二)家庭住房状况的证明材料;

(三)家庭成员身份证和户口簿;

(四)市、县人民政府规定的其他证明材料。

第十七条 申请廉租住房保障,按照下列程序办理:

(一)申请廉租住房保障的家庭,应当由户主向户口所在地街道办事处或者镇人民政府提出书面申请;

(二)街道办事处或者镇人民政府应当自受理申请之日起 30 日内,就申请人的家庭收入、家庭住房状况是否符合规定条件进行审核,提出初审意见并张榜公布,将初审意见和申请材料一并报送市(区)、县人民政府建设(住房保障)主管部门;

(三)建设(住房保障)主管部门应当自收到申请材料之日起 15 日内,就申请人的家庭住房状况是否符合规定条件提出审核意见,并将符合条件的申请人的申请材料转同级民政部门;

(四)民政部门应当自收到申请材料之日起 15 日内,就申请人的家庭收入是否符合规定条件提出审核意见,并反馈同级建设(住房保障)主管部门;

(五)经审核,家庭收入、家庭住房状况符合规定条件的,由建设(住房保障)主管部门予以公示,公示期限为 15 日;对经公示无异议或者异议不成立的,作为廉租住房保障对象予以登记,书面通知申请人,并向社会公开登记结果。

经审核,不符合规定条件的,建设(住房保障)主管部门应当书面通知申请人,说明理由。申请人对审核结果有异议的,可以向建设(住房保障)主管部门申诉。

第十八条 建设(住房保障)主管部门、民政等有关部门以及街道办事处、镇人民政府,可以通过入户调查、邻里访问以及信函索证等方式对申请人的家庭收入和住房状况等进行核实。申请人及有关单位和个人应当予以配合,如实提供有关情况。

第十九条 建设(住房保障)主管部门应当综合考虑登记的城市低收入住房困难家庭的收入水平、住房困难程度和申请顺序以及个人申请的保障方式等,确定相应的保障方式及轮候顺序,并向社会公开。

对已经登记为廉租住房保障对象的城市居民最低生活保障家庭,凡申请租赁住房货币补贴的,要优先安排发放补贴,基本做到应保尽保。

实物配租应当优先面向已经登记为廉租住房保障对象的孤、老、病、残等特殊困难家庭,城市居民最低生活保障家庭以及其他急需救助的家庭。

第二十条 对轮候到位的城市低收入住房困难家庭,建设(住房保障)主管部门或者具体实施机构应当按照已确定的保障方式，与其签订租赁住房补贴协议或者廉租住房租赁合同，予以发放租赁住房补贴或者配租廉租住房。

发放租赁住房补贴和配租廉租住房的结果，应当予以公布。

第二十一条 租赁住房补贴协议应当明确租赁住房补贴额度、停止发放租赁住房补贴的情形等内容。

廉租住房租赁合同应当明确下列内容：

（一）房屋的位置、朝向、面积、结构、附属设施和设备状况；

（二）租金及其支付方式；

（三）房屋用途和使用要求；

（四）租赁期限；

（五）房屋维修责任；

（六）停止实物配租的情形，包括承租人已不符合规定条件的，将所承租的廉租住房转借、转租或者改变用途，无正当理由连续6个月以上未在所承租的廉租住房居住或者未交纳廉租住房租金等；

（七）违约责任及争议解决办法，包括退回廉租住房、调整租金、依照有关法律法规规定处理等；

（八）其他约定。

第五章 监 督 管 理

第二十二条 国务院建设主管部门、省级建设（住房保障）主管部门应当会同有关部门，加强对廉租住房保障工作的监督检查，并公布监督检查结果。

市、县人民政府应当定期向社会公布城市低收入住房困难家庭廉租住房保障情况。

第二十三条 市（区）、县人民政府建设（住房保障）主管部门应当按户建立廉租住房档案，并采取定期走访、抽查等方式，及时掌握城市低收入住房困难家庭的人口、收入及住房变动等有关情况。

第二十四条 已领取租赁住房补贴或者配租廉租住房的城市低收入住房困难家庭，应当按年度向所在地街道办事处或者镇人民政府如实申报家庭人口、收入及住房等变动情况。

街道办事处或者镇人民政府可以对申报情况进行核实、张榜公布，并将申报情况及核实结果报建设（住房保障）主管部门。

建设（住房保障）主管部门应当根据城市低收入住房困难家庭人口、收入、住房等变化情况，调整租赁住房补贴额度或实物配租面积、租金等；对不再符合规定条件的，应当停止发放租赁住房补贴，或者由承租人按照合同约定退回廉租住房。

第二十五条 城市低收入住房困难家庭不得将所承租的廉租住房转借、转租或者改变用途。

城市低收入住房困难家庭违反前款规定或者有下列行为之一的，应当按照合同约定退回廉租住房：

（一）无正当理由连续6个月以上未在所承租的廉租住房居住的；

（二）无正当理由累计6个月以上未交纳廉租住房租金的。

第二十六条 城市低收入住房困难家庭未按照合同约定退回廉租住房的，建设（住房保障）主管部门应当责令其限期退回；逾期未退回的，可以按照合同约定，采取调整租金等方式处理。

城市低收入住房困难家庭拒绝接受前款规定的处理方式的，由建设（住房保障）主管部门或者具体实施机构依照有关法律法规规定处理。

第二十七条 城市低收入住房困难家庭的收入标准、住房困难标准等以及住房保障面积标准，实行动态管理，由市、县人民政府每年向社会公布一次。

第二十八条 任何单位和个人有权对违反本办法规定的行为进行检举和控告。

第六章 法 律 责 任

第二十九条 城市低收入住房困难家庭隐瞒有关情况或者提供虚假材料申请廉租住房保障的，建设

(住房保障)主管部门不予受理，并给予警告。

第三十条　对以欺骗等不正当手段，取得审核同意或者获得廉租住房保障的，由建设(住房保障)主管部门给予警告；对已经登记但尚未获得廉租住房保障的，取消其登记；对已经获得廉租住房保障的，责令其退还已领取的租赁住房补贴，或者退出实物配租的住房并按市场价格补交以前房租。

第三十一条　廉租住房保障实施机构违反本办法规定，不执行政府规定的廉租住房租金标准的，由价格主管部门依法查处。

第三十二条　违反本办法规定，建设(住房保障)主管部门及有关部门的工作人员或者市、县人民政府确定的实施机构的工作人员，在廉租住房保障工作中滥用职权、玩忽职守、徇私舞弊的，依法给予处分；构成犯罪的，依法追究刑事责任。

第七章　附　　则

第三十三条　对承租直管公房的城市低收入家庭，可以参照本办法有关规定，对住房保障面积标准范围内的租金予以适当减免。

第三十四条　本办法自 2007 年 12 月 1 日起施行。2003 年 12 月 31 日发布的《城镇最低收入家庭廉租住房管理办法》(建设部、财政部、民政部、国土资源部、国家税务总局令第 120 号)同时废止。

附录 4-6-3　城市房地产转让管理规定

(2001 年 8 月 15 日建设部令第 96 号重发)

第一条　为了加强城市房地产转让的管理，维护房地产市场秩序，保障房地产转让当事人的合法权益，根据《中华人民共和国房地产管理法》，制定本规定。

第二条　凡在城市规划区国有土地范围内从事房地产转让，实施房地产转让管理，均应遵守本规定。

第三条　本规定所称房地产转让，是指房地产权利人通过买卖、赠与或者其他合法方式将其房地产转移给他人的行为。

前款所称其他合法方式，主要包括下列行为：

(一) 以房地产作价入股、与他人成立企业法人，房地产权属发生变更的；

(二) 一方提供土地使用权，另一方或者多方提供资金、合资、合作开发经营房地产，而使房地产权属发生变更的；

(三) 因企业被收购、兼并或合并，房地产权属随之转移的；

(四) 以房地产抵债的；

(五) 法律、法规规定的其他情形。

第四条　国务院建设行政主管部门归口管理全国城市房地产转让工作。

省、自治区人民政府建设行政主管部门归口管理本行政区域内的城市房地产转让工作。

直辖市、市、县人民政府房地产行政主管部门(以下简称房地产管理部门)负责本行政区域内的城市房地产转让管理工作。

第五条　房地产转让时，房屋所有权和该房屋占用范围内的土地使用权同时转让。

第六条　下列房地产不得转让：

(一) 以出让方式取得土地使用权但不符合本规定第十条规定的条件的；

(二) 司法机关和行政机关依法裁定，决定查封或者以其他形式限制房地产权利的；

(三) 依法收回土地使用权的；

（四）共有房地产，未经共有人书面同意的；

（五）权属有争议的；

（六）未依法登记领取权属证书的；

（七）法律、行政法规规定禁止转让的其他情形。

第七条　房地产转让，应当按照下列程序办理：

（一）房地产转让当事人签订书面转让合同；

（二）房地产转让当事人在房地产转让合同签订后 90 日内持房地产权属证书、当事人的合法证明、转让合同等有关文件向房地产所在地的房地产管理部门提出申请，并申报成交价格；

（三）房地产管理部门对提供的有关文件进行审查，并在 7 日内做出是否受理的书面答复，7 日内未作书面答复的，视为同意受理；

（四）房地产管理部门核实申报的成交价格，并根据需要对转让的房地产进行现场查勘和评估；

（五）房地产转让当事人按照规定缴纳有关税费；

（六）房地产管理部门办理房屋权属登记手续，核发房地产权属证书。

第八条　房地产转让合同应当载明下列主要内容：

（一）双方当事人的姓名或名称、住所；

（二）房地产权属证书名称和编号；

（三）房地产坐落位置、面积、四至界限；

（四）土地宗地号、土地使用权取得的方式及年限；

（五）房地产的用途或使用性质；

（六）成交价格及交付方式；

（七）房地产交付使用的时间；

（八）违约责任；

（九）双方约定的其他事项。

第九条　以出让方式取得土地使用权的，房地产转让时，土地使用权出让合同载明的权利、义务随之转移。

第十条　以出让方式取得土地使用权的，转让房地产时，应当符合下列条件：

（一）按照出让合同约定已经支付全部土地使用权出让金，并取得土地使用权证书；

（二）按照出让合同约定进行投资开发，属于房屋建设工程的，应完成开发投资总额的 25％以上；属于成片开发土地的，依照规划对土地进行开发建设，完成供排水、供电、供热、道路交通、通信等市政基础设施、公共设施的建设，达成场地平整，形成工业用地或者其他建设用地条件。

转让房地产时房屋已建成的，还应持有房屋所有权证书。

第十一条　以划拨方式取得土地使用权的，转让房地产时按照国务院的规定，报有批准权的人民政府审批。有批准权的人民政府准予转让的，除符合本规定第十二条所列的可以不办理土地使用权出让手续的情形外，应当由受让方办理土地使用权出让手续，并按照国家有关规定缴纳土地使用权出让金。

第十二条　以划拨方式取得土地使用权的，转让房地产时，属于下列情形之一的，经有批准权的人民政府批准，可以不办理土地使用权出让手续，并应当将转让房地产所获收益中的土地收益上缴国家或者作其他处理。土地收益的缴纳和处理的办法按照国务院规定处理。

（一）经城市规划行政主管部门批准，转让的土地用于建设《中华人民共和国房地产管理法》第二十三条规定的项目的；

（二）私有住宅转让后仍用于居住的；

（三）按照国务院住房制度改革有关规定出售公有住宅的；

（四）同一宗土地上部分房屋转让而土地使用权不可分割转让的；

（五）转让的房地产暂时难以确定土地使用权出让用途、年限和其他条件的；

（六）根据城市规划土地使用权不宜出让的；

（七）县级以上政府规定暂时无法或不需要采取土地使用权出让方式的其他情形。

依照前款规定缴纳土地收益或作其他处理的，应当在房地产转让合同中注明。

第十三条 依照本规定第十二条规定转让的房地产再转让，需要办理出让手续、补交土地使用权出让金的，应当扣除已经缴纳的土地收益。

第十四条 国家实行房地产成交价格申报制度。

房地产权利人转让房地产，应当如实申报成交价格，不得瞒报或者作不实的申报。

房地产转让应当以申报的房地产成交价格作为缴纳税费的依据。成交价格明显低于正常市场价格的，以评估价格作为缴纳税费的依据。

第十五条 商品房预售按照建设部《城市商品房预售管理办法》执行。

第十六条 房地产管理部门在办理房地产转让时，其收费的项目和标准，必须经有批准权的物价部门和建设行政主管部门批准，不得擅自增加收费项目和提高收费标准。

第十七条 违反本规定第十条第一款和第十一条，未办理土地使用权出让手续，交纳土地使用权出让金的，按照《中华人民共和国城市房地产管理法》的规定进行处罚。

第十八条 房地产管理部门工作人员玩忽职守、滥用职权、徇私舞弊、索贿受贿的，依法给予行政处分；构成犯罪的，依法追究刑事责任。

第十九条 在城市规划区外的国有土地范围内进行房地产转让的，参照本规定执行。

第二十条 省、自治区人民政府建设行政主管部门直辖市房地产行政主管部门可以根据本规定制定实施细则。

第二十一条 本规定由国务院建设行政主管部门负责解释。

第二十二条 本规定自 1995 年 9 月 1 日起执行。

附录 4-6-4 国务院关于解决城市低收入家庭住房困难的若干意见

（2007 年 8 月 7 日国发〔2007〕24 号）

各省、自治区、直辖市人民政府，国务院各部委、各直属机构：

住房问题是重要的民生问题。党中央、国务院高度重视解决城市居民住房问题，始终把改善群众居住条件作为城市住房制度改革和房地产业发展的根本目的。20 多年来，我国住房制度改革不断深化，城市住宅建设持续快速发展，城市居民住房条件总体上有了较大改善。但也要看到，城市廉租住房制度建设相对滞后，经济适用住房制度不够完善，政策措施还不配套，部分城市低收入家庭住房还比较困难。为切实加大解决城市低收入家庭住房困难工作力度，现提出以下意见：

一、明确指导思想、总体要求和基本原则

（一）指导思想。以邓小平理论和"三个代表"重要思想为指导，深入贯彻落实科学发展观，按照全面建设小康社会和构建社会主义和谐社会的目标要求，把解决城市（包括县城，下同）低收入家庭住房困难作为维护群众利益的重要工作和住房制度改革的重要内容，作为政府公共服务的一项重要职责，加快建立健全以廉租住房制度为重点、多渠道解决城市低收入家庭住房困难的政策体系。

（二）总体要求。以城市低收入家庭为对象，进一步建立健全城市廉租住房制度，改进和规范经济适用住房制度，加大棚户区、旧住宅区改造力度，力争到"十一五"期末，使低收入家庭住房条件得到明显改善，农民工等其他城市住房困难群体的居住条件得到逐步改善。

（三）基本原则。解决低收入家庭住房困难，要坚持立足国情，满足基本住房需要；统筹规划，分步解决；政府主导，社会参与；统一政策，因地制宜；省级负总责，市县抓落实。

二、进一步建立健全城市廉租住房制度

（四）逐步扩大廉租住房制度的保障范围。城市廉租住房制度是解决低收入家庭住房困难的主要途径。2007年底前，所有设区的城市要对符合规定住房困难条件、申请廉租住房租赁补贴的城市低保家庭基本做到应保尽保；2008年底前，所有县城要基本做到应保尽保。"十一五"期末，全国廉租住房制度保障范围要由城市最低收入住房困难家庭扩大到低收入住房困难家庭；2008年底前，东部地区和其他有条件的地区要将保障范围扩大到低收入住房困难家庭。

（五）合理确定廉租住房保障对象和保障标准。廉租住房保障对象的家庭收入标准和住房困难标准，由城市人民政府按照当地统计部门公布的家庭人均可支配收入和人均住房水平的一定比例，结合城市经济发展水平和住房价格水平确定。廉租住房保障面积标准，由城市人民政府根据当地家庭平均住房水平及财政承受能力等因素统筹研究确定。廉租住房保障对象的家庭收入标准、住房困难标准和保障面积标准实行动态管理，由城市人民政府每年向社会公布一次。

（六）健全廉租住房保障方式。城市廉租住房保障实行货币补贴和实物配租等方式相结合，主要通过发放租赁补贴，增强低收入家庭在市场上承租住房的能力。每平方米租赁补贴标准由城市人民政府根据当地经济发展水平、市场平均租金、保障对象的经济承受能力等因素确定。其中，对符合条件的城市低保家庭，可按当地的廉租住房保障面积标准和市场平均租金给予补贴。

（七）多渠道增加廉租住房房源。要采取政府新建、收购、改建以及鼓励社会捐赠等方式增加廉租住房供应。小户型租赁住房短缺和住房租金较高的地方，城市人民政府要加大廉租住房建设力度。新建廉租住房套型建筑面积控制在50平方米以内，主要在经济适用住房以及普通商品住房小区中配建，并在用地规划和土地出让条件中明确规定建成后由政府收回或回购；也可以考虑相对集中建设。积极发展住房租赁市场，鼓励房地产开发企业开发建设中小户型住房面向社会出租。

（八）确保廉租住房保障资金来源。地方各级人民政府要根据廉租住房工作的年度计划，切实落实廉租住房保障资金：一是地方财政要将廉租住房保障资金纳入年度预算安排。二是住房公积金增值收益在提取贷款风险准备金和管理费用之后全部用于廉租住房建设。三是土地出让净收益用于廉租住房保障资金的比例不得低于10％，各地还可根据实际情况进一步适当提高比例。四是廉租住房租金收入实行收支两条线管理，专项用于廉租住房的维护和管理。对中西部财政困难地区，通过中央预算内投资补助和中央财政廉租住房保障专项补助资金等方式给予支持。

三、改进和规范经济适用住房制度

（九）规范经济适用住房供应对象。经济适用住房供应对象为城市低收入住房困难家庭，并与廉租住房保障对象衔接。经济适用住房供应对象的家庭收入标准和住房困难标准，由城市人民政府确定，实行动态管理，每年向社会公布一次。低收入住房困难家庭要求购买经济适用住房的，由该家庭提出申请，有关单位按规定的程序进行审查，对符合标准的，纳入经济适用住房供应对象范围。过去享受过福利分房或购买过经济适用住房的家庭不得再购买经济适用住房。已经购买了经济适用住房的家庭又购买其他住房的，原经济适用住房由政府按规定回购。

（十）合理确定经济适用住房标准。经济适用住房套型标准根据经济发展水平和群众生活水平，建筑面积控制在60平方米左右。各地要根据实际情况，每年安排建设一定规模的经济适用住房。房价较高、住房结构性矛盾突出的城市，要增加经济适用住房供应。

（十一）严格经济适用住房上市交易管理。经济适用住房属于政策性住房，购房人拥有有限产权。购买经济适用住房不满5年，不得直接上市交易，购房人因各种原因确需转让经济适用住房的，由政府按照原价格并考虑折旧和物价水平等因素进行回购。购买经济适用住房满5年，购房人可转让经济适用住房，但应按照届时同地段普通商品住房与经济适用住房差价的一定比例向政府交纳土地收益等价款，具体交纳比例由城市人民政府确定，政府可优先回购；购房人向政府交纳土地收益等价款后，也可以取得完全产权。上述规定应在经济适用住房购房合同中予以明确。政府回购的经济适用住房，继续向符合条件的低收入住房困难家庭出售。

（十二）加强单位集资合作建房管理。单位集资合作建房只能由距离城区较远的独立工矿企业和住房困难户较多的企业，在符合城市规划前提下，经城市人民政府批准，并利用自用土地组织实施。单位集资合作建房纳入当地经济适用住房供应计划，其建设标准、供应对象、产权关系等均按照经济适用住房的有关规定执行。在优先满足本单位住房困难职工购买基础上房源仍有多余的，由城市人民政府统一向符合经济适用住房购买条件的家庭出售，或以成本价收购后用作廉租住房。各级国家机关一律不得搞单位集资合作建房；任何单位不得新征用或新购买土地搞集资合作建房；单位集资合作建房不得向非经济适用住房供应对象出售。

四、逐步改善其他住房困难群体的居住条件

（十三）加快集中成片棚户区的改造。对集中成片的棚户区，城市人民政府要制定改造计划，因地制宜进行改造。棚户区改造要符合以下要求：困难住户的住房得到妥善解决；住房质量、小区环境、配套设施明显改善；困难家庭的负担控制在合理水平。

（十四）积极推进旧住宅区综合整治。对可整治的旧住宅区要力戒大拆大建。要以改善低收入家庭居住环境和保护历史文化街区为宗旨，遵循政府组织、居民参与的原则，积极进行房屋维修养护、配套设施完善、环境整治和建筑节能改造。

（十五）多渠道改善农民工居住条件。用工单位要向农民工提供符合基本卫生和安全条件的居住场所。农民工集中的开发区和工业园区，应按照集约用地的原则，集中建设向农民工出租的集体宿舍，但不得按商品住房出售。城中村改造时，要考虑农民工的居住需要，在符合城市规划和土地利用总体规划的前提下，集中建设向农民工出租的集体宿舍。有条件的地方，可比照经济适用住房建设的相关优惠政策，政府引导，市场运作，建设符合农民工特点的住房，以农民工可承受的合理租金向农民工出租。

五、完善配套政策和工作机制

（十六）落实解决城市低收入家庭住房困难的经济政策和建房用地。一是廉租住房和经济适用住房建设、棚户区改造、旧住宅区整治一律免收城市基础设施配套费等各种行政事业性收费和政府性基金。二是廉租住房和经济适用住房建设用地实行行政划拨方式供应。三是对廉租住房和经济适用住房建设用地，各地要切实保证供应。要根据住房建设规划，在土地供应计划中予以优先安排，并在申报年度用地指标时单独列出。四是社会各界向政府捐赠廉租住房房源的，执行公益性捐赠税收扣除的有关政策。五是社会机构投资廉租住房或经济适用住房建设、棚户区改造、旧住宅区整治的，可同时给予相关的政策支持。

（十七）确保住房质量和使用功能。廉租住房和经济适用住房建设、棚户区改造以及旧住宅区整治，要坚持经济、适用的原则。要提高规划设计水平，在较小的户型内实现基本的使用功能。要按照发展节能省地环保型住宅的要求，推广新材料、新技术、新工艺。要切实加强施工管理，确保施工质量。有关住房质量和使用功能等方面的要求，应在建设合同中予以明确。

（十八）健全工作机制。城市人民政府要抓紧开展低收入家庭住房状况调查，于2007年底之前建立低收入住房困难家庭住房档案，制订解决城市低收入家庭住房困难的工作目标、发展规划和年度计划，纳入当地经济社会发展规划和住房建设规划，并向社会公布。要按照解决城市低收入家庭住房困难的年度计划，确保廉租住房保障的各项资金落实到位；确保廉租住房、经济适用住房建设用地落实到位，并合理确定区位布局。要规范廉租住房保障和经济适用住房供应的管理，建立健全申请、审核和公示办法，并于2007年9月底之前向社会公布；要严格做好申请人家庭收入、住房状况的调查审核，完善轮候制度，特别是强化廉租住房的年度复核工作，健全退出机制。要严肃纪律，坚决查处弄虚作假等违纪违规行为和有关责任人员，确保各项政策得以公开、公平、公正实施。

（十九）落实工作责任。省级人民政府对本地区解决城市低收入家庭住房困难工作负总责，要对所属城市人民政府实行目标责任制管理，加强监督指导。有关工作情况，纳入对城市人民政府的政绩考核之中。解决城市低收入家庭住房困难是城市人民政府的重要责任。城市人民政府要把解决城市低收入家庭住房困难摆上重要议事日程，加强领导，落实相应的管理工作机构和具体实施机构，切实抓好各项工

作；要接受人民群众的监督，每年在向人民代表大会所作的《政府工作报告》中报告解决城市低收入家庭住房困难年度计划的完成情况。

房地产市场宏观调控部际联席会议负责研究提出解决城市低收入家庭住房困难的有关政策，协调解决工作实施中的重大问题。国务院有关部门要按照各自职责，加强对各地工作的指导，抓好督促落实。建设部会同发展改革委、财政部、国土资源部等有关部门抓紧完善廉租住房管理办法和经济适用住房管理办法。民政部会同有关部门抓紧制定城市低收入家庭资格认定办法。财政部会同建设部、民政部等有关部门抓紧制定廉租住房保障专项补助资金的实施办法。发展改革委会同建设部抓紧制定中央预算内投资对中西部财政困难地区新建廉租住房项目的支持办法。财政部、税务总局抓紧研究制定廉租住房建设、经济适用住房建设和住房租赁的税收支持政策。人民银行会同建设部、财政部等有关部门抓紧研究提出对廉租住房和经济适用住房建设的金融支持意见。

（二十）加强监督检查。2007年底前，直辖市、计划单列市和省会（首府）城市要把解决城市低收入家庭住房困难的发展规划和年度计划报建设部备案，其他城市报省（区、市）建设主管部门备案。建设部会同监察部等有关部门负责本意见执行情况的监督检查，对工作不落实、措施不到位的地区，要通报批评、限期整改，并追究有关领导责任。对在解决城市低收入家庭住房困难工作中以权谋私、玩忽职守的，要依法依规追究有关责任人的行政和法律责任。

（二十一）继续抓好国务院关于房地产市场各项调控政策措施的落实。各地区、各有关部门要在认真解决城市低收入家庭住房困难的同时，进一步贯彻落实国务院关于房地产市场各项宏观调控政策措施。要加大住房供应结构调整力度，认真落实《国务院办公厅转发建设部等部门关于调整住房供应结构稳定住房价格意见的通知》（国办发〔2006〕37号），重点发展中低价位、中小套型普通商品住房，增加住房有效供应。城市新审批、新开工的住房建设，套型建筑面积90平方米以下住房面积所占比重，必须达到开发建设总面积的70%以上。廉租住房、经济适用住房和中低价位、中小套型普通商品住房建设用地的年度供应量不得低于居住用地供应总量的70%。要加大住房需求调节力度，引导合理的住房消费，建立符合国情的住房建设和消费模式。要加强市场监管，坚决整治房地产开发、交易、中介服务、物业管理及房屋拆迁中的违法违规行为，维护群众合法权益。要加强房地产价格的监管，抑制房地产价格过快上涨，保持合理的价格水平，引导房地产市场健康发展。

（二十二）凡过去文件规定与本意见不一致的，以本意见为准。

国务院

二〇〇七年八月七日

第七章 房地产开发经营的税费

第一节 我国房地产收费状况

一、政府各行政事业单位对房地产的收费

政府各行政部门对房地产的收费按性质可以分为以下 3 类。

1. 项目性收费。一是为城市基础设施建设筹资的收费，这类收费大约占房地产开发成本的 15％左右，包括城市基础设施配套费、人防工程建设费、水电增容费、电网改造费、供水设施工程补偿费等；二是为公共配套设施的建设筹资的收费，这类收费大约占房地产开发成本的 10％～15％左右，包括商业网点配套费、教育设施配套费、易地绿化建设费、体育设施配套费、邮电通信设施配套费、城市公用消防设施配套费等。

2. 管理费、手续费。这类费用项目繁多，每个项目收费数额不大，但涉及面广，收取的部门多，收费总量也相当可观，主要包括立项管理费、开发管理费、拆迁管理费、施工管理费、规划管理费、房地产租赁合同审核费、鉴证费、房地产买卖抵押鉴证费、绿化管理费、建设项目划定红线手续费、验线费、土地出让管理手续费、土地测量费等。

3. 各种证件工本费。主要包括建设用地规划许可证工本费、建设工程规划许可证费、国有土地使用权证工本费等。

此外，对房地产的收费也可以按照房地产开发、交易的各个环节来分类，表 4-7-1 列示了各种性质的房地产收费在房地产各环节中的情况。

按环节和收费性质分的主要房地产收费项目表   表 4-7-1

收费性质／环节	设施补偿型	劳务补偿型	工本补偿型	其 他
立项规划	市政配套费、人防建设费、抗震费、防洪费、商业网点费、环保费、绿化费、园林建设费、临时用地费、临时建设工程费	城市规划费、工程勘查测量费	建筑工程许可证执照费	企业开业登记费、城建档案保证金、地名费
征地拆迁	防洪费、地上物补偿费、青苗树木补偿费、房屋补偿费	征地管理费、拆迁管理费、土地使用权登记费、征地手续费、一次性停产停业综合补助费、搬家补助费、提前搬家奖励费、拆迁服务费	土地使用权证工本费、土地补偿保证金、土地权属调查和地籍测绘费、土地注册登记费	资金占用费、土地闲置费、征地拆迁补偿费、耕地垦复基金、菜地建设基金
工程建筑	排污集资费、化粪池建设费、电增容费、水增容费、煤气增容费、道路占用费、绿化建设费、环卫设施费、"四源"建设费等配套设施费	开发管理费、施工管理费、工程预算审核费、消防设施审核费、招投标费、质量监督费、招标管理费	建筑许可证工本费、竣工图费	旧城改造费、白蚁防治费、墙体改造费、沙石管理费、劳动统筹费、三材差价、建材发展基金、限制黏土砖使用保证金

续表

收费性质\环节	设施补偿型	劳务补偿型	工本补偿型	其　　他
销售阶段		房价审计费、合同鉴证费、商品房交易管理费及手续费、估价费、公证费、房屋及设备检验费、房租核定费	房地产产权证书工本费、房屋买卖手续费、房屋买卖登记费	

二、我国典型城市的房地产收费状况

我国房地产收费项目政出多门、立法层次低。有的收费项目是经国务院有关部门批准的；有的收费项目是经省级政府及有关部门批准的；有的则是当地政府自行确定的。即使是政府部门批准的收费项目也是以各级政府发出的文件为依据的，立法层次较低。因此，我国的房地产收费项目因地而异，各地差异明显，表 4-7-2 和表 4-7-3 以房地产市场相对发达的上海和广州为例，列举了这两个地区经过物价部门核准的房地产收费项目。

上海市经物价管理部门核准的房地产收费项目　　　表 4-7-2

序号	收费项目	收费标准	收费对象	收费部门	批准文号
1	招投标施工管理费	中标价 0.6‰	企业	建设和管理委员会	沪府发(1988)50 号
2	定额管理研究费	中标价 0.5‰	企业	建设和管理委员会	沪价涉(92)298 号
3	质量监督费	中标价 1‰、15‰	企业	建设和管理委员会	沪价行(96)333 号
4	定额编制管理费	工程直接费 0.09%	建设或施工单位	市政工程管理局	沪价涉(92)232 号
5	建筑工程执照费	造价 0.1%	建筑工程	城市规划管理局	沪府发(85)28 号
6	竣工档案编制费	造价 0.06%	企事业单位	城市规划管理局	沪价费字(92)230 号
7	档案保护费	0.05～0.2 元/页	单位、个人	城市规划管理局	沪价行(96)132 号
8	规划图资料	80～120 元/幅	委托单位	城市规划管理局	国测发(93)82 号
9	房地产登记费	按件、张、页收费	单位、个人	农场局	沪土(89)有田字第 187 号、沪(89)权字发第 481 号
10	房地产交易登记收费			农场局	沪价房(97)150 号、沪财综(97)38 号
11	土地使用证工本费	按证收费	单位、个人	农场局	国(90)国土(籍)字第 93 号
12	拔地钉桩费	按件收费	单位、个人	农场局	沪价费(94)94 号、沪土发(94)76 号
13	界桩成本费	按根收费		农场局	沪价费(94)94 号、沪土发(94)76 号
14	定额管理费	工程总造价 0.05%	施工企业	绿化管理局	沪建定(87)2 号
15	绿地补偿费	按相关文件执行	建设单位	绿化管理局	沪府(96)6 号

续表

序号	收费项目	收费标准	收费对象	收费部门	批准文号
16	临时使用绿地补偿费	按相关文件执行	建设单位	绿化管理局	沪价涉(92)320号
17	质量监督费	工程总造价0.1%、0.15%	施工企业	绿化管理局	沪建定(96)17号
18	建设项目环境影响评价费	按相关文件执行	企事业单位	环境保护局	沪价涉(92)169号
19	超标排污费	按相关文件执行	企事业单位	环境保护局	沪府发(84)23号
20	鉴定建筑工程勘察设计合同	按合同价款或酬金1‰		工商行政管理局	价费字(92)414号
21	城市房屋拆迁管理费	300元每户、块、0.2%~0.5%	拆迁企业	房屋土地资源管理局	沪建研(95)426号
22	物业资质管理费	600元/次	物业管理企业	房屋土地资源管理周	沪价涉(92)421号
23	征地包干管理费	土地补偿等费用总额2%/次	房地产开发企业	房屋土地资源管理局	沪府(87)58号
24	房地产交易手续费	500元/件,买卖双方各付一半;房价30万元以下减半收取	房地产开发企业	房屋土地资源管理局	沪价商(01)27号
25	房地产登记费	按相关文件执行	房地产开发企业	房屋土地资源管理局	沪价房(98)352号
26	拨地钉桩费	1304元/次	房地产开发企业	房屋土地资源管理局	沪价房(98)353号
27	房地产勘丈费	0.60元/m²	房地产开发企业	房屋土地资源管理局	沪价房(98)354号
28	证书工本费	0.5~25元/本	房地产开发企业	房屋土地资源管理局	沪价涉(97)150号
29	土地补偿费	按相关文件执行	房地产开发企业	房屋土地资源管理局	沪价房(98)139号、沪财城发(98)37号
30	青苗补偿费	按相关文件执行	房地产开发企业	房屋土地资源管理局	沪价房(98)139号、沪财城发(98)38号
31	地上地下附着物补偿费	按相关文件执行	房地产开发企业	房屋土地资源管理局	沪土发(90)70号
32	菜地建设基金	18000~30000元/亩	房地产开发企业	房屋土地资源管理局	沪农委(93)172号
33	土地垦复基金	10000元/亩	房地产开发企业	房屋土地资源管理局	沪农财(95)46号
34	住宅建设配套费	320元/m²	房地产开发商	住宅发展局	沪价房(1999)第345号
35	人防工程质监费	建安工程量1.5%每次	房地产开发企业	民防办公室	沪价行(96)333号
36	人防工程建设费	60元/m²	房地产开发企业	民防办公室	沪价房(96)179号
37	人防工程拆除补偿费	3500元/m²	房地产开发企业	民防办公室	沪价费(95)118号

　　从收费主体来看，上海市有收费权的单位、部门主要有建设和管理委员会、市政工程管理局、城市规划管理局、农场局、绿化管理局、环境保护局、工商行政管理局、房屋土地资源管理局、住宅发展局、民防办公室等部门，几乎只要能与房地产沾上边的部门都会出台政策，拟订收费项目和收费标准，对房地产征收费用。上海房地产收费项目繁多，涉及房地产的立项、设计、征地、建造、销售、转让等各个环节。值得注意的是，表 4-7-3仅仅包括了经物价部门核准、有合法审批依据的收费项目。在现实中，房地产收费项目远远不止这些，没有合法依据的收费项目在房地产收费中占了相当大的比例。

广州市经物价管理部门核准的房地产收费项目　　　　　　　　表 4-7-3

序号	收费项目	收费标准	收费部门	收费依据
1	施工企业资质审查证书费	正本 10 元/证，副本 5 元/证	建 委	粤价费(1)字 [1993] 112 号
2	工程定额测定费	建安工作量 1‰	建 委	粤价 [1998] 20 号、计价费 [1997] 2500 号
3	工程总承包资格审查发证费	按相关文件执行	建 委	[1993] 价费字 165 号、粤价费(1)字 [1994] 33 号
4	工程劳动定额测定费	建安工作量 0.03‰	建 委	粤价 [1998] 20 号、计价费 [1997] 2500 号
5	建筑企业管理费	工程总造价 2‰	建 委	粤价 [2001] 323 号
6	村镇基础设施配套费	土建总价 5%	建 委	粤府办 [1992] 58 号、粤办明电 [1992] 216 号、粤价 [1999] 348 号
7	村镇基础设施配套费	土建总价 3%	建 委	粤府办 [1992] 58 号、粤办明电 [1992] 216 号、粤价 [1999] 348 号
8	建筑工程质量监督检验费	按建安工作量 1‰（大城市），1.4‰（中等城市），1.7‰（小城市）	建 委	粤价费(1)函 [1994] 70 号计价格 [2001] 585 号粤价 [2001] 323 号
9	建设工程质量监督费	建安工作量 0.5‰～1‰	建 委	粤价费(1)函 [1994] 70 号
10	建设工程安全监督费	土建工程造价 1.5‰	建 委	粤府办 [1993] 60 号、穗建施 [1994] 42 号
11	建设安装工程承包合同鉴定费	工程造价 0.14‰	建 委	粤价 [2001] 323 号
12	建设工程勘察设计合同鉴证费	价款酬金 0.7‰	建 委	粤价 [2001] 324 号
13	城市污水处理费	按用水量的 90% 计征，每吨水 0.3 元	建 委	计价费 [1996] 2899 号、粤府函 [1999] 290 号、粤价 [1999] 291 号、穗价 [2000] 42 号
14	配套设施建设费	基建投资额 6%（小区）、12%（零散）	建 委	粤价 [1996] 304 号、穗府 [1996] 125 号
15	建设工程招标书工本费	最高 500 元/本	建 委	省建设厅、物价局 [2000] 123 号

序号	收费项目	收费标准	收费部门	收费依据
16	消防设施配套费	3元/m²	公安局	粤府办〔1994〕35号、粤价函〔1998〕263号
17	建设项目环境影响评价费	按相关文件执行	环保局	粤环〔1990〕141号
18	城市道路临时占用费	每天每平方米0.5元	市政园林局	粤价〔1996〕104号、粤价〔1997〕33号
19	临时占用绿地费	每天每平方米0.5元	市政园林局	粤价〔2000〕389号、穗价〔2000〕77号
20	绿化补偿费	按相关文件执行	市政园林局	粤价〔2000〕89号、穗价〔2000〕377号
21	土地证书费	精装20元/证，简装5元/证	国土房管局	粤价〔1999〕388号
22	城市房屋拆迁管理费	补偿安置费用2‰～4‰。	国土房管局	粤价〔2001〕3323号
23	城市房屋安全鉴定费	按相关文件执行	国土房管局	粤价〔1997〕6号、粤价〔1996〕61号、粤价〔2001〕323号
24	房屋他项权证费	3元/证	国土房管局	粤府办〔1992〕67号
25	房屋所有权证费	3元/证	国土房管局	粤府办〔1992〕68号
26	房地产权初始登记费	90元/宗	国土房管局	粤价函〔1999〕532号、穗价〔1999〕217号、粤价函〔2001〕323号、穗价〔1999〕58号
27	房地产权变更登记费	不超过80元/宗	国土房管局	粤价函〔1999〕532号、穗价〔1999〕217号、粤价函〔2001〕323号、穗价〔1999〕59号
28	房地产权转移登记费	不超过81元/宗	国土房管局	粤价函〔1999〕532号、穗价〔1999〕217号、粤价函〔2001〕323号、穗价〔1999〕60号
29	房屋共有权保持证费	3元/证	国土房管局	粤府办〔1992〕67号
30	耕地开垦费	按相关文件执行	国土房管局	粤国土〔1999〕20号、粤财农〔2001〕378号
31	土地登记发证费	个人5元/证，单位10元/证，三资企业10元/证	国土房管局	粤国土（地籍）字〔1991〕38号〔1990〕国土籍字第93号
32	土地登记费	按相关文件执行	国土房管局	粤国土（地籍）字〔1991〕38号、中办发〔1993〕10号、计价格〔2000〕25号、粤价〔2001〕198号
33	建设用地批准书费	8元/份	国土房管局	粤价〔1999〕88号

续表

序号	收费项目	收费标准	收费部门	收费依据
34	征地管理服务费	征地补偿总额1.4%～2.1%	国土房管局	粤价〔2001〕323号、计价格〔2001〕585号、粤办函〔1991〕915号
35	土地闲置费	按相关文件执行	国土房管局	粤府〔1998〕72号、穗府函〔1999〕88号
36	工程建设场地地震安全性评价费	按相关文件执行	地震局	粤价〔1998〕264号
37	防空地下室易地建设费	对新建、扩建、改建的民用建筑，建筑面积在7000m²以下的，10～50元/m²	人防办	计价格〔2000〕474号、粤价〔2000〕157号、穗价〔2000)141号、穗价函〔2001J43号
38	建筑安装工程承包合同	价款或工程造价0.2‰	工商局	粤价费(1)字〔1993〕112号
39	建设工程勘察设计科技协作合同	价款或酬金0.10%	工商局	粤价费(1)字〔1993〕112号
40	城市基础设施增容费	按相关文件执行	计委(粮食局)	粤府〔1992〕154号、穗府〔1992〕111号、粤府函〔1993〕107号、粤府函〔1993〕320号
41	旅游业交通建设附加费	房价5%	计委(粮食局)	粤府函〔1992〕578号、穗府〔1992〕132号

　　广州市的房地产收费状况与上海类似，收费部门众多、收费项目繁多、收费标准各有特点。建委、公安局、环保局、市政园林局、国土房管局、地震局、人防办、工商局、计委等部门都有权对房地产收费。收费范围广泛，在房地产业的每个环节都需要交纳名目繁多的收费项目。同样，表4-7-3中所列的收费项目仅包括了经物价部门核准，经过合法审批程序设立的收费，现实中没有合法依据的收费仍然普遍存在。

　　从全国范围来看，上海和广州的房地产市场处于比较发达的水平，各项制度、法规、政策比较健全，对房地产的管理与收费比较规范。而其他城市的房地产收费状况则显得更不规范，在收费项目、收费标准的设置上更加随意，在费用的征收和管理上更加混乱，这些状况都不利于我国房地产业的健康发展。

第二节　我国现行房地产税收制度

　　房地产税收制度是我国税制体系中极为复杂的一个行业税收体系。目前，我国的税制结构体系分为七大类，即流转税类、所得税类、资源税类、特定目的税类、财产税类、行为税类和农业税类。其中，除了农业税类外，其他税收类别均涉及房地产行业。这里针对我国税制体系中有关房地产的各税种分类别作一概述。

一、流转税类

　　房地产自身的特殊性决定了其特有的以产权为基础的流转形式，因此在流转税类中，涉及房地产的仅营业税一项。

　　现行的《中华人民共和国营业税暂行条例》是国务院于1993年12月13日发布，从

1994年1月1日起施行的。营业税的纳税人是在中国境内提供应税劳务、转让无形资产和销售不动产的国有企业、集体企业、私营企业、外商投资企业、外国企业、股份制企业、其他企业、行政单位、事业单位、军事单位、社会团体、其他单位、个体经营者和其他个人。单位或个人自建建筑物之后销售的，其自建行为视同提供应税劳务；转让不动产有限产权或者永久使用权，单位将不动产无偿赠与他人的，视同销售不动产。

营业税采用比例税率，销售不动产（建筑物和其他土地附着物）和转让土地使用权的税率均为5％。应纳税额计算公式为：

$$应纳税额＝营业额×适用税率$$

营业税的减免规定有：个人购买并居住超过1年的普通住宅、销售的时候免征营业税；个人购买并居住不超过1年的普通住宅，销售的时候按照销售价格减去购入原价以后的差额计征营业税；个人自建自用的住房，销售的时候免征营业税；企业、事业单位、行政单位按照房改成本价、标准价出售住房的收入，暂免征收营业税。

二、所得税类

所得税类包括企业所得税、外商投资企业和外国企业所得税、个人所得税。这些税种是按照生产、经营者取得的利润或者个人取得的收入征收的。各类进行房地产交易的企业和个人必须交纳所得税。

（一）企业所得税

现行的《中华人民共和国企业所得税暂行条例》是国务院于1993年12月13日发布，1994年1月1日起施行的。

企业所得税的纳税人为中国境内的实行独立经济核算的各类企业和组织（不包括外商投资企业和外国企业）。纳税人来源于中国境内、境外的生产、经营所得和其他所得，都应当依法缴纳企业所得税。纳税人每个纳税年度的收入总额减去准予扣除项目的金额，作为应纳税所得额。应纳税额计算公式为：

$$应纳税额＝应纳税所得额×33％$$

（二）外商投资企业和外国企业所得税

现行的《中华人民共和国外商投资企业和外国企业所得税法》是1991年4月9日通过并公布的。1991年6月30日，国务院发布《中华人民共和国外商投资企业和外国企业所得税法实施细则》，并于同年7月1日与《外商投资企业和外国企业所得税法》同时施行。

外商投资企业包括中外合资经营企业、中外合作经营企业和外资企业。外商投资企业总机构设在中国境内，就来源于中国境内、境外的全部所得纳税。外国企业包括在中国境内设立机构、场所，从事生产、经营和虽然没有设立机构、场所，而有来源于中国境内所得的外国公司、企业和其他经济组织。外国企业仅就其来源于中国境内的所得纳税。

外商投资企业和外国企业所得税采用比例税率。企业所得税按照应纳税所得额和30％的税率计算；地方所得税，按照应纳税所得额和3％的税率计算，两者合计为33％。外国企业没有在中国境内设立机构、场所，取得来源于中国境内的股息、利息、租金、特许权使用费和其他所得，或者虽然设立机构、场所，但是上述所得与其机构、场所没有实际联系的，其所得税按照应纳税所得额和20％的税率计算。应纳税额计算公式为：

$$应纳税额＝应纯税所得额×适用税率$$

（三）个人所得税

《中华人民共和国个人所得税法》是 1980 年 9 月 10 日第五届人大第三次会议通过并实施的，经过 1993 年和 1999 年的两次修正。现行的《中华人民共和国个人所得税法实施条例》是国务院 1994 年 1 月 28 日发布实施的。

个人所得税的纳税人是在中国境内有住所的个人，或者没有住所而在中国境内居住满 1 年的个人，应当就其从中国境内、境外取得的全部所得缴纳个人所得税。在中国境内没有住所又不居住，或者没有住所而在中国境内居住不满 1 年的个人，应当就其从中国境内取得的全部所得缴纳个人所得税。

个人财产转让所得，包括转让建筑物、土地使用权、有价证券、股权、机器设备、车船和其他财产取得的所得。以纳税人转让财产取得的收入额减除财产原值和合理费用之后的余额为应纳税所得额，按照 20% 的税率计算应纳个人所得税税额。应纳税额计算公式为：

$$应纳税额＝(财产转让收入－财产原值－合理费用)×20\%$$

个人财产租赁所得，包括个人出租建筑物、土地使用权、机器设备、车船和其他财产取得的所得。以纳税人 1 个月之内取得的收入为一次，每次收入不超过 4000 元的，减除费用 800 元；超过 4000 元的，减除 20% 的费用，以其余额为应纳税所得额，按照 20% 的税率计算应纳个人所得税税额。应纳税额计算公式为：

$$应纳税额＝应纳税所得额×20\%$$

$$应纳税所得额＝应税项目收入额－800 元(或者应税项目收入额×20\%)$$

三、资源、财产税类

土地是社会最基本的资源，不动产代表了社会最稳固的财富。房地产成了资源税类和财产税类中主要的课税对象，在我国的资源、财产税类中，有城镇土地使用税、房产税和城市房地产税这三个税种直接以房地产为课税对象。

（一）城镇土地使用税

现行的《中华人民共和国城镇土地使用税暂行条例》是国务院于 1988 年 9 月 27 日发布，当年 11 月 1 日起施行的。城镇土地使用税的纳税人为在中国境内的城市、县城、建制镇、工矿区范围内使用土地的国有企业、集体企业、私营企业、股份制企业、其他企业、行政单位、事业单位、军事单位、社会团体、其他单位、个体经营者和其他个人，不包括外商投资企业、外国企业和外国人。一般由土地使用权的拥有者缴纳；拥有土地使用权的纳税人不在土地所在地的，由代管人或者实际使用人缴纳。土地使用权没有确定或者权属纠纷没有解决的，由实际使用人纳税。土地使用权共有的，由共有各方按照其实际使用土地的面积分别纳税。

城镇土地使用税根据不同地区和各地经济发展状况实行等级幅度税额标准，每平方米应税土地的年税额按城镇大小分为 4 个标准：大城市（指人口超过 50 万人的城市）0.5～10元；中等城市（指人口超过 20 万人至 50 万人的城市）0.4～8 元；小城市（指人口不超过 20 万人的城市）0.3～6 元；县城、建制镇、工矿区 0.2～4 元。各省、自治区、直辖市人民政府可以在上列税额标准幅度之内，根据市政建设状况、经济繁荣程度等条件，确定所辖地区城镇土地使用税的税额标准幅度。经济落后地区城镇土地使用税的税额标准经省级人民政府批准后可以降低，但降低额不得超过法定最低税额标准的 30%；经济发达地区城镇土地使用税的税额标准报经财政部批准后可以适当提高。应纳税额计算公式为：

$$应纳税额＝纳税人实际占用的土地面积×适用税额标准$$

可以免征城镇土地使用税的情形包括：①国家机关、人民团体、军队自用的土地；②由国家财政部门拨付事业经费的单位自用土地；③宗教寺庙、公园、名胜古迹的自用土地(不包括其中附设的各类营业单位使用的土地)；④市政街道、广场、绿化地带等公共用地；⑤直接用于农业、林业、牧业、渔业的生产用地(不包括农副产品加工场地和生活、办公用地)，水利设施及其护管用地；⑥经批准开山填海整治的土地和改造地废弃土地，从使用的月份起，可以免征城镇土地使用税5～10年；⑦国家规定可以免征城镇土地使用税的能源、交通用地(主要涉及煤炭、石油、天然气、电力、铁路、民航、港口等类企业)和其他用地；⑧企业办的学校、医院、托儿所、幼儿园，其用地能与其企业其他用地明确区分的，可以免征城镇土地使用税。

此外，各省、自治区、直辖市地方税务局可以决定是否对以下用地征收城镇土地使用税：①个人所有的住房和院落用地；②免税单位职工家属的宿舍用地；③民政部门举办的安置残疾人员占一定比例的福利工厂用地；④集体和个人举办的各类学校、医院、托儿所、幼儿园用地。

对于纳税人缴纳城镇土地使用税确有困难，需要定期免税、减税的，一年减免税额不足10万元的，经过当地财政局和地方税务局审核，报所在省(自治区、直辖市)财政部门和地方税务局审批；一年减免税额在10万元以上的，经过当地省级财政部门和地方税务局审核，报财政部和国家税务总局审批。

(二) 房产税

现行的《中华人民共和国房产税暂行条例》是国务院于1986年9月15日发布，同年10月1日起施行的。

中国的房产税是在中国境内的城市、县城、建制镇和工矿区，对房屋产权所有人征收的。国有企业、集体企业、私营企业、股份制企业、其他企业、行政单位、事业单位、军事单位、社会团体、其他单位、个体经营者和其他个人(不包括外商投资企业、外国企业和外国人)都应当依法缴纳。纳税人包括房屋产权所有人、经营管理单位、承典人、房产代管人和使用人。产权属于全民所有的，由经营管理单位缴纳；产权出典的，由承典人缴纳；产权所有人、承典人不在房产所在地的，产权没有确定和租典纠纷没有解决的，由房产代管人或者使用人缴纳。

房产税的计税依据有两类：①以房产原值一次减除10%～30%后的余值，具体的减除幅度由各省、自治区、直辖市人民政府规定；②房产出租的，以房产租金收入为计税依据。

房产税的税率也分为两种：①按照房产余值计算应纳税额的，适用税率为1.2%；②按照房产租金收入计算应纳税额的，适用税率为12%。应纳税额计算公式为：

$$应纳税额＝计税依据×适用税率$$

以下房产可以免征房产税：①国家机关、人民团体、军队自用的房产；②由国家财政部门拨付事业经费的单位自用的房产(企业所办的各类学校、医院、托儿所、幼儿园自用的房产可以比照)；③宗教寺庙、公园、名胜古迹自用的房产；④个人所有非营业用的房产；⑤经过有关部门鉴定停止使用的毁损房屋和危险房屋；⑥经过财政部批准免征房产税的其他房产；⑦微利企业和亏损企业，可以定期免征房产税；⑧在基建工地建造的为工地服务的各种临时性房屋，在施工期间可以免征房产税；⑨房屋大修停用半年以上的，在大修期间可以免征房产税；⑩企业停产、撤销以后，其房产闲置不用的，可以暂免征收房产税。除了上述情形外，纳税人缴纳房产税确有困难的，可以由所在省（自治区、直辖市）人民政府确定，定期减税或者免税。

（三）城市房地产税

自从 1951 年 8 月 8 日，中央人民政府政务院发布并执行《城市房地产税暂行条例》以来，经过 50 多年，已经对该条例作了很大的调整。

城市房地产税仅适用于外商投资企业，外国企业，中国香港、中国澳门、中国台湾同胞和华侨投资兴办的企业，外国人，中国香港、中国澳门、中国台湾同胞和华侨等，而且仅对中国境内的房产征税。

城市房地产税的计税依据有两种：①以房产价值为计税依据；②以出租房屋的租金收入为计税依据。

城市房地产税的税率也分为两种：按照房产价值计税的，适用税率为 1.2%；按照房租收入计税的，适用税率为 18%。应纳税额计算公式为：

$$应纳税额＝计税依据×适用税率$$

城市房地产税主要的减免情形有：①新建的房屋，可以从落成的月份起免征城市房地产税 3 年（不适用于外商投资企业）；②翻修房屋超过新建费用 50% 时，可以从竣工的月份起免征城市房地产税 2 年（不适用于外商投资企业）；③华侨、侨眷用侨汇购买或者建造的住宅，可以从发给产权证之日起免征城市房地产税 5 年；④其他有特殊情况的房产，经过省级以上人民政府批准，可以减征或者免征城市房地产税。

四、目的、行为税类

特定目的税类是对特定对象进行调节而设置的，其中城市建设维护税、耕地占用税、固定资产投资方向调节税和土地增值税这 4 个税种与房地产有关。行为税类是对特定行为征收的，其中印花税和契税两项税种与房地产相关。

（一）印花税

现行的《中华人民共和国印花税暂行条例》是国务院于 1988 年 8 月 6 日发布，并于同年 10 月 1 日起实施的。

印花税的纳税人是在中国境内书立、领受规定的经济凭证的国有企业、集体企业、私营企业、外商投资企业、外国企业、股份制企业、其他企业、行政单位、事业单位、军事单位、社会团体、其他单位、个体经营者和其他个人。其中，各类合同以立合同人为纳税人，产权转移书据以立据人为纳税人，营业账簿以立账簿人为纳税人，权利、许可证照以领受人为纳税人。

根据应纳税凭证性质的不同，印花税分别采用比例税率和定额税率。印花税一般实行由纳税人根据税法规定自行计算纳税额，购买并一次贴足印花税票（简称"贴花"）的缴纳方法。与房地产有关的各税目的税率（税额标准）如下：①建设工程勘查设计合同，立合同人按收取费用的 0.5‰ 贴花；②建筑安装工程承包合同，立合同人按承包金额的 0.3‰ 贴花；③财产租赁合同，包括租赁房屋、船舶、飞机、机动车辆、机械、器具、设备等合同，立合同人按租赁金额的 1‰ 贴花，税额不足 1 元的，按 1 元贴花；④借款合同，包括银行及其他金融组织和借款人(不包括银行同业拆借)所签订的借款合同,立合同人按借款金额的 0.05‰贴花;⑤财产保险合同,包括财产、责任、保证、信用等保险合同,立合同人按保险费收入的 1‰贴花;⑥产权转移书据,包括财产所有权和版权、商标专用权、专有技术使用权等转移书据,立据人按书据所载金额的 0.5‰贴花;⑦权利、许可证照,包括政府部门发给的房屋产权证、工商营业执照、商标注册证、专利证、土地使用证,领受人按件贴花,每件 5 元。应纳税额计算公式为:

$$应纳税额=应纳税凭证记载的金额(或费用、收入额)\times 适用税率$$

或者   应纳税额=纳税凭证的件数×适用税额标准

可以免征印花税的情形有:①已经缴纳印花税的凭证的副本或者抄本,但是视同正本使用者除外;②财产所有人将财产赠给政府、抚养孤老伤残人员的社会福利单位、学校所立的书据;③国家指定的收购部门与村民委员会、农民个人书立的农副产品收购合同;④无息、贴息贷款合同;⑤外国政府或者国际金融组织向中国政府及国家金融机构提供优惠贷款所书立的合同;⑥农林作物、牧业畜类保险合同;⑦书、报、刊发行单位之间,发行单位与订阅单位或者个人之间书立的凭证。

(二)契税

现行的《中华人民共和国契税暂行条例》是国务院于 1997 年 7 月 7 日发布,并于同年 10 月 1 日起施行的。

在中国境内转移土地、房屋权属,承受的国有企业、集体企业、私营企业、外商投资企业、外国企业、股份制企业、其他企业、行政单位、事业单位、军事单位、社会团体、其他单位、个体经营者和其他个人为契税的纳税人。转移土地、房屋权属的行为包括:国有土地使用权出让,土地使用权转让(包括出售、赠与和交换,不包括农村集体土地承包经营权的转移),房屋买卖、赠与和交换。以土地、房屋权属作价投资、入股,以土地、房屋权属抵偿债务,以获奖方式承受土地、房屋权属,以预购方式或者预付集资建房款方式承受土地、房屋权属的,视同土地使用权转让、房屋买卖或者房屋赠与。

契税实行 3%~5%的幅度比例税率。各省、自治区、直辖市的具体适用税率,由当地省级人民政府按照本地区的实际情况,在上述规定的幅度之内确定,并报财政部和国家税务总局备案。

契税的计税依据分为 3 种情形:①国有土地使用权出让、土地使用权出售、房屋买卖,以成交价格为计税依据;②土地使用权赠与、房屋赠与,由征收机关参照土地使用权出售、房屋买卖的市场价格核定计税依据;③土地使用权交换、房屋交换,所交换的土地使用权、房屋的价格差额为计税依据。应纳税额计算公式为:

$$应纳税额=计税依据\times 适用税率$$

契税减免的主要情形有:①国家机关、事业单位、社会团体、军事单位承受土地、房屋,用于办公、教学、医疗、科研和军事设施的,免征契税;②城镇职工按规定第一次购买公有住房,免征契税;③因不可抗力灭失住房而重新购买住房的,酌情减免;④土地、房屋被县级以上人民政府征用、占用后,重新承受土地、房屋权属的,由省级人民政府确定是否减免;⑤承受荒山、荒沟、荒丘、荒滩土地使用权,并用于农、林、牧、渔生产的,免征契税;⑥经外交部确认,依照我国有关法律规定以及我国缔结或参加的双边和多边条约或协定，应当予以免税的外国驻华使馆、领事馆、联合国驻华机构及其外交代表、领事官员和其他外交人员承受土地、房屋权属，免征契税；⑦财政部规定的其他可以免征、减征契税的项目。

（三）城市维护建设税

现行的《中华人民共和国城市维护建设税暂行条例》是国务院于 1985 年 2 月 8 日发布，从 1985 年度起施行的。

城市维护建设税是为了扩大和稳定城市维护建设资金的来源，加强城市的维护建设而征收的。纳税人是缴纳增值税、消费税、营业税的国有企业、集体企业、私营企业、股份制企业、其他企业、行政单位、事业单位、军事单位、社会团体、其他单位、个体经营者和其他个人，不包括外商投资企业、外国企业和外国人。

城市维护建设税按照纳税人所在地不同，设置了三档差别税率：①纳税人所在地为市区的，税率为 7％；②纳税人所在地为县城、镇的，税率为 5％；③其他地区的适用税率为 1％。

城市维护建设税以纳税人实际缴纳的增值税、消费税、营业税的税额为计税依据，按照规定的适用税率计算应纳税额。应纳税额计算公式为：

$$应纳税额＝实际缴纳的增值税、消费税、营业税税额×适用税率$$

城市维护建设税具有附加税的性质，当主税发生减免时，城市维护建设税相应发生税收减免。城市维护建设税减免的主要情形有：①对于免征、减征增值税、消费税和营业税而发生的退税，同时退还已经缴纳的城市维护建设税；②如果纳税人缴纳城市维护建设税确有困难，可以由所在省（自治区、直辖市）人民政府酌情给予减税或者免税照顾。

（四）耕地占用税

现行的《中华人民共和国耕地占用税暂行条例》是国务院于 1987 年 4 月 1 日发布，并从当日起施行的。

耕地占用税的纳税人是在中国境内占用耕地建房或者从事其他非农业建设的国有企业、集体企业、私营企业、股份制企业、其他企业、行政单位、事业单位、社会团体、其他单位、个体经营者和其他个人。

这里的耕地包括种植粮食作物、经济作物的土地、菜地、园地，也包括新开荒地、休闲地、轮歇地、草田轮作地。视同占用耕地的包括占用前 3 年之内曾经用于种植农作物的土地，占用鱼塘和其他农业用地建房或者从事其他非农业建设。另外，占用已开发用于种植、养殖的滩涂、草场、水面和林地等从事非农业建设的，由各省、自治区、直辖市根据当地具体情况决定是否征收耕地占用税。

耕地占用税根据不同地区人均占有耕地的数量和当地经济发展状况实行有地区差别的幅度税额标准，实行一次性征收。每平方米应税土地的税额标准如下：①人均耕地（以县级行政区域为单位）在 1 亩以下的地区，2～10 元；②人均耕地超过 1～2 亩的地区，1.6～8元；③人均耕地超过 2～3 亩的地区，1.3～6.5 元；④人均耕地超过 3 亩地区，1～5 元。经济特区、经济技术开发区和经济发达、人均耕地特别少的地区，耕地占用税的税额标准可以适当提高，但提高的幅度不能超过上述规定税额标准的 50％。应纳税额计算公式为：

$$应纳税额＝纳税人实际占用的耕地面积×适用税额标准$$

（五）固定资产投资方向调节税

现行的《中华人民共和国固定资产投资方向调节税暂行条例》是国务院于 1991 年 4 月 16 日发布，从 1991 年度起施行的。

固定资产投资方向调节税的纳税人是在中国境内使用国家预算资金，国外贷款、借款、赠款，各种自有资金、自筹资金和其他资金进行基本建设投资、更新改造投资、商品房投资和其他固定资产投资的国有企业、集体企业、私营企业、股份制企业、其他企业、行政单位、事业单位、军事单位、社会团体、其他单位、个体经营者和其他个人，不包括外商投资企业、外国企业和外国人。固定资产投资方向调节税由中国建设银行、中国工商银行、中国农业银行、中国银行、交通银行，以及其他金融机构和有关单位负责代扣代缴。

固定资产投资方向调节税分为基本建设项目和更新改造项目两个系列的税目。税率根据国家产业政策和投资项目的经济规模分别制定，分为 5 档。投资项目按照单位工程分别确定适用税率。基本建设项目系列的税率如下：①对国家急需发展的项目投资，实行零税率予以扶持，例如农林牧渔业、水利、能源、交通等项目，对于城乡个人修建和购置住宅的投资、外国政府赠款和其他外国赠款安排的投资、单纯设备购置投资等，也适用零税率；②对国家鼓励发展，但是受能源、交通等条件制约的项目投资，实行 5％的低税率予以照顾，例如钢铁、石化、部分机械电子等项目；③对于楼堂馆所和国家严格限制发展的项目投资，征收 30％的高税率，例如小钢铁厂、小化工厂、白酒等；④对民用住宅（包括商品房住宅）的建设投资，实行区别对待和适当鼓励政策，税率有零和 5％两档；⑤对一般的其他项目投资实行中等税负政策，税率为 15％。更新改造项目系列的税率如下：①对国家急需发展的项目投资给予扶持，适用零税率；②建设单位经过计划部门批准或者根据国家规定自行安排的更新改造项目中的住宅投资，属于配套新建的一般民用住宅投资，适用 5％的税率；③其他的更新改造项目投资，一律采用 10％的税率。

固定资产投资方向调节税以固定资产项目实际完成的全部投资额为计税依据，包括建筑安装工程投资、设备投资、其他投资、转出投资、待摊投资和应核销投资，其中更新改造项目实际完成的投资额为建筑工程实际完成的投资额。应纳税额计算公式为：

$$应纳税额＝实际完成投资额或建筑工程实际完成投资额×适用税率$$

征收固定资产投资方向调节税目的在于加强对固定资产投资的宏观调控，一般不能减税、免税。特别规定的免税、减税项目有：①按照国家规定不纳入计划管理、投资额不满 5 万元的固定资产投资，可以由各省、自治区、直辖市人民政府决定是否征收或减免；②国家规定的中西部地区的乡镇企业，如果产品质量高、销路好，并有治理污染和保护资源、环境的可靠措施，可以免征固定资产投资方向调节税；③外商投资企业的固定资产投资不征收固定资产投资方向调节税；④治理污染项目需要迁移另建的非生产性项目，不超过原建筑面积的部分，可以免征固定资产投资方向调节税。

自 2000 年 1 月 1 日起新发生的投资，暂停征收固定资产投资方向调节税。

（六）土地增值税

现行的《中华人民共和国土地增值税暂行条例》是国务院于 1993 年 12 月 13 日发布，

1994 年 1 月 1 日起施行的。

土地增值税的纳税人是在中国境内以出售或者其他方式有偿转让国有土地使用权、地上建筑物及其附着物并取得收入的国有企业、集体企业、私营企业、外商投资企业、外国企业、股份制企业、其他企业、行政单位、事业单位、军事单位、社会团体、其他单位、个体经营者和其他个人。

土地增值税以纳税人转让房地产取得的增值额为计税依据，即纳税人取得的转让房地产的全部价款和有关经济收益减去规定的扣除项目金额之后的余额。规定的扣除项目包括：①纳税人为取得土地使用权支付的地价款和按照国家统一规定交纳的有关费用；②开发土地和新建房屋及配套设施的成本，包括实际发生的土地征用及拆迁补偿费、前期工程费、建筑安装工程费、基础设施费、公共配套设施费和开发间接费用；③开发土地和新建房及配套设施的费用，包括与房地产开发项目有关的销售费用、管理费用和财务费用；④经过当地主管税务机关确认的旧房和建筑物的评估价格；⑤与转让房地产有关的税金，包括在转让房地产时缴纳的营业税、城市维护建设税和印花税；⑥从事房地产开发的纳税人可以按照上述①、②项金额之和加计 20％的扣除额。

土地增值税的税率实行 4 级超率累进税率，各等级税率如下：①增值额未超过扣除项目金额 50％的部分，税率为 30％；②增值额超过扣除项目金额 50％但未超过 100％的部分，税率为 40％；③增值额超过扣除项目金额 100％但未超过 200％的部分，税率为 50％；④增值额超过扣除项目金额 200％的部分，税率为 60％。应纳税额计算公式为：

$$应纳税额 = \Sigma（每级距的土地增值额 \times 适用税率）$$

在实际中往往采用如下计算方法：

（1）增值额未超过扣除项目金额 50％的：
$$应纳税额 = 增值额 \times 30\%$$

（2）增值额超过扣除项目金额 50％但未超过 100％的：
$$土地增值税税额 = 增值额 \times 40\% - 扣除项目金额 \times 5\%$$

（3）增值额超过扣除项目金额 100％但未超过 200％的：
$$土地增值税税额 = 增值额 \times 50\% - 扣除项目金额 \times 15\%$$

（4）增值额超过扣除项目金额 200％的：
$$土地增值税税额 = 增值额 \times 60\% - 扣除项目金额 \times 35\%$$

经过纳税人申请，当地主管税务机关审批，如下情形可以免征土地增值税：①建造普通标准住宅出售，增值额未超过各项扣除项目金额 20％的；②由于城市实施规划、国家建设需要依法征用、收回的房地产的或者由于城市实施规划、国家建设需要而搬迁，由纳税人自行转让的房地产比照有关规定免征土地增值税；③个人之间互换自有居住用房地产的；④个人因工作调动或改善居住条件而转让原自用住房，凡居住满 5 年或 5 年以上的，免予征收土地增值税，居住满 3 年未满 5 年的，减半征收土地增值税；⑤1994 年 1 月 1 日以前已签订的房地产转让合同，无论其房地产在何时转让，均免征土地增值税，1994 年 1 月 1 日以前已签订房地产开发合同或已立项，并按规定投入资金进行开发，其在 1994 年 1 月 1 日以后 5 年内首次转让房地产的，免征土地增值税。

表 4-7-4 概括了上述文中提到的我国税制体系中有关房地产的各项税收。

我国现行房地产税制体系 表 4-7-4

税 类	税 种	计税依据	税 率
流转税类	营业税	营业额(转让收入)	5%
所得税类	企业所得税	所得额	33%
	外商投资企业和外国企业所得税	所得额	有实际联系:企业所得税 30%＋地方所得税 3% 无实际联系:20%
	个人所得税	财产转让、租赁所得额	转让:20% 租赁:[收入-800 或(收入×20%)]×20%
资源、财产税类	城镇土地使用税	实际占用的土地面积	大城市:0.5~10 元/m² 中等城市:0.4~8 元/m² 小城市:0.3~6 元/m² 县城、建制镇、工矿区:0.2~4 元/m²
	房产税	房产原值扣除比例或房产租金	房产余值计税:1.2% 房产租金计税:12%
	城市房地产税	房产原值或房产租金	房产余值计税:1.2% 房产租金计税:18%
目的、行为税类	印花税	凭证记载金额	产权转移:0.5‰ 租赁金额:1‰ 建筑安装:0.3‰
	契税	成交价格、市场价格或交换价格的差额	3%~5%
	城市维护建设税	实际缴纳的增值税、消费税、营业税税额	市区:7% 县城、镇:5% 其他地区:1%
	耕地占用税	实际占用的耕地面积	人均耕地在 1 亩以下的:2~10 元/m² 人均耕地在 1~2 亩的:1.6~8 元/m² 人均耕地在 2~3 亩的:3~6.5 元/m² 人均耕地超过 3 亩的:1~5 元/m²
	固定资产投资方向调节税(暂停征收)	实际完成投资额或建筑工程实际完成投资额	城乡个人住宅、城市公共设施、民用住宅:0% 一般民用住宅、低档饮食服务网点:5% 楼堂馆所、别墅、超标准的独门独院:30% 商业用房及其他房屋:15%
	土地增值税	土地增值额	增值额小于扣除项目金额50%部分:30% 增值额在扣除项目金额 50%~100% 部分:40% 增值额在扣除项目金额 100%~200% 部分:50% 增值额超过扣除项目金额200%部分:60%

房地产开发经营税费相关法律、法规,详见附录 4-7-1~4-7-5。

附录 4-7-1 中华人民共和国城镇土地使用税暂行条例

(2006 年 12 月 31 日中华人民共和国国务院令第 483 号)

《国务院关于修改〈中华人民共和国城镇土地使用税暂行条例〉的决定》已经 2006 年 12 月 30 日国

务院第163次常务会议通过，现予公布，自2007年1月1日起施行。

总理 温家宝

二〇〇六年十二月三十一日

国务院关于修改《中华人民共和国城镇土地使用税暂行条例》的决定

国务院决定对《中华人民共和国城镇土地使用税暂行条例》作如下修改：

一、第二条增加一款，作为第二款："前款所称单位，包括国有企业、集体企业、私营企业、股份制企业、外商投资企业、外国企业以及其他企业和事业单位、社会团体、国家机关、军队以及其他单位；所称个人，包括个体工商户以及其他个人。"

二、第四条修改为："土地使用税每平方米年税额如下：

（一）大城市1.5元至30元；

（二）中等城市1.2元至24元；

（三）小城市0.9元至18元；

（四）县城、建制镇、工矿区0.6元至12元。"

三、第十三条修改为："本条例的实施办法由省、自治区、直辖市人民政府制定。"

此外，对本条例个别条文的文字作修改。

本决定自2007年1月1日起施行。

《中华人民共和国城镇土地使用税暂行条例》根据本决定作相应的修订，重新公布。

中华人民共和国城镇土地使用税暂行条例

（1988年9月27日中华人民共和国国务院令第17号发布 根据2006年12月31日《国务院关于修改〈中华人民共和国城镇土地使用税暂行条例〉的决定》修订）

第一条 为了合理利用城镇土地，调节土地级差收入，提高土地使用效益，加强土地管理，制定本条例。

第二条 在城市、县城、建制镇、工矿区范围内使用土地的单位和个人，为城镇土地使用税（以下简称土地使用税）的纳税人，应当依照本条例的规定缴纳土地使用税。

前款所称单位，包括国有企业、集体企业、私营企业、股份制企业、外商投资企业、外国企业以及其他企业和事业单位、社会团体、国家机关、军队以及其他单位；所称个人，包括个体工商户以及其他个人。

第三条 土地使用税以纳税人实际占用的土地面积为计税依据，依照规定税额计算征收。

前款土地占用面积的组织测量工作，由省、自治区、直辖市人民政府根据实际情况确定。

第四条 土地使用税每平方米年税额如下：

（一）大城市1.5元至30元；

（二）中等城市1.2元至24元；

（三）小城市0.9元至18元；

（四）县城、建制镇、工矿区0.6元至12元。

第五条 省、自治区、直辖市人民政府，应当在本条例第四条规定的税额幅度内，根据市政建设状况、经济繁荣程度等条件，确定所辖地区的适用税额幅度。

市、县人民政府应当根据实际情况，将本地区土地划分为若干等级，在省、自治区、直辖市人民政府确定的税额幅度内，制定相应的适用税额标准，报省、自治区、直辖市人民政府批准执行。

经省、自治区、直辖市人民政府批准，经济落后地区土地使用税的适用税额标准可以适当降低，但降低额不得超过本条例第四条规定最低税额的30％。经济发达地区土地使用税的适用税额标准可以适当提高，但须报经财政部批准。

第六条 下列土地免缴土地使用税：

（一）国家机关、人民团体、军队自用的土地；

（二）由国家财政部门拨付事业经费的单位自用的土地；

（三）宗教寺庙、公园、名胜古迹自用的土地；

（四）市政街道、广场、绿化地带等公共用地；

（五）直接用于农、林、牧、渔业的生产用地；

（六）经批准开山填海整治的土地和改造的废弃土地，从使用的月份起免缴土地使用税5年至10年；

（七）由财政部另行规定免税的能源、交通、水利设施用地和其他用地。

第七条　除本条例第六条规定外，纳税人缴纳土地使用税确有困难需要定期减免的，由省、自治区、直辖市税务机关审核后，报国家税务局批准。

第八条　土地使用税按年计算、分期缴纳。缴纳期限由省、自治区、直辖市人民政府确定。

第九条　新征用的土地，依照下列规定缴纳土地使用税：

（一）征用的耕地，自批准征用之日起满1年时开始缴纳土地使用税；

（二）征用的非耕地，自批准征用次月起缴纳土地使用税。

第十条　土地使用税由土地所在地的税务机关征收。土地管理机关应当向土地所在地的税务机关提供土地使用权属资料。

第十一条　土地使用税的征收管理，依照《中华人民共和国税收征收管理法》及本条例的规定执行。

第十二条　土地使用税收入纳入财政预算管理。

第十三条　本条例的实施办法由省、自治区、直辖市人民政府制定。

第十四条　本条例自1988年11月1日起施行，各地制定的土地使用费办法同时停止执行。

附录4-7-2　中华人民共和国耕地占用税暂行条例

（2008年1月1日中华人民共和国国务院令第511号）

第一条　为了合理利用土地资源，加强土地管理，保护耕地，制定本条例。

第二条　本条例所称耕地，是指用于种植农作物的土地。

第三条　占用耕地建房或者从事非农业建设的单位或者个人，为耕地占用税的纳税人，应当依照本条例规定缴纳耕地占用税。

前款所称单位，包括国有企业、集体企业、私营企业、股份制企业、外商投资企业、外国企业以及其他企业和事业单位、社会团体、国家机关、部队以及其他单位；所称个人，包括个体工商户以及其他个人。

第四条　耕地占用税以纳税人实际占用的耕地面积为计税依据，按照规定的适用税额一次性征收。

第五条　耕地占用税的税额规定如下：

（一）人均耕地不超过1亩的地区（以县级行政区域为单位，下同），每平方米为10元至50元；

（二）人均耕地超过1亩但不超过2亩的地区，每平方米为8元至40元；

（三）人均耕地超过2亩但不超过3亩的地区，每平方米为6元至30元；

（四）人均耕地超过3亩的地区，每平方米为5元至25元。

国务院财政、税务主管部门根据人均耕地面积和经济发展情况确定各省、自治区、直辖市的平均税额。

各地适用税额，由省、自治区、直辖市人民政府在本条第一款规定的税额幅度内，根据本地区情况核定。各省、自治区、直辖市人民政府核定的适用税额的平均水平，不得低于本条第二款规定的平均税额。

第六条　经济特区、经济技术开发区和经济发达且人均耕地特别少的地区，适用税额可以适当提高，但是提高的部分最高不得超过本条例第五条第三款规定的当地适用税额的 50％。

第七条　占用基本农田的，适用税额应当在本条例第五条第三款、第六条规定的当地适用税额的基础上提高 50％。

第八条　下列情形免征耕地占用税：

（一）军事设施占用耕地；

（二）学校、幼儿园、养老院、医院占用耕地。

第九条　铁路线路、公路线路、飞机场跑道、停机坪、港口、航道占用耕地，减按每平方米 2 元的税额征收耕地占用税。

根据实际需要，国务院财政、税务主管部门商国务院有关部门并报国务院批准后，可以对前款规定的情形免征或者减征耕地占用税。

第十条　农村居民占用耕地新建住宅，按照当地适用税额减半征收耕地占用税。

农村烈士家属、残疾军人、鳏寡孤独以及革命老根据地、少数民族聚居区和边远贫困山区生活困难的农村居民，在规定用地标准以内新建住宅缴纳耕地占用税确有困难的，经所在地乡（镇）人民政府审核，报经县级人民政府批准后，可以免征或者减征耕地占用税。

第十一条　依照本条例第八条、第九条规定免征或者减征耕地占用税后，纳税人改变原占地用途，不再属于免征或者减征耕地占用税情形的，应当按照当地适用税额补缴耕地占用税。

第十二条　耕地占用税由地方税务机关负责征收。

土地管理部门在通知单位或者个人办理占用耕地手续时，应当同时通知耕地所在地同级地方税务机关。获准占用耕地的单位或者个人应当在收到土地管理部门的通知之日起 30 日内缴纳耕地占用税。土地管理部门凭耕地占用税完税凭证或者免税凭证和其他有关文件发放建设用地批准书。

第十三条　纳税人临时占用耕地，应当依照本条例的规定缴纳耕地占用税。纳税人在批准临时占用耕地的期限内恢复所占用耕地原状的，全额退还已经缴纳的耕地占用税。

第十四条　占用林地、牧草地、农田水利用地、养殖水面以及渔业水域滩涂等其他农用地建房或者从事非农业建设的，比照本条例的规定征收耕地占用税。

建设直接为农业生产服务的生产设施占用前款规定的农用地的，不征收耕地占用税。

第十五条　耕地占用税的征收管理，依照《中华人民共和国税收征收管理法》和本条例有关规定执行。

第十六条　本条例自 2008 年 1 月 1 日起施行。1987 年 4 月 1 日国务院发布的《中华人民共和国耕地占用税暂行条例》同时废止。

附录 4-7-3　中华人民共和国房产税暂行条例

（1986 年 9 月 15 日国务院国发 ［1986］90 号）

第一条　房产税在城市、县城、建制镇和工矿区征收。

第二条　房产税由产权所有人缴纳。产权属于全民所有的，由经营管理的单位缴纳。产权出典的，由承典人缴纳。产权所有人、承典人不在房产所在地的，或者产权未确定及租典纠纷未解决的，由房产代管人或者使用人缴纳。

前款列举的产权所有人、经营管理单位、承典人、房产代管人或者使用人，统称为纳税义务人（以下简称纳税人）。

第三条　房产税依照房产原值一次减除 10％至 30％后的余值计算缴纳。具体减除幅度，由省、自治区、直辖市人民政府规定。

没有房产原值作为依据的，由房产所在地税务机关参考同类房产核定。

房产出租的，以房产租金收入为房产税的计税依据。

第四条　房产税的税率，依照房产余值计算缴纳的，税率为 1.2％；依照房产租金收入计算缴纳的，税率为 12％。

第五条　下列房产免纳房产税：

一、国家机关、人民团体、军队自用的房产；

二、由国家财政部门拨付事业经费的单位自用的房产；

三、宗教寺庙、公园、名胜古迹自用的房产；

四、个人所有非营业用的房产；

五、经财政部批准免税的其他房产。

第六条　除本条例第五条规定者外，纳税人纳税确有困难的，可由省、自治区、直辖市人民政府确定，定期减征或者免征房产税。

第七条　房产税按年征收、分期缴纳。纳税期限由省、自治区、直辖市人民政府规定。

第八条　房产税的征收管理，依照《中华人民共和国税收征收管理暂行条例》的规定办理。

第九条　房产税由房产所在地的税务机关征收。

第十条　本条例由财政部负责解释；施行细则由省、自治区、直辖市人民政府制定，抄送财政部备案。

第十一条　本条例自 1986 年 10 月 1 日起施行。

附：中华人民共和国国务院令第 546 号

1951 年 8 月 8 日政务院公布的《城市房地产税暂行条例》自 2009 年 1 月 1 日起废止。自 2009 年 1 月 1 日起，外商投资企业、外国企业和组织以及外籍个人，依照《中华人民共和国房产税暂行条例》缴纳房产税。

1987 年 2 月 6 日国务院批准，1987 年 2 月 24 日交通部、财政部发布的《长江干线航道养护费征收办法》自 2009 年 1 月 1 日起废止。

1992 年 5 月 15 日国务院批准，1992 年 8 月 4 日交通部、财政部、国家物价局发布的《内河航道养护费征收和使用办法》自 2009 年 1 月 1 日起废止。

总理　温家宝

二〇〇八年十二月三十一日

附录 4-7-4　中华人民共和国土地增值税暂行条例实施细则

（1995 年 1 月 21 日财法字［1995］第 6 号）

第一条　根据《中华人民共和国土地增值税暂行条例》（以下简称条例）第十四条规定，制定本细则。

第二条　条例第二条所称的转让国有土地使用权、地上的建筑物及其附着物并取得收入，是指以出售或者其他方式有偿转让房地产的行为。不包括以继承、赠与方式无偿转让房地产的行为。

第三条　条例第二条所称的国有土地，是指按国家法律规定属于国家所有的土地。

第四条　条例第二条所称的地上的建筑物，是指建于土地上的一切建筑物，包括地上地下的各种附属设施。

条例第二条所称的附属物，是指附着于土地上的不能移动，一经移动即遭损坏的物品。

第五条　条例第二条所称的收入，包括转让房地产的全部价款及有关的经济收益。

第六条　条例第二条所称的单位，是指各类企业单位、事业单位、国家机关和社会团体及其他组织。

条例第二条所称个人，包括个体经营者。

第七条　条例第六条所列的计算增值额的扣除项目，具体为：

（一）取得土地使用权所支付的金额，是指纳税人为取得土地使用权所支付的地价款和按国家统一规定交纳的有关费用。

（二）开发土地和新建房屋及配套设施（以下简称房地产开发）的成本，是指纳税人房地产开发项目实际发生的成本（以下简称房地产开发成本），包括土地征用及拆迁补偿费、前期工程费、建筑安装工程费、基础设施费、公共配套设施费、开发间接费用。

土地征用及拆迁补偿费，包括土地征用费、耕地占用税、劳动力安置费及有关地上、地下附着物拆迁补偿的净支出、安置动迁用房支出费等。

前期工程费，包括规划、设计、项目可行性研究和水文、地质、勘察、测绘、"三通一平"等支出。

建筑安装工程费，是指以发包方式支付给承包单位的建筑安装工程费，以自营方式发生的建筑安装工程费。

基础设施费，包括开发小区内道路、供水、供电、供气、排污、排洪、通信、照明、环卫、绿化等工程发生的支出。

公共配套设施费，包括不能有偿转让的开发小区内公共配套设施发生的支出。

开发间接费用，是指直接组织、管理开发项目发生的费用，包括工资、职工福利费、折旧费、修理费、办公费、水电费、劳动保护费、周转房摊销等。

（三）开发土地和新建房及配套设施的费用（以下简称房地产开发费用），是指与房地产开发项目有关的销售费用、管理费用、财务费用。

财务费用中的利息支出，凡能够按转让房地产项目计算分摊并提供金融机构证明的，允许据实扣除，但最高不能超过按商业银行同类同期贷款利率计算的金额，其他房地产开发费用，按本条（一）、（二）项规定计算的金额之和的 5% 以内计算扣除。

凡不能按转让房地产项目计算分摊利息支出或不能提供金融机构证明的，房地产开发费用按本条（一）、（二）项规定计算的金额之和的 10% 以内计算扣除。

上述计算扣除的具体比例，由各省、自治区、直辖市人民政府规定。

（四）旧房及建筑物的评估价格，是指在转让已使用的房屋及建筑物时，由政府批准设立的房地产评估机构评定的重置成本价乘以成新度折扣率后的价格。评估价格须经当地税务机关确定。

（五）与转让房地产有关的税金，是指在转让房地产时缴纳的营业税、城市维护建设税、印花税。因转让房地产交纳的教育费附加，也可视同税金予以扣除。

（六）根据条例第六条（五）项的规定，对从事房地产开发的纳税人可按本条（一）、（二）项规定计算的金额之和，加计 20% 的扣除。

第八条　土地增值税以纳税人房地产成本核算的最基本的核算项目或核算对象为单位计算。

第九条　纳税人成片受让土地使用权后，分期分批开发、转让房地产的，其扣除项目金额的确定，可按转让土地使用权的面积占总面积的比例计算分摊，或按建筑面积计算分摊，也可按税务机关确认的其他方式计算分摊。

第十条　条例第七条所列四级超率累计进税率,每级"增值额未超过扣除项目金额"的比例,均包括本比例数。

计算土地增值税税额,可按增值税额乘以适用的税率减去扣除项目金额乘以速算扣除系数的简便方法计算,具体公式如下:

(一) 增值额未超过扣除项目金额的 50%

$$土地增值税额＝增值额×30\%$$

(二) 增值额超过扣除项目金额 50%,未超过 100%

$$土地增值税额＝增值额×40\%－扣除项目金额×5\%$$

(三) 增值额超过扣除项目金额 100%,未超过 200%

$$土地增值税额＝增值额×50\%－扣除项目金额×15\%$$

(四) 增值额超过扣除项目金额 200%

$$土地增值税额＝增值额×60\%－扣除项目金额×35\%$$

公式中的 5%、15%、35%为速算扣除系数。

第十一条　条例第八条(一)项所称的普通标准住宅,是指按所在地一般民用住宅标准建造的居住住宅。高级公寓、别墅、度假村等不属于普通标准住宅。普通标准住宅与其他住宅的具体划分界限由省、自治区、直辖市人民政府规定。

纳税人建造普通标准住宅出售,增值额未超过本细则第七条(一)、(二)、(三)、(五)、(六)项扣除项目金额之和 20%的,免征土地增值税;增值额超过扣除项目金额之和 20%的,应就其全部增值额按规定计税。条例第八条(二)项所称的因国家建设需要依法征用、收回的房地产,是指因城市实施规划、国家建设的需要而被政府批准征用的房产或收回的土地使用权。

因城市实施规划、国家建设的需要而搬迁,由纳税人自行转让原房地产的,比照本规定免征土地增值税。

符合上述免税规定的单位和个人,须向房地产所在地税务机关提出免税申请,经税务机关审核后,免予征收土地增值税。

第十二条　个人因工作调动或改善居住条件而转让原自用住房,经向税务机关申报核准,凡居住满五年或五年以上的,免予征收土地增值税;居住满三年未满五年的,减半征收土地增值税。居住未满三年的,按规定计征土地增值税。

第十三条　条例第九条所称的房地产评估价格,是指由政府批准设立的房地产评估机构根据相同地段、同类房地产进行综合评定的价格。评估价格须经当地税务机关确认。

第十四条　条例第九条(一)项所称的隐瞒、虚报房地产成交价格,是指纳税人不报或有意低报转让土地使用权、地上建筑物及其附着物价款的行为。

条例第九条(二)项所称的提供扣除项目金额不实的,是指纳税人在纳税申报时不据实提供扣除项目金额的行为。

条例第九条(三)项所称的转让房地产的成交价格低于房地产评估价格,又无正当理由的,是指纳税人申报的转让房地产的实际成交价低于房地产评估机构的评定交易价,纳税人又不能提供凭据或无正当理由的行为。

隐瞒、虚报房地产成交价格,应由评估机构参照同类房地产的市场交易价格进行评估。税务机关根据评估价格确定转让房地产的收入。

提供扣除项目金额不实的,应由评估机构按照房屋重置成本价乘以成新度折扣率计算的房屋成本价和取得土地使用权时的基准地价进行评估。税务机关根据评估价格确定扣除项目金额。

转让房地产的成交价格低于房地产评估价格,又无正当理由的,由税务机关参照房地产评估价格确定转让房地产的收入。

第十五条　根据条例第十条的规定，纳税人应按照下列程序办理纳税手续：

（一）纳税人应在转让房地产合同签订后的七日内，到房地产所在地主管税务机关办理纳税申报，并向税务机关提交房屋及建筑物产权、土地使用权证书，土地转让、房产买卖合同，房地产评估报告及其他与转让房地产有关的资料。

纳税人因经常发生房地产转让而难以在每次转让申报的，经税务机关审核同意后，可以定期进行纳税申报，具体期限由税务机关根据情况确定。

（二）纳税人按照税务机关核定的税额及规定的期限缴纳土地增值税。

第十六条　纳税人在项目全部竣工结算前转让房地产取得的收入，由于涉及成本确定或其他原因，而无法据以计算土地增值税的，可以预征土地增值税，待该项目全部竣工、办理结算后再进行清算，多退少补。具体办法由各省、自治区、直辖市地方税务局根据当地情况制定。

第十七条　条例第十条所称的房地产所在地，是指房地产的坐落地。纳税人转让房地产坐落在两个或两个以上地区的，应按房地产所在地分别申报纳税。

第十八条　条例第十一条所称的土地管理部门、房产管理部门应当向税务机关提供有关资料，是指向房地产所在地主管税务机关提供有关房屋及建筑物产权、土地使用权、土地出让金数额、土地基准地价，房地产市场交易价格及权属变更等方面的资料。

第十九条　纳税人未按规定提供房屋及建筑物产权、土地使用权证书，土地转让、房产买卖合同，房地产评估报告及其他与转让房地产有关资料的，按照《中华人民共和国税收征收管理法》（以下简称《征管法》）第三十九条的规定进行处理。

纳税人不如实申报房地产交易额及规定扣除项目金额造成少缴纳或未缴税款的，按照《征管法》第四十条的规定进行处理。

第二十条　土地增值税以人民币为计算单位。转让房地产所取得的收入为外国货币的，以取得收入当天或当月1日国家公布的市场汇价折合成人民币，据以计算应纳土地增值税税额。

第二十一条　条例第十五条所称的各地区的土地增值费征收办法是指与本条例规定的计征对象相同的土地增值费、土地收益金额等征收办法。

第二十二条　本细则由财政部解释，或者由国家税务总局解释。

第二十三条　本细则自发布之日施行。

第二十四条　1994年1月1日至本细则发布之日期间的土地增值税参照本细则的规定计算征收。

附录 4-7-5　中华人民共和国契税暂行条例

（1999年7月7日中华人民共和国国务院令第224号）

第一条　在中华人民共和国境内转移土地、房屋权属，承受的单位和个人为契税的纳税人，应当依照本条例的规定缴纳契税。

第二条　本条例所称转移土地、房屋权属是指下列行为：

（一）国有土地使用权出让；

（二）土地使用权转让，包括出售、赠与和交换；

（三）房屋买卖；

（四）房屋赠与；

（五）房屋交换。

前款第二项土地使用权转让，不包括农村集体土地承包经营权的转移。

第三条　契税税率为3%～5%。

契税的适用税率，由省、自治区、直辖市人民政府在前款规定的幅度内按照本地区的实际情况确定，并报财政部和国家税务总局备案。

第四条　契税的计税依据：

（一）国有土地使用权出让、土地使用权出售、房屋买卖，为成交价格；

（二）土地使用权赠与、房屋赠与，与征收机关参照土地使用权出售、房屋买卖的市场价格核定；

（三）土地使用权交换、房屋交换，为所交换的土地使用权、房屋的价格的差额。

前款成交价格明显低于市场价格并且无正当理由的，或者所交换土地使用权、房屋的价格的差额明显不合理并且无正当理由的，由征收机关参照市场价格核定。

第五条　契税应纳税税额，依照本条例第三条规定的税率和第四条规定的计税依据计算征收。

应纳税额计算公式：

$$应纳税额＝计税依据×税率$$

应纳税额以人民币计算。转移土地、房屋权属以外汇结算的，按照纳税义务发生之日起中国人民银行公布的人民币市场汇率中间价折合成人民币计算。

第六条　有下列情形之一的，减征或者免征契税：

（一）国家机关、事业单位、社会团体、军事单位承受土地、房屋用于办公、教学、医疗、科研和军事设施的，免征。

（二）城镇职工按规定第一次购买公有住房的，免征；

（三）因不可抗力灭失住房而重新购买住房的，酌情准予减征或免征；

（四）财政部规定的其他减征、免征契税的项目。

第七条　经批准减征、免征契税的纳税人改变有关土地、房屋的用途，不再属于本条例第六条规定的减征、免征契税的范围的，应当补缴已经减征、免征的税款。

第八条　契税的纳税义务发生时间，为纳税人签订土地、房屋权属转移合同的当天，或者纳税人取得国有土地、房屋权属转移合同性质凭证的当天。

第九条　纳税人应当自纳税义务发生之日起 10 日内，向土地、房屋所在地的契税征收机关办理纳税申报，并在契税征收机关核定的期限内缴纳税款。

第十条　纳税人办理纳税事宜后，契税征收机关应当向纳税人开具契税完税凭证。

第十一条　纳税人应当持契税完税凭证和其他规定的文件材料，依法向土地管理部门、房产管理部门办理有关土地、房屋的权属变更登记手续。

纳税人未出具契税完税凭证的，土地管理部门、房产管理部门不予办理有关土地、房屋的权属变更登记手续。

第十二条　契税征收机关为土地、房屋所在地的财政机关或者地方税务机关。具体征收机关由省、自治区、直辖市人民政府确定。

土地管理部门、房产管理部门应当向契税征收机关提供有关资料，并协助契税征收机关依法征收契税。

第十三条　契税的征收管理，依照本条例和有关法律、行政法规的规定执行。

第十四条　财政部根据本条例制定细则。

第十五条　本条例自 1997 年 10 月 1 日起施行。1950 年 4 月 3 日中央人民政府政务院发布的《契税暂行条例》同时废止。

第八章　房地产争议的解决

房地产争议，是指有关房地产的权利义务纠纷。房地产争议的发生，在社会生活中较为普遍。因为房屋是人们的基本生产、生活资料，关系到不同组织和个人的切身利益，而不同利益之间发生冲突在所难免。同时，房屋远不同于一般商品，其交易、使用过程涉及众多政策和法律，而且目前房地产市场又存在着相当程度的混乱状况，所以房地产纠纷近年来大量增多，在有些地方的消费者协会和人民法院所受理的房屋投诉纠纷案件中，因房产争议而形成的诉讼案件，竟占一半以上。因此，购房者不但要尽力避免在购房中及购房后的居住使用中权益受到侵害，而且要学会在一旦发生权益受到侵害时，能够运用法律手段去解决争议，以维护自己的合法权益。

第一节　房产争议的种类和特征

一、房产争议的种类

结合当前实际，我国城镇发生的房产争议主要有以下六类：

（一）房屋购销争议

房屋购销争议包括开发商逾期交房引起的争议，面积误差引起的争议，房屋质量问题引起的争议，虚假售房广告引起的争议，中介欺诈引起的争议，开发商不具有开发资格或者相关手续不完备而导致购房者无法或无法如期取得房屋产权证引起的争议等。

（二）房屋产权争议

房屋产权争议包括房屋所有权及房屋所占用的土地的使用权的归属、转让、交换、赠与、继承、分割等引起的争议。

（三）房屋使用权争议

房屋使用权争议包括房屋占有、出借、出租、典当、抵押引起的争议，房屋院落土地的界址和公共空间的占用引起的争议，以及乱搭乱建引起的争议。

（四）房屋租赁争议

房屋租赁争议包括房屋租赁合同的履行、终止、延续、解除引起的争议，因租金的交纳、拖欠与调整引起的争议以及承租者擅自拆改、装修房屋引起的争议等。

（五）房屋修缮争议

房屋修缮争议包括房屋出租者因修缮不及时给承租者造成居住困难或人身财产损害引起的争议等。

（六）其他房产争议

即上述五类争议以外的房产争议。

二、房产争议的特征

房产争议直接牵涉到当事人的日常生活，情况复杂，解决的难度也较大。其特征具体表现在以下几个方面：

（一）房产争议与当事人日常生活密切相关，且争议标的价值一般较大

房屋是人们生产、生活的基本场所，一旦发生争议，将直接干扰当事人的正常生活，影响当事人的生活质量。我国目前人民群众的收入水平还比较低，作为不动产的房屋，对于绝大多数家庭来说，就是最有价值的财产。而且随着我国市场经济的发展和住房体制改革的推进，房产价值日益攀升，其在人们生活中的重要性凸现。所以，房产争议在解决时，当事人往往不易妥协，而不惜耗资、费力、费时，旷日持久地进行争议。

（二）房产争议常常和其他民事法律关系相互联系、相互影响

一起房产争议往往和其他权利义务彼此牵连。例如：关于财产继承、夫妻离异、分家析产、租赁合同的履行、土地使用权的出让和转让等权利义务关系，均与房产争议密切相关，对房产争议的产生和发展有直接的影响。

（三）房产争议涉及法律面广，且政策性强，适用法律的难度较大

房产争议涉及多个法律部门，仅房屋购销纠纷，就可能要适用城市房地产管理法、广告法、消费者权益保护法、合同法等，而且还有大量的行政法规、部门规章与地方性法规。再者，我国的房地产开发、经营、使用方面的法律并不完备，仍有不少是依政策进行调整。政策与法律相比，其规范性与稳定性较弱，而且在我国各个历史时期，关于房地产的各种政策、法律、部门规章、司法解释等纷繁杂乱，既有相关联的，又有重复和漏洞，甚至政出多门，互相矛盾。总之，对于解决房产争议，需要有较高的法律与政策水平。

（四）在购买商品房及单位出售的公房所发生的争议中，购房者处于弱者地位

在此种争议中，购房者一般是个人或家庭，而售房者要么是雄厚的房地产公司，要么是购房者所隶属的单位。虽然双方在法律上是平等的，但事实上却是不平等的，购房者往往无力与售房者相对抗，有时不得不违心地接受某些对己不公平的苛刻条件，而售房者也往往出于恶意或单纯贪图工作上的方便而利用优势地位肆意侵犯购房者应享受的利益。对于前一种争议，因受消费者权益保护法调整，通过适用"对消费者倾斜保护"原则。可在一定程度上予以弥补。则对于后者，目前还只能依靠一些单纯的行政措施和道德手段去解决，这需要以后在法律上加以完善。

基于房产争议的上述特征，对于房产争议，最好的办法还是预防。这就要求购房者在购买住房以及购买后的居住使用过程中，要尽量学法、知法、守法、完备各种法律手续，不留纠纷的隐患。比如在购房前全面了解开发商的素质与信誉，认真研究落实广告词；谨慎签订购房合同，合同条款要严谨而具体；定期了解工程进度、质量、敦促开发商严格执行购房合同等等。而争议一旦形成，也要敢于拿起法律武器，寻求正当途径，维护自己的合法权益。

第二节　解决房产争议的途径

房产争议发生后，双方应在互谅互让的基础上，通过自愿协商的办法予以解决，避免事态扩大，造成不必要的损失。但协商并不总是有效的，而且在分歧较大或一方存在恶意的情况下，可能连协商的机会都没有，这就必须通过法定途径来解决，根据目前有关法律规定，解决房产争议的途径有以下三种：

一、调解

调解是指争议双方在一个中间人（或组织）的主持下解决纠纷的活动。根据有关法律规定，房产纠纷的调解主要包括人民调解、行政调解和消费者协会的调解。现分述如下：

（一）人民调解

根据《人民调解委员会组织条例》，我国在城市居民委员会之内设立人民调解委员会。企事业单位根据需要也可以根据该条例设立人民调解委员会。人民调解委员会在基层人民政府和基层人民法院的指导下，对于房产争议，通过说服教育的方法，促使双方当事人互相谅解，达成协议，予以解决。在调解委员会主持下达成的调解协议，只要是有理有据，合乎政策法规的，基层政府和法院都应给予支持。如果调解协议出现悖情悖理、违法乱纪的问题，基层政府和法院也要实事求是，及时纠正。

（二）行政调解

行政调解是指业务主管部门，即房产管理部门对房产争议进行的调解。在实践中，通过行政机关解决的房产纠纷主要有两大类：一是房屋产权归属纠纷；二是需由房产管理部门作出决定的纠纷。行政调解虽然也是一种诉讼外活动，但它是根据法律、法规的授权进行的，调解协议书一经送达，就具有一定的行政约束力，双方当事人均应遵守，如一方不履行，另一方可请求主管机关运用行政权力要求对方按协议履行。调解不成的，房产主管机关可在根据一方的请求，直接作出处理决定。当事人对决定不服的，可以在接到决定后的法定期限内向人民法院起诉。

（三）消费者协会调解

消费者协会的调解适用于因公民个人购买商品房所发生的争议。消费者协会是消费者依法成立的，对商品和服务进行社会监督、保护消费者合法权益的社会团体，根据《消费者权益保护法》第32条第4项的规定，消费者协会有受理消费者的投诉，并对投诉事项进行调查、调解的职责。购买商品房的公民个人在权益受到损害时，有权向消费者协会投诉，并由消费者协会在对投诉事项进行调查的基础上，居中调解，达成协议，使争议获得公平、合理的解决。

二、仲裁

房产争议的仲裁是指当事人发生房产争议时，将该争议自愿提交给特定的仲裁机构，由仲裁机构依照仲裁规则作出具有约束力的裁决的纠纷的解决方式。

三、诉讼

房产争议的诉讼是指当事人发生房产争议时，向人民法院提起诉讼，由人民法院依照民事诉讼程序，在双方当事人及其他诉讼参与人的共同参加下，对该争议进行审理判决的纠纷解决方式。

由于仲裁与诉讼各自具有繁杂而严格的程序，所以现分述如下。

第三节　仲　裁

仲裁作为解决民事权益争议的一种重要方式，具有方便、快捷、保密的优点，适用日渐广泛。房产争议也可通过仲裁程序解决。当公民之间、法人之间、公民与法人之间在房产所有权、使用权、购销、租赁和拆迁等方面发生纠纷经过协商不能妥善解决时，当事人可依法请求仲裁机构作出具有约束力的裁决。

根据 1994 年 8 月 31 日颁布的《中华人民共和国仲裁法》，我国省级人民政府所在地的市和一些设区的市，可以设立处理经济纠纷的仲裁委员会。在很多市、区的房产管理部门，还设立有专门的房产仲裁委员会。当事人可凭自己的意愿选择仲裁机构。无论哪个仲裁委员会对房产争议进行仲裁，它们所遵循的原则、程序，适用的法律基本上是一致的。《仲裁法》对此作为明确规定。

一、仲裁原则

（一）双方自愿原则

《仲裁法》第 4 条规定："当事人采用仲裁方式解决纠纷，应当双方自愿，达成仲裁协议。"房产争议发生后，如果没有仲裁协议，一方申请仲裁的，由于另一方没有接受仲裁的意思表示，仲裁机构将不予受理。仲裁协议应当是书面的，可以在争议发生前订立，也可以在争议发生后订立，可以是独立的仲裁协议，也可以是合同中订立的仲裁条款。一个完整、有效的仲裁协议至少应当具有这些内容，即请求仲裁的意思表示、仲裁事项和选定的仲裁委员会。

（二）裁审择一、一裁终局原则

当事人达成仲裁协议后，一方又向人民法院起诉的，人民法院不予受理。因为仲裁协议既然是出于双方自愿，就应按协议进行仲裁，不能反悔。但仲裁协议无效的除外。有下列情形之一的，仲裁协议无效：

1. 约定的仲裁事项超出法律规定的仲裁范围；

2. 无民事行为能力人或者限制民事行为能力人订立的仲裁协议；

3. 一方采取胁迫手段，迫使对方订立仲裁协议的。

仲裁实行一裁终局制度。仲裁委员会对房产争议的裁决自作出之日起发生法律效力，当事人对裁决不得再要求上级仲裁委员会或其他仲裁委员会进行第二次裁决，也不得向人民法院起诉。

（三）仲裁机构当事人协议选定原则

仲裁不实行级别管辖和地域管辖。仲裁机构由当事人协议选定，当事人在仲裁协议中共同选择的仲裁机构才是对该房产争议有管辖权的仲裁机构。仲裁协议对仲裁机构没有约定或者约定不明确的，当事人可以补充协议；达不成补充协议的，仲裁协议无效。

（四）根据事实，符合法律，公平合理解决纠纷的原则

以事实为根据，以法律为准绳，是我国司法工作的指导方针和基本原则。公平合理也是我国处理民事经济纠纷的基本原则。仲裁机构处理房产争议，不论是以调解方式解决，还是裁决方式解决，都必须根据争议事实，严格适用法律，并力求公平合理。

（五）仲裁独立原则

仲裁依法独立进行，不受行政机关、社会团体和个人的干涉。这是使仲裁能够根据事实、符合法律、公平合理地解决争议的必要保证。仲裁机构本身不是行政机关或行政机关的附属物，不适用下级服从上级的行政原则。它也不是一般的社会团体，而是根据事实，遵守法律，按少数服从多数的原则，依多数仲裁员的意见作出裁决，不受外界的干涉。

（六）当事人权利平等原则

在仲裁中，房产争议的当事人，不论是公民或法人，不论是哪一个部门或哪一级单

位，所享有的权利都是平等的，仲裁委员会应保障当事人平等地行使权力。

（七）仲裁人员依法回避原则

为了保证房产纠纷的公正处理，仲裁人员如果与该纠纷或纠纷中的当事人有牵连，当事人有权要求其回避。

二、仲裁程序

（一）申请和受理

1. 房产争议当事人申请仲裁，应当符合下列条例：

（1）有仲裁协议；

（2）有具体的仲裁请求和事实、理由；

（3）属于仲裁委员会的受理范围。

当事人申请仲裁，首先应当向仲裁委员会递交仲裁协议、仲裁申请书，并按照被申请人数提交申请书副本。仲裁申请书应当写明：

① 当事人的姓名、性别、年龄、职业、工作单位和住所，法人或其他组织的名称、住所和法定代表人或主要负责人的姓名、职务；

② 仲裁请求和所根据的事实、理由；

③ 证据和证据来源，证人名称和住所。

仲裁委员会收到申请后，首先审查申请是否符合受理条件。认为符合受理条件的，应当受理，并在 5 日内通知当事人；认为不符合受理条件的，也应当在 5 日内书面通知当事人不予受理，并说明理由。

仲裁委员会受理仲裁申请后，在仲裁规则规定的期限内将仲裁规则和仲裁员名册送达申请人和被申请人，并向被申请人送达仲裁申请书副本，由被申请人在规定期限内向仲裁委员会提交答辩书及副本，再由仲裁委员会将答辩书副本送达申请人。如果被申请人未提交答辩书，不影响仲裁程序的进行。此外，双方当事人根据仲裁员名册选定或委托仲裁委员会指定仲裁员和约定仲裁庭的组成方式，即由 3 名仲裁员或 1 名仲裁员组成仲裁庭。当事人约定由 3 名仲裁员组成仲裁庭的，应当各自选定或各自委托仲裁委员会主任指定 1 名仲裁员，第 3 名仲裁员由双方当事人共同选定或共同委托仲裁委员会主任指定，第三名仲裁是首席仲裁员。当事人约定由 1 名仲裁员组成仲裁庭的，应当由当事人共同选定或者共同委托仲裁委员人主任指定仲裁员。当事人没有在规定的期限内约定仲裁庭组成方式或者选定仲裁员的，由仲裁委员会主任指定。仲裁庭组成后，仲裁委员会应将仲裁庭的组成情况书面通知当事人。

2. 仲裁员有下列情形之一的，必须回避，当事人也有权提出回避申请：

（1）是本案当事人或者当事人、代理人的近亲属的；

（2）与本案有利害关系的；

（3）与本案当事人、代理人有其他关系，可能影响公正仲裁的；

（4）私自会见当事人、代理人，或者接受当事人、代理人的请客送礼的。

至于仲裁员回避理由是否成立，由仲裁委员会主任决定；仲裁委员会主任担任仲裁员时，由仲裁委员会集体决定。

当事人可以委托律师和其他代理人进行仲裁活动。委托律师和其他代理人进行仲裁活动的，应当向仲裁委员会提交授权委托书。

（二）开庭和裁决

仲裁应当开庭进行。当事人协议不开庭的，仲裁庭可以根据仲裁申请书、答辩书以及其他材料作出裁决。

仲裁不公开进行。当事人协议公开的，可以公开进行，但涉及国家秘密的除外。

仲裁委员会应当在仲裁规则规定的期限内将开庭日期通知双方当事人。当事人有正当理由可以在规定期限内要求延期开庭，是否延期，由仲裁庭决定。申请人经过书面通知，无正当理由不到庭或者未经仲裁庭许可中途退庭的，可以视为撤回申请。被申请人经书面通知，无正当理由不到庭或者未经仲裁庭许可中途退庭的，可以缺席裁决。

开庭时，当事人应当对自己的主张提供证据，如房屋产权证、房屋购销或租赁合同、付款收据等。这就要求居民在日常生活中要注意妥善各种原始凭证，以备日后之需。仲裁庭认为有必要收集的证据，也可以自行收集。专门性问题认为需要鉴定的，可以由当事人约定或仲裁庭指定的鉴定部门鉴定。在证据可能灭失或以后难以取得的情况下，当事人可以申请证据保全。证据应当在开庭时出示，当事人可以质证，并有权进行辩论。辩论终结时，首席仲裁员或者独任仲裁员应当征询当事人的最后意见。

仲裁庭在作出裁决前，可以先行调解。当事人自愿调解的，仲裁庭应当调解。调解达成协议的，仲裁庭应当制作调解书或者根据协议的结果制作裁决书。调解书与裁决书具有同等法律效力。调解不成的，应当及时作出裁决。

裁决应当按照多数仲裁员的意见作出，少数仲裁员的不同意见可以记入笔录。仲裁庭不能形成多数意见时，裁决应当按照首席仲裁员的意见做出。为了便于及时处理争议，仲裁庭仲裁纠纷时，其中一部分事实已经清楚，可以就该部分先行裁决。裁决书自作出之日起发生法律效力。

在仲裁过程中，因另一方当事人的行为或其他原因，可能使仲裁裁决不能执行或者难以执行时，一方当事人可以申请财产保全。当事人申请财产保全的，由仲裁委员会依照民事诉讼法的相关规定，将当事人的申请提交人民法院执行。申请有错误的，申请人应当赔偿被申请人因财产保全而遭受的损失。

（三）裁决的撤销

当事人提出证据证明裁决有下列情形之一的，可以向仲裁委员所在地的中级人民法院申请撤销裁决：

1. 没有仲裁协议的；

2. 裁决的事项不属于仲裁协议的范围或者仲裁委员会无权仲裁的；

3. 仲裁庭的组成或者仲裁的程序违反法定程序的；

4. 裁决所根据的证据是伪造的；

5. 对方当事人隐瞒了足以影响公正裁决的证据的；

6. 仲裁员在仲裁该案时有索贿受贿，徇私舞弊，枉法裁判行为。

人民法院经组成合议庭审查核实裁决有上述情形之一的，应当裁定撤销。人民法院认定裁决违背社会公共利益的，也应当裁定撤销。

应当注意的是，撤销裁决的申请应当在法定期限内提出，即自收到裁决书之日起6个月内。人民法院应当在受理撤销裁决申请之日2个月内作出撤销裁决或驳回申请的裁定。

人民法院受理撤销裁决的申请后，认为可以由仲裁庭重新仲裁的，通知仲裁庭在一定期限内重新仲裁，并裁定中止撤销程序。仲裁庭拒绝重新仲裁的，人民法院应当裁定恢复撤销程序。

（四）裁决的执行

裁决书生效后当事人应当履行。一方当事人不履行的，另一方当事人可以依照民事诉讼法的有关规定向人民法院申请执行，受申请的人民法院应当执行。一方当事人申请执行裁决，另一方当事人申请撤销裁决的，应当裁定中止执行。撤销裁决的申请被裁定驳回的，人民法院应当裁定恢复执行。

被申请执行的当事人提出证据证明裁决有以下情况之一的，经人民法院组成合议庭审查核实，裁定不予执行：

1. 当事人在合同中没有订立仲裁条款或者事后没有达成书面仲裁协议的；
2. 裁决的事项不属于仲裁协议的范围或者仲裁机构无权仲裁的；
3. 合议庭的组成或者仲裁的程序违反法定程序的；
4. 认定事实的主要证据不足的；
5. 适用法律确有错误的；
6. 仲裁员在仲裁该案时有贪污受贿，徇私舞弊，枉法裁决行为的。

人民法院认定执行该裁决违背社会公共利益的，也裁定不予执行。

裁决被人民法院裁决撤销或不予执行的，当事人就该争议可根据双方重新达成的仲裁协议申请仲裁，也可以向人民法院起诉。

第四节　诉　　讼

诉讼是公民的基本权利之一，任何单位或个人都有权通过诉讼程序来维护自己的合法权益。房产争议的当事人，在争议不属仲裁范围，或者虽属仲裁范围却没有达成仲裁协议，或者仲裁协议无效，或者仲裁裁决被人民法院依法撤销或裁定不予执行而又没有达成重新仲裁协议的情况下，可以考虑通过民事诉讼途径解决纠纷。

一、房产争议案件的主管与管辖

（一）法院主管

房产争议的情况比较复杂，并非所有的房产争议都可向法院起诉。因此，在提起诉讼前，首先应对自己的争议性质有所了解，弄清楚它是否属于人民法院的受理范围，以免徒劳往返。

根据最高人民法院［1993］37号文的规定，下列房产争议可直接向人民法院起诉：

1. 凡属平等主体之间因私有房屋发生的权属、析产、购销、租赁、借用、代管、赠与、抵押等纠纷，及侵害私房所有权、使用权纠纷等，由民庭受理。

2. 平等主体之间以房管局直管公房为标的发生的租赁、借用、换房及强占房屋等纠纷，由民庭受理；

3. 职工对本单位分配自管住房方案、决定有意见，而与本单位发生的争议，不属法院管辖范围。但在房屋分配过程中因职工擅自强占待分配的房屋，单位诉请法院解决的，由民庭受理。

4. 单位分配给职工的房屋被其他职工抢占，被侵权人向法院起诉的，由民庭受理。

5. 因行政划拨产生的公房所有权、使用权确权纠纷，不属于法院管辖范围。一方为此向法院起诉的，应告知其向有关主管部门申请裁决。如果房屋所有权、使用权明确，只是为权利、义务的履行发生纠纷的，民庭应予受理。

6. 因违章建筑妨碍他人通行、通风、采光等民事权益引起的相邻纠纷，或以违章建筑为标的发生的购销、租赁、抵押等纠纷，当事人起诉的，由民庭受理。

7. 拆迁人与被拆迁人就有关安置、补偿、产权调换等问题达成协议，并部分履行后，一方又反悔而产生的纠纷，由民庭受理。

8. 对于危旧房屋发行中产生的纠纷，原则上不宜作为民事案件受理。如果危改中拆迁人与被拆迁人已达成安置、补偿协议，并已部分履行，当事人仅为继续履行协议发生纠纷而起诉的，可由民庭受理。

9. 其他以房地产为标的开发、建筑承包、入股、联营、代理、居间等民事行为发生的纠纷，由民庭受理。

（二）法院管辖

确定自己的房产争议属法院管辖后，接下来的问题是具体应向哪一个法院起诉。这就要弄清楚法院管辖。法院管辖是各级人民法院之间和同级的各人民法院之间受理第一审案件权限范围的划分。其又分为级别管辖和地域管辖。

级别管辖解决的是房产争议应向哪一级人民法院起诉的问题。

1. 我国民事诉讼法规定，中级人民法院管辖下列第一审民事案件：

（1）重大涉外案件；

（2）在本辖区有重大影响的案件；

（3）最高人民法院确定由中级人民法院管辖的案件。

2. 高级人民法院管辖在本辖区有重大影响的第一审民事案件。最高人民法院管辖下列第一审民事案件：

（1）在全国有重大影响的案件；

（2）认为应当由本院审理的案件。

除此之外的第一审房产争议案件，由基层人民法院管辖。

地域管辖解决的是房产争议应向什么地方的人民法院起诉的问题。民事诉讼法规定，因不动产纠纷提起的诉讼，由不动产所在地人民法院管辖。房产属于不动产，所以房产争议诉讼应由房产所在地的人民法院管辖。另外，涉及房产遗产继承纠纷提起的诉讼，由被继承人死亡时住所地或者主要遗产所在地人民法院管辖；涉及房产分割的离婚案件，可以向被告户籍所在地人民法院起诉，如果被告长期不在户籍所在地居住的，可以向被告连续居住一年以上的居住地的人民法院起诉。

二、诉讼程序

我国实行两审终审的审判制度。

（一）第一审程序

第一审程序是人民法院审理第一审房产争议案件所适用的诉讼程序。

1. 起诉和受理

房产争议和其他民事纠纷一样，采取的是不告不理的原则。只有当事人的起诉，才会引起诉讼程序的进行。

（1）根据民事诉讼法的规定，起诉必须符合下列条件：

1）原告是与本案有直接利害关系的公民、法人和其他组织；

2）有明确的被告；

3）有具体的诉讼请求的事实、理由；

4）属于人民法院受理的范围和受诉人民法院管辖。

（2）起诉应当向人民法院递交起诉状，并按照被告人数提交副本。起诉状应当写明：

1）当事人的姓名、性别、年龄、职业、工作单位和住所，法人或其他组织的名称、住所和法定代表人或主要负责人的姓名、职务；

2）诉讼请求和所根据的事实、理由；

3）证据和证据来源，证人名称和住所。

人民法院经审查，认为符合条件的，应在 7 日内立案，并通知当事人；认为不符合条件的，应在 7 日内裁定不予受理，原告对裁定不服的，可以提起上诉。

2．审理前的准备

人民法院应在立案之日起 5 日内将起诉状副本发送被告，被告在收到起诉状副本之日起 15 日内提出答辩状。人民法院在收到答辩状之日起 5 日内将答辩状副本发送原告。被告不提出答辩状的，不影响人民法院审理。人民法院应组成合议庭。合议庭组成人员确定后，应在 3 日内告知当事人。审判人员必须认真审核诉讼材料，调查收集必要的证据。在必要时，可发委托外地人民法院调查。受托法院收到委托书后，应在 30 日内完成调查。

同仲裁一样，当事人可以委托律师或其他诉讼代理人进行诉讼活动，也可以依法要求审判人员、书记员和翻译、鉴定、勘验人员回避。

3．开庭审理

（1）准备开庭。开庭事项应当在开庭 3 日前通知当事人和其他诉讼参与人。开庭审理前，书记员应当查明当事人和其他诉讼参与人是否到庭，宣布法庭纪律。开庭审理时，由审判长核对当事人，宣布案由，宣布审判人员、书记员名单，告知当事人有关的诉讼权利义务，询问当事人是否提出回避申请。

（2）法庭调查。按下列顺序进行：当事人陈述；告知证人的权利义务，证人作证，宣布未到庭的证人证言；出示书证、物证的视听资料；宣读鉴定结论；宣读勘验笔录。

（3）法庭辩论。按下顺序进行：原告及其诉讼代理人发言；被告及其诉讼代理人答辩；第三人及其诉讼代理人发言或答辩；互相辩论。法庭辩论终结，由审判和按照原告、被告、第三人的先后顺序征询各方最后意见。

（4）法庭调解。法庭辩论结束后，在当事人自愿，查清事实，分清是非的基础上，能够调解的，可以调解。调解达成协议，应制作调解书，经双方当事人签收后即发生法律效力。调解未达成协议或调解书送达前一方或双方反悔的，人民法院应及时判决。

（5）合议庭并宣布判决。法庭辩论结束后，当事人不愿调解或调解不成时，由合议庭合议后宣判，并制作、送达判决书。当事人不服的，可以在规定期限内上诉。当事人在规定期限内没有上诉的，判决即发生法律效力。

（二）第二审程序

房产争议的当事人如果对地方各级人民法院的第一审判决、裁定不服，可以依法向上一级人民法院提起上诉，由上一级人民法院按照第二审程序进行审理。

1. 提起上诉

当事人不服一审判决的，应当在判决书送达之日 15 日内向上一级人民法院提起上诉；不服一审裁定的，应在裁定书送达之日起 10 日内向上一级人民法院提起上诉。上诉应当递交上诉状。上诉状的内容，应当包括：

（1）当事人的姓名、法人的名称及其法定代表人的姓名或者其他组织的名称及其主要负责人的姓名；

（2）原审人民法院名称、案件的编号和案由；

（3）上诉的请求和理由。

上诉状应当通过原审人民法院提出，并按照对方当事人人数提出副本。当事人直接向第二审法院上诉的，第二审法院应当在 5 日内将上诉状移交原审人民法院。

2. 上诉案件的受理

原审人民法院收到上诉状，应当进行审查。对不符合上诉条件的，予以驳回。对符合上诉条件的，应当在 5 日内将上诉状副本送达对方当事人。对方当事人在收到上诉状副本之日 15 日内提出答辩状。人民法院在收到答辩状之日起 5 日内将；副本送达上诉人。对方当事人不提出答辩状的，不影响人民法院审理。原审人民法院收到上诉状、答辩状，应当在 5 日内连同全部卷宗和证据报送第二审人民法院。

3. 上诉案件的审理

第二审人民法院对上诉案件，组成合议庭，开庭审理。经过阅卷和调查，询问当事人。在事实核对清楚后，合议庭认为不需要开庭审理的，可以进行判决、裁定。

第二审人民法院对上诉案件经过审理，按下列情形分别处理：

（1）原判决认定事实清楚，适用法律正确的，判决驳回上诉，维持原判；

（2）原判决适用法律错误的，依法改判；

（3）原判决认定事实错误，或者原判决认定事实不清，证据不足，裁定撤销原判决，发回原审人民法院重审，或者查清事实后改判；

（4）原判决违反法定程序，可能影响案件正确判决的，裁定撤销原判，发回重审。

第二审人民法院的判决、裁定是终审的判决、裁定，当事人不得再上诉。

（三）审判监督程序

对于已经发生当选效力的判决、裁定，有一列情形之一的，当事人仍可在该判决、裁定发生法律效力后两年内向原审人民法院或者上一级人民法院申请再审，人民法院应当再审，但不停止判决、裁定的执行：

1. 有新的证据，可以推翻原判决、裁定的；

2. 原判决、裁定认定事实的主要证据不足的；

3. 原判决、裁定适用法律确有错误的；

4. 人民法院违反法定程序，可能影响案件正确判决、裁定的；

5. 审判人员在审理该案件时有贪污受贿，徇私舞弊，枉法裁判行为的。

另外，当事人也可以向原审人民法院院长，上一级人民法院、最高人民法院、上一级人民检察院、最高人民检察院反映情况，由这些机关或人员依法决定是否进行再审。

人民法院按照审判监督程序审理再审案件，应当另行组成合议庭。原来是第一审案件的，仍按第一审程序来审理，作出的判决、裁定当事人可以上诉。原来是第二审案件或上级人民法院提审的案件的，按第二审程序审理，作出的判决、裁定是终局的，当事人不得上诉。

对已经发生法律效力的调解书，只有在有证据证明的调解违反自愿原则或者调解协议的内容违反法律的，当事人才可以申请再审。

应当注意的是，审判监督程序并不是每个案件的必经程序，而是第一审和第二审程序之外的特殊程序。所以，除非确有必要，不要作无谓的缠诉，以免浪费精力。

（四）执行程序

房产争议案件经仲裁机构、人民法院解决并形成生效的法律文书后，有些败诉方可能会拒不履行，使胜诉方的应得权益得不到实际落实。这时，人民法院可依照民事诉讼规定的执行程序对败诉方强制执行。

1. 执行管辖

发生法律效力的房产争议案件的判决、裁定，由第一审人民法院执行。法律规定由人民法院执行的其他法律文书，如仲裁机构对房产争议的裁决，由被执行人住所在地或者被执行财产所在地的人民法院执行。

2. 执行的申请和移送

发生法律效力的房产争议案件的判决、裁定，当事人必须履行。一方拒绝履行的，对方当事人可以向人民法院申请执行，也可以由审判员移送执行员执行。调解书和其他应当由人民法院执行的法律文书，当事人必须履行。一方拒绝履行的，对方当事人可以向人民法院申请执行。

申请执行的期限，双方或者一方当事人是公民的为一年，双方是法人或者其他组织的为6个月。此期限从法律文书规定履行期间的最后1日起计算；法律文书规定分期履行的，从规定的每次履行期间的最后1日起计算。

执行员接到申请执行书或者移交执行书，应当向被执行人发出执行通知，责令其在指定的期间履行，逾期不履行的，强制执行。

3. 执行措施

执行措施是人民法院强制执行的方式、方法，也是房产争议得以彻底解决的根本保证。因为它直接处置被申请人的财产，强制被执行人完成某种行为，政策性很强，影响极大，所以法律对其作了明确而具体的规定。

我国民事诉讼法规定的执行措施有以下几种：

（1）冻结、划拨被申请执行人的存款；

（2）扣留、提取被申请执行人的收入；

（3）查封、扣押、拍卖、变卖被申请执行人的财产；

（4）搜查被申请执行人的财产；

（5）强制被申请执行人交付法律文书指定的财产或者票证；

（6）强制被申请执行人迁出房屋或者退出土地；

（7）强制执行法律文书指定的行为；

（8）强制支付迟延履行利息或迟延履行金；

（9）查询被申请执行人的存款情况；

（10）办理财产权证照的转移手续。

总之，房地产争议的解决是一项法律性很强的事务，在购房前，了解一些这方面的法律知识是很有必要的。当然，每个人的精力有限，不一定能够精通，所以在必要的时候，还应当考虑聘请熟悉房地产业务的律师，以获得专业的法律帮助。而且律师介入得越早，购房人的利益越有保障。

第五节　商品房买卖合同纠纷适用法律若干问题

最高人民法院曾就商品房买卖合同纠纷使用法律若干问题，以《关于审理商品房买卖合同纠纷案件适用法律若干问题的解释》一文作了详尽的解释，并于 2003 年 3 月 24 日最高人民法院审判委员会第 1267 次会议通过，2003 年 4 月 28 日最高人民法院公告公布，自 2003 年 6 月 1 日起施行。具体内容详见附录 4-8-1。

此外，最高人民法院民事审判第一庭还就此作了起草说明，说明中指出，针对《城市房地产管理法》施行前的房地产纠纷案件，最高人民法院曾于 1995 年 12 月 27 日制定了《关于审理房地产管理法施行前房地产开发经营案件若干问题的解答》（以下简称《解答》），使房地产纠纷得以及时、有效地处理。《城市房地产管理法》施行后，房地产市场秩序虽较以往有了较大改观，但由于我国不动产立法不尽完善，市场机制不健全，商品房交易行为很不规范，特别是出卖人借机违法经营，导致商品房买卖合同纠纷大量增加。如一房数卖、面积短缺、虚假广告等行为，严重扰乱了房地产市场秩序，损害了广大买受人的利益。同时，现实社会和审判实践中出现的商品房包销、商品房担保贷款（按揭）等新问题也亟待解决。为此，最高人民法院又出台了《关于审理商品房买卖合同纠纷案件适用法律若干问题的解释》（以下简称《解释》）。

一、适用范围

受我国国情影响和历史的原因，目前我国存在着不同种类的房屋，有由房地产开发企业建造的商品房、政府组织建设的经济适用房、公房改制出售的房改房、单位集资房、公民个人所有的私有房等等。但由于政府组织建设的经济适用房、公房改制出售的房改房、单位集资房等房屋的上市交易要受国家政策的调整，该类房屋不能自由交易，如，需补交土地出让金或者相当于土地出让金的价款或者居住一定年限后方可出售，而私有房屋的买卖与商品房买卖有所不同，且纠纷也不突出，在审判实践中发生的房屋买卖纠纷绝大多数是因房地产开发企业出售其建造的商品房而引发的。因此，《解释》将适用范围明确为由房地产开发企业建造并向社会公开出售的买卖行为，出卖人主体只限为房地产开发企业（以下统称为出卖人）。根据《合同法》关于买卖合同的规定和出卖人出售的商品房建造状况，《解释》第 1 条对商品房买卖合同作出明确解释，商品房买卖合同是指出卖人将尚未建成或者已竣工的房屋向社会销售并转移房屋所有权于买受人，买受人支付价款的合同，包括商品房预售合同和商品房现售合同，其中买卖行为的标的物限定为正在建设和已竣工的房屋，即通常所说的期房和现房。

二、商品房预售合同的效力认定

审判实践中，因预售合同效力引发的纠纷严重影响着社会秩序的稳定。《解释》第 2 条、第 6 条分别就商品房预售许可证明的取得和商品房预售合同的登记备案对预售合同效力的认定处理作出了相应的规定。

根据《城市房地产管理法》第44条规定，商品房预售需具备4个条件：（1）已交付全部土地使用权出让金，取得土地使用权证书；（2）持有建设工程规划许可证和施工许可证；（3）按提供的预售商品房计算，投入开发建设的资金达到工程建设总投资的25％以上，并已确定施工进度和竣工交付日期；（4）已办理预售登记，取得商品房预售许可证明。但对如何理解预售条件和认定合同效力之间的关系问题，起草过程中有两种意见。一种意见认为，因商品房预售实行许可证制度，只要出卖人持有预售许可证明，其与买受人签订的预售合同即为有效。另一种意见认为，《城市房地产管理法》规定的四个条件是商品房预售行为必须同时具备的法定要件，否则预售合同无效。

《城市房地产管理法》作为行政管理法，主要规范的是出卖人开发经营行为，从该法规定的商品房预售条件看，也均反映的是出卖人与行政管理部门之间的关系问题。因我国商品房预售实行许可证制度，而《城市房地产开发经营管理条例》第24条也明确列举了办理预售许可证的必备条件，其中就包括了《城市房地产管理法》第44条规定的前三个条件。这就表明只要出卖人按照法定程序向房地产行政管理部门申请办理并取得预售许可证明的，即可认定其具备全部预售条件。因此，从司法权与行政权的关系出发，人民法院在认定商品房预售合同的效力时，对出卖人的法定预售资格应只从形式上进行审查，即对出卖人未取得商品房预售许可证明签订的预售合同应认定无效，出卖人取得商品房预售许可证明的，可认定预售合同有效。至于从实质上审查出卖人是否具备全部预售条件则是行政管理部门的权限。当事人对预售许可证持有异议的，可通过行政或行政诉讼的方式解决。这既可划清司法审判机关与行政管理部门之间的权限，有利于各司其职，也可避免大量无效合同的出现，有利于促进房地产交易和推动房地产市场的发展。《解释》采纳了第一种观点。

其次，考虑到我国目前房地产市场管理机制还不健全，商品房交易行为也不规范，《解释》将出卖人取得商品房预售许可证明的时间放宽至起诉前，而不是签订合同时，也就是只要出卖人在起诉前取得商品房预售许可证明的，人民法院也可认定商品房预售合同有效，以尽量促使合同有效成立和维护商品房交易的安全。这比《解答》规定的一审诉讼期间、《适用合同法若干问题的解释》规定的一审法庭辩论终结前也更为严格，同时也便于当事人在起诉前预先知晓诉讼行为的结果，更好地行使诉讼权。

对《城市房地产管理法》第44条规定的商品房预售合同登记备案问题，从我国现行的有关不动产登记的立法规定看，商品房预售合同的登记备案在目前应属于是房产管理部门和土地管理部门对合同的一种行政管理措施，不是确认合同效力的必要条件，实务界和理论界对此也已基本形成共识。为此，《解释》第6条明确规定："当事人以商品房预售合同未按照法律、行政法规规定办理登记备案手续为由，请求确认合同无效的，不予支持"。

三、商品房销售广告和宣传资料的问题

目前，商品房买卖90％以上是以广告形式向社会公开出售的，因商品房销售广告引发的纠纷在审判实践中也大量存在，所以，《解释》第3条专门就商品房销售广告和宣传资料的认定处理作出了明确规定。对此类纠纷的处理，在起草过程中有不同意见。一种意见认为，销售宣传广告只是一种要约邀请，如未将广告宣传的内容订入合同，就不能认定为是合同内容，销售广告中的虚假宣传，只是违背诚实信用原则应负的义务，可考虑以缔约过失责任对买受人予以补救。

首先，根据《合同法》第15条第1款规定，商业广告在原则上是一种要约邀请，一般情况下不能将未订入合同中的宣传广告内容作为合同内容看待，但应根据具体情况区别对待，不能机械地将其视为要约邀请。实际生活中，许多出卖人在销售广告和宣传资料中，对其开发出售的商品房及相关设施的说明非常具体、明确，买受人往往也正是基于出卖人在宣传资料中的说明和允诺才签订合同的。由于目前商品房买卖合同均是由出卖人提供的格式合同，即使双方当事人可就格式合同之外的宣传广告内容进行协商约定，但基于买受人在房地产市场中所处的弱势地位，销售广告和宣传资料中的许多说明和允诺没有订入合同之中，而纠纷也正是因交付使用的房屋与说明和允诺不符发生的。根据《合同法》第14条关于要约的规定，如果意思表示内容具体确定，并表明经受要约人承诺，要约人即受该意思表示约束时，该意思表示即为要约。据此，将出卖人对其开发项目规划设计范围内的商品房及相关设施所作的一些详尽具体的说明和允诺，如足以让买受人产生信赖而签订商品房买卖合同并对房屋价格的确定有决定作用，而且买受人就此内容向出卖人提出订立合同的行为并已使销售广告对象特定化的，应视为符合《合同法》第14条关于要约的规定，买卖合同的订立则为买受人对要约的承诺。即使该说明和允诺没有明确订立在合同之中，也应认定为合同内容，出卖人违反该内容的，应承担违约责任。这不仅符合《合同法》规定和客观实际，也有利于保护买受人权益和规范出卖人的经营行为，建立维护市场诚信制度。

对销售广告和宣传资料的问题，实务界也已突破传统认识，开始区别情况予以认定，并作出变通规定。如广东省高级人民法院《关于合同法施行后认定房地产开发经营合同效力问题的指导意见》对未订入合同中的销售广告内容，规定只要符合5种情形之一的，广告内容具有法律约束力。建设部《商品房销售管理办法》和建设部、国家计委等7部委发布的《关于整顿和规范房地产市场秩序的通知》要求"房地产开发企业、房地产中介服务机构应当严格按照规定，将房地产广告和宣传资料中明示及承诺的主要内容和事项在合同中明确"。

四、商品房认购书与定金的问题

出卖人与买受人在签订商品房买卖合同前先行签订认购书，就房屋买卖有关事宜进行初步确认，并收取一定数量的定金作为订立商品房买卖合同的担保，是当前商品房买卖的通常形式。由于现行法律法规对认购书问题没有具体规定，引发了大量纠纷，急需给予明确认定。

对认购书性质的认定问题有两种观点：第一种观点认为认购书即为商品房买卖合同。因认购书是当事人就房屋买卖所作出的真实意思表示，应具有买卖合同的效力。第二种观点认为认购书不是独立的合同。因认购书仅是对签订正式合同相关事宜的约定，而且认购书中的定金条款是为担保主合同履行的从合同。

前述观点均有不足。首先，认购书是独立的合同。认购书是平等主体间为设立某种民事权利义务关系而签订的协议，符合《合同法》第2条关于合同定义的规定，因此，认购书可以成为独立的合同。其次，从认购书签订的过程和约定的内容看，认购书是当事人就签订商品房买卖合同相关事宜进行的约定，是约定当事人有义务在一定期限内签订买卖合同，不是对行为结果的直接确认。所以，认购书尚不属于商品房买卖合同。根据司法实践中认购书订立的实际情况和合同法理论，认购书作为出卖人与买受人约定为将来订立商品房买卖合同而签订的协议，应属于商品房买卖合同的预约合同，即认购书与商品房买卖合同是预约与本约的关系。

对当事人在签订认购书时，约定交付定金的，根据《担保法》第89条、《关于适用担保法若干问题的解释》第115条的规定，该定金为立约定金，因当事人一方违反认购书约定，导致商品房买卖合同未能订立的，按照定金罚则承担责任，如当事人双方均无违约行为而导致商品房买卖合同没有订立的，收取定金的当事人一方应将定金返还给对方当事人。

五、惩罚性赔偿责任的适用

关于商品房买卖合同能否适用惩罚性赔偿的责任问题，主要集中反映在能否适用《中华人民共和国消费者权益保护法》（以下简称《消法》）第49条的争论上。反对意见认为，首先，传统民法理论的民事赔偿主要以补偿性为主，且惩罚性赔偿主要适用于侵权责任。我国的惩罚性赔偿虽在《消法》第49条和《合同法》第113条有明确规定，但其主要是产品质量方面的责任，适用范围不包括商品房在内。其次，商品房买卖数额巨大，惩罚性赔偿将导致双方利益显失平衡，商品房质量问题可通过瑕疵担保责任制度得到更妥善的解决。最后，对出卖人的欺诈行为难以认定，很难操作。赞成观点认为，商品房买卖合同应适用《消法》第49条的规定。《消法》的立法者并没有将商品房买卖排除在《消法》之外，商品房、出卖人、买受人分别属于《消法》第49条调整的商品、经营者和消费者。从文义上解释，《消法》第49条所说的商品，既包括动产，也包括不动产，不能把商品仅仅理解为动产商品。《合同法》在违约责任中的第113条第2款仍然重申了《消法》第49条，并未对商品的外延作出了限制。

从我国《合同法》和《消法》的规定看，对商品房能否直接适用《消法》第49条的规定没有明确的规定，《消法》第49条和《合同法》第113条的规定适用条件仅仅限于提供的商品和服务有欺诈行为，而商品房是否属于其适用范围也没有明确规定，学术界和实务界也认识不一。考虑到我国的实际情况，商品房买卖合同目前不宜直接适用《消法》第49条的规定。但对商品房买卖行为中，出卖人利用其优势地位，为追求最大经济利益，采取欺诈手段与买受人签订合同，或签订合同后又恶意违约的行为，应给予制裁。理由如下：第一，出卖人的恶意违约和欺诈行为完全摒弃了诚实信用原则，严重损害了市场经济的交易安全秩序，它同因客观原因导致合同不能履行的情况有本质区别，对此类行为仅仅依靠补偿性的赔偿是无法弥补买受人损失的，也不能有效地制裁和遏制出卖人恶意违约和欺诈的行为。第二，从各国对损害赔偿制度的研究和审判实践看，也均未对惩罚性赔偿的原则予以否定，而且惩罚性赔偿以其全面补偿受害人的损失、制裁惩罚和遏制不法行为等多重功能，已逐渐被英美法和大陆法的各个国家立法所采纳，并由侵权纠纷向合同纠纷的方向延伸和扩展。美国司法部的研究资料表明，1985～1995年的十年间，法院将惩罚性赔偿责任适用于合同纠纷中的数量是侵权案件的3倍。第三，在我国，《消法》第49条首次在立法上确立了惩罚性赔偿制度，随后在《合同法》第113条的合同责任中也明确了惩罚性赔偿制度，此外，《合同法》第14条第2款对当事人在合同中约定的违约金不是过分高于实际损失的也予以认可，这其中就包含了对违约行为的惩罚性赔偿。同时，实务中对《商品房销售管理办法》第20条关于面积误差绝对值超出3%部分的房价款实行双倍返还规定的执行效果也很好。由此可见，我国立法对惩罚性赔偿适用于合同责任不是绝对否定的，且具有良好的社会基础。

综上，经多次讨论研究认为，根据《消法》第49条和《合同法》第113条所确立的惩罚性赔偿原则精神，对商品房买卖合同中的某些出卖人违约恶意和欺诈的行为可有条件地适用惩罚性赔偿。为此，结合审判实践和商品房买卖合同纠纷的实际情况，《解释》第8条、第9条明确规定了五种适用惩罚性赔偿责任的情形：一是商品房买卖合同订立后，出卖人未告知买受人又将该房屋抵押给第三人；二是商品房买卖合同订立后，出卖人又将该房屋出卖给第三人；三是订立合同时，出卖人故意隐瞒没有取得商品房预售许可证明的事实或者提供虚假商品房预售许可证明；四是在订立合同时，出卖人故意隐瞒所售房屋已经抵押的事实；五是订立合同时，出卖人故意隐瞒所售房屋已经出卖给第三人或者为拆迁补偿安置房屋的事实。由此五种情形导致商品房买卖合同被确认无效或者被撤销、解除时，买受人除可请求出卖人返还已付购房款及利息、赔偿损失外，还可以请求出卖人承担不超过已付购房款一倍的赔偿责任。由此可见，《解释》所规定的惩罚性赔偿责任在适用条件和结果上都与《消法》第49条的规定有所不同。它只是以《合同法》第113条和《消法》第49条规定的惩罚性赔偿责任原则为依据，但不是对《消法》第49条规定的直接适用。这样既注意到依法有效维护买受人的合法权益，又考虑到商品房开发经营过程中的实际情况，有利于促进房地产市场的健康发展，这也是符合国际立法趋势和我国当前社会发展需要的。

六、房屋的交付使用和风险责任承担

因房屋交付使用引发的诉讼，主要涉及到房屋所有权的转移和风险的承担及违约金的计算等问题。

（一）房屋的交付使用

《合同法》第133条和第135条规定，商品房买卖合同的出卖人负有向买受人交付房屋并转移所有权的义务，买卖合同的标的物所有权自交付时起转移，法律另有规定或当事人另有约定的除外。据此规定，买卖合同的标的物所有权一般自交付时起转移，而根据《城市房地产管理法》第60条、《城市房地产开发经营管理条例》第33条规定，房屋所有权则从办理所有权登记手续时起转移，这也是不动产物权变动的公示方式和要件。依据上述法律规定，房屋所有权就应从办理所有权登记手续时转移，属于《合同法》所规定的"法律另有规定的除外"情形。

但在审判实践中，存在着因当事人在签订商品房买卖合同时对房屋的交付使用约定不明而导致的大量纠纷。出卖人认为房屋的交付使用就是买受人直接占有使用房屋，也就是俗称的"交钥匙"；而买受人则认为，房屋的交付使用不仅仅是交付房屋的占有，而且还包括交付房屋所有权证书。依据上述法律法规对房屋所有权转移的有关规定，在法律法规和当事人没有明确约定房屋的交付使用为交付房屋所有权证书的，出卖人对房屋的转移占有，即为合同约定的房屋交付使用。也就是说，出卖人只要在合同约定的期限向买受人交付房屋，即"交钥匙"，就已履行了合同约定的交付房屋的义务。如果当事人在合同中明确约定房屋的交付使用不仅是转移房屋占有，还应办理房屋所有权移转登记的，出卖人就应按约定履行义务。因此，《解释》第11条规定，对房屋的转移占有，视为房屋的交付使用，当事人另有约定的除外。当然，在当事人没有明确约定房屋的交付使用包括办理房屋所有权登记手续时，出卖人"交钥匙"义务的履行并非意味着出卖人的合同义务履行完

毕，根据法律规定，它还应协助买受人办理房屋所有权登记，转移房屋所有权于买受人。至于房屋所有权转移的时间问题，当事人可另行协商约定，没有约定的，按照《城市房地产开发经营管理条例》第 33 条的规定，预售商品房的买受人应当自房屋交付使用之日起 90 日内，现售商品房的买受人应当自买卖合同签订之日起 90 日内，办理土地使用权变更和房屋所有权登记手续，出卖人应当协助买受人办理，并提供必要的证明文件。

（二）风险责任承担

风险责任是因不可抗力或意外事件等不可归责于当事人的事由而导致标的物毁损、灭失。根据《合同法》第 142 条规定："标的物毁损、灭失的风险，在标的物交付之前由出卖人承担，交付之后由卖受人承担，但法律另有规定或当事人另有约定的除外"。可见，风险责任一般情况下与标的物交付的同时一并转移。而从法理上讲，风险责任则是随着标的物的所有权转移而转移的。如前所述，由于我国房屋所有权的转移是以办理登记为生效要件，因此，房屋所有权的转移时间和标的物的交付时间存在差异，在房屋交付使用后至办理所有权登记手续前的时间内，标的物发生意外风险的责任如何承担，现行法律法规均无明确规定。但《合同法》第 142 条既然是针对所有买卖合同标的物作的规定，并没有明确区分动产和不动产，而且，根据该条"法律另有规定或当事人另有约定的除外"的规定，在法律法规没有规定或者当事人没有约定的情况下，房屋的风险转移应适用该条规定。即房屋从交付使用后，由买受人承担风险责任，但因归责于买受人的原因迟延接受而导致房屋毁损灭失的，从房屋交付通知确定的交付使用之日起，风险责任也应由买受人承担。

七、商品房包销合同

商品房包销是盛行于我国香港和台湾地区的一种商品房销售方式，随后进入我国内地。它在促进商品房市场快速发展的同时，也带来了诸多纠纷。在广东、上海、北京等一些经济发达城市，很早就已出现因包销引发的诉讼，我院也已审结多起此类案件。但因内地对商品房包销尚无规定，因此，急需对包销予以认定。

根据司法实践中包销行为的一般做法，包销是出卖人与包销人签订商品房包销合同，约定在包销期内，出卖人将已竣工验收合格或者尚未建成但符合预售条件的房屋，确定包销基价交由包销人以出卖人的名义与买受人签订商品房买卖合同，包销期限届满，包销人以约定的包销价格买入未出售的剩余商品房的行为，对包销的性质认定有 3 种观点。一是附条件的代理说。认为包销是包销人以出卖人的名义销售商品房，赚取差价利益，但包销人在包销期满后购买未出售的房屋。二是买卖说。认为包销人最终购买所包销的商品房，包销人虽以出卖人的名义销售商品房，但实质上是包销人在为自身利益销售商品房。包销价格的确定，已在出卖人和包销人之间形成了买卖关系，只是未生效而已。三是两合行为说。认为包销是一种兼具代理和买卖特征的民事法律行为，在包销期内为一种委托代理关系，包销期届满后则为一种买卖关系。

因目前对商品房包销没有规定，《解释》也不便对包销行为的性质给予归类，而只宜按照包销的通常做法，根据《合同法》第 7 条、第 8 条、第 124 条规定，将其定性为无名合同。根据包销的实践做法，《解释》第 20 条规定：对包销期满后的剩余房屋，当事人有约定的，按照约定处理，没有约定或约定不明的，由包销人按包销价格购买。

为便于包销纠纷的及时解决，《解释》第 22 条同时对因包销引发的诉讼主体问题也作了明确规定。根据合同的相对性原则，因包销合同发生的纠纷，诉讼主体为出卖人与包销人。因买卖合同发生的纠纷，诉讼主体为出卖人与买受人。尽管商品房买卖合同是包销人出面与买受人签订的，但因包销人是以出卖人名义与买受人签订的合同，而且商品房买卖合同的主体仍是出卖人，因此，买卖合同纠纷的诉讼当事人应为出卖人和买受人。但如果出卖人、买受人、包销人三方在买卖合同中约定包销人与出卖人共同承担履行义务的，包销人也应作为当事人参加诉讼。

八、商品房抵押（按揭）贷款

按揭是英美法不动产担保的一项基本制度，与大陆法的让与担保制度大致相同。商品房按揭是从香港传入我国内地的一种融资购楼方式，包括楼花按揭和现楼按揭。我国内地法律没有按揭的称谓，只是在 2000 年我院审委会审议的《关于适用〈担保法〉若于问题的解释（送审稿）》的说明中，涉及到楼花按揭。该说明将楼花按揭定义为"楼宇预售合同中的买方部分购楼款后，将其依合同取得的对楼宇的期待权让渡给银行作为取得银行贷款的担保，也称按揭贷款。如买方未能按约履行还本付息的义务，就丧失了赎回这种期待权的权利的一种贷款方法。楼宇竣工后，楼花按揭即转为楼宇按揭。楼花按揭的法律性质是购房抵押贷款，与抵押基本相同，是一种不动产抵押方式，但又有别与我国法律规定的抵押担保方式"。楼花按揭是以其在预售合同中的全部权益为抵押，而法律规定的抵押是以现存实物为抵押标的的，因此称为准抵押。各国民法一般也均规定权利抵押准用民法关于一般抵押的规定。现楼按揭则与《城市房地产抵押管理办法》第 3 条规定的预购商品房贷款抵押相同，属于现房抵押贷款。《关于适用〈担保法〉若干问题的解释》第 47 条明确规定依法获准尚无建造的或者正在建造中的房屋或者其他建筑物可作为抵押权的标的物。《中国物权法草案建议稿》也作了相同规定。对商品房按揭有不同观点：1. 不动产抵押说。尽管楼花不是现存楼宇，但买楼花会导致事实上获得楼宇，而且由于购房人在买楼花时已支付部分楼款，因此，虽然楼花具有一种不确定性，它还是具有相当于现存楼宇的价值。同时它与普通房地产抵押在设立目的和法律效力方面是一样的，所以，楼花按揭属于不动产抵押担保。《担保法》、《城市房地产抵押管理办法》、《关于适用担保法若干问题的解释》。2. 债权质押说。购房人在订立楼花按揭合同时，其向银行提供的担保标的物不是楼花所有权而是对开发商享有的债权，而且这种债权符合可作为权利质押标的的权利的性质（财产权、具有可转让性）。《中国物权法草案建议稿》（王利明）。3. 让与担保说。楼花按揭与让与担保都渊源与罗马法的信托担保；二者都是通过权利的转移而对债权进行担保；有利于保护银行债权的实现。《民法草案》第 2 编第 26 章和《中国物权法草案建议稿》（梁慧星）；德、日、瑞士、我国台湾地区判例认可。

从我国司法实践看，实务中通常将按揭作为抵押处理，已不是英美法系和香港法律原本意义上的按揭。鉴于我国内地法律尚无按揭的名称，为便于同我国现行法律和正在制定过程中的《民法草案》统一，《解释》将商品房按揭贷款行为统称为商品房担保贷款，包括以现房抵押的贷款合同和期房抵押的贷款。目前，商品房担保贷款已成为我国房地产金融体系的重要组成部分，而法律无明确规定，在总结司法实践经验的基础上，用 5 个条款对人民法院审理商品房担保贷款纠纷案件的一些基本原则作出了相应规定。

首先，根据《合同法》第 94 条：合同目的无法实现的，当事人可以请求解除合同，出卖人应将收取的购房款本金及利息或定金返还给买受人的规定。《解释》第 23 条规定，对实践中当事人约定以担保贷款为商品房买卖合同付款方式的情况，因一方违约或不可归责于双方当事人原因导致担保贷款合同未能订立，致使商品房买卖合同无法继续履行时，当事人可以请求解除合同。《解释》第 24 条规定，在商品房买卖合同被确认无效、撤销、解除，导致商品房担保贷款合同的目的无法实现时，当事人请求解除合同的，应予支持。因为，在买受人没有能力支付购房款，或者因商品房买卖合同无效、被撤销、解除使买受人的贷款目的失去意义时，如果不允许当事人解除合同，对买受人或者贷款银行都是极为不利的。

其次，根据《合同法》、《民事诉讼法》的有关规定，《解释》第 25 条、第 26 条、第 27 条又分别对商品房担保贷款纠纷案件程序性问题作了处理规定。

在商品房担保贷款纠纷中，一般存在三方主体，三个合同关系。三方主体是买受人（借款人、担保人）、银行（贷款人、担保权人）、出卖人（保证人）；三个合同关系是出卖人与买受人之问的商品房买卖合同关系、买受人与银行之间的担保贷款合同关系、出卖人与银行之间的保证合同关系。商品房担保贷款合同的订立是以商品房买卖合同有效成立为前提条件，与商品房买卖合同具有密切联系但又相互独立。对买受人与出卖人因商品房买卖合同发生纠纷而请求确认买卖合同无效、撤销或解除时银行诉讼地位问题，有两种观点。一是银行作为担保权人，可依据对买卖合同的标的物所享有的权利，作为有独立请求权的第三人向人民法院提起诉讼，人民法院将商品房买卖合同与商品房担保贷款合同关系一并解决，否则人民法院应仅审理商品房买卖合同。理由：根据国外立法例和诉讼法理论，主张由于诉讼结果而使自己权利受到损害的案外人，也可以独立请求权第三人身份参与诉讼。也就是说，第三人就他人间的诉讼标的的全部或部分有所请求，或主张因他人之间的诉讼结果，自己的权利被侵害时，可以本诉当事人双方为共同被告向法院起诉。这就是所谓的诈害防止参加。如德、日、我国台湾等民事诉讼法均有此规定。法国民事诉讼法还赋予受诈害的第三人提起第三人撤销本诉判决的诉权。二是银行只可作为无独立请求权第三人参加诉讼。理由：根据《民事诉讼法》第 56 条规定，"对当事人双方的诉讼标的，第三人认为有独立请求权的，有权提起诉讼"。而在买受人与出卖人因商品房买卖合同发生的纠纷诉讼中，银行对双方争议的标的买卖合同关系没有独立请求权，因此，银行不能作为有独立请求权第三人参加诉讼，而只是案件处理结果与其有法律上利害关系的无独立请求权第三人，它只可申请参加诉讼或者由人民法院通知参加诉讼。如银行单独就担保贷款合同起诉的，人民法院根据具体情况予以诉的合并，可以将担保贷款诉讼与商品房买卖合同诉讼一并处理。

对上述观点，银行坚决要求应给予其有独立请求权第三人的地位，实践中有的法院也是以银行享有对楼花或现房的抵押权而将银行列为有独立请求权第三人的。《解释》暂时采纳了第一种观点。这不仅符合诉讼效率原则，也有利于及时保护银行的合法权益。

买受人与银行因担保贷款合同发生纠纷时，因担保贷款合同是买受人以现房或将来对期房取得享有的一种期待权作为抵押物，所以，在买受人未按贷款合同约定偿还贷款时，银行就可对现房行使优先受偿权，或通过行使类似债权人代位权的方法请求处分买受人在预售合同中享有的房屋期待权，以获得优先受偿。在买受人未取得房屋权属证书也未与银行办理房屋抵押登记手续，银行只能就买受人在商品房买卖合同中享有的期待权请求处分。根据《合同法》第 80 条规定，债权人转让权利的，应当通知债务人。据此，人民法院在银行提起转让商品房买卖合同权利的诉讼时，应通知出卖人参加诉讼；如出卖人为担保贷款合同提供保证，银行同时起诉出卖人的，出卖人应为共同被告，银行也可直接提起诉讼，要求出卖人承担保证责任。在买受人已取得房屋权属证书并与银行办理房屋抵押登记手续，银行请求买受人偿还贷款或就抵押的房屋优先受偿的，人民法院不应追加出卖人为当事人，但出卖人提供保证的除外。

最高人民法院就房地产管理法施行前房地产开发经营案件若干问题的解答、商品房买卖合同纠纷案件适用法律若干问题的解释，详见附录 4-8-1～4-8-2。

附录 4-8-1　关于审理房地产管理法施行前房地产开发经营案件若干问题的解答

（1995 年 12 月 27 日法发［1996］2 号）

《中华人民共和国城市房地产管理法》（以下简称房地产管理法）已于 1995 年 1 月 1 日起施行。房地产管理法施行后发生的房地产开发经营案件，应当严格按照房地产管理法的规定处理。房地产管理法施行前发生的房地产开发经营行为，在房地产管理法施行前或施行后诉讼到人民法院的，人民法院应当依据该行为发生时的有关法律、政策规定，在查明事实、分清是非的基础上，从实际情况出发，实事求是、合情合理地处理。现就各地人民法院审理房地产开发经营案件提出的一些问题，解答如下：

一、关于房地产开发经营者的资格问题

（一）从事房地产的开发经营者，应当是具备企业法人条件、经工商行政管理部门登记并发给营业执照的房地产开发企业（含中外合资经营企业、中外合作经营企业和外资企业）。

（二）不具备房地产开发经营资格的企业与他人签订的以房地产开发经营为内容的合同，一般应当认定无效；但在一审诉讼期间依法取得房地产开发经营资格的，可认定合同有效。

二、关于国有土地使用权的出让问题

（三）国有土地使用权出让合同的出让方，依法是市、县人民政府土地管理部门。出让合同应由市、县人民政府土地管理部门与土地使用者签订，其他部门、组织和个人为出让方与他人签订的出让合同，应当认定无效。

（四）出让合同出让的只能是经依法批准的国有土地使用权，对于出让集体土地使用权或未经依法批准的国有土地使用权的，应当认定合同无效。

（五）出让合同出让的土地使用权未依法办理审批、登记手续的，一般应当认定合同无效，但在一审诉讼期间，对于出让集体土地使用权依法补办了征用手续转为国有土地，并依法补办了出让手续的，或者出让未经依法批准的国有土地使用权依法补办了审批、登记手续的，可认定合同有效。

三、关于国有土地使用权的转让问题

（六）国有土地使用权的转让合同，转让的土地使用权未依法办理出让审批手续的，一般应当认定合同无效，但在一审诉讼期间，对于转让集体土地使用权，经有关主管部门批准补办了征用手续转为国有土地，并依法办理了出让手续的，或者转让未经依法批准的国有土地使用权依法补办了审批、登记手续的，可认定合同有效。

（七）转让合同的转让方，应当是依法办理了土地使用权登记或变更登记手续，取得土地使用证的土地使用者。未取得土地使用证的土地使用者为转让方与他人签订的合同，一般应当认定无效，但转让方已按出让合同约定的期限和条件投资开发利用了土地，在一审诉讼期间，经有关主管部门批准，补办了土地使用权登记或变更登记手续的，可认定合同有效。

（八）以出让方式取得土地使用权的土地使用者虽已取得土地使用证，但未按土地使用权出让合同约定的期限和条件对土地进行投资开发利用，与他人签订土地使用权转让合同的，一般应当认定合同无效；如土地使用者已投入一定资金，但尚未达到出让合同约定的期限和条件，与他人签订土地使用权转让合同，没有其他违法行为的，经有关主管部门认可，同意其转让的，可认定合同有效，责令当事人向有关主管部门补办土地使用权转让登记手续。

（九）享有土地使用权的土地使用者未按照项目建设的要求对土地进行开发建设，也未办理审批手续和土地使用权转让手续，转让建设项目的，一般应当认定项目转让和土地使用权转让的合同无效；如符合土地使用权转让条件的，可认定项目转让合同有效，责令当事人补办土地使用权转让登记手续。

（十）以转让方式取得的土地使用权的使用年限，应当是土地使用权出让合同约定的使用年限减去原土地使用者已使用的年限后的剩余年限。转让合同约定的土地使用年限超过剩余年限的，其超过部分无效。土地使用年限，一般应从当事人办理土地使用权登记或变更登记手续，取得土地使用证的次日起算，或者在合同中约定土地使用年限的起算时间。

（十一）土地使用权转让合同擅自改变土地使用权出让合同约定的土地用途的，一般应当认定合同无效，但在一审诉讼期间已补办批准手续的，可认定合同有效。

（十二）转让合同签订后，双方当事人应按合同约定和法律规定，到有关主管部门办理土地使用权变更登记手续，一方拖延不办，并以未办理土地使用权变更登记手续为由主张合同无效的，人民法院不予支持，应责令当事人依法办理土地使用权变更登记手续。

（十三）土地使用者与他人签订土地使用权转让合同后，未办理土地使用权变更登记手续之前，又另与他人就同一土地使用权签订转让合同，并依法办理了土地使用权变更登记手续的，土地使用权应由办理土地使用权变更登记手续的受让方取得。转让方给前一合同的受让方造成损失的，应当承担相应的民事责任。

（十四）土地使用者就同一土地使用权分别与几方签订土地使用权转让合同，均未办理土地使用权变更登记手续的，一般应当认定各合同无效；如其中某一合同的受让方已实际占有和使用土地，并对土地投资开发利用的，经有关主管部门同意，补办了土地使用权变更登记手续的，可认定该合同有效。转让方给其他合同的受让方造成损失的，应当承担相应的民事责任。

四、关于国有土地使用权的抵押问题

（十五）土地使用者未办理土地使用权抵押登记手续，将土地使用权进行抵押的，应当认定抵押合同无效。

（十六）土地使用者未办理土地使用权抵押登记手续将土地使用权抵押后，又与他人就同一土地使用权签订抵押合同，并办理了抵押登记手续的，应当认定后一个抵押合同有效。

（十七）以划拨方式取得的国有土地使用权为标的物签订的抵押合同，一般应当认定无效，但在一审诉讼期间，经有关主管部门批准，依法补办了出让手续的，可认定合同有效。

五、关于以国有土地使用权投资合作建房问题

（十八）享有土地使用权的一方以土地使用权作为投资与他人合作建房，签订的合建合同是土地使用权有偿转让的一种特殊形式，除办理合建审批手续外，还应依法办理土地使用权变更登记手续。未办理土地使用权变更登记手续的，一般应当认定合建合同无效，但双方已实际履行了合同，或房屋已基本建成，又无其他违法行为的，可认定合建合同有效，并责令当事人补办土地使用权变更登记手续。

（十九）当事人签订合建合同，依法办理了合建审批手续和土地使用权变更登记手续的，不因合建一方没有房地产开发经营权而认定合同无效。

（二十）以划拨方式取得国有土地使用权的一方，在《中华人民共和国城镇国有土地使用权出让和转让暂行条例》（以下简称《条例》）施行前，经有关主管部门批准，以其使用的土地作为投资与他人合作建房的，可认定合建合同有效。

（二十一）《条例》施行后，以划拨方式取得国有土地使用权的一方未办理土地使用权出让手续，以

其土地使用权作为投资与他人合建房屋的，应认定合建合同无效，但在一审诉讼期间，经有关主管部门批准，依法补办了出让手续的，可认定合同有效。

（二十二）名为合作建房，实为土地使用权转让的合同，可按合同实际性质处理。如土地使用权的转让符合法律规定的，可认定合同有效，不因以合作建房为名而认定合同无效。

（二十三）合建合同对房地产权属有约定的，按合同约定确认权属；约定不明确的，可依据双方投资以及对房屋管理使用等情况，确认土地使用权和房屋所有权的权属。

六、关于商品房的预售问题

（二十四）商品房的预售方，没有取得土地使用证，也没有投入开发建设资金进行施工建设，预售商品房的，应当认定商品房预售合同无效。

（二十五）商品房的预售方，没有取得土地使用证，但投入一定的开发建设资金，进行了施工建设，预售商品房的，在一审诉讼期间补办了土地使用证、商品房预售许可证明的，可认定预售合同有效。

（二十六）商品房的预售方，持有土地使用证，也投入一定的开发建设资金，进行了施工建设，预售商品房的，在一审诉讼期间办理了预售许可证明的，可认定预售合同有效。

（二十七）预售商品房合同签订后，预购方尚未取得房屋所有权证之前，预售方未经预购方同意，又就同一预售商品房与他人签订预售合同的，应认定后一个预售合同无效；如后一个合同的预购方已取得房屋所有权证的，可认定后一个合同有效，但预售方给前一合同的预购方造成损失的，应承担相应的民事责任。

七、关于预售商品房的转让问题

（二十八）商品房的预售合同无效的，预售商品房的转让合同，一般也应当认定无效。

（二十九）商品房预售合同的双方当事人，经有关主管部门办理了有关手续后，在预售商品房尚未实际交付前，预购方将购买的未竣工的预售商品房转让他人，办理了转让手续的，可认定转让合同有效；没有办理转让手续的，在一审诉讼期间补办了转让手续，也可认定转让合同有效。

（三十）商品房预售合同的预购方，在实际取得预购房屋产权并持有房屋所有权证后，将房屋再转让给他人的，按一般房屋买卖关系处理。

八、关于预售商品房的价格问题

（三十一）预售商品房的价格，除国家规定"微利房"、"解困房"等必须执行国家定价的以外，合同双方根据房地产市场行情约定的价格，也应当予以保护。一方以政府调整与房地产有关的税费为由要求变更合同约定价格的，可予以支持。一方以建筑材料或商品房的市场价格变化等为由，要求变更合同约定的价格或解除合同的，一般不予支持。

（三十二）合同双方约定了预售商品房价格，同时又约定了预售商品房的价格以有关主管部门的核定价格为准，一方要求按核定价格变更预售商品房价格的，应予以准许。

（三十三）合同双方约定的预售商品房价格不明确，或者在合同履行中发生不可抗力的情况，合同双方当事人可另行协商预售商品房价格。协商不成的，可参照当地政府公布的价格、房地产部门认可的评估的价格，或者当地同期同类同质房屋的市场价格处理。

（三十四）在逾期交付房屋的期间，因预售商品房价格变化造成的损失，由过错方承担。

九、关于违反合同的责任

（三十五）经审查认定有效的合同，双方当事人应按照合同的约定或法律的规定履行。

（三十六）在合同履行过程中，由于不可抗力的原因，致使合同难以继续履行或继续履行将给一方造成重大损失，当事人提出变更或解除合同的，应予支持。因此造成的损失，由当事人双方合理负担。

（三十七）当事人以对合同内容有重大误解或合同内容显失公平为由，提出变更合同的，应予支持。但因下列情形之一要求变更合同的，不予支持：

1. 合同约定的出资额、价格虽与当时的市场行情有所不同，但差别不大，一方当事人以缺乏经验不了解市场行情等为由，提出变更合同的。2. 合同履行的结果不是合同签订时不能预见的，而是因当事人经营不善、管理不当或判断失误等原因造成的，一方当事人提出变更合同的。

（三十八）合同一方有充分证据证明确系不可抗力，致使合同不能按期履行或不能完全履行的，根据实际情况，可准予延期履行、部分履行或不履行，并部分或全部免予承担违约责任。

（三十九）合同一方违反合同，应向对方支付违约金。合同对违约金有具体约定的，应按约定的数额支付违约金。约定的违约金数额一般以不超过合同未履行部分的价金总额为限。对违约金无约定或约定不明确的，按没有约定处理。

（四十）合同一方违反合同给对方造成损失，支付违约金不足以赔偿的，还应赔偿造成的损失与违约金的差额部分。

（四十一）合同一方违约致使合同无法履行的，应赔偿对方的损失。实际损失无法确定的，可参照违约方所获利润确定赔偿金额。

（四十二）合同约定了违约金和罚款的，或只约定罚款的，只要其金额不超过未履行部分总额的，可将罚款视为违约金处理。

（四十三）合同一方未将对方的投资款用于履行合同而挪作他用，致使合同不能履行的，依法应承担违约责任，赔偿因不履行给对方造成的实际损失。

（四十四）违约方将对方的投资款挪作他用并获利的，如所获利润高于或等同于对方实际损失的，应将其所获利润作为对方的损失予以赔偿；如所获利润低于对方的实际损失的，应当赔偿对方的实际损失；如违约方所获利润无法确定的，可按银行同类贷款利率的 4 倍赔偿对方的损失。十、关于无效合同的处理问题。

（四十五）经审查认定无效的合同，一方依据无效合同取得的财产应当返还对方。因合同无效给对方造成损失的，应按过错责任原则由过错方赔偿损失。过错方承担赔偿责任的赔偿金数额，应相当于无过错方的实际损失。双方均有过错的，按过错责任大小各自承担相应的责任。双方故意严重违反有关法律、法规而致合同无效的，应追缴双方已经取得或约定取得的财产。

（四十六）合作建房合同被确认无效后，在建或已建成的房屋，其所有权可确认归以土地使用权作为投资的一方所有，对方的投资可根据资金的转化形态，分别处理：

1. 资金尚未投入实际建设的，可由以土地使用权作为投资的一方将对方投入的资金予以返还，并支付同期同类银行贷款的利息；

2. 资金已转化为在建中的建筑物，并有一定增值的，可在返还投资款的同时，参照当地房地产业的利润情况，由以土地使用权作为投资的一方给予对方相应比例的经济赔偿；

3. 房屋已建成的，可将约定出资方应分得的房产份额按现行市价估值或出资方实际出资占房屋造价的比例，认定出资方的经济损失，由以土地使用权作为投资的一方给予赔偿。

（四十七）预售商品房因预售方的过错造成合同无效的，应根据房地产市场价格变化和预购方交付房款等情况，由预售方承担返还财产、赔偿损失的责任。房屋未建成或未交付的，参照签订合同时的房价和法院裁判、调解时的房价之间的差价，确定预购方的损失数额。

附录 4-8-2　最高人民法院关于审理商品房买卖合同纠纷案件适用法律若干问题的解释

（2003 年 3 月 24 日最高人民法院审判委员会第 1267 次会议通过
2003 年 4 月 28 日公布　自 2003 年 6 月 1 日起施行）

为正确、及时审理商品房买卖合同纠纷案件，根据《中华人民共和国民法通则》、《中华人民共和国合同法》、《中华人民共和国城市房地产管理法》、《中华人民共和国担保法》等相关法律，结合民事审判实践，制定本解释。

第一条 本解释所称的商品房买卖合同，是指房地产开发企业（以下统称为出卖人）将尚未建成或者已竣工的房屋向社会销售并转移房屋所有权于买受人，买受人支付价款的合同。

第二条 出卖人未取得商品房预售许可证明，与买受人订立的商品房预售合同，应当认定无效，但是在起诉前取得商品房预售许可证明的，可以认定有效。

第三条 商品房的销售广告和宣传资料为要约邀请，但是出卖人就商品房开发规划范围内的房屋及相关设施所作的说明和允诺具体确定，并对商品房买卖合同的订立以及房屋价格的确定有重大影响的，应当视为要约。该说明和允诺即使未载人商品房买卖合同，亦应当视为合同内容，当事人违反的，应当承担违约责任。

第四条 出卖人通过认购、订购、预订等方式向买受人收受定金作为订立商品房买卖合同担保的，如果因当事人一方原因未能订立商品房买卖合同，应当按照法律关于定金的规定处理；因不可归责于当事人双方的事由，导致商品房买卖合同未能订立的，出卖人应当将定金返还买受人。

第五条 商品房的认购、订购、预订等协议具备《商品房销售管理办法》第十六条规定的商品房买卖合同的主要内容，并且出卖人已经按照约定收受购房款的，该协议应当认定为商品房买卖合同。

第六条 当事人以商品房预售合同未按照法律、行政法规规定办理登记备案手续为由，请求确认合同无效的，不予支持。

当事人约定以办理登记备案手续为商品房预售合同生效条件的，从其约定，但当事人一方已经履行主要义务，对方接受的除外。

第七条 拆迁人与被拆迁人按照所有权调换形式订立拆迁补偿安置协议，明确约定拆迁人以位置、用途特定的房屋对被拆迁人予以补偿安置，如果拆迁人将该补偿安置房屋另行出卖给第三人，被拆迁人请求优先取得补偿安置房屋的，应予支持。

被拆迁人请求解除拆迁补偿安置协议的，按照本解释第八条的规定处理。

第八条 具有下列情形之一的，导致商品房买卖合同目的不能实现的，无法取得房屋的买受人可以请求解除合同、返还已付购房款及利息、赔偿损失，并可以请求出卖人承担不超过已付购房款一倍的赔偿责任：

（一）商品房买卖合同订立后，出卖人未告知买受人又将该房屋抵押给第三人；

（二）商品房买卖合同订立后，出卖人又将该房屋出卖给第三人。

第九条 出卖人订立商品房买卖合同时，具有下列情形之一，导致合同无效或者被撤销、解除的，买受人可以请求返还已付购房款及利息、赔偿损失，并可以请求出卖人承担不超过已付购房款一倍的赔偿责任：

（一）故意隐瞒没有取得商品房预售许可证明的事实或者提供虚假商品房预售许可证明；

（二）故意隐瞒所售房屋已经抵押的事实；

（三）故意隐瞒所售房屋已经出卖给第三人或者为拆迁补偿安置房屋的事实。

第十条 买受人以出卖人与第三人恶意串通，另行订立商品房买卖合同并将房屋交付使用，导致其无法取得房屋为由，请求确认出卖人与第三人订立的商品房买卖合同无效的，应予支持。

第十一条 对房屋的转移占有，视为房屋的交付使用，但当事人另有约定的除外。

房屋毁损、灭失的风险，在交付使用前由出卖人承担，交付使用后由买受人承担；买受人接到出卖人的书面交房通知，无正当理由拒绝接收的，房屋毁损、灭失的风险自书面交房通知确定的交付使用之日起由买受人承担，但法律另有规定或者当事人另有约定的除外。

第十二条 因房屋主体结构质量不合格不能交付使用，或者房屋交付使用后，房屋主体结构质量经核验确属不合格，买受人请求解除合同和赔偿损失的，应予支持。

第十三条 因房屋质量问题严重影响正常居住使用，买受人请求解除合同和赔偿损失的，应予支持。

交付使用的房屋存在质量问题，在保修期内，出卖人应当承担修复责任；出卖人拒绝修复或者在合理期限内拖延修复的，买受人可以自行或者委托他人修复。修复费用及修复期间造成的其他损失由出卖人承担。

第十四条 出卖人交付使用的房屋套内建筑面积或者建筑面积与商品房买卖合同约定面积不符，合同有约定的，按照约定处理；合同没有约定或者约定不明确的，按照以下原则处理：

（一）面积误差比绝对值在3％以内（含3％），按照合同约定的价格据实结算，买受人请求解除合同的，不予支持；

（二）面积误差比绝对值超出3％，买受人请求解除合同、返还已付购房款及利息的，应予支持。买受人同意继续履行合同，房屋实际面积大于合同约定面积的，面积误差比在3％以内（含3％）部分的房价款由买受人按照约定的价格补足，面积误差比超出3％部分的房价款由出卖人承担，所有权归买受人；房屋实际面积小于合同约定面积的，面积误差比在3％以内（含3％）部分的房价款及利息由出卖人返还买受人，面积误差比超过3％部分的房价款由出卖人双倍返还买受人。

第十五条 根据《合同法》第九十四条的规定，出卖人迟延交付房屋或者买受人迟延支付购房款，经催告后在三个月的合理期限内仍未履行，当事人一方请求解除合同的，应予支持，但当事人另有约定的除外。

法律没有规定或者当事人没有约定，经对方当事人催告后，解除权行使的合理期限为三个月。对方当事人没有催告的，解除权应当在解除权发生之日起一年内行使；逾期不行使的，解除权消灭。

第十六条 当事人以约定的违约金过高为由请求减少的，应当以违约金超过造成的损失30％为标准适当减少；当事人以约定的违约金低于造成的损失为由请求增加的，应当以违约造成的损失确定违约金数额。

第十七条 商品房买卖合同没有约定违约金数额或者损失赔偿额计算方法，违约金数额或者损失赔偿额可以参照以下标准确定：

逾期付款的，按照未付购房款总额，参照中国人民银行规定的金融机构计收逾期贷款利息的标准计算。

逾期交付使用房屋的，按照逾期交付使用房屋期间有关主管部门公布或者有资格的房地产评估机构评定的同地段同类房屋租金标准确定。

第十八条 由于出卖人的原因，买受人在下列期限届满未能取得房屋权属证书的，除当事人有特殊约定外，出卖人应当承担违约责任：

（一）商品房买卖合同约定的办理房屋所有权登记的期限；

（二）商品房买卖合同的标的物为尚未建成房屋的，自房屋交付使用之日起90日；

（三）商品房买卖合同的标的物为已竣工房屋的，自合同订立之日起90日。

合同没有约定违约金或者损失数额难以确定的，可以按照已付购房款总额，参照中国人民银行规定的金融机构计收逾期贷款利息的标准计算。

第十九条 商品房买卖合同约定或者《城市房地产开发经营管理条例》第三十三条规定的办理房屋所有权登记的期限届满后超过一年，由于出卖人的原因，导致买受人无法办理房屋所有权登记，买受人请求解除合同和赔偿损失的，应予支持。

第二十条 出卖人与包销人订立商品房包销合同，约定出卖人将其开发建设的房屋交由包销人以出卖人的名义销售，包销期满未销售的房屋，由包销人按照合同约定的包销价格购买，但当事人另有约定的除外。

第二十一条 出卖人自行销售已经约定由包销人包销的房屋，包销人请求出卖人赔偿损失的，应予支持，但当事人另有约定的除外。

第二十二条 对于买受人因商品房买卖合同与出卖人发生的纠纷，人民法院应当通知包销人参加诉讼；出卖人、包销人和买受人对各自的权利义务有明确约定的，按照约定的内容确定各方的诉讼地位。

第二十三条　商品房买卖合同约定，买受人以担保贷款方式付款，因当事人一方原因未能订立商品房担保贷款合同并导致商品房买卖合同不能继续履行的，对方当事人可以请求解除合同和赔偿损失。因不可归责于当事人双方的事由未能订立商品房担保贷款合同并导致商品房买卖合同不能继续履行的，当事人可以请求解除合同，出卖人应当将收受的购房款本金及其利息或者定金返还买受人。

第二十四条　因商品房买卖合同被确认无效或者被撤销、解除，致使商品房担保贷款合同的目的无法实现，当事人请求解除商品房担保贷款合同的，应予支持。

第二十五条　以担保贷款为付款方式的商品房买卖合同的当事人一方请求确认商品房买卖合同无效或者撤销，解除合同的，如果担保权人作为有独立请求权第三人提出诉讼请求，应当与商品房担保贷款合同纠纷合并审理；未提出诉讼请求的，仅处理商品房买卖合同纠纷。担保权人就商品房担保贷款合同纠纷另行起诉的，可以与商品房买卖合同纠纷合并审理。

商品房买卖合同被确认无效或者被撤销、解除后，商品房担保贷款合同也被解除的，出卖人应当将收受的购房贷款和购房款的本金及利息分别返还担保权人和买受人。

第二十六条　买受人未按照商品房担保贷款合同的约定偿还贷款，亦未与担保权人办理商品房抵押登记手续，担保权人起诉买受人，请求处分商品房买卖合同项下买受人合同权利的，应当通知出卖人参加诉讼；担保权人同时起诉出卖人时，如果出卖人为商品房担保贷款合同提供保证的，应当列为共同被告。

第二十七条　买受人未按照商品房担保贷款合同的约定偿还贷款，但是已经取得房屋权属证书并与担保权人办理了商品房抵押登记手续，抵押权人请求买受人偿还贷款或者就抵押的房屋优先受偿的，不应当追加出卖人为当事人，但出卖人提供保证的除外。

第二十八条　本解释自 2003 年 6 月 1 日起施行。

《中华人民共和国城市房地产管理法》施行后订立的商品房买卖合同发生的纠纷案件，本解释公布施行后尚在一审、二审阶段的，适用本解释。

《中华人民共和国城市房地产管理法》施行后订立的商品房买卖合同发生的纠纷案件，在本解释公布施行前已经终审，当事人申请再审或者按照审判监督程序决定再审的，不适用本解释。

《中华人民共和国城市房地产管理法》施行前发生的商品房买卖行为，适用当时的法律、法规和《最高人民法院〈关于审理房地产管理法施行前房地产开发经营案件若干问题的解答〉》。

第五篇 物业管理

第一章 物业管理基本知识与实务

第一节 物业管理基本概念

一、"物业"的含义与其属性

(一)"物业"的含义

"物业"一词原来是粤港方言对房地产的称呼,其含义为"财产"、"所有物"、"房地产"等,是一个广义的范畴,而现实中我们所称的"物业",是物业的一种狭义范畴。通常有几种理解:

1. 有人认为,房屋是"物业"与"地业"的统称。"物业"指的是房屋建筑部分,而"地业"则是房屋建筑地段的称谓。"物业"与"地业"的分开是与我国近些年来房地分开管理的体制相一致的。

2. 有人认为,"物业"是指单元性房地产。一套住宅是一物业,一栋高层楼宇是一物业,一个农庄也是一物业。所以,物业可大可小,大物业可以分割为小物业,房地不能人为分割,房随地走,应该说是房地产经济的一般规律,也是房地产管理的通行做法。物业一词的英文译名所表达的不动产、房地产的意思,也是房地集合的含义。

目前,有些人士将物业的概念进一步扩大化,认为物业不仅是单元性房地产,也应包括住宅区以及与之配套的设施、设备和场地。《物业管理条例》明确了物业包括房屋及配套的设施设备和相关场地。

(二)物业的独特属性

1. **不可移动性**

根据民法中的不动产的概念,不动产是指不能移动位置,或移动位置后,将会引起性质、形状的改变或降低经济价值的物。1988年1月26日最高人民法院《关于贯彻执行〈民法通则〉若干问题的意见(试行)》第186条对"不动产"做出了司法解释:不动产的范围包括:"土地、附着土地的建筑物及其他定着物,建筑物的固定附属设备。"《中华人民共和国城市房地产管理法》第2条第2款明确"不动产"是指土地上的房屋等建筑物和构筑物。

2. 单元性

单元性是指人们可以根据经济上、管理上的需要，将有四至范围的建筑用地和房屋及其固定附着物确定为一宗独立财产，以便确权、交易、使用和管理。香港李宗锷先生在《香港房地产法》中指出：住宅单元是物业；一处工厂楼宇也是物业；农庄也是物业；物业可大可小，大物业可以分割为许多小物业。

3. 空间的环境性

构成物业的主要内容是房地产。其原本功能是围界和提供一定有四至范围的空间，便于人们从事生活、生产等活动。房地产为人们提供了生存活动空间的服务。实物性的物业本身就是人们生活、生产的物质环境条件的构成部分，既能在生态意义上影响人们的生存质量和行为方式，又能在美学意义上体现人们可感触的美丑、脏洁、好差性文明景观。物业构成的空间和环境是一种客观存在，也是物业业主权益维系的重要对象，是物业管理不可忽视的重要内容。

二、物业管理

"物业管理"一词同"物业"一样，来源于我国港台地区，物业管理蕴涵着管理的内涵。

（一）管理的含义

一般来讲，管理是指为完成一项任务或实施一个过程所进行的计划、组织、指挥、协调、调度、控制、处理。根据现代管理的要求，对管理的程序可以归纳出六个主要环节，其关系如图 5-1-1 所示。

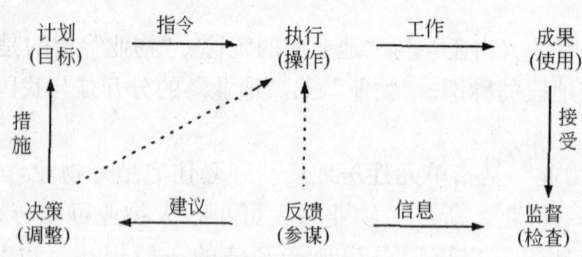

图 5-1-1　管理程序图

管理是动态的，是系统工程。

（二）物业管理的定义

物业管理也有广义和狭义之分。广义的物业管理是对资产、财产的管理，如对生产资料、生产工具等的管理都属于物业管理的范畴，因为"资产"、"财产"所指的范围很广，可以说无所不包。通常我们所讲的物业管理，是一种狭义范围内的物业管理，即对房地产的管理。《物业管理条例》第二条指出：物业管理是业主通过选聘物业服务企业，由业主和物业服务企业按照物业服务合同约定，对房屋及配套的设施设备和相关场地进行维修、养护、管理，维护相关区域内的环境卫生和秩序的活动。条例明确告诉我们物业管理应由专门的机构和人员，受物业所有人的委托，按照国家法律规定，依照合同和契约，对已竣工验收、投入使用的各类房屋建筑和附属配套设施及场地，运用现代化的管理方式和先进的维修养护技术，并以经济手段进行服务管理。同时，对房屋区域周围的环境、清洁卫生、安全保卫、公共绿化、道路养护统一实施专业化管理，并且向业主提供多方面的综合服务，以创造一个良好的社区环境，满足人们日益增长的居住、消费需求，使得物业能保值、增值。

三、绿色物业管理

（一）绿色的含义

"绿色"原本是自然界大多数植物的本色，它能给人以宁静和舒心的感觉，特别有利于恢复眼睛的疲劳；另外树木绿色多的地方必然含氧量高、空气清新，而氧气是人类生命之必需，因此"绿色"通常意味着安宁、清新、无害、环保、健康、优美、生机活力、生生不息等多种含义。

如今，"绿色"被纷纷标上了各类商品，如"绿色家电"、"绿色住宅"、"绿色食品"等，同样绿色也被引入物业管理，称之"绿色物业管理"。

（二）绿色物业管理

所谓绿色物业管理是指专门的机构受物业所有人的委托，按照环境保护和生态发展的要求，从可持续发展的角度，以人居环境为管理对象，以国家法律法规和合同契约为管理依据，以大力采用环保、节能、智能化等现代化科学管理技术为主要手段，以建立向居住者提供全面、周到、高效、专业、经济、互利的服务网为管理核心，以营造安全、环保、舒适、文明、和谐、健康的人居环境和满足居住者对健康生活的多层次需求为最高目标的一系列管理服务活动。

（三）绿色物业管理特征

绿色物业管理除具有物业管理的一般特征之外，还具有自身的特征。主要体现在以下三个方面：

1. 体现以人为本

人类居住的健康问题已引起全世界各国政府、专家学者、居住者的共同关注。绿色物业服务企业应关注居住者环境的安全与健康，树立以人为本理念，围绕着居住者积极开展一些生理健康、心理健康、贴近自然、回归自然的服务与活动，满足社区文明与健康要求，使居住者更加健康、快乐。

2. 体现环保性

环境保护是指保护人类赖以生存的环境，防止其受到污染和破坏。绿色物业管理就是运用现代环境科学的理论和方法，在更好地利用自然资源的同时，深入认识和掌握污染和破坏环境的根源及危害，有计划有措施地保护居住环境，控制和治理居住环境污染，促进人类与环境相协调的发展。

3. 体现可持续发展

可持续发展又称"持续发展"，是不断提高人群生活质量和环境承载能力的，满足当代人需求又不损害子孙后代满足其需求能力的发展。绿色物业管理是实现可持续发展的重要载体，可持续发展理论又是实施绿色物业管理的理论基础。通过实施绿色物业管理，能更好地做到对有限资源的节约和充分利用，做到对环境有效的保护，从而实现可持续的发展。

四、设施管理

中国的物业管理开始不久，还在围绕着迅速发展的房地产业服务，围绕着购房者居住环境的改善服务，围绕着如何培育发展物业管理服务。而国外在20世纪70年代，房地产发展的高峰已经过去，房地产市场供求关系也发生变化，房地产商建造的住宅办公用房逐渐减少，许多企业（包括个人）拥有物业的时间较房地产投资商更长，这使得物业管理人员的工作更加稳定，因而可以长期承包这些业务，并做出长期运行计划。所以20世纪80年代后，西方发达国家相继出现了一些名为"设施管理"（Facility Management，简称FM）的专业管理机构或公司，并在1989年共同发起成立了一个新的国际性专业组织——"国际设施管理协会"（International Facility Management Association，简称IFMA）。

设施管理是将物业作为物业服务企业的服务对象和改善其经营状态的主要资源，并将业主（用户）的要求与物业的功能有机结合起来，全面考虑物业寿命周期。也就是将物业管理的各种服务活动延伸到物业或设施的可行性研究、设计、建造、维修及运行的全过程之中。也就是说物业管理是一个服务平台，利用这个平台既能满足物业整个生命周期以及业主（用户）的服务需要（如物业维修、保养、文化娱乐、商业网点、家政服务等），又可以针对不同物业或业主的需求，开展社会化、专业性的服务（如通信服务、金融服务、文案服务、计算机服务、信息服务、物流服务等）。

第二节　物业管理的产生与发展

一、物业管理的产生及其发展阶段

（一）物业管理的产生

物业管理作为一种不动产管理的模式起源于19世纪60年代的英国。当时英国工业正处于一个发展的高涨时期，对劳动力需求量很大，农村的人口大量涌入城市。不断增加的人口导致城市的房屋和设施远远不能满足需求，住房空前紧张成为一大社会问题。一些开发商相继修建了一批简易住宅以低廉租金租给贫民和工人家庭居住。由于住宅设施简陋，环境又差，不仅租房人拖欠租金严重，而且人为破坏房屋设施的情况也时有发生，严重影响了房主的利益。当时有一位名叫奥克维娅·希尔（Octavia Hill）的女士为其出租的房屋制定并施行了一套管理办法，取得了出人意料的成功，不仅有效地改善了居住环境，而且还使其与承租人的关系由原来的对立变得友善起来，首开了物业管理的先河。

（二）物业管理的发展

自19世纪后半叶以来，城市房地产业性质发生了根本性的转变，迫切需要有效的专业化的物业管理业的发展。以美国为例，城市重组有几个方面的发展动因：首先，钢结构建筑的出现和电梯的发明，使人们能在相对较小的城市空地上兴建高层建筑，这极大地促进了建筑业特别是高层公寓及办公楼宇建造业的发展，并推动了20世纪20年代兴起的多家庭合租公寓建筑业的成长。其次，二战以后，公共交通事业的发展以及个人拥有汽车数量的增加使人们有条件在市郊购买房屋并移居郊外。这种人口迁移的结果分化了传统的城市中心商业区，刺激了市郊购物中心以及办公建筑和轻工业的发展。再次，越来越多的出租用居住物业也在郊区出现。另外，大型投资机构与集团对资产的重组与兼并更迫切需要专业的物业管理队伍来参与管理。上述城市重组的发展动因，对物业管理行业的发展提出了新的要求。

20世纪30年代的资本主义国家的经济大萧条给物业管理业造成了深远的影响。这一时期，如在美国，无数的商业与房地产的失败、倒闭使大量的房地产落在了抵押机构（如信托公司、保险公司、信用机构社团与银行等）的手中。于是，掌握这些不动产的大机构，很多都成立了自己的物业管理部门。这时的物业管理部门侧重于雇用建筑建造者而忽视了房地产经纪、广告和推销经营。不过，业主们很快地意识到，作为房东不仅仅是挑选租户、收取租金，还需要更多的物业管理技能。于是，物业管理成为一门正式的职业。

如今，随着专业管理的物业类型日渐增多和日益丰富的物业所有权投资形式使专业物业管理服务更为重要。管理物业的规模和复杂程度与日俱增，迫切要求管理者掌握充足的管理技能。为适应这一需求，许多机构都开发了行业标准并提供培训课程，以规范物业管理工作。

经过一百多年的发展，物业管理逐渐被业主和政府有关部门重视，在世界各地得到推广，并不断发展成熟。现在，物业管理已成为现代化城市管理和房地产经营管理的重要组成部分，并形成了一个新型的服务行业。

二、发达国家和地区物业管理的发展状况

在当今发达国家和地区，物业管理已十分普遍，为社会所充分认可，并成为城市建设和管理的一个重要的产业，物业管理行业的发展已十分规范。

（一）物业管理行业自律组织发挥着重要作用

为了进一步规范物业管理行业，各国纷纷成立了物业管理行业自律组织。如美国，早在 1921 年就成立了"建筑物业主与管理者协会"（BOMA）。后来随着加拿大、英格兰、南非和澳大利亚分部的成立，该组织更名为"国际建筑物业主与管理者协会"（BOMI）（成立于 1970 年），主要负责为业主与管理者提供培训。1933 年，物业管理学会（IREM）作为美国不动资产协会（NAR）的下属机构正式成立。它对满足其各项要求的物业管理者进行物业管理者资格（CPM）的认证。国际购物中心委员会（ICSC）为零售物业管理者提供教育培训，合格后给予购物中心管理者资格（CSM）的认证。全国住宅建筑商协会多户住宅委员会和全国公寓协会（NAA）都为公寓管理者、维修工程师和主管提供学习课程。全国房地产管理者协会（NARPM）为专门管理独户的管理者提供网络服务和教育培训。

时至今日，各发达国家和地区的物业管理组织已成体系，并呈现出国际化趋势。如英国成立的皇家物业经理学会，会员已遍布世界各地。各国大多通过物业管理行业的自律组织和学术研究机构——行业协会制订行业自律准则，交流管理经验，组织人员培训，评定企业类别和审定专业人员的资质，以达到行业自身保护与物业管理业务的共同提高。

（二）依法管理

政府负责制定各种法律和规定，由各个职能部门按照法律和规章的内容实施管理。如日本就制订了《楼宇管理法》，该法的内容包括：特定建筑物、管理标准、管理技术者、备案文件、罚款等。又如，香港根据当地的情况，先后制订了《建筑物条例》、《多层建筑物（业主法团）条例》、《公共卫生及健康市政条例》等法规，分别受建筑事务监督、消防专员、卫生专员按法律规定定期进行检查和监督，以确保物业管理的各项工作内容能符合有关条例的要求。

　　（三）专业化管理

　　发达国家和地区的物业管理起步较早，已成为成熟的新兴行业，其专业化程度很高。专业的物业管理公司通过专业的管理人员和技术人员，利用专业的管理手段为业主提供非常周到、专业的服务。各类专业公司，不论在数量上还是质量上都达到很高的水平，进一步提高了物业管理行业的效率。如，在美国社会分工十分明确，物业管理专业化是其最显著特点。物业管理公司一般只负责整个住宅小区的整体管理，具体业务则聘请专业的服务公司承担。物业管理公司接管后将管理内容细化后再发包给清洁、保安、设备维修等专业单位。

　　（四）民众管理

　　发达国家和地区的物业管理不仅专业化水平很高，广大社会民众在物业管理服务过程中的参与意识也很强。各国通过不同的方式在物业管理过程中实现民众的参与，如美国是自我民主管理与专业化服务相结合的典范，在物业的管理过程中，社区委员会作为居民的代表发挥着十分重要的作用，而在香港，业主立案法团、居民互助委员会和业主委员会，也都属于类似的民众管理组织。

　　三、我国物业管理的产生与发展

　　我国物业管理起步较晚。作为房地产业的一个分支，我国的物业管理几经沉浮，大体经历了起步、休眠、恢复与发展三个时期。

　　（一）起步阶段

　　20 世纪 20 年代，旧中国房地产业蓬勃发展。这一时期，在一些大城市（如上海、天津、武汉、广州、沈阳、哈尔滨等），陆续建起了许多高层建筑和民宅。在当时房地产市场上，就已经出现了代理经租、清洁卫生、住宅装修、服务管理等经营性的专业公司。这些公司开展的业务与现代物业管理公司的服务形式十分相似，标志着此时已有了物业管理行业的萌芽。

　　（二）休眠阶段

　　新中国成立后，城市土地收为国有，实行无偿划拨使用，房产绝大部分成为公有，住宅基本上由政府包下来建设，房屋作为福利分配。房地产管理由政府房地产管理部门统一管理，这就是我们所熟悉的由房管站（所）具体负责的传统的行政管理体制。房地产不再作为商品进入流通领域，房地产经营活动停止，此时物业管理也随着房地产市场进入了"休眠"状态。

　　（三）恢复与发展阶段

　　进入 20 世纪 80 年代以后，我国城市建设事业迅速发展。随着房地产综合开发的崛起和房地产管理体制的改革加快，通过学习和借鉴香港物业管理的经验，我们从实践中探索出一条经营型综合性物业管理的新路子。1981 年 3 月 10 日，第一家专业性物业管理企业——深圳市物业管理公司宣告成立，具有现代意义的物业管理在我国迈出了第一步。此后，特别是在小平同志南巡讲话以后，随着房地产业的迅速发展，带动了物业管理的发展。从深圳到广州，从南方到北方，从沿海到内地，物业管理公司像雨后春笋般地涌现，物业管理行业发展到了高潮。

　　1993 年 6 月 30 日，成立了全国首家物业管理协会——深圳市物业管理协会；1994 年 4 月建设部颁布了 33 号令，即《城市新建住宅小区管理办法》，正式确立了我国物业管理的新体制；1996 年 2 月，国家计委、建设部联合颁发了《城市住宅小区物业管理服务收费暂行办法》，规范了物业管理服务的收费行为；1998 年 11 月 9 日建设部颁发了《住宅共用部位共用设施设备维修基金管理办法》，进一步维护了业主和使用人的共同利益；2000 年 1 月 1 日，建设部为加强物业管理企业的资质管理，提高物业管理水平，促进物业管理行业健康发展，颁布实施《物业管理企业资质管理试行办法》；2004 年 3 月 17 日颁布《物业管理企业资质管理办法》；2003 年 6 月 8 日，国务院第 379 号令，《物业管理条例》颁布，并于 2003 年 9 月 1 日起施行；2004 年 1 月 1 日，国家发展和改革委员会和建设部联合颁布《物业服务收费管理办法》，规范了物业管理服务收费行为，进一步保障了业主和物业管理企业的合法权益。以上这些条例和办法的颁布和实施，标志着我国的物业管理已进入大发展阶段，物业管理日趋成熟。

2007 年 8 月 26 日，根据我国第十届全国人大第五次会议通过的《物权法》，国务院颁布 504 号国务院令修改了 2003 年颁布的《物业管理条例》，弥补了原《物业管理条例》出台实施后出现的一些不足，使《物业管理条例》更加科学化、规范化，为物业管理的健康发展奠定了基础。

1.《物业管理条例》制定的指导思想

物业管理自 1981 年 3 月 10 日在我国南方城市深圳诞生，到立法制定条例已有 20 多年。20 多年来，物业管理发展速度很快，现有 3 万多家物业服务企业，从业人员超过 300 多万。物业管理的快速发展也产生了很多问题，围绕着物业管理活动的开展产生了大量的矛盾，而且这些矛盾还在不断上升。为此，国务院非常重视物业管理条例的制定，并确立了《物业管理条例》立法的指导思想，主要体现在以下四点：

（1）强调保护业主的财产权益，协调单个业主与全体业主的共同利益关系；

（2）强调物业服务企业与业主是平等的民事主体，是服务与被服务关系；

（3）强调业主与物业服务企业通过公平、公开和协商方式处理物业管理事项；

（4）强调了物业管理的属地管理原则和政府行政主管部门的指导作用，为各级政府行政部门工作明确方向。

2.《物业管理条例》主要遵循以下几个基本原则

（1）物业管理权利和财产权利相对应的原则

2007 年 3 月 16 日《物权法》由全国人民代表大会及全体会议通过并颁布，因此国务院对该条例做了修订，补充了一些内容条款，明确规定了业主的权利和义务，其实就是明确了业主作为建筑物区分所有权人的权利与义务，这使得产权在物业管理活动中的地位更加突出。

（2）维护全体业主合法权益原则

物业管理工作的开展主要就是按照《物权法》的建筑物区分所有权理论针对部分共有、全体共有的物业进行服务。因此物业服务企业就必须要维护全体业主的合法权益。《物业管理条例》充分体现了这一原则，明确了物业服务企业的行为是服务，修改后的物业管理条例将物业管理企业改为物业服务企业表明了这一观点。业主大会的职责，只要涉及全体业主共同利益，需要由全体业主协商；为了保证全体业主权益不受侵犯，《物业管理条例》也明确了个别业主不按合同约定缴纳物业管理费用是损害全体业主利益的行为；同时还对建设单位、公用事业单位等物业管理相关主体依法履行的义务作了详尽规定。在处理行政处罚和承担民事责任关系方面,《物业管理条例》设定了法律责任,充分体现了优先保护全体业主利益的原则。

(3) 实事求是的原则

我国物业管理是随着改革开放、经济发展而不断壮大发展起来的。由于我国区域范围大,经济发展不均衡,物业管理发展也不平衡。沿海地区与内地、大城市与中小城市在物业管理市场环境、管理服务水平、收费标准等方面存在着较大的差异。《物业管理条例》在坚持立法制度统一性原则下,又充分地考虑各地区的实际情况,对物业管理区域划分、物业服务企业经营、物业管理市场招标投标等问题仅做出原则性规定。一些具体规定、具体执行办法,授权省、自治区、直辖市结合本地区制定。

第三节　物业管理市场及运行规律

一、物业管理市场概念与分类

(一) 物业管理市场含义

市场经济是以发达的社会分工为基础,完善的市场体系为主体的生产力组织形式。欲了解物业管理市场运行,除熟知物业管理内涵以外,还需要了解其市场的内涵。所谓市场就是指商品交换的场所或交换关系的总和。市场是商品经济的范畴,是社会分工发展与商品流通扩大的必然产物。狭义的解释,市场则是商品买卖的场所;广义的解释,市场则是商品交换关系的总和。马克思指出:"市场是流通领域本身的总表现",所以市场是商品经济的集中表现,社会分工是商品经济和市场存在与发展的基础。马克思又指出:"由于社会分工,这些商品市场日益扩大;生产劳动分工,使它们各自的产品互相变为商品,互相成为等价物,使它们互相成为市场。"物业管理首先在我国实行改革开放、推动市场经济的深圳诞生,物业管理市场的形成与发展,也是在中国住房制度改革深化中,终止了过去长期计划经济下的封闭的国家、单位实行的福利实物分配制度,而变成了市场经济下个人自由支配货币购房的新制度后出现的。随着我国改革开放、经济的快速发展,房地产业得到了空前的增长,成为国民经济的支柱产业,由于每年开发建设近10亿平方米的各类商品房,需要管理服务,使得社会分工明确,资源优化配置,管理效益明显的物业管理行业也得到了快速发展。物业管理的社会化、专业化、企业化性质更加显现,从而加快了物业管理市场化。列宁说:"哪儿有社会分工,哪儿就有市场。"社会分工决定了交换过程存在与发展的必要性,交换便使产品成为商品,使商品转化为货币,因而产生了商品流通,也就产生了市场。社会分工越细,市场越发达;商品交换越发达,市场也越发达。中国市场经济最早实践的深圳,物业管理发展最快,因为社会专业化分工越细,人们越注意优化资源,提高效率与效益。深圳的各类商品房中有近90%以上实行了专业化物业管理,物业管理产生的效益已占全市国民经济 GDP 中的 1%～2%。

(二) 物业管理市场分类

1. 按地域范围划分

物业的不可移动性表明其受地区需求的依赖程度很大,这就决定房地产市场是地区性市场,同样与房地产紧密相连的物业管理市场也是区域性的市场。人们认识物业管理市场、开展物业管理活动必须从地方区域观念出发，如此才有可能把握物业管理服务，也才有可能使企业在物业管理市场中赢得份额。地域所包括的范围有大有小，在宏观分析、评价物业管理市场时，常用大区域概念，如珠江三角洲物业管理市场、南方物业管理市场、长三角物业管理市场、京津唐物业管理市场、重庆西部物业管理市场等。由于房地产市场主要集中在城市里，伴随的物业管理也主要在城市里开展工作，所以通常在研究物业管理市场化时，常以城市来划分，如深圳市物业管理市场、北京市物业管理市场、上海市物业管理市场、广州市物业管理市场、南京市物业管理市场、大连市物业管理市场等。一般而言市场所包括的地域范围越大，其研究的成果对物业服务企业的实际意义就越小。

2. 按房地产的产品用途划分

由于不同类型房地产，在投资决策、规划设计、功能目标上都存在着较大差异性，因此物业管理必须围绕着不同的物业而开展其管理服务工作，而不是简单的一种模式。根据目前物业的种类而划分相应的一些物业管理市场，如居住类物业管理市场（居住类市场又可以分为经济适用房市场，普通商品房市场，别墅、花园洋房、高档住宅市场等）；商业类物业管理市场（商业类市场又可分为大型商业市场、酒店市场、中小型商铺市场）；办公类物业管理市场（办公类市场又可分为高档写字楼市场、普通写字楼市场、商住楼公寓市场）；工厂类物业管理市场（工厂类市场又可分为高新技术产业用房市场、普通工业用房市场、开发区工业用房市场）；特殊物业管理市场（特殊类物业较多，如车场、码头物业市场，医院物业市场，学校物业市场，地铁、高速交通道路物业市场）等。

3. 按物业管理服务合同时间划分

按照《物业管理条例》及相应的法律法规对物业管理活动可分为两大部分，因此就产生了前期物业管理市场和日常物业管理服务市场。前期物业管理是建设单位招聘物业服务企业，时间是从建筑主体竣工验收，由物业服务企业承接查验开始到业主大会召开重新选聘物业服务企业的阶段。日常物业管理则是物业管理走上正常化后，由业主大会召开并选聘物业服务企业后开展工作阶段。前期物业管理市场重点研究前期物业管理开展问题，日常物业管理市场则重点研究日常管理服务问题。

除上述分类以外，有些地方用物业管理服务标准来划分，即高档物业管理市场、中档物业管理市场、普通物业管理市场。

（三）物业管理市场特性

物业管理是伴随着房地产发展而产生的，是由产权单位和业主大会选择物业服务企业而开展的，物业服务企业要想不断地做大做强，就需要对物业管理市场特性进行分析。由于物业管理市场交换的是无形的管理服务，是市场细分的结果，因此其特性主要表现在以下几个方面：

1. 物业管理市场是物业管理权益的交易市场

物业系不动产，物业管理市场是非实物的，因此物业管理交易对象实际上是附着在每一宗具体物业上的管理权而不是土地或物业本身。这种权益一般有明确的界定，而不像买一件衣服、买一只茶杯任意使用。物业服务企业获得了某个住宅小区物业管理权，这种权利并不是任意的、无限性的，恰恰相反，它受到事先约定的条件限制，如企业不得干涉产权人（业主）对自己住宅的占有权、使用权、收益权和处置权。同样，企业对整个住宅小区"公共产品"管理服务，也不能违反国家相关法律规范的约定，也不能随意地利用管理服务的对象——共有设施、设备、场地开展经营性活动，除非得到业主大会的同意与授权。

2. 物业管理市场是区域性市场

由于房地产的不可移动性和受制于区域性特点，伴随着房地产发展的物业管理市场也是区域性的。不同国家，不同城市，以及一个城市内不同地区之间，由于物业硬件条件的区别，物业管理的供求关系主体差异，就会带来服务价格和服务水平的区域性。例如南方深圳写字楼物业管理一般都在 $20\sim30$ 元/m^2，而南京写字楼物业管理费在最繁华的新街口区域也只是 $7\sim8$ 元/m^2；同样，在一个城市内物业管理市场中，由于区域不同也存在差异，例如，南京市区物业管理收费普遍在 $0.40\sim0.50$ 元/m^2（多层），而在近郊江宁区则只有 $0.20\sim0.30$ 元/m^2，有人认为同样提供物业服务，为什么收费不一样？实际上两个区域所依据的具体环境不同，消费者经济收入存在差异，所以两地物业管理市场不可比。

3. 物业管理市场是生产与消费同步性的市场

物业管理服务是面向广大业主提供直接服务，服务过程本身就是企业生产过程，同时也是消费过程，劳动和成果是同时完成的。例如住宅小区的安全护卫服务，安保人员为业主提供值班门岗、巡查等安全保卫服务，但安全护卫人员完成值班任务下班离岗时，业主的安全服务消费也就同时完成；又如清扫保洁人员的清扫工作，当在认真履行清扫保洁任务时，随着他的辛勤劳动，环境变得干净、优美，等他工作完毕离岗时，环境清扫任务完成了。

4. 物业管理市场是以业主居于主导地位的市场

物业管理的相关法规已明确规定了广大业主基于对物业的财产权而享有财产自治权，物业服务企业的聘用和辞退由业主（业主大会）依法抉择，住宅小区（楼宇）的重大物业管理措施出台、变更和废止也由业主大会按照民主程序（《中华人民共和国物权法》第76条规定：制定和修改业主大会议事规则；制定和修改建筑物及其附属设施的管理规约；选聘和解聘物业服务企业或其他管理人；有关共有和共同管理权利的其他重大事项等（内容应当经专有部分占建筑物总面积过半数的业主且占总人数过半数以上业主同意）决策，受托开展物业管理服务的物业服务企业应依其与业主大会约定的合同开展活动，并接受业主的民主监督，违背业主及其团体意志而擅自作为或不作为的物业服务企业难免被业主"炒鱿鱼"。而政府物业管理主管行政部门和物业服务企业不能也无权强行改变业主大会的合法意志和干涉其自主权的行使，当然业主主导权的行使不得违反物业管理法规，不能滥用其自治权。

二、物业管理市场供求关系

（一）物业管理市场需求

在整个人类社会活动中，已经形成了这样的一种定式：如果其他条件不变，某种商品或服务的价格下降时，其需求数量就会上升；反之，需求就会下降。我们通过一元需求函数简单地表示为：

$$Q_x^d = a - bP_x \qquad\qquad (5\text{-}1\text{-}1)$$

式中　Q_x^d——表示消费者对 x 商品的需求；

　　　P_x——表示 x 商品价格；

　　a、b——为常数，且 a、b 都大于零。

根据式(5-1-1)，我们可以得出消费者的需求曲线，如图 5-1-2 所示。

从图 5-1-2 我们可以直观看出：一般情况下，消费者对于 x 商品的需求量与其价格是呈逆向(反比)关系。同样物业管理服务也是如此，随着物业管理的不断发展及其功能显现，人们也普遍地开始接受，物业管理需求量也不断增加，但广大业主对物业服务需求也直接与价格有着明显的联系。南方某一住宅小区(540 户居民)调查问卷中反映出这个问题，如果把物业管理费由现在每月每平方 0.50 元上升到每月每平方 0.70元，就有近 20％的业主认为太贵，而提出不需要物业管理或提出重新选择物业服务企业。

我们再对图 5-1-2 进行分析，哪些因素会影响消费者(业主)对物业管理需求，或者说除了价格之外，还有哪些市场条件的变化会导致物业管理需求的变化呢？

1. 收入变化

一般来讲，收入增加会导致对大多数商品需求增加，从而需求曲线向右移，如图 5-1-3所示。

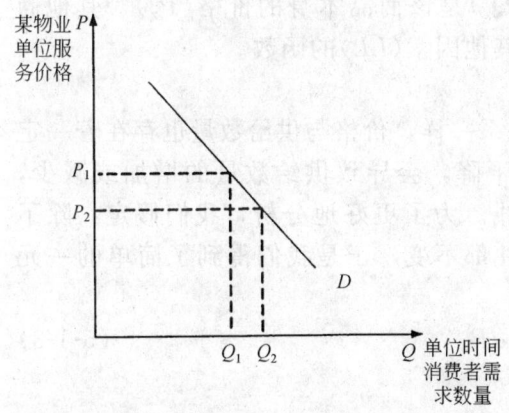
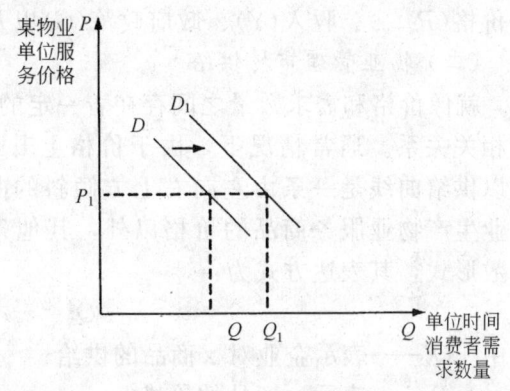

图 5-1-2　价格与需求关系图　　　　图 5-1-3　非价格因素变化而对物业管理需求变化图

2. 对未来预期

尽管当前物业管理价格未变，但许多业主(消费者)充分认识到今后物业的租赁、出让的价格与物业管理服务水平紧密相连，要想今后自己房产增值快，必须开展物业管理，因此物业管理需求量也快速增加。需求曲线向右移，如图 5-1-3 所示。

3. 心理因素需求变动

物业管理服务是对广大共用设施、设备及环境进行维护管理，使这些准公共产品得到充分利用，使人们生活质量得以改善，使广大业主消费心理得到最大满足，因此一些未实行物业管理的住宅小区(楼宇)业主，由于心理因素的需求而导致纷纷购买物业服务，从而使物业服务价格不变的情况下，需求量也不断增加，需求曲线向右移，如图 5-1-3 所示。

4. 政府政策

物业管理是城市管理的重要内容之一，又是建立和谐社区的重要载体，因此各级政府都在大力推动物业管理。1994年3月建设部颁布的33号部长令，明确了新建住宅小区应当逐步推行社会化、专业化的管理模式，由物业服务公司统一实施专业化管理。特别是对老城改造、老小区促新，政府为广大市民享受物业管理带来的实惠，掏钱买物业管理服务，物业管理的需求在其价格不变的情况下也在不断增加，需求曲线向右移，如图5-1-3所示。

5. 房地产开发

随着上个世纪我国政府推动的住房制度改革不断深入，1998年12月终止了福利性实物住房分配，而采取市场经济下的货币购房，为我国房地产业带来了快速发展，每年都有几亿平方米的商品房住宅出售。要使居住者得到真正的安居乐业，维护好优美的环境和各类设施、设备，就必须增加物业管理服务，物业管理已成为房地产开发商保证房屋品质的重要举措，因此在物业管理服务价格不变的情况下，需求量也在不断增加。

经济学上常常用被称做需求函数的公式来表示业主（消费者）对物业管理服务（某种商品）的需求数量与不同影响因素之间的关系，这个公式表达形式为：

$$Q_x^d = f(P_x, P_{x-1}, Y, G, LL) \tag{5-1-2}$$

该公式的含义是对某种商品 x 需求数量（Q_x^d）是该商品本身的价格（P_x）、其他商品价格（P_{x-1}）、收入（Y）、政府政策（G）以及其他因素（LL）的函数。

（二）物业管理市场供给

就像价格和需求数量之间存在着一定的关系一样，价格与供给数量也存在着一定的相关关系。通常情况下，由于价格上升或下降，会导致供给数量的增加或减少，所以供给曲线是一条由左向右上方倾斜的曲线。为了更好地分析，我们假定：除了企业生产物业服务商品的价格以外，其他条件都不变，于是我们得到了简单的一元函数形式，其表达方式为：

$$Q_x^d = -c + dP_x \tag{5-1-3}$$

式中 Q_x^d——表示企业对 x 商品的供给；

P_x——表示 x 商品的价格；

c, d——为常数。

根据式（5-1-3）我们得出了供给曲线图5-1-4。

从图5-1-4所示中可得出：作为一个物业服务企业，在市场经济条件下，它非常关注物业服务价格，因为这个收费价格将关系到企业的成本支出、利润空间、企业扩大再生产、资金积累等方面，所以物业管理价格越高，物业服务企业越愿意提供服务内容更多、服务档次水平更高的物管服务；反之，则服务内容越少，档次与水平越低。因此，在一些大城市高档楼盘，尤其是写字楼物业及大型的公共建筑物业，其物业管理价格单价高，一个目标物业管理招标便吸引了十几家一级企业进行追逐竞争，其道理就在此。

与需求曲线一样，影响市场供给数量的也并不仅仅是价格，我们假定其他因素不变是为了更科学简单地找出价格与供给关系，这些假设不变的因素也十分重要，下面简要分析几个影响供给的因素。

1. 物业管理成本开支

物业管理成本开支直接影响物业服务企业的利润及扩大再生产的资金积累,也会影响到企业是否决定拓展业务,扩大生产数量。随着社会劳动成本不断提高,尤其是劳动密集型物业服务企业,一旦用工成本提高,使其利润空间大幅下降,为了使其利润保持原有水平,物业服务企业必然需要扩大再生产,到市场中寻找业务,增加供给,使供给曲线向右平移,即图 5-1-5 中 $S{\rightarrow}S_2$。

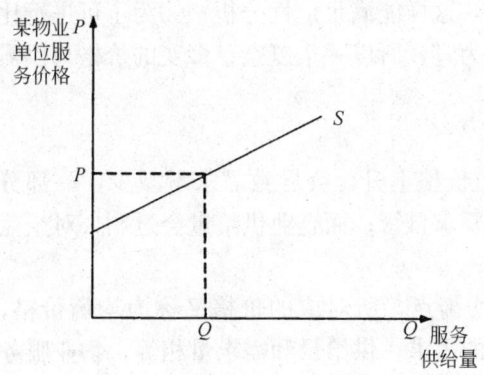

图 5-1-4 物业服务企业供给曲线图   图 5-1-5 物业管理供应曲线变化图

2. 企业技术水平与实力

物业服务企业产品是服务,而服务的质量水平不同于有形产品可以简单地测试与检验,它涉及面较宽,范围也较大,它要靠物业服务企业的整体实力水平,以及在社会上服务质量的知名度。如果在社会上服务质量的知名度、美誉度不断提升,虽然价格不变,但企业在市场上也愿意拓展业务,不断扩大服务规模,提供更多的服务产品,则供给曲线向右移(图 5-1-5 中 $S{\rightarrow}S_2$),同样由于企业失误,原有提供服务的产品楼盘遭到业主的投诉,受到了业主的拒绝,甚至出现被"炒鱿鱼"的情况,虽然物业服务价格未变,企业也会减少供给产品,则供给曲线向左移(图 5-1-5 中 $S{\rightarrow}S_1$)。

3. 政府政策

物业管理是面广量大、牵涉到民生的大问题,政府对广大居住者看待物业管理服务产品的意见是非常重视的,对于许多难点问题、许多热点投诉更是关注,尤其是老百姓对于质价不符的看法更使政府认真对待。许多地方政府相应出台了一些物业管理服务质量标准与相应收费标准的规章,这时往往会与企业的某些利益发生冲突,作为物业服务企业此时只有调整企业的自身战略,适应市场规范要求,重新企业定位。对于不利于企业形象和发展的产品,企业可以采取减量供给策略,则原有供给曲线向左移(见图 5-1-5 中 $S{\rightarrow}S_1$),对企业形象定位有利时,则加大供给产品,原有供给曲线向右移(见图 5-1-5 中 $S{\rightarrow}S_2$)。

经济学中常用被称之为供给函数的公式来表示生产者对某种商品供给数量与不同影响因素之间的关系,这个公式的表达形式为:

$$Q_x^s = f(P_x, P_{x-1}, Y, G, C, LL) \tag{5-1-4}$$

该公式的含义是生产企业对商品 x 的供给数量(Q_x^s)是该商品本身价格(P_x)、其他商品价格(P_{x-1})、生产成本(C)、收入(Y)、政府政策(G)以及其他因素(LL)的函数。

（三）物业管理市场供求关系平衡

我国目前正在进一步完善社会主义市场经济，在这样的经济体制框架下，许多产品生产、商品供给（包括物业管理）都采用市场供求关系曲线图。我们通过建立物业管理服务商品单位价格与该单位时间内供给数量关系来帮助了解价格机制对市场供求关系的调节作用。实际价格与供求关系是复杂的曲线关系，为了把握其实质，在研究价格与供求关系时做了三点假设：①除了研究价格和供求数量关系外，其他影响因素不发生影响变化，其目的是分析问题方便；②把供给和需求曲线都简化为直线，这样能满足定性分析；③为了可进行比较，物业管理供需的时间周期概念常采用年周期为宜，所以一个复杂、多变的价格与供需关系，简化为图 5-1-6 所示。

从图 5-1-6 中可以看出：

1. 物业管理商品与其他商品一样，如果单位价格上升，会导致需求量减少，一部分经济压力过大的居住者可能退出物管服务需求，要求自管；而企业供给量会过剩，对企业自身发展和利润增加不利。

2. E 是供给与需求曲线交点，又称为市场均衡点，所对应的价格又称为均衡价格，在这样价格下，既没有多余的供给，也没有更多的需求，供给量和需求量相等，物业服务企业和广大业主消费者皆大欢喜。

3. 任何一个市场，供给与需求曲线都形成一个均衡（点）价格。但这种均衡也常常由于种种原因被破坏。如果市场价格由于某种因素的作用脱离了均衡点，供求曲线必然发生新的变化。例如，物业管理市场收费与价格均衡 E 点不变，其市场上供给与需求基本稳定，但国家近期重新调整最低工资标准后，物业服务企业是劳动密集型企业，由于按照规定员工工资调整，物业服务费用必然上涨，才能满足企业的成本支出，而许多普通住宅小区的广大业主难以接受物业服务企业服务费的上涨，许多业主对物业管理需求量随之下降，物业管理需求曲线由 D_1 变为 D_2，如图 5-1-7 所示。如果收费标准价格仍为 P_1，则广大业主购买物业服务需求量下降为 Q_2，如果物业服务企业仍然保持物业服务供给量 Q_1，则市场上会积压物业服务企业供给服务的量，Q_1-Q_2 出现，此时社会上就会出现一些动荡，一些物业服务企业经过成本的核算，精打细算，收费价格又适当调低，一些业主感到物业服务企业实事求是为业主精打细算，价格下降了，自己（业主）需求又开始增加上升了，这样就出现了一个新的平衡量 Q。

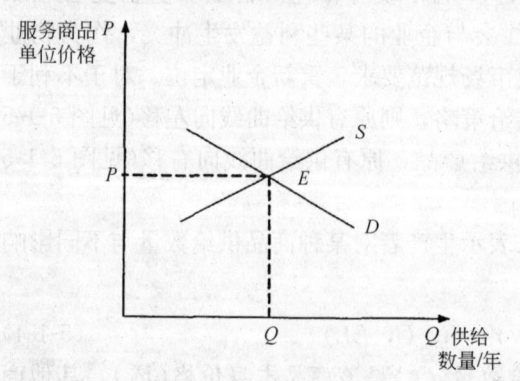

图 5-1-6　供求曲线图

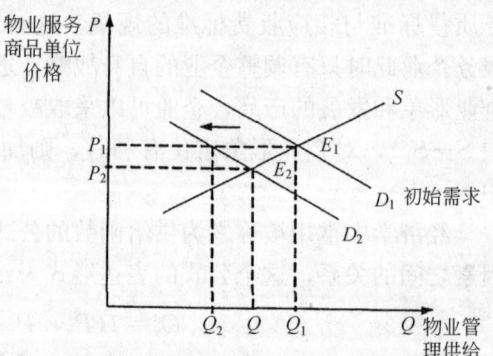

图 5-1-7　市场条件变化下形成新的均衡价格

供求关系处于不断变动中，这是因为物业管理市场需求与市场供给都有弹性。然而由于物业管理服务的特殊性，物业管理需求弹性与供给弹性就显得较为复杂。在实际工作中，影响物业管理服务需求因素很多，有物业管理服务价格、业主的收入、政府政策等。物业管理服务价格的需求弹性是指物业管理服务的需求量的变化程度对物业管理服务本身价格变动的反应程度的比值。由于当前各种原因，特别是对物业管理认知度、接受度、品牌度以及业主对物业管理服务的感知与期望值之间存在着一定的差距，使得物业管理需求量对物业管理服务本身价格变动的反应程度不是很大，即物业管理价格的升降波动对物业管理服务需求量的影响不大，并非物业管理服务价格越低，物业管理服务需求量就会发生较大增幅，按照经济学中的弹性理论公式可表示为：

$$E_s = \lim_{\Delta P \to 0} \frac{P\Delta Q}{Q\Delta P} = \frac{PdQ}{QdP} < 1 \tag{5-1-5}$$

式中　$\dfrac{\Delta Q}{Q}$——需求量的变动率；

　　　　$\dfrac{\Delta P}{P}$——价格变动率。

同样，业主（居住者）收入增加了，他们对物业管理服务需求显得较为迫切、主动，需要增加物业管理服务，通常称之为服务需求的收入弹性，按照经济学弹性理论分析，此时是大于1的。

物业管理服务供给弹性也是较为复杂的，但其生产"服务"的单位则是物业服务企业，它不同于一般的业主需求的自由散漫性，而是从企业生存条件考虑，只要物业管理服务价格上涨，其物业服务企业肯定会加大供给，也即

$$E_s = \lim_{\Delta P \to 0} \frac{P\Delta Q}{Q\Delta P} = \frac{PdQ}{QdP} > 1 \tag{5-1-6}$$

三、物业管理市场运行规律

我国物业管理市场已逐步形成，并在不断扩展，每年新建5亿多平方米房地产需要开展物业管理。从事物业管理的企业也在迅速增加，据统计，到2005年底物业服务企业已有3万多家，从业人员300多万人。在快速发展物业管理中，我们必须清醒地认识到我国物业管理还停留在粗放型运作时期，要想尽快地改变目前状况，需要了解影响物业管理市场有哪些因素及物业管理市场机制内容，从而建立市场运行机制。

（一）影响物业管理市场的社会、经济因素

物业管理能够开展须依托于社会的经济基础以及人们的思想观念，从目前调研来看，影响物业管理市场运行的外部主要因素有：

1. 传统观念与消费心理

物业管理是在传统行政管理体制改革下引进的，它是市场经济的产物。然而在一些市场经济发育不全的地区，人们的思想观念还停留在过去的行政管理时代，消费观念还停留在福利分房时代，因此出现了"住房靠国家，挣钱自己花"，"物业管理应是国家出钱给老百姓买服务"等消费心理，这些势必影响物业管理市场健康发展。

2. 家庭经济收入

物业管理是一个花钱买享受的行为，因此每个家庭收入与支出都需要平衡。一个家庭的收入不断增加，经济基础好了，对物业管理服务商品需求也就多了，也能付得起一定的物业管理费及各类设施、设备维修资金；相反，如果家庭经济由于种种原因收入减少了，就会对一些支出进行分析比较，有可能不愿交物业管理费，甚至产生抵触情绪，提出自己来管理服务，把省下来的经费用于家庭其他需要支出的地方。

3. 自然环境变化

随着城市化进程加快，大量人口涌入城市，城市建设工程越来越多，城市土地越来越紧张，许多住宅、办公楼不再以单层或低层为主，而是以中高层、高层为主。由于管理缺位或不到位，城市环境遭到了破坏，垃圾乱扔、"四害"横行、污水随意流淌，城市环境污染，使人们越来越需要加强管理。物业管理的需求被提到议事日程上来。

4. 人文环境变化

随着社会老龄化、家庭小型化，传统上的单位人变成了社区人，因此人们生活越来越依赖于小区人文环境，物业管理不仅给小区带来安全，而且还开展社区文化，给小区内广大业主的身心健康带来福音。

随着人们越来越关注社区活动的开展，也越来越关注物业管理开展，更需要一个有理想、有道德、有技术的人文环境配合与支撑。

5. 政府政策影响

物业管理同房地产开发一样，是广大群众的民生问题，国家的行政主管部门以及行业协会十分关注，因此政府每颁布一个政策、出台一个法规，均对物业管理市场运作带来影响。例如各地政府颁布物业管理质量标准一出台，广大业主就自然举起这个"维权"大旗，以颁布的各条标准——对照所开展的物业管理服务。

(二) 影响物业管理市场的物业服务企业内部因素

影响物业管理市场运行的因素很多，除了外部社会、经济因素以外，尚有企业内部的各种因素，其主要有以下几点：

1. 企业的技术力量

物业管理要想做好，得到广大业主消费者认可，就需要有一支作风过硬、技术精通的队伍，任何业主的请求都能在最短的第一时间内赶到现场，并能很快地圆满解决。因此企业的技术力量是保证物业管理顺利地开展，促进物业管理市场运作规范的重要措施。

2. 企业的人力资源

物业管理是劳动密集型企业，许多物业管理服务要完全靠人工来完成，因此物业服务企业的产品——服务质量的好坏全靠企业的人力资源素质来体现。企业员工的文化修养的高低，工作技能的强弱，以及对工作的敬业精神，都影响物业服务企业的服务管理水平，也将影响物业管理市场的健康发展。

3. 企业服务质量标准

物业服务企业的产品是服务，服务质量好坏与收费合理性，直接影响着广大业主的认可度，也影响着市场运作。当前许多地方物业管理矛盾焦点之一就是质价不符。一些有远见的物业服务企业经理深知服务质量对企业发展的重要性，在本企业积极开展 ISO 9000 贯标，而且制定企业自身服务标准，不仅使企业在市场中拓展了业务，同时也使物业管理市场更加规范化。

4. 企业的理念与文化

服务是物业服务企业的核心，要使物业服务企业服务产品得到广大业主认同，企业的服务理念非常重要。每个企业的服务理念就是企业对广大业主(消费者)的产品说明书、服务承诺书、质量保证书，它直接影响着广大业主对企业的信任度。企业服务理念的建立要靠企业文化支撑，所以企业文化开展得好坏，是否有成效，直接影响着企业服务理念的贯彻，也影响着物业管理市场能否健康运作。

(三)物业管理市场运行机制

物业管理市场机制是其价值规律的运行机制，表现为形成物业管理市场体系中各要素之间的相互联系、相互制约及其作用。物业管理市场机制要素包括：市场价值、市场价格、供求、货币、资金等。其中某一要素变化都会对其他要素产生作用，从而引起一系列变化，所以在研究物业管理市场运行规律时，实际上就是对市场运行机制进行分析。除了前面谈到的供求机制外，还需要研究竞争机制与价格机制。

1. 竞争机制

物业管理市场竞争机制，反映物业管理市场竞争与供求关系、价格变动、资金和劳动力流动等相互之间的有机联系和作用过程，竞争是物业管理市场机制的重要组成部分，竞争是市场的天然性格和活力机制。

物业管理市场的竞争，是指物业服务企业为获取目标物业的管理服务权而进行的一系列市场活动。市场运行机制规律表明：竞争是社会分工的产物，分工使不同商品生产者具有不同的利益，成为利益主体。为了追求更多利润，企业一方面要采取价廉物美的生产资料和市场条件，另一方面为了提高生产率，必须采用新技术、新工艺，就必然促进社会分工进一步深化。物业管理市场竞争目前有两种主要方式：一是物业管理招投标，二是物业管理评优。通过这两种竞争形式将比较出企业的实力，体现出物业管理服务水平，体现出企业对资源优化的能力。

竞争机制是现代市场机制的基本要素之一，物业管理市场中竞争机制的形成，将推动物业管理服务、物业服务企业、物业管理行业。如：

(1)保证物业管理各种市场机制的功能发挥(即市场价值、市场价格、货币、资金、人力资源等在市场竞争中充分得到发挥、调动)。

(2)保证了市场对物业服务企业活动的充分调节。例如物业管理招标投标就是最为典型的事例，物业服务企业为获取目标物业的管理服务权，采取了各种服务手段与方式，对服务对象进行了解，对服务硬件进行分析，优化整合各类资源，精打细算，认真测算，从而获得产权人认可。

(3)保证通过物业服务企业的各生产要素流动与组合，使社会劳动总量在各种生产领域内得到合理分配。竞争机制的分配职能不是计划经济所能代替的，它是不以人的意志为转移的社会过程。在竞争中企业的资金、人力资源等各种生产要素，随着利润变动，在各部门之间、在各物业之间流动，形成动态平衡。

(4)提高物业服务企业的生产效率。竞争机制强制和督促物业服务企业不断改进服务、加强管理、降低成本、提高服务质量，不断采用先进技术、管理技能提高自己的经济效益，竞争将把外部压力强制转为企业内部压力，从而使物业服务企业明显提高生产效率。

2. 价格机制

价格机制是物业管理市场价格变动与供求关系变动的有机联系和运动方式。供求变动引起价格变动，而价格变动又影响供求变化。当供求平衡时，市场价格才能表现市场价值，服务商品按市场价值出售是理所当然的，这是服务商品平衡的自然规律，从价值规律出发才能说明价格与价值的偏离，而不是相反。因此，在物业管理市场中的供求关系不决定市场价格，而只能说明市场价格同市场价值偏离，以及抵消这种偏离的趋势。从根本上来说，要使物业管理服务商品市场价格与市场价值相符合，必须使耗费在服务商品上的社会劳动总量同这种服务商品的社会需求量相适应。物业管理市场竞争，使供求关系的变动适应市场价格波动，这是力图把耗费在管理服务上的社会劳动总量转为标准，成为确定物业管理价值的依据。由此可见，正是通过价格机制作用，市场竞争把个别服务劳动时间变成社会必要劳动时间，从而决定物业管理市场价值，使物业管理市场价格与市场价值的背离得到了改善，并趋于一致，这是价格机制发挥的作用，有利于推动物业管理行业发展。如果物业管理市场价格背离价值程度过大（特别是一些地方，对物业管理服务收费定得过低，严重背离了物业服务价值），时间又过长，又相对固定难以改变，就必然导致物业服务企业服务供给水平下降，甚至退出物业管理市场，价格机制难以发挥作用。为了使物业服务企业产生活力，提供更多更好的服务产品，政府应在一定范围内放活价格，由企业和产权人共同协商、约定，让其根据供求变化围绕着服务价值上下波动。价格机制是市场机制的重要体现，它作为利益的制约杠杆和供求关系指示器，是市场机制的动力要素。

第四节　物业管理工作程序

一、物业管理早期介入

（一）物业管理早期介入理论基础

1. 从营销理论来论述物业管理早期介入的必要性

（1）物业管理前期介入可以保证房地产开发的营销导向

在市场经济条件下，每个公司都有自己的经营导向，公司的日常行为都在自己特定的经营导向下运作。所以选择适当的经营导向显得非常重要，决定了企业的生死存亡。房地产企业常有以下经营导向方式：

1）以生产为导向

这类企业专门注重生产，以完成一定量的生产任务为目标，而不注重产品的质量、形式，也不注重产品的销售。在计划经济年代，大部分企业的经营导向都是这种形式。

2）以产品为导向

这类企业重视生产的产品，关注产品的质量、造型、款式等各个因素。这类企业的产品或许很完美，但不注重销售，而且也不知消费者是否对产品感兴趣，所以这类企业有一定的局限性。假如它生产的产品有市场需求，由于产品的质量非常优秀，在市场中会很有竞争力；假如消费者对它的产品不感兴趣，尽管产品很完美，在市场中也不能获胜，所以这类企业的经济效益很难确定。

3）以销售为导向

这类企业重视产品的销售，运用各类促销手段来加强销售。这类企业主要通过销售来获取利润。虽然重视生产产品和消费者之间的联系，但是还做得不够，没有按照消费者的需求来生产，而是先生产出产品，再努力地销售给消费者。

4）以营销为向导

这类企业的所有活动都以顾客的需要为自己的经营目标。通过市场细分，确定目标市场；按照目标市场的需求，确定整体营销策略（产品策略、价格策略、促销策略、分销策略等），通过满足用户需求来实现企业的利润。

对以上四种经营导向的特性进行分析，可知以营销为主导的经营导向是比较科学和先进的，被实践证明是有效的。考察我国房地产业的发展，可以更清楚地表明这一点：1992年房地产业刚起步时全国正处于房地产热的阶段，物业供不应求，物业只要开发出来，就能销售出去，获得利润，因为生产越多利润越高，房地产公司都以生产为导向；到了房地产市场进入疲软阶段，房地产公司才开始加强销售，运用各种促销手段实现资金回笼，房地产公司开始以销售为导向；到了房地产萧条阶段，物业积压很多时，房地产公司才开始考虑市场需求问题，纷纷以营销为导向，以避免空置房的增多。可见，房地产企业为了实现企业经营的社会效益和经济效益，就应该以营销导向作为企业日常运作的准则。营销导向的日常运作详见图 5-1-8。

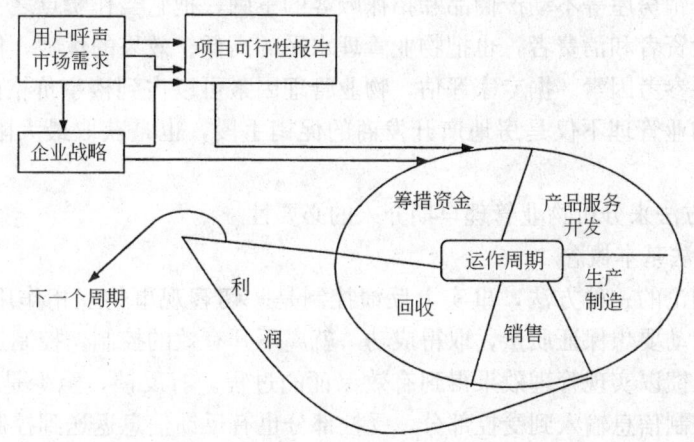

图 5-1-8　企业营销导向的日常运作

在此，用户呼声和市场需求处于最重要的地位。它们决定了以后的一切经营行为，是以后经营的出发点和立足点。企业还根据用户呼声、市场需求和本企业的实际情况来制定企业战略。因为只有考虑到用户的呼声和实际需要，才能有市场需求，再结合本企业的实际情况，这样制定出来的企业战略才有实际价值，并且易于在日后经营中得到贯彻和落实。根据用户呼声、市场需求和企业战略，这样才能确定项目、编写项目可行性报告，然后才能筹措资金、开发物业、施工监理，这样才能顺利地进行销售、回收资金，然后再进入下一轮物业开发。

由以上分析可见用户呼声和市场需求的重要性。那么，在房地产开发中，怎样有效地考虑用户呼声和市场需求？物业管理正是因为要在房地产开发中更好地考虑住户的需求而进行早期介入。物业服务企业拥有专业人员，对各项物业的优缺点了如指掌，而且在物业管理方面也与住户有密切的联系，因此对住户所需求的物业特点很清楚，并且由于不断地与住户保持长期联系，也熟悉住户对物业需求的变化。所以，在物业管理早期介入时，物业管理人员可对项目的立项、规划设计、施工监理代表住户提出呼声和需求，使开发出来的物业最大限度地贴近住户的想法和满足住户的需要。这就保证了物业开发的营销导向，保证了物业开发的效果，使得开发的物业获得最大限度的经济效益和社会效益。

（2）物业管理早期介入可以促进物业的销售

随着人们消费心理的日渐成熟，人们的消费理念也在发生根本性变化。人们在注重商品品牌和内在质量的同时，也越来越注重商品的售后服务。现代营销理论认为，服务作为整体产品的构成要素之一，是企业在产品销售前、售中和售后，运用企业自身的生产、技术、资金、信息等条件和优势，向购买者提供的一种追加的、有保证的利益。随着我国社会主义市场经济的发展和企业竞争意识的增强，"以质量求生存，以品牌求发展，以服务求信誉"的观念已被越来越多的企业所接受。在买方占主导地位的市场格局中，消费者不但要求企业在产品销售的前后提供各种服务，而且还希望这些服务的质量能够让人满意。企业较高的服务水平，会使消费者更加满意，从而增强购买某种商品的信心和欲望，房地产商品也是如此。现在，一些精明的房地产开发、经营商，已经把良好的物业管理作为推销房屋等不动产商品和招徕顾客的王牌，把它当作卖点之一。同时，越来越多的房地产投资者和消费者，也把物业管理水平的高低、效果的优劣，作为进行投资和消费决策的主要参考因素。据专家评估，物业管理因素可以占到楼宇价格的20%～30%。这说明良好的物业管理不仅是房地产开发商的促销手段，也是获取最大限度利润的有效措施。

2. 用反馈方法来分析物业管理早期介入的必要性

（1）反馈方法基本概念

反馈是控制论的一种方法，事实上反馈控制是一切客观事物互相作用的一种普遍形式。一项经营活动要想保证质量，取得成功，就离不开有效的控制。控制过程，就是通过信息的传输和反馈以实现管理效果得到有效保证的过程。有反馈，至少是双向信息传递。也就是说既有控制信息输入到受控部分，受控部分也有反馈信息返送到控制部分，形成闭合回路。没有反馈信息的非闭合回路，不可能实现控制。控制部分正是根据反馈信息才能比较、纠正和调整它发出的控制信息，从而实现控制的。如果把房地产开发看成是一个系统，为保证其开发成功，物业管理早期介入是非常必要的，它可以在不同阶段产生反馈信息。反馈系统构成详见图5-1-9所示。

（2）物业管理早期介入是一条有效反馈通道

反馈的特点是"根据过去的操作情况去调整未来的行为"。根据房地产开发的流程可知，房地产开发的结果就是物业进入了消费领域，让消费者使用。消费者在使用物业过程中，与物业服务企业有较多联系，住户把使用物业的优缺点反馈给物业服务企业；同时物业服务企业也是物业的使用者之一，而且物业服务企业人员要比一般住户具有更多的专业知识，从而能从物业的宏观管理与微观使用的角度来把握物业的优缺点。房地产开发系统操作结果的信息自觉或不自觉地传递到物业服务企业。物业服务企业成为熟识物业开发结

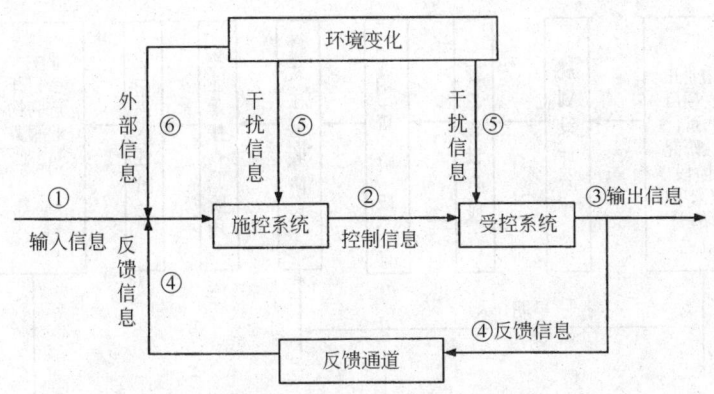

图 5-1-9 反馈系统构成

果的一个重要载体。如果房地产公司再开发新一轮物业时，物业服务企业早期介入，把住户对物业的需求意见表达出来，并且从住户的角度出发来积极参与房地产开发的各项活动，完全起到了反馈通道作用。

由于物业管理工作人员不仅自己在长期的管理实践中了解了物业的优缺点，而且也熟知业主（使用人）对物业的评价，因此物业服务企业的反馈信息是非常真实可信的。这种反馈通道价值意义很大，应得到房地产商、政府的高度重视。

（二）物业管理早期介入基础知识

1. 早期介入的基本概念

所谓早期介入是指新建物业竣工验收之前，建设单位根据目标物业开发建设的需要所引入的物业管理咨询介入活动。物业管理咨询活动，主要是从物业管理的角度对开发目标物业项目提出的合理化意见和建议，为后期业主入住的生活舒适度和物业管理健康地开展奠定好基础。

2. 早期介入与前期物业管理的区别

根据物业管理条例规定，前期物业管理是在目标物业进入销售之前，通过招标投标选择的物业服务企业之后，物业服务企业开始准备目标物业的承接查验直至业主大会顺利召开，重新确定选聘物业服务企业为止的这一阶段物业管理与服务。

早期介入与前期物业管理的不同点主要表现在四个方面：一是时间的不同。早期介入往往从目标物业开发可行性研究（立项阶段）开始，到目标物业竣工验收阶段为止；前期物业管理是从目标物业销售时，通过招投标选择物业服务企业开始，直至业主大会召开选聘物业服务企业为止，详见图 5-1-10。二是内容作用不同。早期介入是建设单位开发目标物业项目阶段引入物业管理专业技术支持；前期物业管理是物业服务企业对目标物业目标实施物业管理与服务。三是服务对象不同。早期介入服务对象是建设单位（房地产开发商），并由建设单位根据约定支付早期介入服务费用；前期物业管理服务对象是全体业主，并按规定向业主收取物业管理费用。四是开展工作力度不同。早期介入对建设单位（房地产开发商）而言，并非强制性要求，而是根据目标物业的需求建设单位（房地产开发商）自由选择；而前期物业管理则是国家法规明确规定，带有强制性的要求，所有建设单位、物业服务企业必须遵守。

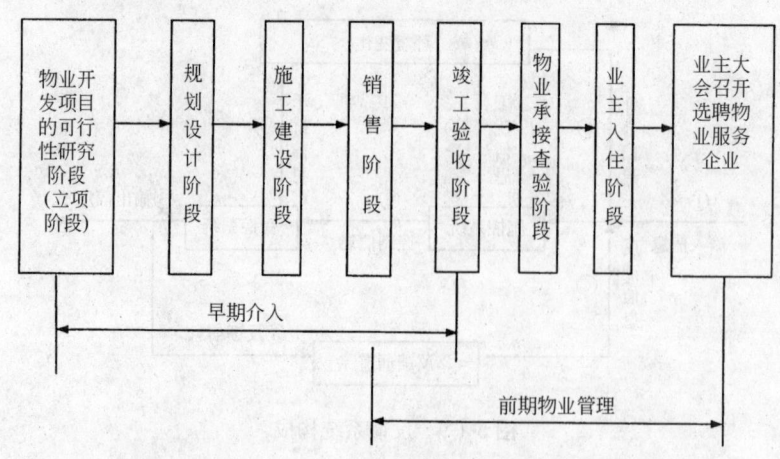

图 5-1-10　早期介入与前期物业管理阶段划分图

3. 早期介入的作用

建设单位选请物业服务企业早期介入，对目标物业产品带来许多好处，愈来愈体现早期介入的作用。

（1）优化设计

随着社会发展进步，人们对物业的品质与环境要求越来越高，建设单位为了使开发目标物业满足社会需求，邀请物业服务企业（或专家）帮助策划。物业服务企业（或专家）从业主（使用人）及日后管理角度就房屋设计、功能配置、设备选型和材料选用、公共设施配套以及景观建设方面提出建议，使物业设计更加优化、完善。

（2）帮助提高工程质量

在目标物业项目建设过程中，物业服务企业利用自己管理服务多年的经验优势，帮助建设单位加强工程质量管理，及时发现施工中出现的缺陷，提前防范施工质量隐患，使工程质量得于保证，避免日后业主入住时再发现问题，产生矛盾与纠纷，再投入额外资金与精力，从而减少浪费，提升了物业品味。

（3）为前期物业管理做好充分准备

由于物业服务企业早期介入，对目标物业建筑结构、设备安装、管线走向、工程质量充分了解，为前期物业管理方案的制订，以及对机构设置、人员选聘等做好准备。

（4）有利于打造物业品牌，促进房产销售

由于选聘物业服务企业对于目标物业进行早期介入，使目标物业产品定位准确，功能使用考虑周到，各种配套符合生活需要，环境景观更是满足业主的人性需求，这样物业得到了业主的认可，促进了物业销售，为建设单位（房地产开发商）带来了丰厚的利润，同时也打造了物业品牌。

（三）物业管理早期介入的方式与内容

1. 物业管理早期介入阶段

物业管理的早期介入与房地产建设整个过程紧密相连。这是一个与建筑产品生产过程各阶段、各方面密切关联的动态控制系统。虽然在流程中各阶段的工作内容、重点和难点都不相同，但以系统论的思想来看，早期介入需要融入各个过程之中，而不能简单的误认为做几件事，否则影响早期介入的成功。按照房地产开发全过程早期介入可分为以下阶段：

（1）立项阶段

这一阶段主要是产品的可行性研究，早期介入帮助作出是否开发，开发哪类产品以及开发周期、开发规模等有关问题，并编制综合开发计划。

（2）规划设计、施工准备阶段

这一阶段主要是规划设计，制定建设方案、编制设计文件、拆迁安置、施工现场"三通一平"、勘察设计、开展招投标选择施工队伍，早期介入帮助物业产品设计更符合人性化，同时协助建设单位选好施工队伍，保证物业施工质量。

（3）施工建设阶段

这一阶段是建筑商按照提供的设计方案，组织施工建设，此时房地产商主要是按照事先签订合同检查督促，早期介入配合施工队伍以及监理单位对最容易施工忽略之处进行监督，保证施工质量。

（4）销售阶段

这一阶段主要任务是把建设好的房屋产品销售出去，早期介入帮助营销人员制订必要的营销策略，抓住房屋产品的特色以及物业管理的亮点，促进销售，保证企业尽快回笼资金。

（5）竣工验收阶段

这一阶段主要任务是对竣工项目进行逐项验收，早期介入是配合验收保证质量，发现问题达不到要求的则应限时整改，做好售后服务工作。

物业管理早期介入主要就是协助建设单位（房地产商）把好质量关，从"以人为本"理念来考虑今后入住的业主（居住者）在物业中生活的舒适满意度。物业管理早期介入流程详见图 5-1-11。

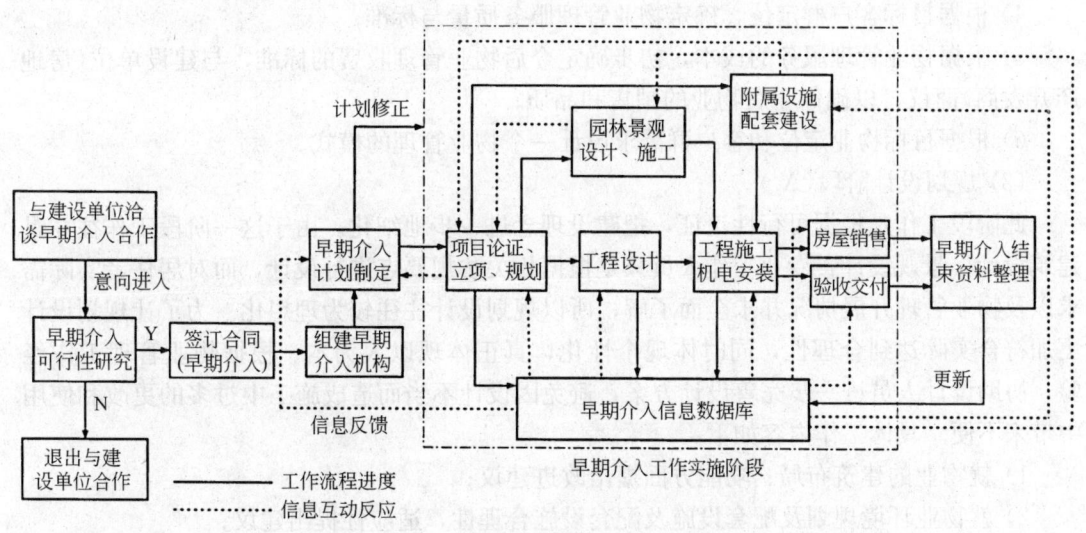

图 5-1-11　物业管理早期介入工作流程图

2. 物业管理早期介入的方式及工作内容

为了更好地说明物业管理早期介入在房地产开发过程中，在建筑产品建造流程里发挥的作用，其应做的工作内容详见图 5-1-12。图中 A 表示物业管理在某个阶段早期介入，B 表示业主(使用人)入住后日常物业管理工作开展。

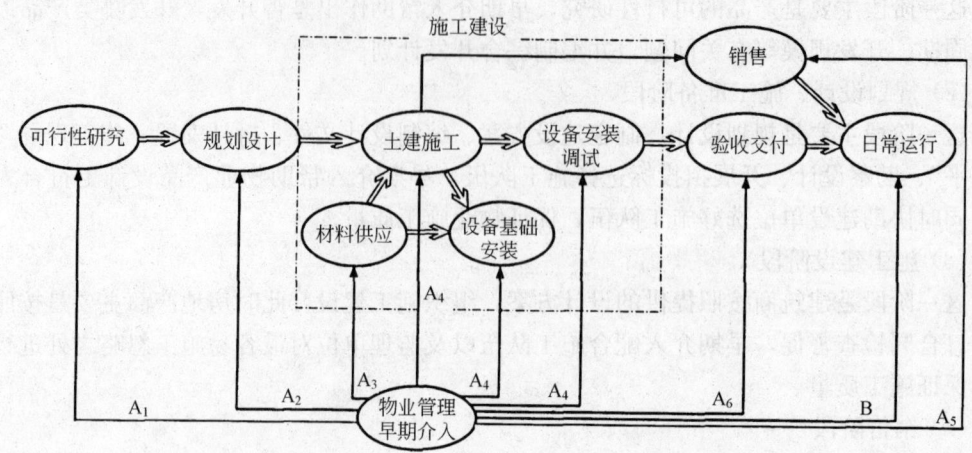

图 5-1-12　房地产建筑产品供应链中物业管理早期介入信息流程图

（1）可行性方案研究阶段(A_1)

此阶段工作主要是根据物业管理工作经验，协助建设单位(房地产开发商)做好房屋产品定位和物业管理定位。具体工作内容如下：

1）根据土地出让的价值及政府规划部门的定位，再根据物业服务企业多年开展的工作对市场的了解，提出房屋产品建设品质，功能的划分，确定目标客户群；

2）根据目标物业建设及目标客户群的定位，帮助确定后期物业管理档次；

3）根据规划和配套确定物业管理服务的基本内容；

4）根据目标客户群定位，确定物业管理服务质量与标准；

5）根据物业管理服务的成本，初步确定今后物业管理收费的标准，与建设单位(房地产开发商)商议，以确保今后物业的销售和品质；

6）根据目标物业定位和客户群需求设计一个物业管理的模式。

（2）规划设计阶段(A_2)

此阶段工作是根据可行性论证，把建设理念进一步地细化。由于这一阶段工作往往是建筑设计、景观设计，专业工作人员只是根据相关法规要点进行设计，而对居住者实际需求以及物业管理开展情况并未全面了解，所以规划设计往往较为理想化。为了让规划设计更加符合实际达到合理性，同时体现个性化，真正体现以人为本。根据物业管理工作经验，协助设计人员进一步完善设计方案，避免因设计不当而造成施工中过多的更改和使用中带来不便。具体工作内容如下：

1）就物业的建筑布局、功能方面提出改进建议；

2）就物业环境规划及配套设施及配套设施合理性，适应性提出建议；

3）对设备的选型、设置及今后管理服务提出改进建议；

4）对水、电、管网路线以及容量大小方面提出建议；

5）对社区活动场所、公共配套建筑、场地设置合理性以及所起作用、发挥的效果提出建议；

6）对物业管理用房位置、大小及一些具体要求提出建议；

7）从物业管理角度对智能化方案提出专业建议。

（3）材料供应阶段（A_3）

材料供应包括：原材料、半成品及成品的供应。这一阶段几乎包括物业项目建设全过程。在此阶段的物业管理早期介入，主要是依据以往应用经验（用户反馈），对在建物业项目所需材料的品牌、质量、价格和替代品做出建议。具体工作内容如下：

1）施工建造物业所需要的"三材"供应的质量能否保证；

2）建造物业所提供的材料品牌是否可靠，替代品有哪些；

3）精装修物业所需材料价格是否合理；

4）节能降耗的保温材料选用哪些品种；

5）选用哪些电品材料保证安全可靠等。

（4）施工建设阶段（A_4）

此阶段是目标物业生产建造时期，虽然有建设单位、施工单位、监理单位都在围绕着房屋产品工作，但由于繁重的工作压力和紧张施工进度，往往会产生麻痹，从而埋下质量隐患，物业服务企业根据过去管理服务经验与相关单位进行共同把关，具体工作内容如下：

1）提醒施工单位在施工中关注最容易出现的问题，例如厨房、卫生间渗水问题；

2）配合监理单位做好对施工建设质量的把关；

3）配合设备安装，确保安装质量；

4）熟悉并记录基础及隐蔽工程、管线的铺设情况，特别注意一些在设计资料或常规竣工资料中未反映的内容；

5）对内外装修方式、用料等从物业管理角度提出意见。例如保温材料装饰与外墙涂料或外墙贴面，如何保证质量；防止墙面渗水与施工单位共同商榷。

（5）销售阶段（A_5）

此阶段是房屋的推介会和营销广告的强推时期。作为建设单位（房地产开发商），此时希望尽快收回资金获取利润。对于购房者（业主）非常关注物业管理服务，而销售人员在并没全面地了解物业管理情况下，往往以乱承诺来进行促销，为今后物业管理开展带来矛盾与困难。作为早期介入的物业服务企业，此时就不能让销售人员随意地对未来物业管理乱表态，而应该积极主动地告知营销人员，让他们熟知物业管理基本知识，具体工作内容如下：

1）完成目标物业的物业管理方案及实施进度表；

2）拟定物业管理公共管理制度（如业主公约，装修规定）；

3）拟定目标物业的管理标准，收费标准及收费办法；

4）对销售人员提供必要的物业管理基本知识培训；

5）派出现场咨询人员，在售楼现场为客户提供有关物业管理咨询服务；

6）帮助起草售楼期间所需的物业管理方面的法律文本。

（6）竣工验收阶段（A_6）

此阶段是指工程全部建设完成之后，对工程质量进行核定检查的一项工作程序。按照建设部关于建设工程质量控制的相关规定，由建设单位负责牵头，政府质检部门、设计单位、监理单位、建筑施工单位等一些相关部门单位，也包括物业服务企业。此阶段物业服务企业参加竣工验收目的是为了掌握验收情况，收集工程质量，了解各类设施准备的性能，各种管线走向，为物业的承接查验做准备，具体工作内容如下：

1）随同相关验收组观看验收过程，了解验收人员、专家意见、建议；

2）对于一些配套设施，单项工程完工（例如，消防设施、监理设备、电梯、地下室、人防设施），参与单项工程竣工验收，收集工程质量，了解存在的遗留问题；

3）做好详细验收记录，并对今后物业管理工作开展提出一些建议。

二、物业的承接查验

目标物业通过招标投标方式选择了物业服务企业，但物业服务企业与建设单位（业主大会及业主委员会）签订物业管理服务合同后，准备进驻目标物业管理服务之前，物业服务企业应对新接管项目的物业共用部位、共用设施设备进行承接查验。通常承接查验分为两类：一类是新建物业的承接查验；另一类是物业服务企业更迭时承接查验。前者发生在建设单位（房地产开发商）向物业服务企业移交目标物业的过程中；后者发生在业主大会或产权单位（政府机关部门）向新的物业服务企业移交物业的过程中。

（一）新建物业承接查验

在目标物业竣工验收合格后，建设单位（房地产开发商）通知中标的物业服务企业准备接管，物业服务企业在业主还未入住前，组织机构对物业进行承接查验。如果条件具备或物业服务企业早期介入目标物业充分，物业的承接查验也可以和建设工程的竣工验收同步进行。无论单独查验还是与竣工验收同步工作，发现的一些问题（如施工质量问题、材料问题、设备问题）只提交给建设单位处理，不与其他相关单位发生关系；在建设单位做了明确答复后，物业服务企业开始同建设单位进行物业移交并办理移交手续，物业承接、查验流程详见图 5-1-13。

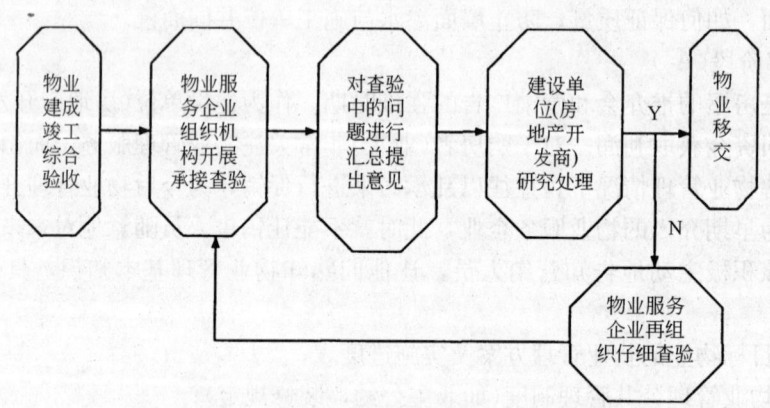

图 5-1-13　物业承接、查验工作流程图

1. 准备工作

物业服务企业接到建设单位（房地产开发商）通知接管目标物业后，就开始着手准备进行承接查验工作，为了搞好这一工作，为今后物业管理顺利开展奠定基础，应做好以下四个方面的准备工作：

（1）人员准备

物业的承接查验是一项技术难度高、专业性强、责任感大，并对日后物业管理有很大影响的专业技术性工作。为了保证承接查验做到仔细、认真、不漏项，必须根据承接物业的类型、特点、目标物业档次，与建设单位组成联合小组，由物业服务企业副总以上领导带队，确定相关专业技术人员参加。

（2）计划准备

物业服务企业根据建设单位进驻管理要求，应制订一个承接查验实施方案，并通报建设单位、商议通过，使承接查验工作有序地进行，计划内容应包括以下几个方面：

1）承接查验的日期、进度安排；

2）承接查验的流程；

3）要求建设单位（房地产开发商）在承接查验前应帮助提供物业详细清单，建筑图纸，相关单项或综合验收证明材料；

4）派出相关人员到现场了解情况，为承接查验做好准备。

（3）资料准备

在物业承接查验时，应做好查验记录。在开展承接查验工作之前，应根据时间情况，做好资料准备工作，主要包括以下内容：

1）国家颁布的相关设备、设施、公共部位建设质量的规范文本；

2）工作流程的资料准备（如《物业承接查验流程》、《物业查验的内容及方法》）；

3）承接查验时填写的记录表格（如《物业承接查验记录表》、《物业工程质量问题统计表》、《设备工作故障统计表》）。

（4）设备、工具准备

为了搞好承接查验，应根据目标物业的具体类型、特点，提前做好相关所需的检验设备和工具。防止临时需要影响承接查验进度和质量保证。

2. 物业查验的主要内容和方式

（1）目标物业查验的主要内容

1）物业资料

在办理物业承接验收手续时，物业服务企业应接收查验下列资料：

① 规划方案、要点，竣工总平面图，单体建筑、结构、设备竣工图、配套设施、地下管网工程竣工图等竣工验收资料；

② 各类设备的说明书，各种设施设备的安装、使用和维护保养等技术资料；

③ 物业质量保修文件和物业使用说明文件；

④ 物业管理所必需的其他资料。

2）物业共用部位

按照《物业管理条例》第二十八条的规定，物业服务企业在承接物业时，应对物业共用部位共用设备进行查验。一般主要内容包括：

① 主体结构及外墙、屋面；

② 共用部位楼面、地面、内墙面、顶棚、门窗；

③ 公共卫生间、阳台；

④ 公共走廊、楼道及其扶手、护栏等；

⑤ 共用部位的排水阴井系统；

⑥ 共用部位的排雨水的檐沟。

3）共用设施设备

物业的共用设施设备种类繁多，各种物业配置的设备不尽相同，共用设施设备承接查验的主要内容有：

① 低压配电设施，柴油发电机组；

② 电气照明、插座装置；

③ 防雷与接地；

④ 给水排水；

⑤ 电梯；

⑥ 消防水系统；

⑦ 通信网络系统；

⑧ 火灾报警及消防联动系统；

⑨ 排烟送风系统；

⑩ 安全监控防范系统；

⑪ 采暖和空调等。

4）绿化工程

物业区域内园林的植物一般有花卉、树木、草坪、绿（花）篱、花坛等，绿地建筑小品主要是草坪、雕塑、花架、园廊等。这些均是绿化的查验内容。

5）其他公共配套设施

物业其他公共配套设施查验的主要内容有：物业大门和岗亭、四周围墙、道路、广场、社区活动中心（会所）、停车场（库、棚）、运动场地、物业标识、垃圾屋及中转站、休闲娱乐设施、信报箱等。

（2）目标物业查验的主要方式

承接查验不同于工程项目建设的竣工验收，它是在物业建设单位竣工验收的基础上，对建设单位移交的物业资料，有关单项验收报告，以及对物业共用部位、共用设施设备、园林绿化工程和其他公共配套设施的相关合格证明材料，对物业公共部位配套功能设施是否按规划设计要求建设完成等进行核对查验。承接查验还应对设备进行调试和试运行，还应督促建设单位及时解决发现的问题。

查验的相关资料由建设单位提供，物业服务企业主要是进行必要的复核。物业服务企业应督促建设单位尽快安排验收。建设单位无法提供相关合格证明材料，物业存在严重安全隐患和重大工程缺陷，影响物业正常使用的，物业服务企业可以拒绝承接物业。

物业管理的承接查验主要以核对检查的方式进行，在现场检查、设备调试等情况下还可以采用观感查验、使用查验、检测查验等具体方法进行检查。

1）观感查验

观感查验是对查验对象外观的检查，一般采取目视、触摸等方法进行。

2）使用查验

使用查验是通过启用设施或设备来直接检验被查验对象的安装质量和使用功能，有的通过必要测试，例如对卫生间防水，可以采用闭水试验，以直观地了解其符合性、舒适性和安全性等。

3）检测查验

检测查验通过运用仪器、仪表、工具等对检测对象进行测量，以检测其是否符合质量要求。

3. 承接查验所发现问题的处理

发生物业工程质量问题的原因主要有以下几个方面：设计方案不合理或违反规范造成的设计缺陷；施工单位不按规范施工或施工工艺不合理甚至偷工减料；验收检查不细、把关不严；建材质量不合格；建设单位管理不善；气候、环境、自然灾害等其他原因。对于承接查验中所发生的问题，一般的处理程序如下：

（1）收集整理归纳存在问题

1）整理所有的《物业查验记录表》；

2）对《物业查验记录表》内容进行分类归纳，将承接查验所发现问题登记造表；

3）将整理好的工程质量问题提交给建设单位确认，并办理确认手续。

（2）处理方法

工程质量问题整理出来后，理由建设单位提出处理方法。但在实际工作过程中，物业服务企业在提出质量问题的同时，也还可以提出相应的整改意见，便于建设单位进行针对性整改。

从发生原因和处理责任看，工程质量问题可分为两类：第一类是由施工单位引起的质量问题。若质量问题在保修期内发现或发生，按建设部《建筑工程质量保修办法》规定，应由建设单位督促施工单位负责。第二类是由于规划、设计考虑不周而造成的功能不足、使用不便、运行管理不经济等问题。这类问题应由建设单位负责作出修改设计，改造或增补相应设施。

（3）跟踪验证

为使物业工程质量问题得到及时圆满地解决，物业服务企业要做好跟踪查验工作。

物业服务企业应安排专业技术人员分别负责不同专业的工程质量问题，在整改实施的过程中进行现场跟踪，对整改完工的项目进行验收，办理查验手续。对整改不合要求的工程项目则应继续督促建设单位处理。

（二）物业管理机构更迭时的承接查验

所谓物业管理机构更迭通常是由于原物业服务企业与业主大会（业主委员会）签订的合同到期后，更换为新的物业服务企业，或者是由于种种原因，建设单位（业主大会或业主委员会）提前终止与物业服务企业的合同，更换为新的物业服务企业。此时承接查验不同于新建物业的承接查验。

1. 承接查验前的准备工作

（1）满足承接查验的条件

在物业管理机构发生变化后，新的物业服务企业必须在以下条件满足的情况下实施承接查验：

1）物业的产权单位或业主大会（业主委员会）与原有物业服务企业完全解除了物业服务合同；

2）物业的产权单位或业主大会（业主委员会）与新的物业服务企业签订了物业服务合同。

（2）成立物业承接查验组织机构

在签订了物业管理服务合同之后，新的物业服务企业即应组织力量成立物业承接查验组织机构，了解物业的基本情况，制定承接查验方案。

在承接查验组织机构中，既要有一些工作经验丰富、业务能力棒、责任心强的技术骨干，还要请产权单住或业主大会（业主委员会）负责同志或其代表参加，必要时还要请社区街道、属地居委会的领导参加。

（3）准备资料和工具

查验小组为了做好物业服务企业变换，积极稳妥地完成目标物业的移交，应事先做好资料和工具准备。

1）收集好国家颁布的相关设施设备、房屋的共用部位质量保证的规定；

2）做好工作流程中所需要的资料准备；

3）承接查验时所必须填写的各类表格的资料准备；

4）承接查验时所必须具有的一些设备仪器做好准备。

（4）工作计划准备

由于物业服务企业更迭，往往产权单位或业主大会（业主委员会）急于希望新的物业服务企业进驻开展管理服务，作为新的物业服务企业既要理解委托方的心情，同时也要认真地履行必要的程序与手续，作好工作计划安排，得到委托方认可。其工作计划主要包括两个方面：

1）工作内容计划安排；

2）工作时间、流程安排。

2.物业查验的内容

为了使物业的移交能够顺利进行，接管单位必须对原物业的状况及存在问题进行查验和分析，为物业移交和日后管理提供依据，对发现需要整改的内容应及时与移交单位协调处理。物业管理机构更迭时物业查验的基本内容有以下几个方面。

（1）物业资料情况

物业资料情况除检查本章上一节新建物业承接查验所列的涉及承接查验新建物业的相关资料外，还要对原物业服务企业在管理过程中产生的重要质量记录进行检查。

（2）物业共用部位、共用设施设备及管理现状

查验物业共用部位、共用设施设备及管理现状的主要项目内容有：

1）建筑结构及装饰装修工程的状况；

2）供配电、给水排水、消防、电梯、空调等机电设施设备；

3）保安监控、对讲门禁及其他安全防范设施；

4）清洁卫生设施；

5）绿化及设施；

6）停车场、门岗、道闸设施；

7）室外道路、雨污水井等排水设施；

8）公共活动场所包括会所及娱乐设施；

9）其他需了解查验的设施、设备。

（3）各项费用与收支情况，原有物业服务企业经济运行情况

各项费用与收支情况、原有物业服务企业经济运行情况，包括：物业服务费、停车费、水电费、其他有偿服务费的收取和支出，维修资金的收取、使用和结存，各类押金、欠收款项、待付费用等账务情况。

（4）其他内容

1）物业管理用房；

2）产权属全体业主所有的设备、工具、材料；

3）与水、电、通信等市政管理单位的供水、供电的合同、协议等。

（三）物业管理工作移交

物业管理工作移交是物业管理活动中最常见最普通的一件事情。然而现实中物业管理移交却成为引发各方矛盾，侵害各方利益，影响广大业主（住用人）正常的生活、工作秩序的事端，所以必须引起物业服务企业的高度重视。物业管理工作移交必须在完成承接查验前提下进行。根据不同的主体行为，移交工作分为以下三种情况：

一是建设单位（房地产开发商）将新建目标物业移交给物业服务企业管理服务；

二是产权单位或业主大会（业主委员会）通过程序选聘新的物业服务企业并订立物业管理服务合同后，由业主大会或物业产权人将物业交给物业服务企业管理服务；

三是物业服务企业与业主大会（业主委员会）或产权单位终止物业服务合同，退出物业管理项目，由物业服务企业向业主大会或物业产权单位移交物业。

1. 新建物业移交

（1）移交主体

在新建物业移交过程中，移交方主体为该物业的建设单位（房地产开发商），承接方主体为物业服务企业。双方应规定签订前期物业服务合同。建设单位（房地产开发商）应按照国家相关法律规定要求，及时地完整地提供目标物业相关资料，并做好移交工作，物业服务企业也应做好承接工作。

（2）移交内容

根据《物业管理条例》第29条规定，建设单位应向物业服务企业移交下列资料：

1）竣工总平面图、单体建筑、结构、设备竣工图、配套设施、地下管网工程竣工图等竣工验收资料；

2）设施设备安装、使用和维护保养等技术资料；

3）物业质量保修文件和物业使用说明文件；

4）物业管理所必需的其他资料（例如业主相关资料，绿化工程清单，房屋建筑清单等）。

2. 物业服务企业更迭时管理工作的移交

物业服务合同或前期物业服务合同的终止，将导致提供物业管理服务的主体发生变化，物业服务企业也将发生更迭变化；与此同时，在各相关方之间发生物业管理的移交行为。

（1）移交主体

物业服务企业更迭后管理工作移交，并不像新建物业移交那样简单。移交工作将分为两个层次，即首先由原有物业服务企业向业主大会（业主委员会）或产权单位移交；然后业主大会（业主委员会）或物业产权单位再向新的物业服务企业移交。前者移交方是目标物业的原物业服务企业，承接方为业主大会（业主委员会）或产权单位；后者移交方是业主大会

（业主委员会）或物业产权人，承接方为新的物业服务企业。

（2）移交内容

1）物业资料的移交。包括：

① 物业产权资料、综合竣工验收资料、施工设计资料、机电设备资料等。

② 业主资料。包括：

a. 业主入住资料，包括入住通知书、入住登记表、身份证复印件、相片；

b. 房屋装修资料，包括装修申请表、装修验收表、装修图纸、消防审批、验收报告、违章记录等。

③ 管理资料包括：各类值班记录、设备维修记录、水质化验报告等各类服务质量的原始记录。

④ 财务资料包括：固定资产清单、收支账目表、债权债务移交清单、水电抄表记录及费用代收代缴明细表、物业服务费收缴明细表、维修资金使用审批资料及记录、其他需移交的各类凭证表格清单。

⑤ 合同协议书，指对内对外签订的合同、协议原件。

⑥ 人事档案资料，指双方同意移交留用的在职人员的人事档案、培训、考试记录等。

⑦ 其他需要移交的资料。

资料移交应按资料分类列出目录，根据目录名称、数量逐一清点是否相符完好，移交后双方在目录清单上盖章、签名。

2）物业共用部位及共用设施设备管理工作的交接。包括：

① 房屋建筑工程共用部位及共用设施设备，包括消防、电梯、空调、给水排水、供配电等机电设备及附属配件，共用部位的门窗，各类设备房、管道井、公共门窗的钥匙等。

② 共用配套设施，包括环境卫生设施（垃圾桶、箱、车等）、绿化设施、公共秩序与消防安全的管理设施（值班室、岗亭、监控设施、车辆道闸、消防配件等）、文娱活动设施（会所、游泳池、各类球场等）。

③ 物业管理用房，包括办公用房、活动室、员工宿舍、食堂（包括设施）、仓库等。

④ 停车场、会所等需要经营许可证和资质的，移交单位应协助办理变更手续。

3）人、财、物的移交或交接。具体如下：

① 人员。在进行物业管理移交时，有可能会有原物业管理机构在本项目任职人员的移交或交接，承接物业的企业应与移交方进行友好协商，双方达成共识。

② 财务。移交双方应做好账务清结、资产盘点等相关移交准备工作。移交的主要内容包括物业服务费、维修资金、业主各类押金、停车费、欠收款项、代收代缴的水电费、应付款项、债务等。

③ 物资财产。物资财产包括建设单位提供和以物业服务费购置的物资财产等，主要有办公设备、交通工具、通信器材、维修设备工具、备品备件、卫生及绿化养护工具、物业管理软件、财务软件等。

（3）办理交接手续

同新建物业的物业管理移交一样，原物业服务企业退出后的物业管理移交也应该办理交接手续。交接手续涉及建设单位、原物业服务企业、业主委员会、行业主管部门、新进入的物业服务企业等。在办理交接手续时应注意以下几个主要方面：

1）对物业及共用配套设施设备的使用现状做出评价，真实客观地反映房屋的完好程度；

2）各类管理资产和各项费用应办理移交，对未结清的费用（如业主拖欠的物业服务费）应明确收取、支付方式；

3）确认原有物业服务企业退出或留下人员名单；

4）如承接的部分物业项目还在保修期内，承接方应与建设单位、业主大会（业主委员会）、移交方共同签订移交协议，明确具体保修项目，负责保修单位及联络方式；

5）在物业管理移交工作中，由于对物业共用部位和共用设施设备存在问题有时不易发现，难免存在遗漏，因此在签订移交协议或办理相关手续时，应增加相关条款文本说明；

6）对遗留问题提出一些处理方案。

三、前期物业管理

（一）前期物业管理概述

《物业管理条例》第二十一条明确规定：在业主、业主大会选聘物业服务企业之前建设单位选聘物业服务企业的，应当签订书面的前期物业服务合同。这就表明前期物业管理是从建设单位选聘物业服务企业签订书面的前期物业服务合同时起，到业主大会选聘物业服务企业签订新的书面物业服务合同为止。

1. 前期物业的内容

前期物业管理与物业管理早期介入不同（本章第一节已做分析），同样，前期物业管理与日常物业管理的内容也不尽相同。前期物业管理不仅包含物业正常的日常使用阶段所需要的常规性服务内容，而且还包括物业共用部位、共用设施设备承接查验、业主入住、工程质量保修处理、装修管理等内容。前期物业管理非常重要，它的管理服务到位、有序将为日常物业管理奠定了基础、带来了方便，因此物业服务企业非常重视前期物业管理服务。同样前期物业管理内容比较繁杂，而与广大业主切身利益汲汲相关。如果物业服务企业对业主入住、工程质量保修、装修管理等内容没有预案、没有管理经验，有可能陷入矛盾之中，导致物业服务企业与业主的对立，对物业管理开展是不利的。

2. 前期物业管理特点

根据前期物业管理的内容和要求，再比较日常物业管理服务的内容，前期物业管理的特点主要体现如下：

（1）时间上的过渡性

前期物业管理的职责是新建物业投入使用初期建立的物业管理服务体系并开展工作，其介于早期介入与常规物业管理之间。因此前期物业管理在时间上和管理上均是一个过渡时期和过程。

（2）服务内容的基础性

前期物业管理许多工作主要是在建设单位竣工验收移交时期开展工作，它的管理中一些特定内容又是以后日常物业管理的基础，对常规期开展物业管理有着直接和重要的影响，所以前期物业管理最明显特点之一就是开展物业管理的内容基础性。

（3）管理服务的波动性

新建物业及其设备设施往往会因其施工质量隐患、安装调试缺陷、设计配套不完善等问题在投入使用初期会集中反映出来,造成物业使用功能的不正常,甚至会出现临时停水停电,电梯运行不稳。由于物业设施设备需要经过一个自然磨合处理过程才能进入平稳正常运行状态,所以此阶段物业管理服务明显呈现波动性。

(4) 法律关系主体三方性

正常的物业管理当事人通常是由业主或业主大会和物业服务企业两方商议约定并签订物业管理服务合同。而前期物业管理的当事人涉及的是建设单位、物业服务企业和业主(业主大会)三方。前期物业管理合同的约定则是建设单位和物业服务企业,而物业服务权利与义务主体则是由业主(业主大会)与物业服务企业两个方面组成。

(5) 经营风险性

前期物业管理阶段往往处在承接查验、业主入住以及装饰装修阶段,需要物业服务企业投入较大人力、财力、物力等资源,管理成本较高。但此时,物业的空置率又相对较高,管理费收缴率低。因此这一阶段物业服务企业经营收入会出现收支不平衡和亏损,经营带来一定风险性。

3. 前期物业管理中的工程质量保修

物业通过竣工验收后就进入了质量保修期。物业工程质量保修主要体现在两个方面:

(1) 保修主体

无论是物业服务企业承接管理的物业共用区域或是共用设施设备部分,还是业主从建设单位购买的产权专有部分,这两部分保修事务都应由建设单位负责。物业服务企业的工程质量保修相关工作,主要是向建设单位申报对物业共用区域及共用设施设备质量保修,并跟踪督促完成。业主产权部分由业主自行向建设单位提出处理要求。在实际处理中,业主往往向物业服务企业反映。物业服务企业也应及时转告建设单位。

(2) 保修内容及时间

根据建设部 2000 年 6 月颁布的第 80 号部长令,即《房屋建筑工程质量保修办法》规定:在正常使用下,房屋建筑工程的最低保修期限为:

1) 地基基础工程和主体结构工程,为设计文件规定的该工程的合理使用年限;

2) 屋面防水工程、有防水要求的卫生间、房间和外墙面的防渗漏为 5 年;

3) 供热与供冷系统为两个采暖期、供冷期;

4) 电气管线、给排水管道、设备安装为两年;

5) 装修工程为两年。

(二) 制定前期物业管理方案

1. 前期物业管理资源完善

建设单位根据规定,在住房销售之前,就确定了未来物业服务企业。物业服务企业也就在业主入住前根据以往实践经验成立了物业管理项目机构,配备了相应的管理工作人员,设置了办公点,投放了一些物资设备,但是以上各类配置带有不确定性。在前期的物业管理过程中,还需要不断地完善与优化资源,具体内容有:

(1) 物业管理人员配备到位

随着前期物业管理工作展开,首先根据工作内容补充完善人员数量;其次对各岗位人员进行强化培训,提高服务人员的管理水平和操作技能;再次优化调整管理机构,形成办事效率高的组织体系,加强内部管理产生一个优秀的管理团队。

（2）物资配备到位

一个目标物业的管理服务运作需要配备的物资较多，在项目开始运作时，可能只配备了一小部分。随着前期物业管理的全面展开，应根据实际需要逐渐配备到位。它包括：物业管理用房，现代化管理计算机系统，安全护卫必须的巡更系统等物资设备。

（3）管理制度建立健全

随着前期物业管理的深入开展，围绕着管理服务的规章制度应不断建立、修改、完善。尤其是管理服务的质量标准制度，客户服务制度，员工的绩效考核制度，岗位责任制度，一定要建立调整好，它是保证物业管理健康开展的基础。

2. 前期物业管理方案的制定

通过前期物业管理招标而中标的物业服务企业，在进入前期物业管理工作开展时，一个重要的工作内容就是针对该物业项目的具体特点把投标的管理方案进一步修改细化、补充、完善，最终确定前期物业管理方案。通常前期物业管理方案制定分为两个步骤：

（1）熟悉了解目标物业的基础资料

每一个项目都有各自的特点，只有详细掌握相关物业资料，才能对物业进行准确定位，进而对所需的物业管理进行服务定位，那么制定方案时所必须获取的基本资料主要有：

1）目标物业概况资料：主要包括物业类型；建筑类型；公共面积；绿化面积；单元套数；停车车位等。

2）设备资料主要有：

① 供水系统：变频供水还是水箱供水、供水能力及水泵电动机和泵的大小；

② 空调系统：每幢楼宇的空调数目和功率，冷却塔，风机和冷凝器及其功率；

③ 电梯系统：每幢楼宇电梯品牌、功率；

④ 防火系统：喷淋装置数量，报警装置数量，探测器数量，灭火器数量，泵的数量、类型和功率。

3）各种配套设施：会所、运动场地（包括网球场、排球场、羽毛球场地等）、雕塑景观。

4）绿化水系：树、草、花的种类、品种、水系景观面积大小、档次高低。

5）居住者资料：年龄结构、文化层次、职业状况、经济收入、兴趣爱好。

6）其他一些特色配套的设备、设施等。

（2）前期物业管理方案的基本内容

一般物业管理方案包括以下几部分：

1）目标物业概况；

2）对目标物业管理的整体设想与构思；

3）前期物业管理模式与组织架构；

4）管理与服务人员的配置及培训；

5）物业的基础管理：房屋建筑管理和房屋设备设施管理；

6）物业的综合管理：清洁、绿化、消防、安全和道路、车辆等；

7）管理方式、运作程序及管理措施；

8）管理指标及工作计划落实；

9) 物业管理财务预算、经费支出内容及成本控制；

10) 物资装备、预先投入；

11) 档案建立与管理。

（三）业 主 入 住

1. 入住的基本内涵

（1）入住的基本概念

入住（有的称之为搬迁，有的称之为入伙）通常是指建设单位将已具备使用条件的物业交给业主并办理相关手续。同时物业服务企业为业主办理物业管理事务手续的过程。入住过程涉及建设单位、物业服务企业以及业主，入住的完成意味着业主正式接受物业服务企业，物业已由开发建设转入使用，物业管理服务活动已全面展开。

（2）入住操作的模式

在新房办入住实践中，物业入住操作的模式主要有两种。

1) 以建设单位为主体，由物业服务企业相配合的作业模式。此模式特点是建设单位具体负责向业主移交物业并办理相关手续。在逐项验收通过业主的自己物业之后，领取钥匙。在此基础上，物业服务企业再可继续办理物业管理相关手续，如领取物业管理资料，缴纳相关费用等。

2) 建设单位将入住工作委托给物业服务企业，由物业服务企业代为办理入住手续。

无论采取何种入住手续操作模式，物业入住的内容和程序都是一致的。但是建设单位和物业服务企业各自职责不同，从房产移交的角度来看，入住的实质均是建设单位向业主交付物业的行为，建设单位应承担相关法律责任和义务。物业服务企业只是具体办理相关手续。

2. 入住服务的程序及手续

（1）入住的准备

入住服务是物业服务企业首次直接面对业主提供相关服务，关系到业主对物业服务的第一印象和认知的大事，物业服务企业应从各个方面做好充分的准备，迎接业主入住的到来。

1) 资料准备。主要包括以下内容：

①《入住通知书》，是建设单位向业主发出的办理入住手续的书面通知；

②《物业验收通知》，是建设单位告知业主在物业验收时应掌握的基本知识和应注意事项的提示性文件；

③《业主入住验收表》，是记录业主对房屋验收情况的文本；

④《业主（住户）手册》，是由物业服务企业编撰，向广大业主、物业使用人介绍物业基本情况和物业管理服务项目内容和服务指南性质的文件；

⑤ 物业管理有关约定。

2) 其他准备

① 制订入住工作计划；

② 入住仪式策划；

③ 入住环境的准备。

（2）入住流程

根据业主入住实践，其流程大体如下：

第一步：登记确认。业主凭入住通知书，购房发票及身份证登记确认。

第二步：签字确认。验收房屋并填写《业主入住房屋验收单》签字确认。

第三步：缴纳费用。提交办理产权所需要资料，签订委托协议，缴纳费用。

第四步：签订物管协议。签署有关物业管理服务的约定。

第五步：缴纳物管费。根据物业服务约定，规定时间内交纳物业服务费。

第六步：领取相关资料。领取《业主(住户)手册》等相关文件资料。

第七步：领取钥匙。这是最后一道程序，意味着入住过程告一段落。

（3）入住手续

第一步：持购房合同，入住通知书等进行业主登记确认。

第二步：房屋验收。填写《业主入住房屋验收表》建设单位与业主核对无误后签章确认。

第三步：代办产权手续，提供办理产权的相关资料。

第四步：建设单位开具证明，业主持此证明到物业服务企业继续办理物业入住手续。

第五步：业主与物业服务企业签署物业管理的相关文件。如物业管理收费协议，车位管理协议，装修管理协议等。

第六步：入住后，根据大家生活反映，缴纳物业管理及其他相关费用。

第七步：领取提供业主的相关文件资料。

第八步：领取物业钥匙。

3. 开展入住服务应注意的问题：

物业入住在物业管理服务中是一项烦琐而又细致的工作。既要求快捷高效，又要求井然有序；既要考虑工作流程，又要考虑业主办入住手续方便。所以在做此项工作时一定要注意以下几个重点问题。

（1）业主入住实行一站式服务，流水作业，方便业主办理有关入住手续。在办理入住时，物业建设单位、物业服务企业和相关部门应集中办公，形成一条龙式的流水作业，一次性解决业主入住初期所有问题。

（2）应合理安排业主入住服务时间，根据入住者实际状态，在广大业主集中办理时，可采用弹性工作方式，如提早开门迎客，推迟下班延长服务时间。

（3）办理入住手续的工作现场，应张贴入住公告及业主入住流程图，并在显要位置张贴，方便业主了解掌握，加快入住进程。

（4）指定专业人士负责业主办理入住手续时的各类咨询引导，以便入住工作有秩序地进行，保障现场秩序井然。

（5）注意安全保卫，入住期间不仅有室内手续办理，还有现场验房等流程，有些楼盘的现场施工还未完结，现场人员混杂，因此特别注意业主人身安全和财产安全。

四、装修管理

（一）物业装修基本概念

1. 物业装修管理的定义

所谓物业装修管理通常是指对物业装饰装修过程的管理、服务和控制，规范业主、物业使用人装修行为，协助政府行政主管部门对装修过程中的违规行为进行监督和纠正，从而确保物业的正常运行使用、维护全体业主合法权益。

2. 物业装修的内容

物业的装修主要包括以下两个方面内容：

(1) 业主对拥有专有部分产权或者使用人对拥有独立使用权部分的装修。例如业主或使用人自行或者委托他人对住宅或办公室等在入住或使用前的装修。

(2) 共用部分的装修，这是指物业服务企业对物业区域内公共部位，也可能因为定期或者临时性的装修、修缮而进行建筑物装潢工程施工。

3. 物业装修管理中的法律规定

装修是大多数业主入住后必不可少的一项工作。这个环节过程较长，而且许多业主缺乏专业知识，往往在装修中只考虑个人兴趣爱好，而容易忽略了房屋结构安全以及侵犯他人利益和公共利益行为。根据建设部《住宅室内装饰装修管理办法》规定，强化法治意识，明确法律行为，主要体现以下几个方面：

(1) 明确了装修过程中防止出现的禁止的行为

根据《住宅室内装饰装修管理办法》规定，装修禁止的行为主要有：

1) 未经原设计单位提出的设计方案，变动建筑主体和承重结构；

2) 禁止把没有防水要求的房间或者阳台改为卫生间，厨房；

3) 禁止盲目扩大承重墙原有的门窗尺寸，拆除连接阳台砖、混凝土墙体；

4) 禁止损坏房屋原有节能措施，降低节能效果；

5) 禁止破坏、建筑主体，有的称之为承重结构（主要包括：屋盖、楼盖、梁、柱、支撑、墙体、基础等）。

(2) 明确业主在装修过程中应负的责任和义务

为了保证装修过程中，不损坏建筑主体结构，必须强化明确业主在装修中应承担的责任和义务，主要有：

1) 提出申请并批准。业主在装修前向物业服务企业进行申请登记，领取《装修管理办法》。

2) 与物业服务企业签订协议。业主提出装修申请被批准后，装修人就必须与物业服务企业签订住宅装修管理服务协议。物业服务企业根据装修协议，应对装修活动进行监督检查。

3) 装修人必须按照被批方案开展装修，如有变动须经物业服务企业认可才可开展工作。

(3) 物业服务企业在装修中应负的责任

根据《住宅室内装饰装修管理办法》规定，物业服务企业应该起到以下作用：

1) 住宅室内装修管理是物业管理的基本内容和重要组成部分，物业服务企业应该做好申报、登记、监督、竣工验收工作；

2) 物业服务企业要与装修人签订管理服务协议，依据协议对装修人进行监督管理；但它不同于政府的行政管理行为，不具有行政处罚权。双方行为都受协议的约束，都要对协议内容承担违约责任；

3) 物业服务企业应在业主装修前，应将住宅装修工程的禁止行为和注意事项告知装修人和装修人委托的装饰装修企业。

(二) 物业装修管理流程

装修流程既是物业管理内部管理程序，又是方便业主了解装修管理的公示性标记。

1. 流程示意图

装修流程图详见图 5-1-14。

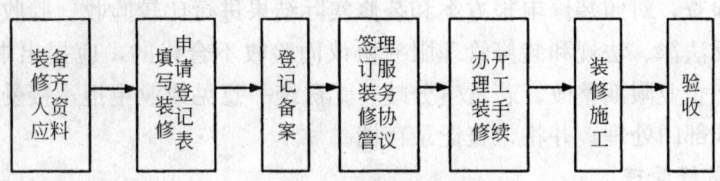

图 5-1-14 装修流程图

2. 流程图中的重点内容说明

（1）装修人应备齐资料

主要是由装修人及聘请的装修企业分别准备和提供。一般包括：物业所有权证明，申请装修人的身份证原件和复印件，装修设计方案，装修施工单位资质，原有建筑、水电气等改动设计和相关审批等资料。

（2）登记备案

物业服务企业在装修登记备案时，可以以书面形式将装修工程的禁止行为和注意事项告知装修人和装修企业，并督促装修人在装修开工前主动告知邻里。

物业服务企业应详细核查装修申请登记表中的装修内容。有下列行为之一将不予登记：

1）未经原设计单位或者具有相应资质等级的设计单位提出设计方案，擅自变动建筑主体和承重结构的；

2）将没有防水要求的房间或者阳台改为卫生间、厨房的；

3）扩大承重墙上原有的门窗尺寸，拆除连接阳台的砖、混凝土墙体的；

4）损坏房屋原有节能设施，降低节能效果的；

5）未经城市规划行政主管部门批准搭建建筑物、构筑物的；

6）未经供暖管理单位批准拆改供暖管道和设施的；

7）未经燃气管理单位批准拆改燃气管道和设施的；

8）其他影响建筑结构和使用安全的行为。

（3）签订《物业装修管理服务协议》

在物业装修之前，物业服务企业和装修人应签订《物业装修管理服务协议》约定物业装修管理的相关事项，应主要包括以下内容：

1）装修工程的实施内容；

2）装修工程的实施期限；

3）装修施工的时间和日期；

4）废弃物的清运和处置；

5）禁止行为和注意事项；

6）管理服务费用；

7）违约责任；

8）发生纠纷矛盾解决的方法与途径；

9）其他需要约定的事项。

（4）验收

装修人在装修完工之后，通知物业服务企业进行验收，物业服务企业应按照管理服务协议进行现场检查，对照装修申报方案和装修实际结果进行比较验收。验收合格签署书面意见。对因违反法律、法规和装修管理服务协议而验收不合格的，应提出书面整改意见，要求业主和施工企业限期整改。若发生分歧，无法统一意见或业主拒不接受的，应报请城市管理有关行政部门处理，并将检查记录存档。

（三）物业装修管理

1. 装修管理内容

装修管理是一个系统工程，要真正达到科学管理、细致服务；不仅要严格遵守装修管理流程，更重要的是对装修队伍进行管理，对装修全过程进行控制，主要抓好以下五个方面：

（1）市场管理

对于装修人员的身份确认外，还要对装修企业资质的确认，以及从业人员应有从业者的上岗证书。防止在装修过程中出现重大事故。

（2）质量管理

强调装修过程中，不能擅自变动涉及房屋整体安全的部分和设施；不能破坏公共部分和他人房屋的使用。在保证房屋结构安全性下提出装修用的材料，注意对装修施工企业资格的限定。

（3）安全管理

认真做好防火、防盗、防渗漏和各种由于装修过程中可能会带来意外事故的防范工作。物业服务企业应该指导业主接电、接水，并随时检查装修施工是否采取必要的安全措施和消防措施。

（4）环境管理

环境管理除了施工过程中加强管理，防止违规违章行为发生之外；还包括对于施工时间、垃圾处理（指定装修垃圾放置点和放置时间）做出规定。保证不扰民、不破坏小区整洁。

（5）验收管理

在装修过程中，物业服务企业应随时检查，对隐蔽工程要在隐蔽前进行验收，确认整个装修行为符合有关规定。如果装修人违反装修规定，造成违章后果，物业服务企业应该在预告基础上，向相关行政主管部门申诉，否则物业服务企业不作为的行为也应该对后果负一定责任。

2. 物业装修现场管理

物业装修的现场管理是物业管理活动中的重点与难点。为了让装修健康开展应做好以下工作：

（1）把好出入关，工作有序进行

由于装修工人的来源控制有很大的不确定性，施工过程中的自我约束不足，随意性很大，施工单位管理不力等原因。因此，在物业装修期间，物业服务企业应严格物业装修进出口人员和材料管理，凡未佩带物业装修施工标识的施工人员和其他闲杂人员，不得进入住宅小区（楼宇），保证装修人员管理的有序化、规范化。

（2）加强巡视，减少违章

物业装修期间，物业服务企业应派专业技术人员、管理人员，加强对物业装修管理巡视力度；对有违章苗头的装修户，要重点巡视、频繁沟通，做到防患于未然。出现违规违章行为，要晓之以理、动之以情，必要时报告有关行政主管部门处理。

（3）规范作业时间，维护业主利益

物业装修管理要特别关注装修人施工作业时间，避免影响其他业主和使用人的正常生活和工作秩序。通常装修时间控制在其他业主（使用人）上班不在家时。中午、晚上，业主（使用人）下班回家时，就应停止装修，避免影响其他人休息，产生矛盾纠纷。

（4）强化管理，保证安全

物业集中装修期间，要增派人力，做到普遍巡查和重点检查相结合。一方面，检查所有装修项目是否登记备案；另一方面检查装修内容、项目有无私自增加。巡视过程中发现新增装修项目，须指导用户及时申报、办理相关手续。除此之外还要检查、操作是否符合安全要求，施工现场防火设备是否配备，现场材料堆放是否安全，垃圾是否及时清运，有无乱堆放等。

3. 装修管理应注意问题

装修是业主入住后必不可少的环节，也是与物业服务企业发生矛盾纠纷最多的时期，为了使物业服务企业减少与业主（使用人）因装修发生矛盾，应注意处理好三个问题。

（1）服务与控制的协调性

服务与控制是装修管理过程中的一对矛盾，如何处理充分体现了物业服务企业的管理水平和技巧。物业服务企业的管理工作也是受产权人委托所开展的服务，而装修管理工作的核心是对装修人各项装修行为的控制，甚至是约束。如何做好控制和服务，解决好这一对矛盾，使业主得到最大程度的满意，树立良好的服务形象。物业服务企业应多动脑筋、换位思考、规范行为。

（2）登记备案要防止疏漏

在装修项目申报登记备案时，防止业主申报方案简单、规范，装修时则是另外一种状态，物业服务企业必须到现场对所附图纸进行核对，以防疏漏，或有大的拆动项目的漏报，尤其是多层建筑，一般情况下多数墙体为承重墙，如进行拆打一定需要谨慎检查，确保结构安全。

（3）装修违规、违约行为的处理

在大面积住宅装修情况下，或在多家公司进行装修的写字楼内，由于物业服务企业的人员、技术水平不足或一些意外原因，导致一些违章装修行为出现，甚至出现了违章后果。此时物业服务企业应该冷静思考、认真分析，有理有节与装修人对话，并以国家颁布的法律法规以及与业主装修人签订的物业管理服务协议为依据进行工作，希望装修人主动自觉拆除违章。如业主装修人不予理睬，物业服务企业应向相关行政职能部门反映，由政府行政部门按章处理。

五、物业管理档案管理

（一）档案管理的基础知识

1. 物业管理档案的内涵

何谓"档案"，《辞海》里解释为：凡具有查考使用价值，经过立卷归档集中保管起来的各种文件材料。档案的内涵有三种含义：一是具有查考使用价值，档案可以见证历史重大事件，可以了解重大活动，可以记录一个国家、一个企业发展的全生命过程；二是要立卷归档集中保存。许多记录资料，如：建筑物的施工图纸、各种设备安装图纸，在建设时期不成为档案，但竣工验收完成以后，并通过立卷归档集中保存，此时这里的图纸就成为档案内容；三是各种文件材料包括：收发电文、会议记录、电话记录、技术文件、出版物原稿、各种图纸、财会簿册、照片、影片、录音资料，以及具有保留价值的各种文书等。

物业管理档案的内容包括：物业权属资料、物业的规划设计资料及图纸、各类设备技术资料和验收文件、业主(物业使用人)的权属档案材料、个人资料、物业运行记录资料、物业维修记录、物业服务记录和物业服务企业行政管理及物业管理相关合同资料等。

2. 物业管理档案的分类

物业管理档案是记载物业及物业管理服务各个方面的历史记录，物业管理常用的档案分类有以下几种：

(1) 按照物业管理服务类型分类

根据物业管理基本内容分为三类，即：常规性公共服务、针对性专项服务、个别人需求特殊服务，以及围绕着业主(使用人)权属资料、个人资料来分类。对于常规性公共服务再可以细分：建筑主体保养及维修管理服务；设备设施维修保养、运行管理、技术资料管理服务；物业环境的保洁卫生管理服务；公共秩序、安全护卫管理服务的各类检查、登记以及记录；道路车辆管理与服务以及停车场管理与服务；园林绿化维护保养，以及各类名贵树木保养维护记录等。

此类分法特点：可以按照物业管理基本内容非常便利地查出所有服务的记录，以及所发生的重大事件。对于全面了解物业管理较为直观。

(2) 按年度分类法

根据物业管理服务的工作形式和处理文件的年度，将全宗内档案分成各个类别。按年度分类符合档案按年度形成的特点和规律，能够保持档案在形成时间方面的联系；也可以反映出物业服务企业每年开展工作的内容、效果和各方面的反映；也可以比较分析出物业服务企业逐年发展变化情况，便于按年度查阅和利用档案。

(3) 按组织结构分类法

按照物业服务企业内部的组织结构，把全宗内档案分成各个类别。按照组织机构分类最能反映出每件活动开展过程中的领导机构决策、指示以及负责人的指挥水平，客观反映各组织结构工作活动的历史面貌，便于按一定专业查阅档案。同时通过组织机构分类，也可以看出物业服务企业内部机构工作状况及工作饱满程度，从而为领导设立组织机构的合理性、科学性提供依据。

3. 物业管理档案的存放

(1) 确定档案存放的地点及文件柜

档案是历史的记录，也是信息源，因此档案保管需要有专门的地点(常称档案室)存放。档案室大小应有档案卷宗数量和未来不断增加可能量来确定。档案室要求要通风、防止霉变，这样才有利于档案的保存。除了存放地点需要之外，还需要配备一定数量文件柜和文件架。所有档案需要排序上架。文件柜多少及文件架数量需根据物业服务企业托管物业面积大小及数量有关，也要根据物业服务企业档案建立时间有关。也即是物业服务企业应根据企业管理拓展规模以及企业多年来管理业务档案的数量，确定一个适合本企业档案管理的档案室及配置一定数量的文件柜，保证档案的存放。

（2）根据分类法编排目录，上架存放

有了存放档案的文件柜，就需要根据本企业物业管理服务工作的实际情况以及本企业管理服务水平与经验来确定采用哪种工具进行编目，并明确哪个文件柜存放哪一类档案，并做出明显标记，以便存放和检索取用。一般物业服务企业常常按两类分类法来设立档案目录，便于查找。即分为基础性档案和物业管理服务工作开展档案。

1）基础性档案

基础性档案主要包括：

客户资料档案。是指业主入住期间收集的业主的许多基础性资料，为以后物业服务企业开展服务奠定基础。

承接查验基础资料档案。物业服务企业在接管之前，首先进入物业承接查验阶段，而这部分查验资料比较重要，它是未来物业管理服务顺利开展的基础性资料。今后，一旦物业管理服务活动中（尤其是公共设施设备出现故障）发生问题，就会查找原始验收情况，因此这类档案资料应设置专架专柜。

物业日常管理服务收集资料档案。物业服务企业在开展日常物业管理服务过程中的各类记录、维护保养记载以及相关资料，这类资料档案面广量大，需要配置一定数量的文件柜。

重大事件资料档案。物业服务企业在接受物业管理服务开始，凡是影响企业、影响业主的一些重要事件记录以及发生在企业中重大事件都进入重大事件资料档案。

2）以物业管理服务工作分类的档案

按照物业管理服务的主要内容而建立的档案主要包括：

建筑物业资料档案。围绕着物业服务企业管理服务建筑主体的规划方案、施工图纸及房屋定期检查、维修、养护记录，甚至房屋主体局部修理的方案、施工情况、质量检查的记录都应归为档案之中，便于查阅。

设施设备资料档案。物业服务企业所管辖区内的各类设施设备应编号入册，同时各设备的技术资料、运行记录，维修保养记载，以及围绕设备设施发生的重大事故及处理，应归为档案之中，便于查阅。

物业环境卫生管理资料档案。主要有物业服务辖区内，所有垃圾中转站管理资料、卫生保洁流程及检查考评资料、卫生管理中出现的重大失误造成影响资料，对各类虫害防治的资料，都应归为档案，便于查阅。

园林绿化资料档案。主要有物业服务辖区内的园林环境策划、布置资料，以及有关园林建设施工图，区域内的名贵树种及花卉。各类绿化管理的资料都应当归档，便于查阅。

公共区域秩序安全管理资料档案。公共区域秩序安全主要包括：安全护卫防范管理服务、消防安全管理服务，以及车辆停放安全管理服务三大部分内容。每一部分档案资料又分为许多细节，例如公共秩序安全护卫，应包括：门岗、巡逻等执勤的规章制度、门岗出入管理登记记录、巡逻的路线流程、各类安防技术系统（闭路监控系统、红外报警系统、门禁系统）设备的技术指标及操作要求、突发事件的应急方案等应归入档案，便于查阅。同样，消防安全管理、车辆停放安全管理也需要进一步细分，按各自不同要求归档，便于查阅。

（二）物业管理档案收集、检索、保存

1. 物业管理档案的收集

物业服务档案收集一般是按照物业服务流程分类进行的，通常分为物业承接查验期档案、物业入住档案和物业日常管理期档案。

（1）物业承接查验期物业服务档案收集

此阶段档案收集内容主要是被承接查验物业及附属设施设备的权属、技术和验收文件，一般称之为物业基础资料档案。物业承接查验期档案收集范围较为明确，主要是权属资料档案、技术资料档案和验收文件档案。档案收集索取对象较单一，主要是建设单位。

（2）物业入住期档案的收集

物业入住期物业服务档案收集工作重点主要集中在物业业主（物业使用人），档案资料收集的范围是业主档案资料和相关档案资料的收集，主要集中在权属档案资料、个人资料等。而这类资料涉及业主的切身利益及私密性，物业服务企业在进行入住时一定要组织好，并由专人负责。对业主的权属资料、个人资料核对原件之后归还给业主（物业使用人）。物业服务企业档案资料仅保存复印件。

（3）日常物业管理档案的收集

日常物业管理期档案主要包括物业运行记录档案、物业维修记录档案、物业服务记录档案，及物业服务企业行政管理档案。

1）物业运行记录档案

收集范围主要是：建筑物运行记录档案和设施设备运行记录档案。

2）物业维修维护记录档案

收集范围主要：是建筑物维修维护记录档案和设施设备维修维护记录档案。

3）物业服务记录档案

收集范围主要是：公共区域内清洁服务记录、小区安全巡逻记录、小区业主装修管理服务记录、社区活动记录和投诉管理记录等。

通常日常物业服务各类记录以月为单位。相关业务部门收集立卷后，向档案室移交，每年由档案室整理。以一年为单位的档案资料，便于查阅。

2. 物业管理档案的检索利用

整理档案目的就是发挥档案作用，让档案可以通过检索发挥其效用。物业管理档案通常有纸介质和电子媒体形式两类。

（1）纸介质档案检索

纸介质档案检索，其检索工具种类很多，物业管理档案管理常用的检索工具有：目录、簿式索引、指南、卡片式检索工具等。常用检索工具的编制方法一般为分类卡片目录。根据档案分类的逻辑关系建立的目录体系，这类目录优点是系统性、灵活性高，但需要花费一定时间进行归纳。

（2）电子媒体档案检索

通常是保存于电脑硬盘的文字和图形图像资料。这类资料一般是以数字形式存储的。最大特点是较好保存，不占过多空间。

3. 物业管理档案的保存

物业管理档案是需要保存才有价值的。如何确定保存期呢？目前，国家确实没有统一规范明确。通过对物业管理服务的实践的摸索与总结，从以人为本及科学发展观的高度来分析，物业管理档案保存期可分为三类。

（1）永久性（无限期）

1）主要是有关物业及重要附属设施设备的基础性文件资料、有关更新改造、大中小修的会议决议文件、记录、验收报告和技术参数；

2）有关物业管理服务工作中产生的重要决议、决定、合同协议、工作计划、统计报表及相关请示、报告等；

3）业主及业主大会的基础资料、会议决议、请示报告、记录等文件。

（2）长期性（通常划定为 20 年以上）

1）主要是有关物业服务企业工作的年度计划、总结、报告；

2）与物业相关的附属设施设备基本技术和商业资料、维修合同和记录大中小修、更新改造记录和会议决议等文件；

3）物业主体及重要附属设施设备的维修记录。

（3）短期性（通常划定为 10 年以内）

1）主要是小型设施设备更新、维修记录；

2）有关物业管理服务和运行记录相关文件和记录；

3）环境卫生与安全护卫管理记录和登记。

（三）物业服务企业信用档案

1. 物业服务企业树立诚信的重要性

（1）诚信是市场经济的重要标志

市场经济中，诚信是最基本的游戏规则。没有诚信，市场经济建设便寸步难行。因为在各类经济活动中，主体之间往往是以合同为基础而展开彼此的合作与互动，能否按合同办事，能否做到"言必信，信必果"，这就考验着每个主体的诚信。市场又是产品最好试金石，人们经过盲从之后，学会比较，消费观念变得更清晰。虽然目前市场上充满着形形色色的广告，这些广告投入无疑对产品（企业）起到了知名作用宣传，但广大老百姓真正认知企业的则是产品质量、公司的诚信、企业领导人的责任感。

（2）物业管理服务更需要诚信

物业服务企业的产品是服务，而服务产品有别于其他一般产品（通常产品是有形的、固有的、直观的形态），主要是无形的、隐性的、间接的，常常会使人感到一种虚拟状态，这也正是许多业主（使用人）对物业管理服务提出质疑所在。为了使广大业主（使用人）真正享受到物业服务，让大家感到物业服务企业产品是实实在在的，就需要通过物业服务企业诚信度，树立形象。而物业服务企业诚信度又要靠服务质量、服务手段、服务意识和服务方法来展开。

（3）诚信是塑造企业品牌、信誉的重要保证

物业服务企业是面对着千家万户开展服务工作，是为广大业主（使用人）安居乐业在做贡献。因此物业服务企业的品牌塑造不是靠"包装"渲染和作秀，而是靠踏踏实实地做事，靠全心全意地服务，赢得广大业主信赖。俗话说："金杯、银杯，不如百姓的口碑。"所以诚信才是物业服务企业赢得业主（使用人）的信赖，才是塑造企业品牌的坚实根基，品牌信誉则是物业服务企业核心竞争力，是企业做大做强的无形资产。

2. 物业服务企业信用档案建立

（1）诚信与信用两者的区别与联系

诚信即诚实守信，是一种精神与原则，是一种道德和行为准则，在社会交往与经济活动中必须遵守。信用就是对诚信精神与原则的应用，信用已成为一种多层面、多含义的概念。在一切交往与经济活动中，信用主要指行为主体遵守诚信原则，守诺践约，获取他人信任。这种信任构成了整个社会运行的信用环境，是建立维护社会秩序的基础。由此可见，诚信是一切信用形式的共同基础。

市场经济中，社会经济关系往往表现为信用关系。经济活动主要方式是建立在诚信原则基础上的信用交易，例如：消费信贷、信用卡、信用证、债券等，这些信用交易扩大了市场，提高了交易效率，促进了经济发展。所以市场经济中，一般社会关系中诚实守信的道德规范与行为原则和经济活动的交易规则紧密统一起来，这就是市场经济遵守的诚信原则。

（2）物业服务企业信用档案工作指导思想

建立物业服务企业信用档案指导思想是：通过对计算机和网络信息技术应用，建立客观公正的物业服务企业信用档案系统，为各级政府部门和全社会公民监督物业服务企业及执（从）业人员市场行为提供依据，为社会公众查询企业和个人信用信息提供服务，为社会公民对物业服务领域违法违规行为的投诉提供途径。目的是为了整顿和规范物业管理市场秩序，规范物业服务企业的工作人员的服务行为，增强物业服务企业的信用意识，提高行业诚信度和服务水平，让中国的物业管理行业得到快速发展。

（3）物业服务企业信用档案的建立范围确定

根据建设部 2002 年颁布的《关于建立房地产企业及执（从）业人员信用档案系统通知》（建住房函［2002］192 号文）明确了物业管理信用档案建立范围要求，按照"统一规划，分级建设，分步实施，信息共享"原则，物业服务企业及物业服务执业人员信用档案分为两个层次建立：

1）建设部负责全国一级资质物业服务企业及执业人员信用档案系统的建立和监督管理。中国物业管理协会受建设部委托承担系统管理部门的工作，负责一级资质物业服务企业信用档案信息的采集、整理、更新及日常管理工作。

2）地方物业管理行政主管部门负责二级资质以下物业服务企业及执业人员信用档案系统的建立和监督管理。

3. 建设物业服务企业信用档案的目标、要求与内容

（1）物业服务企业信用档案建设目标

物业服务企业信用档案工作总体目标是：以物业服务电子政务系统、物业管理行业协会自律管理系统和企业经营管理系统为基础，形成覆盖物业管理行业所有企业及执业人员的信用档案系统，并通过网络系统与各地区的物业管理行政主管部门、行业协会互联互通。

（2）物业服务企业信用档案建设要求

为了使建立起来的物业服务企业信用档案系统更好地发挥作用，为物业管理行业做出贡献，应做到以下几点：

1）提高认识，加强领导。全国各级物业管理行政主管部门应提高认识，加强领导，积极组织、指导和推动物业服务企业信用档案系统建设工作。

2）扩大建设覆盖面。为了使信用档案对所有物业服务企业发挥作用，扩大物业服务企业信用档案的覆盖面。凡是从事物业管理服务企业和执业人员都应纳入物业服务企业信用系统。

3）保证信息全面、准确。物业服务企业活动中涉及方方面面，它既与政府职能部门相连，又与建设单位相连，更与广大业主（使用人）相连，因此，对物业服务企业及执业人员经营活动信息了解，应该多渠道，多信息，既要收集好的，也要收集违规违法以及受到处罚等情况，进入信用档案，保证信息全面、准确。

4）及时做好更新工作。目前世界已进入信息时代，高科技不断涌现，特别是互联网的诞生，缩短了时间、空间与距离，因此，为了更好地全面地了解物业服务企业的工作、业绩以及违规、被投诉情况，物业服务企业信用档案记录信息应经常更新，至少每季度更新一次。

5）统一平台，统一标准。为了信息畅通、资源共享，同时体现管理服务考核水平统一性，对物业服务企业信用档案系统进行建设和完善，并与全国物业管理信用档案系统数据平台联通。

（3）物业服务企业信用档案的记录内容

物业服务企业信用档案的记录内容主要包括：企业的基本情况以及开展物业管理服务的经营活动中出现的各种行为记录，主要包括下内容：

1）企业基本情况：企业名称、办公地点、注册资本、管理面积、管理类型等；

2）企业主要管理人员情况：法人代表、自然状况、企业副总经理、总工程师、总经济师、总会计师等学历情况、专业任职情况等；

3）企业良好行为记录：企业受到表彰时间、获奖名称、获奖内容、颁奖单位；

4）企业不良行为记录：企业收到处理事项、处理时间、处理原因、处理结果等；

5）物业管理服务项目情况：项目名称、项目所在地址、项目开发建设单位、项目获取方式、项目类别、项目失去原因等；

6）项目主要管理人员情况：项目名称、管理处主任（副主任）、或者项目公司名称；

资质年审情况：企业名称、企业申请意见、所在地区主管部门意见等内容。

4. 物业服务企业信用档案中的投诉处理

（1）影响企业诚信度，产生投诉的原因

1）价值观念扭曲，使管理服务人员信用水平下降。社会价值观念是引导人们实现自我价值的航标，在实行社会主义市场经济的今天，许多人过多关注经济价值，重视个人价值、个人利益。在处理公众利益和自我利益关系方面，容易从一个极端走向另外一个极端，致使社会价值观念失衡，诱导人们的行为失范。在物业管理服务中，便出现了只收费，不服务，收了费，少服务，质价不符矛盾等，一些业主便通过各类渠道开始投诉。

2）社会职能的转变，促使一些企业"向钱看"，导致服务水平下降。随着我国经济体制改革，企业与政府及社会之间的责、权、利关系产生了变化。许多企业把"发展企业、追求利润"作为惟一的追求。企业对员工的教育、考核都是以经济指标画线的，导致企业和员工图经济利益，图眼前利益，图企业自身利益，而视社会利益、业主利益、长远利益被于不顾。自然在为业主开展的物业管理服务中产生矛盾，引发业主的投诉与诉讼。

3）法制环境不完善影响企业信用水平提高。现有的法律环境对企业的影响较大的，主要体现在两个方面：一是法律制度不完善，使得有关政府部门缺少对企业失信行为的查处的法律依据；二是执法不严，一些缺乏诚信的企业，做错了事没有得到应有惩罚教育，相反却产生了侥幸心理，使得企业失去了提高信用的积极性。企业信用水平不高，必然在物业管理服务工作中很难认真地全心全意为业主服务，也就自然与业主常发生矛盾、纠纷。业主在无法解决和沟通的前提下，进行投诉是常理之道。

（2）物业服务企业信用档案投诉处理流程

信用档案管理部门对收到投诉信息进行登记、整理和分类，并根据投诉对象和投诉内容，分别提交有关部门进行核查或转给被投诉企业处理。

投诉信息转给被投诉企业后，被投诉企业应在15天内将处理意见反馈给信用档案管理部门，反馈意见应由当地物业服务行政主管部门签字盖章。

第五节 物业服务企业的组织形式和机构设置

一、物业服务企业的组织形式

一般来讲物业服务企业的组织形式设置，则需要根据物业规模、物业服务企业的大小、服务管理目标、企业领导人的才华等因素决定。通常物业服务企业的组织形式有直线制、直线职能制、事业部制、矩阵制等。

（一）直线制

直线制是简单的企业管理组织形式。其特点是企业各级领导亲自执行全部管理职能，按垂直系统直接领导，不设置职能机构（如图 5-1-15 所示）。这种组织形式适用于业务量较小的小型物业服务企业的初期管理。

直线制的优点：领导集指挥和职能于一身，命令统一、职责明确、指挥及时、问题处理果断、效率高。

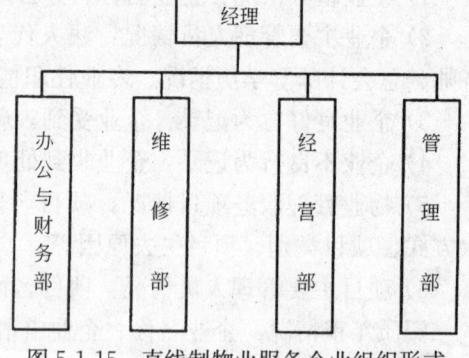

图 5-1-15 直线制物业服务企业组织形式

直线制的不足：各级管理集中于一人，要求领导者需要通晓各种专业知识和技能，具有这样才能的人较少。直线制较难以适应复杂业务的管理，与现代化管理要求甚远。

（二）直线职能制

直线职能制是以直线制为基础，在各级主管人员的领导下，按专业分工设置相应的职能部门。直线职能制吸收了直线制和职能制优点，在各级领导者之间设置相应的职能机构和人员。同时将管理人员分成两类：一类是行政指挥人员；一类是职能管理人员，他是行政指挥人员的参谋和助手，无指挥权，只有受行政指挥人员委托时，才有在自己主管的业务范围内下达指挥任务。详见图 5-1-16 所示。

直线职能制优点：机构设置较简单、重点突出、形式灵活，加强了专业化管理职能，易于管理和及时调整；既能发挥职能机构专业管理作用，又便于领导统一指挥，适应了涉及面广、技术复杂、服务多样化的物业服务企业。

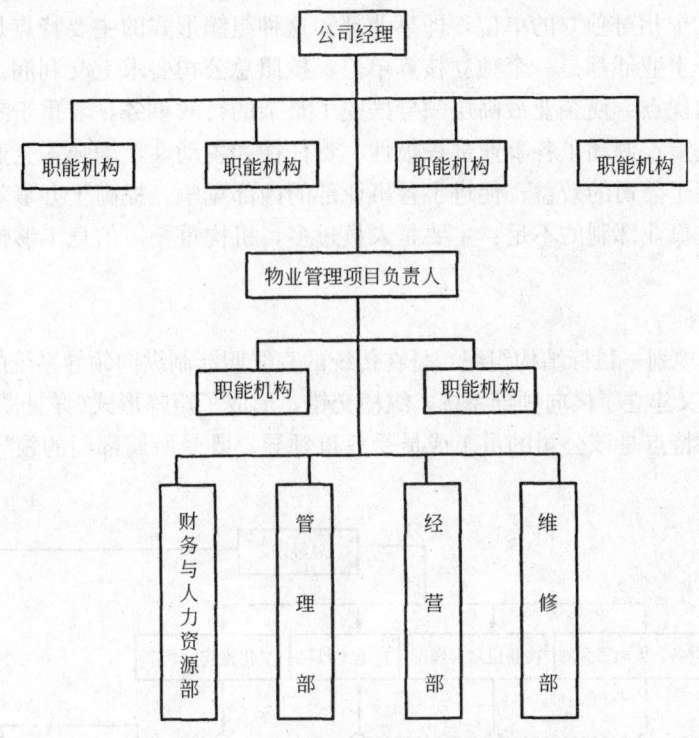

图 5-1-16 直线职能制物业管理组织形式

直线职能制不足：机构人员较多、成本较高、横向协调困难，容易造成扯皮，信息沟通带来障碍，降低工作效率。

（三）事业部制

事业部制是目前较为现代化的一种组织形式，是管理产品种类复杂、产品差别较大的大型物业集团公司采用的一种管理的组织形式（详见图 5-1-17）。这类集团公司按产品、地

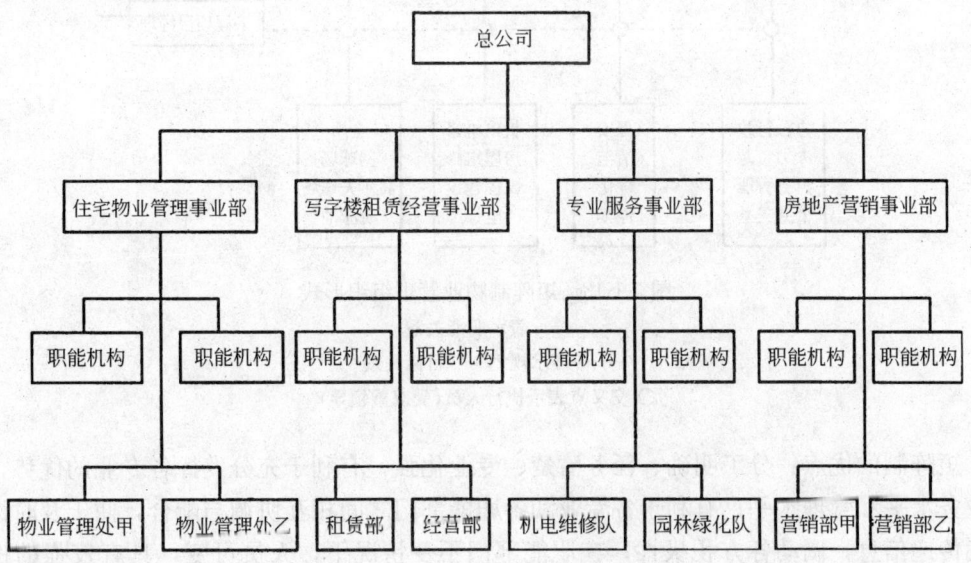

图 5-1-17 事业部制物业管理组织形式

区或市场分为几个相对独立的单位，即事业部。这种组织形式的主要特点是：按业务实行分权管理，每个事业部都是一个独立核算单位，按照总公司要求上交利润。自负盈亏。

事业部制的优点：使企业最高层领导摆脱了繁杂的行政事务，着重于考虑研究企业发展重大事情的决策；调动了各事业部积极性、责任性和主动性，增强了企业的活力；成本测算下移，提高了公司的效益；促进了各事业部的内部竞争，提高了办事效率，便于优秀人才脱颖而出。事业部制的不足：主要是人员过多，机构重叠，信息不够畅通，事业部之间的协调困难。

（四）矩阵制

矩阵制又称规划—目标结构组织。是在传统的直线职能制纵向领导系统的基础上，按照业务领域的需要又建立了横向领导系统，纵横交错，形成了矩阵形式（详见图 5-1-18）。这种组织形式的主要特点是该公司的员工成员受双重领导，既受所属部门的领导，又受项目组织领导。

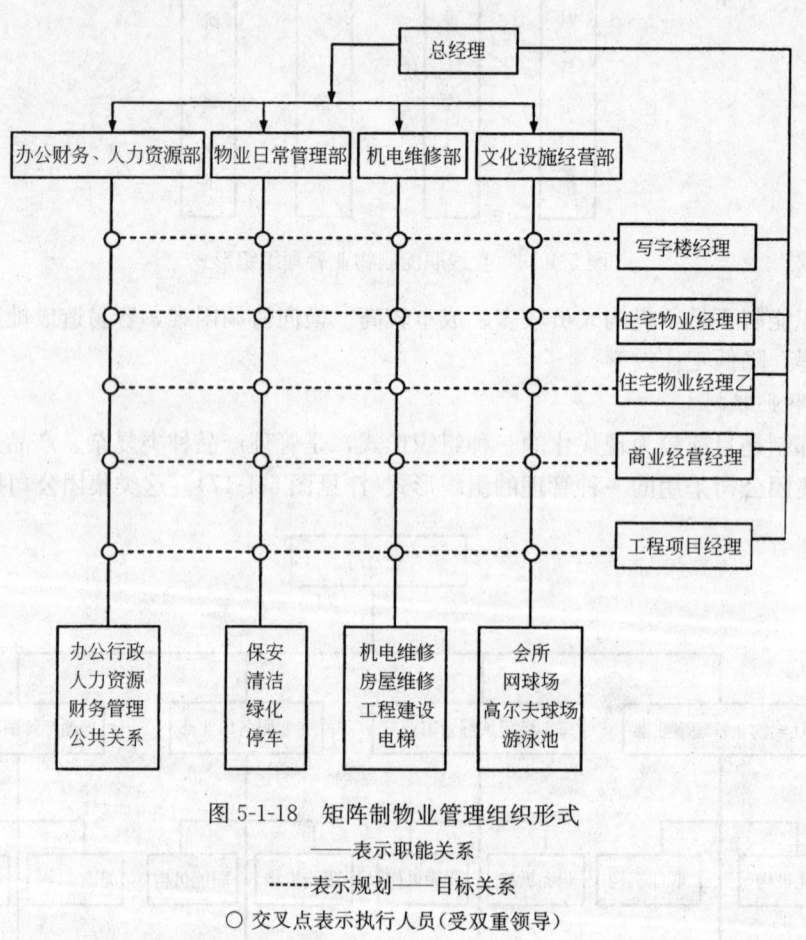

图 5-1-18　矩阵制物业管理组织形式
——表示职能关系
------表示规划——目标关系
○ 交叉点表示执行人员(受双重领导)

矩阵制的优点：分工明确、任务清楚、专业化强，有利于充分发挥各专业的优势，提高业务水平和管理水平；有利于各专业和各职能部门之间相互协调与配合，便于及时沟通准确传递信息，调动各方积极性；在职能部门不变情况下，人员可变，具有较强的机动性、灵活性，组织机构适应性较强；可以采用计算机现代化管理手段来提高服务质量。

矩阵式的不足：组织机构的稳定性较差，机构人员经常变动；纵向与横向领导两方容易出现矛盾，导致管理混乱和推卸责任；部门之间关系复杂，容易形成多头领导等。

二、未来的物业服务企业的组织形式

（一）高科技为物业服务企业组织形式的转变奠定了基础。

伴随着企业的不断成长，企业组织机构形式也在不断地发生变革。企业组织结构形式改变不仅是为了顺应市场变化需求，同时也是为了满足企业生存、成长的需求。

1. 物业服务企业组织形式伴随着生产方式、市场环境、企业的人力资源而产生

目前存在于社会上的直线制的物业服务企业组织形式、职能制的物业服务企业组织形式以及职能事业部制的物业服务企业组织形式都是与工业革命后大规模生产相适应的。生产服务企业组织形式都是一种金字塔式的层级结构，在这样企业组织结构形式中，权力集中在等级体系的上层，信息、指令和工作从一个层级向另一个层级、从一个部门向另一个部门有序传递。这种金字塔式的层级机构是伴随着工业社会时代的经济、技术、环境条件而建立发展起来的，它与工业革命后社会、企业都十分强调劳动分工、强调权力与责任、强调集中和秩序是完全一致的。在 20 世纪 50 年代一些企业开始发现这些企业组织形式并不是十分完美，暴露出了一些问题，严重阻碍了生产力发展，影响了劳动效率提高。随后管理学家提出了矩阵式的企业组织机构，并加以尝试，矩阵式组织结构改变了传统的直线垂直领导系统，使每一位员工同时受两位主管人员管理，呈现出新的交叉领导和协作关系。这种企业的组织形式在大企业的尝试中，普遍存在反应速度慢，决策迟缓的缺点。矩阵式推广没有形成气候，主要受制于特定时代信息传递和信息处理技术与能力。从工业革命开始，直到 20 世纪 80 年代末，信息传递、信息处理技术和能力都未能突破，主要集中靠人工语言（电话、电报、传真、书信、文件）交流，必然导致人的信息传递处理技术和能力越弱，管理的幅度越小，管理层次数目越多。企业组织的维系和交流必然完全依赖于这样一种等级制度安排和由此产生的职位权威进行。随着社会市场变化速度加快，随着世界经济自由化带来的企业竞争国际化等系列变化，金字塔式传统的组织形式的弱点与不足暴露出来（详见上一节对各类企业组织形式分析）。因此，不可避免地面临新的挑战，企业组织结构形式一定要与生产力发展相适应，进行不断变革。

我国物业管理在 20 世纪 80 年代诞生，到 20 世纪 90 年代快速发展，由于该行业技术力量薄弱、人力资源匮乏、管理手段落后、信息传递处理技术和能力较弱，所以工业化革命产生的企业组织形式还是目前物业服务企业运作的主要方式。随着高科技快速发展并向各领域渗透，大批懂技术、会管理、知网络技术的人才会进入该行业，物业服务企业组织结构形式的革命很快就要到来。

2. 信息网络技术产生为企业的新组织形式的诞生提供技术支撑

20 世纪 90 年代以来，光纤通信技术、计算机网络技术蓬勃发展，Internet/Intranet 为企业创造了一种超越时间、地域的交流方式，消除信息交流的种种壁垒，大大改变了企业内部及企业之间业务工作联系方式，对企业的生产、服务产生了深刻的影响，在客观上要求出现新的企业组织形式以适应这一要求。

信息网络技术不仅突破了传统企业信息传递和信息处理的瓶颈。更重要的是，信息网络技术使企业的每一个成员成为网络中的节点，每一个节点能够直接与其他的任何节点交流，而不需要通过一个等级制度来安排渗透。这样，等级优势逐渐被知识优势所替代，

职位权威逐渐被知识权威所替代。传统机构中各个部门的边界趋于模糊。纵向为主的信息交流逐渐转换为横向为主的信息交流，不同部门并行工作取代原先的顺序活动，一体化和系统的观点与方法将取代原先分割和孤立的观点与方法，相互合作与知识共享取代原先的相互牵制与信息封锁。在环境变革和技术创新的强劲推动下，企业组织结构也开始发生变革。纵观当今世界各国组织的设计，一些跨国公司、世界百强企业开始建立的柔性组织形式显露端倪。

在经济一体化、全球化和市场竞争的日趋激烈的状态下，企业面对不断快速变化、难以预测的市场，要想在市场竞争中求生存求发展，就需要使企业的组织形式具备敏捷性，能对市场做出快速反应。打破传统的金字塔组织结构，实现组织扁平化是使组织转型的基础环节。组织的扁平化就是通过减少管理层次，裁减冗余人员来建立一种紧凑的扁平型企业组织结构，使组织形式变得灵活、敏捷、提高组织效率和效能。扁平化的组织形式打破现有的部门界限，绕过原来的中间管理层次，直接面对顾客和向公司总体目标负责，从而以群体协作的优势赢得市场主导地位。

扁平化组织的优势是：

（1）管理幅度变宽。管理层次缩减，职工积极性提高，更多的不是依赖上级而是需要自己在工作中做出决策。

（2）信息流畅通。层次的减少以及新的高科技采用，将会促进信息流的畅通。

（3）创造性、灵活性增强。信息流的畅通使企业能够灵敏、快捷地对顾客需求做出反应，有助于增强企业的创造性。

（4）决策周期缩短。信息流畅通、分权加大、灵活性与创造性增强，提高决策质量，把握市场份额。

（5）员工的积极性和生产率有所提高。因为组织形式给职工的工作带来并提供了最大限度的自由；给每一个员工表现自己能力提供了舞台，必然受到员工的欢迎与支持。

（6）成本降低。管理层次和员工数量减少，工作效率提高，必然带来产品成本降低。

（二）虚拟组织形式

1. 虚拟组织的内涵

虚拟组织形式是指两个以上的独立实体，为迅速向市场提供产品和服务在一定时间内结成动态联盟。它不具备法人资格，也没有固定的组织层次和内部命令系统，而是一种开放式的企业组织形式。因此它可以在拥有充分信息的条件下，在众多企业组织中，通过竞争招标或自由选择等方式精选出合作伙伴，迅速利用各专业领域中的独特优势，实现对外部资源的整合，从而以强大的成本优势和机动性，完成单个企业难以完成的产品生产、服务以及承担的市场功能。虚拟组织的实质在于突破企业的边界，在全球范围内对企业内部和外部资源进行动态配置、优化组合，达到降低成本、提高竞争力的目的。

2. 虚拟组织的优势

虚拟组织与传统的组织形式相比有着一些自身的优势。

（1）基于产品、服务标准化和经济网络化的企业组织形式是一种对市场环境极为敏感的企业组织形式。它克服了传统金字塔形的企业组织形式的决策成本高且反应迟缓的弱点，将企业的虚拟的外部资源与企业的内部整合，通过相互合作，即达到了企业的生产经营目标，同时也实现了组织的精干、高效。

（2）这种企业组织形式能有效配置资源，避免重复建设。虚拟组织可以借助合作伙伴的力量，在不必大量投入的情况下，企业间相互取长补短，盘活存量资产，发挥最大功能，实现跨地区、跨作业的联合。

（3）虚拟组织生产弹性极高。虚拟组织和相关企业之间独立运营，企业个体具有很大的灵活性，当企业服务产品得到社会、业主（消费者）认可时，在不扩大规模、增大投资情况下，即可扩大生产规模，提高市场占有率，实现良好效益。

3. 推动虚拟组织应注意事项

尽管虚拟组织是适应当今世界快速多变的一种新型组织形式。它的强大集合竞争优势正在为越来越多的企业所认识，但从实践来看，在推动虚拟组织形式建设过程中，必须注意以下三个方面。

（1）树立以顾客为中心的经营理念。随着全球化买方市场形成，以及顾客需求多元化，从客观上要求企业细分业主（使用人）需求，了解用户的处境，为用户提供最合理的方案。

（2）建立"共赢"企业合作理念。企业要克服传统的竞争观念内涵，树立一种务实的"共赢"合作观念，共同营造一种坦诚合作的"虚拟组织文化"，靠信任维持合作关系，共同把服务做好。

（3）选择合适的虚拟对象，避免冲突。引入外部虚拟资源，不可避免地会带来企业的外部文化。企业内部文化差异极易引起虚拟组织参与方的文化冲突，很可能极大地侵蚀虚拟运作的效果。我们选择虚拟对象的目的是做大做强，双方互利互惠，而不是相反。

（三）网络组织形式

1. 网络组织基本定义

网络组织形式是将企业划分为若干个独立的经营单位，每个经营单位，又由若干团队组成。因而整个企业看似一个纵横交错的网络。企业的网络组织设计一经推出，便得到许多企业的认可与实践。

2. 网络组织的优势

通过许多企业运作，其主要优势显现出来：

（1）网络组织能促进知识与信息共享，提高企业的创新能力。传统的组织设计是按照产品生产流程和各类职能划分部门，员工及管理人员的知识被分类和固定化，信息被分割在部门内流动。网络组织中的团队是由具有不同知识和技能的人员组成，彼此之间相互了解学习，在学习过程中，实现知识与信息共享，促使员工的创造力得到培养。

（2）网络组织打破了各部门的狭隘利益，推动企业的整体利益。由于传统组织形式是以部门行政为领导的组织体系。各部门常为了自己部门利益而忽视了整体目标，表现为技能、信息封锁，不与其他部门积极配合。网络组织中团队因为单位小，各自资源（知识、技能、信息）有限，在生产、经营、服务工程中必须与其他团队进行交流合作，而合作目标不再是部门利益，而是整体目标与利益。

（3）网络组织能加快新产品（服务）开发速度，提高市场反应能力。过去新产品、新项目开发采用次序化开发法，即按照开发流程由一个部门的一个部门传递审批。当某一部门出现问题时，产品开发处在等待状态，延误了新产品走上市场时间，失掉了许多市场和利润。网络组织却可以运用较快、富有弹性的同步化产品（服务）开发方法，即围绕共同目标同时进行，快速推进产品上市，占领市场，获取利润。

3. 网络组织形式结构

随着电子化、高科技出现，并进入市场，渗透到了各个生产产品（服务）企业，出现了一种新型网络组织形式的企业。该企业生产经营规模很大，但其中心企业很小。它是充分调动和利用企业外社会上的资源，整合为己所利用，采取的是共赢方针，企业只从事协调和控制的管理组织，而生产、分销业务依靠与其他企业签订合同承担，企业的管理层次结构极为扁平，非常灵活，详见图 5-1-19。

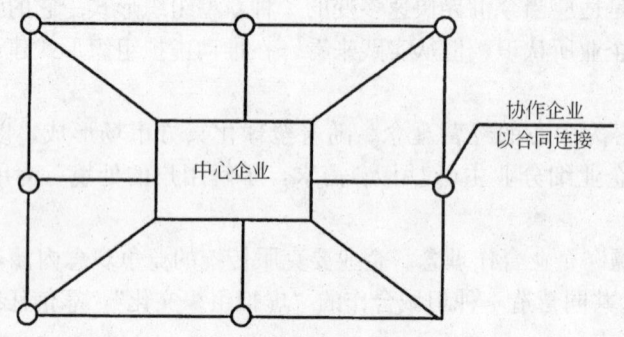

图 5-1-19　网络企业的组织结构形式示意图

三、物业服务企业的机构设置与职责分工

物业管理机构设置，各个企业根据企业内部情况、企业外部情况以及企业管理物业的多少进行设置。从目前来看，主要有两大类：一是企业在初始发展阶段，企业设置各个职能部门加强管理；二是企业快速发展，规模较大时，机构设置考虑总部和各项目管理机构（有的称管理处、服务中心），总部设立一些职能部门，分管、监督各项目管理机构的不同业务，各项目管理机构也设立一些操作服务机构开展工作。基本的物业管理机构设置和职责如下：

（一）经理部

经理部是物业服务企业的决策机构，一般设经理一名，副经理若干名。经理对企业全面负责，对企业一切重大问题作出最后的决策，负责布置和协调各副经理的工作。副经理是经理的助手，在经理的领导下，全面处理分管的工作，重大问题报请经理（或经理会议）处理，完成经理和经理会议交给的各项工作。总经理人选的决定方式因企业的组织不同而不同：有限责任公司由董事会聘任；联营企业由合作各方协调商定；房地产开发公司下属的物业服务企业由房地产开发公司任命；独资公司由投资者委派或聘任。副经理一般由经理推荐，若有董事会领导，则由董事会批准；若属上级主管行政部门领导，则由上级主管人事部门考核批准。

（二）办公室

办公室是经理领导下的综合管理部门，负责协调和监督检查企业内的工作，处理正、副经理交办的工作，具体有如下内容：

1. 召开有关行政会议，检查各部门完成企业下达的计划任务。

2. 调查了解生产经营管理情况，及时向正、副经理汇报，做到"上情下达，下情上达"。

3. 按正、副经理的指示精神，负责草拟企业的报告，总结有关规章制度，处理文书来往，保管、整理好文件资料和归档工作。

4. 负责本企业的党、政、工、青、妇工作，抓好员工的思想教育、业务培训、企业文化建设，不断提高员工的思想觉悟和业务水平。

5. 做好企业的后勤工作，保证各部门办公用品的供应，管理好本企业的固定资产。

6. 搞好文件收发、打印工作。

（三）人力资源部

人力资源部是在董事会或企业经理领导下，负责企业的管理、技术、操作等各类人员的招聘、培训、考核、任免等工作，具体内容如下：

1. 根据企业的发展战略，制定人力资源管理计划。

2. 按照现代企业制度要求制定各项人力资源管理计划。

3. 根据企业管辖物业类型、技术质量要求，编制人力资源招聘计划。

4. 从优化人力资源机构出发，制定合理人力资源配置计划。

5. 按照企业对人力资源要求，制定员工培训计划和实施方案。

6. 根据现代企业制度要求，制定考核、奖励制度，规范员工行为。

7. 按照董事会、经理的要求设计实施薪酬管理方案，调动员工的积极性。

8. 完成企业经理布置的任免、调配、解聘、辞退员工等各项工作。

9. 搞好招工、劳动工资及劳动用工手续，调解劳资纠纷，搞好员工考勤考绩，落实员工的社会保险、医疗保险以及离退休工作。

（四）财务部

财务部在企业经理的领导下，参与企业的经营管理。根据财务制度、负责制定企业财务计划和管理费用的预算方案，监控资金运用，定期向经理汇报，对经理负责，具体职责如下：

1. 负责召开财务会议，监督资金和资产的安全运作，管好、用好资金，监督经济合同的执行情况。

2. 按正、副经理的指示，制定经营与发展计划，广开财源，努力拓展企业业务，做好管财、聚财、生财，提高经济效益。

3. 定期检查固定资产和流动资金，协助搞好物资盘点工作，负责经济核算，对账目做到日清月结。

4. 编制财务报表，定期检查各种费用开支，各种合理费用应尽快地收缴完成。

5. 负责审查各种费用开支，杜绝铺张浪费，坚持勤俭办企业。

6. 按时发放工资、奖金。

7. 接受工商、税务部门及业主的监督检查。

一般企业财务部要会计、出纳、收款员、票据保管员等岗位。根据企业的实际情况，可采用一人一岗，或一人多岗的分工负责制。

（五）工程部

工程部是物业服务企业的一个重要技术部门，主要负责住宅或高层楼房内的各类设备的管理、维修、养护。其具体职责如下：

1. 制订计划，对小区内的动力设备进行定期的检修、保养，保证设备完好率达100%。

2. 积极完成各项维修工程，使各种设施处于完好状态。

3. 按照国家颁布的有关法律、法规与政策，对业主进住以后的装修改造进行监督和检查。

4. 小区内设备、设施发生突发事件，工程部必须全力投入检修工作，直至完成任务。

（六）管理部

落实企业关于小区的有关规定、决议，有计划、有步骤地完善小区的各种配套设施，管理好小区的各种机电、消防、供水、供电设施和庭院绿化、环境卫生、消防治安等，为业主（使用人）提供一个安全、舒适、优雅的居住和工作环境。其具体职责如下：

1. 根据部、省、市有关达标条件，制定和实施文明住宅小区计划。

2. 负责小区的验收、接管移交工作，监督、检查各管理单位搞好机电、消防、治安、庭院绿化、环境卫生等工作。

3. 协助企业解决遗留工程、违章装修、业主投诉问题和回访制度的落实以及车辆管理问题。

4. 协助各有关部门对各类人员如治安保卫人员、义务消防员进行技术培训，以提高他们的操作技能和应变能力。

5. 搞好消防设施、机电设备、供水供电、社会治安等档案的登记管理工作。

6. 管好小区内的道路、环境、治安，不断美化，净化小区环境。

（七）经营部

经营部是全心全意为群众排忧解难的一个重要部门。应坚持"用户至上"、"一业为主、多种经营"的原则。立足小区、面向社会，灵活运用各种资金，投资开发周期短、效益高、风险少、回报率高的项目，做到"以区养区"，增强企业实力。其具体的职责如下：

1. 以承包、出租、自营等方式搞好小区的商业网点。例如，建小百货商店、餐厅、理发厅、照相馆、文化娱乐设施等，做到既方便群众，又增加收入。

2. 综合代办服务。例如订送牛奶、报纸；接送儿童、代送客人；代购车、船、机票；代请保姆等。总之，凡是居住者所需要的，物业服务企业都应尽量给予满足，经营部应指派专人负责接待、联系、安排这类服务。

3. 成立便民搬家公司，以方便群众，节约时间，减轻居民住户的精神负担。

4. 设立交通专线。有条件的物业服务企业对远离市区的住户小区可以通过各种方法解决交通不便问题，例如安排"中巴"设立交通专线等。

5. 积极慎重地做好新项目可行性研究报告和市场调查，给经理决策提供依据，争取做到开发一个成功一个。

6. 定期向经理汇报各企业或承包单位的经营情况。

（八）品质管理部

由于物业管理的服务产品的特殊性，它因人、因地、因时都会带来产品质量问题。广大业主（使用人）消费者非常关注服务品质。因此品质管理部在董事会、经理直接领导及授权下，开展对企业承接的各类物业服务质量跟踪。其主要工作内容和职责是：

1. 对企业贯标的 ISO 9000 及 ISO 14000 等质量管理体系进行维护、完善。

2. 对企业所管辖的各类物业服务，按照服务流程进行品质检查监督。

3. 对客户满意度进行评价及监督。

4. 协助新物业项目建立质量管理体系，协调外部质量审核。

5. 建立客户管理、客户投诉、客户监督信息网络，处理好客户与品质要求。

（九）安全管理部

安全无小事，对于一些高档住宅小区、楼宇、别墅，安全成为第一要素。安全管理部在董事会、经理直接领导下，围绕着财产安全、人身安全开展工作，其主要内容和职责是：

1. 对企业所管辖的各类物业项目安全管理监督控制及安全管理指导统筹安排。

2. 定期与不定期地组织安全检查，发现安全隐患及时处理。

3. 按照企业经理要求负责企业安全管理制度和工作计划制定与实施，并监督、指导、考核各项目执行情况，帮助项目部完成突发事件的预警措施建立。

4. 定期地组织消防安全检查及演习。

5. 负责安全投诉处理，积极做好业主（使用人）工作。

6. 协调相关职能部门对重大安全事故或突发事件的调查和处理。

第六节　物业管理服务与标准

一、物业管理服务

（一）物业管理服务的概念

"服务"从一般意义上解释是指为满足他人的某种需要而提供服务活动，并收取报酬的经济性活动。广义的"服务"包括在备有劳动资料前提下提供劳动的服务和不备有劳动资料、仅提供劳动力的劳务两类活动。例如某下岗女职工到物业服务企业应聘当清洁工，她和企业的关系是单纯提供劳动力的劳务关系。但当她被企业录取后，安排她并配备清扫工具（如扫帚、扫地机、垃圾桶、水桶等）（劳动资料），在所管辖区内履行清扫保洁工作，她对广大业主（使用人）所提供的就是服务。物业管理"服务"一词通常就是指广义服务的概念。

物业管理服务是指专业化的物业服务企业和物业管理专业人员为满足业主（使用人）与物业管理有关的需要而提供体力和智力劳动，并收取一定报酬的经济活动。

（二）物业管理服务内涵

物业管理属性首先表现为"服务"。"服务"两字既概括物业管理的性质，又概括了其内涵。物业管理的服务由以下三个方面组成：

1. 服务理念

"服务"理念是物业管理的关键，它是企业服务的指导思想。服务理念，如"顾客满意，服务至上"、"零干扰服务"、"亲和式服务"、"酒店式服务"、"个性化服务"等。南京某一物业管理公司提出了"焦点问题零库存，与住户保持零距离"的服务理念。然而在现实的物业管理工作中，有些物业服务企业对物业管理往往是"管理有余"、"服务不足"。讲到管理往往又是管、卡、压，只讲"管"而不讲"理"和"疏"，于是擅自停业主水、电等恶性事件不断发生。这样的企业工作观念实质上还没有从"管理"上升到"服务"，一旦业主行使否决权就可能使物业服务企业"下岗"。

2. 服务内容

"服务"内容则因物业对象不同而有所区别，既有常规性的基础服务（清扫保洁、安全护卫、房屋维修、设备维护、供水、供电等），又有针对性专项服务，还有个别需要的特殊服务。服务内容是根据物业对象的实际情况，居住者的需求及经济承载能力等具体情况制订。详细内容见第一章第三(二)节。

3. 服务标准

"服务"水平是否高，服务质量是否好，它应该有个参考标准。而目前很多地区都没有物业管理标准，服务质量是由开展服务的物业服务企业来制定说明，因此广大业主(使用人)非常不满意。近些时期，广大业主投诉物业管理最多问题之一也是服务质量。许多业主反映月月都交物业管理费，而得到物业服务企业的服务很少，甚至有收了费还有不服务现象；而物业服务企业则有苦难言，认为业主缴的物管费(甚至还收缴不齐)太少，不够成本支出，企业实际在亏损经营等。业主与物业服务企业是物业管理开展的两个侧面，出现矛盾是正常的。矛盾解决不了其中一个重要原因是缺少一个标准，无法使双方沟通、评价。标准如何制定，服务标准应有哪些内容，标准应有哪些原则，详见本节之四所述。

(三) 物业管理服务特征

1. 无形性

无形性是指服务的抽象性和不可触及性。它不像一般实物产品那样可以展示在顾客面前，人们在接受物业管理服务之前，看不见摸不着，感觉不到，在接受服务之后，也只能从感觉上评价和衡量它的质量和效果。如住宅小区的护卫人员开展巡逻护卫以及门卫管理服务，使整个住宅小区的住户感到安全感，这就是一种无形性服务。

2. 非存储性

作为服务，一旦价值实现的机会在限定的时间内丧失，便一去不复返。也就是说，服务过程一结束，服务也就随之消失，顾客即使不满意也无法"退货"，一旦出现"服务事故"，一般也是无法挽回的，如业主购买一只茶杯，他可以立即使用，也可以放在家中半年后使用，也可以送给朋友用。这是实物产品的特点，可以储存。物业管理服务则无法储存，一个业主出差在外半个月，物业服务企业不可能把清扫干净的环境储存半个月等业主出差回来享受，他们只能每天不间断地进行清扫，出差业主回来只能享受即时清扫环境的成果。

3. 同时性

同时性是指服务产品的使用价值的创造过程和价值的形成过程，与服务产品价值的让渡过程和消费过程以及价值的实现过程往往是在同一时间内完成的，这是服务业与制造工业区别的又一个不同点。如消费者购买茶杯，他对厂家生产茶杯的过程是不关心的，他不需要消费者参与生产过程，消费者只注意放在货架上的茶杯的形式、颜色、价格等，若符合消费者心愿就可以购买。消费者到商店看到茶杯商品后才挑选购买，生产与消费是一前一后的，不是同时进行的；服务产品生产过程的根本特征在于消费者介入，消费者需要是服务产品生产的起点。生产什么、生产多少、生产时间，取决于消费者的需要。服务的产品一般是边生产边消费，服务产品的生产周期非常短暂，因而不需要以服务产品储存的形式来保证流通和消费。例如物业管理中的保洁员根据物业服务企业与业主委员会(房地产开发商)签订的物业管理的委托合同的有关规定，在自己所管辖区域内打扫卫生，一边清扫路边、草坪里的树叶、废纸等垃圾，业主(使用人)就可以一边享受环境的清洁、优美，感到生活空间的环境得到改变，心情舒畅。

物业管理除了服务工作所具有的共性特征之外，还有自身的一些特征。具体表现为：

（1）相对长期性

与一般服务不同的是物业管理服务对象一业主（使用人）具有时间较长（通常一个合同期三年左右）、相对稳定的特点，这就是使得物业管理服务具有相对长期的特征。相对长期性对物业管理者和业主都是非常有益的，双方（物业服务企业与业主）可以在一段较长时间里相互沟通、相互理解、相互适应，可以减少业主因物业服务企业的一次好或不好的服务而对服务水准和质量的整体评价不公正性；管理者也可以有较长的时间来改进服务质量、创新服务方式，满足业主的需求，得到业主的认可。

（2）差异性

差异性系指物业管理人员所提供的服务标准经常会发生不同程度的变化。一个好的物业服务企业可以根据不同地区、不同的物业和不同的服务对象、调整自己的服务策略，使服务"本土化"，让业主（使用人）满意，而服务的实质、核心不变。

服务的差异性除了上面物业服务企业根据实际情况主动作出调整服务外，还有时因物业管理人员的态度、能力、精神状态变化而造成服务质量变异，致使业主（使用人）不满意。例如：某一个管理人员由于近期家庭的原因，造成思想情绪不稳定，而使他的服务态度、工作作风时而发生变化，使服务水平下降。

同样，服务的差异性还与业主有密切关系。由于业主的文化、兴趣、素质、经济收入等多方面不同也会带来差异性。同样的服务，一部分业主（使用人）认为满意，甚至认为是优质服务需要发扬光大；而另外一部分业主则不满意，认为是劣质服务需要改正。

（3）制约性

物业管理是一项系统工程，其服务质量还受到多方面因素的制约。

1）业主因素的制约。业主对物业管理认同程度的不同，对物业管理工作开展的支持程度就不同，因此对物业管理费收取的态度就不同。一旦物业管理费用收缴差额过大，就会影响物业管理者的服务水平。

2）房地产商的因素制约。物业管理的服务离不开必要的硬件保证。房地产商认识到物业管理能为开发企业带来品牌效应，增加物业销售，成为利润的卖点，就会理解和支持物业服务企业工作，并在配套设施、管理用房等硬件条件上给予更多的帮助和完善，这为以后物业管理工作顺利开展奠定了基础，产生了积极影响；相反，却带来了消极影响。

3）环境因素的制约。物业管理服务还受到物业周边的影响（如城市区域内的交通、治安、人文社会、法治等）以及大环境下的社会服务体系的影响，特别重要的是各地方政府职能部门制定的物业管理政策、法规，对物业管理服务的开展带来更直接的影响。

4）具有营业性与公益性的对立统一性。物业管理行为和企业本身是营业性的，应以营利性为基本目的；业主团体是公益性的自治组织，其委托的物业管理事务也具有公益性。让营业性的企业去承办公益性的事业，无疑构成了物业管理关系中的最基本的矛盾关系，同时物业管理工作中还承担了一些政府的职能，面对着这些基本矛盾，如何处理好对立统一的基本矛盾关系，已成为业主、物业服务企业最头疼的问题，也是国家对物业管理经济政策设计最难处理的问题，目前中国绝大多数住宅小区的物业服务企业亏损经营。怎样才能走出矛盾困境，使物业管理行业正常发展，还需各方共同努力研究，寻求出好的对策。

二、正确处理好物业管理与服务的位置

（一）物业服务企业的角色定位

在讨论管理与服务关系时，社会上许多人，包括物业服务企业、广大业主、政府官员都不能准确地给物业服务企业定位：有的认为物业服务企业就是代表政府，代表法律法规执行国家对物业相关政策的管理；有的认为物业服务企业就是业主请来服务的，业主需要什么就做什么，业主就是上帝，物业服务企业是仆人，业主是"东家"，物业服务企业是"管家"，因此物业服务企业与业主之间矛盾不断，投诉不断。根据物业管理概念表述物业服务企业应受物业所有人（产权人）委托，按照国家法律法规，签订物业管理委托合同行使管理权。这就明确说明了物业服务企业的角色是：

1. 物业服务企业是一个独立的法人，是自主经营、自负盈亏的经济实体，这就决定了其管理和服务必须是有偿性经济行为；

2. 物业服务企业又是被委托方，处于被委托地位，受制于委托者（产权人、业主大会），它同产权人（业主大会）之间是被委托的契约关系，其行使的是合同范围中的管理权力。因此，是一种有限管理权，而不是无限的管理权。

要明确物业服务企业的角色定位，必须树立以下几个观点：

（1）物业服务企业要代表群体利益，即住宅小区或楼宇内的全体业主利益，而不是个别业主利益；

（2）物业服务企业要代表业主的根本利益，兼顾当前利益和长远利益；经济利益、社会利益和环境利益有机结合起来，不能只顾眼前利益，局部利益，而损害业主的根本利益；

（3）物业服务企业理所当然地维护自身的合法利益，寻求合理利润，这是企业应有的权力。

（二）物业管理与服务的区别

从物业服务企业开展的物业管理活动中来看，物业管理与服务是有一定区别的。物业管理对象是物业，管理的内容围绕着国家法律法规以及合同所开展。如住宅小区的管理，包括有：房屋装修管理、设备安全管理、安全护卫管理、绿化管理、清洁卫生管理、车辆交通管理、会所管理、室外活动场所管理等内容；管理的目的是物业的保值增值，使物业硬件设备处在良好使用状态，创造舒适的居住环境；物业管理服务对象是人，即物业所有人和使用人。服务的内容是多方面的，包括：基础性一般服务，如业主家庭物业的维护和修缮，共用设备维护与更新等；针对性专项服务，即为改善居住环境各项服务，如清扫保洁、庭院绿化、交通车辆停放等服务；个别人需求的特色服务，主要是受业主委托而提供各种服务，如代购车船票和各种商品、代业主租赁房屋、代业主承担孩子上学教育和文化服务等，其宗旨是为物业所有人和使用人提供一个方便、安全、舒适、排忧解难的居住和工作环境。

由上所述可以知道管理虽然是服务的构成部分，但服务的范围和内容要宽广得多，服务是要从业主需求而开展，需要得到业主认可，而管理具有规范性和一定的强制性；例如：你在消防通道上随便停车就不允许，就要强制性要求把车子离开；又如违反城市规划要求，随意在外墙面开洞及露台违章搭建，必然要遭到强制性整改，恢复原样等，而服务则是完全自愿进行的，二者不能完全等同。作为物业服务企业既要管理好，又要服务好，这应该是企业的本质要求。

（三）物业管理与服务的联系

物业管理与服务虽然有着明显的差别，有着不可替代的区别，但也不是天然的隔离开来，其实物业管理与服务两者又是互相联系的，统一的，相融的。具体体现在以下方面：

1. 管理之中包含服务

因为管理的对象是物业，而物业属于各自产权人（使用人），物的背后是人。管理的内容都是与物业的完整性，保持正常的工作状态有关，管理到位，保证各类设施设备处在良好的状态中，减少扰民的事情发生，就是对业主的最好服务。例如，电梯，日常管理到位，不会发生设施设备损坏，"卡人""关人"现象没有，使居住者没有抢修维护带来生活不便需要服务的事情发生，这就是为业主服务好了，所以物业管理是寓管理经营于服务之中，管理本身就是服务。

2. 服务之中包含管理

一个品质好的小区，良好的服务不能没有管理，要对业主服务好，首先就需要开展好管理，尤其要管理好服务的对象一业主（使用人），因为住宅小区内的设备设施破坏都是由于小区内管理不善、人为损坏造成的，带来了许多无效的服务。又如住宅区域内的安全护卫服务，都是通过良好的治安管理（强化门卫管理、巡逻护卫及监控管理）来实现的，所以，服务又是寓于管理之中的。

3. 管理与服务相辅相成

管理是手段，服务是目的，物业管理中的管理离开了服务，就丢失了目的，就缺少了广大业主的认可与支持；而服务离开了管理这个手段，也达不到服务目的，也就是广大业主所说的越服务问题越多，越服务矛盾越尖锐，失去了服务目的。所以管理和服务不是对立的，而是统一的，两者融为一体。

三、物业管理服务标准化

（一）标准及标准化概念

标准化的产生与发展同人类社会的进步、工业化生产、科学技术和经济管理的发展密切相关，特别是当今世界经济全球化给标准化活动带来了广阔的空间，它为各个国家、各个民族、各个区域的生产、贸易、交流、管理的现代化、一体化提供了基础。

1. 标准

1991年国际标准化组织（ISO）和国际电工委员会联合发布 ISO/IEC 第二号指南，其中就标准作出了明确的定义，即标准是："为在一定范围内获得最佳秩序，对活动和其结果制定共同的和重复使用的规则、指导原则或特定文件，该文件经协商一致并得到一个公认机构批准。"

我国在国家标准 GB 3935.1—83 中对"标准"的规定是："对重复性事物或概念所作的统一规定。它以科学、技术和实践经验的综合成果为基础，经有关方面协商一致，由主管机构批准，以特定形式发布，作为共同遵守的准则和依据。"

综上所述，标准最基本的含义应该是"规定"。管理工作（物业管理）标准就是对管理工作（物业管理）职权、任务、时间和质量上的要求作出规定。

2. 标准化

国际标准化组织（ISO）在《标准化和有关领域的通用术语及其定义》中规定，标准化是"在一定范围内获得最佳秩序,对实际的或潜在的问题制定共同的和重复使用的规则的活动"。

我国在国家标准 GB 3935.1—83 中对"标准化"一词的规定是:"在经济、技术、科学、管理等社会实践中,对重复性事物和概念通过制定、发布和实施标准,达到统一,以获得最佳的秩序和社会效益。"

通过国际组织以及我国政府对标准化的定义,其内容应包括以下几个方面:

(1) 标准化是科学

标准化是人类社会为了达到预期的目的,采用先进科技创新知识制定标准、宣传贯彻标准和监督、管理、维护标准等,通过建立最佳秩序以取得最佳效益的科学活动。它是现代科学技术创新和生产实践经验相结合的产物,它来自于生产实践,反过来又为发展生产服务。它随着科学技术和社会的发展而不断创新发展。

(2) 标准化是由诸多环节组成的工作系统

标准化是由制定标准、贯彻标准、信息、监督、创新和修改等各个环节组成的工作系统。详见图 5-1-20。

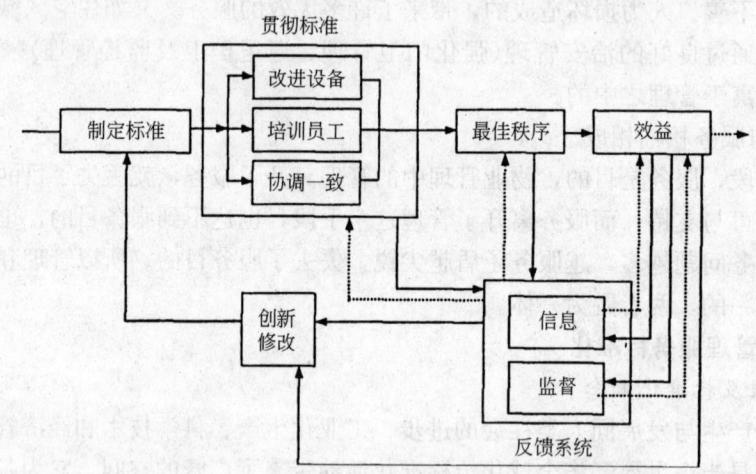

图 5-1-20　标准化工作系统

首先是为了达到某种目的而制定出标准;其次是采取措施(改造储备、培训员工、建立秩序)贯彻标准;再次是通过信息反馈,运用检查、检验手段来监督标准贯彻和效益状态;最后,根据新的科技创新成果与社会实践决定是否需要修订标准,以使整个系统高效率运行,取得最佳效益。

(3) 标准化系统所取得效益,因制定的标准不同而异

标准化的定位不同,其要求不同,其标准也就不同,效益自然也就有差异。按效益的性质可分为直接效益(提高质量、降低成本、增加利税等);间接效益(带动了配套协作工厂提高质量、降低成本、降低运输费用等);无形效益(提高安全性、提高了人员素质、提高了企业的品牌与知名度等)。按效益获得者分类,则有企业效益,消费者效益和社会效益。

(4) 标准化是标准的运动形态

标准化是围绕着标准的制定、发布、实施等一系列环节组成的周而复始循环活动过

程。详见图 5-1-21。

（5）标准化是以人为主的社会活动

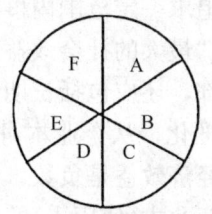

A—标准化规划、计划
B—标准草案编制
C—标准的审批、发布
D—标准的贯彻准备
E—标准的实施和监督
F—标准的评价和复审

图 5-1-21　标准化活动环

由于人们对社会要求不同，所追求的目的也不一样，所谋取的效益有差异。因此，在设计某个标准化系统时首先要定位，根据定位制定标准，并协调好各方利益。一旦发生矛盾，则应使局部效益服从整体效益，近期效益服从长远效益，企业和消费者自身效益应服从社会全局效益。因此，维护这个系统的正常运转，不仅涉及科学技术问题，而且也涉及管理问题、经济问题和政治问题。它需要运用运筹学、系统论、控制论以及计算机技术来指导。

3. 标准化的产生与发展简况

早在远古时代，人类学会了制造最简单的工具，因"模仿"、"复制"而产生标准化的萌芽。我国历史上的秦始皇"书同文、车同轨、度同制、行同伦"，划一制币器具、统一度量衡，以及宋代毕昇创造的"胶泥活字印刷术"等均被国际上誉为"标准化发展的里程碑"。

近代标准化活动是从工业革命时代开始的，有过去传统的单一"仿制"转化为复杂的大规模生产。如美国福特汽车制造厂，从 1914～1920 年间，为组织大批量专业化生产，将汽车零件规格化、标准化，大大降低了成本，保证了质量，并且便于产品使用中的维修。这种生产模式由于采用了标准化取得了极大成功，并在汽车市场上占据着垄断地位，产生了丰厚的效益。从此标准化在世界各地被采用，不仅方便了行业、地区之间的生产和交换，而且大大提高了劳动生产率。1901 年第一个标准化组织——英国工程标准委员会成立，1906 年标准协会国际联合会（ISA）创立，标志着人类能更自觉地运用标准化来组织现代化大生产，1947 年国际标准化组织（ISO）成立，说明了标准化已被世界各国确认，从而使标准化成为一门学科。

我国加入 WTO 以后，这不仅是对国家经济的发展具有重要意义，还使国家吸引外资政策成为可能。在发展中国家和发达国家直接提供服务都因贸易自由化而受益，但是关贸总协定为防止贸易技术壁垒而制定的标准和质量认证方面工作，也是加速国际标准化发展的强大动力。作为发展中国家的中国政府十分重视标准化建设与发展，1949 年 10 月，新中国一诞生，就成立了技术管理局，内设标准化规划处，当月就颁布了《中华人民共和国工业制图标准》，成为新中国成立后的第一个标准。1975 年我国加入国际电工委员会，参与国际标准化活动。随着改革开放，市场经济的建立，标准化事业得到新生。1989 年全国人大通过了《中华人民共和国标准化法》，正式以法律形式确定了我国标准化法制基础，使标准化在各个领域中得到迅速发展，我国旅游业、宾馆业、制造业中的一些产品都与国际接轨。而物业管理服务标准化工作还未正式开始，仅仅处在摸索阶段，一些地区制定了服务标准（江苏省质量技术监督局 2003 年 2 月颁布了《江苏省住宅物业管理服务标准》，成为全国第一个地方标准）正在付诸实践。一切从事物业管理活动的企业人员、商标研究人员以及国家职能部门的干部们应重视这方面的工作，使中国的物业管理服务标准化早日出台，与国际接轨。

（二）制定物业管理服务标准化的目的

1. 追求最佳秩序和最佳社会效益

标准是标准化活动的核心，也是标准化活动的结果，但绝不是标准化活动的目的。标准化活动的目的就是追求一定范围内事物的最佳秩序和概念的最佳表达，以期达到社会和经济的最佳效益，即"最大的社会效益"。标准化的经济效益是其社会效益的重要部分和显性部分，但不是全部，还应包括长期的、隐性的、不可计算的部分。例如物业服务企业推行物业管理服务标准化，从企业本身亏损经营角度看，要做好这件事情需要投入的更多，甚至带来眼前的经济效益是负数，作为企业也许想不通，但是这件事的实行，对物业管理行业形象，对转变业主（使用人）的思想观念、行为举止以及对城市化管理都会带来极大的效应，从社会效益、长远效益看是好的，因此应该推行标准化。

2. 树立透明消费理念

由于宾馆、酒楼有了可比标准（通常标准是定为一星到五星），因此广大消费者进入各类宾馆酒楼时，就已经知道了不同的星级宾馆服务标准不一样，其收费也不一样，消费者是带着心里明白的理念来消费的。而物业管理服务产品的差异性，其标准也都不清楚，不同的收费标准其服务质量差异在哪儿也不清楚，所以广大业主（消费者）很有意见，因为他们心里不明白，总感到有受欺诈之感，所以对物业管理制定服务标准、执行标准化服务就是要做到让广大业主放心，体现透明消费的理念。

3. 推动分层次、菜单式服务

由于物业管理涉及面宽，既有公共服务，又有专项服务，有的还开展特约服务，各种服务还会交融进行。一些物业服务企业在开展各类服务时，管理不到位、服务水平一般，业主不满意认为质价不符，投诉很多。标准的制定有利于工作服务到位，有利于对服务质量评定。同时根据制定的标准可以推算出投入服务的劳动量，从而算出成本，解决了广大业主（使用人）认为质价不符的疑点。

标准的出台有利于分层次消费理念的确立，每项物业管理工作中都分为若干个标准和要求。它可以由消费者根据物业实际情况，业主的经济承载能力选择适合自己的服务标准。物业服务企业根据大家的意见提供服务，对一些老住宅小区（旧城改造）或一些经济适用房（由于业主经济承载能力有限），制定相应的物业管理标准，使业主有目的地选择服务，社会上称之为菜单式服务。

（三）物业管理服务标准制定的原则

1. 可操作性原则

标准的制定首先便于可操作性。有了可操作性，才可能运用它，才会产生效果。物业管理才会有活力。在制定标准时，能够量化的尽可能量化，能够分解细化的尽可能细化。例如对住宅小区公共基础性服务管理可以分为房屋设施、设备维护运行与管理、安全护卫、园林养护管理、车辆管理、消防管理、清扫保洁管理等。每项工作内容又可以继续细分，如清扫保洁服务管理可以再细分为：室外、道路清扫保洁，楼梯道保洁，电梯及电梯厅保洁，公用车库保洁，街心花园、广场、绿化带保洁，儿童娱乐设施保洁，地下管井疏通，化粪池的清理，标识、宣传牌、雕塑、假山、亭、廊等建筑小品保洁、环卫设施保洁、建筑外立面保洁等，使得标准更具有直观性，可操作性。

2. 层次性原则

目前我国物业管理发展极为不平衡，南方好于北方，东部快于西部。这对质量标准制定带来了难度，既要体现标准的严肃性，又要体现目前物业管理发展不同的层次性，所以在制定标准时，各类设定的标准质量应按不同的层次拉开，以保证物业服务企业与广大业主自由选择。《江苏省住宅物业管理服务标准》中为业主最基本的保洁、护卫细化设置了七个档次，每个档次从人员素质、行业规范、服务内容、达到标准都作了详细规定，既拉开了档次，又适应了各地物业管理的状况。

3. 适当超前原则

物业管理标准制定首先应符合当前物业管理工作的实质，使业主（使用人）与物业服务企业都能接受，并能对物业管理工作起到指导工作。同时也要考虑物业管理在我国是一个新兴行业，发展速度很快，人们对物业管理质量要求也会越来越高，因此一个标准的出台，需要一段时效性，不能朝令夕改，需要留有发展的空间，即超前性。

4. 共赢原则

服务质量标准的制定一改过去就产品论产品，从产品出发、从厂家出发来考虑质量标准；而采用共赢的原则。具体如下：

（1）考虑业主利益

从业主实际利益出发，从业主需求出发，从业主经济承载能力出发来划定不同档次，来制定不同类别的标准内容，这样服务标准出台首先得到广大业主欢迎，符合业主自治管理的做法，使今后贯彻标准有了广泛的群众基础。

（2）考虑企业利益

从物业服务企业自身利益出发，作为一个物业服务企业，其性质是服务性的第三产业，就必须树立责任意识、服务意识、质量意识、品牌意识。这些意识树立最终结果落实在各项服务质量中，要想检查这些质量是否达标需要有一个标准，制定了服务标准对物业服务企业也是有利的。企业可以把服务标准要求细化到工作中去，落实到规章制度中去，落实到考核标准中，落实到奖惩评比中去，从而提高企业的素质；最后有了标准就可以体现企业的管理服务水平，参与竞争，优胜劣汰，将使一批优秀企业脱颖而出。标准制定使业主（使用人）与物业服务企业共赢。

四、物业管理服务标准制定

（一）制定物业管理服务标准的方法

1. 物业管理服务状况的调查、分析

物业管理服务标准必须反映物业管理实际情况和物业管理的自身规律，反映物业在实际使用与管理中的实际需要，业主的接受和需要程序，以及物业服务企业提供服务的可能性。

例如，在制定《江苏省住宅物业管理服务标准》的过程中，课题组组织对江苏省全省范围物业管理状况进行了全面调查。实地调查物业管理住宅小区80余家，对14个省辖市进行了调研，召开了物业服务企业经理座谈会14次，发放物业管理状况调查表380份，调查普通住宅物业管理项目685个，取得第一手资料。根据调查分析如下：

（1）对江苏省物业管理发展现状的认识和了解。

（2）业主对物业管理的需求状况。

（3）目前物业服务企业服务内容、服务水平、服务手段和服务方法以及业主的评价等。

（4）物业管理服务的关键性环节及关键因素。

（5）影响物业管理服务质量的关键影响因素的调查与分析。

（6）物业服务企业制定的标准与实施情况。

（7）目前物业服务企业运作的状况。

（8）关于物业管理的收缴状况及费用科学性问题。

2. 物业管理服务工作结构分解

根据普遍的调研，对物业管理服务过程的关键因素进行分解，对关键因素进行定义，对其服务质量提出具体要求，为制定服务标准奠定基础。物业管理工作结构分解详见图 5-1-22。

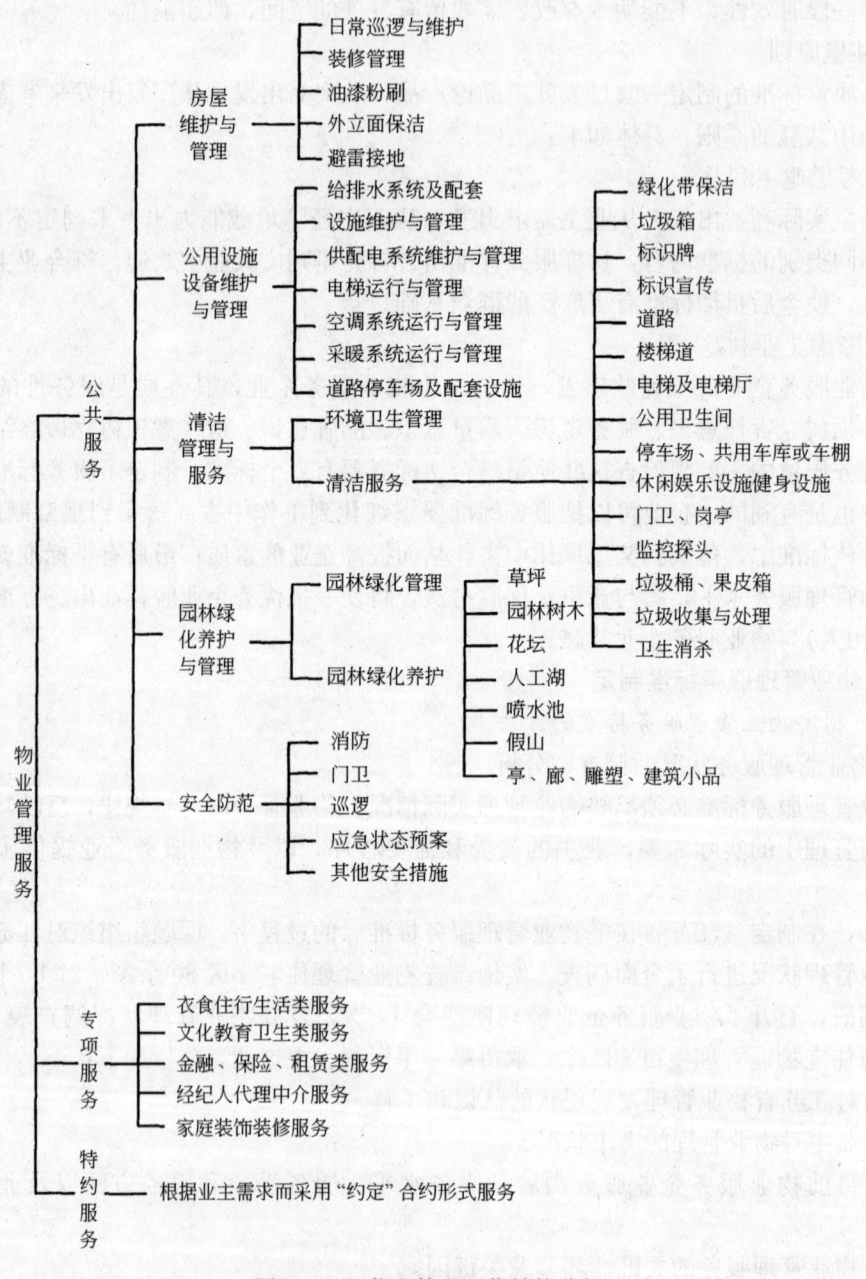

图 5-1-22　物业管理工作结构分解

（二）物业管理服务标准制定

根据物业管理服务产品特征，以及对物业管理服务的实际状况的调查，再根据物业管理工作结构分解图，运用运筹学原理、管理学原理，按照实际工作中的侧重点进行服务标准编制。具体内容的编制可参考《江苏省住宅物业管理服务标准》。

（三）影响服务质量的因素分析

服务的质量要求与实物产品有明显不同，服务的质量不是用检测设备所能精确测量的，也不存在计量测试设备的标准。服务质量的好坏常需要顾客来评价，服务质量要求主要反映在提供服务的人员行为表现、服务的设施条件和服务的管理等方面。如服务态度，即现代服务的文明要素；服务的技术水平，即现代服务的人力和物力要素，这是对服务人员技术素质的要求；服务速度，即现代服务的效率因素；服务的舒适性，即现代服务的另一种文明要素；服务的安全性和保密性等，即现代服务的安全要素。

国外许多学者采用"多种属性模型"来分析研究，美国哈佛大学学者赛思、奥尔逊和瓦尔克夏认为，顾客会根据7种服务属性评估服务质量。

1. 安全。指人身安全和财产安全。
2. 一致。指服务的规格化和可靠性。
3. 态度。指服务态度。
4. 完整。指服务项目是否完整。
5. 环境。指服务环境和气氛。
6. 方便。指服务时间和服务特点是否方便顾客。
7. 时间。指服务所需时间和服务速度。

ISO 9004—2《质量管理和质量体系要素第二部分：服务与指南》中，对服务特性所体现的内容归纳如下：

——设施、能力、人员的数目和材料的数量；

——等待时间、提供时间和过程时间；

——卫生、安全性、可靠性和保密性；

——应答能力、方便程序、礼貌、舒适、环境美化，胜任程度、可使性、准确性、完整性、艺术水平、使用和有效的沟通联络。

根据以上分析，将这些内容进行分析归纳，可见现代服务的构成要素如下：

（1）人力和物力要素

服务要靠人工，也要靠物质，这个物质在很大程度上依赖于先进的设备、设施和技术。

（2）效率要素

效率就是生命，没有效率的服务绝对成不了优质的服务。因此，时间定量成为衡量服务质量的主要标准之一。

（3）文明要素

包括精神和环境文明。从根本上说，环境文明亦源自于人类的精神文明，礼貌、卫生、环境美化、舒适等离不开文明。

（4）能力要素

服务已不再是简单的体力消耗，它需要相应的能力保证，语言、技术、应变、协调管理能力的高低都直接服务质量的优势。

（5）安全要素

服务产品使用过程就是让消费者全部参与的过程，安全的重要性就比其他服务显得更为突出。

（6）商品要素

在市场经济中，服务也是商品，必须等价交换，这也是"物有所值"原则。

可见，现代物业管理服务有以上6大要素构成，把握现代服务的构成要素，在制定服务标准时就能充分考虑这些因素，使标准更具有时代性、大众性。

第七节　物业管理服务开展的主体

一、业主、业主大会、业主委员会

（一）业主

1. 业主的定义

物业管理中的业主是指物业所有权人，即土地使用权和房屋所有权人，是物业的主人。从法律角度来看，即在法律规定的范围内，对其财产享有占有、使用、收益和处分的权利人。在物业管理活动中，业主又是物业服务企业所提供服务的对象。

2. 业主应树立的三种意识

物业管理的开展离不开广大业主的配合与支持，而作为一个称职的业主应树立三种意识：权利意识、自治自律意识、有偿服务意识。

（1）权利义务意识

根据产权理论、建筑物区分所有权理论，作为房地产产权人（业主）在市场经济的不断发展中，在法治建设不断强化、法律法规也在不断完善的情况下，应学会正确地行使权利，维护自己的合法利益。《物业管理条例》第6条，明确了业主在物业管理活动中享有下列权利：

1）按照物业服务合同的约定，接受物业服务企业提供的服务；

2）提议召开业主大会会议，并就物业管理的有关事项提出建议；

3）提出制定和修改管理规约、业主大会议事规则的建议；

4）参加业主大会会议，行使投票权；

5）选举业主委员会委员，并享有被选举权；

6）监督业主委员会工作；

7）监督物业服务企业履行物业服务合同；

8）对物业共用部位、共用设施设备和相关场地使用情况享有知情权和监督权；

9）监督物业共用部位、共用设施设备专项维修资金的管理和使用；

10）法律、法规规定的其他权利。

作为一名单个的自然法人（业主）的权利，也可简单归纳为6种权利，即①享有服务权；②行使投票权；③知情权；④咨询权；⑤监督权；⑥投诉权。

同时作为一名合法公民（业主）在法律地位中既享有法律赋予的权利，同时又必须承担法律所规定的一些义务：《物业管理条例》第7条就明确规定了以下6项义务：

1）遵守管理规约、业主大会议事规则；

2）遵守物业管理区域内物业共用部位和共用设施设备的使用、公共秩序和环境卫生的维护等方面的规章制度；

3）执行业主大会的决定和业主大会授权业主委员会作出的决定；

4）按照国家有关规定交纳专项维修资金；

5）按时交纳物业服务费用；

6）法律、法规规定的其他义务。

如果把以上 6 项义务归纳概括，就是每一位业主在物业管理活动中应当"遵章交费"。

（2）自治自律意识

物业管理是指按照产权理论和现代建筑特点，实行业主自治自律管理与物业服务企业统一的专业化、一体化管理相结合。这说明物业管理活动中如果缺少广大业主参与，对财产权的自治自律管理将是不完美的服务与管理。因为业主的财产权从法律角度证实"权在业主"。所以上面已说明了业主自治具有 6 项权利。业主自治管理并不等于不需要物业服务企业服务。现代化高层楼宇、住宅社区存在着大量的两方互有部分。而这类财产的维修保护需要物业服务企业来承担，因此在自治维权中，一定要强调自律，这样才能使物业不断延长寿命，保值增值。目前中国物业管理活动中许多地区的业主存在着维权错位、自治意识缺位等情况。而正确的业主自治应体现在以下五条原则：

1）依法自治原则。按照《宪法》第 51 条：任何业主不得以损害国家、社会集体的利益和其他公民的合法自由和权利，来强调和保护自有的权利，并以财产的自治作为理由。

2）积极自治原则。自治是业主自己来管理自己的财产事务，需要每一位业主积极参与行使自己的权利。如果不认真、不愿意，自治形同虚设，有其名无其实，大家的利益就无法得到保护。

3）规范自治原则。业主来自不同家庭，由于文化的差异、教育的差异、经济收入的差异，以及道德水平的差异。在讨论财产权自治时，往往会发生冲突、碰撞。这就需要强调自治并不是为我，还需要自律，还需要顾全大局，规范自己的行为。

4）民主管理原则。作为享有财产权的每一位业主都拥有权利，然而对于全体物业开展的活动，就不能做到完全统一意志，此时需要强调的是少数服从多数的民主管理原则，这样才能维护大家的自治权利。

5）接受监督原则。当今社会，任何个人、社会组织以及企业法人都不能游离于法律之外，游离于政府管理之外。同样，广大业主在维护自身的合法的财产自治权利时，也必须接受政府行政主管部门的指导和监督。

（3）有偿服务意识

由于中国物业管理是在长期计划经济时代向市场经济过渡转型期产生的，而人们的思想观念还停留在福利住房制度时代。"挣钱自己花，住房靠国家"大锅饭福利享受思想还十分严重，直接困扰影响物业管理健康的发展。直接表现在一些中低档次的商品房，尤其是城市的老住宅小区，开展物业管理后，物业服务企业收费难凸显出来，收缴率低直接影响物业服务企业生存及服务质量。

物业管理不是义务、慈善之举，也不是政府"埋单"，它是市场经济下"谁享受，谁付费"的价值规律的体现。物业管理是企业行为，作为一个企业需要付员工工资，需要向政府纳税，所以需要向广大业主收缴物业管理费。物业管理有偿服务意识，应在每一位业主思想里牢牢地树立。

（二）业主大会

1. 业主大会及其作用

业主大会由物业管理区域的全体业主组成，应当代表和维护物业管理区域内的全体业主在物业管理活动中的合法权益。只有一个业主或者业主人数较少，且经全体业主同意，决定不成立业主大会的，由业主共同履行业主大会、业主委员会职责。业主大会作用概括为一句话，即维护全体业主的财产权，代表全体业主支持、配合、监督物业服务企业开展的各项管理服务活动，履行合同要约；同时督促全体业主履行自身的义务：遵章守法、按时交费。

2. 业主大会会议的召开

为了保证业主大会作出决定的权威性、公信度，对业主大会召开的程序、参加会议人员以及作出决定的方法，都应事前明确规范。所以业主大会召开并不是简单的、随意的运作，而是根据《物业管理条例》、《业主大会规程》要求，对业主大会召开进行必要的规范。

（1）定期会议

业主大会定期会议应当按照业主大会议事规则的规定，由业主委员会组织召开，通常每年度举行一次。

定期会议的主要内容：①听取业主委员会的工作报告；②听取物业服务企业开展物业管理情况及经费支出情况的报告；③《管理规约》、《议事规则》、《业主委员会章程》等文件的审议与修改；④专项维修资金的使用、续筹方案的决定；⑤业主委员会换届、增补；⑥物业服务企业的选聘、续聘与改聘；⑦有关业主共同利益的其他重大事项。

（2）临时会议

为了保证在物业管理活动中全体业主的切身利益不受侵害，《业主大会规程》第十二条规定，有下列情况之一的，业主委员会应当及时组织召开业主大会临时会议：①20％以上业主提议的；②发生重大事故或者紧急事件需要及时处理的；③业主大会议事规则或者管理规约规定的其他情况。临时会议的会议内容，根据召开临时会议原因和目的确定，一般是一事一议。

为了使全体业主大会召开具有合法性、权威性，《业主大会规程》规定：业主委员会应在业主大会召开15日前将会议通知及有关材料以书面形式在物业管理区域内公告。并要告知相关的居民委员会，业主大会会议不得作出与物业管理无关的决定，不得从事与物业管理无关的活动。

3. 业主大会召开规范要求

（1）会议方式

业主大会会议一般有两种形式：全体大会和代表大会。通常情况下召开全体业主大会。如果物业管理区域内业主人数较多的，可以按幢、单元、楼层为单位，选派一名业主代表参加业主大会会议（《业主大会规程》第十六条）。推选业主代表参加业主大会会议的，业主代表应当于参加业主大会会议3日前，就业主大会会议拟讨论的事项书面征求其代表的业主意见。凡需投票表决的，业主赞同、反对及弃权的具体数经本人签字后，由业主代表在业主大会投票时如实反映，业主代表因故不能参加业主大会会议的，其所代表的业主可以另外推选一名业主代表参加。

（2）首次业主大会筹备要求

为了顺利召开首次业主大会，选举产生业主委员会，更好履行业主的权利，《业主大会规程》第五条明确规定首先成立筹备组。该筹备组应当在物业所在地的区、县人民政府房地产行政主管部门和街道办事处（乡镇人民政府）指导下，由业主代表、建设单位（包括公有房屋出售单位）组成业主大会筹备组；负责业主大会筹备工作，其筹备组成员名单，以书面形式在物业管理区域内公告。

筹备组应做好以下筹备工作：①确定首次业主大会会议召开的时间、地点、形式和内容；②参照政府行政主管部门制定的示范文本，拟定《业主大会议事规则》（草案）和《管理规约》（草案）；③确认业主身份，确定业主在首次业主大会上投票权数；④确定业主委员会候选人产生的办法及名单；⑤做好召开首次业主大会会议的其他准备工作。

各项工作准备就绪，在首次业主大会举行15日前，以书面形式在物业管理区域内公告。

（3）投票权决定

业主在业主大会上的投票权确定由《业主大会议事规则》约定。根据目前全国各地召开业主大会情况来看，完全公平确定投票权一时还难以准确做到，目前住宅物业常采用两种计票方式。一是按"套"或按"人"进行；二是按"建筑面积"进行。业主大会所作决定必须坚持少数服从多数原则。为了防止极少数人操作，损害业主利益，2003年9月1日施行的《物业管理条例》第十二条作了明确规定："业主大会作出决定，必须经与会业主所持投票权1/2以上通过。业主大会作出制定和修改业主公约、业主大会议事规则、选聘和解聘物业服务企业、专项维修资金使用和续筹方案的决定，必须经物业管理区域内全体业主所持投票权2/3以上通过。"然而通过三年多的实践，效果并不理想，围绕着业主大会表决权的问题还不少。根据目前中国物业管理开展现状和广大业主的基本素质状况，2007年3月16日全国人大十届五次全会通过的《中华人民共和国物权法》第六章业主建筑物区分所有权中，第76条做了新的规定和调整："制定和修改业主大会议事规则；制定和修改建筑物及其附属设施的管理规约；选举业主委员会或者更换业主委员会成员；选聘和解聘物业服务企业或者其他管理人；有关共有和共同管理权利的其他重大事项"等内容，"应当经专有部分占建筑物总面积过半数的业主且占总人数过半数以上业主同意"，对于"筹集和使用建筑物及其附属设施的维修资金；改建、重建建筑物及其附属设施"："应当经专有部分占建筑物总面积2/3以上的业主且占总人数2/3以上的业主同意。"《物权法》的规定更符合实际，更具有操作性。

（三）业主委员会

1. 业主委员会定位

业主委员会由业主大会选举产生，是业主大会的执行机构。业主大会与业主委员会并存，一个是业主的决策机构，一个是业主大会的执行机构，业主委员会向业主大会负责。业主委员会工作就是代表本区域内物业的业主合法权益，实行业主财产自治管理，保障物业及设施安全可持续地使用，同时维护本物业的公共秩序，创造整洁、安全、舒适、文明的环境，使广大业主安居乐业、延年益寿。业主委员会既然由业主大会选举产生，首先要为业主服务，同时业主委员会还要接受县级以上地方人民政府房地产行政主管部门的监督管理，根据《业主大会规程》(第三十四条)规定，业主委员会应当配合公安机关与居民委员会相互协作，共同做好维护物业管理区域内社会治安等相关工作。在物业管理区域内，业主大会、业主委员会应当积极配合相关居民委员会依法履行自治管理职责，支持居民委员会开展工作并接受其指导和监督。

2. 业主委员会职责

业主委员会是业主大会的执行机构，是在业主大会授权下开展工作，它主要履行的职责有以下 6 项：

(1) 召集业主大会会议，报告物业管理的实施情况；

(2) 代表业主与业主大会选聘的物业服务企业签订物业服务合同；

(3) 及时了解业主、物业使用人的意见和建议，监督和协助物业服务企业履行物业服务合同；

(4) 监督《管理规约》的实施；

(5) 业主大会赋予的其他职责；

(6) 督促违反物业服务合同约定逾期不交纳物业服务费用的业主，限期交纳物业服务费用。

3. 业主委员会组成及会议

业主委员会是业主大会的执行机构，所以业主委员会是由业主大会选举产生，业主委员会的任期由《业主大会议事规则》和《业主委员会章程》规定，自业主大会召开选举产生了业主委员会后，30 日内，业主委员会应把业主委员会成员名单及相关资料，报送物业所在地的区、县人民政府房地产行政主管部门备案。

为了保障全体业主财产自治权，维护好全体业主切身利益，协助物业服务企业开展好服务与管理，业主委员会成员的素质、能力是非常重要的，他们的工作水平将直接影响着住宅小区(楼宇)的业主(使用人)生活质量和安定团结的和谐氛围。《业主大会规程》(第二十一条)明确规定业主委员会委员应具备以下六个条件：①本物业管理区域内具有完全民事行为能力的业主；②遵守国家有关法律、法规；③遵守业主大会议事规则、管理规约，模范履行业主义务；④热心公益事业、责任心强、公正廉洁、具有社会公信力；⑤具有一定的组织能力；⑥具备必要的工作时间。

业主委员会通常常设主任一名、副主任 1~2 名。其主任人选应由对本小区物业熟悉、对物业管理有较多了解、有一定组织工作能力、热心公益事业、具有较强的公信力的同志担任。业主委员会除了业主大会授权的相关事情需要召开业主委员会会议研究以外，如下列两种情况之一者，经三分之一以上业主委员会委员提议或业主委员会主任认为有必要，就应及时召开业主委员会会议。为了保证会议公平、公正、权威，凡是业主委员会会议均应当书面记录并由出席会议委员签字后存档，同时会议应有半数以上委员出席才为有效。

业主委员会接受业主大会委托而开展工作，它不是荣誉，为了使业主委员会班子更好地为全体业主服务，《业主大会规程》(第三十条)规定有下列情况者，经业主大会会议通过，业主委员会委员资格终止：①业主委员会成员，首先必须是本物业管理区域内业主，因物业转让、灭失等原因不再是业主的；②对业主委员会工作没有热情、无故缺席业主委员会会议连续三次以上的；③因疾病等原因丧失履行职责能力的；④有犯罪行为的；⑤本人不愿意继续担任业主委员会委员，以书面形式向业主大会提出辞呈的；⑥拒不履行业主义务的；⑦其他原因不宜担任业主委员会委员的。

二、物业服务企业

（一）物业服务企业的定位性质与类型

1. 物业服务企业定位

物业服务企业是指具有独立的法人资格、明确的经营宗旨和管理章程，实行自主经营、独立核算、自负盈亏、自我运转，并对建成投入使用的房屋及配套设施、设备相关场地实施专业化一体化管理，同时为业主（使用人）提供全方位、多层次服务，创造和维护良好的生活和工作环境，并能够独立承担民事和经济法律责任的组织。

2. 物业服务企业性质

国务院 2007 年 9 月根据《中华人民共和国物权法》修改颁布了《物业管理条例》，明确了把物业服务企业改名为物业服务企业。企业名称改变更体现其性质，物业服务企业的性质则由物业管理基本性质所决定。由于物业管理属于第三产业，服务性行业，因此物业服务企业的产品是服务，其管理、经营寓于服务之中。在当前普通住宅小区物业服务企业的经营方针，应树立"保本微利、服务社会"，不以牟取高额利润为目的，创造一个和谐、安定的社区。

3. 物业服务企业类型

由于中国物业管理是在改革开放之后，由计划经济向市场经济转制过程中产生、发展的。因此中国物业服务企业带来了多元性，许多企业身上还带有计划经济的烙印。其类型较多。

（1）按照资产所有者性质来分，物业服务企业可分为：①全民；②集体；③联营；④三资；⑤私营；⑥外资等类型。

（2）按照股东出资形式来分：物业服务企业可以分为：①有限责任公司；②股份有限公司；③股份合作公司等类型。

（3）按照组建渠道不同来分，物业服务企业可以分为：①房地产开发企业组建的物业服务公司；②房管部门转制成立的物业服务公司；③企事业单位自己成立的物业服务公司；④街道居委会帮助成立的物业服务公司；⑤单位和个人按照公司法条件组建的物业服务公司等类型。

（4）按照物业经营方式来分，物业服务企业可分为：①管理型物业服务公司；②顾问型物业服务公司；③综合型物业服务公司等类型。

（二）物业服务企业的组建与资质

物业服务企业必须经县（区）以上房产管理主管机关资质审查批准后，到工商管理部门领取营业执照，方可成为物业服务企业，开展物业管理服务活动。

1. 物业服务公司成立的程序

现代房地产物业服务公司都是按照公司形式运作，因此申请设立物业服务企业、应按照《公司法》规定的条件、程序执行，通常分为以下几个步骤：

（1）申报提供资料。根据《公司法》要求及资质审查基本要求，成立公司前要准备好以下材料，以便向政府职能部门报告：①主管单位对申请物业服务公司经营资质的审批报告；②成立物业服务公司的可行性报告；③管理章程；④公司法人代表任命书或聘书；

⑤验资证明；⑥注册及经营地点证明；⑦拥有或委托管理物业的证明材料；⑧具有专业技术职称管理人员的资格证书或证明文件；⑨其他相关材料等。外商物业投资企业（含中外合资、中外合作及外商独资），除需提供内资企业申报审批所需的有关资料外，还需提供合资或合作项目议定书、合同等文件副本及有关批准文件。

（2）向所在地房地产行政主管部门提出书面申请。行政主管部门在一定工作日内（通常10～15日），初步审查完各类上报材料合格后，批准、核发《物业管理临时资质证书》。

（3）向所在地工商行政主管部门申请法人注册登记和开业登记，领取营业执照。

（4）物业服务企业在完成以上资质审查和营业执照申请后，应向所在地税务部门办理税务登记，到公安部门办理公章登记等事情。

2. 企业资质作用和等级

（1）企业资质审查作用

企业资质是为了界定、查验、衡量企业具备或拥有的人力、物力和财力情况。具体包括企业的注册资金，拥有的固定资产，企业人员数、技术力量、经营规模等。加强对物业服务企业资质审查、管理，具有以下作用。

1）有利于规范物业管理市场秩序。由于我国物业服务企业是在计划经济向市场经济过渡的转型期成立，其企业之间差异性很大，良莠不齐。如果没有资质管理规定，众多物业服务企业在市场竞争中将造成鱼龙混杂的混乱局面。而强化实行资质审查制度，将对规范物业管理市场秩序带来益处，也是落实中央"规范发展物业管理"的有效措施与手段。

2）有利于保护业主（使用人）合法权益。由行政主管部门对物管企业进行资质审查、分等定级，有利于广大业主及业主大会选择物业服务企业时，做到信息对称。根据企业资质实际，选聘一些符合自己要求的物业服务企业开展服务；同时也避免物业服务企业资质低、管理水平差与过高的物业管理费现象出现，有利于业主权益的保护。

3）有利于提高物业服务企业服务水平。强化物业管理资质评定与审查，对于一些资质低、管理水平差、经营规模小的物业服务企业压力越来越大。随着物业管理招投标的推行，一些资质小的企业也常常被拒之门外。为了适应市场需求，为了参加竞争，为了企业生存，许多物业服务企业非常重视人才引进、技术练兵，同时不断学习技术，提高企业整体服务水平，不断拓展物业楼盘。

（2）物业服务企业资质等级标准

现行的《物业管理企业资质管理办法》把物业服务企业分为一级、二级、三级三个资质等级。具体条件如下：

1）一级资质

① 注册资本人民币500万元以上。

② 物业管理专业人员以及工程、管理、经济等相关专业类的专职管理和技术人员不少于30人。其中，具有中级以上职称的人员不少于20人，工程、财务等业务负责人具有相应专业中级以上职称。

③ 物业管理专业人员按照国家有关规定取得执业资格证书。

④ 管理两种类型以上物业，并且管理各类物业的房屋、建筑面积分别占下列相应计算基数的百分比之和不低于100%。

a. 多层住宅200万平方米。

b. 高层住宅 100 万平方米。

c. 独立式住宅(别墅)15 万平方米。

d. 办公楼、工业厂房及其他物业 50 万平方米。

⑤ 建立并严格执行服务质量，服务收费等企业管理制度和标准，建立企业信用档案系统，有优良的经营管理业绩。

2) 二级资质

① 注册资本人民币 300 万元以上。

② 物业管理专业人员以及工程、管理、经济等相关专业类的专职管理和技术人员不少于 20 人，其中，具有中级以上职称的人员不少于 10 人，工程、财务等业务负责人具有相应专业中级以上职称。

③ 物业管理专业人员按照国家有关规定取得执业资格证书。

④ 管理两种类型以上物业，并且管理各类物业的房屋建筑面积分别占下列相应计算基数的百分比之和不低于 100%。

a. 多层住宅 100 万平方米。

b. 高层住宅 50 万平方米。

c. 独立式住宅(别墅)8 万平方米。

d. 办公楼、工业厂房及其他物业 20 万平方米。

⑤ 建立并严格执行服务质量，服务收费等企业管理制度和标准，建立企业信用档案系统，有良好的经营管理业绩。

3) 三级资质

① 注册资本人民币 50 万元以上。

② 物业管理专业人员以及工程、管理、经济等相关专业类的专职管理和技术人员不少于 10 人。其中，具有中级以上职称的人员不少于 5 人，工程、财务等业务负责人具有相应专业中级以上职称。

③ 物业管理专业人员按照国家有关规定取得执业资格证书。

④ 有委托的物业管理项目。

⑤ 建立并严格执行服务质量、服务收费等企业管理制度和标准，建立企业信用档案系统。

为了使企业资质管理真正落实到基层，政府行政管理部门加强了企业资质的行政管理，具体落实在审批管理、动态管理和业务管理。

审批管理。国家采取分级审批制度：一级物业服务企业资质证书的颁发和管理由国务院建设主管部门负责；二级物业服务企业资质证书的颁发和管理，由各省、自治区、直辖市人民政府房地产主管部门负责；三级物业服务企业资质证书的颁发和管理，由物业所在市人民政府房地产主管部门负责。

动态管理。物业服务企业资质实行年检制度，物业服务企业资质年检由相应资质审批部门负责。符合原定资质等级条件的，物业服务企业的资质年检结论为合格。不符合原定资质等级条件的，物业服务企业资质年检为不合格，对于不合格者注销其资质证书。

业务管理。根据不同的企业资质，可以承接不同的服务管理项目。《物业服务企业资质管理办法》规定：一级资质物业服务企业可以承接各类物业管理项目；二级资质物业服务企业可以承接 30 万平方米以下住宅项目和 8 万平方米以下的非住宅项目的物业管理业务；三级资质物业服务企业可以承接 20 万平方米以下住宅项目和 5 万平方米以下的非住宅项目的物业管理业务。

三、行业协会及政府行政主管部门

（一）行业协会宗旨与作用

随着物业管理在全国蓬勃发展，物业服务企业快速增加，各地相继成立了物业管理协会，2000 年 10 月 15 日，国家在北京成立了全国物业管理协会，指导全国物业服务企业开展工作，2006 年 8 月 17～18 日在北京又召开了第二次物业管理会员大会，进行了换届改选，行业协会的诞生、发展对物业管理的开展起到了巨大的推动作用。

物业管理协会遵循国家相关法律、法规和政策，以促进国内外同行交流、培育发展物业管理市场、维护企业合法权益，为行业内各企业服务，推动行业健康发展作为办协会的宗旨。

行业协会是物业服务企业的娘家，因此协会应发挥以下作用：

（1）在政府行政主管部门领导下，积极参与立法和普法工作，营造有利于行业发展的法律环境，协助制定本行业的经济技术标准，推动物业管理健康发展。

（2）了解掌握行业内物业服务企业基本情况和当前物业管理热点问题，积极开展理论和实践探索研究活动，帮助和指导企业开展工作。

（3）为入会会员单位——物业服务企业的管理和发展提供多种服务，收集整理国内外管理信息，提供管理与业务咨询，举办研讨会，促进技术交流与提高。

（4）开展多种形式的宣传和文化建设，增强行业的影响力和凝聚力。行业协会通过平面媒体——报纸、杂志以及中国物业管理协会网进行正面宣传，使物业管理更加深入人心，使物业服务企业更加注重企业文化建设。

（5）协助政府履行行政职能，推进行业自律和诚信建设。协会可以受政府行政主管部门委托，对物业服务企业进行年检、资质复审、等级评定以及物业管理项目评优工作。在当前情况下，协会还承担着政府需要完成的信用档案信息系统，为诚信自律、构建和谐社会作出了贡献。

（6）在政府与企业之间起到桥梁作用。政府制定的许多法规政策，企业并不了解，企业工作中碰到的困难，出现的问题，政府也并非完全掌握，协会就起到了桥梁作用，起到了信息沟通作用，把政府要求传递到企业，把企业的问题传递到政府，使之信息对称，更好地推动物业管理工作开展。

（二）政府行政主管部门作用

政府通过街道、居委会、公安、市容、工商、税务、城建等行政管理部门对小区内的居民和单位实施行政管理。其主要任务是贯彻执行政府的政策、法令和各种法规，包括街道办事处和居委会的计划生育、征兵、侨务、社区稳定和谐各项工作；公安部门的社会治安、户籍管理等工作；市容城建部门对违章搭建，占道经营等违法行为的管理。

政府的行政管理也落实到物业服务企业的行为中，物业服务企业作为企业法人，在其经济活动中应当接受财政、工商、税务等行政主管部门的管理；在其专业管理服务中应当接受建设、房地产、公安、绿化、环卫等专业行政主管部门的业务指导和监督。

第二章　物业管理委托与招标投标

第一节　物业管理招标

一、物业管理招投标的含义

物业管理招投标包括物业管理招标和物业管理投标两部分。物业管理招标是指物业所有人通过制定符合其管理服务要求和标准的招标文件，向社会公开招聘；并确定物业管理企业的过程。物业管理投标是指物业管理企业为开拓业务，依据物业管理招标文件的要求组织编写标书，并向招标单位递交应聘申请和标书，参加物业管理竞标，以求通过市场竞争获得物业管理权的过程。

物业管理招投标是物业管理招标行为和物业管理投标行为的有机结合，通过招投标，物业管理供需主体在平等互利的基础上建立起一种新型的劳务商品关系，其实质是一种市场双向选择行为。

二、物业管理招标方式

建设部在 2003 年 6 月发布的（130 号令）《前期物业管理招标投标管理暂行办法》中规定：住宅及同一物业管理区域内非住宅的建设单位，应当通过招投标的方式选聘具有相应资质的物业管理企业；投标人少于 3 个或者住宅规模较小的，经物业所在地的区、县人民政府房地产行政主管部门批准，可以采用协议方式选聘具有相应资质的物业管理企业。

物业管理招标有公开招标、邀请招标等方式。

（一）公开招标

公开招标又称为无限竞争性公开招标，由招标方通过公共媒介如报刊、电视、广播等向社会公开发布招标公告，并同时在中国住宅与房地产信息网和中国物业管理协会网上发布免费招标公告。凡符合投标基本条件又有兴趣的物业管理企业均可申请投标。公开招标的优点是招标方有较大的选择范围，可在众多的投标单位之间选择最优者；其缺点是由于竞标单位较多，工作量大、时间长、增加了招标成本。公开招标一般适用于规模较大的物业，尤其是收益性物业。

（二）邀请招标

邀请招标又称为有限竞争性招标，由招标单位向预先选择的 3 个以上有承担能力的物业管理企业发出投标邀请书，参与竞标。其优点是可保证投标企业有相关的资质条件和足够的经验，信誉可靠；缺点是有一定局限性，可能漏掉一些有较强竞争力的物业管理企业参与竞标。邀请招标是目前广泛采用的招标方式。

三、物业管理招标程序

物业管理招标的程序可划分为招标的准备、招标的实施和招标的结束三个阶段。

（一）招标的准备

招标的准备阶段是指从开发商或业主决定进行物业管理招标到正式对外招标即发布招标公告之前的这一阶段所做的一系列准备工作。这一阶段的主要工作有：成立招标机构、编制招标文件、招标材料备案、确定标底。

1. 成立招标机构

任何一项物业管理招标，无论是由开发商还是由业主委员会主持进行，都需要成立一个专门的招标机构，并由该机构全权负责物业管理的整个招标活动。招标机构的主要职责是：拟定招标章程和招标文件，组织投标、开标、评标和决标，并组织签订合同。可见招标机构一旦成立，其职责将贯穿整个招标投标过程。

2. 编制招标文件

编制招标文件是招标准备阶段招标人最重要的工作内容。招标文件又称标书，是招标机构向投标者提供的为进行招标工作所必需的文件。招标文件的作用在于：明确投标人递交投标书的程序，说明所需招标的标的情况，告知投标评定准则以及订立合同的条件等。招标文件既是投标人编制投标文件的依据，又是招标人与中标人商定合同的基础，是物业管理招投标工作能否成功完成的关键。因此，它是对招标机构与投标人双方以及招标人（开发商或业主）与中标人双方都具有约束力的重要文件。招标人应十分重视编制招标文件的工作，务必做到文件严密、周到、内容明确、合理合法。

根据我国《前期物业管理招投标管理暂行办法》规定，招标文件应该包括以下内容：

（1）招标人及招标项目简介，包括招标人名称、地址、联系方式、项目基本情况、物业管理用房的配备情况等；

（2）物业管理服务内容及要求，包括服务内容、服务标准等；

（3）对投标人及投标书的要求，包括投标人的资格、投标书的格式和主要内容等；

（4）评标标准和评标方法；

（5）招标活动方案，包括招标组织机构、开标时间及地点等；

（6）物业服务合同的签订说明；

（7）其他事项的说明及法律法规规定的其他内容。

3. 招标材料备案

招标人应当在发布招标公告或者发出投标邀请书的 10 日前，提交以下材料报物业项目所在地的县级以上地方人民政府房地产行政主管部门备案：

（1）与物业管理有关的物业项目开发建设的政府批件；

（2）招标公告或者投标邀请书；

（3）招标文件；

（4）法律、法规规定的其他材料。

4. 确定标底

所谓标底，就是招标项目的预期价格水平，是招标人为准备招标的内容计算出的一个合理的基本价格。确定标底是招标的一项重要的准备工作。按照国际惯例，对招标项目，招标人应在正式招标前先制定出标底。它的主要作用是作为招标人审核报价、评价和确定中标人的重要依据。因此，标底是招标单位的"绝密"资料，不能向任何无关人员泄露。

标底的确定一般应考虑以下几个方面：

一是要与本物业的档次相协调。物业档次不同，其管理服务水平与要求也不同。相应地，物业管理服务也将不同；二是要反映业主、使用人的经济承受能力和消费意向；三是要以招标文件中的管理目标为依据；四是要严格遵循国家及地方政府颁布的有关规定，同时，也要注意与物业管理市场的行情相协调。只有这样，招标单位才能制定出合理、科学的标底来。

标底是衡量投标报价竞争力的一把尺子，标底制定得好坏，直接影响到招标工作的有效性。标底制定得过高，进入合格范围内的投标人数量大，便使评价的工作量和难度大大增加；标底定得过低，又容易使所有的投标人都落空，从而导致招标的失败。因此，标底制定得好，可以说是招标工作成功的一半，而编制一个先进、准确、合理、可行的标底需要细致认真、实事求是。

（二）招标的实施

招标的实施是整个招标过程的实质性阶段。招标的实施过程主要包括以下内容：发出招标通知和邀请、投标资格预审、确定投标文件编制时间、处理需澄清或修改的问题、招标实施过程中的其他规定及开标、评标和定标。

1. 发出招标邀请或通知

我国招标投标法和国际惯例都规定，招标人采用公开招标方式招标，应当发布招标公告；招标人采用邀请招标方式的，应当向3个以上具备承担招标项目的能力、资信良好的特定法人或其他组织发出投标邀请书。这一规定是针对假招标现象提出的。在邀请招标中，有时招标人有可能故意邀请一些不符合条件的法人或其他组织作为其内定中标人的陪衬，搞假投标。因此，"不少于3家"是对邀请投标范围的最低限度要求，以保证适当程度的竞争性；而"资信良好、具备承担招标项目的能力"，是对投标人资格和能力的要求。

2. 投标资格预审

根据《前期物业管理招投标管理暂行办法》的规定，公开招标的招标人可以根据招标文件的规定，对投标申请人进行资格预审。

实行投标资格预审的物业管理项目，招标人应当在招标公告或者投标邀请书中载明资格预审的条件和获取资格预审文件的办法。

关于资格预审的条件，国家规定：招标人不得以不合理条件限制或者排斥潜在投标人，不得对潜在投标人实行歧视待遇，不得对潜在投标人提出与招标物业管理项目实际要求不符的过高的资格等要求（如故意提高技术资格要求，使只有某一特定的潜在投标人才能达到要求）。所谓潜在投标人，是指知悉招标人公布的招标项目的有关条件和要求，有可能愿意参加投标竞争的物业管理企业。

资格预审文件一般应当包括资格预审申请书格式、申请人须知，以及需要投标申请人提供的企业资格文件、业绩、技术装备、财务状况、拟派出的项目负责人与主要管理人员的简历和业绩等证明材料。

经资格预审后，公开招标的招标人应当向资格预审合格的投标申请人发出资格预审合格通知书，告知获取招标文件的时间、地点和方法，并同时向不合格的投标申请人告知资格预审结果。

在资格预审合格的投标申请人过多时，可以由招标人从中选择不少于5家资格预审合格的投标申请人。

3. 确定编制投标文件所需时间

招标人应当确定投标人编制投标文件所需要的合理时间。公开招标的物业管理项目，自招标文件发出之日起至投标人提交投标文件截止之日止，最短不得少于 20 日。

4. 处理需澄清或修改的问题

（1）招标人对已发出的招标文件进行必要的澄清或修改的，应当在招标文件要求提交投标文件截止时间至少 15 日之前，以书面形式通知所有的招标文件收受人。该澄清或修改的内容为招标文件的组成部分。

（2）招标人对投标人提出的疑问进行澄清的，也应以书面形式发送给所有的招标文件收受人。招标人根据物业管理项目的具体情况，可以组织潜在的投标申请人踏勘物业项目现场，并提供隐蔽工程图纸等详细资料。对此过程中投标申请人产生的疑问，招标人应予以澄清。

5. 招标实施中的其他规定

（1）招标人不得向他人透露已获取招标文件的潜在投标人的名称、数量以及可能影响公平竞争的有关招标投标的其他情况。招标人设有标底的，标底必须保密。

（2）在确定中标人之前，招标人不得与投标人就投标价格、投标方案等实质内容进行谈判。

（3）物业管理招投标工作的完成时限：新建现售商品房项目应当在现售前 30 日完成；预售商品房项目应当在取得《商品房预售许可证》之前完成；非出售的新建物业项目应当在交付使用前 90 日完成。

6. 开标、评标和定标

开标、评标和定标是招标实施过程的关键阶段，也是整个招标过程中程序最严密、对招标人能力要求最严格的阶段。

（1）开标

1）开标时间、地点：

开标应当在招标文件确定的提交投标文件截止时间的同一时间公开进行；开标地点应当为招标文件中预先确定的地点。

2）开标的有关规定：

开标由招标人主持，邀请所有投标人参加。

开标由投标人或者其推选的代表检查投标文件的密封情况，也可以由招标人委托的公证机构进行检查并公证。确认无误后由工作人员当众拆封，宣读投标人名称、投标价格和投标文件的其他主要内容。

招标人在招标文件要求提交投标文件的截止时间前收到的所有投标文件，开标时都应当当众予以拆封。

开标过程应当记录，并由招标人存档备查。

（2）评标

评标由招标人依法组建的评标委员会负责。评标委员会是由招标人代表和物业管理方面的专家组成，成员为 5 人以上单数，其中招标人代表以外的物业管理方面的专家不得少于成员总数的 2/3。与投标人有利害关系的人不得进入相关项目的评标委员会。

在评选过程中，应以物业管理服务费报价、物业管理服务质量和物业管理方案的先进程度作为主要的衡量标准，对各个投标人的标书进行研究，必要时还要召开现场答辩会

（不过要事先在招标文件中说明，并注明所占的评分比重）。除了现场答辩部分外，评标应当在保密的情况下进行。

评标工作结束时，评标委员会应向招标人推荐出不超过3名有排序的合格的中标候选人。

（3）中标

招标人应当按照中标候选人的排序确定中标人。当确定中标的中标候选人放弃中标或者因不可抗力提出不能履行合同的，招标人可以依序确定其他中标候选人为中标人。

中标人应当在投标有效期截止时限30日前确定。投标有效期应当在招标文件中载明。

（三）招标的结束

当招标人最后选出中标人时，招标工作便进入结束阶段。

这一阶段的具体内容包括发中标通知书、招标结果备案和合同的签订。

1. 中标人确定后，招标人应当向中标人发出中标通知书，同时将中标结果通知所有未中标的投标人，并应当返还其投标书。

2. 招标结果备案

招标人应当自确定中标人之日起15日内，向物业项目所在地的县级以上地方人民政府房地产行政主管部门备案。备案资料应当包括开标评标过程、确定中标人的方式及理由、评标委员会的评标报告、中标人的投标文件等资料。委托代理招标的，还应当附招标代理委托合同。

3. 合同的签订

招标人和中标人应当自中标通知书发出之日起30日内，按照招标文件和中标人的投标文件订立书面合同；招标人和中标人不得再行订立背离合同实质性内容的其他协议。

招标人无正当理由不与中标人签订合同，给中标人造成损失的，招标人应当给予赔偿。

第二节　物业管理投标

一、物业管理企业投标程序

投标是物业管理企业参加招标，与其他企业进行市场竞争的过程。其程序见图5-2-1。

二、各阶段的主要工作

（一）获取招标信息，决定是否参与投标

物业管理企业通过各种途径获得某物业拟进行物业管理招标的信息或接到邀请投标函后，应针对该物业的具体情况与本企业的自身实力，进行投标可行性分析，做出是否参与投标的决策。一旦决定投标，应协调有关人员（管理人员、专业技术人员、财会人员）组成精干的投标领导小组，全面负责投标工作。

（二）申请投标并接受资格审查

在规定的时间内向招标单位报送投标申请。投标申请是投标单位表示投标愿望和反映介绍投标单位管理能力的重要文件，在文件中应实事求是显示自身的实力，进而接受招标单位的资格审查。投标单位一定要将证件

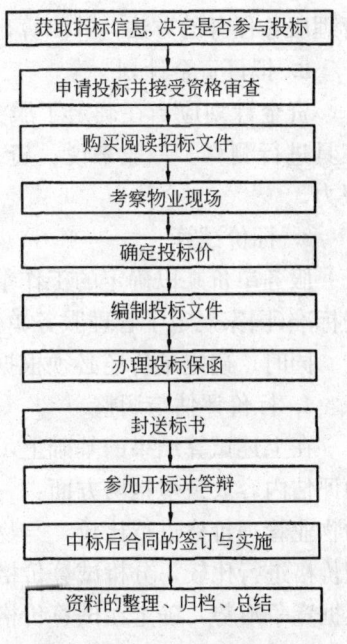

获取招标信息，决定是否参与投标

申请投标并接受资格审查

购买阅读招标文件

考察物业现场

确定投标价

编制投标文件

办理投标保函

封送标书

参加开标并答辩

中标后合同的签订与实施

资料的整理、归档、总结

图5-2-1　物业管理投标程序

和有关资料备齐，如企业营业执照、资质等级、专业人员配置、固定资产状况、管理的规章制度及以往业绩等。

（三）购买阅读招标文件

物业管理企业要想取得招标文件(即标书)必须向招标人购买。而取得招标文件之后，如何阅读成为关系投标成功的重要环节。这包括以下工作：

1. 仔细阅读招标文件并注意尽可能找出招标文件中的错误

招标文件可能会由于篇幅较长而出现前后文不一致、某些内容不清晰的情况。因此，投标企业应将这些错误或遗漏划分为"招标前由业主明确答复"和"计入索赔项目"两类。

从事国际投标的公司还应注意招标文件的翻译。不同的翻译可能会导致招标文件面目全非，而由精通外语的计价员直接阅读招标文件则是解决这一问题的理想办法。

2. 注意招标文件中的各项规定

投标企业应对招标文件中的各项规定，如开标时间、定标时间、投标保证书等，尤其是图纸、设计说明书和管理服务标准、要求和范围予以足够重视，并加以仔细研究。

（四）考察物业现场

通常，开发商或业主委员会将根据需要组织参与投标的物业管理企业统一参观现场，并对他们做出相关的必要介绍，其目的在于帮助投标企业充分了解物业情况以合理计算标价。在考察过程中，投标人有疑问需要澄清的，应当以书面形式向招标人提出并由招标人做出书面答复，这样才能产生法律约束力。

（五）确定投标价

具体内容包括：

1. 制定管理服务方法与测算工作量

投标企业可根据招标文件中的物业性质、管理服务内容及要求，详细列出完成该物业管理服务任务的方法，并测算出工作量。

2. 拟订资金计划

资金计划应当在确定了服务内容及工作量的基础上拟订。资金计划应以资金流量为工具进行测算，一般来说，资金流入大于流出的资金计划安排才对评标委员会具有说服力。

3. 标价试算

服务单价乘以确定的工作量就得出了管理服务费。对于单价的确定，不可套用统一收费标准(国家规定了管理服务单价的除外)，因为不同物业情况不同，必须具体问题具体分析。同时，确定单价还必须根据竞争对手的状况，从战略战术上予以研究分析。

4. 标价评估与调整

在上述试算结果的基础上，投标者必须经过进一步评估才能最后确定标价。现行标价的评估内容大致包括两方面：一是价格类比，即将试算价格分别与本企业承接的类似物业的物业管理价格进行比较，与物业管理市场上与招标物业具有可比性的其他物业的物业管理价格进行比较，分析试算价格的总体水平；二是竞争形势分析，了解竞争对手的情况，根据竞争形势，确定在试算价格的基础上上扬或下调报价。在报价评估的基础上，分析之后便可进行标价调整，通过这一步骤，投标企业便可以确定出最终标价。

（六）编制投标文件（即投标书）

上述问题解决之后，投标人应当按照招标文件的内容和要求正确编制投标文件，投标文件应当对招标文件提出的实质性要求和条件做出响应。这是投标工作中最重要的内容，直接影响到投标能否成功。

投标文件应当包括以下内容：

1. 投标函；

2. 投标报价；

3. 物业管理方案；

4. 招标文件要求提供的其他材料。

（七）办理投标保函

为防止投标单位违约给招标单位带来经济上的损失，在投递物业管理投标书时，招标单位通常要求投标单位出具一定金额和期限的保证文件，以确保在投标单位中标后不能履约时，招标单位可通过出具保函的银行，用保证金额的全部或部分作为招标单位经济损失的赔偿。投标保函是投标担保的常见方式。

（八）封送标书

投标人应当在招标文件要求提交投标文件的截止时间前，将投标文件密封送达投标地点。招标人收到投标文件后，应当向投标人出具标明签收人和签收时间的凭证，并妥善保存投标文件。在开标前，任何单位和个人均不得开启投标文件。在招标文件要求提交投标文件的截止时间后送达的投标文件，为无效的投标文件，招标人应当拒收。

投标人在招标文件要求提交投标文件的截止时间前，可以补充、修改或者撤回已提交的投标文件，并书面通知招标人。补充、修改的内容为投标文件的组成部分，并按规定送达、签收和保管。在招标文件要求提交投标文件的截止时间后送达的补充或者修改的内容无效。

（九）参加开标并答辩

投标单位接到开标通知时，派主要负责人按时参加开标会。评标过程中，评标委员会可以用书面形式要求投标人对投标文件中含义不明确的内容作必要的澄清或者说明。投标人应采用书面形式进行澄清或者说明，其澄清或者说明不得超出投标文件的范围也不得改变投标文件的实质性内容。

这一过程中，投标单位要做好答辩的思想和资料准备，在有限的时间内充分阐述本单位的优势、投标的意图、对日后物业管理的基本想法、安排与措施，对投标报价的计算作必要的说明或补充，愿意承诺的优惠条件等，以争取获得最佳印象和较好的答辩分，为中标打下基础。

（十）中标后合同的签订与实施

投标单位收到中标通知书后，应在规定时间内，办妥履约保函和各种手续，并尽快与招标单位进行详细洽商，签订物业管理书面合同（中标人和招标人不得再行订立背离合同实质性内容的其他协议）；同时做好全面入驻物业区域的准备。

物业管理委托合同自签订之日起生效，招标人（或者是开发商或者是业主委员会）和中标人均应依照合同规定行使权利、履行义务。

（十一）资料的整理、归档

无论投标企业是否中标，在竞标结束后都应将投标过程中一些重要文件进行分类归档保存，以备查核。这样一是可为中标企业在合同履行中解决争议提供原始依据，二是可为竞标失利的企业分析失败原因提供资料。通常这些文档资料包括：

招标文件、招标文件附件及图纸、对招标文件进行澄清和修改的会议记录和书面文件、公司投标文件及标书、同招标方的来往信件、其他重要文件资料等。

上述程序描述了投标的整个过程。但对未中标的企业来说，还应做好未中标的总结工作。

（十二）未中标的总结

竞标的失利不仅意味着前期工作白白浪费，而且还将对公司声誉产生不利影响。因此，未中标公司应在收到通知后及时对本次失利原因做出分析，总结经验，避免重蹈覆辙。分析的内容包括：准备工作是否不够充分？估价准确程度低吗？报价策略是否失误？等等。

第三节 物 业 服 务 合 同

一、物业服务合同的属性

业主、业主委员会委托物业管理公司对物业实施物业管理服务，物业管理公司接受委托从事物业管理服务，双方应当签订物业管理合同。物业管理合同属于《合同法》上无名合同范畴，是一类独立的合同类型，与分类中的委托合同有类似之处，但又因其具有自身特征而独立于委托合同。例如，物业管理合同也如委托合同一样，是受托人以委托人的名义和费用为委托人处理委托事务，委托人支付约定报酬的协议；但物业管理企业可以自行将物业服务合同中的专业服务项目委托他人完成。

根据《合同法》的规定，民事合同是平等主体的自然人、法人、其他组织之间设立、变更、终止民事权利义务关系的协议。从合同的另外分类角度，物业管理服务合同属于民事合同的范畴，是业主、物业管理企业设立物业服务关系的协议。物业管理合同的订立在遵循平等、自愿、公平、诚实信用和合法的原则时，还应注意业主和物业管理企业之间是平等的民事主体关系，不存在领导者与被领导者、管理者与被管理者的关系，物业服务合同的具体内容应充分体现双方的权利、义务关系，体现在物业服务合同的具体内容中。

二、物业服务合同的类型

（一）按签订的先后顺序分类

1. 前期物业服务合同

根据《条例》，前期物业服务合同是在物业建成之后、业主委员会成立之前建设单位与物业管理企业之间签订的，前期物业服务合同可以约定期限，但是，期限未满、业主委员会与物业管理企业签订的物业服务合同生效的，前期物业服务合同仍然自动终止。为确保双方及所有购房人权利义务的一致，该合同应以建设部颁布的示范文本为依据，结合本物业情况制定细则，并经政府行政主管部门备案后签订。在同一物业管理区域内，前期物业服务合同中凡涉及物业购买人共同利益的约定应当一致。

应该注意的是，前期物业服务合同是要式合同，要求必须具备一定形式，并对合同形式作书面要求，明确合同主体的责、权、利，防止建设单位和物业管理企业侵害业主权益的情况发生，确保发生纠纷时有据可查。

2. 物业服务合同

业主委员会成立后，其重要工作之一就是选聘物业管理企业并与中标的物业管理企业签订《物业服务合同》。《条例》规定，《物业服务合同》应当对物业管理事项、服务质量、服务费用、双方的权利义务、专项维修资金的管理与使用、物业管理用房、合同期限、违约责任等内容进行约定。物业服务合同是确立业主和物业管理企业在物业管理活动中的权利义务的法律依据。

在物业管理活动中，物业服务合同的地位非常重要。合同是否依法订立、合同内容是否详细、合同是否具有可操作性，对于维护各方在物业管理活动中的合法权益举足轻重。目前，在物业管理活动中出现的许多纠纷，与合同的不规范具有很大关系。

（二）按签订物业管理委托方的不同分类

物业管理的委托方是业主。按物业产权归属，物业管理的委托方有房屋建设单位、公房出售单位和业主委员会三类主体。

1. 房屋建设单位或公房发售单位与物业管理公司签订的物业服务合同

房屋建设单位在以下两种情况下是物业管理的委托方：

一是对建成后以销售为主的物业，在物业建成和出售前，其产权归属房屋建设单位。因此，由建设单位负责首次选聘物业管理企业。

二是对建成后并不出售，而出租经营的物业，因其产权始终归属建设单位，所以，建设单位一直是物业管理的委托方。

另外，公房在出售前，产权属政府单位所有；出售后，产权发生转移。由于住用人购买原住房的时间不等，物业区域内发生产权转移的份额不等，所以，在业主委员会成立之前；公房出售单位作为原业主，与建设单位一样，负责首次选聘物业管理企业。

2. 房屋出售单位或其委托的物业管理公司与购房人（业主）签订的物业服务合同

房屋出售单位包括房屋建设单位和公房出售单位。

3. 业主委员会代表全体业主与物业管理公司签订的物业管理合同

以销售为主的物业，当具备成立业主委员会的条件时，业主委员会就成了物业管理的委托方。由业主委员会负责选聘物业管理公司的工作。

4. 物业管理公司与专业服务公司签订的专项物业服务合同

由于目前社会分工的细化，许多物业公司由综合的业务型向管理型转变，他们将一些较专业的如保洁、保安、绿化等专项服务分包给专业服务公司，但为了保证整体物业管理的质量，他们必须以合同的方式规定双方的权利和责任，确保业主的满意。

（三）按委托事项的不同分类

1. 全权委托合同

是指将物业各项管理服务工作委托给一个物业管理公司全权负责。

2. 单项委托合同

单项委托合同是指将物业的某一项或某几项管理服务工作委托给某一个或分别委托给几个物业管理公司负责。此时，受托方大多为专业服务公司，如保洁、保安公司等。

三、物业服务合同的主要内容

为规范物业管理的行为，建设部制订了《物业管理委托合同》、《前期物业管理服务协议》的示范文本，主要内容包括：

1. 委托标的及范围；

2. 委托管理的形式；

3. 当事人和物业的基本情况；

4. 委托双方的权利和义务；

5. 物业管理服务事项和服务质量要求；

6. 物业管理服务费用的标准和收取；

7. 合同的期限、中止和解除的约定；

8. 违约责任及解决纠纷的途径；

9. 双方当事人约定的其他事项。

四、物业服务合同的签订与履行

(一) 物业服务合同的签订

对于新竣工的物业而言，一般委托管理合同先由建设单位与物业管理企业签订，然后由业主委员会与物业管理企业续签。如果业主委员会决定选聘新的物业管理企业，就不会与原来的物业管理企业续签委托合同；即使业主委员会同意与原来的物业管理企业续签委托管理合同，它也可能会对原委托管理合同做出一定的修改。由此可见，建设单位的最初委托只是一种临时性的安排，而业主委员会的委托才是最终的决定。若招标的是已使用过的物业，则委托管理合同将直接由业主委员会与中标的物业管理企业签订。

(二) 物业服务合同的履行

合同的履行，是指合同双方当事人正确、适当、全面地完成合同中规定的各项义务的行为。物业服务合同的履行不仅是指签订合同双方最后的交付行为，而且还包括双方一系列行为及其结果的总和。物业服务合同的履行通常在法律上规定为全部履行，即当事人必须按照合同规定的标的及其质量、数量，由适当的主体在适当的履行期限、履行地点，以适当的履行方式，全面完成合同中规定的各项义务。它实际上包含两方面的含义：一是实际履行，即是指按照合同规定的标的履行；二是适当履行，是指履行物业服务合同时，在合同标的(物业服务)的种类、数量、质量及主体、时间、地点、方式等方面都必须适当。按照适当履行的定义，如果一方不履行或不适当履行，有过错的一方应及时向对方说明情况，以避免或减少损失，同时承担赔偿责任。当缔约一方只履行合同的部分义务时，另一方有权拒绝，并可因一方部分履行义务导致其费用增加要求赔偿，但部分履行不损坏当事人利益的除外。当事人一方如果有另一方不能履行合同的确切证据时，可以暂时终止合同，但应立即通知另一方。如果另一方对履行合同提供了充分的保证，则应继续履行合同。

五、物业服务合同的变更与解除

(一) 物业服务合同的变更

在物业管理企业接管物业之后，可能会由于业主的其他要求或环境的变化，导致合同的部分内容不再符合实际，此时应由物业管理企业与业主委员会商议，对委托服务合同的内容及时进行修改，称之为合同变更。变更的结果有以下几种：

1. 合同的修改经双方当事人协商一致后，在原有合同基础之上达成新的协议。

2. 委托服务合同的变更只能是对原有合同内容的局部修改和补充。

3. 当物业管理的权利义务关系不能按原合同履行，相应就要变更产生新的合同内容。

（二）物业服务合同变更的要件

要构成委托管理合同的变更，还必须具有一些形式要件：

1. 合同关系已存在。合同的变更必须建立在已有合同基础之上，否则就不可能发生变更问题。

2. 具有法律依据或当事人协商。物业服务合同的变更可以依据法律规定产生，也可通过当事人双方协商产生。

3. 具备法定形式。合同的变更应当从形式和实质上符合法律规定。

4. 非实质性条款发生变化。非实质性条款是指不会导致原合同关系消灭和新合同关系产生的合同条款，即除合同标的之外的其他条款。

（三）物业服务合同变更的效力

物业服务合同的当事人应当就合同变更的内容做出明确的规定，若变更内容不明确，则从法律上可推定为未变更。委托服务合同一旦发生变化，当事人就应当按照变更后的内容履行合同，任何一方违反变更后的合同内容都将构成违约。如果合同的变更对一方当事人造成了损害，则另一方当事人应负相应的赔偿责任。

（四）物业服务合同的解除

合同的解除是指由于发生法律规定或当事人约定的情况，使得当事人之间的权利义务关系消灭，从而使合同终止法律效力。导致物业服务合同解除的事项主要有：

1. 合同规定的期限届满。

2. 当事人一方违约，经法院判决解除合同。

3. 当事人一方侵害另一方权益，经协商或法院判决解除合同。

4. 当事人双方商定解除合同。

合同的解除，无论是当事人双方协议解除还是依据法律规定解除，均须遵照一定程序。对于协议解除，应在双方达成一致协议的基础上经过签约和承诺两个阶段，方可使解除行为发生效力。若法律规定了特别程序的，则应遵守特别程序规定。

合同解除后，尚未履行合同的，终止履行；已经履行的，根据履行情况，当事人可以要求采取补救措施，并有权要求赔偿损失。

最后应注意的是，任何一方当事人都不得擅自变更或解除合同，也不允许单方拒绝履行或者变更已经订立的管理服务合同，双方必须信守合同。如果发生新的情况，要经双方协议重新达成新的合同。

第三章 物业管理的工程管理

第一节 居住物业的管理

一、新建商品房住宅小区的管理

我国社会化、专业化、企业化、市场化、经营型的物业管理是从城市新建商品房住宅小区开始起步并推广发展起来的。改革开放以来，随着推行住房制度改革、房屋商品化以及城市综合开发等项改革措施，房地产业迅速崛起。房地产业的启动和房地产体制的改革首先是从住宅建设开始的。目前全国建筑面积在 5 万 m^2 以上的住宅小区绝大多数是在近10 年新建的。城市人口的 1/4 生活在规模不等的住宅小区里。城镇新建住宅小区是今后城市住宅建设的主要形式。

（一）住宅小区及其特点

1. 住宅小区的概念

城市居民居住生活的聚集地称为居住区。居住区是具有一定人口和用地规模，以满足居民日常物质和文化生活需要的，为城市干道所分割或自然界限所包围的相对独立的区域。在规划设计中，居住区按居住户数或人口规模分为规模居住区、居住小区、住宅组团三级，其分级规模如下表 5-3-1。

居住区的分级   表 5-3-1

项　目	规模居住区	居住小区	住宅组团
户　数	10000～15000	2000～4000	300～700
人　口	30000～50000	7000～15000	1000～3000

2. 住宅小区的功能

从物业管理的角度来看，住宅小区是一个集居住、服务、经济、社会功能于一体的社会缩影。

（1）居住功能

住宅小区最基本的功能是居住功能。根据居民的不同需要，提供各种类型的住宅，如多种类型的居住单元、青年公寓、老年公寓等。在居住功能中，最重要的是它能够提供人们休息的场所和环境，其他的才是如饮食、盥洗、个人卫生、学习、娱乐、交际等功能。

（2）服务功能

住宅小区的服务功能是随着城市规划建设要求，房地产综合开发而来的，即要求小区的公用配套设施和小区的管理应能为居民提供多项目多层次的服务。包括：教卫系统，如托儿所、幼儿园、小学、中学、医疗门诊、保健站、防疫站等；商业餐饮系统，如饭店、饮食店、食品店、粮店、百货店、菜市场等；文化、体育、娱乐服务系统，如图书馆、游泳池、健身房、电影院、录像室等；其他服务系统，如银行、邮局、煤气站、小五金、家电维修部等。

（3）经济功能

住宅小区的经济功能体现在交换功能和消费功能两方面。交换功能包括物业自身的交换，即开展住宅和其他用房的出售或出租经纪中介服务；小区管理劳务的交换，即业主通过合同的方式将小区的管理委托出去。消费功能指的是随着城市住房制度改革的不断深化，住宅小区中的住宅将不断地商品化，并进行商业化的管理。包括住宅在购、租两方面的逐渐商品化及小区的管理和服务都是有偿的，使用人将逐渐加大对居住消费的投入。

（4）社会功能

住宅小区的主体是居民，居民的活动是社会活动，聚集在住宅小区的各种社会实体，如行政治安机关、商业服务业、文化体育、银行等是以住宅小区为依托，共同为居民服务，发挥各自的功能。这些实体之间、实体与居民之间、居民相互之间组成了住宅区的社会关系、人际关系，形成了一个社会网络，相互影响和相互制约。

3. 住宅小区的特点

（1）住宅结构的系统性。住宅小区的地上建筑和地下设施是一个不可分割的整体，地下各种管道设施，如上下水、燃气、热力、电缆等组成一个"网络体系"，住宅小区内各类房屋建筑、房屋设备、地上、地下、室内、室外是一个庞大的不可分割的动态大系统，即使同一幢房屋，尽管有若干个使用单位且使用性质和产权都不同，但房屋建筑结构是相连的、无法分割的，各种地上地下公用共同设施如供电、供暖、供气、上下水管道等，又是紧密相连的系统，贯穿于各家各户更是无法分割。因此，一个系统或一个部位出现了问题，就会影响住宅的全面运作和使用。这一特点就要求住宅小区必须实行统一管理。

（2）住宅小区功能多样性

随着城市建设发展和居住水平的提高，原先分散的、功能单一的传统方式的住宅小区，正在向集中化、综合化、现代化方向发展。现在的住宅小区，以居住为主体，配有商业、服务业、银行、邮电、办公、文教卫生等用房，而且为使小区内各种住宅、配套设施、公共实施和环境绿化能够相互协调，有机结合，都是统一规划，集中综合开发建设的。住宅小区的这种建设统一化和功能多样化特点，就要求住宅小区管理既要实行统一管理，又要开展多样化服务。

（3）住宅产权多元化

随着住房体制改革和住房商品化的逐步实现，房屋住宅的产权结构发生了重大变化。一个小区或一幢住宅楼房的产权有可能是属于国家的，也可能是属于集体的，还有可能是属于个人所有的。产权多元化格局在今后相当长时期会存在，这是住宅小区突出的特点。这一特点就决定了在小区管理中可能会出现分散管理（即指业主各自选择物业管理企业管理），这与住宅整体性所要求的统一管理产生矛盾，于是给小区管理带来了复杂性。

（4）住宅小区的社会性

住宅小区建设的集中化、综合化、现代化的实现，加上小区的功能多样化和产权多样化，使住宅小区成为一个"微型社会"。一方面住宅小区的许多公用设施、绿化等，都是为全小区服务的，已全部"社会化"；另 方面由于产权多样化，使居住人口十分复杂，各行各业人员都有，产生社会化现象。住宅小区的社会化也给小区管理带来了较为复杂的问题。

（二）住宅小区的物业管理

所谓住宅小区的物业管理，这里是指新建的商品房住宅小区的整个区域管理。住宅小区投入使用后，主要就是要解决管理问题，使居住环境和住房质量都达到新的水平。

1994年4月建设部颁布的《城市新建住宅小区管理办法》中规定："住宅小区应当逐步推行社会化、专业化的管理模式。由物业管理公司统一实施专业管理。"这一办法规定了住宅小区的管理模式、管理内容和服务项目等，从根本上为住宅小区实行物业管理指明了方向，奠定了基础。

1. 住宅小区物业管理的特点

住宅涉及家家户户，住宅小区物业管理与每一个人都直接有关。加快住宅建设，提高和改善人们的居住条件和环境，是我国的既定方针，是发展房地产业的根本指导思想，也是逐步推广和实行住宅小区物业管理的根本目的。

（1）住宅小区物业管理是城市管理的主要内容，是社会主义物质文明和精神文明建设的基本内容

居住条件和环境的改善，一靠加快住宅建设，二靠完善物业管理，从某种意义上讲，管更重于建。物业一旦建成，各方面条件就基本定型。完善的物业管理，不仅可以使住宅小区的各项功能充分发挥，还可以弥补物业建造过程中的各种不足和缺陷，确保为广大住（用）户提供一个清洁、安全、和谐的居住环境。

同时，搞好住宅小区的物业管理，可以为政府和广大居民排忧解难，化解日常生活中的矛盾与烦恼，改善人际关系，确保人民群众安居乐业，在工作中无后顾之忧，保证社会的稳定。因此，住宅小区物业管理在社会主义精神文明建设中也占有重要的地位。

（2）住宅小区居民的自治自律是住宅小区物业管理的基础

住宅小区内居住着不同阶层、职业的家庭，不同的生活习惯、爱好、文化程度、道德水准、经济收入水平等等决定了他们对居住环境要求和居住行为的差异。这些差异有时会产生各种各样的问题、矛盾和纠纷。这也给住宅小区的物业管理提出了更高的要求。住宅小区是小区内全体居民共同的家园，是大家共同生活的场所，建设和维护一个良好、和谐的居住环境是全体居民共同的心愿。因此，为减少和妥善处理这些问题、矛盾和纠纷，有必要在自治自律的基础上对人们的居住行为做出某些限制和约束，制定一个大家共同遵循的居住行为的规范，即业主公约，其核心是任何人的行为不得违反社会公共利益和损害他人利益。这也就是说，自治自律是相统一的，自治是在自律基础上的自治。每个人在享受一定权利的同时，也应承担相应的义务。

（3）住宅小区物业管理带有相当的复杂性

住宅小区物业管理的复杂性，主要表现在三个方面。首先，住宅小区内房屋产权的多元化要求管理上的权威性和统一性。不同产权性质的住宅在物业管理上的侧重点不同，如何针对产权的多元化实行统一的物业管理具有一定的复杂性。

其次，住宅小区的物业管理在实施过程中要涉及市政各部门、公安、街道办事处等多个部门和单位，如何协调好相互间的关系和利益，明确各自的职责和管理范围，对搞好小区物业管理是至关重要的。

再次，物业管理经费筹集的复杂性。不同产权形式下物业管理经费的筹集渠道不同，物业管理服务收费的计算原则不同，收缴方式不同。当前，我国的物业管理主要是在普通

住宅小区推行，其住宅小区物业管理经费的筹集既要考虑到物业管理实际运作的成本费用，又要考虑到人民群众经济收入的实际水平。

2. 住宅小区物业管理的目标

住宅小区物业管理的目标概括起来就是要通过科学的管理手段和专业化管理技术来实现社会效益、经济效益、环境效益、心理效益的统一。

（1）社会效益

住宅小区物业管理的社会效益首先表现在为居民提供一个安全、舒适、和睦、优美的生活环境。这一环境不仅是指居室、楼宇内的、而且还指整个社区的治安、交通、绿化、卫生、文化、教育、娱乐等方面。它对于调节人际关系，维护社会安定团结，都有十分重要的意义。其次，它可以起到为政府分忧解难的作用。实施物业管理以后，小区复杂繁琐的管理工作和各种投诉的处理，都由物业管理企业负责，政府不再为此花费大量的时间与精力，只需制定有关的政策规定，对小区管理实行指导、协调和监督。

（2）经济效益

住宅小区物业管理的经济效益可从多方面得以体现：

1）从政府的角度看，对于未实行物业管理的住宅区，政府不仅要补贴大量资金用于小区房屋的维修，还要在环卫、治安、绿化和其他公共市政设施上投入财力。而实行物业管理的住宅区，政府不仅不投资，还可向物业管理企业收取税费。从这两方面看，经济效益是很明显的。

2）从开发企业角度看。住宅小区实行物业管理不仅有利于房产销售，加速资金的周转，而且有利于开发企业以较高的价格售房。开发企业还可从中获得良好的社会信誉和企业形象，名利双收，可得到大笔的利润和无形资本。

3）从物业管理企业角度看。物业管理的经济效益不仅体现在开发企业身上，还体现在物业管理企业本身。小区管理从单纯收取管理费来讲，是微利的，但如果善于经营，通过开展各种有偿服务，仍会取得较好的经济效益。

4）从业主的角度看。物业管理企业管理好、维护好房屋住宅及附属设施、设备、延长它的使用寿命，可以保障业主的经济利益。

（3）环境效益

住宅小区用的水、电、燃气及阳光、空气、通风以及建筑和人口密度等方面都与居民的身心健康有着密切的关系。住宅小区实行物业管理有利于从根本上治理城市住宅区脏、乱、差现象，改善居住环境。因此，搞好环境的绿化、净化、不仅有助于人的身心健康，还将对整个城市建设规模、格局和风貌产生积极影响。

（4）心理效益

通过住宅小区的物业管理可使住宅和环境达到人们期望的安全、方便、舒适、优美的理想境界。当人们期望的这种理想境界达到时，人们就会有一种满足感和幸福感；当现实住宅和环境达不到人们的理想期望值时，人们就会产生烦躁和厌恶等心理感受。良好的住宅小区物业管理，可以达到实现人们心理效益的目标。当然，这种心理效益是一种心境和感受，因而是无形的和相对的，会随着自身条件和环境的变化而变化。

3. 住宅小区物业管理的原则

由具有独立法人资格、实行独立核算、自负盈亏的物业管理企业来进行城镇居民住小区的物业管理，与旧体制下的那种政企不分、权责不明的福利型管理是截然不同的。应遵循的主要原则有：

（1）业主自治自律与专业管理相结合

住宅小区物业管理首先应遵循业主自治自律与专业化管理相结合的原则。业主自治自律是基础，但住宅小区的管理又具有技术性、专业性强的特点，必须以专业化管理为主；住宅小区的日常管理工作，是大量的、繁琐的，离不开居民的支持。因此增强居民的群体意识，依靠和组织群众参与管理，发挥业主自治自律的作用，是实行这一原则的关键。

（2）服务至上，寓管理于服务之中

住宅小区的物业管理是一项服务性很强的工作，关系到千家万户的生活、休息、文娱、安全、卫生、教育、体育等诸多方面。住宅小区管理中的服务工作，具有长期性和群众性的特点：服务时限很长，往往几十年以上；服务对象范围很宽，男女老幼，各行各业，且流动性大、变化快。因此，必须坚持"服务至上，寓管理于服务之中"的原则，树立"为人民服务，对人民负责"的指导思想。

（3）所有权与经营权相分离

实行所有权与经营管理权两权相分离，是现代物业管理与旧式的房屋管理本质区别之一。这是针对城镇居民住宅小区，特别是旧居民住宅小区存在的"两权"不清问题提出来的，目的在于解决分散管理与统一管理的矛盾。房屋及小区环境内各种设备是一个有机的统一体。若按分散的产权权属由产权单位或产权人自行管理，显然弊端很多。因此，必须实行所有权与管理权两权分离，在依法确认产权权属的前提下，实行管理经营权的集中统一。由一家物业管理企业对某一居民住宅小区实行统一管理、综合治理、全方位服务。

（4）企业经营、独立核算

必须改革原有管理体制，实行政企分开，使管理机构成为经济实体，具有相对独立的经营自主权，逐步实现住宅经营管理的市场化。

（5）有偿服务和费用合理分担

物业管理企业要搞好管理，实行优质服务，就必须有资金来源。资金的主要来源是业主和用户，因此要实行有偿服务，合理分担的原则。物业管理企业提供的管理和服务是有偿的，应该本着"量出为人，公平合理"以及"谁享用，谁受益，谁负担"的原则，由房地产开发企业、物业管理企业和业主及使用人共同合理分担。

4. 住宅小区物业管理的内容

住宅小区物业管理，是指对住宅小区内的房屋建筑及其设备、市政公用设施、绿化、卫生、交通、治安和环境等管理项目进行维护、修缮与整治。包括管理、经营与服务三方面的工作，概括起来讲，包括如下基本内容：

（1）住宅小区内，房屋及设备的维护与修缮管理；

（2）住宅小区环境的维护管理；

（3）开展多种形式的便民有偿服务；

（4）住宅小区的社会主义精神文明建设。

5. 住宅小区的社会主义精神文明建设

随着物质生活的不断提高，人们对精神生活的追求和需要也逐步提高。住宅小区的物业管理，在严格管理、优质服务、努力建设小区物质文明的同时，也要注重对小区社会主义精神文明的建设。

（1）精神文明建设在住宅小区物业管理中的地位

精神文明建设在住宅小区物业管理中的地位，首先表现在精神文明建设是住宅小区物业管理的重要内容之一，是优秀管理小区达标考核的基本指标；其次，住宅小区的精神文明建设是城市社会主义精神文明建设的主要组成部分。

精神文明建设的特征，表现为居住在同一地区的人们之间的人际关系、社会纪律、社会公德，以及制约人们的思想行为规范的法律、管理条例和规章制度等。

通过住宅小区的精神文明建设，提倡文明、健康、科学的生活方式，培养居民的正确思维方式、行为准则和开放向上、积极进取的精神；树立有理想、有道德、有文化、有纪律的四有观念，创造一个具有良好的人际关系、社会公德的社会环境，使住宅小区成为安乐祥和、安居乐业的场所。

（2）住宅小区精神文明建设的基本内容

住宅小区的精神文明建设应遵循《中共中央关于社会主义精神文明建设指导方针的决议》精神，结合居民的实际情况，确定精神文明建设的具体内容。从总体上来讲，有以下几个层次：

1）开展精神文明建设，制定住宅小区居民精神文明公约。居民要自觉遵守住宅小区的各项规章制度，遵守和维护公共秩序，爱护公共财物，提倡居民邻里互助、文明居住、文明行为、关心孤寡老人和残疾人。

2）完善、充实娱乐场所和文体活动设施，开展丰富多彩的文体活动，丰富小区居民的业余生活，密切邻里感情，协调人际关系，提高广大居民的参与意识，促进安定团结和社会稳定。

3）建设高雅的社区文化，培育健康的社区精神

"社区"是地域、社会互助和社会关系的综合体，即一群人居住于某一地理区域、具有共同关系和社会服务体系的一种生活共同体。小区居民长期生活、学习、工作在同一空间，彼此之间相互交往、沟通和影响，造成了特定的社会关系，形成了一个小社会。"社区"精神，是住宅小区居民的精神状态和思想行为的综合反映。而社区文化则是社区精神的载体。

（3）住宅小区精神文明建设形式

住宅小区精神文明建设活动应以灵活多样适合居民特点的方式进行。通常可行的活动方式有：

1）运用传播文化的工具和康乐设施，如影剧院、文化站、有线广播、图书馆、社区报、闭路电视等，开展联络感情活动。

2）组织各类体育比赛、舞会和文艺演出晚会，加强住户之间的交往与联系，培养群体活动与公民意识，增进友谊。

3）创建文明单位，如文明班组、文明家庭、文明楼、文明住宅小区活动，注重文明居住，邻里团结互助，无纠纷，积极参加各项公益活动。

4）开展"优质服务竞赛"活动，讲文明，懂礼貌，文明用语、尊老爱幼，各行各业发挥本专业的特点，更好地为住宅区居民服务。

5）开展人际交往，推行"社团"活动。在香港，物业管理企业还是一个活跃的准社

团组织，经常利用公众节假日，组织丰富多样的社区活动，甚至组织海外与回大陆观光旅游，力求把自己变成社区群众的核心，使人们信任、亲近、依赖与求助于它。

精神文明建设是一项具有重大现实意义的社会系统工程。物业管理企业是住宅小区精神文明建设的组织者、倡导者；同时还应动员和引导广大居民积极参与。每一个小区居民都是小区精神文明建设的参与者、建设者。

二、高级公寓的管理

(一) 高级公寓的概念及特点

高级公寓是指建筑质量高、附属设备高档、完善，可分层或分户居住的住宅。目前的高级公寓多为高层住宅，内装修精致，往往配有高档家具、电器，外部环境优美，且有周到的物业管理服务。

高级公寓的特点主要有：

1. 建筑档次高、硬件设施齐备

我国目前新建高档公寓，一般是按规定在"统一规划，综合开发"的原则下进行的，其设计规范，设备设施配套；专业化施工，主要设备和关键原材料进口，其建筑档次与其他商业物业基本相同。为能使业主和用户居住更舒适、方便，在设计、硬件配备和装修上更加别具匠心。

2. 客户的多国籍性和相对稳定性

高级公寓业主或租户一般以外籍人士居多，有港澳台同胞，有外籍商人、技术人员及常驻中国的商务代表等，也有部分国内商界、演艺体育界以及政界人士等。

我国公寓从目前实际情况看，开发商一般是采用出售或出租两种方式进行经营管理。因此，其业主和客户都相对比较稳定，较少变化，流动性较小。

(二) 高级公寓管理服务的特点

1. 管理要求严，服务层次高

在我国，购买或租住公寓的人，一般收入水平都较高，对居住条件和环境要求也比较高。因此，对物业管理、特别是保安、保洁和多种经营服务等方面的要求也较高。目前，公寓一般都是由专业的物业管理公司进行管理，收费较高。

2. 管理服务对象较为复杂，服务周期长

公寓内居住的是一家一户，有老有少，衣食住行，饮食起居，时时刻刻，年年月月，都要管理好，都要服务好。人员层次不一，无形中增大了管理的难度。

此外，由于公寓的使用价值主要体现在住用上，使用时间并不受限制，因此，需要物业管理公司 24 小时全天候不间断地提供物业管理服务。

3. 涉外性和规范性

由于业主或居民多为外籍人士，所以，在办理产权证书、入住手续及与业主或居民签署物业管理服务合同等各方面都须依据相关涉外法律、法规办事。在管理服务中，要充分尊重不同国籍的业主或居民的习俗和信仰，注重物业管理服务的窗口效应，维护国家尊严和城市形象。

高级公寓的涉外性的特征，要求物业管理公司以更高的标准、按市场规律来对其进行管理与服务。而市场经济是法制经济，强调尊重市场规律的同时，要用法律、法规来规范市场主体的行为。因而，高级公寓的管理服务通常都制订有严格的规章制度、管理与服务

行为较普通物业的管理更加规范、严谨，服务水平和居民的满意度都较高。

（三）高级公寓管理服务的内容和要求

公寓与住宅区在管理内容上有类似的地方。但是，公寓的物业管理除了实施一般住宅小区物业管理的内容外，物业管理公司还应根据公寓的特点，确立相应的管理侧重点和丰富细致的工作程序来满足业主和住户的需求，特别应该注意以下几点：

1. 侧重全方位、高标准、高质量的服务，开展综合管理

最大限度地使业主和住户感到满意的服务，是公寓管理的核心。寓管理于服务之中，以服务为宗旨，甚至要达到星级宾馆的服务水平。

（1）日常服务

日常服务要真正体现公寓管理与服务的高标准与高质量。如房屋及其所属设备的维修方面，维修部门必须 24 小时值班，节假日也不例外，要保证对业主和住户的报修随叫随到；环境绿化与美化方面，物业管理公司应使区域内的绿化工作和卫生工作达到城市公园和私人花园的高标准要求；安全保卫方面，物业管理公司应采取多种有效的治安防范措施，确保良好的生活环境，使住户有安全感。

（2）委托服务和兼营服务

物业管理公司开发的委托性服务项目和兼营服务项目应尽可能多些，要真正体现出全方位服务的特点，只要业主或住户有需要，哪怕是一点小要求，都要尽可能提供满意的服务，使住户的生活更加惬意，同时也为物业管理公司创造一定的经营收入。

2. 广泛开展各种社区文化活动，增进住户感情

物业管理公司要通过各种方式组织社区联谊会、旅游、体育比赛等，增加住户之间的接触，增进了解和友谊。特别是对于外籍人士，可以通过利用国外传统节日的机会，开展一些联谊活动，让他们在异国也能感受到家乡的感觉。同时物业管理公司也要同住户建立良好的关系。物业管理公司通过社区简报或其他与住户交流的方式，宣传自己的管理理念和方针，了解住户的想法和要求，广泛征求意见。这样既可增加管理的透明度，取得住户的信任，还可改进自身的工作。

3. 加强物业管理公司内部管理

对公寓实施物业管理的公司，在做好对所辖物业管理的同时，应加强企业内部的建设与管理，主要体现在以下两个方面：

（1）制定完善的内部管理制度

物业管理公司应针对公寓管理内容广、服务项目多的特点，制定一整套企业内部管理制度，并在工作中逐步完善，力争管理上的科学化、正规化。

（2）全面提高员工的素质

物业管理公司应该始终把提高员工的各种素质作为一项基本工作来抓。思想建设重在服务，作风建设重在实干，业务建设重在钻研。只有这样，才能够创造良好的企业形象，赢得住户的拥护和支持。

三、别墅区的管理

（一）别墅的概念和特点

别墅一般是二、三层的独立式的住宅，建筑考究，三至四面临空，功能完善，设备齐全，装修精致。主要由客厅、餐厅、卧房、工作室、书房、厨房、卫生间、车库及私人花

园构成。

别墅大多建在城市近郊及风景区，选址一般依山傍水，与自然景观相融合，因景制宜。主要用于休养、娱乐、度假等。随着信息化社会的到来，网络化办公的兴起，别墅将与城市花园住宅一样成为人们居住、生活的理想场所。

别墅区的特点主要有：

1. 建筑档次高，设备设施齐全。别墅一般都是框架式结构，2～3 层，防震性能好，安全系数大；建筑用材料，特别是装饰材料主要是进口，如钢材、铝带、胶合板、涂料、卫生洁具、家用电器等；配套设施齐全，从生活到娱乐，均为业主或用户生活舒适与方便进行了全面安排和考虑。

2. 售价比较高，购买或租住者均为高收入者。

（二）别墅区管理服务的特点

1. 物业管理服务要求高

为了保证别墅建筑物及其昂贵的附属设施、设备的安全、适用，物业管理公司一般都要为其配备最为精锐的技术、服务人员，24 小时为业主提供及时、周到的服务。

同时，由于客户对物业管理的要求较高，因此，物业管理必须从高标准、严要求出发，实行封闭式管理，提供高水平的物业管理服务。

2. 物业管理收费标准高

对于普通住宅小区的物业管理收费标准，国家及各级政府房地产主管部门都做了具体规定，而对高档物业，如写字楼、公寓、酒店、别墅等，国家目前尚未做出具体规定，一般是由委托方与受托方共同协商确定。

3. 物业管理的高品位

精美别致的建筑、优雅宜人的环境是业主斥巨资购置别墅的追求。所以，物业管理公司对别墅区的环境管理往往都特别重视品位，除了营造园林景观以外，还点缀一些建筑艺术小品，节假日时总是要制造起欢乐的气氛等。

（三）别墅区管理服务的内容与要求

1. 特别抓好消防与保安工作

别墅区的物业管理应特别突出加强消防与保安管理工作，实行封闭式管理，24 小时巡逻、全面监控；外来的人员实行登记制度；对来访客人，要电话征得住户同意后，方可允许进入。要采取一切有效措施，确保住户的人身、财产安全。

2. 搞好环境绿化工作

为创造一个清静、优美的生活环境，物业管理公司应特别注意搞好环境绿化工作，为住户创造出一个花园式的理想居住环境，并借此提高别墅区物业环境的品味和物业环境管理的水平。

3. 开展好全方位的综合经营服务

为方便住户，物业管理要在保证设备设施安全正常运转、卫生保洁达到标准要求、礼貌服务符合规定标准的前提下，搞好多种服务，满足居民日常生活、娱乐及文化消费的需要。

4. 保护好别墅区的完整性

别墅区的建筑风格和整体布局不能随意改变，尤其是花园绿地、公共活动场所、公共道路等不可侵占，禁止擅自扩大用地范围或改变用地位置，杜绝违章用地和违章建筑。

第二节 商业物业的管理

商业物业的管理，也就是收益性物业的管理，是指以出租经营型房屋为主体对象的物业管理，它普遍存在于写字楼、商场及购物中心、酒店以及其他可出租物业的管理中。随着我国国民经济的发展和城市建设水平的提高，出租写字楼和商业零售物业大量涌现，商业物业管理的市场十分广阔。商业物业管理比较复杂，其市场化、社会化程度是最高的。

一、写字楼的管理

所谓写字楼，是指政府机构的行政管理人员和企事业单位的职员办理行政事务和从事业务活动的建筑物。

（一）写字楼物业的类型

现代社会，写字楼数量众多，风格特色各异。不同类型的写字楼对物业管理的要求会有所不同。因此，熟悉写字楼的一般分类对做好相应类型写字楼的物业管理十分必要。目前，我国写字楼分类尚无统一标准，一般可以从以下几个方面对写字楼进行分类。

1. 按写字楼的规模分类

（1）小型写字楼，建筑面积一般在 1 万 m^2 以下；

（2）中型写字楼，建筑面积一般在 1～3 万 m^2；

（3）大型写字楼，建筑面积一般在 3 万 m^2 以上。

大型写字楼有的建筑面积可达 10 万 m^2 以上，如香港的中环中心大厦。

2. 按写字楼的功能分类

（1）单纯型写字楼，基本上只有办公一种功能，没有其他功能（如公寓、展示厅、餐饮等）的写字楼。

（2）商住型写字楼，既能提供办公又能提供宿舍的写字楼。这类楼宇又分为两种，一种是办公室内有套间可以住宿，另一种是楼宇的一部分用作办公，另一部分用作住宿。

（3）综合型写字楼，即办公为主，同时又具备其他多种功能，如有公寓、商场、展示厅、舞厅、保龄球场等的综合性楼宇，但各功能部分所占楼宇总面积的比例都不会太大，用于办公的部分依然是主要的，如广州的世贸大厦。

3. 按写字楼的现代化程度分类

（1）智能型写字楼，是指具备高度自动化功能的楼宇，通常包括通信自动化、办公自动化、建筑设备自动化、楼宇管理自动化等功能。

（2）非智能型写字楼，即没有智能化设备设施的一般写字楼。

4. 按照位置和建筑物状况以及收益水平等分类

国外对写字楼通常按照这个标准分类，这种分类方法一般把写字楼划分为三个等级。

（1）甲级写字楼

具有优越的地理位置和交通环境；建筑物的物理状况优良，建筑质量讠到或超过有关建筑条例或规范的要求；其收益能力与新建成的写字楼相当；有完善的物业管理服务，包括 24 小时的维护维修与保安服务。

（2）乙级写字楼

具有良好的地理位置；建筑物的物理状况良好，建筑质量达到有关建筑条例或规范的要求；但建筑物的功能不是最先进的，有自然磨损存在；收益能力低于新落成的同类建筑物。

（3）丙级写字楼

物业使用的年限较长，建筑物在某些方面不能满足新的建筑条例或规范要求，建筑物存在较明显的物理磨损和功能陈旧，但仍能满足低收入承租者的需求，因租金较低，尚可保持一个合理的出租率。

（二）写字楼物业的特点与管理要求

1. 写字楼物业的特点

（1）规模大、功能齐全

现代化的高档写字楼建设规模越来越大，少则几万平方米，多则十几万、几十万平方米，如北京的国贸大厦、上海的金贸大厦等建筑面积均在几十万平方米。

现代化的高档写字楼功能齐全，不仅设计安装有为业主和客户提供办公方便和安全的各类智能化系统，而且一般都还能为业主和客户提供会议场所、商务中心、餐饮、娱乐、购物、外币兑换、储蓄、邮电等服务设施以及其他特约服务等。

（2）建筑档次高，设备设施先进

目前大中城市新建的写字楼一般均为较高的档次，其主要建筑材料和主要设备设施大都是进口的，综合造价高。

写字楼的智能化水平一般也比较高，购建安装的设备设施通常比较先进，如供电系统一般设有两路（有的三路）电源供电，同时设有柴油发电机组作为应急电源，确保正常安全供电；大厦设计安装有中央空调等等。

（3）客户作息时间集中，人员流动性大

写字楼客户的作息时间比较集中，一般是早晨8：00或8：30至下午5：00或5：30，较少加班，星期六、星期日休息。在上下班时间及办公时间人流量及人员流动性大。

（4）客户相对稳定

写字楼的租期一般都在一年以上或者更长，由于租期较长，客户比较稳定，物业管理公司与客户之间互相熟悉，了解情况，便于合作，也易于加强管理和服务。

写字楼物业的上述特征决定了对物业管理服务的特殊要求和管理档次与模式。

2. 写字楼物业管理的要求

（1）科学化、制度化、规范化、高起点

现代化写字楼管理技术含量高，管理范围广，不能只凭经验管理，要积极探索制定并不断完善一套涵盖各个方面的管理制度，使整个管理工作有章可循，有据可依，使管理与服务走上科学化、制度化、规范化的轨道。要有高素质的员工队伍，高技术的管理手段，高标准的管理要求。只有这样，才能达到好的管理效果。

（2）加强治安防范，严格出入管理制度，建立客户档案。写字楼一般在办公时间都是开放的，因此必须加强治安防范，建立和健全各种值班制度，坚持非办公时间出入大厦的检查登记制度，坚持定期检查楼宇防盗与安全设施制度，坚持下班交接检查制度。加强前门、后门的警卫及中央监控，坚持24小时值班巡逻，力求做到万无一失。同时，应全面建立客户档案，熟悉业主、租户情况，增加沟通了解，做到时时心中有数，确保业主、租户人身和财产的安全。

（3）加强消防管理，做好防火工作

写字楼规模大、功能多、设备复杂、人流频繁、装修量大，加之高层建筑承受风力大和易受雷击，所以火灾隐患因素多。因此，写字楼防火要求高，应特别加强对消防工作的管理。一定要教育员工、业主、租户遵守用火、用电制度，明确防火责任人，熟悉消防基本知识，掌握防火、救火基本技能；加强防范措施，定期检查、完善消防设施，落实消防措施，发现问题及时处理，消除事故隐患。

（4）重视清洁管理

清洁好坏是写字楼管理服务水平的重要体现，关乎大厦的形象。由于写字楼一般都采用大量质地讲究的高级装饰材料进行装饰，所以清洁难度大，专业要求高。为此要制定完善的清洁细则，明确需要清洁的地方、材料、清洁次数、检查方法等。同时要加强经常性巡视保洁，保证大堂、电梯、过道随脏随清，办公室内无杂物、灰尘，门窗干净明亮，会议室整洁，茶具清洁消毒。

（5）强化设备、设施的管理、维修、保养

设备、设施的正常运行是写字楼运作的核心。应重视对写字楼水电设施的全面管理和维修，供水供电要有应急措施。应特别注重对电梯的保养与维修，注重对消防系统的检查、测试和对空调系统的保养、维修。要有健全的检查维修制度，对公用设备、公共场所，如大厅、走廊、电梯间等定期检查、维修维护，对业主、租户的设备报修要及时处理，并定期检查。要做到电梯运转率不低于98%，应急发电率达到100%，消防设备完好率达到100%。

（6）加强沟通协调，不断改进工作

要加强与业主、租户的沟通，主动征询、听取他们对管理服务工作的意见与要求，认真接受、处理业主、租户的投诉，及时反映、解决他们提出的问题。要谨慎对待、协调好各方关系，协调配合好政府各部门的工作，还要不断改进各项管理，使各项工作指标达到同行业先进水平。

（三）写字楼物业管理的模式

因写字楼的规模不同、功能不同、用户要求不同、业主或投资者的目的不同，各写字楼的管理模式也不同。

1. 委托服务型物业管理

委托服务型物业管理是业主或投资者将建成的写字楼委托给社会化的专业物业管理公司管理，物业管理公司只拥有经营管理权而无产权。此类物业管理公司为谋得比较好的经济效益，可同时管理多幢大厦乃至另一类物业。

2. 自主经营型物业管理

自主经营型物业管理是业主或投资者将建成的写字楼交由下属的物业管理公司或为该幢写字楼专门组建从事出租经营的物业管理公司，通过收取租金收回投资。该模式下的物业管理公司不仅拥有物业的经营管理权而且拥有产权；不仅具有维修性的管理职能，更为主要的是具有对所管物业的出租经营职能。

（四）写字楼物业管理的主要内容与组织实施

1. 租赁经营与营销推广

物业管理公司接受开发商或业主委托进行写字楼的租赁工作。日常性的租赁业务是写字楼经营必不可少的环节，也是保证业主经营效益的一个基本组成部分。租赁业务主要工作包括：接待来访的潜在承租客，介绍写字楼的情况，并做好促销宣传，做好与客户的联系；处理写字楼的具体租赁工作，如与承租户联络、洽谈、签约；接受和处理承租客的投诉和要求，及时做好协调工作；定期对长租客户进行访问，联系感情等等。

2. 设备设施管理

设备设施管理主要包括：登记使用、损坏、维修、保养等信息；专人监控设备的使用，定期维护、保养、调试；对新设备的引进做出详细的计划安排；针对报修单的内容进行及时的抢修或更换新的设备。

3. 保安与消防管理

制定全面的保安工作计划，建立有效的保安制度。消防的管理工作需要借助一些现代化的设备来完成。写字楼内部应设有火灾自动预警系统、自动喷淋系统、烟感控制系统等消防设施。并建立一个火灾快速反应体系，对一般的火险火情可以做到及时地处理以防止火势蔓延。

4. 清洁卫生服务

实行标准化清扫保洁，制定完善的清洁细则，明确需要清洁的地方，所需清洁次数、时间，由专人负责检查、监督。设有垃圾箱、果皮箱、垃圾中转站等保洁设备。定时巡查各卫生死角，发现问题一追到底，查清责任人。当然，有些物业管理公司不具备清洁作业的条件，需要外请保洁公司完成工作的，也要做到明确要求，专人检查。

5. 商务服务

商务服务区域一般设在办公大楼的一、二层公共区域内，门口有醒目的标记。写字楼的商务服务中心是物业管理公司为了方便客人，满足客人需要而设立的商务服务机构。写字楼物业管理部门提供的商务服务的内容主要有三部分：

（1）办公租用服务

包括翻译服务，秘书服务，办公系统自动化服务，配套办公设备和人员配备服务，出租临时办公室的服务，商务会谈，会议安排和咨询、查询服务等。

（2）代理代办业务

包括代管代转业务，代办与代装电信设备，邮件、邮包快递业务，代订机票、车票、船票及查询确认业务以及成批发放商业信函等。

（3）代租、代订业务

包括代订报刊、杂志，代订出租车，代租电脑、电视机、录像机、摄像机、幻灯机、手机等，代订秘书培训服务等。

6. 前台客务服务

前台也叫总台。前台应设在大堂视线开阔且方便与来客联系的地方。写字楼前台的形象与服务的好坏直接影响客户的满意程度，而且写字楼内的一切服务与管理工作都是由前台开始的。所以前台的工作一定要做到细致入微，使客户感到宾至如归。要求做到：接待热情、介绍详细、解答耐心、指引到位。

写字楼前台客务服务的具体项目主要有：问询服务和留言服务；信件报刊收发、分拣、递送服务；个人行李搬运、寄送服务；出租汽车预约服务；旅游安排活动服务；航空机票订购、确认服务；全国及世界各地酒店预订服务；代订餐饮、文化体育节目票服务；

文娱活动安排及组织服务；外币兑换；花卉代购、递送服务以及代购清洁用品等服务。

除以上六个方面外，写字楼物业管理部门还可以开展其他多种经营服务，如开设美容美发厅、洗衣房、康乐俱乐部，中、西餐厅和咖啡厅等等。

二、商场及购物中心的管理

（一）商场及购物中心的类型及特点

商场及购物中心是以出租房产（摊位）供商人零售商品或提供服务获得营业收入的大型收益性物业，是为人民生活和社会生产提供购物的场所，是城市规划建设的重要组成部分。

1. 商场及购物中心的类型

按照不同的标准，可以对商业物业进行不同的分类

（1）按布局结构分类

1）封闭型。是指顾客购物时不能进入柜台里面直接挑选商品而由售货员拿商品给顾客挑选的商业物业，如出售贵重物品金银珠宝、钟表仪器等的商店或柜台。

2）敞开型。是指商品摆放在无阻挡的货架上，供顾客直接取货挑选的物业，一般多由露天广场、走廊通道并配以低层建筑群构成，如小件批发市场。

（2）按使用功能分类

1）单一型。商场或购物中心的营业面积全部供商品零售使用。

2）综合型。商场或购物中心的营业面积不仅供商品零售使用，同时还有餐饮、娱乐、商品展示等，也有些物业的其他部分为办公用房或者居住用房。

（3）从建筑规模上分类

1）市级购物中心。建筑规模一般在 3 万～10 万 m^2 之间，其商业辐射区域可覆盖整个城市，服务人口在 30 万人以上，年营业额在 5 亿元以上。

2）地区购物商场。建筑规模一般在 1 万～3 万 m^2 之间，商业服务区域以城市中的某一部分为主，服务人口 10 万～30 万人，年营业额在 1 亿～5 亿元之间。

3）居住区商场。建筑规模一般在 0.3 万～1 万 m^2 之间，商业服务区域以城市中的某一居住小区为主，服务人口 1 万～5 万人，年营业额在 3000 万～10000 万元之间。

2. 商场及购物中心的特点

（1）选点布局较为苛刻

一般来说商场及购物中心需要布局在较为繁华的地段，或者人流、物流较大的地段。在营业时间内，客流量大，人员成分复杂，同时货流量也较大。

（2）建筑结构独特

商场及购物中心为吸引客流，同时方便各承租客户，一般采用大间隔、大开间设置，使整个层面一览无余。在装饰上标新立异，以营造个性气氛。

（3）设备设施复杂

商业物业为吸引承租客户不惜重金配置大量高档、先进的设备、设施。这些设备设施的维护要求高，技术含量大。

（二）商场及购物中心管理的模式

商场及购物中心管理模式主要有以下类型：

1. 委托管理服务型。开发企业或大业主把物业租赁经营权外的管理权委托给物业管理企业实施的管理模式。

2. 委托经营管理服务型。开发企业或大业主把物业的包括租赁经营权在内的全部经营管理权委托给物业管理企业来实施的管理模式。

3. 全权管理服务与部分项目发包相结合型。即由物业管理企业总体负责管理服务，其中整层使用区域的保安、保洁等工作由承租客户自行负责的管理模式。

（三）商场及购物中心管理的内容及组织实施

1. 营销性管理

（1）市场推广

商场及购物中心必须通过市场推广增大知名度，扩大影响力，设法把顾客吸引过来。所以物业管理企业要认真作好宣传活动，如通过广告宣传，树立商业企业的良好形象，扩大商业物业的知名度和影响力，为企业的市场经营打下基础。

（2）选配承租客商

在选择具体的承租户时，物业管理企业要对许多因素进行权衡，除了能满足日常消费者需求之外，还必须预计有哪些时尚消费品可以吸引更多的消费者。理想的承租户首先要能提供货真价实的商品和让顾客满意的服务，而且要比其他商场中的同类商家更具有竞争力；其次，该承租户所经营的商品种类还应该配合整个商场的统一协调规划，一般需要避免同一商场出现多个经营同类商品的商家，以免引起不必要的竞争，损害整个商场的经营利益和形象；第三，了解承租户的信誉和财务状况，重点看该承租户是否有足够和连续的支付租金的能力；第四，了解承租户是否有特殊的要求，是否需要特殊的服务，如餐饮店和娱乐场所夜间营业需要保安服务，商业企业能否给予满足等等。

（3）确定合理租金

租金应在制定商场及购物中心基础租金的基础上，根据物业所处地理位置、规模、设备配置、服务水准和商品类型、规格、数量、质量与价格等方面的差异进行分类，作为定价的调剂因素，以便合理确定每处、每层、每间房屋的租金。同时，还要根据市场情况、租户的租赁经营期限、租户的经济实力和信誉水平，租户租赁物业的面积大小等等，对这些基础租金予以适当调整。

2. 日常性管理

（1）对小业主或承租商的管理

统一产权型的公共商用楼宇，其经营者都是承租商，可以在承租合同上写进相应的管理条款，对承租户的经营行为进行规范管理，也可以以商场经营管理公约的形式对他们进行管理引导。对于分散产权型的公共商业楼宇，一般宜采用管理公约的形式，明确业主、经营者与管理者的责任、权利和义务，以此规范双方的行为，保证良好的经营秩序；也可由工商部门、管理公司和业主、经营者代表共同组成管理委员会，由管理委员会制定管理条例，对每位经营者的经营行为进行约束，以保证良好的公共经营秩序。

（2）安全保卫管理

商场及购物中心面积大、商品多、客流量大，容易发生安全问题。因此安全保卫要坚持 24 小时值班巡逻，并要安排便衣保卫人员在场内巡逻。商场晚上关门时，要严格地清场。同时在硬件上要配套，要安装电视监控器及红外线报警等报警监控装置，对商场进行全方位的监控，为顾客购物提供安全、放心的环境，确保商场的货品不被偷窃。

（3）消防管理

由于商场及购物中心属于人流密集型场所，所以消防安全非常重要。消防工作要常抓不懈，不仅要管好消防设备、设施，还要组织一支义务消防队并要有一套紧急情况下的应急措施。

（4）设备管理

管好机电设备，保证其正常运转是经营场所管理的一项重要工作。要保证电梯、手扶电梯、中央空调、电力系统等的正常运行，不然就会影响顾客购物和商家经营，造成不必要的损失。

（5）清洁卫生及车辆管理

要有专门人员负责场内流动保洁，将垃圾杂物及时清理外运，时时保持场内的清洁卫生，对大理石饰面要定期打蜡抛光。车辆管理要分别设置汽车、摩托车、自行车停放保管区，要有专人指挥，维持良好的交通秩序，同时应设专人看管，以防偷窃。

（6）交通组织管理

地面和垂直交通涉及商场的建筑设计。物业管理者除应参与（有条件的话）商场的规划设计外，更应做好固定状况商场的交通组织管理工作。好的物业管理者，应该知道如何在现有条件下管理组织好交通，以有效地引导和留住顾客，为商场的业主带来更多的商机和利润。

第三节　工业物业的管理

一、工业物业的含义

所谓"工业物业"，是指采取自然物质资源，制造生产资料、生活资料，或对农产品、半成品等进行加工的生产工作，直接进行工业生产活动的场所，又称之为"工厂"。不管工厂的大小，一般都具有储备原材料和储藏产品的建筑物，称之为"仓库"。

随着经济的发展和改革开放的进步、深化，首先在沿海开放城市的经济开发区建造了大量的通用厂房。"通用厂房"也称"标准厂房"，是由政府批准，在某一区域内进行统一规划、统一设计、统一施工、统一管理，其供水、供电、交通通信等配套设施齐全，布局合理，能满足从事一般工业生产和科学试验需要的标准型建筑物或建筑物群体。这类建筑物（群体）一般具有五个方面的特征：

（1）通常采用框架结构，大开间的建筑样式，大可分隔，小可组合，能满足长、短流水线的不同需要；

（2）主体部分的平面均采用矩形，通用性和适用性好，采光和通风条件也较好；

（3）一般由数幢或十几幢厂房及配套用房组成一个厂区，可由多家企业共同使用；

（4）为生产和科研需要的配套设施比较齐全且复杂，在管理上有特殊要求；

（5）厂区一般布局合理，环境优美，建筑物造型新颖，体现现代工业建筑的风格。

随着通用厂房的发展，在我国又出现了"工业园区"。所谓工业园区，是指在一定区域内建造的，以工业生产用房为主，并配有一定的办公楼宇、生活用房（住宅）和服务设施的地方。工业园区既不同于一般的厂房，也不同于标准厂房，它有着自己的特点。工业园区相当于一个小社会，各独立建筑物有独立的用途，而建筑物群体的用途又有内在的联系。

以上说的工厂、标准厂房、仓库、工业园区，统称为工业物业。

二、工业物业管理的原则

工业物业以生产用房为主，但也有与之相配套的办公用房、生活用房和各种服务设施。所以，在管理方面，它既有与办公楼宇、居住用房相同之处，也有不同的地方。工业物业的管理，应遵循以下几个原则：

1. 统一管理与独立管理相结合的原则

工业物业区域内，往往有一个统一的物业管理机构负责区域内治安保卫、清洁卫生、庭园绿化、消防安全、设备设施维修保养等日常管理工作。但是，工业物业往往集生产用房、办公用房、生活用房、商业用房于一体，而且又因权属不同而各异，必然给物业的统一管理带来困难。所以，工业物业的管理应遵循"统一管理与独立管理相结合"的原则。所谓"统一管理"就是在整个区域内有一个管理机构，负责区域内公共部位的各种管理工作，协调各业主及使用人的关系。所谓"独立管理"，就是在各类用房中，有独立的管理机构，即使在同一类型的房屋中，也可能有不同的管理机构。如生产用房，各生产单位可能是相对独立的区域或楼宇，因此有自己内部的管理机构，内部管理机构除尽职尽责管理好辖区的事务外，应协助整个工业物业区域内的统一管理机构做好各项工作。

2. 专业管理与自治管理相结合的原则

工业物业或出售或出租，因此可以像居住物业那样，成立"业主委员会"。业主委员会对区域内重大问题作出决策，并有权选聘物业管理公司对物业进行统一的管理。作为专业管理机构，物业管理公司的水平影响着工业物业的生产环境、工作环境和居住环境，影响着物业的保值和升值。遵循"专业管理与自治管理相结合"的原则，按照业主的要求和标准实施专业管理，有助于提高生产效率。

3. 物业管理与经营服务相结合的原则

物业管理的现行模式是"统一管理、综合服务"。工业物业一般建在城市的远郊，远离大城市，生活有诸多不便之处。因而物业区域内建造了生活用房、商业用房。尽管如此，一个工业物业区域比一般居住小区要大，要满足不同业主和使用人的要求，势必还有一定的差距。物业管理公司在实施管理时，应急客户之急，提供各类经营性服务，做好广大业主和使用人的"后勤部队"。

总之，工业物业，特别是标准工业厂房、工业园区，是我国改革开放后出现的新生事物。管理好这类物业，是物业管理行业不容推卸的责任。

三、工业物业管理的特点

1. 生产用房的管理是工业物业管理的重点

工业物业一般以生产用房为主，辅以办公用房、生活用房和各种服务设施，如银行、邮局、餐饮、娱乐场所等。一般生产用房或出租或出售，由不同的企业使用。由于各生产企业都有其特殊的行业特点，专业性很强，因此，要求管理者要了解不同行业的有关知识，有针对性地制定具有权威性和约束力的管理规定，统一规范和协调各企业的生产经营行为，维护辖区内正常的生产经营秩序。

2. 辅助配套的管理工作多样复杂

工业生产离不开辅助配套设施，有的企业又是 24 小时连续生产，与之相配套的辅助部门也要作相应的安排，如门卫、餐厅、浴室、动力供应和仓储运输等，以保证一线生产的正常进行；对有毒有害和易燃易爆危险品的仓储运输，以及三废的排放处理要有严格的管理办法和监督措施；为防止超负荷使用动力，要组织协调，制订限额使用的规定等等。

3. 险情的出现难以预料

工业物业因使用不当和使用频繁，造成房屋损耗，以至带来结构的变化，险情的出现难以预料。例如，笨重的机器和存量过多的货物，使重量超过楼面结构的负荷；机器开动造成振动，房屋损耗严重；电梯高频率地使用，以及电器和其他设备，如配电装置和水泵等，由于超负荷运转而易损坏，使保养费增高。

4. 清洁工作难度较大

工业物业由于使用功能的特殊性，生产用房往往难以保持清洁。如厂房内机器的油污容易弄脏走廊等地方，生产过程中排放的有害气体、尘埃等要花费大量的人力、物力、财力来清除，给环境卫生和环境保护带来了困难。

5. 治安保卫和消防工作要求高

很多生产企业是高科技型的，生产高精尖产品，从原材料到产出品不仅价格昂贵，而且技术保密性强，因此必须加强安全防范措施，从内到外，建立一套有效的制度。作为生产企业，会使用和接触一些危险品，如管理不善，则可能发生火灾爆炸事故。消防工作应坚持以预防为主，配备足够的消防设施和器材，24 小时专职消防人员值班，严防火灾的发生。

6. 需提供多方位的社会化服务

工业物业除需加强生产用房的管理外，其他类型的房屋，如办公楼宇、住宅等的管理也不容忽视。物业管理单位除负责一般共同设备、公用设施、环境的清洁、园区的安全、庭园绿化等常规性工作外，还可以经营餐厅、浴室、医务室、自选商场以及小百货等配套服务。一方面可为用户提供方便，解决后顾之忧；另一方面可以增加经营收入，增强自己的经济实力和企业形象。

第四节　特种物业的管理

除上述讨论的住宅小区、写字楼、商场及购物中心和工业物业以外，还有一些尚未包括的物业类型，为了研究的方便，我们称之为特种物业或其他物业。

一、特种物业的分类

一般人们经常接触的特种物业有以下几类：

（一）文化教育类物业：包括学校、图书馆、科技馆、档案馆、博物馆等；

（二）体育类物业：包括体育场馆、健身房、游泳馆、高尔夫球场等；

（三）卫生类物业：包括医院、疗养院、卫生所、药检所等；

（四）娱乐类物业：包括影视剧院、歌舞厅、游乐场、卡拉 OK 厅；

（五）其他：包括机场、码头、农业建筑、寺庙、公用建筑、教堂、宗祠山庄、教养院、监狱等。

以上的特种物业有些是公益性的，有些是营业性的，在传统房屋管理体制下，一般按系统进行管理，在投资、维修、保养等方面由主管部门承担主要责任。在经济休制改革中，按照政企分开的原则，以及物业管理的企业化、社会化、专业化的要求，这些物业可以由主管部门委托物业管理公司进行管理，也可以由主管部门按照现代物业管理模式进行自治管理。

二、特种物业管理的特点

特种物业的特殊性体现在发生在这些物业内的活动是比较特殊的，它决定了特种物业本身的设计和运作的特点。因此对于特种物业的管理，虽然具有一般物业管理的共性，然而在具体实施物业管理时，还应着重分析各类不同物业的不同特点差别，实行有效的管理和服务。这些差别主要体现在以下几个方面：

（一）不同的服务对象

各种不同类型特种物业的服务对象不同，因而决定了其管理重点不同。服务对象首先具有年龄的差别，其次具有滞留时间的差别。例如：学校是青少年集中的场所，他们充满活力，行动敏捷，动作幅度大，相对而言对设备设施的坚固性、耐久性、安全性的要求就比较高。并且要求学校有相对较大的活动场所。又如，游乐场所由于面对各种年龄、层次的服务对象，流动性大，清洁和疏散工作就可能成为管理的主要方面。再如图书馆，接待对象主要是中青年，有一定的流动性，也有常客，通常滞留半天到一天，因此要求环境安静并适当配置餐饮服务。

（二）不同的服务要求

在特种物业中，求知的场所要求灯光明亮柔和，环境安静，一般说来应铺设地板或地毯。医疗卫生场所应特别强调通风，并配置一定数量的坐椅供患者和家属休息等候，并且分区标识应醒目等等。

（三）不同的管理对象

物业管理服务除了服务对象因人而异以外，还涉及对于"物"的管理。例如，图书馆、档案馆、博物馆收藏了不少珍贵的图书、资料、文物等，对环境的要求比较高，在防火、防盗、防光、防潮、防灰、防虫、防鼠、防有害气体等方面必须采取专门的有效措施。例如对医院的化疗、放射性工作室应作防护测定，并配以警示装置等。

（四）不同的经费来源

在特种物业的管理中，凡属营业性的，如歌舞厅、卡拉 OK 厅、健身房等，可以采取自负盈亏的方式实施物业管理。凡属半营业性质的，如疗养院、卫生所等，基本上由主管部门补贴。凡属公益性的，如图书馆，基本上依靠财政拨款，可以开展一些收费服务获得一些款项，如图书馆的复印、翻译、展览等，所得数目一般很小。

特种物业的种类繁多，除了以建筑物为主体的物业外，还有其他一些特殊的物业，如码头、桥梁、涵洞、水塔、隧道等等。它们各具特点，在实施物业管理时，可参照相关物业的管理方法，形成符合自身特点的管理模式。我国在这方面的经验还比较缺乏，有待于进一步创造与积累。

第五节 旧居住区物业管理

一、旧居住区物业管理的模式

旧居住区物业管理以"改善旧居住区居民居住环境，提升城市整体形象"为总目标。这一目标可以分解为以下几个子目标：

1. 满足旧居住区居民需求，提高生活品质；
2. 提升城市整体形象；

3. 完善旧居住区管理体制；

4. 旧居住区房屋保值、增值，促进房地产二级市场发展；

5. 安置下岗职工，维护社会稳定。

根据总体思路，为实现旧居住区物业管理的目标，在推行旧居住区物业管理的过程中，要依据小区整治后的房屋、环境、配套设施的状况和房屋产权类别、居民的承受能力及需求情况，依旧居住区居民自己的意愿，确定管理模式。

（一）物业管理公司专业化管理模式

物业管理公司专业化管理模式是我国当前新建小区普遍采取的模式，它是由小区业主委员会公开招聘物业管理公司，通过市场招投标方式，委托物业管理公司或房管单位转制的物业管理公司代为管理的方式。物业管理公司与街道、居委会进行沟通与协调。

该模式的管理组织是小区业主委员会，在街道组织下，由小区居民住户的家庭代表推选出的居民楼长产生业主或使用人代表，再由业主代表大会推选业主委员会委员组建小区业主委员会。小区业主委员会负责对物业小区进行统一管理，组织小区居民需求意向、服务内容、服务标准、服务深度的调查，确定物业管理服务标准。小区业主委员会定期召开会议，讨论决定物业管理的重大问题。物业管理公司收取物业管理费，由小区业主委员会监督其资金使用状况。

该模式的管理实施主体单位是专业化的物业管理公司或房管站转制的物业管理公司，受小区业主委员会委托行使物业管理职责。传统的房管站是隶属于房地产管理局的事业单位，必须进行转制参与旧居住区物业管理竞争。

其运行机制如图 5-3-1 所示。

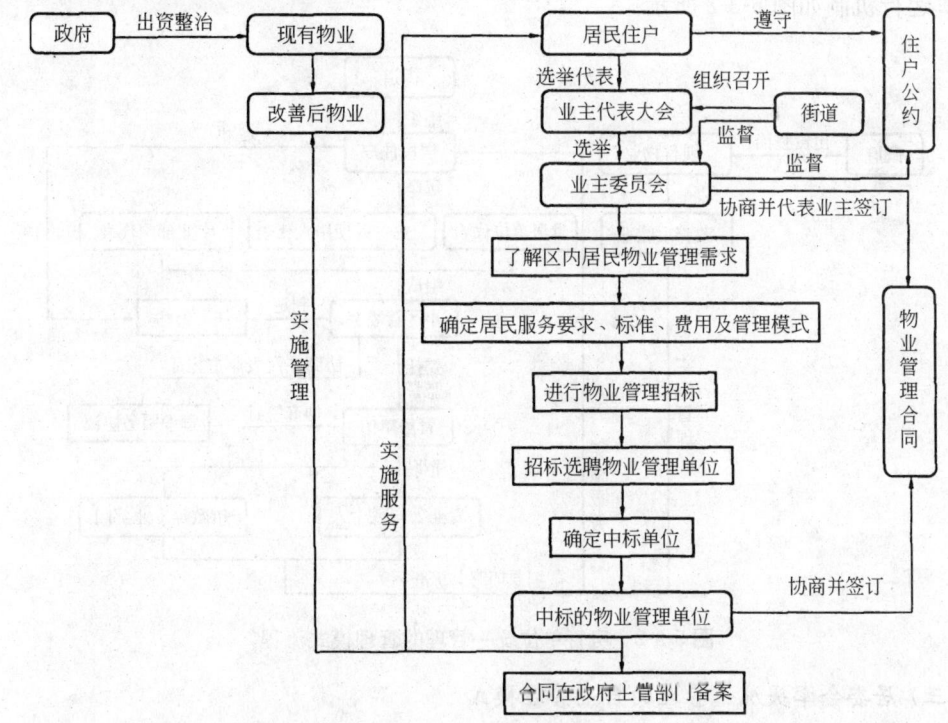

图 5-3-1 旧居住区专业化物业管理模式流程

这种管理模式的最大优势是：可以对整个小区实行集中统一管理，专业化程度比较高，既保证了管理的统一性和效率，又体现了市场经济的要求，将管理与经营结合起来，同时又充分利用了街道等基层组织的作用和优势。但这种模式也存在着一些弊端，管理费用较高，不能满足中低收入居民的承受能力，故这种模式仅适用于相对收入较高的旧居住区。

（二）房管单位牵头统一管理的准物业管理模式

房管单位牵头统一管理的准物业管理模式，是住宅小区的物业管理由旧居住区居民委托原房管单位统一管理的一种模式。这种模式是实行专业化物业管理的过渡，待条件成熟后再转为专业化管理。

该模式的管理组织是小区管委会，小区管委会由房管单位、居委会和专业部门及业主或使用人代表组成。在街道、居委会的组织下，由小区居民住户的家庭代表推选出的居民楼长产生业主或使用人代表，与房管单位代表、专业部门代表、居委会代表共同组建小区管委会。小区管委会负责对物业小区进行统一管理，负责组织小区居民需求意向、服务内容、服务标准、服务深度的调查，确定物业管理服务标准。小区管委会定期召开会议，讨论决定社区物业管理的重大问题。小区由楼长负责收取管理费，在银行设立物业管理专户，密码由小区管委会持有。

该模式的管理实施主体单位是房管单位，房管单位是产权单位房屋管理部门，包括房管站和单位产权房屋管理部门。房管单位受小区管委会委托行使物业管理职责，可从物业管理费中提取一定比例的管理费，物业管理开支由小区管委会根据实际开支状况审定后拨付。

其运行机制如图 5-3-2 所示。

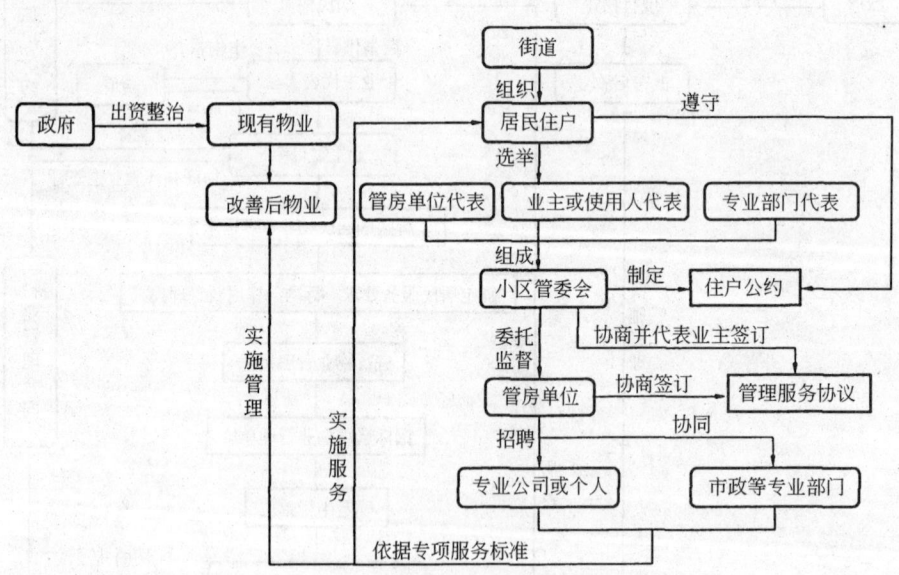

图 5-3-2　房管单位统一管理的管理模式流程

（三）居委会牵头统一管理的自主管理模式

自主管理模式，是住宅小区的物业管理由旧居住区居民自己管理的一种模式。自主管理模式，由于不需要聘用专职人员，也不需要交纳税费，可以节省大笔开支，大幅减轻居民经济负担。

自主管理模式的管理组织是小区管委会，小区管委会组建方式及其职责与准物业管理模式相同。小区由楼长负责收取管理费，在银行设立物业管理专户，密码由小区管委会持有。

自主管理模式的管理实施单位是小区居委会，由小区管委会授权居委会代行物业管理职责，居委会可从物业管理费中提取一定比例的佣金，物业管理开支由小区管委会根据实际开支状况审定后拨付。我国宪法规定了人民有权参与社会事务的管理，根据我国《城市居民委员会组织法》成立的居委会是居民自我管理、自我教育、自我服务的基层群众自治性组织，是社区工作的实际操作者。由于居委会的民主性，使它具有坚实的群众基础。由居委会牵头组织物业管理工作，保安、保洁、维修工作完全可以交给本社区下岗职工担任。这种管理模式有效地将社区管理与物业管理有机地结合起来，保证了物业管理与社区管理的协调性。管委会监督居委会管理费开支的使用是否合理，制定管理标准，不够开支时可适当增加，如果每年剩余还可回报小区，更新一些公用设施或结转到下一年度使用。

其运行机制如图5-3-3所示。

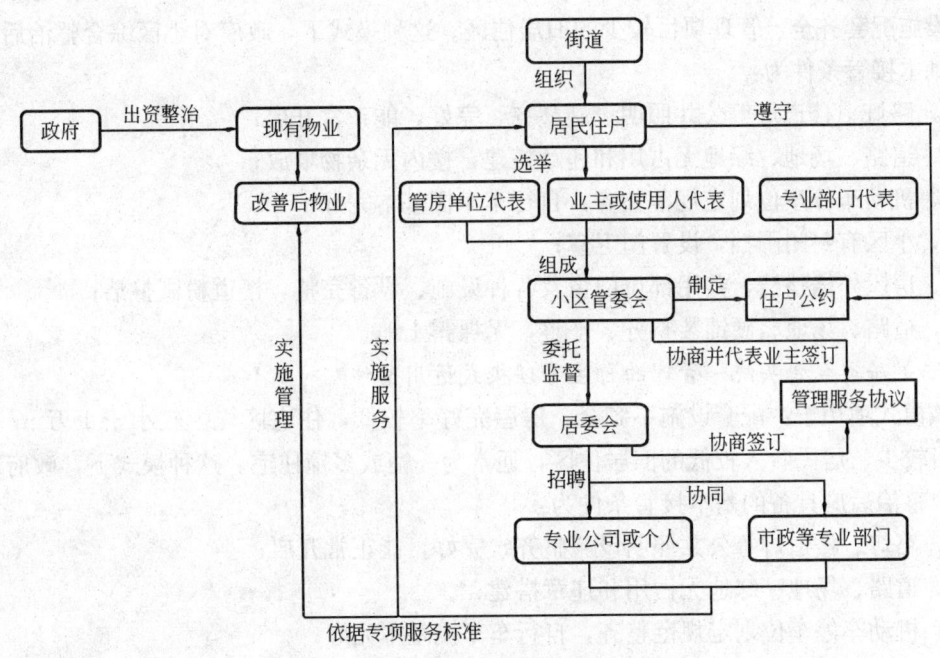

图5-3-3 旧居住区物业自主管理模式流程

街道办事处负责协调、监督、管理，而不作为物业管理活动的主体来参与旧居住区物业管理，因为若以街道办事处牵头负责小区的日常事务管理与专业维修及其他服务，虽然有利于把基层政权的行政和组织优势及对辖区情况的熟悉与物业管理业务结合起来，便于开展工作，便于动员各方面的力量参与物业管理，但这种管理同样存在着专业管理方面薄弱，造成专业服务质量和效率不高，政企不分，不利于物业管理市场的竞争与规范，行政机构的参与也不利于物业管理市场机制作用的发挥。这种模式仍具有很强的计划经济色彩，专业性不强，无法满足居民对于专业服务的要求。

二、旧居住区物业管理的模式选择

（一）物业管理公司专业化管理模式适用条件

该模式适用于：小区配套设施齐全，房屋完好率较高，产权比较分散，居民住户有一定经济承受能力的小区。在这种模式下，小区要通过综合整治，达到如下接管标准：

1. 房屋外檐整洁，共用部位门窗及各种设施、设备完整、楼道粉刷整洁；
2. 道路、场地、硬铺装整齐、平整，无裸露土地；
3. 绿化设施基本完好，绿地无斑秃、树木无枯死；
4. 路灯、楼道灯等公共照明设施整齐，完好，能正常开启；
5. 架空线网统一调整规范、整齐；
6. 道路、场地、绿地无占用和违章搭建，楼内无杂物堆放；
7. 机动车停车位划定规范整齐，自行车车棚基本完好；
8. 小区有封闭围挡，设置门卫室，配备必要的管理服务用房。

（二）房管单位牵头统一管理的准物业管理模式适用条件

该模式适用于：小区规模在 1 万 m^2 以上、公有住宅产权比较集中、房屋完好率较高，设施配套齐全、管理项目较少的旧居住区。这种模式下，政府对小区综合整治后应具备的基本接管条件为：

1. 路灯、楼道灯等公共照明设施整齐，完好，能正常开启；
2. 道路、场地、绿地无占用和违章搭建，楼内无杂物堆放；
3. 机动车停车位划定规范整齐，自行车车棚基本完好；
4. 小区有封闭围挡，设置门卫室；
5. 房屋外檐整洁，共用部位门窗及各种设施、设备完整，楼道粉刷整洁；
6. 道路、场地、硬铺装整齐、平整，无裸露土地。

（三）居委会牵头统一管理的自主管理模式适用条件

该模式适用于：配套设施不齐全，房屋完好率较低，住宅区规模较小于 1 万 m^2、管理项目较少、居民收入较低的旧居住区，通常为一幢或多幢住宅。这种模式下，政府对小区综合整治后应具备的基本接管条件为：

1. 路灯、楼道灯等公共照明设施整齐，完好，能正常开启；
2. 道路、场地、绿地无占用和违章搭建；
3. 机动车停车位划定规范整齐，自行车车棚基本完好；
4. 小区设置门卫室，有封闭围挡。

上述三种模式是旧居住区物业管理的典型模式，在实际操作过程中可根据所处旧居住区的不同情况进行选择，在条件成熟的旧居住区开展专业化物业管理是今后发展的方向。房管单位牵头的准物业管理模式以及居委会牵头的自主管理模式由于房管单位及居委会自身条件的局限，使得这两种模式只是现阶段的一种过渡形式，因而不能作为今后长期发展的方向。在实际运作过程中，也可尝试将上述模式进行有机组合，可以采取专业化模式＋自主模式组合，也可以采取房管单位准物业模式＋自主模式组合。

第六节 房屋修缮管理

一、房屋使用期质量管理

房屋使用期质量管理就是指定期和不定期地对物业的完损情况进行检查，评定物业完损等级，随时掌握所管理物业的质量情况和分布等。它为编制房屋修缮计划、进行房屋修缮工程设计、编制房屋修缮工程概预算并作出投资计划提供依据。

（一）房屋完损的五个等级标准

房屋完损等级评定标准是由国家建设行政主管部门制定颁布的。它是物业管理企业对房屋质量进行评定时，必须参照的一个标准；同时，它又为物业服务企业在对房产管理和维修计划的安排等方面提供了基础资料和依据。各类房屋完损标准是根据房屋的结构、装修、设备三个组成部分的各个项目完好或损坏程度来划分的，依据建设行政主管部门的规定，将房屋完损状况分成五个等级标准：

1. 完好标准；

2. 基本完好标准；

3. 一般损坏标准；

4. 严重损坏标准；

5. 危险房标准。

（二）房屋完损等级的评定

房屋完损等级是指对现有房屋的完好或损坏程度划分等级，即现有房屋的质量等级。房屋完损等级的评定是指按照统一标准、统一项目、统一评定方法，对现有整幢物业进行综合性完好或损坏的等级评定。房屋完损等级评定是目观检测与定量定性分析相结合的专业技术性很强的工作。

1. 房屋完损等级评定的要求

（1）要求对整幢物业进行综合评定；

（2）要求以实际完损程度为依据评定，而不能以建造年代或原始设计标准高低为依据；

（3）要求掌握好评定等级的决定因素，以结构部分的地基基础、承重构件屋面中最低的完损标准来评定；

（4）要求严格掌握完好房标准和危险房标准；

（5）要求对重要房屋评定等级严格复核测试；

（6）对正在施工的房屋要求搞施工前物业评定。

2. 房屋完损等级评定的基本做法

房屋完损等级评定的基本做法可分为定期和不定期两类。

（1）定期评定

定期评定一般是每隔1～3年（或按各地规定）对所管理房屋进行全面的逐幢完损等级的评定。这种评定的特点是面广量大，通过评定可以全面详细地掌握房屋完损情况，可以结合物业普查来进行。其基本做法是：首先进行组织准备，包括制订评定工作计划，建立评定组织，培训评定人员等；其次是实施查勘；最后是统计汇总。

（2）不定期评定

不定期评定就是不定期地在某个时间内对房屋进行检查评定完损等级。一般在以下几种情况下进行不定期检查：

1）根据气候特征，如雨季、台风、暴风雨、山洪等，着重对危险物业严重损坏房和一般损坏房等进行检查，评定完损等级；

2）物业经过中修、大修、翻修和综合维修竣工验收以后，重新评定完损等级；

3）接管新建物业后，要进行完损等级评定。

3. 物业完损等级规定

（1）完好房

完好房是指正规物业，其结构构件完好，屋面或板缝不漏水，装修和设备完好、齐全，管道通畅，现状良好，使用正常。或虽有陈旧现象或个别分项有允许值之内的轻微损毁，但不影响居住安全和正常使用，不需要修理或经过一般小修即可恢复。

（2）基本完好房

基本完好房是指物业结构基本完好、牢固，少量构部件有稍超允许值的轻微损坏，但已稳定。装修基本完好，油漆缺乏保养，设备、管道现状基本良好，能正常使用。或屋面、板缝局部渗漏，装修和设备有个别部件零件有影响使用的破损，但通过一般性的维修可恢复使用功能。

（3）一般损坏房

一般损坏房是指物业局部结构构件有变形、损坏、裂缝、腐蚀或者老化，强度不足，屋面或板缝局部漏雨，装修局部有破损，油漆老化，设备管道不够畅通，水、电、照明、管线等器具有部分老化、损坏或残缺，不能使用，需要进行中修或局部修理更换零部件。

（4）严重损坏房

严重损坏房是指严重失修的物业，部分结构构件有明显的或严重的倾斜、开裂、变形或强度不足情况，个别构件已处于危险状态，屋面或板缝严重漏雨，装修严重变形，破损，油漆老化见底，设备陈旧不齐全，管道严重堵塞，水、卫、电、照明、管线器具和零件残缺及严重损毁，需要进行大修或翻修、改建的物业。

（5）危险房

危险房是指承重构件已经属于危险构件，主体构件强度严重不足，稳定性很差，丧失承载能力，随时有倒塌可能的物业；采取局部加固修理仍不能保证安全的物业；已丧失维修价值的物业；因结构严重损坏需要拆迁，翻修的物业。

4. 物业完损等级评定的操作

物业完损等级，标志着物业质量的好坏，它是根据物业各个组成部分的完损程度来综合评定的。具体做法是按照建设部颁发的《房屋完损等级评定规定》来操作。

（三）评定物业完损等级应注意的问题

1. 评定物业完损等级是在根据评定出物业的结构、装修、设备等组成部分的分项完损程度的基础上，对整幢物业完损程度进行的综合评定，因此，一定要以物业的实际完损程度为依据，严格按照《物业完损等级评定标准》中规定的方法进行，不能以建筑年代来代替新评定，也不能以物业的原设计标准的高低来代替物业的完损等级。

2. 评定物业完损等级时，对结构部分完损程度的评定要认真对待，因为其中的地基基础、承重构件、屋面等项目的完损程度，是决定物业完损等级的主要内容。对地基基础、承重构件、屋面等项目的完损程度不处于同一个层次上的，应该以最低完损等级标准来决定整个物业的完损等级。

3. 评定物业完损等级时，若下降分项超过规定允许的范围，整幢物业完损等级可下降一个等级，但是不能下降到危险物业的等级。但对评定为严重损坏的物业，结构、装修、设备等各项的完损程度，不能下降到危险物业的标准。

4. 对重要物业评定完损等级时，要对承重构件进行复核或试测才能确定完损程度。对正在大修的物业要按大修前的物业状况进行评定。

二、房屋修缮施工管理

房屋修缮施工管理是按照一定的施工程序、施工质量标准和技术经济要求，运用科学的方法对房屋修缮工程施工所进行的一系列组织和管理活动。物业服务企业的维修施工工程，可以由自己组织的维修施工队伍完成，也可以通过招标，以发包的形式将房屋维修工程承包给专业施工队伍来完成。物业服务企业对自己所完成的维修施工管理和专业维修施工队伍承包的维修施工管理是不同的，对专业维修施工队伍承包的维修施工管理必须做好维修工作的招标工作、维修工程设计和技术交底工作、维修合同的管理、施工的质量控制管理、维修工程竣工验收和价款结算管理以及维修技术档案资料管理。而对自行完成的物业维修工程的管理则比专业承包的维修工程管理复杂。

（一）房屋修缮施工管理的主要任务

1. 根据房屋修缮工程的任务，认真编写物业维修施工工程计划；

2. 贯彻房屋修缮的施工程序，合理安排人力、物力、财力，不断更新维修技术，提高劳动生产率，降低维修成本，提高盈利水平；

3. 运用科学的方法和职能，对维修计划、技术、物资、生产、劳力和财务进行管理，对维修工程的质量、工程成本和进度进行控制管理。

（二）房屋修缮施工管理的基本内容

自行完成的维修施工管理主要是计划管理和工程程序管理。坚持计划管理，就是要根据维修任务编制好年度计划，同时要根据年度计划和工程施工任务的情况，编制年、季、月的工作计划，把各项工程都纳入计划管理轨道。大、中修和更新改造工程要坚持按施工程序施工，使施工各项工程统筹安排、合理交叉，同时还要进行施工组织设计，统筹规划，科学组织施工，建立正常的施工程序，充分利用空间、时间，推广采用先进施工技术。具体内容有：

1. 落实房屋维修任务

制订房屋维修计划、维修设计方案和施工组织设计，确保维修工作有目标、有部署地进行。制订房屋修缮计划、房屋设计方案时，要以物业勘察鉴定为依据，充分听取业主的意见，使维修方案更合理可行。

2. 做好维修工程开工前的准备工作

主要包括做好住户临时迁移的工作，确保供水、供电、交通条件，并安排好材料的堆放、设置安置场所。

3. 制定合理的材料消耗定额和技术革新措施

在施工过程中加强对经常的材料和技术的管理工作，以降低成本，提高技术含量。

4. 大、中修和更新改造工程要编制施工组织设计

重视编制施工组织设计，组织均衡流水立体交叉施工，并对施工过程进行质量控制和全面协调工作。规模较小的维修工程，物业管理企业可自行组织设计；较大的维修工程由具有设计资质证书的单位承担。

5. 加强对房屋修缮现场的管理

合理利用空间，促使文明施工，创文明施工现场。确保根据物业服务企业的年度维修计划和季度、月度施工作业计划落实施工任务。

（三）房屋修缮施工组织与准备

施工组织与准备是指维修工程开工前，在技术、经济、组织、人员、劳力和物资等方面，为确保维修工作的顺利进行而事先从事的一项综合性的组织工作。维修工作应根据维修量的大小及工程的难易等具体情况分别编制施工组织设计或施工方案或施工说明。维修施工组织准备的主要内容有：

1. 对维修工程应摸清施工现场情况，包括电缆、电机以及供气、供暖、给排水等地下管网及其走向，安置好搬迁的住用户，接通水、电并平整好现场；

2. 维修工程设计图纸必须齐全；

3. 准备好经批准的维修工程设计方案和施工方案；

4. 确保材料、成品和半成品等构件能陆续进入现场，确保施工的连续进行；

5. 领取建筑施工执照；

6. 落实好资金和劳动力方面的安排。

（四）房屋修缮工程施工过程管理

1. 维修施工现场的管理

这是指以施工组织设计、一般工程施工方案或小型工程施工说明为基本依据，在施工生产进行中的相关管理活动。其中主要任务有：

（1）修建或利用各项临时设施，安排好施工衔接及料具进退场，节约施工场地。

（2）把场内的建筑垃圾、多余土方、余料和废料及时清运出场，创建文明施工现场。

（3）确保住户的人身安全和财产安全，做好施工防护工作，处理好毗邻建筑物的关系。

2. 维修施工调度

物业管理施工调度是以维修工程施工进度计划为基本依据，在施工中不断争取人工、材料、机械和施工进度要求之间的平衡，并解决好工种和专业之间的衔接的综合性协调工作。

其管理的基本内容是：

（1）经常检查、督促施工计划和工程方案的执行情况，进行人力、物力平衡调度，使维修施工活动能顺利进行下去；

（2）组织好材料运输供应，确保施工连续进行的进度，检查工程质量、安全生产、劳动防护等情况，发现问题，及时整改，防止造成隐患。

3. 房屋施工的质量和安全生产管理

维修施工质量和安全生产管理是指为保证和提高维修施工质量，贯彻预防为主、保护职工的人身安全和对业主负责而进行的一系列管理工作。其管理的主要内容是：

（1）质量管理

1）制定质量管理计划、质量保证措施，建立安全质量管理检查机构，配置力量、分级管理，层层负责，并搞好相互之间的配合；

2）质量机构和质检人员必须坚持标准，参与编制确保工程质量的技术措施，并监督实施，指导操作过程；

3）坚持质量检查制度，实行班组自检、互检和交接检查，对关键部位和地下工程、隐蔽工程的质量要严格检查。

（2）施工安全管理

首先要建立安全监督检查机构，配置专职人员。要加强对安全生产的领导，健全安全生产管理制度，严格执行安全操作，确保维修过程中的安全施工。

三、房屋修缮技术管理

房屋维修技术管理，是指物业服务企业对物业的查勘、鉴定、维修、使用等环节的技术活动过程和技术工作的各种要素，按照一定的技术标准和技术经济指标进行的科学管理活动，以保证房屋维修施工工程符合技术规定的要求。

（一）房屋维修技术管理的作用

房屋维修技术管理是物业经营管理的一个重要环节，在整个房屋经营活动中，占据着十分重要的位置。房屋维修技术管理的结果，将直接影响房屋的经济效益，也为房屋的经营工作顺利进行打下了坚实的基础。房屋维修技术管理的主要作用体现在以下几个方面：

1. 监督和保证房屋维修施工过程中符合技术规程的要求；

2. 监督和保证房屋维修工程的施工质量与安全操作；

3. 运用技术分析的手段，对房屋维修的不同方案，进行经济效益、环境效益的对比，提出最佳方案；

4. 掌握和落实对不同结构的各类房屋的维修保养措施。

（二）维修技术管理的内容

维修技术管理的内容有维修方案设计、工程质量管理、技术档案管理以及技术责任制的建立等。

1. 对各类维修工程的范围、项目、工程的设计、工程预决算、工程施工方案等进行设计和审查；

2. 检查工程施工的技术装备条件与设计要求是否达到标准，在施工过程中，如果需要改变或变更设计，必须办理相应的手续；

3. 对维修工程按照有关的质量标准，检查施工质量、施工方案、施工说明是否完整明确，是否符合有关技术规范或规定，检查产品质量是否合格；

4. 健全有关物业结构、物业竣工、物业状况、物业维修等方面的原始资料，建立物业技术档案，并进行科学管理；

5. 提出维修工程应达到质量标准和提高工程质量保证安全的技术措施；

6. 拆除原有物业和减轻对毗邻物业的影响而应采取的安全技术措施；

7. 利用旧料和提高旧料利用质量的技术措施；

8. 冬雨期及夜间施工技术措施、维修工程中可能出现的质量通病及应采取的预防性技术措施；

9. 对维修设计提出合理化建议或修改设计。

四、房屋修缮的行政管理

要搞好物业管理，必须将物业管理任务有效地分解，这种对房屋修缮责任的划分以及落实维修承担人，清除维修障碍的工作，就是房屋修缮的行政管理。维修的行政管理是房屋修缮质量管理、技术管理、施工管理等管理工作的基础。只有搞好维修的行政管理，才能迅速、及时地对物业进行维修，排除险情，防止房屋的继续损坏，保障业主或使用人的生命安全和财产安全，避免由于维修责任不明或由于某种因素阻碍而使物业得不到及时的维修，致使物业发生危险的情况。

根据国家及地方的有关规定，房屋修缮是物业所有人的责任，不论在任何情况下，所有人都必须履行这个责任。因使用不当或人为的原因造成物业损坏的，有关责任人必须负责修复和赔偿。异产毗邻房屋维修时，牵扯到两位或多位产权人，应根据《城市异产毗邻房屋管理规定》(2001年8月15日建设部修正)明确应承担的责任人；租赁私房需要维修时，要根据租赁双方的合同确定承担人。如果物业所有者或应承担物业维修的责任人不及时维修，或者在物业维修时，遭到使用人或者邻居的有意阻止，而可能导致物业发生危险，物业管理企业的物业维修行政管理部门，可以依照有关的规定，采取"排险解危"的强制措施，进行维修，排险解危费用由当事人来承担。

五、物业修缮档案的管理

物业服务企业在制订物业管理计划，确定房屋修缮改建、扩建等的方案，实施物业管理维修时，必须以房屋建设的档案资料为依据，因此，为了更好地完成房屋维修任务，加强房屋修缮管理，就必须设置专职部门和专职人员对房屋修缮档案资料进行管理。

房屋修缮档案所需要的档案资料主要包括物业新建的工程、维修工程竣工验收时的竣工图及相关的物业的原始资料、现有的有关物业及附属设备的技术资料、房屋修缮的技术档案资料等内容。

第七节 建 筑 设 备 管 理

一、供配电系统管理

供配电的可靠与安全，关系到建筑物各项功能的正常运转和使用人员的安全，因此，物业管理公司必须做好房屋供电设备的管理和维护工作，供配电系统管理的目的是：在技术上保证其正常运行，不发生事故，不间断供电。为此，首先必须了解和掌握全部设备的有关情况、数据、资料，然后结合具体设备，制定有效的管理办法，并随时总结经验，不断充实完善管理内容。

(一) 供配电系统管理的内容

1. 掌握设备的基本情况

包括供电范围内各建筑物的用电内容、基本要求；供电方式、分配方法、电压登记；全部的图纸；电气设备的数量、型号、位置；各用电户的使用规律、负荷变动等。

2. 建立设备档案

所有较大的用电设备均应分别编号，建立档案，如锅炉房内的风机、水泵，厨房内的机具，车间内的机床等，一般住宅可以以幢为单位建立档案。其内容应大致包括：电气平面图、设备原理图、接线图等有关图纸；用电电压、频率、功率、实测电流等有关数据；维修记录、运行记录、巡视记录及大修后的试验报告等各种记载。

3. 定期巡视维护和重点检测

根据供电范围内的具体情况，定出固定的巡视日期和内容(可分为一般部位和重点部位、一般项目和重点项目等)；根据设备的使用频率和季节的不同，定出测定的项目，如雨季前遥测地极的接地电阻值，夏季遥测线路的绝缘电阻值，以及节日前的有关项目检查等。

4. 积极有效地宣传安全用电、合理用电的知识，使用户掌握用电的一般知识和应遵守的用电规定。

5. 配备专职的电气工程技术人员，负责供电运行和维修人员必须持证上岗。

6. 对电表安装、抄表、用电计量及公用电进行合理分配。

(二)供配电系统管理制度

1. 供配电系统接管验收制度

接管验收工作是设备管理工作的开始，是管理中的重要一环，验收人员应对全部施工质量及技术资料进行检验，查出问题应由建设单位负责返修或协商解决。验收合格的电气设备办理移交接管手续。验收工作包括以下内容：

(1)技术资料的验收

建设单位移交的技术资料应齐全，包括以下几个方面：

1)竣工图纸，包括全部电气平面图、电器设备各有关部分的图纸、附属工程及隐蔽管线的图纸；

2)隐蔽工程验收签证、电气设备合格证、施工各阶段的验收证明书、变更记录等。接管后的全部资料纳入档案管理。

(2)工程质量的验收

1)核对实际安装的引入线的位置、管径、工作零线和保护线是否与图纸要求一致；

2)检查总开关容量、接地装置及接地电阻值、电气设备及线路的绝缘阻值；

3)室内照明设备的随机抽检；

4)设备试运转。

2. 变配电所管理制度

(1)变配电所应由机电技术人员负责管理和值班，送、停电由值班人员负责实施，无关人员禁止入内；

(2)保持室内照明、通风良好，室温应控制在40℃以下，并悬挂温度计；

(3)建立变配电运行记录，每班巡查一次、每月细查一次、半年大修一次，查出问题及时处理，并认真做好记录；

(4)供电回路的操作开关标志明显，停电拉闸时应悬挂标志牌，非有关人员绝对不得擅动；

(5)房内禁止乱接、乱拉线路，严禁超载供电，确有需要应经有关主管书面批准后进行；

(6)变配电房内设备及线路的更改，需经主管部门同意；

(7)严格遵守交接班制度及安全、防火、清洁卫生制度；

（8）严格执行岗位责任制，遵守电力系统各项有关的规程；

（9）操作及检修时，必须按规定使用电工绝缘工具、绝缘鞋、绝缘手套等；

（10）在恶劣的气候条件下，要加强对设备的巡视，一旦发生故障应按操作规程及时排除，并做好记录；

（11）变配电房必须配备灭火装置和应急照明设施。

3. 电气设备保养制度

（1）变压器：每年冬季检查高低压绝缘及进行变压器油简化试验；每年冬季对变压器线耳和各螺丝进行检查和紧固；每半年有载开关箱变压器油进行简化试验；每年冬季有载开关箱换油及检修。

（2）高压开关柜：委托给供电局继保班，每两年由他们进行各继电器试验（配合试验清扫检查高压母线）；每年冬季油开关换油及检修；每年冬季对手动合闸和分闸回路进行试验和检修；每年冬季检查高压 PT 绝缘电阻。

（3）发电机：每月试空载两次，并检查蓄电池水位和接线耳；每年试带负荷一次，并试自投一次；每年冬季对发电机的一二次回路检查一次；每年冬季检查发电机及电缆绝缘和主开关触点；每年冬季试验发电机各保护性能。

（4）各变压低压主开关：每年冬季检修开关的触头和机构；每年冬季对开关的电子保护进行一次模拟动作试验；条件许可时，每年对分开关及其出线电缆进行检查；每月对低压配电柜清扫一次灰尘。

（5）水泵房生活及消防水泵：每月检修经常使用的生活泵磁吸开关及控制回路；每年检修水泵马达绝缘及轴承换油；每天检查地下总水池的进水阀运作情况，发现问题及时处理。

（6）消防风机：每月进行一次试机及检查；每年冬季检查绝缘、轴承、开关及控制回路。

（7）防雷地网和工作地网：一般每年冬季测试一次。

（三）供配电系统管理的特殊要求

1. 供配电设备在投入运行前的准备工作

（1）配备相应的电气专业技术人员和一定数量的电气维修工及值班操作人员，电气维修工和操作人员必须经培训考试合格后，持证上岗；

（2）值班操作人员系统学习掌握全套操作系统图、平面布置图等技术资料及现场操作规程等；

（3）建立运行日志、交接班记录、定期巡视检查记录、事故记录、故障检修记录等技术档案；

（4）值班操作人员配备全套安全用具和必须的防护装置；

（5）配备必要的电气设备备件和材料；

（6）进行必要的检查和试验，确保各种仪器仪表正常和保护装置灵敏可靠动作，备用设备完整可靠。

2. 供电设备的维护范围

供电设备的维护范围应遵照供用电规则中所规定的产权分界点的划分原则来执行。其中规定：低压供电的以供电接户线的最后支持物为分界点，支持物属供电局；10kV 以下高压供电的,以物业小区界外或配电房前的第一断路器或进线套管为分界点,供电局和业主分工维护管理的供电设备,未经分管单位同意,对方不得操作或变动。

3. 落实责、权、利

电管理是一项比较复杂细致的工作,需要常抓常管。如果没有具体的责任人负责这项工作,就会带来很多问题。工程管理部门应设立专门的供电管理机构和班组,把供电管理工作中的职、责、权、利落实到具体的个人,一旦发生问题,也好查清责任,正确处理。另外,供电管理工作也需要领导的支持,用户安全、合理用电也是一个很重要的因素。

4. 建立24小时运行及维修值班制度,支持事故投报,及时排除故障。这样做,既能发现没能注意的供电问题,也能因及时排除故障而解除潜在事故的发生。同时,通过业主投诉还能及时提高供电管理水平,使业主和物业管理公司间的信任得到加强。

二、给排水系统管理

给排水系统的设备能否正常运行,关系着住户的切身利益,因此必须加强日常运行中的检查和维护管理工作。管理人员应事先全面了解设备的性能和用途、各管线走向和位置与相互关系等,建立正常供水、排水的管理制度,严格执行操作规程。

(一)给排水系统管理的内容

1. 正常供水、用水管理

(1)供水设备设施维护

管理、维修人员对负责检修的设备及上、下水管道应有全面的了解。如对设备的性能、用途,各个管线的走向和控制阀门(包括阀门井和设在地面上的各个控制阀门)的位置及相互关系,各用水设备和用水点布局情况,都应了解清楚,以利于正常的检修工作。制定管理办法,明确规定各项设施、设备的维修周期、技术要求和质量标准,按规定进行设备设施检修,改造更新,定期进行性能测定,保证设备的效率。

(2)给水管网管理

做好给水管道及阀门的检查,发现有漏水、渗水、积水等异常情况,应及时进行维修;在每年冬季来临之前,注意做好水表箱、阀门井、消火栓、栓井以及室内外的管道、阀门、消火栓等的防冻保温工作;做好管网的测压测流工作,搞好平差计算和管网分析,全面掌握管网负荷、压力和完好程度。有计划地调整和更新不合理的管道,充分发挥管网的配水能力。

(3)狠抓节约用水,防止跑冒滴漏

大力宣传节约用水,订立奖惩规章努力提高水的利用效率。做好供水量的计量和收费,定期进行数据的统计分析,发现异常情况,要及时查清处理。建立责任制,由专人负责日常供水、用水的监督检查,做好巡视工作,防止大面积跑水事故的发生。

2. 排水设备的管理

(1)定期对排水管道进行养护、清通;

(2)教育业主和使用人不要把杂物投入下水管道,防止堵塞,下水道堵塞应及时清通;

(3)定期检查排水管道和节门等是否有生锈和渗漏现象,发现隐患及时处理;

(4)室外排水沟渠应定期检查和清扫,清除淤泥和杂物;

(5)建立健全排水设施档案,对各项设施设备的使用状况、易出问题等,都要记录在案，以备各项工作使用。

（二）给排水系统管理制度

1. 接管验收制度

（1）由物业管理公司接管的新建给排水工程，均须按中华人民共和国国家标准《建筑给水排水及采暖与卫生工程施工质量验收规范》GB 50242—2002 规定执行；

（2）参加验收人员应能胜任验收接管工作；

（3）验收接管工作要有验收报告，内容包括：工程地点、开竣工时间、设计及施工和接管单位、设备概况、工程竣工图纸等，并应准备齐全交付接管单位；

（4）凡新接管的住宅中，给排水设备（尤其是生活饮用水或室外下水管线未接好等）不合格者，一律不能进入，亦不能接管验收。如已进入，应立即采取措施加以解决。

2. 水泵及泵房的保养操作制度

（1）水泵房、地下水池及机电设备应由专业人员负责管理、监控，建立健全值班与记录制度；

（2）水泵房的机电设备应定期进行保养、维修，及时检查、发现并消除隐患，同时书面报告上级主管；

（3）标明各种泵类的选择开关位置、自动位置、操作程序等，并悬挂在房间内的显著位置；

（4）制订、实施检查保养计划，保证供水泵的正常运转；

（5）消防泵每月运转一次，每年进行一次全面检查；

（6）水泵房每周打扫一次卫生，泵及管道每两周清洁一次；

（7）无关人员不得随意进入泵房，以保证泵房正常工作。

3. 管道设备检修保养规程

（1）运行检查制度

1）值班人员每 2 小时按照巡回路线检查所属设备一次，并按表做好记录；

2）值班人员必须每小时到水泵房，对各种泵进行检查，了解其工作状况；压力表读数是否正常；轴承温度是否正常；机体有无震动及异常响声；联轴节填料松紧情况，排除不正常的漏水现象；阀门开关位置是否正常；润滑油是否足够，油封是否完好；

3）值班人员必须每 2 小时对热水器进行检查，了解其工作状况；压力表、温度表读数是否正常；开水器各连接处是否有漏水现象，电路连接处是否有漏电现象；

4）值班人员必须每 4 小时对各水池自动注水装置作一次检查；

5）当班人员必须每天对各水池水质情况作一次检查，发现问题及时通知有关部门处理；

6）值班人员必须经常注意管网系统运行情况，特别要注意消防管道主要阀门和供水，查看主要阀门是否处于正常开、关位置，发现管道漏水通知班组及时处理。

（2）月度保养制度

1）备用系统应急试验：水泵房备用供水泵及消防泵试运转；地下室备用潜水泵试运转；排放死水管的水；全面检查消防管道主要阀门是否在正常位置；转动一下平时不动的阀门；

2）全面检查供、排水管道主要阀门是否在正常位置，转动一下平时不动的阀门；

3）机具：检查皮带张紧度，必要时调整；检查齿轮箱油位；打黄油润滑各轴承；检查主要部件及连接螺栓的紧固情况。

（3）季度保养制度

1）阀门丝杆清理加油（室外3个月一次，室内6个月一次）；

2）热水器排水一次（半年一次）；

3）检查分析管网系统的工作情况，排除运行隐患。

（4）年度保养制度

1）地下室潜水泵：拆泵盖测检端面间隙并做好记录，必要时修理；检查轴向密封装置的完好情况及密封性能；检查泵叶、泵壳的腐蚀情况，泵壳除锈油漆；检查胶管的完好情况；对电机做年度检修保养（通知电工进行）；检查泵的工作性能；

2）供水泵：每运转4000小时，检查密封环磨损情况，测量记录运动间隙，必要时更换或修理；更换密封填料；检查所有轴承的腐蚀情况，更换轴承油；校对中线，做好记录；检查联轴节铰及销的磨损情况；检查泵叶、泵壳的腐蚀情况，泵壳及机座除锈油漆；检查压力表是否正常；对电机做年度检修保养；检查泵的工作性能；

3）热水加热器：拆检查盖检查清洁；检查压力、温度表的准确可靠性；

4）管系：对整个管系作全面检查。

（三）给排水系统管理的特殊要求

1. 管理范围界定

下面以北京为例来说明物业管理公司对给排水系统进行管理的范围。

（1）供水系统的管理范围及管理职责

高层楼以楼内供水泵房总计费水表为界，多层楼以楼外自来水表井为界。界限以外（含计费水表）的供水管线设备，由供水部门负责维护、管理；界限以内（含水表井）至用户的供水管线及设备由物业管理企业负责维护管理。供水管线及管线上设置的地下消防井、消火栓等消防设施，由供水部门负责维护、管理，公安消防部门负责监督检查；高低消防供水系统，包括泵房、管道、室内消火栓等，由物业管理公司负责维修管理，并接受公安消防部门的监督检查。

（2）排水系统的管理范围及管理职责

室内排水系统由物业管理企业维护管理。道路和市政排水设施以3.5m路宽为界，凡道路在3.5m（含3.5m）以上的，其道路和埋设在道路下的市政排水设施，由市政工程管理部门负责维护、管理；道路宽在3.5m以下的，由物业管理企业负责维护管理。居住小区内各种地下设施检查井的维护、管理，由地下设施检查井的产权单位负责，有关产权单位也可委托物业管理企业维护管理。

2. 建立巡视工作制度

配备具有一定技术业务能力和经验的工人，对供水设备、给排水管线、排水设备进行巡视。外巡人员以巡为中心，以预防为主，要求及时发现、解决或上报各种违章问题。内巡人员以查为中心，要求及时准确地为养护工作提供原始资料依据。

3. 配合其他部门做好排水工作

物业不是孤立存在的，它总和其他市政工程、其他物业联系在一起。物业管理公司要配合市政部门等做好水的排放工作，既要保证污废水的顺利排放，又要保证排出来的水不致影响环境卫生等。

三、供暖与空调系统管理

（一）供暖与空调系统管理的内容

1. 供暖系统管理的内容

（1）供暖方式的选择

供暖方式主要有自营管理和委托专业热力供暖公司管理两种方式。前者由物业管理企业组建专门机构，对整个供暖系统进行全面的管理与维护；后者则由物业管理企业（甲方）通过签订供暖委托合同，将供暖工作委托给专业热力供暖公司（乙方）。

（2）供暖用户的管理

1）签订供暖协议。

2）编制用户手册。用户手册是管理合同的有效附件，可以将供暖管理的有关事宜解释清楚。如供暖管理的原则、组织机构，供暖服务的标准、收费原则与标准等。

3）指导用户合理地取暖。指导用户自觉控制户内热水（汽）的流量，保持适当的室温；检查房间的密封性能，加强保温措施；不得擅自增加散热器、扩大采暖面积或者拆改室内采暖设备；严禁取用供暖系统循环水等。

4）采暖费用的收取。应按《民用建筑供热计量管理办法》（建城［2008］106 号）规定执行。

（3）锅炉房的管理

1）落实锅炉的运行条件

新建投入使用的供暖设施，必须向当地供暖管理部门登记，经检验合格，并获得供暖许可证后方可投入运行。已经投入运行的锅炉，应当定期地进行外部检验、停炉内外部检验和水压试验。其中，运行状态下的外部检验和停炉内外部检验，一般每 2 年进行 1 次；水压试验一般每 6 年进行 1 次。同时，应将有关结果上报当地锅炉压力容器安全监督机构，接受其监督检查。

所有拟上岗的司炉工、水质化验员等，必须经过理论知识和实际操作技能培训，经考核合格后，持证上岗。

2）建立各项管理制度。

3）锅炉操作管理。

（4）供暖设备的维修与管理

1）锅炉的检查与保养

为了确保锅炉的安全运行，取暖锅炉应在停火后进行清洗检查，并在来年生火前再做一次检查。此外，锅炉遇到下列情况时，需要进行超水压试验：已经连续使用 6 年以上；已经停运 1 年以上并再次使用；经过移装、改装；受压部件进行了更新、挖补或较大的电焊修理、维修；水暖锅炉的水冷壁管、沸水管的更换总数超过 50% 等。定期对锅炉进行保养，保养需在锅炉的水垢、烟灰清理干净后进行。

2）供暖管道的维护

在运行期间要做好管道保温，确保循环水质合格，经常检查各种仪表的工作状况，发现问题，及时排除，对除污器、水封管等处的排污阀，要定期排放。停运后需要对供暖管道系统中所有的控制件进行维护、检修，并应将系统中的水全部放掉，用净水冲洗管道系统及除污器，再用经过处理合格的水充满，并保持到系统再次运行。当发现供暖管道漏水、漏气时，应根据情况确定维修方法。

3）散热器的维护

散热器漏水、漏气通常应采取拆卸散热器或粘糊砂眼的方法进行修理。

2. 空调系统的管理内容

（1）空调房的管理

空调机房应挂"机房重地，闲人免进"的警示牌；房内不得堆放与空调机组无关的物品，更不得堆放易燃、易爆物品；空调机房当班人员必须持证上岗，每天定时记录运行数据，月底汇总存档。

（2）空调机组的运行

1）运行前的检查

掌握空调、通风设备的技术操作规程和方法，做好开机前的准备和检查工作。

2）开机

启动风机、水泵、电加热器和其他各种空调设备，使空调系统运转，向空调、通风房间送风。启动设备时，只能在一台转速稳定后才允许启动另一台，以防供电线路因启动电流太大而跳闸。风机启动要先开送风机，后开回风机，以防室内出现负压。风机启动完毕，再开电加热器设备。

3）运行

按时检查调整，使润滑油、水、制冷机等在空调系统运转中保持正常范围；在运转中要按时记录，了解各种仪表读数是否处于正常值范围，如出现反常现象则要及时设法排除，必要时关机检修。

4）停机

关闭空调、通风系统各种设备，先停电加热器，再停回风机，最后停送风机。停机后巡视检查各设备是否都已停了，该关的阀门是否关好，并无不安全的因素。

（3）空调设备的维修保养

空调设备的维修保养分为日常保养、月度保养、季度保养和年度保养。

（二）供暖与空调系统管理制度

1. 锅炉系统工作岗位责任制度

（1）负责锅炉系统的安全运行操作及运行记录，根据各系统的设计和运行要求，对有关设备进行相应的调节；

（2）负责锅炉及其所属设备的维修保养和故障检修；

（3）严格执行各种设备的安全操作规程和巡回检查制度；

（4）坚守工作岗位，任何时间都不得无人值班或私自离岗，值班时间内不做与本岗位无关的事；

（5）每班至少冲水位计1次，排污1次，并认真做好水质处理和水质分析工作；

（6）勤检查、勤调节，保持锅炉燃烧情况的稳定，做好节能工作；

（7）认真学习技术，精益求精，不断提高运行管理水平。

2. 锅炉系统维修保养制度

（1）每日清扫、擦洗所有设备及工作场所，否则接班人员有权拒绝接班；

（2）每班冲洗水位计 1 次；

（3）每班定期排水 1 次；

（4）每日定期手动安全阀 1 次；

（5）每班做炉火、软水及离子交换器化验 1 次，离子交换器水硬度≥0.02 时应 2～3 小时化验 1 次，当水硬度＞0.025 时应再生；

（6）凝结水排放管应每天日班排放 1 次并检查水质清洁度，化验水指标；

（7）每周检查给水滤网、油过滤器、滤网 1 次；

（8）对所有有跑、冒、漏问题的阀及时修复；

（9）对所有泵阀（软水、污水）、软水箱等附属设备进行年大修及清洗。

3. 空调系统工作岗位责任制度

（1）空调工对当班空调系统运行负有全部责任。领班必须组织好空调工按照巡回检查制度，定时对外界及空调区域的温度、相对湿度进行监视，根据外界天气变化及时进行空调工作情况调节，努力使空调区域的温度、相对湿度符合要求的数值范围；

（2）严格执行各种设备的安全操作规程和巡回检查制度；

（3）坚守工作岗位，任何时间都不得无人值班或擅自离岗，值班时间不做与本岗位无关的事；

（4）负责空调设备的日常保养和一般故障检修；

（5）值班人员必须掌握设备运行的技术状况，发现问题立即报告，并及时处理，且在工作日志上做好详细记录；

（6）值班人员违反制度或失职造成设备损坏的，将追究其责任；

（7）认真学习专业知识，熟悉设备结构、性能及系统情况，做到故障判断准确，处理迅速及时。

4. 空调系统巡回检查制度

（1）维修主管在日常巡视中要仔细检查各个设备的运行状况；

（2）空调机房每天要有巡视记录；

（3）巡视机房的内容包括：压力表、盘管、配电柜、风口、地面卫生、阀门、循环泵、电器控制盘等；

（4）巡视各楼层的空调情况包括：电梯间及楼道的跑、冒、滴、漏等现象；

（5）巡视进、出口的水温是否正常。

5. 空调机组的维护保养制度

（1）使用期间每周宜清洗一次过滤器或过滤网。如果过滤器上的污垢太多，可用含有少量中性洗涤剂的温水或冷水清洗，然后用自来水洗净晾干后安装；

（2）应经常清洗面板，清除污垢和灰尘，不可泼水清洗以免造成事故；

（3）在经过 4～5 年的长期运行后，空调器因污垢和积尘太多，运行效率会大大降低，最好拆卸下来彻底清洗；

（4）室外机的冷凝器每两个月清洗一次，用氮气或毛刷吹除肋片表面的灰尘和其他沉积物，清洗时应停止风机的运行。

（三）供暖与空调系统管理的特殊要求

1. 供暖系统使用前的准备工作

供暖前的准备工作是整个供暖期间的重要环节，为确保冬季供暖达到预期的效果，必须做好以下几点：

（1）做好开炉前的各项检查

1）要备有充足的燃料、水源及运输设备，确保能源的供应；

2）做好锅炉及辅助设备的全面检查，单机冷态运行合格；

3）安全阀、压力表、温度计、热电偶等一切仪表要准确可靠；

4）各类电气、微机设备要安全可靠，符合操作要求；

5）全面检查通风排烟、上煤除渣、供回水、补水、水处理系统运行是否正常，各类控制开关是否正常；

6）司炉人员必须掌握本锅炉房内附属设备、管道系统及主要附件的作用、位置及操作方法。

（2）系统的冲洗

冲洗的目的是为了清除网络和用户系统的污泥、铁锈、砂子和其他施工中掉入内部的杂物，从而防止运行中阻塞管路或散热设备。

（3）系统的上水

系统上水的水质应是符合要求的软化水。系统上水的顺序是锅炉——网络——热用户。

对热用户上水应注意：所有热用户宜集中由锅炉统一上水，上水时由回水管向系统内上水。上水时，应开启集气罐上的放气阀，关闭泄水阀门，边上水边放气。上水速度不应太快，以利于空气自系统中放出。当集气罐上的放汽阀冒水，即可关闭放汽阀门，然后开启供水阀门，系统上水完毕。

（4）系统定压

配有膨胀水箱定压装置的要认真检查膨胀管、循环管、溢流管、信号管有无阻塞；配有变频、稳压系统的锅炉房，把稳压装置调到所确定的工作压力点上。上水后要认真检查系统内所有管道、阀门有无渗漏，压力是否稳定。

（5）起动循环水泵

当循环水泵起动前，先开启末端1～2个热用户或开启末端网络旁通管阀门。当循环水泵起动时，特别在有多台水泵起动时，应每一台循环水泵逐步启动，防止电动机起动电流过大。起动完毕后，关闭所有旁通管阀门。

（6）锅炉点火

2. 供暖管理工作重点

（1）供暖期管理工作重点

1）准备阶段。配备和培训司炉供热人员；检查供暖设备三修（翻修、大修、维修）竣工情况；系统上水；冬煤储备等；

2）初寒期。按时点火；稳定供暖秩序；贯彻执行规章制度和操作规程；降低炉灰含碳量；确保运行安全；完成进入严寒期前的设备维修工作；

3）严寒期。加强设备维修保养，稳步进入严寒；提高和交流运行管理实验和技术；保证元旦、春节期间的供暖质量；做好下一年度的设备普查和"三修计划"；

4）末寒期。做好末寒期的供暖节能工作；认真完成停炉后的现场清扫和整理等收尾工作；

5）总结阶段。做好供暖成本分析和能耗分析；总结全冬工作，表扬先进，改进不足；

部署下一年度工作。

（2）非供暖期管理工作重点

落实年度供暖设备"三修"工程计划的资金、材料和工作安排；做好供暖收费工作。

3. 空调系统的启动前的准备工作

（1）首先开启冷却水塔，观察其工作情况（主要是水和风机两部分是否正常）；

（2）检查各处阀门的位置（确认开机前处于开的位置）；

（3）检查电压是否正常；

（4）检查油压、水压、油温、水温情况，并符合规定要求；

（5）检查上一班的运行记录；

（6）检查主机显示代码状态。

四、电讯与网络系统管理

（一）电讯与网络系统管理的特点

电讯与网络系统是建筑弱电系统的重要组成部分，它包括电话通信系统、电缆电视系统、广播音响系统、电子化信息服务系统等几大部分。与其他建筑设备相比，电讯与网络系统设备管理有如下三方面新的内容与特点：

1. 需要高水平的管理人才

电讯与网络系统属于建筑设备中科技含量较高的部分，检查及排除故障都需要很高的技能和专用检测设备，要求的管理必须是知识型的管理。系统的日常维护修理除了依靠提供系统设备的专业公司之外，大量的日常维护和零星的检修仍然依靠物业管理公司内部的专业水平较高的维修队伍，因此给物业管理公司提出了技术和人才的挑战。

2. 系统维护与保养的精细化

建筑给排水、供配电系统设备等是建立在机械加工的基础上的，影响精度的因素主要是零部件的几何形状、尺寸和相对位置，它们的度量通常以毫米为单位。而电讯与网络系统中的电子产品是建立在电子的移动电流和微米距离的几何尺寸上，更加精确和灵敏。这就要求从以往的定性检查深入到对系统每个零部件物理层的定量检测。例如，从电源的通断转移到系统的电压、频率的质量与稳定性的检测，对设备、线路、接点的老化与漂移的检测等。

3. 系统管理需要更多的环境保障

建筑给排水、供配电系统设备等的零部件一旦加工完成，基本不受环境影响，具有相对稳定的特点。而电讯与网络系统是以电子类产品为主体的设备系统，对运行环境特别敏感。例如，建筑的防水、防尘、防潮性能都会影响到系统的运行精度和正常工作；器件磨损老化所造成的参数和环境扰动所产生的影响是系统正常运行中不容忽视的因素；建筑材料的防静电性能和措施、防泄漏屏蔽、周界干扰，也会关系到系统的安全；外界供能的顺畅更是决定了系统的运行质量和方式；为了防止系统受损，对防雷措施的类型与全面性的要求则更加严格。

（二）电讯与网络系统管理的基本要求

由于电讯与网络系统管理的技术含量相对较高，管理上必须做到管理和维护工作与建筑施工同时进行。在建筑施工时，负责管理和维护工作的人员就要到施工现场，对工程质量进行监督，要求施工人员从预埋管道、线缆的连接到每个连接点的连接质量，都要达到国家所规定的技术指标，并做到合格验收。这样可以管理到位，从而节省大量的维护时间，为整体物业管理质量打下良好的基础。

下面分别叙述其中几个主要系统管理的基本要求：

1. 电缆电视系统管理的基本要求

电缆电视系统主要是指广泛使用的共用天线电视系统，另外随着双向传输技术的发展，在大厦入口、银行营业处、零售商业中心、小区交通路口等上方，设置摄像机、交换器等设备通过闭路电视系统进行防盗、防火、报警和监视等多方面工作。在此介绍共用天线电视系统管理的基本要求，而另外部分在安全系统管理中叙述。

(1) 共用天线的维护保养是系统维护的重要环节之一，为保证电视台电视节目的正常传输，必须定期、定人地对天线的避雷接地装置、紧固件、接插件以及传输电缆进行检测。紧固件多采用螺丝螺帽连接，容易生锈，要多观察多巡视，定期加油防锈；对主杆支架每年进行一次油漆保养，以防常年在露天下日晒雨淋，造成生锈腐蚀而影响天线的定位；接插件多采用不锈材料，但也会在表面产生氧化及老化现象而造成接触不良，所以也要加强密封防氧化保养。

(2) 维修人员必须掌握整个系统的工作原理，具备一定的维修经验。

2. 广播音响系统管理的基本要求

(1) 有线广播设备必须由专人负责，达到昼夜控制。一般有线广播设备有专用房间，其他人员不得进入，更不能让他人操作设备。在值班期间必须严格遵守纪律并做记录，主要记载运转情况和巡查情况。

(2) 对整个系统要有定期的维护，大致分主机、线路、扬声器。对主机的维护主要是输入端和输出端。输入端应安装稳压器并具有过压和欠压保护功能。对输出端应特别注意电压和电流值，应随时与历史记录值对比，音量一定时输出值在一定范围内不变。若有变化应立即关闭电源进行维修检查。

(3) 对扬声器和线路的变动，应由专职人员负责。

3. 电话通信系统管理的基本要求

按照不同的业务类别，通信网可分为电话网、电报网、数据网、传真网和综合服务数字网。其中以电话网和数据网的使用范围最为广泛。网络的组成包括数字程控交换机、传输电缆、充气设备和用户终端。管理的基本要求包括：

(1) 程控交换机是系统的中心设备，机房内的机器设备的最佳条件为：温度 $16\sim31℃$，相对湿度 $20\%\sim70\%$，绝对湿度 $6\sim189H_2O/m^3$。机房内机器设备的工作极限条件为：温度 $10\sim40℃$，相对湿度 $20\%\sim80\%$，绝对湿度 $2\sim259H_2O/m^3$。机房内一般设有空调机，送风量与制冷量为 1:2 或 1:3 左右，为了保证机房的洁净度，一般配备粗效或中效过滤器。

(2) 系统的辅助设备的管理要求

1) 要经常观察稳压电源的运行情况，一般工作电压应在 $220V\pm5\%$，工作电流在 3.5A 左右，发现异常应及时检查处理，保持设备的外部清洁，定期进行保养。

2) 对蓄电池组的每个接线桩头要经常检查，发现紧固件松动或桩头发霉、接触不好，应及时处理解决，有必要时应定期对蓄电池组进行放电试验，确保蓄电池的充电质量和使用质量。

3) 空气压缩机应经常清洁，经常检查，传动部分是否润滑，齿轮箱和油标位置是否到位，检查皮带是否松动完好，发现皮带损坏，应及时更换，机油一定要加到油标的正常位置。经常观察空气压缩机在运行过程中输出压力的变化，发现异常应及时调整压力，另外应每隔几天对空气压缩机放水一次。

4) 对电缆充气机应经常保持清洁，观察充气过程中各元件的动作情况，尤其是表压，发现异常应及时分析原因，及时处理解决。

（三）电讯与网络系统管理制度

1. 用户程控交换机机房的工作制度

（1）房内应有人进行 24 小时值班，值班人员应认真做好当班记录，并做好交接班工作；

（2）严格遵守岗位职责和有关的各项规章制度；

（3）严禁与机房无关的人员进入机房，非本专业人员严禁操作、使用机房内的有关设备；

（4）严格遵循程控交换机机房的各项操作规程，按时完成周期检测，做好日常维护工作，确保程控交换机的正常运行；

（5）未经同意，不得随意修改各类管理数据；

（6）注意安全，避免发生人为故障。不得随意拆卸机器、设备零件，如遇较大故障，应及时逐级汇报。

2. 用户程控交换机的周期维护及例行测试制度（见表 5-3-2）

用户程控交换机的周期维护及例行测试制度　　　　　　　　　表 5-3-2

编号	项　目	周期	备　注
1	出中继拨号音测听	日	
2	主、备用音流，全流测听	日	
3	夜间服务转接后拨打	日	
4	出、入中继拨号测试	月	
5	GGF 蓄电池清、检、润	月	包括比重、电压测量，铅过桥、隔外帽、面盖板、电池槽、木架清洁、端子连接、液面高度检查
6	整流器清、检、润	月	包括告警性能测试
7	配线架清洁、整洁	季	
8	所有程控性能全面测试	半年	
9	音流电路测试	半年	
10	CPU 板、TDB 板等备件检查	月	
11	市电中继转换性能检查	月	检查能否转换到备用电源（蓄电池），无备用电源的测试能把全部中继线转到指定的分机上
12	GGF 蓄电池放电测试	年	
13	接地线电阻测试	年	不得超过 4Ω
14	分机室内线整治	二年	近二年内整治完
15	分线箱清洁整理	二年	
16	引入线整治	年	
17	电器、工具、仪表、保安带工作样安全检查	年	

五、交通与安全系统管理

（一）电梯的维修与管理

电梯是高层楼宇中重要的垂直交通运输工具。能否保证电梯的正常使用，不仅关系到使用者的方便和舒适程度，而且关系到使用者的生命财产安全。因此，电梯管理是物业管理中一项重要内容。

1. 电梯维修等级、周期与要求

（1）维修（小修），指日常的维护保养，其中包括排除故障的急修和定时定点的常规保养。因故障停梯接到报修后，应在 15min（分钟）内到达现场抢修。常规保养分为周保养、半年保养和一年保养，共三个保养等级。

1）周保养：每梯每周一次，每次不少于 4h（tb 时）；

2）半年保养：每梯每半年一次，每次不少于 8h（小时）。侧重于重点部位的保养；

3）一年保养：每梯每年一次，每次不少于 16h（小时）。为较全面的检查保养。

为不影响电梯运行，保养工作应安排在低峰期或夜间进行，同时可将连续工作分成阶段进行。

（2）中修，指运行较长时间后进行的全面检修保养，周期一般定为 3a（年）。但第二个周期是大修周期，如需大修则可免去中修。

（3）大修，指在中修后继续运行 3a（年），因设备磨损严重需更换主机和较多的机电配套件，以恢复设备原有性能而进行的全面彻底的维修。

（4）专项修理，指不到中修、大修周期却又超过零修范围的某些需要及时修理的项目，如较大的设备故障或事故造成的损坏，此种修理称为专项修理。

（5）更新改造，电梯连续运行 15a（年）以上，如主机和其他配套件磨损耗蚀严重，不能恢复又无法更换时，就需要进行更新或改造。

2. 电梯维修、保养操作规程

（1）电梯停驶保养时，首先应切断控制电源，确保安全；

（2）电梯机房要保持整洁，做到无积灰、无蛛网，地板上无垃圾和灰尘；电梯机房不得堆放杂物和易燃物品，不准闲人进入，不准住人；电梯机房要有明亮的采光，窗玻璃完好无损且光亮清晰，通风良好，并配有必要的消防器材；

（3）曳引电动机全部外形要擦净，做到无油垢、无黄油，底盘无积油；

（4）电梯控制屏用吹风器或用漆刷轻掸，做到无灰尘；磁铁接触开关无锈蚀，无油垢，如有油垢，用酒精棉花擦净，以防磁铁得电后被粘结吸住不放，造成电动机继续运转；

（5）井道底坑如有积水，必须首先断电，然后排除。有漏水、渗水情况，一定要修好，同时要将垃圾清除干净，不得堆放杂物，保持底坑整洁，确保电梯下越程的极限开关有效动作；

（6）轿厢内外、顶上、底下均须经常擦净，防止生锈腐蚀；要定期油漆，保持清洁美观；

（7）各层站厅门及地坎槽要经常清洁，以防门脚阻塞而影响厅门畅通；厅门外要定期擦净，保持整洁卫生；

（8）电梯检修或保养时必须挂牌，确认轿厢内无乘客后，方可停机；

（9）在轿厢顶维修和保养时，除了判断故障和调试需要外，禁止快车运行，工作时必须戴安全帽；

（10）井底作业时，禁止关闭厅门（厅站留有人监视时除外），厅门口必须摆设告示牌，防止无关人员靠近；

（11）电梯凡是转动机件均须加油润滑，要做到定点、定质、定量、定期、定人，确保安全运行；

（12）维修保养工作完成后，必须认真清理现场，清点工具和物品，切忌遗漏；

（13）机房、井道因工作需要动火时，必须遵守大厦动火规定，办好动火证，指定专人操作和监视，事后清理火种。

（二）安全系统管理

1. 保安系统管理

保安系统是指运用现代建筑技术和现代电子信息技术，为实现对所管物业辖区的所有建筑主体、建筑设备、公共区域以及业主和物业使用者等多方面的安全管理而建立的一整套智能化的治安管理系统。根据防卫工作的性质，保安系统可以分为以下几个部分：

（1）电视监控子系统。此系统应能根据安全防范管理的需要，在所管物业各个公共活动场所、通道以及重要部位，再现现场图像画面，进行有效地监视和记录。

（2）防盗报警子系统。此系统应是根据所管物业的公共安全防范管理的要求和防范区域及防范部位的具体现状条件，安装红外或微波等各种类型的报警测控器，对所辖区域的非法入侵实现及时可靠和正确无误的报警，及时通知保安人员。防盗报警子系统应由四部分组成：保安管理中心分路闯入报警系统；警戒门钥匙分路闯入系统；紧急通知或抢劫报警按钮和开动摄像机的区间红外线测控传感器。

（3）出入口控制子系统。此系统应能根据所管物业的公共安全防范管理的需要，对物业内部分区域的通行门、出入口、通道及电梯等进行针对通行位置、通行对象、通行时间的有效控制和管理。

（4）访客接洽及报警系统。此系统在高层物业中应用范围较广。它能为来访客人与楼内的物业管理人员提供双向通话或可视通话及居住人员向安保中心及时报警的功能。该系统下面分设安保对讲子系统（由扬声器和摄像机组成）、报警子系统等。

2. 消防系统管理

消防设施和消防管理工作直接关系到物业的安全、业主的生命财产和投资信心。因此，物业管理企业必须加强消防系统的维护与管理，确保火灾报警系统、喷淋系统、消火栓系统等消防设备的正常运行。

（1）消防设备的管理与维护

1）火灾自动报警及联动控制系统的运行管理

将消防控制中心显示器上所显示的故障做出详细记录，按季度试验、检查各防火分区的火灾探测器、报警系统及联动装置，结合年度检查更换部分探测器、报警装置及联动控制的部分元器件等。

2）设备巡视

包括对控制区域、消防控制中心的巡视，对火灾自动报警及联动系统的定期检查等。

（2）消防设备的维护

1）室内外消火栓系统的维护管理

由专人负责，明确消火栓系统的日常维护和定期检查的内容、要求及方法，并按照国家消防规范的有关要求进行。

2）喷头的维护管理

及时将喷头上的灰尘用刷子刷掉或用风吹掉等；拆装喷头时，必须使用专用工具并符合操作规程；发现喷头有漏水、腐蚀、玻璃柱中有色液体变色或数量减少等现象，必须立即更换或补足；腐蚀性严重的场所，可对喷头采取涂蜡或刷防腐涂料等防腐性措施。

3）喷淋管道系统的维护管理

采用放水试验的方法观察喷淋管道系统是否受堵，并用顺洗法（冲水法）、逆洗法（压气动法）及时进行清理。

4）喷淋供水设施的维护管理

定期检查自动喷淋灭火系统的水源、水量、水压等是否符合设计要求；检查蓄水池是否有过多的沉淀物，并定期清洗蓄水池；水泵系统应具备双回路供电，有条件者还需自备电源，并定期启动，以检查其工作状态与性能。

5）喷淋报警阀的维护管理

对于湿式报警阀，必须进行定期检查，确保能够在打开警铃校验旋塞后的30s（秒）内发出铃声报警。同时，关闭警铃校验旋塞后，铃声停止。对于干式报警阀，应确保报警阀上的空气压力必须高于水压，并能够顶开阀瓣。同时，还应在非严寒季节进行顶开试验。

（三）保安队伍管理

1. 建立、健全物业区域治安管理的组织机构

物业管理企业对治安的管理是通过组建保安部来实施的。保安部的班组设置与其所管物业的类型、规模有关。物业及物业区域越大、物业类型及配套设施越多，相应的班组设置也应越多、越复杂。图5-3-4是某物业管理公司保安部的机构设置。

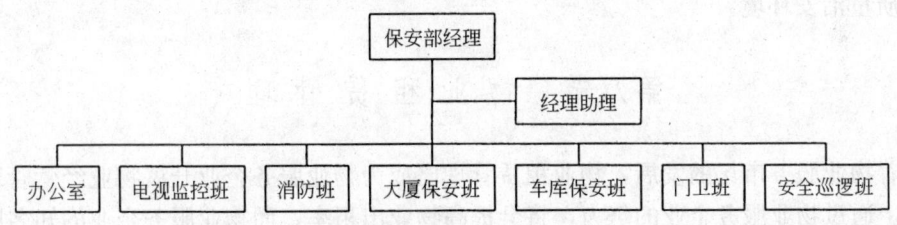

图5-3-4　某物业管理公司保安部的机构设置

其中，安全巡逻班可根据监视责任区域划分为多个班组，每个班组可根据24h（小时）值班需要分为3～4个轮换班。

2. 保安人员的配备

保安人员的数量是根据物业管理企业所管辖的物业区域的规模、物业设施的数量、业主及物业使用者的数量以及当地社会治安情况决定的。保安人员应具备以下基本条件：

（1）政治素质较高，思想作风正派，品行端正，无不良记录；

（2）具有正常的智力、体力和身体条件，如身体健康、五官端正、视力正常（矫正视力在0.8以上）、身高1.70m以上等；

（3）恪尽职守，具有敬业精神；

（4）应具有初中以上文化程度。

3. 保安人员的培训

为了保证保安设施的正确使用和保证治安制度的贯彻执行，保安部对保安人员要进行岗前培训并定期对保安人员进行职业道德教育与业务培训。培训内容应包括：心理学、法律、职业道德教育、文明礼貌用语、物业管理的各项规章制度、治安保卫常识、消防基础知识、队列训练、擒拿格斗等。经过培训的保安人员在工作中必须做到：掌握建筑主体及设备设施的性能和运行情况；熟练掌握安全保卫的业务技能和对突发事件的预警反应能力；严格执行服务规范，如警容整洁、文明执勤、礼貌查询；熟悉所辖物业区域内业主和物业使用者的基本情况；接待客户彬彬有礼，既有威严又有亲切感；处理投诉要恰到好处；面对突发事件应立即向有关方面报警，疏散群众，保护现场。

4. 制定和完善各项治安管理制度

物业管理企业的治安管理制度应包括两个部分：一是保安部内部管理制度；另一是业主及物业使用者应遵守的规定或公约。

保安部内部管理制度包括：物业区域安全保卫制度；各级保安人员的岗位责任制，如《保安员值班岗位责任制》等；工作制度，如《门岗值班制度》、《保安员上下班交接制度》等；管理制度，如《保安员奖惩制度》、《保安员培训制度》、《保安器械使用及管理制度》等。只有通过以上各项制度的贯彻执行，才能明确各级保安人员的职责范围与权利，规范其行为，确保安全保卫工作的高质量。

社会治安是一项系统工程，必须发动群众，不断增强广大业主和使用人的自我防范意识和遵纪守法意识，调动社会各部门的积极性，配合物业管理企业共同搞好社会治安的综合治理。为此，应制定一系列的规定和公约，如《治安保卫管理规定》、《消防管理规定》、《交通管理规定》、《用电用水管理规定》、《娱乐场所管理规定》及《物业区域文明建设公约》等。通过这些规定或公约的贯彻执行和自觉遵守，可减少各类事故隐患，确保物业区域的高质量治安环境。

第八节 物业租赁管理

随着物业服务市场的发展，物业租赁管理已成为物业服务企业开展物业经营管理的重要内容。通过物业服务企业的努力，将会提高物业出租率，而物业服务企业的知名度又可吸引许多客户。一些业主（投资者）愿意将物业交给物业服务企业进行租赁管理。

一、物业租赁基本概念

（一）物业租赁及特征

1. 物业租赁定义

通常讲物业租赁指的是房屋租赁。房屋租赁是指公民、法人或其他组织作为出租人将其拥有所有权的物业出租给承租人使用，由承租人向出租人支付租金的行为。

2. 房屋租赁特点

房屋租赁作为一种特定的商品交易的经济活动形式，具有以下特征：

（1）房屋租赁不转移房屋的所有权

房屋租赁只转移房屋权属中的使用权，不转移房屋的所有权。因此，承租人拥有的是房屋使用权和部分收益权，房屋的处分权和最终收益权仍属出租人所有。

（2）房屋租赁的标的是作为特定物的房屋

房屋租赁的标的是特定物，而不是同类物。房地产租赁的标的必须是特定物，而不能像大多数其他产品一样可以用同类物来代替，出租人在提供房屋时，只能按照合同规定出租，而不能以其他同类房替代。

（3）房屋租赁关系是一种经济要式契约关系

房屋租赁关系是一种经济契约关系，它体现契约双方有偿、互惠互利的关系。同时由于房屋租赁的特殊性，租赁契约又必须是要式合同。

（4）房屋租赁关系不因所有权的转移而中止

在房屋租赁有效期内，即使出租房屋的所有权发生转移，原租赁关系依然有效，房屋新所有权人必须承担原所有权人在租赁合同中确定的义务，尊重承租人的合法权益。

（5）租赁双方都必须是符合法律规定的责任人

租赁作为一种民事法律行为，对其主体——租赁双方都有相应的法律要求。

（二）物业租赁管理模式

根据业主对物业服务企业委托内容与要求的不同，物业服务企业有不同的管理模式，如：

1. 包租转租模式

物业服务企业在接受业主物业服务委托时，将出租物业全部或部分包租下来，然后负责转租。

2. 出租代理模式

业主全权委托物业服务企业负责租赁活动以及租赁中的管理和服务。物业服务企业只获得代理佣金。

3. 委托管理模式

业主自己直接负责租赁活动，不让物业服务企业介入，业主只将物业管理服务工作委托物业服务企业负责。

（三）物业租赁按租金分类

物业租赁可以按房屋使用，按承租人性质，按租赁期限来划分分类。通常主要是按物业租金的性质来分类。物业使用过程中常发生费用主要由税费、物业管理费和承租单元内部能源使用费三部分组成。根据租金中是否包含上述费用支出，将物业租赁分为三类：

1. 毛租

一般是指出租人收取租金中，包含上述三部分费用，承租人在使用物业过程中，不需要再另行缴纳任何费用。

2. 净租

一般是指出租人收取租金中，不包含上述费用中的部分或全部，需要承租人另行缴纳。

3. 百分比租金

百分比租金通常也称为超出性租金，常用于零售商业物业。承租人除向出租人定期支付固定租金外，还要将其营业额中超出预定数额的部分，按一个百分比交予出租人，作为出租人的百分比租金收入。

二、租赁

(一)租赁方案内容

租赁方案是对租赁过程中主要事项的安排,租赁方案制定的好坏直接影响收益性物业的效益和利润。租赁方案通常包含以下内容:

1. 确定可出租面积和租赁方式

制定租赁方案时,需要首先确定物业中能够对外出租的面积和租赁方式。例如:零售商业物业中一部分面积是业主自营,所以需要明确用以出租的面积和在物业中的分布,这样才能够对吸引的客户数量和经营规模有所把握。

2. 编制租赁经营预算

预算是租赁管理中租赁方案的核心,预算中包括详细的预期收益估算、允许的空置率水平和经营费用,且这些数字构成了物业经营管理的量化目标。

3. 定位目标市场

物业租赁首先要确定目标市场群体,而定位群体又要靠物业所处市场供求关系中地位来确定,具体体现以下两点:

(1)物业自身品质档次。物业品质档次决定了该物业在同类型中的位置,例如,写字楼是高档次(甲级),中档次(乙级),低档次(丙级)。这些写字楼的品质档次实际上已经限定了该物业所处的市场定位。

(2)该物业所处的区位也会影响租赁对象的构成。例如:同类型的写字楼(甲级)有的处在交通便利、配套齐全、环境优美的 CBD 中心,显然招租人很多,租金很高,然而地处偏僻、配套不完善区域的写字楼,招租人就会少了许多。

4. 确定租金方案

从理论上讲,租金确定要以物业出租经营成本和业主希望的投资回报率来确定。但市场经济条件下,物业租金的高低主要取决于同类物业的市场供求关系。物业经营管理者必须深入了解市场,过高或过低的租金都有可能导致业主利益的损失。

5. 明确招租策略

为了使招租方案得以实现,在制定租赁方案时,也同时制定出吸引租户的策略。吸引租户的策略多种多样,因企业、因物业项目而定,但其手段来看,主要有宣传手段和租约条款优惠等。

(1)加大宣传力度。在市场经济下由于利益驱动,同类型物业越来越多,如何让客户了解物业、认同物业,需要对物业的宣传。这种宣传往往围绕着物业优势展开,如位置、景观、通达性和便利性等。

(2)租约条款优惠。为了赢得市场,物业经营管理的经营者常常通过租约优惠,让利于客户。例如:对新入住者给一个免租期,对于老租户,定期赠送服务大礼包活动。制定优惠方式最关键的是把握目标租户心理,了解哪些方式最能让租户满意,从而吸引租户签订租约。

(二)租约谈判

租赁契约中对租户与业主的权利和义务都有具体规定,然而需要通过谈判,双方认同签约才能完成。因此,租约谈判在收益性物业租赁中是一项重要的工作。它需要从事经营管理的企业负责人熟知租赁条款，了解租户心理，掌握国家相关租赁政策，这样才能在谈判中处于积极主动地位，说服租户签约。例如，零售商业租约谈判，除了常用管理、租金、维修以外，常碰到的特殊个别的关键问题如：每一个承租单元限制经营内容，限制租户在一定区域范围内重复设店以及广告标志和图形等。

（三）租赁中的市场营销

市场营销目的是推广物业，吸引潜在租户，以获取理想出租率。市场营销中推广物业的要点很多，但要突出宣传三点：

1. 价格优势

市场营销中要能够向广大租赁者表明物业租金上的优势，让承租人减少成本开支，同时又能满足其业务发展需要，这样一定会吸引很多企业的关注。

2. 物业自身品质

租户非常关注所承租物业所处的位置、交通便利性、物业的共用配套设施、为租户提供的服务内容及收费标准、物业空间布置的灵活性和适应性等。物业服务企业在做营销推广中，一定要以物业自身优势、品质大力宣传，吸引承租者。

3. 良好的声誉

声誉本身就是一种商品，"诚信"的企业，声誉良好的物业，租金肯定会比较高，也会使租户的商业机会增加，这种互利互惠，相互促进，相互联动的受益感，成功感会吸引更多的租户来入驻。

三、房屋租赁合同

（一）房屋租赁合同概念

房屋租赁合同是指由出租人与承租人针对目标物业签订的，用于明确租赁双方权利义务和责任的协议，是一种债权合同。租赁是一种民事法律关系，在租赁关系中出租人与承租人之间所发生的民事关系主要是通过租赁合同确定的，因此在租赁中对双方权利与义务做出明确规定并且以文字形式书面记录，成为双方共同遵守的准则。

（二）房屋租赁合同的法律特征

房屋租赁合同是民事法律关系中的一种法律形式，其法律特征有：

1. 房屋租赁合同是双务合同

所谓双务合同是指合同当事人都享有权利和负有义务的合同。此类合同的每一方当事人既是债权人又是债务人，而且互为等价关系，即双方各自享有权利和负有义务，正是对方应尽的义务和享有的权利。

2. 房屋租赁合同是有偿合同

所谓有偿合同是当事人享有合同规定的权利时必须付出代价的合同。有偿合同大多数是双务合同。

3. 房屋租赁合同是诺成合同

所谓"诺成合同"是指当事人意思表示一致即告成立的合同，虽然当事人意思表示一致，但还需交付标的物，合同才能成立的，又称之为"实践合同"。

4. 房屋租赁合同是要式合同

所谓要式合同是相对不要式合同而言。凡是要求有特定形式和履行一定手续的合同称之为要式合同，否则为不要式合同。房屋租赁合同是法定要式合同，房屋租赁当事人应当签订书面租赁合同。合同签订后要到当地房地产行政主管部门登记备案，否则租赁行为法律不予保护。

5. 房屋租赁合同是继续性合同

房屋租赁当事人双方的权利义务，均与合同的存续期间相关。时间是合同的基本元素，因而房屋租赁合同属于继续性合同。

（三）房屋租赁合同的内容条款

房屋租赁合同内容条款如下：

1. 当事人姓名（名称）及住址

详细记录租赁双方权利人的姓名及其他自然资料。

2. 房屋坐落、面积、装修及设施情况

该条款记录了标的物位置与四界关系、面积大小、装修情况等。

3. 租赁用途

租赁用途是租赁合同中一个重要条款，是指合同中规定的出租物业使用性质。承租人应当按照租赁合同规定的使用性质使用物业，不得变更使用用途，更不允许从事国家法律所禁止的商业行为。如果租赁者确需变动的，则应征得出租人同意，重新签订租赁合同。

4. 租赁期限

作为严格的租赁行为，必须要有明确的租赁期限。租赁期限的表达应该完整、明确，写明开始和终止日期，并说明整个期限的时间长度。

5. 租金及支付方式

租金是租赁合同的核心，是引起租赁纠纷的主要原因。租赁合同应当明确规定租金标准及支付方式，同时，租金标准必须符合有关法律、法规的规定。

6. 房屋修缮责任

租赁双方必须在租赁合同中明确列出各自的修缮责任。一般对于经营性物业租赁者，修缮责任由双方当事人约定，容易办到。对于出租住宅物业（公寓），租赁双方一定要约定好修缮责任，并在租赁合同中细化，以免日后发生矛盾纠纷。

7. 转租约定

房屋转租是指房屋承租人将承租的房屋再出租的行为。承租人经出租人同意，才可以依法将承租房屋的部分或者全部转租给别人。

房屋转租，应当签订转租合同。转租合同除符合房屋租赁合同的有关规定之外，还必须在合同中有原出租人书面签字同意，或有原出租人同意的书面证明。

8. 变更和解除合同的条件

租赁合同一经签订，租赁双方必须严格遵守。在符合法定条件和程序的情况下，允许合同的变更与终止。在变更或者解除租赁合同，使一方当事人遭受损失时，除依法可以免除责任外，应当由责任人负责赔偿。

9. 租赁双方的权利和义务

（1）出租人的权利与义务如下：

1）有按期收取租金的权利；

2）有监督承租人按合同规定使用房屋的权利；

3）有依法收回出租房屋的权利；

4）有向用户宣传贯彻国家房管政策和物业管理公约等权利；

5）有按照合同规定提供物业给承租人使用义务；

6）有保障承租人合法使用房屋的义务；

7）有保障承租人居住安全和对房屋装修、设备设施进行正常维修的义务。

（2）承租人的权利和义务如下：

1）有按照租约所列的房屋规定用途使用房屋的权利；

2）有要求保障房屋安全的权利；

3）出租物业出售时，有优先购买权；

4）有对物业管理服务状况进行监督、建议的权利；

5）经出租人同意有转租获利的权利；

6）有按期缴纳租金的义务；

7）有维护好原有房屋、妥善保管的义务；

8）有遵守国家政府法规和物业管理规定的义务；

9）当事人约定的其他条款。

租赁合同中，当事人可以根据各自情况和要求及市场行情，约定一些双方同意的条款，如保险问题，保证金问题等。

（四）房屋租赁合同的终止

房屋租赁合同的终止就是租赁关系的解除，租赁双方因签订合同而产生的权利和义务关系即告结束。遇到下列情况之一时，出租人有权提前终止契约。

（1）擅自将承租的房屋转租、转借、私自交换使用的；

（2）擅自改变房屋用途或私自拆改房屋、设备的；

（3）利用承租房进行非法活动的；

（4）无正当理由拖欠租金，拒不交纳的；

（5）租期届满。

第四章　物业公共区域管理与服务

第一节　物业环境卫生管理与服务

物业环境卫生管理与服务是物业服务的重要组成部分，是体现物业服务水平的重要标志。物业的环境卫生管理与服务是对物业用户的工作及生活的综合环境进行系统而全面的管理。环境卫生管理与服务是物业服务中一项经常性的管理服务工作，其目的是净化环境，给住户提供一个清洁宜人、舒适优美的工作环境和生活环境。

一、环境卫生管理的基本概念

1. 环境卫生管理与服务含义

环境卫生管理是指物业服务企业通过宣传教育、监督治理和日常清洁工作，保护物业区域环境，防治环境污染，定时、定点、定人进行生活垃圾的分类收集、处理和清运。通过清、扫、擦、拭、抹等专业性操作，维护辖区所有公共地方、共用部位的清洁卫生，从而塑造文明形象，提高环境效益。

2. 环境卫生管理与服务的基本要求和原则

（1）环境卫生管理的基本要求

环境卫生管理的基本要求是"五定"，即"定人、定点、定时、定量、定质"。针对环境卫生的工作范围内的任何一个地方都应有专人负责清洁卫生，并明确其清扫保洁的具体内容、时间和质量要求；不同类型、不同档次的物业对楼宇内公共部位清洁卫生的质量要求不同，物业服务企业要根据自己所管物业的特点和实际情况制定相应的对清洁卫生的要求。这些要求一要具体、二要明确，以便于监督检查，如楼梯每日清扫几次，质量要求是什么，每日、每周、每月的工作布置等。物业区域道路的清洁标准可以参考建设部颁布的马路清扫质量标准：一是每天清扫两遍、全日清洁；二是达到"六不"、"六净"。"六不"即不见积水、不见积土、不见杂物、不漏收堆、不乱倒垃圾和不见人畜粪；"六净"即路面净、路沿净、人行道净、雨水口净、树坑墙根净、果皮箱净。

（2）环境卫生管理的原则

环境卫生管理的原则主要有：

1）扫防结合，以防为主

在环境卫生管理工作中，"扫"当然很重要，就如人每天洗脸一样，但是工作的重点并不是"扫"，而是"防"，即通过管理，纠正业主（使用人）不卫生的习惯，防止"脏、乱、差"现象的发生。因为优良的物业区域环境的造就，是管理者与被管理者相互作用的结果，也是管理标准与业主（使用人）素质不断调适的过程。当业主（使用人）养成良好的卫生习惯时，才能真正搞好环境整洁。物业服务企业要会同社区组织引导业主（使用人）积极参与社会主义精神文明建设，从业主（使用人）的基本素质、基本行为规范抓起，培养和提高大家的环境整洁意识,大力纠正各种不卫生的习惯。

2) 执法必严,直接监督

环境卫生管理有关的法律法规,已经出台的主要有《中华人民共和国环境保护法》,建设部颁发的《城市生活垃圾管理办法》、《城市新建住宅小区管理办法》,以及各地颁布的管理实施细则。物业服务企业可以根据法律法规的有关条文和专业化物业管理的要求,制定物业区域的保洁管理规定。这些法规和"准法规"规范了服务者和被服务者必须遵循的行为准则。物业服务企业必须做到执法必严,直接监督,遇到有损物业区域环境的行为,应对犯规者进行耐心教育和严格按照公共契约的约定处罚,决不因人而异。

3. 环境卫生管理的机构设置

物业服务企业可以将所管物业环境卫生工作采取两种管理服务模式:

(1) 将日常清扫保洁工作委托给专业化的清洁服务公司具体实施。物业服务企业只需设环境卫生主管1～2人负责环境卫生的检查与监督。

(2) 日常清扫保洁工作由物业服务企业承担。物业服务企业设立一个环卫部门来负责环境卫生管理与服务,并招聘专业清洁人员进行日常的清扫保洁工作,环境卫生部门的班组设置和人员配备可根据物业类型、布局、面积以及清洁对象不同而设置。

二、环境卫生管理的质量管理

为了对环境卫生管理的工作效果有一个客观评价,有必要对环境卫生工作进行质量管理和确定检查标准。环境卫生管理过程都是人的因素起主导作用,主要体现于围绕业主(住户)的需求,加强主管人员与操作人员之间的管理与协作,将制定精确的工作标准及考评细则、设计合理工作流程、多角度的作业指导书、全面的绩效考评、互动的交流学习培训这五个要素有机地整合运用到日常的管理工作中,就可以有效提高住宅小区(楼宇)环境卫生质量,提高业主(住户)对物业服务工作的满意程度。

1. 精确的工作标准及考核细则

为了保证环境卫生质量,必须要从业主(住户)、操作人员、主管人员三个角度说明上述五个要素在有效提高住宅小区环境卫生质量中的作用。详见图5-4-1。

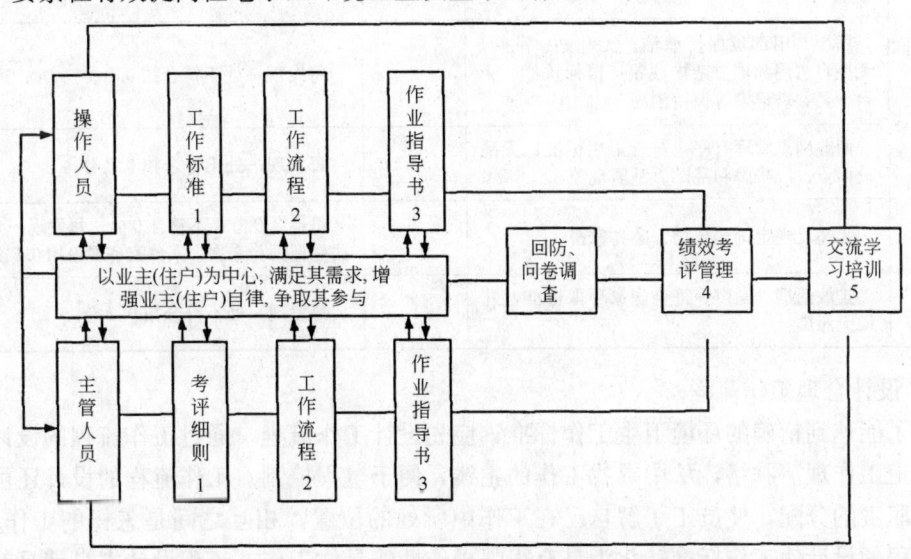

图5-4-1 住宅小区环境卫生质量有效提高的五要素图

环境卫生管理中，质量管理的首要工作是制定环境卫生服务标准和检查标准，环境卫生工作标准化是确保工作质量长期稳定的基本要求，工作标准是实施标准化管理和操作的前提条件。工作标准的制定一定要有可操作性和可考评性，在制定环境卫生工作标准时，在确保全面准确的基础上，能够分解细化的尽可能细化，能够量化的尽可能量化：例如细化工作内容，环境卫生工作内容包括清扫、保洁、生活垃圾的收集、分类、存储、清运等，并且每一项工作内容都要尽可能地细化，其中清扫保洁工作内容又包括：道路硬铺装、草坪、楼道等，其中楼道又包括台阶、平台、门窗、玻璃、扶手、护栏等。

环境卫生管理的工作内容按照可操作性和可考核性的原则，进行细化量化并且提炼出关键点，就可以制定出可知、可感、可辨、可验的精确的工作标准及考评细则，并且工作标准及考评细则依据业主（住户）需求变化做相应调整。环境卫生管理部分的《全国物业服务示范住宅小区标准及评分细则》见表5-4-1。

环境卫生管理的《全国物业服务示范住宅小区标准及评分细则》　　　　表 5-4-1

序号	环境卫生管理	总分	评分细则
1	环卫设施完备，设有垃圾箱、果皮箱、垃圾中转站	2	每发现一处不符合扣 0.5 分
2	清洁卫生实行责任制，有专职的清洁人员和明确的责任范围，实行标准化清洁保洁	2	未实行责任制的扣 1.0 分，无专职清洁人员和责任范围的扣 0.5 分，未实行标准化保洁的扣 0.5 分
3	垃圾日产日清，定期进行卫生消毒灭杀	2	垃圾未能日产日清的扣 1.0 分，每发现一处垃圾扣 0.2 分，未定期进行卫生消毒灭杀扣 0.5 分
4	在垃圾分类工作中做出突出成绩以及实行厨余垃圾单独收集并对厨余垃圾进行就地处理或集中处理	2	符合 2.0 分；不符合 0 分
5	房屋共用部位共用设施设备无蚊害	1	每发现一处不符合扣 0.2 分
6	小区内道路等共用场地无纸屑、烟头等废弃物	2	每发现一处不符合扣 0.2 分
7	房屋共用部位保持清洁，无乱贴、乱画，无擅自占用和堆放杂物现象；楼梯扶栏、天台、公共玻璃窗等保持洁净	2	每发现一处不符合扣 0.2 分
8	商业网点管理有序，符合卫生标准；无乱设摊点、广告牌和乱贴、乱甑现象	2	每发现一处不符合扣 0.2 分
9	无违反规定饲养宠物、家禽家畜	2	符合 2.0 分；不符合 0 分。每发现一个未依法登记饲养宠物、家禽家畜现象扣 0.5 分
10	排放油烟、噪声等符合国家环保标准，外墙无污染	1	每发现一处不符合扣 0.2 分

2. 设计合理工作流程

为了能达到精确的环境卫生工作标准，应先设计工作流程。通过工作流程的设计，可以为环卫工作理清脉络，从中寻找工作的主线，便于过程控制。工作流程的设计还可以完成工作职责的分配，使员工了解自己在工作中所处的位置，相互之间是怎样的工作关系，工作流程的设计使工作标准转化为具有很强操作性的具体工作，流程设计本身就是对工作标准实现的全面思考。

（1）工作人员的工作流程

住宅小区的环境卫生主要是外环境和楼道，企业要兼顾业主（住户）、操作人员、主管人员三方面，设计三种操作人员工作流程：

第一种：外环境的清洁收运工作流程；

第二种：楼道的清洁收运工作流程；

第三种：外环境和楼道组合清洁收运工作流程。

工作流程随着季节、作息时间、收集分类存储方式、清运次数等的变化要做相应调整，比如，采用垃圾箱存储方式，业主（住户）自己把垃圾投放到垃圾箱，而采用垃圾袋装化收集方式，则需要操作人员主动上楼收集垃圾袋，这样楼道的清洁收运工作流程就要做相应调整，图 5-4-2 以外环境与楼道组合工作流程为例简要说明。

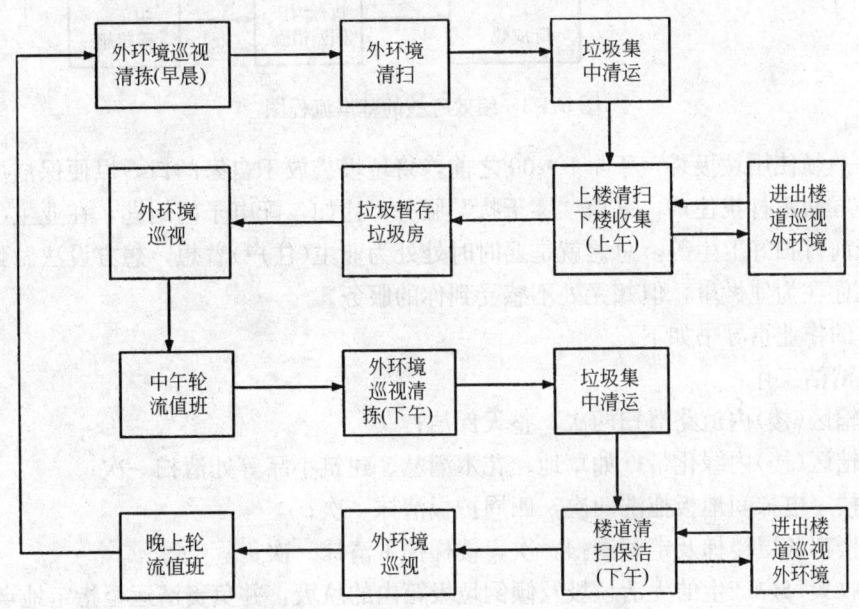

图 5-4-2　外环境与楼道组合工作流程图

（2）主管人员的工作流程

为了使主管人员进行绩效考评思路更清晰，更全面掌握考评过程，应该在操作人员的工作流程基础上设计出多种绩效考评工作流程，比如过程绩效考评工作流程、结果绩效考评工作流程、专项绩效考评工作流程、专业知识绩效考评工作流程、班组绩效考评工作流程等。图 5-4-3 以其中一种最基本的绩效考评工作流程为例来简要说明。

3. 多角度的作业指导书

作业指导书是对工作流程的进一步细化，是有利于指导操作人员的工作，有利于主管人员有效控制质量，有利于业主（住户）共同参与，企业可以制定人性化清扫保洁标准作业指导书，争取业主（住户）共同参与是抓好清洁工作的根本保障。制定人性化清扫保洁标准作业指导书，一方面就是以业主（住户）为中心，尊重、理解、关心、信任业主（住户）；寓管理于服务之中，服务于业主（住户），经常与他们零距离地沟通，了解他们的需求，解决他们的问题，得到他们的理解，获得他们的支持，使他们自觉遵守保洁管理规定，比如各

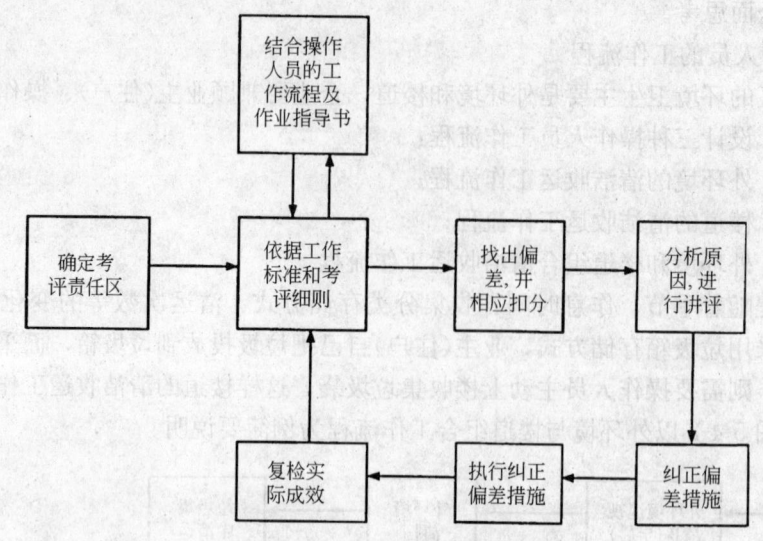

图 5-4-3 绩效考核的基本流程图

业主(住户)须使用垃圾袋,于早 8:00 之前,将垃圾袋放于自家门口,以便保洁员上楼收集;另一方面不打扰住户,采取"零干扰"服务,比如,配电子门钥匙,在业主(住户)上班、下班前打扫好卫生等,总之就是要时时处处为业主(住户)着想,想方设法做到:让业主看不见你在为他做事,但却无处不感受到你的服务。

具体的作业指导书如下。

每日清洁工作:

(1) 辖区(楼)内道路清扫两次,整天保洁;

(2) 辖区(楼)内绿化带,如草地、花木灌丛、建筑小品等处清扫一次;

(3) 楼宇电梯间地板拖洗两次,四周护板清抹一次;

(4) 楼宇各层楼梯及走廊清扫一次,楼梯扶手清抹一次;

(5) 收集每户产生的生活垃圾及倾倒垃圾箱内的垃圾,并负责清运至指定地点。

每周清洁工作:

(1) 楼宇各层公共走廊拖洗一次(主要指高层楼宇,可一天拖数层,一周内保证全部拖洗一遍);

(2) 业户信箱清拭一次;

(3) 天台(包括裙房、车棚)、天井和沟渠清扫一次。

4. 全面的绩效考评

绩效考评主要依据工作标准和考评细则,结合工作流程和作业指导书,通过对每一步工作流程的控制而最终使整个流程不出漏洞。具体的工作就是主管人员对操作人员的工作效果、工作效率、工作态度、团结协作、清扫保洁知识、质量服务意识等实施全面考评。

可以采用日检、周检、月检、抽检、全检、问卷调查、回访等灵活多样的方法进行绩效考评,在实际考评中有时操作人员考评过后会出现惰性问题,为此有些企业创造出扑克牌随机抽考法,即在操作人员划分明确的责任区的基础上,按责任区责任人编码,粘贴到扑克牌上,然后在实际的绩效考评中随机抽取,其操作程序是:抽考(随机抽取考评,考评过的与未考评过的要分开)→再抽考(从考评过抽 1~2 张，其余从未考评过的抽取，进行考评)→全考(经过抽考与再抽考的累积把所有的都考评完毕。)→再抽考(在所有的考评过的再抽两张考评)的过程，对全体操作人员进行周期性考评，取得了良好的实际效果。

考评之后的现场讲评以及每日的日评、每周的周评、每月的月评，其目的一是为了使操作人员及时了解实际工作与标准之间的偏差，以便马上纠正偏差；二是在达到工作标准的过程中，及时发现和总结工作中的经验教训，提出改进措施，并运用到工作中去，确保实现工作标准；另外，在达到工作标准后，更应对整个实现标准的整个过程进行总结。总结和分析工作中存在的失误及不足，为达到更高的工作标准积累经验。全体操作人员考核完毕后实行打分排序、末位淘汰，通过连续性的、周期性的、循环往复地进行绩效考评：找出偏差、分析原因、纠正偏差措施、执行纠正偏差措施、复检实际成效、对照标准开始新的考评，从而形成完整的闭合的考评体系。

5. 互动的交流学习培训

服务的质量不仅符合企业确定的标准，而更重要也是最关键的是应符合业主(住户)的标准。也就是说，服务质量的要求和水准不是由企业说了算，而是由业主(住户)说了算，最终由他们来决定和主宰，如果服务质量无法让他们满意的话，则质量将没有任何意义，提供给他们的质量，若仅停留在企业内满意，那是错误的认识。对于环境卫生的管理方法、环卫业务知识和技能技巧，可以采用集中培训和互动的交流学习培训。

(1) 集中培训

直接组织主管人员和操作人员的学习，员工们共同参与培训课程，旨在使员工得到的知识运用到实践中，改善工作表现。

(2) 互动交流

让大家把多年积累的经验、动作熟练准确的操作技能等进行互动交流学习，还可以通过案例交流进行培训。首先鼓励主管人员和操作人员将本身的工作经验、经历、阅历撰写成个案，并通过日常交流让主管人员和操作人员来分享彼此的成果，使学习者可以通过聆听他人做某事的过程来思考并获取知识，并且通过交互式面对面的讨论，交换隐性知识，提高团队的竞争力。

三、室内外公共区域的环境卫生管理与服务

(一) 室外公共区域的环境卫生管理与服务

1. 公共场地和马路的清洁

确保小区的汽车道、人行道、消防通道、羽毛球场、门球场等公共场地和马路的清洁。其作业程序和注意事项如下：

(1) 用长竹扫把将道路中间和公共活动场所的果皮、纸屑、泥沙等垃圾扫成堆，用胶扫把将垃圾扫入垃圾斗内，然后倒进垃圾手推车。

(2) 对有污渍的路面和场地用水进行清洗。

(3) 雨停后，用竹扫把马路上的积水、泥沙扫干净。

2. 绿地的清洁

保持草地和绿化带的清洁。作业程序和注意事项如下：

(1) 用扫把仔细清扫草地上的果皮、纸屑、石块等垃圾。

(2) 对烟头、棉签、小石子、纸屑等用扫把不能打扫起来的小杂物，用手捡入垃圾袋中。

(3) 在清扫草地的同时,仔细清理绿篱下面的枯枝落叶。

3. 散水坡和排水沟的清洁

保持排水沟畅通、散水坡清洁。作业程序如下:

(1) 用扫把清扫散水坡上的泥沙、果皮、纸屑等垃圾。

(2) 用胶扫把清扫排水沟里的泥沙、纸屑等垃圾,拔除沟里生长的杂草,保证排水沟的畅通。

(3) 用铲刀、钢丝刷清除散水坡及墙壁上空调滴水的污渍及青苔。

4. 雕塑装饰物、宣传栏、标识宣传牌的清洁

保持雕塑装饰物、宣传栏、标识宣传牌的清洁。作业程序和注意事项如下:

(1) 雕塑装饰物的清洁:备长柄胶扫把、抹布、清洁剂、梯子等工具,用扫把打扫装饰物上的灰尘,人站在梯子上,用湿抹布从上往下擦抹一遍,如有污渍,用清洁剂涂在污渍处,用抹布擦抹,然后用水清洗。不锈钢装饰物按不锈钢的清洁保养方法操作。

(2) 宣传栏的清洁:用抹布将宣传栏里外周边全面擦抹一遍,玻璃用玻璃刮清洁,按《玻璃门窗清洁》操作。

(3) 宣传牌、标识牌的清洁:有广告纸时,需先撕下纸,然后用湿抹布从上往下擦抹牌,最后用干抹布抹一次。

(4) 宣传牌每周清洁一次,室内标识牌每天清洁一次,雕塑装饰物每月清洁一次,清洁后检查无污渍、积尘。

(5) 注意事项:梯子放平稳,人勿爬上装饰物,防止人员摔伤;清洁宣传栏玻璃时,小心划伤手;使用清洁工具时,不要损伤被清洁物。

5. 喷水池的清洁

保持喷水池内、外干净清洁。作业程序和注意事项如下:

(1) 平时保养

地面清洁工每天用捞筛对喷水池水面漂浮物打捞保洁。

(2) 定期清洁

1) 打开喷水池排水阀门放水,待池水放去 1/3 时,清洁工人入池清洁。

2) 用长柄手刷适量的清洁剂由上而下刷洗瓷砖。

3) 用毛巾抹洗池内的灯饰、水泵、喷头及电线表层的青苔、污渍。

4) 排尽池内污水并对池底进行拖抹。

5) 注入新水,投入适量的硫酸铜。

(3) 注意事项

1) 清洗时应断开电源。

2) 擦洗电线、灯饰时,不可用力过大,以免损坏。

3) 清洁时,不要摆动喷头,以免影响喷水池观赏效果。

4) 注意防滑、跌倒。

6. 不锈钢的清洁

保持奖牌、标示牌、宣传栏、雕塑及其他不锈钢制品表面的清洁,使其不受氧化。作业程序、标准和注意事项如下:

（1）先用兑有中性清洁剂的溶液抹不锈钢表面，然后用无绒毛巾抹净不锈钢表面的水珠。

（2）置少许不锈钢油于毛巾上，对不锈钢表面进行拭抹，或用喷头直接喷在不锈钢表面。

（3）然后用无绒感毛巾擦拭。

（4）目视不锈钢表面无污渍，无灰尘，表面光亮，可映出人影。

（5）上不锈钢油不宜太多。

（6）清洁较高不锈钢雕塑时应做好安全保护，防止人员伤亡。

7. 化粪池的清理

确保化粪池畅通。作业程序和注意事项如下：

（1）用铁钩打开化粪池的盖板，再用长竹杆（8m）搅散化粪池内杂物结块层。

（2）把吸粪车开到工作现场，套好吸粪胶管（5m 长，备 3 条）放入化粪池内。

（3）启动吸粪车的开关，吸出粪便直至化粪池内的化粪结块物吸完为止，防止弄脏工作现场和过往行人的衣物。

（4）盖好化粪池井盖，用清水冲洗工作现场和所有工具。

（5）每年清理一次，一级池清运 90%，二级池清运 75%，三级池硬的表面全部清运。

（6）清理后，目视井内无积物浮于上面，出入口畅通，保持污水不溢出地面。

（7）在化粪池井盖打开后 10~15 分钟，人不站在池边，禁止在池边点火或吸烟，以防沼气着火烧伤人。

（8）人勿下池工作，防止人员中毒或陷入水中。

（9）化粪池井盖打开后工作员不能离开现场，清洁完毕后，随手盖好井盖，以防行人或小孩掉入井内发生意外。

8. 垃圾池（箱）的清洁

保持垃圾池、果皮箱的清洁。作业程序和注意事项如下：

（1）用铁铲将池内垃圾铲入手推车内，用扫把将剩余垃圾扫干净后，打开水阀用水冲洗池内外一次。

（2）用去污粉或洗衣粉撒在垃圾池内外瓷砖和垃圾池门上，用胶刷擦洗污渍。

（3）疏通垃圾池的排水道，清洁周围水泥面。

（4）打开水阀，用水全面冲洗垃圾池内外，同时用扫把或胶刷擦洗，垃圾池周围不积污水。

（5）关闭水阀，收回水管，锁好垃圾池铁门。

（6）清理垃圾桶或果皮箱内垃圾后，将桶箱搬到有水源的地方，先用水冲洗一遍，然后对污渍处倒少许去污粉擦洗，再用水冲洗干净，搬到原处放好。

9. 垃圾的清运和垃圾中转站的清洁

保持垃圾中转站的清洁和正常使用。作业程序和注意事项如下：

（1）每天早上 8:00 以前，将垃圾收集装车运到垃圾中转站，两人配合，一人拉一人推将垃圾车推上作业平台，拉开手推车后门，将垃圾倒进垃圾压缩车内，操作员按下压缩车绿键压缩开关，清除掉在地面上的垃圾，并装上压缩车。

（2）冲洗中转站地面，打扫墙壁。

（3）用水冲洗中转站外通道及地面，油污处用去污粉或洗洁精刷洗。

（二）室内公共场所清洁卫生管理与服务

1. 地下车库、天台、转换层清洁

（1）每天早晨和下午用扫把各清扫一次，清除地面和排水沟内的垃圾，抹净指示牌、射灯、围栏等。

（2）用长柄刷冲刷地面的油污、油渍。

（3）每隔 2 小时巡回清洁一次地下车库，清除杂物。

（4）每周冲刷地面一次，并打开地下车库的集水坑和排水沟盖板，彻底疏通、清理一次。

（5）每月用清洁液、毛巾擦拭一遍消火栓、消防指示灯、车位档、防火门等公共设施。

（6）每 2 个月用干毛巾擦拭灯具一次。

（7）地下车库和转换层管线每 2 个月用鸡毛掸子或扫把清扫灰尘一次，天台、裙楼平台的水管线每 2 个月冲刷一次。

2. 大厦大堂清洁

（1）每天上午上班前及下午分两次重点清理大堂，平时每小时保洁一次，重点清理地面和电梯轿箱内的垃圾杂物。

（2）用扫把清扫大堂地面垃圾，用长柄刷沾洗洁精清除地面污渍，后用拖把拖地面一次。每天循环拖抹、推尘、吸尘。

（3）清扫电梯轿箱后，用湿拖把拖两遍轿箱内地板。

（4）用干毛巾和不锈钢油轻抹大堂内各种不锈钢制品，包括门柱、镶字、电梯厅门、轿箱等。

（5）用湿毛巾拧干后，擦抹大堂门窗框、防火门、消火栓柜、内墙面等设施。

（6）清理不锈钢垃圾筒，洗净后放回原处。

（7）用湿拖把拖 2～3 遍台阶，出入口的台阶每周用洗洁精冲刷一次。

（8）用干净毛巾擦拭玻璃门，并每周清刮一次，每周地面补蜡及磨光一次。

（9）每月擦抹灯具、风口、烟感器、消防指示灯一次。

（10）每月对大理石地面打蜡一次，每月用去污粉、长柄手刷彻底刷洗地砖地面和水磨地面一次。

3. 公共卫生间清洁

（1）每天上、下午上班前分两次重点清理，并不断巡视，保持清洁。

（2）如条件许可，清洁时，关闭卫生间，暂不让公众使用，但必须放置告示牌，打开窗户通风。

（3）用水冲洗大小便器，并用夹子夹出小便器内烟头等杂物。

（4）用厕所刷蘸洁厕精洗刷大小便器，然后用清水冲净。

（5）用湿毛巾和洗洁精擦洗面盆、大理石台面、墙面、门窗。

（6）先将湿毛巾拧干擦镜面、窗玻璃，然后再用干毛巾擦净。

（7）清洗垃圾桶和烟灰缸，并内外擦干。

（8）用湿拖把拖干净地面，然后再用干拖把拖干。

（9）喷适量香水或空气清新剂，小便斗内放樟脑丸，或直接用杀菌清洁剂彻底地对卫生间进行清洁，就可以不用香水或空气清新剂。

（10）每2小时保洁一次，主要清理字纸篓垃圾、地面垃圾、地面积水和水迹等。

（11）每周抹抽气风口一次，消毒大洗一次。

（12）每月用干毛巾擦灯具一次，清扫天花板一次，杀虫一次。

4. 楼层通道地面清洁

（1）每天上午对各楼层通道地面拖抹、推尘、吸尘一次。

（2）每月用长柄手刷沾去污粉对污渍较重的地面彻底清刷一次。

（3）每月用拧干的湿毛巾抹净墙根部分踢脚线。

（4）大理石地面每周抛光一次，每月打蜡一次。

5. 瓷砖、喷涂和大理石墙面清洁

（1）时间安排

1）墙面清抹每周一次，墙面清洗每月一次。

2）瓷砖外墙每4年清洗一次，马赛克墙面每6年清洗一次。

3）外墙面的高空清洁作业，由专业清洁公司负责。

（2）具体清洁操作

1）用铲刀、刀片轻轻刮掉墙面的污垢、脏渍。

2）把毛巾浸入放有洗洁精的水盆，拿起拧干后沿着墙壁从上往下来回擦抹。

3）用另一条毛巾用清水洗后拧干，彻底清抹一次墙面，直到干净。

4）用干拖把拖干地面。

5）大理石墙面不能用任何酸性溶剂洗，否则将造成大理石分解；瓷砖墙面则禁止用碱类、盐酸类，因为这些除污剂会损坏瓷砖表面的光泽。

6. 乳胶漆墙面清洁

（1）用鸡毛掸子或干净的拖把轻轻拂去墙面的灰尘。

（2）用干毛巾清擦墙面的污渍，擦不掉的污渍用细砂纸轻轻擦掉。

（3）用铲刀铲掉墙面上黏附的泥沙、痰渍。

（4）扫净地面灰尘，再用湿拖把拖净地面。

（5）每月清洁一次。

7. 灯具清洁

（1）关闭电源，一手托起灯罩，一手拿螺丝刀，拧松灯罩的固定螺丝，取下灯罩。如果是清洁高空的灯具，则架好梯子，人站在梯上作业，但要注意安全，防止摔伤。

（2）取下灯罩后，用湿抹布擦抹灯罩内外污渍和虫子，再用干抹布抹干水分。

（3）将灯罩装上，并用螺丝刀拧紧固定螺母，但不要用力过大，防止损坏灯罩。

（4）清洁灯管时，应先关闭电源，打开盖板，取下灯管，用抹布分别擦抹灯管及盖板，然后重新装好。

8. 玻璃门窗、幕墙清洁

（1）先用刀片刮掉玻璃上的污渍。

（2）把浸有玻璃清洁溶液的毛巾裹在玻璃上，然后用适当的力量按在玻璃顶端从上往下垂直洗抹，污渍较重的地方重点抹。

（3）用玻璃刮刮去玻璃表面的水分，一洗一刮连续进行，当玻璃接近地面时，可以把刮作横向移动，作业时，注意防止玻璃刮的金属部分刮划玻璃。

（4）用无绒毛巾抹去玻璃框上的水珠。

（5）最后用地拖拖干地面上的污水。

（6）高空作业时，应两人作业并系好安全带，戴好安全帽。

四、白蚁及虫害防治

（一）白蚁防治

白蚁的防治主要有挖巢法、药杀法、诱杀法以及生物防治法等。可根据不同的情况采用相应方法来治灭白蚁。

1. 挖巢法

挖巢法是根据蚁路、空气孔、分飞孔及兵蚁、工蚁的分布等判断找出蚁巢后将其挖除的方法。一般的树巢、墙心巢，特别是泥砖强的墙心巢、较浅的树头巢或地下巢，都可以用挖巢法。

2. 药杀法

药杀法是通过在白蚁蛀食的食物中或在白蚁主要出入的蚁路中喷入白蚁药物，使出入的白蚁身体粘上白蚁药粉，药粉通过相互传染传递给其他白蚁，导致整巢白蚁中毒死亡。常见白蚁药粉主要成分有亚砒酸、灭蚁灵。

3. 诱杀法

诱杀法有药物诱杀和灯光诱杀两种方法。诱杀法主要用于发现白蚁又未能确定蚁巢地点或者知道蚁巢地点又不能将其挖出，或者用药杀法不能彻底消灭时使用。

4. 生物防治法

生物防治法的原理是利用白蚁的天敌或病菌对白蚁进行生物灭杀。

（二）其他虫害防治

虫害防治就是消灭各种有害生物，如老鼠、苍蝇、蟑螂、蚊子等。

1. 鼠害防治

鼠害防治的主要方法有以下几种：

（1）防鼠

主要方法包括环境治理、断绝食源以及安装挡鼠栅、挡鼠板等设施进行隔防等。

（2）化学灭鼠

化学灭鼠主要采用灭鼠毒饵灭鼠。在用毒饵灭鼠时应注意所选用的毒饵的适口性要好，不变质或发霉。投放毒饵时应遵循少量多堆，定时补充的方法。

（3）器械灭鼠

器械灭鼠就是将鼠笼、鼠夹、粘鼠板等放置于鼠类经常活动的地方，放置食物诱饵引诱鼠，从而捕捉消防。

（4）生物灭鼠

生物灭鼠就是利用鼠类的天敌、病原微生物、不育遗传等方法灭鼠。

2. 灭蚊

蚊子的防治方法主要有两种：

（1）环境治理

环境治理就是通过清除积水，水池放养鱼类等环境治理方法防治蚊虫孳生。

（2）药杀

药杀的主要方法有：在无法清除积水处（如下水道，进水口等）投放浸药木塞或杀虫剂杀灭幼虫。

3. 灭蝇

蝇的防治方法主要有三种：

（1）环境治理

环境治理的主要方法有：保持垃圾日产日清，不乱丢垃圾和果皮，不用粪肥，花生麸饼等撒于地表作植物肥料，消除苍蝇的孳生场所。

（2）诱杀

诱杀就是利用苍蝇喜好的诱饵将苍蝇引入蝇笼或臭黏性的物体上，然后用热水烫杀。

（3）药杀

药杀就是对可能孳生苍蝇的地方（垃圾堆放地等）和成蝇喷洒杀虫剂灭杀。

4. 灭蟑

蟑螂的防治方法主要是：

1）对建筑物各种孔缝进行堵眼、封缝，防止蟑螂入内。

2）严格控制食物及水源，及时清理生活垃圾，消除蟑螂食物。

3）利用灭蟑药粉、药笔、杀虫涂料及毒饵粘捕等进行化学防治。

第二节　物业环境绿化管理与服务

一、环境绿化管理的基本概念

（一）绿化效益

1. 生态效益

绿色植物对生态的平衡具有不可替代的作用，生态效益是最直接的效益。绿色植物能大量吸收二氧化碳，放出氧气。一般来说，$1hm^2$（公顷）树林每天可以吸收 $1t$ 二氧化碳，放出 $0.73t$ 氧气。只要有 $10m^2$ 的森林绿地面积，就可以全部吸收一个居民呼出的二氧化碳，加上城市燃料所产生的二氧化碳，则城市每人必须有 $30\sim40m^2$ 的绿地面积。很多树木能吸收对人体有害的毒气，如柳杉可吸收大量二氧化硫，刺槐能吸收部分氟化氢等。

吸附污染物是绿色植物的另一大功能。绿色草坪和树林将裸露的地面有效覆盖，刮风时尘土不易飘扬；树木枝叶大量吸附空气中的灰尘，树叶蒙尘后，经雨水冲洗又能恢复它的吸附作用，从而有效净化空气。

绿色植物能调节气候，夏天树荫下的气温比荫外一般低 $3\sim5℃$；树木与草坪能蒸发水分，增加空气的湿润度，减少干燥对人的影响。

植物对噪声具有吸收和消声的作用，可以减弱噪声的强度。南京市环卫局对该市道路绿化的减噪效果进行了调查，发现当噪声通过由两行桧柏及一行雪松构成的 $18m$ 宽的林带后，噪声减少 $16dB$，通过 $36m$ 宽的林带后，减少了 $30dB$。据日本近年调查，$10m$ 宽结构良好的林带可减低噪声 $10\sim15dB$。

树木和草地对保持水土有非常显著的功能。树木的枝叶茂盛地覆盖着地面，当雨水下落时首先冲击树冠，不会直接冲击土壤表面，可以减少表土的流失；树冠本身还积聚滞留一定数量的雨水，不使降落地面；同时，树木和草本植物的根系在土壤中蔓延，能够紧紧地拉着土壤，不让其冲走。如果破坏了树木和草地，就会造成水土流失、山洪暴发，给人们的生活和生产带来严重危害。

绿化创造了一个局部的生物多样化环境。它不仅提高绿量，而且水质、空气、声音、土壤、局部气候等都会明显改善，这将吸引百鸟筑巢，蝴蝶戏花，成为动物的天堂，动物的相对多样性也就建立起来。随着大量的生态小区和生态建筑的建成，居住区和生态环境将得到完善的协调。

2. 生命效益

绿化有利于保护人民身心健康。绿色植物大量地吸收或吸附空气中的有害物质，放出新鲜氧气，使空气得到净化，人们视觉清新，感受到生命恢复大自然的喜悦；绿地公园等户外休闲空间，可使城市人松弛神经，恢复疲惫的身心。因此，绿化将减少由各种污染引起的疾病，如常患的气管炎、肺炎、哮喘、钙质缺乏症、神经官能症及精神系统紧张、心血管病以及由重金属污染引起的各种疾病。

绿化工程能提供高质量的休闲。普遍分布在生活区、居民住宅中的近距离小型园林、草地可供人们散步，在树荫下设置石凳、藤架等设施可供人们休息，铺装草坪和旷地可供人们进行体育锻炼。

3. 美学效益

以绿色为主调，不仅富于生态特色，富于人性色彩，而且符合美的原则。大面积的绿色或主调是绿色并不影响和约束小面积的多样色彩。鲜花、霓虹灯、户外广告、低层外墙、室内装修等色彩纷呈，独具特色，人行道和公共场所用地采用硬质地面（如鹅卵石、大理石、花岗石等），铺成不同形状和不同颜色的几何花式，易造成一种更高层次上的多样统一的境界。

铺满绿色植物，同时配以和谐的多种色彩，整个小区就有一个美好的形象。绿色植物不是一种次要的陪衬，而是富于蓬勃生机和审美魔力的构筑材料，灰色的高楼大厦没有繁花绿树的“包装”，会给人僵硬死板、单调乏味的感觉。在建筑物四周，有高低参差的乔木、灌木、青青的草地、色彩缤纷的花卉和路面装饰，能将分散的建筑统一起来，使建筑物刚硬的线条变得柔和，使整个建筑群和小区的色彩丰富起来，小区形象便显得厚重而轻柔，多样而统一，居民就会感到神清气爽、轻松愉悦。

4. 经济效益

绿化事业能创造可观的直接经济效益。绿地、公园并不只是花钱的地方，其中一部分土地可栽种各种植物、花卉以盈利。现在道路、顶层一般是种植绿化用途的植物，可提倡创造一定的条件，种植既能产生比较大的绿量，又具有可观经济价值的果树、桑树、木本油科植物，在屋顶种植蔬菜、花卉和珍贵药用植物，甚至发展无土农业，实际上增加了耕地面积。

（二）环境绿化评价指标与要求

1. 环境绿化评价指标

（1）绿地率。通常指小区内绿地用地面积与小区总用地面积的比率。其公式是：

$$绿地率 = \frac{小区内绿化用地面积}{小区总用地面积} \times 100\%$$

（2）绿地覆盖率。指小区绿地覆盖面积与小区总用地面积的比率。其公式是：

$$绿地覆盖率 = \frac{绿地覆盖面积}{小区总用地面积} \times 100\%$$

绿地覆盖面积一般指乔灌木树冠垂直投影面积、空地被植物覆盖的面积、屋顶绿化覆盖面积的总和。多层次绿化面积不得重复计算。

（3）人均公共绿地面积。指小区内每人平均所占的公共绿地面积。其公式如下：

$$人均公共绿地面积 = \frac{小区公共绿地面积}{小区内居住总人口} \times 100\%$$

小区公共绿化，一般指为小区服务的集中的公共绿地，包括运动场地，儿童、青少年活动场所，老年人休息绿地，小区内的中心公园，广场绿地，林荫道绿地等。

2. 环境绿化要求

绿化给人们带来了物质功能和精神功能，因此我们必须对环境绿化要有基本要求。具体要求如下：

（1）根据居住功能及居住者对绿地使用要求，应采取集中与分散，重点与一般，点、线、面结合的原则使小区公共绿地、庭院绿地和道路两侧绿地合理，以形成完整的统一居住区绿地系统。

（2）新建小区，公共绿地人均 $1.2m^2$ 以上；旧小区改造，人均不低于 $0.5m^2$。

（3）绿地管理及养护措施落实，无破坏、践踏及随意占用现象。

（三）绿化管理的基本要求

1. 保持植物正常生长，应加强对植物病虫害、水肥的管理，保证病虫害不泛滥成灾。确保没有明显的生长不良现象。

2. 加强枯枝黄叶的清理及绿化保洁工作。物业服务企业应及时清理园林植物的枯枝黄叶，每年要对大乔木进行清理修剪，清除枯枝。

3. 及时对妨碍业主、物业使用人活动的绿化植株进行改造，减少人为践踏对绿化造成的危害。如对交通道路行道树进行适当修剪，这样既方便业主、物业使用人，也减轻物业企业绿化补种压力。

4. 创建社区环境文化，加强绿化保护功能。要对主要花木进行挂牌宣传，说明其植物名、别名、学名、科属、原产地、生长习性等方面知识，引导业主主动参加绿化管理，使绿化管理达到事半功倍的效果。

二、空间立体开展绿化

空间立体绿化即在小区的三维空间布满自然植物和仿真的绿色，让绿色占领小区的地面、侧面和顶层空间。营造小区空间的立体绿化是最为完整地重建小区自然生态环境的方式。

（一）地面绿化

地面绿化是立体绿化的基础层面。它要求小区的道路、空地、广场、园圃等均按一定的标准大量种植花草和绿树。要改变过去在公园才能欣赏到园林艺术的状况，就要在城市的每个居住区、工厂、机关、医院和学校等都建立优美的园林环境。优美的环境对工厂的生产、学校的教学、医院的诊疗等均能产生良好的效应。

人工林的规划和培育是地面绿化工程的主体部分，其处理原则不同于自然生态林，人类有意识的规划非常重要。道路的绿化造林是绿化网络的骨架，它可以满足行人的遮荫要求，吸附车辆行驶中所散发的灰尘、噪声和有毒气体，减轻或防止其造成的影响，使环境达到一定的净化和静化程度。在道路两侧及可能大的范围内，将林带、园林和植物配合两侧建筑组群，构成更加浓郁的绿和变化万千的景观。这种绿化具有荫、景、净、静兼备的综合效益。

小区内的空地（建筑楼群间）应多以软质景观为主，如大面积地铺设草地和自我更新能力强的植物，还可根据树木对气候的适应程度、遮阳及环境的净化作用，种植大量的树群和强壮的灌木，这样小区就有良好的居住和工作环境。

（二）侧面绿化

侧面绿化历来不像地面绿化那样受人重视，这与传统的建筑美学观念可能有极大的关系。侧面绿化泛指除自然植物外所有构建筑物的绿色，其内容十分广泛，有色彩和形态两个主要方面。色彩包括，在楼房的外墙多用绿、蓝、黄及偏淡和接近绿的色彩，少用现今流行的灰色、咖啡色和黑色等浓重的暗色调；形态方面，侧面绿化建设主要包括利用地形地貌绿化、建筑物侧面绿化和主体造景三类。

小区应根据自身特有的地形、地貌配合周围建筑物，把绿地、林带等建成与环境相适应的形状。比如树木和灌木种植不应硬性地排成一行行或其他死板的几何形状。以植物为主的软质景观可以做成多样性的形状，如星形、菱形等多边形、流线形等，注意其黄金分割比例，努力使景观成为凝固的音乐，从而带给人美的享受。水是软质景观中应充分利用的自然元素，可以设置人工瀑布、喷水池和涉水池等，增加小区景观的自然感和趣味性。

小区建筑物的绿化是侧面绿化的重头戏。建筑物的侧面尽量留出阳台和专门种植花草的花池，种植花卉、攀援植物等进行垂直绿化。可以考虑尽量扩大阳台的长度，最大限度地增加种植花草植物的面积。

道路的立体造景大有文章可做。美的道路除了建筑风格的一致和变化、对景的布置外，用绿色植物构成的连续构图和季相变化，如林荫道、滨水路，以及前庭绿地，均能使人产生美感。道路绿化用规则而简练的连续构图，可以获得良好效果，在曲折的道路采用自然丛植也可以获得自然野趣的景观。建筑应该避免直线排列成行的模式，而应在立面上做到参差有致。这样凹过去的部分可建成小型的园圃或绿化小景，成为连绵起伏之旋律中的富有个性的跳动音符。利用建筑物和小区的围墙种植爬山虎、杜鹃、凌霄、葡萄等爬藤植物，发展天井的绿化。

自然地形的利用是平面与侧面相结合进行绿化的一个重要措施。小区中的起伏地形应着力加以保护和利用，在土建工程配合下，于隆起的地段或区域布置成片的各色花木和常绿乔木，同时适当点缀一些凉亭等供休息用的建筑物，这样所形成的景色不仅可供人们从远处欣赏，而且给居民形成一条自然、优美、和谐的天际线。

在道路绿化带上，不仅可种植绿荫树带、树叶茂密的灌木和四季开花的观赏树种，还可点缀山石、雕塑、凉亭和阳伞等，将古典的园林艺术手法揉合进来，可较好地衬托外围的建筑群，会造成大自然扑面而来的感觉，从而领悟山水温存、心中一片芳菲这样的意境。

（三）顶层绿化

空中平面是城市绿化中最容易被人忽视的地方。顶层绿是将小区建成园林的设想中最为关键的环节。因为离开了目前小区中占一半左右空间的顶层，平面绿和侧面绿达到极限，也顶多是一个花园小区。

目前小区屋顶基本上是空置的，厚厚的灰尘和堆放的废弃杂物，人从空中俯瞰，只有一片灰蒙蒙的感觉，让人沮丧。与地面、侧面比较，顶层空间是小区绿化的最大死角，也是最有可为的地方。现代城市基本上是平顶楼宇，这是顶层绿化的有利条件。至今屋顶基本上还是"城市中的沙漠"，实在令人惋惜。

顶层空间开发可以增加小区的"绿地"。通过一定的经济、法律和行政手段，可以促使开发商保证屋顶适于种植。用户可以在顶层建风格各异的小型园林，有非封闭的凉亭、清澈的鱼池、蜿蜒的小径、荫凉的棚子、常青的绿树繁花等；高层楼顶虽不适合栽种高大的植物，但1～2m的花卉和小树是允许的。由于建筑物高矮不一，参差起伏，种植符合意愿、各种形态的绿色覆盖物，还可以造成浩瀚绿海中海浪此起彼伏、海潮涨落有序的恢宏境界。屋顶层开发绿地时，一定要符合结构设计规范要求，不得随意将平屋面变为屋顶花园，否则会造成险房。

三、绿化管理方法

（一）乔、灌木的栽培管理

1. 乔、灌木整形、修剪

乔、灌木整形、修剪的目的是通过修剪促进树木的生长，减少伤害，培养树形，使其造型美观，形态逼真。方式有自然式修剪、人工式修剪以及自然和人工混合式三种。

（1）整形、修剪作业程序

1）根据树木分枝的特点、观赏功能的需要、自然条件等因素选择修剪方式。

2）了解不同类型树木的修剪要点及技术规范要求。

3）修剪前要仔细观察，按因地制宜、因树修剪的原则，做到合理修剪。

4）剪下的树条要及时集中清运。

（2）整形、修剪作业要求

1）绿篱在1～3季度生长期修剪，乔木应在休眠期或秋季修剪。

2）绿篱每年至少修剪四次，造型每年6次；乔木修剪、造型每年1～2次。

3）九里香、福建茶等绿篱灌木新长枝不超过15cm，杜鹃造型新长枝不超过30cm。

2. 乔、灌木的浇水、施肥

（1）浇水

乔、灌木浇水的目的是防止土壤干燥，促进植物的生长。浇水的具体方法是：

1）大面积浇水采用胶管引水，单株淋水可用担水的方法。

2）浇水时间夏季在早晚为宜，冬季在中午为好，冬季早上、夏季中午不浇水；夏季应增加浇水次数和分量，冬季应减少浇水次数和分量。

3）新栽植物根浅，抗旱能力差，蒸发量大，故应保证一次浇透。

4）浇水量要根据花木品种来决定，旱生植物需要水分少，深根植物抗旱强，可少浇水；萌生植物需要水分多，浅根植物不耐旱，要多浇水。

（2）施肥

乔、灌木施肥的目的是促进植物生长，增加绿化、花卉的观赏价值。具体方法如下：

1）根据绿化生长情况，以及所需要的肥料选定有机肥（垃圾肥、饼肥等）或无机肥（氮、磷、钾、复合肥等）。

2）施肥方法。有机肥多用作基肥，即穴施、沟施、环施；无机肥多用微施、喷施和根施作追肥。在下列情况下要多施肥：枝叶黄瘦、发芽前、孕蕾期、花落后；在下列情况下少施肥：枝叶肥壮、发芽后、开花期、雨季；下列情况下不要施肥：新栽花木、盛夏时、休眠时。

3）施肥时间。一般在阴天或傍晚为宜。

4）施追肥后及时淋水，第二天早晨再淋一次。

5）施基肥时，肥料应充分发酵、腐化，化肥须完全粉碎成粒、粉状。

（二）草坪养护管理

1. 修剪

要保持平整完美，草坪就要时常修剪，生长过于旺盛会导致根部坏死。

（1）剪草频度

1）特级草春夏生长季每 5 天剪一次，秋冬季视生长情况每月 1～2 次。

2）一级草生长季每 10 天剪一次，秋冬季每月剪一次。

3）二级草生长季每 20 天剪一次，秋季共剪两次，冬季不剪，开春前重剪一次。

4）三级草每季剪一次。

5）四级草每年冬季用割灌机彻底剪一次。

（2）机械选用

1）特级草坪只能用滚筒剪草机剪，一级、二级草坪用旋刀机剪，三级草坪用汽垫机或割灌机剪，四级草坪用割灌机剪，所有草边均用软绳型割灌机或手剪。

2）在每次剪草前应先测定草坪草的大概高度，并根据所选用的机器调整刀盘高度，一般特级至二级的草，每次剪去长度不超过草高的 1/3。

3）剪草步骤：

① 清除草地上的石块、枯枝等杂物；

② 选择走向，与上一次走向要求有至少 30°以上的交叉，避免重复方向修剪引起草坪长势偏向一侧；

③ 速度保持不急不缓，路线直，每次往返修剪的截割面应保证有 10cm 左右的重叠；

④ 遇障碍物应绕行，四周不规则草边应沿曲线剪齐，转弯时应调小油门；

⑤ 若草过长应分次剪短，不允许超负荷运作；

⑥ 边角、路基边草坪、树下的草坪用割灌机剪，若花丛、细小灌木周边修剪不允许用割灌机（以免误伤花木），这些地方应用手剪修剪；

⑦ 剪完后将草屑清扫干净入袋，清理现场，清洗机械。

2. 淋水

（1）特级、一级、二级草坪夏秋生长季每天淋水一次，秋冬季根据天气情况每周淋水 2～3 次。

（2）三级草坪视天气情况淋水，以不出现缺水枯萎为原则。

（3）四级草坪基本上靠天水。

3. 除草剂

除杂草是草坪养护的一项重要工作，杂草生命力比种植草强，要及时清理它，不然它会吸收土壤养分，抑制种植草的生长。

（1）人工除草

1）一般少量杂草或无法用除草剂的草坪杂草采用人工拔除。

2）人工除草按区、片、块划分，定人、定量、定时地完成除草工作。

3）应采用蹲姿作业，不允许坐地或弯腰寻杂草。

4）应用辅助工具将草连同草根一起拔除，不可只将杂草地上部分去除。

5）拔出的杂草应及时放于垃圾桶内，不可随处乱放。

6）除草应按块、片、区依次完成。

（2）除草剂除草

1）已蔓延的恶性杂草用选择性除草剂防除。

2）应在园艺师指导下进行，由园艺师或技术员配药，并征得绿化保养主管同意，正确选用除草剂。

3）喷除草剂时喷枪要压低，严防药雾飘到其他植物上。

4）喷完除草剂的喷枪、桶、机等要彻底清洗，并用清水抽洗喷药机几分钟，洗出的水不可倒在有植物的地方。

5）靠近花、灌木、小苗的地方禁用除草剂，任何草地上均禁用灭生性除草剂。

6）用完除草剂要做好记录。

4. 施肥

施肥要少量、多次，使草能均匀生长。

（1）肥料

1）复合肥分为速溶和缓溶两种，是草坪的主要用肥。速溶复合肥用水溶后喷施，缓溶复合肥一般直接干撒，但施用缓溶复合肥通常会有局部烧灼现象，因此多用于要求较低的草坪。

2）尿素。尿素为高效氮肥，常用于草坪追绿。草坪使用氮肥过多，会造成植株抗病力下降而染病，使用浓度不当也极易烧伤，因此一般不宜多用。

3）快绿美为液体氮肥，作用与尿素相近。

4）长效复合肥是固体多元素肥，具有肥效长、效果好的特点，一般不会有烧灼现象，但价格昂贵。

（2）肥料选用原则

一级以上草坪选用速溶复合肥、快绿美及长效肥，二、三级草坪采用缓溶复合肥，四级草地基本不施肥。

（3）施肥方法

1）速溶复合肥采用水浴法按 0.5% 浓度溶解后，用高压喷药机均匀喷洒，施肥量 $80m^2/kg$。

2）快绿美按说明浓度及用量稀释后，用高压喷药机喷洒。

3）长效肥按说明用量用手均匀撒施，施肥前后各淋一次水。

4）缓溶复合肥按 $20g/m^2$ 使用量均匀撒施。

5）尿素按 0.5% 的浓度，用水稀释后，用高压喷雾枪喷施。

6）施肥均按点、片、区的步骤进行，以保证均匀。

（4）病虫害防治

要注意病虫害防治，根据病虫害的发生规律，在病虫害发生前，采取有效措施加以控制。

1) 草坪常见病害有叶斑病、立枯病、腐烂病、锈病等，草坪常见虫害有蛴螬、蝼蛄、地老虎等。

2) 草坪病虫害应预防为主。一级以上草坪，每半个月喷一次广谱性杀虫药及杀菌药，药品选用由园艺师或技术员确定，二级草坪每月喷一次。

3) 对于突发性的病虫害，无论哪一级的草坪都应及时针对性地选用农药加以喷杀，以防蔓延。

4) 对因病虫害而导致严重退化的草坪，应及时更换。

（三）盆栽盆景管理

1. 放置

为美化环境，一般在物业的前庭、中庭、电梯间、走廊、边角位及卫生间等处，放置盆栽盆景。不同的花木，所需的水分、空气、光照、温度等也不同，因此，不同地方要选择不同特性的花木来摆设。喜欢阴湿的花木，一般应摆放在卫生间或边角位；需要光照较长的花木则应摆放在近阳光或灯光较强的地方。在南方，室内花木一般产自热带，因此，室内的空气湿度要大些。

放置的花木主要有以下品种：红帝皇、绿帝皇、绿宝石、红宝石、酒瓶兰、红三角椰子、夏威夷椰子、袖珍椰子、密叶绒、锯齿万绿绒、细叶斑马、绿巨人、散尾葵、巴西铁、金边巴西铁、圣诞树、发财树、热带球、龙骨、马丽安、孔雀、三色荷兰铁、琉球苏铁、圆叶蒲葵、帝王蔓绿绒、新红蔓绿绒、双线竹芋、彩虹竹芋、金碧变叶木、阿波罗千年木、富贵竹、文竹、罗汉松、银杏等。

2. 山水盆景的选购标准

（1）山水布景合理，远近景搭配合适，具有较高的观赏价值。

（2）山石连接自然，没有明显人工拼凿痕迹，附生植物生长良好，比例合适。

（3）山石连接稳固，不易松落。

（4）水盆清洁，没有长青苔。

（5）盆景大小与摆放地点相协调。

3. 树桩盆景选购标准

（1）植株生长健壮，无病虫害，叶色自然健康，比例合适，有发展潜力。

（2）植株造型古朴自然，修剪精细，无明显的人工雕凿、绑扎痕迹。

（3）盆景盆与植株相协调。

（4）盆景大小与摆放地点相协调。

4. 盆景管理的质量标准

（1）山水盆景山体清洁，盆水清透，盆内没有青苔或泥沙等杂物。

（2）山水盆景山石稳固，不易掉下，附生植物生长健壮，大小合适。

第三节 安全管理与服务

物业安全管理的好坏直接影响到该地区住户的生活安宁和生命财产的安全。它是关系到广大居民安居乐业的民生大事。物业的安全管理作为物业服务企业的服务管理工作是介于公安机关职责和社会自我防范之间的一种专业安保工作，它是国家保证社会安全的一种有效的重要的力量。

一、安全管理的基本概念

（一）安全管理的内涵

1. 安全

指没有危险，不受威胁，不出事故。物业安全一般包含三层含义

（1）物业区域内的人身和财物不受侵害，物业区域内部的生活秩序、工作秩序和公共场所秩序保持良好的状态。

（2）物业安全不仅指物业区域内的人身和财产不受侵害，而且指不存在其他因素导致这种侵害的发生，即物业的安全状态应该是一种既没有危险，也没有可能发生危险的状态。

（3）物业安全是物业区域内各方面安全因素整体的反映，而不是单指物业的某一个方面的安全。

影响物业安全的因素很多，变化也比较快，归纳起来主要有两大类：①人为侵害因素，如失火、偷窃、打架等；②自然侵害因素，如大风刮倒广告牌、电梯故障等。安全管理人员应了解这些影响安全的因素，并随时注意处理。

2. 安全管理

物业安全管理是指物业服务企业采取各种措施和手段，保证业主和使用人的人身和财产的安全，维持正常的生活和工作秩序的一种管理工作。物业安全管理包括"防"与"保"两个方面，"防"是预防灾害性、伤害性事故发生；"保"是通过各种措施对万一发生的事故进行妥善处理。"防"是防灾，"保"是减灾。两者相辅相成，缺一不可。

物业安全管理的目的，是要保证和维持业主和使用者有一个安全舒适的工作、生活环境，以提高生活质量和工作效率。

（二）物业安全管理特点

物业安全管理是物业服务基础管理服务之外的专项管理服务，它与基础管理相比较，体现出以下几个特点：

1. 管理的对象不同。安全管理是管人及管其人的行为，基础管理服务于物业的本身硬件。

2. 管理目的不同。安全管理是为了保证人们的生活、工作的安全、舒适，体现在环境氛围上，基础管理主要是物业硬件，是为了物业的保值增值。

3. 管理方法不同。安全管理是通过服务来实施管理，而基础管理是通过管理达到服务的目的。

4. 对企业的信誉影响力不同。安全管理好坏是一个管理企业的整体水平的标志，影响到物业服务企业以及市场的竞争力，它远比基础管理的信誉要高得多。

（三）物业安全管理的内容

物业服务企业开展的安全管理服务内容较多，它应根据物业的类型、工作和居住的业主(使用人)的需求以及物业所在地的政府公安机关要求开展安全管理与服务。一般管理服务内容有以下四个主要方面：

1. 出入管理

目标物业建成并业主入住后的出入管理应根据国家法规和物业服务合同的约定，区分不同物业类型和服务要求，制定相应方案，实现人员、物品、车辆等出入的有效管理。

2. 建设施工现场管理

在物业建设施工中，以及在房屋验收合格业主入住后的装修施工中，都有可能出现违章违规影响房屋整体质量的行为发生。此时，物业服务企业需要安全护卫人员，加强巡逻与检查，如施工现场出现违章危险破坏行为，就需要立即采取制止，并向有关政府行政主管部门报告。在政府行政部门的支持下，尽快地得到解决。

3. 配合政府做好社区安全

"创造平安社区，创造和谐社区"已成为当今社区的主旋律，成为各级政府为民做实事的具体体现，物业服务企业除了做好各项物业服务服务工作之外，还应协助公安机关、社区居委会做好社区安全防范管理工作。如在辖区内发生治安或意外事故时，应及时通知相关部门，并协助做好调查取证工作。

4. 安防设备系统的使用、维护和管理

随着社会发展，许多楼宇住宅小区，甚至街道片区都采用了数字化、智能化的安防系统，主要用于治安、消防、车辆管理及紧急呼叫等。常用的安防系统有闭路监控系统、红外报警系统、自动消防监控系统、门禁系统、自动呼救系统、巡更系统等。为了确保安防系统能正常发挥，安防人员要熟练掌握安防系统的技术性能，会正确使用，同时还要安排专人维护与保养，定期检查，使安防设备始终处在正常的工作状态中，保证社区安全。

（四）物业安全管理的机构设置与职责

物业服务企业对物业的安全管理，可以委托专业公司经营或自行组织专门的队伍实施管理业务。但不论由谁来完成，都必须在物业建设方案设计之初，就考虑物业安全方面的专门要求。安全部门专家必须与物业服务人员共同参与物业设计方案的拟订，以避免在方案建设完成后进行不必要的更改。因此，在制定物业设计方案时，安全要求的纳入是非常重要的。物业服务企业应制定详细的安全管理章程和制度并公之于众，力求做到有章可循，有章必循，执章必严，违章必究。

安全管理的机构设置与所管物业的类型、规模有关，物业管辖的面积越大，类型配套设施越多，班组设置也越多越复杂。物业服务企业通常可以设置保安部来负责物业的安全管理。

保安部的主要职责是：

1. 贯彻执行国家公安部门关于安全保卫工作的方针、政策和有关规定，建立物业辖区内的各项保安工作制度，对物业辖区安全工作全面负责；

2. 组织部门全体员工开展各项保安工作，提出岗位设置和人员安排的意见，制定岗位职责和任务要求，主持安全工作例会；

3. 熟悉物业区域内常住人员，及时掌握变动情况，了解本地区治安形势，有预见地提出对物业辖区保安工作的意见和措施；

4. 积极开展"五防"（防火、防盗、防爆、防破坏、防自然灾害）的宣传教育工作，采取切实措施，防止各类事故发生，具有突发性事故的对策和妥善处理的能力；

5. 抓好对部门员工的安全教育、培训工作，提出并落实教育培训计划。

（五）物业安全管理的意义

1. 物业安全管理是保证国家和城市社会稳定、维护社会安定团结，保障人民安居乐业的前提条件之一。整个国家和城市是由千千万万个社区所组成的，只有做好各个社区的安全管理，才能实现社会稳定、人民安居乐业的目标。

2. 物业安全管理能为业主和使用人的人身、财产提供安全和保护。

3. 物业安全管理是物业服务企业提高信誉，增强市场竞争力的一种重要途径。

4. 物业的安全管理做好了，物业才能少受或不受损失和侵害，其价值才能得到保值。同时人们也才会更乐意购买该物业，物业才会增值。

二、公共区域物业安全管理

（一）物业服务中的治安管理与公安机关治安管理的区别

1. 职责范围不同

公安机关是国家机器的重要组成部分，其重要职责是镇压威胁和危害国家安全的敌对势力，打击危害社会治安的刑事犯罪活动，保护人民生命财产安全，维护社会治安秩序。物业服务中的治安服务只是企业行为，它是物业服务企业与业主（使用人）签订的合同约定，向业主（使用人）提供治安管理服务。协助公安机关预防、制止在物业服务区域内的各种危害业主（使用人）人身财产的犯罪活动。

2. 职权不同

公安机关在执行任务时，可依法行使国家行政权力，可依法使用一定的专政措施和手段：如侦查、审讯、拘留等。而物业服务企业则不能采取上述手段，《物业服务条例》中明确规定：物业服务企业应当协助做好物业服务区域内的安全防范工作。发生安全事故时，物业服务企业在采取应急措施的同时，应当及时向有关行政管理部门报告，协助做好蝴工作。这说明物业服务企业没有行政执法权，它只能协助和配合公安机关执法、执罚，决不能越权。

3. 工作方式不同

公安机关利用法律、行政、经济等途径，可以采取公开或秘密手段、措施治理社会治安；而物业服务企业采取的服务方式和手段有一定局限性。公安机关是各级政府执法的行政部门，而物业服务企业的保安部门是置于公安机关领导下的治安防范组织，不属于公安机关序列，也不属于政府职能部门，它仅仅是企业中的一个服务组织部门。

由此可见，物业服务中的治安管理服务是介于公安机关和自我防范之间的一支专业治安队伍。它在治安管理服务中地位和作用，既不能与公安机关并驾齐驱，又不能与一般群众性的治安保卫组织相提并论，它与业主（使用人）对治安管理服务有合同约定："责任重大，权力有限"是物业服务中治安管理最大特点。

（二）物业服务安全管理的指导思想和原则

1. 指导思想

物业安全管理的指导思想是：建立最健全、完备的组织机构，用尽可能先进的设备、设施，选派最具责任心的专业人才，坚决贯彻"预防为主"的原则，千方百计地做好预防工作，最大可能的杜绝或减少安全事故的发生。同时，对于万一出现的安全事故，要根据具体情况，统一指挥、统一组织，及时报警，并采取一切有效的手段和措施，进行处理，力争将人员伤亡和经济损失减少到最低点。

2."五落实"原则

(1) 思想落实

即要把安全管理放在第一位,要真正从思想上重视起物业的安全管理。物业服务企业要大力进行安全的宣传教育,组织学习有关的法规和规定,学习兄弟单位的先进经验和内部制订的各项安全制度、岗位责任制和操作规程等。通过宣传和不断学习,使广大员工和业主、使用人重视安全,懂得规定和要求,自觉遵守,主动配合,共同搞好安全管理工作。

(2) 组织落实

物业服务企业要有主要的领导挂帅,成立安全领导小组,负责安全管理的工作。同时还要建立具体的物业安全管理机构,如保安部或委托专业的保安公司,由专门的机构负责安全管理的具体领导、组织和协调,而不能把它作为一个附属的机构放在某一个其他部门里。

3. 人员落实

物业服务企业的主要领导要兼任安全负责人,而且要把安全管理提到日常的议事日程,并选派得力的干部出任保安部的经理,配备必要的安全保卫人员。安全保卫人员必须经过专业岗位培训,要有较高的政治素质、业务素质和思想品德素质。要把安全管理的任务、落实到具体的安全管理人员中去,由专人负责。

4. 制度落实

物业服务企业要根据国家的有关政策法规、规定和要求,结合自己所管物业的实际情况,制定出切实可行的安全管理的制度和办法,如安全管理岗位责任制、安全管理操作规程等,并要坚决组织贯彻执行。

5. 装备落实

要配备专门的、现代化的安全管理的设备设施,如中央监控系统、自动报警系统、消防喷淋系统以及其他安全管理器材设备(如交通通信和防卫设备),以增强安全管理的安全系数与效率,保证人身和财产的安全。

(三) 公共区域治安管理的内容

根据本企业具体情况制定的有关规定,确定治安管理的主要内容。

1. 公共区域治安管理内容

(1) 公共区域开设的经营摊点,未经物业服务企业批准,领有经营许可证的,治安人员有权禁止其活动;

(2) 在住宅小区内的公共区域场所晾晒衣物,在公用楼梯间、通道、天台堆放杂物,饲养鸡、鸭等家畜,治安人员应予制止。

2. 公共治安管理范围

下列妨害公共安全和社会治安秩序的行为,都属于治安管理范围:

(1) 使用音量过大或发出噪声的器材,影响他人正常的工作和休息;

(2) 从楼上往下乱扔杂物;

(3) 擅自撬开他人信箱,私自拆开他人邮件、电报信函等;

(4) 非法携带、存放枪支弹药;非法制造、贩卖、携带匕首、弹簧刀等管制刀具;

（5）未经批准，私自安装、使用电网；

（6）非法侵入他人住宅，损毁他人财物；

（7）使用汽枪，在住宅小区内进行各种射击活动；

（8）制造、销售各种赌具或利用住宅聚赌；

（9）利用住宅窝藏各类犯罪分子和嫌疑人员；

（10）利用住宅作据点，进行盗窃活动；

（11）制造、复制、出售、出租或传播淫书淫画、淫秽录像；

（12）利用住宅进行嫖娼卖淫活动；

（13）在车辆、行人通行的地方施工；对沟井坎穴不设覆盖物、标志，或故意损毁、移动覆盖物或标志；

（14）故意损坏邮筒、公用电话等公共设施；故意损坏路灯、消火栓、公用天线、电梯等配套设备；故意损坏园林绿地、停车场、娱乐场等公共地方。

（四）公共区域治安情况处理

1. 常见可疑情况的处理

保安员在站岗或巡逻时，经常会碰到一些可疑情况，对可疑情况要根据其严重程度采取相应的措施。下面介绍几种常见的可疑情况及其处理方法。

（1）冒烟。了解确切的冒烟口，了解冒烟的原因（着火、电线短路等），并上报处理。

（2）冒水。了解冒水的确切位置，冒水的原因（上水管、下水管冒水、下雨等），及时堵漏并上报处理。

（3）有焦味、硫酸味或其他化学品异味。寻找味源，如因电源短路造成，要及时切断；如是其他化学品异味，要及时封锁现场，并通知有关部门处理。

（4）在大厦通道游荡（借找人却说不出被访者的单位及姓名）的人。密切观察其举动，必要时劝其离开。

（5）发现有人身上带有管制刀具、钳子、螺丝刀、铁器等工具。询问、核查其携带工具的用途，如用途不明的，带回保安值班室处理，或者送当地派出所。

（6）在偏僻、隐蔽地方清理皮包或钱包的人。立即设法拦截，询问验证，如属盗窃、抢劫财物的，送交公安机关处理。

（7）自行车、摩托车无牌、无行驶证，有撬损痕迹的，或将没开锁的自行车背走或拖走的，当即扣车留人，待查明情况后再放行。

（8）机动车拿不出行驶证，说不出车牌号，没有停车证的。立即联系停车场车管员，暂扣车钥匙，约束其人，待查明情况后再放行，如情况不明的，送公安机关查处。

（9）遇到保安员即转身远离或逃跑的人。设法拦截（用对讲机向其他保安员通告）、擒获，并带到保安值班室处理，查明原因后根据情况放人或送公安机关处理。

2. 常见治安、刑事案件的处理

（1）发生打架、斗殴的处理方法

1）积极果断劝阻双方离开现场，缓解矛盾，防止事态扩大。不要因双方出手时误打到自己而介入，同时立即向值班领班报告。

2）如事态严重，有违反治安管理行为甚至犯罪倾向的，通知当地公安机关前来处理或将行为人扭送公安机关处理。

3) 提高警惕, 防止坏人利用混乱偷窃财物。

4) 说服围观群众离开, 保证所辖范围内的正常治安秩序。

（2）发生盗窃案件的处理

1) 发现盗窃分子正在作案, 应立即当场抓获, 并报告管理处及公安机关, 连同证物送公安机关处理。

2) 如果是盗窃案发生后才发现的, 立即报告管理处及公安机关, 同时保护好案发现场, 重点是犯罪分子经过的通道、爬越的窗户、打开的箱柜、抽屉等, 不能擅自让人触摸现场痕迹和移动现场的遗留物品。

3) 对重大案发现场, 可将事主和目击者反映的情况, 向公安机关作详细报告。

（3）发生凶杀案件的处理

1) 如发现歹徒正在作案的, 应设法制服、阻拦歹徒, 并召集各岗位保安员配合, 同时, 迅速向上司和公安机关报案, 如有伤员迅速送附近医院救治。

2) 如事后接到报告, 则保护案发现场, 禁止无关人员进入, 以免破坏现场遗留的痕迹、物证, 影响公安人员勘查现场, 收集证物和线索。

3) 案发时, 前门岗及后门岗要加强戒备, 对外出人员、车辆逐一检查登记。

4) 登记发现人和事主的情况, 抓紧时机向发现人和周围群众了解案件、事故发生发现经过, 并做好记录。

5) 案发时的现场人员一律不能离开, 等待公安人员询问。

6) 向到现场的公安人员汇报案情, 协助破案。

（4）遇到犯罪分子抢劫的处理

1) 在执勤中遇到犯罪分子公开使用暴力进行打、砸、抢、强行夺取他人钱财时, 应迅速制止, 同时呼叫附近保安和周围群众一起制止犯罪, 并立即报警。

2) 如劫匪逃离现场, 要向目击者问清劫匪的人数、衣着颜色和逃走的方向, 并立即组织群众堵截; 如驾车逃跑的, 应记下车牌号码并报警及拦车追堵。

3) 保护抢劫现场, 不要让群众进入现场, 如现场在交通要道或公共场所人多拥挤的地方, 无法将证物留放原处时, 要收起交公安机关。

4) 访问目击群众, 收集劫案情况, 做好记录并提供给公安机关。

5) 事主或在场群众若有受伤的, 要立即送医院并作报告。

（五）智能小区治安防范系统

住宅小区安全防范主要是把人防、技防和物防有机地结合起来, 形成立体化、多层次、全方位、科学的防范犯罪的强大网络体系, 从而减少安全防范中的人为因素造成的盲区及漏洞。

一个完整的小区安防系统可由如下几道防线构成:

第一道安全防线: 由周界防越报警系统构成, 以防范翻越围墙和周界进入社区的非法入侵者。

第二道安全防线: 由闭路电视监控系统构成, 对社区出入口、主要通道及重点设施进行监控管理。

第三道安全防线: 由保安巡更管理系统构成, 通过物业中心保安人员对住宅区内可疑人员、事件进行监控。

第四道安全防线：由楼宇可视对讲系统构成，可将闲杂人员拒之梯口处。

第五道安全防线：由住户室内综合报警系统构成，若发生非法入侵住家或发生如火灾、老人急症等紧急事件，通过户内各种探测器呼救，报警中心将很快获得警情消息，并迅速派员赶往事件现场进行处理。

1. 周界防越报警系统

周界防越报警系统是为防止不法之徒通过小区非正常出入口闯入时而设立的，以此建立封闭式小区，防范闲杂人员出入，同时防范非法人员翻越围墙或栅栏。通常，在小区的围墙四周设置红外多束对射探测器，一旦有非法入侵者闯入就会触发，并立即发出报警信号到周界控制器，通过网络传输线发送至管理中心，并在小区中心电子地图上显示报警点位置，以利于保安人员及时准确地出警，同时联动现场的声光报警器（白天使用）或强光灯（夜间使用），及时威慑和阻吓不法之徒，提醒有关人员注意，做到群防群治，拒敌于小区之外，真正起到防范的作用。

2. 闭路电视监控系统

闭路电视监控系统是在小区主要通道、重要公建及周界设置前端摄像机，将图像传送到智能化管理中心，中心对整个小区进行实时监控和记录，使中心管理人员充分了解小区的动态。同时采用多媒体控制平台与周界防越报警系统及住宅室内报警系统联动。当发生警情时，中心监视器将自动弹出警情发生区域的画面，并进行记录。

小区闭路电视监控系统的主要目的是将重要观察点（主要分布在小区主干道及小区出入口、其他重点部位等重点区域）的被检测的图像传送到设在物业服务中心的控制室，中心控制室可以对所控制的摄像点进行遥控，并可在非常事件突发时及时将叠加有时间、地点等信息内容的现场情况记录下来，以便重放时分析调查，并作为具有法律效力的重要证据，这样既提高了保安人员出警的准确性，也可为公安人员迅速破案提供有力证据。

小区周界防盗报警系统还可以与闭路电视监控系统联动，一旦报警，监控中心图像监视屏上立即出现与报警点相关的图像，并自动以高密度方式录像。值班保安人员可以通过云台和变焦镜头监视报警区域的所有情况，以便及时发出报警信息。

3. 访客对讲系统

（1）系统概述

随着居民住宅的不断增加，小区的物业服务就显得日趋重要。其中访客登记及值班看门的管理方法已不适合现代管理快捷、方便、安全的需求。访客对讲系统是在各单元口安装防盗门和对讲系统，以实现访客与住户对讲，住户可遥控开启防盗门，有效地防止非法人员进入住宅楼内。

（2）系统的组成和基本原理

1）访客对讲。在住宅楼的每个单元首层大门处设有一个电子密码锁，每个住户使用自己家密码开锁（此密码可根据需要随时修改），以保证密码不被盗用。来访者需进入时按动大门上主机面板上对应房号，则被访者家分机发出振铃声，主人摘机与来访者通话确认身份后，按动分机上遥控大门电子锁开关，打开门允许来访者进入后闭门器使大门自动关闭。

来访者如要与管理处的保安人员询问事情时，也可通过按动大门主机上的保安键与之通话。

此系统还具有报警和求助功能，当住户家中遇到突发事情（如火灾），可通过对讲分机与保安人员取得联系，及时得到救助。

2）访客可视对讲。本系统与访客对讲系统的区别是在大门入口处增加了摄像机，对讲分机处设有显示屏。当来访者按通被访者家可视分机号时，其摄像机就自动开启，被访者可通过分机上的显示屏识别来访者的身份。在确认无误后可遥控开启大门电子锁。

管理处保安人员也可根据需要开启摄像机监视大门处来访者，在分机控制屏上监视来访者并能与之对讲。

访客对讲系统在小区出入口、组团出入口的保安室内安装对讲管理员总机，在各单元门口安装防盗门及对讲主机，在住户室内安装室内对讲机。当来访者进入小区组团时，保安人员通过对讲管理员总机与住户对话，确认来访者身份后，方可进入。各单元梯口访客再通过对讲主机呼叫住户，对方同意后方可进入楼内，从而限制了非法人员进入。同时，若住户在家发生抢劫或突发疾病，可通过该系统通知保安人员以得到及时的支援和处理。

4. 住宅防盗报警系统

（1）住宅防盗报警系统概述

住宅防盗报警系统是为了保证住户在住宅内的人身财产安全，通过在住宅内门窗及室内安装各种探测器进行昼夜监控。当监测到警情时通过住宅内的报警主机传输到智能化管理中心的报警接收计算机。接收机将准确显示警情发生住户的名称、地址和入侵方式等，提示保安人员迅速确认警情，及时赶赴现场，以确保住户人身和财产安全。

住户也可通过固定式紧急呼救报警系统或便携式报警装置，在住宅内发生抢劫和突发疾病时，向管理中心呼救报警，中心可根据情况迅速出警。

（2）住宅防盗报警系统功能

住宅防盗报警系统的核心部分为家庭智能控制器，该控制器采用模块化设计组成，由CPU、总线接口、无线防区模块、语音模块、电话模块、多表采集模块、有线防区模块、显示电路、小键盘以及控制接口等组成。

家庭报警控制器的主要功能有：

1）联网功能

2）有线防区和无线防区相结合。

3）具有多种报警方式。可通过公用电话网、设定传呼机、手机等向管理中心报警。

4）具有防劫持功能。家庭控制器设有反劫持密码。

5）电话报警功能。若打电话时发生警情，报警优先，同时提供语音信息。

6）密码保护。

7）中文显示。

8）状态记录，延期备查。

9）一切事件送管理中心。

5. 保安巡更管理系统

（1）系统概述

任何一个先进的保安系统都不能做到100％的自动化，至少在目前是如此。所以，在小区保安系统设计时应该强调机防与人防的相互结合，千万不能忽视保安人员的作用。在系统中必须设计相应的子系统，以便配合保安人员的工作，如巡更管理系统、语音对讲系统等。

现代化大型住宅小区出入口较多，来往人员的情况也较复杂，必须有保安人员巡逻，以保证居民人身财产的安全。为此，在重要的场所更应该设巡更站，定期进行巡逻。

巡更管理系统可以用微机组成一个独立的系统，也可以纳入大楼或小区的整个监控系统。对于一幢智能化的大厦或一个现代社区来说，巡更管理系统要求与其他系统合并在一起，组成一个完整的自动化系统，这样既合理又经济。

（2）系统组成结构

巡更管理系统的系统结构由现场控制器、监控中心、巡更点匙控开关、信息采集器等部分组成。

通常现场控制器与监控中心可以与防盗报警系统共用。巡更点匙控开关可以接在就近的现场控制器或防盗报警控制主机上。

（3）巡更系统的功能

巡更管理系统的主要功能有：

1）保证巡更值班人员能够按巡更程序所规定的路线与时间到达指定的巡更点，进行巡视，不能迟到，更不能绕道。

2）对巡更人员自身的安全要充分保护。通常在巡更的路线上安装巡更开关或巡更信号箱，巡更人员在规定的时间内到达指定的巡更点，使用专门的钥匙开启巡更开关或按下巡更信号箱上的按钮，向系统监控中心发出"巡更到位"的信号，系统监控中心同时记录下巡更到位的时间、巡更点编号等信息。如果在规定的时间内，指定的巡更点未发出"到位"信号，该巡更点将发出报警信号；如果未按顺序开启巡更开关或按下按钮，未巡视的巡更点也会发出未巡视的信号，中断巡更程序并记录在系统监控中心，同时，发出警报。此时，应立即派人前往处理。

三、消防安全管理

（一）消防安全管理的指导思想

消防安全管理主要是预防物业火灾的发生，最大限度地减少火灾损失，为业主（使用人）的生产和生活提供安全环境，增强城市居民的安全感，保护其生命和财产安全。消防管理在物业服务中占有头等的重要地位，搞好消防工作是物业安全使用和社会安定的重要保证。

消防工作主要是防火和灭火两个方面。灭火是在起火后采取措施进行补救；防火是把工作做到前头防患于未然。消防工作的方针是"预防为主，防消结合"。

（二）消防管理的基本内容

消防管理的主要内容有：消防宣传教育、消防队建设、消防制度的制定、消防器材管理。

1. 消防宣传教育

"预防为主"的消防工作方针落实到每个业主（使用人）就需要进行消防宣传。现在许多人对消防意识，对消防重视程度都不够。这样在火灾发生之时，束手无策，造成重大的经济损失。虽然每年11月19日的消防日，各大媒体都进行宣传，这还是不够的，需要把消防宣传落实到各个单位、社区，落实到每个公民，尤其是青少年，使全体公民真正增加消防意识，减少火灾发生。

2. 建立一支专群结合的消防队伍。

消防队伍的建立是消防工作的组织保证。为了保证社区的安全，在火灾发生的第一时刻，物业服务企业能发挥作用，就需要建设一支专群结合的消防队伍，组成以物业企业安全护卫人员为主体和部分居住者为辅的消防管理网络。

3. 制定消防规章制度

物业服务企业应根据所管的物业的环境和条件，制定完善的消防制度和防火规定。其内容主要有：消防岗位责任制度、消防值班制度、消防设施定期检查制度等。其目的是增强物业服务人员及广大业主（使用人）的消防意识，约束和规范人们的日常行为，预防火灾事故的发生。

4. 消防器材的管理

消防设施设备器材的配备是保证灭火工作的物质基础，然而对消防器材管理则是保障运用时状态良好，发挥其作用。因为消防设施设备最大特点是平时不用，只有火险发生时使用。许多火灾事故发生时，由于平时对各类消防器材缺少检查、更换，致使这些设备器材无法发挥作用，造成重大经济人身损失。所以物业服务企业必须加强对消防设施、设备器材的日常管理，确保随时可以启用。

（三）物业消防安全检查的内容

消防安全检查应作为一项长期性、经常性工作常抓不懈。这样才能保证减少火险发生，以及火灾发生时，减少到最小的损失。为了使物业服务企业及全体业主（使用人）自觉增强防火意识，在检查消防安全的组织形式上可以采取多种方式，具体如下：

1. 重点部门、重点区域的防火专项检查

对重点部门和重点区域防火要落实到责任人或责任部门，并定期由企业负责人对这些重点区域进行消防检查，并填写相关检查报告，向上级部门报告消防安全检查情况。

2. 日常检查

按照建立健全的岗位防火责任制。以消防员或班组长为主，对管理区域防火部位进行检查。

3. 重大节日检查

对国家法律规定的重大节日应根据节日的火灾特点，对重要消防设备设施，消防供水和消防自动灭火等情况进行检查。同时建立重大节日消防预案，确保节日消防安全，让所有业主安居乐业。

4. 重大节日活动检查

在举行大型社区活动时，为了保证各类活动顺利地开展、圆满地结束，应事先做出消防保卫方案，落实各项消防安全措施，并对各设施设备做一次安全检查。

（四）消防设备的管理

1. 灭火器

（1）灭火器应设置在通风、干燥、清洁之处，不得受到烈日的暴晒，不得接近火源或者激烈震动。

（2）灭火器设置地点应位置明显，便于取用，并且不影响安全疏散，推车式灭火器与其保护对象之间的通道应畅通无阻。

（3）灭火器要经常进行检查，检查内容为：

1）喷筒是否畅通（如阻塞，要及时畅通），每半年检查一次喷嘴和喷射管是否堵塞、腐蚀损坏，刚性连续式喷筒是否能绕其轴线回转，并可在任意位置停留，推车式灭火器的行车机构是否灵活，是否有检验标志；

2）压力表指针是否在绿色区域（如在红色区域要检查原因，检查后要重新灌装）；

3）零部件是否完整（有无松动、变形、锈蚀、损坏）；

4）可见部位防腐层是否完好（轻度脱落要及时补好，明显腐蚀应送专业部门维修并进行耐压试验）；

5）铅封是否完好（一经开放，必须按规定再行充装，并作密封试验，重新铅封）；

6）灭火器由消防部门进行灌装。

2．消火栓灭火系统

（1）室外消火栓

1）每月或者重大节日前，应对消火栓进行一次检查，检查消火栓标志是否被破坏。

2）清除启闭杆端部周围杂物。

3）将专用消火栓钥匙套于杆头，检查是否合适，并转动启闭杆，加注润滑油。

4）用纱布擦除出水口螺纹上的积锈，检查闷盖内橡胶圈是否完好。

5）打开消火栓，检查供水情况，要放净锈水后再关闭，并观察有无漏水现象。发现问题及时检查。在冬季要做好室外消火栓的保温防冻。

（2）室内消火栓

对以下工作要每月逐个检查一次。

1）栓外检查。检查栓门关闭是否良好，锁、玻璃有无损坏，栓门封条是否完好。

2）随机抽取消火栓总数的10%测试，按消火栓报警按钮，消防中心应有正确的报警显示，检查箱内元件是否良好，有无脱落，栓内水龙头有无渗漏。

3）栓门封条脱落破损的补贴封条。

对以下工作每年逐个打开消火栓检查一次（与管道放水冲洗同步）。

1）完成月检查中栓外检查部分。

2）开栓门取出水带，仔细检查有无破损，如有，应立即修补或者替换；检查有无发黑、发霉，如有，应取出刷洗、晾干。

3）将水带交换折边或者翻动一次。

4）检查水枪、水带接头连接是否方便牢固，有无缺损，如有，立即修复，然后擦净在栓内放好。

5）检查接口垫圈是否完好无缺，替换阀上老化的皮垫，将阀杆上油。

6）检查修整全部支架，掉漆部位应重新补刷，同时油漆。

7）将栓箱内清扫干净，部件存放整齐后，锁上栓门，贴上封条。

3．自动灭火系统

（1）喷头的检查与维护保养

如发现喷头有腐蚀、漏水、堵塞等现象，应对所有的喷头进行检查，对达不到要求的进行更换。

经常保持喷头的清洁，以免尘埃沉积而起隔热作用，影响喷头的效能。清除尘埃和污物时，不要用酸性或者碱溶液洗刷，也不要用热水或者热溶液洗刷。对轻质粉尘，可用扫帚清扫，只能分期分批拆换喷头，集中处理。

对腐蚀性严重的场所，可采用涂蜡、镀铅或涂防腐材料，不论采用哪种方法，都要根据腐蚀性气体性质和使用温度的高低来决定。在采用镀铅和涂料时，决不能涂在感温元件上，只宜涂在喷头的本体、悬壁和溅水盘上。

（2）管系的检查和维护

如发现管系内有腐蚀现象，应对管系进行耐压试验。实验时，可用系统内的供水泵，也可采用移动式水泵，试验压力一般在 $5\sim6kg/cm^2$。

因管内生锈结垢或外来物而引起管系堵塞，必须及时进行清理。

为防止管系漏水，平时应做到：严禁将管子用作其他各种支撑；拆装喷头时，必须按操作规定应用合适的工具，切忌直接嵌在喷头悬壁进行旋紧或拧松；管子一般应涂上两层防腐漆，还应根据腐蚀的严重程度，每 $1\sim5$ 年重新涂刷一次，采用镀锌钢管的管系，如发现有局部腐蚀，可用热沥青涂刷，再用纱带缠绕包扎。

4. 防排烟系统

对机械防烟、排烟系统的分机、送风口、排烟口等部位应经常维护，如扫除尘埃、加润滑油等，并经常检查排烟阀等手动启动装置和防止误动的保护装置是否完好。

每隔 $1\sim2$ 周，由消防中心或者风机房内启动风机空载运行 5 分钟。

每年对全楼送风口、排烟阀进行一次机械动作试验。此试验可分别由现场手动开启、消防控制中心遥控开启或者结合火灾报警系统的试验由该系统联动开启。排烟阀及送风口的试验不必每次都联动风机，联动风机几次后应将风机电源切断，只做阀口的开启试验。

5. 疏散指示灯

（1）检查出口指示灯玻璃板有无划伤或者破裂现象。

（2）出口指示灯、电源指示灯是否亮，如不亮，应立即修理。

（3）检查出口指示灯安装是否牢固。

（4）针对检查中发现的缺陷取下来进行修复，再装回原位。

（5）将灯箱外壳及面板擦抹干净。

（6）每 3 个月进行一次备用电池亮灯（半个小时），使电池放电后再充电，延长电池寿命。

（五）消防控制中心管理

由于消防控制中心（以下简称中控室）极为重要，因此维护管理人员确保其设备处于良好状态，保证用户的生命和财产安全。其中，保安人员负责中控室的清洁、操作、监控、记录；维修工负责中控室设备维修保养；机电主管负责中控室设备的综合管理以及对上述工作的检查监督。

管理人员具体职责如下：

（1）保安员

1）负责中控室消防设备 24 小时运行操作、监控、记录。发现火警信号后，立即派人前往观察。确定火情后，通过广播和警铃疏散人员并启动相应的灭火设备。

2）当故障发生时，及时通知中控室维修工进行维修。

3）将每班运行情况记录于《中控室交接班记录》、《中控室监控运行记录》。

4）在中控室维修工监控下，每月对火灾警报系统进行一次功能检查，并启动消防风机水泵一次，并将试验结果记录在《中控室交接班记录》中。

5）在中控室维修工的指导下，每周打扫机房一次，每月清洁设备一次，保持地面、墙壁、设备无积尘、水渍、油渍。

（2）维修工

1）按《消防设备检查保养计划表》要求按时进行中控室设备的维修保养，并做好记录。

2）负责向机电主管申报备品、备件的采购计划。

3）每月按时对消防应急器材进行检查并填写《消防应急器材检查表》。

4）负责编制中控室设备台账、设备卡。

（3）机电主管

1）负责对中控室的综合管理，包括技术资料、档案的收集、保管，负责零星设备配件、材料采购计划的编制，委托外单位维修的联系工作，对维修保养工作进行指导以及检查监督。

2）每年12月份指定下一年的各项检查保养计划表。

第四节　车辆停放管理与服务

物业服务区域内交通管理和车辆停放管理服务是物业公共秩序管理的一项基本工作，也是体现物业服务企业管理服务水平的重要标志。

一、车辆管理的概述

（一）车辆管理的概念

车辆管理包括机动车及非机动车的管理；主要是对物业服务区内车辆的进出、停放和行驶的管理，明确责任人的岗位职责及作业程序；制定停车场、自行车棚的完好率、维修及时率和合格率标准。

（二）车辆管理服务的要求

车辆管理的服务要求是：

1. 有健全的机动车、非机动车存车管理制度和管理方案；

2. 对进入小区的机动车辆进行登记发放凭证，出门凭证放行；

3. 保证停车有序，24小时设专人看管；有发生紧急情况预案；

4. 长期存放的，应签订停车管理服务协议，明确双方的权利义务等。

物业车辆管理中的小区内机动车停车管理主要包括地面停车场、路边画线停车位、地下停车库、立体停车库四大类，都统一由物业服务企业或由物业服务企业委托专业停车管理单位负责，而尚未实行物业服务的居住小区则由房屋管理单位或委托专业停车管理单位负责。物业企业按照切实可行的停车管理方案（包括停车管理方的职责、停车位的管理分配方案、发生紧急情况的处置预案等），维护小区停车秩序，还必须有专人对进出停车场的车辆进行登记，进门发放停车凭证，出门查验停车凭证后放行。同时，物业企业采取24小时专人看管停车场或采用电子监控手段进行不间断监视，劝阻、制止损害停放车辆的行为，采取防范措施，防止车辆丢失。对于临时出入小区的社会车辆的管理由业主大会和物业服务企业协商议定，对临时进出车辆实行收费的，停车管理单位应在车辆进门时发放临时停车凭证，出门时验证收费放行，禁止在机动车进门时预收停车费用。

（三）车辆管理的重要性

车辆是人们生活工作必需的交通工具，随着生活水平的提高，车辆拥有量逐年增加。车辆停放不当，会大大影响交通秩序、物业环境、人身财产安全，因此，停车场的管理极为重要，具体体现在以下几个方面：

1. 有利于维护交通秩序，保障人身、财产安全

搞好车辆管理，可以避免车辆的乱停乱放，保证良好的交通秩序和停车安全，保证消防通道的通畅、行人的安全，有效防止车辆被偷、被盗、被毁造成的经济财产损失。

2. 是物业服务的重要环节

物业服务是通过现代化的经营管理手段为业主创造一个便捷、安全、安宁、整洁的居住或工作环境。良好的车辆管理可以促进整个物业的经营管理，提高物业服务的综合效益。

3. 方便业主、顾客

好的车辆管理不仅为业主、顾客带来停车便利，同时能为其提供停车安全、清洗等多方面服务，解除他们的后顾之忧。

4. 是市场竞争的重要手段

随着市场经济的发展，服务业的竞争已发展到了一些辅助性设施的竞争。从车辆存放方便、安全出发来吸引顾客，增加客流量，提高收入，已成为市场竞争的有效手段。

（四）车辆管理的内容和要求

车辆管理是一个完整的系统，只有各方面、各个环节都管好了，才能保证整个系统的良好运行，否则，任一环节的疏漏都影响整个系统的经营运作，造成损失。由于停放车辆的流动性强，加之车辆价值昂贵，容易形成安全隐患，所以，做好安全防范工作十分重要。安全管理主要应做好以下几个方面：

1. 建立高素质的保安队伍

高素质的保安人员是搞好车辆安全保卫工作的根本。为此，在招聘车场保安人员时，要身体素质、文化素质、思想素质兼顾，并注意做好岗前岗后保安知识的培训，注重职业道德、法规制度教育，严格业务技能的训练，搞好演习和管理，以真正建立起一支爱岗敬业、纪律严明、行为文明规范的高素质的保安队伍。

2. 健全各种安全保卫制度

为了使车辆管理的安全严密不漏，必须建立健全各种安全管理制度。健全的保安制度是安全的保证。为此，应建立《车辆管理规定》、《巡逻保安员岗位职责》、《保安员应付紧急事件行动方案》等制度。

3. 健全技术防范设施

技术防范设施是治安管理中的硬件，适当配备先进的技术防范器具设施是提高安全管理水平、管理效率、切实保障车辆安全必不可少的条件。综合现有车辆管理技术防范设施配备情况，主要有以下一些设施设备：具有存储、记录、查询和自动检索功能的计算机安全管理系统，重要部位场所的闭路电视监控系统，可视对讲系统，通信联络系统，机械防盗系统，公共照明系统和总值班工作系统等。

二、车辆管理工作程序、标准和规范

（一）道口岗工作规范

1. 车辆进岗

（1）当发现有车辆需进入住宅区（大厦），驶进道口挡车器前时，应立即走近车辆，向司机立正行举手礼。

（2）当司机开启车窗时，递上保管卡同时说"先生（小姐），请收好保管卡（出示登记卡）"。

（3）在发卡的同时，另一名值班员应迅速在《车辆出入登记表》上准确填写各栏目。

（4）发卡登记完毕后，应立即将道闸开启放行，并提示行驶路线，若后面有紧跟车辆排队时，应示意其停下，并致歉"对不起、久等了"，然后发卡。

（5）车辆安全进入道口后，方可放下道闸，确保道闸不损坏车辆。

（6）当遇到公安、警察、政府部门执行公务的车辆要进入时，查证后放行，应做好《交接班记录》登记车牌号。

2. 车辆出岗

（1）当发现有车辆驶出住宅区（大厦）到达挡车器前时，即上前立正并说"先生（小姐）您好，请您交还保管卡"，并核对车牌号。

（2）进场时间，如没超过半小时，开启道闸放行；如超过半小时则应按标准收取保管费，随手给发票，并说"谢谢"，收费手续完毕后开启道闸放行，在收卡验证和收费的同时，另一名值班员应在《车辆出入登记表》上准确填写有关内容。

（3）若后面有车紧跟，应立即挡在车前示意停下，另一名值班员应立即放下道闸，再按上述规定处理下一辆车的放行，并说"对不起，久等了"。

3. 注意事项

（1）车辆出入后切记放下道闸，以防车辆冲卡。

（2）放下道闸时应格外小心，防止道闸碰损车辆和行人。

（3）遵守服务礼貌用语中车辆管理服务文明礼貌用语。

（二）车库（场）岗工作规范

1. 车辆进场

（1）当有车辆驶入地库（地面停车场），应立即开启车挡。

（2）迅速准确地在《车辆出入登记表》上记录车牌号及其他项目（在道口岗已登记的车辆如无要求可以不登记）。

（3）指引车辆缓行安全停放在自己的车位上。

（4）提醒司机关锁车辆门、窗，并检查是否漏水漏油。

2. 保管

（1）每一小时巡视检查一次车辆，是否正常，如有车被损坏、车门未关、车未上锁、漏油漏水等情况应即时通知车主处理，未通知到车主时，做好《交接班记录》，同时报告班长或管理处。

（2）清点车库内车辆，与《车辆出入登记表》上是否一致。

（3）严密注视车辆情况和驾驶的行为，若遇醉酒驾车者应立即劝阻，并报告班长或管理处及时处理。

3. 车辆出场(库)

(1) 当车辆驶出车库时，应首先仔细核对出场的车辆和驾驶员。

(2) 查对无误后，值班员开启车挡，并迅速在《车辆出入登记表》上做好登记。

(3) 若对出场车辆和司机有疑问时，应立即到车挡前面向司机敬礼，再向司机盘问核对有关情况。

(4) 在盘问和核对中发现有问题，应立即扣留车辆，机智地应付司机，并用对讲机报告车管负责人和管理处。

4. 电子收费系统

(1) 已租车位的车辆驶入停车场，电子收费系统会识别车上的电子出入卡自动放行，车管员通过电脑进行记录；临时车辆驶入停车场，司机需按电子收费系统上的出入键取得，临时停车磁票，然后电子收费系统的栏杆自动升起放行。

(2) 已租车位的车辆驶出停车场时，电子收费系统会识别车上的电子出入卡自动放行，车管员通过电脑进行记录；临时车辆离场，司机到收费处交电子磁票，核实停车时间和保管费金额，交款后取回磁票，出场时将磁票插入收费系统，检查交款情况无异后自动放行。

(三) 车辆被盗、被损坏的处理

1. 车辆被损坏的处理

(1) 当发现车辆被碰撞、摩擦造成损坏时，车管员应记下肇事车辆号码，暂不放其驶出车场，并联系物业部负责人及受损车主与肇事车主共同协商解决。

(2) 如果车辆被损坏而未被当场发现时，车管员发现后也要立即通知车主，并报告高级车管员及物业部负责人，共商处理办法。

(3) 属楼上抛物砸车事故，车管员应立即制止，并通知肇事者对造成的事故进行确认。

2. 车辆被盗的处理

(1) 车辆在停车场被盗后，由物业部主管确认后，立即通知车主，协同车主向当地公安机关报案。

(2) 事故发生后，被保险人(车主、停车场)双方应立即通知保险公司，保管单位要协助车主向保险公司索赔。

(3) 车管员、物业部、车主应配合公安机关和保险公司做好调查处理工作。

车管员认真填写交接班记录，如实写明车辆进场时间、停放地点、发生事故的时间以及发现后报告有关人员的情况。

三、智能化车辆管理系统

智能化车辆管理是当今停车管理的主流，主要是通过停车场智能管理系统来实现。停车场智能管理系统将计算机、自动控制、磁卡技术有机结合起来，通过电脑管理，实现脱机运行、自动存储车辆进出记录、自动核时、扣费、自动维护、语言报价、显示车牌号码和车牌确认、车位检查、图形摄像等功能要求，可以有效解决以往停车场管理中费用流失、乱收费、车被盗、泊车率低、管理成本高、服务效率低等各种弊端，具有科学管理、安全可靠、便捷公正的优点。

(一) 智能停车管理系统组成及功能

1. 各类卡片：主要有磁卡、条码卡、接触式 IC 卡以及同等感应读卡方式的 IC 卡以及带有微处理器(CPU)的智能卡等类型，现在最流行的是感应式 IC 卡。

2. 出入口控制机。是智能卡与系统沟通的桥梁。进出车辆通过智能卡与出入口控制机进行信息交流，从而启动其他设备作出进出的相应动作。

3. 自动挡车闸。阻止或保证车辆的开出或进入。自动挡车闸一般都能抵御人为抬杆，具有砸车保护、发热保护、时间保护等功能。

4. 数字式车辆地面检测器。这是收费系统感知车辆进出停车场的"眼睛"，通过电脑可以获得可靠信息，从而保证系统安全准确运行。

5. 中文电子显示屏。一般装在读卡机上以汉字形式显示停车时间、收费金额、卡上金额、卡的有效期等，若系统判断不予入场或出场，则显示相关原因信息，直观明了。

6. 对讲系统。每部读卡机都装有对讲系统，以方便工作人员指示、指导用户使用车场，同时也能方便用户询问有关情况。

7. 语音报价功能。语音报价器装配在读卡机上，与电子显示屏配套，以声音的形式提示，指导用户科学地使用智能停车场系统。

8. 自动出卡功能。用于临时泊车者取卡进场，泊车者驾车至读卡机前，数字式车辆检测器自动检测，架车者按键取卡便可进入停车场(卡上已记录入场信息)，离场时将此卡交值班亭读卡，电脑会自动核时、收款、收卡。

9. 录入临时车牌号，出场核对放行功能。当临时车辆入场时，管理员可根据需要，输入车牌号和车辆类型，电脑可进行自动记录，并将数据写入 IC 芯片内储存，当车辆出场读卡时，电脑会自动显示出原车的卡号和车牌号码，从而便于进行出场核对，并根据车辆类型和时间，计算出合理费用。

停车场还可以根据自身的条件，选购其他配套系统：

1. 车位检测系统。每一个车位有一套检测器，通过处理器连入系统，电子显示屏会将当前最佳停车位置显示给泊车者，省去驾车者在车场找停车位的苦恼。同时，主控电脑和每一个入口电脑可以随时查寻车场中的车位情况，并以直观图形反映在电脑显示器上。若车场内已无空车位，每个入口读卡就不会受理入场，并显示"车场满位"的字样。

2. 防盗电子栓。对固定车主的泊车位，加设一套高码位遥控器并行工作，则检测器同时具有守车功效，车主泊车上码、取车解码，防盗电子栓如同一条无形的铁链将车拴住。若不解码就取车，报警系统会即时报警，有效地防止车辆被盗。

3. 路障机。可与道闸同步使用，有效防止冲闸及盗车、不缴费冲卡等现象。

4. 图形摄像对比系统。该系统主要设备有摄像机、闪光灯、抓拍控制系统、图像处理机。将该系统配备安装于进出道口，车辆进场读卡，控制系统工作，摄下有车牌号的图像，经计算机处理，提取号码与车主所持卡的信息一并存入系统数据库。出场读卡时，摄像系统再次工作，拍摄出场车辆号码并与进场时信息核对，若无误则放行，否则不予出场。该摄像机也可以配置人工监视器，监视车辆通行。

（二）智能停车系统的类型

1. 单车道进出系统。该系统中，进出读卡机分别处理车辆的进出信息，各自控制同一道闸起落。适用于单一车道、少量车辆出入的场所。

2. 分道行使双车道系统。该系统进出车辆分流，读卡机分别控制各自的道闸。

3. 分散多车道、中央多车道、中央管理系统。该系统适用于有多个进口通道和出口通道的大型停车场所。各通道可独立工作，相互间通过网络传送信息到中央管理系统，可实时通信，也可暂停网络通信，让终端独立工作，定时通过网络采集各终端信息汇总。

4. 无人管理系统。该系统谢绝临保车辆入场，对月保车辆，该系统能做到识别、核时、扣款、放行全自动化。

（三）停车场管理系统结构

1. 内部停车场车库系统结构

内部停车场有的称为内部车库，就是为智能建筑业主或商务楼租用户拥有的车辆提供的停车库。这种为适应商务的发展作为高级商用楼的车库，或者高级住宅小区为小区住户建设的车辆停泊场所，基本上是以内部车辆管理为主，以少量散客车辆为辅。从保安管理和安全可靠性考虑，主要因素是完善内部管理。作为内部停车场，其管理系统一般由以下组成：

（1）识别卡。像信用卡大小的塑封卡片，可接收发自读卡器的 RF 信号，并返回预先编制的惟一识别码，它极难伪造，使用寿命可达 10 年以上。它是停车场所停靠车辆的"身份证"，其惟一性保证了车位的固定性和防止车辆被盗。

（2）读卡器。读卡器不断发出低功率 RF 信号，在短距离内(10～20cm)接受识别卡返回的编码信号，并将编码反馈给控制器。

（3）控制器。控制器含有信号处理单元，每个控制器可控制一个门，控制器之间通过 RS 485 接口互连(1～32 个)，其中一个为主控制器，可与计算机相连交互数据。

（4）计算机。先进的软件可将控制器传来的信息转换成管理数据，其数据库可供及时查询，它还可以对控制器的参数和数据进行设置和控制。

（5）挡车器。内部有控制逻辑电路，受控制器的"指挥"，采用杠杆门，其速度快，可靠性高，噪声低，有紧急手动开关。

2. 综合停车场管理

综合停车场管理系统是对内部车辆、临时车辆和共用设备进行管理。内部车辆管理在前面已作介绍，下面主要介绍临时车辆管理及综合停车场管理系统的组成。

（1）临时车辆管理

对于临时车辆的管理主要是提供停车服务和收取停车费。考虑到系统安全性、易用性以及中国国情的具体要求，要在车库出入口安装自动发票出口收费处理设备。一般的，在入口车道旁设置"条码自动出票机"。与磁卡出票相比，条码出票不仅使用寿命长，而且价格更低廉，临时车票含有进入时间、日期、车位及序号等信息。出库时，在出口车道旁设一管理岗(管理岗内设置收款机、价格显示屏和条码阅读机等)，负责对临时车辆验票收费放行。此外，还要求在入口处设立醒目的标志牌，告知临时车户，该车库车辆是否已满；当车满时立即亮出"车满标志"，告知临时车辆禁止进入车库。

（2）综合停车场管理系统的构件

综合停车场管理系统主要由以下构件组成：

1）车辆识别卡。识别卡是用美国军方最先进的表面声波技术(SAW)制作的小卡片，可接受发自读卡器的微弱的 RF 信号，并返回预先编制的惟一识别码，极难伪造。它有不同封装形式与尺寸，可应用于各种环境与气候，可贴于车窗玻璃内或固定于其他地方，其寿命可达 10 年。

2）读卡器。读卡器不断发出 RF 信号，接受从识别卡上返回的识别编码信号，并将这编码信息反馈给系统控制器。读卡器自有的电子系统可在 5m 内感触信号，对车速达 200km/h 的车辆提供遥控接近控制，并发出超低功率的探查要求，可方便地安装于门岗上方等位置，应用于不同气候与环境。

3）系统控制器。控制器含有信号处理单元，可控制 1~8 个读卡器，它接收来自读卡器的卡号信息，利用内部的合法卡号、权限组等数据库对其判断处理，产生开门、报警等信号，并可将结果信息传给计算机进一步处理。它可独立存储 20000 个卡号，50000 个出入记录，它与读卡器用双绞线连接。

4）中央计算机。先进的软件将系统控制器传来的车辆信息转化为商业数据，其数据库可供及时监察，可进行收发卡、计费与审计报表等自动化管理。

5）挡车器。受岗门控制器控制，采用杠杆门，速度快（起落时间小于 1.5 秒），可靠性高，无噪声，紧急时可用手动控制，起落寿命 100 万次以上。

6）岗门控制器与环路探测器。由两个环路探测器接口，灯光报警装置与单片机逻辑电路构成，用于判断车辆位置与状态，并给挡车器发出正确开关信号。环路探测器用于探测车辆。

7）收款机。在有临时车辆的综合系统中用于收款，可自动接收并显示中央计算机传来的应收款、卡号等信息，并打印出商业票据。

8）电子显示屏。用于有临时车辆的综合系统中，中、英文显示车库信息，如空位、满员及收费标准等。

第五章 物业服务企业形象与实施质量管理体系

第一节 物业服务企业的企业形象设计

企业形象常用英文 CI 表示(它是 Corporate Identity System 的前两个词英文字母缩写而成),也有称之为"企业识别特性"。

一、企业形象(CI)设计的基本概念

(一)CI 在我国出现的原因

20 世纪 80 年代末 90 年代初,国内有一家企业首次导入 CI,其经济效益格外引人注目。据 1988~1992 年该企业的统计资料显示:

1988 年,企业总产值 765 万元;

1989 年,企业总产值 4113 万元;

1990 年,企业总产值 24000 万元(2.4 亿元);

1991 年,企业总产值 85000 万元(8.5 亿元);

1992 年,企业总产值 120000 万元(12 亿元)。

人们把这奇迹般的业绩归结为是导入 CI 的结果。这使企业进行形象设计的重要性更加体现在世人面前。我国物业管理诞生在改革开放年代,发展在市场经济体制下,本身又属于第三产业。因此,物业服务企业 CI 设计更加重要,它来自于以下四个方面挑战。

1. 产业的挑战

随着社会主义市场经济的发展,随着城市化进程的加快,国家产业结构需要进行调整与重组。中共中央于 1999 年 9 月 17 日召开了十五届四中全会,作出了关于国有企业改革和发展的若干重大问题的决定,提出了今后国有企业发展思路:"以公有制为主体,多种所有制经济共同发展","建立企业优胜劣汰的竞争机制"。国有企业调整重组,使得一些工厂转产、工人下岗。下岗的工人怎么办?许多人被调整充实到服务性行业中来,物业服务企业得到了迅速发展。据有关部门统计,到 2005 年年底,全国物业服务企业已发展到近 3 万多家,从业人员超过 300 多万。随着物业服务市场的培育、形成和发展,物业服务企业发展速度迅速加快,各物业服务企业将面临着产业竞争的挑战。

2. 市场竞争的挑战

在物业服务市场上,各物业服务企业的经营战略与战术运用,可谓无所不用,其竞争的结果有利于创造物业服务的品牌,如全国物业服务示范住宅小区(大厦、工业区),省级、市级的优秀住宅小区等,从而激发了各物业服务企业形象的建立。市场竞争激烈,企业间的彼此策略行为,最终要在商业信用、服务质量方面下工夫,这样才能树立其企业的经营理念,才能有实力参加市场上的竞争,从而使本企业获得商机,占领市场,取得一定的份额。

3. 消费者的挑战

随着生产力的发展，物质产品的丰富，人们的生活水平得到了迅速的提高，人们对自身居住条件的要求也不断地提高。业主购买房屋，对楼盘的品质(房型、面积、功能、设施等硬件条件)有高要求以外，更重要的是转向对外部环境(绿地、交通、商业网点、医院等)的需求，甚至出现了对人文环境(社区文化、休闲娱乐设施、学校)的需求。消费者买房已从室内到室外，并注重考虑环境。因此，社会化、专业化、市场化的物业管理服务势在必行，而且消费者需要优质的服务与管理，具体体现在：既要享受到整洁、优雅、安全的环境，又能得到方便、及时、周全的服务。

4. 资金来源的挑战

资金来源是物业服务企业生存的动力。目前物业服务企业的收费较低，处在亏损状态下开展工作，这需要企业挖掘潜力，开拓资金来源。企业树立了良好形象设计(CI)，在业主(使用者)中留下了美好的印象，业主对物业管理服务质量给予了肯定，那么随着成本核算发现了企业的亏损，企业适当地提高一些收费标准，全体业主(使用人)是理解的，也是支持的。国家对一些市、省、国家级优秀住宅小区的物业服务收费标准也明确是可以上浮的。目前我国对物业服务基本服务收费实行国家定价，其目的是保证社会稳定，规范物业服务企业行为。随着市场经济发展逐渐成熟、物业服务企业也随着CI形象导入，自身服务质量提高，最终是以物业管理服务市场水平来确定收费标准，其得到业主大会(业主委员会)认可，在委托合同中明确，资金问题将会得到解决。

(二) CI 设计原则

企业形象是个自学的理性过程，是融技术性与科学性为一体的过程，在组织实施和管理过程中，应贯彻以下原则：

1. 个性展示原则

企业形象设计从根本上来看，就是要塑企业的个性。其表现为：

(1) 突出物业服务行业区别于其他行业的个性，把形象设计要素与企业的要素结合起来，显示出物业服务企业的特征；

(2) 突出本企业与其他物业服务企业明显不同的经营服务理念与风格特点；

(3) 突出本企业的发展战略，体现与其他企业间的差别化，从而奠定本企业的物业管理市场中的独特地位。

2. 要素协调原则

企业形象是多要素的聚合，CI 设计者一定要从整体上考虑各类要素之间的有机联系，使其形成的企业形象成为不可分割的统一体，这样才能对企业形象的感知过程产生全面的影响。另一方面，企业形象设计内容和方法要立足于整体性原则，这样才能建立一个丰满完整的企业形象；使企业形象与行业形象，甚至与城市形象有完美的结合，具体表现在层次上清晰，空间上有序、结构上合理。

3. 员工参与原则

企业形象的基础是全体员工的素质和凝聚力，企业形象必须反映整个企业内大部分成员的共同意志并能满足全体员工普遍存在的人性内在的要求。只有广大员工认同，才能使企业形象具有浓厚的人脉基础，才能具备相对的完整性、完美性，才能达到 CI 设计的目的。

4. 积极创新原则

企业形象不能仅仅停留在对企业现状做一个简单地浓缩折射，如果仅想到这一点，显然失去了新形象营造的宗旨，只起到了一个总结的作用。因此，在进行企业形象设计时，应面向社会、面向世界、面向未来、积极创新，要选择各行业标杆企业的创新精髓，要摒弃以往简单地非此即彼的思维模式，树立一个动态的整合观念。

5. 形象持续原则

企业形象设计是个动态开放、不断深化积淀的过程，但企业领导与员工共同打造，形象一经塑造出来，应保持内在的连续一贯的精神，即形象保留时间的相对长期性。形象要素设计和导人运作的一致性，要保持企业核心经营服务理念和主要识别标志的较长期特定性，这样才能使企业形象在特定时空、环境下顺利地定位、定向、定性。

（三）CI 集成

企业形象集成是对不同组合要素进行重新设计整合，结构优化和精心打造。系统维护过程，实际上就是企业形象塑造的过程，整治集成的过程。这一操作过程，可谓是形象管理中难点和重点，绝不是简单地一篇文章或一堂课就能说完，它要根据企业长期形成的习惯，企业发展战略，员工的基本素质以及企业文化等集成而成。企业形象中一定要关注以下三个要点：

1. 企业精神整合

企业精神即企业 CI 战略中的发展理念，它是企业形象的导向与核心，企业精神的确立是整个企业形象建设的价值观的前提，必须由 CI 设计者，企业领导者以及企业的员工共同探讨研究，共同决策，形成适合该企业形象理念。企业形象设计中既要见物更要见人，企业精神则是企业人力资源中升华，体现出一个企业的活力与创新。许多物业服务企业运用高度概括升华的企业精神能整合一个企业，树立企业外在形象。

2. 系统化整治

企业引进 CI 设计时，一定要注意系统化整治与集成，力争将企业理念、战略识别、品牌形象、员工行为规范及形象定位统一起来，只有使企业内外、上下前后实现统一化，才能给社会大众以信心，才能增加企业形象设计的可信度，也才能显示出企业的整体形象。否则，前后不一，相互矛盾，就会给广大业主（使用人）造成困扰，最终失去社会大众对企业的信任和好感。

3. 企业行为整治

企业行为则是企业形象的重要外在表现，它既包括企业的物业管理服务活动中整体行为（组织行为），又包括每一位员工日常管理服务中行为（个人行为）。因此，要在组织体系内（既企业内部）要充分认识每一位员工的行为会给企业形象带来的作用，要制定各类规章制度，对不文明行为举止要进行曝光、批评，形成一种"做文明人、建文明企业"的氛围。

二、物业服务企业的 CI 系统设计

（一）确定理念系统（英文 Mind，企业理念，简称 MI）

企业理念系统是整个 CI 系统的灵魂所在，当然也是企业灵魂之所在，这一系统的本质特征是"精神"，故企业理念系统（Mind）也称为思想系统。

1. 理念系统的展示

CI 设计必须揭示物业服务企业的经营战略、企业精神和管理理念、使其成为凝聚企业员工的"精神力量"，为此必须用一些简洁的文字把理念系统展示出来。比如北京某物业服务公司提出"团结、奋进、求实、奉献"八字方针的企业精神；温州市物业服务总公司提出物业管理成为"经营者的靠山，顾客的保护神，高楼的好保姆，大厦的总管理"。并提出四大精神：

(1) 要有科学管理的开拓精神。

(2) 向困难作斗争的创业精神。

(3) 实干苦干的拼搏精神。

(4) 以楼为家的雷锋精神。

江苏某物业有限公司提出："全心全意，业主第一；说到做到，讲究实效；诚信服务，追求完美。"

2. 理念系统的鲜明个性

企业理念不是千篇一律的，提出理念系统必须突出企业的鲜明特性。确立企业的理念系统就是确立企业自身经营形式和发展方向，即企业以什么样的面貌和特点出现在公众社会。它规定了企业形象竞争的基本战略，必须注意准确选择企业形象的目标位势，尽可能地创造出各自企业特定形象，以增强公众对企业的深刻认识，故 CI 理念系统决定了企业间不同的风格和个性。

物业服务企业只有具备鲜明个性的企业理念，方能创造品牌。企业理念是企业的无形资产，是企业的宝贵精神财富。世界上大的跨国公司无不注重 CI 设计。据美国可口可乐高层人员宣称：可口可乐的牌子就值 250 亿美元。即世界上现有的可口可乐厂若完全倒闭，但只利用其品牌一夜之间也能重新建立一个可口可乐王国，由此可见 CI 设计的重要性。同样深圳万科集团所建房产比其他房地产开发商建的房产价格贵出许多，但仍然销路很旺，其主要原因是万科的物业管理服务已深入人心，万科的企业形象已得到社会认可。

(二) 展现形象系统(英文 Vision，企业视觉识别系统，简称 VI)

企业视觉识别系统是 CI 设计最基本的设计要素，它包括以下三个方面：

1. 物业服务企业标识系统

(1) 公司标志；

(2) 公司中英文名称及标准字；

(3) 公司标准色；

(4) 公司彩旗、队旗；

(5) 公司标准工作牌证。

2. 物业服务企业公文(office，办公室)系统

(1) 统一标准的企业员工名片；

(2) 企业标准公文纸；

(3) 企业标准信封；

(4) 企业公函、文件标头；

(5) 企业车辆图案。

3. 物业服务企业视觉扩展系统

(1) 员工服装(管理人员、工程技术人员、维修工人、保安人员、清洁工、绿化工人制服等)。

(2) 管理标牌，即指统一式样的宣传栏，统一式样的公告牌，统一式样的警告牌，统

一式样的指示牌、路标等。

(3) 视觉识别系统是构成公众识别记忆企业的标识物,故称为企业的形象标识。物业服务企业在 CI 设计中一定要注意企业视觉识别系统的规范标准统一,以展现其明显的个性和独立特征,使企业标志、员工服装、办公楼布置、办公公函独具一格,引人注目。

(三) 行为规范系统(英文 Behavior Identity,企业行为规范,简称 BI)

企业行为规范系统是 CI 设计中最具操作性、规范性和约束性的管理机制系统。由于此系统具有充分的现实意义,因而在 CI 设计中占据较大空间,是企业管理的遵从所在。

1. 行为规范系统内容

行为规范系统内容很多,围绕着行为规范所制定的各类规章、规定都包括在内,通常对物业服务企业来讲,主要体现在以下部分:

(1) 内部管理制度,主要有行政、人事、后勤管理制度,各岗位责任制,公众管理制度(业主公约)等;

(2) 礼貌服务准则;

(3) 社区文化活动制度;

(4) 营销促销活动。

此外,还包括各技术工种操作规范,等等。

2. 行为规范系统的作用

一个企业如果行为规范做得好,将使企业形象得到业主(使用人)的高度评价与认可,因为行为规范系统能发挥以下四大作用:

(1) 规范作用。物业服务企业的各项制度可以在管理中起到较好的规范约束作用,使企业管理步入有章可循、有法可依的系统化、规范化之中。

(2) 协调作用。企业行为规范系统是物业服务企业员工工作学习以及生活的行为准则。既能约束人的行为,又能协调人与人、人与事的关系,使行为规范系统在工作中发挥更大的作用。

(3) 监督作用。企业行为规范系统的建立与实施可以起到各部门之间、员工之间、各技术工种之间的相互监督,便于各个岗位责任制及各项规章制度落于实处。

(4) 沟通作用。物业服务企业行为规范系统的执行,总是要通过对广大业主(使用人)的服务来体现,寓服务于管理、寓管理于服务,对业主(使用人)所提的意见和建议能及时地反馈到企业中来,从而直到内外沟通和联络的作用。

(四) 物业服务企业实施 CI 战略防止三个误区

1. 模式化。其反映是全盘"克隆"物业管理行业内某一优秀的物业管理企业或者行业外知名公司的 CI。没有做深入的企业实态调查,设定的企业理念脱离实际,缺少可操作性又无法体现在企业管理和行为准则之中,成为一纸空文,纸上谈兵。

2. 简单化。简单地以视觉识别系统 VI 设计来代替整个 CI 设计,根本谈不上用 VI 设计来体现企业理念。不可否认优秀的 VI 设计,可以使企业有个良好的外部形象,但是从长远的观点上看,它无法塑出企业的精神和灵魂,当然也就无法发挥 CI 战略对于企业发展的最大功效。简单化的另一种表现为:使用一些空洞的、无个性的、近似标语口号似的通用型词语作为企业理念,有的企业甚至把肤浅的广告当作理念,既无新意,又无特色。

3. 机械化。BI 以 MI 作为核心和依据,VI 和 HI 通过视觉和听觉等有效手段来完整的、统一的表达 MI，四个系统是有机的整体。而目前企业在导入 CI 战略时，常会发生四个系统机械化的现象。

除上述常见误区外，值得注意的是物业服务企业在实施 CI 战略树立品牌时，要注意使品牌具有个性化。个性化指的就是差异化和特色化，其实质就是要创新。

三、物业服务企业品牌战略

（一）物业服务企业品牌内涵

1. 物业管理品牌

品牌是什么？世界著名广告大师大卫·奥克威曾作深刻地描述。从广义上讲，品牌是一种商标。品牌是一块牌子，品牌是一种口碑，品牌作为一种识别标识物概念，一边联络产品，一边联结市场，是产品通向市场的桥梁。物业管理品牌是指物业服务企业为了使自身在激烈的市场竞争之下，立于不败之地，创建一系列由文字、标记、符号、图形、色彩等要素有机组合成有别于其他物业服务企业的标志；物业服务企业品牌的支撑点是物业管理服务品牌，物业管理的品牌的产生主要依赖于物业服务企业提供服务，也依赖于物业管理服务对象等方面的认可与评价。

2. 物业服务企业品牌

物业服务企业品牌在当前社会上形成并公认主要是两个方面：

（1）物业服务企业知名度

通常是指物业服务企业被行业内或社会广大公众（居住者）可知晓的程度，它反映了物业服务企业在行业中声誉和地位；

（2）物业服务企业的经营理念

通常是指物业服务企业的价值观、责任观、行为观和人才观，它反映了企业与员工共同努力，打造物业管理的三种效益（社会效益、环境效益、经济效益）统一、和谐、共同发展的理念。

3. 物业管理服务品牌

通常是指物业服务企业在生产服务产品时，如何打造服务质量、以人为本、认真地为居住者服务。物业管理服务品牌内涵丰富，主要包括：物业管理服务的项目、收费标准、服务态度、质量及创新能力等构成。物业管理服务品牌是物业服务企业品牌的物质体现。

（二）物业管理品牌的创建

1. 物业管理品牌形象策划

物业管理品牌并不是自发产生的，而是需要创建与打造。为了使创建物业服务品牌深入人心，必须要认真地进行策划。其策划程序主要有以下几个阶段：

（1）实际调查阶段

其主要是企业个性调查，内容包括：企业的生存环境、企业的人员素质、企业的管理服务水平、企业的经济效益以及企业文化等。

（2）分析研究阶段

主要是对实际调查取得资料进行整理、归纳、分析，并形成分析报告，为后期品牌策划作准备。

（3）创意策划阶段

根据调研分析的报告，按照品牌建设的要素与条件，与企业的相关人员一起，酝酿构思对企业个性系统进行设计的总思路。通过大家认真讨论，集思广益，形成方案，报请企业领导批准。

（4）设计策划阶段

设计思路得到企业领导层认可以后，就开始进入设计细化阶段，对设计中的外在与内在识别进行定位：

1）外在形象系统。主要有：标志、广告语、服饰、形象以及象征性的字体等；

2）内在形象系统。主要有：经营观念、企业精神、制度规范、行为准则等。

2. 物业管理品牌的宣传

为了提高物业管理品牌知名度，物业服务企业进行了企业形象策划设计后，还要对品牌进行适度的宣传，它可使广大业主（使用人）了解、认识、接受最后选择物业管理品牌。品牌宣传首先要确定目标客户群，然后根据接受者条件，选择相应媒体，开展各类宣传活动。为了使宣传达到预期效果，开展宣传时应要做好以下工作：

（1）经济性分析

物业服务企业推动物业管理健康发展，适度宣传是需要的，它需要进行经济分析，宣传费用要进入企业运营成本的，它关系到企业的效益，要使成本支出和所取得的效益相一致。

（2）品牌宣传落实在企业实力上

突出品牌宣传主要体现在宣传物业服务企业的资金雄厚、管理规模、专业化程度，以及企业技术力量、人员素质等方面，物业服务企业实力能给人的一种理性上的认同与信任，使客户在思想上接受物业服务企业的品牌。

（3）注意业绩的宣传

物业管理品牌可以通过业绩显现出来，物业服务企业业绩，可能使人感性上得到认同，它包括：管理的规模、物业档次、业主的反映、媒体的报道、业内的评价以及每年全国、省、市评优中获得的成绩等。

（三）敬业精神是物业服务企业品牌的集中体现

1. 强化服务意识

有了服务意识，才会有敬业精神。物业管理属于服务行业。其服务对象是物业的主人（业主和使用人），即由业主或使用人交纳物业管理费和相应的维修资金，物业服务企业提供专业化的管理服务，以生产出"服务"为产品，接受"服务"是业主（使用人）作为长期固定消费者的权益。因此，处于买方市场环境条件下的物业服务企业更应提倡诸如"用户至上"、"服务第一"等类似的服务宗旨，开展微笑服务、便民服务等，是行业发展产生的必然结果。有了服务意识，就会产生要把各项工作做好的敬业精神，就会一心一意、尽心尽力地去为业主（使用人）服务。通过一件件细小甚微的服务，进一步树立起企业的良好形象。

2. 敬业精神要落实到岗位上

企业 CI 设计最终是想创品牌，创品牌就必须落实到全体企业员工的敬业精神上。如果没有大家的敬业精神，没有忘我的工作，就很难树立品牌，任何计划、任何规定、任何制度都不能事事都考虑周全，这就需要全体干部员工的敬业精神，发挥主动性，落实在岗位上。例如某国际经贸物业服务有限公司经理，快到中午开饭时检查工作发现，由于昨天夜里一场暴雨，排水管中的雨水倒灌进入地下室饭厅，为保证中午 12：00 准时开饭，从经理到员工，所有岗位上的员工全部投入到排水工作中来，经过 40 分钟紧张工作，水全排干净了，紧接着又用烤干机把抽干水的地下室烤干，保证了 12：00 写字楼内的工作人员准时开饭，一切如故。当大家得知 1 小时前发生的事情，都为之惊讶。被外贸物业服务企业领导员工的敬业精神而感动。又如某住宅小区，一位业主傍晚骑自行车匆匆忙忙回家，把钱包丢在车篓里，被巡逻保安发现了。怎么办？一户户去问影响别人休息，也遭到大家反对，物业服务公司有明文规定，没有事先约好，过了晚上 21：00，物业管理人员不许随便敲门。如果把钱包拿走，万一业主素质不高，说里面有很多钱，到时有理也说不清，于是这个保安对这个钱包站岗放哨近 3 个多小时，直到快 24：00，这位女士的丈夫回来，当了解保安与钱包之事，非常感谢，第二天送钱表示谢意，遭到物业服务企业拒绝，最后又专门送了面锦旗。

3. 敬业精神要体现在尊重业主（使用人）上

随着人们生活水平的日益提高，追求"以人为本"、"延年益寿"已成为新时期广大老百姓追求的目标。因此物业服务企业在开展各类管理服务中，要把敬业精神真正落实在尊重业主（使用人）上，使业主（使用人）满意。例如有些企业对业主（使用人）尊重只停留在口头上，而无具体的措施，对业主（使用人）的投诉没有任何反应，敬业精神又何以体现呢？业主自然意见很多。所以在强调敬业精神时，一定要把为业主（使用人）服务的各项工作细化，在细化过程中还要注意以下要求：

（1）将服务内容、联系电话及投诉电话编印在"用户联系卡"上，并分发给每一位用户，建立起用户与管理者之间的联络渠道。

（2）编制用户手册，发至每一位用户；并从用户人身、财产和公共安全的角度考虑，制定应付突发事件的操作规程。另外，主动培训用户，让其掌握预防、报警、阻止事态发展的本领。

（3）重视用户投诉，为用户排忧解难。物业服务企业应详细记录投诉内容，做到件件投诉有回访，以解决用户对物业管理与服务不满意的实际问题。

（4）定期开展丰富多彩的社区文化活动。这有利于加深物业服务企业与业主（使用人）之间的情感沟通，使在企业服务工作时多一些理解、多一些支持、多一些合作。

第二节 礼仪在物业服务企业形象中的作用

一、礼仪接待在物业管理服务中的功能

（一）礼仪接待具有塑造物业服务企业形象的功能

物业服务企业的形象问题很重要。一个企业拥有了良好的组织形象，就犹如拥有了一笔无形的财富，为企业的生存、发展创造了种种便利，它能使物业服务企业提高社会地位，被社会所认同；它能赢得住户的信赖，畅通房产销售渠道；它能帮助吸引资金，获得发展动力；它能使企业内有凝聚力，外有吸引力，有利于企业团结员工、广揽人才等。近几年来，国外商品大量进入我国市场，那些成功地打开销售通道的企业，无一不是以组织形象领先而取胜的。如日本的"松下"、"日立"，美国的"肯德基"等等。

随着我国以实现住宅商品化、按照商品经济原则组织住宅的市场和流通为目标的住房制度改革的深入发展，个人买房已成为主流，然而住宅是不动产，是老百姓用一生积蓄来换取的，所以老百姓购房特别仔细、小心，不仅关心房屋的质量是否过关，布局是否合理这些硬件方面的条件，也非常关心房屋售后服务。因为凡是住户都希望居住在一个优美、和谐、舒适、安全的环境中，因而物业服务企业的外在形象显得尤为重要。物业服务企业在开展服务和管理中，在与其他部门、机构交往中，工作人员统一的着装、大方得体的举止、款款而行的风度、待人接物的礼仪等都能给人以最直观、最鲜明的印象。物业服务企业拥有了良好的形象、赢得了广大住户的支持和依赖，就会在激烈的市场竞争中处于不败之地。

（二）礼仪接待具有帮助物业服务企业进行社会交往的功能

礼仪接待是物业服务企业进行社会交往的好帮手，它在企业与住户的交往中传递友好和善良、广结良缘。文明礼貌的交往，表现了企业与用户相互间的尊重的友善。随着物业管理的推广和发展，我们利用项目管理的办法来提高物业管理服务水平是完全可行的，而要实现这一目标，物业服务企业与政府各部门之间，以及物业服务企业与社会化的专业公司之间要发生千丝万缕的关系和往来，那么物业管理越来越需要建立起良好的人际交往关系。近几年来悄然兴起的礼仪电报、礼仪鲜花、礼仪贺卡、礼仪广告等便是一个明证。几年前还寥若晨星的鲜花店，如今遍街皆是，而且越来越多的商务活动中出现了礼仪小姐。可见礼仪正在以新的姿态走进物业服务企业的社交生活之中。

（三）礼仪接待具有增添物业服务企业凝聚力的功能

礼仪实施本身对物业服务企业来讲就具有一种增添凝聚力的作用。如今已被许多物业服务企业认同，并被运用得更加丰富多彩。通过开张、开业的庆典仪式或首批楼盘的落成，首批业主的人住等等仪式，来鼓舞员工的士气，激发员工对本企业的热爱；通过表彰本企业内的先进员工的颁奖仪式，来形成企业的良好风尚和行为楷模，激发员工的责任心和进取心，使之更好地为住户服务。我国现有许多物业企业，在激烈的市场竞争中，为了更好地树立自己企业独特的形象，纷纷导入企业形象设计（CI设计），其中包括精心制作和确定企业歌曲、企业口号、企业制服、企业商品标识、企业标准字体等，明确表现出企业精神、经营理念，并以此来教育员工，培育自己的价值观念，形成凝聚力和事业心，为企业发展打下坚实的基础。

（四）礼仪接待具有提高物业服务企业文明水准的功能

从社会教育的角度来看，社交礼仪是人的社会化的重要内容之一。一个具有良好文明素养的民族必定是一个讲礼仪、懂礼貌的民族。在现代社会中，无论是政治的竞争、经济的竞争、军事的竞争，还是科学技术的竞争归根到底是人的素质的竞争，许多业主在购买住房时，不仅重视住房、资源、设施这些硬件环境，而且十分重视物业服务企业及其员工科学的管理、诚实的信誉、优良的品格、良好的礼貌风度这些软件环境。从某种意义上说，软件环境的创造更为不易。一些看似微不足道的"小节"，往往是一个人文明修养水平的直观反映。物业服务企业员工们的一举一动，一言一行，都直接代表企业的利益和形象，这也是检验员工队伍管理和服务质量的一个重要尺度。因此，在工作时间内，管理工作人员应统一着装、统一用牌、统一用语，接待业主（使用人）以及宾客时应该做到态度和蔼可亲，举止端庄大方，谈吐文雅有礼。只要住户需要服务，物业服务企业应尽可能地满足住户的要求，使全体住户真正体会到"处处方便，事事放心"。发挥礼仪接待这一功能，不仅可以净化人们心灵，提高民族素质，还对培养人们社会主义公共道德意识、健康高尚的思想情操和科学文明的生活方式都具有重要意义，对整个城市乃至整个社会、国家的精神文明建设都将起到积极的推动作用。

二、物业管理人员礼仪素质要求

(一) 现代化的礼仪意识

1. 塑造形象意识

主要是指物业管理人员要珍惜企业的信誉，注重企业形象的思想，也是礼仪意识中的核心内容。作为一名优秀的物业管理人员，要具有塑造企业形象的强烈意识，明确企业的知名度对自己及企业的生存与发展的重要价值，要像爱护自己的声誉一样去维护和塑造自己企业的声誉，并以此为中心开展各种形式的服务和管理。

2. "住户至上，服务第一" 的意识

"着眼于用户，服务于用户"是物业管理礼仪接待的重点和关键所在。正因为如此，物业服务人员都应牢固确立服务于住户的意识，从住户的利益需要出发，努力地利用和创造条件为住户服务，借以实现住户的认同和支持，取得社会效益、经济效益。这是衡量物业服务人员应有的礼仪素质的基本尺度之一。

3. 真诚互惠的意识

作为物业服务企业及工作人员，在服务和管理中，都是以追求良好的企业形象，谋求企业的生存和发展为根本目标的，而要实现这一目标，就不能缺少住户的认同、支持和赞誉。因此，礼仪接待在物业管理中的应用，其根本目标的实现应建立在与用户相互信赖、相互协调、互利互惠的基础上。这样，企业与住户的相互依存关系，就决定了物业服务企业和工作人员在与住户的关系中必须做到彼此尊重、平等合作、利益共享。在真实、诚恳、互利互惠的和谐之中开展物业管理工作，使企业获得新发展，不断提高企业的信誉和声誉。

4. 学法守法的意识

在现代社会生活中，不断增强学法守法意识是每个公民应具备的条件。而对物业管理工作人员来说这方面显得更重要。这是因为，物业管理人员的服务对象可能涉及社会各阶层的人员，而工作内容也是纷繁复杂。这种工作性质便决定了物业管理人员应具备广泛的法律知识、较强的法律意识，以适应工作需要，有利于提高工作成效。比如掌握了法律基础知识，就可以正确地、有效地调整物业服务企业与住户的法律行为和利益关系，达到互惠、互利、互助的良好状态。可以防止工作中有意或无意分割他人合法权益的行为，可以维护物业服务企业和员工们的合法权益。

(二) 健康的心理素质

物业管理工作人员的工作对象、内容、任务、环境等因素的特殊性，要求物业管理人员应当具备一些特殊的心理素质，或者说需要有健康的心理。

1. 宽容豁达的心理

物业管理人员的工作范围广泛、服务对象复杂。住户有着不同的年龄性格，不同的兴趣爱好，不同的地位身份。这种人际关系的复杂性决定了物业管理人员应具有宽容豁达的职业心理。工作人员要做好工作并取得成功，首先要适应住户，要以主动、热情、诚挚的态度去面对广大住户。当住户利益与企业利益发生冲突时，工作人员应调整好自己的情绪，以和善的态度虚心听取住房的建议，体谅、尊重对方的意见，友善地对待批评指责，始终保持清醒的头脑，以便选择适当时机，以温和的态度、妥善的方法来解决问题。

2. 自信乐观的心理

"自知者明，自信者强"这条古训，可以作为对物业管理人员的要求。在现代社会生

活中，特别是物业管理服务工作中，工作人员面对的住户类型层次纷繁，各种社会关系错综复杂，各种利益关系交织一体，要取得工作成功，往往会遇到很多种困难甚至挫折。这就要求物业管理人员必须具有自信乐观的工作态度，具有高度的自信心和乐观的精神。在困难面前，自信者要从容不迫地凭借智慧和热情、依靠勇气和毅力，克服困难、排除障碍，稳步地实现自己的工作目标。应该说自信心是事业成功的基础，是才智发挥的前提，是自强不息的动力，也是克服困难，获得成功的保证。

（三）物业管理人员应具备的礼仪知识

礼仪知识的内容很多，对于物业管理人员来讲应主要掌握交际礼仪、服饰仪容礼仪和形体礼仪等。

1. 交际礼仪

交际礼仪的内容很多，主要有拜访中的礼仪规矩、交谈礼仪讲究、拒绝和道歉的礼仪技巧、聆听的礼仪要求等。但无论是哪一种礼仪，只要在与住户进行交往中，物业管理人员保持尊重住户、恰当适宜的平和心态，就可以达到良好的效果和预期的目的。

2. 服饰仪容礼仪

物业管理人员的形象代表着企业的形象，而工作人员形象给人最直观的印象便是其外表、长相、身材和服饰、仪容。长相端正、身材匀称、服饰得体、仪容悦目的人容易赢得住户的好感。但长相与身材毕竟属于先天的，唯有服饰、仪容是可以人为改变的，它能因人的修饰打扮而获得美好的外观。

3. 形体礼仪

形体语言是工作人员与住户相互沟通的又一重要形式。形体语言包括眼神、手势、腿姿等。对物业管理人员形体礼仪有以下几点要求：微笑待人、自然真挚；站姿、坐姿、走姿端正；保持适度人际距离。

三、礼仪规范实例（上门维修服务）

住宅小区（大厦）内的业主（使用人）家里都有一些设备、设施，如果坏了，便要请求物业服务企业维修人员上门维修。上门维修不仅有技术的要求，而且有礼仪、礼貌、劳动纪律等方面的要求。处理不当，会引起业主（使用人）的反感，造成对企业服务形象不良影响，下面便是某物业服务企业上门服务的礼仪规范。

（一）敲门

有门铃按门铃，按门铃时间不要太长，无人应答再次按铃，按铃时间加长。没有门铃，轻轻叩门三响，无人应答再次叩门，叩门节奏加快、力度加强，若无人应答，等待5分钟，若主人仍未返回，填写歉意信留言栏，塞入住户内。

（二）介绍

主人闻声开门或在门内询问时，首先要自我介绍："对不起，打扰了，我是物业服务企业维修人员×××，前来为您服务。"

（三）致歉

双手递交致歉信，诚恳地说："报修单收到了，对不起，××设备出现了故障，给您添麻烦了。"

（四）进门

进入房间，员工应穿好自备鞋，经主人允许方可进门服务。

（五）铺布

走到工作地点后，将干净的帆布或塑料布铺在主人选定的位置上，用于存放工具和需要拆卸的零件放置，不能把工具和拆卸的零件直接放在装修过的地板上。

（六）维修

维修工作中手脚要轻，尽可能不发出噪声。

（七）整理

修理完毕，用自备的毛巾将设备擦拭干净；收好维修工具，将地面上的脏物、杂物负责打扫干净。

（八）讲解

向住户讲解故障原因，介绍维修保养知识并告诉主人正确地使用设备的注意事项。

（九）收费、填单

按规定收取费用，同时请用户对修理质量，服务态度与行为进行评价并签名。

（十）辞别

向用户告辞、走出房间，步子要轻、工具袋背在肩上，走到门口应再次回身，面对房间内的主人说："今后有问题，请随时联系，再见。"

第三节 物业服务企业与 ISO 9000

一、实施 ISO 9000 质量体系的意义

质量是企业永恒的主题，质量是商品占领市场的通行证，也是开放型市场经济充分发展的必然结果。在当今世界，不管何种企业，也不管哪个国家，都面临着严峻的质量挑战。ISO 9000 正是在这种情况下诞生的，并发挥出自己的强大的生命力，其意义主要表现在以下几个方面：

（一）实施 ISO 9000 是物业管理市场化、推行竞争机制的必然

随着物业管理观念被人们逐渐接受，物业服务企业也越来越多承担着房屋及附属设施的管理，物业管理市场也在不断地培育成熟。现时的物业服务企业不能再是过去刚开始那种封闭式的谁开发、谁管理的一种"粗放"和"传统"的管理模式；而是按照市场经济的规律，按照价值规律，按照优胜劣汰的竞争机制来推行物业管理。许多地区已经开始采用招标投标的方式选择优秀的物业服务企业，来对住宅小区(大厦)进行管理服务。物业服务企业如果要想占领市场取得更多的管理服务权，必须要树立形象、树立自己品牌，才能在市场上取得竞争胜利。因此一些企业开始实施 ISO 9000 贯标，贯标后使其管理水平达到规范化、标准化，具有强大的竞争力，就能赢得业主(使用人)的青睐与支持，才能取得住宅小区(大厦)管理服务的权利，所以物业服务企业实施了 ISO 9000 质量系统，就可以赢得市场份额。

（二）实施 ISO 9000 是规范化管理的具体体现

由于我国正处于计划经济向市场经济体制转变时期，还存在着传统体制和旧观念的影响，加上物业服务开展的时间还不长，以及物业管理自身的特殊性，因此在物业管理服务中，人治的观念相当严重，许多物业服务企业操作行为都不一样，甚至一个物业服务企业，由于领导的变化，也导致操作中出现差异性，尤其是与业主(使用人)直接相关联的服务收费标准问题没有规范，致使物业服务企业随意定价，随意确定服务范围，业主(使用

人)的意见很大。实施 ISO 9000，人治现象要彻底终止。任何领导不能随意下达指标、下达任务，而是要完全按照程序化进程办事，根据质量体系要素细化，要根据管理职责分工，各级领导只能在其职能范围内下达任务，下达任务时要有派遣单，完成任务后有汇报单，要有质量检查单等，实施了 ISO 9000 质量保证体系，意味着要强化法制管理，任何事情开展都要按照程序化进行。

（三）实施 ISO 9000 是提高物业管理服务质量的重要保证

物业管理是一个以人的劳动为主的商品服务。物业管理不是简单的商品交换，而是一种寓服务之中的创造性工作。因此，物业管理服务的质量评估及标准，按照过去传统计划经济的管理模式是很难定位的，最后变成行政领导决定。如果实施 ISO 9000 质量体系以后，把一些过去难以考核的服务质量水平问题，用定性、定量的方式、用全过程质量检查方式细分规范下来，这样即使是一些人为服务也有了一个量化的标准和测试标准，也便于全体业主(使用人)监督，使物业管理更上一层楼。

（四）实施 ISO 9000 可以提高物业服务企业的经济效益

物业服务企业实施 ISO 9000 质量体系后，使整个物业管理工作进入了一个系统化、专业化、规范化状态。一方面充分调动了员工们的积极性、能动性，同时规范了岗位，优化了岗位，使企业减少了一些不必要的闲人岗位，降低了运作成本；另一方面由于企业的规范化管理、优质服务，企业良好的形象深入到业主(使用人)中，甚至流传到社会上，扩大了企业的知名度。在市场化的物业管理招投标过程中，就可以以自己企业的良好形象展开竞争，优胜劣汰，使本企业不断地扩大市场份额，从而提高了物业服务企业的效益。

（五）实施 ISO 9000 是创造物业服务企业品牌的重要措施

ISO 9000 是在积累和总结世界发达国家先进管理经验的基础上，由国际 TC 技术委员会制定的统一国际标准，它有利于提高企业的管理水平，通过质量管理体系的落实和质量成本的控制，通过流程优化、降低成本、规避风险、提升企业经营效益，增强企业的整体实力(包括服务内容、服务质量、管理体系、公司信誉及资源配置)，从而提高了企业的知名度、美誉度，达到了创立品牌的目的。

二、2000 版 ISO 9000 质量管理体系基本知识

自从国际标准化组织(ISO 简称)1987 年颁布了 ISO 9000 族标准以后，一个学习、推行 ISO 9000 族标准、并获得质量体系认证的国际化大趋势已经形成。2000 年 12 月 15 日，ISO/TC 176 正式发布了新版本 ISO 9000 族标准，称为 2000 版 ISO 9000 族标准。

（一）2000 版 ISO 9000 族标准内容

1. ISO 9000《质量管理体系基础和术语》，表述质量管理体系基础知识，并规定质量管理体系术语。

2. ISO 9001《质量管理体系要求》，规定质量管理体系要求，用于证实组织具有提供满足顾客要求和适用法规要求的产品的能力，目的在于增进顾客满意。

3. ISO 9004《质量管理体系业绩改进指南》，提供考虑质量管理体系的有效性和效率两方面的指南。该标准的目的是促进组织业绩改进和使顾客达到其他相关方满意。

4. ISO 19011《质量和(或)环境管理体系审核指南》，提供审核质量和环境管理体系的指南。

（二）2000 版 ISO 9000 族标准的特点

2000 版质量管理体系标准具有以下特点：

1. 标准可适用于所有产品系列，不同规模和各种类型的组织。并可根据实际需要删减某些质量管理体系要求。

2. 采用了以过程为基础的质量管理体系模式，强调了过程的关系和相互作用，逻辑性强，相关性更好。

3. 强调了质量管理体系是组织其他管理体系的一个组成部分，便于与其他管理体系相容。

4. 更注重质量管理体系的有效性和持续改进，减少了对形成文件的程序的强制性要求。

5. 将质量管理体系要求和质量管理体系业绩改进指南这两个标准，作为协调一致的标准使用。

（三）相关一些名词解释

1. 质量

根据 ISO 8402 的 1994 定义，质量是反映实体满足明确和隐含需要的能力的特性总和。这里的实体是指：

（1）某项活动或过程。

（2）某个产品（产品包括硬件、软件、流程性材料及服务）。

（3）某个组织、体系或人。

（4）以上各方面的任何组合。这里的特性主要是指产品特性，主要表现在性能、可靠性、维修性、安全性、适应性、经济性、时间性等方面。服务业的服务特性以及服务所提供的上面各种特性是服务业质量特性的具体表达。

2. 质量方针

质量方针是指由组织的最高管理者正式发布的该组织总的质量宗旨和质量方向，例如深圳福田物业服务公司的质量方针是：科学规范的管理；竭诚高效的服务；安全文明的环境；持续发展的追求。质量方针体现了组织对质量总的要求，对顾客的承诺是企业质量工作的指导思想和行动指南。

3. 质量控制

质量控制是为达到质量要求所采取的技术方法和活动。所谓的技术方法是指操作方法、检验方法、判定方法、控制方法等，它贯穿于产品（服务）形成的全过程；活动包括确定标准，检测结果、发现差异、采取调整措施等。它们是形成质量控制的基础。

4. 质量管理

质量管理是指确定质量方针、目标和职能，并在质量体系中通过诸如质量策划、质量控制、质量保证和质量改进使其实施的全部职能的所有活动。

5. 质量体系

质量体系是指事情应该怎样做和为什么这样做而形成的文件并记录执行结果，其内容包括实施质量管理所需要的组织结构、程序、过程和资源。

6. 质量体系特点

质量体系的特点一般有以下几个方面：

（1）调整整体功效，以最优的质量决策来满足顾客的需要。

（2）以深入细致的质量体系文件为基础，使每个员工明确自己的任务和职责。

（3）可实现对质量活动加以切实的管理和控制的目标，因为提供了解决常见质量问题的方案，具有良好的反馈系统和良好的反应机制。

（4）可实现有计划、有步骤地把整个公司的主要质量活动按重要顺序进行不断改善的目标。

7. 建立质量体系的基本要求

根据质量标准要求，建立质量体系的基本要求如下：

（1）强调规范化、标准化和文件化，以达到服务质量水平的稳定性。

（2）强调一致性、连贯性和整体优化，使组织内部管理无漏项、无交叉、无空档，达到整体的协调统一。

（3）强调持续的质量改进，规定质量信息的有效途径，分析、处理的方法，使质量体系不断完善。

（4）强调满足业主（住户）对服务的需求，组织自身对管理的需求和社会的需求三方面的有机结合。

（5）强调过程概念，通过持续有效地控制服务过程质量达到质量与效益的相对统一。

（6）强调预防为主的思想，规范质量绩效的评估方法，定期对质量体系进行检查，进行有效性评价，发现问题及时纠正和预防。

（7）强调全面质量管理的作用。

8. 质量手册

质量手册是阐明一个组织的质量方针，并描述其质量体系的文件。它是质量体系程序文件的直接汇编。

9. 质量记录

质量记录是指为已完成的活动或达到的结果提供客观证据的文件。它是质量体系文件的最基础的组成部分。质量记录可以是书面的，也可以是其他方式贮存的资料。

10. 作业指导书

作业指导书是指为了控制过程活动、保证作业质量而制定的具体的作业指导性文件，因此作业指导书应表述具体的作业活动和作业要求，而不是质量体系要素。它常以工作指令、服务规范、操作流程、工作指导等形式出现，它是一种基础文件。

（四）质量认证中的八项质量管理原则的基本内容

1. 以顾客为关注焦点

要让企业与员工明确：组织依存于顾客。因此任何组织（工业、商业、服务业等）均提供满足顾客要求和期望的产品（包括软件、硬件、流程性材料、服务或它们的组合），应"以顾客为关注焦点"原则，组织将采取以下活动行为：

（1）调查、识别并理解顾客的需求和期望

作为企业应积极调查、理解顾客对产品（服务）的需求。它包括：产品（服务）的符合性、可信性、可用性、价格和寿命周期内的费用等。

（2）确保组织目标与顾客需求和期望结合

最高管理者应针对顾客现在和未来的需求和期望，以实现顾客满意为目标，确保顾客的需求和期望得到确定，转化为要求并得到满足（5.2条款）。

（3）确保在整个组织内沟通顾客的需求和期望

组织的全部活动均应以满足顾客的要求为目标，因此在组织内得到沟通和理解，并进一步要求最高管理者建立沟通过程，以对质量体系的有效性进行沟通(5.5.3条款)。

(4) 测量顾客的满意程度，并根据结果采取相应的活动或措施

质量标准明确要求要监视和测量顾客满意(8.2.1条款)，组织可以借助于数据分析提供所需的顾客满意的信息(8.4条款)，进一步通过纠正措施和预防措施(8.5.3条款)，达到企业服务质量提高的目的。

(5) 系统地管理好与顾客关系

质量标准要求组织爱护顾客财产(7.5.4条款)，可在顾客中建立良好的信任；提供合格产品(7.5.1条款)。良好的顾客关系有助于保持顾客的忠诚，改进顾客的满意程度。

2. 领导作用

在组织管理中，离不开领导作用，通过运用领导作用原则，以动员保证全体员工自觉实现组织目标，实施质量活动。领导作用主要体现在以下三个方面：

(1) 为本组织的未来描绘清晰的远景，确定富有挑战性的目标

组织需要建立未来发展蓝图，确定远景规划，要想实现这一目标，企业领导者需要在相关职能和层次上分解质量目标(5.4.1条款)，并结合产品考虑(7.1条款)。

(2) 在组织的所有层次上建立价值共享、公平、公正和道德伦理观念

在组织中，人与人之间所建立的关系，很大程度上取决于管理文化，组织领导者可以通过管理文化在组织各项活动中重视人才，尊重每一个人，创造良好的人际关系，而管理文化建立需要组织者由培训来实现(6.2.2条款)。

(3) 为员工提供所需的资源和培训，并赋予其职责范围内的自主权

领导者应充分调动员工的积极性，发挥员工主观能动性，规定组织的职责、权限(5.5.1条款)，赋予员工职责范围内的自主权。

3. 全员参与

人是管理活动的主体，在质量管理全过程中全员的主动参与更为重要。运用"全员参与"原则，主要体现采取以下三点措施：

(1) 让每一位员工了解自身贡献的重要性

要让每一位员工清楚其本身职责、权限和相互关系，了解自己的工作目标、内容以及达到目标的要求。

(2) 以主人翁的责任感去解决各类问题

要每一位员工树立主人翁意识，在各自岗位上树立责任感，积极发挥个人的潜能。

(3) 使每一位员工根据自己的工作目标来评估自己的作为

领导者有责任帮助全体员工正确地评估自身工作业绩，从而激励员工的积极性。

4. 过程方法

所谓过程方法就是将活动的相关资源作为过程进行管理，可以更高效地得到期望的结果。应用"过程方法"原则，组织将采取以下主要活动行为：

(1) 为了取得预期结果，系统地识别所有的活动

为了确保结果能满足预期的要求，必须有效地控制活动；要想控制好各类活动，首先要系统地识别所有相关活动。如产品(服务)实现策划的活动要求(7.1条款)、采购(7.4条款)生产和服务提供(7.5条款)。

（2）明确管理活动的职责和权限

要想控制好各类活动，达到预期结果，必须要确定实施活动的职责和权限，并予管理（5.5.1条款）。

（3）分析和测量关键活动的能力

掌握关键活动的能力，将有助于了解相应的过程是否有能力完成所有策划的结果。因此质量标准要求组织采用适宜方法确认，分析和测量关键活动能力（7.5.2条款，7.6条款）

（4）注重改进组织活动的各种因素

当资源、方法、标准等因素不同时，组织活动将会有不同的运行方式，产生不同的结果。为了确保提供合格产品，组织者要确定运作过程所需合适的资源（6.1条款），这些资源可能是人力资源（6.2条款）、工作环境（6.4条款等）。

5. 管理的系统方法

为了成功地领导和运作一个组织，需要采用一种系统和透明的方式进行管理。应用"管理的系统方法"原则，组织将采取以下措施：

（1）建立一个体系，以最佳效果和最高效率实现组织的目标

每个组织都有自己目标，一个良好的体系是高效地实现目标的保证，质量管理体系标准为建立这样体系提供了方法和步骤（4.1条款）。

（2）理解体系内各过程的相互依赖关系

体系是由一组关联的过程及其相互作用构成的。质量标准要求组织者了解、指明相互关系的作用与依赖，有利于活动的开展。

（3）设定目标，并确定如何运作体系中的特殊活动

系统的目标是通过构成系统的各子系统运作实现的，组织者应根据总目标，设定各过程目标，运作这些过程，从而确保实现总目标。

（4）通过测量和评估、持续改进体系

持续改进体系可以在组织的各个过程中，在对确立的总系统和子系统中，根据对总目标的跟踪测量和评估，运用PDCA循环方法来实现。

6. 持续改进

事物是在不断发展的，都会经历一个由不完善到完善，直至更新的过程。持续改进应当是组织的一个永恒目标，持续改进是一种机制，使组织增强适应能力并提高竞争力，改进组织的整体业绩；持续改进作为一种管理理念，组织的价值观，在质量管理体系活动中是必不可少的重要要求（4.1条款）。应用"持续改进"原则，组织应采取以下措施：

（1）使用一致的方法持续改进组织业绩

为了保证组织总目标实现，在质量管理体系活动中，采用一致的方法，即通过数据分析，提供质量管理体系、过程、产品的各种有价值的信息，最终导致采取纠正措施，预防措施，从而达到持续改进的目的（8.5.1条款）。

（2）为员工提供有关持续改进的方法和手段的培训

持续改进是一个指定改进目标，寻找改进机会，最终实现改进目标的循环过程。对于企业员工来讲，应通过相应的培训才能实现。（6.2.2条款）。

（3）建立目标以指导、测量和追踪持续改进

持续改进是一种循环活动。每一轮改进活动都应该首先建立相应的目标，以指导和评

估改进效果。管理评审活动(5.6 条款),恰好符合这一目标。

7. 基于事实的决策方法

成功的结果取决于活动实施之前的精心策划的正确的决策,而有效的决策是建立于数据和信息分析的基础上。应用"基于事实的决策方法"原则正是保证数据科学性。为此,组织将采取下述主要活动:

(1)确保数据和信息足够精确和可靠

这是保证决策正确的基本条件,质量管理体系要求对记录的控制(4.2.4 条款),对监视和测量装置的控制(7.6 条款),保证提供准确的数据。

(2)使用正确的方法分析数据

为了使各类数据发挥作用;就需要利用统计技术帮助我们正确并准确的分析数据,以得到正确的信息用于决策。

(3)基于事实分析,权衡经验与直觉,做出决策并采取措施

将依据数据和信息分析得到的结果与经验和直觉平衡。可能会进一步判断、确认结果的可靠性,依据可靠的结果所做的决策是可行的。(8.4 条款)体现了这种要求。

8. 与供方互利的关系

组织与供方是相互依存的、互利关系可增强双方创造价值的能力。随着生产社会化的不断发展,社会生产分工越来越细,专业化程度越来越高,因此,某一个产品(服务)不可能由一个组织来承担,而是通过产业供应链来完成,任何组织都有其供方或合作伙伴,所以要重视与供方关系。在应用"与供方互利的关系"原则时,组织应采取以下主要措施:

(1)短期收益和长期利益综合平衡的基础上,确立与供方的关系

任何一个组织都存在着众多的供方或合作伙伴。为了双方的利益,组织应考虑与供方建立合作伙伴,建立伙伴关系。(7.4.1 条款)。

(2)与供方合作伙伴共享专门技术和资源

充分意识到组织与供方或合作伙伴的利益是一致性,因此为了双方利益取得市场份额,组织应考虑让关键的供方分享自己的技术和资源。

(3)识别和选择关键的供方

组织应运用过程的方法,识别构成产品实现过程的各分过程及相应的组织相互作用。与合作伙伴的范围可能有:材料或零部件供应方、提供某种加工活动的合作伙伴、某项服务(如技术咨询、培训、检验等)的提供者等。(7.4.1 条款)

(4)清晰与开放的沟通

组织与供方或合作伙伴的相互沟通,对产品最终能满足顾客的要求是必不可少的环节。沟通使双方减少损失,在最大程度上获得收益。(7.4.2 条款)

三、物业服务企业实施 ISO 9000 的步骤与难点

(一)物业服务企业实施 ISO 9000 的步骤

物业服务企业实施 ISO 9000 体系,通常可分为四个阶段:认识阶段、准备阶段、实施阶段、论证阶段。

1. 认识阶段

认识阶段通常又分为三个层次阶段。具体内容如下:

(1)学习培训阶段

让全体员工及领导了解 ISO 9000 族标准的内容、要求及物业服务企业实施 ISO 90013 的重要意义。

(2) 讨论阶段

根据学习体会进行认真讨论，即上下求得共识：是否要进行论证。

(3) 选择质量体系阶段

通过学习讨论，领导、群众都认识到了要实施 ISO 9000，那么就要确定选择质量保证模式。物业服务一般选择 ISO 9000 作为建立质量体系和申请认证的标准依据。

2. 准备阶段

准备阶段通常又分为三个层次。具体内容如下：

(1) 任命管理者代表

即供方管理者中确定一位行为管理者代表，以确保按质量体系建立、实行质量体系，同时代表供方与外部各方进行工作联络。

(2) 成立工作组

通常工作组有两种形式：一种是领导层与操作实施层分离，此时领导层只负责决策、把关；另一种是领导层与操作实施层两者合一。这种形式的工作组的组织机构及人员配备要合理，便于工作开展。

(3) 指定质量方针和目标

确定物业管理开展各项工作的质量方针和质量目标。在制定质量方针、质量目标时，应注意结合本物业服务企业特点，确保各级人员都能理解和执行质量方针与质量目标。

3. 实施阶段

实施阶段通常又分为调查、编写、试运行三个层次。具体内容如下：

(1) 调查

有时称为体系诊断。首先，需要把本企业现有制定的各类制度、规定、办法进行调查；其次还要了解本企业人员素质、工作态度；最后把物业管理的硬件条件也要做一些调查，找出现在的质量体系与标准差距。

(2) 编写

有的称之为质量体系设计。根据物业管理开展的服务过程，按系统性、科学性、法规性、经济性、适用性要求，设计和确定质量体系文件结构。

(3) 试运行

有的称之为模拟贯标。质量体系文件编制完成以后，宣布进入试运行阶段。通过运行，检查质量体系文件的有效性和协调性，并对暴露出来的问题及时改进、纠正，为了保证试运行成功。必须要分层次对全体员工及各部门领导进行宣讲。同时成立内部质量审核组制定、实施内审计划，并进行试运行中的内部模拟审核。

4. 认证阶段

通过试运行，并进行内审以后，再由管理者代表协助最高管理者至少进行一次管理评审。如果评审通过，则可以申请认证。认证阶段主要包括三个层次，具体内容如下：

(1) 提出申请认证

由认证机构拟定审核计划，并请申请单位确认是否可以进行审核。

(2) 颁发证书

审核、确实正式通过之后，一般在 4～8 周内，认证机构颁发认证证书。

（3）监督审核

在证书有效期内，认证机构的监督审核是不定期的，一般是一年两次，每次监督审核范围通常是质量体系某些要素，而非全部。

ISO 9000 贯标程序详见图 5-5-1。

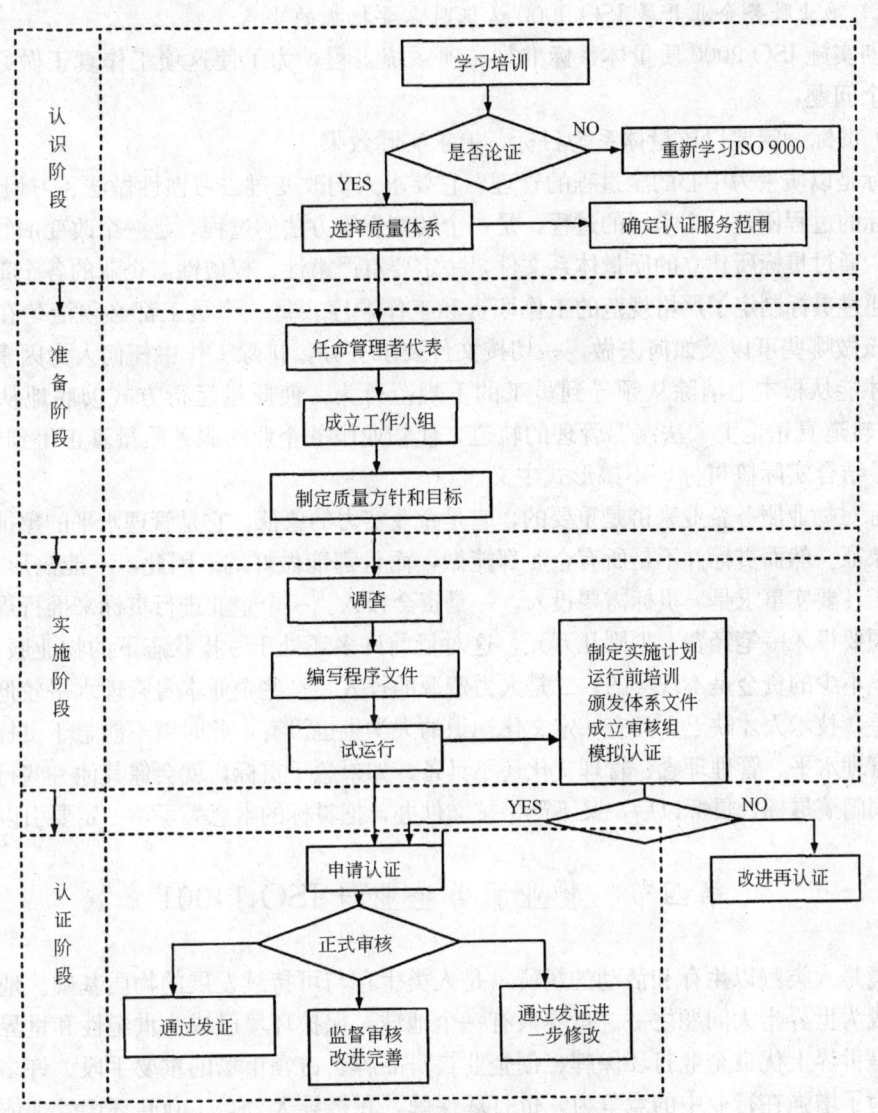

图 5-5-1　ISO 9000 贯标程序图

（二）物业服务企业推行 ISO 9000 质量体系的难点

由于目前物业服务企业的员工文化与知识水平与推行 ISO 9000 需要的文化知识水平有差距，因此，此项工作的推行还有一定难度，具体表现在以下两个主要方面：

（1）物业服务企业人员素质普遍较低，需要经过大量的培训才能对标准进行理解和贯彻。由于多数人员文化水平低，素质不高，陈规陋习较多，许多管理层的员工知识和业务水平也不高，使推行过程容易流于形式，对提高物业管理水平帮助不大。这类情况在南方一些通过认证的物业服务企业中已有表现。为了克服这种情况，避免此类事情再发生，需要管理者下大决心，大力开展培训业务。

（2）企业资金不足，难于推行认证。物业服务企业属于劳动密集型企业，人员较多，工作种类较多，需要投入较大的人力、物力、财力来帮助推行工作，认证准备时间又较长，而物业服务企业大多数资金不充裕，人才不足，这些情况会增加认证的困难。

（三）物业服务企业开展 ISO 9000 认证时需要把握的要点

贯彻实施 ISO 9000 质量体系标准是一项系统工程，为了使这项工作真正做好，需要注意两个问题：

（1）贯标一定要以质量体系为目标，追求实际效果

贯标是以质量为中心的全过程的管理，它要求人们改变过去习惯性做法、习惯性思维，因此贯标的过程便是一个学习的过程，是一个转变思维方法的过程，是一个改变旧管理行为的过程。通过贯标所建立的质量体系文件，一定要有严肃性、权威性。企业的各个部门、各个岗位通过贯标制定了严格规范的工作职责和工作顺序，每一个员工都必须清楚在工作中自己应该做哪些事以及如何去做，一切按文件要求去办，排除工作中任何人为因素，只有这样，才能从根本上消除从领导到员工的不规范行为，使质量运行方式彻底地从传统的"人治"轨道真正走上"法制"管理的轨道，使物业服务企业的服务质量真正得到提高。

（2）结合实际搞贯标，不搞形式主义

贯标对物业服务企业来讲是重要的，它是企业实力的象征，它是管理水平的象征，它是品牌的象征。然而贯标并不是所有企业都能做，而且都能做好的。因此，不能搞形式主义、搞花架子，要实事求是。贯标需要投入，一是资金投入。一个企业进行贯标来推行规范化管理，必须要投入一笔经费，少则几万元，这对目前许多还处于亏损状态下的物业服务企业，拿出一笔不少的资金是不现实的；二是人力资源的投入。一些企业本身管理水平较低，硬件设施较差，技术人才缺乏，具有一定文化知识的大学生也没有，此时就不能急于贯标，因为企业的管理水平、管理理念、管理文化还不具备，如果急于贯标，就会像其他一些行业的企业热热闹闹搞贯标，贯标以后，又不严格按文件办，把贯标的本意丢了，一定要引以为戒。

第四节　物业服务企业与 ISO 14001

环境是人类赖以生存和活动的场所，是人类生存与可持续发展的物质基础。地球环境问题已成为世界十大问题之一。世界只有一个地球，保护环境已成为世纪性和世界性之时尚，也是世界上优良企业打环保牌、创企业自身品牌、占领市场的重要手段。许多物业服务企业为了增强在行业中的竞争力，也打环保牌，积极导入 ISO 14000 环境管理体系，使物业管理服务活动具有可持续改善生态环境的能力，从而提高居住环境和生活质量。

一、关于 ISO 14000 与 ISO 14001 的概况

ISO 14000 系列标准是国际通用的环境管理标准，是国际标准化组织于 1992 年制定的环境管理之相关国际标准，其管理内容包括：环境管理系统（EMS）、环境稽核（EA）、环境标章（EL）、环境状况评估（EPE）和生命周期评估（LCA）。它是应 ISO 9000 系列质量管理和质量保证之标准化并兼顾发展中国家中小型企业的需求以避免地域性标准造成贸易的障碍而产生的。它可以与其他管理要求（如 ISO 9000 系列）相结合，帮助组织实现并证实

良好的环境表现（行为），以实现环境目标与经济目标。

ISO 14001 是 ISO 14000 系列中标准之一，即环境管理体系——规范及使用指南。它规定了对环境管理体系之要求，使一个组织能够根据法律要求和重大环境影响信息建立一套程序，设立环境政策与目标，实现对它们以及对外界展示符合标准之用。当物业服务企业欲在住宅小区内搞好环境保护和预防环境污染，就可以选择和使用 ISO 14001 标准。

二、开展 ISO 14000 贯标的意义

物业服务公司根据住宅小区的环境特点，导入 ISO 14000 国际环境保护体系，有着十分重要的意义。

（一）贯彻 ISO 14000 有利于提高物业服务企业的管理水平

ISO 14000 是一个环境保护的管理体系，拥有非常严格的要求和检查等程序，有一个完整的体系，引进 ISO 14000，能建立起完整的、可行的管理体系，通过对环境保护，使管理水平、经营水平不断地提高。由于贯标工作是一个长期工作，认证以后每半年还有一个复审工作，使得对管理水平经常有一个检查和提高的过程，所以贯标 ISO 14000 可以不断提高企业的管理水平。

（二）贯标 ISO 14000 是适应市场经济的需要

随着物业管理的发展，物业管理市场也逐渐形成，随之而来的竞争将日趋激烈，一个物业服务企业要在优胜劣汰的竞争中立于不败之地，必须要提高竞争力，要练内功，要有自己的特长与优势。ISO 14000 的贯标无疑是企业的一种优势，尤其在当今世界重视环保的情况下，物业管理又承担着住宅小区（大厦）的环境管理与服务、人与自然和谐生存的管理和服务。企业贯标，意味着向社会、向所有业主（使用人）发出了信息，即取得了 ISO 14000 认证，为环境保护做出了贡献。一个能对环境保护做出承诺的物业服务企业，就一定能对住宅小区（大厦）内的业主（使用人）负责，一定能搞好物业管理，为业主（使用人）服务好，所以贯标 ISO 14000 会提高企业信誉度，适应市场经济。

（三）贯标 ISO 14000 也是我国实施可持续发展战略的措施之一

我国于 1996 年将 ISO 14000 系列标准等同转化为国家标准。在企业自愿的基础上，环保局自 1996 年 7 月起在全国范围内组织了 55 家企业开展环境管理体系认证试点工作；1998 年环保局又选择了厦门、苏州、大连等 9 个城市进行城区环保这个国际上更为注重的区域贯标工作的推进工作。我国推进 ISO 14000 系列标准既是国际市场竞争的需要，也是我国实施可持续发展战略的重要措施之一。这主要体现在：有利于实现环境和经济的协调发展，有利于加强政府对企业环境管理的指导，提高企业的环境管理水平，有利于提高企业及其产品在市场上的竞争力，有利于提高全民的环境保护意识。

（四）贯标 ISO 14000 有利于推动生态城市建设

生态城市是指环境清洁优美、生活健康舒适、人尽其才、物尽其用，地尽其利，自然、经济、社会协调发展，生态良性循环的城市。生态城市应为城市生态结构趋于合理，各种功能得以发挥，生态系统协调发展，具体表现为清洁、舒适、和谐三方面的内容。清洁是较低层次的内涵，它所反映的是人感官上能直接感受到的内容；舒适是较高层次对城市的理解，使人们生活和经济活动不断增长的要求，舒适的程度反映了城市建设水平满足社会经济活动和居民生活的需要，提供一个舒适的生态空间的程度，和谐则是生态城市的显著特征，即环境经济社会协调发展。生态城市是城市发展的必然趋势，是城市化道路的高级目标。贯彻 ISO 14000 则有利于按照生态城市化进行建设，同时物业服务企业也有利于按照生态城市进行管理服务，所以推动建立 ISO 14000 环境管理体系是人类自我完善的需要。

　　三、建立 ISO 14001 环境管理体系流程图

　　ISO 14001 是 ISO 14000 系列中标准之一，即环境管理体系——规范及使用指南。它规定了对环境管理体系之要求，使一个组织能够根据法律要求和重大环境影响信息建立一套程序，设立环境政策与目标，实现对它们以及对外界展示符合标准之用。ISO 14001 环境管理体系流程图详见图 5-5-2。

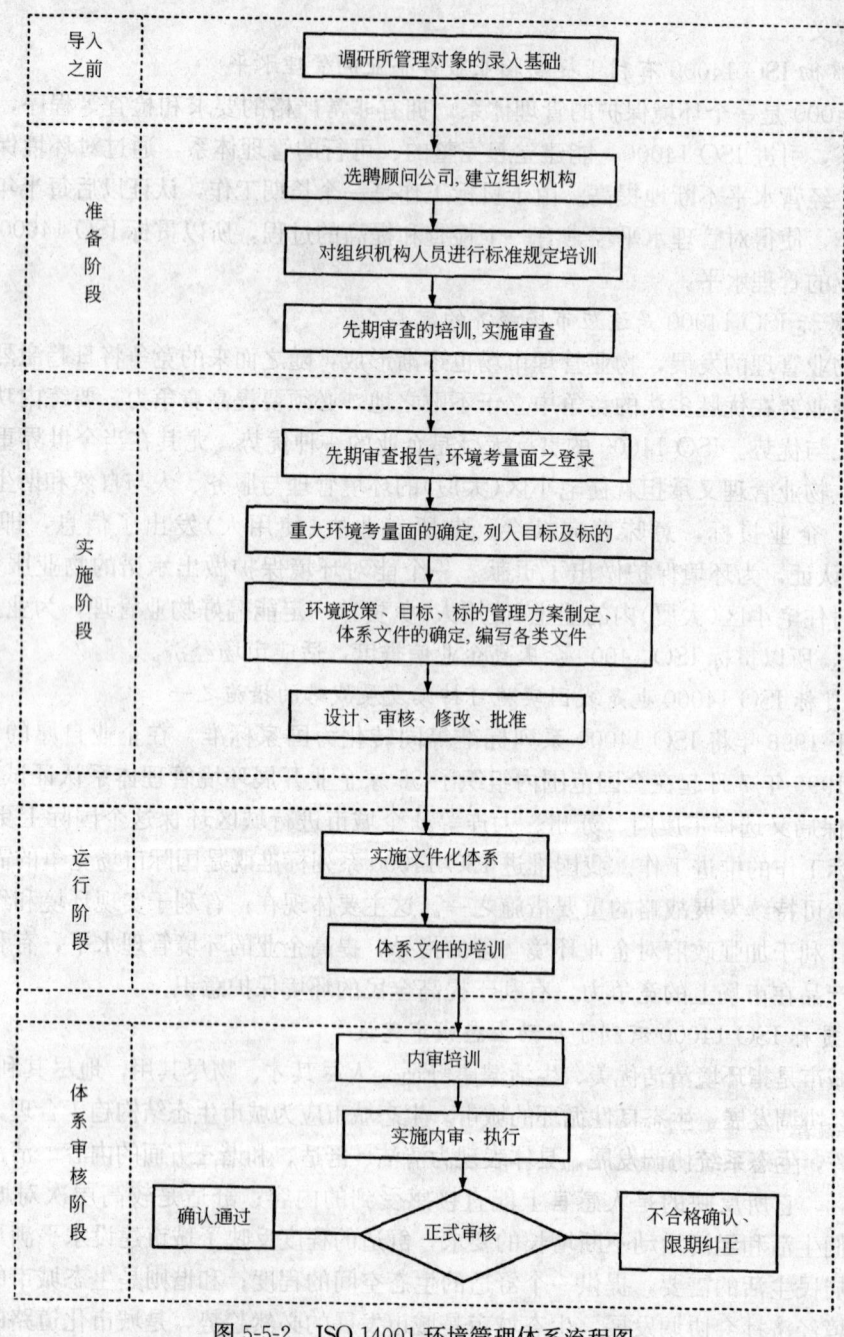

图 5-5-2　ISO 14001 环境管理体系流程图

参 考 文 献

1　丁云列主编. 房地产开发. 北京：中国建筑工业出版社，1999
2　潘蜀健主编. 房地产经营学. 北京：中国建筑工业出版社，1996
3　孟广中主编. 房地产法规. 北京：中国建筑工业出版社，1997
4　阎文周主编. 工程项目管理实务手册，北京：中国建筑工业出版社，2001
5　陈龙编著. 智能小区及智能大楼的系统设计. 北京：中国建筑工业出版社，2001
6　朱霭敏编著. 跨世纪的住宅设计. 北京：中国建筑工业出版社，1998
7　林增杰主编. 房地产产权产籍管理. 北京：中国建筑工业出版社，1996
8　邓述平，王仲谷主编. 居住区规划设计资料集. 北京：中国建筑工业出版社，2000
9　王青兰，柯木林主编. 物业管理运作指南. 北京：中国建筑工业出版社，2000
10　曹向阳编著. 中国加入 WTO 建设业必备. 北京：中国建筑工业出版社，2001
11　唐连珏主编. 住宅开发与工程造价. 北京：中国建筑工业出版社，1998
12　中华人民共和国建设部政策法规司编. 建设系统合同示范文本汇编. 北京：中国建筑工业出版社，2001
13　林增杰，武永祥，吕萍主编. 房地产经济学. 北京：中国建筑工业出版社，2000
14　徐伟，金福安，陈东杰主编. 建设工程监理规范实施手册. 北京：中国建筑工业出版社，2001
15　成虎著. 工程项目管理. 北京：中国建筑工业出版社，2001
16　雷胜强，刘桦编著. 建筑装饰工程招标投标手册. 北京：中国建筑工业出版社，1998
17　王喜元主编. 民用建筑工程室内环境污染控制规范辅导教材. 北京：中国计划出版社出版，2002
18　申立银，曾赛星，王铎，郭成彬主编. 房地产经营与管理. 北京：中国计划出版社，1999
19　钱昆润，芦金铎主编. 房地产经济. 北京：中国计划出版社，1999
20　中华人民共和国建设部. 房地产开发项目经济评价方法. 北京：中国计划出版社，2000
21　刘长滨，关柯，杨德忱主编. 房地产估价. 北京：中国计划出版社，1999
22　王要武，罗兆列，孙平主编. 房地产市场. 北京：中国计划出版社，1999
23　王京京主编. 房地产经营与物业管理政策法规. 北京：中国物价出版社，2000
24　建设部住宅与房地产司，政策法规司编. 商品房销售管理办法暨商品房买卖合同示范文本指南. 北京：中国物价出版社，2001
25　李延荣主编. 城镇居民购房指南. 北京：中国计量出版社，2001
26　周珂主编. 物业规范管理教程. 北京：中国计量出版社，2001
27　叶剑平编著. 房地产营销. 北京：首都经济贸易大学出版社，2001
28　刘洪玉编著. 房地产开发. 修订 2 版. 北京：首都经济贸易大学出版社，2001
29　张月娴，田以堂主编. 建设项目业主管理手册. 北京：中国水利水电出版社，1998
30　杨清龙，姚虹主编. 建设工程施工招标投标实用指南. 建筑市场与招标投标杂志编辑部，1999
31　乔志敏编著　房地产经营管理教程. 北京：立信会计出版社，2001
32　刘文锋，周东明，邵早义编著. 建设法规教程. 北京：中国建材工业出版社，2001
33　李永贵总主编. 房地产开发企业理税顾问. 北京：中国时代经济出版社，2002

34　方芳，吕萍编著. 物业管理实务. 上海：上海财经大学出版社，2001

35　包亚钧，汪洪涛著. 房地产经济论. 上海：同济大学出版社，1998

36　张毅主编. 工程建设合同文本. 上海：同济大学出版社，2001

37　冯佳主编. 物业管理公司管理实务. 上海：上海科学技术文献出版社，2000

38　方芳，叶小莲，李澄宇编著. 物业管理招标投标指南. 南京：江苏科学技术出版社，2001

39　陈慧玲，马太建编著. 建设工程招标投标指南. 南京：江苏科学技术出版社，2000

40　范克危，徐家凤，盛承懋编著. 物业管理公司实务. 南京：东南大学出版社，2000

41　濮励杰，彭补拙，周峰编著. 房地产开发与经营. 南京：南京大学出版社，2000

42　董藩总主编. 房地产开发. 大连：东北财经大学出版社，2000

43　董藩总主编. 房地产法律制度. 大连：东北财经大学出版社，2000

44　朱宏亮主编. 建设法规. 武汉：武汉工业大学出版社，2000

45　佘立中编著. 建设工程合同管理. 广州：华南理工大学出版社，2001

46　唐海洲编著. 房地产法律文书范本. 北京：中国物价出版社，2003

47　刘学应主编. 房地产开发与经营. 北京：机械工业出版社，2004

48　许海峰主编. 物业管理. 北京：人民法院出版社，2004

49　新编房地产法律手册. 中国法制出版社，2003

50　张　毅主编. 工程项目建设指南. 北京：中国建筑工业出版社，2003

51　林如炎主编. 建设工程总承包实务. 北京：中国建筑工业出版社，2004

52　中华人民共和国建设部. 房屋建筑和市政基础设施工程施工招标文件范本. 北京：中国建筑工业出版社，2003

53　中国土木工程学会建筑市场与招标投标分会. 房屋建筑和市政基础设施工程施工招标文件范本应用指南. 北京：中国建筑工业出版社，2003

54　谭术魁主编. 房地产项目管理. 北京：中国机械工业出版社，2004

55　招标投标法配套规定. 北京：中国法制出版社，2004

56　商品房买卖合同纠纷案件司法解释关联精析. 北京：中国法制出版社，2003

57　商品房买卖实用核心法规. 北京：中国方正出版社，2003

58　最高人民法院民事审判第一庭编. 商品房买卖合同司法解释及相关法律规范. 北京：中国法院出版社，2003

59　王璞主编. 房地产管理咨询实务. 北京：中信出版社，2005

60　中国建筑装饰协会信息部等编. 家庭装饰装修行业技术标准规范汇编. 北京：中国建筑工业出版社，2004

61　余源鹏主编. 购房置业 3 日通. 北京：机械工业出版社，2004

62　中国房地产估价师学会编. 房地产开发经营与管理. 北京：中国建筑工业出版社，2004

63　王洪卫等编著. 房地产租费税改革研究. 上海：上海财经大学出版社，2005

64　王璞. 房地产管理咨询实务. 北京：中信出版社，2005

65　苏德利. 居住区规划. 北京：机械工业出版社，2007

66　卜一德. 绿色建筑技术指南. 北京：中国建筑工业出版社，2008

67　黄安永. 物业管理. 北京：中国建筑工业出版社，2008

68　王建廷，盛承懋. 物业管理. 北京：中国建筑工业出版社，2007

69　卜一德. 建筑施工项目材料管理. 北京：中国建筑工业出版社，2007

70　王学发. 中国房地产市场的发展与城市住房消费. 北京：中国电力出版社，2007

71　余源鹏. 中小户型开发与设计. 北京：机械工业出版社，2007